진짜 한 권으로 끝내는

JLPT N1

황지영(대표 저자)
사츠모토 타쿠마·시원스쿨어학연구소 지음

S 시원스쿨닷컴

진짜 한 권으로 끝내는 JLPT N1

초판 1쇄 발행 2025년 8월 22일
초판 2쇄 발행 2025년 11월 14일

지은이 황지영·사츠모토 타쿠마·시원스쿨어학연구소
펴낸곳 (주)에스제이더블유인터내셔널
펴낸이 양홍걸 이시원

홈페이지 japan.siwonschool.com
주소 서울시 영등포구 영신로 166 시원스쿨
교재 구입 문의 02)2014-8151
고객센터 02)6409-0878

ISBN 979-11-6150-551-0 13730
Number 1-310201-30301800-02

저자의 말

JLPT(일본어능력시험)는 일본어 실력을 객관적으로 증명할 수 있는 대표적인 시험으로, 그 중 N1은 가장 높은 급수입니다. 고급 어휘와 문법은 물론, 논리적인 독해력과 정확한 청해 실력이 요구되며, 단순한 암기 이상의 깊이 있는 학습이 필요합니다.

본 교재는 제가 JLPT N1 강사가 된 2007년부터 지금까지, 매 시험에 직접 응시하고 철저히 분석한 결과물입니다. 오랜 기간 현장 강의를 진행하며 수험생들이 가장 어려워하는 부분이 무엇인지 파악하고, 그 고민을 효과적으로 해결할 수 있도록 구성한 최적의 종합 대비서입니다.

언어지식(문자·어휘, 문법), 독해, 청해 각 영역을 유기적으로 연결해 최소한의 노력으로 최대의 효과를 거둘 수 있도록 구성했습니다. 단순히 암기하는 데 그치지 않고, 문제 풀이 과정에서 자연스럽게 개념을 이해하고 적용할 수 있도록 실전 능력을 키우는 데 중점을 두었습니다.

실제 시험에서 자주 출제되는 유형을 철저히 분석하고, 최신 출제 경향을 반영하여 문제를 구성하였습니다. 또한 명확하고 친절한 해설을 수록해, 교재 제목대로 '진짜 한 권으로 끝나는' 종합서가 될 수 있도록 최선을 다했습니다.

일반 자격증 시험의 최종 목표가 '합격'이라면, 언어 관련 자격증은 단순히 합격만이 아닌 '실생활에서의 활용 능력', 즉, 말하기와 읽기, 쓰기 능력을 키우는데 있습니다. 본 교재가 여러분의 JLPT N1의 합격은 물론, 고급 일본어 구사자로 거듭나는데 든든한 길잡이가 되길 바랍니다.

끝으로, 긴 집필 기간 동안 아낌없는 도움을 주신 시원스쿨 관계자 여러분과 편집자분께 깊은 감사의 마음을 전합니다. 이 책을 통해 모든 학습자분들의 노력이 좋은 결실로 이어지기를 진심으로 응원합니다.

대표 저자 황지영

목차

2교시 청해

실전 모의고사

별책

별책 부록

실전 모의고사 및 해설서 PDF | 청해 워크북 PDF | MP3 음원

실전 모의고사 및 해설서 PDF, 청해 워크북 PDF, MP3 음원(일반 버전+배속 버전+소음 버전)은 시원스쿨 홈페이지(Japan.siwonschool.com) > 학습지원센터 > 공부 자료실에서 다운로드 가능합니다.

JLPT 소개

JLPT란?

JLPT(일본어능력시험)는 Japanese Language Proficiency Test의 앞 글자를 딴 말로, 일본어를 모국어로 하지 않는 사람을 대상으로 일본어 능력을 객관적으로 측정하고 인정하는 세계 최대 규모의 일본어 자격 시험입니다. JLPT는 N1부터 N5까지 총 다섯 가지 레벨로 나뉘어 있으며, N1이 가장 난이도가 높은 레벨입니다.

JLPT 급수 구성 및 과목별 시간

레벨	유형	과목별 시간	인정 기준
N1	언어지식 (문자·어휘·문법)·독해	110분	폭넓은 화제에 대한 신문 논설, 평론 등 논리적으로 다소 복잡한 글이나 추상도가 높은 글 등을 읽고, 글의 구성이나 내용을 이해할 수 있습니다. 내용의 깊이가 있는 글을 읽고 이야기의 흐름이나 상세한 표현 의도를 이해할 수 있습니다.
	청해	60분	폭넓은 상황에 있어 자연스러운 속도의 회화나 뉴스, 강의를 듣고 이야기의 흐름이나 내용, 등장인물의 관계, 내용의 논리적 구성 등을 상세하게 이해하고 요지를 파악할 수 있습니다.
N2	언어지식 (문자·어휘·문법)·독해	105분	신문이나 잡지 기사, 해설, 쉬운 평론 등 논지가 명확한 글을 읽고 글의 내용을 이해할 수 있습니다. 일반적인 화제의 글을 읽고 이야기의 흐름이나 표현 의도를 이해할 수 있습니다.
	청해	50분	일상적인 상황과 더불어, 다양한 상황에서 자연스러운 속도의 회화나 뉴스를 듣고 이야기의 흐름이나 내용, 등장인물의 관계를 이해하거나 요지를 파악할 수 있습니다.
N3	언어지식 (문자·어휘)	30분	일상적인 상황에서 사용되는 일본어를 어느 정도 이해할 수 있습니다. 일상적인 화제에 대해 쓰인 구체적인 내용을 나타내는 글을 읽고 이해할 수 있습니다. 신문 기사 제목 등에서 정보의 개요를 파악할 수 있습니다.
	언어지식 (문법)·독해	70분	
	청해	40분	일상적인 상황에서 자연스러움에 가까운 속도의 회화를 듣고 이야기의 구체적인 내용을 등장인물의 관계에 맞춰 거의 이해할 수 있습니다.
N4	언어지식 (문자·어휘)	25분	기본적인 일본어를 이해할 수 있습니다. 기본적인 어휘나 한자를 이용해서 쓰여진 일상생활에서 흔히 접할 수 있는 화제의 글을 읽고 이해할 수 있습니다.
	언어지식 (문법)·독해	55분	
	청해	35분	일상적인 상황에서 다소 느리게 말하는 회화라면 내용을 거의 이해할 수 있습니다.
N5	언어지식 (문자·어휘)	20분	기본적인 일본어를 어느 정도 이해할 수 있다. 히라가나, 가타카나, 일상생활에서 사용되는 기본적인 한자로 쓰인 정형적인 어구나 글을 읽고 이해할 수 있습니다.
	언어지식 (문법)·독해	40분	
	청해	30분	교실이나 주변 등 일상생활 속에서 자주 접하는 상황에서 천천히 말하는 짧은 회화라면 필요한 정보를 얻을 수 있습니다.

■ JLPT 급수별 합격 기준

레벨	합격점 / 만점	과목별 과락 기준점 / 만점		
		언어지식(문자·어휘)	독해	청해
N1	100점 / 180점	19점 / 60점	19점 / 60점	19점 / 60점
N2	90점 / 180점	19점 / 60점	19점 / 60점	19점 / 60점
N3	95점 / 180점	19점 / 60점	19점 / 60점	19점 / 60점
N4	90점 / 180점	38점 / 120점		19점 / 60점
N5	80점 / 180점	38점 / 120점		19점 / 60점

* JLPT 홈페이지(https://www.jlpt.or.kr)에서 성적 조회 가능

■ JLPT 시험 접수 및 성적 확인

	접수 기간	시험일	성적 발표
해당 연도 1회 시험	4월 초	7월 첫 번째 일요일	8월 말
해당 연도 2회 시험	9월 초	12월 첫 번째 일요일	(다음 해) 1월 말

* JLPT 결과표는 1회(7월) 시험은 9월 말, 2회(12월) 시험은 다음 해 2월 말 성명 증명서 발송
(합격자의 경우 합격인정서와 성적증명서가 함께 발송되고, 불합격자의 경우 성적증명서만 발송됨)

■ JLPT 시험 접수 방법

1) 온라인 접수

JLPT 홈페이지(https://www.jlpt.or.kr)에서 접수 가능

2) 우편 접수

구비 서류를 등기우편으로 발송하여 접수 가능

구비 서류: 신청서 작성(홈페이지에서 서식 다운로드), 증명사진 1매(뒷면에 이름, 생년월일, 휴대전화번호 기재), 수험료

■ JLPT 시험 준비물

수험표, 규정 신분증(주민등록증, 운전면허증, 여권 등), 필기구(연필이나 샤프, 지우개), 시계

■ 시험 시간(2025년부터 시험 시간 변경)

1) N1, N2: 9시 40분까지 입실

2) N3, N4, N5: 13:40분까지 입실

01 최신 출제 경향 및 문제 풀이 전략으로 JLPT 철저히 대비!

최신 출제 트렌드 파악하기

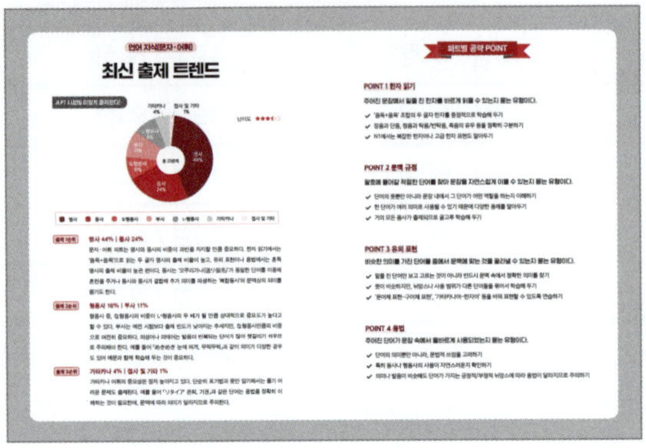

2010~2025년까지의 출제 경향을 철저히 분석하여 자주 출제되는 문제 유형, 주제, 질문 등을 한눈에 파악할 수 있도록 제시하였습니다.

문제 풀이 전략 익히기

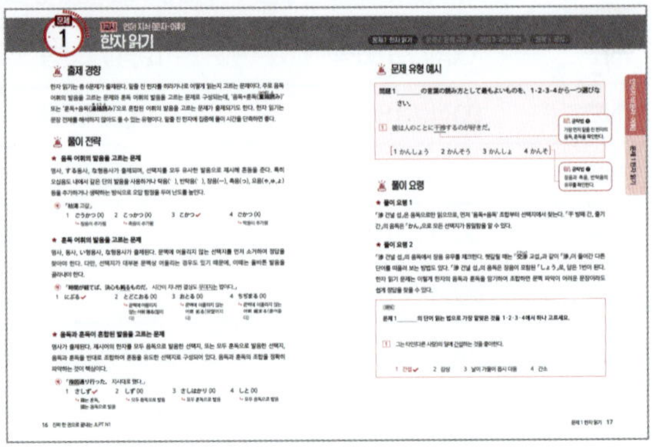

각 부분에서 반드시 출제되는 문제 유형을 체계적으로 분석하였습니다. 뿐만 아니라 시험 유형과 동일한 문제를 예시로 제공하여 문제 푸는 요령까지 쉽게 이해할 수 있습니다.

02 시험에 반드시 출제되는 어휘·문법 완벽 반영!

기출 어휘와 예상 어휘로 실력 쌓기

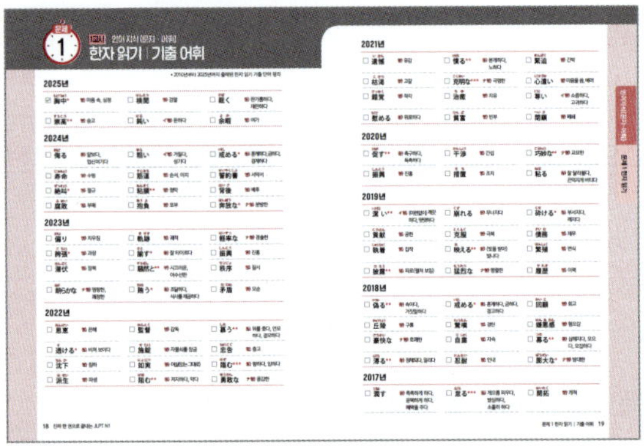

반드시 출제되는 기출 어휘와 출제 가능성이 높은 예상 어휘를 분류하여 정리하였습니다. 기출 어휘는 실제 출제된 연도별로 구성하였고, 중요 어휘에는 별표를 표시하여 효율적으로 학습할 수 있습니다.

필수 문법과 예상 문법으로 실력 굳히기

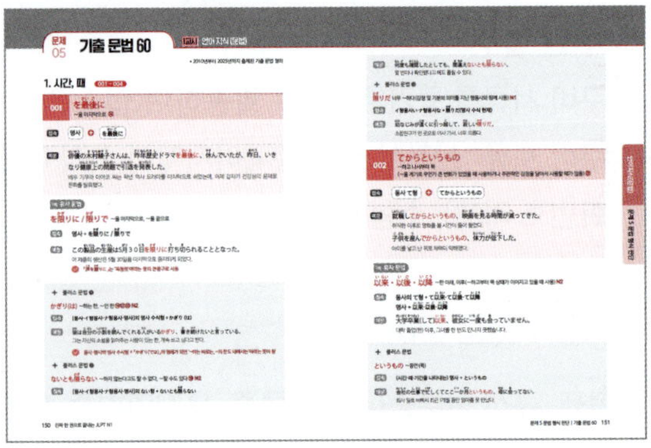

시험마다 꼭 출제되는 기출 문법과 출제 가능성이 높은 예상 문법을 수록하여 문법 영역을 확실하게 대비할 수 있습니다. 기출 문법에는 실제 출제된 연도를 표기하여 출제된 시기를 직관적으로 확인할 수 있습니다.

03 실전 테스트 & 실전 모의고사로 최종 점검!

실전 테스트로 실전 대비하기

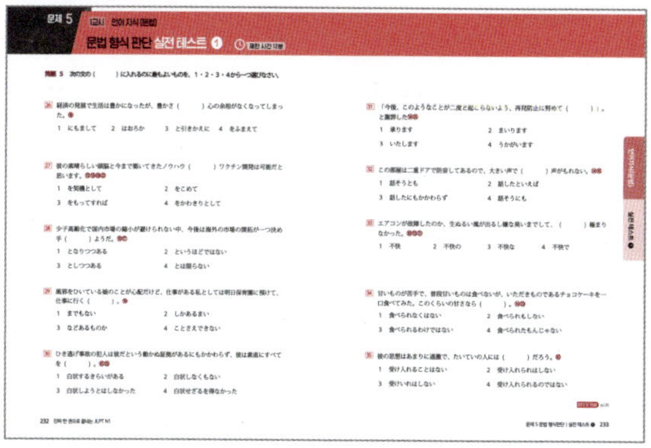

앞에서 학습한 내용을 점검할 수 있는 실전 테스트 문제를 제시하였습니다. 시험 유형에 익숙해질 수 있도록 최다 문제를 수록하였으며, 테스트마다 제한 시간을 설정하여 실전 감각을 기를 수 있습니다.

실전 모의고사로 실전 감각 극대화하기

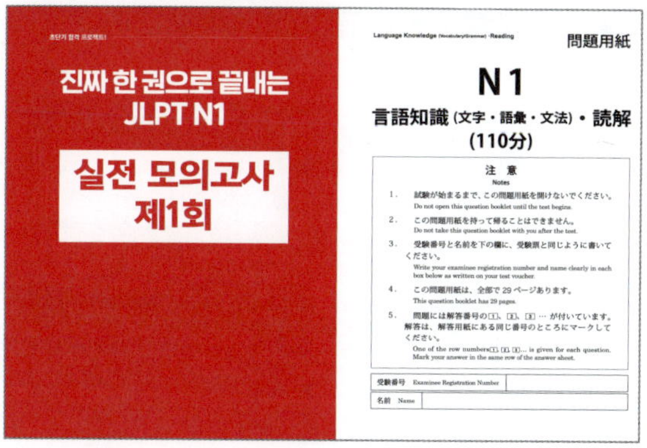

총 4회분(교재 수록 3회분+온라인 제공 1회분)의 실전 모의고사를 풀어보며 시험 직전 최종 점검과 실전 감각을 극대화할 수 있습니다.

*제1회 모의고사는 무료 해설 강의도 함께 제공합니다.

04 상세한 해설로 정답과 오답의 이유 명확하게 파악!

정답이 보이는 전략적 해설로 고득점 노리기

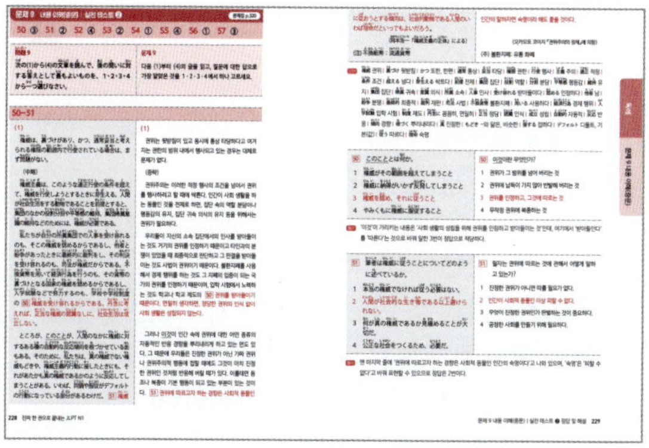

정확한 해석과 해설을 제공하여 학습의 이해도를 높였습니다. 정답뿐만 아니라 오답에 대한 상세한 설명까지 제시하여 오답의 이유를 확실하게 파악할 수 있습니다.

* 문제와 해석을 좌우 대칭으로 배치하여 가독성을 높였습니다.

사전이 필요 없는 어휘 정리로 학습의 효율 높이기

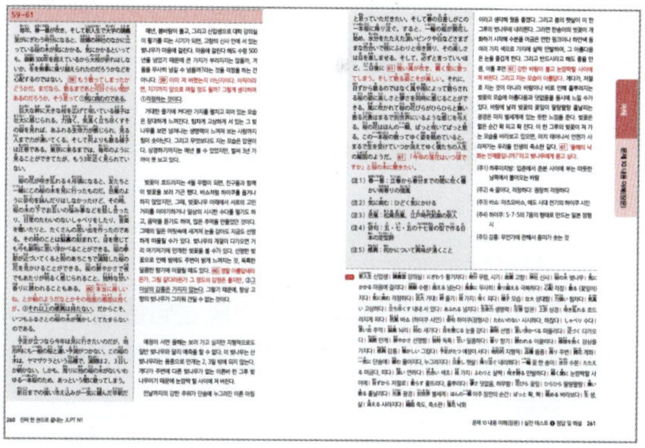

사전을 따로 찾아보지 않아도 학습이 가능할 수 있게 모든 문제에 사용된 어휘를 상세하게 정리하였습니다.

05 다양한 부가 자료로 학습 마무리!

■ 청해 워크북 PDF

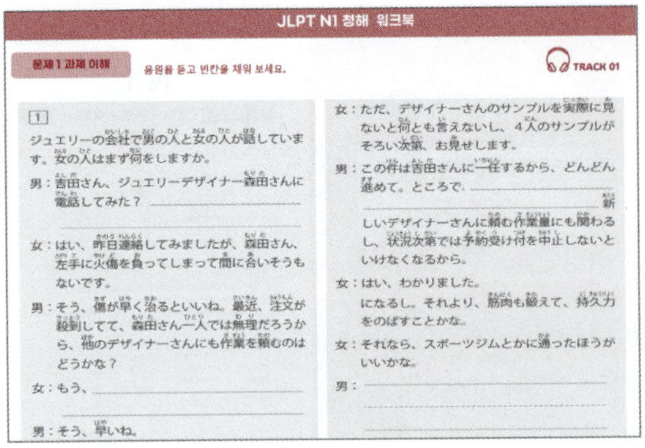
JLPT N1 청해 워크북

문제 1 과제 이해　음원을 듣고 빈칸을 채워 보세요.　TRACK 01

1
ジュエリーの会社《かいしゃ》で男《おとこ》の人《ひと》と女《おんな》の人《ひと》が話《はな》しています。女《おんな》の人《ひと》はまず何《なに》をしますか。

男：吉田《よしだ》さん、ジュエリーデザイナー森田《もりた》さんに電話《でんわ》してみた？ ____________

女：はい、昨日《きのう》連絡《れんらく》してみましたが、森田《もりた》さん、左手《ひだりて》に火傷《やけど》を負《お》ってしまって間《ま》に合《あ》いそうもないです。

男：そう、傷《きず》が早《はや》く治《なお》るといいね。最近《さいきん》、注文《ちゅうもん》が殺到《さっとう》してて、森田《もりた》さん一人《ひとり》では無理《むり》だろうから、他《ほか》のデザイナーさんにも作業《さぎょう》を頼《たの》むのはどうかな？

女：もう、____________

男：そう、早《はや》いね。

女：ただ、デザイナーさんのサンプルを実際《じっさい》に見《み》ないと何《なん》とも言《い》えないし、4人《にん》のサンプルがそろい次第《しだい》、お見《み》せします。

男：この件《けん》は吉田《よしだ》さんに一任《いちにん》するから、どんどん進《すす》めて。ところで、____________ 新《あたら》しいデザイナーさんに頼《たの》む作業量《さぎょうりょう》にも関《かか》わるし、状況次第《じょうきょうしだい》では予約受《よやくう》け付《つけ》を中止《ちゅうし》しないといけなくなるから。

女：はい、わかりました。

になるし。それより、筋肉《きんにく》も鍛《きた》えて、持久力《じきゅうりょく》をのばすことかな。

女：それなら、スポーツジムとかに通《かよ》ったほうがいいかな。

男：____________

청해 영역에서 주요한 키워드를 집중적으로 듣고 연습할 수 있는 워크북을 제공하여 청해 기본기를 확실히 다질 수 있습니다.

■ 일반 MP3 & 배속 MP3 & 고사장 MP3

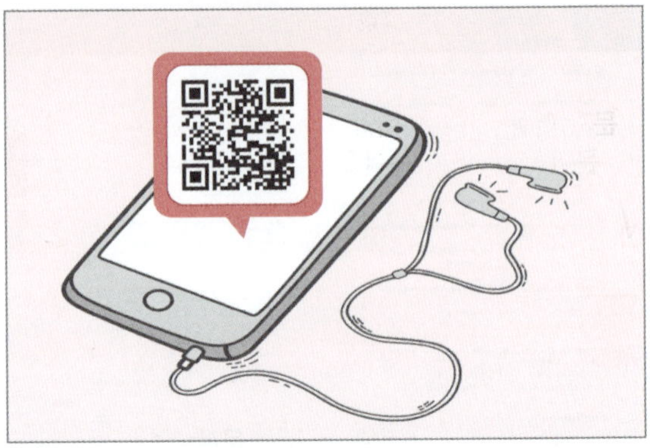

실제 시험 속도와 동일한 MP3 버전, 청해 실력을 극대화할 수 있는 배속 버전, 실전 감각을 기를 수 있는 고사장 소음 버전을 제공하여 청해 실력을 한층 더 향상시킬 수 있습니다.

■ 기출 어휘 및 기출 문법 영상

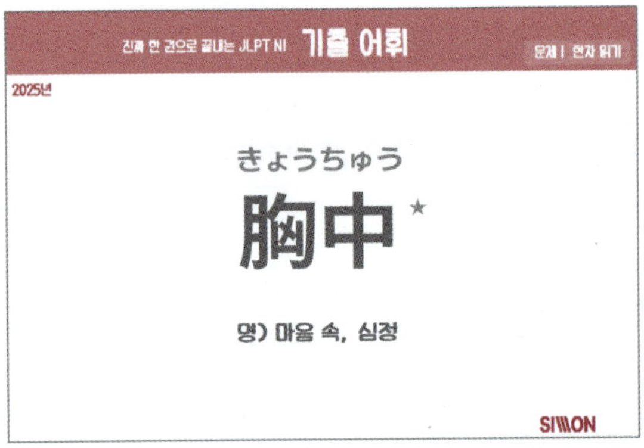

매 시험마다 출제된 기출 어휘와 기출 문법을 영상으로 제공하여 이동할 때나 자투리 시간에 효율적으로 학습할 수 있습니다.

기출 어휘　기출 문법

■ 실전 모의고사 무료 강의

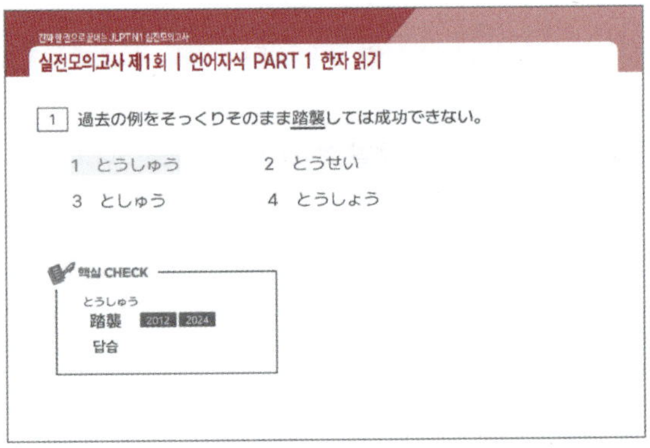

실전 감각을 기를 수 있도록 모의고사 1회분에 대한 저자 직강 영상을 무료로 제공합니다. 핵심을 짚어주는 강의로 단기간 내 고득점 달성이 가능합니다.

문자 어휘　문법　독해　청해

JLPT N1 고득점을 향한 학습 플랜

개념 학습 > **연습 문제** > **실전 테스트** > **실전 모의고사** 순으로 학습하세요.

1일	2일	3일	4일	5일	6일	7일
문자·어휘 문제 1 ☑ __월 __일	문법 문제 5 □ __월 __일	독해 문제 8 □ __월 __일	청해 문제 1 □ __월 __일	문자·어휘 문제 2 □ __월 __일	문법 문제 6 □ __월 __일	1주차 복습 □ __월 __일
8일	**9일**	**10일**	**11일**	**12일**	**13일**	**14일**
독해 문제 9, 10 □ __월 __일	청해 문제 2 □ __월 __일	문자·어휘 문제 3 □ __월 __일	문법 문제 7 □ __월 __일	독해 문제 11 □ __월 __일	청해 문제 3 □ __월 __일	2주차 복습 □ __월 __일
15일	**16일**	**17일**	**18일**	**19일**	**20일**	**21일**
문자·어휘 문제 4 □ __월 __일	문법 실전 테스트 □ __월 __일	독해 문제 12 □ __월 __일	청해 문제 4 □ __월 __일	문자·어휘 실전 테스트 □ __월 __일	독해 문제 13 □ __월 __일	3주차 복습 □ __월 __일
22일	**23일**	**24일**	**25일**	**26일**	**27일**	**28일**
청해 문제 5 □ __월 __일	독해 실전 테스트 □ __월 __일	청해 실전 테스트 □ __월 __일	제1회 모의고사 □ __월 __일	제2회 모의고사 □ __월 __일	제3회 모의고사 □ __월 __일	4주차 복습 □ __월 __일
29일	**30일**					
제4회 모의고사 □ __월 __일	총복습 □ __월 __일					

별책으로 제공하는 청해 워크북, 기출 어휘 및 기출 문법 영상도 틈틈이 활용하세요!

진짜 한 권으로 끝내는
JLPT N1

언어 지식 (문자·어휘) 집중 공략

1교시

언어 지식(문자·어휘)

최신 출제 트렌드

JLPT 시험에 이렇게 출제된다!

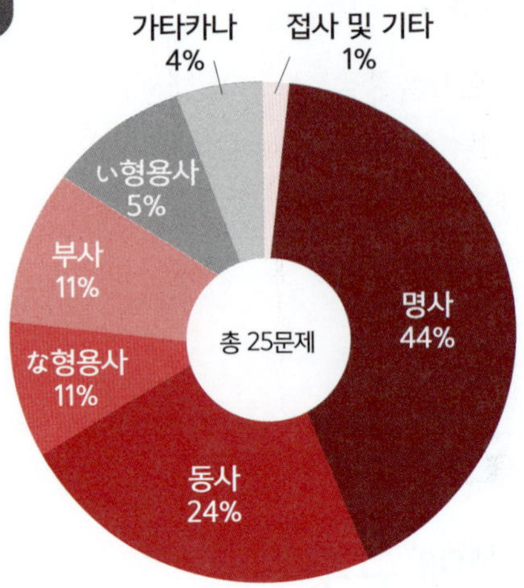

난이도 ★★★⯪☆

● 명사 ● 동사 ● な형용사 ● 부사 ● い형용사 ● 가타카나 ● 접사 및 기타

출제 1순위 **명사 44% | 동사 24%**

문자·어휘 파트는 명사와 동사의 비중이 과반을 차지할 만큼 중요하다. 한자 읽기에서는 '음독+음독'으로 읽는 두 글자 명사의 출제 비율이 높고, 유의 표현이나 용법에서는 훈독 명사의 출제 비율이 높은 편이다. 동사는 '오쿠리가나(送り仮名)'가 동일한 단어를 이용해 혼란을 주거나 동사와 동사가 결합해 추가 의미를 파생하는 '복합동사'의 문맥상의 의미를 묻기도 한다.

출제 2순위 **형용사 16% | 부사 11%**

형용사 중, な형용사의 비중이 い형용사의 두 배가 될 만큼 상대적으로 중요도가 높다고 할 수 있다. 부사는 예전 시험보다 출제 빈도가 낮아지는 추세지만, な형용사만큼의 비중으로 여전히 중요하다. 의성어나 의태어는 발음이 반복되는 단어가 많아 헷갈리기 쉬우므로 주의해야 한다. 예를 들어 「めきめき 눈에 띄게, 무럭무럭」과 같이 의미가 다양한 경우도 있어 예문과 함께 학습해 두는 것이 중요하다.

출제 3순위 **가타카나 4% | 접사 및 기타 1%**

가타카나 어휘의 중요성은 점차 높아지고 있다. 단순히 표기법과 뜻만 암기해서는 풀기 어려운 문제도 출제된다. 예를 들어 「リタイア 은퇴, 기권」과 같은 단어는 용법을 정확히 이해하는 것이 필요한데, 문맥에 따라 의미가 달라지므로 주의한다.

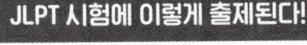

파트별 공략 POINT

POINT 1 한자 읽기

주어진 문장에서 밑줄 친 한자를 바르게 읽을 수 있는지 묻는 유형이다.

- ✔ '음독+음독' 조합의 두 글자 한자를 중점적으로 학습해 두기
- ✔ 장음과 단음, 청음과 탁음/반탁음, 촉음의 유무 등을 정확히 구분하기
- ✔ N1에서는 복잡한 한자어나 고급 한자 표현도 알아두기

POINT 2 문맥 규정

괄호에 들어갈 적절한 단어를 찾아 문장을 자연스럽게 이을 수 있는지 묻는 유형이다.

- ✔ 단어의 뜻뿐만 아니라 문장 내에서 그 단어가 어떤 역할을 하는지 이해하기
- ✔ 한 단어가 여러 의미로 사용될 수 있기 때문에 다양한 용례를 알아두기
- ✔ 거의 모든 품사가 출제되므로 골고루 학습해 두기

POINT 3 유의 표현

비슷한 의미를 가진 단어들 중에서 문맥에 맞는 것을 골라낼 수 있는지 묻는 유형이다.

- ✔ 밑줄 친 단어만 보고 고르는 것이 아니라 반드시 문맥 속에서 정확한 의미를 찾기
- ✔ 뜻이 비슷하지만, 뉘앙스나 사용 범위가 다른 단어들을 묶어서 학습해 두기
- ✔ '문어체 표현-구어체 표현', '가타카나어-한자어' 등을 바꿔 표현할 수 있도록 연습하기

POINT 4 용법

주어진 단어가 문장 속에서 올바르게 사용되었는지 묻는 유형이다.

- ✔ 단어의 의미뿐만 아니라, 문법적 쓰임을 고려하기
- ✔ 특히 동사나 형용사의 사용이 자연스러운지 확인하기
- ✔ 의미나 발음이 비슷해도 단어가 가지는 긍정적/부정적 뉘앙스에 따라 용법이 달라지므로 주의하기

문제 1

1교시 언어 지식 (문자·어휘)

한자 읽기

출제 경향

한자 읽기는 총 6문제가 출제된다. 밑줄 친 한자를 히라가나로 어떻게 읽는지 고르는 문제이다. 주로 음독 어휘의 발음을 고르는 문제와 훈독 어휘의 발음을 고르는 문제로 구성되는데, '음독+훈독(重箱《じゅうばこ》読《よ》み)' 또는 '훈독+음독(湯《ゆ》桶《とう》読《よ》み)'으로 혼합된 어휘의 발음을 고르는 문제가 출제되기도 한다. 한자 읽기는 문장 전체를 해석하지 않아도 풀 수 있는 유형이다. 밑줄 친 한자에 집중해 풀이 시간을 단축하면 좋다.

풀이 전략

★ 음독 어휘의 발음을 고르는 문제

명사, する동사, な형용사가 출제되며, 선택지를 모두 유사한 발음으로 제시해 혼동을 준다. 특히 오십음도 내에서 같은 단의 발음을 사용하거나 탁음(゛), 반탁음(゜), 장음(ー), 촉음(っ), 요음(ゃ,ゅ,ょ) 등을 추가하거나 생략하는 방식으로 오답 함정을 두어 난도를 높인다.

예 「枯渇 고갈」

1 ごうかつ (X) ↪ 장음이 추가됨
2 こっかつ (X) ↪ 촉음이 추가됨
3 こかつ ✔
4 ごかつ (X) ↪ 탁음이 추가됨

★ 훈독 어휘의 발음을 고르는 문제

명사, 동사, い형용사, な형용사가 출제된다. 문맥에 어울리지 않는 선택지를 먼저 소거하며 정답을 찾아야 한다. 다만, 선택지가 대부분 문맥상 어울리는 경우도 있기 때문에, 이때는 올바른 발음을 골라내야 한다.

예 「時間が経てば、決心も鈍るものだ。 시간이 지나면 결심도 무뎌지는 법이다.」

1 にぶる ✔
2 とどこおる (X) ↪ 문맥에 어울리지 않는 어휘 滞る(밀리다)
3 おとる (X) ↪ 문맥에 어울리지 않는 어휘 劣る(뒤떨어지다)
4 ちぢまる (X) ↪ 문맥에 어울리지 않는 어휘 縮まる(줄어들다)

★ 음독과 훈독이 혼합된 발음을 고르는 문제

명사가 출제된다. 제시어의 한자를 모두 음독으로 발음한 선택지, 또는 모두 훈독으로 발음한 선택지, 음독과 훈독을 반대로 조합하여 혼동을 유도한 선택지로 구성되어 있다. 음독과 훈독의 조합을 정확히 파악하는 것이 핵심이다.

예 「指図通り行った。 지시대로 했다.」

1 さしず ✔ ↪ 指는 훈독, 図는 음독으로 발음
2 しず (X) ↪ 모두 음독으로 발음
3 さしはかり (X) ↪ 모두 훈독으로 발음
4 しと (X) ↪ 모두 음독으로 발음

문제 유형 예시

問題 1 ＿＿＿＿の言葉の読み方として最もよいものを、1・2・3・4から一つ選びなさい。

1 彼は人のことに干渉するのが好きだ。

[1 かんしょう　2 かんそう　3 かんしょ　4 かんそ]

공략법 ❶
가장 먼저 밑줄 친 한자의 음독, 훈독을 확인한다.

공략법 ❷
장음과 촉음, 반탁음의 유무를 확인한다.

풀이 요령

★ 풀이 요령 1

「渉 건널 섭」은 음독으로만 읽으므로, 먼저 '음독+음독' 조합부터 선택지에서 찾는다. 「干 방패 간, 줄기 간」의 음독은 「かん」으로 모든 선택지가 동일함을 알 수 있다.

★ 풀이 요령 2

「渉 건널 섭」의 음독에서 장음 유무를 체크한다. 헷갈릴 때는 「交渉《こうしょう》 교섭」과 같이 「渉」이 들어간 다른 단어를 떠올려 보는 방법도 있다. 「渉 건널 섭」의 음독은 장음이 포함된 「しょう」로, 답은 1번이 된다. 한자 읽기 문제는 이렇게 한자의 음독과 훈독을 암기하여 조합하면 문맥 파악이 어려운 문장이라도 쉽게 정답을 찾을 수 있다.

해석

문제 1 ＿＿＿＿의 단어 읽는 법으로 가장 알맞은 것을 1·2·3·4에서 하나 고르세요.

1 그는 타인(다른 사람)의 일에 간섭하는 것을 좋아한다.

1 간섭 ✔　2 감상　3 날이 가물어 몹시 더움　4 간소

문제 1

1교시 언어 지식(문자 · 어휘)

한자 읽기 | 기출 어휘

* 2010년부터 2025년까지 출제된 한자 읽기 기출 단어 정리

2025년

- ☑ 胸中《きょうちゅう》★ 명) 마음 속, 심정
- ☐ 検閲《けんえつ》 명) 검열
- ☐ 裁《さば》く 동) 판가름하다, 재판하다
- ☐ 崇高《すうこう》★★ 명) 숭고
- ☐ 鈍《にぶ》い イ형) 둔하다
- ☐ 余《よ》暇《か》 명) 여가

2024년

- ☐ 侮《あなど》る 동) 얕보다, 업신여기다
- ☐ 粗《あら》い イ형) 거칠다, 성기다
- ☐ 戒《いまし》める★ 동) 훈계하다, 금하다, 경계하다
- ☐ 寿命《じゅみょう》 명) 수명
- ☐ 筋道《すじみち》 명) 순서, 이치
- ☐ 誓約書《せいやくしょ》 명) 서약서
- ☐ 絶叫《ぜっきょう》★ 명) 절규
- ☐ 粘膜《ねんまく》★★ 명) 점막
- ☐ 背《はい》後《ご》 명) 배후
- ☐ 腐《ふ》敗《はい》 명) 부패
- ☐ 抱《ほう》負《ふ》 명) 포부
- ☐ 奔放《ほんぽう》な★ ナ형) 분방한

2023년

- ☐ 偏《かたよ》り 명) 치우침
- ☐ 軌《き》跡《せき》 명) 궤적
- ☐ 軽率《けいそつ》な ナ형) 경솔한
- ☐ 誇《こ》張《ちょう》★ 명) 과장
- ☐ 諭《さと》す★ 동) 잘 타이르다
- ☐ 振興《しんこう》 명) 진흥
- ☐ 潜伏《せんぷく》 명) 잠복
- ☐ 騒然《そうぜん》と★★ 부) 시끄러운, 어수선한
- ☐ 秩序《ちつじょ》 명) 질서
- ☐ 朗《ほが》らかな ナ형) 명랑한, 쾌청한
- ☐ 賄《まかな》う★ 동) 조달하다, 식사를 제공하다
- ☐ 矛《む》盾《じゅん》 명) 모순

2022년

- ☐ 恩恵《おんけい》 명) 은혜
- ☐ 監督《かんとく》 명) 감독
- ☐ 慕《した》う★★ 동) 뒤를 좇다, 연모하다, 경모하다
- ☐ 透《す》ける★ 동) 비쳐 보이다
- ☐ 施《せ》錠《じょう》 명) 자물쇠를 잠금
- ☐ 忠告《ちゅうこく》 명) 충고
- ☐ 沈《ちん》下《か》 명) 침하
- ☐ 如実《にょじつ》 명) 여실(있는 그대로)
- ☐ 臨《のぞ》む★★★ 동) 향하다, 임하다
- ☐ 派《は》生《せい》 명) 파생
- ☐ 阻《はば》む★★ 동) 저지하다, 막다
- ☐ 勇敢《ゆうかん》な ナ형) 용감한

2021년

- □ 遺憾《いかん》 명) 유감
- □ 憤《いきどお》る★★ 동) 분개하다, 노하다
- □ 緊迫《きんぱく》 명) 긴박
- □ 枯渇《こかつ》 명) 고갈
- □ 克明《こくめい》な★★★ ナ형) 극명한
- □ 心遣《こころづか》い 명) 마음을 씀, 배려
- □ 錯覚《さっかく》 명) 착각
- □ 治癒《ちゆ》 명) 치유
- □ 尊《とうと》い イ형) 소중하다, 고귀하다
- □ 慰《なぐさ》める 동) 위로하다
- □ 貧富《ひんぷ》 명) 빈부
- □ 閉鎖《へいさ》 명) 폐쇄

2020년

- □ 促《うなが》す★★ 동) 촉구하다, 독촉하다
- □ 干渉《かんしょう》 명) 간섭
- □ 巧妙《こうみょう》な★★ ナ형) 교묘한
- □ 振興《しんこう》 명) 진흥
- □ 措置《そち》 명) 조치
- □ 粘《ねば》る 동) 잘 달라붙다, 끈덕지게 버티다

2019년

- □ 潔《いさぎよ》い★★ イ형) (미련없이) 깨끗하다, 떳떳하다
- □ 崩《くず》れる 동) 무너지다
- □ 砕《くだ》ける★ 동) 부서지다, 깨지다
- □ 貢献《こうけん》 명) 공헌
- □ 克服《こくふく》 명) 극복
- □ 債務《さいむ》 명) 채무
- □ 執着《しゅうちゃく》 명) 집착
- □ 映《は》える★★ 동) (빛을 받아) 빛나다
- □ 繁殖《はんしょく》 명) 번식
- □ 披露《ひろう》★★ 명) 피로(펼쳐 보임)
- □ 猛烈《もうれつ》な ナ형) 맹렬한
- □ 履歴《りれき》 명) 이력

2018년

- □ 偽《いつわ》る★★ 동) 속이다, 거짓말하다
- □ 戒《いまし》める★ 동) 훈계하다, 금하다, 경고하다
- □ 回顧《かいこ》 명) 회고
- □ 丘陵《きゅうりょう》 명) 구릉
- □ 驚嘆《きょうたん》 명) 경탄
- □ 嫌悪感《けんおかん》 명) 혐오감
- □ 豪快《ごうかい》な ナ형) 호쾌한
- □ 自粛《じしゅく》 명) 자숙
- □ 募《つの》る★★ 동) 심해지다, 모으다, 모집하다
- □ 滞《とどこお》る★★ 동) 정체되다, 밀리다
- □ 忍耐《にんたい》 명) 인내
- □ 膨大《ぼうだい》な★ ナ형) 방대한

2017년

- □ 潤《うるお》す 동) 촉촉하게 하다, 윤택하게 하다, 혜택을 주다
- □ 怠《おこた》る★★★ 동) 게으름 피우다, 방심하다, 소홀히 하다
- □ 開拓《かいたく》 명) 개척

□ 傾斜《けいしゃ》	명) 경사	□ 指図《さしず》	명) 지시	□ 殺菌《さっきん》	명) 살균
□ 託《たく》す	동) 맡기다, 부탁하다	□ 阻《はば》む★★	동) 방해하다, 저지하다	□ 暴露《ばくろ》★	명) 폭로
□ 復興《ふっこう》	명) 부흥	□ 巡《めぐ》る	동) 돌다, 둘러싸다	□ 了承《りょうしょう》	명) 양해, 납득

2016년

□ 賢《かしこ》い	イ형) 현명하다, 영리하다	□ 偏《かたよ》る	동) 치우치다, 기울다	□ 鑑定《かんてい》★	명) 감정
□ 顕著《けんちょ》な★★	ナ형) 현저한	□ 樹木《じゅもく》	명) 수목	□ 人脈《じんみゃく》	명) 인맥
□ 廃《すた》れる★★	동) 쓰이지 않게 되다, 쇠퇴하다, 한물가다	□ 相場《そうば》	명) 시세, 시가	□ 多岐《たき》	명) 다기(다방면, 여러 갈래)
□ 蓄《たくわ》える	동) 저장(비축)하다	□ 陳列《ちんれつ》	명) 진열	□ 華《はな》やかな	ナ형) 화려한

2015년

□ 値《あたい》する	동) ~할 만하다, 가치가 있다	□ 淡《あわ》い★★	イ형) 희미하다, 아련하다	□ 画一的《かくいつてき》な	ナ형) 획일적인
□ 寄付《きふ》	명) 기부	□ 興奮《こうふん》	명) 흥분	□ 慕《した》う★★	동) 뒤를 좇다, 연모하다, 경모하다
□ 承諾《しょうだく》	명) 승낙	□ 随時《ずいじ》★	명) 수시, 아무 때고 부) 수시로, 아무 때고	□ 唱《とな》える★	동) 소리내서 읽다, 주장(주창)하다
□ 破損《はそん》	명) 파손	□ 励《はげ》む	동) 힘쓰다, 애쓰다	□ 変遷《へんせん》★	명) 변천

2014년

□ 否《いな》む	동) 거절하다, 부정하다	□ 概略《がいりゃく》	명) 개략, 대략	□ 凝縮《ぎょうしゅく》★	명) 응축
□ 厳正《げんせい》な	ナ형) 엄정한	□ 拒《こば》む	동) 거부하다	□ 遂行《すいこう》	명) 수행
□ 健《すこ》やかな	ナ형) 튼튼한, 건전한	□ 漂《ただよ》う	동) 떠돌다, 감돌다	□ 中枢《ちゅうすう》★	명) 중추
□ 督促《とくそく》★	명) 독촉	□ 臨《のぞ》む★★★	동) 향하다, 임하다	□ 躍進《やくしん》★★	명) 약진

2013년

□ 跡《あと》地《ち》★	명) 철거지	□ 憤《いきどお》る★★	동) 분개하다, 노하다	□ 憩《いこ》い	명) 휴식, 쉼
□ 愚《おろ》かな	ナ형) 어리석은, 모자란	□ 緩《かん》和《わ》★	명) 완화	□ 巧妙《こうみょう》な	ナ형) 교묘한
□ 趣《しゅ》旨《し》★★	명) 취지	□ 需要《じゅよう》	명) 수요	□ 貫《つらぬ》く	동) 관철하다, 꿰뚫다
□ 日《にち》夜《や》	명) 주야	□ 把《は》握《あく》	명) 파악	□ 貧《ひん》富《ぷ》	명) 빈부

2012년

□ 改革《かいかく》	명) 개혁	□ 覆《くつがえ》す★	동) 뒤집어 엎다	□ 群衆《ぐんしゅう》	명) 군중
□ 克明《こくめい》な★★★	ナ형) 극명한	□ 心《ここ》地《ち》	명) 기분, 마음	□ 費《つい》やす	동) 쓰다, 소비하다, 낭비하다
□ 手《て》際《ぎわ》★	명) (처리하는) 솜씨	□ 踏襲《とうしゅう》★	명) 답습	□ 名《めい》誉《よ》	명) 명예
□ 網《もう》羅《ら》★	명) 망라	□ 由緒《ゆいしょ》★★	명) 유서	□ 枠《わく》	명) 테두리, 범위

2011년

□ 閲覧《えつらん》★	명) 열람	□ 合併《がっぺい》	명) 합병	□ 肝心《かんじん》な★★	ナ형) 긴요한, 중요한
□ 兆《きざ》し★★	명) 조짐, 징조	□ 考慮《こうりょ》	명) 고려	□ 根拠《こんきょ》	명) 근거
□ 遮《さえぎ》る	동) 차단하다, 가리다	□ 釈明《しゃくめい》★★	명) 석명, 해명	□ 鈍《にぶ》る★	동) 둔해지다, 무디어지다
□ 逃《のが》れる★★★	동) 도망치다, 피하다, 벗어나다, 면하다	□ 漠然《ばくぜん》と	부) 막연하게	□ 利《り》益《えき》	명) 이익

2010년

□ 潤《うるお》う★	동) 촉촉해지다, 윤택해지다, 풍요로워지다	□ 極《きわ》めて	부) 지극히, 매우	□ 契約《けいやく》	명) 계약
□ 壊《こわ》す	동) 파괴하다, 부수다	□ 締《し》める	동) 매다	□ 推《すい》理《り》	명) 추리
□ 手《て》薄《うす》な★	ナ형) 허술한	□ 練《ね》る★★★	동) (계획·작전 등을) 짜다	□ 華々《はなばな》しい	イ형) 매우 화려하다
□ 繁盛《はんじょう》★★	명) 번성, 번창	□ 伴奏《ばんそう》	명) 반주	□ 本筋《ほんすじ》	명) 본론, 본 줄거리

문제 1 | 1교시 언어 지식 (문자・어휘) | 채점:

한자 읽기 | 기출 어휘 연습 문제 ❶

問題 1 ＿＿＿＿＿の言葉の読み方として最もよいものを、1・2・3・4から一つ選びなさい。

1 あの先生は、生徒たちに慕われている。⑮㉒
1 ともなわれて　2 むくわれて　3 したわれて　4 うたがわれて

2 この物質は植物の生育を促す。⑳
1 うながす　2 もよおす　3 ただす　4 そらす

3 人手不足で、工事が滞っている。⑭
1 とどこおって　2 いたわって　3 しぶって　4 おこたって

4 新しく買った食器を熱湯で殺菌した。⑰
1 さつきん　2 さっきん　3 さいきん　4 そうきん

5 彼は本の執筆、講演など、多岐にわたって活躍している。⑯
1 おおき　2 だき　3 たき　4 おおぎ

6 異議を唱える。⑮
1 うったえる　2 きたえる　3 かまえる　4 となえる

7 公園は市民の憩いの場として必要不可欠だ。⑬
1 つどい　2 すくい　3 いこい　4 わずらい

8 カーテンで光を遮る。⑪
1 たえる　2 さえぎる　3 そなえる　4 あつらえる

9 生徒たちが伴奏に合わせて歌っている。⑩
1 ばんそう　2 はんそう　3 はんぞう　4 ばんぞう

10 久しぶりの雨で畑が潤う。⑩
1 おぎなう　2 つくろう　3 うるおう　4 まかなう

정답 및 해설 p.3

한자 읽기 | 기출 어휘 연습 문제 ❷

問題 1 ＿＿＿＿＿の言葉の読み方として最もよいものを、1･2･3･4から一つ選びなさい。

1 母親は息子を優しく諭した。㉓

1 さとした　2 ごまかした　3 いやした　4 おびやかした

2 このドアは閉めると自動的に施錠される。㉒

1 してい　2 しじょう　3 せてい　4 せじょう

3 A作家は素材の枯渇で苦しんでいる。㉑

1 ごうかつ　2 こっかつ　3 こかつ　4 ごかつ

4 彼はみんなの前で踊りを披露した。⑲

1 ひろう　2 ひろ　3 びろう　4 びろ

5 朝日に映える海が美しい。⑲

1 さかえる　2 ひえる　3 うえる　4 はえる

6 正体を暴露する。⑰

1 ばくろう　2 ぼうろう　3 ばくろ　4 ぼうろ

7 筆跡を鑑定する。⑯

1 かんてい　2 かんじょう　3 がんてい　4 がんじょう

8 アルバイトを随時募集しています。⑮

1 いっとき　2 ずいじ　3 ひととき　4 すいじ

9 その会社は代表が変わり、さらなる躍進を遂げている。⑭

1 やくしん　2 やくじん　3 ようしん　4 ようじん

10 京都には由緒ある建物が多く残っている。⑫

1 ゆちょう　2 ゆうしょ　3 ゆいちょう　4 ゆいしょ

정답 및 해설 p.5

한자 읽기 | 예상 어휘

* 출제 가능성이 높은 예상 어휘를 あいうえお순으로 제시

■ 명사

あ

황지영 센세의 매회 적중률 99.9%인 예상 어휘

☑ 相性《あいしょう》★	궁합, 성격이 맞음	☐ 圧巻《あっかん》	압권	☐ 斡旋《あっせん》★★	알선
☐ 維《い》持《じ》	유지	☐ 萎《い》縮《しゅく》	위축	☐ 衣《い》装《しょう》★	의상
☐ 遺《い》跡《せき》	유적	☐ 依《い》存《ぞん》	의존	☐ 依《い》頼《らい》	의뢰
☐ 印鑑《いんかん》	인감	☐ 因縁《いんねん》★★	인연	☐ 衛生《えいせい》	위생
☐ 沿岸《えんがん》	연안	☐ 演奏《えんそう》	연주		

か

☐ 階級《かいきゅう》	계급	☐ 開催《かいさい》	개최	☐ 解散《かいさん》	해산
☐ 街道《かいどう》	가도	☐ 概念《がいねん》	개념	☐ 解放《かいほう》	해방
☐ 解剖《かいぼう》★	해부	☐ 確証《かくしょう》	확증	☐ 革新《かくしん》	혁신
☐ 核心《かくしん》	핵심	☐ 拡張《かくちょう》	확장	☐ 獲得《かくとく》	획득
☐ 確《かく》保《ほ》	확보	☐ 隔《かく》離《り》	격리	☐ 葛藤《かっとう》	갈등
☐ 渇望《かつぼう》★	갈망	☐ 貨《か》幣《へい》	화폐	☐ 加《か》盟《めい》	가맹
☐ 感慨《かんがい》	감개	☐ 歓《かん》喜《き》	환희	☐ 歓迎《かんげい》★★	환영
☐ 観察《かんさつ》	관찰	☐ 換算《かんさん》	환산	☐ 観衆《かんしゅう》	관중
☐ 鑑賞《かんしょう》	감상	☐ 監《かん》視《し》	감시	☐ 勘定《かんじょう》	계산
☐ 関税《かんぜい》	관세	☐ 感染《かんせん》	감염	☐ 観測《かんそく》	관측
☐ 既《き》存《そん》★	기존	☐ 脚光《きゃっこう》	각광	☐ 救済《きゅうさい》	규제
☐ 吸収《きゅうしゅう》	흡수	☐ 窮乏《きゅうぼう》★	궁핍	☐ 驚《きょう》異《い》	경이

□ 脅《きょう》威《い》★★	협위, 위협	□ 驚愕《きょうがく》★	경악	□ 協《きょう》議《ぎ》	협의
□ 供給《きょうきゅう》	공급	□ 凶作《きょうさく》	흉작	□ 行政《ぎょうせい》	행정
□ 強迫《きょうはく》	강박, 강요	□ 脅迫《きょうはく》	협박	□ 業《ぎょう》務《む》	업무
□ 強要《きょうよう》	강요	□ 巨額《きょがく》	거액	□ 空腹《くうふく》	공복
□ 口《く》調《ちょう》★★	어조, 말투	□ 屈折《くっせつ》	굴절	□ 群衆《ぐんしゅう》	군중
□ 訓練《くんれん》	훈련	□ 警戒《けいかい》★	경계	□ 経《けい》路《ろ》	경로
□ 激励《げきれい》★	격려	□ 欠乏《けつぼう》★	결핍	□ 権《けん》威《い》	권위
□ 現役《げんえき》★	현역	□ 好況《こうきょう》	호황	□ 興行《こうぎょう》	흥행
□ 耕作《こうさく》	경작	□ 考察《こうさつ》	고찰	□ 交渉《こうしょう》	교섭
□ 恒常《こうじょう》	항상	□ 功績《こうせき》	공적	□ 強奪《ごうだつ》★★★	강탈
□ 公《こう》募《ぼ》	공모	□ 護《ご》衛《えい》	호위	□ 顧《こ》客《きゃく》	고객
□ 刻印《こくいん》★	각인	□ 固《こ》執《しつ》★★★	고집	□ 戸《こ》籍《せき》	호적
□ 誇《こ》大《だい》★★	과대	□ 骨《こっ》子《し》	골자	□ 骨董品《こっとうひん》	골동품
□ 梱包《こんぽう》★	곤포, 짐을 꾸림				

さ

□ 細菌《さいきん》	세균	□ 財源《ざいげん》	재원	□ 財政《ざいせい》	재정
□ 採択《さいたく》	채택	□ 栽培《さいばい》	재배	□ 細《さい》部《ぶ》	세부
□ 細胞《さいぼう》	세포	□ 財《ざい》務《む》	재무	□ 詐《さ》欺《ぎ》★	사기
□ 雑談《ざつだん》	잡담	□ 残酷《ざんこく》	잔혹	□ 散《さん》布《ぷ》★★★	산포, 살포
□ 志《し》願《がん》	지원	□ 指《し》揮《き》	지휘	□ 色彩《しきさい》	색채
□ 色《しき》素《そ》	색소	□ 資《し》産《さん》	자산	□ 持《じ》参《さん》	지참
□ 師《し》匠《しょう》★	스승	□ 辞《じ》職《しょく》★★	사직	□ 指《し》針《しん》	지침

□ 持続《じぞく》	지속	□ 事態《じたい》	사태	□ 執筆《しっぴつ》	집필
□ 指摘《してき》	지적	□ 志望《しぼう》	지망	□ 就職《しゅうしょく》	취직
□ 収納《しゅうのう》	수납	□ 祝賀《しゅくが》	축하	□ 縮小《しゅくしょう》	축소
□ 熟成《じゅくせい》	숙성	□ 熟考《じゅっこう》★★	숙고	□ 出費《しゅっぴ》	출비, 지출
□ 出没《しゅつぼつ》	출몰	□ 守備《しゅび》	수비	□ 循環《じゅんかん》	순환
□ 瞬時《しゅんじ》	순시, 순간	□ 順応《じゅんのう》	순응	□ 生涯《しょうがい》	생애
□ 定規《じょうぎ》	자, 기준, 척도	□ 成就《じょうじゅ》	성취	□ 情緒《じょうちょ》	정서
□ 蒸発《じょうはつ》	증발	□ 譲歩《じょうほ》	양보	□ 省略《しょうりゃく》	생략
□ 奨励《しょうれい》	장려	□ 職務《しょくむ》	직무	□ 食糧《しょくりょう》	식량
□ 庶民《しょみん》	서민	□ 署名《しょめい》	서명	□ 序列《じょれつ》	서열
□ 侵害《しんがい》	침해	□ 信仰《しんこう》★	신앙	□ 審査《しんさ》	심사
□ 伸縮《しんしゅく》	신축	□ 神秘《しんぴ》	신비	□ 進歩《しんぽ》	진보
□ 親密《しんみつ》	친밀	□ 信頼《しんらい》	신뢰	□ 侵略《しんりゃく》	침략
□ 診療《しんりょう》	진료	□ 炊事《すいじ》★	취사	□ 衰弱《すいじゃく》★★	쇠약
□ 推進《すいしん》	추진	□ 崇拝《すうはい》	숭배	□ 図面《ずめん》	도면
□ 請求《せいきゅう》	청구	□ 盛況《せいきょう》	성황	□ 静寂《せいじゃく》★★	정숙
□ 精通《せいつう》★	정통	□ 整列《せいれつ》	정렬	□ 責務《せきむ》★★	책무
□ 世間《せけん》	세간, 세상	□ 世俗《せぞく》	세속	□ 切開《せっかい》	절개
□ 接触《せっしょく》	접촉	□ 折衷《せっちゅう》	절충	□ 絶望《ぜつぼう》	절망
□ 繊維《せんい》★	섬유	□ 前兆《ぜんちょう》★★	전조	□ 洗練《せんれん》★	세련
□ 増強《ぞうきょう》	증강	□ 捜査《そうさ》★	수사	□ 捜索《そうさく》	수색
□ 操縦《そうじゅう》★★	조종	□ 装飾《そうしょく》	장식	□ 増進《ぞうしん》	증진
□ 創造《そうぞう》	창조	□ 遭難《そうなん》	조난	□ 装備《そうび》	장비

□ 阻止《そし》★★	저지	□ 訴訟《そしょう》★	소송	□ 率先《そっせん》	솔선
□ 損害《そんがい》	손해	□ 損失《そんしつ》	손실	□ 存亡《そんぼう》	존망

た

□ 待遇《たいぐう》★	대우	□ 対抗《たいこう》	대항	□ 退治《たいじ》	퇴치
□ 卓越《たくえつ》★★	탁월	□ 打撲《だぼく》★	타박	□ 短気《たんき》	급한 성격
□ 団結《だんけつ》	단결	□ 断言《だんげん》	단언	□ 探索《たんさく》	탐색
□ 断絶《だんぜつ》	단절	□ 探知《たんち》	탐지	□ 治安《ちあん》	치안
□ 蓄積《ちくせき》★	축적	□ 地質《ちしつ》	지질	□ 窒息《ちっそく》★★	질식
□ 着陸《ちゃくりく》	착륙	□ 忠告《ちゅうこく》	충고	□ 聴講《ちょうこう》	청강
□ 挑戦《ちょうせん》★	도전	□ 調停《ちょうてい》	조정	□ 眺望《ちょうぼう》★	조망
□ 貯蓄《ちょちく》	저축	□ 直観《ちょっかん》	직관	□ 治療《ちりょう》	치료
□ 賃金《ちんぎん》	임금	□ 沈没《ちんぼつ》★	침몰	□ 沈黙《ちんもく》★	침묵
□ 摘発《てきはつ》	적발	□ 鉄鋼《てっこう》	철강	□ 徹底《てってい》	철저
□ 討議《とうぎ》	토의	□ 倒産《とうさん》	도산	□ 搭乗《とうじょう》	탑승
□ 統制《とうせい》	통제	□ 逃走《とうそう》	도주	□ 統率《とうそつ》★	통솔
□ 統治《とうち》	통치	□ 討論《とうろん》	토론	□ 得点《とくてん》	득점
□ 独特《どくとく》	독특	□ 土壌《どじょう》★★	토양	□ 特許《とっきょ》	특허
□ 特権《とっけん》	특권	□ 突破《とっぱ》	돌파		

な

□ 納得《なっとく》	납득	□ 難解《なんかい》	난해	□ 燃焼《ねんしょう》	연소
□ 農耕《のうこう》	농경	□ 納品《のうひん》★	납품		

は

□ 媒介《ばいかい》	매개	□ 廃棄《はいき》	폐기	□ 配給《はいきゅう》	배급
□ 配偶者《はいぐうしゃ》	배우자	□ 廃止《はいし》★	폐지	□ 排除《はいじょ》	배제
□ 敗北《はいぼく》★★	패배	□ 倍率《ばいりつ》	배율	□ 配慮《はいりょ》	배려
□ 破格《はかく》	파격	□ 破綻《はたん》★★★	파탄	□ 発芽《はつが》	발아
□ 発掘《はっくつ》	발굴	□ 必須《ひっす》★	필수	□ 避難《ひなん》	피난
□ 批評《ひひょう》	비평	□ 誹謗《ひぼう》★★	비방	□ 悲鳴《ひめい》	비명
□ 平等《びょうどう》★	평등	□ 評判《ひょうばん》★	평판	□ 肥料《ひりょう》	비료
□ 微量《びりょう》	미량	□ 比例《ひれい》	비례	□ 負債《ふさい》★	부채
□ 侮辱《ぶじょく》★★	모욕	□ 不随《ふずい》	불수	□ 風情《ふぜい》★★★	풍정, 운치
□ 復帰《ふっき》	복귀	□ 物資《ぶっし》	물자	□ 沸騰《ふっとう》★	비등, 액체가 끓어오름
□ 憤慨《ふんがい》★	분개	□ 分割《ぶんかつ》	분할	□ 分業《ぶんぎょう》	분업
□ 文献《ぶんけん》	문헌	□ 紛失《ふんしつ》	분실	□ 分析《ぶんせき》★	분석
□ 分配《ぶんぱい》	분배	□ 分布《ぶんぷ》	분포	□ 粉末《ふんまつ》	분말
□ 分裂《ぶんれつ》	분열	□ 弊害《へいがい》	폐해	□ 弁論《べんろん》	변론
□ 保育《ほいく》	보육	□ 防衛《ぼうえい》★	방위	□ 放火《ほうか》	방화
□ 崩壊《ほうかい》	붕괴	□ 冒険《ぼうけん》	모험	□ 豊作《ほうさく》	풍작
□ 報酬《ほうしゅう》★★	보수	□ 豊潤《ほうじゅん》	풍윤	□ 包装《ほうそう》	포장
□ 膨張《ぼうちょう》★	팽창	□ 撲滅《ぼくめつ》★	박멸	□ 補足《ほそく》★	보족, 보충해서 채움

ま

□ 埋蔵《まいぞう》	매장	□ 魅力《みりょく》	매력	□ 未練《みれん》	미련
□ 無言《むごん》	무언	□ 夢想《むそう》★	몽상	□ 名称《めいしょう》	명칭

□ 名簿《めいぼ》★★	명부	□ 迷路《めいろ》★	미로	□ 滅亡《めつぼう》★	멸망
□ 模型《もけい》	모형	□ 模索《もさく》	모색		

や

□ 優越《ゆうえつ》★★	우월	□ 誘拐《ゆうかい》	유괴	□ 猶予《ゆうよ》★★	유예
□ 優劣《ゆうれつ》★	우열	□ 由来《ゆらい》★	유래	□ 要領《ようりょう》	요령
□ 欲求《よっきゅう》	욕구				

ら·わ

□ 略奪《りゃくだつ》★	약탈	□ 流通《りゅうつう》	유통	□ 流暢《りゅうちょう》★	유창
□ 領域《りょういき》	영역	□ 漁師《りょうし》	어부	□ 領土《りょうど》	영토
□ 理論《りろん》	이론	□ 流布《るふ》★★	유포	□ 老朽化《ろうきゅうか》	노후화
□ 惑星《わくせい》	혹성				

■ 훈독 명사

□ 趣《おもむき》★★	정취, 분위기	□ 塊《かたまり》	덩어리	□ 要《かなめ》★	가장 중요한 부분, 인물
□ 霧《きり》	안개	□ 絆《きずな》	유대, 인연	□ 玄人《くろうと》	전문가
□ 暦《こよみ》	달력	□ 老舗《しにせ》	노포	□ 素人《しろうと》	초심자
□ 粋《すい》★	정수	□ 類《たぐい》★	종류, 부류, 유례	□ 魂《たましい》	혼, 영혼, 넋
□ 苗《なえ》	모종	□ 仲人《なこうど》	중매인, 중매쟁이	□ 名残《なごり》★★	자취, 흔적
□ 雪崩《なだれ》	눈사태	□ 浜辺《はまべ》	바닷가, 해변	□ 間際《まぎわ》★★	직전, 찰나
□ 望月《もちづき》	망월, 보름달	□ 夢現《ゆめうつつ》	비몽사몽	□ 若人《わこうど》	젊은이
□ 災《わざわ》い	재앙, 재난, 화				

■ 동사

□ 欺《あざむ》く	속이다, 기만하다	□ 癒《いや》す★★	치유하다, 고치다	□ 訴《うった》える	소송하다, 호소하다
□ 恨《うら》む	원망하다	□ 赴《おもむ》く★★	향해가다	□ 織《お》る	짜다
□ 省《かえり》みる	반성하다	□ 輝《かがや》く	빛나다	□ 絡《から》む★	얽히다, 관련이 있다
□ 絡《から》める	관련시키다	□ 究《きわ》める	깊이 연구하다	□ 腐《くさ》る	썩다
□ 崩《くず》す	무너뜨리다	□ 授《さず》ける	하사하다, 전수하다	□ 定《さだ》める	정하다
□ 悟《さと》る	깨닫다	□ 裁《さば》く 예상 적중 ㉕	중재하다, 재판하다	□ 妨《さまた》げる	방해하다
□ 縛《しば》る	묶다, 속박하다	□ 備《そな》える	준비하다, 마련하다	□ 縮《ちぢ》まる	줄어들다
□ 司《つかさど》る★	맡다, 담당하다	□ 嘆《なげ》く★★	한탄하다	□ 和《なご》む★★	누그러지다, 부드러워지다
□ 倣《なら》う★★	모방하다, 따라하다	□ 労《ねぎら》う	(노고를) 위로하다	□ 嫉《ねた》む	질투하다, 샘하다
□ 育《はぐく》む	기르다, 키우다	□ 率《ひき》いる	거느리다, 통솔하다	□ 隔《へだ》てる	사이를 떼다(두다)
□ 惑《まど》わす	혼란시키다, 현혹하다	□ 免《まぬが》れる	면하다, 모면하다	□ 導《みちび》く	안내하다, 인도하다
□ 認《みと》める	인정하다	□ 群《むら》がる	군집하다, 떼 지어 모이다	□ 歪《ゆが》む	비뚤어지다, 일그러지다
□ 委《ゆだ》ねる★	위임하다, 맡기다	□ 弱《よわ》る	약해지다		

■ イ형용사

□ 険《けわ》しい	험난하다, 험악하다	□ 倹《つま》しい★	알뜰하다, 검소하다	□ 貴《とうと》い	고귀하다, 귀중하다
□ 乏《とぼ》しい	모자라다, 부족하다				

■ ナ형용사

☐	鮮《あざ》やかな	선명한, 훌륭한	☐	粋《いき》な	세련된, 멋진	☐	鋭敏《えいびん》な	예민한
☐	婉曲《えんきょく》な★	완곡한	☐	確固《かっこ》たる★★	확고한	☐	強靭《きょうじん》な★★★	강인한
☐	謙虚《けんきょ》な	겸허한	☐	厳粛《げんしゅく》な	엄숙한	☐	豪華《ごうか》な	호화로운
☐	高尚《こうしょう》な★	고상한	☐	困惑《こんわく》な★	곤혹인, 난처한	☐	早速《さっそく》な	신속한
☐	柔順《じゅうじゅん》な★★	유순한	☐	迅速《じんそく》な★	신속한	☐	贅沢《ぜいたく》な	사치스러운
☐	繊細《せんさい》な	섬세한	☐	大胆《だいたん》な	대담한	☐	怠慢《たいまん》な★	태만한
☐	淡泊《たんぱく》な	담백한	☐	鈍感《どんかん》な★	둔감한	☐	和《なご》やかな★	부드러운, 온화한
☐	柔弱《にゅうじゃく》な★★★	유약한, 나약한	☐	敏感《びんかん》な	민감한	☐	貧困《ひんこん》な	빈곤한
☐	貧弱《ひんじゃく》な	빈약한	☐	豊富《ほうふ》な	풍부한	☐	未熟《みじゅく》な	미숙한
☐	無残《むざん》な★	무참한	☐	愉快《ゆかい》な★	유쾌한	☐	幼稚《ようち》な	유치한

■ 어려운 명사·형용사

☐	軋轢《あつれき》	알력	☐	安穏《あんのん》な★	안온, (마음상태·분위기·날씨) 조용하고 편안함	☐	逸話《いつわ》★	일화
☐	嗚咽《おえつ》	오열	☐	懐柔《かいじゅう》★★	회유	☐	間髪《かんぱつ》★★	간발
☐	矯正《きょうせい》	교정	☐	稀有《けう》な★	희유, 희한	☐	誤謬《ごびゅう》★★	오류
☐	錯綜《さくそう》	착종, 복잡, 착잡	☐	殺風景《さっぷうけい》	살풍경	☐	散逸《さんいつ》	산일, 흩어져 없어짐
☐	叱責《しっせき》★★	질책	☐	叱咤《しった》★★	질타	☐	疾病《しっぺい》	질병
☐	収拾《しゅうしゅう》	수습	☐	信憑性《しんぴょうせい》★	신빙성	☐	脆弱《ぜいじゃく》★	취약
☐	相殺《そうさい》★★	상쇄	☐	顛末《てんまつ》	전말(일의 처음부터 끝까지의 형편)	☐	柔弱《にゅうじゃく》★	유약
☐	柔和《にゅうわ》な★★	유화, 온화	☐	反芻《はんすう》	반추	☐	傍観《ぼうかん》	방관
☐	捕捉《ほそく》★★★	포착	☐	邁進《まいしん》★	매진	☐	蔓延《まんえん》	만연
☐	漏洩《ろうえい》★	누설	☐	歪曲《わいきょく》	왜곡			

한자 읽기 | 예상 어휘 연습 문제 ❶

問題 1 ＿＿＿＿＿の言葉の読み方として最もよいものを、1･2･3･4から一つ選びなさい。

1 彼らは平和を渇望している。

1 かつぼう　2 かつもう　3 こつぼう　4 こつもう

2 ここは昔の趣がある。

1 かたむき　2 おもむき　3 ひずみ　4 はずみ

3 母はとても倹しい暮らしをしている。

1 けわしい　2 みすぼらしい　3 とぼしい　4 つましい

4 吉田さんは努力もせず人を妬んでばかりいる。

1 ねたんで　2 いたんで　3 からんで　4 くやんで

5 取引先からの依頼を婉曲に断った。

1 わんきょく　2 いんきょく　3 えんきょく　4 おんきょく

6 この作品は類まれな名作だ。

1 つどい　2 いこい　3 たぐい　4 くい

7 誇大広告で消費者を惑わしている。

1 みがわして　2 まどわして　3 かわして　4 ぎどわして

8 彼女は荷物を梱包した。

1 かんぽう　2 こんぽう　3 かんぼう　4 こんぼう

9 長年の研究が成就した。

1 せいしゅう　2 せいじゅ　3 じょうじゅ　4 じょしゅう

10 A氏は情緒が豊富な人だ。

1 じょうちょ　2 じょうしょう　3 ちょうしょ　4 ちょしょう

정답 및 해설 p.8

한자 읽기 | 예상 어휘 연습 문제 ❷

問題 1 ＿＿＿＿＿の言葉の読み方として最もよいものを、1·2·3·4から一つ選びなさい。

1 虚偽の事実が流布されている。

1 りゅうふ　　2 りゅうふう　　3 るふ　　4 るふう

2 このバクテリアは熱に脆弱だ。

1 ぜいじゃく　　2 ぜいにゃく　　3 しゅうじゃく　　4 しゅうにゃく

3 表情だけで人の感情を捕捉することはできない。

1 ほうちゃく　　2 ほうそく　　3 ほちゃく　　4 ほそく

4 彼は強靭なメンタルの持ち主だ。

1 きょうにん　　2 きょうじん　　3 ごうにん　　4 ごうじん

5 悪習慣は撲滅した方がいい。

1 ばくめつ　　2 ばくべつ　　3 ぼくめつ　　4 ぼくべつ

6 そのような発言は侮辱にあたる。

1 ぶじょく　　2 ばいじょく　　3 ぶぞく　　4 ばいぞく

7 日が沈む光景は風情がある。

1 ふうじょ　　2 ふうぜい　　3 ぶじょう　　4 ふぜい

8 お互いの債務が相殺された。

1 そうさい　　2 しょうさい　　3 そうさつ　　4 しょうさつ

9 彼は熟考を重ねたうえで、会社をやめた。

1 じゅくご　　2 じゅっこう　　3 じゅくこう　　4 じゅっこ

10 畑に農薬を散布した。

1 さつふ　　2 さっぽ　　3 さんぶ　　4 さんぷ

정답 및 해설 p.11

문제 2

1교시 언어 지식 (문자·어휘)

문맥 규정

출제 경향

문맥 규정은 총 7문제가 출제된다. 괄호 안에 들어갈 가장 적절한 단어를 고르는 문제이다. 괄호의 앞뒤 내용을 자연스럽게 연결해 주어야 한다. 따라서 그 단어가 문장 속에서 어떤 역할을 하는지가 중요하며, 거의 모든 품사가 골고루 출제된다. 오답을 소거하며 접근하고 정답 후보가 두 개 이상일 경우에는 문맥상 가장 잘 어울리는 의미의 선택지를 고른다.

풀이 전략

★ 숙어·관용구를 고르는 문제

숙어는 단어의 결합을 통해 부가 의미를 파생하며, 관용구는 문자 그대로의 의미가 아니라 사회적 합의・관습을 통해 특정 의미를 전달한다. 즉, 단어들의 기본 의미만으로는 정확한 뜻을 추론하기 어렵다는 특징이 있으므로, 통째로 암기해야 한다.

숙어: 「肩《かた》 어깨」+「持《も》つ 들다, 가지고 있다」➜「肩《かた》を持《も》つ 편을 들다, 지지하다」

관용구: 「油《あぶら》 기름」+「売《う》る 팔다」➜「油《あぶら》を売《う》る (수다로) 시간을 보내다, 농땡이 부리다」

★ 부사(의성어·의태어 등)를 고르는 문제

의성어·의태어를 포함한 부사도 꼭 시험에 출제된다. 정확한 뉘앙스를 알 수 있도록 예문을 통째로 외워두는 것이 도움된다.

예 早《はや》く遊《あそ》びに行《い》きたくて、うずうずしている。 빨리 놀러 가고 싶어서, 몸이 근질근질하다.

頭《あたま》がズキズキ痛《いた》む。 머리가 욱신욱신/지끈지끈 아프다.

★ 어려운 한자를 고르는 문제

복잡하고 생소한 한자어는 뜻뿐만 아니라 단어의 용도까지 정확하게 확인해 두어야 한다. 예문을 통해 그 단어가 어떤 문장에 자주 사용되는지 살펴보면 좋다.

「歴《れき》 지날(역)」+「然《ぜん》 불탈(연)/명백할(연)」➜ 단어의 뜻: 「歴然《れきぜん》 분명한, 뚜렷한」

예 その証拠《しょうこ》は歴然《れきぜん》としている。 그 증거는 명백하다.

★ 접미어·접두어를 고르는 문제

접미어와 접두어는 단어의 의미를 바꾸거나 세부적인 뉘앙스를 추가하는 데 중요한 역할을 한다. 최근에는 출제 빈도가 낮아졌지만 그래도 간혹 출제되므로 결합되는 명사와 같이 학습해 둔다.

접미어: ~観《かん》 ~관 ➜「世界観《せかいかん》 세계관」、「価値観《かちかん》 가치관」

접두어: 超《ちょう》~ 초~ ➜「超能力《ちょうのうりょく》 초능력」、「超高速《ちょうこうそく》 초고속」

문제 유형 예시

問題 2　(　　　　　)に入れるのに最もよいものを1·2·3·4から一つ選びなさい。

7　恋愛中は一緒にいて楽しい相手がいいかもしれないが、結婚相手なら
(　대입　) な人がいい。

1 切実　　2 堅実　　3 安泰　　4 安易

공략법 ❶
문장 전체를 꼼꼼히 해석한 후, 괄호 안 단어를 유추해 본다.

공략법 ❷
문맥에 맞지 않는 것은 소거하고, 나머지 선택지를 하나씩 괄호 안에 대입해 가장 자연스럽게 해석되는 단어를 찾는다.

풀이 요령

★ 풀이 요령 1

문장 전체를 차분히 해석해 보면, '연애 중에는 함께 있어서 즐거운 상대가 좋을지도 모르지만, 결혼 상대라면 (　　　　　)한 사람이 좋다'라는 의미이다. 그렇다면 괄호 안에는 '사람의 성격, 성질'을 나타내는 긍정적인 뉘앙스의 단어가 들어가야 함을 유추해 볼 수 있다.

★ 풀이 요령 2

괄호 앞뒤의 해석만으로 떠오르는 단어가 없다면, 선택지를 하나씩 대입해 본다. 1번의 '(절실)한 사람', 3번의 '(평온하고 무사)한 사람', 4번의 '(쉬운, 안이)한 사람'은 괄호 안에 넣으면 의미가 통하지 않으므로 정답이 2번이라는 것을 알 수 있다.

해석

문제 2 (　　　　　)에 들어갈 것으로 가장 알맞은 것을 1·2·3·4에서 하나 고르세요.

7　연애 중에는 함께 있어서 즐거운 상대가 좋을지도 모르지만, 결혼 상대라면 (　　　　　)한 사람이 좋다.

1　절실　　2　견실 ✔　　3　평온하고 무사　　4　안이

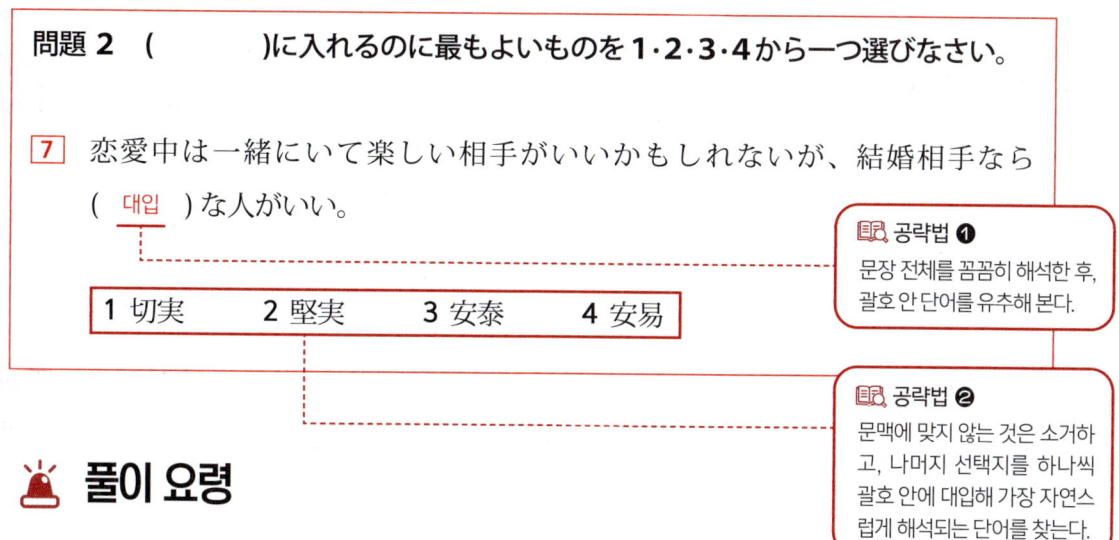

문제 2

1교시 언어 지식(문자·어휘)

문맥 규정 | 기출 어휘

* 2010년부터 2025년까지 출제된 문맥 규정 기출 단어 정리

2025년

うすうす 부) 어렴풋이	彼《かれ》の気持《きも》ちが変《か》わったことはうすうす気《き》づいていた。 그의 마음이 변했다는 것은 어렴풋이 눈치채고 있었다.
加筆《かひつ》★ 명) 가필	報告書《ほうこくしょ》に足《た》りない点《てん》があるため、加筆修正《かひつしゅうせい》する予定《よてい》だ。 보고서에 부족한 점이 있기 때문에 가필 수정할 예정이다.
合併《がっぺい》 명) 합병	二つの会社《かいしゃ》が合併《がっぺい》して、世界最大級《せかいさいだいきゅう》の食品会社《しょくひんかいしゃ》が誕生《たんじょう》した。 두 회사가 합병해 세계 최대 식품회사가 탄생했다.
ごまかす★ 동) 속이다, 얼버무리다	どうやら彼女《かのじょ》は年齢《ねんれい》をごまかしているようだ。 아무래도 그녀는 나이를 속이고 있는 것 같다.
手先《てさき》 명) 손재주	彼女《かのじょ》は、手先《てさき》が器用《きよう》で、何《なん》でも自分《じぶん》で作《つく》る。 그녀는 손재주가 있어서 무엇이든 직접 만든다.
脳裏《のうり》★ 명) 뇌리	試験問題《しけんもんだい》を見《み》た瞬間《しゅんかん》、先生《せんせい》の言葉《ことば》が脳裏《のうり》に浮《う》かんだ。 시험 문제를 보는 순간 선생님의 말씀이 뇌리에 떠올랐다.
ブランク 가) 공백	出産《しゅっさん》と育児《いくじ》による長《なが》いブランクを実力《じつりょく》で乗《の》り越《こ》えた。 출산과 육아로 인한 긴 공백을 실력으로 극복했다.

2024년

足手《あして》まとい 명) 부담, 짐	足手《あして》まといになっている。 짐이 되고 있다.
足止《あしど》め 명) 발 묶임	駅《えき》で足止《あしど》めされている。 역에서 발이 묶여 있다.
掲《かか》げる 동) 내걸다	スローガンを掲《かか》げて活動《かつどう》する。 슬로건을 내걸고 활동한다.
がやがや 부) 왁자지껄	がやがやと騒《さわ》がしい。 왁자지껄 시끄럽다.
交錯《こうさく》★★★ 명) 교착	夢《ゆめ》と現実《げんじつ》が交錯《こうさく》する。 꿈과 현실이 교착하다.
根底《こんてい》 명) 근본, 토대	これまでの説《せつ》を根底《こんてい》から覆《くつがえ》す。 지금까지의 정설을 근본부터 뒤집다.
適応《てきおう》 명) 적응	新《あたら》しい環境《かんきょう》に適応《てきおう》する。 새로운 환경에 적응하다.
踏襲《とうしゅう》★ 명) 답습	しきたりを踏襲《とうしゅう》して後世《こうせい》に伝《つた》える。 관습을 답습하여 후세에 전하다.
とっさに 부) 순간적으로	とっさに隣《となり》の人《ひと》をつかんだ。 순간적으로 옆 사람을 잡았다.
取《と》り次《つ》ぐ 동) (용건) 전하다, 중개하다	電話《でんわ》を取《と》り次《つ》ぐ。 전화를 연결하다.

難航《なんこう》 명) 난항	住民反対《じゅうみんはんたい》で工事《こうじ》は難航《なんこう》している。 주민 반대로 공사가 난항을 겪고 있다.
払拭《ふっしょく》★★ 명) 불식	顧客《こきゃく》の不安《ふあん》払拭《ふっしょく》に努《つと》めた。 고객의 불안 불식을 위해 노력했다.
へとへと 부) 기진맥진, 녹초가 된	疲《つか》れてへとへとだ。 지쳐서 기진맥진이다.
返上《へんじょう》 명) 반납	休日《きゅうじつ》返上《へんじょう》して働《はたら》き続《つづ》けている。 휴일을 반납하고 계속 일하고 있다.

2023년

快挙《かいきょ》 명) 쾌거	新記録達成《しんきろくたっせい》の快挙《かいきょ》を成《な》し遂《と》げる。 신기록 달성의 쾌거를 이루다.
還元《かんげん》★★ 명) 환원	顧客《こきゃく》に利益《りえき》を還元《かんげん》する。 고객에게 이익을 환원하다.
結成《けっせい》 명) 결성	新《しん》チームが結成《けっせい》された。 새로운 팀이 결성되었다.
自立《じりつ》 명) 자립	親《おや》から経済的《けいざいてき》に自立《じりつ》する。 부모에게서 경제적으로 자립하다.
助長《じょちょう》 명) 조장	不安《ふあん》をさらに助長《じょちょう》する。 불안을 더욱 조장하다.
つくづく★ 부) 절실히, 곰곰이	社会《しゃかい》の厳《きび》しさをつくづくと感《かん》じる。 사회의 엄격함을 절실히 느끼다.
手配《てはい》 명) 준비, 절차	会議《かいぎ》の手配《てはい》は秘書《ひしょ》に任《まか》せています。 회의 준비는 비서에게 맡기고 있습니다.
どんより 부) 날씨가 잔뜩 흐린 모양	空《そら》がどんよりと曇《くも》っている。 하늘이 잔뜩 흐리고 구름이 껴 있다.
ネック 가) 애로, 걸림돌	技術《ぎじゅつ》の限界《げんかい》がネックになっている。 기술 한계가 걸림돌이 되고 있다.
発散《はっさん》 명) 발산	ストレスを発散《はっさん》する。 스트레스를 발산하다.
ほぐれる★ 동) 풀리다	緊張《きんちょう》がほぐれてきた。 긴장이 풀렸다.
紛《まぎ》らわしい イ형) 헷갈리기 쉽다	発音《はつおん》がよく似《に》ていて紛《まぎ》らわしい。 발음이 비슷해서 헷갈리기 쉽다.
見返《みかえ》り 명) 보답, 보상	見返《みかえ》りを期待《きたい》する。 보상을 기대하다.
行《ゆ》き届《とど》く 동) 주의가 구석구석까지 미치다	掃除《そうじ》が行《ゆ》き届《とど》いている。 청소가 구석구석 되어 있다.

2022년

噛《か》み合《あ》う★ 동) (의견 등이) 서로 맞다	意見《いけん》が噛《か》み合《あ》わない。 의견이 맞지 않는다.
食《く》い込《こ》む★★ 동) 파고들다, 잠식하다	初参加《はつさんか》で堂々《どうどう》と２位《い》に食《く》い込《こ》んだ。 첫 참가로 당당하게 2위에 들었다.
軽快《けいかい》な ナ형) 경쾌한	軽快《けいかい》なリズムに合《あ》わせて踊《おど》る。 경쾌한 리듬에 맞추어 춤추다.
サイクル 가) 사이클, 주기	計画《けいかく》·実行《じっこう》·評価《ひょうか》·改善《かいぜん》というサイクルを繰《く》り返《かえ》す。 계획, 실행, 평가, 개선이라는 사이클을 반복하다.

しわざ 명) 행위, 소위, 짓	あいつのしわざに違《ちが》いない。 그 녀석의 소행임이 틀림없다.
掬《すく》う · 抄《すく》う 동) 떠내다, 건져 올리다	手《て》で水《みず》を掬《すく》って / 抄《すく》って顔《かお》を洗《あら》う。 손으로 물을 떠서 얼굴을 씻다.
すべすべ 부) 매끈매끈	肌《はだ》がすべすべになる。 피부가 매끈매끈해지다.
仲裁《ちゅうさい》 명) 중재	先生《せんせい》がケンカの仲裁《ちゅうさい》に入《はい》った。 선생님이 싸움 중재에 들어갔다.
忠実《ちゅうじつ》な ナ형) 충실한	この模型《もけい》は実物《じつぶつ》を忠実《ちゅうじつ》に再現《さいげん》している。 이 모형은 실물을 충실하게 재현하고 있다.
てっきり 부) 틀림없이, 꼭	今日《きょう》はてっきり休《やす》みだと思《おも》ったのに。 오늘은 틀림없이 쉬는 날이라고 생각했는데.
念願《ねんがん》★★ 명) 염원, 소원	ついに念願《ねんがん》の優勝《ゆうしょう》を手《て》に入《い》れた。 마침내 염원의 우승을 손에 넣었다.
発覚《はっかく》★ 명) 발각	重大《じゅうだい》な欠陥《けっかん》が発覚《はっかく》した。 중대한 결함이 발각됐다.
ピント 가) 핀트, 초점	ピントが甘《あま》い写真《しゃしん》 초점이 맞지 않는 사진
保護《ほご》 명) 보호	個人《こじん》のプライバシーを保護《ほご》する。 개인의 프라이버시를 보호하다.

2021년

旺盛《おうせい》な ナ형) 왕성한	旺盛《おうせい》な食欲《しょくよく》で昼食《ちゅうしょく》を完食《かんしょく》した。 왕성한 식욕으로 점심을 다 먹었다.
ぎくしゃくする★ 동) 부자유스럽다, 어색하다	ぎくしゃくした雰囲気《ふんいき》をどうにかしたい。 어색한 분위기를 어떻게든 풀고 싶다.
却下《きゃっか》★ 명) 기각, 각하	すべての申請《しんせい》は却下《きゃっか》される可能性《かのうせい》がある。 모든 신청은 기각될 가능성이 있다.
こじれる★★ 동) (병이) 악화되다, (이야기나 일 등이) 복잡해지다, (마음이) 비꼬이다	問題《もんだい》がこじれる前《まえ》に解決《かいけつ》しよう。 문제가 꼬이기 전에 해결하자.
賛成派《さんせいは》 명) 찬성파	賛成派《さんせいは》が多数《たすう》を占《し》めている。 찬성파가 다수를 차지하고 있다.
熟知《じゅくち》 명) 숙지	この分野《ぶんや》に熟知《じゅくち》した専門家《せんもんか》を探《さが》している。 이 분야를 잘 아는 익숙한 전문가를 찾고 있다.
存続《そんぞく》 명) 존속	電子書籍《でんししょせき》により既存《きそん》の書店《しょてん》の存続《そんぞく》が危《あや》ぶまれる。 전자 서적으로 인해 기존의 서점의 존재가 위태로워지다.
担《にな》う 동) 담당하다, 맡다	彼《かれ》は責任《せきにん》を担《にな》う覚悟《かくご》ができている。 그는 책임을 질 각오가 되어 있다.
風習《ふうしゅう》 명) 풍습	この地域《ちいき》には独特《どくとく》な風習《ふうしゅう》がある。 이 지역에는 독특한 풍습이 있다.

施《ほどこ》す★★★ 동) 행하다, 가하다	彼《かれ》は困《こま》っている人々《ひとびと》に手《て》を施《ほどこ》した。 그는 어려움에 처한 사람들에게 도움의 손길을 주었다.
めきめき 부) 눈에 띄게, 두드러지게	このチームはめきめきと成長《せいちょう》している。 이 팀은 눈에 띄게 성장하고 있다.
目先《めさき》 명) 눈앞, 목전	目先《めさき》の利益《りえき》にとらわれないようにしよう。 눈앞의 이익에 얽매이지 않도록 하자.
もどかしい イ형) 안타깝다, 초조하다, 답답하다	私《わたし》の思《おも》いをうまく伝《つた》えられなくて、とてももどかしい。 나의 마음을 제대로 전달하지 못해서 너무 답답하다.
余波《よは》 명) 여파	経済《けいざい》危機《きき》の余波《よは》で多《おお》くの人《ひと》が失業《しつぎょう》した。 경제 위기의 여파로 많은 사람들이 실직했다.

2020년

危《あや》ぶむ★★ 동) 위태로워하다, 걱정하다	彼女《かのじょ》は結果《けっか》を危《あや》ぶんでいた。 그녀는 결과를 걱정하고 있었다.
うずうずする★ 동) 근질근질하다 (뭔가를 하고 싶어 좀이 쑤시는 모양)	息子《むすこ》はゲームがしたくてうずうずしているようだ。 아들은 게임을 하고 싶어 근질근질한 것 같다.
クレーム 가) 클레임, 불만	お客様《きゃくさま》からのクレームが相次《あいつ》いでいる。 손님으로부터의 클레임이 잇따르고 있다.
経緯《けいい》 명) 경위	事件《じけん》の経緯《けいい》を詳《くわ》しく調《しら》べた。 사건의 경위를 자세히 조사했다.
壮大《そうだい》な ナ형) 장대한	壮大《そうだい》な夢《ゆめ》を追《お》い続《つづ》けている。 장대한 꿈을 쫓아가고 있다.
撤去《てっきょ》 명) 철거	古《ふる》い施設《しせつ》の撤去《てっきょ》が必要《ひつよう》だ。 낡은 시설의 철거가 필요하다.
みっちり★ 부) 충실히, 착실히	毎日《まいにち》みっちり勉強《べんきょう》している。 매일 착실히 공부하고 있다.

2019년

気《き》がかり 명) 마음에 걸림, 걱정	彼《かれ》の返事《へんじ》が気《き》がかりで、待《ま》ちきれない。 그의 답장이 걱정되어, 기다릴 수 없다.
禁物《きんもつ》 명) 금물	手術《しゅじゅつ》は成功《せいこう》したが、油断《ゆだん》は禁物《きんもつ》だ。 수술은 성공했지만, 방심은 금물이다.
心地《ここち》よい イ형) 기분 좋다, 상쾌하다	心地《ここち》よい風《かぜ》が吹《ふ》いている。 기분 좋은 바람이 불고 있다.

従事《じゅうじ》 명) 종사	農業《のうぎょう》に従事《じゅうじ》する労働人口《ろうどうじんこう》が急減《きゅうげん》した。 농업에 종사하는 노동인구가 급감했다.
推移《すいい》 명) 추이	物価《ぶっか》の推移《すいい》を見守《みまも》る必要《ひつよう》がある。 물가의 추이를(변동을) 지켜볼 필요가 있다.
ずっしり 부) 묵직한 느낌이 드는 모양	ずっしりとした感触《かんしょく》の布団《ふとん》で寝《ね》た。 묵직한 감촉의 이불로 잤다.
精力的《せいりょくてき》な ナ형) 정력적인	精力的《せいりょくてき》な活動《かつどう》が続《つづ》いている。 에너지 넘치는 활동이 계속되고 있다.
センサー 가) 센서	この機械《きかい》には温度《おんど》センサーが搭載《とうさい》されている。 이 기계에는 온도 센서가 탑재되어 있다.
にじむ★ 동) 스미다, 번지다	インクがにじんで文字《もじ》が読《よ》めなくなった。 잉크가 번져서 글자를 읽을 수 없게 되었다.
ひしひし★ 부) (다가오는 모양) 바싹바싹, 절실히	子供《こども》が生《う》まれてからというもの、責任《せきにん》の重《おも》さをひしひしと感《かん》じた。 아이가 태어난 후, 책임의 무게를 절실히 느꼈다.
表明《ひょうめい》 명) 표명	政府《せいふ》は立場《たちば》を表明《ひょうめい》していない。 정부는 입장을 표명하지 않고 있다.
歴然《れきぜん》と★★ 부) 분명한, 또렷한	彼《かれ》の死因《しいん》は歴然《れきぜん》としている。 그의 사인은 역연하다(분명하다).

2018년

解除《かいじょ》 명) 해제	電話《でんわ》のマナーモードを解除《かいじょ》した。 전화의 매너 모드를 해제했다.
駆《か》けつける 동) 달려오다(가다)	彼女《かのじょ》はすぐに駆《か》けつけてくれた。 그녀는 곧바로 달려와 줬다.
がらりと★ 부) 싹 (어떤 상태가 갑자기 변하는 모습)	態度《たいど》ががらりと変《か》わった。 태도가 싹 바뀌었다.
起用《きよう》★ 명) 기용	経験豊富《けいけんほうふ》な人物《じんぶつ》を起用《きよう》するべきだ。 경험이 풍부한 인물을 기용해야 한다.
堅実《けんじつ》な ナ형) 견실한	彼《かれ》は堅実《けんじつ》な考《かんが》え方《かた》を持《も》っている。 그는 견실한 사고방식을 가지고 있다.
言及《げんきゅう》 명) 언급	あえて言及《げんきゅう》しないほうがいい。 굳이 언급하지 않는 게 좋다.
在庫《ざいこ》 명) 재고	この商品《しょうひん》の在庫《ざいこ》はもうない。 이 상품의 재고는 이미 없다.
遮断《しゃだん》 명) 차단	通信《つうしん》が遮断《しゃだん》された。 통신이 차단되었다.
盛大《せいだい》な ナ형) 성대한	盛大《せいだい》なパーティーが開《ひら》かれた。 성대한 파티가 열렸다.

せかせか 부) (성)급하게	せかせかしていると、ミスをしやすい。 허둥지둥하면 실수를 하기 쉽다.
多角的《たかくてき》な ナ형) 다각적인	多角的《たかくてき》なアプローチが必要《ひつよう》だ。 다각적인 접근이 필요하다.
なだめる★ 동) 달래다	泣《な》く子供《こども》をなだめた。 우는 아이를 달랬다.
リスク 가) 리스크, 위험	リスクは極力《きょくりょく》減《へ》らしたい。 리스크는 최대한 줄이고 싶다.
レイアウト 가) 레이아웃, 편집 배정	新《あたら》しいレイアウトが気《き》に入《い》った。 새로운 레이아웃이 마음에 들었다.

2017년

逸脱《いつだつ》 명) 일탈	その提案《ていあん》は計画《けいかく》から逸脱《いつだつ》している。 그 제안은 계획에서 벗어나 있다.
いとも★ 부) 매우, 아주	いとも素早《すばや》く反応《はんのう》した。 너무도 빠르게 반응했다.
一環《いっかん》★ 명) 일환	研修《けんしゅう》は会社《かいしゃ》の成長《せいちょう》の一環《いっかん》として行《おこな》われた。 연수는 회사 성장의 일환으로 진행되었다.
経歴《けいれき》 명) 경력	彼女《かのじょ》の経歴《けいれき》は多彩《たさい》だ。 그녀의 경력은 다채롭다.
コンスタント 가) 일정함	店《みせ》の売《う》り上《あ》げがコンスタントに伸《の》びている。 가게의 매상이 일정하게 증가하고 있다.
シェア 가) (시장) 점유율, 지분	この製品《せいひん》はシェアを拡大《かくだい》している。 이 제품은 (시장) 점유율을 확대하고 있다.
打診《だしん》★★ 명) 타진	相手《あいて》に意向《いこう》を打診《だしん》してみたが、返事《へんじ》はなかった。 상대에게 의향을 타진해 봤지만, 응답은 없었다.
たたえる★ 동) 칭찬하다, 찬양하다	彼女《かのじょ》の勇気《ゆうき》は皆《みんな》にたたえられた。 그녀의 용기는 모두에게 칭송받았다.
弾《はじ》く★★ 동) 튀기다, 튕기다, 겉돌게 하다	彼《かれ》は水《みず》を手《て》で弾《はじ》いた。 그는 손으로 물을 튕겼다. この登山靴《とざんぐつ》はよく水《みず》を弾《はじ》く。 이 등산화는 물을 잘 튕겨낸다.(방수가 잘 된다.)
非《ひ》 명) 잘못	彼《かれ》の行動《こうどう》には非《ひ》がない。 그의 행동에는 잘못이 없다.
まちまち★ ナ형·명) 각기 다른	みんなの意見《いけん》がまちまちで、まとめるのが大変《たいへん》だ。 모두의 의견이 각기 달라서 통합하는 것이 힘들다.

もっぱら 부) 오로지, 한결같이	彼女《かのじょ》はもっぱら読書《どくしょ》に没頭《ぼっとう》している。 그는 오로지 독서에 몰두하고 있다.
よみがえる★ 동) 되살아나다, 소생하다	昔《むかし》の思《おも》い出《で》がよみがえった。 옛날의 추억이 되살아났다.

2016년

愛着《あいちゃく》 명) 애착	長年《ながねん》使《つか》ってきたカメラに愛着《あいちゃく》が湧《わ》いてきた。 오랫동안 사용해 온 카메라에 애착이 생겼다.
一掃《いっそう》★★ 명) 일소(모조리 쓸어버림)	彼《かれ》について広《ひろ》まった誤解《ごかい》が一掃《いっそう》された。 그에 대해 퍼진 오해가 일소되었다.
基盤《きばん》 명) 기반	基盤《きばん》がしっかりしていれば、後《あと》は成長《せいちょう》するだけだ。 기반이 확실히 마련되면, 그 후는 성장할 뿐이다.
教訓《きょうくん》 명) 교훈	この失敗《しっぱい》から教訓《きょうくん》を得《え》た。 이 실패에서 교훈을 얻었다.
切《き》り出《だ》す★★ 동) 말을 꺼내다	彼女《かのじょ》はどう切《ぎ》り出《だ》すべきか迷《まよ》っている。 그녀는 어떻게 말을 꺼내야 할지 고민하고 있다.
染《し》みる 동) 스며들다, 배다	冷《つめ》たい風《かぜ》が肌《はだ》に染《し》みる。 차가운 바람이 피부에 스민다. この映画《えいが》は心《こころ》に染《し》みる。 이 영화는 마음에 와닿는다.
すんなり 부) 날씬하게, 순조롭게	すんなり進《すす》めている。 순조롭게 진행되고 있다.
センス 가) 센스	センスのいいデザインだと思《おも》う。 센스 있는 디자인이라고 생각한다.
尽《つ》くす 동) 다하다, 애쓰다	全力《ぜんりょく》を尽《つ》くした。 전력을 다했다.
ノウハウ 가) 노하우, 비법	今《いま》まで築《きず》いてきたノウハウをもってすればワクチン開発《かいはつ》は可能《かのう》だと思《おも》います。 지금까지 쌓아온 노하우로 본다면 백신개발은 가능할 거라고 생각합니다.
頻繁《ひんぱん》に★ 부) 빈번히	彼《かれ》は頻繁《ひんぱん》に海外出張《かいがいしゅっちょう》に行《い》く。 그는 자주 해외 출장을 간다.
へとへと 부) 몹시(지쳐 있는 모습)	残業《ざんぎょう》ずくめで、へとへとになってしまった。 잦은 야근에 지쳐버렸다.
見《み》かける 동) 눈에 띄다, 가끔 보다	最近《さいきん》、よくこの店《みせ》を見《み》かける。 최근에 자주 이 가게를 본다.
流出《りゅうしゅつ》 명) 유출	流出《りゅうしゅつ》した情報《じょうほう》を取《と》り戻《もど》すのは難《むずか》しい。 유출된 정보를 되찾는 것은 어렵다.

2015년

おおらかな★ ナ형) 대범한, 서글서글한	おおらかな人《ひと》は、他人《たにん》との違《ちが》いを受《う》け入《い》れることができる。 넓은 마음을 가진 사람은 다른 사람과의 차이를 받아들일 수 있다.
該当《がいとう》★ 명) 해당	該当《がいとう》する資格《しかく》を持《も》っていれば、応募《おうぼ》できます。 해당되는 자격을 가지고 있으면 지원할 수 있습니다.
稼動《かどう》 명) 가동	機械《きかい》は明日《あした》から稼動《かどう》する。 기계는 내일부터 가동한다.
起伏《きふく》 명) 기복	彼《かれ》は感情《かんじょう》の起伏《きふく》が激《はげ》しい。 그는 감정의 기복이 심하다.
強制《きょうせい》 명) 강제	強制的《きょうせいてき》に休暇《きゅうか》を取《と》らされた。 강제로 휴가를 쓰게 되었다.
くよくよ 부) 끙끙(걱정하는 모습)	くよくよしても何《なに》も解決《かいけつ》しない。 걱정해 봐야 아무것도 해결되지 않는다.
合意《ごうい》 명) 합의	双方《そうほう》の合意《ごうい》に達《たっ》した。 양측이 합의에 도달했다.
しいて 부) 억지로, 무리하여	しいて理由《りゆう》を挙《あ》げれば、時間《じかん》が足《た》りないからです。 굳이 이유를 말하자면, 시간이 부족하기 때문입니다.
すさまじい イ형) 굉장하다, 무시무시하다	にわかに、すさまじい物音《ものおと》が聞《き》こえて、びっくりした。 갑자기 무시무시한 소리가 들려 깜짝 놀랐다.
直面《ちょくめん》 명) 직면	この問題《もんだい》に直面《ちょくめん》して、どうすればいいか迷《まよ》っている。 이 문제에 직면하고 어떻게 해야 할지 고민하고 있다.
取《と》り戻《もど》す 동) 되찾다, 회복하다	彼《かれ》は信頼《しんらい》を取《と》り戻《もど》した。 그는 신뢰를 되찾았다.
幅広《はばひろ》い イ형) 폭넓다	前月《ぜんげつ》から業務《ぎょうむ》の幅広《はばひろ》い改革《かいかく》を推進《すいしん》している。 지난달부터 업무의 폭넓은 개혁을 추진하고 있다.
紛《まぎ》れる★★ 동) 헷갈리다, 혼동되다, 뒤섞이다	人波《ひとなみ》に紛《まぎ》れて、見《み》えなくなった。 인파에 뒤섞여서, 보이지 않게 되었다.
メディア 가) 미디어, 매체	政治家《せいじか》の不正事件《ふせいじけん》がメディアで取《と》り上《あ》げられた。 정치가의 부정(비리) 사건이 매체에서 다뤄졌다(거론되어졌다).

2014년

異色《いしょく》 명) 이색	異色《いしょく》の味《あじ》わいがクセになる料理《りょうり》だ。 이색적인 맛이 중독되는 요리다.
ウェイト 가) 무게, 중점	英語《えいご》の勉強《べんきょう》にウェイトを置《お》くことにした。 영어 공부에 중점을 두기로 했다.

おびただしい★ イ형) 엄청나다, 심하다	おびただしい量《りょう》のゴミが海《うみ》に流《なが》れ込《こ》んでいる。 엄청난 양의 쓰레기가 바다로 흘러들고 있다.
可決《かけつ》★ 명) 가결	議会《ぎかい》は予算案《よさんあん》を可決《かけつ》した。 의회는 예산안을 가결했다.
食《く》い止《と》める★★ 동) 막아내다, 저지하다	感染《かんせん》の拡大《かくだい》を食《く》い止《と》めるべきだ。 감염 확산을 막아야 한다.
駆使《くし》★★ 명) 구사	最新《さいしん》のAI技術《ぎじゅつ》を駆使《くし》したシステム 최신 AI 기술을 활용한 시스템
心細《こころぼそ》い イ형) 불안하다	携帯《けいたい》の充電《じゅうでん》が切《き》れて心細《こころぼそ》くなった。 휴대폰 배터리가 나가서 불안해졌다.
支障《ししょう》 명) 지장	天候《てんこう》の影響《えいきょう》で運行《うんこう》に支障《ししょう》が出《で》た。 날씨 영향으로 운행에 지장이 생겼다.
絶大《ぜつだい》な★ ナ형) 절대적인, 아주 큰	絶大《ぜつだい》な支持《しじ》を得《え》ている。 절대의(크나큰) 지지를 얻고 있다.
たどる★ 동) 더듬어 가다	昔《むかし》の記憶《きおく》をたどる。 옛 기억을 더듬다. 平行線《へいこうせん》をたどる。 평행선을 걷다.
てきぱき 부) 척척	彼女《かのじょ》は仕事《しごと》をてきぱき片付《かたづ》ける。 그녀는 일을 척척 처리한다.
ノルマ 가) 노르마, 노동 할당량	与《あた》えられたノルマを成《な》し遂《と》げた。 주어진 할당량을 달성했다.
揺《ゆ》らぐ 동) 흔들리다	彼《かれ》の決意《けつい》は少《すこ》しも揺《ゆ》らがなかった。 그의 결의는 조금도 흔들리지 않았다.
予断《よだん》 명) 예단, 예측	今《いま》の段階《だんかい》では予断《よだん》できない。 현재 단계에서는 예단할 수 없다.

2013년

一任《いちにん》 명) 일임	全権《ぜんけん》を彼《かれ》に一任《いちにん》する。 모든 권한을 그에게 일임한다.
腕前《うでまえ》 명) 솜씨	彼女《かのじょ》の将棋《しょうぎ》の腕前《うでまえ》はプロ並《な》みだそうだ。 그녀의 장기 솜씨는 프로 수준이라고 한다.
強硬《きょうこう》な ナ형) 강경한	強硬《きょうこう》な対応《たいおう》が求《もと》められている。 강경한 대응이 요구되고 있다.
障《さわ》る 동) 방해가 되다, 지장이 있다	人《ひと》の気《き》に障《さわ》ることを言《い》うものではない。 남의 기분을 상하게 하는 말을 하는 게 아니다.
じめじめ 부) 축축한, 질퍽질퍽한	梅雨《つゆ》で部屋《へや》がじめじめしている。 장마 때문에 방이 눅눅하다.
そわそわ 부) 안절부절, 뒤숭숭함	彼《かれ》は何《なに》かを隠《かく》しているのか、そわそわしている。 그는 뭔가를 숨기고 있는 것인지 안절부절못하고 있다.
立《た》て替《か》える★ 동) 대신 치르다	友達《ともだち》の昼食代《ちゅうしょくだい》を立《た》て替《か》えた。 친구의 점심값을 대신 냈다.
ためらう★★ 동) 망설이다, 주저하다	ためらわずにずけずけと言《い》う。 망설이지 않고 거침없이 말한다.

とりわけ 부) 특히, 유난히	この店《みせ》の料理《りょうり》はどれも美味《おい》しいが、とりわけ寿司《すし》が絶《ぜっ》品《ぴん》だ。 이 가게 음식은 전부 맛있지만, 특히 스시는 일품이다.
荷《に》 명) 짐, 부담, 책임	この仕事《しごと》は、入社《にゅうしゃ》1年目《ねんめ》の渡辺《わたなべ》さんには荷《に》が重《おも》すぎると思《おも》う。 이 일은 입사 1년째의 와타나베 씨에게는 책임이 너무 무거울 것이다.
担《にな》う 동) 맡다, 담당하다	明日《あす》を担《にな》う人材《じんざい》を育成《いくせい》する。 내일(미래)를 짊어질 인재를 육성하다.
練《ね》る★★★ 동) (계획·작전 등을) 짜다	作戦《さくせん》を練《ね》る。 작전을 짜다.
念頭《ねんとう》★ 명) 염두(마음속)	お客様《きゃくさま》の満足度《まんぞくど》をいつも念頭《ねんとう》に置《お》く。 손님의 만족도를 항상 염두에 두다.
むしょうに★ 부) 공연히, 까닭 없이	今日《きょう》はむしょうにカレーが食《た》べたい。 오늘은 이상하게 카레가 먹고 싶다.

2012년

言《い》い張《は》る★ 동) 우겨대다	妹《いもうと》は自分《じぶん》が先《さき》に使《つか》うと言《い》い張《は》った。 여동생은 자기가 먼저 쓰겠다고 우겼다.
大筋《おおすじ》 명) 대강(의 줄거리), 요점	話《はなし》の大筋《おおすじ》をまとめる。 이야기의 요지를 정리하다.
加工《かこう》 명) 가공	魚《さかな》を加工《かこう》して缶詰《かんづめ》に作《つく》った。 생선을 가공해서 통조림으로 만들었다.
急遽《きゅうきょ》★ 부) 급거, 갑작스럽게	試合《しあい》が急遽《きゅうきょ》中止《ちゅうし》になった。 시합이 갑작스럽게 중지되었다.
究明《きゅうめい》★ 명) 구명	警察《けいさつ》が事故《じこ》の原因《げんいん》を究明《きゅうめい》している。 경찰이 사고 원인을 구명하고 있다.
寄与《きよ》 명) 기여	環境保護《かんきょうほご》に寄与《きよ》する活動《かつどう》 환경 보호에 기여하는 활동
妥協《だきょう》 명) 타협	妥協《だきょう》せずに最後《さいご》まで戦《たたか》う。 타협하지 않고 끝까지 싸운다.
ハードル 가) 허들, 장애물	仕事《しごと》の成功《せいこう》までいくつものハードルを越《こ》えなければならない。 일의 성공까지 몇 개나 되는 허들을 넘어야 한다.
~版《ばん》 접) ~판(출판물, 인쇄물)	新《あたら》しい改訂《かいてい》版《ばん》が出《で》たらしい。 새로운 개정판이 나온 것 같다.
人出《ひとで》 명) 인파	デパートは年末《ねんまつ》の買《か》い物客《ものきゃく》で人出《ひとで》が増《ふ》えた。 백화점은 연말 쇼핑객으로 인해 인파가 늘었다.

催《もよお》す★★ 동) 개최하다, 열다, 느끼다	記念式典《きねんしきてん》が催《もよお》された。 기념식이 개최되었다. 緊張《きんちょう》で吐《は》き気《け》を催《もよお》した。 긴장으로 메스꺼움을 느꼈다.
和《やわ》らぐ★ 동) 누그러지다, 풀리다	薬《くすり》を飲《の》んだら痛《いた》みが和《やわ》らいだ。 약을 먹었더니 통증이 누그러졌다.
リストアップ 가) 리스트업(일람표를 만듦)	参加者《さんかしゃ》の名前《なまえ》をリストアップしてください。 참가자 이름을 리스트업해 주세요.

2011년

逸材《いつざい》★★ 명) 뛰어난 재능, 인재	逸材《いつざい》をうまく育《そだ》てるのが重要《じゅうよう》だ。 뛰어난 인재를 잘 키우는 것이 중요하다.
会心《かいしん》★ 명) 회심(마음에 듦)	彼女《かのじょ》は会心《かいしん》の笑《え》みを浮《う》かべた。 그녀는 회심의 미소를 지었다.
実情《じつじょう》 명) 실정	この国《くに》の福祉《ふくし》の実情《じつじょう》は厳《きび》しい。 이 나라의 복지 실정은 열악하다.
修復《しゅうふく》★★★ 명) 수복, 복원, (관계) 회복	歴史的建造物《れきしてきけんぞうぶつ》を修復《しゅうふく》する。 역사적인 건축물을 복원하다.
ストック 가) 비축, 저장(품), 재고품	いざという時《とき》のために、食品《しょくひん》をストックしておいた。 만일의 경우를 위해, 식품을 비축해 두었다.
強《つよ》み 명) 강점	強《つよ》みを活《い》かせる仕事《しごと》を探《さが》す。 강점을 살릴 수 있는 일을 찾다.
ニュアンス 가) 뉘앙스	彼《かれ》の発言《はつげん》には皮肉《ひにく》なニュアンスがある。 그의 발언에는 빈정거리는 뉘앙스가 있다.
弾《はず》む★ 동) 튀다, 기세가 오르다, 이야기가 활기를 띠다	友人《ゆうじん》と話《はなし》が弾《はず》む。 친구와 이야기가 활기를 띠다.
抜群《ばつぐん》★★★ 명) 발군, 여럿 가운데 특별히 뛰어남	彼《かれ》の発想《はっそう》はいつも抜群《ばつぐん》だった。 그의 발상은 항상 발군이었다.
不備《ふび》な ナ형) 불비한(충분히 갖추지 않음)	この報告書《ほうこくしょ》には不備《ふび》な部分《ぶぶん》がある。 이 보고서에는 불비한 부분이 있다.
並行《へいこう》★ 명) 병행(동시에 행함, 나란히 감)	学校《がっこう》の勉強《べんきょう》とアルバイトを並行《へいこう》する。 학교 공부와 아르바이트를 병행하다. 列車《れっしゃ》とトラックが並行《へいこう》して走《はし》る。 열차와 트럭이 나란히 달리다.
まみれ 명) ~투성이	泥《どろ》まみれの靴《くつ》を洗《あら》う。 진흙투성이의 신발을 씻다.
無謀《むぼう》な ナ형) 무모한	無謀《むぼう》な決断《けつだん》が会社《かいしゃ》を傾《かたむ》けさせた。 무모한 결정이 회사를 기울게 했다.
猛《もう》～ 접) 맹렬한	猛練習《もうれんしゅう》の成果《せいか》が出《で》た。 맹연습의 성과가 나타났다.

2010년

円滑《えんかつ》な★★ ナ형) 원활한	交渉《こうしょう》を円滑《えんかつ》に進《すす》める。 교섭을 원활하게 진행하다.
及《およ》ぼす 동) (영향을) 미치게 하다	ストレスは健康《けんこう》に悪影響《あくえいきょう》を及《およ》ぼす。 스트레스는 건강에 나쁜 영향을 미친다.
完結《かんけつ》 명) 완결	シリーズの完結《かんけつ》を楽《たの》しみにしている。 시리즈의 완결을 기대하고 있다.
キャリア 가) 경력	キャリアを生《い》かした仕事《しごと》がしたい。 경력을 살린 일을 하고 싶다.
結束《けっそく》 명) 결속	チームの結束《けっそく》が強《つよ》まる。 팀의 결속이 강해지다.
～上《じょう》 접) ~상	歴史《れきし》上《じょう》、類《るい》を見《み》ない出来事《できごと》だ。 역사상, 유례를 찾을 수 없는 사건이다. 経験上《けいけんじょう》、彼《かれ》は頼《たよ》りになる。 경험상, 그는 믿을 만하다.
当《とう》～ 접) 당~	当《とう》ホテルでは無料《むりょう》Wi-Fiが提供《ていきょう》されています。 우리 호텔에서는 무료 Wi-Fi가 제공됩니다. 当社《とうしゃ》は環境《かんきょう》保護《ほご》に力《ちから》を入《い》れています。 당사는 환경 보호에 힘쓰고 있습니다.
念願《ねんがん》★ 명) 염원	彼《かれ》の念願《ねんがん》は世界一周旅行《せかいいっしゅうりょこう》です。 그의 소원(염원)은 세계 일주 여행입니다.
背景《はいけい》 명) 배경	この映画《えいが》は歴史的《れきしてき》背景《はいけい》を元《もと》に作《つく》られました。 이 영화는 역사적 배경을 바탕으로 만들어졌습니다.
フォロー 가) 보조함	ミスした時《とき》、課長《かちょう》がフォローしてくれた。 실수했을 때, 과장님이 도와주었다.
報《ほう》じる★ 동) 갚다, 보도하다	このニュースはまだ報《ほう》じられていません。 이 뉴스는 아직 보도되지 않았습니다.
本音《ほんね》 명) 본심, 진심	彼《かれ》は本音《ほんね》を言《い》えず、いつも損《そん》をする。 그는 속마음을 말하지 못해 늘 손해를 본다.
綿密《めんみつ》な★★ ナ형) 면밀한	綿密《めんみつ》な計画《けいかく》を立《た》てる。 면밀한 계획을 세우다.
やんわり 부) 넌지시, 완곡하게	上司《じょうし》の提案《ていあん》をやんわりと断《ことわ》った。 상사의 제안을 완곡하게 거절했다.

문맥 규정 | 기출 어휘 연습 문제 ①

問題 2 (　　　) に入れるのに最もよいものを1・2・3・4から一つ選びなさい。

1 裁判所は私の訴えを (　　　) した。㉑
1 却下　2 脱却　3 除去　4 撤退

2 息子はゲームがしたくて (　　　) しているようだ。⑳
1 もじもじ　2 うずうず　3 もやもや　4 まごまご

3 手術は成功したが、油断は (　　　) だ。⑲
1 偏見　2 不当　3 拙速　4 禁物

4 態度が (　　　) 変わる。⑱
1 がらりと　2 ひしひしと　3 ほそぼそと　4 どんよりと

5 相手に意向を (　　　) してみたが、返事はなかった。⑰
1 疎通　2 挑発　3 模索　4 打診

6 感情の (　　　) が激しい。⑮
1 起伏　2 裏腹　3 釈明　4 手際

7 与えられた (　　　) を成し遂げる。⑭
1 ストック　2 カルテ　3 スタンス　4 ノルマ

8 景気の先行きは (　　　) を許さない状況が続いている。⑭
1 予断　2 見当　3 予感　4 見通し

9 上司の提案を (　　　) と断った。⑩
1 やんわり　2 しんなり　3 どんより　4 がぶり

10 (　　　) な計画を立てる。⑩
1 繊細　2 綿密　3 濃密　4 堪能

정답 및 해설 p.13

문맥 규정 | 기출 어휘 연습 문제 ❷

問題 2 (　　　　)に入れるのに最もよいものを1·2·3·4から一つ選びなさい。

1 スプーンでかゆを（　　　　）。㉒

1　すくう　　2　つむ　　3　すすぐ　　4　ぬう

2 彼とは意見が（　　　　）いつも喧嘩になる。㉒

1　見合わなくて　　2　かけ合わなくて
3　つり合わなくて　　4　かみ合わなくて

3 話し合いが（　　　　）。㉑

1　みだれた　　2　しびれた　　3　こじれた　　4　はねた

4 この服は水を（　　　　）。⑰

1　そそる　　2　はじく　　3　とぐ　　4　ひずむ

5 彼女は突然、別れ話を（　　　　）。⑯

1　切り出した　　2　持ち上げた　　3　取り寄せた　　4　割り当てた

6 医者の笑顔に患者の不安は（　　　　）された。⑯

1　自粛　　2　抜粋　　3　披露　　4　一掃

7 人波に（　　　　）、見えなくなった。⑮

1　ためらって　　2　紛れて　　3　うろたえて　　4　ほどけて

8 意見の不一致で、話し合いは平行線を（　　　　）。⑭

1　あゆんだ　　2　あえいだ　　3　たどった　　4　つたった

9 作戦を（　　　　）。⑩⑬

1　練る　　2　臨む　　3　鍛える　　4　賄う

10 芸能人の話題で友人と話が（　　　　）。⑪

1　踊る　　2　跳ねる　　3　弾む　　4　舞う

정답 및 해설 p.15

문맥 규정 | 예상 어휘

* 출제 가능성이 높은 예상 어휘를 あいうえお순으로 제시

■ 명사

あ

황지영 센세의 매회 적중률 99.9%인 예상 어휘

☑	愛《あい》想《そ》★★	붙임성, 정나미	☐	圧倒《あっとう》	압도	☐	圧迫《あっぱく》	압박
☐	安《あん》否《ぴ》★	안부	☐	依《い》拠《きょ》	의거	☐	威《い》厳《げん》	위엄
☐	一括《いっかつ》★	일괄	☐	一環《いっかん》★	일환	☐	一変《いっぺん》★	일변
☐	運賃《うんちん》	운임	☐	運搬《うんぱん》	운반	☐	援助《えんじょ》	원조
☐	悪《お》寒《かん》	오한						

か

☐	解禁《かいきん》★	해금	☐	回《かい》顧《こ》★	회고	☐	介《かい》護《ご》	개호(간호·간병) *장기적
☐	改定《かいてい》	개정 (새로 정함)	☐	改訂《かいてい》	개정 (서적 일부를 고침)	☐	介抱《かいほう》	개호(간호·돌봄) *일시적
☐	概要《がいよう》	개요	☐	回覧《かいらん》	회람	☐	改良《かいりょう》	개량
☐	格《かく》差《さ》	격차	☐	拡散《かくさん》	확산	☐	禍《か》根《こん》★	화근
☐	過《か》剰《じょう》★★	과잉	☐	過《か》疎《そ》★	과소	☐	過《か》大《だい》	과대
☐	喚《かん》起《き》	환기	☐	感興《かんきょう》	감흥	☐	完結《かんけつ》	완결
☐	慣行《かんこう》	관행	☐	勧告《かんこく》★	권고	☐	鑑別《かんべつ》★	감별
☐	感《かん》無《む》量《りょう》	감개무량	☐	感銘《かんめい》	감명	☐	慣例《かんれい》	관례
☐	規《き》格《かく》	규격	☐	技《ぎ》芸《げい》★	기예	☐	記《き》述《じゅつ》	기술
☐	既《き》成《せい》★	기성	☐	犠《ぎ》牲《せい》	희생	☐	奇《き》跡《せき》	기적
☐	寄《き》贈《ぞう》★	기증	☐	偽《ぎ》造《ぞう》★	위조	☐	議《ぎ》題《だい》	의제
☐	規《き》定《てい》	규정	☐	起《き》点《てん》	기점	☐	気《き》迫《はく》	기백

□ 規範《きはん》	규범	□ 忌避《きひ》★	기피	□ 規模《きぼ》★	규모
□ 規約《きやく》	규약	□ 脚色《きゃくしょく》	각색	□ 救援《きゅうえん》	구원
□ 究極《きゅうきょく》★★	구극, 궁극	□ 救命《きゅうめい》	구명	□ 境遇《きょうぐう》★★	경우, 처지, 형편
□ 強行《きょうこう》	강행	□ 享受《きょうじゅ》★★	향수	□ 供述《きょうじゅつ》	공술
□ 供与《きょうよ》	공여, 제공	□ 極限《きょくげん》	극한	□ 局面《きょくめん》	국면
□ 巨匠《きょしょう》★	거장	□ 拒絶《きょぜつ》	거절	□ 拒否《きょひ》	거부
□ 許容《きょよう》	허용	□ 器量《きりょう》★	기량	□ 均一《きんいつ》	균일
□ 均衡《きんこう》★	균형	□ 区画《くかく》	구획	□ 苦境《くきょう》★★	고경, 괴로운 처지
□ 苦言《くげん》★	고언, 직언	□ 空費《くうひ》	허비, 낭비	□ 駆除《くじょ》	구제
□ 愚痴《ぐち》★	푸념	□ 苦悩《くのう》	고뇌	□ 敬意《けいい》	경의
□ 敬遠《けいえん》★	경원	□ 軽減《けいげん》	경감	□ 掲載《けいさい》★★	게재
□ 軽視《けいし》	경시	□ 掲示《けいじ》	게시	□ 形状《けいじょう》	형상
□ 継続《けいぞく》	계속	□ 警備《けいび》	경비	□ 欠如《けつじょ》★★	결여
□ 決断《けつだん》	결단	□ 謙虚《けんきょ》	겸허	□ 厳禁《げんきん》★	엄금
□ 健在《けんざい》	건재	□ 見識《けんしき》	견식	□ 検証《けんしょう》	검증
□ 原点《げんてん》	원점	□ 減点《げんてん》	감점	□ 豪雨《ごうう》★	호우
□ 公演《こうえん》	공연	□ 後援《こうえん》★	후원	□ 抗争《こうそう》	항쟁
□ 構築《こうちく》	구축	□ 高騰《こうとう》★★	고등, 앙등, 급등	□ 講読《こうどく》	강독
□ 公認《こうにん》	공인	□ 広報《こうほう》	홍보	□ 公約《こうやく》	공약
□ 語源《ごげん》	어원	□ 誤差《ごさ》	오차	□ 根気《こんき》	근기, 끈기
□ 根性《こんじょう》	근성	□ 根絶《こんぜつ》★★	근절		

さ

□ 細工《さいく》★★	세공, 잔꾀	□ 採掘《さいくつ》	채굴	□ 在籍《ざいせき》	재적
□ 索引《さくいん》	색인	□ 削減《さくげん》	삭감	□ 錯誤《さくご》★★	착오

□ 察知《さっち》★	찰지, 헤아려 앎	□ 酸化《さんか》	산화	□ 散在《さんざい》	산재
□ 散乱《さんらん》	산란	□ 飼育《しいく》	사육	□ 識別《しきべつ》	식별
□ 支給《しきゅう》	지급	□ 事項《じこう》	사항	□ 示唆《しさ》★	시사
□ 視察《しさつ》	시찰	□ 辞退《じたい》★★	사퇴	□ 失格《しっかく》	실격
□ 実況《じっきょう》★	실황	□ 執行《しっこう》	집행	□ 実在《じつざい》	실재
□ 実践《じっせん》	실천	□ 実態《じったい》	실태	□ 始末《しまつ》★	처리, 정리
□ 自慢《じまん》	자랑	□ 自明《じめい》	자명	□ 謝罪《しゃざい》	사죄
□ 謝礼《しゃれい》	사례	□ 収穫《しゅうかく》	수확	□ 就業《しゅうぎょう》	취업
□ 襲撃《しゅうげき》★	습격	□ 充実《じゅうじつ》	충실	□ 収集《しゅうしゅう》	수집
□ 修正《しゅうせい》	수정	□ 終息《しゅうそく》★	종식	□ 就労《しゅうろう》	취로
□ 熟知《じゅくち》	숙지	□ 宿命《しゅくめい》	숙명	□ 熟慮《じゅくりょ》★★★	숙려, 숙고
□ 熟練《じゅくれん》	숙련	□ 手芸《しゅげい》	수예, 수공예	□ 手法《しゅほう》	수법
□ 消去《しょうきょ》★★	소거	□ 照合《しょうごう》★	조합, 대조 확인	□ 上昇《じょうしょう》	상승
□ 情勢《じょうせい》	정세	□ 衝動《しょうどう》★	충동	□ 衝突《しょうとつ》	충돌
□ 承認《しょうにん》	승인	□ 情熱《じょうねつ》	정열	□ 条約《じょうやく》	조약
□ 所蔵《しょぞう》	소장	□ 所属《しょぞく》	소속	□ 処分《しょぶん》	처분
□ 浸透《しんとう》	침투	□ 浸入《しんにゅう》	침입	□ 審判《しんぱん》	심판
□ 推察《すいさつ》★	추찰, 미루어 헤아림	□ 推薦《すいせん》	추천	□ 推測《すいそく》	추측
□ 制裁《せいさい》	제재	□ 精算《せいさん》	정산	□ 静止《せいし》	정지
□ 制定《せいてい》	제정	□ 征服《せいふく》	정복	□ 製法《せいほう》	제법
□ 声明《せいめい》	성명	□ 制約《せいやく》	제약	□ 勢力《せいりょく》	세력
□ 節度《せつど》★	절도	□ 設備《せつび》	설비	□ 潜在《せんざい》	잠재
□ 全盛《ぜんせい》	전성	□ 先端《せんたん》	첨단	□ 前提《ぜんてい》	전제
□ 専念《せんねん》★★	전념	□ 全般《ぜんぱん》	전반	□ 全力《ぜんりょく》	전력

□ 創刊《そうかん》	창간	□ 贈与《ぞうよ》★	증여	□ 促進《そくしん》	촉진
□ 束縛《そくばく》	속박				

た

□ 大家《たいか》	대가	□ 退化《たいか》	퇴화	□ 大概《たいがい》★	대개, 대강
□ 待機《たいき》	대기	□ 対称《たいしょう》	대칭	□ 態勢《たいせい》	태세
□ 対談《たいだん》	대담	□ 対等《たいとう》	대등	□ 滞納《たいのう》	체납
□ 逮捕《たいほ》	체포	□ 貸与《たいよ》	대여	□ 妥結《だけつ》	타결
□ 駄作《ださく》★★	태작, 졸작	□ 脱却《だっきゃく》	탈각, 벗어남	□ 達成《たっせい》	달성
□ 追及《ついきゅう》★★	뒤쫓음, 추궁	□ 痛感《つうかん》	통감	□ 通用《つうよう》	통용
□ 提案《ていあん》	제안	□ 提供《ていきょう》	제공	□ 抵抗《ていこう》	저항
□ 提示《ていじ》	제시	□ 訂正《ていせい》	정정	□ 適合《てきごう》	적합
□ 適性《てきせい》	적성	□ 転嫁《てんか》★★	전가	□ 添加《てんか》	첨가
□ 転換《てんかん》	전환	□ 点検《てんけん》	점검	□ 伝承《でんしょう》★	전승
□ 転任《てんにん》	전임	□ 添付《てんぷ》	첨부	□ 投影《とうえい》★	투영
□ 淘汰《とうた》★	도태	□ 動向《どうこう》	동향	□ 逃避《とうひ》★	도피
□ 同封《どうふう》	동봉	□ 動揺《どうよう》	동요	□ 登録《とうろく》	등록
□ 得策《とくさく》	득책	□ 独占《どくせん》	독점	□ 独創《どくそう》	독창
□ 突出《とっしゅつ》	돌출				

な

□ 認識《にんしき》	인식	□ 認定《にんてい》	인정	□ 任務《にんむ》	임무
□ 熱意《ねつい》	열의				

は

□ 波及《はきゅう》★★	파급	□ 白状《はくじょう》	자백	□ 爆発《ばくはつ》	폭발

□ 派遣《はけん》	파견	□ 破産《はさん》	파산	□ 波紋《はもん》★★	파문
□ 反映《はんえい》★	반영	□ 反響《はんきょう》★★	반향	□ 判決《はんけつ》	판결
□ 反抗《はんこう》	반항	□ 判定《はんてい》	판정	□ 晩年《ばんねん》★	만년(노년)
□ 反発《はんぱつ》	반발	□ 比重《ひじゅう》	비중	□ 風土《ふうど》	풍토
□ 負荷《ふか》★★	부하	□ 不況《ふきょう》	불황	□ 復元《ふくげん》	복원
□ 複合《ふくごう》	복합	□ 福祉《ふくし》	복지	□ 複写《ふくしゃ》	복사
□ 扶養《ふよう》★	부양	□ 浮力《ふりょく》	부력	□ 分散《ぶんさん》	분산
□ 平衡《へいこう》	평형	□ 返還《へんかん》★★	반환	□ 変換《へんかん》	변환
□ 返却《へんきゃく》★★	되돌려줌, 반납	□ 返品《へんぴん》	반품	□ 変容《へんよう》★★	변용, 변모
□ 包括《ほうかつ》	포괄	□ 放棄《ほうき》	방기, 포기	□ 忘却《ぼうきゃく》	망각
□ 防御《ぼうぎょ》	방어	□ 包摂《ほうせつ》★	포섭	□ 暴走《ぼうそう》	폭주
□ 冒頭《ぼうとう》★	모두, 서두, 첫머리	□ 暴動《ぼうどう》	폭동	□ 放任《ほうにん》★	방임
□ 褒美《ほうび》	포상	□ 飽和《ほうわ》	포화	□ 保温《ほおん》	보온
□ 捕獲《ほかく》	포획	□ 保管《ほかん》	보관	□ 補給《ほきゅう》	보급
□ 補強《ほきょう》	보강	□ 補充《ほじゅう》	보충	□ 補助《ほじょ》	보조
□ 保障《ほしょう》	보장	□ 没収《ぼっしゅう》	몰수	□ 奔走《ほんそう》★★	분주
□ 本能《ほんのう》	본능				

ま

□ 密度《みつど》	밀도				

や

□ 融合《ゆうごう》★	융합	□ 優勢《ゆうせい》★	우세	□ 誘導《ゆうどう》	유도
□ 誘発《ゆうはつ》★	유발	□ 要因《よういん》	요인	□ 養護《ようご》	양호
□ 要点《ようてん》	요점	□ 様相《ようそう》	양상	□ 容認《ようにん》	용인

☐ 予《よ》期《き》	예기	☐ 余《よ》興《きょう》★	여흥	☐ 抑圧《よくあつ》★★	억압
☐ 抑制《よくせい》	억제	☐ 欲望《よくぼう》	욕망	☐ 予《よ》測《そく》	예측
☐ 余《よ》地《ち》	여지				

ら·わ

☐ 類《るい》似《じ》★★	유사	☐ 類推《るいすい》★★	유추	☐ 連《れん》鎖《さ》★	연쇄
☐ 連盟《れんめい》	연맹	☐ 労力《ろうりょく》	노력, 수고		

■ 훈독 명사

☐ 色《いろ》合《あ》い★	색조, 경향	☐ 裏《うら》目《め》	기대가 거꾸로 됨 (예상이 틀어짐)	☐ 及《およ》び腰《ごし》★	엉거주춤한 자세 (이도저도 아닌 태도)
☐ 狂《くる》い★	미침, 고장, 차질	☐ しつけ (躾)★★	예절 교육	☐ 素《そ》振《ぶ》り★	거동, 기색, 기미
☐ 段《だん》取《ど》り	준비, 절차	☐ 手《て》配《はい》	수배, 준비	☐ 手《て》本《ほん》	글씨(그림)본, 모범
☐ 歯《は》止《ど》め★	제동(기)	☐ ひいき	후원, 역성, 편	☐ 引《ひ》け目《め》	열등감, 약점
☐ 人波《ひとなみ》	인파(사람의 물결)	☐ 節《ふし》	마디, 매듭, 단락, 고비	☐ 縁《ふち》★★	가장자리, 테두리
☐ 懐《ふところ》	품, 호주머니사정	☐ 骨《ほね》折《お》り★	노력, 수고	☐ 元《もと》手《で》	자본, 밑천, 본전

■ 동사

☐ 当《あ》て付《つ》ける	빗대어 말하다, 비꼬다	☐ 編《あ》む★	짜다, 편찬하다	☐ 操《あやつ》る	조종하다
☐ 煽《おだ》てる★★★	치켜세우다, 부추기다	☐ 誤《あやま》る★	실수하다, 그르치다	☐ 挑《いど》む	도전하다
☐ 威《い》張《ば》る★★	으스대다, 뻐기다	☐ 苛《いら》立《だ》つ	초조해하다	☐ 承《うけたまわ》る	(삼가) 듣다, 받다, 전해듣다
☐ 覆《おお》う	덮다, 뒤덮다	☐ 補《おぎな》う	보충하다	☐ 襲《おそ》う★	습격하다, 덮치다
☐ 劣《おと》る	뒤떨어지다	☐ 衰《おとろ》える	(쇠)약해지다, 쇠퇴하다	☐ おののく	떨다, 전율하다
☐ 溺《おぼ》れる★	빠지다	☐ 重《おも》んじる	중요시하다	☐ 抱《かか》える	껴안다, 떠안다

□ かざす★	치켜들다, 가리다, 얹다	□ かすれる★	긁히다, 목이 쉬다	□ 傾《かたむ》ける	기울이다
□ 軽《かろ》んじる★	가볍게 보다, 얕보다	□ 交《か》わす★★	주고받다, 교차하다	□ 築《きず》く	쌓다, 구축하다
□ 傷《きず》つける★	상처를 입히다	□ 鍛《きた》える★	단련하다, 연마하다	□ 括《くく》る	(한데) 묶다
□ くみ取《と》る	짐작하다, 헤아리다	□ 削《けず》る	깍다	□ 心《こころ》得《え》る	알다, 납득하다
□ 試《こころ》みる★	시도(험)해 보다	□ ごまかす★ 예상 적중 ㉕	속이다, 얼버무리다	□ 込《こ》み入《い》る★	복잡하게 얽히다
□ 籠《こも》る	틀어박히다, 자옥하다	□ 肥《こ》やす	살찌우다, 기름지게 하다	□ 転《ころ》がる★	구르다, 흔하다, 지천이다
□ 苛《さいな》む★	들볶다, 책망하다	□ 探《さぐ》る	더듬어 찾다, 살피다	□ 避《さ》ける	피하다
□ 裂《さ》ける	찢어지다	□ 捧《ささ》げる★★	바치다	□ 強《し》いる★	강요하다, 강제하다
□ 仕《し》入《い》れる★★	사들이다, 매입하다	□ 仕《し》組《く》む	짜다, 꾸미다	□ 親《した》しむ★	친하게 지내다, 즐기다
□ 救《すく》う	구하다	□ すすぐ (濯ぐ)★	씻다, 헹구다, (누명·불명예 등을) 씻어 없애다	□ 済《す》ます★	끝내다, 해결하다
□ 澄《す》む★	맑아지다	□ ずれる	어긋나다	□ 狭《せば》める	좁히다
□ 迫《せま》る	다가가(오)다, 육박하다, 강요하다, 핍박하다	□ 添《そ》える★	첨부하다, 곁들이다	□ 背《そむ》く★	등지다, 거역하다
□ 反《そ》らす	휘게하다, 뒤로 젖히다	□ 絶《た》える	끊어지다, 중단되다	□ 耐《た》える	견디다, 참다
□ 叩《たた》く	치다, 때리다, 탕진하다	□ 脱《だっ》する	벗어나다	□ たどり着《つ》く★	겨우 다다르다
□ 束《たば》ねる	묶다	□ 騙《だま》す	속이다	□ 賜《たまわ》る	(윗사람에게서) 받다
□ 伝《つた》う★	(어떤 매개로) 타다	□ 潰《つぶ》す★	찌부러뜨리다, (체면을) 손상하다, (시간을) 때우다	□ 呟《つぶや》く★	중얼거리다, 투덜대다
□ 潰《つぶ》れる	찌부러지다, 손상되다	□ 連《つら》ねる	늘어세우다, 늘어놓다	□ 転《てん》じる★	변하다, 바뀌다
□ 遠《とお》ざかる	멀어지다	□ 投《とう》じる	던지다, 투입하다	□ とどろく	(소리가) 울려 퍼지다, 널리 알려지다, (가슴이) 뛰다
□ 伴《ともな》う	함께하다, 동반하다	□ 怠《なま》ける	게으름 피우다	□ 似《に》通《かよ》う	서로 닮다

□ 睨《にら》む★	노려보다, 주시하다	□ 縫《ぬ》う	꿰매다, 누비고 나아가다	□ 生《は》える★	나다, 생겨나다
□ 挟《はさ》む	끼우다, (마음에) 품다	□ 憚《はばか》る★★	거리끼다, 꺼리다	□ 省《はぶ》く	생략하다, 줄이다
□ はめる	끼우다, 빠뜨리다	□ 晴《は》らす	풀다, 해소시키다	□ 晴《は》れる	(하늘이) 개다, 풀리다
□ 潜《ひそ》む★	숨다, 잠재하다	□ ひそめる	(눈살을) 찌푸리다	□ 浸《ひた》る	잠기다, 빠지다
□ 膨《ふく》れる	부풀다, 불룩해지다	□ 踏《ふ》ん張《ば》る	힘껏 버티다	□ 経《へ》る★★	지나다, 거치다, 겪다
□ へりくだる	겸양하다, 자기를 낮추다	□ 吠《ほ》える	짖다, 으르렁거리다	□ 滅《ほろ》ぼす★★	멸망시키다, 없애다
□ 舞《ま》う★	흩날리다, 춤추다	□ 交《まじ》える★★	섞다, 끼게 하다, 교차시키다, 주고받다	□ 瞬《またた》く	깜빡이다
□ 見《み》合《あ》う★	마주보다, 맞선보다, 어울리다, 걸맞다	□ 満《み》たす	채우다, 만족시키다	□ 乱《みだ》れる	흐트러지다
□ 見違《みちが》える★	잘못보다, 몰라보다	□ みなぎる	넘치다, 넘쳐 흐르다	□ 見《み》なす	간주하다
□ 見逃《みのが》す★★	못 보고 놓치다, 묵인하다	□ 見計《みはか》らう★	가늠하다, 엿보다	□ 見《み》舞《ま》う	(병)문안하다, (달갑지 않은 것이) 닥쳐오다
□ 報《むく》う★	갚다, 보답하다	□ 恵《めぐ》む	베풀다	□ めげる★	기가 죽다, 풀이 죽다
□ 設《もう》ける	마련하다, 설치하다	□ 燃《も》える	타다, 불타오르다	□ 揉《も》める★★★	옥신각신하다, 분쟁(분규)이 일어나다
□ 安《やす》らぐ★	편안(평온)해지다	□ 病《や》む	병들다, 앓다	□ 歪《ゆが》む★★	비뚤어지다, 일그러지다
□ 揺《ゆ》るがす★	(뒤)흔들다	□ 緩《ゆる》む★★	느슨해지다, 풀어지다, 누그러지다	□ 欲《よく》張《ば》る	욕심을 부리다
□ 弁《わきま》える★	판별하다, 분별하다	□ 患《わずら》う	병을 앓다	□ 煩《わずら》う	고민하다, 번민하다
□ 割《わ》り切《き》る	결론짓다, 결론 내다				

■ イ형용사

□ あくどい★★	(색이) 칙칙하다, (맛이) 짙다, 악랄하다, 악착같다	□ 浅《あさ》ましい	비열하다, 야비하다, 한심스럽다, 비참하다

□ 味気《あじけ》ない	재미없다, 따분하다	□ 厚《あつ》かましい★	뻔뻔스럽다
□ 危《あや》うい	위태롭다, 아슬아슬하다	□ 卑《いや》しい★	천하다, 탐욕스럽다
□ いやらしい★	불쾌하다, 추잡하다	□ 初々《ういうい》しい	풋풋하다, 순수하다
□ 疑《うたが》わしい	의심스럽다	□ 疎《うと》い★	소원하다, (~에) 어둡다, 잘 모르다
□ 疎《うと》ましい	(매우) 싫다, 지겹다	□ 惜《お》しい	아깝다, 아쉽다
□ 恐《おそ》ろしい	두렵다, 무섭다	□ 思《おも》いがけない	뜻밖이다, 의외이다
□ 重々《おもおも》しい★★	엄숙하다, 위엄이 있다	□ かけがえのない	둘도 없다, 매우 소중하다
□ 堅苦《かたくる》しい	딱딱하다, 엄격하다	□ 軽々《かるがる》しい	경솔하다, 경망스럽다
□ くすぐったい★★	간지럽다, 겸연쩍다, 낯간지럽다	□ 汚《けが》らわしい	더럽다, 추잡스럽다
□ 渋《しぶ》い★	떫다, (표정이) 떨떠름하다, 수수하다, 인색하다	□ 切《せつ》ない	애절하다, 애달프다
□ 騒々《そうぞう》しい	시끄럽다, 어수선하다	□ そぐわない★	어울리지 않다
□ そそっかしい	덜렁대다, 경솔하다	□ たくましい★★	늠름하다, 강하다, 힘차다, 왕성하다
□ だるい★	나른하다, 노곤하다	□ 嘆《なげ》かわしい	한탄스럽다, 통탄스럽다
□ 情《なさ》けない★	한심하다, 무정하다	□ 情《なさ》け深《ぶか》い★	인정(동정심)이 많다
□ 生臭《なまぐさ》い	비린내가 나다	□ 生《なま》ぬるい★	미적지근하다
□ 悩《なや》ましい	괴롭다, 고통스럽다	□ 馴《な》れ馴《な》れしい★	무례하다, 버릇없다
□ 儚《はかな》い★	덧없다, 허무하다	□ 久《ひさ》しい★★	오래되다
□ 相応《ふさわ》しい	어울리다	□ みずみずしい★★	싱싱하다, 신선하다
□ みっともない	꼴사납다, 꼴불견이다	□ 空《むな》しい★	공허하다, 헛되다
□ やかましい★★	시끄럽다, 까다롭다, 성가시다, 엄하다	□ やましい	꺼림칙하다, 양심에 꺼리다
□ ややこしい★	(복잡해서) 알기 어렵다, 까다롭다	□ よそよそしい★	서먹서먹하다

■ ナ형용사

□ 新《あら》たな	새로운	□ 安易《あんい》な	안이한
□ いびつ(歪)な★	비뚤어진, 일그러진	□ 陰気《いんき》な	음침한, 음산한
□ 大雑把《おおざっぱ》な★	조잡한, 엉성한, 대략적인, 대충의	□ 過激《かげき》な	과격한
□ 微《かす》かな★★	희미한, 어렴풋한	□ 果敢《かかん》な★	과감한
□ きざ(気障)な★	아니꼬운, 같잖은	□ 几帳面《きちょうめん》な	착실하고 꼼꼼한
□ 気《き》まぐれな	변덕스러운	□ 窮屈《きゅうくつ》な★★	(꽉 끼어, 비좁아) 답답한, (대하기) 거북한
□ 清《きよ》らかな★	깨끗한, 맑은	□ きらびやかな★	휘황찬란한, 화려한
□ 緊急《きんきゅう》な	긴급한	□ 勤勉《きんべん》な	근면한
□ 厳格《げんかく》な★	엄격한	□ 健全《けんぜん》な	건전한
□ 賢明《けんめい》な	현명한	□ 強引《ごういん》な★	무리한, 강제적인
□ 細《こま》やかな★★	자상한, 세심한, 자세한	□ 雑多《ざった》な	잡다한
□ したたか(強か)な★	만만치 않은	□ 淑《しと》やかな★	정숙한, 단아한
□ しなやかな★	유연한, 나긋나긋한	□ 地味《じみ》な	수수한, 검소한
□ 慎重《しんちょう》な	신중한	□ 親密《しんみつ》な	친밀한
□ 誠実《せいじつ》な	성실한	□ 清純《せいじゅん》な	청순한
□ 精密《せいみつ》な	정밀한	□ 切実《せつじつ》な	절실한
□ 鮮烈《せんれつ》な★	선열한	□ 尊重《そんちょう》な	존중하는
□ 痛快《つうかい》な	통쾌한	□ 丁寧《ていねい》な	정중한, 주의 깊은
□ 的確《てきかく》な	적확한, 딱 들어맞는	□ 適宜《てきぎ》な★	적의의, 적당한
□ 適切《てきせつ》な	적절한	□ 適度《てきど》な	적도의, 적당한 정도의
□ 滑《なめ》らかな★★	매끄러운, 순조로운	□ 熱心《ねっしん》な	열심인
□ 熱烈《ねつれつ》な	열렬한	□ 濃厚《のうこう》な	농후한
□ 濃密《のうみつ》な	농밀한	□ 微妙《びみょう》な	미묘한

□ 飛躍的《ひやくてき》な	비약적인	□ 不当《ふとう》な	부당한
□ 普遍《ふへん》な	보편의	□ 身軽《みがる》な	경쾌한, 홀가분한
□ 惨《みじ》めな★	비참한	□ 無駄《むだ》な	쓸데없는, 헛된
□ 無茶《むちゃ》な★	당치않은, 터무니없는	□ 夢中《むちゅう》な	푹 빠짐, 정신없음
□ 勇敢《ゆうかん》な	용감한	□ 雄大《ゆうだい》な	웅대한
□ 優美《ゆうび》な★	우미한, 우아한		

■ 부사

□ 悪《あ》しからず	언짢게 생각하지 마시고	□ あっさり	간단히, 깨끗이
□ いかに★★	얼마나, 어떻게, 아무리	□ いたずらに★★	공연히, 쓸데없이
□ 一概《いちがい》に	일률적으로, 싸잡아	□ 一途《いちず》に★	한결같이, 오로지
□ 一挙《いっきょ》に	일거에, 단번에	□ 一向《いっこう》に★	전혀, 조금도
□ 今更《いまさら》	이제 와서, 새삼스레	□ 今《いま》や	지금이야말로, 이제는
□ いやいや★	마지못해	□ いやに★	이상하게, 몹시
□ うっとり	넋을 잃고	□ がっちり	튼튼한 모양, 야무지게
□ かわるがわる★	번갈아 가며, 교대로	□ きっかり	딱, 정확히
□ くっきり	또렷이, 선명하게	□ ぐっと★	한층, 훨씬
□ くよくよ	끙끙	□ げっそり★	홀쭉히
□ 公然《こうぜん》と	공공연하게	□ さぞ(かし)★	필시, 틀림없이
□ じかに	직접적으로	□ しっくり(する)	딱 들어 맞는 모양, 잘 어울리다
□ じっくり★	차분히, 곰곰이	□ しょんぼり	풀이 죽어, 맥없이
□ しんなり★	나긋나긋, 낭창낭창	□ ずらっと	죽, 줄줄이
□ せめて	적어도, 하다못해	□ ちょくちょく	이따금씩, 가끔
□ てっきり	틀림없이	□ とことん	끝까지, 철저하게
□ どしどし	쉴 사이 없이, 척척, 죽죽 기탄없이	□ のびのび	무럭무럭, 구애됨 없이

☐ はるかに	훨씬, 아득히	☐ ひいては	나아가서는
☐ びくびく	흠칫흠칫, 벌벌	☐ ひょっと	불쑥, 갑자기, 만일
☐ ひんやり	썰렁, 선뜩	☐ ふらふら★	비틀비틀, 흔들흔들
☐ ぶかぶか	헐렁헐렁, 둥둥	☐ ぶらぶら	흔들흔들, 어슬렁어슬렁, 빈둥빈둥
☐ 呆然《ぼうぜん》と★★	멍하니, 망연히	☐ ぼつぼつ	슬슬, 조금씩
☐ めそめそ	훌짝훌짝, 훌쩍훌쩍	☐ めっきり	부쩍, 제법, 현저히
☐ 猛然《もうぜん》と	맹렬하게	☐ もやもや(とする)	모락모락, 가물가물, 답답(하다)

■ 가타카나

☐ インスピレーション★	영감	☐ インパクト	충격, 영향력
☐ インフラ	인프라, 사회적기반	☐ エントリー	참가 신청
☐ オピニオン★	의견, 견해	☐ コーディネーター	코디네이터, 조정자
☐ コミュニティ	커뮤니티, 공동체	☐ コラボレーション	협력, 공동제작
☐ サマリー	서머리, 요약	☐ シミュレーション	시뮬레이션, 가상 실행
☐ スタンス★	태도, 자세	☐ デリバリー	배달, 배송
☐ パンデミック	팬데믹	☐ バーチャル	가상적인
☐ フロンティア	개척자	☐ ブロック★★	차단, 방해
☐ プレゼンス	존재감	☐ ペース	페이스, 속도
☐ ポテンシャル	잠재력	☐ マニア	마니아, ~광(狂)
☐ ミスマッチ	미스매치, 어울리지 않음	☐ メセナ	문화 지원
☐ メンテナンス	관리, 유지	☐ ライフワーク★	필생의 사업
☐ リコール	리콜, 회수	☐ リソース	자원, 물자
☐ ルーツ	기원, 근원	☐ ルーティン★	루틴, 일상의 반복
☐ レギュラー	레귤러, 정규의	☐ レントゲン★	뢴트겐, X레이

문맥 규정 | 예상 어휘 연습 문제 ❶

問題 2 (　　　) に入れるのに最もよいものを1・2・3・4から一つ選びなさい。

1 先生は（　　　）だけをつまんで説明した。
1 全容　2 要点　3 記憶　4 思考

2 整形手術で彼女は（　　　）ほどきれいになった。
1 見違える　2 見かける　3 見失う　4 見逃す

3 彼に犯行の動機を（　　　）した。
1 追跡　2 追慕　3 追考　4 追及

4 不要な本を（　　　）することにした。
1 始末　2 処置　3 措置　4 削除

5 彼は私と同じ（　　　）にある。
1 実像　2 論理　3 境遇　4 錯誤

6 人に責任を（　　　）するのはよくない。
1 転嫁　2 転回　3 横転　4 転倒

7 ハンカチの（　　　）のところにレースがついている。
1 しるべ　2 ふち　3 種　4 具

8 試験を控えている息子は（　　　）ながら勉強している。
1 いやいや　2 うずうず　3 ほそぼそ　4 じわじわ

9 彼は突然の解雇に（　　　）としている。
1 呆然　2 騒然　3 漠然　4 必然

10 政府は物価の上昇に（　　　）をかけた。
1 乗り合い　2 テコ入れ　3 歯止め　4 足止め

정답 및 해설 p.18

문맥 규정 | 예상 어휘 연습 문제 ❷

問題 2 (　　　) に入れるのに最もよいものを1・2・3・4から一つ選びなさい。

1 カードを端末に (　　　) と、決済される。

1 うつす　　2 たらす　　3 かざす　　4 さする

2 必要に (　　　)、語学の勉強をした。

1 責められて　　2 迫られて　　3 煽てられて　　4 満たされて

3 彼の皮肉な言い方に (　　　) がつきた。

1 愛想　　2 気分　　3 予想　　4 運

4 機械の問題で製品の生産に (　　　) が生じた。

1 乱れ　　2 こじれ　　3 狂い　　4 偏り

5 彼は「自分はハンサムだ」と言って (　　　)。

1 はばからない　　2 それない　　3 おしまない　　4 ひそめない

6 田畑を (　　　) 建物を建てた。

1 削って　　2 押して　　3 研いで　　4 潰して

7 (　　　) に時間を費やしてしまった。

1 いたずら　　2 ひたむき　　3 かたくな　　4 かすか

8 迷惑メールを (　　　) した。

1 シフト　　2 マーク　　3 ブロック　　4 メンテナンス

9 思いがけない災難に (　　　)。

1 見舞われた　　2 見合われた　　3 見失われた　　4 見破られた

10 環境変化に適応できないものは (　　　) される。

1 破綻　　2 淘汰　　3 収斂　　4 墜落

정답 및 해설 p.21

문제 3

1교시 언어 지식 (문자·어휘)

유의 표현

출제 경향

유의 표현은 총 6문제가 출제된다. 밑줄 친 부분의 단어와 의미가 같거나 가장 비슷한 선택지를 정답으로 고르는 문제이다. 대부분의 선택지는 밑줄 부분에 대입했을 때 문맥이 통한다. 따라서, 하나씩 대입하며 문맥에 맞는 것을 고르는 것이 아니라 밑줄 부분과 교체해도 문장 자체의 의미가 크게 달라지지 않는 것을 답으로 골라야 한다. 비슷한 의미의 가타카나어와 한자어, 문어체와 구어체 표현을 서로 연결할 수 있도록 연습해 둔다.

풀이 전략

★ 의미가 달라지는 한자어

같은 한자어이지만 품사에 따라 의미가 달라지는 단어에 주의해야 한다. 출제 빈도가 높은 편이므로 확실하게 정리해 두는 것이 좋다.

예 「自然《しぜん》 명) 자연」、「自然《しぜん》に 부) 자연스럽게, 저절로」

★ 관용구나 단어를 길게 풀어 쓴 표현

의미가 정확히 일치하는 단어가 아니더라도, 밑줄 부분에 대입하여 문장의 흐름과 내용이 바뀌지 않는 단어를 정답으로 골라야 한다. 자주 출제되는 기출 단어를 비슷한 의미의 표현으로 바꾸는 연습을 해 두면 좋다.

예 「克明《こくめい》に 극명하게, 자세하고 꼼꼼하게」 ≒ 「細《こま》かく丁寧《ていねい》に 세심하고 정성스럽게」
「しぶっている 주저하다」 ≒ 「なかなかしようとしない 좀처럼 하려 하지 않다」

★ 가타카나어

의미가 비슷한 가타카나어와 한자어를 연결하는 문제도 꾸준히 출제되고 있다. 한자를 통해 의미를 유추하고 연결 짓기는 어려우므로, 평소 가타카나어를 한자어로 바꿔보는 연습이 필요하다.

예 「エレガントだ 우아하다, 고상하다」 ≒ 「上品《じょうひん》だ 품위 있다, 고상하다」

★ 품사는 다르지만 의미가 같은 단어

밑줄 친 부분과 품사가 다른 단어도 선택지로 제시될 수 있다. 의미가 같은 い형용사와 な형용사, 또는 동사와 する형 명사는 서로 묶어서 학습해 두면 좋다.

예 「あどけない イ형) 순진한」 ≒ 「無邪気《むじゃき》な ナ형) 순진한」
「進《すす》む 동) 나아가다」 ≒ 「進行《しんこう》(する) 명) 진행(되다)」

문제 유형 예시

問題 3 ＿＿＿＿の言葉に意味が最も近いものを、1·2·3·4から一つ選びなさい。

い 형용사

14 人間関係に気を使うのは<u>わずらわしい</u>。

な형용사

1 単調だ　　**2 面倒だ**　　3 苦手だ　　4 迷惑だ

> **공략법 ❶**
> 가장 먼저 밑줄 친 단어의 의미를 정확히 파악한다.

> **공략법 ❷**
> 밑줄 친 단어의 뜻을 길게 풀어 썼거나, 품사는 다르지만 같은 의미인 단어 등이 있는지 확인한다.

풀이 요령

★ 풀이 요령 1

「わずらわしい」의 의미를 떠올려 보면, '성가시다, 귀찮다'라는 의미가 있다. 여러 가지 의미를 갖고 있는 단어의 경우에는 어떤 뜻으로 쓰였는지 문맥을 보고 파악해 두는 것이 좋다.

★ 풀이 요령 2

선택지에 있는 단어를 모두 밑줄 부분에 대입하지 말자. 어느 선택지를 넣어도 대부분 문맥은 통한다. 선택지 중 '귀찮다'라는 의미가 있는 단어(面倒《めんどう》だ)를 골라 밑줄 부분에 대입한 뒤, 문장의 의미가 「わずらわしい」를 넣었을 때와 같은지 확인하면 된다.

해석

문제 3 ＿＿＿＿의 단어에 의미가 가장 가까운 것을 1·2·3·4에서 하나 고르세요.

14 인간관계에 신경을 쓰는 것은 <u>귀찮다</u>.

1 단조롭다　　2 귀찮다 ✔　　3 서투르다　　4 민폐다

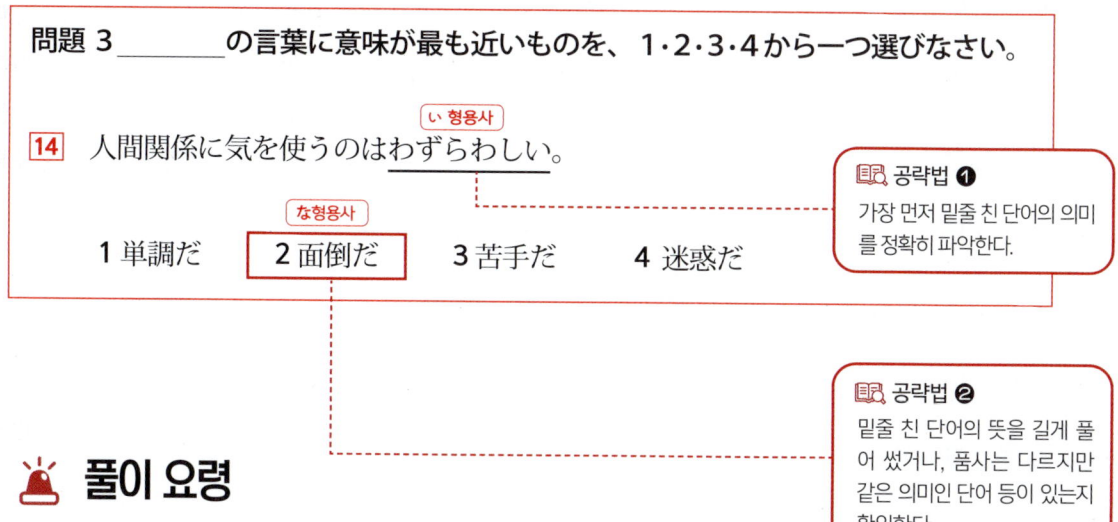

유의 표현 | 기출 어휘

* 2010년부터 2025년까지 출제된 문맥 규정 기출 단어 정리

2025년

≒ 유의어를 뜻함

ことごとく	부) 전부, 모조리	≒	すべて	부) 모두
けげんな★	ナ형) 기이한, 이상한	≒	不思議《ふしぎ》そうな	부) 이상한 것 같은
着手《ちゃくしゅ》する	동) 착수하다	≒	始《はじ》める	동) 시작하다
トレンド★	가) 트렌드, 경향	≒	傾向《けいこう》	부) 경향
破格《はかく》	ナ형) 파격	≒	特別《とくべつ》によい	특별히 좋은
冷《ひ》やかす★★	동) 놀리다	≒	からかう	동) 놀리다

2024년

委託《いたく》する	동) 위탁하다	≒	任《まか》せる	동) 맡기다
請《う》け負《お》う	동) (청부) 맡다	≒	引《ひ》き受《う》ける	동) (떠)맡다
うなだれる★	동) (힘없이) 고개를 숙이다	≒	下《した》を向《む》く	고개를 숙이다, 아래를 향하다
疎《おろそ》かに	부) 소홀히	≒	いい加減《かげん》に	부) 적당히, 소홀히
工面《くめん》する★★	동) 마련하다	≒	用意《ようい》する	동) 준비하다
進呈《しんてい》する★★	동) 증정하다	≒	差《さ》し上《あ》げる	동) 드리다
手腕《しゅわん》	명) 수완	≒	能力《のうりょく》	명) 능력
すがすがしい	イ형) 상쾌하다	≒	爽《さわ》やかな	ナ형) 상쾌한
ぞんざいな★★	ナ형) 겉날림, 소홀한	≒	雑《ざつ》な	ナ형) 거친, 엉성한
打撃《だげき》	명) 타격	≒	ダメージ	가) 손해, 피해

目下《もっか》	명) 지금, 목하	≒	今《いま》	명) 지금
ロスする	동) 낭비하다	≒	無駄《むだ》にする	동) 허비하다

2023년

懸念《けねん》★★	명) 걱정, 불안	≒	心配《しんぱい》	명) 걱정
やつれる	동) 여위다	≒	やせ衰《おとろ》える	동) 바짝 마르다
奮闘《ふんとう》する	동) 분투하다	≒	必死《ひっし》に頑張《がんば》る	동) 필사적으로 노력하다
不慮《ふりょ》★	명) 의외, 뜻밖	≒	思《おも》いもよらない	관용구) 생각지도 못한
根《ね》こそぎ	명) 전부, 송두리째	≒	すべて	부) 전부, 모두
没頭《ぼっとう》する	동) 몰두하다	≒	熱中《ねっちゅう》する	동) 열중하다
尺度《しゃくど》	명) 척도	≒	基準《きじゅん》	명) 기준
わずらわしい	イ형) 귀찮다	≒	面倒《めんどう》な	ナ형) 귀찮은
肝心《かんじん》な★★	ナ형) 중요한, 긴요한	≒	重要《じゅうよう》な	ナ형) 중요한
はかどる★★	동) 진척되다	≒	順調《じゅんちょう》に進《すす》む	동) 순조롭게 진행되다
辛抱《しんぼう》	명) 참음	≒	我慢《がまん》	명) 참음
しきたり★	명) 관습, 관례	≒	習慣《しゅうかん》	명) 관습

2022년

調達《ちょうたつ》	명) 조달	≒	用意《ようい》	명) 준비
温和《おんわ》な	ナ형) 온화한	≒	おだやかな	ナ형) 온화한, 평온한
スポット	가) 스폿, 장소	≒	場所《ばしょ》	명) 장소
拮抗《きっこう》する★	동) 팽팽하다	≒	差《さ》がない	차이가 없다

風当《かぜあた》り	명) 비난, 공격	≒	批判《ひはん》	명) 비판
あどけない★	イ형) 순진하고 귀엽다	≒	無邪気《むじゃき》な	ナ형) 순진한
触発《しょくはつ》される★★	동) 촉발되다	≒	刺激《しげき》される	동) 자극되다
閉口《へいこう》する★	동) 질리다, 두 손 들다	≒	困《こま》る	동) 곤란하다
気《き》ままな	ナ형) 제멋대로인	≒	自由《じゆう》	명) 자유
若干《じゃっかん》	부) 약간	≒	いくつか	부) 몇 개인가
手《て》分《わ》け★	명) 분담	≒	分担《ぶんたん》	명) 분담
てきぱき	부) 척척	≒	早《はや》く正確《せいかく》に	부) 빠르고 정확하게

2021년

リスク	가) 리스크, 위험	≒	危険《きけん》	명) 위험
絶賛《ぜっさん》する★	동) 절찬하다	≒	非常《ひじょう》に素晴《すば》らしいとほめる	굉장히 훌륭하다고 칭찬하다
くつろぐ★	동) 편안하게 쉬다	≒	ゆっくりする	동) 천천히 쉬다
うやむやな	ナ형) 흐지부지한	≒	あいまいな	ナ형) 애매한
出馬《しゅつば》する	동) 출마하다	≒	選挙《せんきょ》に出《で》る	동) 선거에 나오다
お手《て》上《あ》げ★	어쩔 도리가 없음, 속수무책, 손듦	≒	どうしようもない	어쩔 수 없다
寡黙《かもく》★	명) 과묵	≒	口数《くちかず》が少《すく》ない	말수가 적다
紛糾《ふんきゅう》する	동) 분규가 나다	≒	混乱《こんらん》する	동) 혼란해지다
ずれ込《こ》む★★	동) 미뤄지다, 늦춰지다	≒	遅《おそ》くなる	동) 늦어지다
ろくに	부) 제대로, 변변히	≒	たいして	부) 그다지, 별로
スケール	가) 스케일	≒	規模《きぼ》	명) 규모
寄与《きよ》	명) 기여	≒	貢献《こうけん》	명) 공헌

2020년

エキスパート	가) 전문가	≒	専門《せんもん》家《か》	명) 전문가
凝視《ぎょうし》する★★	동) 응시하다	≒	じっとみる	동) 지그시 보다
架空《かくう》	명) 가공	≒	想像《そうぞう》	명) 상상
かねがね★	부) 전부터, 진작부터	≒	以前《いぜん》から	부) 이전부터
当面《とうめん》★	부) 당분간, 당면	≒	しばらく	부) 잠깐, 당분간
ぼやく	동) 투덜거리다	≒	愚痴《ぐち》をこぼす	관용구) 푸념하다

2019년

異例《いれい》	명) 이례(전례가 없는)	≒	珍《めずら》しい	イ형) 드물다
打《う》ち込《こ》む★★	동) 열중하다	≒	熱中《ねっちゅう》する	동) 열중하다
ルーズ	가) 느슨함, 야무지지 못함	≒	だらしない	イ형) 칠칠치 못하다
つぶさに★	부) 상세히	≒	詳細《しょうさい》に	부) 상세하게
脈絡《みゃくらく》	명) 맥락	≒	つながり	명) 연결
吟味《ぎんみ》★★★	명) 음미	≒	検討《けんとう》	명) 검토
コンパクト	가) 콤팩트, 소형	≒	小型《こがた》	명) 소형
極力《きょくりょく》★★	부) 극력, 힘껏	≒	できるだけ	부) 가능한 한
つぶやく	동) 중얼거리다	≒	小《ちい》さい声《こえ》で言《い》う	동) 작은 소리로 말하다
不審《ふしん》な★	ナ형) 수상한, 미심쩍은	≒	怪《あや》しい	イ형) 수상하다
ばてる	동) 지치다	≒	疲《つか》れる	동) 지치다
全《まっと》うする★	동) 완수하다	≒	完了《かんりょう》する	동) 완료하다

2018년

スライスする	동) 얇게 썰다	≒	薄《うす》く切《き》る	동) 얇게 자르다
めいめい★	명) 각각, 각자	≒	一人一人《ひとりひとり》	명) 한 명 한 명, 개개인
克明《こくめい》に★★★	부) 극명하게	≒	詳《くわ》しく丁寧《ていねい》に	부) 자세히 정성껏
手《て》立《だ》て	명) 방법, 순서	≒	方法《ほうほう》	명) 방법
ありありと	부) 선명히, 생생히	≒	はっきり	부) 확실히
返事《へんじ》をしぶっている★★	대답을 주저하고 있다	≒	なかなか返事《へんじ》をしようとしない	좀처럼 대답을 하려고 하지 않다
速《すみ》やかに	부) 조속히, 신속히	≒	できるだけ早《はや》く	부) 가능한 빨리
漠然《ばくぜん》としている	막연하다	≒	ぼんやりしている	어렴풋하다
妨害《ぼうがい》する	동) 방해하다	≒	じゃまする	동) 방해하다
エレガント	가) 우아함, 고상함	≒	上品《じょうひん》な	ナ형) 고상한, 품위가 있는
束《つか》の間《ま》	명) 잠깐 동안, 순간	≒	短《みじか》い	イ형) 짧다
しくじる★	동) 실패(수)하다	≒	失敗《しっぱい》する	동) 실패하다

2017년

抱負《ほうふ》	명) 포부	≒	決意《けつい》	명) 결의
ゆとり	명) 여유	≒	余裕《よゆう》	명) 여유
若干《じゃっかん》	부) 약간	≒	わずかに	부) 간신히, 겨우
撤回《てっかい》する	동) 철회하다	≒	取《と》り消《け》す	동) 취소하다
張《は》り合《あ》う★★	동) 경쟁하다, 겨루다	≒	競《きそ》い合《あ》う	동) 서로 경쟁하다
かたくなな★	ナ형) 완고한	≒	頑固《がんこ》な	ナ형) 완고한

粘《ねば》り強《づよ》い	イ형) 끈질기다	≒	あきらめずに	포기하지 않고
入念《にゅうねん》に★★	부) 꼼꼼히, 정성 들여	≒	細《こま》かく丁寧《ていねい》に	부) 세심하고 신중하게, 세심하고 정성스럽게
うすうす	부) 희미하게, 어렴풋이	≒	なんとなく	부) 어쩐지
難点《なんてん》★	명) 난점	≒	悪《わる》いところ	힘든 부분
むっとする	동) 불끈 화가 나다	≒	怒《おこ》る	동) 화나다
照会《しょうかい》する★	동) 조회하다	≒	問《と》い合《あ》わせる	동) 문의하다

2016년

かねがね★	부) 전부터, 미리	≒	以《い》前《ぜん》から	부) 이전부터
故《こ》意《い》に	부) 고의로	≒	わざと	부) 일부러
詫《わ》びる	동) 사죄하다	≒	謝《あやま》る	동) 사과하다
意《い》気《き》込《ご》み★★	명) 기세, 패기	≒	意《い》欲《よく》	명) 의욕
怯《おび》える★	동) 무서워하다, 겁내다	≒	怖《こわ》がる	동) 무서워하다
安《あん》堵《ど》する	동) 안도하다	≒	ほっとする	동) 안심하다
端的《たんてき》に★	부) 단적으로	≒	明白《めいはく》に	부) 명백하게
わずらわしい★	イ형) 번거롭다	≒	面倒《めんどう》な	ナ형) 귀찮은
かろうじて	부) 겨우, 간신히	≒	何《なん》とか	부) 어떻게(든), 간신히
自尊心《じそんしん》	명) 자존심	≒	プライド	가) 프라이드
ささいな	ナ형) 사소한	≒	小《ちい》さな	ナ형) 작은
とまどう	동) 당황하다	≒	困《こま》る	동) 곤란하다

2015년

弁解《べんかい》する★	동) 변명하다	≒	言《い》い訳《わけ》する	동) 변명하다
ありふれる	동) 흔하다	≒	平凡《へいぼん》な	ナ형) 평범한
うろたえる★★	동) 당황하다, 허둥대다	≒	慌《あわ》てる	동) 당황하다
糸口《いとぐち》	명) 실마리, 단서	≒	ヒント	가) 힌트
ふいに★	부) 갑자기, 돌연	≒	突然《とつぜん》	부) 돌연, 갑자기
誇張《こちょう》する	동) 과장하다	≒	大《おお》げさな	ナ형) 과장된, 허풍을 떠는
仕《し》上《あ》がる	동) 완성되다	≒	完成《かんせい》する	동) 완성하다
互角《ごかく》★★	명) 호각(막상막하)	≒	大体同《だいたいおな》じ	ナ형) 대체로 같은
クレーム	가) 클레임	≒	苦情《くじょう》	명) 불만
助言《じょげん》	명) 조언	≒	アドバイス	가) 어드바이스, 충고
錯覚《さっかく》	명) 착각	≒	勘違《かんちが》い	명) 착각
殺到《さっとう》する★	동) 쇄도하다	≒	一度《いちど》に大勢来《おおぜいく》る	동) 한 번에 여럿이 오다

2014년

気《き》掛《が》かり	명) 걱정, 염려	≒	心配《しんぱい》	명) 걱정
案《あん》の定《じょう》	부) 아니나 다를까	≒	やはり	부) 역시
不用意《ふようい》な	ナ형) 부주의한	≒	不注意《ふちゅうい》な	ナ형) 부주의한
厄介《やっかい》な★★	ナ형) 귀찮은, 성가신	≒	面倒《めんどう》な	ナ형) 번거로운, 성가신
回想《かいそう》する	동) 회상하다	≒	思《おも》い返《かえ》す	동) 다시 생각하다
手《て》分《わ》け	명) 분담	≒	分担《ぶんたん》	명) 분담
無償《むしょう》	명) 무상	≒	ただ	명) 공짜

打《う》ち込《こ》む★★	동) 열중하다	≒	熱心《ねっしん》に取《と》り込《こ》む	동) 열심히 몰두하다
ストレート	가) 스트레이트	≒	率直《そっちょく》な	ナ형) 솔직한
お手《て》上《あ》げ★	명) 어쩔 도리가 없음, 속수무책, 손듦	≒	どうしようもない	어쩔 수 없다
格段《かくだん》に★	부) 현격히	≒	大幅《おおはば》に	부) 큰 폭으로
いたって	부) 극히, 매우	≒	非常《ひじょう》に	부) 굉장히, 매우

2013년

ことごとく	부) 전부, 모조리	≒	すべて	부) 모두
雑踏《ざっとう》★★	명) 혼잡, 붐빔	≒	人込《ひとご》み	명) 붐빔
メカニズム	가) 구조	≒	しくみ	명) 구조, 짜임새
裏付《うらづ》け	명) 뒷받침, 보증	≒	証拠《しょうこ》	명) 증거
すべ	명) 방법, 수단	≒	方法《ほうほう》	명) 방법
せかす★	동) 재촉하다	≒	急《いそ》がせる	동) 서두르게 하다
従来《じゅうらい》	명) 종래	≒	これまで	지금까지
あらかじめ	부) 미리, 사전에	≒	事前《じぜん》に	부) 사전에
抜群《ばつぐん》★★★	명) 발군(특별히 뛰어남)	≒	他《ほか》と比《くら》べて特《とく》によい	다른 것과 비교해서 특별히 좋다
バックアップ	가) 백업, 후원	≒	支援《しえん》	명) 지원
仰天《ぎょうてん》★★	명) 몹시 놀람, 기겁함 동) 몹시 놀라다, 기겁하다	≒	とても驚《おどろ》く	동) 매우 놀라다
おおむね	부) 대체로, 대개	≒	だいたい	부) 대개, 대강

2012년

当面《とうめん》	부) 당분간, 우선	≒	しばらくは	부) 당분간은
スケール	가) 스케일	≒	規模《きぼ》	명) 규모
しきりに	부) 자꾸만, 끊임없이	≒	何度《なんど》も	몇 번이나
先方《せんぽう》	명) 상대편, 상대방	≒	相手《あいて》	명) 상대
けなす★	동) 폄하하다, 헐뜯다	≒	悪《わる》く言《い》う	동) 나쁘게 말하다
おっくうな★	ナ형) 귀찮은	≒	面倒《めんどう》な	ナ형) 귀찮은
触発《しょくはつ》される★	동) 촉발되다	≒	刺激《しげき》を受《う》ける	동) 자극을 받다
すがすがしい	イ형) 상쾌하다, 시원하다	≒	さわやかな	ナ형) 상쾌한, 시원한
簡素《かんそ》な	ナ형) 간소한	≒	シンプルな	ナ형) 단순한, 간단한
ひそかに★	부) 은근슬쩍	≒	こっそり	부) 몰래, 살짝
断念《だんねん》する	동) 단념하다	≒	諦《あきら》める	동) 포기하다
おのずと	부) 저절로	≒	自然《しぜん》に	부) 자연스럽게

2011년

ありきたりの	ナ형) 흔히 있는	≒	平凡《へいぼん》な	ナ형) 평범한
歴然《れきぜん》と★★★	부) 분명히, 확연히	≒	はっきり	부) 확실히
極力《きょくりょく》★★	부) 극력, 힘껏	≒	できる限《かぎ》り	부) 가능한 한
落胆《らくたん》する	동) 낙담하다	≒	がっかりする	동) 실망하다
あっけない★	イ형) 싱겁다, 맥없다	≒	意外《いがい》につまらない	イ형) 의외로 재미없다
コントラスト	가) 대조, 대비	≒	対比《たいひ》	명) 대비

画期的《かっきてき》な	ナ형) 획기적인	≒	今《いま》までにない新《あたら》しい	지금까지 없는 새로운
もくろむ	동) 계획하다	≒	計画《けいかく》する	동) 계획하다
手掛《てが》かり	명) 단서, 실마리	≒	ヒント	가) 힌트
にわかに	부) 갑자기	≒	すぐに	부) 바로
重宝《ちょうほう》する★★	동) 요긴하게 쓰다	≒	便利《べんり》で役《やく》に立《た》つ	편리하고 도움이 되다
シビアな	ナ형) 혹독한, 엄한	≒	厳《きび》しい	イ형) 혹독하다

2010년

まばらな	ナ형) 드문드문한, 성긴	≒	少《すく》ない	イ형) 적다
どんよりした天気《てんき》だ	잔뜩 찌푸린 날씨다	≒	曇《くも》っていて暗《くら》い	흐리고 어둡다
丹念《たんねん》に★	부) 공들여, 꼼꼼히	≒	じっくりと	부) 차분히, 곰곰이
はかどる★	동) 진척되다	≒	順調《じゅんちょう》に進《すす》む	동) 순조롭게 진행되다
見合《みあ》わせる★	동) 보류하다	≒	中止《ちゅうし》する	동) 중지하다
やむを得《え》ず	부) 어쩔 수 없이	≒	しかたなく	부) 어쩔 수 없이
ルーズな	ナ형) 허술한, 칠칠치 못한	≒	だらしない	イ형) 칠칠치 못하다
なじむ	동) 친숙해지다	≒	慣《な》れる	동) 익숙해지다
張《は》り合《あ》う★★	동) 겨루다, 경쟁하다	≒	競争《きょうそう》する	동) 경쟁하다
朗報《ろうほう》	명) 기쁜 소식	≒	嬉《うれ》しいお知《し》らせ	명) 기쁜 알림
煩《わずら》わしい★★	イ형) 번거롭다, 귀찮다	≒	面倒《めんどう》な	ナ형) 성가신, 귀찮은
嫌味《いやみ》	명) 싫은 소리, 거북한 말	≒	皮肉《ひにく》な★	ナ형) 비꼬는, 빈정거리는

문제 3 | 1교시 언어 지식 (문자 · 어휘) | 채점:

유의 표현 | 기출 어휘 연습 문제 ❶

問題 3 ＿＿＿＿＿の言葉に意味が最も近いものを、1·2·3·4から一つ選びなさい。

1 彼のとんでもない言動に閉口してしまった。㉒

1 驚いて　2 がっかりして　3 困って　4 ひるんで

2 その話はうやむやに終わった。㉑

1 あいまいに　2 はかなく　3 むなしく　4 むしょうに

3 自分の役割を全うするべく、がんばっています。⑲

1 定める　2 促す　3 諭す　4 果たす

4 親は承諾をしぶった。⑱

1 ためらった　2 得た　3 求めた　4 つつしんだ

5 試験を完全にしくじった。⑱

1 練た　2 失敗した　3 完了した　4 やり遂げた

6 相手の話に一瞬むっとした。⑰

1 うなずいた　2 がっかりした　3 感心した　4 怒った

7 並々ならぬ意気込みを示している。⑯

1 能力　2 熱意　3 才覚　4 根気

8 相手の態度で彼女は非常にうろたえた。⑮

1 慌てた　2 驚いた　3 落ち着いた　4 あきれた

9 お金をことごとく使った。⑬㉕

1 丹念に　2 少しずつ　3 すべて　4 むやみに

10 木々がまばらだった。⑩

1 少なかった　2 枯れた　3 しげった　4 舞った

정답 및 해설 p.24

유의 표현 | 기출 어휘 연습 문제 ❷

問題 3 ＿＿＿＿＿の言葉に意味が最も近いものを、1・2・3・4から一つ選びなさい。

1 問題解決に奮闘している。㉓

1 打ち込んでいる　2 絞り込んでいる
3 追い込んでいる　4 押し込んでいる

2 彼女はあどけない顔をしている。㉒

1 ピュアな　2 シリアスな　3 シャープな　4 シックな

3 予定がかなりずれ込んでしまった。㉑

1 変わって　2 乱れて　3 漏れて　4 延びて

4 母は子供の後姿を凝視していた。⑳

1 じっと見て　2 ぼうっと見て　3 うかうかと見て　4 ざっと見て

5 上司につぶさに報告した。⑲

1 でたらめに　2 こまかく　3 ずさんに　4 すかさず

6 資料をよく吟味する。⑲

1 調べる　2 探す　3 決定する　4 比較する

7 日記に彼の生活の様子が克明に記されていた。⑫⑱㉑

1 極端的に　2 あらわに　3 念入りに　4 強かに

8 申し込みが殺到した。⑮

1 押し寄せた　2 締め切られた　3 無くなった　4 少なくなった

9 雑踏を歩いている。⑬

1 汚いところ　2 騒々しいところ　3 廃れたところ　4 込み合っているところ

10 少し休んだら仕事がはかどった。⑩㉓

1 こじれた　2 進捗した　3 しぶった　4 完結した

정답 및 해설 p.26

문제 3

1교시 언어 지식(문자・어휘)

유의 표현 | 예상 어휘

* 출제 가능성이 높은 예상 어휘를 あいうえお순으로 제시

■ 명사

황지영 센세의 매회 적중률 99.9%인 예상 어휘

☑ 暗示《あんじ》★	암시	☐ 一蹴《いっしゅう》	일축	☐ 横転《おうてん》★	횡전, 뒹굶
☐ 改築《かいちく》	개축	☐ 荷担《かたん》★	짐을 짐, 가담	☐ 危惧《きぐ》★★★	위구, 걱정
☐ 生地《きじ》	본바탕, 옷감, 천	☐ 技師《ぎし》	기사, 엔지니어	☐ 気質《きしつ》	기질
☐ 希少《きしょう》	희소	☐ 技能《ぎのう》	기능	☐ 空前《くうぜん》★	공전(유례없음)
☐ 苦慮《くりょ》★★★	고려, 고심	☐ 幻想《げんそう》	환상	☐ 見地《けんち》	견지
☐ 限定《げんてい》	한정	☐ 倹約《けんやく》	검약	☐ 豪語《ごうご》★★	호어, 호언장담
☐ 更新《こうしん》	갱신	☐ 抗争《こうそう》	항쟁	☐ 荒廃《こうはい》★	황폐
☐ 公表《こうひょう》	공표	☐ 好評《こうひょう》	호평	☐ 極意《ごくい》★★	비법
☐ 酷評《こくひょう》★	혹평	☐ 混沌《こんとん》	혼돈	☐ 再建《さいけん》	재건
☐ 試案《しあん》	시안	☐ 嗜好《しこう》	기호	☐ 嫉妬《しっと》★	질투
☐ 指標《しひょう》	지표	☐ 指南《しなん》★	지도, 교도	☐ 自負《じふ》★	자부
☐ 従属《じゅうぞく》	종속	☐ 渋滞《じゅうたい》★	정체	☐ 趣旨《しゅし》★★	취지
☐ 順路《じゅんろ》	순로, 길 순서	☐ 衝撃《しょうげき》	충격	☐ 消息《しょうそく》	소식
☐ 進展《しんてん》	진전	☐ 世辞《せじ》	빈말, 아첨	☐ 設置《せっち》	설치
☐ 扇動《せんどう》	선동	☐ 遭遇《そうぐう》★★	조우	☐ 総合《そうごう》	통합
☐ 注視《ちゅうし》	주시	☐ 中傷《ちゅうしょう》★	중상(헐뜯음)	☐ 調和《ちょうわ》	조화
☐ 陳腐《ちんぷ》★★★	진부	☐ 体裁《ていさい》★	겉모양, 형식, 체면	☐ 停滞《ていたい》	정체
☐ 撤退《てったい》★★	철퇴, 철수	☐ 頓挫《とんざ》	돈좌, 좌절	☐ 同調《どうちょう》	동조
☐ 導入《どうにゅう》	도입	☐ 特産《とくさん》	특산	☐ 特殊《とくしゅ》	특수
☐ 捏造《ねつぞう》★	날조, 꾸밈	☐ 白熱《はくねつ》★★★	백열, 격렬함	☐ 搬送《はんそう》	반송

□ 判別《はんべつ》	판별	□ 悲観《ひかん》	비관	□ 秘訣《ひけつ》	비결
□ 肥大《ひだい》	비대	□ 備蓄《びちく》	비축	□ 標識《ひょうしき》	표식
□ 頻発《ひんぱつ》★★	빈발	□ 封鎖《ふうさ》★	봉쇄	□ 奮発《ふんぱつ》	분발
□ 放置《ほうち》	방치	□ 発端《ほったん》★★	발단	□ 保留《ほりゅう》	보류
□ 無実《むじつ》★	무고함, 억울함, 무죄	□ 面目《めんぼく》	면목	□ 盲点《もうてん》★★	맹점
□ 模範《もはん》	모범	□ 模倣《もほう》	모방	□ 要旨《ようし》	요지
□ 余波《よは》★	여파	□ 理屈《りくつ》★	이치, 억지, 구실, 핑계	□ 利潤《りじゅん》	이윤
□ 倫理《りんり》	윤리				

■ 훈독 명사

□ 頭《あたま》ごなし	무조건, 일방적	□ うたげ(宴)	연회, 잔치
□ 生《お》い立《た》ち★	성장 과정	□ 公《おおやけ》★	공적, 공공, 공표
□ 落《お》ち度《ど》	잘못, 과실, 실수	□ 思惑《おもわく》★★	생각, 의도, 평판, 예측
□ しわ寄《よ》せ	악영향, 여파	□ 底意《そこい》★	저의
□ てこ入《い》れ★	(특별) 조처, 지원	□ 手数《てすう》	수고, 귀찮음
□ 手並《てな》み	솜씨	□ 成《な》り立《た》ち	(구성된) 과정, 내력
□ 風合《ふうあい》	감촉, 촉감	□ 旨《むね》★	뜻, 취지
□ 罠《わな》★	올가미, 덫		

■ 동사

□ 仰《あお》ぐ	위를 보다, 우러러보다, 바라다, 구하다	□ うずく(疼く)	쑤시다, (무엇이 하고 싶어) 좀이 쑤시다
□ 疑《うたが》う	의심하다	□ 打《う》ち消《け》す	부정하다, 지우다, 없애다
□ うぬぼれる★★	자만하다	□ 敬《うやま》う	존경하다, 공경하다

□ 貶《おとし》める★	얕보다, 깎아내리다	□ 買《か》いかぶる	과대평가하다, 실제보다 비싸게 사다
□ 垣《かい》間《ま》見《み》る★	살짝 엿보다	□ 嵩《かさ》む★	(부피가) 커지다, (비용이) 불어나다
□ 来《きた》す	초래하다, 일으키다	□ 繰《く》り上《あ》げる	(기일·순서를) 앞당기다
□ 悔《く》やむ★	후회하다, 애도하다	□ 企《くわだ》てる★	기도하다, 계획하다
□ こしらえる	만들다, 마련하다, 꾸미 다, 얼렁뚱땅 넘기다	□ 懲《こ》りる	넌더리가 나다, 질리다
□ 栄《さか》える★	번영하다, 번창하다	□ さばく(捌く)★	잘 다루다, 처리하다, 팔아 치우다, 뼈를 발라내다
□ 凌《しの》ぐ★	참고 견디다, 헤쳐 나가다, 피하다, 능가하다	□ 痺《しび》れる★	저리다, 마비되다
□ 長《た》ける	뛰어나다	□ たじろぐ	질리다, 쩔쩔매다
□ 償《つぐな》う★★	갚다, 보상하다, 속죄하다	□ 繕《つくろ》う★★	수선하다, 얼버무리다, 겉을 꾸미다
□ 手《て》こずる★	애먹다, 쩔쩔매다	□ 出《で》くわす★	맞닥뜨리다, 딱 마주치다
□ 抜《ぬ》きん出《で》る	뛰어나다, 빼어나다	□ 秀《ひい》でる	빼어나다, 뛰어나다
□ 耽《ふけ》る★★	열중하다, 빠지다	□ 塞《ふさ》ぐ	막다, 가리다, 우울해지다
□ 振《ふ》りかざす	머리 위로 번쩍 쳐들다, (주의·주장을) 내세우다	□ ほのめかす★	암시하다, 넌지시 비치다(말하다)
□ ぼやける★	희미해지다, 부예지다	□ 見《み》くびる	깔보다, 얕보다
□ 持《も》ち越《こ》す	넘기다, 미루다		

■ イ형용사

□ あぶなげない★	무난하다	□ 著《いちじる》しい★	현저하다, 두드러지다
□ いぶかしい	의심스럽다, 수상쩍다	□ 忌《い》まわしい	꺼림칙하다, 불길하다

□ おっかない★★	무섭다, 두렵다	□ おぼつかない★	불안하다, 의심스럽다
□ 芳《かんば》しい★	향기롭다, 훌륭하다	□ 仰々《ぎょうぎょう》しい★	호들갑스럽다
□ さりげない	아무렇지도 않다	□ しんどい	힘들다, 벅차다, 지치다
□ 図々《ずうずう》しい	뻔뻔스럽다	□ せわしい★	바쁘다, 조급하다
□ 素《そ》っ気《け》ない★	쌀쌀맞다, 냉담하다	□ つれない★	무정하다, 박정하다
□ 名《な》高《だか》い	유명하다	□ 何《なに》気《げ》ない★	아무렇지도 않다, 태연하다
□ はしたない	상스럽다, 버릇없다	□ 平《ひら》たい★	평평하다, 알기 쉽다
□ まめまめしい	부지런하다	□ みすぼらしい★	초라하다, 빈약하다
□ やるせない	안타깝다, 속절없다		

■ ナ형용사

□ あやふやな★★	불확실한, 모호한	□ うかつ(迂闊)な★	멍청한, 부주의한
□ うつろな★	속이 텅 빈, 얼빠진	□ 横柄《おうへい》な★	건방진, 거만한
□ 大《おお》げさな	과장된	□ おおまかな★	대범한, 대략적인
□ 厳《おごそ》かな★★	엄숙한	□ おぼろげな★	어슴푸레한, 아련한
□ 華《か》麗《れい》な	화려한	□ 軽《かろ》やかな	경쾌한
□ 簡《かん》易《い》な★	간이의, 쉬운	□ 頑丈《がんじょう》な★	튼튼한
□ 肝要《かんよう》な★★	매우 중요한	□ 奇《き》妙《みょう》な	기묘한
□ 窮屈《きゅうくつ》な	갑갑한, 답답한, 거북한, 융통성이 없는	□ 屈託《くったく》な★	거북해 하는, 싫증난
□ 混雑《こんざつ》な	혼잡한	□ 斬新《ざんしん》な★	참신한
□ 真剣《しんけん》な	진지한, 진심인	□ 新鮮《しんせん》な	신선한
□ 甚大《じんだい》な★	심대한	□ 純粋《じゅんすい》な	순수한
□ 粗《そ》雑《ざつ》な	조잡한	□ 素《そ》朴《ぼく》な	소박한

□ 退屈《たいくつ》な	지루한, 따분한	□ 達者《たっしゃ》な★★	능숙한, 튼튼한
□ 多《た》忙《ぼう》な	다망한	□ 単調《たんちょう》な	단조로운
□ 堪能《たんのう》な★★	뛰어난, 능통한	□ 手《て》頃《ごろ》な★	적당한, 알맞은
□ でたらめな	엉터리인	□ ないがしろな★	소홀히 하는, 무시하는
□ 場《ば》当《あ》たりな	임기응변의	□ まばらな★	드문드문한, 성긴
□ 稀《まれ》な	드문, 희소한	□ 無《む》頓着《とんちゃく》な★	무심한
□ 無《む》念《ねん》な★★	원통한, 분한	□ 明朗《めいろう》な	명랑한
□ 優越《ゆうえつ》な★	우월한		

■ 부사

□ あたかも	흡사, 마치	□ 危《あや》うく★★	가까스로, 하마터면
□ 露《あら》わに★	노골적으로	□ 幾《いく》多《た》★	수많이
□ 得《え》てして	자칫하면, 까딱하면	□ 大方《おおかた》★	대개, 거의, 대체로
□ おしなべて	대체로, 모두, 한결같이	□ 片《かた》っ端《ぱし》から★	닥치는 대로, 모조리
□ かつて	일찍이, 예전부터	□ かねて★	미리, 전부터
□ きっぱり★	딱 잘라, 단호히	□ ぐずぐず	꾸물꾸물, 우물쭈물
□ 交《こう》互《ご》に★★	번갈아	□ ことに★	각별히, 특히
□ 始《し》終《じゅう》	언제나, 늘	□ 漸《ぜん》次《じ》★	점차
□ しぶしぶ★★	마지못해	□ 終《しゅう》始《し》★	줄곧, 내내
□ 徐々《じょじょ》に	서서히	□ しょっちゅう	노상, 늘, 언제나
□ すべからく	마땅히, 모름지기	□ 整然《せいぜん》と	정연하게
□ 生来《せいらい》	선천적으로	□ 即《そく》座《ざ》に	즉석에서
□ 大概《たいがい》	대개, 대충, 대강	□ 断《だん》固《こ》★	단호히, 단연코

□ 到底《とうてい》★	도저히	□ 前《まえ》もって	미리, 사전에
□ まして	하물며, 더구나	□ むやみに★	함부로, 무턱대고

■ 가타카나

□ アジェンダ	안건, 의제, 주제	□ アセスメント	(종합) 평가
□ アパシー★	냉담, 무기력, 무관심	□ アライアンス	동맹, 제휴
□ イノベーション	기술 혁신, 개혁	□ カウンセリング	상담 지도
□ カテゴリー	카테고리, 범주	□ ガバナンス	통치, 관리, 통제
□ コンプレックス	열등감	□ シフト★	이동, 교대 근무시간(표)
□ ステータス★	(사회적) 지위, 신분	□ ステレオタイプ★	틀에 박힘, 고정적 견해
□ セキュリティー	안전, 보안	□ デフォルト★	기본(적 상태)
□ デリケート★	섬세함, 미묘함	□ ビジョン★	미래상, 계획구상
□ フィードバック	피드백, 반영	□ フレーバー	풍미, 향료
□ メソッド★	방법, 방식	□ モラル	윤리, 도덕
□ ラフ	러프, 거침, 조잡함	□ リーズナブル★★	타당함, 적당함

유의 표현 | 예상 어휘 연습 문제 ❶

問題 3 ＿＿＿＿＿＿の言葉に意味が最も近いものを、１・２・３・４から一つ選びなさい。

1 師匠は弟子に極意を伝えた。

1 たから　2 こつ　3 シークレット　4 フラッシュ

2 漸次、改善します。

1 おいおい　2 てっきり　3 ことに　4 みるみる

3 キムラさんからけんかの発端を聞いた。

1 一部分　2 過程　3 起こり　4 さばき

4 彼女のことを買いかぶっている。

1 過大評価して　2 誤解して　3 不審に思って　4 見くびって

5 今年の業績は昨年をしのぐ。

1 追いつく　2 乗り越える　3 押し付ける　4 取り戻す

6 これは空前のブームになった。

1 前例のない　2 大衆的な　3 絶大な　4 前触れもない

7 今の状態では成功はおぼつかない。

1 待ち遠しい　2 はっきりしない　3 あぶなげない　4 そっけない

8 彼はわなをかけた。

1 落とし穴　2 長いひも　3 なわばり　4 厚い服

9 あの人はいつも豪語する。

1 偉そうなふりをする　2 甘い言葉でだます

3 大口を叩く　4 強く言い張る

10 手持ちの品をさばいてしまった。

1 売り飛ばして　2 分け与えて　3 迷わず捨てて　4 安めに値をつけて

정답 및 해설 p.29

"문제 3" 유의 표현 | 예상 어휘 연습 문제 ❷

問題 3 ＿＿＿＿＿の言葉に意味が最も近いものを、1・2・3・4から一つ選びなさい。

1 せわしい毎日を過ごしている。

1 多忙な　2 面倒な　3 退屈な　4 明朗な

2 幸運と不幸は交互に起こる。

1 不意に　2 かわるがわる　3 つながって　4 ほぼ等しく

3 彼は足が達者だ。

1 丈夫だ　2 早い　3 きれいだ　4 ほそい

4 彼は身なりに無頓着だ。

1 気にかけない　2 気が利かない　3 気を抜かない　4 気が置けない

5 エシカル消費が広がりつつある。

1 合理的な　2 倫理的な　3 倹しい　4 楽しむ

6 自分の意向をほのめかした。

1 隠した　2 匂わせた　3 公にした　4 ごまかした

7 彼はうかつなことをした。

1 不注意　2 卑劣　3 案外　4 不吉

8 政府をあらわに批判した。

1 痛快に　2 露骨に　3 痛烈に　4 大胆に

9 先生はおっかない顔をしている。

1 明るい　2 まじめな　3 怖い　4 怒った

10 政府は不動産対策に苦慮している。

1 必死で考えている　2 念入りにしている
3 厄介をみている　4 力を尽くしている

정답 및 해설 p.31

용법

출제 경향

용법은 총 6문제가 출제된다. 제시된 단어가 올바르게 사용된 문장을 고르는 문제이다. 단어의 의미와 쓰임새를 정확하게 이해하고 있는지를 묻는 유형으로 명사, 동사, 형용사, 부사 등의 품사가 골고루 출제된다. 제시된 단어의 품사에 따라 앞/뒤 어느 품사와 표현을 유의해서 봐야 하는지가 달라지므로, 문법적 쓰임을 고려해야 한다.

풀이 전략

★ 뜻이 여러 가지인 단어

N1 용법 문제에서는 N2까지 학습한 단어의 기본적 의미에 더해, 주로 쓰이진 않지만 그 단어가 가지는 확장된 의미를 묻는 경우도 있다. 단어의 다양한 의미를 문맥 속에서 정확히 파악해 두어야 한다.

예 **儲《もう》ける** 돈을 벌다, 덕을 보다, 자식을 얻다

★ 발음이나 해석이 비슷하지만 사용이 구분되는 단어

발음도 비슷하고 의미가 유사하지만, 사용되는 상황이 구별되는 단어들은 오답 함정에 빠지기 쉽기 때문에, 어느 상황에서 사용해야 하는지 그 용법을 잘 구분해 두어야 한다.

예 「**改訂《かいてい》** 개정: 문장의 잘못된 부분을 고침」↔「**改定《かいてい》** 개정: 규칙이나 규정을 변경해서 정함」

★ 의성어, 의태어

의성어, 의태어는 유의 표현과 용법 파트에서는 한 문제 이상 반드시 출제된다. 자연스러운 해석을 위해서는 문장의 맥락을 고려해야 하기 때문에, 예문으로 익혀두는 것이 좋다.

예 「**めきめき** 무럭무럭, 눈에 뜨게」

彼《かれ》はこの一年《いちねん》でめきめきと実力《じつりょく》を上《あ》げ、今《いま》ではプロジェクトのリーダーになった。

그는 올해 1년 동안 눈에 띄게 실력을 향상시켜, 이제는 프로젝트 리더가 되었다.

★ 품사가 헷갈리는 단어

품사에 따라 활용형이 달라지므로, 주어진 단어의 품사를 알아야 한다. な형용사를 명사처럼 또는 명사를 な형용사처럼 활용해서 혼동을 주는 경우도 있기 때문에, 품사에 맞는 접속 형태를 가려내야 한다.

예 「**清潔《せいけつ》** 청결」

清潔《せいけつ》する 청결하다 (X) **清潔《せいけつ》だ** 청결하다 (O) **清潔《せいけつ》な** 청결한 (O)

↪ な형용사를 명사로 혼동한 예

예 「**熟達《じゅくたつ》** 향상, 숙달」

熟達《じゅくたつ》になる 숙달되다 (X) **熟達《じゅくたつ》する** 숙달되다 (O)

↪ 명사를 な형용사로 혼동한 예

문제 유형 예시

問題 4 次の言葉の使い方として最もよいものを、1・2・3・4から一つ選びなさい。

20 巧み

1 この家具は職人の巧みな技術によって、作り出された。
2 斉藤さんは足が速くて走りが巧みだ。
3 どう頭をひねっても、巧みなアイデアが浮かんでこない。
4 中島さんは記憶力が巧みで、過去の出来事をほぼ覚えている。

공략법 ❶
제시된 단어의 품사와 뜻을 파악한다.

공략법 ❷
오답이라고 생각되는 선택지의 대체 단어를 확인한다.

풀이 요령

★ 풀이 요령 1

「巧《たく》み」가 명사일 때는 '기교, 계략'이란 의미가 있으며 **な**형용사일 때는 '정교한, 교묘한, 훌륭한'이라는 의미가 된다. 선택지 문장의 품사와 그 뜻이 맞는지 확인하자. 이 문제에서는 선택지 1번부터 4번까지 밑줄 부분이 **な**형용사인 것을 알 수 있으므로 '정교한, 교묘한, 훌륭한'이란 뜻과 맞는지 확인해 보자.

★ 풀이 요령 2

선택지 2번은 달리기를 '잘한다(上手《じょうず》だ)'는 의미가 되어야 하고, 3번은 '좋은(いい)' 아이디어가 적당하며, 4번은 기억력이 '좋아서(よくて)'라는 단어가 들어가야 하므로 정답은 1번임을 알 수 있다. 정답 문장의 제시어 사용이 맞는지도 꼭 확인해 두자.

해석

문제 4 다음 단어의 사용법으로 가장 알맞은 것을 1・2・3・4에서 하나 고르세요.

20 교묘함, 정교함

1 이 가구는 장인의 정교한 기술에 의하여 만들어 내어졌다. ✔
2 사이토 씨는 발이 빠르고 달리기가 정교하다.
3 아무리 머리를 짜내도 정교한 아이디어가 떠오르지 않는다.
4 나카지마 씨는 기억력이 정교해서 과거의 일을 거의 기억하고 있다.

문제 4

1교시 언어 지식(문자 · 어휘)

용법 | 기출 어휘

＊2010년부터 2025년까지 출제된 문맥 규정 기출 단어 정리

2025년

緩和《かんわ》★ 명) 완화	入場時《にゅうじょうじ》の混雑《こんざつ》緩和《かんわ》のため、チケットの事前《じぜん》発行《はっこう》を行《おこな》っている。 입장 시 혼잡 완화를 위해 티켓을 사전 발급하고 있다.
脱却《だっきゃく》★★ 명) 탈각, 벗어남	「戦後《せんご》体制《たいせい》」からの脱却《だっきゃく》を試《こころ》みる。 「전후 체제」로부터의 탈피를 시도한다.
使《つか》いこなす 동) 잘 다루다	彼《かれ》は、機械類《きかいるい》は何《なん》でもすぐ使《つか》いこなす。 그는 기계류는 무엇이든 금방 잘 다룬다.
程遠《ほどとお》い イ형) (거리·시간 등이) 좀 멀다, (정도 등이) 동떨어지다	目標《もくひょう》を達成《たっせい》するにはまだまだ程遠《ほどとお》い。 목표를 달성하려면 아직 멀었다.
保留《ほりゅう》 명) 보류	告白《こくはく》の返事《へんじ》を一か月《いっかげつ》以上《いじょう》も保留《ほりゅう》されている。 고백(에 대한) 대답을 한 달 넘게 보류하고 있다.
まろやか ナ형) 둥근, (맛이) 순한	コーヒーにクリームを入《い》れたらまろやかな味《あじ》になった。 커피에 크림을 넣었더니 순한 맛이 되었다.

2024년

間柄《あいだがら》 명) 시이(혈족 · 친족 간의 관계, 사람과 교제로 맺어지는 관계)	彼《かれ》とは家族《かぞく》のように親《した》しい間柄《あいだがら》だ。 그와는 가족처럼 친한 사이다.
ありきたりな ナ형) 흔한, 평범한	このドラマはありきたりな内容《ないよう》だが、とても面白《おもしろ》い。 이 드라마는 흔한 내용이지만, 굉장히 재미있다.
加工《かこう》★ 명) 가공	魚《さかな》を加工《かこう》して缶詰《かんづめ》を作《つく》る。 생선을 가공해서 통조림을 만들다.
コンスタント 가) 일정함, 상시적임	売《う》り上《あ》げがコンスタントに伸《の》びている。 매상이 일정하게 늘고 있다.
資質《ししつ》 명) 자질(천성적인 성질이나 재능)	教師《きょうし》としての資質《ししつ》に欠《か》けている。 교사로서의 자질이 부족하다.
ずばり 부) 핵심을 정확히, 정통으로, 싹둑	予想《よそう》がずばり的中《てきちゅう》した。 예상이 정확히 적중했다.
正当《せいとう》な ナ형) 정당한	正当《せいとう》な手段《しゅだん》で金《かね》を儲《もう》ける。 정당한 수단으로 돈을 벌다.

撤回《てっかい》★★ 명) 철회	彼《かれ》は、さっき言《い》った言葉《ことば》を撤回《てっかい》した。 그는 아까 한 말을 철회했다.
風潮《ふうちょう》★ 명) 풍조	いつの時代《じだい》にも、その時代《じだい》に合《あ》った風潮《ふうちょう》がある。 어느 시대나 그 시대에 맞는 풍조가 있다.
補填《ほてん》★ 명) 보전, 보충(부족한 부분을 보태어 채우는 것)	予算《よさん》の赤字《あかじ》を補填《ほてん》した。 예산 적자를 보전했다(메웠다).
もたらす 동) 가져오다, 야기하다, 초래하다	ネガティブな思考《しこう》はネガティブな結果《けっか》をもたらす。 부정적인 사고는 부정적인 결과를 가져온다.
養《やしな》う 동) 부양하다, 양육하다, 기르다, 양성하다, 배양하다	五人《ごにん》の家族《かぞく》を養《やしな》う。 5인 가족을 부양하다.

2023년

改修《かいしゅう》 명) 개수, 수리	橋《はし》の改修《かいしゅう》工事《こうじ》をしている。 다리 개수 공사를 하고 있다.
解約《かいやく》 명) 해약	生命保険《せいめいほけん》を解約《かいやく》した。 생명보험을 해약했다.
完結《かんけつ》 명) 완결	連載漫画《れんさいまんが》が完結《かんけつ》した。 연재 만화가 완결되었다.
兆《きざ》し★ 명) 조짐, 징조, 전조	景気《けいき》が回復《かいふく》する兆《きざ》しが見《み》えている。 경기가 회복될 조짐이 보이고 있다.
さえる★★ 동) (빛깔·소리 등이) 선명하다, 맑다, (머리·눈이) 또렷해지다, 맑아지다	眼《め》がさえて眠《ねむ》れない。 눈이 말똥말똥해져서 잠이 안 온다.
収容《しゅうよう》 명) 수용	この会場《かいじょう》は約《やく》１００名《めい》を収容《しゅうよう》することができる。 이 회장은 약 100명을 수용할 수 있다.
痛烈《つうれつ》な★★★ ナ형) 통렬한, 호된	マスコミはA大臣《だいじん》の不用意《ふようい》な発言《はつげん》を痛烈《つうれつ》に批判《ひはん》した。 매스컴은 A 장관의 부주의한 발언을 통렬히 비판했다.
手厚《てあつ》い イ형) 극진하다	患者《かんじゃ》を手厚《てあつ》く看護《かんご》する。 환자를 극진히 간호하다.
デマ 가) 헛소문, 유언비어	とんでもないデマが出回《でまわ》っている。 말도 안 되는 유언비어가 떠돌고 있다.
問《と》い詰《つ》める 동) 추궁하다, 캐묻다	どうして遅刻《ちこく》したのか問《と》い詰《つ》められた。 왜 지각했는지 추궁당했다.

特産《とくさん》 명) 특산	この地域《ちいき》特産《とくさん》の海苔《のり》を買《か》った。 이 지역의 특산인 김을 샀다.
もろい★★イ형) 부서지기(깨지기) 쉽다, (감정·마음이) 약하다	人《ひと》は年《とし》を取《と》るにつれ、骨《ほね》がもろくなる。 사람은 나이 들어 감에 따라, 뼈가 약해진다.

2022년

ぎこちない★ イ형) 어색하다, 딱딱하다, 거북하다	普段《ふだん》しない化粧《けしょう》をしたらなんかぎこちない。 평소 안 하던 화장을 했더니 어쩐지 어색하다.
結末《けつまつ》 명) 결말	このドラマは原作《げんさく》とは違《ちが》う結末《けつまつ》をつけた。 이 드라마는 원작과는 다른 결말을 냈다.
出荷《しゅっか》 명) 출하	この商品《しょうひん》は３月《がつ》出荷《しゅっか》を予定《よてい》している。 이 상품은 3월 출하를 예정하고 있다.
遮断《しゃだん》 명) 차단	外部《がいぶ》の騒音《そうおん》を遮断《しゃだん》した。 외부의 소음을 차단했다.
絶大《ぜつだい》な★ ナ형) 절대적인, 아주 큰	このバンドは２０～３０代《だい》の女性《じょせい》に絶大《ぜつだい》な人気《にんき》を集《あつ》めている。 이 밴드는 20~30대의 여성에게 절대적인 인기를 모으고 있다.
底力《そこぢから》 명) 저력, 잠재력	彼《かれ》は今度《こんど》の試合《しあい》で自分《じぶん》の底力《そこぢから》を見《み》せてくれた。 그는 이번 시합에서 자신의 저력을 보여주었다.
そそる★★ 동) (감정·행동·호기심 등을) 돋우다, 자아내다, 자극하다	キャベツの歯《は》ごたえが食欲《しょくよく》をそそる。 양배추의 식감이 식욕을 돋운다.
断《だん》じて★★ 부) 꼭, 반드시 / (부정 수반) 단연코, 결단코	そんな不正《ふせい》は断《だん》じて許《ゆる》せない。 그런 부정은 결코 용서할 수 없다.
手痛《ていた》い イ형) 호되다, 심하다	投資失敗《とうししっぱい》で手痛《ていた》い損失《そんしつ》を受《う》けた。 투자 실패로 심한 손실을 보았다.
誘致《ゆうち》★ 명) 유치	外国人観光客《がいこくじんかんこうきゃく》の誘致《ゆうち》のため、努力《どりょく》している。 외국인 관광객의 유치를 위해, 노력하고 있다.
譲《ゆず》る 동) 양도하다, 물려주다, 팔다, 양보하다	うどん屋《や》を息子《むすこ》に譲《ゆず》った。 우동 가게를 자식에게 물려주었다.
要請《ようせい》 명) 요청	緊急《きんきゅう》に助《たす》けを要請《ようせい》した。 긴급히 도움을 요청했다.

2021년

押収《おうしゅう》★ 명) 압수	警察《けいさつ》は大量《たいりょう》の密輸品《みつゆひん》を押収《おうしゅう》した。 경찰은 대량의 밀수품을 압수했다.

かたくなな★★ ナ형) 완고한, 고집이 센	彼《かれ》は申《もう》し出《で》をかたくなに拒《こば》んだ。 그는 제의를 완강히 거부했다.
均等《きんとう》 명) 균등	財産《ざいさん》を子供《こども》たちに均等《きんとう》に配分《はいぶん》した。 재산을 자식들에게 균등하게 배분했다.
交付《こうふ》 명) 교부	試験合格証《しけんごうかくしょう》を交付《こうふ》された。 시험 합격증을 교부받았다.
素早《すばや》い★ イ형) 재빠르다, 민첩하다	対応《たいおう》が素早《すばや》い。 대응이 빠르다.
絶滅《ぜつめつ》★ 명) 절멸, 근절, 멸종	この動物《どうぶつ》はすでに絶滅《ぜつめつ》した。 이 동물은 이미 멸종되었다.
なつく 동) 잘 따르다	うちの犬《いぬ》は人《ひと》によくなつく。 우리 집 개는 사람을 잘 따른다.
望《のぞ》ましい イ형) 바람직하다	健康《けんこう》のため、十分《じゅうぶん》な睡眠《すいみん》を取《と》ることが望《のぞ》ましい。 건강을 위해 충분한 수면을 취하는 것이 바람직하다.
秘《ひ》める★★ 동) 간직하다, 숨기다, 내포하다	彼《かれ》は無限《むげん》の可能性《かのうせい》を秘《ひ》めている。 그는 무한한 가능성을 가지고 있다.
本場《ほんば》 명) 본고장, 원산지	この地域《ちいき》はワインの本場《ほんば》だ。 이 지역은 와인의 본고장이다.
リタイア 가) 기권, 은퇴, 물러남	A選手《せんしゅ》は怪我《けが》でリタイアしてしまった。 A 선수는 부상으로 기권해 버렸다.
露骨《ろこつ》な ナ형) 노골적인	不快《ふかい》な気持《きも》ちを露骨《ろこつ》に表《あらわ》す。 불쾌한 기분을 노골적으로 드러내다.

2020년

円滑《えんかつ》な★★ ナ형) 원활한	交渉《こうしょう》が円滑《えんかつ》に進《すす》んだ。 교섭이 원활하게 진행됐다.
怠《おこた》る★★★ 동) 게으름 피우다, 방심하다, 소홀히 하다	運動《うんどう》を怠《おこた》らないようにしている。 운동을 게을리하지 않도록 하고 있다.
失脚《しっきゃく》★ 명) 실각	あの政治家《せいじか》は不正事件《ふせいじけん》で失脚《しっきゃく》した。 저 정치가는 부정 사건으로 실각했다.
実《じつ》に 부) 실로, 참으로	燃《も》えるような赤《あか》い夕焼《ゆうや》けは実《じつ》に美《うつく》しい。 타오르는 듯한 붉은 저녁노을은 실로 아름답다.
収容《しゅうよう》 명) 수용	怪我人《けがにん》は近《ちか》くの病院《びょういん》に収容《しゅうよう》された。 부상자는 근처 병원에 수용되었다.
もはや 부) 이미, 이제 와서는, 벌써	もはや今年《ことし》も暮《く》れようとしている。 벌써 올해도 저물어가고 있다.

2019년

解明《かいめい》★ 명) 해명	事故《じこ》の原因《げんいん》がいまだに解明《かいめい》されていない。 사고의 원인이 아직도 해명되지 않았다.
簡潔《かんけつ》な ナ형) 간결한	話《はなし》のあらすじを簡潔《かんけつ》にまとめた。 이야기의 줄거리를 간결하게 정리했다.
くじける★ 동) (기세가) 꺾이다, 삐다, 접질리다	一《ひと》つや二《ふた》つの失敗《しっぱい》でくじけてはいけない。 한두 가지 실수로 기죽어서는 안 된다.
覆《くつがえ》す 동) 뒤집어엎다	不当《ふとう》な判決《はんけつ》を覆《くつがえ》した。 부당한 판결을 뒤집어엎었다.
互角《ごかく》★★ 명) 호각(우열 차가 없는)	両《りょう》チームの実力《じつりょく》は互角《ごかく》だ。 양 팀의 실력은 막상막하다.
繁盛《はんじょう》★★ 명) 번성	新《あたら》しくできたうどん屋《や》は繁盛《はんじょう》している。 새로 생긴 우동가게는 번창하고 있다.
ひたむきな ナ형) 한결같은	ひたむきに仕事《しごと》に打《う》ち込《こ》んでいる。 한결같이 일에 몰두하고 있다.
ほほえましい イ형) 흐뭇하다, 호감이 가다	母《はは》は子供《こども》をほほえましく眺《なが》めた。 엄마는 아이를 흐뭇하게 바라보았다.
交《まじ》える★★ 동) 섞다, 끼게 하다, 주고받다	彼《かれ》は英語《えいご》を交《まじ》えて話《はな》す。 그는 영어를 섞어가며 이야기한다.
目安《めやす》★★ 명) 표준, 기준, 목표	７０点《てん》を合格《ごうかく》の目安《めやす》にする。 70점을 합격의 기준으로 삼는다.
様相《ようそう》 명) 양상	情報通信《じょうほうつうしん》技術《ぎじゅつ》の発達《はったつ》が生活《せいかつ》の様相《ようそう》を一変《いっぺん》させた。 정보 통신 기술의 발달이 생활의 양상을 완전히 바꿔 놓았다.
要望《ようぼう》 명) 요망	彼《かれ》の要望《ようぼう》を受《う》け入《い》れた。 그의 요망을 받아들였다.

2018년

かさばる 동) 부피가 크다(커지다)	かさばる布団《ふとん》を圧縮《あっしゅく》してたんすに入《い》れた。 부피가 큰 이불을 압축해서 옷장에 넣었다.
基調《きちょう》★★ 명) 기조, (사상·행동 등의) 바탕	この建物《たてもの》は赤《あか》を基調《きちょう》としている。 이 건물은 빨강을 기조로 하고 있다.
交錯《こうさく》★ 명) 교착 (여러 가지 것이 뒤섞이는 것)	不安《ふあん》と期待《きたい》が交錯《こうさく》する日々《ひび》を過《す》ごしている。 불안과 기대가 뒤얽힌 나날을 보내고 있다.
心当《こころあ》たり 명) 마음에 짚이는 데, 짐작이 가는 곳	彼《かれ》の居場所《いばしょ》に、心当《こころあ》たりがない。 그가 있는 곳을 짐작할 수 없다.

作動《さどう》 명) 작동	遮断機《しゃだんき》が正常《せいじょう》に作動《さどう》していない。 차단기가 제대로 작동하지 않는다.
しぶとい★ イ형) 고집이 세다, 완고하다, 끈질기다, 강인하다	しぶとく生《い》き残《のこ》る。 끈질기게 살아남다.
備《そな》え付《つ》ける 동) 설치하다, 비치하다	この部屋《へや》はエアコンが備《そな》え付《つ》けてある。 이 방은 에어컨이 비치되어 있다.
巧《たく》みな★ ナ형) 교묘한, 솜씨가 좋은	機械《きかい》を巧《たく》みに扱《あつか》う。 기계를 능숙하게 다루다.
乗《の》り出《だ》す 동) 착수하다, 적극적으로 나서다	新《あたら》しい事業《じぎょう》に乗《の》り出《だ》す。 새로운 사업에 나서다.
配属《はいぞく》 명) 배속	吉田《よしだ》さんは営業部《えいぎょうぶ》に配属《はいぞく》された。 요시다 씨는 영업부에 배속되었다.
抜粋《ばっすい》★★★ 명) 발췌	本《ほん》の一部《いちぶ》を抜粋《ばっすい》する。 책의 일부를 발췌하다.
面識《めんしき》 명) 면식(서로 얼굴을 아는 관계)	犯人《はんにん》は被害者《ひがいしゃ》と面識《めんしき》のある人《ひと》であった。 범인은 피해자와 면식이 있는 사람이었다.

2017년

うなだれる★ 동) (머리·고개를) 숙이다	叱《しか》られた子供《こども》はうなだれている。 혼난 아이는 고개를 떨구고 있다.
拠点《きょてん》★ 명) 거점	この地域《ちいき》は貿易《ぼうえき》の拠点《きょてん》として栄《さか》えている。 이 지역은 무역의 거점으로서 번성하고 있다.
緊密《きんみつ》な ナ형) 긴밀한	二国間《にこくかん》の友好関係《ゆうこうかんけい》が緊密《きんみつ》になった。 두 나라 간의 우호 관계가 긴밀해졌다.
昇進《しょうしん》 명) 승진	主任《しゅにん》から課長《かちょう》に昇進《しょうしん》する。 주임에서 과장으로 승진하다.
重複《じゅうふく》 명) 중복	同《おな》じメールを重複《じゅうふく》して送《おく》った。 같은 메일을 중복해서 보냈다.
提起《ていき》★ 명) 제기	反対意見《はんたいいけん》を提起《ていき》した。 반대 의견을 제기했다.
遂《と》げる 동) (목적을) 달성하다, 이루다	目覚《めざ》ましい発展《はってん》を遂《と》げた。 눈부신 발전을 이루었다.
配布《はいふ》 명) 배포	先生《せんせい》は生徒《せいと》たちに試験用紙《しけんようし》を配布《はいふ》した。 선생님은 학생들에게 시험 용지를 배포했다.
発足《ほっそく》★★★ 명) 발족(활동을 시작함)	この団体《だんたい》は発足《ほっそく》してもう20年《ねん》になった。 이 단체는 발족한지 벌써 20년이 되었다.

滅《ほろ》びる 동) 멸망하다, 없어지다, 망하다	マヤ文明《ぶんめい》はなぜ滅《ほろ》びたのか？ 마야 문명은 왜 멸망했는가?
真《ま》っ先《さき》 명) 맨 앞, 맨 먼저	私《わたし》が真《ま》っ先《さき》に手《て》を挙《あ》げた。 내가 제일 먼저 손을 들었다.
見《み》落《お》とす 동) 간과하다, 못 보고 넘기다	重要《じゅうよう》な事《じ》実《じつ》を見《み》落《お》とした。 중요한 사실을 놓쳤다.

2016년

内訳《うちわけ》 명) 내역, 명세	支《し》出《しゅつ》の内訳《うちわけ》を確認《かくにん》する。 지출 내역을 확인하다.
過《か》密《みつ》な ナ형) 과밀한, 빽빽한	今週《こんしゅう》はスケジュールが過《か》密《みつ》だ。 이번 주는 스케줄이 빽빽하다.
還元《かんげん》 명) 환원	企《き》業《ぎょう》の利《り》益《えき》を社会《しゃかい》に還元《かんげん》する。 기업의 이익을 사회에 환원하다.
閑静《かんせい》な★★★ ナ형) 조용한 (환경·장소 등이 고요한 모습)	閑静《かんせい》な住宅街《じゅうたくがい》で暮《く》らしている。 한적한 주택가에서 살고 있다.
規《き》制《せい》 명) 규제	A国《こく》は輸《ゆ》出《しゅつ》規《き》制《せい》を緩《ゆる》めた。 A국은 수출 규제를 완화했다.
食《く》い違《ちが》う★ 동) 어긋나다, 엇갈리다	二《ふ》人《たり》の主張《しゅちょう》が食《く》い違《ちが》っている。 두 사람의 주장이 엇갈리고 있다.
経《けい》緯《い》 명) 경위(어떤 일의 자세한 사정이나 경과)	警察《けいさつ》は事《じ》件《けん》の経《けい》緯《い》を調《しら》べた。 경찰은 사건의 경위를 조사했다.
察《さっ》する 동) 헤아리다, 살피다	相《あい》手《て》の気《き》持《も》ちを察《さっ》する。 상대의 기분을 헤아리다.
退《しりぞ》く★★★ 동) 물러나다, 물러서다, 후퇴하다	父《ちち》は経営《けいえい》の一線《いっせん》から退《しりぞ》いた。 아버지는 경영 일선에서 물러났다.
素《す》早《ばや》い★ イ형) 재빠르다, 날래다, 민첩하다	仕《し》事《ごと》を素《す》早《ばや》く処《しょ》理《り》する。 일을 재빠르게 처리하다.
たやすい イ형) 쉽다, 용이하다	問題《もんだい》をたやすく解決《かいけつ》した。 문제를 쉽게 해결했다.
入手《にゅうしゅ》 명) 입수	不《ふ》法《ほう》に個《こ》人《じん》情《じょう》報《ほう》を入手《にゅうしゅ》する。 불법으로 개인정보를 입수하다.

2015년

安静《あんせい》 명) 안정	この患者《かんじゃ》は当分《とうぶん》の間《あいだ》、安静《あんせい》が必要《ひつよう》だ。 이 환자는 당분간 안정이 필요하다.
今更《いまさら》 부·명) 이제 와서, 새삼스러움	今更《いまさら》後悔《こうかい》しても仕《し》方《かた》がない。 이제 와서 후회해도 소용없다.
帯《お》びる 동) 머금다, 띠다, 맡다	木材《もくざい》が湿《しっ》気《け》を帯《お》びる。 목재가 습기를 머금다.
思《おも》い詰《つ》める★★ 동) 골똘히 생각하다	彼女《かのじょ》は何《なに》か思《おも》い詰《つ》めているようだった。 그녀는 무언가 골똘히 생각하고 있는 듯했다.
軌《き》道《どう》 명) 궤도	事《じ》業《ぎょう》が軌《き》道《どう》に乗《の》り始《はじ》めた。 사업이 궤도에 오르기 시작했다.
くまなく 부) 구석구석까지, 빠짐없이 샅샅이	白《しろ》いペンキで壁《かべ》をくまなく塗《ぬ》った。 하얀색 페인트로 벽을 구석구석 칠했다.
辞《じ》任《にん》★ 명) 사임	彼《かれ》は責任《せきにん》をとって辞《じ》任《にん》した。 그는 책임을 지고 사임했다.
統合《とうごう》 명) 통합	二《ふた》つの学校《がっこう》を一《ひと》つに統合《とうごう》した。 두 학교를 하나로 통합했다.
はなはだしい★ イ형) (정도가) 심하다	地《じ》震《しん》ではなはだしい被《ひ》害《がい》を受《う》けた。 지진으로 인해, 심한 피해를 입었다.
人《ひと》手《で》 명) 일손	莫大《ばくだい》な人《ひと》手《で》が動員《どういん》される。 막대한 인력이 동원되다.
没頭《ぼっとう》 명) 몰두	読書《どくしょ》に没頭《ぼっとう》している。 독서에 몰두하고 있다.
もはや★ 부) 이미, 벌써, 어느덧, 이제 와서	宇《う》宙旅行《ちゅうりょこう》はもはや夢《ゆめ》ではない。 우주여행은 이제 꿈이 아니다.

2014년

一律《いちりつ》 명) 일률	バス料金《りょうきん》を一律《いちりつ》に上《あ》げた。 버스 요금을 일률적으로 올렸다.
裏腹《うらはら》な★ ナ형) 정반대인, 모순된, 상반된	彼《かれ》は言《い》うこととすることが裏腹《うらはら》だ。 그는 말하는 것과 하는 것이 정반대다.
抱《かか》え込《こ》む 동) 껴안다, (정보·문제 등을) 떠안다, 떠맡다	多《た》額《がく》の負《ふ》債《さい》を抱《かか》え込《こ》むことになった。 거액의 부채를 떠안게 되었다.
工《く》面《めん》★★★ 명) 돈 마련, 주머니 사정(형편)	やっと事《じ》業《ぎょう》資《し》金《きん》を工《く》面《めん》した。 겨우 사업 자금을 마련했다.

心構《こころがま》え 명) 마음의 준비, 각오	仕事《しごと》の成否《せいひ》は仕事《しごと》をする人《ひと》の**心構《こころがま》え**にかかっている。 일의 성패는 일하는 사람의 마음가짐에 달려있다.
しがみつく 동) 매달리다(붙들고 늘어지다)	別《わか》れようと言《い》う彼女《かのじょ》に、泣《な》きながら**しがみついた**。 헤어지자는 여자 친구에게 울면서 매달렸다.
損《そこ》なう★★ 동) 손상시키다, (기분·건강을) 해치다, 상하게 하다	M国《こく》との友好関係《ゆうこうかんけい》が**損《そこ》なわれた**。 M국과의 우호 관계가 무너졌다(나빠졌다).
耐《た》え難《がた》い イ형) 참기 어렵다, 견딜 수 없다	**耐《た》え難《がた》い**ほど暑《あつ》い。 견디기 힘들 정도로 덥다.
携《たずさ》わる★ 동) 종사하다	不動産業《ふどうさんぎょう》に**携《たずさ》わって**いる。 부동산업에 종사하고 있다.
はがす★ 동) 떼다, 벗기다	張《は》り紙《がみ》を**はがした**。 벽보를 떼어 냈다.
人一倍《ひといちばい》 부) 남보다 갑절이나(배나)	彼女《かのじょ》はいつも**人一倍《ひといちばい》**食《た》べる。 그녀는 항상 남의 배를 먹는다.
復旧《ふっきゅう》 명) 복구	道路《どうろ》の**復旧《ふっきゅう》**に時間《じかん》がかかりそうだ。 도로 복구에 시간이 걸릴 것 같다.

2013년

当《あ》てはめる★ 동) 꼭 들어맞추다, 적용시키다	公式《こうしき》に**当《あ》てはめて**計算《けいさん》してみた。 공식에 적용해(대입해) 계산해 봤다.
円滑《えんかつ》な★★ ナ형) 원활한	交渉《こうしょう》が**円滑《えんかつ》に**進《すす》んでいる。 교섭이 원활히 진행되고 있다.
合致《がっち》 명) 합치(서로 일치함, 딱 맞음)	二人《ふたり》の見解《けんかい》が**合致《がっち》**した。 두 사람의 견해가 합치(일치)했다.
かばう 동) 감싸다, 비호하다	母《はは》はいつも末《すえ》っ子《こ》を**かばって**あげた。 엄마는 항상 막내를 감싸주었다.
加味《かみ》★ 명) 가미	成績評価《せいせきひょうか》には普段《ふだん》の学習態度《がくしゅうたいど》も**加味《かみ》**される。 성적 평가에는 평소의 학습 태도도 가미(반영)된다.
口出《くちだ》し 명) 말참견	他人《たにん》のことに**口出《くちだ》し**するものではない。 남의 일에 참견하는 것이 아니다.
気配《けはい》 명) 기미, 기색, 낌새, 분위기	早《はや》くも春《はる》の**気配《けはい》**が感《かん》じられた。 벌써 봄의 기운이 느껴졌다.
処置《しょち》 명) 처치	救急車《きゅうきゅうしゃ》の中《なか》で応急《おうきゅう》**処置《しょち》**を受《う》けた。 구급차 안에서 응급처치를 받았다.

打開《だかい》★ 명) 타개	行《ゆ》き詰《づ》まった現状《げんじょう》を打開《だかい》する。 막다른(막힌) 현 상황을 타개하다.
煩雑《はんざつ》な★★ ナ형) 번잡한 (번거롭고 복잡한)	住宅《じゅうたく》ローンを借《か》りるには煩雑《はんざつ》な手続《てつづ》きが必要《ひつよう》だ。 주택 융자를 빌리는 데는 번잡한 절차가 필요하다.
拍子《ひょうし》★★ 명) 박자, ~하는 순간(찰나)	立《た》ち上《あ》がった拍子《ひょうし》に頭《あたま》をぶつけた。 일어서는 순간에 머리를 부딪쳤다.
優位《ゆうい》 명) 우위	試合《しあい》で優位《ゆうい》を占《し》めた。 시합에서 우위를 차지했다.

2012년

怠《おこた》る★★★ 동) 게으름 피우다, 소홀히 하다, 방심하다	一日《いちにち》も勉強《べんきょう》を怠《おこた》らなかった。 하루도 공부를 게을리하지 않았다.
広大《こうだい》 ナ형) · 명) 광대	宇宙《うちゅう》は広大《こうだい》で、不思議《ふしぎ》な空間《くうかん》である。 우주는 광대하고 신비한 공간이다.
仕業《しわざ》 명) 소행, 짓	十中八九《じっちゅうはっく》、その子《こ》の仕業《しわざ》だ。 십중팔구 그 아이 짓이다.
総《そう》じて★ 부) 대개, 대체로, 일반적으로	今月《こんげつ》は総《そう》じて業績《ぎょうせき》がいい。 이번 달은 대체로 실적이 좋다.
発散《はっさん》 명) 발산	彼《かれ》はゲームでストレスを発散《はっさん》させる。 그는 게임으로 스트레스를 발산시킨다.
秘《ひ》める★★ 동) 숨기다, 간직하다, 내포하다	一人《ひとり》だけの秘密《ひみつ》を秘《ひ》めている。 혼자만의 비밀을 간직하고 있다.
ブランク 가) 블랭크, 공백기, 여백	経歴《けいれき》に 2 年《ねん》のブランクがある。 경력에 2년의 공백기가 있다.
見込《みこ》み 명) 가능성, 가망, 예상	合格《ごうかく》の見込《みこ》みはちっともない。 합격의 가망은 전혀 없다.
満《み》たない 연) (기준에) 차지 않다, 미달이다	応募者《おうぼうしゃ》が定員《ていいん》に満《み》たない。 응모자가 정원에 미달되다.
無造作《むぞうさ》な★ ナ형) 소탈한(되는 대로, 아무렇게나 하는)	無造作《むぞうさ》に髪《かみ》を束《たば》ねた。 아무렇게나 머리를 묶었다.
免除《めんじょ》 명) 면제	成績優秀奨学生《せいせきゆうしゅうしょうがくせい》に選《えら》ばれて、学費《がくひ》が免除《めんじょ》された。 성적 우수 장학생으로 선발되어, 학비가 면제되었다.
有数《ゆうすう》★ 명) 유수(손꼽히는)	国内《こくない》有数《ゆうすう》の規模《きぼ》を誇《ほこ》る。 국내 유수의 규모를 자랑하다.

2011년

かなう 동) 희망대로 되다, 이루어지다	努力《どりょく》すれば、いつか夢《ゆめ》は**かなう**ものだ。 노력하면 언젠가 꿈은 이루어지는 법이다.
質素《しっそ》な ナ형) 검소한	彼女《かのじょ》は**質素《しっそ》な**暮《く》らしをしている。 그녀는 검소한 생활을 하고 있다.
とっくに 부) 훨씬 전에, 벌써	この映画《えいが》は**とっくに**見《み》た。 이 영화는 벌써(진작에) 봤다.
配布《はいふ》 명) 배포	駅前《えきまえ》でチラシを**配布《はいふ》**している。 역 앞에서 전단지를 배포하고 있다.
赴任《ふにん》 명) 부임	数学先生《すうがくせんせい》が新《あら》たに**赴任《ふにん》**した。 수학 선생님이 새로 부임했다.
不服《ふふく》 명) 불복	彼《かれ》は裁判所《さいばんしょ》の判決《はんけつ》に**不服《ふふく》**を申《もう》し立《た》てる。 그는 법원의 판결에 불복을 제기하다.
ほどける★ 동) (묶여 있던 것이) 풀리다	ネクタイが**ほどけて**しまった。 넥타이가 풀려버렸다.
まちまち★ 명) 각기 다름	その本《ほん》に対《たい》する評価《ひょうか》が**まちまち**だ。 그 책에 대한 평가가 분분하다(각기 다르다).
見失《みうしな》う 동) (시야에서) 놓치다, 잃어버리다	人《ひと》込《ご》みの中《なか》で母《はは》を**見失《みうしな》って**しまった。 인파 속에서 엄마를 놓쳐버렸다(잃어버렸다).
目覚《めざ》ましい イ형) (활약·발전 등이) 놀랍다, 눈부시다	A選手《せんしゅ》は**目覚《めざ》ましい**成長《せいちょう》ぶりを見《み》せている。 A선수는 놀라운 성장세를 보이고 있다.
ゆとり 명) (경제적·심리적·물리적) 여유	とても忙《いそが》しくて、心《こころ》の**ゆとり**がない。 너무 바빠서 마음의 여유가 없다.
連携《れんけい》★★★ 명) 연계, 제휴	会社《かいしゃ》の発展《はってん》のためには部署同士《ぶしょどうし》の**連携《れんけい》**が欠《か》かせない。 회사의 발전을 위해서는 부서들 간의 연계를 빼놓을 수 없다.

2010년

いさぎよい★★ イ형) (미련 없이) 깨끗하다	彼《かれ》は**いさぎよく**敗北《はいぼく》を認《みと》めた。 그는 깨끗이 패배를 인정했다.
意地《いじ》 명) 고집	つまらない**意地《いじ》**を張《は》っている。 쓸데없는 고집을 부리고 있다.
細心《さいしん》 명) 세심	外部《がいぶ》に情報《じょうほう》が漏《も》れないように**細心《さいしん》**の注意《ちゅうい》を払《はら》っている。 외부에 정보가 새지 않도록 세심한 주의를 기울이고 있다.

調達《ちょうたつ》 명) 조달	救援物品《きゅうえんぶっぴん》を調達《ちょうたつ》することが困難《こんなん》な状況《じょうきょう》だ。 구호물품을 조달하기가 곤란한 상황이다.
にぎわう 동) 활기차다, 붐비다	この公園《こうえん》は花《はな》見《み》客《きゃく》でにぎわっている。 이 공원은 꽃구경객으로 북적이고 있다.
ひとまず 부) 우선, 일단	話《はなし》はこれでひとまず切《き》りをつけた。 이야기는 이걸로 우선 일단락 지었다.
発足《ほっそく》★★★ 명) 발족(활동을 시작함), 출발(여행을 떠나는 것)	3月《がつ》に委員会《いいんかい》が発足《ほっそく》する予定《よてい》だ。 3월에 위원회가 발족될 예정이다.
満喫《まんきつ》★ 명) 만끽(충분히 욕망을 채움)	彼《かれ》は旅先《たびさき》で、自由《じゆう》を満喫《まんきつ》している。 그는 여행지에서 자유를 만끽하고 있다.
見《み》落《お》とす 동) 간과하다, 못 보고 넘기다 (빠뜨리다)	誤字脱字《ごじだつじ》を見《み》落《お》としてしまった。 오탈자를 못 보고 놓쳐 버렸다.
密集《みっしゅう》 명) 밀집	ここは工場《こうじょう》が密集《みっしゅう》している。 여기는 공장이 밀집해 있다.
めきめき★ 부) 눈에 띄게, 무럭무럭	将棋《しょうぎ》の腕前《うでまえ》がめきめき上達《じょうたつ》した。 장기 실력이 눈에 띄게 향상되었다.
目先《めさき》 명) 눈앞, 코앞, 목전	目先《めさき》の利益《りえき》ばかり追《お》ってはいけない。 눈앞의 이익만 좇아서는 안 된다.

문제 4 1교시 언어 지식(문자・어휘)

채점:

용법 | 기출 어휘 연습 문제 ❶

問題 4 次の言葉の使い方として最もよいものを、1・2・3・4から一つ選びなさい。

1 もろい ㉓

1 もろい風習が残っている。

2 服の色がもろい。

3 骨がもろくなった。

4 味がちょっともろい。

2 かたくな ⑰㉑

1 かたくなな態度をとった。

2 かたくなに計算した。

3 かたくなに検査をした。

4 かたくなな質問を受けた。

3 なつく ㉑

1 彼の話にみんななつく。

2 頭をこくりとなつく。

3 この犬は人によくなつく。

4 丁寧に髪をなつく。

4 くじける ⑲

1 一回の失敗でくじけてはいけない。

2 暑さで心身がくじけてしまった。

3 ぼんやりと思い出にくじけた。

4 誇大広告で消費者をくじけさせる。

5 基調 ⑱

1 傷の基調はたいしたことない。

2 この家は青を基調にして建てられた。

3 基調の概念にとらわれている。

4 この着物の基調は絹である。

6 過密 ⑯

1 今週のスケジュールは過密だ。

2 子供に過密に服を着せた。

3 犬は過密な勢いで吠えた。

4 過密なダイエットはよくない。

7 はなはだしい ⑮

1 はなはだしい日々を過ごしている。

2 台風の被害がはなはだしい。

3 雨の日は出かけるのがはなはだしい。

4 はなはだしい仕事で疲れ切った。

8 はがす ⑭

1 壁からポスターをはがした。

2 ジャム瓶のふたをはがした。

3 シャツのボタンをはがした。

4 バナナの皮をはがした。

9 奔放 ㉔

1 彼は奔放な性格を持っている。

2 資金集めに奔放している。

3 奔放した成果が出てよかった。

4 奔放な手掛かりをつかんだ。

10 いさぎよい ⑩⑲

1 爽やかでいさぎよいにおいがした。

2 いさぎよく非を認めた方がいい。

3 部屋の中をいさぎよく片付けた。

4 彼女はいさぎよい顔をしていた。

정답 및 해설 p.34

문제 4 | 1교시 언어 지식(문자 · 어휘) | 채점:

용법 | 기출 어휘 연습 문제 ❷

問題 4 次の言葉の使い方として最もよいものを、1·2·3·4から一つ選びなさい。

1 痛烈 ㉓

1 痛烈に批判した。

2 痛烈な印象を受けた。

3 痛烈な恋をした。

4 変化を痛烈に表れた。

2 絶大 ⑭㉒

1 絶大な支持を得ている。

2 これは絶大に必要だ。

3 絶大な資本を投下した。

4 絶大な被害を被った。

3 そそる ㉒

1 そそったらつけあがった。

2 彼を候補者にそそった。

3 水を飲んで乾きをそそった。

4 においが食欲をそそった。

4 交える ⑲

1 学生を交えて討論会を開いた。

2 うわさを耳に交えた。

3 疑いを交える余地がない。

4 脇に本を交えた。

5 交錯 ⑱㉔

1 不安と期待が交錯した気分である。

2 公私を交錯してはいけない。

3 三原色を交錯すると黒色になる。

4 犯人は交錯に紛れて逃げた。

6 うなだれる ⑰㉔

1 ちやほやされてうなだれている。

2 試験に合格してうなだれている。

3 水を飲みすぎて顔がうなだれた。

4 叱られてうなだれている。

7 しりぞく ⑯

1 このデザインはもうしりぞいた。

2 この服は色がしりぞいてしまった。

3 彼は経営の一線からしりぞいた。

4 納得できないように首をしりぞいた。

8 工面 ⑭㉔

1 試合に負けて工面がない。

2 抜き差しならない工面になった。

3 お金を工面して家賃を払った。

4 信じて任せたらこの工面だ。

9 拍子 ⑬

1 拍子にのって浮かれている。

2 転んだ拍子に頭をぶつけた。

3 ネコの拍子がかわいい。

4 この拍子では成功はおぼつかない。

10 総じて ⑫

1 虫一匹も総じて殺してはいけない。

2 刃物は総じて使うと怪我をする。

3 彼の論旨は総じて正しい。

4 彼女は魚をを総じて食べた。

정답 및 해설 p.37

문제 4

1교시 언어 지식 (문자・어휘)

용법 | 예상 어휘

* 출제 가능성이 높은 예상 어휘를 あいうえお순으로 제시

■ 명사

황지영 센세의 매회 적중률 99.9%인 예상 어휘

☑ 威嚇《いかく》	위하, 위협	☐ 鋭意《えいい》★	예의 (단단히 집중함)	☐ 大口《おおぐち》	큰 입, 큰소리, 거액 거래
☐ 汚名《おめい》★	오명	☐ 解釈《かいしゃく》	해석	☐ 刮目《かつもく》★★	괄목
☐ 合点《がってん》★	납득, 수긍	☐ 岐路《きろ》	기로	☐ 経緯《けいい》★	경위
☐ 計器《けいき》	계기	☐ 啓発《けいはつ》	계발, 계몽	☐ 軽蔑《けいべつ》	경멸
☐ 啓蒙《けいもう》	계몽	☐ 欠陥《けっかん》★	결함	☐ 更生《こうせい》	갱생
☐ 交易《こうえき》★	교역, 무역	☐ 拘束《こうそく》	구속	☐ 誇示《こじ》★★	과시
☐ 才覚《さいかく》★★	재치, 기지	☐ 採算《さいさん》	채산	☐ 刷新《さっしん》★	쇄신
☐ 作法《さほう》★	예의범절, 예절	☐ 辞職《じしょく》	사직	☐ 失墜《しっつい》	실추
☐ 収束《しゅうそく》★	수속, 수습	☐ 就任《しゅうにん》★	취임	☐ 瞬時《しゅんじ》★★	순시, 순간, 삽시간
☐ 定石《じょうせき》	정석	☐ 心酔《しんすい》	심취	☐ 信憑《しんぴょう》★	신빙
☐ 振幅《しんぷく》	진폭	☐ 衰退《すいたい》	쇠퇴	☐ 寸前《すんぜん》★	직전, 바로 앞
☐ 寸断《すんだん》	촌단, 토막토막 끊음	☐ 拙速《せっそく》★	졸속	☐ 切望《せつぼう》	절망, 갈망
☐ 世評《せひょう》	세평	☐ 全快《ぜんかい》	전쾌, 완쾌	☐ 占有《せんゆう》	점유
☐ 創意《そうい》	창의	☐ 相似《そうじ》★	상사, 서로 닮음	☐ 増殖《ぞうしょく》	증식
☐ 疎通《そつう》★	소통	☐ 大役《たいやく》★	대역, 중요한 임무	☐ 脱却《だっきゃく》★★	탈각, 벗어남 (예상 적중 ㉕)
☐ 妥当《だとう》	타당	☐ 堪能《たんのう》(する)★	만족, 만끽, 충분	☐ 着目《ちゃくもく》	착목, 주목, 착안
☐ 調印《ちょういん》★	조인	☐ 兆候《ちょうこう》	징후	☐ 墜落《ついらく》★	추락
☐ 低迷《ていめい》★★	침체, 저조	☐ 転倒《てんとう》	전도, 거꾸로 됨	☐ 当人《とうにん》	본인
☐ 匿名《とくめい》★★	익명	☐ 土台《どだい》	토대	☐ 徒労《とろう》★	도로, 헛수고

□ 内緒《ないしょ》	비밀	□ 破棄《はき》	파기	□ 発症《はっしょう》	발증
□ 媒体《ばいたい》★★	매체	□ 伐採《ばっさい》	벌채	□ 必至《ひっし》★★	필지, 불가피
□ 必然《ひつぜん》	필연	□ 匹敵《ひってき》	필적	□ 便乗《びんじょう》	편승
□ 不覚《ふかく》	불찰, 실수, 방심	□ 不毛《ふもう》	불모	□ 不順《ふじゅん》★	불순
□ 不祥事《ふしょうじ》	불상사	□ 物色《ぶっしょく》	물색	□ 風評《ふうひょう》★	뜬소문
□ 辟易《へきえき》★	물러남, 질림, 손듦	□ 方便《ほうべん》	방편	□ 方略《ほうりゃく》	방략, 방책
□ 保持《ほじ》★	보지, 보유, 유지	□ 麻痺《まひ》★	마비	□ 満載《まんさい》	만재
□ 満腹《まんぷく》	만복, 배가 부름	□ 未曾有《みぞう》★	미증유, 역사상 처음임	□ 役不足《やくぶそく》★★	보직에 대한 불만, (실력에 비해) 맡은 직책이 하찮음
□ 誘引《ゆういん》	유인	□ 優遇《ゆうぐう》★★	우대	□ 余剰《よじょう》 (=剰余《じょうよ》)★	잉여
□ 冷遇《れいぐう》★	냉우, 냉대, 푸대접	□ 劣化《れっか》★★	열화, 성능이 나빠짐	□ 劣勢《れっせい》	열세

■ 훈독 명사

□ 有頂天《うちょうてん》★	기뻐서 어쩔 줄 모름	□ うってつけ★	꼭 알맞음, 안성맞춤	□ かけ合《あ》い★★	교섭, 흥정
□ けた違《ちが》い★	현격한 차이	□ 仕草《しぐさ》	행위, 처사, 동작	□ 下地《したじ》	밑바탕, 기초, 소질
□ 下見《したみ》★	예비 조사, 사전 점검	□ 滴《しずく》★	물방울	□ 図星《ずぼし》★	정곡, 핵심
□ 台無《だいな》し★	엉망이 됨, 허사가 됨	□ 帳消《ちょうけ》し	탕침, 상쇄, 소멸	□ 振替《ふりかえ》★	대체
□ 触《ふ》れ合《あ》い	접촉, 교류, 유대 관계	□ 骨抜《ほねぬ》き	골자(알맹이)를 뺌	□ 前《まえ》ふり	서론
□ 前触《まえぶ》れ★★	예고, 전조, 조짐	□ 溝《みぞ》★★	도랑, 홈, (감정의) 골	□ 道筋《みちすじ》★	길, 코스, 도리, 이치
□ 身《み》なり★	옷차림, 복장	□ 見栄《みば》え	보기에 좋음, 볼품	□ めど(目処·目途)★	전망

□ 諸々《もろもろ》	여러 가지, 모든 것	□ 矢先《やさき》★	(~하려는) 찰나, 순간	□ ゆかり(縁)★	연고, 관계

■ 동사

□ 煽《あお》る	부채질하다, 부추기다, 선동하다	□ 誂《あつら》える	주문하다, 맞추다	□ 暴《あば》く	파헤치다, 폭로하다
□ 暴《あば》れる	날뛰다, 설치다	□ 抗《あらが》う	저항하다, 항거하다	□ いじける	움츠러들다, 주눅이 들다
□ 後《うし》ろめたい	뒤가 켕기다	□ かけ離《はな》れる★	동떨어지다	□ 切《き》りつめる★	줄이다, 절약하다
□ さげすむ	깔보다, 얕보다	□ さまよう	방황하다	□ 曝《さら》す★★	(햇빛에) 쬐다, (비바람을) 맞히다, 노출하다, 드러내다
□ 敷《し》く	깔다, 시행하다, 펴다	□ しげる(繁る)	(초목이) 무성하다	□ 仕込《しこ》む★	가르치다, 길들이다, 속에 넣다, 사들이다
□ 仕立《した》てる★	(옷을) 짓다, 양성하다, 준비하다	□ 躾《しつ》ける★	예절을 가르치다	□ 忍《しの》ぶ	견디다, 참다, 남이 모르게 하다, 숨다
□ 偲《しの》ぶ	회상하다, 그리워하다	□ しぼむ	시들다, 오그라들다	□ しゃがむ★	쭈그리다, 웅크리다
□ 焦《じ》らす	애태우다, 약 올리다	□ 据《す》える★★	붙박다, 설치하다	□ 縋《すが》る★	매달리다, 의지하다
□ せがむ	졸라대다, 조르다	□ そそのかす★	부추기다, 꼬드기다	□ 逸《そ》らす★	(방향을) 딴 데로 돌리다, 피하다, 빗나가게 하다
□ 企《たくら》む	(못된 일을) 꾸미다, 꾀하다	□ 垂《た》らす★	늘어뜨리다, 드리우다, 흘리다	□ だらける	해이해지다, 나른해지다
□ ちゃかす	농으로 돌리다, 얼버무리다	□ 慎《つつし》む★★	삼가다, 조심하다	□ 務《つと》まる	잘 수행(완수)해 내다
□ 努《つと》める	힘쓰다, 애쓰다	□ つねる	꼬집다	□ つぶる	눈을 감다
□ 躓《つまず》く★★	(발이 걸려) 넘어지다, 실패하다, 좌절하다	□ 摘《つ》まむ★	집다, 집어먹다, 요약하다	□ 詰《つ》まる	가득차다, 막히다

- ☐ 咎《とが》める★ 나무라다, 책망하다
- ☐ 途切《とぎ》れる★ 끊기다, 중단되다
- ☐ 説《と》く 설득하다, 설명하다
- ☐ 研《と》ぐ★★ (칼 등을) 갈다, (물에 비비어) 씻다, 닦아서 윤을 내다
- ☐ 整《ととの》える★ 정돈하다, 조정하다, 조절하다
- ☐ 留《とど》める★ 멈추다, 말리다, 남기다, 그치다
- ☐ 怒鳴《どな》る 고함치다, 호통치다
- ☐ なぞる★ 덧쓰다, 덧그리다, 그대로 모방하다
- ☐ ねだる★ 조르다, 보채다
- ☐ 罵《ののし》る★★ 욕을 퍼붓다, 매도하다
- ☐ 這《は》う 기다, 기어가다
- ☐ 剥《は》がれる 벗겨지다, 드러나다
- ☐ 果《は》たす★★ 완수하다, 달성하다
- ☐ ばたつく 허둥대다, 발버둥 치다
- ☐ 放《はな》れる (붙잡고 있던 것이) 풀리다
- ☐ 跳《は》ねる 뛰어오르다, 튀다
- ☐ ひねる 비틀다, 뒤틀다
- ☐ 冷《ひ》やかす★ 놀리다, 물건 값만 물어보다, 식히다
- ☐ 翻《ひるがえ》す★ 뒤집다, 번복하다
- ☐ ほぐす(解す)★ (엉킨 것·굳어진 것·긴장 등을) 풀다,
- ☐ 綻《ほころ》びる★ (실밥이) 풀리다, (꿰맨 자리가) 터지다, (꽃봉오리가) 벌어지다, (얼굴에) 미소가 번지다
- ☐ ほったらかす 내버려두다, 방치하다
- ☐ ほどく(解く)★ (묶인 것을) 풀다
- ☐ 紛《まぎ》らす★★ 얼버무리다, 달래다
- ☐ 勝《まさ》る 낫다, 뛰어나다
- ☐ またがる★ 걸터타다, 걸치다
- ☐ むしる★ 쥐어뜯다, 잡아 뽑다
- ☐ 儲《もう》かる★ 벌이가 되다, 득이 되다
- ☐ もがく 발버둥 치다, 허우적거리다
- ☐ 割《わ》り込《こ》む 끼어들다, 새치기하다
- ☐ 割《わ》り振《ふ》る★ 할당하다, 분담시키다

■ イ형용사

- ☐ すばしこい★ 재빠르다, 민첩하다
- ☐ しつこい 끈질기다, (맛·냄새·빛깔 등이) 짙다, 칙칙하다
- ☐ たわいない★ 시시하다, 하찮다
- ☐ 歯《は》がゆい★ 답답하다, 안타깝다
- ☐ 待《ま》ち遠《とお》しい 몹시 기다려지다
- 見苦《みぐる》しい 보기 흉하다, 꼴사납다

□ めぼしい★	두드러지다, 값나가다	□ 申《もう》し分《ぶん》ない★	더할 나위 없다
□ 物《もの》足《た》りない	어딘가 부족하다	□ 物々《ものもの》しい★★	삼엄하다

■ ナ형용사

□ 閑散《かんさん》な	한산한	□ 寛容《かんよう》な	관용의, 너그러운
□ 気《き》長《なが》な	느긋한	□ きゃしゃな★	(기품 있게) 갸냘픈
□ 高慢《こうまん》な★	교만한, 오만한	□ 真《しん》摯《し》な★	진지한
□ 尊大《そんだい》な★	거만한, 건방진	□ 生半《なまはん》可《か》な	어중간한, 어설픈
□ 長閑《のどか》な★	화창한, 한가로운	□ 遥《はる》かな	아득한
□ 不《ふ》穏《おん》な	불온한	□ 不《ふ》吉《きつ》な	불길한
□ 物騒《ぶっそう》な★	어수선한, 뒤숭숭한	□ 明瞭《めいりょう》な	명료한
□ 零細《れいさい》な	영세한		

■ 부사

□ いっそ	도리어, 차라리	□ 一様《いちよう》に★	하나같이, 똑같이
□ おいおい(追々)★	차차, 차츰차츰	□ おどおど★	벌벌, 주뼛주뼛
□ おのおの	각각, 각자	□ おもむろに★	천천히
□ 折《おり》から	그때, 때마침	□ 刻々《こっこく》★★	시시각각
□ ことさら	특히, 새삼스레	□ ことによると★	어쩌면, 경우에 따라서는
□ こともなげに	아무렇지도 않은 듯이	□ しどろもどろ(に)	횡설수설
□ じわじわ	서서히, 조금씩, 질금질금	□ すかさず★	즉각, 지체 없이
□ ずけずけ	거침없이, 넉살좋게	□ たちまち	금세, 곧, 순식간에
□ だぶだぶ	출렁출렁, 헐렁헐렁	□ ちやほや★	추어올리는 모양, 오냐오냐

☐ てんで	도무지, 아예, 전혀	☐ ときおり★	때때로, 가끔
☐ 突如《とつじょ》	돌연, 갑자기	☐ とんだ	대단히, 뜻하지 않은, 엉뚱한
☐ なおさら	더욱더, 더한층	☐ 軒並《のきな》み★★	일제히, 모두
☐ 甚《はなは》だ★	심히, 매우	☐ はらはら★★	아슬아슬, 전전긍긍, 조마조마
☐ ほそぼそ★	근근이, 간신히	☐ みるみる★	순식간에, 금세
☐ やけに	몹시, 되게, 매우	☐ 優《ゆう》に	충분히, 족히

■ 가타카나

☐ アイデンティティー	정체성, 자기 인식	☐ アナリスト	애널리스트, 분석가
☐ エスカレート★★	단계적으로 확대되어감, 심해짐, 격화됨	☐ ダンピング	덤핑(헐값으로 팔아버림)
☐ バリアフリー★	배리어 프리, 장벽 제거	☐ パフォーマンス	퍼포먼스, 행위
☐ パートナーシップ	우호적 협력 관계	☐ ピッチ	횟수, 속도, 음높이
☐ フィールド	필드, 분야, 범위	☐ マーク★	상표, 기록, 감시
☐ ミッション	미션, 임무	☐ リテラシー★	읽고 쓰는 능력, 응용력
☐ レッテル★	상표, 딱지, 낙인		

용법 | 예상 어휘 연습 문제 ❶

問題 4 次の言葉の使い方として最もよいものを、1·2·3·4から一つ選びなさい。

1 作法

1 彼は食事の作法を知らない。

2 写真の新しい作法を学んだ。

3 コンパスで円を作法した。

4 作業の作法を見覚えた。

2 収束

1 収束から脱した。

2 辞表が収束された。

3 緊急事態が収束した。

4 予想外の収束を収めた。

3 前触れ

1 前触れもなく訪問した。

2 結果は前触れに反した。

3 前触れから外れている。

4 事件の前触れをつかんだ。

4 うっとうしい

1 前髪が下がってきてうっとうしい。

2 幼い時、うっとうしいやけどをした。

3 耳の中がうっとうしかった。

4 ほめられてなんだかうっとうしい。

5 一様に

1 本を一様に読み通した。

2 缶ビールを一様に飲み干した。

3 みんなが一様に緊張している。

4 石段を一様に駆け下りた。

6 寸前

1 寸前を惜しんで勉強している。
2 地震で道路が寸前された。
3 スカートの寸前を計った。
4 飢えで倒れる寸前だった。

7 つまずく

1 石につまずいて転んだ。
2 足下に猫がつまずいている。
3 がっくりつまずいたまま歩いた。
4 部屋の隅につまずいて泣いている。

8 ほそぼそ

1 気持ちがほそぼそと落ち着かない。
2 年金でほそぼそと暮らしている。
3 一日中ほそぼそして過ごした。
4 心臓病のためにほそぼそ薬を飲んでいる。

9 ほころびる

1 うれしくて口元がほころびた。
2 わけもなく涙がほころびた。
3 しきりに体をほころびた。
4 袋から米がほころびた。

10 ほどく

1 卵をほどいて油で焼いた。
2 恨みをほどくすべがない。
3 結んでいた髪をほどいた。
4 胸のもやもやをほどいた。

정답 및 해설 p.41

문제 4 용법 | 예상 어휘 연습 문제 ❷

問題 4　次の言葉の使い方として最もよいものを、1・2・3・4から一つ選びなさい。

1 必至

1　このままでは会社の倒産は必至だ。

2　彼らは必至になって戦った。

3　必至に応じて自給自足する。

4　自然を守ることが必至課題だ。

2 役不足

1　この仕事は努力だけでは役不足だ。

2　眠気を追い払うのは役不足だった。

3　成功するのにはまだまだ役不足だ。

4　彼には係長では少し役不足だ。

3 研ぐ

1　美容院に行って髪を研いで来た。

2　米を研いでご飯を炊く。

3　体のコンディションを研いだ。

4　お互いの意見を研いだ。

4 高慢

1　高慢できるほどの特技がない。

2　料理の腕前を高慢する。

3　初心を忘れて高慢になった。

4　町の高慢だった古木が倒れた。

5 ずけずけ

1　ためらわずにずけずけと言う。

2　初デートに遅れるかと思ってずけずけした。

3　彼の真意がずけずけわかった。

4　親のありがたみをずけずけと感じる。

6 はがゆい

1 急に雰囲気がはがゆくなった。

2 はがゆい話をして時間を潰した。

3 思い通りにならずはがゆい。

4 友達を裏切ったようではがゆい。

7 おいおい

1 人にはおいおい長所がある。

2 おいおいされていい気になった。

3 子供をおいおいしている。

4 外がおいおい暗くなってきた。

8 なぞる

1 この歌は他人の曲をなぞって作った。

2 彼はないことをなぞって言った。

3 涙が彼女の頬をなぞって落ちた。

4 案内の矢印をなぞって行った。

9 優遇

1 山の中でヒグマに優遇した。

2 思わぬ出来事に優遇した。

3 うちの会社は経験者を優遇する。

4 サッカーではわが校が優遇している。

10 みずみずしい

1 みずみずしい果物が食欲をそそった。

2 味噌汁がみずみずしくて塩を入れた。

3 布団がみずみずしくて眠れなかった。

4 一瞬のミスでみずみずしく負けてしまった。

정답 및 해설 p.44

1교시 언어 지식(문자・어휘)

한자 읽기 실전 테스트 1

제한 시간 2분

問題 1 ＿＿＿＿の言葉の読み方として最もよいものを、1・2・3・4から一つ選びなさい。

1 時間が経てば、決心も鈍るものだ。⑪

1 にぶる　　2 とどこおる　　3 おとる　　4 ちぢまる

2 わが社の発展のためには、まず福祉制度の改革が必要だ。⑫

1 かいこく　　2 かいめい　　3 かいかく　　4 かいたい

3 店内にはさまざまなデザイン、華やかな色のカバンが並んでいる。⑯

1 ゆるやか　　2 はなやか　　3 しなやか　　4 なごやか

4 母は庭にある淡いオレンジ色の木々の葉を眺めている。⑮

1 あわい　　2 くどい　　3 むなしい　　4 あさい

5 今、洪水の被害者への寄付金を募っているところです。⑱

1 つのって　　2 いじって　　3 つねって　　4 なじって

6 なるべく、食事を賄ってくれる寮に入りたい。㉓

1 ふけって　　2 ととのえて　　3 まかなって　　4 やしなって

정답 및 해설 p.49

한자 읽기 실전 테스트 ② 제한 시간 2분

問題 1 ＿＿＿＿＿の言葉の読み方として最もよいものを、1·2·3·4から一つ選びなさい。

1 この会の趣旨はみんなで楽しむことです。⑬

1 しょし　　2 しょうじ　　3 しゅし　　4 しゅうし

2 彼女の証言には偽りがないと思われる。⑱

1 せまり　　2 つかさどり　　3 いつわり　　4 すがり

3 知恵を得るには忍耐が必要である。⑱

1 にんたい　　2 いんだい　　3 いんない　　4 いんたい

4 これだけ証拠があれば、釈明の余地はないだろう。⑪

1 しょくめい　　2 しゃくめい　　3 ちゃくめい　　4 そくめい

5 R社は商品開発のため、膨大な資本を投じた。⑱

1 ぼうだい　　2 ばいだい　　3 ぼうたい　　4 ばいたい

6 夏になると気温と湿度が上昇し、食品が腐敗しやすくなります。㉔

1 ぶはい　　2 ふはい　　3 ふうはい　　4 ぶうはい

정답 및 해설 p.50

1교시 언어 지식(문자・어휘)

한자 읽기 실전 테스트 ③

제한 시간 2분

問題 1 ＿＿＿＿＿の言葉の読み方として最もよいものを、1·2·3·4から一つ選びなさい。

1 入社して一ヵ月経って、ようやく業務の総体が把握できた。⑬

1 はあく　2 ぱあく　3 ぱおく　4 はおく

2 学習法を変えたところ、テストの点数に顕著な伸びが見られた。⑯

1 けいちょ　2 けんちょ　3 けいしょ　4 けんじょ

3 会社からの給与支払いが滞って生活が苦しい。⑱

1 しげって　2 とどこおって　3 おとって　4 こもって

4 苦労して蓄えた財産をギャンブルですっかり失ってしまった。⑯

1 こらえた　2 そろえた　3 たくわえた　4 はえた

5 生徒たちは美術の時間に粘土で人形を作りました。

1 ねんど　2 せんと　3 ねんと　4 せんど

6 最近はSNSを媒体とした広告が人気を集めている。

1 まいたい　2 ばいたい　3 ばいてい　4 まいてい

정답 및 해설 p.52

문제 1

1교시 언어 지식(문자 · 어휘)

한자 읽기 실전 테스트 ④

제한 시간 2분

問題 1 ＿＿＿＿＿の言葉の読み方として最もよいものを、1·2·3·4から一つ選びなさい。

1 これからもなおいっそう、業務に励んでいきたいと思います。⑮

1 はげんで　　2 しのんで　　3 およんで　　4 いどんで

2 問題を起こした芸能人に自粛を促す声が高まった。⑱

1 じしょく　　2 じゃじゅく　　3 じしゅく　　4 じゃしょく

3 私は彼女の巧妙な話にだまされてしまった。⑬⑳

1 こうみょう　　2 こうしょう　　3 きみょう　　4 きしょう

4 このスタイルは一時廃れたが、またはやってきた。⑯

1 すたれた　　2 かすれた　　3 さびれた　　4 くたびれた

5 あの大臣の不用意な発言に強い憤りを覚えた。⑬㉑

1 あせり　　2 いかり　　3 こだわり　　4 いきどおり

6 この小説には、主人公の惨めな人生が如実に描かれている。㉒

1 にょじつ　　2 じょじつ　　3 よじつ　　4 ようじつ

정답 및 해설 p.54

1교시 언어 지식(문자・어휘)

한자 읽기 실전 테스트 ⑤

제한 시간 2분

問題 1 ＿＿＿＿＿の言葉の読み方として最もよいものを、1・2・3・4から一つ選びなさい。

1 小学生のころ、「将来は野球選手になりたい」と漠然と考えていた。⑪⑱

1 まくえん　　2 もくえん　　3 ばくぜん　　4 ぼうぜん

2 渡辺さんは私に１００万円の債務がある。⑲

1 さいむ　　2 せきむ　　3 しょうむ　　4 たいむ

3 あの子は授業中に騒いだ戒めとして、廊下に立たされている。⑱㉔

1 いじめ　　2 いましめ　　3 かがめ　　4 なじめ

4 価値観と科学常識は時代とともに変遷していくものだ。⑮

1 へんてん　　2 へんぜん　　3 へんでん　　4 へんせん

5 閲覧とは、書物などを見て読んだり調べたりすることを意味する。⑪

1 えんらん　　2 えつらん　　3 えんかん　　4 えつかん

6 あなたの技術には驚嘆するばかりです。⑱

1 きょうたん　　2 けいたん　　3 ぎょうたん　　4 けいだん

정답 및 해설 p.56

1교시 언어 지식(문자 · 어휘)

한자 읽기 실전 테스트 ⑥

제한 시간 2분

問題 1 ＿＿＿＿＿の言葉の読み方として最もよいものを、1·2·3·4から一つ選びなさい。

1 書店に多様な本が見やすく陳列されている。⑯

1 じんれい　2 ちんれつ　3 せんれつ　4 じんれつ

2 地震で道路と建物が破損した。⑮

1 ぱそん　2 はいん　3 はそん　4 ぱいん

3 長引く不況で消費者の心理が萎縮している。

1 いしゅく　2 いしょく　3 ゆしゅく　4 ゆしょく

4 痛みの緩和に音楽や芳香治療が有効だそうだ。⑬㉕

1 わんわ　2 わんは　3 かんは　4 かんわ

5 鈴木選手の豪快なホームランで観衆が沸いている。⑱

1 ぎょうかい　2 ごうかい　3 きょうかい　4 こうかい

6 この新聞に載っている情報は少し偏っている。⑯㉓

1 かたよって　2 ととのって　3 つちかって　4 ちぢまって

정답 및 해설 p.57

1교시 언어 지식(문자・어휘)

문맥 규정 실전 테스트 ①

제한 시간 4분

問題 2 (　　　) に入れるのに最もよいものを、1・2・3・4から一つ選びなさい。

7 鎌倉時代の仏像が破損して、(　　　) 作業をしている。⑪

1　修復　　2　復旧　　3　改修　　4　修正

8 急いで印刷されるべきデータが他の資料に (　　　) しまって見当たらない。⑮

1　こじれて　　2　紛れて　　3　絡んで　　4　なじんで

9 いざという時のために、食品を (　　　) しておいた。⑪

1　アパシー　　2　マーク　　3　ストック　　4　シェア

10 化粧をしたまま涙を流して、マスカラが目の下に黒く (　　　)。⑲

1　こぼれた　　2　にじんだ　　3　暴れた　　4　壊れる

11 土砂崩れが (　　　) されるため、山には近づかないようにしましょう。㉓

1　丹念　　2　入念　　3　無念　　4　懸念

12 すぐに、担当者に (　　　) ますので、もうしばらくお待ちいただけませんか。㉔

1　持ち越し　　2　取り次ぎ　　3　引き取り　　4　差し替え

13 数学の試験を (　　　) 勉強しなかった結果、試験で失敗した。

1　まかなって　　2　からかって　　3　あなどって　　4　おとって

정답 및 해설 p.59

문맥 규정 실전 테스트 ❷

제한 시간 4분

問題 2 (　　　　) に入れるのに最もよいものを、1・2・3・4から一つ選びなさい。

7 彼女への私の思いをうまく伝えられなくて、とても（　　　　）。㉑

1 いたましい　　2 ほほえましい　　3 よそよそしい　　4 もどかしい

8 このカバンは古いけど、使い心地がよくて（　　　　）している。⑪

1 携帯　　2 重宝　　3 所有　　4 持参

9 今回の試合は両チームの実力が（　　　　）で、優劣をつけがたい。⑮

1 比例　　2 強豪　　3 明瞭　　4 互角

10 人に聞くのもいいけど、まず、自分で調べてみることを（　　　　）に置いてもらいたい。⑬

1 念頭　　2 内心　　3 本気　　4 念願

11 このカバンはコピー商品であるが、本物と（　　　　）。⑫㉓

1 紛らわしい　　2 甚だしい　　3 やかましい　　4 ややこしい

12 詳細な計画を立てる前に、もっと総合的な構想を（　　　　）必要がある。⑩⑬

1 磨く　　2 熟す　　3 練る　　4 築く

13 子供が生まれてからというもの、責任の重さを（　　　　）と感じた。⑲

1 ひしひし　　2 ごしごし　　3 こっこく　　4 めきめき

정답 및 해설 p.62

1교시 언어 지식(문자・어휘)

문맥 규정 실전 테스트 ③

제한 시간 4분

問題 2 (　　　　) に入れるのに最もよいものを、1・2・3・4から一つ選びなさい。

7 彼の人生が二時間のドキュメンタリーの中に (　　　　) されている。⑭

1 狭窄　　2 引用　　3 察知　　4 凝縮

8 この曲の歌詞は和歌の一部分を (　　　　) して作ったそうだ。⑪⑱

1 切断　　2 工面　　3 抜粋　　4 抽出

9 物価高が事業展開における最大の (　　　　) になっている。㉓

1 ネック　　2 リミット　　3 エラー　　4 ミスマッチ

10 ここは車が (　　　　) に通るため、子供の通学路には不向きです。⑯

1 活発　　2 円滑　　3 無謀　　4 頻繁

11 高層ビルの５０階から火が出て、一時 (　　　　) とした。㉓

1 漠然　　2 騒然　　3 歴然　　4 毅然

12 彼は問題に対して、いつも (　　　　) なアプローチをしていて感心するばかりです。⑱

1 普遍的　　2 多角的　　3 自発的　　4 圧倒的

13 A会社は前月から業務の (　　　　) 改革とスリム化を推進している。⑮

1 根深い　　2 幅広い　　3 重々しい　　4 甚だしい

정답 및 해설 p.64

1교시 언어 지식(문자・어휘)

문맥 규정 실전 테스트 ④

제한 시간 4분

問題 2 (　　　) に入れるのに最もよいものを、1·2·3·4から一つ選びなさい。

7 エンジンの (　　　) 中に手入れをするのは危険です。⑮

1 展開　　2 負荷　　3 稼働　　4 微動

8 中村さんは、トラブルで怒っている顧客を (　　　) ことがとても上手です。⑱

1 なだめる　　2 親しむ　　3 ゆだねる　　4 あやつる

9 新たな市場や顧客ニーズの開拓が創業における (　　　) となっている。⑫

1 ブロック　　2 ダメージ　　3 ハードル　　4 リミット

10 この仕事は、入社１年目の杉田さんには (　　　) が重すぎると思う。⑬

1 荷　　2 肩　　3 職　　4 役

11 うちにある骨董品が本物かどうか (　　　) してもらうことにした。⑯

1 勘定　　2 探索　　3 鑑定　　4 観察

12 医者は私に、今よりも体重を５キロへらすよう、(　　　)。⑳

1 催した　　2 問い詰めた　　3 促した　　4 ほのめかした

13 除雪作業のため、はしごを (　　　) 屋根にはい上がった。

1 たどって　　2 つたって　　3 からめて　　4 なぞって

정답 및 해설 p.66

문맥 규정 실전 테스트 ⑤

제한 시간 4분

問題 2 (　　　) に入れるのに最もよいものを、1・2・3・4から一つ選びなさい。

7 飲食店における食中毒の原因（　　　）は保健所の仕事の一つです。⑫

1 探知　　2 除去　　3 究明　　4 釈明

8 この春から店の売り上げが（　　　）に伸びている。⑰㉔

1 コンスタント　　2 ラフ　　3 エシカル　　4 リーズナブル

9 にわかに、（　　　）物音が聞こえて、びっくりした。⑮

1 はださむい　　2 慌ただしい　　3 すさまじい　　4 たくましい

10 給料日前でお金がないという同僚の昼食代を（　　　）ことにした。⑬

1 差し引く　　2 立て替える　　3 積み立てる　　4 買いかぶる

11 はたして、彼が国の明日を（　　　）ことができる人物だろうか。⑬㉑

1 さとす　　2 かかげる　　3 やしなう　　4 になう

12 何の（　　　）も期待しないで、無条件で愛するのが真の愛だと言える。㉓

1 見返り　　2 見計らい　　3 見出し　　4 見向き

13 試験が終わったので、電話のマナーモードを（　　　）した。⑱

1 停止　　2 解除　　3 解禁　　4 解約

정답 및 해설 p.68

1교시 언어 지식(문자・어휘)

문맥 규정 실전 테스트 ⑥

제한 시간 4분

問題 2　(　　　　)に入れるのに最もよいものを、1·2·3·4から一つ選びなさい。

7　ふいに店員がやめてしまって、働く人を（　　　　）募集している。⑫

1　急遽　　2　急激に　　3　迅速に　　4　断固

8　誰にでも触れてほしくないことはあるものだから、あえて（　　　　）しないほうがいい。⑱

1　口外　　2　告白　　3　言及　　4　供述

9　化粧品のコマーシャルに一般女性を（　　　　）することにした。⑱

1　採用　　2　引用　　3　採択　　4　起用

10　いくら親しい友の間柄でも礼儀を（　　　　）べきだ。

1　わきまえる　　2　あつらえる　　3　うったえる　　4　うぬぼれる

11　今回のプロジェクトの成功に彼女は（　　　　）の笑みを浮かべた。⑪

1　会心　　2　核心　　3　真心　　4　本気

12　プラスチックごみを（　　　　）して作ったリサイクルカバンが流行っている。⑫㉔

1　一掃　　2　加工　　3　転換　　4　細工

13　犯したミスを一時しのぎで（　　　　）、その ミスは消えない。

1　繕っても　　2　償っても　　3　憚っても　　4　賄っても

정답 및 해설 p.71

1교시 언어 지식 (문자・어휘)

유의 표현 실전 테스트 1

제한 시간 3분

問題 3 ＿＿＿＿＿の言葉に意味が最も近いものを、1・2・3・4から一つ選びなさい。

14 お客様からのクレームが相次いでいる。⑮⑳

1 要望　　2 苦情　　3 注文　　4 質問

15 残業ずくめで、ばててしまった。⑲

1 疲れて　　2 うんざりして　　3 あきれて　　4 飽きて

16 リスクは極力減らしたい。⑪

1 大幅に　　2 できる限り　　3 少しずつ　　4 ひとまず

17 さっき見かけた人が再び目の前に現れ、錯覚だと思ったら、実は双子だった。⑮

1 焦り　　2 疑念　　3 勘違い　　4 行き違い

18 雪道でタイヤが滑り始めたら、もはや車を止めるすべがない。⑬

1 必要　　2 方法　　3 要領　　4 理由

19 津波で建物が根こそぎ壊れた。㉓

1 突然　　2 一気に　　3 こなごなに　　4 すべて

정답 및 해설 p.73

유의 표현 실전 테스트 ②

제한 시간 3분

問題 3 ＿＿＿＿＿の言葉に意味が最も近いものを、1·2·3·4から一つ選びなさい。

14 彼は大汗をかきながら必死に弁解している。⑮

1 言い訳して　2 言い張って　3 反論して　4 謝って

15 試験が終わった後、学生たちはすがすがしい表情で教室を出た。⑫

1 真剣な　2 さわやかな　3 うつろな　4 ほっとした

16 今の結果は政策の失敗を端的に表している。⑯

1 主に　2 詳細に　3 部分的に　4 明白に

17 その人は事件の内容を誇張して伝えた。⑮㉓

1 大げさに　2 あいまいに　3 大ざっぱに　4 自慢して

18 もやもやした気持ちで一日を送った。

1 落ち着かない　2 うきうきする
3 すっきりしない　4 すがすがしい

19 今学期の成績はさっぱりだ。

1 とてもこのましい　2 まだわからない
3 まあまあだ　4 まったくだめだ

정답 및 해설 p.75

문제 3

1교시 언어 지식(문자·어휘)

유의 표현 실전 테스트 ③

제한 시간 3분

問題 3 ＿＿＿＿＿の言葉に意味が最も近いものを、1・2・3・4から一つ選びなさい。

14 今度のサッカー試合で、あぶなげなく勝った。

1 無難に　　2 やっとのことで

3 はらはらしながら　　4 案外

15 木村さんはこの分野のエキスパートだ。⑳

1 経営者　　2 職人　　3 戦略家　　4 専門家

16 案の定、雪が降った。⑭

1 思いがけず　　2 やっぱり　　3 いきなり　　4 あいにく

17 あれ以来、彼女はひそかに日本を離れた。⑫

1 こっそり　　2 急いで　　3 張り切って　　4 すかさず

18 彼は思いがけない質問にまごついた。

1 腹を立てた　　2 感心した　　3 慌てた　　4 あきれた

19 彼の死因は歴然としている。⑪⑲

1 突き止められない　　2 予想したとおりだ

3 依然として解けない　　4 はっきりしている

정답 및 해설 p.76

문제 3

1교시 언어 지식(문자 · 어휘)

유의 표현 실전 테스트 ④

제한 시간 3분

問題 3 ＿＿＿＿＿の言葉に意味が最も近いものを、1·2·3·4から一つ選びなさい。

14 海外を訪れると、文化の違いにとまどうこともある。⑯

1 動転する　2 悔やむ　3 困る　4 かしげる

15 彼に触発されて運動をはじめた。⑫㉒

1 刺激を受けて　2 支援を受けて　3 評価を受けて　4 推薦を受けて

16 めいめい、意見を述べてください。⑱

1 順々に　2 グループごとに　3 一人一人　4 明確に

17 彼はおびえているような様子で待機していた。⑯

1 緊張して　2 後悔して　3 怖がって　4 思いあがって

18 彼の発想はいつも抜群だった。⑬

1 他と比べて特によかった　2 他と比べて特に上がった
3 他と比べて特に下がった　4 他と比べて特に劣っている

19 うちの猫はみるみる太くなった。

1 徐々に　2 あっという間に
3 見るたびに　4 全体的に

정답 및 해설 p.78

문제 3

1교시 언어 지식(문자・어휘)

유의 표현 실전 테스트 ⑤

제한 시간 3분

問題 3 ＿＿＿＿＿の言葉に意味が最も近いものを、1・2・3・4から一つ選びなさい。

14 来週、細胞分裂のメカニズムについての発表がある。⑬

1　仕組み　　2　可能性　　3　危険性　　4　移り変わり

15 ありふれた事件ではあるが、すぐ解決することは容易ではない。⑮

1　奇異な　　2　幼稚な　　3　複雑な　　4　平凡な

16 幼い頃亡くなった祖母の顔をかろうじて思い出した。⑯

1　いきなり　　2　なぜか　　3　何とか　　4　妙に

17 それはわが社の古くからのしきたりです。㉓

1　名残　　2　慣例　　3　歴史　　4　思想

18 毎日みっちり勉強している。⑳

1　まじめに　　2　猛烈に　　3　正確に　　4　緻密に

19 今度の決定にくいはありません。

1　未練　　2　間違い　　3　疑い　　4　後悔

정답 및 해설 p.80

유의 표현 실전 테스트 ❻

제한 시간 3분

問題 3 ＿＿＿＿＿の言葉に意味が最も近いものを、1·2·3·4から一つ選びなさい。

14 母が私をせかした。⑬

1 励ました　2 諭した　3 待たせた　4 急がせた

15 謎はあっけないほど簡単に解けた。⑪

1 こころない　2 ばかばかしい　3 うたがわしい　4 おかしい

16 彼は事件解決のための糸口をやっとつかんだ。⑮

1 ヒント　2 プロセス　3 ポイント　4 ポテンシャル

17 新人監督の映画を堪能した。

1 十分に楽しんだ　2 深く分析した　3 厳しく批判した　4 見くびった

18 彼女は飲み会で酒をしぶしぶ飲んだ。

1 おもむろに　2 やむを得ず　3 楽しんで　4 不満げに

19 この本を読んで、インスピレーションを得た。

1 教訓　2 驚き　3 思いつき　4 常識

정답 및 해설 p.81

용법 실전 테스트 ①

제한 시간 5분

問題 4　次の言葉の使い方として最もよいものを、1·2·3·4から一つ選びなさい。

20　有数　⑫

1　この山は世界でも有数の高い山です。

2　このブランドは有数なので、たちまち売れきれる。

3　A氏は今度の選挙で一番有数な優勝候補と言われている。

4　有数な人材の中でも彼はことに優れている。

21　くまなく　⑮

1　木村選手は競争者をくまなく圧倒して今は独り舞台だ。

2　彼女は木製の食卓を茶色のペンキでくまなく塗った。

3　お小遣いを四日でくまなく使ってしまった。

4　彼は彼なりに頑張ってきたが、仕事はくまなく失敗した。

22　拮抗　㉒

1　死刑制度の維持について賛成派と反対派の意見が拮抗している。

2　思春期に入った息子はわけもなくことごとく拮抗している。

3　彼女はゴキブリを見るや否や、拮抗して悲鳴をあげた。

4　親は子供のためとあれば、どんな拮抗もいとわないものだ。

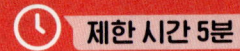

23 問い詰める ㉓

1 彼はしまいまで「自分は無実である」と問い詰めている。

2 娘にどこに行っていたのかと問い詰めたら泣いてしまった。

3 彼は会社側から突然の解雇通知を問い詰められた。

4 他人に自分の考え方や生き方を問い詰めてはいけない。

24 煩雑 ⑬

1 相続の手続きは、非常に煩雑で時間もかかる。

2 そのような煩雑な話はお祝いの席に場違いだ。

3 最近の新しい機械はいずれも性能が高く構造が煩雑だ。

4 彼女は煩雑な心境を涙ながらに語っている。

25 才覚

1 本選を控えて、選手たちは大変な才覚で取り組んでいる。

2 彼は優れた人柄と経営の才覚を持ち合わせている。

3 吉村さんの将棋の才覚はプロも顔負けするほどです。

4 高校3年生になった弟は才覚を新たにして入試の準備をした。

정답 및 해설 p.83

용법 실전 테스트 ②

제한 시간 5분

問題 4 次の言葉の使い方として最もよいものを、1·2·3·4から一つ選びなさい。

20 閑静 ⑯

1 退職後は町外れの閑静な田舎で暮らしたい。

2 夜になるとその店は閑静として、早めに閉めてしまう。

3 閑静な時は、本を読んだり映画をみたりします。

4 この通りは騒がしい平日と違って週末になると閑静になる。

21 怠る ⑫⑰⑳

1 彼はこれといった理由もなく授業を怠った。

2 今日は疲れたから食事支度を怠って、出前を頼んだ。

3 自分の仕事を他人に怠ってはいけない。

4 注意を怠って交通事故を起こしてしまった。

22 まちまち ⑪

1 みんなの意見がまちまちで、まとめるのが大変だ。

2 春になるとこの公園にはまちまちの花が満開する。

3 この図書館には、まちまちな本が揃《そろ》っています。

4 費用はまちまち半分ずつ負担することにした。

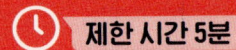

23 合致 ⑬

1 時代に合致した人材育成が重要である。

2 ここに残されている指紋が彼の指紋と合致した。

3 この問題を解決するためには当事者間の合致が求められる。

4 彼女が計画したイベントは我々の趣旨に合致している。

24 満たない ⑫

1 数学の点数が７０点に満たない学生がほとんどだった。

2 味はいいが、量が少し満たない気がする。

3 どうしても体力では木村さんに満たない。

4 彼は社会人としての自覚が満たない。

25 デマ ㉓

1 この美術館に展示されている作品はすべてデマだ。

2 下手な言い訳はデマを招くだけだ。

3 多くの人がとんでもないデマに振り回されている。

4 ちょっとしたデマで二人の仲が次第に隔たった。

정답 및 해설 p.86

문제 4

1교시 언어 지식(문자・어휘)

용법 실전 테스트 ③

제한 시간 5분

問題 4 次の言葉の使い方として最もよいものを、1·2·3·4から一つ選びなさい。

20 余剰

1 倉庫の中には余剰の古い物資が積み上げられている。

2 スケジュールが余剰で周囲を見渡す余裕がない。

3 ビタミンを余剰に摂取するとかえって健康を損なう。

4 エネルギーは質量に光の速度の余剰をかけたものと同じだ。

21 軌道 ⑮

1 これは特別な軌道でしか手に入れないものです。

2 何事も軌道に乗せるまでは時間がかかるものだ。

3 途中で軌道を間違えて、1時間以上遅れてしまった。

4 目的地までの軌道を地図で確かめながら歩いてきました。

22 くつろぐ ㉑

1 ソファーでビールを飲みながらゆったりとくつろぐのが好きだ。

2 母に怒られた女の子が机の下でくつろいで泣いている。

3 年をとるにつれ、腹をくつろぐほど笑うことはなくなってきた。

4 あの老人はいつもかすかな声で一人でくつろいでいる。

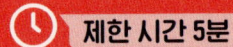

23 加味 ⑬

1 相手の立場も加味して、予定を立ててください。

2 今学期では出席日数も単位取得に加味することにします。

3 健康のため、加味されていない自然そのままの野菜を食べている。

4 この食品には防腐剤が加味されていません。

24 打開 ⑬

1 皆が満足するように事件を打開することは難しい。

2 これだけの予算で家計を打開するのは大変だ。

3 自然の中で食べるもの着るものなどを打開して生活する。

4 今の国難を打開するためには、政治の改革が不可欠だ。

25 さいなむ

1 人の容姿をさいなむようなことを言ってはいけない。

2 彼は自分の悪事がばれないかと恐怖にさいなまれている。

3 あの人はいつも陰で人をさいなむ癖がある。

4 彼女は自分の作品をさいなまれて落ち込んでいる。

정답 및 해설 p.89

문제 4

1교시 언어 지식 (문자 · 어휘)

용법 실전 테스트 ④

제한 시간 5분

問題 4　次の言葉の使い方として最もよいものを、1·2·3·4から一つ選びなさい。

20　乗り出す　⑱

1　いくら親しい間柄でも私生活にまで乗り出してはいけない。

2　ボランティアに参加したいと乗り出してくれた人が多くて助かった。

3　政府は麻薬組織がらみの犯罪の一掃に乗り出した。

4　賃金アップを求めて、社員たちが無期限ストライキに乗り出した。

21　とっくに　⑪

1　父と母に親不孝したことがとっくに悔まれる。

2　彼女は誰がそんなうわさを広めたかとっくに知っていた。

3　バスが突然急停車してしまい、とっくに手すりをつかんだ。

4　夜に横になると、とっくにせきが出てよく眠れない。

22　没頭　⑮㉓

1　先生の助言を没頭において試験に臨んだ。

2　あの作家はただ一筋小説の執筆に没頭しました。

3　芳しい香りが部屋の中に没頭していた。

4　彼女は子育てに没頭するため、育児休暇をとった。

23 食い違う ⑯

1 双方の証言が食い違っていて、第三者の話を聞いてみることにした。

2 最近大きめの服が流行りだが、わたしには食い違うと思う。

3 弟は母が４０歳を過ぎて産んだ年寄りっ子で私と一回り食い違う。

4 薬を食い違った副作用で目が赤くなって体中がムズムズし始めた。

24 心当たり ⑱

1 心当たりのないメールは開かないで削除したほうがいい。

2 甘いものを食べすぎて、太ったような心当たりがする。

3 肯定的な心当たりを持っている人に運もついてくる。

4 手術を受けるにしても助かる心当たりがない。

25 重荷

1 彼の出すぎた親切が私にはかえって、重荷になった。

2 大きな夢を抱いて留学した彼は、重荷をして帰って来た。

3 弟は家出をして、しまいには警察の重荷になった。

4 終電を逃して、一晩友人の家に重荷になることにした。

정답 및 해설 p.92

문제 4

1교시 언어 지식(문자・어휘)

용법 실전 테스트 ⑤

제한 시간 5분

問題 4 ＿＿＿＿＿の言葉に意味が最も近いものを、1・2・3・4から一つ選びなさい。

20 見込み ⑫

1 この高層ビルはこれから一週間で出来上がる見込みです。

2 美術大学に入りたかったが親の見込みに応えて、医大に進学した。

3 今まで失敗を繰り返したが今度こそ必ずやり遂げる見込みです。

4 このホテルは見込みがよくて、遠くの山もよく見える。

21 帯びる ⑮

1 田中さんは退職後、パン製造技能士の資格を帯びてパン屋さんを開業した。

2 トンネルを抜けると、車外の風景は田園から都会の様相を帯びてきていた。

3 新しい家に引っ越しして浴室にカビが帯びないように乾式に変えた。

4 家賃が六か月分も帯びていて借家から追い立てられることになった。

22 しぶとい ⑱

1 過労のせいか、昨日の夜から体がしぶとくて気力がない。

2 彼は高い知能指数としぶとい観察力を持っている。

3 息子のしぶとい説得に負けて、反対していた結婚を承諾した。

4 調味料を使いすぎて、味がしぶとくなってしまった。

23 不慮 ㉓

1 コンサート会場に不慮の事態に備えて警察が出動した。

2 市役所に不慮を申し出たが、一か月が過ぎても連絡がない。

3 これでもう一息つけたが一時はどうなることかと不慮した。

4 引っ越しを機に不慮の物を捨てることにした。

24 当てはめる ⑬

1 価値観と常識は時代に当てはめて変わるものだ。

2 家具を壁の色に当てはめて買うことにした。

3 化粧品メーカは足並みを当てはめて値上げをした。

4 老後の問題を自分の身に当てはめて考えてみた。

25 ステレオタイプ

1 木村さんは世の中に対していつもステレオタイプで批判的だ。

2 あの女優は社会的なマナーやステレオタイプが欠けている。

3 血液型で人の性格を判断するのはステレオタイプです。

4 角田さんはいつも意欲的なステレオタイプで仕事に取り組んでいる。

정답 및 해설 p.95

문제 4

1교시 언어 지식(문자・어휘)

용법 실전 테스트 ⑥

제한 시간 5분

問題 4 ＿＿＿＿＿の言葉に意味が最も近いものを、1・2・3・4から一つ選びなさい。

20 規制 ⑯

1 政府は、子供が動画を見る時は、規制付きモードを設定するようにした。

2 ここは公共場所なので、建物内での喫煙は全面規制されている。

3 食事代と交通費を最小限に規制して生活費を切り詰めている。

4 この大通りは週末になると一部の道路の通行が規制される。

21 すける ㉒

1 つい、手がすけてマグカップを落としてしまった。

2 このブラウスは肌がすけることのない素材を使った。

3 田中さんは靴を買うと、靴底がすけるまで履く。

4 ここに手をすけると、自動的に石けんが出る。

22 かさばる ⑱

1 天然資源がなくなるにつれ、代替エネルギー開発に関心がかさばっている。

2 旅行や出張の時、かさばる荷物はコンパクトに畳んでからカバンに入れる。

3 今月は、引っ越しだの転職だので、出費がかさばった。

4 スピーチ大会で自分の番に近づくにつれていらいらがかさばってきた。

23 巧み ⑱

1 彼の巧みな話術に騙された人が一人二人ではない。

2 彼は記者の質問に慌てて巧みに答えられなかった。

3 どう頭をひねっても巧みなアイデアが浮かんでこない。

4 中島さんは記憶力が巧みで過去の出来事をほぼ覚えている。

24 補填 ㉔

1 書類に補填がありますので、明日まで訂正をお願いします。

2 今度、発掘された遺跡の一部が補填している。

3 地震で家の一部が破損したが、火災保険で全額補填できた。

4 願書用紙をよく読んで、必要事項をもれなく補填してください。

25 劣化

1 モノは大事に使っていても使えば使うほど劣化する。

2 鶏はつばさがあるが、劣化して飛ぶことができない。

3 常識と価値観は時代の流れによって、劣化していく。

4 彼は身長の劣化を克服して立派なサッカー選手になった。

정답 및 해설 p.98

진짜 한 권으로 끝내는
JLPT N1

언어 지식(문법)
집중 공략

1교시

최신 출제 트렌드

JLPT 시험에 이렇게 출제된다!

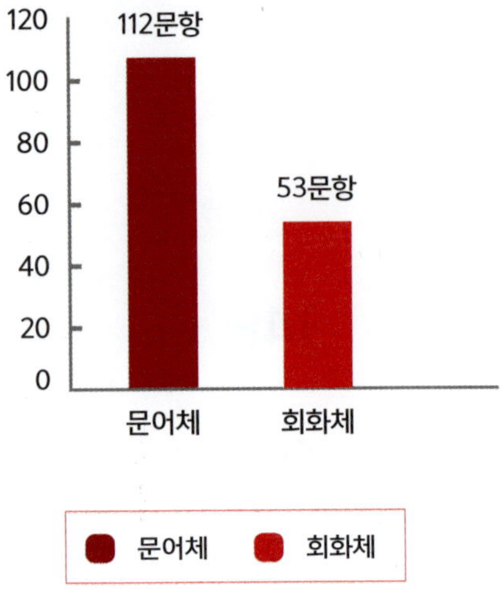

난이도 ★★★☆☆

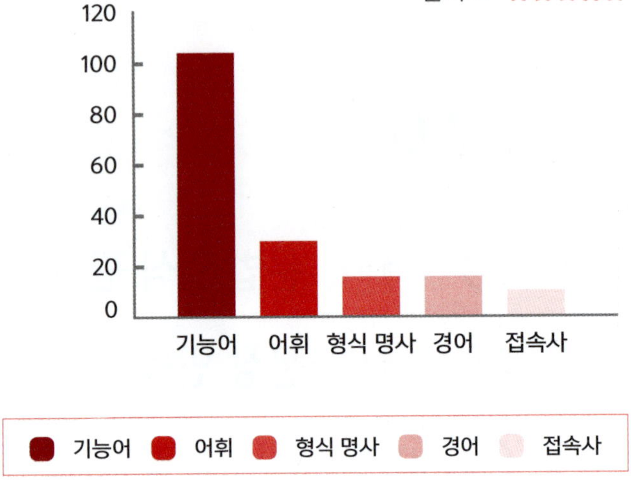

출제 1순위 **문어체 > 회화체. 단, 회화체 문제는 이전 대비 증가 추세**

고급 일본어 능력을 평가하는 N1의 특성상, 형식적이고 딱딱한 문어체 표현의 출제 빈도가 상당히 높은 편이다. 다만, 최근의 문법 파트 출제 경향을 보면, 일상에서 자주 사용되는 회화체 문제가 조금씩 증가하고 있는 추세이다. 경어와 부사 등 이전에는 많이 출제되지 않던 분야의 비중도 높아지고 있다. 즉, 단순히 문법 사항의 접속 형태와 사용법을 아는 것만으로는 정답을 찾을 수 없는 문제가 늘어나고 있다는 것이 특징이다.

출제 2순위 **기능어와 기본 문법의 응용**

문법에서는 기능어의 출제 빈도가 가장 높다. 기본 문법의 응용은 조사나 사역, 수동, 사역수동, 수수동사 등 JLPT 시험 개정 이전에는 잘 출제되지 않았던 영역이 많이 출제된다는 것이 최근 N1 문법 파트의 경향이다.

출제 3순위 **어휘 > 형식 명사 > 경어 > 접속사 순으로 출제**

기능어 외에도 부사 등과 같은 어휘나 こと、もの 등의 형식 명사와 관련된 문제, 올바른 접속사 사용법을 묻는 문제도 출제되고 있어 눈여겨 봐둬야 한다.

파트별 공략 POINT

POINT 5 문법 형식 판단

주어진 문맥에 맞는 문법 형식을 가려낼 수 있는지 묻는 유형이다.

- ✔ 괄호의 위치가 중간인지 문장 끝인지 먼저 확인하기
- ✔ 존경/겸양, 수동/사역, 수수 표현을 물을 때는 주어를 찾기
- ✔ '조사+동사'로 이루어진 기능어 또는 부사의 경우 해석에 신경 쓰기

POINT 6 문장 만들기

문법 구조에 맞고 의미가 통하는 문장을 만들 수 있는지 묻는 유형이다.

- ✔ 밑줄의 앞뒤 내용을 해석하여 의미 파악하기
- ✔ 선택지 4개의 문법적 관계와 의미를 고려하여 순서 나열하기
- ✔ 밑줄에 순서대로 대입하여 전체 문장이 올바른 의미를 이루는지 반드시 체크하기

POINT 7 글의 문법

글의 흐름에 맞는 문장을 판단할 수 있는지 묻는 유형이다.

- ✔ 오답 함정에 빠지지 않으려면 글 전체의 흐름을 이해하는 것이 중요함
- ✔ 주어와 동사의 관계, 지시어나 접속사에 주의하기
- ✔ 빈칸의 앞뒤 문장 내용을 특히 집중해서 읽기

문제 5

1교시 언어 지식(문법)

문법 형식 판단

출제 경향

문법 형식 판단은 총 10문제가 출제된다. 괄호 안에 들어갈 알맞은 문법 표현을 찾는 문제이다. 단순히 문법적 지식을 요구하기보다는 문장 전체를 읽고 선택해야 하는 문제가 늘었다. 최근 출제 경향을 보면 N1 레벨에 해당하는 문법에 그치지 않고, N2~N5 레벨의 문법을 더해 부사, 문자 어휘 등의 종합적인 문제가 출제되고 있다.

풀이 전략

★ 앞뒤 내용의 관계를 파악하는 문제

괄호 앞과 괄호 뒤의 내용이 어떤 관계인지 파악하고, 선택지에서 가장 적절한 답을 고를 수 있어야 한다.

예 ここ数年《すうねん》、景気《けいき》の悪化《あっか》（に伴《とも》なって）大学生《だいがくせい》の就職率《しゅうしょくりつ》が低下《ていか》した。

최근 몇 년간, 경기 악화(에 따라/와 함께) 대학생의 취업률이 저하됐다.

동시적인 변화

★ 문말 표현을 고르는 문제

괄호가 문장 끝에 위치했다면, 선택지에 제시된 문말 표현들의 뉘앙스를 잘 구별해야 한다.

예 飼《か》っていた猫《ねこ》が死《し》んだとき、どんなに悲《かな》しかった（ことか）。

기르고 있던 고양이가 죽었을 때, 얼마나 슬펐(던가).

★ 존경/겸양, 사역/수동, 수수 표현을 고르는 문제

존경/겸양 표현, 사역/수동 표현, 수수 표현 등은 주어와 행위(동사)를 확실히 짚어내면 된다. 주어가 '나'일 경우는 겸양 표현, 주어가 상대방일 경우는 존경 표현을 사용해야 한다. 또 그 행위를 내가 시켰다면 사역 표현, 내가 당했다면(하게 되었다면) 수동/사역수동 표현이 된다. 수수 표현도 누가 주었는지, 누가 받았는지에 따라 동사 사용이 달라진다.

예 顧客《こきゃく》から厳《きび》しいクレームを（頂戴《ちょうだい》しました）。 고객으로부터 혹독한 클레임을 (받았습니다).

↪ 조사 から가 사용되었으므로 '고객'이 주어가 아님에 주의

↪ 클레임을 받은 것은 '나'이므로, 겸양 표현(頂戴《ちょうだい》しました) 선택

★ 기능어의 해석이나 부사의 호응이 중요한 문제

조사와 동사가 연결된 기능어는 해석만 정확하게 해도 쉽게 풀 수 있으므로 단어처럼 외워둔다. 부사의 경우에는 다의어인지, 부정을 수반하는지에 따라 해석이 달라지므로 주의한다.

예 「~に違《ちが》いない 틀림없이 ~일 것이다」, 「一切《いっさい》 일절, 전혀」+ 부정 표현

문제 유형 예시

問題 5　次の文の（　　　）に入れるのに最もよいものを、1·2·3·4から一つ選びなさい。

26　A　「昨日、部長と昼食をしたんだけど、彼氏のことまでいろいろ聞かれて困っちゃった。」

B　「その時は、適当に答えて（　　　　）。」⑱

1 おけばいい　~~2~~ までもない　~~3~~ しまつだ　4 くれそうだ

공략법 ❶
문법적으로 접속 형태에 맞지 않는 선택지는 소거한다.

공략법 ❷
남은 선택지 중에서 대화 흐름상 더 적절한 선택지를 고른다.

풀이 요령

★ 풀이 요령 1

선택지 2번 「までもない」와 3번 「しまつだ」는 동사 기본형에 접속해야 하므로, 해석할 필요없이 바로 소거할 수 있다. 이처럼 접속 형태가 맞지 않는 기능어가 있으면 제일 먼저 소거해야 한다.

★ 풀이 요령 2

A가 '부장님과 점심을 먹었는데, 남자 친구에 대해 질문받아 곤란했다'고 했고, B가 '그때에는 적당히 답변을 (　　　)'라고 대답하고 있다. 따라서 대화의 흐름상 '~해 두면 된다'를 뜻하는 1번이 정답으로 자연스럽다.

해석

문제 5　다음 문장의 (　　　) 안에 넣기에 가장 알맞은 것을 1・2・3・4에서 하나 고르세요.

26　A　어제 부장과 점심을 먹었는데, 남자 친구에 대해서까지 여러 가지 물어봐서 곤란했다.

B　그때에는 적당하게 답변을 해(　　　).

1　~(해)두면 된다 ✔　2　~(할) 필요도 없다　3　~(하는) 지경이다　4　~(해) 줄 것 같다

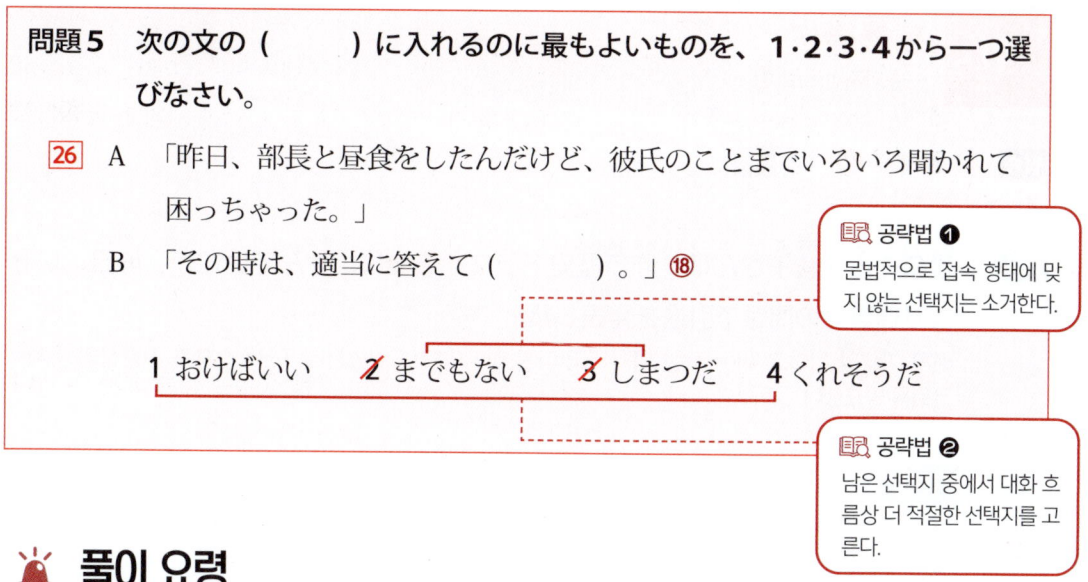

문제 05 기출 문법 60

＊2010년부터 2025년까지 출제된 기출 문법 정리

1. 시간, 때 001 - 004

001 を最後《さいご》に

~을 마지막으로 ⑭

접속 명사 ➕ を最後《さいご》に

예문 俳優《はいゆう》の木《き》村《むら》綾《あや》子《こ》さんは、昨年《さくねん》歴史《れきし》ドラマを最後《さいご》に、休《やす》んでいたが、昨日《きのう》、いきなり健康上《けんこうじょう》の問題《もんだい》で引退《いんたい》を発表《はっぴょう》した。

배우 기무라 아야코 씨는 작년 역사 드라마를 마지막으로 쉬었는데, 어제 갑자기 건강상의 문제로 은퇴를 발표했다.

유사 문법

を限《かぎ》りに / 限《かぎ》りで ~을 마지막으로, ~을 끝으로

접속 명사 + を限《かぎ》りに / 限《かぎ》りで

예문 この製品《せいひん》の生産《せいさん》は5月《がつ》３０日《にち》を限《かぎ》りに打《う》ち切《き》られることとなった。

이 제품의 생산은 5월 30일을 마지막으로 중지되게 되었다.

✔ 「声《こえ》を限《かぎ》りに」는 '목청껏'이라는 뜻의 관용구로 사용

＋ 플러스 문법 ❶

かぎり(は) ~하는 한, ~인 한 ⑭⑰㉕ N2

접속 [동사·イ형용사·ナ형용사·명사]의 명사 수식형 + かぎり (は)

예문 彼《かれ》は自分《じぶん》の小説《しょうせつ》を読《よ》んでくれる人《ひと》がいるかぎり、書《か》き続《つづ》けたいと言《い》っている。

그는 자신의 소설을 읽어주는 사람이 있는 한, 계속 쓰고 싶다고 한다.

✔ 동사·명사의 명사 수식형 + 「かぎり(では)」의 형태가 되면 '~하는 바로는, ~의 한도 내에서는'이라는 뜻이 됨

＋ 플러스 문법 ❷

ないとも限《かぎ》らない ~하지 않는다고도 할 수 없다, ~할 수도 있다 ⑲ N2

접속 [동사·イ형용사·ナ형용사·명사]의 ない형 + ないとも限《かぎ》らない

예문 何度《なんど》も確認《かくにん》したとしても、間違《まちが》えないとも限《かぎ》らない。
몇 번이나 확인했다고 해도 틀릴 수 있다.

+ 플러스 문법 ❸

限《かぎ》りだ 너무 ~하다(감정 및 기분의 의미를 지닌 형용사와 함께 사용) **N1**

접속 **イ형용사い·ナ형용사な + 限《かぎ》りだ(명사 수식 현재)**

예문 幼《おさな》なじみが遠《とお》くに引《ひ》っ越《こ》して、寂《さみ》しい限《かぎ》りだ。
소꿉친구가 먼 곳으로 이사 가서, 너무 외롭다.

002 てからというもの

~하고 나서부터 쭉

(~을 계기로 무언가 큰 변화가 있었을 때 사용하거나 주관적인 감정을 담아서 사용할 때가 많음) ㉒

접속 동사 て형 + てからというもの

예문 就職《しゅうしょく》してからというもの、映画《えいが》を見《み》る時間《じかん》が減《へ》ってきた。
취직한 이후로 영화를 볼 시간이 줄어 들었다.

子供《こども》を産《う》んでからというもの、体力《たいりょく》が低下《ていか》した。
아이를 낳고 난 뒤로 체력이 약해졌다.

유사 문법

以来《いらい》・以後《いご》・以降《いこう》 ~한 이래, 이후(~하고부터 쭉 상태가 이어지고 있을 때 사용) **N2**

접속 **동사의 て형 + て以来《いらい》·て以後《いご》·て以降《いこう》**
명사 + 以来《いらい》·以後《いご》·以降《いこう》

예문 大学卒業《だいがくそつぎょう》(して)以来《いらい》、彼女《かのじょ》に一度《いちど》も会《あ》っていません。
대학 졸업(한) 이후, 그녀를 한 번도 만나지 못했습니다.

+ 플러스 문법

というもの ~동안(쭉)

접속 **(시간·때·기간을 나타내는) 명사 + というもの**

예문 会社《かいしゃ》の仕事《しごと》で忙《いそが》しくてここ一《いっ》か月《げつ》というもの、母《はは》に会《あ》ってない。
회사 일로 바빠서 최근 1개월 동안 엄마를 못 만났다.

003 を皮切《かわき》りに(して) / を皮切《かわき》りとして

~을 시작으로 해서, ~을 필두로 해서(~을 시작으로 해서 계속해서 행하여 질 때 사용) ㉑

접속 명사 + を皮切《かわき》りに(して) / を皮切《かわき》りとして

예문 7人組《にんぐみ》のアイドルグループは明日《あした》のコンサートを皮切《かわき》りに世界《せかい》１０か国《こく》を回《まわ》る予《よ》定《てい》だ。

7인조 아이돌 그룹은 내일 콘서트를 시작으로 세계 10개국을 돌 예정이다.

+ 플러스 문법

をはじめ(として) / をはじめとする ~을 비롯하여, ~을 위시한

(대표적인 것을 예로 들고, 그다음 비슷한 예를 들 때 사용) N2

접속 명사 + をはじめ(として) / をはじめとする

예문 渡辺先生《わたなべせんせい》は、英語《えいご》をはじめとして、中国語《ちゅうごくご》、フランス語《ご》、ドイツ語《ご》などいろんな言語《げんご》が話《はな》せます。

와타나베 선생님은 영어를 비롯하여, 중국어, 프랑스어, 독일어 등 여러 가지 언어를 구사할 수 있습니다.

004 をもって

~로(써) ① 시간·기한의 한정 ② 수단·방법 ⑬⑳㉒

접속 명사 + をもって

예문 １２月《がつ》３１日《にち》をもってこの店《みせ》は閉店《へいてん》することとなりました。

12월 31일부로 이 가게는 문을 닫게 되었습니다. (시간·기한의 한정)

面接結果《めんせつけっか》はメールをもってお知《し》らせします。

면접 결과는 메일로 알려 드리겠습니다. (수단·방법)

「~をもってすれば」는 '~으로 본다면', 「~をもってしても」는 '~(으)로도', 「身《み》をもって」는 '몸소'의 뜻으로 사용

2. 목적, 이유 005 - 009

005 べく

~하기 위해서(강한 의지를 나타내는 문어체 표현) ⑫⑱

접속 동사 사전형 + べく

단, するべく는 すべく로도 사용

예문 問題《もんだい》の解決《かいけつ》を図《はか》るべく、話《はな》し合《あ》いが行《おこな》われている。

문제 해결을 도모하기 위해, 대화가 이루어지고 있다.

新型《しんがた》ウィルスの感染経路《かんせんけいろ》を明《あき》らかにすべく 調査《ちょうさ》が行《おこな》われた。

신형 바이러스 감염 경로를 밝히기 위해 조사가 이뤄졌다.

유사 문법 1

んがため(に) / んがための ~하기 위해서, ~하기 위한 **N1**

(반드시 실현시키고 싶다는 적극적인 목적의 의미를 지니며, 일상 회화에서는 잘 사용하지 않는 딱딱한 표현)

접속 **동사 ない형 + んがため(に) / んがための (단, する는 せ로 접속)**

예문 国会《こっかい》で法案《ほうあん》を通《とお》さんがため、首相《しゅしょう》は根回《ねまわ》し工作《こうさく》を開始《かいし》した。

국회에서 법안을 통과시키기 위해, 수상은 사전 교섭 공작을 개시했다.

유사 문법 2

ためを思《おも》って ~을 생각해서, ~을 위해서 ⑫ **N3**

접속 **명사 の + ためを思《おも》って**

예문 これもあなたのためを思《おも》って言《い》うのだ。

이것도 너를 위해서 하는 말이다.

＋ 플러스 문법 ❶

べき / べきだ / べきではない ~할 만한/~해야 한다/~해서는 안 된다 ⑩⑮⑲ **N2**

접속 **동사 사전형 + べき(단, するべき는 すべき를 사용하기도 함)**

예문 江戸時代《えどじだい》の人々《ひとびと》の基本服飾《きほんふくしょく》ともいうべき着物《きもの》が展示《てんじ》されている。

에도시대 사람들의 기본 복식이라고 (말)할 만한 옷이 전시되어 있다.

いくら親《した》しい仲《なか》であっても、借《か》りたお金《かね》はちゃんと返《かえ》すべきだ。

아무리 친한 사이라도, 빌린 돈은 제대로 갚아야 한다.

他人《たにん》の私生活《しせいかつ》に口《くち》を挟《はさ》むべきではない。

타인의 사생활에 간섭해서는 안 된다.

+ 플러스 문법 ❷

べくして ~할 만해서 (~했다), ~할 법해서 (~하게 되었다) (당연히 예상했던 것이 실제로 일어났다) **N1**

접속 **동사 사전형 + べくして(단, するべくして는 すべくして를 사용하기도 함)**

예문 今度《こんど》の事故《じこ》は起《お》こるべくして起《お》こったと言《い》える。

이번 사고는 일어날 만해서 일어났다고 할 수 있다.

彼《かれ》は試験《しけん》に受《う》かるべくして受《う》かった。

그는 시험에 붙을 만해서 붙었다.

006 とあって

~라서, ~하는 상황이므로

(화자는 제3자의 입장에 있으며, 화자 자신에 대한 내용에는 사용할 수 없음) ⑪㉕

접속 **[동사·イ형용사·ナ형용사·명사]의 보통형** + **とあって**

단, ナ형용사・명사의 だ는 생략 가능

예문 週末《しゅうまつ》とあって公園《こうえん》は多《おお》くの人《ひと》でごった返《がえ》していた。

주말이라 공원은 많은 사람으로 붐비고 있었다.

人気歌手《にんきかしゅ》M氏《し》のコンサートが無料《むりょう》だとあって、多《おお》くのファンが詰《つ》めかけた。

인기 가수 M 씨의 콘서트가 무료라서 많은 팬이 몰려 들었다.

+ 플러스 문법

とあっては ~라고 하면, ~라는 상황이라면(어쩔 수가 없다, ~할 수밖에 없다) ⑬ **N1**

접속 **[동사·イ형용사·ナ형용사·명사]의 보통형 + とあっては(단, ナ형용사와 명사의 だ는 생략 가능)**

예문 ジャズバンドのコンサートが開《ひら》かれるとあってはジャズマニアの私《わたし》としては聞《き》きに行《い》かないわけにはいかない。

재즈 밴드 콘서트가 열린다면 재즈 매니아인 나로서는 들으러 가지 않을 수 없다.

007 ゆえ(に), ゆえの

~때문에, 연유로, 까닭으로 ⑪⑯⑰

접속 [동사·イ형용사·ナ형용사·명사]의 명사 수식형 ＋ ゆえ(に), ゆえの

- ナ형용사의「な」와 명사의「の」는 생략할 수 있고, である 접속도 가능함

예문 貧《まず》しさゆえに学校教育《がっこうきょういく》を受《う》けられない子供《こども》がいる。

가난 때문에 학교 교육을 받지 못하는 어린이가 있다.

彼女《かのじょ》は繊細《せんさい》であるがゆえにとても傷《きず》つきやすい。

그녀는 섬세해서 상처를 굉장히 잘 받는다.

- 용언인 동사나 イ형용사는「がゆえに」의 형태로도 접속 가능함
- ナ형용사·명사는「である」를 붙일 경우, 용언이 되어「がゆえに」 접속을 할 수 있고,「ゆえの」 뒤에는 명사가 붙음

008 ではあるまいし / じゃあるまいし

~도 아닌데(뒷부분에는 비난·충고·조언의 내용이 나옴) ⑪

접속 명사 ＋ ではあるまいし / じゃあるまいし

동사 사전형·동사 た형 ＋ の / ん / わけ ＋ ではあるまいし / じゃあるまいし

예문 南極《なんきょく》に行《い》くわけでは(じゃ)あるまいし、そんなに厚《あつ》い服《ふく》は要《い》らないんじゃない？

남극에 가는 것도 아닌데, 그렇게 두꺼운 옷은 필요 없지 않니?

009 を受《う》け(て)

(어떤 영향을 받아 그) ~로 인해, ~에 관해서 ⑪⑭㉔

접속 명사 ＋ を受《う》け(て)

예문 原乳《げんにゅう》の高騰《こうとう》を受《う》け、複数《ふくすう》の飲料会社《いんりょうがいしゃ》が牛乳《ぎゅうにゅう》の値上《ねあ》げをした。

원유 가격의 급등으로 인해 여러 음료 회사가 우유 가격을 인상했다.

3. 조건 010 - 012

010 ならではの / ならではだ

~만의, ~만의 것이다(~만이 할 수 있는, ~만이 가지고 있는 독자적인, 독창적인) ⑪⑱⑳

접속 명사 + ならではの + 명사 / 명사 + ならではだ

예문

ここは150年《ねん》以上《いじょう》の歴史《れきし》を持《も》つ老舗《しにせ》ならではの味《あじ》が感《かん》じられます。

여기는 150년 이상의 역사를 가진 노포만의 맛을 느낄 수 있습니다.

かわいいパンダが見《み》られるのはこの動物園《どうぶつえん》ならではだ。

귀여운 팬더를 볼 수 있는 것은 이 동물원만이 가능하다.

011 ともなると / ともなれば

~하게 되면, ~이 되면(~쯤 되면) ⑯

접속 동사 사전형·명사 + ともなると / ともなれば

예문

一人前《いちにんまえ》の大人《おとな》ともなると(ともなれば)、自分《じぶん》の言動《げんどう》に責任《せきにん》を持《も》たなければならない。

제 몫을 하는 어른쯤 되면 자신의 언동에 책임을 져야 한다.

大学《だいがく》に入《はい》るともなると(ともなれば)、学費《がくひ》やら本代《ほんだい》やらでお金《かね》がたくさんかかる。

대학에 들어가게 되면, 학비며 책값으로 돈이 많이 든다.

012 ならまだしも

~라면 몰라도(~라면 좀 괜찮지만, 이해할 수 있지만) ㉑

접속 [동사·イ형용사]의 보통형·ナ형용사의 어간·명사 + ならまだしも / 명사 + はまだしも

예문

一万円《いちまんえん》ぐらいならまだしも、大金《たいきん》を貸《か》すのは無理《むり》です。

만 엔 정도라면 몰라도, 큰돈을 빌려주는 것은 무리입니다.

유사 문법

ならいざ知《し》らず ~라면 어떨지 모르겠지만(혹시, ~라면 몰라도, ~라면 다를지 모르겠지만)

접속 [동사·イ형용사]의 보통형·ナ형용사의 어간·명사 + ならいざ知《し》らず / 명사 + はいざ知《し》らず

예문 会社《かいしゃ》に入《はい》ったばかりの新人《しんじん》ならいざ知《し》らず、何年《なんねん》も働《はたら》いている社員《しゃいん》がこんなミスをするのはおかしい。

회사에 입사한 지 얼마 안 되는 신입이라면 몰라도, 몇 년이나 일하고 있는 사원이 이런 실수를 하는 것은 이상하다.

4. 역접 013 - 017

013 (か)と思《おも》いきや

~(인가)라 생각했는데 뜻밖에도 ⑬㉑

접속 [동사·イ형용사·ナ형용사·명사]의 보통형 + (か)と思《おも》いきや

ナ형용사, 명사의 「だ」는 붙이지 않는 경우가 많음

예문 これで意見《いけん》がまとまるかと思《おも》いきや、社長《しゃちょう》の反対《はんたい》でこの件《けん》は次回《じかい》の会議《かいぎ》に持《も》ち越《こ》されることになった。

이로써 의견이 통일되었다고 생각했는데, 사장의 반대로 이 건은 다음 회의로 미뤄지게 되었다.

海《うみ》の近《ちか》くで育《そだ》ったと聞《き》いたので、泳《およ》ぎがうまいと思《おも》いきや、彼《かれ》はぜんぜん泳《およ》げないらしい。

바다 근처에서 자랐다고 들어서 수영을 잘할 거라고 생각했는데, 그는 전혀 수영을 못하는 듯하다.

014 (よ)うと / (よ)うが / (よ)うとも

~하든, ~해도, ~(이)든 (역접)

~하든지, ~하더라도 (역접 강조) ⑭⑯

접속 동사 의지형 + と / が / 동사 의지형 + とも(강조)

「イ형용사의 어간 + かろう · 명사 + だろう · ナ형용사의 어간 + だろう」+ が/と (단, 명사와 ナ형용사의 「だろう」는 「であろう」로 사용 가능)

예문 誰《だれ》が何《なん》と言《い》おうが私《わたし》の決心《けっしん》は変《か》わりません。

누가 뭐라고 하든 나의 결심은 변함없습니다.

この部屋《へや》は二重《にじゅう》ドアで防音《ぼうおん》してあるので、どんなに騒《さわ》ごうとも外《そと》からは何《なに》も聞《き》こえない。

이 방은 이중문으로 방음되어있어 아무리 떠들어대도 밖에서는 아무것도 들리지 않는다.

どんなに高《たか》かろうと必要《ひつよう》なら買《か》わなければならない。

아무리 비싸도 필요하면 사야 한다.

妻《つま》は生活《せいかつ》がどんなに大変《たいへん》だろうが、苦《くる》しい素振《そぶ》りを一度《いちど》も見《み》せなかった。

아내는 생활이 아무리 힘들어도 힘든 내색 한번 하지 않았다.

+ 플러스 문법 ❶

とも ~하든, ~해도(형용사·명사의 역접 강조)

접속 **[イ형용사 어간 かろう·명사 であろう·ナ형용사 어간 であろう] + とも**

단, イ형용사는「かろう」 대신 「く」로도 접속 가능

예문 母《はは》はどんなに暑《あつ》かろうとも(暑《あつ》くとも)クーラーをつけなかった。

엄마는 아무리 더워도 에어컨을 켜지 않았다.

+ 플러스 문법 ❷

が / と ~まい + が / と ~하든 말든, ~하든 하지 않든

접속 **동사 의지형 + が / と + ~まい + が / と**

예문 あなたが行《い》こうが行《い》くまいが私《わたし》は行《い》くつもりだ。

네가 가든 말든 나는 갈 작정이다.

この店《みせ》は無人決済店《むじんけっさいてん》でお客《きゃく》が来《こ》ようと来《く》るまいと２４時間営業《じかんえいぎょう》する。

이 가게는 무인 결제점으로, 손님이 오든 안 오든 24시간 영업한다.

015 だろうが ~だろうが / だろうと ~だろうと

~(이)든 ~(이)든, ~(라)도 ~(라)도(관계없이, 변함없이) ⑫㉑㉕

접속 명사 + だろうが ~ 명사 + だろうが /

명사 + だろうと ~ 명사 + だろうと

「명사 + であれ、명사 + であれ」、「명사 + であろうが、명사 + であろうが / 명사 + であろうと、명사 + であろうと」라고도 표현할 수 있음

예문 彼《かれ》は相手《あいて》が社長《しゃちょう》だろうが部長《ぶちょう》だろうが言《い》いたいことをずけずけ言《い》う。

그는 상대가 사장이든 부장이든 하고 싶은 말을 거침없이 한다.

国民《こくみん》だろうが、公務員《こうむいん》だろうが、法律《ほうりつ》は守《まも》らなければならない。

국민이든 공무원이든 법률은 지키지 않으면 안 된다.

彼女《かのじょ》はトカゲだろうとワニだろうと、爬虫類《はちゅうるい》は苦手《にがて》だそうだ。

그녀는 도마뱀이든 악어든 파충류는 딱 질색이라고 한다.

私《わたし》は肉《にく》であれ野菜《やさい》であれ、何《なん》でも好《す》き嫌《きら》いなくよく食《た》べます。

저는 고기든 채소든 뭐든 가리지 않고 잘 먹습니다.

016 ものを

~했을 텐데, ~할 걸, ~일 텐데(유감, 후회의 기분) ⑭㉑

접속 [동사·イ형용사·ナ형용사]의 명사 수식형 + ものを

예문 行《い》けないと事前《じぜん》に一言《ひとこと》断《ことわ》ってくれたなら、彼女《かのじょ》もあんなに怒《おこ》らなかったものを。

갈 수 없다고 사전에 한마디 양해를 구했더라면 그녀도 그렇게 화내지 않았을 텐데.

わからなければ聞《き》けばいいものを、知《し》ったふりをしたばかりにこんなことになったんだ。

모르면 물으면 될 텐데, 아는 척하는 바람에 이렇게 된 것이다.

✔ 화자의 후회되거나 유감스러운 기분을 드러내는 문어체적 표현이며, 회화체로 가볍게 사용할 때는「のに」나「だろうに」를 사용함

017 はともかく(として)

~은 어찌 되었든 간에 ㉔

접속 명사 + はともかく(として)

예문 試験《しけん》に合格《ごうかく》するかどうかはともかく、今《いま》は頑張《がんば》るしかない。

시험에 합격할지 아닐지는 어찌 되었든 간에 지금은 열심히 할 수밖에 없다.

5. 부정 018 - 019

018 ない(もの)でもない

~하지 않는 것도 아니다

(이중 부정, 소극적인 긍정, 확신할 수는 없지만 ~할 수 있을지도 모른다, 가능성이 있을 수 있다) ⑪

접속 동사 ない형 + ない(もの)でもない

예문 彼《かれ》の企画書《きかくしょ》は少《すこ》し足《た》りない気《き》がしないものでもないが、前《まえ》よりはだいぶ良《よ》くなったと思《おも》う。
그의 기획서는 조금 부족한 기분이 들지 않는 건 아니지만, 전보다는 상당히 좋아졌다고 생각해.

作《つく》れないでもないが、買《か》ったほうがかえって安《やす》くつく。
만들 수 없는 건 아니지만, 사는 게 오히려 싸게 치인다.

유사 문법 1

なくもない / ないことはない ~하지 않는 것은 아니다, ~ 가(이) 아닌 건 아니다
N2 ⑭㉑㉓

① 전적으로 ~한 것은 아니다(중립적 입장) ② ~할 수도 있다(가능성 있음)

접속 [동사 ない형·イ형용사 어간 く·ナ형용사 어간 で·명사 で] + なくもない / ないことはない

예문 お酒《さけ》を飲《の》めなくもないが、ダイエットのため、控《ひか》えています。
술을 못 마시는 것은 아닌데 다이어트를 위해 삼가고 있다. (중립적 입장)

とても今日《きょう》のうちに終《お》わりそうもないんですが、やる気《き》があればできないことはありません。
도저히 오늘 안에 끝날 것 같지 않은데, 의욕이 있으면 못할 일은 없습니다. (가능성 있음)

유사 문법 2

ないわけではない ~하지 않는 것은 아니다, ~가(이) 아닌 건 아니다(중립적 입장) **N2**

접속 [동사 ない형·イ형용사 어간 く·ナ형용사 어간 で·명사 で] + ないわけではない

예문 飲《の》み会《かい》に行《い》きたくないわけではないけど、あまり気《き》が進《すす》まないんだ。
회식에 가고 싶지 않은 건 아닌데, 그다지 내키지 않아.

019 というものではない

(반드시) ~라는 것은 아니다 ⑯

접속 [동사·イ형용사·ナ형용사·명사]의 보통형 + というものではない

예문 確《たし》かに、よい品物《しなもの》は高《たか》いが、高《たか》ければいいというものではないと思《おも》います。
확실히 좋은 물건은 비싸지만, 비싸다고 좋은 것은 아니라고 생각합니다.

「~ばいいというものではない」는 '~라고 좋은 것이 아니다'라는 의미로 통째로 외워 두면 유용

+ 플러스 문법 ❶

ってもんだ ~라는 것이다, ~인 것이다, ~이다(당연, 상식적인 것을 설명하는 「~というものだ」의 축약 표현) **N3 ㉑**

접속 **[동사·イ형용사·ナ형용사·명사]의 보통형 + ってもんだ**

예문 今日《きょう》中《じゅう》に全部《ぜんぶ》覚《おぼ》えるのは、やっぱり無理《むり》ってもんだ。

오늘 중으로 전부 외우는 것은 역시 무리다.

+ 플러스 문법 ❷

ものだ ~하는(인) 것(법)이다(당연, 상식, 본성) **N3 ㉔**

접속 **[동사 사전형·イ형용사·ナ형용사]의 명사 수식 현재 + ものだ**

예문 赤《あか》ん坊《ぼう》は泣《な》くものだ。

아기는 우는 법이다.(우는 게 당연하다.)

+ 플러스 문법 ❸

ものだ ~하는 구나, 했구나(놀람, 감탄) **N3 ⑮**

접속 **동사 사전형·동사 た형 + ものだ**

예문 初《はじ》めてスパゲッティを作《つく》ってみて、大変《たいへん》だったが、意外《いがい》と簡単《かんたん》に作《つく》れるものだと思《おも》った。

처음으로 스파게티를 만들어 봐서 힘들었지만, 의외로 간단히 만들 수 있구나라고 생각했다.

6. 관계(비교, 대조) 020 - 023

020 と相《あい》まって

~와 더불어, ~와(가) 함께 ㉒

접속 명사 + と相《あい》まって

두 가지 이상의 요소가 서로 작용하여 그 작용의 결과를 나타내는 표현이며, 「~と ~(と)が相《あい》まって」의 형태로 사용되기도 함

예문 急速《きゅうそく》な少子化《しょうしか》は、高齢化《こうれいか》と相《あい》まって日本《にほん》の人口構造《じんこうこうぞう》を大《おお》きく変《か》えてきている。

급속한 저출산은 고령화와 더불어 일본의 인구구조를 크게 바꾸고 있다.

このケーキはクリームの甘《あま》さと果物《くだもの》のしょっぱさが相《あい》まって、すごくおいしい。

이 케이크는 크림의 달콤함과 과일의 새콤함이 더해져 굉장히 맛있다.

021 (よ)うにも ~ない

~하려고 해도 ~할 수 없다, ~이 없다 ⑱

접속 동사의 의지형 + (よ)うにも ~ 동사 가능형의 ない형 / がない

「(よ)うにも」 전후에 같은 동사가 올 경우 앞에는 의지형, 뒤에는 가능형이 옴

예문 その本《ほん》はもう絶版《ぜっぱん》になって、買《か》おうにも買《か》えない。

그 책은 이미 절판이 되어, 사려고 해도 살 수 없다.

022 ないまでも

~하지는 못하지만, ~하지는 못해도(~정도까지는 아니더라도 적어도) ⑱

접속 동사 ない형 + ないまでも

예문 最終的《さいしゅうてき》な問題解決《もんだいかいけつ》には至《いた》らないまでも、一人《ひとり》一人《ひとり》が主体的《しゅたいてき》に参加《さんか》し、理解《りかい》しながら歩《あゆ》みを進《すす》める必要《ひつよう》がある。

최종적인 문제 해결에는 이르지는 못해도 개개인이 주체적으로 참여하고 이해하면서 진행해 나갈 필요가 있다.

一日中《いちにちじゅう》とは言《い》わないまでも、せめて３時間《じかん》ぐらいは勉強《べんきょう》しなさい。

하루 종일은 아니더라도 적어도 3시간 정도는 공부해라.

023 をよそに

① ~을 개의치 않고, ~을 무시하고 ② ~관계(상관)없이 ⑯

접속 명사 + をよそに

예문 高速道路《こうそくどうろ》では、車《くるま》の渋滞《じゅうたい》をよそに、バイクがその脇《わき》をすいすいと進《すす》んでいく。

고속도로에서는 차가 밀리는 것과는 상관없이 오토바이가 그 옆을 거침없이 지나간다.

+ 플러스 문법

をものともせず(に) ~을 아랑곳하지 않고, 개의치 않고(곤란 장애를 극복)

접속 명사 + をものともせずに

예문 彼女《かのじょ》は周囲《しゅうい》の反対《はんたい》をものともせず自分《じぶん》の道《みち》を進《すす》んでいった。

그녀는 주위의 반대를 아랑곳하지 않고 자신의 길을 나아갔다.

7. 상황과 상태 024 - 031

024 たら ～で

~하면 ~하는 대로 ⑭

접속 동사 た형 + たら ~ 동사 た형 + で

예문 子供《こども》はいたらいたで大変《たいへん》だと思《おも》うが、いないと寂《さび》しいものだ。

아이가 있으면 있는 대로 힘들다고 생각하지만, 없으면 허전한 법이다.

+ 플러스 문법

～は～で / なら～で ~는 ~대로, ~라면 ~대로 ⑮

접속 명사 + は ~명사 + で / 명사 + なら ~명사 + で

예문 安定的《あんていてき》な職業《しょくぎょう》に就《つ》いている先生《せんせい》がうらやましいと皆《みんな》に言《い》われたが、先生《せんせい》は先生《せんせい》で大変《たいへん》なことがいろいろあるのだ。

안정적인 직업에 종사하고 있는 선생님이 모두들 부럽다고 하지만, 선생님은 선생님대로 힘든 일이 가지가지 있는 것이다.

025 次第《しだい》だ

~인 것이다(사정, 형편, 경위를 설명) ㉑

접속 동사 사전형·동사 た형·동사 ている형 + 次第《しだい》だ

예문 木村先生《きむらせんせい》にぜひご執筆《しっぴつ》をお願《ねが》いしたく、ご連絡《れんらく》した次第《しだい》です。

기무라 선생님께 꼭 집필을 부탁하고 싶어 연락 드린 겁니다.

+ 플러스 문법 ❶

次第《しだい》で(は) ~(하기)에 따라서(는), ~하기 나름으로(는)

次第《しだい》だ ~(하기)에 달려 있다, ~하기 나름이다 **N2** ⑯

접속 [동사 ます형·명사] + 次第《しだい》で(は) / 次第《しだい》だ

예문 状況《じょうきょう》次第《しだい》では、試験日時《しけんにちじ》が変《か》わる可能性《かのうせい》もあります。

상황에 따라서는 시험 일시가 바뀔 가능성도 있습니다.

+ 플러스 문법 ❷

次第《しだい》 ~하는 대로, ~하자마자 **N2**

접속 **[동사 ます형·명사] + 次第《しだい》**

예문 用事《ようじ》が終《お》わり次第《しだい》、そちらに伺《うかが》います。
봄일이 끝나는 대로 그쪽으로 찾아 뵙겠습니다.

026 ごとく / ごとき / ごとし

~같이(처럼), ~같은, ~같다 (비유, 예시) ㉔

접속
- 명사 + の + ごとく / ごとき / ごとし
- 동사 사전형·동사 た형 + (が) / (かの) + ごとく / ごとき / ごとし
- 명사·ナ형용사 어간 + である + が(の) / かの + ごとく / ごとき

✔ ごとく = ように | ごとき = ような | ごとし = ようだ

예문

あの人《ひと》は世《よ》の中《なか》のすべてが自分《じぶん》のものであるかのごとくふるまっている。
저 사람은 세상의 모든 것이 자기 것인 것처럼 행동하고 있다.

先《さき》ほど、述《の》べたごとく旅行《りょこう》の日程《にってい》が変更《へんこう》になりましたのでご注意《ちゅうい》ください。
좀 전에 말씀드렸듯이 여행 일정이 변경되었으니 주의해 주세요.

その車《くるま》は飛《と》ぶがごとき速《はや》さで、目《め》の前《まえ》を通《とお》りすぎて行《い》った。
그 자동차는 나는 듯한 빠르기로 눈앞을 지나갔다.

+ 플러스 문법

ごとき ~따위, 등(강조) = など / なんか

접속 **명사 + ごとき**

✔ 「명사 + ごとき」의 형태가 되면 '~따위, ~등'의 뜻이 되며 상대를 비난, 경시하거나 자신을 겸손하게 표현할 때 사용함

예문 私《わたし》ごとき素人《しろうと》がプロに勝《か》てるとは、夢《ゆめ》にも思《おも》わなかった。
나 같은 아마추어가 프로를 이길 수 있다니, 꿈에도 생각 못했다.

お前《まえ》ごときに負《ま》けたくないな。
너 따위에게 지고 싶지 않아.

027 始末《しまつ》だ

~하는 꼴(모양, 형편, 지경)이다 ㉔

접속 동사 사전형 ➕ 始末《しまつ》だ

예문

妹《いもうと》はダイエットのしすぎで、入院《にゅういん》する始末《しまつ》だ。

여동생은 지나친 다이어트로 (병이 나서), 입원하는 지경이다.

この頃《ごろ》、忙《いそが》しくて、食事《しょくじ》もろくに取《と》れない始末《しまつ》です。

요즘 바빠서, 식사도 제대로 못하는 형편입니다.

- 「始末《しまつ》」는 '(뒤)처리, 정리'의 뜻이 있으며, 주로 「後始末《あとしまつ》 뒤처리」, 「始末《しまつ》する 처리하다」, 「不始末《ふしまつ》 부주의」 등으로 활용하여 사용되기도 함
- 「この始末《しまつ》だ」, 「あの始末《しまつ》だ」는 관용적으로 사용되며 화자의 어이없는 심정을 표현함

028 を余儀《よぎ》なくされる / を余儀《よぎ》なくさせる

어쩔 수 없이 ~하게 되다(수동), ~하게 하다(사역) ⑲

접속 명사 ➕ を余儀《よぎ》なくされる / を余儀《よぎ》なくさせる

예문

地球温暖化《ちきゅうおんだんか》の影響《えいきょう》により、2050年《ねん》までに1億《おく》4000万人以上《まんにんいじょう》が移動《いどう》を余儀《よぎ》なくされる可能性《かのうせい》があるとの報告書《ほうこくしょ》が発表《はっぴょう》された。

지구 온난화의 영향으로 2050년까지 1억 4천만 명 이상이 어쩔 수 없이 이동하게 될 가능성이 있다는 보고서가 발표되었다.

夏祭《なつまつ》りの計画《けいかく》は予算問題《よさんもんだい》のため、変更《へんこう》を余儀《よぎ》なくされた。

여름 축제 계획은 예산 문제로 인해, 어쩔 수 없이 변경하게 되었다.

大型台風《おおがたたいふう》が住民《じゅうみん》たちに避難《ひなん》を余儀《よぎ》なくさせた。

대형 태풍이 주민들을 피난해야 하는 상황으로 몰고 갔다.

029 というところだ / といったところだ

(대체로, 기껏해야) ~정도이다 ⑪⑯

접속 동사 사전형·명사 ➕ というところだ / といったところだ

예문 英語《えいご》の宿題《しゅくだい》はあと１時間《じかん》で終《お》わる**というところだ**。

영어 숙제는 앞으로 1시간이면 끝난다.(끝나는 정도다.)

自転車《じてんしゃ》で１時間半《じかんはん》**といったところ**でしたから、歩《ある》いていくなら５時間《じかん》はかかるかもしれません。

자전거로 1시간 반 정도였으니까, 걸어서 가면 5시간은 걸릴지도 모르겠습니다.

030 をいいことに

~을 기회로, ~을 틈타(어떤 상황을 유리하게 이용해서라는 뉘앙스를 지닌다) ⑱

접속 명사 + をいいことに

예문 ネットの世界《せかい》では匿名性《とくめいせい》**をいいことに**無責任《むせきにん》な発言《はつげん》をする人《ひと》が多《おお》いらしい。

인터넷 세계에서는 익명성을 틈타 무책임한 발언을 하는 사람이 많은 듯하다.

031 から言《い》わせてもらえば / から言《い》わせてもらうと / から言《い》わせてもらえたら

~의 입장에서 말하면, ~의 입장에서는 ⑫

「~から言《い》えば / から言《い》ったら / から言《い》うと」는 '~의 입장에서 보면'이라는 의미이며, 여기서 「言《い》う」를 「言《い》わせてもらう」로 바꾸면 가벼운 겸양이 됨

접속 명사 + から言《い》わせてもらえば / から言《い》わせてもらうと / から言《い》わせてもらえたら

예문 私《わたし》たち**から言《い》わせてもらえば**、現在《げんざい》の状況《じょうきょう》を維持《いじ》するのは厳《きび》しいです。

저희들 입장에서는 현재의 상황을 유지하는 것은 힘듭니다.

유사 문법 1

に言《い》わせれば / に言《い》わせると / に言《い》わせたら

~가 보기에는, ~의 의견은, ~말로는 (명사 자리에 화자 자신이 오면 → '내 생각에는, 내가 보기에는', 명사 자리에 제3자가 오면 → '~의 말로는, ~의 말에 의하면, ~의 말을 빌리자면' ⑬

접속 명사 + に言《い》わせれば / に言《い》わせると / に言《い》わせたら

예문 ２０代《だい》は十分大人《じゅうぶんおとな》だろうが、私《わたし》**に言《い》わせると**２０代《だい》もまだ子供《こども》だ。

20대는 충분히 어른이지만, 내가 보기에는 20대도 아직 어린이다.

유사 문법 2

にしてみれば / にしてみたら ~의 입장에서는(~입장에서 생각하면), ~로서는 **N2** ⑮

접속 **명사 + にしてみれば / にしてみたら**

예문 私《わたし》は冗談《じょうだん》のつもりで言《い》ったが、あの人《ひと》にしてみれば深刻《しんこく》な問題《もんだい》だったのだろう。彼《かれ》はすっかり落《お》ち込《こ》んでいる。

나는 농담의 의도로 말했는데, 그 사람의 입장에서는 심각한 문제였던 모양이다. 그는 완전히 풀이 죽어 있다.

8. 강조 032 - 038

032 極《きわ》まりない / 極《きわ》まる

매우 ~하다, ~하기 짝이 없다 ⑩⑬㉑

접속 ナ형용사 어간 + 極《きわ》まりない / 極《きわ》まる

「イ형용사 い·ナ형용사 어간 な + こと + 極《きわ》まりない」의 형태로도 사용 가능함

예문 子供《こども》たちが登校《とうこう》する道《みち》なのに、信号《しんごう》がないのは危険《きけん》極《きわ》まりない。

아이들이 등교하는 길인데, 신호가 없는 것은 너무 위험하다.

海《うみ》から見《み》る日《ひ》の入《い》りは美《うつく》しいこと極《きわ》まりない。

바다에서 보는 일몰은 너무 아름답다.

娘《むすめ》の結婚式《けっこんしき》の日《ひ》、感極《かんきわ》まって、泣《な》き出《だ》してしまった。

딸의 결혼식 날 너무 감격해서 울어버렸다.

「極《きわ》まる」는 ナ형용사 어간 접속만 가능하고, 「感極《かんきわ》まる」는 '몹시 감격하다'의 뜻으로 관용 표현으로 사용됨

+ 플러스 문법 ❶

の極《きわ》み ~의 극치, 극도로 ~함

(기분이나 감정, 상태, 상황을 나타내며, 기분이나 감정의 경우 화자 이외의 제3자에게도 사용 가능함)

접속 **명사 + の極《きわ》み**

예문 残業続《ざんぎょうつづ》きで、彼《かれ》は疲労《ひろう》の極《きわ》みに達《たっ》していた。

계속된 야근으로 그는 극도의 피로에 달해 있었다.

このホテルは贅沢《ぜいたく》の極《きわ》みを尽《つ》くしている。

이 호텔은 사치의 극치를 다하고 있다.

「贅沢《ぜいたく》 사치」、「疲労《ひろう》 피로」、「多忙《たぼう》 다망, 매우 바쁨」、「感激《かんげき》 감격」 등의 단어와 주로 많이 사용됨

+ 플러스 문법 ❷

の至《いた》り ~하기 그지없음(화자의 강한 기분이나 감정)

접속 **명사 + の至《いた》り**

예문 こんな立派《りっぱ》な賞《しょう》を頂《いただ》きまして、光栄《こうえい》の至《いた》りです。
이런 훌륭한 상을 받아, 영광스럽기 그지없습니다.

「관용 표현」
ご同慶《どうけい》の至《いた》り 경하스럽기 그지없음 | 赤面《せきめん》の至《いた》り 부끄럽기 그지없음 | 若気《わかげ》の至《いた》り 젊은 혈기(의 소치)

033 なんてもんじゃない

매우 ~하다, ~한 정도가 아니다 ㉒

접속 [동사·イ형용사]의 보통형 + なんてもんじゃない

예문 この映画《えいが》はおもしろいなんてもんじゃないよ。最高《さいこう》だよ。
이 영화는 재미있는 정도가 아니야. 최고야!

+ 플러스 문법

のなんのって 굉장히(너무) ~하다(놀람, 감탄) [~の ~ないのって의 줄임말]

접속 **[동사·イ형용사·ナ형용사]의 명사 수식형 + のなんのって**

예문 彼《かれ》が作《つく》ったカレーはまずいのなんのって、とても食《た》べられなかった。
그가 만든 카레는 너무 맛이 없어서 도저히 먹을 수 없었다.
(＝彼《かれ》が作《つく》ったカレーはまずいのまずくないのって、とても食《た》べられなかった。)

034 こそ~が

~은 ~지만 ⑲

접속 명사 + こそ ~ が / けど / けれども / ものの

예문 このケーキは形《かたち》こそ悪《わる》いが、味《あじ》は抜群《ばつぐん》にいい。
이 케이크는 모양은 나쁘지만, 맛은 뛰어나게 좋다.

+ 플러스 문법

こそすれ / こそあれ ~할지언정, ~은 있을지언정

접속 **명사·동사 ます형 + こそすれ / 명사·ナ형용사 어간 で + こそあれ**

예문 年《とし》をとると、筋肉《きんにく》が減《へ》りこそすれ、増《ふ》えることはない。
나이를 먹으면 근육이 줄어들지언정 늘지는 않는다.

苦労《くろう》こそあれボランティアはやりがいがある。
고생은 있을지언정 봉사 활동은 보람이 있다.

このマンションはきれいでこそあれ、駅《えき》から遠《とお》くてちょっと不便《ふべん》だ。
이 맨션은 깨끗하지만(깨끗할지언정), 역에서 멀어 좀 불편하다.

035 といったらない
너무 ~하다 ⑬

접속 **[동사·イ형용사·ナ형용사·명사]의 보통형(현재) + といったらない**

- ナ형용사·명사의「だ」는 생략 가능
- 「といったらありはしない / といったらありゃしない / といったらない / ったらない」의 형태로도 표현 가능

예문 母《はは》の前《まえ》でだけいいところを見《み》せようとする弟《おとうと》のことが憎《にく》らしいといったらない。
엄마 앞에서만 잘 보이려는 남동생이 너무 얄밉다.

こんなやさしい問題《もんだい》を間違《まちが》えるとは、我《われ》ながら情《なさ》けないったらない。
이런 쉬운 문제를 틀리다니, 나 스스로도 너무 한심하다.

土砂降《どしゃぶ》りの雨《あめ》で歩《ある》きにくいといったらありゃしなかった。
억수같이 내리는 비 때문에 걷기가 너무 불편했다.

+ 플러스 문법

はしない / もしない ~는 하지 않다, ~도 하지 않다 ⑩⑯

접속 **동사 ます형 + はしない / もしない**

- 「はしない」는 줄여서「やしない / ゃしない」로도 표기 가능

예문 いかなる事情《じじょう》があるにせよ、弁解《べんかい》は許《ゆる》しはしない(= 許《ゆる》さない)。
어떠한 사정이 있다 하더라도 변명은 절대 용납치 않는다.

あの人《ひと》はよく知《し》りもしない(= 知《し》らない)くせに知《し》ったかぶりをする。
저 사람은 잘 알지도 못하는 주제에 아는 척한다.

036 に越《こ》したことはない

~하는 것이 가장 좋다, ~보다 좋을 수는 없다
(상식적으로 당연하다고 생각하는 일을 강조할 때 쓰는 표현) ⑯

접속 [동사·イ형용사·ナ형용사·명사]의 보통형 ＋ に越《こ》したことはない

단, ナ형용사·명사의「だ」는 생략하거나「である」를 붙임

예문 資格《しかく》はあるに越《こ》したことはないが、それより仕事《しごと》に取《と》り組《く》む熱意《ねつい》を重視《じゅうし》しています。
자격증은 있는 편이 좋지만, 그보다 일에 몰두하는 열의를 중시하고 있습니다.

037 あっての

~가 있고 나서(~가 있음으로 해서 ~도 존재한다) ㉓

접속 명사 ＋ (が)あっての ＋ 명사

예문 どんな場合《ばあい》も成功《せいこう》は、努力《どりょく》あってのことだ。
어떤 경우라도 성공은 노력이 있어야 이룰 수 있는 것이다.

038 にして

① ~이기에　② ~로서도(~라 할지라도)　③ (시간, 때, 나이)가 되어서, ~에
④ ~이면서(순접)　⑤ ~이면서도(역접) ㉔
①, ②, ③: 명사 접속　④, ⑤: 명사·ナ형용사 접속

접속 명사 ＋ にして / 명사·ナ형용사 어간 ＋ にして(순접, 역접)

예문 こんな複雑《ふくざつ》な数学《すうがく》の問題《もんだい》は天才数学者《てんさいすうがくしゃ》の彼《かれ》にしてはじめて解《と》けた。
이런 복잡한 수학 문제는 천재 수학자인 그이기에 비로소 풀 수 있었다.

生《なま》の演奏《えんそう》はベテランの音楽家《おんがくか》にして緊張《きんちょう》するものだ。
라이브 연주는 베테랑 음악가라도 긴장하는 법이다.

暗記《あんき》が苦手《にがて》な私《わたし》は、5回目《かいめ》にしてようやくこの試験《しけん》に合格《ごうかく》した。
암기를 잘 못하는 나는 5번째에 간신히 이 시험에 합격했다.

彼女《かのじょ》は４０歳《さい》にしてようやく子供《こども》を儲《もう》けた。
그녀는 40살에 간신히 아이를 얻었다.(낳았다.)

藤原《ふじわら》さんは科学者《かがくしゃ》にして政治家《せいじか》でもある。

후지와라 씨는 과학자이면서 정치가이기도 하다.

彼《かれ》は有能《ゆうのう》にして、賢明《けんめい》な人《ひと》だ。

그는 유능하면서 현명한 사람이다.

9. 경어(겸양) 039 - 044

039 お(ご) ~願《ねが》えますか

~해 주실 수 있습니까? ⑪⑫⑰

접속 お(ご) + 동사 ます형·명사 + 願《ねが》えますか

예문 先生《せんせい》、今年《ことし》の作家賞《さっかしょう》おめでとうございます。今《いま》のお気持《きも》ちをお聞《き》かせ願《ねが》えますか。

선생님, 올해의 작가상 축하드립니다. 지금의 기분을 들려주실 수 있습니까?

040 存《ぞん》じる

알고 있다, 생각하다 ⑬⑮⑲㉒

「存《ぞん》じる」는 ① '알다'라는 의미를 가진 「知《し》る / 承知《しょうち》する」의 겸양어

② '생각하다'라는 의미를 가진 「思《おも》う / 考《かんが》える」의 겸양어

예문 田中先生《たなかせんせい》の息子《むすこ》さんならよく存《ぞん》じています。

다나카 선생님의 아드님이라면 잘 알고 있습니다.

貴社《きしゃ》におかれましては、ますます発展《はってん》のことと存《ぞん》じます。

귀사는 날로 발전하리라 생각합니다.

+ 플러스 문법

存《ぞん》じ上《あ》げておる 알고 있다(知《し》っている의 겸양 표현)

예문 木村先生《きむらせんせい》のお母《かあ》さまのことはよく存《ぞん》じ上《あ》げております。

기무라 선생님의 어머님에 대해서는 잘 알고 있습니다.

041 お(ご) ~いただきたく

~해 주시길 ⑩

접속 お(ご) + 동사 ます형·명사 + いただきたく

예문 どうかご理解《りかい》いただきたく、よろしくお願《ねが》い申《もう》し上《あ》げます。

아무쪼록 이해해 주시길 부탁드립니다.

042 頂戴《ちょうだい》する

받다 ⑭

예문 先生《せんせい》からこの本《ほん》を頂戴《ちょうだい》しました。 선생님으로부터 이 책을 받았습니다.

「頂戴《ちょうだい》する」는 「もらう 받다」의 특수 겸양 표현이며, 「いただく」를 대신해서 사용할 수 있음

043 あがる

찾아 뵙다, 방문하다 ⑫⑳

예문 先生《せんせい》のお宅《たく》に本《ほん》をいただきにあがりたいのですが、ご都合《つごう》はいかがでしょうか。

선생님 댁에 책을 받으러 방문하고 싶습니다만, 시간 어떠십니까?

「あがる」는 「訪《たず》ねる 방문하다」의 겸양 표현이며, 「伺《うかが》う 찾아 뵙다」를 대신해 사용할 수 있음. 또한 '먹다, 마시다, 피우다'의 존경 표현이기도 함

044 お(ご) ~申《もう》し上《あ》げる

(말씀)드리다 ⑩

접속 お(ご) + 동사 ます형·명사 + 申《もう》し上《あ》げる

예문 今回《こんかい》の件《けん》につきましては、ご迷惑《めいわく》をおかけした方々《かたがた》へ心《こころ》からお詫《わ》び申《もう》し上《あ》げます。

이번 건에 관해서, 폐를 끼쳐드린 분들에게 진심으로 사죄 말씀드립니다.

10. 경어(존경) 045 - 048

045 なさる
하시다 ⑰

예문 お宅《たく》のお父様《とうさま》は運転《うんてん》なさいますか。

댁의 아버님은 운전 하십니까?

✔ 「なさる」는「する」의 존경 표현

046 ておいでになる
~하고 계시다 ⑯

접속 동사 て형 ➕ ておいでになる

예문 今年《ことし》９０歳《さい》になる田中先生《たなかせんせい》は５０年前《ねんまえ》のことまで鮮明《せんめい》に覚《おぼ》えておいでになります。

올해 90살이 되는 다나카 선생님은 50년 전의 일까지 선명하게 기억하고 계십니다.

✔ 「おいでになる」는「いる / 行《い》く / 来《く》る」의 특수 존경 표현

047 見《み》える
오시다 ㉓

예문 山田先生《やまだせんせい》がすぐ見《み》えるそうです。

야마다 선생님이 곧 오신다고 합니다.

048 お越《こ》しになる
오시다 ㉔

예문 こちらにお越《こ》しになる際《さい》は、事前《じぜん》にご連絡《れんらく》ください。

이쪽에 오실 때는 미리 연락해 주세요.

11. 접속사/부사/조사 049 - 056

049 もっとも

다만, 단, 그렇다고는 하지만(접속사) / 무엇보다도, 가장(부사) / 지당함, 사리에 맞음(형용사) ㉔

예문 品質《ひんしつ》は前《まえ》より良《よ》くなりました。もっとも、価格《かかく》の面《めん》ではまだ改良《かいりょう》の余地《よち》があると思《おも》います。

품질은 전보다 좋아졌습니다. 다만, 가격면에서는 아직 개선의 여지가 있다고 생각합니다.(접속사)

エベレスト山《さん》は世界《せかい》でもっとも高《たか》い山《やま》として知《し》られている。

에레베스트산은 세계에서 가장 높은 산으로 알려져 있다.(부사)

彼《かれ》が怒《おこ》るのももっともだ。

그가 화내는 것도 당연하다.(형용사)

050 どうやら

아무래도 ⑭⑲

예문 木村《きむら》さん最近《さいきん》、電話《でんわ》もしてこない。どうやら彼女《かのじょ》ができたようだ。

기무라 씨 요즘 전화도 없다. 아무래도 여자 친구가 생긴 것 같다.

051 かつ(且《かつ》)

또한, 동시에 ⑬

예문 仕事《しごと》は心《こころ》の満足《まんぞく》を含《ふく》めたトータルかつ長期的《ちょうきてき》な視点《してん》でとらえるべきだ。

일은 마음의 만족감을 포함한 전체적인 동시에 장기적인 시점에서 파악해야 한다.

✔ 「かつ」는 접속사 '게다가'라는 의미로도 사용됨

＋ 플러스 문법 ❶

ならびに(並びに) 및, 또

예문 今年《ことし》の目標《もくひょう》は売上向上《うりあげこうじょう》ならびに商品開発《しょうひんかいはつ》です。

올해 목표는 매상 향상 및 상품 개발입니다.

+ 플러스 문법 ❷

ないし(は) 내지(는)

예문 休日《きゅうじつ》は読書《どくしょ》ないしは運動《うんどう》することが多《おお》いです。
휴일은 독서 내지는 운동을 할 때가 많습니다.

052 はたして

과연, 정말로 ⑬⑯

예문 子供《こども》の活字《かつじ》離《ばな》れが問題視《もんだいし》されているが、はたしてそうだろうか。
어린이의 활자(글)에 대한 무관심이 문제시되고 있는데, 과연 그럴까?

053 なんら

아무런, 조금도 ⑰㉑

예문 これは一般人《いっぱんじん》の目《め》には本物《ほんもの》となんら変《か》わりなく映《うつ》る偽物《にせもの》です。
이것은 일반인의 눈에는 진품과 아무런 차이가 없어 보이는 위조품입니다.

054 まず

아마도 ⑫

예문 秀才《しゅうさい》の彼女《かのじょ》のことだから、まず合格《ごうかく》するでしょう。
수재인 그녀이기에 아마도 합격할 겁니다.

✔ 「まず」는 주로 '우선, 먼저'라는 의미로 쓰이지만, N1 레벨에서는 「まず ~だろう」와 같이 '아마도, 대체로 ~거야'라는 뜻으로 많이 출제됨

055 何《なに》も

뭐, 특별히, 일부러 ⑱

예문 何《なに》もそこまで怒《おこ》る必要《ひつよう》はないじゃないか。
뭐 그렇게까지 화낼 건 없잖아.

✔ 「何《なに》も」는 부정을 수반하면 '아무것도, 전혀'라는 뜻을 가지기도 함

056 まるで

전혀 ⑱

예문 うちの長男《ちょうなん》と次男《じなん》は、兄弟《きょうだい》でも性格《せいかく》はまるで違《ちが》う。

우리 집 장남과 차남은 형제라도 성격은 전혀 다르다.

주로 '마치'의 뜻을 지니는 「まるで」는 뒤에 부정어가 붙어 '전혀'의 뜻으로 사용됨

+ 플러스 문법

一切《いっさい》 일절·전혀(부사), 일체·모두(명사)

예문 人工甘味料《じんこうかんみりょう》などの添加物《てんかぶつ》は一切使《いっさいつか》わない。

인공 감미료 등의 첨가물은 전혀 사용하지 않는다.

12. 기타 활용 표현 057 - 060

057 とするか

~하기로 할까? ⑬

접속 동사 사전형 + とするか

예문 今日《きょう》はここまでにして、残《のこ》りは明日《あした》やるとするか。

오늘은 여기까지 하고 나머지는 내일 하는 걸로 할까?

058 も ~ないも

~하고 못하고는, ~하고 안 하고는 ⑯

접속 동사 사전형 + も + 동사 ない형 + ないも

예문 今度《こんど》の試合《しあい》で、優勝《ゆうしょう》するもしないも、みんなのチームワークにかかっている。

이번 경기에서 우승하고 못하고는 모두의 팀워크에 달려 있다.

059 そうかと思《おも》えば

그런가 하면 ⑱

예문 ある人《ひと》は太《ふと》って悩《なや》んでいます。そうかと思《おも》えば痩《や》せて悩《なや》んでいる人《ひと》もいます。

어떤 사람은 살이 쪄서 고민합니다. 그런가 하면, 말라서 고민하는 사람도 있습니다.

060 てばかりいても始《はじ》まらない

~하고만 있어도(있으면) 아무 소용이 없다 ⑮

접속 동사 て형 ＋ てばかりいても始《はじ》まらない

예문 資格《しかく》の試験《しけん》に落《お》ちてしまい、しばらくは勉強《べんきょう》に集中《しゅうちゅう》できなかったが、
落《お》ち込《こ》んでばかりいても始《はじ》まらないと思《おも》って、また頑張《がんば》ることにした。

자격증 시험에 떨어져버려, 한동안 공부에 집중이 안 되었지만, 침울해하기만 해선 소용없다고 생각하고, 다시 노력해 보기로 했다.

문법 형식 판단 | 기출 문법 연습 문제 ❶

問題 5 次の文の（　　　）に入れるのに最もよいものを、1・2・3・4から一つ選びなさい。

1 仕事をしている女性のうち、約7割が出産（　　　）離職している。⑩㉓

1 を機に　　2 を皮切りに　　3 をもって　　4 を問わず

2 彼は（　　　）極まりない家で育ったので、塾など通ったことがなかった。⑩⑬㉑

1 貧乏で　　2 貧乏と　　3 貧乏な　　4 貧乏

3 時々、亡くなった母（　　　）料理が懐かしくなる時がある。⑪⑱⑳

1 からして　　2 ならではの　　3 にそった　　4 むけの

4 この靴はデザイン（　　　）古いが、歩きやすい。⑲

1 まで　　2 から　　3 こそ　　4 ほど

5 人工知能の登場で、人々の生活が（　　　）。⑩⑰

1 変わりつつある　　2 変わりつついる

3 変わるしまつだ　　4 変わるだけだ

6 この音楽を聞く（　　　　）別れた彼女のことが思い出される。⑪㉒

1　にしたって　　2　につれて　　3　につけ　　4　につき

7 小説家J氏のサイン会が開かれる（　　　　）多くの人が押し寄せた。⑪

1　ともなると　　2　とあって　　3　というと　　4　とあれば

8 晴れ上がったか（　　　　）もう雨が降り出した。⑬㉑

1　と思えば　　2　といえば　　3　といえども　　4　と思いきや

9 随筆は気が（　　　　）書くものだ。⑩㉒

1　向くままに　　2　向いたままに

3　引けるままに　　4　引けたままに

10 受け付けは12月15日（　　　　）締め切らせていただきます。⑬⑮⑳

1　を皮切りとして　　2　をはじめとして

3　をもちまして　　4　をおして

정답 및 해설 p.103

문제 5

1교시 언어 지식(문법)

채점:

문법 형식 판단 | 기출 문법 연습 문제 ❷

問題 5　次の文の（　　　　）に入れるのに最もよいものを、1・2・3・4から一つ選びなさい。

1　この動物は絶滅の（　　　　）があるため、国際条約で取引が禁止されている。⑱㉔

1　ためし　　2　きざし　　3　おそれ　　4　きらい

2　電話は（　　　　）メールぐらいしろ。⑰

1　かけないからも　　2　かけないまでも

3　かけようものなら　　4　かけながらも

3　試験結果については、明日の夕方にはわかる（　　　　）。⑯

1　ことと思う　　2　ものと思われる

3　どころではない　　4　ことになっている

4　あのそば屋は不況を（　　　　）いつも入口に長い行列ができている。⑯

1　ものともせずに　　2　よそに

3　めぐって　　4　もとに

5　糸川公園は4月（　　　　）色とりどりの花が咲き乱れる。⑯

1　ともなれば　　2　とあって　　3　ともなく　　4　ときたら

6　もう少しで犬にかまれる（　　　　）だった。⑱⑲

1　しまつ　　2　ばかり　　3　ところ　　4　だけ

7　どんな時でも、（　　　　）自分次第だ。⑯

1　するもしないも　　2　するやらしないやら

3　するまでもなく　　4　しようとも

8　彼は自分の解雇が不当（　　　　）会社側に訴えを起こした。⑩⑫⑰

1　からして　　2　として　　3　だけあって　　4　ながら

9　痩せているのに、よくあんなに食べられる（　　　　）。⑮

1　ものだ　　2　ことだ　　3　ことか　　4　ものか

10　岸田選手はこの試合を（　　　　）現役を引退するそうだ。⑭

1　かぎりで　　2　最後に　　3　おして　　4　かえりみず

정답 및 해설 p.106

문제 5 1교시 언어 지식(문법)

채점:

문법 형식 판단 | 기출 문법 연습 문제 ③

問題 5 次の文の（　　　）に入れるのに最もよいものを、1･2･3･4から一つ選びなさい。

1 先生、明晩はお宅に（　　　）。⑯

1　おいでになりますか　　2　おりますか

3　ございますか　　4　まいりますか

2 私がどこに（　　　）勝手だ。あなたに言う必要はない。⑭⑯

1　行こうとも　　2　行くのに　　3　行くうえに　　4　行こうにも

3 この店のコーヒーは１２０円（　　　）とてもおいしい。⑭

1　わりには　　2　からして　　3　のあげく　　4　にしては

4 いつか師匠を超える職人になって（　　　）。⑯

1　見せます　　2　見えます　　3　見させます　　4　見られます

5 何度も失敗を繰り返した（　　　）やっと、実験に成功した。⑰

1　うえに　　2　すえに　　3　しまつで　　4　そばから

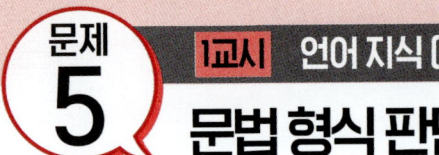

6 私が試験に合格することができたのは、家族の励まし（　　　　）ことです。㉓

1　からある　　2　からの　　3　あっての　　4　ある

7 映画監督、木村たかしの新作が（　　　　）。⑭⑮

1　待たれる　　2　待たさせる　　3　待たされる　　4　待つ

8 飼っていた猫が死んだとき、どんなに悲しかった（　　　　）。⑱

1　ものか　　2　ものだ　　3　ことだ　　4　ことか

9 あの政治家の不正は氷山の一角（　　　　）。⑩

1　に限る　　2　のきらいがある

3　に過ぎない　　4　でもなんでもない

10 ここ数年、景気の悪化（　　　　）大学生の就職率が低下した。⑫

1　に伴なって　　2　の一方で　　3　かたわら　　4　にかこつけて

정답 및 해설 p.109

문제 5 | 1교시 언어 지식(문법) | 채점:

문법 형식 판단 | 기출 문법 연습 문제 ❹

問題 5　次の文の（　　　　）に入れるのに最もよいものを、1・2・3・4から一つ選びなさい。

1 このことについては、（　　　　）疑わしいところはない。⑰

1　とっさに　　2　なんら　　3　とっくに　　4　さぞかし

2 木村先生の展示会（　　　　）見に行かなければならない。⑬

1　とあっては　　2　とあって

3　もさることながら　　4　はともかくとして

3 不運だと思われることも、（　　　　）、幸運に受け止められる。⑫

1　考えるにつれて　　2　考えようによっては

3　考えるとなると　　4　考えるにとどまらず

4 明日、御社へ資料を頂戴に（　　　　）たいのですが、ご都合いかがでしょうか。⑫⑳

1　拝見　　2　おいでになり

3　ご覧になり　　4　あがり

5 津波に襲われ、その建物は一瞬（　　　　）崩れた。㉔

1　として　　2　にして　　3　だに　　4　すら

6　刺身は（　　　　）、あまり好きじゃない。⑪

1　食べられないものでもないが　　2　食べないわけがないが

3　食べないわけにはいかないが　　4　食べることはないが

7　死後の世界というものは、（　　　　）あるのだろうか。⑬⑯

1　どうやら　　2　てんで　　3　はたして　　4　くっきり

8　今日はついてない。バスが遅れるし、重要な書類を忘れるし、しまいには部長に怒られる（　　　　）。㉔

1　までだ　　2　恐れがある

3　だけましだった　　4　始末だった

9　私に、数学は楽しいものだと（　　　　）くれた先生に感謝しております。⑬

1　思わせて　　2　思われて　　3　思わされて　　4　思って

10　店員さんに（　　　　）スマホを修理するより買い換えたほうがいいらしい。⑬

1　言わされれば　　2　言えば　　3　言われれば　　4　言わせれば

정답 및 해설 p.112

문법 형식 판단 | 기출 문법 연습 문제 ⑤

問題 5 次の文の（　　　）に入れるのに最もよいものを、1·2·3·4から一つ選びなさい。

1 この本を全部読もうと思ったら、5時間（　　　）無理だと思います。⑩

1 からも　　2 では　　3 には　　4 までも

2 ロボット（　　　）休まずに働けるはずがない。⑪

1 じゃあるまいし　　2 いかんを問わず

3 であろうがなかろうが　　4 じゃないだろうけど

3 40歳の息子でも、親（　　　）いつまでも子供に見えるのだろう。⑮

1 のわりには　　2 にしたって

3 にしてみれば　　4 にしては

4 息子は「勉強する」とか言って（　　　）、うとうと居眠りをしている。㉔

1 はじめたなり　　2 はじめるなり

3 はじめたまま　　4 はじめるまま

5 何とかして明日の朝まで北海道に（　　　）。⑲

1 行けないものか　　2 行けないことか

3 行くことか　　4 行くものか

6 いつも成績がよくても、試験に（　　　　）。⑲

1　落ちるにほかならない　　　2　落ちないではおかない

3　落ちるまでのことだ　　　4　落ちないともかぎらない

7 ここから家まで徒歩で２０分（　　　　）でしょう。⑪⑯

1　といったところ　　　2　どころではない

3　といったらない　　　4　とみられる

8 親の育て方（　　　　）子供の一生が決まる。⑯

1　次第で　　　2　次第に　　　3　の次第で　　　4　の次第に

9 駅前のうどん屋「ココロ」はテレビで紹介された（　　　　）毎日店の前に行列ができている。⑲

1　となると　　　2　とかで　　　3　というと　　　4　とあれば

10 顧客から厳しいクレームを（　　　　）。⑭

1　頂戴しました　　　2　申し上げました

3　拝借しました　　　4　差し上げました

정답 및 해설 p.116

문제 05 예상 문법 70

* 출제 가능성이 높은 예상 문법 제시

1. 시간, 때 001 - 002

황지영 센세의 매회 적중률 99.9%인 예상 문법

001 がてら

~하는 겸, ~하는 김에

① ~하는 시간을 사용해서 ~을 한다　② ~를 하면서 한다(동시 진행 동작 사용 가능)

접속 동사 ます형·명사 + がてら

예문 近《ちか》くにお越《こ》しの折《おり》には、遊《あそ》びがてら、お寄《よ》りください。

근처에 오실 때, 놀러 오실 겸 들러 주세요.

✔ 비슷한 뜻을 지닌 N2 문형인 「ついでに ~하는 김에」는 접속형이 「동사의 사전형·동사의 た형 + ついでに / 명사 + の + ついでに」이며, 문장 앞에 단독으로 사용할 수 있으나 동시 진행 동작에는 사용할 수 없음

+ 플러스 문법 ❶

かたがた ~하는 김에, ~할 겸

접속 명사 + かたがた

예문 先日《せんじつ》、お世話《せわ》になったお礼《れい》かたがた社長《しゃちょう》のお宅《たく》に伺《うかが》いました。

일전에 신세 진 감사 인사도 할 겸 사장님 댁을 방문했습니다.

✔ 윗사람에게 인사, 편지, 감사, 문안, 보고, 사과 등의 인사를 할 때 자주 쓰이는 표현임

[많이 사용하는 표현]

お礼《れい》かたがた: 감사(인사) 겸	お詫《わ》びかたがた: 사죄(인사) 겸
ご挨拶《あいさつ》かたがた: 인사 겸	お見舞《みま》いかたがた: 병문안 겸

+ 플러스 문법 ❷

かたわら ~하는 한편, ~함과 동시에

접속 동사 사전형·명사 の + かたわら

예문 彼《かれ》は会社勤《かいしゃつと》めのかたわら、ボランティア活動《かつどう》に積極的《せっきょくてき》に取《と》り組《く》んでいる。

그는 회사 일을 하는 한편, 봉사 활동에 적극적으로 몰두하고 있다.

✔ 앞쪽에는 주된 일, 뒤쪽에는 부가적인 일이 오며, 동시 진행 동작에는 사용할 수 없음

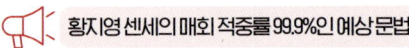

002 が早《はや》いか
~하자마자

접속 동사 사전형·동사 た형 ➕ が早《はや》いか

예문 事故《じこ》の連絡《れんらく》を受《う》けるが早《はや》いか車《くるま》に飛《と》び乗《の》った。
사고 연락을 받자마자 차에 뛰어 올라탔다.

✔ 동작이 거의 동시에 일어남을 강조하며, 뒤 문장에는 의지 동사가 오기 때문에, 자연 발생적으로 일어나는 일은 오지 않음. 또한「~だろう、つもりだ、~たい」등의 표현은 사용할 수 없고, 과거형이 옴

＋ 플러스 문법 ❶

や(否《いな》や) ~하자마자

접속 동사 사전형 + や(否《いな》や)

예문 いたずらをしていた生徒《せいと》たちは、先生《せんせい》が教室《きょうしつ》に入《はい》るやいっせいに静《しず》かになった。
장난치던 학생들은 선생님이 교실에 들어오자 일제히 조용해졌다.

✔ 이미 발생한 일에만 사용하기 때문에 '~하자마자 ~했다'라는 형태가 됨. 앞 문장의 동작이 끝나기를 기다렸다는 뉘앙스가 있으며, 순간적인 일을 나타내는 동사가 많이 사용됨

＋ 플러스 문법 ❷

なり ~하자마자 ㉔

접속 동사 사전형 + なり

예문 息子《むすこ》は家《いえ》に帰《かえ》るなり、自分《じぶん》の部屋《へや》に閉《と》じこもって出《で》てこない。
아들은 집에 오자마자 자신의 방에 틀어 박혀 나오지 않는다.

✔ '~하면 바로(갑자기) 의외의 일이 일어난다'는 의미로 주어는 3인칭이며, 1, 2인칭에는 사용할 수 없고 과거의 일에만 사용함. 또한 앞 문장과 뒤 문장의 주어는 같아야 하며, 뒤 문장에는 의지형, 명령형, 부정형은 올 수 없음

＋ 플러스 문법 ❸

そばから ~하자마자, ~하는 족족

접속 동사 사전형·동사 た형 + そばから = ~はしから

예문 もう、遅刻《ちこく》しないと言《い》ったそばからまた遅《おく》れるなんて、彼《かれ》は何《なに》を考《かんが》えているんだろう。
이제 지각하지 않겠다고 말하자마자 또 늦다니, 그는 무슨 생각을 하고 있는 걸까?

✔ '~하면 바로 반복해서'라는 의미로 대체로 화자의 불만이나 비난의 기분을 담아서 사용할 때가 많음

+ 플러스 문법 ❹

とたん(に) ~하자마자(의외의 일이 일어났다) **N2 ⑲**

접속 **동사 た형 + とたん(に)**

예문 ドアを開《あ》けたとたん、黒猫《くろねこ》が飛《と》び込《こ》んできた。
문을 열자마자 검은 고양이가 뛰어 들어왔다.

✔ 「とたん(に)」는 의지가 들어간 동사나 예정하고 있던 동작에는 사용할 수 없음

2. 짝을 짓는 표현 003 - 006

003 つ～つ
~하기도 하고 ~하기도 하고

접속 동사 ます형 + つ ~ 동사 ます형 + つ

예문 花火大会《はなびたいかい》のイベント場所《ばしょ》はものすごい人出《ひとで》で、押《お》しつ押《お》されつ、やっとのことでベストポジションにたどり着《つ》いた。
불꽃놀이 이벤트 장소는 굉장한 인파로 밀치락달치락하며 겨우 명당 자리에 도착했다.

✔ 「~たり~たり」의 의미로 대조적인 내용을 가지는 동사 또는 하나의 동사의 능동형과 수동형을 사용함

[관용 표현]
行《ゆ》きつ戻《もど》りつ 왔다 갔다
もちつもたれつ 서로 돕기도 하고 도움을 받기도하고
さしつさされつ 술 등을 주거니 받거니, 권커니 잣거니
ためつすがめつ 요리 보고 조리 보고(자세히 뜯어보는 모양)
くんづほぐれつ 엎치락뒤치락(붙었다 떨어졌다 하며 싸우는 모양)

004 なり～なり
~(하)든 ~(하)든

접속 명사·동사 사전형 + なり ~ 명사·동사 사전형 + なり

예문 わからないことがあったら、本《ほん》で調《しら》べるなり先生《せんせい》に聞《き》くなりして、確認《かくにん》するように。
모르는 것이 있으면, 책을 찾아보든 선생님에게 묻든 해서 확인하도록.

✔ '무엇을 하든지 선택해서 하거나 하라'는 뉘앙스를 지니며, 두 개의 예를 들고는 있지만 그 외에도 다른 선택지가 있다는 것이 특징

005 といい ~といい

~도 (그렇고) ~도 (그렇고), ~(이)며, ~(이)며, ~든 ~든

접속 명사 + といい ~ 명사 + といい

예문 あの店《みせ》の品物《しなもの》は、品質《ひんしつ》といい、値段《ねだん》といいどれも申《もう》し分《ぶん》ない。

저 가게 상품은 품질도 가격도 어느 것이나 나무랄 데가 없다.

✔ 두 가지 내용을 예로 들어 전체에 대해 주관적으로 평가하는 문형으로, '~(이)랄 것 없이'라는 뜻의 「といわず」를 「といい」 대신 넣어 사용할 수 있음

006 だの ~だの

~라던가 ~라던가, ~라는 둥 ~라는 둥

접속 [동사·イ형용사·ナ형용사·명사]의 보통형 + だの ~ [동사·イ형용사·ナ형용사·명사]의 보통형 + だの

단, 명사와 ナ형용사의 だ는 생략

예문 彼《かれ》はいつ会《あ》っても会社《かいしゃ》を辞《や》めて旅行《りょこう》するだのなんだのと文句《もんく》ばかり言《い》っている。

그는 만날 때마다 항상 회사를 그만두고 여행 간다는 둥 뭘 한다는 둥 불평만 한다.

3. 이유 007

007 こととて

~이므로

접속 [동사·イ형용사·ナ형용사·명사]의 명사 수식형 + こととて

단, 동사의 ない형은 「ぬ」로 사용할 때가 많음

예문 店《みせ》が狭《せま》いこととて、お客様《きゃくさま》には窮屈《きゅうくつ》な思《おも》いをさせて申《もう》し訳《わけ》ございませんでした。

가게가 좁아, 손님들에게 갑갑한 기분을 들게 해서 죄송합니다.

✔ 주로 사죄나 변명에 사용함

4. 조건 008 - 010

008 とあれば
~라(고 하)면

접속 [동사·イ형용사·ナ형용사·명사]의 보통형 + とあれば

단, ナ형용사·명사의 「だ」는 생략 가능

예문 彼《かれ》は子供《こども》のためとあれば、どんな高《たか》いものでも買《か》って与《あた》えた。
그는 아이를 위해서라면, 어떤 비싼 물건이라도 사 주었다.

009 ことなしに(は)
~하지 않고(서)는(불가능, 곤란, 어려움)

접속 동사 사전형 + ことなしに(は)

예문 その公式《こうしき》を証明《しょうめい》することなしに解答《かいとう》が求《もと》められない。
그 공식을 증명하지 않고는 해답을 찾을 수 없다.

+ 플러스 문법 ❶

なくして(は) ~없이, ~없이는(불가능, 곤란, 어려움)

접속 명사 + なくして(は)

예문 先生《せんせい》のアドバイスなくしては、この研究《けんきゅう》の成功《せいこう》はなかった。
선생님의 조언 없이는 이 연구의 성공은 없었다.

+ 플러스 문법 ❷

なしに(は) ~없이, ~없이는(= なしでは)

접속 명사 + なしに(は)

예문 この事務室《じむしつ》にはIDカードなしには入《はい》ることができない。
이 사무실에는 ID카드 없이는 들어갈 수가 없다.

010	が最後《さいご》 / たら最後《さいご》 ~했다가는, ~했다 하면(동작이 지속됨 또는 최후, 끝(장)을 나타냄)

접속 동사 た형 ➕ が最後《さいご》 / たら最後《さいご》

예문 こんな貴重《きちょう》な書籍《しょせき》は一度《いちど》手放《てばな》したが最後《さいご》、二度《にど》とこの手《て》には戻《もど》ってこないだろう。

이런 귀중한 서적은 한번 손에서 떠나면, 두 번 다시 손에 넣을 수는 없을 것이다.

5. 역접 011 - 013

011	といえども ~라(고) 해도(딱딱한 표현)

접속 [동사·イ형용사·ナ형용사·명사]의 보통형 ➕ といえども

단, ナ형용사·명사의 「だ」는 생략 가능

예문 国際経済《こくさいけいざい》の専門家《せんもんか》といえども、刻々変化《こっこくへんか》する世界情勢《せかいじょうせい》を分析《ぶんせき》するのは難《むずか》しい。

국제 경제 전문가라 하더라도 시시각각 변화하는 세계 정세를 분석하는 것은 어렵다.

유사 문법

とはいえ ~라(고는) 해도(접속사로도 단독 사용 가능)

접속 [동사·イ형용사·ナ형용사·명사]의 보통형 + とはいえ

단, ナ형용사·명사의 「だ」는 생략 가능

예문 いくら大食《おおぐ》いとはいえ、一人《ひとり》で食《た》べるには料理《りょうり》の量《りょう》が多《おお》すぎる。

아무리 대식가라도 혼자서 먹기엔 요리 양이 너무 많다.

012	ところで ~한다(했다) 하더라도, ~해 본들

접속 동사 た형 ➕ ところで(줄여서 ~ってで로 사용 가능)

예문 いくら急《いそ》いだところで終電《しゅうでん》には間《ま》に合《あ》わない。

아무리 서둘러도 막차 시간에는 맞출 수 없다.

≒ 유사 문법 1

としたところで / にしたところで ~라고 해도, ~라고 하더라도

접속 **[동사·イ형용사·ナ형용사·명사]의 보통형 + としたところで / にしたところで**

단, 「としたところで」는 ナ형용사·명사의 「だ」를 넣어도 되고, 생략해도 되며,
「にしたところで」는 ナ형용사·명사의 「だ」는 생략함

✔ 「としたところで」、「にしたところで」는 「としたって」、「にしたって」로 줄여서 사용할 수 있으며, 회화체에서는 「にしたって」가 주로 사용됨

예문 どちらにしたところで、そんなに大《おお》きい差《さ》があるとは思《おも》えない。
어느 쪽이든 그렇게 큰 차이가 있다고는 생각되지 않는다.

≒ 유사 문법 2

にしても/としても ~라(고) 하더라도 N2 ⑩⑪

접속 **[동사·イ형용사·ナ형용사·명사]의 보통형 + にしても**

단, ナ형용사·명사의 「だ」는 붙지 않거나 「である」를 붙임

[동사·イ형용사·ナ형용사·명사]의 보통형 + としても

단, ナ형용사·명사의 「だ」는 생략 가능

예문 今度《こんど》の選挙《せんきょ》に落選《らくせん》するにしても挑戦《ちょうせん》してみる価値《かち》はあります。
이번 선거에 낙선한다고 하더라도 도전해 볼 가치는 있습니다.

この薬《くすり》の副作用《ふくさよう》で、手《て》が一時的《いちじてき》にしびれるくらいはいいとしてもひどい場《ば》合《あい》は心臓麻痺《しんぞうまひ》を起《お》こすこともあるそうだ。
이 약의 부작용으로 손이 일시적으로 저린 정도는 괜찮다 하더라도 심한 경우에는 심장마비를 일으킬 수도 있다고 한다.

≒ 유사 문법 3

ったって ~라고 (말)하더라도(「と言《い》ったとしても」를 줄여서 쓴 표현) ⑱

접속 **동사·イ형용사의 보통형 현재 + ったって**

예문 電車《でんしゃ》の中《なか》で指輪《ゆびわ》をなくしてしまった。探《さが》すったってどうやって探《さが》すか。
전철 안에서 반지를 잃어버렸다. 찾는다고 해도 어떻게 찾지?

+ 플러스 문법 ❶

ところ(を) ~하는(인) 상황에(중에) ㉓

접속 **[동사·イ형용사·ナ형용사·명사]의 명사 수식형 + ところ(を)**

예문 ご多忙《たぼう》のところ、お集《あつ》まりいただきましてありがとうございます。

바쁘신 중에 모여 주셔서 감사합니다.

サッカー試合《しあい》は、もう少《すこ》しで終《お》わるところを大雨《おおあめ》で中止《ちゅうし》された。

축구 시합은 조금 있으면 끝날 건데 많은 비로 중지되었다.

주로 서두에 상대의 상황을 배려하는 표현으로 사용되며, 그 뒤 문장에는 의뢰나 감사, 사과 등의 표현이 이어져 나옴. 또한 앞 문장의 동작, 사건의 진전을 멈추거나 막을 때도 사용됨

+ 플러스 문법 ❷

どころではない ~할 상황이 아니다 **N2** ⑳㉑

접속 **동사 사전형·명사 + どころではない**

예문 私《わたし》の若《わか》い頃《ころ》は食《た》べるのが精《せい》いっぱいで、趣味《しゅみ》や旅行《りょこう》などを楽《たの》しむどころではなかった。

나의 젊은 시절은 먹고 사는 게 벅차서 취미나 여행 같은 것을 즐길 상황이 아니었다.

+ 플러스 문법 ❸

ところだった ~할 뻔했다 **N2** ⑱⑲

접속 **동사 사전형 + ところだった**

예문 レポートの提出《ていしゅつ》期限《きげん》のこと、ありがとう。言《い》ってもらわなかったら、うっかり忘《わす》れるところだったよ。

과제 제출 기한 건 고마워. 말해 주지 않았다면 깜빡할 뻔했어.

013 ながら(も)

~하면서(도), 이면서(도) ㉕ ※ 예상 적중

접속 동사 ます형·イ형용사 い·명사 (であり)·ナ형용사의 어간 (であり) + ながら(も)

예문 彼《かれ》は学生《がくせい》でありながら、高級車《こうきゅうしゃ》を乗《の》り回《まわ》している。

그는 학생이면서 고급 차를 타고 다닌다.

「ながら(も)」는 「~のに、~が、~けれど」의 의미로, 생각하고 있던 것과 달리 예상과 반하는 일을 말할 때 사용하며, 이와 비슷한 「つつ(も)」는 접속형이 「동사 ます형 + つつ(も)」로 동사에만 사용됨

[관용 표현]

残念《ざんねん》ながら 유감스럽게도	今更《いまさら》ながら 새삼스럽지만	恥《は》ずかしながら 부끄럽지만
及《およ》ばずながら 미흡하나마	敵《てき》ながら天晴《あっぱれ》 적이지만 장하다	勝手《かって》ながら 외람되지만

언어지식(문법) 문제 5 문법 형식 판단

+ 플러스 문법

ながら / ながらに(して) / ながらの

~한(인) 상태로, 그대로, ~한(인) 그대로의(그대로 변하지 않고 계속되는 상태)

접속 **동사 ます형·명사 + ながら / ながらに(して)**

동사 ます형·명사 + ながらの + 명사

예문 この地域《ちいき》では、今《いま》でも古《ふる》い習慣《しゅうかん》を昔《むかし》ながらに守《まも》っているそうだ。
이 지역에서는 지금도 오랜 관습을 옛날 그대로 지키고 있다고 한다.

[주로 사용되는 표현]

生《う》まれながら 태어날 때부터, 선천적으로	生《い》きながら 산 채로	居《い》ながら 가만히 앉아서
昔《むかし》ながら 옛날 그대로	涙《なみだ》ながら 눈물 흘리면서	いつもながら 항상 그대로, 늘 그대로(변함없는 모양)

6. 부정 수반 표현 014 - 019

014 に(は)あたらない

~할 것까지 없다, ~할 필요는 없다(~에는 해당이 안 된다)

접속 동사 사전형·명사 + に(は)あたらない

예문 母校《ぼこう》のサッカーチームが去年《きょねん》の優勝校《ゆうしょうこう》に勝《か》ったからといって驚《おどろ》くにはあたらない。
모교 축구팀이 작년 우승 교를 이겼다고 해서 놀랄 건 없다.

유사 문법

までもない (당연, 상식, 간단하니까) ~할 필요 없다

접속 **동사 사전형 + までもない**

예문 そんなことは常識《じょうしき》なので、言《い》うまでもない。
그런 건 상식이기 때문에 말할 필요도 없다.

015 にかたくない
~하기 어렵지 않다 (쉽게 ~할 수 있다)

접속 동사 사전형·명사 + にかたくない

예문 突然《とつぜん》の事故《じこ》で家族《かぞく》を亡《な》くした彼《かれ》の悲《かな》しみは察《さっ》する(想像《そうぞう》)にかたくない。
갑작스러운 사고로 가족을 잃은 그의 슬픔은 헤아리기(상상하기) 어렵지 않다.

016 を禁《きん》じえない
~을 금할 수가 없다

접속 명사 + を禁《きん》じえない

예문 田中《たなか》さんは突然彼女《とつぜんかのじょ》に別《わか》れを告《つ》げられて、戸惑《とまど》いを禁《きん》じえなかった。
다나카 씨는 갑작스러운 그녀의 이별 통보로, 당혹스러움을 금할 수가 없었다.

017 べからざる
~해서는 안 되는

접속 동사 사전형 + べからざる + 명사
단, する는 す로 사용 가능

예문 子供《こども》とはいえ侮《あなど》るべからざる実力《じつりょく》だ。
아이라고 해도 깔봐서는 안 되는 실력이다.

유사 문법

べからず ~해서는 안 된다(금지의 의미, 문어체)

접속 동사 사전형 + べからず
단, する는 す로 사용 가능

예문 入《い》り口《ぐち》に「関係者以外立《かんけいしゃいがいた》ち入《い》るべからず」と書《か》いてあった。
입구에 '관계자 외에는 출입해서는 안 된다'고 적혀 있었다.

018 ずにはすまない / ないではすまない

~하지 않을 수 없다(객관적)

(사회적 상식, 주위의 상황, 자신의 의무감에 의해 '~하지 않고는 해결되지 않는다'라는 뉘앙스를 지님)

접속 동사 ない형 + ずにはすまない / ないではすまない

예문 あの公務員《こうむいん》は国民《こくみん》の税金《ぜいきん》を私用《しよう》に使《つか》ったのだから処罰《しょばつ》されずにはすまない(ないではすまない)だろう。

저 공무원은 국민의 세금을 개인의 일에 사용했기 때문에 처벌받을 것이다.

유사 문법 1

ずにはおかない / ないではおかない ~하지 않을 수 없다

('반드시 그렇게 한다'는 강한 의지 또는 '자연히 그렇게 된다'라는 뉘앙스를 지님)

접속 동사 ない형 + ずにはおかない / ないではおかない

예문 この小説《しょうせつ》は、読《よ》むものを感動《かんどう》させずにはおかない(ないではおかない)だろう。

이 소설은 읽는 사람을 감동시키지 않을 수 없을 것이다.

유사 문법 2

ずにはいられない / ないではいられない ~하지 않을 수 없다(주관적)

('~하지 않고는 참을 수 없다, 견딜 수 없다'라는 뉘앙스를 지님)

접속 동사 ない형 + ずにはいられない / ないではいられない

예문 その冗談《じょうだん》にはどんなまじめな人《ひと》でも笑《わら》わずにはいられない(ないではいられない)だろう。

그 농담에는 어떤 진지한 사람이라도 웃지 않고는 못 배길 것이다.

019 ものではない / もんじゃない

~할 수 없다(불가능을 강조) *회화체

접속 동사 가능형의 た형 + ものではない / もんじゃない

예문 こんなまずいパン、食《た》べられたものではない(もんじゃない)。

이런 맛없는 빵은 먹을 수가 없다.

＋ 플러스 문법

ものではない / もんじゃない

~할 정도는 아니다(경시하거나 무시하는 듯한 의미의 동사가 사용되지만, '그렇게 나쁘지 않다'라는 뉘앙스를 지니며, '~할 정도는 아니다'로 의역해서 사용함)

접속 **동사 た형 + ものではない / もんじゃない**

예문 私《わたし》の料理《りょうり》の腕前《うでまえ》もまんざら捨《す》てたもんじゃない。

나의 요리 실력도 아주 버릴 건 아니다.(조금은 쓸만하다.)

7. 관계 020 - 022

020 いかん(では) / いかんによって(は)

~의 여하(로는), ~의 여하에 따라서(는)

접속 명사 の ＋ いかん(では) / いかんによって(は)

단, 「の」는 생략될 때가 많음

예문 状況《じょうきょう》いかんによっては、試験《しけん》を延期《えんき》することもある。

상황 여하에 따라서는 시험을 연기할 수도 있다.

＋ 플러스 문법

いかんによらず / いかんにかかわらず / いかんを問《と》わず

~여하에 의하지 않고, ~여하에 관계없이, ~여하를 불문하고

접속 **명사 の + いかんによらず / いかんにかかわらず / いかんを問《と》わず**

단, 「の」는 생략하지 않을 때가 많음

예문 合否《ごうひ》のいかんによらず、結果《けっか》はメールでお知《し》らせします。

합격 여부 여하에 관계없이 결과는 메일로 알려드립니다.

021 にかかわる

~와 관련된, ~에 관계된, ~이 걸린

접속 명사 ＋ にかかわる

예문 この仕事《しごと》は人《ひと》の死活《しかつ》にかかわることだから、最優先《さいゆうせん》されるべきだ。

이 일은 사람의 사활이 걸린 것이므로, 최우선되어야 한다.

022 を押《お》して / を押《お》し切《き》って

~을 무릅쓰고

접속 명사 + を押《お》して / を押《お》し切《き》って

예문 彼女《かのじょ》は周囲《しゅうい》の反対《はんたい》を押《お》して(を押《お》し切《き》って)、芸能界《げいのうかい》に飛《と》び込《こ》んだ。

그녀는 주위의 반대를 무릅쓰고 연예계로 뛰어 들었다.

8. 비교, 대조 023 - 026

023 にひきかえ

~에 반해, ~에 비해

(대조적인 2개의 내용을 비교할 때 사용하는 문형으로 앞뒤의 내용은 대조적인 결과나 상태가 됨)

접속 명사 + にひきかえ

동사·イ형용사·ナ형용사な + の + にひきかえ

단, 명사 외의 품사는 명사 구조로 만들어서 사용 가능

예문 彼女《かのじょ》の年収《ねんしゅう》は１２００万円《まんえん》だ。それにひきかえ私《わたし》はなんと安月給《やすげっきゅう》か。

그녀의 연봉은 1200만 엔이다. 그것에 비해 나는 얼마나 박봉인가.

024 にもまして

~보다 더

접속 명사 + にもまして

동사·イ형용사·ナ형용사な + の + にもまして

단, 명사 외의 품사는 명사 구조로 만들어서 사용 가능

예문 経済《けいざい》の状況《じょうきょう》は、去年《きょねん》にもまして厳《きび》しくなると予想《よそう》されている。

경제 상황은 작년보다 더 힘들어질 것으로 예상된다.

「それにもまして 그보다 더」、「以前《いぜん》にもまして 이전보다 더」、「いつにもまして 여느 때보다 더」와 같은 관용 표현도 함께 알아두자.

025 はおろか

~은 말할 것도 없고, ~은 고사하고

접속 명사 + はおろか / 동사의 사전형 + の + はおろか

예문 老年《ろうねん》期《き》に差《さ》しかかると、運動《うんどう》はおろか日常生活《にちじょうせいかつ》も不便《ふべん》なことが多《おお》い。

노년기에 접어들면, 운동은 고사하고 일상생활도 불편한 것이 많다.

026 もさることながら / はさることながら

~도 물론이고 / ~은(는) 물론이고

접속 명사 + もさることながら / はさることながら

예문 ゴミ削減《さくげん》のためには、消費《しょうひ》もさることながら生産《せいさん》も減《へ》らすべきだ。

쓰레기 감축을 위해서는 소비도 물론이지만 생산도 줄여야 한다.

9. 상황, 상태 027 - 040

027 ずくめ

투성이(일색, 온통 그뿐, 그것만으로 이루어짐)

접속 명사 + ずくめ

예문 今月《こんげつ》は仕事《しごと》ずくめでとても大変《たいへん》だ。

이번 달은 일로 가득해서(일만 해서) 너무 힘들다.

子供《こども》が生《う》まれたり、部長《ぶちょう》に昇進《しょうしん》したり、めでたいことずくめの一年《いちねん》だった。

아이가 태어나기도 하고 부장으로 승진하기도 하고 경사스러운 일만이 가득한 일 년이었다.

028 まみれ

투성이, 범벅(표면 전체에 딱 달라 붙어있는 상태)

접속 명사 + まみれ

예문 汗《あせ》まみれになって働《はたら》いても、もらえるお金《かね》はわずかだ。

땀범벅이 되어 일해도 받을 수 있는 돈은 얼마 안 된다.

＋ 플러스 문법

だらけ 투성이, 범벅

① 무엇인가가 많이 있을 경우

「しわだらけ 주름투성이」、「ゴミだらけ 쓰레기투성이」、「間《ま》違《ちが》いだらけ 틀린 것투성이」

② 무엇인가가 많이 붙어 있을 경우

「泥《どろ》だらけ 흙투성이」、「ほこりだらけ 먼지투성이」、「血《ち》だらけ 피투성이」

→ ②의 경우를 강조할 때는「まみれ」를 사용하면 됨

029 ぐるみ

(모두 포함해서) 전체, 전부

접속 명사 ＋ ぐるみ

예문 田《た》中《なか》さんとは家《か》族《ぞく》ぐるみの付《つ》き合《あ》いをしている。

다나카 씨와는 가족 전체가 서로 알고 지내고 있다.

非《ひ》行《こう》青《せい》少《しょう》年《ねん》を減《へ》らすために、地《ち》域《いき》ぐるみで活《かつ》動《どう》している。

비행 청소년을 줄이기 위해서 지역 전체가 활동하고 있다.

「身《み》ぐるみはがれる」는 '몸에 걸치고 있는 것을 모두 뺏기다'는 관용적 의미로 사용

030 がらみ

① ~와 관련된　② ~째(통틀어서 = ぐるみ)　③ ~가량(쯤)

접속 명사 ＋ がらみ

예문 連日《れんじつ》、選挙《せんきょ》がらみのニュースばかりだ。

연일, 선거와 관련된 뉴스만 나온다.

先《さき》から、うちの前《まえ》で４０歳《さい》がらみの男《おとこ》がうろうろしている。
조금 전부터 우리 집 앞에서 40세쯤 되는 남자가 서성거리고 있다.

りんごを袋《ふくろ》がらみ売《う》っている。
사과를 봉지째 팔고 있다.

031 ともなく / ともなしに
딱히 ~하려는 생각 없이(자신도 모르게, 의도가 없음)

접속 동사 사전형·의문사 ＋ ともなく / ともなしに

예문 バスの中《なか》で聞《き》くともなく(ともなしに)隣《となり》のカップルの話《はなし》に耳《みみ》を傾《かたむ》けていた。
버스 안에서 딱히 들을 생각은 없었는데, 옆 커플의 이야기에 귀를 기울이고 있었다.

✔ 「ともなく」는 의문사와 함께 사용되면 '잘 모르겠지만, 확실하지 않지만'이라는 의미를 나타냄

예 「どこ(から)ともかく 어디서(부터)인지는 잘 모르겠지만」、
「いつ(から)ともかく 언제(부터)인지 잘 모르겠지만」、
「誰《だれ》(から)ともかく 누구(부터)랄 것 없이」

032 めく
① ~답다, ~다워지다　② ~인 듯하다(~뉘앙스를 담은, ~섞은, ~내용이 담긴)

접속 명사 ＋ めく

예문 山《やま》が薄緑《うすみどり》になって、すっかり春《はる》めいてきた。
산이 연녹색이 되어 완전 봄 같아졌다.

皮肉《ひにく》めいた言《い》い方《かた》は相手《あいて》の気《き》持《も》ちを損《そこ》なう。
비꼬는 듯한 말투는 상대의 기분을 상하게 한다.

033 びる
~인 것처럼 보이다, ~티가 나다(= っぽい)

접속 イ형용사 어간·명사 ＋ びる

예문 彼女《かのじょ》はいつ買《か》ったかわからない古《ふる》びた靴《くつ》をはいていた。

그녀는 언제 샀는지 모르는 낡은 듯한 구두를 신고 있었다.

この子《こ》は見《み》た目《め》は大人《おとな》びても年《とし》は１２歳《さい》です。

이 아이는 겉보기에는 어른 같아 보여도 나이는 12살입니다.

034 んばかりだ / んばかりに / んばかりの

(당장이라도) ~할 듯하다, ~할 듯이, ~할 듯한

접속 동사 ない형 ＋ んばかりだ / んばかりに / んばかりの

단, する는 せ가 됨

예문 今《いま》にも大雨《おおあめ》が降《ふ》り出《だ》さんばかりのどんよりした空模様《そらもよう》だ。

당장이라도 많은 비가 쏟아질 듯한 잔뜩 흐린 하늘이다.

＋ 플러스 문법

とばかりだ / とばかりに / とばかりの (마치) ~라는 듯하다, ~라는 듯이, ~라는 듯한

접속 [명사·ナ형용사·イ형용사·동사]의 보통형 / 정중형 / 명령형 + とばかりだ / とばかりに / とばかりの

단, 명사와 형용사의 「だ」는 생략 가능하며, 「~と(言わん)ばかりだ」의 형태로도 사용됨

예문 アイドル歌手《かしゅ》が舞台《ぶたい》に上《あ》がるや待《ま》っていましたとばかりに歓声《かんせい》が上《あ》がった。

아이돌 가수가 무대에 오르자마자 기다리고 있었습니다라는 듯이 환성이 터졌다.

035 なりに / なりの

(상황이나 입장에 맞게) ~하는(인) 나름으로, ~하는(인) 대로, ~나름의, ~대로의

접속 [동사·イ형용사·ナ형용사·명사]의 명사 수식형 ＋ なりに / なりの

단, ナ형용사 「な」, 명사 「の」는 생략

예문 お金《かね》がなければないなりに、切《き》り詰《つ》めた生活《せいかつ》をする。

돈이 없으면 없는 대로 절약하는 생활을 한다.

子供《こども》には子供《こども》なりの悩《なや》みがあるものだ。

아이에게는 아이 나름의 고민이 있는 법이다.

036 にあって / にあっても / にあっては

~에 있어서 (시대, 입장, 상황) ㉕ ※ 예상 적중

접속 명사 + にあって / にあっても / にあっては

예문 私《わたし》はどんな状況《じょうきょう》にあっても、その中《なか》で充足《じゅうそく》があることを学《まな》んだ。

나는 어떤 상황에 있어서도 그 속에서 만족하는 것을 배웠다.

≒ 유사 문법

において ~에 있어서(의), ~에서(때·상황·입장·장면·범위·장소) ⑰

접속 명사 + において / 명사 + における + 명사

예문 宇宙《うちゅう》の研究《けんきゅう》が進《すす》んだと言《い》われる現代《げんだい》においてさえ、宇宙《うちゅう》の大《おお》きさについては解明《かいめい》できていないという。

우주 연구가 진보했다는 현대에 있어서도 우주의 크기에 대해서는 해명되지 않았다고 한다.

037 にたえる

① (외부 자극, 괴로움에) 견디다, 참다　② ~할 만하다, ~할 가치가 있다

접속 동사 사전형·명사 + にたえる

예문 この焼《や》き物《もの》は素晴《すば》らしい。今度《こんど》の展覧会《てんらんかい》に出品《しゅっぴん》するにたえる。

이 도자기는 훌륭하다. 이번 전람회에 출품할 만하다.

+ 플러스 문법

にたえない ~할 가치가 없다, 차마 ~할 수 없다

접속 동사의 사전형 · 명사 + にたえない

예문 交通事故《こうつうじこ》の現場《げんば》の有様《ありさま》は正視《せいし》するにたえないほどひどいものだった。

교통사고 현장의 모습은 차마 정시할 수 없을 만큼 처참했다.

✔ 「명사+にたえない」에서 감정이나 기분을 나타내는 명사가 올 경우에는 '아주, 너무 ~하다'의 뜻으로 해석됨

感謝《かんしゃ》にたえない 너무 감사하다	同情《どうじょう》の念《ねん》にたえない 너무나도 동정 되는 마음이다
喜《よろこ》びにたえない 아주 기쁘다	遺憾《いかん》にたえない 너무 유감스럽다

038 に足《た》る

(충분히) ~할 만하다

접속 동사 사전형 · 명사 + に足《た》る

예문 先日提出《せんじつていしゅつ》された調査報告《ちょうさほうこく》は信頼《しんらい》に足《た》るものであった。

요전에 제출된 조사 보고는 신뢰할 만한 것이었다.

+ 플러스 문법

にたりない

① ~(하기)에 부족하다 ② ~할 필요가 없다

접속 동사의 사전형 · 명사 + にたりない

예문 これでは彼《かれ》が無罪《むざい》であることを証明《しょうめい》するにたりない。

이걸로는 그가 무죄라는 것을 증명하기엔 부족하다.

試験合格《しけんごうかく》など、この程度《ていど》の成績《せいせき》ならば、恐《おそ》れるにたりない。

시험 합격은 이 정도 성적이라면 두려워할 필요가 없다.

「取《と》るに足《た》りない」는 '보잘것없다, 하잘것없다'라는 의미

039 を踏《ふ》まえて

~을 바탕으로 해서(토대로 해서)

접속 명사 + を踏《ふ》まえて / を踏《ふ》まえた

예문 前回《ぜんかい》の議論《ぎろん》を踏《ふ》まえて会議《かいぎ》を進《すす》めていきます。

저번 논의를 토대로 회의를 진행해 가겠습니다.

유사 문법 1

に即《そく》して ~에 입각해서(따라서)

접속 명사 + に即《そく》して / に即《そく》した

예문 この大学《だいがく》では実社会《じっしゃかい》に即《そく》した教育《きょういく》を行《おこな》っている。

이 대학에서는 실사회에 입각한 교육을 행하고 있다.

유사 문법 2

に則《のっと》って ~에 따라(기준 삼아)

접속 명사 + に則《のっと》って(則《のっと》り) / に則《のっと》った

예문 記念式典《きねんしきてん》は式次第《しきしだい》に則《のっと》って、行《おこな》われる予定《よてい》です。
기념 식전은 식 순서에 따라서 행해질 예정입니다.

유사 문법 3

に伴《ともな》って ~에 따라(서) N2 ⑫

접속 명사 + に伴《ともな》って

예문 地球《ちきゅう》の温暖化《おんだんか》に伴《ともな》い、生存《せいぞん》を脅《おびや》かされている動物《どうぶつ》が増《ふ》えている。
지구 온난화가 진행됨에 따라 생존을 위협받고 있는 동물이 늘고 있다.

040 に至《いた》って / に至《いた》っては / に至《いた》っても / に至《いた》るまで

~에 이르러서 / ~에 이르러서는 / ~에 이르러서도 / ~에 이르기까지

접속 동사 사전형·명사 + に至《いた》って / に至《いた》っては / に至《いた》っても / に至《いた》るまで

예문 ことここに至《いた》っては、私《わたし》にはどうすることもできない。
일이 이렇게 되어서(이 지경까지 와서)는 나도 어쩔 도리가 없다.

この小説《しょうせつ》は、子供《こども》から大人《おとな》に至《いた》るまで広《ひろ》く読《よ》まれている。
이 소설은, 아이부터 어른에 이르기까지 널리 읽히고 있다.

10. 강조 041 - 050

041 すら

~조차

접속 명사 + (で)すら(=さえ)

예문 カバンが重過《おもす》ぎて、持《も》ち上《あ》げることすらできない。
가방이 너무 무거워 들 수조차 없다.

유사 표현

だに ~만으로도, ~조차(문어체)

접속 **동사 사전형·명사 + だに**

예문 戦争《せんそう》のことは想像《そうぞう》するだに恐《おそ》ろしい。

전쟁은 상상하는 것만으로도 무섭다.

042 からある / からする

~이나 된다, ~이나 되는(단위) / ~이나 한다, ~이나 하는(가격)

접속 명사 + からある / からする

예문 彼女《かのじょ》は３０キロからある米《こめ》を軽々《かるがる》持《も》ち上《あ》げた。

그녀는 30kg나 되는 쌀을 가볍게 들어 올렸다.

店員《てんいん》の勧《すす》めに乗《の》って、１２万円《まんえん》からする化粧品《けしょうひん》を買《か》ってしまった。

점원의 권유에 넘어가 12만 엔이나 하는 화장품을 사 버렸다.

명사를 수식할 경우에는 「からの」의 형태로 바꿔 쓸 수 있으며, 회화체에서는 주로 「からある」、「からする」 대신 「もある」、 「もする」를 주로 사용함

043 たりとも

~일지라도(최소의 단위/양도 허용하지 않겠다)

접속 명사 + たりとも

예문 もう時間《じかん》がない。一分《いっぷん》たりとも無駄《むだ》にできない。

이제 시간이 없다. 1분일지라도 헛되이 할 수 없다.

유사 표현

なりとも ~이나마, ~라도

접속 **명사 + なりとも**

예문 歌舞伎《かぶき》については多少《たしょう》なりとも知《し》っています。

가부키에 관해서는 다소나마 알고 있습니다.

044 でなくてなんだろう / でなくてなんであろう

~이 아니고 무엇인가, ~바로 ~이다(화자의 강한 감정)

접속 명사 + でなくてなんだろう / でなくてなんであろう

예문 宗教紛争《しゅうきょうふんそう》で多《おお》くの人《ひと》が殺《ころ》されるなんて、これが悲劇《ひげき》でなくてなんだろう。

종교 분쟁으로 많은 사람이 살해되다니, 이것이 바로 비극인 것이다.

045 ときたら

~로 말할 것 같으면, ~로 말하자면(불만, 비난)

접속 명사 + ときたら

예문 うちの犬《いぬ》ときたら、泥棒《どろぼう》に入《はい》られても寝《ね》てばかりいたよ。

우리 집 개로 말할 것 같으면 도둑이 들어와도 잠만 잤어.

046 ともあろう

(명색이) ~(씩)이나 되는

접속 명사 + ともあろう + 者《もの》、人《ひと》

예문 大学生《だいがくせい》ともあろう者《もの》が簡単《かんたん》な漢字《かんじ》も書《か》けないなんて。

대학생이나 되는 사람이 간단한 한자도 못 쓰다니.

유사 표현

たる ~인, ~된(~의 자격을 갖추고 있는)

접속 명사 + たる

예문 親《おや》たる者《もの》は何《なに》があっても自分《じぶん》の子供《こども》をあきらめてはいけない。

부모된 자는 무슨 일이 있어도 자신의 자식을 포기해서는 안 된다.

047 まじき
~해서는 안 될, ~있어서는 안 될

접속 동사 사전형 + まじき + 명사

단, する는 す도 가능

예문 彼《かれ》の言動《げんどう》は教師《きょうし》としてあるまじきもので、とうてい許《ゆる》すことはできない。
그의 언동은 교사로서 있어서는 안 될 것이며, 도저히 용서할 수가 없다.

048 をおいて
~을 제외하고, ~을 빼고(달리 없다, 불가능하다)

접속 명사 + をおいて

예문 この仕事《しごと》を任《まか》せられるのは、田中《たなか》さんをおいてはほかにいない。
이 일을 맡길 수 있는 것은 다나카 씨를 제외하고는 달리 없다.

✔ 「何《なに》をおいても」는 '무슨 일이 있어도, 만사 제쳐 놓고'로 해석됨

049 てやまない
~해 마지 않다, 아주 ~하다(감정·기분 동사와 사용)

접속 동사 て형 + てやまない

예문 君《きみ》の今後《こんご》の幸《しあわ》せを願《ねが》ってやまない。
너의 앞으로의 행복을 너무나도 바란다.

050 くも何《なん》ともない / くも何《なん》でもない / でも何《なん》でもない
(전혀) ~하지 않다, ~은(는) 아니다(강한 부정)

접속 イ형용사 어간 + くも何《なん》ともない / くも何《なん》でもない

명사·ナ형용사 어간 + でも何《なん》でもない

예문 これくらいの怪我《けが》は痛《いた》くも何《なん》ともない。
이 정도의 상처는 전혀 아프지 않다.(아무렇지 않다.)

結婚《けっこん》記《き》念《ねん》日《び》でも何《なん》でもないのに夫《おっと》からプレゼントをもらった。
결혼기념일도 (뭣도) 아닌데 남편에게 선물을 받았다.

유사 표현 1

っこない ~할 리가 없다, 절대로 ~하지 않다 **N2 ⑰**

접속 **동사 ます형 + っこない**

예문 妹《いもうと》がパンを10個《こ》も買《か》ってきた。そんなに食《た》べきれっこないと思《おも》ったが、全《ぜん》部《ぶ》食《た》べてコーヒーまで飲《の》んでいる。
여동생이 빵을 10개나 사왔다. 그렇게는 다 먹을 수 없다고 생각했는데 전부 다 먹고 커피까지 마시고 있다.

유사 표현 2

ものか / もんか ~할까 보냐, ~하나 봐라 **N2 ⑩**

접속 **[동사·イ형용사·ナ형용사]의 명사 수식형(현재) + ものか / もんか**

예문 もう二度《にど》と彼《かれ》にお金《かね》を貸《か》してやったりするものか。
두 번 다시 그에게 돈을 빌려주나 봐라.

11. 문말 표현 051 - 056

051 ばそれまでだ / たらそれまでだ
~하면 그만이다(그것으로 끝이다)

접속 동사 ば형·동사 たら형 + ばそれまでだ / たらそれまでだ

예문 この機械《きかい》は水《みず》に弱《よわ》い。水《みず》がかかればそれまでだ。
이 기계는 물에 약하다. 물이 튀면 끝장이다.

052 まで(のこと)だ

~할(했을) 따름(뿐)이다, ~하면 그만이다

('달리 방법이 없기 때문에', '다른 의도 없이 단지 ~할 뿐이다'라는 뉘앙스를 지님)

접속 동사 사전형·동사 た형 + まで(のこと)だ

예문 バスがだめなら、電車《でんしゃ》で行《い》くまでのことだ。

버스로 못 가면 전철로 가면 그만이다.

053 やら

~인 건지, ~한 건지, ~할 건지(잘 모르겠다)

접속 [동사·イ형용사]의 보통형 + (の)やら / (もの)やら / (こと)やら

예문 この不景気《ふけいき》、いつまで続《つづ》くやら。

이 불경기 언제까지 계속될 건지.

054 はずではなかった

이런 게 아니었다(화자의 예측과 달라서 실망, 후회하는 기분)

접속 こんな + はずではなかった / 동사 사전형 + はずではなかった

예문 こんなはずではなかったのに。

이게 아닌데.(이런 게 아니었는데.)

+ 플러스 문법

はずだ ~인 것이다 N3 ⑩

접속 [동사·イ형용사·ナ형용사·명사]의 명사 수식형 + はずだ

예문 A 美香先輩《みかせんぱい》、学校《がっこう》辞《や》めたよ。 미카 선배 학교 그만뒀어.

B そう、道理《どうり》で見《み》かけないはずなんだね。 그래? 그래서 안 보이는 거구나.

「はず」는 주로 '당연, 확신, 예정'의 뜻으로 사용되며, 예문은 객관적 근거로 인해 '당연히 그렇구나'라고 납득을 하는 내용

055 てはばからない

~함에 거리낌이 없다, ~하기를 주저하지 않는다, 서슴없이 ~하다

접속 동사 て형 ➕ てはばからない

예문 彼《かれ》はその事件《じけん》と何《なん》の関係《かんけい》もないことを言《い》ってはばからない。

그는 그 사건과 어떤 관계도 없다고 주저없이 말한다.

056 にとどまらない

~에 그치지 않는다(머물지 않는다)

접속 동사 사전형·명사 ➕ にとどまらない

예문 A監督《かんとく》の映画《えいが》は、国内《こくない》にとどまらず、全世界《ぜんせかい》に広《ひろ》がっていった。

A 감독의 영화는 국내에 그치지 않고 전 세계로 퍼져 나갔다.

✔ 「にとどまる」는 '~(하기)에 그치다, 머물다'의 의미

12. 기타 활용 표현 057 - 063

057 てまえ(手前《てまえ》)

~하는(한) 이상은, ~의 면전에서(바로 앞에서)

접속 동사 사전형·동사 た형·명사 の ➕ てまえ

예문 子供《こども》のてまえ、恥《はじ》をかきたくない。

아이 앞에서 망신당하고 싶지 않다.

一人《ひとり》でやると言《い》ったてまえ、いまさらできないと言《い》えない。

혼자서 한다고 말한 이상, 이제 와서 할 수 없다고 말할 수 없다.

058 を経《へ》て

~을 거쳐서, ~을 겪고(절차·과정·시간·경험)

접속 명사 + を経《へ》て

예문 彼《かれ》は幾多《いくた》の困難《こんなん》を経《へ》て成功《せいこう》を収《おさ》めた。

그는 수많은 곤란을 겪고 성공을 거두었다.

059 ずじまい

~하지 못하고 끝남(후회·유감·실망의 기분)

접속 동사 ない형 + ずじまい

단, する는 せ가 됨

예문 藤《じい》井《ふ》さんのことが好《す》きだったが、好《す》きだと言《い》えずじまいだった。

후지이 씨를 좋아했지만, 좋아한다는 말을 못하고 말았다.

060 矢先《やさき》に

~하려는 참(찰나)에

접속 동사 た형 + 矢先《やさき》に

동사 의지형 + とする / とした + 矢先《やさき》に

예문 洗濯《せんたく》ものを干《ほ》そうとする矢先《やさき》に、雨《あめ》が降《ふ》り出《だ》した。

빨래를 널려고 하는 찰나에, 비가 내리기 시작했다.

유사 문법

拍子《ひょうし》に / 弾《はず》みに ~하는 순간(찰나)에(~한 순간의 기세나 계기)

접속 **동사 た형 + 拍子《ひょうし》に / 弾《はず》みに**

예문 電車《でんしゃ》の中《なか》で転《ころ》んだ拍子《ひょうし》に、知《し》らない人《ひと》の腕《うで》をつかんでしまった。
전철 안에서 넘어지는 순간에 모르는 사람의 팔을 잡아 버렸다.

ドアを閉《し》めた弾《はず》みに指《ゆび》を挟《はさ》んでしまった。
문을 닫는 순간에 손가락이 끼여 버렸다.

부주의로 일어나는 일 또는 의식하지 않고 일어나는 일에 자주 쓰이며, 「ふとした拍子《ひょうし》に 우연한 순간에」와 「ちょっとした弾《はず》みに / 弾《はず》みで 사소한 일(계기)로」는 관용구로 사용됨

061 にかこつけて
~을 핑계 삼아, 구실 삼아

접속 **명사** + **にかこつけて**

예문 息子《むすこ》は病気《びょうき》にかこつけて、学校《がっこう》を休《やす》んで部屋《へや》で一日中《いちにちじゅう》ゲームをしている。
아들은 아픈 것을 핑계 삼아, 학교를 쉬고 방에서 하루 종일 게임을 하고 있다.

062 くらいなら
~할 것 같으면, ~할 바엔

접속 **동사 사전형** + **くらいなら**

예문 何《なに》もしないで後悔《こうかい》するくらいなら、やって後悔《こうかい》した方《ほう》がいい。
아무것도 하지 않고 후회할 바엔, 하고 후회하는 것이 좋다.

+ 플러스 문법

ぐらいのものだ ~정도다(~정도이니까 가능하다, ~밖에 없다, ~뿐이다)

접속 **명사 + ぐらいのものだ**

예문 今時《いまどき》こんな古《ふる》いエアコンを使《つか》っているのは、うちぐらいのものだ。
요새 이런 오래된(낡은) 에어컨을 사용하고 있는 것은 우리집 정도다.(뿐이다.)

063 だけましだ

~만으로 (천만)다행이다

접속 [동사·イ형용사·ナ형용사·명사]의 수식형 ＋ だけましだ

단, 명사는 「の」대신 「である」、ナ형용사는 「な」 또는 「である」

예문 車《くるま》とぶつかって、メガネが壊《こわ》れちゃったけど、ケガがなかっただけましだ。

자동차와 부딪혀서 안경이 부서져 버렸지만, 다치지 않은 것만으로도 천만다행이다.

13. 경어(겸양·존경) 064 - 070

064 承《うけたまわ》る

(삼가) 듣다(**聞《き》く**의 겸양 표현)

예문 社長《しゃちょう》のご意見《いけん》を承《うけたまわ》りたいのです。

사장님의 의견을 듣고 싶습니다.

✔ 「承《うけたまわ》る」는 '듣다, 받다, 떠맡다, 전해 듣다'의 겸양 표현

065 風邪《かぜ》を召《め》す / お気《き》に召《め》す

감기에 드시다(**風邪《かぜ》をひく**의 존경 표현)

마음에 드시다(**気《き》に入《い》る**의 존경 표현)

예문 先生《せんせい》、お風邪《かぜ》を召《め》されたのですか。

선생님, 감기 드셨습니까?

お客様《きゃくさま》、この服《ふく》、お気《き》に召《め》しましたか。

손님, 이 옷 마음에 드세요?

✔ 「召《め》す」는 '먹다, 마시다, 입다, 타다, (나이를) 먹다, (감기에) 들다' 등의 존경 표현

066 お目《め》にかける / ご覧《らん》に入《い》れる

보여 드리다(**見《み》せる**의 겸양 표현)

예문 私《わたし》が撮《と》った写真《しゃしん》をご覧《らん》に入《い》れます。

제가 찍은 사진을 보여 드리겠습니다.

067 させていただく

~하겠습니다(**する**의 겸양 표현)

예문 10時《じ》をもちまして本日《ほんじつ》の業務《ぎょうむ》を終了《しゅうりょう》させていただきます。

10시로 오늘의 업무를 종료하겠습니다.

068 お(ご)~できる

~하실 수 있다(**お(ご)~する**의 가능 표현)

접속 お(ご) + 동사 ます형·명사 + できる

예문 注文《ちゅうもん》された本《ほん》は、今日《きょう》中《じゅう》にお届《とど》けできます。

주문하신 책은 오늘 중으로 보내 드릴 수 있습니다.

069 拝借《はいしゃく》する

빌리다(**借《か》りる**의 겸양 표현)

예문 この赤《あか》ペンをちょっと拝借《はいしゃく》してもよろしいですか。

이 빨간 펜을 잠시 빌릴 수 있을까요?

070 拝見《はいけん》する

보다(**見《み》る**의 겸양 표현)

예문 先《さき》ほど、お送《おく》りいただいたメールを拝見《はいけん》しました。

좀 전에 보내주신 메일을 봤습니다.

문법 형식 판단 | 예상 문법 연습 문제 ❶

問題 5 次の文の（　　　）に入れるのに最もよいものを、1・2・3・4から一つ選びなさい。

1　毎日電車で学校に行ったが、今月からは運動（　　　）歩いて行くことにした。

1　がてら　　2　ついでに　　3　ながらも　　4　ゆえに

2　この不景気はいつまで続く（　　　）。

1　とは　　2　だろうに　　3　やら　　4　ものだ

3　店長、個人的な事情で、今日（　　　）やめさせていただきます。

1　を限りに　　2　を限りで　　3　に限って　　4　に限っては

4　佐藤さんは、ここ6か月（　　　）会社を休んで旅行に行ってきたそうだ。

1　というの　　2　ということ

3　というもの　　4　というと

5　このそば屋は東京の4店舗の開業を（　　　）全国各地に続々と出店している。

1　皮切りに　　2　きっかけに

3　はじめとして　　4　前提として

6 料理には慣れぬ（　　　　）レシピ通りにやったが失敗してしまった。

1　ことだし　　2　こととて　　3　にしたって　　4　からといって

7 彼女は猫を飼っていて（　　　　）引っ掻き傷だらけだ。

1　手であれ足であれ　　2　手なり足なり

3　手といい足といい　　4　手とも足とも

8 彼は部屋の中で（　　　　）しながら、物思いに耽っている。

1　行きつ戻りつ　　2　行こうか行くまいか

3　行こうと行くまいと　　4　行くかどうか

9 娘は希望する大学に合格（　　　　）寝る間も惜しんで勉強している。

1　せんばかりに　　2　せんがために

3　するかのように　　4　するかのごとく

10 何の断り（　　　　）他人のものを使ってはいけない。

1　なしに　　2　ことなく　　3　からして　　4　のうえでは

정답 및 해설 p.119

문법 형식 판단 | 예상 문법 연습 문제 ❷

問題 5　次の文の（　　　）に入れるのに最もよいものを、1・2・3・4から一つ選びなさい。

1　三浦さんは看護師として（　　　）週末はダンス教室でダンスを教えている。

1　働くついでに　　2　働くや否や

3　働くかたわら　　4　働きがてら

2　パンに目がない娘はパンを一口（　　　）全部食べ切ってしまう。

1　食べたら最後　　2　食べるそばから

3　食べたなり　　4　食べる一方で

3　いくら健康のため（　　　）サプリメントの摂りすぎはよくないと思う。

1　とあれば　　2　ともなると　　3　とはいえ　　4　とあって

4　もう過ぎ去ったことを後悔（　　　）何も変わらない。

1　しつつも　　2　したにもかかわらず

3　しながらも　　4　したところで

5　君が何を（　　　）私には無関係だ。勝手にしろ。

1　しようが　　2　しようか　　3　したのに　　4　するのに

예상 문법 연습 문제를
더 풀어 보고 싶다면 아래의 QR을 스캔하세요.

연습문제 ③ 연습문제 ④ 연습문제 ⑤

6 子育ては苦労（　　　）それなりの楽しみがある。

1　からして　　2　だからこそ　　3　こそあれ　　4　ゆえに

7 成績が少し落ちたからといって、そこまで落ち込む（　　　）。

1　にはあたらない　　2　にたえない

3　にかたくない　　4　にとどまる

8 仕事と家事、育児までやらなければならない彼女の苦労は想像（　　　）。

1　を禁じ得ない　　2　せずにはすまない

3　にかたくない　　4　にすぎない

9 どんな理由があったとしても、児童虐待は許す（　　　）行為だ。

1　べからざる　　2　までもない　　3　べくして　　4　めいた

10 不本意だとしても、相手を傷つけてしまったら（　　　）だろう。

1　謝らずにはいられない　　2　謝らずにはすまない

3　謝ってすむ　　4　謝るだけまし

정답 및 해설 p.122

문제 6

1교시 언어 지식(문법)

문장 만들기

출제 경향

문장 만들기는 총 5문제가 출제된다. 4개의 선택지에 제시된 어휘를 올바른 순서로 나열하여 하나의 문장을 완성하는 문제이다. 문법과 문맥상 의미를 고려해서 문형, 어휘를 바르게 조합할 수 있는지가 관건이다. 선택지 4개를 알맞게 나열했다면 밑줄에 대입하여 전체 문장의 해석이 적절한지 꼭 확인하도록 한다. '주어 + 서술어', '주어 + 목적어 + 타동사'와 같이 기본적인 문장 구조를 이해하고 있어야 하며, 기능어의 접속 형태를 숙지해 두면 좋다.

풀이 전략

★ 문장의 올바른 해석을 묻는 경우

예 河川《かせん》の氾濫《はんらん》 ＿＿＿ ＿＿＿ ＿★＿ ＿＿＿ ずっと雨《あめ》が降《ふ》っている。

1 が ✔　　2 なかった　　3 こそ　　4 午前中《ごぜんちゅう》

① 4개의 선택지에 해석을 붙여 본다 → ② 빈칸 앞뒤의 내용과 조합해 본다 → ③ 주어와 동사 수식 관계를 살핀다 → ④ 빈칸에 선택지 번호를 써 놓고 전체 문장 배열이 문맥에 맞게 되었는지 해석을 해 본다.

★ 문형이 포함되어 있는 경우

예 彼《かれ》はあまりにも率直《そっちょく》で ＿＿＿ ＿★＿ ＿＿＿ ＿＿＿ に疎《うと》まれている。

1 ゆえに　　2 が ✔　　3 まじめすぎる　　4 友《とも》だち

① 문형이 있는 선택지를 중심으로 일단 뜻을 파악한다 → ② 접속 형태를 확인하고 그에 맞게 배열해 본다 → ③ 빈칸 앞뒤의 내용과 조합해 본다 → ④ 빈칸에 선택지 번호를 써 놓고 전체 문장 배열이 문맥에 맞게 되었는지 해석을 해 본다.

★ 부정을 수반하거나 의미가 다양한 부사

부정 수반	一切 일절, 전혀	添加物《てんかぶつ》を一切《いっさい》使《つか》わない味噌汁《みそしる》です。 첨가물을 전혀 사용하지 않은 된장국입니다.
다의어	まるで 마치, 전혀	このワイン、高《たか》いだけに味《あじ》がまるで違《ちが》う。 이 와인 비싼 만큼 맛이 전혀 다르다.

부정 표현이 나와야 의미가 성립된다거나, 문맥에 따라 여러 가지 의미로 해석되는 부사가 있다면 주의해야 한다. 해당 부사가 수식하는 요소를 명확하게 연결해야 오답률을 줄일 수 있다.

문제 예시

問題6　次の文の ＿★＿ に入る最もよいものを、1・2・3・4から一つ選びなさい。

36　人事異動で新しい部署で働くことになった上田さん。これまでの仕事と勝手が違って悩んでいる ＿＿ ＿＿ ＿★＿ ＿＿ という。

1 そうでもない　　2 思いきや
3 と　　4 のではないか

공략법 ❷
대화 흐름상 내용이 가장 자연스럽게 연결되도록 나열한다.

공략법 ❶
선택지 중에서 연결할 수 있는 선택지가 있는지 확인한다.

풀이 요령

★ 풀이 요령 1

「～と思《おも》いきや」는 보통형에 접속하여 '~라고 생각했는데'라는 의미를 나타내므로, 3번과 2번을 연결할 수 있다. 이렇듯 조사가 개별 선택지로 제시되어 있는 경우는 기능어 등의 문형을 이룰 수 있는지 먼저 체크하여 풀이 시간을 단축하면 좋다.

★ 풀이 요령 2

문장의 흐름을 보면, '고민하고 있을 거라고 생각했는데, 그렇지도 않다고 한다'는 의미인 것을 알 수 있으므로 바르게 나열하면 4-3-2-1이 된다. 밑줄 위에 선택지 번호를 잘 써 두고, 마지막으로 전체 문장을 해석해 자연스러운지 확인한다.

해석

문제 6　다음 문장의 ＿★＿ 에 들어갈 가장 알맞은 것을 1・2・3・4에서 하나 고르세요.

36　인사 이동으로 새로운 부서에서 일하게 된 우에다 씨. 지금까지의 일과 사정이 달라 고민하고 있는 ＿＿ ＿＿ ＿★＿ ＿＿ 고 한다.

1　그렇지도 않다　　2　생각했는데 ✔　　3　~라고　　4　~것은 아닌가

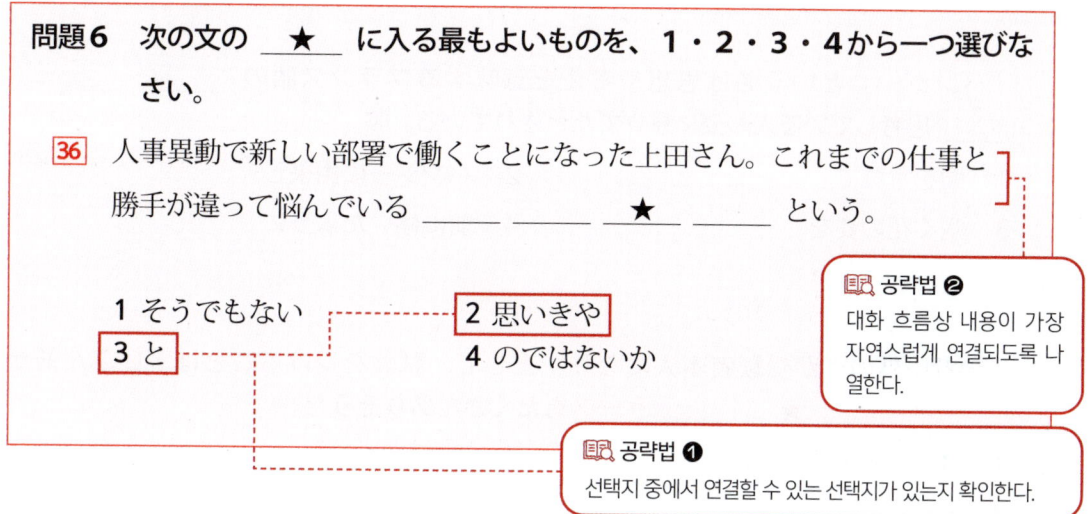

문제 6 1교시 언어 지식(문법)

채점:

문장 만들기 | 연습 문제

問題 6 次の文の ＿★＿ に入る最もよいものを、1·2·3·4から一つ選びなさい。

1 「パンジー」という名は思想や考えを意味するフランス語の ＿＿＿ ＿＿＿ ＿★＿ ＿＿＿ 思考している人の姿に見立てたとされている。⑯

1 頭を垂れて　　2 パンジーに由来し
3 咲く花の姿を　　4 前に傾いたように

2 受験者以外の者が受験者本人になりすまして、試験を受けることはずいぶん前から ＿＿＿ ＿＿＿ ＿★＿ ＿＿＿ ケースもたくさんありそうだ。

1 メディアで騒がれたもの　　2 発覚していない
3 あったようで　　4 もあれば

3 会社での肩書が部長 ＿＿＿ ＿＿＿ ＿★＿ ＿＿＿ 社員１０名しかいない小さな町工場である。⑱

1 聞こえはいいが　　2 である
3 平たく言えば　　4 といえば

4 ネットの閲覧中に広告が表示されるのはいいが、何かについて検索しているときに突如現在の ＿＿＿ ＿★＿ ＿＿＿ ＿＿＿ 自動で表示されるようにするのはしないでほしい。

1 閲覧内容と　　2 関連　　3 広告内容を　　4 付けさせて

5 親からちやほや育てられた妹のミリはあたかも自分が ＿＿＿ ＿★＿ ＿＿＿ ＿＿＿ ふるまっている。⑪

1 お姫さま　　2 かの　　3 ごとく　　4 である

6 同じ映画でもその日の感情の働き ＿＿＿ ＿★＿ ＿＿＿ ＿＿＿ こともあるので同じ映画を何回見てもいいのだ。

1 によって　　2 ように　　3 感じられる　　4 違う

7 彼がどんな苦境に立っても ＿＿＿ ＿＿＿ ＿★＿ ＿＿＿ にほかならない。⑮

1 研究を成し遂げられたのは　　2 挫折することなく
3 家族や友人がいたから　　4 いつも支えてくれる

8 電車に乗ろう ＿＿＿ ＿＿＿ ＿★＿ ＿＿＿ 家に忘れてきたことに気づいて家に引き返した。

1 に　　2 書類を　　3 矢先　　4 とした

정답 및 해설 p.125

문제 7

1교시 언어 지식(문법)

글의 문법

출제 경향

글의 문법은 총 4~5문제가 출제된다. 주어진 글의 흐름에 맞는 단어나 구, 문장 등을 고르는 유형이다. 글의 흐름, 문장과 문장 사이의 관계를 잘 파악하여 앞뒤 연결이 자연스러운 표현을 찾는 것이 포인트이다. 빈칸의 앞뒤 의미에 집중하는 것도 중요하지만, 글 전체의 흐름을 이해해야 오답을 피할 수 있기 때문에 지문을 정독할 필요가 있다.

풀이 전략

★ 부사를 고르는 문제

부사는 상태나 행동을 구체화하고 강조하면서 미묘한 뉘앙스 차이를 가져올 수도 있기 때문에, 문맥에 맞는 부사의 적절한 사용 역량은 중요한 평가 요소가 된다. 다양한 부사의 종류를 학습해 두고, 뉘앙스 차이를 구분해 보면 좋다.

예 「**非常《ひじょう》に** 매우(정도)」, 「**たまに** 가끔(빈도)」, 「**そのうち** 머지않아(시간)」, 「**急遽《きゅうきょ》** 갑작스럽게(방법)」, 「**かえって** 오히려(대조)」, 「**恐《おそ》らく** 아마(추측)」

★ 접속사를 고르는 문제

앞뒤 내용의 관계에 따라 '순접', 또는 '원인/이유'의 접속사가 필요한 경우가 있으며, '역접'의 접속사는 그 부분을 기점으로 글의 흐름을 바꿔버리므로, 접속사를 기능별로 구분하여 암기해 둔다.

예 「**しかし** 그러나(역접)」, 「**したがって** 따라서(순접)」, 「**なぜなら** 왜냐하면(이유)」, 「**一方《いっぽう》** 한편(대비)」, 「**さて** 그럼, 그런데(전환)」, 「**なお** 또한, 더욱이(보충)」 등…

★ 문말 표현을 고르는 문제

특히 형식 명사를 포함한 문말 표현은 필자의 의도 전달이나 감정 표현 등에 큰 영향을 미치므로, 자주 나오는 표현들을 정리해서 학습해 두면 좋다. 해당 문말 표현을 통해 필자 의견이 추측인지 강조인지, 또는 부분 부정인지 등을 파악해서 글의 흐름에 맞는 것을 골라야 한다.

예 「**～べきだ** ~해야 한다(의무, 권고)」, 「**～はずだ** ~할 것이다(추측, 확신)」, 「**～なくもない** ~않다고 할 수 없다(부분 부정, 가능성이 있다는 뉘앙스)」 등…

문제 유형 예시

問題７　次の文章を読んで、文章全体の趣旨を踏まえて、４１～４２の中に入る最も良いものを、１・２・３・４から一つ選びなさい。

> **공략법 ❶**
> 지문 내용은 반드시 순서대로 꼼꼼하게 읽어야 한다.

娘が高校生の頃、どう勉強させるかについて悩んだものだ。[41] 時に、「子どもに勉強させる方法」という本を読んだ。中でも納得したのが、テレビのことだ。

「東大に合格した子どもの家庭にはテレビがなかった。テレビがあると散漫になり子どもは勉強に集中できない。家の中からテレビを無くしましょう。」これはうなずける。

そこで、早速、買ったばかりの最新のテレビを、思い切って処分してしまった。[42] 、今までテレビを見ていた時間に勉強してくれると思っていたのに、部屋でパソコンのインターネットに釘付けだったのである。さらには、テレビを見ながらしていた家族の会話も少なくなってしまった。

[41]　1　そういう　　2　する　　3　あの　　4　やろうという

[42]　1　もっともである　　2　当然である
　　　3　ところがである　　4　例えばである

> **공략법 ❷**
> 빈칸이 나오면 앞뒤 내용을 확인한다.
> → ① 지문 내용을 이해했을 경우, 선택지를 보기 전에 스스로 빈칸의 내용을 유추해본 뒤 선택지와 비교해서 답을 고르기
> → ② 지문의 내용을 확실하게 이해하지 못했을 경우, 선택지를 먼저 보고 지문에 대입해 보면서 답을 고르기

글의 문법

풀이 요령

★ 괄호의 앞뒤 내용을 확인한다.

41 '딸에게 어떻게 공부시킬지 고민하고는 했다' → (   ) → '아이에게 공부시키는 방법이라는 책을 읽었다.' 즉, 괄호 안에는 고민을 하고 있을 '그때'를 의미한다는 것을 알 수 있다.

42 '동경대에 합격한 아이의 가정에는 텔레비전이 없었기에 산 지 얼마 안 된 텔레비전을 처분했다' → (   ) → '공부를 할 거라고 생각했는데 방에서 컴퓨터 인터넷에 집중하고 있었다.' 즉, 괄호 안에는 역접의 내용이 들어가야 한다는 것을 알 수 있다.

★ 선택지를 확인한다.

41 '그러한' 때가 되는 1번이 정답이다.

42 '그런데 말이다'라는 역접의 의미가 들어 있는 3번이 정답이다.

해석

문제 7 다음 글을 읽고 글 전체의 취지를 근거로 하여, 41에서 42 안에 들어갈 가장 알맞은 것을 1・2・3・4에서 하나 고르세요.

딸이 고등학생일 무렵, 어떻게 공부시킬까 하는 것에 대해 고민하고는 했다. 41 그러한 때에 '아이에게 공부시키는 방법'이라는 책을 읽었다. 그중에서도 납득한 것이 텔레비전에 관한 것이다.

'동경대에 합격한 아이의 가정에는 텔레비전이 없었다. 텔레비전이 있으면 산만해지게 되어 아이는 공부에 집중할 수 없다. 집안에서 텔레비전을 없앱시다.' 이것은 수긍이 된다.

그래서 즉시 산 지 얼마 안 된 텔레비전을 과감히 처분해 버렸다. 42 그런데 말이다. 지금까지 텔레비전을 보던 시간에 공부를 할 거라고 생각했는데 방에서 컴퓨터 인터넷에 집중하고 있는 것이다. 게다가, 텔레비전을 보면서 나눴던 가족의 대화도 줄어들어 버렸다.

41	1 그러한 ✔	2 하는	3 저	4 하려고 하는
42	1 지당하다	2 당연하다	3 그런데 말이다 ✔	4 예를 들면 말이다

글의 문법 | 연습 문제

問題7 次の文章を読んで、文章全体の趣旨を踏まえて、1～4 の中に入る最も良いものを、1·2·3·4から一つ選びなさい。

以下はある小説家が書いたエッセイである

せっかく読書をしようと意気込んでも、5分も経たないうちに疲れてしまったり、眠くなってしまったりしますよね。字を見るだけで疲れてしまう人も結構いれば、寝付くために本を読む人さえいます。この眠気と疲労は明らかに読書がきっかけで起こり、読み始めると同時に眠気がさして知らぬ間にうとうとしてしまいます。もちろんすらすらと、そしてもくもくと本の世界に入り込んでいける人も [1] が、しかしそれは本好きの人のことで、ここで問題にしていることからすれば例外です。

それでは、どうして集中力が続かないのでしょうか。一番の原因は脳と目が疲れて情報がはいってくるのをシャットアウトしてしまうからです。もう一つの原因は「馴《じゅん》化《か》」という概念で説明できます。「馴」というのは「なれる」という意味で、外部から同じような刺激が続くと、私たちの身体がなれてしまい、その刺激に対して反応が [2] 。目で文字を追うという単純な動作に体がなれてしまって、眠くなってくるわけです。

そこで、眠くならずに本を読むためには、次の五つの部分に注意 [3] どんなに努力しても眠気から離れられないでしょう。

(1) タイムリミットを設けて本を読むこと

(2) 眠い時は無理せず休息をとること

(3) 自分のレベルに適した本を読むこと

(4) 背筋をピンと伸ばして本を読むこと

(5) ポイントや理解できない部分をノートにまとめてみること

この五つの部分に注意しながら本を読むのはしんどいかもしれませんが、慣れてくればどんどん [4] 。

1　1　いるとも限らないです　　2　いないわけでもないです
　　3　いないはずがないです　　4　いるまでのことです

2　1　だるくなってしまうのです　　2　きつくなってくるのです
　　3　強くなってくるのです　　4　鈍くなってしまうのです

3　1　しなければ　　2　すれば　　3　しても　　4　しなくても

4　1　楽しくなるべきです　　2　楽しくなるに限ります
　　3　楽しくなるはずです　　4　楽しくなくもないです

정답 및 해설 p.129

문제 5

1교시 언어 지식(문법)

문법 형식 판단 실전 테스트 ①

제한 시간 12분

問題 5　次の文の（　　　　）に入れるのに最もよいものを、1・2・3・4から一つ選びなさい。

26 経済の発展で生活は豊かになったが、豊かさ（　　　　）心の余裕がなくなってしまった。⑱

1　にもまして　　2　はおろか　　3　と引きかえに　　4　をふまえて

27 彼の素晴らしい頭脳と今まで築いてきたノウハウ（　　　　）ワクチン開発は可能だと思います。⑬⑮⑳㉒

1　を契機として　　2　をこめて

3　をもってすれば　　4　をかわきりとして

28 少子高齢化で国内市場の縮小が避けられない中、今後は海外の市場の開拓が一つ決め手（　　　　）ようだ。⑩⑰

1　となりつつある　　2　というほどではない

3　としつつある　　4　とは限らない

29 風邪をひいている娘のことが心配だけど、仕事がある私としては明日保育園に預けて、仕事に行く（　　　　）。⑱

1　までもない　　2　しかあるまい

3　などあるものか　　4　ことさえできない

30 ひき逃げ事故の犯人は彼だという動かぬ証拠があるにもかかわらず、彼は素直にすべてを（　　　　）。⑮㉕

1　白状するきらいがある　　2　白状しなくもない

3　白状しようとはしなかった　　4　白状せざるを得なかった

31 「今後、このようなことが二度と起こらないよう、再発防止に努めて（　　　）」。と謝罪した⑭㉕

1　承ります　　2　まいります

3　いたします　　4　うかがいます

32 この部屋は二重ドアで防音してあるので、大きい声で（　　　）声がもれない。⑭⑯

1　話そうとも　　2　話したといえば

3　話したにもかかわらず　　4　話そうにも

33 エアコンが故障したのか、生ぬるい風が出るし嫌な臭いまでして、（　　　）極まりなかった。⑩⑬㉑

1　不快　　2　不快の　　3　不快な　　4　不快で

34 甘いものが苦手で、普段甘いものは食べないが、いただきものであるチョコケーキを一口食べてみた。このくらいの甘さなら（　　　）。⑭㉓

1　食べられなくはない　　2　食べられもしない

3　食べられるわけではない　　4　食べられたもんじゃない

35 彼の思想はあまりに過激で、たいていの人には（　　　）だろう。⑩

1　受け入れることはない　　2　受け入れられはしない

3　受けいれはしない　　4　受け入れられるのではない

정답 및 해설 p.133

문제 5

1교시 언어 지식 (문법)

문법 형식 판단 실전 테스트 ②

제한 시간 12분

問題 5 次の文の（　　　　）に入れるのに最もよいものを、1・2・3・4から一つ選びなさい。

26 ハリウッドの有名な映画監督がやってくる（　　　　）、空港には大勢の人たちが待ち受けていた。⑪

1　にしたって　　2　とあれば　　3　ともなると　　4　とあって

27 この新しく発見された生物に関しては、まだ（　　　　）明らかなことが分かっていない。⑩⑮㉒

1　とても　　2　さぞかし　　3　まさか　　4　いっさい

28 学生時代に耽っていたヘビーメタルを聞くと、あの頃のことが（　　　　）ひとりでに笑みがもれる。⑭⑮

1　思い出されて　　2　思い出して

3　思い出させて　　4　思い出させられて

29 その日、私はレシピ通りにスパゲッティを作ってみた。どころが、スパゲッティ麺が半煮えしてしまった（　　　　）。⑩⑪⑲

1　ではない　　2　ではないか

3　のではない　　4　のではないだろうか

30 試験勉強で昨日は全然寝られなかったから、今日試験中、眠い（　　　　）。⑬

1　といったらなかった　　2　にかぎる

3　にこしたことはない　　4　ともかぎらなかったと

31 いじめ、暴力、殺人、残酷極まりない青少年問題が深刻化している。犠牲者が（　　　）遅い。⑮

1　出て以来　　　2　出ることからして

3　出ただけでは　　　4　出てからでは

32 この度は、多大なご迷惑をおかけして、心から申し訳なく、深く（　　　）。

1　詫びていただきます　　　2　詫びていらっしゃいます

3　お詫びいただきます　　　4　お詫びいたします

33 電車の中で、スマホゲームに夢中になってしまって、あやうく一駅（　　　）ところだった。⑱⑲

1　乗り越す　　2　乗り越した　　3　乗り越せる　　4　乗り越せた

34 親の一言が子供の自己肯定感を高める場合もあるが、時には何気ない言葉がやる気を（　　　）。

1　失わせてしまうしまつだ　　　2　失わせてしまうだけましだ

3　失わせてしまいかねない　　　4　失わせてしまうまでのことだ

35 努力が常にいい結果につながるとは限らない。今は、ただ結果を考えず、やるまでのことだ。それが（　　　）。⑳

1　人生でもなんでもない　　　2　人生といったところだ

3　人生ってもんだ　　　4　人生ということだ

정답 및 해설 p.137

문제 5 1교시 언어 지식(문법)

문법 형식 판단 실전 테스트 ③

제한 시간 12분

問題 5 次の文の（　　　）に入れるのに最もよいものを、1・2・3・4から一つ選びなさい。

26 子供が小学生になったの（　　　）、再び働き始める女性が増えつつある。⑩㉓

1　にかこつけて　2　をふまえて　3　を機に　4　にひきかえ

27 メーカーはより簡単（　　　）安価に、お年寄り向けのスマホを製造している。⑬

1　かつ　2　やや　3　くしくも　4　むしろ

28 （大学の校庭で）

A「恵理ちゃん、最近、学校に来てないようだね。」

B「あいつ、学校辞めたよ。」

A「あ、そっか、道理で、見かけない（　　　）。」⑩

1　に違いない　2　に決まっている

3　はずだ　4　ということだ

29 ご不明な点があれば、ご遠慮なくお問い合わせ（　　　）存じます。⑩

1　いたしたく　2　いただきたく

3　うかがいたく　4　申し上げたく

30 難しい数学の問題に挑戦してみた。時間はかかったが、考えたより簡単に（　　　）と思った。⑮

1　解くものだ　2　解くに限る

3　解けるものだ　4　解いただけのことはある

31 大手自動車メーカが７年ぶりにフルモデルチェンジした新型電気自動車の予約販売を始める（　　　　）、待ちに待った私としてはすぐ予約せずにはいられない。⑬

1　とあって　　2　とあっては　　3　ともなく　　4　にあって

32 景気低迷の長期化で、会社の運営が難しくなってきたので、社員らに対する報酬は（　　　　）と社長は悩んでいる。⑬

1　どうしたことか　　2　どうしたものか

3　どうだったことか　　4　どうだったものか

33 赤字削減のために100人の社員の解雇が検討されているが社員たちにしてみれば、突然なことで直ちに（　　　　）と思われる。⑪

1　納得するきらいがあるのではないか　　2　納得しないものでもないではないか

3　納得しがたいのではないか　　4　納得しないわけにはいかないではないか

34 うちの子は思春期なのか、事々に反抗してます。親として黙々と見守って一切、関与する（　　　　）。⑩

1　わけではないでしょうか　　2　わけにはいかないでしょうか

3　べきではないのでしょうか　　4　べきなのでないでしょうか

35 どうやらうちの猫、飼い主の留守（　　　　）いたずらをしたらしく、部屋がめちゃくちゃだ。⑱

1　をいいことに　　2　もさることながら

3　をふまえて　　4　からして

정답 및 해설 p.141

1교시 언어 지식 (문법)

문법 형식 판단 실전 테스트 ④

제한 시간 12분

問題 5 次の文の（　　　）に入れるのに最もよいものを、1・2・3・4から一つ選びなさい。

26 最近、飲酒運転による死亡事故が相次いでいるの（　　　）政府は飲酒運転に対する処罰を強化することにした。⑪⑭㉔

1 を受けて　　2 にもまして　　3 を含めて　　4 につれて

27 私たち姉妹は双子で見かけはよく似ているが、性格は（　　　）違う。⑮

1 とうとう　　2 しょせん　　3 まるで　　4 たとえ

28 この作品には、彼女の故郷への一途《いちず》な（　　　）があふれています。⑩

1 考え　　2 思い　　3 見込み　　4 本音

29 最近は紙の辞書より電子辞書を多く使うが、紙には紙（　　　）温かみがあると思う。⑪⑱⑳

1 ごときの　　2 並みの　　3 がらみの　　4 ならではの

30 注意されたそばからまた同じミスを犯すなんて、情けない（　　　）。⑭

1 と言えばいいきれない　　2 とさえ言うつもりだ

3 としか言いようがない　　4 と言っても仕方がない

31 スパゲッティで有名な店の予約なので、一ヵ月くらいは（　　　　）、案外、今週末に予約が取れた。⑬ ㉑

1　待たされたかと思えば　　　　　2　待たされると思いながらも

3　待たされるかと思いきや　　　　4　待たされたことと思おうと

32 この間、結婚についての私の意見は、ただ個人的な観点からの考えを（　　　　）結婚そのものが悪いというわけではない。⑩

1　話そうとしたにもかかわらず　　2　話しそうもなかったに過ぎず

3　話しそうになったにもかかわらず　4　話そうとしたに過ぎず

33 私が幼稚園に（　　　　）のころ、母に買ってもらった亀二匹は、２０年経った今も元気に生きている。⑭

1　入ろうが入るまいが　　　　　　2　入るか入らないか

3　入ろうか入るまいか　　　　　　4　入るにせよ入らないにせよ

34 夢は反対だと言われるが、自分が死ぬ夢は不吉に（　　　　）。⑬

1　思う　　　2　思っている　　　3　思われる　　　4　思わせる

35 本当にいやだと思ったら、直ちに「いや」と（　　　　）、彼は本音を言えず、いつも損をする。⑭㉑

1　言おうとしたって　　　　　　　2　言うにしたって

3　言えばいいものを　　　　　　　4　言わないものを

정답 및 해설 p.145

문법 형식 판단 실전 테스트 ⑤

제한 시간 12분

問題 5 次の文の（　　　）に入れるのに最もよいものを、1・2・3・4から一つ選びなさい。

26 手術の途中、患者が突然、死亡したのが釈然としなかった遺族は医療事故（　　　）病院に損害賠償を求めた。⑩⑫⑰

1　として　　2　にして　　3　を機に　　4　を限りに

27 最近、小さい字が読みづらくなってきた。年（　　　）年だけに、もう私も老眼鏡をかけなきゃ。⑬

1　という　　2　は　　3　から　　4　が

28 世界一の大きさを誇る遊覧船JJは、劣化で今月いっぱいまでの運航（　　　）廃棄するということだ。⑭

1　をふまえて　　2　を最後に　　3　にあたって　　4　に沿って

29 いつも借金を踏み倒して行方をくらます彼女に、もう二度とお金を貸してやったり（　　　）。⑩

1　こそするものか　　2　などするものか

3　こそすることか　　4　などすることか

30 母「千尋の今度の数学コンテスト。例年より難しくなるんだって。本選まで行くのは無理かもしれないね。」

父「試験の結果は（　　　）わかんないものよ。」⑱

1　受けてるって　　2　受けちゃおうと

3　受けちゃうのが　　4　受けてみなきゃ

31 一度や二度の失敗で、人生が（　　　　）、落ち込まないで。⑪

1　終わるわけにはいかないし　　2　終わるわけじゃあるまいし

3　終わるわけだったんだから　　4　終わらないわけではないだろうから

32 中学生の息子は、突然、歌を歌ったり踊ったり、（　　　　）、自分の部屋に閉じこもってしまったりする。もう、思春期かな。⑱

1　そうかと思って　　2　こうだとみられて

3　そうかと思えば　　4　こうかとみれば

33 皮肉なことに、私たちが追い求めてきた豊かさや便利さこそが地球を破壊しているだけでなく、自然そのもの（　　　　）人間さえ蝕んでいる。⑮

1　とでもいうべき　　2　ならではの

3　になるべからざる　　4　ともあろう

34 今日はPM 2.5の濃度が高いので、呼吸器官が弱い人はつらいらしい。のどがカラカラで、軽いせきが出る（　　　　）ひどい場合は呼吸混乱があることもあるそうだ。⑪

1　ほどにならないとしても　　2　だけましだとすれば

3　くらいはいいとしても　　4　わけではないとすれば

35 (インタビューで)

山崎「最初からコックになる（　　　　）、そうじゃないんです。もともと、私は小学校の先生になりたくて教育大学に進学しました。」

記者「では、いつ、進路を変えたんですか。」⑪⑰㉒㉓

1　つもりだったかっていうと　　2　はずじゃなかったっていうと

3　はずがなかったかっていうと　　4　つもりじゃなかったのかっていわれたら

정답 및 해설 p.149

문제 5

1교시 언어 지식(문법)

문법 형식 판단 실전 테스트 ⑥

제한 시간 12분

問題 5 次の文の（　　　）に入れるのに最もよいものを、1・2・3・4から一つ選びなさい。

26 うちの息子の趣味はフィギュアを買い集めることで、棚（　　　）棚はフィギュアで埋め尽くされている。⑭

1 に　　2 との　　3 なりの　　4 という

27 母はすし屋一筋で、お店の中にお客様が（　　　）かぎり、お店は閉めないと言っている。⑭⑰

1 いない　　2 いる　　3 いた　　4 いなかった

28 この通販会社は小口の注文であっても一日で自宅まで届けてくれる。その便利さ（　　　）多くの人々に利用されている。⑪⑯⑰

1 にしたって　　2 ゆえに　　3 どころか　　4 なしには

29 あの学生はレポート（　　　）いつもきちんと提出するが、成績はかんばしくない。⑲

1 ぐらいは　　2 こそ　　3 だけに　　4 ばかり

30 母の好みを考えずに、店員に（　　　）、花柄の半ズボンを買ってしまった。⑩㉒

1 勧められるものを　　2 勧められたものを

3 勧められるまま　　4 勧められたまま

31 現在、家庭ごみを（　　　　）、ごみ袋を有料化し、消費者が処理費用の一部を負担することになっている。⑫⑱

1　減量しようとも　　2　減量するべく
3　減量してこそ　　4　減量するとはいえ

32 本好きの太田さんは希少本を手に入れて嬉しがっているが、私に（　　　　）、だれも欲しがらない本といった方がよさそうなしろものだ。⑬

1　言われれば　　2　言うなら　　3　言わせると　　4　言わされたら

33 （電話で）
A「明日９時に空港までお迎えに（　　　　）ので、その場でお待ちください。」
B「ありがとうございます。では空港に着いたら連絡します。」⑫⑳

1　あがります　　2　いたたきます
3　お目にかけます　　4　お目にかかります

34 酒は好きだけど、毎日飲む（　　　　）。⑩㉕

1　ほどのことではない　　2　までのことだ
3　だけのことにすぎない　　4　ほどのことにすぎない

35 今日はついていない。朝寝坊して電車に遅れるし、それにうっかり書類を置き忘れて部長に（　　　　）。㉔

1　怒られるに限ったことではなかった　　2　怒られる始末だった
3　怒られた始末だ　　4　怒られたに限ったことではない

정답 및 해설 p.153

문제 6

1교시 언어 지식 (문법)

문장 만들기 실전 테스트 ①

제한 시간 6분

問題 6　次の文の ＿＿★＿＿ に入る最もよいものを、1・2・3・4から一つ選びなさい。

36 柿山市出身の漫画家井上雪の未発表作を ＿＿＿＿ ＿＿★＿＿ ＿＿＿＿ ＿＿＿＿ 、来月中旬頃に開催される見込みです。⑳

1　展示会が　　2　公にしようと
3　取り組んできた　　4　柿山市が

37 生きてきた人生を顧みた時、 ＿＿＿＿ ＿＿＿＿ ＿＿★＿＿ ＿＿＿＿ 今の時間を大切にしています。⑰

1　もっと有意義な人生を送れたはずだと　　2　あの時ああしていたら
3　ないように　　4　悔やむことの

38 先月、営業部からマーケティング部にいきなり異動することになった。これまでとは ＿＿＿＿ ＿＿＿＿ ＿＿★＿＿ ＿＿＿＿ 疲れがたまる。

1　勝手が　　2　慣れない分
3　違うので　　4　余計に

39 アホウドリは警戒心が非常に薄く、陸上において人間が近づいても ＿＿＿＿ ＿＿＿＿ ＿＿★＿＿ ＿＿＿＿ アホウドリという名がつけられた。

1　がゆえに　　2　逃げず
3　すぐに捕まってしまって　　4　歩き方も不器用である

40 日本のスタートアップが開発した生成AIの進化版、デジタルクローンは人間の容姿や音声だけでなく性格や考えも ＿＿＿＿ ＿＿＿＿ ＿＿★＿＿ ＿＿＿＿ の代わりに働くことができるそうだ。

1　クローンで　　2　という
3　人間　　4　そっくり

정답 및 해설 p.157

문장 만들기 실전 테스트 ❷

제한 시간 6분

問題 6 次の文の ＿★＿ に入る最もよいものを、1・2・3・4から一つ選びなさい。

36 新型電気自動車に関して、来年あたり何らかの発表を ＿＿＿ ＿＿＿ ＿★＿ ＿＿＿ 公開すると発表した。⑭

1 自動車メーカーP社が　　2 思われていた
3 するのではないかと　　4 予定を繰り上げて

37 看護師である母は、今月末の ＿＿＿ ＿＿＿ ＿★＿ ＿＿＿ そうだ。⑱

1 今までやりたいと思いつつ　　2 定年退職を機に
3 実行せずにいた　　4 美術の勉強を始めることにした

38 妹とけんかしたその日は、機嫌が悪くなって ＿＿＿ ＿＿＿ ＿★＿ ＿＿＿ なんて気持ちになるけど、不思議にも次の日には仲よく遊んだものだ。⑮

1 やる　　2 二度と　　3 もんか　　4 相手にして

39 料理の初心者はレシピの研究よりも直接やってみる方がいい。例えば ＿＿＿ ＿＿＿ ＿★＿ ＿＿＿ 、自分でいろんな種類の材料と道具が扱えることで、すぐ腕があがる。

1 しても　　2 魚のさばき方　　3 一つに　　4 そうで

40 M社は業績回復のために新製品開発に励んできたが、業績が上がってきている ＿＿＿ ＿＿＿ ＿★＿ ＿＿＿ 現状です。⑯

1 ほどではない　　2 いう　　3 と感じられると　　4 というのが

정답 및 해설 p.159

문제 6

1교시 언어 지식(문법)

문장 만들기 실전 테스트 ③

제한 시간 6분

問題 6 次の文の ＿★＿ に入る最もよいものを、１・２・３・４から一つ選びなさい。

36 入社したばかりのとき大事な通訳を任され、こんな大役が ＿＿＿ ＿＿＿ ＿★＿ ＿＿＿ してに大きなミスなしに無事に務めてほっとしました。⑱

1　幸いに　　2　私ごときふつつかな者に

3　務まるのかと　　4　おぼつかなかったが

37 ビタミンDは強い骨を維持するためや健康のために必要な栄養素ですが、多くとったからといって ＿＿＿ ＿★＿ ＿＿＿ ＿＿＿ ものではなく、過剰摂取はかえって健康障害を引き起こすことがあります。⑭

1　元気づく　　2　急に　　3　かというと　　4　そういう

38 明日の資格試験の結果が気になっているが、人前ではそんなこと ＿＿＿ ＿＿＿ ＿★＿ ＿＿＿ 裏腹な言葉を発してしまった。⑯

1　どうだって　　2　なんて　　3　かまわない　　4　気持ちとは

39 上司の立場になると、かりに ＿＿＿ ＿＿＿ ＿★＿ ＿＿＿ 部下の失敗まで責任をとらずにはすまないだろう。⑪

1　でないにしろ　　2　として　　3　本人の過ちだ　　4　本人の過ち

40 幸せを感じている人々には自分の意志で ＿＿＿ ＿★＿ ＿＿＿ ＿＿＿ 、いつも感謝の気持ちを持っているという共通点があるようだ。

1　かつ　　2　日々を送り　　3　前向きに　　4　主体的

정답 및 해설 p.161

1교시 언어 지식(문법)

문장 만들기 실전 테스트 ④

제한 시간 6분

問題 6 次の文の ＿★＿ に入る最もよいものを、1・2・3・4から一つ選びなさい。

36 マスコミなどが提供するデータを常に額面どおり受け取ってはいけないが ＿＿＿ ＿＿＿ ＿★＿ ＿＿＿ と断じるのも早計である。

1 データ　　2 ごまかし
3 である　　4 はすべて

37 卒論などでネット上の内容を使用するときは、情報が正しい ＿＿＿ ＿＿＿ ＿★＿ ＿＿＿ も確認しなければならない。⑯

1 ばかりでなく　　2 抜粋したか
3 どこから　　4 か否か

38 俳句の大家松《まつ》尾《お》芭蕉《ばしょう》は、日本の詩を語る ＿＿＿ ＿＿＿ ＿★＿ ＿＿＿ 有名だ。⑳

1 欠くべからざる　　2 として
3 うえで　　4 人物

39 景気がよかった頃は盛り場を ＿＿＿ ＿＿＿ ＿★＿ ＿＿＿ 今は家で一人酒を楽しんでいる。

1 のに　　2 不景気の　　3 飲み歩いていた　　4 ひきかえ

40 ドイツの数学者であるガウスの整数論《せいすうろん》は、数学に精通した ＿＿＿ ＿＿＿ ＿★＿ ＿＿＿ ものであった。⑱

1 にして　　2 はじめて
3 天才　　4 遂げられる

정답 및 해설 p.164

1교시 언어 지식(문법)

문장 만들기 실전 테스트 ⑤

제한 시간 6분

問題 6 次の文の ＿★＿ に入る最もよいものを、1・2・3・4から一つ選びなさい。

36 30年ぶりに母校の先生に会ったら、しわだらけの先生の顔に少し驚いた。昔の ＿＿＿ ＿＿＿ ＿★＿ ＿＿＿ 妙な気持ちになった。⑮

1 姿しか知らない　　2 人に会ったかのような

3 なんか見知らぬ　　4 私にとっては

37 日取りを決めるという習慣は、特定日を選ぶことで ＿＿＿ ＿＿＿ ＿★＿ ＿＿＿ を得ることができると信じられてきた風習や信仰に由来した。

1 より良い結果　　2 環境を最適化し

3 を迎える際の　　4 人生の重要な節目

38 食事のメニュー決めが面倒くさいと思って、 ＿＿＿ ＿＿＿ ＿★＿ ＿＿＿ を済ませている。

1 ところで　　2 いつも　　3 昼食　　4 ながらの

39 病院で寝たきりのお年寄りに食事を与えず放置し、虐待する ＿＿＿ ＿＿＿ ＿★＿ ＿＿＿ まじき行為だ。⑰

1 とは　　2 として　　3 ある　　4 人間

40 地域観光事業を地元の人たちの意見を聞くこと ＿＿＿ ＿＿＿ ＿★＿ ＿＿＿ 地元民が政府に対し訴えを起こした。⑱

1 もの　　2 進めた　　3 として　　4 なしに

정답 및 해설 p.166

1교시 언어 지식(문법)

문장 만들기 실전 테스트 ⑥

제한 시간 6분

問題 6 次の文の ＿★＿ に入る最もよいものを、1・2・3・4から一つ選びなさい。

36 (研究の発表会で)
皆さんの量子物理学の理解のために、この研究が ＿＿＿ ＿＿＿ ＿★＿ ＿＿＿ といたしましてこれ以上の喜びはないと思います。⑮

1 多少　　2 研究者
3 お役に立てれば　　4 なりとも

37 ダイエット食品は運動せずに痩せたいという人から愛されているが、ダイエット食品を摂取した ＿＿＿ ＿＿＿ ＿★＿ ＿＿＿ ダイエットはそれほど容易ではない。

1 からといって　　2 ほど　　3 すぐ　　4 痩せる

38 彼が難関試験に受かったのは偶然ではない。並々ならぬ努力の結果であって、彼は ＿＿＿ ＿＿＿ ＿★＿ ＿＿＿ のだ。

1 受かった　　2 べく　　3 受かる　　4 して

39 創造力を作り出すためには失敗を避けて培うことができないので失敗を恐れず、まず自分が ＿＿＿ ＿＿＿ ＿★＿ ＿＿＿ のでやってみることだ。⑱

1 それで　　2 やりたいことなら
3 それは　　4 いい

40 相手にメールを送っても最近は ＿＿＿ ＿＿＿ ＿★＿ ＿＿＿ 読んでもらえないこともあるので受け取る人に返信してもらえるように一言添えた方がいい。

1 扱い　　2 ちゃんと　　3 になって　　4 迷惑メール

언어지식(문법)
실전 테스트 ❺❻

정답 및 해설 p.168

문제 7

1교시　언어 지식(문법)

글의 문법 실전 테스트 1

제한 시간 8분

問題7　次の文章を読んで、文章全体の趣旨を踏まえて、４１～４４の中に入る最も良いものを、１・２・３・４から一つ選びなさい。

なぜ活躍できないか。

日本のサッカーチームが世界の中で上位に入れないのは、体格や技術的な能力が不足しているからだと信じられている。はたしてそうだろうか。今では外国のチームで活躍する選手も多く、個人の能力は決して外国の選手にも勝るとも劣らない。それよりも、私は、次の２点を実行 41 どんなに個人の能力が優れていてもチームとして国際舞台での活躍は期待できないであろうと考える。

1　レフリーにはアピールやクレームを積極的にする 42

2　ファウルを気にせず相手からボールを奪う 42

これらは、日本人にとっては、大変難しいようだ。一方で、外国の選手は大変にエキサイトする。時には前もって決めているその日のローカルルールなどにも抗議をするのは日常茶飯事だ。 43 日本人は真剣かつ必死にはやるものの、レフリーへのクレームは比較的激しくせずに穏やかにプレーするのだ。そして、ファウルになるようなプレーをしてまで、ボールを奪おうとはしない。どうしてかというと、「決められたルールは守るべきだし、それに対して異を唱えるのを潔しとしない」というスポーツにおける日本の情緒があるからだ。

こう考えてみると、日本のサッカーチームが、国際舞台で活躍できないのは、技術的な能力の問題というよりは、文化に根差した問題 44 と思うのである。

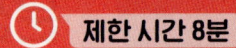

41　1　しないことには　　2　するからといって
3　しなくても　　4　するまでもなく

42　1　わけだ　　2　こと
3　ところ　　4　はずだ

43　1　これに対して　　2　これを受けて
3　これにしてみれば　　4　これにもまして

44　1　ではないのか　　2　であるべきか
3　ではないか　　4　であるべきだ

정답 및 해설 p.170

문제 7

1교시 언어 지식 (문법)

글의 문법 실전 테스트 ②

제한 시간 8분

問題７　次の文章を読んで、文章全体の趣旨を踏まえて、４１～４４の中に入る最も良いものを、１・２・３・４から一つ選びなさい。

犬好きがいるように犬嫌いがいたっていい

世の中は犬好きな人であふれているように思える。しかしながら、「犬が嫌い」「犬が苦手」という人も多く存在するのだ。犬を飼ったことがない人の場合は、どう接していいのかわからず、とくに大型犬などはその大きさから怖いと感じるようだ。また、近所の犬にいつも吠えられる、うなる犬は噛まれそうで怖いという恐怖心から犬が嫌いになる人もいる。では、「犬が嫌い」「犬が苦手」な人は、どう犬に接したらよいだろうか。

犬が苦手な人は犬が近くにいるだけで不安を感じるし、散歩中に犬がやってきたら、犬に [41] と怖くて動けなくなったりすることはないだろうか。まずは、遠くから犬を観察することから始め、慣れてきたら少しずつ距離を縮めてみよう。吠えられても、はじめから怖がらないように自分自身に [42] 。びくびくしたり、大声をあげたりすると、犬は自分が上だと思って飛び掛かってくるので、決して逃げ腰になってはいけない。

次に、友人が飼っている大人しい犬に触れてみたりするのもよい方法である。ただ気をつけないといけないのは、犬の目をまっすぐ見てはいけないことだ。犬にしてみると脅かされていると感じるからだ。目をそらすというのが犬の世界ならではの [43] 。犬との接触に慣れてくると少しずつ緊張がほぐれて、犬への恐怖心が徐々に薄れていくかもしれない。実はこれ、私が近所の犬に試みたものだ。私も大の犬嫌いなのである。いまだに私の顔を見るなり吠えるが、以前ほど怖くない。

また、飼い主の方も、自分の犬をしっかりコントロールして犬嫌いの人に恐怖を与えないことだ。世の中には犬のことが大好きな人がいれば、犬のことが大嫌いな人も [44] 。

41 1 かみはしないか
2 かまれはしないか
3 かんでいるか
4 かませているか

42 1 言い張る
2 言い渡す
3 言い切る
4 言い聞かせる

43 1 作法なのである
2 作法だけのことはある
3 愛想なのである
4 愛想だけのことはある

44 1 いればよかったのだ
2 いるものである
3 いるのだろうか
4 いてもいいのだ

정답 및 해설 p.172

문제 7

1교시 언어 지식 (문법)

글의 문법 실전 테스트 ③

제한 시간 8분

問題7 次の文章を読んで、文章全体の趣旨を踏まえて、４１～４５の中に入る最も良いものを、1・2・3・4から一つ選びなさい。

すべては失敗から始まる

誰もが考えているように、失敗することは当事者にとっては恥ずかしいことで、起こさなければ　41　。しかし、いくら注意しても失敗は必ず起こるし、起こしたことで、次に大きな成功に結びつくことがあることもまた確かです。

九十九の失敗に感じる絶望感や怒りよりも、たったひとつの成功から得られる喜びの方が　42　大きい場合も現実にあります。確率からすれば少ない方に数えられるそのひとつの重みを大切にすることで、人類が進歩を続けてきたことを私たちはいま一度思い返さなければならない時期にさしかかっています。

さらにいえば、九十九の絶望感しか与えない失敗でも、　43　知識の泉になることは「失敗学」で強調してきました。これに真正面から向き合い、失敗原因の分析に励めば、対象の全体理解にもつながるからです。

そうなると次に起こりえる失敗を予測することができるし、それによって未来に起こるべき失敗を防ぐことができます。その結果、　44　何万人もの命を救う新たなシステムをつくることができたとしたら、これほど素晴らしい創造行為はないのです。

（中略）

失敗は、一時的に私たちの心を苦しめますが、じつは発展のための大きな示唆をつねに与えてくれます。そして真の創造は、起こって当たり前の失敗からスタートするということを私たちは決して　45　。

（「失敗学のすすめ」畑村洋太郎）

41 1 それに越したことはありません
2 それでいいというものではありません
3 起こさないなりにいいというものです
4 それだけですまないことでしょう

42 1 否応なしに　2 ふんだんに　3 はるかに　4 したたか

43 1 考え方次第では　2 考えるままで
3 考え方を問わず　4 考えてこそ

44 1 犠牲にしていたかもしれない　2 犠牲にならざるを得ない
3 犠牲になっていたかもしれない　4 犠牲にせざるを得ない

45 1 忘れたくないほかありません
2 忘れないようにするということです
3 忘れがたいのではないでしょうか
4 忘れないようにしたいものです

정답 및 해설 p.175

문제 7

1교시　언어 지식 (문법)

글의 문법 실전 테스트 ④

제한 시간 8분

問題7　次の文章を読んで、文章全体の趣旨を踏まえて、４１～４４の中に入る最も良いものを、1・2・3・4から一つ選びなさい。

全然悪くないのだ

冬が過ぎ春が来始めると、市の公民館でもうかれこれ１０年になるだろうか、映画鑑賞の講座をしている。きっかけは、市役所に大学の同期が勤めていて、彼から頼まれたことによる。彼が市民講座の担当をしていて、ちょうど友人に映画評論家がいたので、都合がよかったといったところだ。ところで、全6回の映画鑑賞会だが、毎年参加するいわゆる常連さんが一人いる。大変嬉しいことではあるのだが、僕の得意としている映画とその解説の手持ちがだんだんとなくなってくるという悩みができてきた。ここ３年で一通り鑑賞、解説をしたので、今年は一度見た映画をもう一度扱いたいと思っていた。

41、受講者名簿を事前に見ながら、彼だけにもう一度同じ映画を見てもらって、同じ解説を我慢してもらえればいいんだと気づいた。そこで、彼にはちょっとすまないけど、一応、「今日は風と共に○○を見たいと思います」と切り出した。

そうすると、彼は口元をほころばせて、「この映画おもしろいし、先生の解説もすごくよかったんだ」と言った。その瞬間、映画の勉強を初めてやるときの僕自身のことが 42 。その時は、同じ映画を何回見ても見るたびに新しく感じられた。同じ内容を繰り返しても、申し訳ないことではなかったのだ。普通なら、ストーリーを知っている映画を見ると、つまらないと考える。結末の分かっている映画をもう一度見て何が面白いのかと思ってしまう。

だが、 43 は違った。映画とは、人生の経験であり、憧れであり、また失望と悲哀である。映画には人生が詰まっている。同じ映画でもその日の感情の働きによって違うように感じられることもある。好きな音楽を何度も聞くように、好きな映画を何度 44 。彼の一言で映画の魅力を改めて感じることができたと思った。

41 1 時おり 2 ふいに 3 そんな日には 4 あるとき

42 1 思い出された 2 思い始めた
3 思い出した 4 思い出させた

43 1 自分 2 彼 3 普通の人 4 先生

44 1 見てもよいだろうか 2 見たって始まらない
3 見てもいいのだ 4 見るまでのことだ

정답 및 해설 p.178

글의 문법 실전 테스트 ⑤

제한 시간 8분

問題 7　次の文章を読んで、文章全体の趣旨を踏まえて、４１～４４のあいだに入る最も良いものを、1・2・3・4から一つ選びなさい。

マナーを守ってほしい！

私は電話が嫌いです。電話は、状況とは無関係に即刻応答するよう強要するからです。その点メールなら、都合のよい時間に応答すればよいので、発信でも受信でも、電話より負担を 41 。他の人もそうだと思うので、仕事でも、メールですむことはメールでやり取りします。

電話嫌いな私か特別毛嫌いする電話があります。それは休日くつろいでいるときにかかってくる宣伝、勧誘の電話です。携帯電話の迷惑メールが話題になりましたが、休日の電話セールスの迷惑度は、迷惑メールの比ではありません。せっかくの休日のくつろぎの時間が強制的に中断されてしまうのですから。

42 問題なのはその話しぶりです。「あなたの貴重な時間を私たちのために割いてください」と、本来「お願い」をしなければならないのが電話セールスですから、それなりの丁寧さが 43 。ところが、電話セールスの多くは、相手に迷惑をかけている意識などまるでないかのように、ずけずけと話し始めます。

（中略）

少しでも配慮があれば、電話の冒頭でたとえばこんなふうに言うはずです。「休日でおくつろぎの 44 、電話で大変失礼致します。私どもは○○で、××という業務をしております。五分ほどお時間をいただいてお電話をさせていただいてもよろしいですか？」

もちろん、こうした配慮をしたとしても、多くの人が「興味ありません」と電話を切るでしょう。しかし休日の勧誘電話が迷惑であることの認識さえない横柄で無礼な電話より、少しは話を聞いてくれる人は増えるはずです。

（「『分かりやすい説明』の技術」　藤沢晃治）

41　1　感じないですみます　　2　感じさせるまでもありません
　　3　感じるはずがありません　　4　感じさせないですませます

42　1　あらわに　　2　つぶさに　　3　さらに　　4　したたか

43　1　あってはばからないべきです　　2　あってしかるべきです
　　3　ありはしないのです　　4　あるべくしてあるのです

44　1　ところ　　2　ところに　　3　ところで　　4　ところが

정답 및 해설 p.180

1교시 언어 지식(문법)

글의 문법 실전 테스트 ⑥

제한 시간 8분

問題7 次の文章を読んで、文章全体の趣旨を踏まえて、４１～４４のあいだに入る最も良いものを、1・2・3・4から一つ選びなさい。

本の虫の夢

少年のころ、本が好きだった。いやなことや悲しいことは、本を読むことで少しだけ中和された。医者になってから手に取るのは、病院づくりに役立つ本ばかり。仕事に関係ない本を、[41] 読む時間はほとんどなかった。

五十歳を超え病院長を辞めたいと言うようになったのは、自分の中にある「本の虫」がうごめきだしたからである。退職して三年。ばんばん本を読みはじめた。ぼくには、人生を変えてくれた本が何冊かある。十八歳のころ、父とぶつかり合ったとき、むさぼり読んだのが「クロ―ニン全集」だった。医学部に行きたいと何度頼んでも、「うちは貧乏だからダメだ」と、はねのける父。病気の母を抱え、懸命に働いている父の苦労を知っていたぼくは、二十二巻の全集を読むことで絶望を [42] 。

（中略）

読むほどに、医者になりたいという想いは強まっていった。再び父に大学に行かせてほしいと頼んだ。泣いて泣いて頼んだ。あまりにも泣きつづけるぼくに父は折れた。「好きなように生きていい」

「クロ―ニン全集」が僕の気持ちを支えてくれた。じつは最初に医師を志したのは、もっと軽い気持ちだった。きっかけは、あまり言いたくないけれど、北《きた》杜《もり》夫《お》の「どくとるマンボウ航海記」。軽いのである。船医になれば本が読める。知らない国を見てまわることもできる。変化のない、うつうつとした日常からなんとなく脱出できるような気がしたのだ。そんな手軽なぼくの心を父は [43] 。壁のように目の前に立ちはだかった。大学なんて行かなくていいと言われて大いに落ち込んだ。でも、「クロ―ニン全集」を読みふける中で、自分はこういう医師になりたいという具体的な想いが [44] 。

（「いいかげんがいい」 鎌田實）

41 1 いっさい　2 じっくり　3 ひしひし　4 じろじろ

42 1 紛らそうとしていた　2 紛らすつもりではなかった
3 紛らすしまつだった　4 紛らすべくもなかった

43 1 見逃がしていたはずだ　2 見過ごしていたかもしれない
3 見抜いていたかもしれない　4 見計らっていたはずだ

44 1 固まっていった　2 通じるようになった
3 募るようになった　4 凝っていった

정답 및 해설 p.183

진짜 한 권으로 끝내는
JLPT N1

독해
집중 공략

1교시

독해

최신 출제 트렌드

JLPT 시험에 이렇게 출제된다!

난이도 ★★★★☆

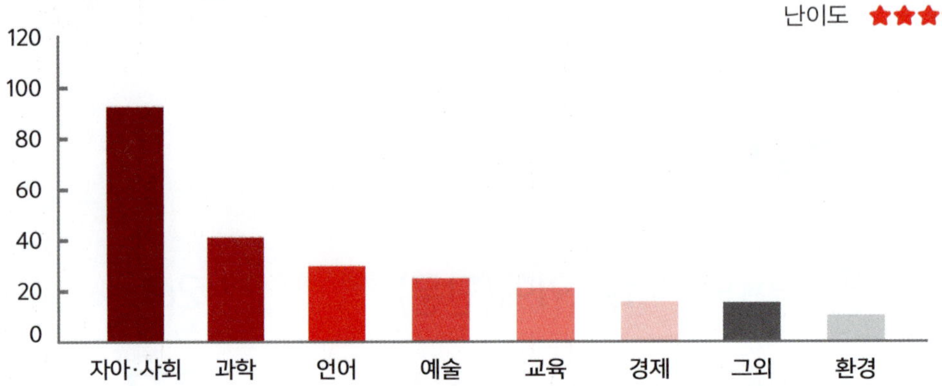

자아·사회 > 과학 > 언어 > 예술 > 교육 > 경제 > 그 외(사상, 철학, 비문학 등) > 환경

출제 1순위

자아·사회 분야 관련 지문의 압도적 출제

필자의 생각이나 주장, 사회 문제 관련 지문이 압도적인 출제 비중을 차지한다. 일본 중학교 교과서에도 가장 많이 출제되는 유형으로 친구 관계, 가족 관계에 대한 이해도를 묻는 지문이 많이 출제되는 편이다.

출제 2순위

과학이나 예술 등 비교적 고난도 주제의 지문 출제

과학이나 예술, 경제 등 비교적 난도가 높은 주제의 지문도 종종 출제되고 있다. 기출 어휘 및 예상 어휘를 주제별로 익혀두는 것도 한 방법이다.

출제 3순위

기타 분야의 주제도 방심은 금물

광고 글이나 전단지 등 기타 분야의 지문은 내용이 추상적이어서 정답 선택이 어려운 편이다. 평소 빠르게 필요한 정보를 찾아내는 연습을 많이 해두는 것이 좋다.

파트별 공략 POINT

POINT 8 내용 이해(단문)

200~220자 정도의 편지, 메일 등의 지문에서 필자의 주장을 이해할 수 있는지 묻는 유형이다.

- ✔ 질문을 먼저 읽고 지문 속에서 일치하는 포인트 찾기
- ✔ 결론·요약의 접속사가 나오면 필자의 의견이 뒤이어 나오는지 살펴보기

POINT 9 내용 이해(중문)

500자 정도의 수필, 설명문 등의 지문에서 전체 요지를 이해할 수 있는지 묻는 유형이다.

- ✔ 지문 1개당 질문이 2~3개인 문제로, 단락별로 질문과 매칭하기
- ✔ 필자의 주장을 묻는 질문이 나오면, 마지막 단락을 집중해서 확인하기

POINT 10 내용 이해(장문)

1,000자 정도의 사설, 평론 등의 지문에서 주장, 키워드를 파악할 수 있는지 묻는 유형이다.

- ✔ 지문이 길기 때문에, 흐름을 잃지 않고 단락간 내용을 잘 연결해서 읽기
- ✔ 역접의 접속사가 나오면 내용의 흐름이 어떻게 바뀌는지 주의해서 읽기

POINT 11 통합 이해(비교문)

두 개의 지문을 읽고 비교·종합하여 내용을 이해할 수 있는지 묻는 유형이다.

- ✔ 두 지문의 다른 점 찾기 문제는 상반되는 키워드 찾아보기
- ✔ 두 지문의 공통점 찾기 문제는 선택지와 대조하며 오답 소거하기

POINT 12 주장 이해(장문)

사설, 평론 등의 지문에서 필자의 의견, 주장을 정확히 파악할 수 있는지 묻는 유형이다.

- ✔ 「べきだ・ことだ・大切《たいせつ》だ ~해야 한다, 중요하다」와 같은 문말 표현에 집중하기
- ✔ 필자가 주장의 근거로 삼는 예시는 꼼꼼한 해석보다는 요지 파악이 중요

POINT 13 정보 검색

광고, 팸플릿, 전단지 등의 지문에서 필요한 정보를 빠르게 찾아낼 수 있는지 묻는 유형이다.

- ✔ 지문을 모두 정독하는 데에 시간 쓰지 않기
- ✔ 질문과 선택지에서 힌트를 얻어 지문에서는 필요한 정보만 골라내기

자주 출제되는 질문 유형 1교시 독해

1 필자의 주장·생각은 무엇인가?

- ■ 筆者《ひっしゃ》の考《かんが》えに合《あ》うのは何《なに》か。 필자의 생각에 맞는 것은 무엇인가?
- ■ この文章《ぶんしょう》で筆者《ひっしゃ》が言《い》いたいことは何《なに》か。 이 글에서 필자가 하고 싶은 말은 무엇인가?
- ■ この文章《ぶんしょう》を書《か》いた人《ひと》は何《なに》を伝《つた》えたいのか。 이 글을 쓴 사람은 무엇을 전하고 싶은가?
- ■ 筆者《ひっしゃ》の考《かんが》えを最《もっと》もよく表《あらわ》しているのはどれか。
  필자의 생각을 가장 잘 나타나는 것은 어떤 것인가?
- ■ この文章《ぶんしょう》で筆者《ひっしゃ》が述《の》べていることは何《なに》か。
  이 글에서 필자가 말하고 있는 것은 무엇인가?

2 제시된 단어·문장의 의미는 무엇인가?

- ■ ~について筆者《ひっしゃ》はどのように述《の》べて(感《かん》じて)いるか。
  ~에 대해서 필자는 어떻게 말하고(느끼고) 있는가?
- ■ (筆者《ひっしゃ》によると)~とは、どういうことか。 (필자에 의하면) ~란, 무엇을 말하는 것인가?
- ■ (筆者《ひっしゃ》によると)~とはどのようなこと(もの)か。 (필자에 의하면) ~란 어떤 것인가?
- ■ 筆者《ひっしゃ》が考《かんが》える~とはどのようなものか。 필자가 생각하는 ~란 어떤 것인가?
- ■ ~とあるが、何が○○か。 ~라고 있는데, 무엇이 ○○인가?
- ■ ~とはどういう意味《いみ》か。 ~란 무슨 뜻인가?
- ■ 筆者《ひっしゃ》は~をどのようなものだと考《かんが》えているか。
  필자는 ~을(를) 어떤 것이라고 생각하고 있는가?
- ■ この文章《ぶんしょう》で、筆者《ひっしゃ》は~をどのようにとらえているか。
  이 글에서 필자는 ~을(를) 어떻게 파악하고 있는가?

3 제시된 내용이 가리키는 것은 무엇인가?

- 筆者《ひっしゃ》が～していることは何《なに》か。 필자가 ~하고 있는 것은 무엇인가?
- 筆者《ひっしゃ》によると、～に求《もと》められていることは何《なに》か。
  필자에 의하면, ~에게 요구되는 것은 무엇인가?
- 筆者《ひっしゃ》が～において、～だと感《かん》じていることは何《なに》か。
  필자가 ~에 있어서 ~라고 느끼고 있는 것은 무엇인가?
- 筆者《ひっしゃ》によると、～うえで、最《もっと》も大切《たいせつ》なことは何《なに》か。
  필자에 따르면 ~하는 데 있어서 가장 중요한 것은 무엇인가?
- ～について、文章《ぶんしょう》からわかることは何《なに》か。
  ~에 관해서, 글에서 알 수 있는 것은 무엇인가?
- (ここでの)～とは何《なに》か。 (여기서의) ~란 무엇인가?

4 이유가 무엇인가?

- ～とあるが、なぜか。 ~라고 있는데, 왜인가?
- ～がある理由《りゆう》はなぜか。 ~가(이) 있는 이유는 무엇인가?
- ～のはなぜか。 ~인 것은 왜인가?
- ～とあるが、なぜそうなるのか。 ~라고 있는데, 왜 그렇게 되는가?
- 筆者《ひっしゃ》によると、～が～した理由《りゆう》は何《なに》か。
  필자에 따르면 ~가(이) ~한 이유는 무엇인가?

5 지시어가 가리키는 것은 무엇인가?

- そこは何《なに》を指《さ》しているか。 그곳은 무엇을 가리키고 있는가?
- これとは何《なに》を指《さ》すか。 이것이란 무엇을 가리키는가?

문제 8

1교시 독해

내용 이해(단문)

출제 경향

내용 이해(단문)는 총 4문제가 출제된다. 200~220자 정도의 글을 읽고 내용을 제대로 이해했는지 묻는 유형이다. 일상생활과 관련된 짧은 설명문이나 에세이, 지시문, 메일과 같은 종류의 지문이 많이 출제된다. 질문을 먼저 읽고 나서 지문을 정독해야 하고 필자의 의견이 서술된 부분은 더욱 집중한다.

풀이 전략

★ 필자의 생각이나 주제를 묻는 문제

정답은 지문에 그대로 사용된 단어보다는 유의어로 표현되는 경우가 많으므로 주의해야 한다. 무엇보다 가장 맞는 답을 찾으려 하기보다는 가장 오류가 없는, 틀리지 않은 답을 찾는 것에 방점을 두어야 한다.

예 筆者《ひっしゃ》の考《かんが》えに合《あ》うのは何《なに》か。 필자의 생각에 맞는 것은 무엇인가?

この文章《ぶんしょう》で筆者《ひっしゃ》が述《の》べていることは何《なに》か。 이 글에서 필자가 말하고 있는 것은 무엇인가?

★ 지시어나 제시어를 포함한 문제

지시어나 밑줄 친 단어에 대한 질문은 앞뒤 문장을 꼼꼼하게 살펴야 한다. 지시어나 제시된 단어가 가리키는 바를 정확하게 매칭할 수 있도록 키워드에 밑줄을 그어 표시해 두면 좋다.

예 それは何《なに》を指《さ》しているか。 그것은 무엇을 가리키고 있는가?

これとは何《なに》を指《さ》すか。 이것이란 무엇을 가리키는가?

~とはどういう意《い》味《み》か。 ~란 무슨 뜻인가?

★ 접속사에 주의해야 하는 문제

역접·전환, 요약 관련 접속사가 나오면 그 뒤에 핵심 내용이 이어진다고 볼 수 있다. 다만, 너무 후반부에만 집중하지 말고 전반부부터 전체 내용을 정독하도록 한다. 그래야 오답을 걸러낼 수 있다.

역접·전환

「しかし 그러나」、「でも (이)라도」、「実《じつ》は 사실은」、「ところで 그런데」、「だが 하지만」、「とはいえ 그렇다고는 하나」、「ところが 그러나」

요약

「つまり 결국, 요컨대」、「結局《けっきょく》のところ 결국엔」、「言《い》い換《か》えれば 다시 말하면」

문제 유형 예시

問題 8　次の文章を読んで、後の問いに対する答えとして最もよいものを、1・2・3・4から一つ選びなさい。

年末の大掃除というのは、本当に厄介なことである。特に私のような一人暮らしをしている者にとってはなおさらである。しかし、一年を振り返り、新年の幸せを夢見ながら、不要なものは捨てて、片付ける好機である。そういう意味では年末の大掃除は日常を一新するよいチャンスでもあるはずだ。私はこのようないいチャンスを活かしたいと考えながらも、きちんと実践したことはない。もう数年間、ごちゃごちゃした家の中で、新年を迎えるだけである。

공략법 ❶
역접이나 전환의 접속사가 있는지 확인한다.

공략법 ❷
전체적인 내용을 파악하면서, 후반부 내용에 중점을 둔다.

46　年末の大掃除について、筆者はどのように述べているか。

1　要らないものを処分する機会であり、自分もそのために努力している。
2　日常を新たにするきっかけだが、自分はそれを実行に移せなかった。
3　新しい年を迎えるために、自分も不要な物をどんどん捨てて片づけたい。
4　生活を新しくするいい面もあって自分なりに実行してみたが、ダメだった。

풀이 요령

★ 풀이 요령 1

전반부에 나오는 「しかし」는 결론을 직접적으로 드러내진 않지만, 내용의 흐름에 중요한 역할을 한다. 전반부 내용 파악은 선택지에서 오답을 걸러내는 역할을 하므로 제대로 정독해야 한다.

★ 풀이 요령 2

접속사가 없거나 접속사가 전반부에 나왔을 경우에는 후반부 내용이 어떻게 마무리되는지를 확인한다. 위 지문에서는 「**私は**」 다음에 나오는 내용을 주목해야 한다.

해석

문제 8 다음 글을 읽고, 질문에 대한 답으로 가장 알맞은 것을 1·2·3·4에서 하나 고르세요.

연말 대청소라는 것은 정말로 귀찮은 일이다. 특히 나처럼 혼자 사는 사람에게 있어서는 더욱 그렇다. 그러나 한 해를 되돌아보고 새해의 행복을 꿈꾸며, 불필요한 것은 버리고 정리할 좋은 기회이다. 그러한 의미에서 연말 대청소는 일상을 일신하는 좋은 기회이기도 하다. 나는 이러한 좋은 기회를 살리고 싶으면서도, 제대로 실천한 적은 없다. 벌써 몇 년째 너저분한 집안에서 새해를 맞이할 뿐이다.

46 연말 대청소에 관해서 필자는 어떻게 말하고 있는가?

1 필요 없는 것을 처분할 기회이며, 자신도 그 때문에 노력하고 있다.

2 일상을 새롭게 할 계기이지만, 자신은 그것을 실행에 옮기지 못했다. ✔

3 새로운 해를 맞이하기 위해서, 자신도 불필요한 것을 계속해서 버리고 정리하고 싶다.

4 생활을 새롭게 할 좋은 면도 있어서, 자기 나름대로 실행해 봤지만, 소용없었다.

문제 8 내용 이해(단문) | 연습 문제

問題 8　次の文章を読んで、後の問いに対する答えとして最もよいものを、1・2・3・4から一つ選びなさい。

家というものは、人を雨風や外敵から守れるなど、機能的な部分だけを意味しません。「ハウス」ではなく「ホーム」の概念から見ると、家は人間にとってきわめて大事なことです。外で疲れ切って帰ったとき、休める場所にならなければならないです。しかし、家族の一員が傷つけられてホームに戻って来たとき暖かい慰めの言葉より、すべてを冷静かつ客観的に判断し、相手を追い詰めようとします。それは世知辛《せちがら》い(注)世の中で家族の一員がもっと強くなってほしい思いであろうと思います。だが、こうなっては家はもう休みたいところ、帰りたいところになれません。家は教えの場である前にまず癒される場でなければならないのです。

(注) 世知辛《せちがら》い：暮らしにくい

1　この文章で筆者が言いたいことは何か。

1　家は生き抜ける力をつけさせる場であるべきだ。
2　家は外で頑張れる力をもらえる場であるべきだ。
3　家はさらに強くなるために休める場であるべきだ。
4　家は力尽きたとき戻れる憩いの場であるべきだ。

정답 및 해설 p.187

1교시 독해

내용 이해(중문·장문)

출제 경향

문제 9 중문 내용 이해는 3~4개의 지문에 총 8~9문제가 출제된다. 500자 정도의 글을 읽고, 인과 관계 등을 이해하였는지 묻는 유형이다. 중문은 한 지문당 2~3개의 문제를 풀어야 하는데, 한 단락씩 나눠 읽으면서 질문의 순서대로 연결 짓고, 핵심이 되는 키워드를 체크한다. 밑줄 친 부분에 대해 질문하는 문제는 앞뒤 문장에 결정적 힌트가 나와 있으므로 꼼꼼히 확인하고 선택지와 내용을 비교하며 풀어야 한다.

문제 10 장문 내용 이해는 하나의 지문에 총 3~4문제가 출제된다. 1,000자 정도의 글을 읽고, 글의 주제나 내용 등을 이해하였는지 묻는 유형이다. 주로 에세이와 같은 종류의 지문이 출제되는 편이다. 또한 문제 9 중문 내용 이해와 마찬가지로 단락별 내용의 흐름에 따라 문제가 출제되므로 전체를 미리 다 읽기보다는, 단락별로 질문 하나씩 처리해 나가면 된다. 단어 하나하나보다는 문맥에 대한 이해가 중요하다.

풀이 전략

★ 밑줄 친 부분에 지시사나 의문사가 포함된 문제

밑줄 친 부분에 지시대명사나 의문사가 포함되어 있고 그것이 가리키는 바를 묻는 유형이 출제된다. 이때는 함께 밑줄 그어진 단어나 바로 앞의 문장 속에서 답이 나올 가능성이 높다.

예 それが実感《じっかん》できるとあるが、 何《なに》が実感《じっかん》できるのか。
그것을 실감할 수 있다고 하는데 무엇을 실감할 수 있는가?
不思議《ふしぎ》なことだとあるが、 何《なに》が不思議《ふしぎ》なのか。 기이하다고 하는데 무엇이 기이한가?

★ 이유·원인을 묻는 문제

「~とあるが、なぜか。(~라고 하는데, 왜인가?)」와 같이 제시된 문장의 이유, 원인을 묻는 경우도 있다. 주로 ①, ②의 형태로 출제된다.

① 제시된 내용의 서술부에 '~인 것이다'라는 뜻을 나타내는 「~なのだ、~ものなのだ、~わけだ」 등과 같은 이유 설명의 형식명사가 붙어 나오면 앞부분에서 답을 찾아야 한다.

② 제시된 내용의 서술부에 이유를 나타내는 형식명사가 없을 경우에는 제시된 내용 뒤에 「~のだ、~からだ」 등으로 마무리되어지는 문장이 나오며, 이 문장에서 답을 찾아야 한다.

★ 필자의 생각이나 주제를 묻는 문제

필자의 생각이나 주제를 묻는 문제는 주로 마지막 단락에 나오지만, 전체 지문을 꼼꼼히 읽지 않으면 오답의 함정에 빠지기 쉽다. 지문이 길기 때문에, 흐름을 잃지 않고 읽을 수 있도록 연습한다.

예 この文章《ぶんしょう》で筆者《ひっしゃ》が言《い》いたいことは何《なに》か。 이 글에서 필자가 하고 싶은 말은 무엇인가?
筆者《ひっしゃ》の考《かんが》えに合《あ》っているのはどれか。 필자의 생각에 맞는 것은 무엇인가?

문제 유형 예시

問題 9,10 次の文章を読んで、後の問いに対する答えとして最もよいものを、1・2・3・4から一つ選びなさい。

文章を書くときの出発点となってくるのは、まだどんな言葉も浮かび上がってこないような、抽象的な「イメージ」以外にありえないだろう。そのイメージはおぼろげな内容で、そこからもっとはっきりとした内容が生まれる気配が感じられる。最初の言葉を書きとめてみることで、はじめてもの書きがはじまるのだ。文章を書くことにおいて何より肝要なのは、他人の批評や反応にとらわれず、まず自分の内面の声に耳を傾けてみることではないかと思う。

そして、文章をどう書いていくかをきちんと究めることだ。― 実はそんなにたやすいことではない。情報社会に生きている私たちは、文章を書くより以前にすでに膨大な情報にさらされているし、無意識的に「文章の書き方」について様々なことが刻み付けられている。それに、周りがどう反応するかも気になるからだ。

それで、私自身が文章を書くときの目安にしているのは「他人に理解される」ような文章で書くかどうかということだ。「他人に理解される」とはつまり、書き進めるにつれて自分がはじめに漠然と考えていた内容がすこし変わりつつ、内容が次第に他人も理解できるような文章になってくるということだ。もの書きは自分の内面のことを外に引き出す、ごく私的な領域であることは確かであるが、もし、公にすることを前提にした文章であれば、他人を意識することなしにモノを書くことはあり得ないだろう。

공략법 ❶
내용의 전환이나 역접, 이유나 원인을 나타내는 접속사가 있는지 확인한다.

50 筆者によると、文章を書くことにおいて大切なことな何か。

1 自分がどう感じているかをきちんと把握すること
2 自分が感じたことをそのまま文章にすること
3 ぼんやりしている言葉からより具体的な言葉にすること
4 自分が書こうとすることを文章にしっかり表すこと

공략법 ❷
우선, 50번 질문을 읽고 지문 내용을 확인한 다음 선택지를 읽으면서 정답을 찾는다. 그리고 51번으로 넘어간다.

51 たやすいことではないとあるが、なぜか。

1 既存の文章の書き方と自分の書き方は違うから
2 文章を書くことに関する自分なりの考えがないから
3 周りの反応や情報に知らないうちに影響されてしまうから
4 自分の反応より他人の理解や反応の方が大切だと思うから

52 筆者の考えに合っているのはどれか。

1 文章を書くときは自分の考えよりまず他人の意見に耳を澄ませるべきだ。

2 文章を最後まで読んでもらえるためには他人を意識しなければならない。

3 公開を念頭において文章を書くときは他人もわかるような文章に書くべきだ。

4 他人の反応を意識しながら自分の内面の声にも絶えずに気を使うべきだ。

풀이 요령

풀이 요령 1

50 필자의 의하면, 문장을 쓰는 데 있어서 중요한 것은 무엇인가?

첫 번째 단락의 마지막에 있는 「**文章《ぶんしょう》を書《か》くことにおいて何《なに》より肝要《かんよう》なのは、……まず自分《じぶん》の内面《ないめん》の声《こえ》に耳《みみ》を傾《かたむ》けてみることではないかと思《おも》う。**」라는 부분이 핵심 문장이다.

51 쉬운 일이 아니다고 하는데, 왜인가?

이유를 묻는 문제이기 때문에, 제시된 내용 뒤에 이유를 설명하는 부분이 있는지 확인한다. 따라서 「**膨大《ぼうだい》な情報《じょうほう》にさらされているし、無意識《むいしき》的に「文章《ぶんしょう》の書《か》き方《かた》」について様々《さまざま》なことが刻《きざ》み付《つ》けられている。それに、周《まわ》りがどう反応《はんのう》するかも気《き》になるからだ。**」부분에서 답을 찾아야 한다.

52 필자의 생각에 맞는 것은 어느 것인가?

세 번째 단락의 마지막 문장을 보면 필자의 생각을 알 수 있다. 「**公《おおやけ》にすることを前提《ぜんてい》にした文章《ぶんしょう》であれば、他人《たにん》を意識《いしき》することなしにモノを書《か》くことはあり得《え》ないだろう。**」 부분에서 답을 찾을 수 있다.

풀이 요령 2

50 첫 번째 단락에서 「**自分《じぶん》の内面《ないめん》の声《こえ》に耳《みみ》を傾《かたむ》けてみること** 자신의 내면에 소리에 귀를 기울여 보는 것」이라고 표현한 부분을 「**自分《じぶん》がどう感《かん》じているかをきちんと把握《はあく》すること** 자신이 어떻게 생각하고 있는지를 제대로 파악하는 것」으로 바꿔 표현한 1번이 정답이다.

51 두 번째 단락에서 「**膨大《ぼうだい》な情報《じょうほう》にさらされているし、……それに、周《まわ》りがどう反応《はんのう》するかも気《き》になるからだ** 방대한 정보에 노출되어 있고, ……게다가 주변이 어떻게 반응할지도 신경 쓰이기 때문이다」라는 내용을 「**周《まわ》りの反応《はんのう》や情報《じょうほう》に知《し》らないうちに影響《えいきょう》されてしまうから** 주변의 반응이나 정보에 나도 모르게 영향받아버리기 때문에」로 바꿔 표현한 3번이 정답이다.

52 '공개를 염두에 두고 글을 쓸 때는 남도 이해하는 문장으로 써야 한다'라고 한 3번이 정답이다. 또한 문장 맨 마지막에 '남을 의식하지 않고 글을 쓰는 것은 있을 수 없을 것이다'라는 내용이 나오는데, 여기에서의 '남을 의식'한다는 것은 '남의 반응'이 아니라 '남이 이해하고 있는지에 대한 의식'이기 때문에 4번은 킬러 오답이다.

해석

문제 9, 10 다음 글을 읽고 질문에 대한 답으로 가장 적당한 것을 1·2·3·4에서 하나 고르세요.

글을 쓸 때의 출발점이 되는 것은 아직 어떤 말도 떠오르지 않는 추상적인 '이미지' 이외는 있을 수 없을 것이다. 그 이미지는 어렴풋한 내용으로 거기서 좀 더 확실한 내용이 생겨날 기색이 느껴진다. 최초의 말을 적어 봄으로써 비로소 글쓰기가 시작되는 것이다. 글을 쓰는 데 있어서 무엇보다 중요한 것은 타인의 비평이나 반응에 얽매이지 않고, 우선 자신의 내면의 소리에 귀를 기울여 보는 것이 아닌가 생각한다.

그리고 글을 어떻게 써 갈지를 제대로 연구하는 것이다. – 실은 그렇게 쉬운 일이 아니다. 정보사회에 살고 있는 우리들은 글을 쓰기보다 이전에 이미 방대한 정보에 노출되어 있고, 무의식적으로 '글 쓰는 방식'에 관해서 여러 가지 것이 새겨져 있다. 게다가 주변이 어떻게 반응할지도 신경 쓰이기 때문이다.

그래서 나 자신이 글을 쓸 때의 기준으로 삼는 것은 '남에게 이해되는' 듯한 글로 쓸지 아닐지라는 것이다. '남에게 이해되어진다'라는 것은 결국, 써 감에 따라 자신이 처음에 막연하게 생각하고 있던 내용이 조금씩 바뀌어 가고, 내용이 점차로 남도 이해할 수 있는 글이 되어간다는 것이다. 글쓰기는 자신의 내면을 밖으로 끄집어내는 극히 사적인 영역인 것은 분명하지만, 혹시 공개하는 것을 전제로 한 글이라면, 남을 의식하지 않고 글을 쓰는 것은 있을 수 없을 것이다.

50 필자에 의하면, 글을 쓰는 데 있어서 중요한 것은 무엇인가?
1 자신이 어떻게 생각하고 있는지를 제대로 파악하는 것 ✔
2 자신이 느낀 것을 그대로 글로 쓰는 것
3 어렴풋한 말에서 보다 구체적인 말로 만드는 것
4 자신이 쓰고자 하는 것을 글로 제대로 나타내는 것

51 쉬운 일이 아니다고 하는데, 왜인가?
1 기존의 글쓰기 방식과 자신의 글쓰기 방식이 다르기 때문에
2 글을 쓰는 것에 관한 자신 나름의 생각이 없기 때문에
3 주변의 반응이나 정보에 나도 모르게 영향받아 버리기 때문에 ✔
4 자신의 반응보다 남의 이해나 반응 쪽이 중요하다고 생각하기 때문에

52 필자의 생각에 맞는 것은 어느 것인가?
1 글을 쓸 때는 자신의 생각보다 우선 남의 의견에 귀를 기울여야 한다.
2 글을 끝까지 읽게 하기 위해서는 남을 의식하지 않으면 안 된다.
3 공개를 염두에 두고 글을 쓸 때는 남도 이해하는 문장으로 써야 한다. ✔
4 남의 반응을 의식하면서 자신의 내면의 소리에도 끊임없이 신경 써야 한다.

내용 이해(중문) | 연습 문제

問題９　次の文章を読んで、後の問いに対する答えとして最もよいものを、１・２・３・４から一つ選びなさい。

　世の中の変化のスピードがどんどん速くなっている中で、このスピード感への対応ということも、今の時代の大きな特徴と言えます。とはいえ、表層的な時間という川の流れがいくら速くなろうとも、地下水のようなゆったりした自分の時間を確保することは、これからの時代にこそ必要といえます。

　分刻みでスケジュールを組んで仕事をしたり家事に追われたりするのが「漂流水」であるとしたら、読書の時間は「湧水」もしくは「地下水」と考えられます。この二つを持つことで知のバランスがとれるのです。

　『論語』という２５００年ほど前の孔子(注)の言葉をかみしめる時間は、誰にも強制されないゆったりした自分の時間です。こうした「知の湧き水」が、私たちの知を枯渇させない源泉となるものです。表面の現代社会に対応しつつも、もうひとつの時間をどうもてるか。それが今を生きる大きなヒントといえるでしょう。

　また、そうした時の流れの速さに押され、足を引っ張る最たるものひとつが睡眠不足です。自分の生活リズムに合わせて十分な睡眠を確保できれば、頭がすっきりと冴え、身体も健康に保てます。健康を保てているから、頭もスムーズに回転するのです。

（中略）

　仕事でもスポーツでも豊かで実りのある時間を過ごしている人は、睡眠の大切さを理解している人です。睡眠の質でホルモンの分泌も変化し、それが身体のリズムに影響を及ぼすことを知っている人です。すべての人に平等に与えられている２４時間をどう工夫し、寝る時間をどう確保するのか。その「知の環境づくり」が今後の私たちの暮らしに大きく影響してくることは間違いないでしょう。

（斎藤孝『本当に頭のいい人がやっている思考習慣』による）

(注) 孔子 : 中国、春秋時代の学者、思想家

1 もうひとつの時間とあるが、どのような時間か。

1 分刻みで組まれた時間

2 時の流れに縛られない時間

3 忙しい日常から離れた時間

4 知識を自分のものにするための時間

2 筆者は何が「知の環境づくり」につながると述べているか。

1 しっかり睡眠をとること

2 睡眠の質を高めること

3 時間をうまく活用すること

4 寝る時間を一定に保つこと

정답 및 해설 p.188

내용 이해(장문) | 연습 문제

問題 10 次の文章を読んで、後の問いに対する答えとして最もよいものを、1・2・3・4から一つ選びなさい。

これからどうなるか予測しがたい世界に住んでいる私たちはいつも不安と恐れを抱えたまま日々を過ごしている。かつてであればある程度見極めることができた。ところが、目まぐるしく激変する今、先を見通すことが難しくなってきた。それに、このような状況に置かれているのは自分一人ではない。自分と同じような立場に置かれた似たような境遇の人は世の中にあふれている。ある意味、その人たちと同じ海の中に浸かっているので少しは安心して生きていけるはずである。だが、同じ状況に置かれている人々と思いを共有することは①なかなか難しい。たとえ、お互いに共通点があるにしたって、いざ自分のことになると、他人と関係ない本人だけの固有の問題に取り込んでしまうからだ。これに対して、不思議なことに同じことであっても他人のことになると感情に左右されず、冷静かつ客観的な姿勢で見定めることができるのである。

平等社会を生きている今の人々は、それぞれが自分なりの自意識を持っていて誰もが自分の存在を認めながら、生きる世界を創造していくのだ。世界の中心は外ではなく自分であるとしっかりとらえている。反面、これは単純なエゴイズムの話ではない。②そのような自分は本人が世界の中心であるのがわかったとき、まわりに存在するたくさんの私に気づくのだ。それゆえに、まわりのすべての人の姿がまさに自分の姿でもあったり、他人の姿でもあったりする珍しい経験をすることもある。

個人ひとりひとりは自分だけのアイデンティティにこだわりながら、それでもまわりにいる異なる私を同時に認めている。しかも、自分らしさを絶え間なく見出そうとする。 けれど、自分一人だけでは、自分がどのような人間なのかという純粋な自分にたどり着くことができない。 自分らしさを見つけ出すためには他者が必ず必要なはずである。ここで言う他者というのは、つねに自分の周りに存在していてお互いに受け入れ合うような他者のみならず、この世の中で生きていける役目と充足感を提供してくれる世界そのものも他者であるに違いない。結局のところ、他者が存在することで同時に自分という存在を確認できるようになるのである。

1 ①なかなか難しいとあるが、なぜか。

1　これからの社会がどうなるかわからないから

2　自分だけのことだと思われるから

3　本人のことはちゃんと見えないから

4　人の不安や恐れは似て非なるものだから

2 ②そのような自分とはどのような自分か。

1　自分と同じような人がたくさんいると思う人

2　自分だけの純粋さがあると思う人

3　自分は世の中の一人にすぎないと思う人

4　自分は世界を作る大切な存在だと思う人

3 筆者によると、今の社会に生きている「本人」にとって他者とは何か。

1　自分の真の姿を感じさせてくれる社会と周囲の人々

2　自分の存在理由を確認してくれるまわりの人々と社会

3　お互いに認め合う人々や自分に役割を与えてくれる社会

4　ひとりひとりが同じであることを意識させてくれる社会

정답 및 해설 p.191

문제 11

1교시 독해

통합 이해(비교문)

출제 경향

통합 이해(비교문)는 총 2문제가 출제된다. 하나의 주제를 가지고 A글과 B글을 각각 읽은 후, 각 내용을 비교하고 통합하여 지문의 주제에 대해 어떤 견해를 갖고 있는지 묻는 유형이다. 통합 이해(비교문)는 다른 독해 지문과 달리 미리 두 개의 질문을 읽고, 질문의 내용을 의식하면서 글을 읽어 나가야 한다.

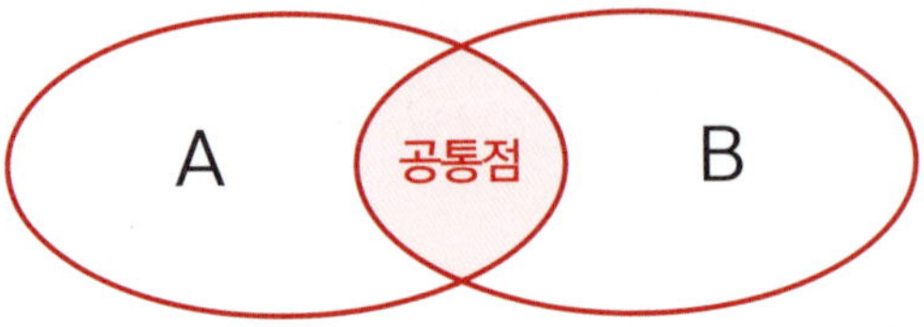

풀이 전략

★ A와 B의 공통되는 종합 의견을 찾는 문제

두 지문에 내포된 공통된 생각이나 의견을 물을 경우에는, 우선 A글을 읽으면서 필자의 의견이나 생각 부분에 줄을 긋거나 괄호 표시를 해 둔다. B글을 읽을 때 A글에 언급된 핵심 키워드나 일치하는 내용이 있는지 확인하고 표시해 둔다.

예 AとBの認識《にんしき》で共通《きょうつう》しているのは何《なに》か。 A와 B의 인식에서 공통된 것은 무엇인가?

★ 특정 키워드에 관해 A와 B의 공통되는 인식을 찾는 문제

특정 내용에 제한해서 A와 B의 공통된 인식을 묻는 경우도 있다. 결론적으로 두 지문의 주장이 다르더라도, 해당 키워드에 대한 필자들의 생각은 일치할 수 있기 때문이다. 이때는 제시된 내용에 관련된 부분에만 집중해서 확인하면 된다.

예 ○○○について、AとBが共通《きょうつう》して認識《にんしき》している点《てん》は何《なに》か。

○○○에 관해서, A와 B가 공통으로 인식하고 있는 점은 무엇인가?

★ 특정 키워드에 관해 A와 B 각각의 의견을 묻는 문제

제시된 내용에 관해 A글과 B글의 입장이 다를 경우에는, 일단 「AもBも…(A도 B도…)」로 시작하는 선택지는 소거하고, 어떤 부분에 대한 설명이 다른지 꼼꼼하게 비교하면서 확인한다.

예 ○○○について、AとBはどのように述《の》べているか。

○○○에 관해서 A와 B는 어떻게 말하고 있는가?

문제 유형 예시

問題 11 次のAとBの文章を読んで、後の問いに対する答えとして最もよいものを、1・2・3・4から一つ選びなさい。

A

地域の祭りへの関心が高まるのは喜ばしいことだ。各地の人だけでなく外国人からも人気を集めている。テレビをはじめ、さまざまなメディアがそれを報じる機会も増えた。また、 62 このような関心によって、地域の活性化にもつながると思う。ただ、地元の観光振興への期待と結び付けて考えるのはどうかと思う。私としては観光効果そのものを否定しているわけではない。しかし 63 地域の祭りという本当の目的が消えてしまったのではないかと、いつも気になるのだ。

> 공략법 ❷
> A글과 B글을 차례로 읽으며, 질문과 관련된 내용을 지문에 표시해 둔다.

B

祭りと言えば、賑やかで、元気があふれるイメージが思い浮かぶ。日本では各地域ならではのいろんな祭りがあって、それをさまざまなメディアで祭りを商品化し、 62 祭りにちなんだ旅行商品が数多く組まれ、観光産業と結び付けている。ところが、はたしてそれが地元への理解と関心を深めて、 63 人々に関心を持ってもらえるだろうか。祭りの経済的効果だけに焦点を合わせて、祭りの真の意味が忘れ去られるのではないかと危惧される。

62 地域の祭りについて、AとBに共通している認識は何か。

1 祭りへのメディアの報道が過熱している。
2 祭りへの関心が外国人の間にも広まっている。
3 祭りへの関心が以前にもまして多くなった。
4 祭りは観光振興とかかわり合いがある。

> 공략법 ❶
> 두 문제의 질문을 먼저 읽고, 각각의 질문을 빠르게 숙지한다.

63 地域祭りの関心について、AとBはどのように述べているか。

1 AもBも、祭りへの関心による経済効果は期待すべきではないと述べている。
2 AもBも、関心にかかわらず地域祭りとして発展させていくべきだと述べている。
3 Aは祭りの本来の目的に立ち戻るべきだと述べ、Bは関心にとらわれず祭りの価値を高めるべきだと述べている。
4 Aは祭りの本来の意味が薄れつつあると述べ、Bは祭りへの関心が本当に地域の関心につながるか懸念されると述べている。

통합 이해(비교문)

풀이 요령

★ 풀이 요령 1

62 지역 축제에 관해서 A와 B의 공통적인 인식은 무엇인가?

A글 → 축제에 대한 관심이 지역 활성화로 이어질 거라고 생각한다.

B글 → 축제와 연관된 여행 상품이 많이 만들어져 관광 산업과 연결시키고 있다.

63 지역 축제의 관심에 관해서 A와 B는 어떻게 말하고 있는가?

A글 → 지역 축제의 진정한 목적이 사라져 버린 것은 아닌가 하고 항상 걱정된다.

B글 → 사람들에게 관심을 가지게 할 수 있을까? 축제의 진정한 의미가 잊혀지는 것은 아닐까? 염려된다.

★ 풀이 요령 2

62 각각 표시된 내용을 확인하면, A글과 B글의 공통된 인식은 4번임을 알 수 있다. 선택지 1번은 매체의 보도에 대한 언급은 있지만 과열되고 있다고는 하지 않았고, 2번은 A글에서만 언급된 내용이며, 3번은 양쪽 모두 언급되지 않았기 때문에 오답이다.

63 각각 표시된 내용을 확인하면, 지역 축제의 관심에 대한 각각의 의견은 4번임을 알 수 있다. A글과 B글에서 지역의 관심에 대한 마지막 결론은 비슷하지만, 1, 2번은 내용과 다르므로 오답이다.

해석

문제 11 다음 A, B 글을 읽고, 질문에 대한 답으로 가장 알맞은 것을 1・2・3・4에서 하나 고르세요.

A

지역 축제에 대한 관심이 높아지는 것은 기쁜 일이다. 각지의 사람들뿐만이 아니라 외국인에게도 인기를 모으고 있다. 텔레비전을 비롯한 여러 매체가 그것을 보도할 기회도 늘었다. 또한 62 이러한 관심에 의해, 지역의 활성화로 이어질 거라고 생각한다. 단, 그 지역의 관광진흥에 대한 기대로 연결시켜 생각하는 것은 좀 그렇다고 생각한다. 나로서는 관광 효과 그 자체를 부정하고 있는 것은 아니다. 그러나 63 지역 축제라는 진정한 목적이 사라져 버린 것은 아닌가 하고 항상 걱정되는 것이다.

B

축제라고 하면, 활기차고 힘이 넘쳐나는 이미지가 떠오른다. 일본에서는 각지역만의 여러 가지 축제가 있고, 그것을 여러 매체에서 축제를 상품화하고, 62 축제와 연관된 여행 상품이 많이 만들어져 관광 산업과 연결시키고 있다. 그러나 과연 그것이 그 지역에 대한 이해와 관심을 깊게 하고, 63 사람들에게 관심을 가지게 할 수 있을까? 축제의 경제적 효과만에 초점을 맞추고, 축제의 진정한 의미가 잊혀지는 것은 아닐까 염려된다.

62 지역 축제에 관해서 A와 B가 공통으로 인식하고 있는 점은 무엇인가?

1 축제에 관한 매체의 보도가 과열되고 있다.

2 축제에 대한 관심이 외국인 사이에도 확산되고 있다.

3 축제에 대한 관심이 이전보다 더 많아졌다.

4 축제는 관광 진흥과 관련이 있다. ✔

63 지역 축제의 관심에 관해서 A와 B는 어떻게 말하고 있는가?

1 A도 B도, 축제에 대한 관심에 의한 경제 효과는 기대해서는 안 된다고 말하고 있다.

2 A도 B도, 관심과 관계없이 지역 축제로서 발전시켜 가야 한다고 말하고 있다.

3 A는 축제 본래의 목적으로 돌아가야 한다고 말하고, B는 관심에 얽매이지 않고 축제의 가치를 높여야 한다고 말하고 있다.

4 A는 축제의 본래의 의미가 희미해지고 있다고 말하고, B는 축제에 대한 관심이 진정으로 지역의 관심으로 이어질지 걱정된다고 말하고 있다. ✔

통합 이해(비교문) | 연습 문제

問題11 次のAとBの文章を読んで、後の問いに対する答えとして最もよいものを、1・2・3・4から一つ選びなさい。

A

巷にはマルチビタミンミネラルのサプリメントは効果があるかどうかについて、けっこう意見が分かれています。「食事をしっかりとれば、問題ないし、わざわざサプリまで摂取する必要はないですよ」という意見もあります。確かに、食事で完璧に栄養素を摂取した時は飲まなくてもいいし、ちゃんと食事をした後、サプリを飲むと過剰摂取になって健康を害することもあり得ます。特に脂溶性ビタミンは過剰な分が尿に溶けて出てくる水溶性ビタミンと違って、脂に溶けて腎臓《じんぞう》や脂肪細胞に蓄積されて、頭痛や吐き気などを引き起こすこともあります。だが、ダイエットやカップラーメンなどを食べて栄養のバランスが悪いなと思う時は、サプリを飲んだ方が健康維持のためにもいいと思います。それに、統計的にほとんどの日本人は特定の栄養素が不足していることが多いと言われています。だから、自分に足りない分はサプリを飲むのが望ましいのではないかと思います。

B

サプリメントにはもともと「補足」といった意味があることから栄養素を補うものだと思います。サプリメントは薬の代わりにはなりませんし、不適切な使用などにより、健康被害が起こる可能性があります。ちゃんとした食事をすればサプリメントを摂取する必要はないし、特定栄養素が過剰摂取になってしまうとかえって体を害することもあります。また、マルチビタミンミネラルがガン、心臓の疾患や糖尿病などにかかる可能性を低下させることはないという研究結果も出ています。通常の食事をとった方がいいし、やっぱりボリュームがあって噛んで、その咀嚼《そしゃく》(注)作用で消化吸収作用を促進させるのが、錠剤を飲むよりはましだと思います。

(注) 咀嚼《そしゃく》: かみ潰す

1 AとBの認識で共通しているのは何か。

1 消化過程を省略したサプリメントは体を害する恐れがある。

2 サプリメントの摂取により健康を損なう可能性もある。

3 サプリメントで病気が治せると勘違いしてはいけない。

4 日常の食事で栄養素を摂取した方が健康の維持に役立つ。

2 サプリメントの摂取について、AとBはどのように述べているか。

1 Aは栄養素が不十分なときは摂取した方がいいと述べ、Bはふだんの食事で栄養素をとった方がいいと述べている。

2 Aは栄養素の基準摂取に満たしていない場合は飲んだ方がいいと述べ、Bは栄養素の過剰摂取になりがちなので控えた方がいいと述べている。

3 Aは栄養バランスがとれた食事をしたときは必要ないと述べ、Bは薬と食事を使い分ける必要があると述べている。

4 Aは自分の体質に合わせて摂取した方が望ましいと述べ、Bは錠剤より噛む行為を通して栄養素をとった方がいいと述べている。

정답 및 해설 p.193

문제 12

1교시 독해

주장 이해(장문)

출제 경향

주장 이해는 1개의 지문에 총 3~4문제가 출제된다. 1,000자 정도의 사설이나 논설문 등 추상적이고 논리적인 주제의 지문을 읽고, 전체적으로 전달하고자 하는 주장이나 의견이 무엇인지 묻는 유형이다. 문제 10 장문 내용 이해와 글의 길이는 비슷하지만, 필자의 생각이 가미된 글이 상대적으로 더 많으므로 본인의 감수성에 휘말리지 않도록 주의해야 한다. 풀이 방식은 문제 9, 10 내용 이해(중문·장문 유형과 마찬가지로, 지문 내용의 순서대로 차근차근 풀어나가면 된다. (문제 9, 10 풀이 요령 참고)

풀이 전략

★ 화제 전환, 역접의 접속사

화제 전환이나 역접의 접속사 또는 그런 의미를 지닌 표현이 지문에서 보이면 표시하면서 읽는다. 해당 접속사를 기점으로 글의 흐름이 바뀌며, 이후 내용이 필자가 결론적으로 말하고 싶은 생각을 담고 있는 경우가 많다.

화제 전환

「さて、ところで 그런데」

역접

「しかし、でも、ところが、 だが、とはいえ、けれども 그러나, 그렇지만, 하지만」

★ 질문에 밑줄이 포함된 문제

질문에 밑줄이 포함된 문제는 밑줄 앞뒤 문장에 결정적인 힌트가 나와 있으므로 내용을 꼼꼼하게 확인하고 선택지와 내용을 비교하며 풀어야 한다.

예 どんどん行動《こうどう》を起《お》こしても構《かま》わないとあるが、どういうことか。

계속해서 행동을 일으켜도 상관없다고 하는데 무슨 말인가?

★ 필자의 생각이나 주장을 묻는 문제

필자가 말하고 싶은 의견을 묻는 문제가 마지막에 반드시 출제된다. 글의 전체적인 흐름이 곧 필자의 주장과 연결되는데, 특히 마지막 단락에서 큰 힌트를 얻을 수 있다. 「私《わたし》にしてみれば・私《わたし》にとって 내 입장에서 보면, 나에게 있어서」로 시작되거나, 「べきだ・ことだ・大切《たいせつ》だ ~해야 한다, 중요하다」 등으로 끝나는 문장이 필자의 생각을 나타내 줄 가능성이 높다.

예 **この文章《ぶんしょう》で筆者《ひっしゃ》が最《もっと》も言《い》いたいことは何《なに》か。** 이 글에서 필자가 가장 말하고 싶은 것은 무엇인가?

筆者《ひっしゃ》は○○をどのようにとらえているか。 필자는 ○○을 어떻게 파악하고 있는가?

문제 유형 예시

問題 12　次の文章を読んで、後の問いに対する答えとして最もよいものを、1・2・3・4から一つ選びなさい。

「絵」つまり「商品」を描いているのである。だが、絵だって、本質的には自由奔放こそ肝心なのだ。私自身は少なくともそのつもりだ。「あなたの絵はわけがわからない」とよく言われるが、これが私の世界観であり、すべてのものだ。そして、できる限り、自分の努力ではいかんともしがたい他人の評価にとらわれすぎるのはしたくないと思う。

64 筆者は絵をどのようにとらえているか。

1　人を引きつける魅力的なもの。
2　商品的な価値があるもの。
3　気の向くまま描かれたもの。
4　評価に値する作品になっているもの

공략법 ❶
중요한 키워드나 화제 전환, 역접의 접속사가 있는지 확인한다.

공략법 ❷
선택지 중 지문에서 언급된 바가 없는 내용은 소거하며, 가장 틀리지 않는 답을 찾는다.

풀이 요령

★ 풀이 요령 1

역접 표현인 「だが」를 확인하고 표시해 둔다. 「だが」 다음에 이어지는 내용과 마지막 문장이 핵심이다.

★ 풀이 요령 2

'그림도 본질적으로는 자유분방한 부분이 중요하다. → 나 자신은 적어도 그런 마음이다. → 남의 평가에 지나치게 얽매이고 싶지 않다'는 내용으로부터 3번의 '마음 내키는 대로 그려진 것'이 정답임을 알 수 있다.

해석

문제 12 다음 글을 읽고, 뒤의 질문에 대한 답으로 가장 알맞은 것을 1・2・3・4에서 하나 고르세요.

'그림' 즉, '상품'을 그리고 있는 것이다. 하지만 그림도 본질적으로는 자유분방함이 중요한 것이다. 나 자신은 적어도 그런 마음이다. '당신의 그림은 의미가 이해되지 않는다'고 자주 듣지만, 이것이 나의 세계관이며, 전부인 것이다. 그리고 되도록이면 나 자신의 노력으로 어찌할 수 없는 남의 평가에 지나치게 사로잡히고 싶지 않다고 생각한다.

64 필자는 그림을 어떻게 파악하고 있는가?

1　사람의 마음을 끄는 매력적인 것
2　상품적인 가치가 있는 것
3　마음 내키는 대로 그려진 것 ✔
4　평가할 만한 작품이 되어 있는 것

주장 이해(장문) | 연습 문제

問題 12　次の文章を読んで、後の問いに対する答えとして最もよいものを、1・2・3・4から一つ選びなさい。

「世の中」で、何かを生み出すためには、まず「企画書」が必要だ。もちろん、自分のプライベートな行動なら、企画書なんて必要ない。思い立ったが吉日《きちにち》(注1)と、①どんどん行動を起こしても構わない。例えば、家族の中では企画書は不要だ。お父さんが新しい車を買うのに家族全員に企画書を回したなんて聞いたことがないし、腹を空かせて泣いていた子猫を思わず拾ってきてしまったお姉さんも、夕食時の話し合いだけで、飼うか飼わぬか結論は出るだろう。恋人たちが結婚を決めるような大事な局面でも企画書はそぐわない。「結婚しようか？」「ええ」とか「一緒になろうよ」「問題外！」と話はすんでしまう。こんなふうに身近な人とのイベントや決めごとは、企画書なしでも動かせる。

ところが、あなたのやりたいことが身近な人の領域を超えて第三者にも関わるとき、突如として「文書での説得技術」が鍵になる。

第三者は身内より、文書に書かれたことの「説得力」や「信頼性」を重んじるからだ。直接会って、身振り手振りで情熱を伝えることのできない相手（おうおうにして自分より力のある忙しい人たち）には、なおさら、あなたの「企画書」にあなたの替わりに喋らせなければならない。そして「うん、この企画なら乗れる！」と相手にウンと言わせなければならない。より多くの人があなたの趣旨を理解すると、②仕事はがぜん(注2)、やりやすくなる。会社に入ればすぐわかることだ。

(中略)

さらに、実際の企画プレゼンの場や面接試験の場で、あなたの自身のキャラクターを売り込むためには、シンプルで効果的な演出が必要だ。『自分「プレゼン」術』を参考にあなたのキャラクターが自然にプレゼンの流れに乗るようデザインしてみてほしい。

ところで、企画のプレゼンでいちばん大事なのは、次の三つだと思う。

（1）相手のイメージの中にある言葉で語ること。（2）相手のイメージの中にある要素を再構成して企画をプレゼンすること。相手のイメージにないものを頭の中に出現させることは不可能に近い。だから、AとBしか頭の中にない相手には、新しい企画のことはA+Bだとか、A×Bだとイメージさせなければならない。AとBのイメージしかない相手に、Cというイメージを持たせようとするプレゼンは必ず失敗する。（3）相手は、自分とあなたとの共通点を求めている。共通点が多ければ多いほど、人間は安心し、信頼を寄せるもの。共通点の蓄積は、あなた自身とあなたの企画のクレジットレベルを引き上げる。

だから、プレゼンの前には、思い切り共通点を探すインタビューに時間をかけた方がいい。相手があるという事実をもっと強く意識すれば、「文章力」も「プレゼン力」も自然、磨かれる。言い換えれば「相手には独自の世界観があり、そのイメージの中で生きているのだ」と理解することが、「文章」や「プレゼン」の出発点になる。

今、このとき、同じものを見ているようで、あなたと私は、たぶん違う世界を観ている。その、本来わかりあえない二人が、なんとかわかりあおうとする技術、それがコミュニケーション技術だ。だからこそ、コミュニケーション技術は、夢を実現するチカラになる。

（藤原和博『「よのなか」入門』による）

(注1) 思い立ったが吉日《きちじつ》：何かを始めようと思ったときはすぐに実行すべきだ
(注2) がぜん：いきなり

1 ①どんどん行動を起こしても構わないとあるが、どういうことか。

1　自分のやりたいことがあれば企画書なしにすぐ行動に移すことだ。
2　すばやい結論を出すためにはひとまず身近な人と話すことだ。
3　自分の意見を通すためには企画書より信頼性を築くことだ。
4　プライベートな決め事はなるべく企画書なしに早く解決することだ。

2 ②仕事はがぜん、やりやすくなるとあるが、なぜか。

1　直接会って自分の趣旨を相手に伝えたから
2　自分の意図が相手にちゃんと伝えられたから
3　企画の内容がシンプルで分かりやすかったから
4　相手のイメージに合う言葉で企画書を作成したから

3 筆者は夢を実現するためにはどうすればいいと述べているか。

1　自分の夢を叶うためには自分の中にあるイメージを相手に持たせるべきだ。
2　相手の頭の中にあるイメージを意識しながら相手と理解し合うべきだ。
3　自分の世界観と相手の世界観の差を狭めていく努力をし続けるべきだ。
4　自分なりの世界観を築きながらコミュニケーション技術を磨くべきだ。

정답 및 해설 p.196

문제 13

1교시 독해

정보 검색

출제 경향

정보 검색은 1개의 지문에 총 2문제가 출제된다. 700자 정도의 광고, 팸플릿, 비즈니스 서류, 잡지 등과 같이 정보가 담긴 글 안에서 필요한 정보를 찾는 유형이다. 먼저 질문을 읽고 필요한 정보가 무엇인지 확인하여 지문 전체를 다 읽지 않고도 내용을 빠르게 파악해야 한다. 핵심 키워드나 중요한 내용에 간단하게 표시하거나 줄을 그어 두면 문제 푸는 시간을 줄일 수 있다.

▶ 정답을 확정할 수 있는 중요한 단서가 되므로, 「注」 표시 또는 자주 쓰이는 괄호나 기호가 있으면 꼼꼼하게 확인한다. (주목할 괄호 종류: 「 」『 』【 】/ 주목할 기호 종류: ■ ◆ ※ ☆ ○ ●)

풀이 전략

★ 조건 조합의 문제

질문을 읽고 조건 부분을 항목별로 간단하게 정리하거나 줄을 그어 놓고 번호를 달아 둔다. 선택지와 정보 내용을 비교하며 조건에 부합되지 않는 부분은 소거해 나간다. 질문에 조건이 없고 선택지가 표로 되어 있을 경우에는 표와 정보 내용을 비교하며 제거해 나간다.

예
- ~の条件《じょうけん》を満《み》たしているのは誰《だれ》か。 ~의 조건을 만족시키는 것은 누구인가?
- ~に応募《おうぼ》できるのは誰《だれ》か。 ~에 응모할 수 있는 것은 누구인가?
- ~すると、利用料金《りようりょうきん》はどのようになるか。 ~하면, 이용 요금은 어떻게 되는가?

★ 어떤 조건하에서의 과제 수행 문제

과제 수행, 즉 해야 할 일에 해당되는 정보의 조건과 비교하며 찾아가되, 주의 사항 표시가 되어 있는 것은 꼭 확인해야 한다.

예
- ~の時《とき》、必《かなら》ずしなければならないのは何《なに》か。 ~할 때, 반드시 해야 하는 것은 무엇인가?
- ~を申《もう》し込《こ》む際《さい》、申《もう》し込《こ》み書《しょ》の他《ほか》に何《なに》が必要《ひつよう》なのか。
  ~을 신청할 때, 신청서 외에 무엇이 필요한가?
- ~するためには、どうしなければならないか。 ~하기 위해서는, 어떻게 해야 하는가?

★ 지문의 내용에 대해 옳은 것을 가려내는 문제

지문의 전체적인 내용에 대해 맞는 설명인지 묻는 경우도 간혹 출제된다. 그렇다고 해도 지문을 정독하는 데에 시간을 허비할 필요는 없다. 선택지에 해당하는 내용만 대조해가며 오답을 소거하면 된다.

예
- 当日《とうじつ》にしなければならないこととして合《あ》っているのはどれか。
  당일에 해야 하는 것으로서 맞는 것은 어느 것인가?
- ○○さんが注意《ちゅうい》しなければならないこととして合《あ》っているのはどれか。
  OO씨가 주의하지 않으면 안 되는 것으로서 맞는 것은 어느 것인가?

문제 유형 예시

問題 13　右のページは、ある美術館夢の集いの案内である。下の問いに対する答えとして最もよいものを１・２・３・４から一つ選びなさい。

68　鈴木さんは大学の美術学科で絵画を勉強している。鈴木さんが「県立大川美術館夢の集い」の会員になったら次のどのサービスを受けることができるか。

1　県立大川美術館の会報誌を毎月、無料で受け取ることができる。

2　県立大川美術館及び提携県立美術館の常設展を無料で見ることができる。

3　県立大川美術館で開かれる特別展を５０％割引で見ることができる。

4　県立大川美術館及び提携県立美術館のレストランは２０％割引で利用できる。

69　会社員の山田さんは「県立大川美術館夢の集い」に入会したいと思っている。入会費と年会費の支払いはどのようにするか。

1　事務局で入会費と年会費を直接支払う。

2　金融機関で入会費と年会費を振り込む。

3　事務局で入会費を直接払い、年会費の自動振替の手続きもする。

4　事務局で入学費を直接払い、金融機関で年会費の自動振替の手続きをする。

공략법 ❶
각각의 문제를 순서대로 읽고, 질문의 핵심을 정확히 이해한다.

「県立大川美術館の夢の集い」へのお誘い

「県立大川美術館夢の集い」は、美術を愛好し、深い関心をもつ方々の集まりです。また県立大川美術館の活動へのサポートを通して芸術文化の振興と普及を図ることを目的としています。会員のみなさまには様々な特典を設けています。

・当館の展覧会の案内、作家によるエッセイ、所蔵作品解説等を掲載する会員誌「大川ニュース」を隔月でお送ります。

・68　常設展は無料で、特別・企画展を会員割引価格でご観覧いただけます。（一般会員２０%、学生会員５０%割引）また、他県の提携県立美術館の常設・特別展を団体料金でご観覧できます。

・館内のミュージアムショップ及びレストラン及び他県の提携県立美術館のミュージアムショップ及びレストランでも会員割引が受けられます。（県立大川美術館20%、提携県立美術館10%）

・割引を受けられる際には、会員証が必要です。学生会員の方は会員証の他、学生証も併せてご提示ください。

【入会費·年会費】

入会費（入会時のみ）：3000円

年会費（1年ごと）：一般会員5000円、学生会員4000円

공략법 ❷
지문을 읽으며 질문의 핵심 내용을 모두 찾아 표시해 둔다.

【ご入会の手続き】

ご入会は県立大川美術館１階の事務局で承ります。

69 一般会員の方は、事務局で入会費のお支払い及び年会費振替用の金融機関口座のご登録をお願いします。（金融機関の口座情報と印鑑をご持参ください。）年会費は、ご入会の約１ヶ月後に、ご登録の口座から自動振替となります。退会のお申し出がない限り、毎年自動的に引き落とされますのでご了承ください。

学生会員の方は、入会お申し込みの際に学生証をお持ちの上、入会費と年会費を事務局でお支払いください。１年ごとに入会継続のお手続きが必要です。会員証は即時発行いたします。

県立大川美術館夢の集い　事務局　TEL75-3333-2222

풀이 요령

★ 풀이 요령 1

68 스즈키 씨의 조건

① 대학의 미술 학과에서 회화를 공부하고 있음

② 꿈의 모임의 회원이 되면 받을 수 있는 서비스는 무엇인가? → 학생이 회원이 되면 받을 수 있는 서비스 찾기

69 야마다 씨의 조건

① 회사원

② 「현립 오오카와 미술관 꿈의 모임」에 입회하기 원함

③ 야마다 씨가 수행할 일: 입회비와 연회비의 지불은 어떻게 하는가? → 입회비와 연회비의 지불 방식 찾기

★ 풀이 요령 2

68 각각의 선택지와 정보를 비교하며 부합하지 않은 선택지는 소거해 나간다.

선택지 1번: 현립 오오카와 미술관의 회보지를 매월 무료로 받을 수 있다 (X)

→ 회보지는 매월이 아니라 격월임

선택지 2번: 현립 오오카와 미술관 및 제휴 현립 미술관의 상설전을 무료로 볼 수 있다 (X)

→ 현립 오오카와 미술관의 상설전은 무료, 제휴 미술관의 상설전은 단체 요금으로 관람 가능함

선택지 3번: 현립 오오카와 미술관에서 열리는 특별전을 50% 할인으로 볼 수 있다 (O)

→ 현립 오오카와 미술관에서 열리는 특별전은 학생인 경우 50% 할인됨(스즈키 씨는 대학생이므로 50% 할인을 받을 수 있음)

선택지 4번: 현립 오오카와 미술관 및 제휴 현립 미술관의 레스토랑은 20% 할인으로 이용할 수 있다 (X)

→ 현립 오오카와 미술관의 레스토랑은 20%, 제휴 현립 미술관의 레스토랑은 10%로 이용 가능함

69 입회 절차란을 확인한다.

→ 야마다 씨는 회사원이기 때문에 일반인에 속하고, '일반 회원은 사무국에서 입회비 지불 및 연회비 이체용 금융기관 계좌 등록을 부탁드립니다', '연회비는 입회 약 1개월 후에 등록 계좌에서 자동이체됩니다'라고 나와 있으므로 정답은 3번이다.

문제 13

1교시 독해

정보 검색

해석

문제 13 오른쪽 페이지는 어느 미술관 꿈의 모임에 대한 안내입니다. 아래 질문에 대한 답으로 가장 알맞은 것을 1・2・3・4에서 하나 고르세요.

68 스즈키 씨는 대학의 미술 학과에서 회화를 공부하고 있다. 스즈키 씨가 「현립 오오카와 미술관 꿈의 모임」의 회원이 되면 다음의 어느 서비스를 받을 수 있는가?

1 현립 오오카와 미술관의 회보지를 매월 무료로 받을 수 있다.
2 현립 오오카와 미술관 및 제휴 현립 미술관의 상설전을 무료로 볼 수 있다.
3 현립 오오카와 미술관에서 열리는 특별전을 50% 할인으로 볼 수 있다. ✔
4 현립 오오카와 미술관 및 제휴 현립 미술관의 레스토랑은 20% 할인으로 이용할 수 있다.

69 회사원인 야마다 씨는 「현립 오오카와 미술관 꿈의 모임」에 입회하기를 원한다. 입회비와 연회비의 지불은 어떻게 하는가?

1 사무국에서 입회비와 연회비를 직접 지불한다.
2 금융기관에서 입회비와 연회비를 납입한다.
3 사무국에서 입회비를 직접 지불하고, 연회비의 자동이체 절차도 행한다. ✔
4 사무국에서 입회비를 직접 지불하고, 금융기관에서 연회비의 자동이체 절차를 행한다.

「현립 오오카와 미술관 꿈의 모임」으로의 초대

「현립 오오카와 미술관 꿈의 모임」은 미술을 애호하고 깊은 관심을 가진 분들의 모임입니다. 또한 현립 오오카와 미술관의 활동의 후원을 통해서 예술 문화의 진흥과 보급을 도모하는 것을 목적으로 하고 있습니다. 회원 여러분에게는 여러 가지 특전을 마련하고 있습니다.

- 당관의 전람회의 안내, 작가에 의한 에세이, 소장 작품 해설 등을 게재하는 회원지 「오오카와 뉴스」를 격월로 보내드립니다.
- 68 상설전은 무료이고, 특별·기획전을 회원 할인 가격으로 관람하실 수 있습니다. (일반 회원 20%, 학생 회원 50% 할인) 또한, 타현의 제휴 현립 미술관의 상설·특별전을 단체 요금으로 관람할 수 있습니다.

- 관내의 박물관 숍 및 레스토랑 및 타현의 제휴 현립 미술관의 박물관 숍 및 레스토랑에서도 회원 할인을 받을 수 있습니다. (현립 오오카와 미술관 20%, 제휴 현립 미술관 10%)
- 할인을 받으실 때에는 회원증이 필요합니다. 학생 회원분은 회원증 외, 학생증도 함께 제시해 주세요.

【입회비 · 연회비】

입회비(입회 때만): 3000엔

연회비(1년마다): 일반 회원 5000엔, 학생 회원 4000엔

【입회 절차】

입회는 현립 오오카와 미술관 1층의 사무국에서 받습니다.

69 일반 회원 분은 사무국에서 입회비 지불 및 연회비 이체용 금융기관 계좌 등록을 부탁드립니다.(금융 기관의 계좌 정보와 인감을 지참해 주세요.) 연회비는 입회 약 1개월 후에 등록 계좌에서 자동이체 됩니다. 퇴회 신청이 없는 한, 매년 자동으로 자동이체 됨으로 양해 부탁드립니다.

학생 회원 분은 입회 신청 때에 학생증을 지참한 다음, 입회비와 연회비를 사무국에서 지불해주세요. 1년마다 입회 지속 절차가 필요합니다. 회원증은 즉시 발행해 드립니다.

현립 오오카와 미술관 꿈의 모임 사무국 TEL75-3333-2222

정보 검색 | 연습 문제

問題 13 右のページは、生態系保全協会事務局のホームページにある「生態系保全推進」ポスターの募集案内である。下の問いに対する答えとして最もよいものを1・2・3・4から一つ選びなさい。

1 次の人のなかで「生態系保全推進」ポスター募集に応募できるのは誰か。

名前	テーマ	サイズおよびその他
カクタさん	希少な野生動植物を守る『種の保存』	和紙、縦向き（縦５４㎝Ｘ横３８㎝） ―返却要望
ホンさん	太陽光パネルを農場の建物に設置	画用紙、縦向き（縦５４㎝Ｘ横３８㎝）
キムラさん	生物多様性の枯渇は生態系の破壊につながる。	画用紙、縦向き（縦５４㎝Ｘ横３８㎝） ―コンクール入賞作
スズキさん	捨てられる生ごみの削減。	画用紙、縦向き（縦５４㎝Ｘ横３８㎝）

1 カクタさん

2 ホンさん

3 キムラさん

4 スズキさん

2 リンさんは「生態系保全推進」ポスター募集に応募したいと思っている。応募の時、注意しなければならないことは何か。

1 発表は２０２５年中旬頃書面にて確認できる。

2 応募用紙の裏面に氏名、年齢、職業、制作意図、連絡先を記入する。

3 応募用紙の一枚に２点の作品を描いて提出する。

4 受賞者の発表の時は氏名と住まい、年齢、職業が記載される。

「生態系保全推進」ポスター募集

【募集の趣旨】

公益団体法人生態系保全協会では、国民一人一人が「生態系の保全」について、理解と認識を深め、各地での取り組みへと輪を広げていただくことを目的に、３月を「生態保全月間」とし、この月間を通じて、「生態保全」への意識を高揚するため、環境保全推進ポスターの図案を募集します。最優秀作品は、推進ポスターとして、生態保全月間の行事及び月間以降も自治体・生態保全団体等において掲示します。

【募集テーマ】

「再生エネルギー活用とエネルギー効率性の向上」「絶滅の危機に瀕している動植物の保護」「森林再生及び植林活動」

【作品募集期間】

２０２５年1月１７日（金）～5月３０日（金）必着。

【規格、紙質等】

1) 四つ切り画用紙サイズ（縦５４ｃｍｘ横３８ｃｍ）
2) 紙を縦向きにしてポスター図案を作成してください。（※横向きで作成したものは審査の対象外になります）
3) 紙質、絵の具は自由。

【留意事項】

1) 募集要項の「応募用紙」に記入して、作品の裏面に貼ってください。（または①～⑤を作品の裏面に明記してください）
　①氏名　②年齢　③職業（学校名・学年）④簡単な制作意図　⑤連絡先（住所・電話番号・メールアドレス）＊学校・団体で応募の場合は学校・団体の連絡先を記載
2) 応募点数は制限なし。ただし、１用紙に作品１点とし、未発表のオリジナル作品に限ります。
3) 入選作品の著作権は主催者に帰属し、応募作品の返却はいたしません。
4) 結果発表の際には、入選者氏名とお住まいの市区町村名、職業（学校名・学年）、年齢を記載して発表します。

【発表】

２０２５年１０月１６日（木）

ホームページなどで発表するとともに受賞者に通知いたします。２０２５年１０月下旬に開催予定の生態系保全協会の定時総会に招待し、表彰を行うとともに賞の授与を行います。

【郵送先】

〒789-0083　東京都大田区東六郷　３－１８－３清らセンター西館３階
生態系保全協会事務局

TEL : 03-4672-0035　FEX: 03-4672-0045

정답 및 해설 p.200

내용 이해(단문) 실전 테스트 ①

問題8 **次の(1)から(4)の文章を読んで、後の問いに対する答えとして最もよいものを、1・2・3・4から一つ選びなさい。**

(1)

文章を書くためにはまずその内容が必要となる。これは当たり前のことのように思えるだろう。しかし実は、多くの人は書くべきことが明確にできていないため、文章作成に苦労しているのだ。文章作りの第一歩は頭の中のおぼろげな内容をよりはっきりとした言葉に変えて書きとめることだ。そうしてこそ言葉が文章に変わるのだ。いくらきれいな言い回しや表現を使おうとも、中身があいまいであればいい文章にはなりえない。つまり、「伝えるべきこと」、「伝えたいこと」が自分の中ではっきりと整理できている人は、上手く文章が書けるだろう。

46 文章を書くことに関して筆者はどのように考えているか。

1 書く内容が十分でなければ、文章の意図がまともに伝わらない。
2 書きたいことが整っていなければ、いい文章を書くことができない。
3 伝えたいことを一行の文章に整理すれば、文章作成がたやすい。
4 先ずは書きとめることによって思考を明確化することができる。

（2）

私自身もとは金融業出身ですが、資産運用は面倒くさいなと思います。金融機関で口座を一つ開設するだけでも大変です。私がミクシィの取締役を辞めた時は、家を借りることもできなくなってしまいショックでした。上場企業の役員をやっていても、いったん無職になるとこんな感じになるのか！と。

また個人で会社をつくった時は、法人の銀行口座をつくるのがとても大変なことに気づきました。それもこれも今までの日本社会では「信用」は学歴や勤務している企業などのステレオタイプな情報によってしか担保されなかったことによるのです。

（北澤直『誰がFinTechを制するのか』による）

47 筆者の考えを最もよく表しているのはどれか。

1 日本は個人固有の情報が信用に変わるような社会である。

2 日本は個人を型にはまったモノサシで測る社会である。

3 日本は個人の職歴とか学歴の価値で評価しない社会である。

4 日本は個人ならではの情報が価値を持つ社会である。

(3)

以下は、ある大学の在学生向けホームページに掲載されたお知らせである。

学生各位

履修登録について

これまでの履修登録は、教務課窓口で受けつけておりましたが、２０２５年２月１日より本学ネットワーク「東生大学ネット」でも行うことができるようになります。

東生大学ネットでの履修登録は平日、土日祝日を問わず２４時間可能ですので、ぜひご利用ください。履修登録期間は、教務課窓口同様に、２月１日より３月３１日までとなります。「東生大学ネット」での履修登録も一度登録した科目の変更は認められませんので、各科目のシラバスを熟読の上、登録してください。

なお、諸事情により、期間を過ぎてからの履修登録は、教務課窓口でのみ受け付けます。任意の登録延期理由書を作成し教務課窓口に来てください。

東生大学教務課

48 履修登録について、このお知らせは何を知らせているか。

1 教務課窓口での履修登録期間が変更になること
2 履修登録が教務課窓口でのみできるようになること
3 インターネット上の履修登録期間がこれまでより短くなること
4 履修登録がインターネットでもできるようになること

(4)

ケニアでは、「肉食動物のライオンよりも草食動物のバッファローの方が怖い、なぜなら頭が悪いからだ」と言われている。これは、ライオンよりもバッファローの方が脳が小さいなどという根拠のない話ではない。ケニア人がいうところでは、ライオンは人間の予測とかなり似た範囲の行動をとる動物であるそうだ。なぜなら、ライオンは人間のように脳が発達しているからだという。一方で、バッファローは行き当たりばったりの行動をとっているように見える。これは、知能が低いせいだという。この話は、人間は想定外のことに弱い動物であることを示している。

49 草食動物のバッファローの方が怖いのはなぜか。

1 やみくもに突き進むから

2 想定外のところまで行ってしまうから

3 計画なしに行動をとるから

4 予測不可能なもろい動物だから

정답 및 해설 p.205

문제 8

1교시 독해

내용 이해(단문) 실전 테스트 ②

問題8　次の(1)から(4)の文章を読んで、後の問いに対する答えとして最もよいものを、1・2・3・4から一つ選びなさい。

(1)

大きな壁にぶつかったり、どうしようもないとき、私は沈黙に浸る。沈黙とは単なる音の不在ではない。それは、無意識の世界に耳を傾ける作業に近い。沈黙していると、自分の中の小さな声が聞こえてくることがある。時には、心の中の静かな声は、私たちの根底にある本当の希望を見いだして道しるべの役割を果たしてくれる。しかし、普段意識できる自己は、自分の外側にあるたくさんのノイズに影響されてしまってむしろ混乱をもたらすことがある。沈黙の中で自分と向き合うことでしか聞こえない声もあるのだ。

46　筆者の考えを最もよく表しているのはどれか。

1　自分の本当の希望を見つけるには外の音を遮断したほうがいい。

2　自分の望むことは黙ることにより、よく聞こえることもある。

3　沈黙の中で聞こえる声に傾けると、自分の普段意識がわかる。

4　外側の雑音に影響されないためには沈黙した方がいい。

(2)

人は、どんな人を好きになるでしょうか。もちろん、人によって好き嫌いはさまざまですが、「誠実で、自分に関心を寄せてくれる人」を嫌う人はいません。自分は関心をもたれている。大切にされている。熱心に話を聞いてくれる。そう実感できると、私たちは自尊心が満たされ、また、自尊心を満たしてくれた相手に好意を持つようになるのです。ですから、相手に好かれようと思ったら、相手に関心を持つこと、そして関心をもっていることが相手に伝わるような話し方や身振りを心がけることです。もちろん、ごく自然に寄せられた関心でなければ、相手は快く思いませんが。

（小宮一慶『たった5分で「あなたと一生仕事をしたい」と思われる話し方』による）

47 筆者の考えに合うのはどれか。

1 相手に好かれるためにはまず相手の自尊心を守ってあげるべきだ。

2 相手に関心をもたれるためには相手に対する好感をあらわにするべきだ。

3 相手に関心を持っていることが伝わってこそ、自分も好かれることができる。

4 相手に対する好意を積極的に表してこそ、相手の関心を引き出すことができる。

(3)

以下は、取引先から送られてきたメールである。

豊中株式会社　営業部

中森秀樹 様

いつもお世話になっております。

１月分の部品の発送はありがとうございました。無事に到着いたしました。

さて、予てよりお知らせいたしましたとおり、弊社では２月から北町工場の建て替え工事に入る予定でございます。

そこで、２月の発注分より、北町工場ではなく、府上工場の方に発送をお願い申し上げます。

また、それに伴いまして、今後は、発注の担当者も私、北町工場の仲居より、府上工場の横井に代わる予定でおります。担当者の変更については追って横井の方よりご連絡を差し上げます。

以上よろしくお願い申し上げます。

２０２５年1月１０日

株式会社エコスペース

北町工場資材管理部　仲居智子

電話654-9876-1234

48　このメールで最も伝えたいことは何か。

1　１月分の部品が無事に到着したこと

2　２月から工場の建て替え工事が始まること

3　２月から部品の発送先を変更してほしいこと

4　２月から発注担当者が変わること

(4)

幼年期の出来事について、多くの人は家族で動物園に行ったことや、だだをこねて叱られたことなど、いい思い出から、悪い思い出まで自分はよく覚えていると言う。しかし、その記憶というのは自分自身がイメージしたことを実際に起こったことだと錯覚しているもので真の記憶とは言えない。また、親から聞いた話や昔の写真などから、それらしい場面を思い浮かべると、無意識のうちに脳が情報の切れはしを自分の納得のいくようにつなぎ合わせてしまう。こうしてできあがった「記憶」は、まるで本物の記憶のように感じられる。これが幼年期の記憶の正体である。

49 幼年期の記憶の正体とはどういったことか。

1 印象の強い出来事で幼いながらも記憶として残ること
2 親と出来事を共有することにより記憶として残ること
3 無意識に記憶していた情報を脳がわかりやすく取り合わせること
4 情報の断片を自分がうなずけるように結び付けたこと

정답 및 해설 p.209

1교시 독해

내용 이해(단문) 실전 테스트 ③

問題 8 次の(1)から(4)の文章を読んで、後の問いに対する答えとして最もよいものを、1・2・3・4から一つ選びなさい。

(1)

人は今、この瞬間に満足せずに、幸せになりたい、健康になりたいと念じてそわそわしながら日々を送っている。まるで何かに追われるように楽しいことはないのか、今より元気になれないのかと願い続けている。しかし、「楽しみ」とは快楽に過ぎないし、この快楽によって一時的に苦痛が消えることもあるが、苦痛を完全になくすことはできない。で、幸せというのはつらくないこと、健康というのは体に病気がないことだとわかれば、何事も起こっていない穏やかな日常に感謝できるし、もう自分は完璧な人生を生きていることに気づくはずである。

46 この文章で筆者が最も言いたいことは何か。

1 何事もない平凡な暮らしそのものが幸せである。

2 苦痛が完全に消えてこそ幸せが訪れる。

3 楽しみと健康志向は一時の気休めしかならない。

4 辛さと病気がなくなると平穏な日々が送れる。

(2)

数学というものは結果に達するまでの道筋が大事だと思う。さまざまな分野で、数学的に得られた結果を用いるときには、そのプロセスに関する議論は欠かせない。学校で、プロセスを理解せずに答えを求めるいわゆる「公式」だけを叩き込むと、間違いをおかしたときに、なぜ間違ったのか見つける力が身につかない。それと同様に、社会に出て失敗したり挫折したとき、それまでのプロセスを振り返ることによって、やり直すことができる。なぜ失敗したのかを理解しない限り、人はまた同じ過ちを繰り返す。そうならないためにはプロセスを振り返る力が必要だ。

47 筆者の考えを最もよく表しているのはどれか。

1 正しい答えを導き出すことと同じくらいプロセスの理解も大切だ。

2 数学の楽しさは答えを導き出す過程にある。

3 プロセスの理解こそが早く答えを見つける近道だ。

4 間違いをおかしても過程を理解してこそ再挑戦も可能だ。

(3)

以下は、ある航空会社のホームページに掲載されたお知らせである。

平素よりトークエアをご利用いただきありがとうございます。

２月２３日のTK451便（長井発—大山行）におきまして、予約数が座席数を上回り座席が不足致しました。

このため、当該便をご予約済みのお客様の中から自主的に便の変更等についてご了承いただける方を募集する等の措置を行いました。ですが、調整に時間を要し離陸が大幅に遅れ、大山空港の運用時間に間に合う見通しが立たなくなったことから、当便は欠航となりました。

このような事態を二度と発生させることのないよう、再発防止に努めてまいります。

お客様にご迷惑をかけましたことを、深くお詫び申し上げます。

２０２５年3月1日

トークエア

代表取締役社長　山田徹

48 このお知らせで最も伝えたいことは何か。

1 航空機の便の変更ができる人の募集

2 空港の運用時間の案内

3 欠航に伴う払戻し手続きの案内

4 欠航の原因とお詫び

(4)

一つの文章にいくつかの要素を入れてしまうと文章が長くなるだけでなく要点がぼやけてしまう。これによって、伝えたい情報がまったく読み手の頭に残らない可能性がある。たとえば、商品というものは、いくつかの要素で成り立っているが、それらを一気にお客さんに提示すると、その商品の魅力がうまく伝わらない。あるポイントとなる要素だけに絞って説明したあとに、次の要素に移ったほうがよい。文章を書くことも同じである。ひとつの文章にはひとつの要素だけを入れて書くことを心がけるのがよい。

49 この文章で筆者が述べていることは何か。

1 多くの内容を一文に入れてしまうと読み手に伝わりにくい。

2 いくつかの要素のうち主要な要素だけを説明する方がよい。

3 ひとつの文章にひとつの要素だけいれるとかえって伝わりにくい。

4 全体の内容を要約して書く方が読み手に伝わりやすい。

정답 및 해설 p.213

문제 8

1교시 독해

내용 이해(단문) 실전 테스트 ④

問題8 次の(1)から(4)の文章を読んで、後の問いに対する答えとして最もよいものを、1・2・3・4から一つ選びなさい。

(1)

遺伝的に多様性がない特異な植物には、農作物がある。多様性がない、つまり、発芽時期や成長スピードがそろっているということは、安定的に大量に収穫ができるため、食物の確保という観点からすると人間にとって大変に都合がよい。そのため、均一であることは重要なことだと言える。一方で、病気への耐性など、農作物に人間が求める性質も決まっている。なぜなら、均一であること、すなわち多様性がないということは、その品種が特定の病気に弱ければ全滅してしまうことにもなりかねないからだ。

46 均一であることは重要なこととあるがなぜか。

1 農作物が遺伝的に病気に弱いから
2 品種の特異性が人間に有利に働くから
3 農作物が全滅する恐れがないから
4 食糧を安定的に得ることが可能だから

(2)

消費者のニーズと心理は、時代とともに変化していく。昔はその「モノ」を持っていないから買い物に行ったものだが、今や家にすでにその「モノ」を持っていて、さらに二つ目、三つ目を購入するという時代である。特に必要に迫られていないが、目についた商品を手に取ったり、自分へのご褒美として購入したり、ということもある。つまり「モノがないから買う」消費から「嗜好にしたがって買う」消費へと変化しているのだ。逆に言えば、何らかの刺激がなければ、顧客は財布を開こうとしないのだ。

47 この文章で筆者が最も言いたいことは何か。

1 現代では何か顧客の目を引くモノでなければ買ってもらえない。

2 現代では刺激的なモノでないと顧客の関心がひけない。

3 時代の流れと共に顧客の好みも少しずつ変わる。

4 現代では顧客のニーズを満たさないと買ってもらえない。

(3)

以下は、ある会社がホームページに掲載したお知らせである。

『ドリームコンサート』公演についてのご案内

２０２５年9月１３日(土)、１４日(日)にて開催予定の「ドリームコンサート」公演について皆様に大切なご案内をさせていただきます。

現在、接近中の台風の影響による交通機関の乱れ・自然災害の発生を考慮し、9月１４日(日)の公演については開催の有無を9月１３日(土)１５時までにご案内させていただきます。9月１３日(土)の公演につきましては実施いたします。この日を楽しみにされていた皆様には大変申し訳ありませんが、皆様の安全を最優先とさせていただきます。

中止になった場合、チケットは必ず捨てずにお手元に保管しておいてください。チケット代金等の対応に関しては、決定後のご案内となりますので、現段階ではお問い合わせにお答え出来兼ねます。何卒ご了承ください。

２０２５年9月１０日ドリームコンサートスタッフ一同

48 『ドリームコンサート』について、この文書は何を知らせているか。

1 日曜日の公演について、土曜日改めて案内する。

2 台風接近により日曜日の公演は中止する。

3 払い戻しの際にチケットが必要なため保管をする。

4 顧客の安全のためすべての公演を中止する。

(4)

日本の企業文化には、仕事を終えた後にお酒を飲みかわしながら親睦(注1)を深めるという習慣がある。しかし私は、若い頃から飲み会の誘いをきっぱり断ってきた。仕事は昼間にしっかりとやり、夜の時間まで付き合う必要はないと考えていたからだ。仕事とプライベートのめりはり(注2)をきちんとつけてきた。「人脈を広げるために、飲み会に顔を出したほうがいいのではないか」と考える人もいるが、飲み会に出なくても縁ある人とは必ずどこかで会えると伝えたい。

(注1) 親睦：互いに親しみ合い、仲良くすること
(注2) めりはり：調和

49 筆者の考えに合うのは何か。

1　飲み会に参加することには意味がない。
2　人付き合いを夜まで引きずらなくてもよい出会いはある。
3　飲み会に出ると人脈が広がるが自分の時間を持つ方がよい。
4　飲み会で出会った人とはいい縁になる可能性が高い。

정답 및 해설 p.217

문제 9

1교시 독해
내용 이해(중문) 실전 테스트 ①

問題9　次の(1)から(3)の文章を読んで、後の問いに対する答えとして最もよいものを、1・2・3・4から一つ選びなさい。

(1)

人間は誰しも、「信じたい」という欲求が本能的に内在しているという。何かを信じることで、いかに人が救われ、いかに癒され、いかに元気づけられるか、今さら疑う余地など全くないほど確かなことだろう。宗教の存在意義も、きっとそこにあろうかと思う。

ところが、その「信じれば楽になれる」ということから、私たちは「疑う」という面倒臭く煩わしい作業を、必要な時にまで怠ってしまうことがある。中には、「疑う」という心の動き自体をも罪悪視するまでになっている。疑問というものは、時として素晴らしいひらめきや、アドバイスや、危険回避情報を与えてくれる。子供の頃から、「なぜだろう」、「なにかしら」という好奇心や探究心を持たずに育ったら、まともな社会生活が送れるようになるだろうか。私は、むやみに疑えといいたいわけではない。

（中略）

肉親や親友など、愛する人を信じるのは当然だし、充分に客観的な検証が済んでいることを疑い続けるのは非効率であり、逆に秩序を乱すことにもなる。ただ、当然「ちょっと待ってよ」と思って立ち止まることすらしない人が大勢いるこの社会を見て、苦々しい思いでいることも確かだ。疑うことを卑しい精神活動だと思う人の中に、信じるという結論に飛びついて楽をしていることへの後ろめたさから逃れるために、「疑う」を貶め、「信じる」を美化する心理は働いていないだろうか。健全な懐疑精神なくして科学技術の発展はあり得ないし、電球も冷蔵庫もステレオも携帯電話もインターネットもタミフルも、生まれることはなかったろう。

（松尾貴史『なぜ宇宙人は地球に来ない？』による）

50 そこにあろうかと思うとあるがそことは何か。

1 信じたい欲求
2 楽になる気持ち
3 人間の本能
4 疑いない確信

51 筆者によると、人はなぜ信じることを美化しようとするのか。

1 信じることこそが唯一の美徳だと思うから
2 信じることによって得られる効果を知っているから
3 信してばかりいると、社会の秩序が乱れないから
4 信じることで、得られた楽な気持ちが気にかかるから

52 筆者は疑うことについてどのように考えているか。

1 何事にもまずは疑ってかかったほうが有利である。
2 疑うことは新たな発想や発見のきっかけになる。
3 疑うことは健全な精神活動に役に立つことである。
4 疑いを持つことはよいことだが過剰になってはいけない。

(2)

科学の現場では、心はおよそ次のように説明されます。「私たちは通常、記憶や思考、判断といった認知的活動、および、喜怒哀楽といった感情を心の働きと呼んでいる。人間の脳には、認知的活動や感情を司る部位がある。したがって、脳における認知的活動、および、感情を司る特定の部位こそが心である」と。

しかし、心の概念を「脳の特定部位」と言う科学者も、日常生活の場において、「心を込めて」と言いながらだれかに贈り物を差し出すとき、「脳の特定部位の働き」としての思考内容や感情をそこに込めようとしているわけではありません。贈り物に込めようとしているのは、もっと「抽象性の高い何か」のはずです。

また、心が「脳の特定部位」ならば、それが機能しなくなった人に対して、その科学者は心を見いだせないことになってしまいます。しかし、もし何らかの出来事によって、彼の同僚が心に相当するとされる脳の特定部位の機能を失ってしまっても、その科学者は、その同僚を、心を失った人として扱うことはないでしょう。ここで、同僚を前にして、「彼には心がある」とその科学者が把握する概念は、まちがいなく、「日常的な心の概念」なのです。

認知的活動や感情を司る特定部位が脳にあるのは確かです。また、その部位を研究することは、大変有意義でしょう。 しかし、その「脳の特定部位」は、多くの人が受け入れられる、「心とは何か」に対する解答にはなり得ません。それを心と呼ぶことは、やはり「非日常的」なことなのです。

（森山徹『ダンゴムシに心はあるのか』による）

53 科学の現場では、一般的に心をどのように定義しているか。

1 人間の脳とは分離された感情の領域

2 認知やいろんな思いを管理する脳の領域

3 記憶や思考、判断といった抽象的な領域

4 科学的には立証できない未知の領域

54 抽象性の高い何かとあるがどのようなことか。

1 脳の特定部位によって引き起る心の働き

2 脳以外の体のさまざまな働き

3 脳の機能だとは言い切れない心の働き

4 脳と関連付けられる人の心の動き

55 筆者は人の心についてどのようにとらえているか。

1 心は脳の特定部位による機能であるがそれだけでは説明できない。

2 心の働きは脳の特定部位による機能だと認めざるを得ない。

3 心は脳の機能ではなくまだ科学的に解決できていない領域だ。

4 心は日常的なことと非日常的なことで分かれており司る脳の部位が違う。

(3)

「廃用性《はいようせい》萎縮《いしゅく》」という医学用語がある。廃用性《はいようせい》萎縮《いしゅく》とは安静状態が長期にわたって続くことによって起こるさまざまな心身の機能低下などを指す。

特に病床で寝たきり状態でいると、筋肉や関節などが萎縮する。身体を動かさないため、筋肉や関節が衰えてしまうのだ。寝たきりとまではいかないまでもあまり動きが悪くなると、活動性を低下させて悪循環をきたし、ますます身体機能に悪影響をもたらす。また、人間の脳も同じように使わないと衰退が早い。その代表的な例が認知症《にんちしょう》(注1)である。

そういう現象はモノにも起こり得る。ウール100%の高価なコートなど、大切にするつもりでタンスの中に長い間しまっておくと、いつの間にか虫に食われてしまって、数回しか着ていないのに<u>捨てなければならないはめになる</u>。建物なども長期間、空けていたりすると壁のいたるところにひびが入ったり、カビが生えたりしてくるものだ。

車もそうである。数か月間使わないでいると、バッテリーがあがってしまって、エンジンをかけてもまったく反応がないときもある。たぶん、使い続けたらそんなことはなかっただろう。

モノを大切にするつもりで放置しておくと、結局のところ、捨てることになるだけだ。使わずに捨てるくらいなら、擦り切れるまでどんどん使った方がいいし、モノとしても<u>自分の役目を果たした</u>と自負するだろう。モノとのいい付き合いとはこういうものである。

いわゆる「(注2)一文《いちもん》惜《お》しみの百《ひゃく》知《し》らず」ということがないように「使いなさい」と言いたい。

(注1) 認知症《にんちしょう》：痴呆、頭がぼける

(注2)「一文《いちもん》惜《お》しみの百《ひゃく》知《し》らず」：目先のわずかな金銭を惜しんで、全体として大きな損失を被ることに思いが至らないことをいう

56 ①捨てなければならないはめになるとは、どのようなことを意味しているか。

1 大事にしようと思って保管していたが、使えなくなってしまったこと

2 高価なコートが傷んでいたことに気づかなかったこと

3 高価なコートをきちんと管理せずにタンスにしまって使えなくなったこと

4 大切なコートを長い間しまっておいたため、流行が過ぎてしまったこと

57 ②自分の役目を果たしたとは、どういうことか。

1 捨てられずに長く使われたことでモノとしては願いが叶った

2 モノにしてみれば使われてこそ意味があるのだ

3 モノとしては自分の価値が認められて、この上なくうれしい

4 モノにしてみれば放置されないだけましだ

58 筆者の考えに合うのはどれか。

1 モノは擦り切れるまで使えば使うほど価値が高くなる

2 高価なモノを使わずにしまっておくと後で後悔することになる

3 モノはボロボロになるまで使い切っちゃったほうがいい

4 高かろうが、安かろうがモノを粗末にしてはいけない

정답 및 해설 p.220

내용 이해(중문) 실전 테스트 ②

問題9　次の(1)から(4)の文章を読んで、後の問いに対する答えとして最もよいものを、1・2・3・4から一つ選びなさい。

(1)

権威は、裏づけがあり、かつ、通常妥当と考えられる権限の範囲内で行使されている場合は、まず問題がない。

（中略）

権威主義は、このような適正行使の条件を超えて、権威を行使しようとするときに芽生える。人間が社会生活をする動物であることを前提とすると、集団のなかの役割分担や平等感の維持、集団帰属意識の維持などのためには、権威が必要である。

私たちが自分の所属集団での人事を受け容れるのも、そこの権威を認めるからであるし、他者と紛争があったときに 最終的に裁判をし、その判決を受け容れるのも、司法が権威だからである。不換紙幣《ふかんしへい》(注)を用いて経済行為を行うのも、その貨幣の裏づけとなる国家の権威を認めるからであるし、入学試験などで努力するのも、学校や学校制度の権威を受け容れるからである。丹念に考えれば、正当な権威の認識なしに、社会生活は成立しない。

ところが、このことが、人間のなかに権威に対するある種の自動的な反応傾向を根づかせている面もある。そのために、私たちは、真の権威でない権威もどきや、権威主義的行動に接したときにも、それがあたかも真の権威であるかのように反応してしまうことがある。いわば、同調や服従がデフォルトの行動になっている部分があるわけだ。 権威に従おうとする傾向は、社会的動物である人間のいわば宿命だといってもよいだろう。

（岡本浩一『権威主義の正体』による）

(注) 不換紙幣《ふかんしへい》：流通貨幣

50 このこととは何か。

1 権威がその範囲を超えてしまうこと
2 権威に納得がいかず反発してしまうこと
3 権威を認め、それに従うこと
4 やみくもに権威に服従すること

51 筆者は権威に従うことについてどのように述べているか。

1 本当の権威でなければ従う必要はない。
2 人間が社会的な生き物である以上避けられない。
3 何が真の権威であるか見極めることが大切だ。
4 公正な社会をつくるため、必要だ。

(2)

生命は海の中で生まれました。太古の海に溶けてただよっていた有機物が、薄い膜で外界とのしきりをつくって自己を確立したのが生命のはじまりだと見なせると思います。だから「膜で包まれた水」が①生物の基本なのです。なぜ生命は海で生まれたのでしょう? これには水という特別な物質の性質が関係しています。

生命とは活発な化学反応が、たえず起こっているものです。化学反応の起こりやすい環境でなければ、生命が生まれることはできなかったでしょう。そして水溶液の状態は、化学反応の起こりやすい状態なのです。学校で化学の実験をする時、薬を粉のまま使うことはしませんね。それぞれの薬品を水に溶かし、その溶液を混ぜ合わせます。すると化学反応が起こるものです。海という、化学反応の起こりやすい水溶液の状態の下で生命が発生したのでした。

(中略)

たえず化学反応が起こっているのが生きている状態ですから、海という、反応の起こりやすい水溶液から生命が始まったのは、もっともなことです。そして今でも、生物は体内を水溶液の状態に保ち続けることにより、活発な化学反応を起こし続けています。②水を断たれれば、たちまち死んでしまうわけで、水は命の泉なのです。

(本川達雄『生きものは円柱形』による)

52 ①生物の基本とあるがなぜか。

1　海の中に溶けている有機物を生命の始まりだとみなすから

2　海の中で最初の生物が誕生したことが生命の始まりと言われているから

3　生命には水が必要でその水が海だと考えられているから

4　海の中で外との境界ができたことにより生命が始まったから

53 ②水を絶たれれば、たちまち死んでしまうわけとあるがなぜか。

1　化学反応が起こっても体内を水で満たすことができなくなるから

2　化学反応に必要な状態を体内で維持できなくなるから

3　体内を水溶液の状態で維持できても化学反応ができないため

4　体内で化学反応だけが起こってしまうから

(3)

思春期に入って子どもたちが反抗することも、自立のための一つの重要なステップなのである。『理由なき反抗』という映画があるが、一見理由のない、無意味に思える反抗にも、ちゃんと大切な理由があるのだ。それは、自分自身になろうとしているということである。親から与えられた既成の殻を破って、自分自身を獲得しようとする試みなのである。そのためには、まず、既成のものを否定する必要があるのだ。それが、どんなに正しかろうと、自分が自分の力でそこにたどり着いたものでなければ、一旦、それを疑ってかかり、打ち消し、もう一度自分で発見し直さなければならないのだ。そうして初めて、それは自分の考えになる。それゆえに、こどもたちは親や大人が差し出すものに首を振り、楯突《たてつ》(注)き始めるのである。

ところが、そんな心のプロセスを理解せずに、世間をよく知っている親が決めた、もっとも賢明な選択を喜ばないことを苦々しく思い、自分の思いを押しつけようとすると、不幸な行き違いが起こってしまう。無駄な回り道をするなと、直線コースを歩かせようとすると、回り道どころか、歩くことさえ止めてしまうことになりかねない。子どもが親の方針や考えに異を唱え始めたとき、親は裏切られたと思って、慌てたり、腹を立ててはいけない。それでは、子ども自身ではなく、親の思いを優先することになってしまう。むしろ、親と違う意見を持てるようになったことを喜ぶべきである。ようやく自分自身になろうとしているのだと祝福してやるべきだ。

(岡田尊司『子どもの「心の病」を知る』による)

(注) 楯突《たてつ》く：反抗する

54 親や大人が差し出すものに首を振り、楯突き始めるのであるとあるがなぜか。

1 当たり前のことであっても否定することにより自分の考えができるため

2 すべてが否定的に思え、既存のものを受け入れることが困難なため

3 自分自身を正当化するためには既存のものを否定することが必要なため

4 正しい答えを導き出すには一度すべてを否定せざるを得ないため

55 筆者は子供が親の考えや方針に反抗し始めたときどのようにすればよいと述べているか。

1 まずは子供の意見を聞いて間違いを指摘する。

2 間違ったことはその場できちんと叱る。

3 自分たちの考えを伝え妥協点を見出す。

4 どんなことであれ肯定的に受け入れる。

(4)

「子供はひとりひとり、みんな素晴らしいのだから、他人と比較してはいけない」と主張する人がいます。でも、本当にそうでしょうか。二人以上の子供を育てている人はよくご存じだと思いますが、人の特性は兄弟でもまるで違います。秀樹《ひでき》が宇宙人のようだったのに比べると、弟は普通の子供でした。でも兄のほうは落ち着きがなくてふらふらしているのに対して、弟は几帳面で落ち着いているので、二人が一緒にいるといつも弟が兄に間違えられるのです。だからお使いに行くときでも、財布を持つのはいつも弟でした。お金出し入れなど、秀樹《ひでき》よりずっときちんとしていたのです。人間の能力や特性は、それぞれみんな違います。ある部分は優れていても、別な部分は劣っているということは世の中に当たり前にあるわけです。その違いを認めないで、みんな同じように素晴らしいなどという幻想があるから<u>矛盾が吹き出す</u>のです。確かに親にとっては、わが子はみんな大切です。

（中略）

しかし、いつまでもそれだけではいられません。能力や特性の違いが表れてくるからです。その際、他人と比較することで、自分が優れている点、勝てそうなことがわかってくるわけですから、そこを伸ばせばいいのだと気づくでしょう。

つまり、人と比べることは、決して悪いことではありません。私は「人間はみんな別々。違う存在」という発想でしたから、それを前提にして子供たちに教えました。誰にもダメなところもあれば、取り柄(注)もあるわけです。その取り柄によって弱点は克服できます。子供を育てるからには、その取り柄をどこかで何か見つけないといけません。本来、それが一番わかっているのが親なのではないでしょうか。

（和田寿栄子『子供を東大に入れる母親のちょっとした「習慣術」』による）

(注) 取り柄 : 優れた点

56 矛盾が吹き出すとあるが筆者はなぜそう考えているか。

1 人間の多様性を認めないで同じ物差しで評価するから

2 人間の能力と特徴はいつか現れてくると確信しているから

3 人間はそれぞれ違っているのに他人と比較しようとするから

4 人間の素晴らしい能力だけを伸ばせばいいという幻想があるから

57 筆者は人と比較することについてどのように考えているか。

1 人は誰でも優れているところが必ずあるから人と比較してはいけない。

2 人と比較することでそれまで気づかなかった子供の弱点が見出せる。

3 人と比較することで子供の長所を見出すことができる。

4 人と比較してこそみんな違う存在だということに気づくことができる。

정답 및 해설 p.228

문제 9

1교시 독해

내용 이해(중문) 실전 테스트 ③

問題9 次の(1)から(3)の文章を読んで、後の問いに対する答えとして最もよいものを、1・2・3・4から一つ選びなさい。

(1)

先日、学生時代の友人と、ラーメンでも食べるかと、駅の中にあるラーメン横丁に行った。10軒ほどのラーメン店が並んでいて、お昼時はサラリーマンでごった返しているのだろうが、2時を過ぎていたこともあり、通りは意外と閑散としていた。「地域ナンバーワン」と大きなポスターが貼ってある店に目をやっていると、横の店から、いきなり、若者が飛び出してきて、「うち、うまいですよ。どうぞ」と大きな声で一言。あまりの声の大きさに友人と顔を合わせてにこっと笑い、彼のいる店に入った。どの店に入るか悩んでいる私たちに気づいて、とっさに体が反応して①店から走りだしてきたのだろう。「気の利いた人だね」と友人はぼそっとつぶやいた。友人は大手企業の人事部長だ。「最近は口ばかり達者ですぐ動かないやつが多いんだよな。新入社員の中にああいう人がいたらなあ」と②妙に感心している。私も横で「うん。うん。」とうなずいた。

私だって会社に入りたての頃は、自分から率先して仕事を見つけ、専門外の仕事も厭《いと》わなかったものだ。友人に自慢話しつつも、今もそうだろうかと思い返してみた。今だってそうじゃないといけないのに、マンネリに陥っている私自身に気づいた。大企業の役員という私の肩書きにしたって永遠に持ち続けられるわけではない。いつの間にか動きが鈍くなってしまった。「今の地位にあぐらをかいていたな。何もせずに同じところにとどまっていたな」と猛反省した。いつも「初心、忘るべからず」という言葉を肝に銘じながら、仕事に臨むべきなのだ。「よし、明日からは初心に帰るぞ」。彼のおかげで仕事に対する姿勢を改めて正すことができた一日であった。今日、ラーメン横丁に入ったのはラッキーだったのだ。

50 ①店から走りだしてきたのだろうとあるが、なぜか。

1 店の前で迷っているお客さんを呼び込むため
2 自分の店で何を売っているかお客さんに知らせるため
3 メニューを悩んでいるお客さんに自分の店をアピールするため
4 ポスターに書いている内容をお客さんに説明するため

51 ②妙に感心しているとあるが、何に感心したのか。

1 口は達者だが、行動力がない社員
2 言われた仕事をきっちりこなす社員
3 前向きの姿勢で取り組む店の若者
4 顧客の心を惑わす店の若者

52 筆者によると、仕事をするうえで大切なことは何か。

1 自分でやるべきことを見出して、最後までやり通すこと
2 今の地位を維持するため、努力し続けること
3 現状に甘んずることなく、新しいことに挑戦し続けること
4 肩書が何であれ、いつもやる気を持って頑張ること

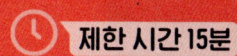

(2)

脳の老化の影響を受けやすいのは感情面である。実際、感情の切り替えや意欲をつかさどるとされる前頭葉《ぜんとうよう》から脳の萎縮は始まる。正常な老化でもまず前頭葉《ぜんとうよう》が萎縮するのだから、①感情が老け込むのは自然の摂理なのだ。このような感情の老化は正常な老化といえるものなので、使っていればそれほど老け込まないし、使わないと余計に老け込むことは②十分想定されるものである。

つまり、高齢になってから、感情面でビビッド(注)な生活を送っていないと、余計に感情が老け込み気力や意欲がなくなってしまう。すると頭を使わなくなるし、体も使わなくなるので、知的機能や身体的機能も衰えるという悪循環に陥ってしまうのだ。

感情の老化予防のためには、自分が楽しめることをするのが大切なのだが、勉強というのも意外に可能性のある選択肢だ。自分の興味のあるものであれば、新しいことを知ったりわかったりするのは楽しいことである。

そして、それが意外に感情を刺激し、その老化を防ぐ。また勉強するためには、アクティブであることが必要であるし、実際に知的機能を使うので、知的機能や身体機能の老化予防にも役立つのだ。

（和田秀樹『大人の勉強法』による）

(注) ビビッド : 活発

53 ①感情が老け込むのは自然の摂理なのだとあるがなぜか。

1 脳の萎縮が感情を支配する前頭葉から始まるから

2 脳と感情の関係が密接であるから

3 感情が老け込むと脳の前頭葉が縮まりはじめるから

4 脳の老化が始まると感情が鈍くなるから

54 ②十分想定されるものとあるが何が想定されるのか。

1 体を活発に動かないと、知的機能と身体的機能が衰退すること

2 感情豊かでないと老け込むし、やる気がなくなること

3 脳を使っても使わなくても感情の老化は防ぎようがないこと

4 感情の老化は十分に遅らせることができること

55 筆者は勉強することについてどのように述べているか。

1 知的機能の老化予防には役立つが感情の老化予防は期待できない。

2 脳を刺激するが、感情と知的機能の老化予防に有効とはいえない。

3 感情の老化予防に効果があるがそれには身体機能がよくないといけない。

4 感情面だけでなく知的、身体的機能の衰えも防ぐことができる。

(3)

相手のためを思う気持ちが基本にあり、安易に見返りを求めないのがほんとうのやさしさと言える。好かれたいからほめるというのも、嫌われたくないから厳しいことは言わないというのも、見返りを求める態度であって、やさしさとは言えない。①そこには相手のためという視点がない、非常に自己チューな態度と言える。

そもそも人の内面など、なかなかわかるものではない。相手の気持ちなどお互いになかなか読めないし、この先どんな反応をするかなど予想できない。予想外の反応に驚かされることもある。ゆえに、相手がこちらの真意を理解せずに、攻撃的な反応を示すかもしれない。こっちが相手のためを思って、気まずくなるのは覚悟の上で、言いにくいことを言ってやったつもりなのに、まるで意地悪をされたかのように敵意を剥き出しにした反応をぶつけられることがある。

それを嫌って、②言いにくいことは言わないというのは、ほんとうのやさしさではない。自分のためといった視点が、 相手のためといった視点に勝っているからだ。 こちらの思いが通じず、相手が傷つき、こちらを恨むようなことになるかもしれなくても、相手のためだと思うなら、あえて厳しいことも言うし、厳しい課題を課すこともする。その結果、自分が嫌われても仕方ない。それが最終的には相手のためなのだ。そのような姿勢を取れる人は、ほんとうのやさしさをもつ人と言える。

（榎本博明『「やさしさ」過剰社会』による）

56 ①そこには相手のためという視点がないとあるがそことは何か。

1 相手が傷つかないように優しい言葉をいうこと

2 相手との関係が壊れないように本音を言わないこと

3 相手に嫌われるのを承知で厳しいことをいうこと

4 相手に好かれたいからわざと相手が喜ぶことをいうこと

57 ②言いにくいことを言わないことについて、筆者はどのように考えているか。

1 相手が驚《おどろ》かないようにする思いやりの行為である。

2 自分が嫌われたくないだけの自己中心的な行為である。

3 相手を思っての行為だが相手が傷つくだけである。

4 自分だけでなく相手に対しても大変失礼なことだ。

58 筆者の考えに合うものはどれか。

1 相手に誤解されようとも相手のために厳しいことを言える人がやさしい人だ。

2 相手の気持ちを考えながら時には厳しいことを言える人がやさしい人だ。

3 相手を傷つけることなく自分の思いをきちんと伝えることが本当のやさしさだ。

4 相手のことを考えて相手の長所も批判できることが本当のやさしさだ。

정답 및 해설 p.235

문제 9

1교시 독해

내용 이해(중문) 실전 테스트 ④

問題9　次の(1)から(4)の文章を読んで、後の問いに対する答えとして最もよいものを、1・2・3・4から一つ選びなさい。

(1)

私たち人間も、一日をはかる体内時計のおかげで、かつては一日の環境変化にうまく適応していたはずです。そして人工的な環境に住むに至った現在も、私たちの意志とは無関係に、この一日をはかる体内時計は私たちの体の中で自律的に時間をはかり続けています。

例えば、時間の情報源となりうる要因を遮断した洞穴(注)に人間を閉じ込めて、何週間にもわたって毎日の体の状態変化を観測し続けたとします。すると、実に規則正しく「およそ」4時間周期で体の状態変化のリズムが現れてくることが分かっています。このように、体外からの時間情報がたとえ皆無であっても、約一日のリズムが存在することははっきりと観察できるため、私たち現代人の体内には一日をはかる時計があることが分かります。

本来は私たちの生存を有利にする体内時計ですが、現代のような昼も夜も不明瞭な人工的な時間環境においては、むしろ病気の原因をつくりだす環境的要因になることは、医学・生物学の研究者の間ではよく知られた事実となってきています。ただ、このことは医療の最前線にいる現場のお医者さんには、意外なことにあまり浸透していません。それは、現代の医療が「病気を治す」ことに強く意識が向いており、疾患予防や先制医療というものをあまり重視していないことに原因があると推測されます。

本来であれば、体内時計の本質的理解にもとづいて時間的環境を望ましい状態に保つことは、病気の環境的要因を改善することになるため、現代人の病気を防ぐという点において決して無視できないことです。

(明石真『体内時計のふしぎ』による)

(注) 洞穴(= 洞窟) : 地中にある一定の大きさの空間

50 人が洞穴の中でも長期にわたって一日のリズムを保つことが出来るのはなぜか。

1 どんな環境であろうとも適応する能力を持っているから

2 一日をはかる力を体の中に持ち合わせているから

3 周りの音や空気から時間をはかる能力を持っているから

4 体内時計は体外の時間情報に大きく左右されから

51 筆者によると医者が体内時計に対する理解がたりないのはなぜか。

1 体内時計の仕組みについてよくわかっていないため

2 現代の人工的な時間環境が体内時計とは相反するため

3 病気予防よりも治療することを第一に考えているため

4 疾患予防や先制医療に偏っているため

(2)

近年、子どもがひとりで食事をする「孤食」や、食事を抜く「欠食」が増えたり、子どもたちの食の乱れが問題になるにつれて、それを憂《うれ》(注)える料理研究家、フードコンサルタントなどを含む、いわゆる知識人により、「食育」の重要性が指摘されるようになってきました。従来、日本社会では家庭のなかで行われてきた食事にまつわることを、学校教育の現場で直接子どもたちに伝授しようというわけです。

（中略）

そして何より大切なのは、食べることに好奇心、興味をもたせて、食べる楽しみを実感させることにあります。テレビなどのマスメディアからの情報に左右されることなく、自分で味わい、自分で選択できる力を獲得させようということも、食育の目的のひとつです。

これは、いうのはやさしくても、実際に活動するとなると、なかなかたいへんなことです。単に食材の手配、講師の選定、設備や経費といった現場の問題だけではありません。子どもの食の乱れは、家庭における食の乱れが原因でしょうから、子どもに対してだけではなく、親にとっての食育の理解も必要です。家庭環境が整っていてはじめて、学校における子どもの食育も有効となります。

自分の力で食材を選び、工夫して考えながら料理をつくり、それを食べて、味わい、そして楽しむといった食の本質を教える食育は大切です。

（山本隆『「おいしい」となぜ食べすぎるのか』による）

(注) 憂《うれ》える：心配する

52 「食育」の重要性が指摘されるようになってきましたとあるがなぜか。

1 家庭の中で食べることに関する教育をしてきたから

2 子どもたちの食事の問題が深刻化したから

3 学校で食べることに関する教育をしていないから

4 子どもたちが親と一緒に食事をとらないから

53 筆者によると教育現場で食育を行う上での前提条件は何か。

1 食について教えることが出来る有能な講師と整った教育設備

2 子どもたちの食べることに対する好奇心と興味

3 子どもの食事の乱れに対する認識と親の食事教育への理解

4 社会的な問題意識の共有とマスメディアの情報

(3)

掃除をしなければゴミがたまって汚れてくる、というのは私たちの身の回りのことだけではない。①細胞の中も同じである。私たちの細胞はまさしく「生もの」であって、使っているタンパク質や細胞小器官は徐々に悪くなってくる。タンパク質の中には、合成する途中で失敗してしまい、最初からゴミ同然となってしまうものもある。このようなものをそのままにしておけば、細胞の中はあっというまに使えないものだらけになってしまう。それでは、細胞としてまともに生きていくことができなくなる。そのためにも、細胞内を常に新鮮な状態に保つべく、ゴミがでればそれを処理したり、あるいはゴミとなる前に取り替えたりする必要がある。

この問題は寿命の長い細胞で②より深刻である。寿命の短い細胞、たとえば寿命五日の腸粘膜の上《じょう》皮《ひ》細胞では、細胞内に多少ゴミがたまろうと、ゴミとともに天命を全うしてしまうので実際はなんの問題にもならない。しかし、神経細胞などではそうはいかない。神経細胞の寿命は大変長く、ほぼ一生のつきあいとなる。一生使い続けないといけない細胞では、常にゴミがたまらないよう監視する必要がある。自宅の引っ越しのたびに大量のゴミに気づいて、それらを捨てた経験をお持ちの人は多いと思う。もし引っ越しをしないで一生同じところに住むのであれば、よほど計画的にきちんとゴミを処理しないとならない。細胞は見事にこれをやってのけているのである。

(水島昇『細胞が自分を食べるオートファジーの謎』による)

54 ①細胞の中も同じであるとあるが、具体的にどういったことか。

1 合成ができなかったたんぱく質が細胞内にたまること

2 たんぱく質が合成する過程で細胞内に汚れができること

3 細胞内が新鮮でないためたんぱく質が徐々にたまること

4 合成に失敗したたんぱく質が細胞の機能を切り替えること

55 ②より深刻であるとあるがなぜか。

1 ゴミがたまるとすぐに細胞が死んでしまうから

2 生涯にわたってごみ処理をする必要があるから

3 だんだんとゴミの処理能力が弱くなってくるから

4 ゴミを処理する場所が歳と共に無くなってくるから

(4)

読んだ内容を自分の知識として取り込むには、読み終えたら誰かに話して聞かせるのが効果的です。正しく説明するには、情報が頭の中でバラバラではできません。読み込んだ情報を関連づけ、体系的に再構築することで相手に伝えることができます。その場合、目次の順どおりに説明する必要はありません。

むしろ、別々の章に書かれていることを関連づけ、同類のエピソードとして話すことができるようであれば、あなたは読んだ内容を自分の知識として獲得することができます。人に話してみると、意外に頭に入っていないことに気づくものです。伝えるべきことが１から３まであったとき、２の理解があいまいであれば、１と３はつながらず、全体がぼんやりした話になってしまいます。

（中略）

読んだものを人に話す、あるいは話すつもりになってシミュレーションしてみると、その知識が本当の意味で自分のものになっているかが確認できるのです。言い換えれば読むときに「人に話す」ことを意識しながら読むと、記憶の定着が格段に増していい効果を生むでしょう。これは映画の鑑賞でも同じです。自分が観た作品の感想をブログで紹介している人はアウトプットを前提に観ていますので、映画館から自宅に戻ってパソコンに向かった時でも、全体の構成や印象的な場面をかなり正確に記憶しています。

（斎藤隆『本当に頭のいい人がやっている思考習慣１００』による）

56 読んだ内容を自分のものにするためにはどうすればいいと筆者は述べているか。

1 バラバラになっている情報を正しく再構築して人に説明してみる。
2 それぞれの内容をつないで似たような話に作り替えて人に話してみる。
3 別々のエピソードを一つにまとめて、はっきりと人に説明してみる。
4 伝えるべき内容を自分なりに関連付け箇条書きにして人に話してみる。

57 映画の鑑賞でも同じですとあるが何が同じなのか。

1 鑑賞した内容を人に伝えることを前提にして観るから場面をつぶさに覚えられること
2 鑑賞の内容をブログで紹介するのを意識しながら観るから長く記憶に残ること
3 映画の鑑賞のとき、自分の鑑賞よりストーリー構成に集中しながら観ること
4 映画を見通した後でも、自分の観た全体の場面が忘れられないように記憶力を高めること

정답 및 해설 p.242

문제 10

1교시 독해

내용 이해(장문) 실전 테스트 ①

問題 10　次の文章を読んで、後の問いに対する答えとして最もよいものを、1・2・3・4から一つ選びなさい。

仕事をしないことが人々を幸せにするわけではありません。そもそも生活に必要なお金は、親が大金持ちであったり、宝くじが当たったりするなど、よほどの幸運な人でないかぎり、仕事をすることによって稼いでいかざるをえません。

（中略）

では、失業していても、雇用保険の給付などの金銭的な補償があれば、人はそれで満足するでしょうか。普通に考えると、仕事をしなくてもお金が入ってきて、苦役からも解放されているとなると、その人の幸福度は高まるような気がします。しかし、経済学者の研究では、「同じ所得を得ている人であっても、仕事を探している人は、仕事をしている人より幸福ではない」とされています。そこから導きだされる結論は、人々の幸福度を高めるための政策は、失業者に金銭的な再分配政策を行うよりも、同額の賃金で仕事を創出したほうが①効果的であるということでした。

つまり、お金さえもらえれば働かなくても幸福になれるということではないのです。失業によって仕事をしていないことそれ自体が人々を不幸にするということです。ここに仕事というものの、②一つの本質があるように思えます。

要するに、人々は仕事をしなければ幸福にはなれないのです。しかし、そうした幸福は、生活のためという金銭的な目的で働く状況からは、なかなか生まれにくいのです。政府から失業手当をもらっていれば、それで幸せということではないのと同様、お金さえもらえれば、どんな仕事でも幸せということでもありません。

このことは、働くことが苦役であるかどうかとは必ずしも関係しません。もちろん苦役でないほうがよいのですが、仕事が苦役であるかどうかは、本人の感じ方次第というところもあります。たとえば同じような仕事に従事していても、他人から評価されて働くかどうか、あるいはやりがいを感じて働くのか、いやいや働くかでは幸福感も違うでしょう。

（大内信哉『勤勉は美徳か？』による）

제한 시간 8분

59 ①効果的であるとあるが、何に対して効果的なのか。

1 人が仕事にやりがいを感じること

2 人が幸せに感じること

3 人に同額の賃金を支払うこと

4 人に仕事をしてもらうこと

60 筆者はお金についてどのようにとらえているか。

1 人々を幸せにする最も重要な要素である。

2 人を必ずしも幸せにするものではない。

3 本来は政府によって保証されるものである。

4 人を不幸から解放してくれるものである。

61 ②一つの本質があるとあるが、どういったことか。

1 人はお金があれば仕事をしなくても幸せとはいえない。

2 人はお金があれば仕事をしなくても幸せだ。

3 人は仕事をしていても稼ぎがないと幸せとはいえない。

4 人は仕事とお金の両方があってこそ幸せだ。

62 仕事と幸福の関係について、筆者はどのように述べているか。

1 仕事の内容を問わず、人は仕事をすることによってのみ幸福になれる。

2 苦しい仕事であっても金銭的な報酬が十分であれば、人の幸福度は増す。

3 仕事に対する価値観はそれぞれだが、仕事をすることによって人は幸せになれる。

4 人から評価され、やりがいを感じる仕事をすれば人は幸福に感じる。

정답 및 해설 p.250

문제 10

1교시 독해

내용 이해(장문) 실전 테스트 ②

問題 10 次の文章を読んで、後の問いに対する答えとして最もよいものを、1・2・3・4から一つ選びなさい。

学問体系が発達してくると、現実には学問を超えた複雑な現象がいくらでも起こっているにもかかわらず、それらの現象を学問に当てはめて考えようとしてしまって、現実を軽視しがちになる。「理論どおりになっていない現実がおかしい」ということになって、学問を疑うことをしなくなる。つまり、学問に振り回されてしまっているわけだ。

二十世紀に学問体系が発達してきたことによって、確かに、社会現象や経済現象、自然現象、人間の行動や心理などが、いろいろな形で理論化されてきて、社会についての理解、自然界についての理解、人間理解などが進んできた。しかしながら、学問によって解明された部分は、社会、自然、人間のうちのごく一部分であることも認めないといけない。二〇世紀に作られた学問体系では理解の及ばない世界のほうがはるかに多い。また、さまざまな理論には前提条件というものがあるが、前提条件は時代が変わると変化するので、前提条件がまったく違っていて理論が当てはまらないことも多い。

二十世紀は学問がさまざまな解答を与えてくれたが、それが当てはまらないことが増え、その限界が見え始めた今こそ、現実に立ち返って「脱学問」の姿勢を持つことが、二十一世紀には必要ではないかと私は考えている。

（中略）

どのような学問の理論も、時代とともに変化していく。自然科学においてすらそうだ。かつてはニュートン(注1)物理学が絶対だとされていた。しかし、それを疑う人が現れ、アインシュタイン(注2)の相対性理論が出てきた。ニュートン物理学が絶対的なものであって、それを誰も疑わなければ、相対性理論は出てこなかった。古くは、天動説(注3)、地動説(注4)のケースも同じで、その当時まで広く信じられていた天動説を疑う人が出てきたことによって、発見された。

おそらくどの分野の学問においても、現在信じられている学説は絶対的なものではなく、今後いかようにも書き換えられていく可能性がある。それが学問の本質と言えるだろう。特に学者や開発者を目指す場合は既存の学説に振り回されることなく、学説を疑ってみることが重要になっている。

（和田秀樹『「疑う力」の習慣術』による）

(注1) ニュートン：イングランドの自然科学者，数学者，物理学者(1643. 1. 4~1727. 3.31)

(注2) アイン シュタイン：ドイツまれの理論物理学者(1879. 3.14~1955. 4.18)

(注3) 天動説：地球中心説

(注4) 地動説：太陽中心説

59 現実を軽視しがちになるのはなぜか。

1 現実を直視することが怖いから

2 理論にこだわっているから

3 学問の領域でないから

4 現象があまりに複雑だから

60 筆者は20世紀学問についてどのように述べているか。

1 時代の変化につれ、学問の体系も変わってきた。

2 いろいろな学問に振り回されてばかりいた。

3 新しい分野の学問が数多く登場しはじめた。

4 いろんな現象に対する答えを学問が見つけたりもした。

61 筆者は今後研究者はどんな姿勢で臨むことが大切だと考えているか。

1 既存の学問の理論を尊重しながらも新たな理論も考える姿勢

2 既存の学問の理論が正しくないこともありうると疑う姿勢

3 既存の学問の理論を先ず否定してみる姿勢

4 既存の学問の理論の本質を見抜いて疑う姿勢

정답 및 해설 p.253

문제 10

1교시 독해

내용 이해(장문) 실전 테스트 ③

問題 10　次の文章を読んで、後の問いに対する答えとして最もよいものを、1・2・3・4から一つ選びなさい。

私は職業柄、どこでも絵が飾ってあるとすぐ目がいってしまう。知人の家やレストランはもちろん、ホテルのロビーや寝室、病院の待合室などに、どんな絵がどのように飾ってあるかで、その施設の格やセンスが判断できるのだ。一目見て一流だとわかる場合もあるが、①絵だけで損をしている会社や店がいかに多いことだろう。

（中略）

そもそも美術というものは、純粋に美を求める気持ちから作られ、鑑賞されたものばかりはない。美術作品は、モノとして社会に流す品であり、政治・経済のシステムに組み込まれている。芸術家とよばれる人々は、かつては一介の職人であり、生活のために工房で毎日絵や彫刻を作り、それが売れれば量産し、売れないものは作らなかった。あるいは王侯貴族や聖職者に仕え、注文されたものだけを作っていた。自己の芸術的な信念のため、世間と妥協しないで納得のゆく作品しか作らない孤高の芸術家というのは、十九世紀に成したロマン主義的なイメージにすぎない。もちろん、そうした芸術家の者も大昔からいたであろうが、②そうした者の作品はほとんど残らないのだ。

また、美術とは、美術館に飾られている名作ばかりではない。村はずれにある風化した地蔵《じぞう》(注)も、神社の片隅にぶら下がる絵馬も、街角の広告看板やポスターさらに深夜の街のシャッターや公衆便所に殴り書きされた落書きも、人間の願望や表現意欲の表れであり、質の優劣はあるものの、すべて美術の一種としてとらえられる。

（中略）

日常にあふれているこうした造形のうち、たまたま質的に優れていたりメッセージが特殊だったり、歴史的な意味をもつようになったりしたものが、美術として世に残るにすぎない。

誰にでも美を求める気持ちはある。一輪の花を飾るだけで、一枚の絵を掛けるだけで、どんな殺風景な空間でも少しは華やぐだろう。美術はこうした心性の上に成り立っている。生きるために必要なものではないが、あれば生活に彩りが生まれ、人生が豊かになる。明日をも知れぬ身の死刑囚が独房に飾り、余命いくばくもない患者が病室で眺める絵。それらはたとえ質的に劣っても、美術本来の力と強度をもっているはずである。

（宮下規久朗『欲望の美術史』による）

(注) 地蔵《じぞう》：地蔵菩薩、仏教の菩薩の一つ

59 ①絵だけで損をしている会社や店とあるがどういうことか。

1 飾ってある絵がよくないために会社や店のイメージもよくないこと
2 飾ってある絵は一流なのだが会社や店が大したことないこと
3 施設はすばらしいのに絵が飾ってないので何か物足りないこと
4 いい絵を販売していないために売り上げが伸び悩んでいること

60 ②そうした者とあるがどのような人のことか。

1 工房で毎日作品をつくりそれを売っていた芸術家
2 王侯貴族や聖職者から注文をうけたものを作っていた芸術家
3 芸術的信念を持ち自分で満足できるものだけ作っていた芸術家
4 世間から認められた作品を一つも作ることができなかった芸術家

61 筆者によると美術として世に残るものはどういったものか。

1 自然の中で見られる美しい風景や意図をもって作られた建築物
2 偉人と言われる者が描いたり作ったりしたもの
3 落書きや工業製品のうち現代でもよい状態で残っているもの
4 身の回りのもので質がよかったり歴史的な意味のあるもの

62 美術について、筆者の考えを表しているのはどれか。

1 美術は生活に潤いを与え人生を豊かにする。
2 優れた美術作品は人の心を豊かにする。
3 美術は人生においてなくてはならないものだ。
4 質の優劣に関わらず美術は人間の欲望を表している。

정답 및 해설 p.256

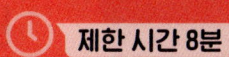

1교시 독해

내용 이해(장문) 실전 테스트 ④

問題 10 次の文章を読んで、後の問いに対する答えとして最もよいものを、1・2・3・4から一つ選びなさい。

毎年、春一番(注1)が吹き、新入生で大学の講義室がにぎわう時分になると、故郷の神社のなかに立っている桜の木が気にかかる。気にかかるといっても、樹齢５００年を超えているから大枝が折れはしないか、冬を無事に乗り越えられたのだろうかなどを心配するのではない。もう散ってしまったかどうかだ。まだなら、散るまであと何日ぐらい間があるのだろうか。そう思って①気に病む(注2)のである。

巨大な幹に大きな枝を広げて咲いている様子は壮大に感じられる。力強く、気高く立ち尽くすその桜を見れば、あふれる生命力が感じられ、見る人まで力が湧いてくる。そして何よりも散る様子は圧巻である。東京に来るまでは、毎年のように見ることができたが、もう3年近く見られていない。

桜の花が咲き乱れる４月頃になると、友たちと一緒にこの桜の木を見に行ったものだ。芭蕉(注3)のように俳句(注4)を詠んだりはしなかったけど、その時、桜の木の下でお互いの悩み事などを話し合ったり、日常のたわいのないしゃべりをしたり、音楽を聴いたりと、たくさんの思い出を作ったのである。その時のことは脳裏の刻まれて、目を閉じても今も鮮明に思い浮かべることができる。桜の季節が近づいてくると街のあちこちで満開した桜の花を見かけることができる。桜の鮮やかさで夜でもあたりが明るく感じられること、独特な甘い香りに誘われることもある。本当に美しいね、とか絵のようだなとかその程度の感想は抱くが、②それ以上の感興(注5)は持たない。だからこそ、いつもふるさとの桜の木が懐かしくてたまらないのである。

予定が立つなら今年は見に行きたいのだが、地形的にも一般の桜と違い予測がつかない。この桜の木は、ヤマザクラという品種で、満開は２，３日しか続かない。しかも、周りに他の桜の木がないいわゆる一本桜のため、あっという間に散ってしまう。

前日までの強い冷え込みが一気に緩んだ早朝だと思っていただきたい。そして春の日差しがこの一本桜に降り注ぐ。すると、一輪の桜が開花し始め、水分をたたえた淡いピンクや白などさまざまな色合いで枝にふわりと咲き誇り、その美しさは目を楽しませる。そして、必ずと言っていいほど、二日後に強い風が吹き、瞬く間に散ってしまう。そして散る姿こそが美しい。それに、自ずから散るのではなく風や雨によって散らされる桜の姿に美しさと儚さを同時に感じることができる。風に吹かれて桜の花びらがひらひらと舞い散る光景はまるで別世界にいるような感じを与える。桜の花はほんの一瞬、ぱっと咲いてぱっと散る。この一本桜の散ってゆく姿を眺めていると、まるで生を受けていつか消えてゆく僕たちの人生の縮図のようだ。「今年の落花はいつ頃ですか」と桜の木に聞きたい。

(注1) 春一番：立春から春分までの間に吹く暖かい南寄りの強風
(注2) 気に病む：ひどく気にかける
(注3) 芭蕉：松尾芭蕉、江戸時代前期の俳人。
(注4) 俳句：五 ・七・五の十七音の型で作る日本の定型詩
(注5) 感興：何かについて興味が湧くこと

59 ①気に病むのであるとあるが、なぜか。

1 桜の花がいつ咲き乱れるか予測できないから
2 桜の花はあっという間に散ってしまうから
3 桜の花を仕事の都合で見に行けないから
4 桜の花の散る時期がわからないから

60 ②それ以上の感興は持たないとあるが、どういうことか。

1 懐かしい光景だと思うことはあるが、特別な印象は持たない。
2 美しい光景だと思うことはあるが、記憶には残らない。
3 光景に驚くことはあるが、みとれるほどではない。
4 光景にひかれることはあるが、特別な感じはない。

61 筆者の気持ちに合っているものはどれか。

1 一度だけでもいいから桜の花の満開した姿が見たい。
2 桜の花の開花時期に合わせて故郷に帰りたい。
3 桜の花が散っている姿を目の当たりにしたい。
4 桜の花が全部散る直前の姿を見に行きたい。

정답 및 해설 p.259

문제 11

1교시 독해

통합 이해(비교문) 실전 테스트 ①

問題 11 次のAとBの文章を読んで、後の問いに対する答えとして最もよいものを、1・2・3・4から一つ選びなさい。

A

昨今の人工知能（AI）分野における技術の発達には目を見張るものがある。今後、確実に我々の生活は豊かで快適になっていくであろう。私はこの技術をいろいろな場面で応用するべきだと考える。例えば、今までは人間だけにできると考えられていた面接に活用してはどうだろう。志願者にとっては時間と空間を問わず面接に参加できる利便性があり、面接の機会拡大が期待される。また、会社は面接に必要な人員を減らし、コスト削減の側面で経済性が高いといえる。そして、既存の面接では面接官の主観が介入する可能性が高いのに反し、人工知能を活用した面接ではビッグデータを土台にした一貫した評価基準を適用することができる。このように評価の客観性を確保できる人工知能を企業は積極的に活用するとよいであろう。

B

現在、人工知能はさまざまなシーンで導入されている。人工知能は人間の負担を軽減するために誕生したテクノロジーであるため、人工知能の発達と共に我々の生活も楽で快適になっていくだろう。しかし、一方でまだまだ課題が多いのも事実である。やみくもに導入するには危険が伴う。

特に人間の領域である「コミュニケーション」を人工知能が代替するにはほど遠い。例えば人工知能による面接導入は採用業務の省力化や評価基準の統一化といったメリットを認めながらも多くの企業がためらっている。なぜなら、人工知能で評価基準を統一化することで採用する人材の画一化が起き、結果として人材の多様性が失われかねないからだ。

제한 시간 6분

63 近年の人工知能の発達について、AとBが共通して認識していることは何か。

1 人工知能がいずれ人間の領域を脅かすことになる。

2 人工知能を多くの企業で積極的に活用すべきだ。

3 人工知能の活用で人間の暮らしが心地よくなる。

4 人工知能はまだまだ改善の余地がある。

64 人工知能の面接への活用についてAとBはどのように考えているか。

1 AもBも、時間の制限から解放されるため、志願者にとっても会社にとっても有益だと考えている。

2 AもBも、人間の主観を排除できる点は好ましいが、導入による多様性に欠けていると考えている。

3 Aは客観的に判断できるので導入すべきだと考え、Bは一律な判断による副作用の恐れがあるから導入をしぶっている。

4 Aは導入により費用の削減効果及び客観性の確保から導入を支持し、Bは人間がコミュニケーションの領域に介入することにより導入は可能だと考えている。

정답 및 해설 p.263

문제 11

1교시 독해

통합 이해(비교문) 실전 테스트 ②

問題11 次のAとBの文章を読んで、後の問いに対する答えとして最もよいものを、1・2・3・4から一つ選びなさい。

A

従来の紙の本が減り、電子書籍が急速に普及している。私はこれがとても好ましい状況だと考える。これまでは、本の置き場所がないために、本を買えなかったり、大事な本を捨てたりしなければならなかった。書店にも大量の本が溢れていて、どんなに大きな書店でも刊行される本をすべて置くことは不可能なはずである。

だが、電子書籍が広まると、好きなときに、これまでに出版されたすべての本を読むことができるようになる。書店を通さないので置き場所の費用もかからないため、電子書籍の値段も安くなり、誰もが手軽にこれまで人類が築いてきた歴史と文化に触れることができるようになるのである。紙の本の良さを主張する声もあるが、便利なものの台頭により、不便なものは淘汰《とうた》(注)されることで文明は発展していくのである。

B

電子書籍が広まっている。しおり機能がついているのですぐに以前読んだページを呼び出すことができるし、1つの端末に何冊もの本をダウンロードすればいいので、カバンに入れてもかさばらないなど、電子書籍にはよいところが多々ある。しかし、手放しで電子書籍の普及を喜ぶわけにはいかない。先ず、紙の本の肌触り、本をめくる音と紙の本ならではのにおいなどは電子書籍では感じがたいと思う。

また、日本においては、紙媒体の場合、実は一冊も本が売れなくても著者に対して刷り部数のお金が入って来るのに対して、電子書籍は実売数の分しか入ってこない。そのため、作家の立場としては本を書くことに対するモチベーションが下がり、ひいては本という文化の衰退にもつながる。電子書籍の未来は業界の構造問題を解決してこそ明るいといえる。

(注) 淘汰《とうた》：不必要なもの、不適当なものを取り除くこと

63 電子書籍についてAとBが共通して認識していることは何か。

1 電子書籍により既存の書店の存続が危ぶまれる。

2 電子書籍で人は気軽に本を読めるようになる。

3 電子書籍は値段が安くつくため、手軽に購入することができる。

4 電子書籍は使い勝手がよいが本にとって代わることはできない。

64 電子書籍の普及についてAとBはどのような考えをもっているか。

1 AもBも、電子書籍の利点を認めながらも紙媒体の本との共存を図るべきだと考えている。

2 AもBも、電子書籍の普及が文化の発展につながると考えている。

3 Aは電子書籍の普及を手放しで歓迎し、Bは問題点が解消すればさらに発展できると考えている。

4 Aは電子書籍が紙媒体の本にとって代わると考え、Bは書店文化の衰えを招くと考えている。

정답 및 해설 p.265

문제 11

1교시 독해

통합 이해(비교문) 실전 테스트 ③

問題11 次のAとBの文章を読んで、後の問いに対する答えとして最もよいものを、1・2・3・4から一つ選びなさい。

A

「自分の生まれたふるさと」や「自分で応援したい自治体」を選んで寄付すると、寄付した金額以上の地方の特産品や食事券、イベントチケットなどを礼としてもらえるふるさと納税が人気だ。また、寄付金のほとんど（2,000円を超える部分）は住民控除や所得税還付が受けられるメリットもある。自治体としても経済効果はもちろん観光の拡大にもつながると積極的にアピールしている。お礼の品物には、食品はもちろん、電化製品や雑貨、工芸品など、さまざまなものがあるから、賢く選べば、普通に買い物するよりも得をする。そのため主婦が飛びつくなど、もらえるお礼品に注目して寄付する人が増えている。

しかし、本来、地方自治体は返礼品の魅力で寄付をしてもらうのではなく、地域への取り組みの理解を図ることで、その活動に賛同してもらうべきである。

B

ふるさと納税は、寄付をとおしてどこに住んでいても好きな地域を応援できるという意味で、意義のある制度だ。ふるさと納税で寄付すると、住民税の控除、所得税の還付に限らず、肉、米、魚介、農産物などその地域が誇る食材のほか、電気製品や利用券などをもらえる。もともと、この制度は都会の自治体に税収が偏ることへの解消を目的に作られた。

ところが、現状は、寄付する側はお礼の品を目当てに、どのような品物がもらえるのかと検索して寄付先を決めることが多いようだ。これでは、地方の活性化にはつながらない。

寄付する人は、どの地域がどんなことに力をいれているか、何に取り組んでいるかに注目し、寄付をするようにしてこそ、この制度の意義があると考える。またそうすることによって、地方自治体間でも返礼品ではなくその地域の活動を競い合うようになるであろう。

63 ふるさと納税について、AとBの認識で共通しているのは何か。

1 様々なお礼品がもらえるふるさと納税が関心を引いている。

2 地方自治体間で返礼品の過当競争が行われている。

3 ふるさと納税が最近下火になりつつある。

4 ふるさと納税に力を入れようとする地方自治体が増えている。

64 ふるさと納税についてAとBはどう考えているか。

1 AもBも、魅力的な返礼品をPRしてふるさと納税の活性化を図るべきだと考えている。

2 AもBも、返礼品ばかりがクローズアップされ本来のふるさと納税の意義が薄れていると考えている。

3 Aは寄付する人は地域の活動をきちんと見るべきだと考え、Bは意義ある取り組みをするように地方自治体が努力するべきだと考えている。

4 Aは地方自治体は観光事業にも結びつくような取り組みをすべきだと考え、Bは寄付する人は寄付先を慎重に選ぶべきだと考えている。

정답 및 해설 p.268

문제 11

1교시 독해

통합 이해(비교문) 실전 테스트 ④

問題11 次のAとBの文章を読んで、後の問いに対する答えとして最もよいものを、1・2・3・4から一つ選びなさい。

A

ネットで誹謗中傷を書き込む人の動機は「許せない」とか「失望した」といったような正義感による攻撃的な感情といわれている。ストレス発散というより、一人一人がそれぞれの価値観で持っている正義感に従って、書き込みをしているのだ。しかし、これは、社会的な正義ではなく、自分の中の正義である。その書き込みにより傷つく人もいる。何らかの対策が必要であるのは言うまでもない。

その対策として匿名性が悪いので、発信者の実名制を進めていく議論があるが、書いている人は自分が正しいと思って正義感で書いているので実名になったからといって撤回しないと思われる。それよりも、例えば、誹謗中傷のような文章を投稿しようとした人に対し、「今誹謗中傷を投稿しようとしていますけど本当にいいですか」というようなアラート（警報）が出る仕組みを導入してはどうであろうか。

B

インターネット上に悪意ある書き込みや事実無根の悪評を繰り返し書き込むなどの悪質な行為が後を絶たない。そのほとんどは、冗談やいたずらのつもりだろうが、場合によっては犯罪となるケースもある。そこで書き込みに実名を原則にすべきだという声がある。しかし、そもそもネットは自由に意見交換をする場であるべきだ。社会的な立場や地位などを気にしないで、さまざまな立場の人が自由に意見を交換し、誰もが情報を得て、そこから自分の意見を明確にしていくのである。

そうしたネットで実名を原則にしてしまうと、自由な意見をいえなくなる。反対意見の人に危害を加えられる恐れもある。たとえば、政治的な意見を語って、反対派に激しい攻撃をされることも考えられる。また、社会的地位の低い人が高い人、とりわけ高名な人に反論することも遠慮しがちになる。こうなると、誰も本音を言えずに、きれいごとだけを語るようになる。

63 AとBの認識で共通しているのは何か。

1 ストレスのはけ口を求めて書き込みをするケースもある。
2 正義感が強い人ほど悪質な書き込みをすることが多い。
3 書き込みをしている本人は悪いことをしている意識は希薄だ。
4 書き込みを通じて自分の正当さを発信している。

64 インターネットの書き込みの実名制についてAとBはどう考えているか。

1 AもBも、実名制にしても悪質な書き込みは減らないと考えている。
2 AもBも、実名制にすると抑止力が働き悪質な書き込みは減ると考えている。
3 Aは、実名制の効果は期待できるが、正義にもとると考え、Bは実名制により自由に意見を言えなくなると考えている。
4 Aは、実名制よりも他の方法を探すべきだと考え、Bは表現の自由が奪われるため実名制は好ましくないと考えている。

정답 및 해설 p.270

문제 12

1교시 독해

주장 이해(장문) 실전 테스트 ①

問題 12　次の文章を読んで、後の問いに対する答えとして最もよいものを、1・2・3・4から一つ選びなさい。

美術関連の仕事をしていると、不思議なことが多々ある。その中に、「未完成の美」とでもいうべきことがある。絵を描く基本的な技術が多少不足していようと、不思議なことに、未完成の絵が魅力的に見える時もある。一般の仕事は、完成度が高ければ高いほど、出来栄えがよくなる。美術の世界でも、もちろん完成度は大切で、完璧に仕上がった絵の安定感も肝心なところだ。

しかし、美術の場合は、行き過ぎず何か物足りない気がする絵の方がむしろいい評価を受けるケースがよくある。子供が描いた絵を見ると、未熟さこそあるものの、驚きと斬新な印象を受けた経験があると思う。

これはどういうことだろうか。絵を描いている人が自分で納得できるところで筆が止まったらそれはそれで作品であるに違いない。たとえば、肖像画を描く場合、顔の基本的なつくりを理解して輪郭を描いたうえで、鼻や口、目などをどんどん描いていく。それから陰影をつけ、立体感を出すことでよりリアルな姿に近づいてくるのである。写実主義の絵であれば、この道筋を踏んで進めるのが決まりであって、この仕方に従うのが肖像画の世界では通用している。

だが、こうした描き方は、リアリティーこそあれ、新鮮さに欠ける。これに対して、画家の納得したところで仕上げた絵では、あたかも描きかけてしまったかのごとく、片耳がなかったり、顔の輪郭だけで終わっていたりすることもある。ここで未完成というのはただ、描きかけの絵に限ったことではない。また、未完成であることがいいわけではもちろんない。描き手が本当に「ウン」と頷けるようなところで筆を止める力を持ってこそ未完成が真の完成に転じるのだ。

（中略）

いったい、この絵はなぜ未完成のまま終わったのか。その新鮮さは疑問を残し、この疑問点を突き止めるために自分なりに考えを深めたり、まわりの人々と自分の気持ちを共有したりもして、そのうえ絵に関するエピソードまで気になってくるだろう。

美術において、「未完成」は決定的な重みを有している。いわゆる「描き手」は、絵の鑑賞者の反応に敏感になりがちである。創造性を問うているこの世界では、描き方のデフォルトもさることながら、自分なりの表現や満足度、そして新鮮さを失わないということがもはや画家にとって一つの武器になる。「あの画家は我々の心を揺さぶってくれるのだ」という意識が鑑賞者側に生まれると、美術に(注)不案内の人までこの世界に導くことができると思う。

(注) 不案内《ふあんない》：無知、知識がない、よくわからない

65 筆者によりと、美術関連の仕事は一般の仕事とどのような点で異なるか。

1　完成度よりも仕上げていく過程が重視されている。
2　経験を積み重ね技術力が上がっても、質がよくなるとは限らない。
3　足りない感じがしても、よい結果をもたらすことがある。
4　完成度が高い絵より、物足りない絵のほうが好かれる。

66 筆を止める力とあるが、どうような力か。

1　自分で納得できるところで終わらせる力
2　描きたいという気持ちを抑えられる力
3　描きすぎないことの大切さがわかる力
4　足りなさを残したまま止められる力

67 筆者によると、未完成の絵は鑑賞者にどのように影響するか。

1　絵の世界を深く理解して、絵に対する違和感を感じなくなる
2　未熟な絵に価値があるのだということに気づかされる
3　絵に対する鑑賞を自分で分析したり他人と共有したい気持ちになる
4　画家の未熟さにひかれ、その気持ちをまわりの人と共有するようになる

68 この文章で筆者が言いたいことは何か。

1　鑑賞者に感動を与えられる絵を描くべきだ
2　自分ならではの表見と斬新さを持つべきだ
3　新鮮さを失わないため、新しい技術を磨くべきだ
4　自分の未熟さを隠さず、思うまま絵を描くべきだ

정답 및 해설 p.273

독해
실전 테스트 ❶

주장 이해(장문) 실전 테스트 ②

問題 12　次の文章を読んで、後の問いに対する答えとして最もよいものを、1・2・3・4から一つ選びなさい。

「プライドが高くて迷惑な人」にならないために何よりも必要なのは、自分を知ることである。なぜそれが必要なのかというと、自分自身への過大評価のせいで陥りやすい「勘違い」を防ぐためである。これまで紹介した事例を振り返ればわかるように、プライドが高い人は、他人からの客観的な評価と、自分自身について抱いているイメージ、とくに自己愛を投影した理想像との間にズレを抱えていながら、それに気づいてないことが多い。

しかも、この二つをしばしば混同しているせいで、「困ったちゃん」になってしまう。この二つが完全に一致することなどありえないのだが、社長の御曹司《おんぞうし》(注)だとか大物のコネで入社したとかで、周囲からちやほやされ少々のことであれば許容される環境にいると、現在の自分自身を客観的に見つめるのが難しくなる。そのせいで、思い込みが強くなったり、視野が狭くなったりしがちなので、そうならないためにこそ、自分を知ることが必要なのである。では、自分の何を知るのか？

まず、何よりも現在の自分の能力と、その限界である。もちろん、他人からどう見られているかを気にしすぎるのは困りものだ。場合によっては、自意識過剰に陥ったり、他人の視線を恐れたりして、身動きがとれなくなるようなことにもなりかねない。

（中略）

職場、学校、家庭などで、多かれ少なかれ他人と関わりながら生きてゆかなければならない以上、あなたが自分自身について抱いているイメージと、他人からの客観的な評価とのズレはできるだけ小さいほうがいい。このズレが大きければ大きいほど勘違いしやすいからである。それを防ぐためにこそ、他人の目にあなたがどんなふうに映っているのかをある程度知っておくことが必要なのである。そのためには、どうすればいいのか？まず、他人の話を聞くこと、ときには進んで他人の意見や助言を求めることである。

（中略）

もちろん、全部真に受ける必要などない。中には、あなたをけなして自信を失わせようとするような人間だっているかもしれないのだから。

（中略）

ただ、勘違いのもとになりやすいズレを修正するためには、やはり他人の話を聞くしかない。逆説的な言い方だが、他人の意見や助言を選り分けて、切り捨ててもかまわないと判断したものを聞き流せるようになるためにこそ、できるだけ 多くの人の声に耳を傾けることが必要なのである。

（片田珠美「プライドが高くて迷惑な人」による）

(注) 社長の御曹《おんぞう》司《し》：社長の息子

65 筆者はプライドが高い人が起こしやすい勘違いは何だと述べているか。

1　自分が優れていると思い込むこと

2　自分の欠点を他人のせいだと考えること

3　相手が優れていると思い込むこと

4　相手の欠点が長所に見えること

66 他人からどう見られているか意識しすぎるとどうなるか。

1　他人の目を気にして自分自身を過大評価してしまう。

2　人からの助言と評価に敏感になる。

3　常に他人の目を意識して自由にふるまえなくなる。

4　他人に好かれるようにと不自然に行動をとるようになる。

67 できるだけ小さいほうがいいとあるがそのためにはどうすればよいか。

1　自分の欠点が何なのか他人に聞いてそれを直すようにする。

2　他人が自分のことをどのように思っているか考えるようにする。

3　他人の意見に惑わされることなく自分自身を信じるようにする。

4　自分が他人にどう見えているのか他人の話を聞くようにする。

68 他人の話を聞くことについて筆者はどのように考えているか。

1　他人の話に依存しすぎると他人の視線を恐れるようになるので適度に聞くべきだ。

2　他人の話を選別できるように可能な限り多くの意見を聞くようにするべきだ。

3　他人の話は誇張されがちなので場合によっては聞き流すようにすべきだ。

4　他人の話を聞くときは自分自身を見失うことがないように気をつけて聞くべきだ。

정답 및 해설 p.276

문제 12

1교시 독해

주장 이해(장문) 실전 테스트 ③

問題 12　次の文章を読んで、後の問いに対する答えとして最もよいものを、1・2・3・4から一つ選びなさい。

戦後、農業は一貫して縮小産業でした。しかも、既に貿易障壁がほとんど取り払われてしまっている製造業とは異なり、農業はこれからますます厳しい国際競争にさらされます。農業のウエイトは小さくなるという想定をしておかなくてはなりません。したがって、離農プログラムは当然に必要なものです。

かりに、農業のウエイトが小さくならないにしても、離農プログラムは必要です。農地は限られているのですから、誰かが新たに農業参入したり、規模を拡大したりするためには、誰かが農地を手放さなくてはなりません。今後も、農業機械の大型化は進むでしょうから、そうなるとますます、一人の農業者が耕作する農地面積が拡大するはずです。ちょうど一般の企業に勤める人がベースアップを求めるように、農家も所得水準の持続的向上を目指しますから、規模拡大の志向は続くでしょう。ということは、かりに新規就農がゼロであっても持続的に離農者が必要であることを意味します。

農外に安定的な収入機会を確保している兼業農家や高齢農家であれば、離農にともなう補償は金額的にはあまり必要としないかもしれません。しかし、その場合でも、自主的に農地を手放してもらうための工夫が必要です。たとえば、離農にともなう所得減少に対して補償金を給付する一方、相続税の負担を引き上げれば、ほんとうに高齢化して営農ができなくなる前に農地を手放そうという動機づけになるでしょう。

昨今の農業ブームでは新規参入を礼讃するものが氾濫していましたが、離農プログラムについてはほとんど言及がありません。しかし、新規就農が必ずしも成功しないことも考慮に入れて新規就農者が営農事業に失敗したときの撤退支援を最初から用意しておかなくては無責任です。たとえば、固定負債を抱えて農業から撤退するときの資金援助をどうするかとか、農業から他産業へ転職する場合の職業訓練などをじゅうぶんに準備した上で新規就農を促さなくては、政策として不誠実です。営農に失敗して負債整理に追い込まれたときでも、転職資金くらいは残るように金融機関(公庫・JA等)の債権放棄を促すなど、スムーズな撤退の道筋を準備する必要もあるでしょう。

実は、農業を雇用の受け皿として不用意な推奨をして、悲惨な顛末《てんまつ》(注1)になったというのは、過去にも何度もあります。たとえば、昭和三〇～四〇年代、パイロットファーム(注2)事業と称して、北海道の広大な原野に国費で畜産施設を建設し、新規就農者に分譲しました。衆目と期待を集めて始まった事業でしたが、収益があがらず、多くの新規就農者は、借金を抱えて廃業を余儀なくされました。

（中略）

この苦い経験を忘れてはいけません。

（神門喜久「さよならニッポン農業」による）

(注1) 顛末《てんまつ》：始めから終わりまで

(注2) パイロットファーム：機械を導入して、近代経営の形をとる先駆的な実験農場

65 新規就農がゼロであっても持続的に離農者が必要であることを意味しますとあるがなぜか。

1　誰かが農業を始めると農地が新たに必要になるから

2　農地面積の拡大志向が今後予想されるから

3　一般企業の進出を促すには土地がいるから

4　農業機械の大型化に伴い高所得農家が増えるから

66 高齢農家に農地を手放してもらうためにはどうすればよいと述べているか。

1　離農後の転職の斡旋をする。

2　跡継ぎの募集をする。

3　離農の手続きを代行する。

4　離農に伴う経済的な支援を行う。

67 筆者は農業政策についてどのように考えているか。

1　農業に従事してもらえるように農業の魅力をもっと発信すべきである。

2　万一農業に失敗した場合にも被害が最小限にすむような仕組みを事前に作るべきだ。

3　農業の新規参入を促すよりも離農プログラムに力をいれるべきだ。

4　農業から離れないように財政的な支援を大胆かつ積極的に行うべきだ。

정답 및 해설 p.280

1교시 독해

주장 이해(장문) 실전 테스트 ④

問題 12 次の文章を読んで、後の問いに対する答えとして最もよいものを、1・2・3・4から一つ選びなさい。

さまざまな実験から、心理的なストレスの正体は、「予測ができないこと」と「対処ができないこと」であることがわかっている。抜き打ち(注1)検査は常にイヤなものだ。それは予測ができないからである。意地悪な上司のやることは予測できない。昨日はほめたことを今日は叱る。イヤな上司でも命令にはさからえない。

それは対処できないからイヤなのである。転勤の命令はたとえ栄転《えいてん》(注2)であってもわずらわしい。これも対処できないからだ。従うほかはない。こういう性質を持っている出来事は、たとえ「おめでとうございます」と言われるようなことであってもストレスになる。

（中略）

もう少し詳しい研究によると、これまでは予測できたことが予測できなくなった。あるいは、これまでは対処できたことがもはや自分には対処できなくなった、という「喪失」もストレスになる。身体機能が衰えて、普段つまずかないような場所に足をひっかけたりすると、たったそれだけのことでも一日が楽しくなくなるくらいがっかりしてイライラする。

こういうストレスに立ち向かうときには「問題解決型」と「情動焦点型」の二通りの方法がある。問題解決型とは文字通り問題に正面から取り組んで突破することだ。気持ちがどんなに慰められても問題が残っている限り、いつまでもそれは「未完の課題」として気になる。したがって、いずれはがっぷり四つ(注3)に組んでの解決が必要である。だが、そのためにはこちらも覚悟が必要だし、それなりの準備もしなくてはならない。

いっぽう、情動焦点型というのは、ストレス反応として起こってくるイヤな気持ちや否定的なものの考え方などを何とか平常に戻す工夫のことである。気分がふさいでいると問題解決を思いつくまでに至らない。自分の気持ちに折り合いをつけることも大事だ。そのときには、ストレスの発生源とは逆のこと、つまり、「予測できる」「対処できる」何か別のことにたっぷり従事すればいいわけである。それには、決まりきった時間と空間で、「いつもの」行動に身を任せるのがいい。「いつもの」行動とはゲームかもしれず、ヨガかもしれず、水泳かもしれない。

私たちはついつい、自分がそうしたことをするのは、ダイエットにいいとか、心身の調整にいいとかいった効果・効能のせいだと思いたがるが、実は、それはあまり大事なことではない。効果・効能は後づけの説明で、大事なのは、「今日もまた、これができた」という達成感の自覚である。

（廣中直行・遠藤智樹『「ヤミツキ」の力』による）

(注1) 抜き打ち：予告なし

(注2) 栄転《えいてん》：今までより良いポジション高い地位に就くこと

(注3) 四つに組んで：物事などに正面から取り組んで

65 筆者によるとどうして心理的なストレスはおこるのか。

1 突発的なことでどう対処したらよいかとっさに判断できないから

2 予想をしていたものとは全く反対のことが起こるから

3 想定外のことが起こって自分の力ではどうしようもできないから

4 期待していた以上に良い結果となるから

66 筆者によると「問題解決型」でストレスを解消しようとするとどのようにしなければならないか。

1 手抜かりなく準備をして問題に対して真正面から向き合う。

2 問題に正面から挑み、残った問題にも対処できるように準備をする。

3 問題解決のために準備に重点をおき一気に解決にあたる。

4 自然に問題が解決するまで慌てずじっくりと待つようにする。

67 この文章で筆者がもっとも言いたいことは何か。

1 ストレスの解消のためには決まりきったことをしてやり遂げたという感覚をもつべきだ。

2 ストレスの解消のためには予測ができないことを恐れるのではなく日常を楽しむべきだ。

3 ストレスの解消のためにはその原因を探し出し排除するようにすべきだ。

4 ストレスの解消のためには何も考えずにヨガや水泳などの運動をすべきだ。

정답 및 해설 p.283

문제 13

1교시 독해

정보 검색 실전 테스트 ❶

問題 13　右のページは、ある新聞の電子版初月無料キャンペーンの広告である。下の問いに対する答えとして最もよいものを1・2・3・4から一つ選びなさい。

69　次の４人は、 電子版初月無料キャンペーンに申し込もうと思っている。全員インターネットを使えるパソコンを持っており、過去に利用したことはない。応募条件をすべて満たしているのは誰か。

名前	年齢	居住地	購読中の東名新聞	クレジットカード
川崎さん	１９歳	神奈川県	朝刊のみ	あり
山田さん	２５歳	埼玉県	同居の父親が購読契約（朝刊・夕刊）	あり
チョウさん	２７歳	東京都	朝刊と夕刊	なし
田中さん	３５歳	千葉県	同居の母親が購読契約（朝刊のみ）	あり

1　川崎さん

2　山田さん

3　チョウさん

4　田中さん

70　高野さんは９月１６日に無料体験に申し込んだが、初月無料体験を最大期間利用した後は、有料会員になることを望んでいない。高野さんがしなければならないことは何か。

1　１０月１５日にホームページで解約の手続きをする。

2　９月１６日から１０月１４日の間にホームページで解約の手続きをする。

3　９月３０日にホームページで解約の手続きをする。

4　９月１６日から９月３０日の間にホームページで解約の手続きをする。

東名新聞電子版初月無料キャンペーン

【お申し込み条件】
・①～④の条件をすべて満たしている方
・東名新聞配達地域にお住いの方
① 関東１都３県（東京都、神奈川県、千葉県、埼玉県）にお住いの方
② 東名新聞を朝・夕刊ともに購読中の方及びご同居のご家族
③ インターネットに接続できるパソコン、スマートフォン等をお持ちの方
新聞契約者（販売店の契約者名簿に名前のある方）がインターネットを使わないご家庭でも、同居家族だけが会員登録頂くことが可能です。
④ 本人名義のクレジットカードをお持ちの方（１８歳以上の方）

※無料体験期間：２０２５年 8月1日から１２月３１日までお申し込みの場合
※以前サービスをご利用いただいた方は対象外です。
※サービス登録いただいた当月は無料でお試しいただけます。
例） 1月中に登録の場合、２月分からお支払い（日割り計算はありません）
※無料期間終了後は自動的に有料会員（月額1,５００円）が継続します。継続しての有料会員を希望されない場合は無料体験期間中にホームページにて解約の手続きをしてください。

【よくあるご質問】
・無料期間中に電子版を解約した場合、解約金はかかりますか。
A：無料期間中に解約した場合は、電子版部分の料金は発生しません。なお、解約直後から電子版はご利用できなくなります。
・支払い方法は何があるのでしょうか。
A：クレジットカード払いのみ承っています。
・法人でも申し込めますか。
A：法人契約専用の「電子版法人」があります。そちらをご利用ください。

【問い合わせ先】
東名新聞初月無料キャンペーン担当
電話07-1234-5678（受付時間：土日祝日を除く（午前１０時～午後５時）

정답 및 해설 p.287

1교시 독해

정보 검색 실전 테스트 ❷

問題 13 右のページは、ある大学の就職支援行事の案内である。下の問いに対する答えとして最もよいものを**1・2・3・4**から一つ選びなさい。

69 留学生のジョンさんは日本で就職したいと思っている。ジョンさんが必ず出席しなければならない行事はいくつか。

1 一つ
2 二つ
3 三つ
4 四つ

70 木村さんは銀行に就職したいと思っている。木村さんは授業のため１７時以降しか出席できない。木村さんに合う行事はどれか。

1 ③、④、⑨
2 ①、③、⑩
3 ④、⑥、⑩
4 ①、⑧、⑨

就職支援セミナー

就職活動を行う学生のために、金山大学キャリアセンターでは各種行事を実施しています。

	日	時間	行事名	内容
①	9月17日（木）	A	就職ガイダンス	就職活動全般の基本的な情報 就職活動の方法やスケジュール
②	9月22日（火）	B	留学生ガイダンス	企業の留学生採用スケジュールや在留資格等について
③	10月7日（水）	B	就職活動体験談	金融・証券業界に就職した卒業生による就職活動体験談及び懇談会
④	10月8日（木）	B	就職ガイダンス	内容は9月17日と同じです。
⑤	10月13日（火）	A	留学生ガイダンス	内容は9月22日と同じです。
⑥	10月28日（水）	A	履歴書・エントリーシート書き方講座	全体説明後、各業種（1金融・証券2広告・マスコミ3貿易・流通4メーカー・IT5教育・福祉）ごとに分かれて指導します。
⑦	10月30日（金）	B	留学生マナー講座	留学生が日本で就職活動を行うにあっての基本的なマナー講座
⑧	11月11日（水）	B	就職活動体験談	広告・マスコミ業界及び貿易・流通業界に就職した卒業生による就職活動体験及び懇談会
⑨	12月1日（火）	※	学内合同企業説明会	詳細は下記参照
⑩	12月8日（火）	※	学内合同企業説明会	詳細は下記参照

【開催時間】

Ⓐ 13：35～15：15　Ⓑ 18：30～20：10

※合同企業説明会は下記参照。(参加自由)

【開催場所】

コミュニティーホール

【注意事項】

○ 就職希望者（留学生を含む）は、「就職ガイダンス」のどちらかに必ず出席してください。

○ 留学生の就職希望者は「留学生ガイダンス」のどちらかに必ず出席してください。

【合同企業説明会】

合同企業説明会は業種別に、以下の日時で開催されます。

各日、本学卒業生の採用実績がある約40社が参加予定です。

	12月1日	12月8日
13時～15時	広告・マスコミ	金融・証券
15時15分～17時15分	メーカー・IT	教育・福祉
17時30分～19時30分	金融・証券	広告・マスコミ

정답 및 해설 p.290

문제 13

1교시 독해

정보 검색 실전 테스트 ③

問題 13　右のページは、ある宿泊施設の案内である。下の問いに対する答えとして最もよいものを1・2・3・4から一つ選びなさい。

69　マイクさんは入社から７年間ナカノ商社に勤めている。高野高原保養所「ゆり荘」に、国から遊びに来る友だちとその子供と泊まりに行こうと考えている。友だちの年齢はマイクさんと同じ３５歳で、子供は７歳だ。３人に適用される１泊の利用料金はどのようになるか。

1　マイクさんも友だちも子供も16,000円
2　マイクさんと友だちは16,000円、子供は8,000円
3　マイクさんは16,000円、友だちと子供は18,000円
4　マイクさんは16,000円、友だちは18,000円、子供は9,000円

70　山田さんはナカノ商社の社員で、大みそか(12月３１日)に家族で東野温泉山北荘に泊まることを考えている。山田さんがナカノ商社社員及び家族価格で泊まるためにしなければならないことは何か。

1　１０月１日から１２月３０日の間で予約をして、その際に社員である旨を伝える。
2　１０月１日から１２月３０日の間で予約をして、宿泊当日メンバーズカードを提示する。
3　9月１日から１２月３０日の間で予約をして、その際に社員である旨を伝える。
4　9月１日から１２月３０日の間で予約をして、宿泊当日メンバーズカードを提示する。

ナカノ商社提携保養所ご利用のご案内

ナカノ商社総務部では、保養を通じて、社員の皆様の心身の健康増進を図るため、以下の旅館と保養所契約を結んでいます。

「ナカノ商社の保養所」はどなたでもご利用いただけますが、ナカノ商社社員及び家族はメンバーズ価格でご利用ができます。なお、１０年以上勤続した退職者は退職後もメンバーズ価格でのご利用が可能です。

【料金案内】：（一泊二食基準）

三歳以下は無料です。（　）は子供（４歳から１２歳）料金です。

保養所名	メンバーズ価格	一般価格
高野高原保養所「ゆり荘」	16,000円（8,000円）	18,000円（9,000円）
栗山温泉　「東洋閣」	11,600円（5,800円）	13,600円（6,800円）
東野温泉　「山北荘」	12,000円（6,000円）	14,000円（7,000円）
北川温泉　「羊旅館」	11,000円（5,500円）	13,000円（6,500円）

【予約方法】

ナカノ商社総務部福利厚生課保養所担当へ電話でご予約ください。

【お支払い方法】

① 宿泊当日宿泊施設にてクレジットカードか現金でのお支払いとなります。

② ナカノ商社社員及びご家族の方は、ご利用の際にナカノ商社メンバーズカードをお持ちください。お支払いの際に、社員価格が適用されます。

③ 一般の方には、ナカノ商社社員及びご家族のご利用が優先されますので、時季によりご案内できかねる場合もございますので、ご了承ください。

④ 各保養所はナカノ商社社員本人が一緒であれば、一般の方もナカノ商社社員と同額でご利用いただけます。

⑤ 宿泊予約は利用月の３ヶ月前の１日から受け付けます。ただし、年末年始のご利用については９月１日から受け付けます。

【お問い合わせ先】

株式会社ナカノ商社総務部福利厚生課保養所担当

07-0999-3698

정답 및 해설 p.292

1교시 독해

정보 검색 실전 테스트 ④

問題 13 右のページは、市民講座の受講案内である。下の問いに対する答えとして最もよいものを1・2・3・4から一つ選びなさい。

69 マイケルさんは、昨年は水泳を習い、今年も市民講座を受けたいと考えている。運動が好きなので体を動かす講座を希望している。また、週末は午後から、平日は１８時以降に受講が可能だ。マイケルさんはどれを申し込んだらよいか。

1 体幹トレーニング
2 ゆったりヨガ
3 初心者のためのスイミング
4 陶芸教室

70 黒川市の市民講座を申し込む際、留意しなければならないことはどれか。

1 定員に達してない講座でも閉講の可能性はないが人数の制限はある。
2 講座の申し込みはメールではできない。
3 二つの講座を受講することはできない。
4 受講までに傷害保険に加入しなければならない。

黒川市市民講座受講生募集案内

黒川市では新たな学びへのきっかけづくりとして、また、仲間づくりや地域づくりにつながることを目的として、市民講座の受講生を募集いたします。

	講座名	期間・時間・場所	受講料	定員
①	体幹トレーニング 運動不足を痛感している方、筋肉の衰えを感じる方へおすすめ。	全6回（6/13~7/18） 毎週土曜日 午前10：15~11：15 場所：市民会館1階多目的ホールA	1,500円	20名
②	ゆったりヨガ ヨガで効果的に体を動かし一日のストレスを解消して疲れを癒しましょう。	全8回（6/18~8/6） 毎週木曜日 午後7：45~8：45 場所：市民会館1階多目的ホールB	2,000円	20名
③	初心者のためのスイミング 水中ウォーキングから始め25m完泳が目標です。	全8回（6/19~8/7） 毎週金曜日 午後8：00~9：00 場所：市総合体育館プール	2,000円	15名
④	陶芸教室 陶芸が初めてでも安心！一から作品完成まで丁寧に指導します。	全6回（6/14~7/19） 毎週日曜日 午後1：30~３：30 場所：市民会館２階陶芸室	1,500円 別途材料費700円	15名

申込方法①　/　黒川市ホームページで申し込む場合

● 黒川市ホームページにて「市民講座」と検索してください。

申込方法②　/　電話で申し込む場合

● 市社会教育課85-256-3698

■ １人につき２講座まで受講できます。

■ 直近の２年の間に受講した講座は受講できません。

■ 定員を超えた講座は抽選となりますのでご了承ください。（定員に満たない講座は中止となる場合があります。）

■ 講座参加中の事故等に備え、受講される方は各自、傷害保険等にご加入いただくことをお勧めします。

不明な点がございましたらお気軽にお問い合わせください。

社会教育課　電話85-256-3698

정답 및 해설 p.295

진짜 한 권으로 끝내는
JLPT N1

청해
집중 공략

2교시

청해

최신 출제 트렌드

JLPT 시험에 이렇게 출제된다!

난이도 ★★★☆☆

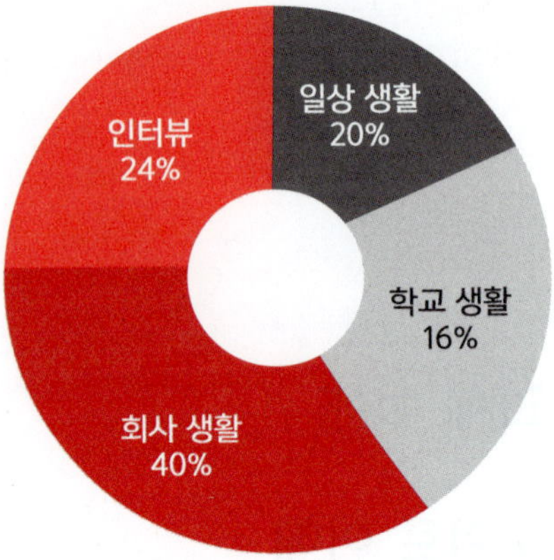

회사 생활(비즈니스) > 인터뷰 > 일상 생활 > 학교 생활

출제 1순위

회사 생활 40%

비즈니스 상황에서 사용되는 대화가 자주 출제된다. 경제, 경영 분야의 학술적인 지식을 묻는 문제보다는 회사 생활에서 상사와 동료, 후배와 나누는 업무상 필요한 대화가 주를 이룬다는 점이 특징이다.

출제 2순위

인터뷰 24% | 일상 생활 20%

인터뷰에 대답하는 형식으로 자신의 생각이나 의견을 제시하는 유형의 문제가 출제된다. 이 유형의 문제는 다소 전문적인 내용이 나오는 경우가 많으므로, 대화 흐름에 주의한다. 일상 생활에서의 대화는 기본적인 표현을 평가하는 수준이 아니라 상황의 복잡성이 심화된 수준의 문제가 출제된다. 예를 들어, 일상 생활에서의 미묘한 감정 표현이나 예의 범절 등의 복잡한 요소가 결합되며, 사회 문제, 전 세계에서 이슈가 되는 내용을 포함한 대화로 출제되기도 한다.

출제 3순위

학교 생활 16%

학교 생활과 관련된 상황도 학교 내에서의 일상적인 대화보다는 연구 주제, 학문적 논의, 진로/취업 등을 포함한 심도 있는 대화가 출제된다. 그 외 학교 내 인간관계나 갈등과 관련된 내용도 다뤄지지만 단순한 대화로 듣기보다는 고급 어휘나 심화된 상황을 고려하며 들어야 한다.

파트별 공략 POINT

POINT 1 과제 이해

과제 해결을 위해 가장 먼저 어떤 일을 해야 하는지 묻는 유형이다.

- 선택지를 미리 읽어두고, 질문은 간단히 메모하며 듣기
- 앞으로 해야 할 일을 묻는 문제이기 때문에 미래형 시제 표현에 주의하기(바로, 오늘밤, 내일, 다음주…)

POINT 2 포인트 이해

이야기의 목적이나 이유 등을 가려낼 수 있는지 묻는 유형이다.

- 이유나 목적을 묻는 경우가 많으므로 의문사를 정확히 파악하기
- 선택지에서 오답을 소거해 가며 답을 찾기

POINT 3 개요 이해

이야기의 주제, 화자의 주장 등을 정확하게 파악할 수 있는지 묻는 유형이다.

- 독백 형태의 경우, 접속사를 체크하여 이야기의 흐름을 놓치지 않기
- 대화 형태의 경우, 각 화자의 생각을 구분하여 정리하기

POINT 4 즉시 응답

짧은 질문과 3개의 선택지를 듣고 가장 적절한 대답을 고를 수 있는지 묻는 유형이다.

- 특히 비슷한 발음으로 오답을 유도하는 경우가 많으니 주의하기
- 호흡이 짧은 유형이므로 헷갈리더라도 빠르게 다음 문제로 넘어가기

POINT 5 통합 이해

긴 대화를 듣고 정보를 비교·종합하면서 이해할 수 있는지 묻는 유형이다.

- 대화의 이유나 결과를 묻는 경우는 대화의 끝부분과 문말 표현에 집중하기
- 마지막 부분에서 결론이 반전에 이를 수 있으므로 끝까지 주의해서 듣기

자주 출제되는 질문 유형 2교시 청해

질문의 대상에 주의!

男《おとこ》の人《ひと》(女《おんな》の人《ひと》)は…… 남자(여자)는……	男《おとこ》(女《おんな》)の学生《がくせい》は…… 남(여)학생은……	○○は…… ○○은……

1 수행해야 할 과제에 대해 묻는 질문

何《なに》 무엇	この後《あと》、(まず) 何《なに》をしますか。 이후, (우선) 무엇을 합니까?
	~(する)ために何《なに》をしなければなりませんか。 ~(하기) 위해서 무엇을 하지 않으면 안 됩니까?
	まず (これから、今日《きょう》の夜《よる》、当日《とうじつ》) 何《なに》をしなければなりませんか。 우선(이제부터, 오늘 밤, 당일) 무엇을 해야 합니까?
どう 어떻게	このあとすぐどうしますか。 이다음 바로 어떻게 합니까?
	~をどう○○しますか。 ~을(를) 어떻게 ○○합니까?
どの 어느	どのコースを申《も》し込《こ》みますか。 어느 코스를 신청합니까?
どんな 어떤	どんな提案《ていあん》をすることにしましたか。 어떤 제안을 하기로 했습니까?

2 목적이나 이유, 중요성 등을 묻는 문제

どうして、理由《りゆう》 왜, 이유	~のはどうしてだと言《い》っていますか。 ~인 것은 어째서라고 말하고 있습니까?
	~が人気《にんき》のある理由《りゆう》は何《なん》だと言《い》っていますか。 ~이(가) 인기 있는 이유는 무엇이라고 합니까?
	一番大《いちばんおお》きな理由《りゆう》は何《なん》ですか。 가장 큰 이유는 무엇입니까?
一番《いちばん》 제일, 가장	何《なに》が一番《いちばん》~と言《い》っていますか。 무엇이 제일 ~이라고 합니까?
	~で一番重視《いちばんじゅうし》すると言《い》いていることは何《なん》ですか。 ~에서 가장 중시한다고 말하는 것은 무엇입니까?
最《もっと》も 가장	~が最《もっと》も魅力《みりょく》を感《かん》じると言《い》っていますか。 ~이 가장 매력을 느낀다고 말하고 있습니까?
特《とく》に 특히	~が特《とく》に○○された点《てん》は何《なん》だと言《い》っていますか。 ~가 특히 ○○된 점은 무엇이라고 합니까?

3 화자의 견해나 생각을 묻는 질문

이야기의 주제	何《なに》について話《はな》していますか。 무엇에 대해 이야기하고 있습니까?
	○○の何《なに》について話《はな》していますか。 ○○의 무엇에 대해 이야기하고 있습니까?
	(主《おも》に) 何《なに》について伝《つた》えていますか。 (주로) 무엇에 대해 전하고 있습니까?
	先生《せんせい》(講師《こうし》)の話《はなし》のテーマは何《なん》ですか。 선생님(강사)의 이야기 주제는 무엇입니까?
견해, 주장	どう考《かんが》えていますか。 어떻게 생각하고 있습니까?
	○○の課題《かだい》は何《なん》だと言《い》っていますか。 ○○의 과제는 무엇이라고 말하고 있습니까?
	~について、何《なん》と言《い》っていますか。 ~에 대해서 뭐라고 말하고 있습니까?
	~についてどう思《おも》っていますか。 ~에 대해서 어떻게 생각하고 있습니까?
의도	言《い》いたいことは何《なん》ですか。 말하고 싶은 것은 무엇입니까?

4 부탁 또는 거절의 완곡한 표현

부탁, 거절	~をお願《ねが》いしてもよろしいですか。 ~을(를) 부탁드려도 될까요?
	~にお越《こ》し願《ねが》いませんか。 ~에 와 주시지 않겠어요?
	~て頂《いただ》けるとありがたいんだけど。 ~해 주신다면 고마울 텐데.
	~手伝《てつだ》ってもらえたらと思《おも》うんだけど。 ~도와줬으면 하는데.
	~はご遠慮《えんりょ》いただいております。 ~은(는) 삼가해 주셔야 합니다.
감정 표현, 사실 전달	~たいのは山々《やまやま》ですけど。 ~하고 싶은 마음은 굴뚝 같은데요.
	~に越《こ》したことはないよ。 ~보다 더 좋은 것은 없어. ~하는 것이 좋아.
	感謝《かんしゃ》してもしきれません。 너무 감사해요.
	~は追《お》ってご連絡《れんらく》いたします。 ~은(는) 추후에 연락 드리겠습니다.

자주 출제되는 중요 표현 2교시 청해

1 진행이나 순서, 시점을 강조하는 표현

~した後《あと》 ~한 후	~してから ~하고 나서	後《あと》で 나중에
~する前《まえ》に ~하기 전에	まず 먼저, 우선	とりあえず 우선, 일단
控《ひか》える 삼가다	すぐに 바로, 곧	以降《いこう》、以来《いらい》、以後《いご》 ~이후
再《ふたた》び 재차, 다시	その際《さい》 그 때	予《あらかじ》め、事前《じぜん》に 미리, 사전에

2 상대적인 비교, 우선 순위와 관련된 표현

やっぱり 역시	今一《いまいち》、今一《いまひと》つ、今一歩《いまいっぽ》 좀 별로	~に越《こ》したことはない ~하는 것이 좋다
もっとも 가장, 다만(그렇다고는 하나)	それより 그것보다	~というより ~라기보다
ただ 단, 단지	二《に》の次《つぎ》 둘째 문제, 나중 문제	見送《みおく》るとしよう 보류하기로 하자
抜《ぬ》きんでる 출중하다, 빼어나다	堪能《たんのう》 뛰어남, 능통함	価格《かかく》を抑《おさ》える = コストダウン 가격을 내리다

3 상태, 변화, 예상 등과 관련된 표현

初回《しょかい》 첫 회	多岐《たき》にわたる 다방면에 걸치다	あり方《かた》 바람직한, 본연의 자세, 모습, 방향
改善《かいぜん》 개선	メリット ↔ デメリット 장점 결점	見込《みこ》み 예정, 전망, 가망
幅広《はばひろ》い 폭넓다	業績《ぎょうせき》が振《ふ》るわない 실적이 부진하다	危《あや》ぶまれる 위태로워지다, 불안해지다
そうすることで 그렇게 함으로써	そこで 그래서	並々《なみなみ》ならぬ 이만저만 아닌, 남다른

4 맥락을 통해 이해해야 하는 관용 표현

~までもない ~할 필요는 없다	**ずれ込《こ》む** 늦춰지다, 미뤄지다	**打《う》ち切《き》り** 중지
~顔《かお》負《ま》け ~빰침, ~가 무색할 정도	**~あっての** ~가 있기에	**~くらいなら** ~할 것 같으면, ~할 바엔
~っぱなし ~한 채로 쭉	**~ずじまい** ~하지 못하고 맒(유감·후회)	**~たいのは山々《やまやま》だけど** ~하고 싶은 건 굴뚝 같지만
見《み》逃《のが》す 못 보고 놓치다, 묵인하다	**いっさい ~ない** 일절, 전혀 ~않다	**うってつけ** 안성맞춤, 최적
気《き》を使《つか》う 신경 쓰다, 배려하다	**気《き》にかかる** 마음에 걸리다, 걱정이 되다	**お開《ひら》きにする** 폐회하다, 끝내다
~ならではの ~만의	**~は(も)さることながら** ~은(도) 물론이고	**~だけのことはある** ~만큼의 가치는 있다, ~할 만하다
揉《も》める 옥신각신 하다, 분쟁이 일어나다	동사의 **ます**형 + **損《そこ》ねる** ~할 기회를 놓치다	**~わりには** ~(하는 것)에 비해서는
手《て》が回《まわ》らない 손이 못 미치다	**ぱっとしない** 눈을 끌지 못하다, 시원찮다	**お手《て》上《あ》げ** 속수무책, 어찌할 도리가 없음
~始《し》末《まつ》だ ~하는 지경이다	**上々《じょうじょう》だ** 최상이다	**繰《く》り上《あ》げる(↔繰《く》り下《さ》げる)** (기일이나, 순서를) 앞당기다
前倒《まえだお》しにする(↔後《うし》ろ倒《だお》しにする) (예산·예정을) 앞당기다	**羽《は》目《め》になる** ~하는 처지가 되다	**ひっきりなしに** 쉴 새 없이, 시도때도 없이
切《せっ》羽《ぱ》詰《つ》まる 궁지에 몰리다, 다급해지다	**没《ぼつ》になる** (진행되고 있던 일이 도중에) 틀어지다	**~どころではない** ~할 상황이 아니다
今一《いまいち》、今《いま》ひとつ (살짝) 부족함, 좀 별로	**どうかと思《おも》う** 좀 그렇다(별로 좋지 않다)	**~かたわら** ~하는 한편
足《あし》止《ど》めを食《く》う (날씨, 교통편으로) 발이 묶이다	**先《さき》が思《おも》いやられる** 앞날이 걱정(염려)되다	**ぎくしゃくする** 서먹서먹하다, 어색하다
見《み》栄《ば》え 볼품, 보기에 좋음	**はらはらする** 조마조마, 전전긍긍, 아슬아슬하다	**手《て》間《ま》取《ど》る** 시간이 걸리다
~極《きわ》まりない ~하기 짝이 없다	**そわそわ** 안절부절, 들뜸, 뒤숭숭함	**ほったらかす** 내버려두다, 방치하다

문제 1

2교시 청해

과제 이해

출제 경향

과제 이해는 총 5~6문제가 출제된다. 두 사람의 이야기를 들은 후, 과제 해결을 위해 가장 먼저 어떤 일을 해야 하는지 등을 묻는 유형이다. 음성이 나오기 전에 빠르게 선택지의 내용을 훑고 핵심 키워드가 무엇인지 체크해야 한다. 키워드는 보통 마지막 대사에 나오는 경우가 많으므로 끝까지 주의하면서 들어야 한다. 또한 대화 속 남자와 여자의 의견을 구분하며 듣는 습관을 길러야 한다.

풀이 전략

★ 시점을 언급한 문제

'시점'을 지정한 경우, 그 기간 혹은 시간에 해야 할 일을 찾는다. 과제 이해 유형에서는 앞으로 가장 먼저 할 일을 묻는 경우가 많다. 따라서 과거형 표현보다는 미래 시점을 나타내는 표현이 정답일 확률이 높다.

예 当日《とうじつ》の朝《あさ》、何《なに》をしますか。 당일 아침에 무엇을 합니까?
来週《らいしゅう》から、何《なに》をしなければなりませんか。 다음 주부터 무엇을 해야 합니까?

★ 과제 수행의 목적을 묻는 문제

'목적'이 포함된 질문에서는 순서보다 그 목적과 밀접하게 관계된 일이 무엇인지 잘 들어야 한다.

예 ~ために何《なに》をしなければなりませんか。 ~을(하기) 위해서 무엇을 하지 않으면 안 됩니까?

★ 과제 수행자를 구별해야 하는 문제

선택지에 두 사람이 해야 할 일을 모두 제시하는 경우도 있다. 따라서 질문에서 가리키는 대상이 누구인지 잘 듣고 수행할 과제를 구분할 수 있어야 한다.

예 男《おとこ》の人《ひと》は / 女《おんな》の人《ひと》は…… 남자는/여자는……
男《おとこ》の学生《がくせい》は / 女《おんな》の学生《がくせい》は…… 남학생은/여학생은……

문제 유형 예시

問題《もんだい》1

問題《もんだい》 1では、まず質問《しつもん》を聞《き》いてください。それから話《はなし》を聞《き》いて、問題用紙《もんだいようし》の1から4の中《なか》から、最《もっと》もよいものを一《ひと》つ選《えら》んでください。

ジムで男《おとこ》の人《ひと》と受付《うけつけ》の人《ひと》が話《はな》しています。男《おとこ》の人《ひと》は割引制度《わりびきせいど》を受《う》けるために、何《なに》をしなければなりませんか。

男：あの、会費《かいひ》が半額《はんがく》になる割引《わりびき》イベントができたって聞《き》いたんですけど。

女：はい、割引《わりびき》イベントでは、うちのジムを一年《いちねん》以上《いじょう》続《つづ》けてご利用《りよう》いただくと、会費《かいひ》がお安《やす》くなります。お客様《きゃくさま》の場合《ばあい》ですと、今後《こんご》さらに六《ろっ》か月《げつ》の利用《りよう》で、会費《かいひ》が半額《はんがく》になります。

1 これから一年《いちねん》利用《りよう》する。　2 これから六《ろっ》か月《げつ》利用《りよう》する。
3 利用時間《りようじかん》を変更《へんこう》する。　4 入会費《にゅうかいひ》を支払《しはら》う。

공략법 ❷
질문에서 언급된 인물과 목적을 잘 파악한 후에 내용을 듣는다.

공략법 ❶
질문이 나오기 전에 선택지를 먼저 빠르게 확인한다.

풀이 요령

★ 풀이 요령 1

청해의 문제 1 과제 이해 파트는 시험지에 선택지 4개가 제시되어 있다. 먼저 선택지를 빠르게 훑고 나서 질문을 듣는 것이 좋다. 질문 속에서는 그 일을 해야 하는 사람과 목적을 확인한다.

★ 풀이 요령 2

「**お客様《きゃくさま》の場合《ばあい》ですと、今後《こんご》さらに六《ろっ》か月《げつ》の利用《りよう》で、料金《りょうきん》が半額《はんがく》になります**(손님의 경우에는 앞으로 더 6개월 이용으로, 회비가 반액이 됩니다)」에서 앞으로 6개월 더 이용해야 한다는 것을 알 수 있으므로 정답은 2번이다.

과제 이해

해석

문제 1

문제 1에서는 우선 질문을 들으세요. 그러고 나서 이야기를 듣고 문제지의 1부터 4 중에서 가장 알맞은 것을 하나 고르세요.

체육관에서 남자와 접수원이 이야기하고 있습니다. 남자는 할인 제도를 받기 위해서 무엇을 하지 않으면 안 됩니까?

남: 저, 회비가 반액이 되는 할인 이벤트가 생겼다고 들었습니다만.

여: 네, 할인 이벤트에서는 저희 체육관을 1년 이상 계속해서 이용해 주시면, 회비가 저렴해집니다. 손님의 경우에는 앞으로 더 6개월 이용으로 회비가 반액이 됩니다.

1 앞으로 1년 이용한다.
2 앞으로 6개월 이용한다. ✔
3 이용 시간을 변경한다.
4 입회비를 지불한다.

단어 受付《うけつけ》の人《ひと》 접수원 | 割引制度《わりびきせいど》 할인 제도 | 会費《かいひ》 회비 | 半額《はんがく》 반액 | イベント 이벤트

과제 이해 | 연습 문제

연습 문제 1

기본 MP3 배속 MP3 시험장 MP3

問題《もんだい》1

問題《もんだい》1では、まず質問《しつもん》を聞《き》いてください。それから話《はなし》を聞《き》いて、問題用紙《もんだいようし》の1から4の中《なか》から、最《もっと》もよいものを一《ひと》つ選《えら》んでください。

1番《ばん》

1　図書館《としょかん》資料《しりょう》紛失届《ふんしつとどけ》を作成《さくせい》する。

2　現金《げんきん》で本代《ほんだい》を支払《しはら》う。

3　郵便《ゆうびん》で本《ほん》を送《おく》る。

4　もう一度《いちど》探《さが》してみる。

2番《ばん》

1　白《しろ》い錠剤《じょうざい》

2　小《ちい》さい錠剤《じょうざい》と白《しろ》い錠剤《じょうざい》

3　オレンジ色《いろ》の錠剤《じょうざい》と白《しろ》い錠剤《じょうざい》

4　オレンジ色《いろ》の錠剤《じょうざい》

정답 및 해설 p.299

문제 2

2교시 청해

포인트 이해

출제 경향

포인트 이해는 총 6문제가 출제된다. 이야기를 듣고 화자가 말하고자 하는 이유나 문제점의 포인트를 찾는 문제가 출제된다. 선택지의 내용을 읽을 시간이 주어질 때, 중요한 핵심 키워드가 무엇인지 확인해야 한다. 그러고 나서 질문을 듣고 등장인물 간의 대화 또는 한 사람의 이야기 속 근거가 되는 내용을 메모로 적으며 풀어야 한다.

풀이 전략

★ 질문 속 시제의 중요성

현재나 미래가 아닌 과거에 대한 것을 묻는 경우가 있으므로 주의한다.

(예) 今回《こんかい》の○○で改善《かいぜん》された点《てん》は何《なん》ですか。 이번 ○○에서 개선된 점은 무엇입니까?

○○のために、すでに行《おこな》ったことは何《なん》ですか。 ○○을 위해서, 이미 행한 일은 무엇입니까?

★ 부사 및 접속사의 중요성

이야기의 이유나 목적 등을 강조하는 역할을 하기도 하므로, 포인트가 되는 부사나 접속사에 주의하면서 듣는다.

(예) 「やっぱり 역시」、「~というより ~라기보다는」、「ただ 그냥」、「最《もっと》も 다만」 등

★ 선택지와 질문 파악의 중요성

선택지의 흐름을 보면 본문의 전체적인 내용을 알 수 있으므로, 질문을 듣기 전에 선택지를 빠르게 훑어본다. 또한, 이유나 목적, 우위를 묻는 질문이 자주 출제되므로 키워드를 알아두자.

(예) 「どうして、なぜ 왜, 어째서」、「何《なに》 무엇」、「どんな 어떤」、「~理由《りゆう》 ~(한) 이유」、「一番《いちばん》 가장」、「最《もっと》も 가장」、「特《とく》に 특히」 등

문제 유형 예시

問題《もんだい》2

問題《もんだい》2では、まず質問《しつもん》を聞《き》いてください。そのあと、問題用紙《もんだいようし》のせんたくしを読《よ》んでください。読《よ》む時間《じかん》があります。それから話《はなし》を聞《き》いて、問題用紙《もんだいようし》の1から4の中《なか》から、最《もっと》もよいものを一《ひと》つ選《えら》んでください。

ある書道家《しょどうか》の字《じ》を見《み》ながら男《おとこ》の人《ひと》と女《おんな》の人《ひと》が話《はな》しています。女《おんな》の人《ひと》はこの字《じ》のどんなところが気《き》に入《い》ったと言《い》っていますか。女《おんな》の人《ひと》です。

> 📖 공략법 ❷
> 질문을 집중해서 듣고 주어와 질문의 포인트를 확인한다.

女：この字《じ》、素敵《すてき》だね。まるで絵《え》みたいな感《かん》じで、こういうの初《はじ》めて見《み》たよ。

男：そうねえ。字《じ》というより抽象画《ちゅうしょうが》と見《み》えるよ。ちょっと読《よ》みにくいけどおもしろいね。

女：そうかなあ。私《わたし》はみずみずしいと思《おも》うけど。

1 字《じ》の意味《いみ》が見事《みごと》なところ　　2 字《じ》の形《かたち》が斬新《ざんしん》なところ

3 色使《いろづか》いが独特《どくとく》なところ　　4 作品《さくひん》の価値《かち》の割《わり》に安《やす》いところ

> 📖 공략법 ❶
> 선택지를 미리 읽고 대강의 내용을 파악한 후 중요 부분에는 따로 표시한다.

풀이 요령

★ 풀이 요령 1

청해의 문제 2 포인트 이해 파트는 시험지에 선택지 4개가 제시되어 있다. 따라서 선택지를 읽어 둔다.

선택지 1번: 글자의 의미가 훌륭함　　선택지 2번: 글자 모양이 참신함

선택지 3번: 배색이 독특함 선택지　　선택지 4번: 가치에 비해 저렴함

→ 이 중 중요 단어에 표시

★ 풀이 요령 2

질문을 듣고 주어와 포인트 부분을 확인한다.

질문: 여자는 글자의 어떤 부분이 마음에 드는가?

포인트: 「みずみずしいと思《おも》うけど 신선하다고 생각되는데」라는 여자의 말에서 '글자의 모양이 참신한 부분'이라고 한 2번이 정답임을 알 수 있다.

문제 2

2교시 청해

포인트 이해

해석

문제 2

문제 2에서는 우선 질문을 들으세요. 그 후 문제지의 선택지를 읽으세요. 읽을 시간이 있습니다. 그러고 나서 이야기를 듣고 문제지의 1부터 4 중에서 가장 알맞은 것을 하나 고르세요.

어느 서예가의 글자를 보면서 남자와 여자가 이야기하고 있습니다. 여자는 이 글자의 어떤 부분이 마음에 든다고 말하고 있습니까? 여자입니다.

여: 이 글자, 멋지네. 마치 그림 같은 느낌에, 이런 거 처음 봤어.

남: 그렇네. 글자라기보다도 추상화처럼 보여. 좀 읽기 힘들 것 같지만, 재미있네.

여: 그런가. 나는 신선하다고 생각되는데.

1 글씨의 뜻이 훌륭한 점
2 글씨 모양이 참신한 점 ✔
3 배색이 독특한 점
4 작품 가치에 비해 싼 점

단어 書道《しょどう》家《か》 서예가 | 気《き》に入《い》る 마음에 들다 | 抽象《ちゅうしょう》画《が》 추상화 | みずみずしい 싱싱하다, 신선하다 | 見《み》事《ごと》 훌륭함 | 斬新《ざんしん》 참신함 | 色《いろ》使《づか》い 배색 | 独特《どくとく》 독특

포인트 이해 | 연습 문제

연습 문제 2
기본 MP3
배속 MP3
시험장 MP3

問題《もんだい》2

問題《もんだい》2では、まず質問《しつもん》を聞《き》いてください。そのあと、問題用紙《もんだいようし》のせんたくしを読《よ》んでください。読《よ》む時間《じかん》があります。それから話《はなし》を聞《き》いて、問題用紙《もんだいようし》の1から4の中《なか》から、最《もっと》もよいものを一《ひと》つ選《えら》んでください。

1番《ばん》

1　新学科《しんがっか》を設置《せっち》する。

2　学食《がくしょく》のメニューを変《か》える。

3　文房具《ぶんぼうぐ》を記念品《きねんひん》としてあげる。

4　無料《むりょう》の送迎《そうげい》バスの路線《ろせん》を拡大《かくだい》する。

2番《ばん》

1　さまざまな職業《しょくぎょう》の人《ひと》と話《はな》し合《あ》えること

2　過去《かこ》の芸術品《げいじゅつひん》を直接眺《ちょくせつなが》められること

3　芸術品《げいじゅつひん》を創《つく》った人《ひと》の人生《じんせい》を思《おも》い描《えが》くこと

4　講座《こうざ》を受《う》けるほどはまっていくこと

정답 및 해설 p.301

문제 3

2교시 청해

개요 이해

출제 경향

개요 이해는 총 5~6문제가 출제된다. 강연이나 수업, 시사, 생활 정보, 일반 지식, 과학적 지식 등의 내용이 주로 출제되며, 화자의 생각, 주제, 의견 등을 정확하게 이해하였는지 묻는 문제이다. 선택지가 시험 용지에 쓰여 있지 않기 때문에 전체적인 내용의 흐름을 따라가며 중요 포인트가 되는 부분을 필기하며 들어야 한다.

풀이 전략

★ 화자의 의도나 주장을 이해하는 문제

예 내용: テレビで、男《おとこ》のアナウンサーと専門家《せんもんか》が話《はな》しています。

텔레비전에서, 남자 아나운서와 전문가가 이야기하고 있습니다.

질문: 専門家《せんもんか》は○○○についてどう考《かんが》えていますか。

전문가는 ○○○에 관해서 어떻게 생각하고 있습니까?

→ 주로 어떤 분야의 전문적인 내용이나 사회 문제 등에 관한 전문가의 의견을 묻는 문제로, 질문자(아나운서)의 질문에 전문가가 어떤 식으로 대답하는지 필기를 하면서 들어야 한다.

예 내용: ラジオで女《おんな》のアナウンサーが会社《かいしゃ》の○○について社長《しゃちょう》にインタビューしています。

라디오에서 여자 아나운서가 회사의 ○○에 관해서 사장에게 인터뷰하고 있습니다.

질문: 社長《しゃちょう》は会社《かいしゃ》の○○について、何《なに》が重要《じゅうよう》だと言《い》っていますか。

사장은 회사의 ○○에 관해서, 무엇이 중요하다고 말하고 있습니까?

→ 주로 회사의 방침이나 경영 방식, 사원을 뽑는 기준 등에 관한 의견을 묻는 문제로 질문자의 질문 비중보다 대답하는 쪽의 개인적인 의견이 더 중요하므로 무엇에 중점을 두고 있는지 파악해야 한다.

★ 주제나 목적을 묻는 문제

전체 내용의 주제를 묻는지, 목적을 묻는지 파악하면서 들어본다. 시작 부분이 가장 중요하지만, 마지막에 어떤 내용으로 마무리되는지 파악해야 한다. 특히 「そこで、で」나 「私《わたし》としては、私《わたし》は」 부분이 나오면 조금 더 집중해서 듣는다.

★ 전체적인 내용을 파악하는 문제

본문 내용에 나오는 단어보다는 전체적인 내용 파악이 중요하다. 따라서 모르는 단어나 고유명사가 나오더라도 당황하지 말고 내용 위주로 들으며, 핵심 어휘는 필기해야 한다.

문제 유형 예시

問題《もんだい》3

問題《もんだい》3では、問題用紙《もんだいようし》に何《なに》も印刷《いんさつ》されていません。この問題《もんだい》は、全体《ぜんたい》としてどんな内容《ないよう》かを聞《き》く問題《もんだい》です。話《はなし》の前《まえ》に質問《しつもん》はありません。まず話《はなし》を聞《き》いてください。それから、質問《しつもん》とせんたくしを聞《き》いて、1から4の中《なか》から、最《もっと》もよいものを一《ひと》つ選《えら》んでください。

日本《にほん》では働《はたら》き方改革法《かたかくほうあん》に伴《ともな》い、すべての企業《きぎょう》は従業員《じゅうぎょういん》に対《たい》して年《ねん》に五日間《いつかかん》の有給休暇《ゆうきゅうきゅうか》を取得《しゅとく》させることを義務付《ぎむづ》けられています。だが、様々《さまざま》な理由《りゆう》で実施《じっし》に踏《ふ》み込《こ》んだ会社《かいしゃ》が少《すく》ないのが実情《じつじょう》です。それで、政府《せいふ》は取得義務《しゅとくぎむ》に違反《いはん》した場合《ばあい》、経営者《けいえいしゃ》に対《たい》して３０万円《まんえん》以《い》下《か》の罰金《ばっきん》を課《か》することにしました。これは違反《いはん》した従業員《じゅうぎょういん》一人《ひとり》当《あ》たりの罰金《ばっきん》で、３００人《にん》が違反《いはん》した場合《ばあい》は9000万円《まんえん》の罰金《ばっきん》が課《か》せられることになります。

공략법 ❶
시험지에 지문과 선택지가 아무것도 제시되지 않으므로 내용을 들으며 핵심 어휘를 필기해야 풀 수 있다.

アナウンサーは何《なに》について話《はな》していますか。

1 有給休暇《ゆうきゅうきゅうか》が進《すす》まない原因《げんいん》
2 有給休暇《ゆうきゅうきゅうか》を取得《しゅとく》する方法《ほうほう》
3 有給休暇《ゆうきゅうきゅうか》義務化《ぎむか》の対策《たいさく》
4 有給休暇《ゆうきゅうきゅうか》取得《しゅとく》がもたらす効果《こうか》

공략법 ❷
필기한 내용을 토대로 선택지에서 정답을 고른다.

풀이 요령

★ 풀이 요령 1

노동 방식의 개혁 → 종업원에 유급 휴가를 취득하게 하는 것이 의무화됨 → 실시하는 회사가 적은 실정 → 그래서 정부는 위반한 기업에 벌금을 부과하기로 했다.

★ 풀이 요령 2

「それで 그래서」 다음에 '정부 대책'이 나오므로 3번이 정답임을 알 수 있다.

개요 이해

해석

문제 3

문제 3에서는 문제지에 아무것도 인쇄되어 있지 않습니다. 이 문제는 전체로서 어떤 내용인지를 묻는 문제입니다. 이야기 전에 질문은 없습니다. 우선 이야기를 들으세요. 그러고 나서 질문과 선택지를 듣고 1부터 4 중에서 가장 알맞은 것을 하나 고르세요.

일본에서는 노동 방식의 개혁법에 따라, 모든 기업은 종업원에 대해서 일 년에 5일간의 유급 휴가를 취득하게 하는 것이 의무화되어져 있습니다. 하지만, 여러 가지 이유로 실시에 발을 들여놓은 회사가 적은 것이 실정입니다. 그래서 정부는 취득 의무에 위반한 경우, 경영자에 대해서 30만 엔 이하의 벌금을 부과하기로 했습니다. 이것은 위반한 종업원 한 사람당의 벌금으로, 300명이 위반한 경우는 9000만 엔의 벌금이 부과되어집니다.

아나운서는 무엇에 관해서 이야기하고 있습니까?

1 유급 휴가가 진행되지 않는 원인
2 유급 휴가를 취득하는 방법
3 유급 휴가 의무화의 대책 ✔
4 유급 휴가 취득이 가져오는 효과

단어 働《はたら》き方《かた》 노동 방식 | 改革法《かいかくほう》 개혁법 | に伴《ともな》い ~에 따른 | に対《たい》して ~에 대해서 | 有《ゆう》給《きゅう》休《きゅう》暇《か》 유급 휴가 | 取得《しゅとく》 취득 | 義《ぎ》務《む》付《づ》ける 의무화하다 | 踏《ふ》み込《こ》む 발을 들여놓다 | 実情《じつじょう》 실정 | 課《か》する 부과하다 | もたらす 가져오다, 초래하다

문제 3

2교시 청해

채점:

개요 이해 | 연습 문제

연습 문제 3

기본 MP3 배속 MP3 시험장 MP3

問題《もんだい》３

問題《もんだい》３では、問題用紙《もんだいようし》に何《なに》も印刷《いんさつ》されていません。この問題《もんだい》は、全体《ぜんたい》としてどんな内容《ないよう》かを聞《き》く問題《もんだい》です。話《はなし》の前《まえ》に質問《しつもん》はありません。まず話《はなし》を聞《き》いてください。それから、質問《しつもん》とせんたくしを聞《き》いて、１から４の中《なか》から、最《もっと》もよいものを一《ひと》つ選《えら》んでください。

― メモ ―

정답 및 해설 p.304

문제 4

2교시 청해

즉시 응답

출제 경향

즉시 응답은 총 11~13문제가 출제된다. 짧은 질문과 3개의 선택지를 듣고, 대답으로 가장 적절한 것을 고르는 유형이다. 3개의 선택지 중 적절하지 않은 것을 하나씩 제거하며 소거법으로 풀면 된다. 질문에 나오는 발음과 비슷한 발음을 선택지에서도 들려주어 오답을 유도하기도 하기 때문에 함정에 빠지지 않도록 주의해야 한다.

짧은 질문을 듣는다.

↓

3개의 선택지를 듣고 답을 찾는다.

풀이 전략

★ 기호 표시하며 소거

즉시 답을 내지 말고 끝까지 듣고 정답을 골라야 한다. 정답인지 애매한 선택지에는 △, 확실하게 오답인 선택지에는 X, 확실히 정답인 선택지에는 O 표시를 한다.

★ 대답과 내용이 일치하는지 확인

실제 생활에서 바로 써먹을 수 있는 실용 대화가 자주 출제된다. 특히 질문에서는 문형이 자주 언급되므로 N1·N2 필수 문형과 예상 문형을 숙지해둔다.

① 경어 표현

② 의뢰나 부탁 표현

③ N1·N2 위주의 문형이 출제됨

④ 「気」나 「体」와 관련된 관용구가 주로 출제됨

⑤ 의성어, 의태어, 축약어 등이 주로 출제됨

문제 유형 예시

問題《もんだい》4

問題《もんだい》4では、問題用紙《もんだいようし》に何《なに》も印刷《いんさつ》されていません。まず文《ぶん》を聞《き》いてください。それから、それに対《たい》する返事《へんじ》を聞《き》いて、1から3の中《なか》から、最《もっと》もよいものを一《ひと》つ選《えら》んでください。

女：お客様《きゃくさま》、こちらでの喫煙《きつえん》はご遠慮《えんりょ》いただいております。

男：
1　じゃ、あそこでは吸《す》えますね。　△
2　遠慮《えんりょ》なさらず、どうぞ。　X
3　気《き》づかなくて、すみません。　O

공략법 ❶
시험지에 지문과 선택지 아무것도 제시되지 않으므로 대화를 듣고 핵심 내용을 파악하고 자연스럽게 이어질 말을 고른다.

공략법 ❷
선택지를 들으며, △XO를 표시하면서 듣는다.

풀이 요령

★ 풀이 요령 1

「喫煙《きつえん》はご遠慮《えんりょ》いただいております 흡연은 삼가셔야 합니다」라는 주의 부탁을 하고 있다.

★ 풀이 요령 2

선택지 1번: '그럼, 저쪽에서는 피울 수 있네요'가 헷갈렸다면 △

선택지 2번: '사양하지 말고 피우세요'라고 상대방에게 권하고 있으므로 X

선택지 3번: '알지 못해서(알아채지 못해서) 죄송합니다' O

문제 4

2교시 청해

즉시 응답

해석

문제 4

문제 4에서는 문제지에 아무것도 인쇄되어 있지 않습니다. 우선 문장을 들으세요. 그러고 나서 그것에 대한 대답을 듣고 1부터 3 중에서 가장 알맞은 것을 하나 고르세요.

여: 손님, 여기서의 흡연은 삼가셔야 합니다.

남: 1 그럼, 저쪽에서는 피울 수 있네요.

2 사양하지 말고 피우세요.

3 알지 못해서 죄송합니다. ✔

단어 喫煙《きつえん》 흡연 | 遠慮《えんりょ》 삼감 | 吸《す》う 피다

즉시 응답 | 연습 문제

연습 문제 4

기본 MP3 배속 MP3 시험장 MP3

問題《もんだい》4

問題《もんだい》4では、問題用紙《もんだいようし》に何《なに》も印刷《いんさつ》されていません。まず文《ぶん》を聞《き》いてください。それから、それに対《たい》する返事《へんじ》を聞《き》いて、1から3の中《なか》から、最《もっと》もよいものを一《ひと》つ選《えら》んでください。

— メモ —

정답 및 해설 p.306

문제 5

2교시 청해

통합 이해

출제 경향

통합 이해는 총 2~3개의 대화에 3~4문항이 출제된다. 긴 대화를 듣고 다양한 정보를 비교하고 통합하면서 내용을 이해하였는지 묻는 문제이다. 긴 대화가 나오기 때문에 이야기의 흐름을 파악하여, 중요 포인트를 메모하며 풀어야 한다.

풀이 전략

★ 선택지가 없는 경우

1번과 2번은 시험지에 선택지가 제시되지 않고, 음성으로 4개의 선택지가 언급된다.

1番《ばん》、2番《ばん》	선택지를 듣고 답을 고른다.

これから、(まず、)どうすることになりましたか。 이제 (먼저) 어떻게 하게 되었나요?

~ために、何《なに》をすることにしましたか。(どうすることにしましたか。)
~하기 위해, 무엇을 하기로 했나요?(어떻게 하기로 했나요?)

1) 선택지가 없는 경우 [유형 ①]

→ 3명 혹은 2명이 대화를 나누는 형식으로, 두 사람 혹은 한 사람이 자신의 상황(조건, 요구)을 이야기하면 그 상대 쪽의 사람이 그에 대한 설명과 함께 4가지 선택지를 주고 그것에 가장 부합되는 것을 두 사람 혹은 한 사람이 선택하는 문제이다. 최근 유형 ①이 출제되고 있지 않지만, 다시 부활될 가능성이 있으므로 학습해 두도록 하자.

2) 선택지가 없는 경우 [유형 ②]

→ 3명이 어떤 주제에 대해 이야기하다가 '결국 어떻게 하기로 했는가', '왜 그렇게 하기로 했는가'를 묻는 문제가 대부분이며, 맨 마지막 마무리 대화가 중요하므로 끝까지 집중해야 한다. 비즈니스에서는 상사, 학교에서는 선생님이 주도권을 가지고 있으며, 대화에서 말은 많이 하지 않지만, 그들의 말이 정답 결정에 큰 영향을 주므로 주의해서 듣도록 하자.

선택지가 있는 경우

3번은 하나의 지문 안에서 2개의 질문에 답하는 형식이며, 선택지가 제시된다. 선택지가 있는 문제는 따로 음성이 제시되지 않는다.

3番《ばん》(質問《しつもん》1、質問《しつもん》2)	질문 1, 2에 대한 문제를 듣고 문제지에 있는 선택지를 보고 답을 고른다.
○○に応募《おうぼ》しますか。	○○에 응모합니까?
どの○○を買《か》いますか。	어느 ○○을(를) 삽니까?
誰《だれ》に頼《たの》みますか。	누구한테 부탁합니까?
気《き》に入《い》ったのはどれですか。	마음에 드는 건 어느 것입니까?
~がいいと思《おも》いますか。	~이(가) 좋다고 생각합니까?
どの○○を選《えら》びますか。(希望《きぼう》しますか。)	어느 ○○을(를) 선택합니까?(희망합니까?)
どの○○を~ことになりましたか。	어느 ○○을(를) ~하게 되었습니까?

→ 여행, 상품, 연구, 식품, 영화, 책 등등 어떤 분야에 대한 설명이 나오고, 두 사람이 그 내용을 듣고 각자 선택하거나 권하거나 순서를 정하는 식의 문제이다. 4개의 선택지 옆에 각각의 해당 정보를 필기하면서 들어야 한다.

자주 출제되는 중요 표현

~に向《む》けて ~을(를) 위해서	いっそのこと 차라리	ただでさえ 그렇지 않아도
丁寧《ていねい》に 신중하게, 주의 깊게	際立《きわだ》つ 두드러지다, 눈에 띄다	絞《しぼ》り込《こ》む 범위를 좁히다, 압축하다
割安《わりやす》 비교적 쌈	安価《あんか》 싼값	定番《ていばん》 단골, 대표, 기본 상품
こだわる 구애되다, 고집(고수)하다	掛《か》け合《あ》う 교섭하다, 흥정하다	斬新《ざんしん》 참신

문제 5

2교시 청해

통합 이해

문제 유형 예시

問題《もんだい》5

問題《もんだい》5では、長《なが》めの話《はなし》を聞《き》きます。この問題《もんだい》には練習《れんしゅう》はありません。問題用紙《もんだいようし》にメモを取《と》ってもかまいません。

1番《ばん》、2番《ばん》

問題用紙《もんだいようし》に何《なに》も印刷《いんさつ》されていません。まず話《はなし》を聞《き》いてください。それから質問《しつもん》とせんたくしを聞《き》いて、1から4の中《なか》から、最《もっと》もよいものを一《ひと》つ選《えら》んでください。

パン屋《や》で、店長《てんちょう》と店員《てんいん》二人《ふたり》が話《はな》しています。

男1：最近《さいきん》、高齢《こうれい》のお客《きゃく》さんが増《ふ》えたよね。ちょっと買《か》いものしにくそうに見《み》えたんだけど、どうしたらいいかな。

女：今日《きょう》も一人《ひとり》いらっしゃったんですけど、店《みせ》に入《はい》らずに帰《かえ》られたんです。

男2：うちの店《みせ》、キオスクで注文《ちゅうもん》を受《う》けていますから気《き》を使《つか》われるみたいですね。

男1：うーん。

女：レジからも注文《ちゅうもん》できるようにしたらどうですか。それに、店《みせ》の中《なか》で買《か》いものしなくてもいいようにした方《ほう》がいいんじゃないですか。

> **공략법 ❶**
> 시험지에 지문과 선택지 아무것도 제시되지 않으므로 대화 내용을 들으면서 핵심 단어나 내용 중심으로 필기한다.

男1：と、いうと？

女：店《みせ》の前《まえ》でパンを販売《はんばい》するとか……。

男2：でも、皆《みな》さん店《みせ》の中《なか》に入《はい》っていろんなパン見《み》たいんじゃないかと思《おも》いますけど。あ、レジのカウンター、高齢《こうれい》のお客《きゃく》さんにとっては少《すこ》し高《たか》いので、お金《かね》を払《はら》うときに不便《ふべん》そうですよね。レジの高《たか》さを低《ひく》くするのはどうですか。

男1：うーん。インテリア工事《こうじ》が必要《ひつよう》になるから、すぐには難《むずか》しいけどね。

男2：それじゃ、パンを配達《はいたつ》するのもいいんじゃないですか

男1：そうだねえ。配達《はいたつ》したり、外《そと》で売《う》ったりするとなると店員《てんいん》を増《ふ》やす必要《ひつよう》が出《で》てくるよね。すぐにできることっていうと、さっきの案《あん》かな。さっそくやってみよう。

> **공략법 ❷**
> 대화에서 가장 영향력 있는 사람이 어떤 결정을 내리는지 확인한다.

この店《みせ》ではどうすることにしましたか。

1　レジで注文《ちゅうもん》を受《う》ける。
2　店舗《てんぽ》の前《まえ》でパンを販売《はんばい》する。
3　レジを低《ひく》くする。
4　パンを配達《はいたつ》する。

풀이 요령

풀이 요령 1

빵 가게에 고령의 손님이 늘고 있음 → 키오스크 주문이라 부담을 느끼는 고령의 손님들이 있다.

· 여자 점원 의견 : 계산대에서 주문받기, 점포 앞에서 빵을 판매하기

· 남자 점원 의견 : 계산대 높이를 낮게 하기, 빵을 배달하기

풀이 요령 2

점장(결정권자) : 계산대를 낮게 하는 것은 공사가 필요하므로 힘들고, 배달이나 점포 밖 판매는 점원을 더 늘려야 해서 '조금 전의 안'으로 하자고 하고 있다.

해석

문제 5

문제 5에서는 조금 긴 이야기를 듣습니다. 이 문제에는 연습이 없습니다. 문제용지에 메모를 해도 상관없습니다.

1번, 2번

문제지에 아무것도 인쇄되어 있지 않습니다. 우선 이야기를 들어주세요. 그러고 나서 질문과 선택지를 듣고, 1에서 4 중에 가장 좋은 것을 하나 고르세요.

빵집에서 점장과 점원 두 명이 이야기하고 있습니다.

남1: 최근 고령의 손님이 늘었어. 구매하기 힘들어 보이는데, 어떻게 하면 좋을까?

여: 오늘도 한 명 오셨는데, 가게에 들어오지 않고 돌아갔어요.

남2: 우리 가게, 키오스크 주문을 받고 있기 때문에 신경 쓰시는 것 같아요.

남1: 음~.

여: 계산대에서도 주문할 수 있도록 하면 어떨까요? 게다가, 가게 안에서 구매하지 않아도 되도록 하는 것이 좋지 않을까요?

남1: 그렇다라면?

여: 가게 앞에서 빵을 판매한다던가…….

남2: 하지만 모두 가게 안에서 여러 가지 빵을 보고 싶어하지 않을까 싶은데요. 아, 계산대 카운터, 고령의 손님에게는 조금 높아서, 돈을 지불할 때 불편할 것 같아요. 계산대 높이를 낮게 하는 것은 어떨까요?

남1: 음~. 인테리어 공사가 필요하기 때문에 바로는 어렵겠는데.

남2: 그렇다면, 빵을 배달하는 것도 좋지 않을까요?

남1: 글쎄. 배달하거나 밖에서 팔거나 하게 되면, 점원을 늘릴 필요가 생기겠지. 바로 할 수 있는 것이라 하면, 조금 전의 안일까? 바로 해 보자.

이 가게에서는 어떻게 하기로 했습니까?

1 계산대에서 주문을 받는다. ✔　　2 점포 앞에서 빵을 판매한다.

3 계산대를 낮게 한다.　　4 빵을 배달한다.

단어 高齢《こうれい》 고령 | 買《か》いもの 물건 사기, 장보기 | キオスク 키오스크 | 気《き》を使《つか》う 신경을 쓰다 | レジ 계산대 | 販売《はんばい》 판매 | カウンター 카운터 | 払《はら》う 지불하다 | インテリア工事《こうじ》 인테리어 공사 | 配達《はいたつ》 배달 | 増《ふ》やす 늘리다

통합 이해 | 연습 문제

問題《もんだい》5

問題《もんだい》5では、長《なが》めの話《はなし》を聞《き》きます。この問題《もんだい》には練習《れんしゅう》はありません。問題用紙《もんだいようし》にメモを取《と》ってもかまいません。

1番《ばん》、2番《ばん》

問題用紙《もんだいようし》に何《なに》も印刷《いんさつ》されていません。まず話《はなし》を聞《き》いてください。それから質問《しつもん》とせんたくしを聞《き》いて、1から4の中《なか》から、最《もっと》もよいものを一《ひと》つ選《えら》んでください。

－ メモ －

정답 및 해설 p.45

3番《ばん》

まず話《はなし》を聞《き》いてください。それから、二《ふた》つの質問《しつもん》を聞《き》いて、それぞれ問題用紙《もんだいようし》の1から4の中《なか》から、最《もっと》もよいものを一《ひと》つ選《えら》んでください。

質問《しつもん》1

1　サクラ農家《のうか》

2　タンポポ農家《のうか》

3　ヒマワリ農家《のうか》

4　ヤナギ農家《のうか》

質問《しつもん》2

1　サクラ農家《のうか》

2　タンポポ農家《のうか》

3　ヒマワリ農家《のうか》

4　ヤナギ農家《のうか》

정답 및 해설 p.307

과제 이해 실전 테스트 ①

問題《もんだい》1

問題《もんだい》1では、まず質問《しつもん》を聞《き》いてください。それから話《はなし》を聞《き》いて、問題用紙《もんだいようし》の1から4の中《なか》から、最《もっと》もよいものを一《ひと》つ選《えら》んでください。

1番《ばん》

1　森田《もりた》さんに納期日《のうきび》を確認《かくにん》する。

2　デザイナーさんをリストアップする。

3　デザイナーさんにサンプルの制作《せいさく》を頼《たの》む。

4　ネックレスの予約《よやく》受《う》け付《つ》けを中止《ちゅうし》する。

2番《ばん》

1　泳《およ》ぐ姿勢《しせい》を変《か》える。

2　泳《およ》ぐ回数《かいすう》を増《ふ》やす。

3　自転車《じてんしゃ》で学校《がっこう》に行《い》く。

4　スポーツジムに通《かよ》う。

3番《ばん》

1　料理《りょうり》をする。

2　水《みず》を運《はこ》ぶ。

3　テントを張《は》る。

4　写真《しゃしん》を撮《と》る。

4番《ばん》

1　カラーを見直《みなお》す。

2　サイズを変《か》える。

3　収納《しゅうのう》スペースを増《ふ》やす。

4　ケース素材《そざい》を変《か》える。

5番《ばん》

1　宣伝文句《せんでんもんく》にすこし変化《へんか》をつける。

2　入試《にゅうし》難易度《なんいど》順位《じゅんい》の箇所《かしょ》を確認《かくにん》する。

3　受験動向《じゅけんどうこう》の内容《ないよう》をもっと増《ふ》やす。

4　新入生《しんにゅうせい》募集《ぼしゅう》の割合《わりあい》の箇所《かしょ》を調査《ちょうさ》する。

정답 및 해설 p.313

과제 이해 실전 테스트 ②

問題《もんだい》1

問題《もんだい》1では、まず質問《しつもん》を聞《き》いてください。それから話《はなし》を聞《き》いて、問題用紙《もんだいようし》の1から4の中《なか》から、最《もっと》もよいものを一《ひと》つ選《えら》んでください。

1番《ばん》

1 水槽《すいそう》の照明《しょうめい》時間《じかん》を増《ふ》やす。

2 水槽《すいそう》に水草《みずくさ》を入《い》れる。

3 水《みず》替《が》えの頻度《ひんど》を減《へ》らす。

4 えさの量《りょう》を減《へ》らす。

2番《ばん》

1 キャリアセンターに相談《そうだん》する。

2 行《い》きたい業界《ぎょうかい》や業種《ぎょうしゅ》を決《き》める。

3 業界《ぎょうかい》を分析《ぶんせき》した本《ほん》を読《よ》む。

4 自己《じこ》PRを作成《さくせい》する。

3番《ばん》

1 インタビューの質問内容《しつもんないよう》をつくる。

2 作家《さっか》の成長背景《せいちょうはいけい》を調《しら》べる。

3 作家《さっか》の小説《しょうせつ》を読《よ》む。

4 以前《いぜん》のインタビュー資料《しりょう》を読《よ》む。

4番《ばん》

1 レポートの締《し》め切《き》り日《び》を机《つくえ》にはる。

2 一週間《いっしゅうかん》にするレポートの順序《じゅんじょ》を決《き》める。

3 レポートにかかった時間《じかん》を記録《きろく》する。

4 指導教授《しどうきょうじゅ》からのアドバイスをメモする。

5番《ばん》

1 ブランドロゴを大《おお》きくする。

2 お茶《ちゃ》の葉《は》の色《いろ》を変《か》える。

3 中身《なかみ》の袋《ふくろ》にチャックをつける。

4 蓋《ふた》とシールの色《いろ》を変《か》える。

정답 및 해설 p.319

과제 이해 실전 테스트 ③

問題《もんだい》1

問題《もんだい》1では、まず質問《しつもん》を聞《き》いてください。それから話《はなし》を聞《き》いて、問題用紙《もんだいようし》の1から4の中《なか》から、最《もっと》もよいものを一《ひと》つ選《えら》んでください。

1番《ばん》

1 睡眠時間《すいみんじかん》を増《ふ》やす。

2 体操《たいそう》で筋肉《きんにく》をほぐす。

3 筋肉《きんにく》マッサージをする。

4 食事《しょくじ》の量《りょう》を増《ふ》やす。

2番《ばん》

1 引用《いんよう》の文章《ぶんしょう》を修正《しゅうせい》する。

2 引用《いんよう》した部分《ぶぶん》を削除《さくじょ》する。

3 引用《いんよう》の表示《ひょうじ》をする。

4 引用《いんよう》した箇所《かしょ》を調《しら》べる。

3番《ばん》

1　招待状《しょうたいじょう》の回答《かいとう》を確認《かくにん》する。

2　確認《かくにん》メールを送《おく》る。

3　グループ分《わ》けをする。

4　参加者《さんかしゃ》のリストをプリントする。

4番《ばん》

1　資料《しりょう》を会場《かいじょう》に運《はこ》ぶ。

2　記念品《きねんひん》を入《い》れる。

3　エコバックを片付《かたづ》ける。

4　パソコンを取《と》り付《つ》ける。

5番《ばん》

1　インターネットで販売《はんばい》する。

2　味《あじ》を三《みっ》つ準備《じゅんび》する。

3　定価《ていか》を明記《めいき》する。

4　アンケート欄《らん》をつくる。

정답 및 해설 p.325

과제 이해 실전 테스트 ④

問題《もんだい》1

問題《もんだい》1では、まず質問《しつもん》を聞《き》いてください。それから話《はなし》を聞《き》いて、問題用紙《もんだいようし》の1から4の中《なか》から、最《もっと》もよいものを一《ひと》つ選《えら》んでください。

1番《ばん》

1 抽選《ちゅうせん》の準備《じゅんび》をする。

2 講師《こうし》に会場《かいじょう》の変更《へんこう》を連絡《れんらく》する。

3 他《ほか》の会場《かいじょう》を手配《てはい》する。

4 当日《とうじつ》の資料《しりょう》を依頼《いらい》する。

2番《ばん》

1 握《にぎ》る部分《ぶぶん》の改善案《かいぜんあん》を提出《ていしゅつ》する。

2 すでに行《おこな》ったアンケートの結果《けっか》を見《み》る。

3 試作品《しさくひん》のアンケートを実施《じっし》する。

4 ポスター用《よう》のコピーを議論《ぎろん》する。

실전 테스트 1-4

기본 MP3 배속 MP3 시험장 MP3

3番《ばん》

1 学生《がくせい》たちと一緒《いっしょ》に桜《さくら》の木《き》を倒《たお》す。

2 事務所《じむしょ》に連絡《れんらく》する。

3 ロープに張《は》り紙《がみ》をする。

4 桜《さくら》の木《き》のことを他《ほか》の学生《がくせい》に伝《つた》える。

4番《ばん》

1 アンケートの結果《けっか》を集計《しゅうけい》する。

2 伊藤《いとう》さんから元《もと》データをもらう。

3 アンケート結果《けっか》の特徴《とくちょう》を分析《ぶんせき》する。

4 先生《せんせい》の新《あたら》しい論文《ろんぶん》を読《よ》む。

5番《ばん》

1 タイトルの文字《もじ》を大《おお》きくする。

2 タイトルの書体《しょたい》を変更《へんこう》する。

3 表紙《ひょうし》を単純《たんじゅん》にする。

4 出版社名《しゅっぱんしゃめい》を入《い》れる。

정답 및 해설 p.331

포인트 이해 실전 테스트 ①

問題《もんだい》2

問題《もんだい》2では、まず質問《しつもん》を聞《き》いてください。そのあと、問題用紙《もんだいようし》のせんたくしを読《よ》んでください。読《よ》む時間《じかん》があります。それから話《はなし》を聞《き》いて、問題用紙《もんだいようし》の1から4の中《なか》から、最《もっと》もよいものを一《ひと》つ選《えら》んでください。

1番《ばん》

1 素材《そざい》の安全性《あんぜんせい》を高《たか》めたこと

2 簡単《かんたん》にふたを開《あ》けるようにしたこと

3 持《も》ちやすくしたこと

4 保冷性《ほれいせい》を向上《こうじょう》させたこと

2番《ばん》

1 やる気《き》のない顔《かお》をしたこと

2 声《こえ》が小《ちい》さかったこと

3 姿勢《しせい》が悪《わる》かったこと

4 表情《ひょうじょう》が暗《くら》かったこと

3番《ばん》

1 主演《しゅえん》の俳優《はいゆう》が新人賞《しんじんしょう》を受賞《じゅしょう》したから

2 映画《えいが》が公開《こうかい》されたから

3 映画《えいが》の第二弾《だいにだん》が決《き》まったから

4 映画《えいが》の観客数《かんきゃくすう》が好調《こうちょう》だから

4番《ばん》

1 新入社員《しんにゅうしゃいん》が訪問先《ほうもんさき》を選《えら》び一人《ひとり》で訪問《ほうもん》する。

2 上司《じょうし》が訪問先《ほうもんさき》を選《えら》び一緒《いっしょ》に訪問《ほうもん》する。

3 上司《じょうし》が訪問先《ほうもんさき》を選《えら》び一人《ひとり》で訪問《ほうもん》する。

4 訪問《ほうもん》はせず電話《でんわ》をとることから始《はじ》める。

5番《ばん》

1 他《ほか》に選択肢《せんたくし》がなかったから

2 有名大学《ゆうめいだいがく》だから

3 学《まな》びたいことがあったから

4 学業《がくぎょう》以外《いがい》のことができるから

6番《ばん》

1 寒《さむ》さが続《つづ》き、日中雨《にっちゅうあめ》が降《ふ》る。

2 寒《さむ》さが続《つづ》き、気温《きおん》は今日《きょう》より下《さ》がる。

3 気温《きおん》が上《あ》がり、日中雨《にっちゅうあめ》が降《ふ》る。

4 気温《きおん》が上《あ》がり、寒《さむ》さが和《やわ》らぐ。

정답 및 해설 p.337

2교시 청해

포인트 이해 실전 테스트 ②

問題《もんだい》2

問題《もんだい》2では、まず質問《しつもん》を聞《き》いてください。そのあと、問題用紙《もんだいようし》のせんたくしを読《よ》んでください。読《よ》む時間《じかん》があります。それから話《はなし》を聞《き》いて、問題用紙《もんだいようし》の1から4の中《なか》から、最《もっと》もよいものを一《ひと》つ選《えら》んでください。

1番《ばん》

1　インターネットで販売《はんばい》したこと

2　絵本《えほん》の朗読会《ろうどくかい》を開《ひら》いたこと

3　口《くち》コミで客《きゃく》を呼《よ》び込《こ》んだこと

4　朗読会《ろうどくかい》の内容《ないよう》を配信《はいしん》したこと

2番《ばん》

1　食材《しょくざい》とソースがおいしいから

2　割安《わりやす》でフランス料理《りょうり》を食《た》べれるから

3　駐車場《ちゅうしゃじょう》があり車《くるま》で来《こ》れるから

4　フランスにいるような気分《きぶん》になれるから

3番《ばん》

1　失敗《しっぱい》を避《さ》けず積極的《せっきょくてき》だ。

2　指示《しじ》を待《ま》つばかりでおとなしい。

3　協調性《きょうちょうせい》が高《たか》く実力《じつりょく》がある。

4　先輩《せんぱい》の意見《いけん》や話《はなし》をきちんと聞《き》く。

4番《ばん》

1 資金《しきん》を調達《ちょうたつ》すること

2 共同経営者《きょうどうけいえいしゃ》を見《み》つけること

3 会社《かいしゃ》を辞《や》めること

4 家族《かぞく》の理解《りかい》を得《え》ること

5番《ばん》

1 子《こ》ども数《すう》が多《おお》いから

2 施設《しせつ》が新《あたら》しいから

3 体育《たいいく》を取《と》り入《い》れたから

4 地域《ちいき》と関《かか》われるから

6番《ばん》

1 わき見《み》運転《うんてん》

2 安全《あんぜん》不《ふ》確認《かくにん》

3 速度《そくど》違反《いはん》

4 運転操作《うんてんそうさ》のミス

정답 및 해설 p.343

문제 2 2교시 청해

포인트 이해 실전 테스트 ③

問題《もんだい》2

問題《もんだい》2では、まず質問《しつもん》を聞《き》いてください。そのあと、問題用紙《もんだいようし》のせんたくしを読《よ》んでください。読《よ》む時間《じかん》があります。それから話《はなし》を聞《き》いて、問題用紙《もんだいようし》の1から4の中《なか》から、最《もっと》もよいものを一《ひと》つ選《えら》んでください。

1番《ばん》

1 経済状況《けいざいじょうきょう》の説明《せつめい》が足《た》りない。

2 指定《してい》された本《ほん》を参考《さんこう》にしていない。

3 関連書籍《かんれんしょせき》をあまり読《よ》んでいない。

4 自分《じぶん》の意見《いけん》が足《た》りない。

2番《ばん》

1 他《ほか》の会社《かいしゃ》から中途入社《ちゅうとにゅうしゃ》したから

2 在職年数《ざいしょくねんすう》が足《た》りないから

3 学費《がくひ》の工面《くめん》がつかないから

4 応募書類《おうぼしょるい》の準備《じゅんび》が間《ま》に合《あ》わないから

3番《ばん》

1 電気《でんき》ポットを修理《しゅうり》する。

2 返品《へんぴん》の手続《てつづ》きをする。

3 メーカーに電気《でんき》ポットを送《おく》る。

4 客《きゃく》に電話《でんわ》で連絡《れんらく》をする。

4番《ばん》

1　賞受賞《しょうじゅしょう》の秘訣《ひけつ》

2　失敗《しっぱい》から学《まな》んだこと

3　人材育成《じんざいいくせい》の方法《ほうほう》

4　デザインの技法《ぎほう》

5番《ばん》

1　公共交通《こうきょうこうつう》機関《きかん》が発達《はったつ》しているため

2　娯楽《ごらく》の多様化《たようか》で車《くるま》に魅力《みりょく》がなくなったため

3　車《くるま》を購入《こうにゅう》する資金《しきん》がないため

4　車購入《くるまこうにゅう》のプランが多様《たよう》ではないため

6番《ばん》

1　メーカーの修理担当者《しゅうりたんとうしゃ》に連絡《れんらく》する。

2　故障《こしょう》した電気炊飯器《でんきすいはんき》を引《ひ》き取《と》って払戻《はらいもど》す。

3　顧客《こきゃく》の家《いえ》を訪問《ほうもん》して欠陥《けっかん》を確認《かくにん》する。

4　故障《こしょう》した電気炊飯器《でんきすいはんき》を新《あたら》しいものと交換《こうかん》する。

정답 및 해설 p.349

2교시 청해

포인트 이해 실전 테스트 ④

問題《もんだい》2

問題《もんだい》2では、まず質問《しつもん》を聞《き》いてください。そのあと、問題用紙《もんだいようし》のせんたくしを読《よ》んでください。読《よ》む時間《じかん》があります。それから話《はなし》を聞《き》いて、問題用紙《もんだいようし》の1から4の中《なか》から、最《もっと》もよいものを一《ひと》つ選《えら》んでください。

1番《ばん》

1 海外《かいがい》での撮影《さつえい》

2 多様《たよう》な場所《ばしょ》の撮影《さつえい》

3 人物《じんぶつ》の撮影《さつえい》

4 若手《わかて》の育成《いくせい》

2番《ばん》

1 面接《めんせつ》の受《う》け方《かた》

2 企業《きぎょう》の分析《ぶんせき》の仕方《しかた》

3 自己分析《じこぶんせき》の仕方《しかた》

4 履歴書《りれきしょ》の書《か》き方《かた》

3番《ばん》

1 スタイルに変化《へんか》をつけたこと

2 IT技術《ぎじゅつ》を受《う》け入《い》れたこと

3 新社長《しんしゃちょう》が就任《しゅうにん》したこと

4 質《しつ》の向上《こうじょう》を図《はか》ったこと

4番《ばん》

1 食糧《しょくりょう》不足《ぶそく》の問題《もんだい》を省《はぶ》けること

2 日常的《にちじょうてき》な食糧《しょくりょう》となりうること

3 美味《おい》しさが感《かん》じられること

4 どんな味《あじ》か知《し》りたくなること

5番《ばん》

1 原子力発電所《げんしりょくはつでんしょ》の仕組《しく》みや歴史《れきし》の記述《きじゅつ》

2 原発推進派《げんぱつすいしんは》の意見《いけん》や取《と》り組《く》みの記述《きじゅつ》

3 原発反対派《げんぱつはんたいは》の意見《いけん》や取《と》り組《く》みの記述《きじゅつ》

4 レポート全体《ぜんたい》での字数《じすう》

6番《ばん》

1 江戸時代初期《えどじだいしょき》に作《つく》られた点《てん》

2 海外《かいがい》から注目《ちゅうもく》された点《てん》

3 形《かたち》がゆがんでいる点《てん》

4 未完成《みかんせい》のまま残《のこ》された点《てん》

정답 및 해설 p.357

2교시 청해

개요 이해 실전 테스트 ①

실전 테스트 3-1

기본 MP3 배속 MP3 시험장 MP3

問題《もんだい》3

問題《もんだい》3では、問題用紙《もんだいようし》に何《なに》も印刷《いんさつ》されていません。この問題《もんだい》は、全体《ぜんたい》としてどんな内容《ないよう》かを聞《き》く問題《もんだい》です。話《はなし》の前《まえ》に質問《しつもん》はありません。まず話《はなし》を聞《き》いてください。それから、質《しつ》問《もん》とせんたくしを聞《き》いて、1から4の中《なか》から、最《もっと》もよいものを一《ひと》つ選《えら》んでください。

― メモ ―

정답 및 해설 p.363

개요 이해 실전 테스트 ②

실전 테스트 3-2

기본 MP3 배속 MP3 시험장 MP3

問題《もんだい》3

問題《もんだい》３では、問題用紙《もんだいようし》に何《なに》も印刷《いんさつ》されていません。この問題《もんだい》は、全体《ぜんたい》としてどんな内容《ないよう》かを聞《き》く問題《もんだい》です。話《はなし》の前《まえ》に質問《しつもん》はありません。まず話《はなし》を聞《き》いてください。それから、質《しつ》問《もん》とせんたくしを聞《き》いて、１から４の中《なか》から、最《もっと》もよいものを一《ひと》つ選《えら》んでください。

－ メモ －

정답 및 해설 p.367

2교시 청해

개요 이해 실전 테스트 ③

실전 테스트 3-3

기본 MP3 배속 MP3 시험장 MP3

問題《もんだい》3

問題《もんだい》3では、問題用紙《もんだいようし》に何《なに》も印刷《いんさつ》されていません。この問題《もんだい》は、全体《ぜんたい》としてどんな内容《ないよう》かを聞《き》く問題《もんだい》です。話《はなし》の前《まえ》に質問《しつもん》はありません。まず話《はなし》を聞《き》いてください。それから、質《しつ》問《もん》とせんたくしを聞《き》いて、1から4の中《なか》から、最《もっと》もよいものを一《ひと》つ選《えら》んでください。

— メモ —

정답 및 해설 p.372

2교시 청해

개요 이해 실전 테스트 ④

실전 테스트 3-4

기본 MP3 배속 MP3 시험장 MP3

問題《もんだい》3

問題《もんだい》3では、問題用紙《もんだいようし》に何《なに》も印刷《いんさつ》されていません。この問題《もんだい》は、全体《ぜんたい》としてどんな内容《ないよう》かを聞《き》く問題《もんだい》です。話《はなし》の前《まえ》に質問《しつもん》はありません。まず話《はなし》を聞《き》いてください。それから、質《しつ》問《もん》とせんたくしを聞《き》いて、1から4の中《なか》から、最《もっと》もよいものを一《ひと》つ選《えら》んでください。

― メモ ―

청해
실전 테스트 ❸❹

정답 및 해설 p.377

2교시 청해

즉시 응답 실전 테스트 1

실전 테스트 4-1

기본 MP3 배속 MP3 시험장 MP3

問題《もんだい》4

問題《もんだい》4では、問題用紙《もんだいようし》に何《なに》も印刷《いんさつ》されていません。まず文《ぶん》を聞《き》いてください。それから、それに対《たい》する返事《へんじ》を聞《き》いて、1から3の中《なか》から、最《もっと》もよいものを一《ひと》つ選《えら》んでください。

― メモ ―

정답 및 해설 p.381

2교시 청해

즉시 응답 실전 테스트 ❷

실전 테스트 4-2

기본 MP3　배속 MP3　시험장 MP3

問題《もんだい》4

問題《もんだい》4では、問題用紙《もんだいようし》に何《なに》も印刷《いんさつ》されていません。まず文《ぶん》を聞《き》いてください。それから、それに対《たい》する返事《へんじ》を聞《き》いて、1から3の中《なか》から、最《もっと》もよいものを一《ひと》つ選《えら》んでください。

— メモ —

정답 및 해설 p.385

2교시 청해

즉시 응답 실전 테스트 ③

실전 테스트 4-3

기본 MP3 배속 MP3 시험장 MP3

問題《もんだい》4

問題《もんだい》4では、問題用紙《もんだいようし》に何《なに》も印刷《いんさつ》されていません。まず文《ぶん》を聞《き》いてください。それから、それに対《たい》する返事《へんじ》を聞《き》いて、1から3の中《なか》から、最《もっと》もよいものを一《ひと》つ選《えら》んでください。

― メモ ―

정답 및 해설 p.389

2교시 청해

즉시 응답 실전 테스트 ④

실전 테스트 4-4

기본 MP3 배속 MP3 시험장 MP3

問題《もんだい》4

問題《もんだい》4では、問題用紙《もんだいようし》に何《なに》も印刷《いんさつ》されていません。まず文《ぶん》を聞《き》いてください。それから、それに対《たい》する返事《へんじ》を聞《き》いて、1から3の中《なか》から、最《もっと》もよいものを一《ひと》つ選《えら》んでください。

― メモ ―

정답 및 해설 p.393

통합 이해 실전 테스트 1

問題《もんだい》5

問題《もんだい》5では、長《なが》めの話《はなし》を聞《き》きます。この問題《もんだい》には練習《れんしゅう》はありません。問題用紙《もんだいようし》にメモを取《と》ってもかまいません。

1番《ばん》、2番《ばん》

問題用紙《もんだいようし》に何《なに》も印刷《いんさつ》されていません。まず話《はなし》を聞《き》いてください。それから質問《しつもん》とせんたくしを聞《き》いて、1から4の中《なか》から、最《もっと》もよいものを一《ひと》つ選《えら》んでください。

― メモ ―

3番《ばん》

まず話《はなし》を聞《き》いてください。それから、二《ふた》つの質問《しつもん》を聞《き》いて、それぞれ問題用紙《もんだいようし》の1から4の中《なか》から、最《もっと》もよいものを一《ひと》つ選《えら》んでください。

質問《しつもん》1

1　グレーの犬《いぬ》

2　白《しろ》い犬《いぬ》

3　黒《くろ》い犬《いぬ》

4　茶色《ちゃいろ》の犬《いぬ》

質問《しつもん》2

1　グレーの犬《いぬ》

2　白《しろ》い犬《いぬ》

3　黒《くろ》い犬《いぬ》

4　茶色《ちゃいろ》の犬《いぬ》

정답 및 해설 p.397

통합 이해 실전 테스트 ②

問題《もんだい》5

問題《もんだい》5では、長《なが》めの話《はなし》を聞《き》きます。この問題《もんだい》には練習《れんしゅう》はありません。問題用紙《もんだいようし》にメモを取《と》ってもかまいません。

1番《ばん》、2番《ばん》

問題用紙《もんだいようし》に何《なに》も印刷《いんさつ》されていません。まず話《はなし》を聞《き》いてください。それから質問《しつもん》とせんたくしを聞《き》いて、1から4の中《なか》から、最《もっと》もよいものを一《ひと》つ選《えら》んでください。

— メモ —

3番《ばん》

まず話《はなし》を聞《き》いてください。それから、二《ふた》つの質問《しつもん》を聞《き》いて、それぞれ問題用紙《もんだいようし》の1から4の中《なか》から、最《もっと》もよいものを一《ひと》つ選《えら》んでください。

質問《しつもん》1

1　旧中条邸《きゅうなかじょうてい》

2　市立《しりつ》アート迷宮館《めいきゅうかん》

3　東山博物館《ひがしやまはくぶつかん》

4　東山神社《ひがしやまじんじゃ》

質問《しつもん》2

1　旧中条邸《きゅうなかじょうてい》

2　市立《しりつ》アート迷宮館《めいきゅうかん》

3　東山博物館《ひがしやまはくぶつかん》

4　東山神社《ひがしやまじんじゃ》

정답 및 해설 p.401

2교시 청해

통합 이해 실전 테스트 ③

問題《もんだい》5

問題《もんだい》5では、長《なが》めの話《はなし》を聞《き》きます。この問題《もんだい》には練習《れんしゅう》はありません。問題用紙《もんだいようし》にメモを取《と》ってもかまいません。

1番《ばん》

問題用紙《もんだいようし》に何《なに》も印刷《いんさつ》されていません。まず話《はなし》を聞《き》いてください。それから質問《しつもん》とせんたくしを聞《き》いて、1から4の中《なか》から、最《もっと》もよいものを一《ひと》つ選《えら》んでください。

— メモ —

2番《ばん》

まず話《はなし》を聞《き》いてください。それから、二《ふた》つの質問《しつもん》を聞《き》いて、それぞれ問題用紙《もんだいようし》の1から4の中《なか》から、最《もっと》もよいものを一《ひと》つ選《えら》んでください。

質問《しつもん》1

1　さくら

2　神戸《こうべ》

3　花火《はなび》

4　上海《しゃんはい》

質問《しつもん》2

1　さくら

2　神戸《こうべ》

3　花火《はなび》

4　上海《しゃんはい》

정답 및 해설 p.406

통합 이해 실전 테스트 ④

問題《もんだい》5

問題《もんだい》5では、長《なが》めの話《はなし》を聞《き》きます。この問題《もんだい》には練習《れんしゅう》はありません。問題用紙《もんだいようし》にメモを取《と》ってもかまいません。

1番《ばん》

問題用紙《もんだいようし》に何《なに》も印刷《いんさつ》されていません。まず話《はなし》を聞《き》いてください。それから質問《しつもん》とせんたくしを聞《き》いて、1から4の中《なか》から、最《もっと》もよいものを一《ひと》つ選《えら》んでください。

― メモ ―

2番《ばん》

まず話《はなし》を聞《き》いてください。それから、二《ふた》つの質問《しつもん》を聞《き》いて、それぞれ問題用紙《もんだいようし》の1から4の中《なか》から、最《もっと》もよいものを一《ひと》つ選《えら》んでください。

質問《しつもん》1

1　グッバイ

2　夏《なつ》の海《うみ》

3　争奪《そうだつ》

4　食道楽《しょくどうらく》

質問《しつもん》2

1　グッバイ

2　夏《なつ》の海《うみ》

3　争奪《そうだつ》

4　食道楽《しょくどうらく》

정답 및 해설 p.410

진짜 한 권으로 끝내는 JLPT N1

실전 모의고사 제1회

Language Knowledge (Vocabulary/Grammar) ·Reading

問題用紙

N1

言語知識（文字・語彙・文法）・読解

（110分）

注　意

Notes

1.　試験が始まるまで、この問題用紙を開けないでください。

Do not open this question booklet until the test begins.

2.　この問題用紙を持って帰ることはできません。

Do not take this question booklet with you after the test.

3.　受験番号と名前を下の欄に、受験票と同じように書いてください。

Write your examinee registration number and name clearly in each box below as written on your test voucher.

4.　この問題用紙は、全部で 29 ページあります。

This question booklet has 29 pages.

5.　問題には解答番号の 1 、 2 、 3 … が付いています。解答は、解答用紙にある同じ番号のところにマークしてください。

One of the row numbers 1 , 2 , 3 … is given for each question. Mark your answer in the same row of the answer sheet.

受験番号　Examinee Registration Number	
名前　Name	

제1회 실전 모의고사

소요 시간 2분

문자·어휘 무료 해설 강의

제1회 실전 모의고사 해설서 PDF

問題 1 ＿＿＿＿の言葉の読み方として最もよいものを、1・2・3・4から一つ選びなさい。

1 過去の例をそっくりそのまま踏襲しては成功できない。⑫㉔

1 とうしゅう　　2 とうせい　　3 としゅう　　4 とうしょう

2 今度の研究結果は従来の定説を覆すようなものであった。⑫

1 くつがえす　　2 まどわす　　3 そらす　　4 ひっくりかえす

3 そんなに興奮しないで落ち着きなさい。⑮

1 きょうぶん　　2 こうふん　　3 こうはん　　4 きょうはん

4 アイドル歌手のコンサートが無料とあって、会場に群衆が詰めかけた。⑫

1 くんしゅ　　2 くんしゅう　　3 ぐんしゅ　　4 ぐんしゅう

5 季節の変わり目が訪れ、インフルエンザ流行の兆しが見えはじめた。⑪㉓

1 めざし　　2 あかし　　3 きざし　　4 しばし

6 この病気の原因は多岐にわたっている。⑯

1 おおき　　2 たき　　3 だき　　4 おおぎ

問題 2 (　　　) に入れるのに最もよいものを、1・2・3・4から一つ選びなさい。

7 この企画案の決定権は部下のサザキに（　　　）した。⑬

1 転属　　2 一任　　3 転職　　4 委託

8 もう済んでしまったことをいつまでも（　　　）してもはじまらないよ。⑮

1 くよくよ　　2 のろのろ　　3 ひしひし　　4 こつこつ

9 暖かいお風呂に入ると、凝り固まった筋肉が（　　　）。㉓

1 ほぐれた　　2 はれた　　3 かすれた　　4 くずれた

10 片思いの女性に告白しようかするまいか（　　　）いるうちに、彼女は結婚してしまった。⑬

1 よけて　　2 ためらって　　3 あんじて　　4 遠ざけて

11 彼は自分の日記から（　　　）を得て、いくつもの曲を書いた。

1 プレッシャー　　2 イメージ　　3 ニュアンス　　4 インスピレーション

12 生活の（　　　）が安定してからは趣味も楽しめるようになった。⑯

1 根拠　　2 根底　　3 基盤　　4 規則

13 来年、家族（　　　）でアメリカに行くことにした。

1 ぐるみ　　2 がらみ　　3 まみれ　　4 ずくめ

問題 3 ＿＿＿＿の言葉に意味が最も近いものを、1・2・3・4から一つ選びなさい。

14 あの絵は光と影のコントラストが鮮やかだ。⑪

1 対比　　2 効果　　3 調和　　4 位置

15 この家のしきたりについて聞いた。㉓

1 うわさ　　2 慣習　　3 伝統　　4 歴史

16 暗闇からふいに斉藤さんが現れた。⑮

1 再び　　2 嬉しそうに　　3 いきなり　　4 こっそり

17 息子は黙ってうなだれている。⑰㉔

1 反抗して　　2 後悔して　　3 首をひねて　　4 首を垂れて

18 彼はずさんな計画を立てた。

1 綿密　　2 詳細　　3 おおまか　　4 でたらめ

19 彼は今度のプロジェクトに対する懸念を示した。⑱

1 確信　　2 心配　　3 期待　　4 反対

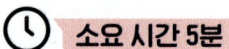

問題 4　次の言葉の使い方として最もよいものを、1・2・3・4から一つ選びなさい。

20　優位 ⑬

1　優位な立場を悪用して人を苦しめてはいけない。

2　ここはお年寄りや体の不自由な人のための優位席だ。

3　当校は成績より行儀を優位に考えて、生徒を指導している。

4　先着５０名様に優位的に記念品を差し上げます。

21　思い詰める ⑮

1　大山さんは何か思い詰めたような深刻な表情でこちらへと歩いてきた。

2　娘は明日の遠足を前にして、一日中思い詰めているようだ。

3　三浦さんは昼夜を問わず部屋に閉じこもって研究に思い詰めた。

4　この店の店員は顧客がどんな質問をしても思い詰めて答える。

22　配属 ⑱

1　母は新しく買った家具をどこに配属するかを決められなかった。

2　今回人事課に配属された山田君は、人柄がよく、仕事ぶりも熱心だ。

3　今年から人件費削減のため、配属社員を雇用することにした。

4　俳優の中村さんはY大学の名誉教授に配属した。

23 人手 ⑮

1 あの先生は人手と言われるほど熱心です。

2 子供が生まれ、人手としての責任が重くなった。

3 クラスで人気のある人手と言えば彼女だろう。

4 博覧会の準備を手伝ってくれる人手をかき集めている。

24 統合 ⑮

1 山頂へは一人で向かうのではなく、グループと統合した方が安全だ。

2 統合していない組織はライバルから簡単につぶされる。

3 それぞれ考え方が異なって、意見を統合することができない。

4 この町は人口減少により、二つの学校を一つに統合した。

25 還元 ⑯㉓

1 一時落ち込んだ売り上げが今月に入って徐々に還元してきた。

2 A社はお世話になった地域社会に、利益の一部を還元した。

3 公募展の作品と応募書類はいっさい還元しません。

4 一ヶ月分のデータがとんでしまって、日夜還元作業を行っている。

소요 시간 12분

問題 5　次の文の（　　　　）に入れるのに最もよいものを、1・2・3・4から一つ選びなさい。

26　私はご飯（　　　　）みそ汁といった和食が好きです。⑱

1　で　　2　に　　3　から　　4　を

27　「答えが分かっている問題」なんて意味がない。また、問題は難しい（　　　　）、解決した時の達成感が大きいものだ。㉔

1　だけ　　2　くらい　　3　ばかり　　4　のみ

28　A「千尋《ちひろ》、彼に告白したの？」
B「まだ、してない。本当に彼のことが好きか、最近（　　　　）。」⑭

1　わからなくなっちゃったもん
2　わからなくなるものか
3　わからなくなったっけ
4　わからなくなったからって

29　北極の平均気温は零下３５～４０度で、気温が最も低い時は零下７０度（　　　　）だ。⑪⑯

1　だけまし　　2　までのこと
3　ぐらいのもの　　4　といったところ

30　子供を産んでからまた働ける職場があるということがどんなに幸せな（　　　　）。⑱

1　のか　　2　ことか　　3　はずだ　　4　ものか

문법
무료 해설 강의

31 あの政治家は今度のスキャンダルで失脚に（　　　　）国民からは信頼を失うことになるに違いない。⑩

1　追い込まれるほどではないばかりか

2　追い込まれることはないにしても

3　追い込まれがたいにもかかわらず

4　追い込まれがたいだけあって

32 みんなの前で「今度こそ体重を１０キロ減らして見せる」と大口をたたいたので、（　　　　）引けない。

1　引けるも　　2　引こうに　　3　引くに　　4　引けなくとも

33 過去に戻れるものなら過去に戻って悔いのない生き方をしたいと思うが、自分が変わらない限り、過去に（　　　　）、また大切な時間を空費してしまうに違いない。⑭

1　戻ったら戻ったで　　2　戻ることは戻るが

3　戻るだの戻らないだの　　4　戻ることによって

34 この難問は彼のような天才（　　　　）はじめて解ける問題だ。㉔

1　にして　　2　にあって

3　にしたって　　4　にあたって

35 高校野球選手である田中さんは学校の試験期間は、両方とも諦められず頑張る。そのためか、（　　　　）かなりいい成績をもらっている。⑭

1　運動しながらにしては　　2　運動しっぱなしとはともかく

3　運動しながらともなると　　4　運動しっぱなしだなんて

소요 시간 6분

問題 6　次の文の ＿★＿ に入る最もよいものを、1・2・3・4から一つ選びなさい。

(問題例) この前、君に貸してあげたお金１０万円いつ返してもらえる？全額 ＿＿＿ ＿★＿ ＿＿＿ ＿＿＿ 5万円だけでも返してほしいよ。

1　とは　　2　までも　　3　言えない　　4　せめて

(解答のしかた)

1. 正しい文はこうです。

この前、君に貸してあげたお金１０万円いつ返してもらえる？全額
＿＿＿ ＿★＿ ＿＿＿ ＿＿＿ 5万円だけでも返してほしいよ。
1　とは　3　言えない　2　までも　4　せめて

2. ＿★＿ に入る番号を解答用紙にマークします。

(解答用紙)

(例)	①　②　●　④

36　童話「アリと鳩《はと》」は、溺れている ＿＿＿ ＿＿＿ ＿★＿ ＿＿＿ 鳩《はと》を狩り人から救ってあげて恩返しをするという話です。

1　アリが　　2　ところを
3　助けてくれた　　4　助けられた

37　ディベートの時、注意すべきことがいくつかあります。第一、相手が ＿＿＿ ＿＿＿ ＿★＿ ＿＿＿ 聞くようにしてください。⑮

1　異を唱えたくなっても　　2　発言していることに
3　とことん　　4　まずは相手の発言を

38 犬をかわいがっている ＿＿＿ ＿＿＿ ＿★＿ ＿＿＿ 信じ込んで飼い主をなめて飛びかかる。

1　上だと　　2　ちやほやすると
3　自分が　　4　つもりで

39 私のように ＿＿＿ ＿＿＿ ＿★＿ ＿＿＿ かもしれないが、報酬よりやりがいや満足感を重視して仕事を選んだほうが幸せになれると思います。⑮

1　職についたことがない　　2　言うと
3　合点がいかない　　4　就活生が

40 「釈迦《しゃか》に説法《せっぽう》」ということわざは、その分野について知り尽くしている相手に不必要なことを教えることで、自分よりもよく知っている ＿＿＿ ＿＿＿ ＿★＿ ＿＿＿ 教える愚かさのたとえである。

1　に対して　　2　ような顔をして
3　自分の方がくわしい　　4　その道の専門家

問題 7　次の文章を読んで、文章全体の趣旨を踏まえて、41 から 44 の中に入る最もよいものを、1・2・3・4から一つ選びなさい。

猫好きよ、悲しむなよ

「あなたの干支《えと》は何？」と聞かれる時がある。干支《えと》は十干《じっかん》と十二支《じゅうにし》を組み合わせた言葉である。十干《じっかん》は、陰陽五行説とつながって「甲《こう》，乙《おつ》、丙《へい》、丁《てい》、戊《ぼ》、己《き》、庚《こう》、辛《しん》、壬《じん》、癸《き》」で、十二支《じゅうにし》は「子《し》(ね)、丑《ちゅう》(うし)、寅《いん》(とら)、卯《ぼう》(う)、辰《しん》(たつ)、巳《し》(み)、午《ご》(うま)、未《び》(ひつじ)、申《しん》(さる)、酉《ゆう》(とり)、戌《じゅつ》(いぬ)、亥《がい》(い)」の１２種類の動物で成り立っている。**41** 十二支《じゅうにし》には猫がいない。猫はどうして十二支《じゅうにし》に含まれていないのか？そもそも、十二支《じゅうにし》がどうやって作られたかとても **42** だろう。諸説の中で、一番有名なのは、『お釈迦《しゃか》(注1)さまの元への競争説』で、ある日お釈《しゃ》迦《か》さまは世界の動物を招き、「元日(注2)の朝までに私の元に一番早くたどり着いた順に十二支《じゅうにし》にする」と宣言したそうだ。そこで多くの動物たちがお釈迦《しゃか》さまの元を目指す中、うっかり日にちを忘れてしまった猫はネズミに尋ねたところ、ネズミは猫に「元日の次の日だよ」とウソをついた。結局、猫だけが『元日の朝』に間に合わなくて十二支《じゅうにし》に入れなかったということだ。選べられなかった猫はよほど悔しかったのだろう。

もう一つはより現実的な逸話の『猫が中国にいなかった説』で、十二支《じゅうにし》が中国からできたが、十二支《じゅうにし》が誕生したとされるときには猫が中国にいなかったので十二支《じゅうにし》に加われなかったという説だ。これでは猫が十二支《じゅうにし》に **43** 。

一方、チベット、タイ、ベトナムなどの国には **44** 十二支《じゅうにし》に兎《うさぎ》の代わりに猫が入っている。他にも羊《ひつじ》が山羊《やぎ》、猪《いのしし》が豚《ぶた》になっていたりと十二支《じゅうにし》は決まっているというより、その国の文化や歴史の違いによって決められたかもしれない。猫好きよ、十二支《じゅうにし》に猫がいないからといって悲しむなよ。

(注1) お釈迦《しゃか》さま：北インドの人物で仏教の開祖
(注2) 元日：お正月1月1日

41

1　そこで　　2　そういえば

3　それから　　4　ところが

42

1　気がもめる　　2　気にかかる

3　気が散る　　4　気になる

43

1　入るわけではない　　2　入れるはずではなかった

3　入れるはずがない　　4　入れないわけではない

44

1　なんと　　2　あいにく

3　とりわけ　　4　ひとまず

소요 시간 13분

問題 8　次の(1)から(4)の文章を読んで、後の問いに対する答えとして最もよいものを、1・2・3・4から一つ選びなさい。

（1）以下は、ある税務相談会に申し込んだ人に送られてきたメールである。

> 山口由朗様
>
> HA税理事務所の廣瀬アミダと申します。
>
> 　昨日、当事務所の「無料税務相談会」にメールにてお申し込みをいただきましたが、ご予約はホームページ上でのみとさせていただいております。お手数をおかけしますが、再度ホームページにてお申し込みくださいますようお願いいたします。その際に、ご相談内容についての簡単なアンケートをさせていただきますのでご了承ください。なお、その他ご質問はお電話でお問い合わせください。
>
> HA税理事務所　廣瀬アミダ
>
> 電話：０３２－２３４－５６７８
>
> メールアドレス：amida@hazeiri.co.jp
>
> ホームページ：http://www.hazeiri.co.jp

45　このメールで最も伝えたいことは何か。

1　申し込みに必要な情報が不足しているので、メールで知らせてほしい。

2　申し込み方法が間違っているので、改めて申し込みをしてほしい。

3　ホームページでアンケートを実施しているので答えてほしい。

4　質問があるので時間があるときに電話をしてほしい。

（2）

新入社員への訓示としてよく「夢をもつべきだ」というようなことが言われるが、小学生までの子供たち相手ならまだしも、大の大人に言うことには違和感を覚える。本来、夢というものは、「持つべきだ」とか「持った方がいい」ものでもなく、「持たなければいけない」とわざわざ啓蒙するものでもない。世の中で語られる夢は、地位、名誉、名声、物欲など、そのほとんどはただの欠乏欲求だからだ。そうしたものはいくら得ても渇望し続けるようになるだけだ。

46　夢について、筆者の考えに合うのはどれか。

1　夢はかならずしも持たなくてよい。

2　夢は持っているのが当然である。

3　夢は持ちたいと思って持てるものではない。

4　夢を持っていても叶うとは限らない。

(3)

人前に立って話すとひどく緊張するという人は、実は事前の練習や原稿の入念なチェックも怠らない。しかし、人前に立って何かをする限り、失敗は必ず起きる。そこで大切なことは自らの心の中に失敗しても大丈夫だという安心感を持つことだ。人前で何か言い間違えたり、良い感じで話ができなかったとしても、それはただ、「上手に話せなかった」というだけのことだ。現実に起きたことはそれだけのこと。そうしたことはよく失敗と表現はされるが、失うものは何もないのだ。

47 筆者によると、人前で話すとき緊張する人はどうすればいいか。

1 事前にしっかりと練習をして原稿も隅々まで確認する。

2 失敗しても大丈夫だと自分に言い聞かせる。

3 いい感じで話ができるように言い間違えないようにする。

4 失敗してもくじけずに再挑戦するようにする。

(4)

何かをするとき、その動機が善なるものであれば、おのずと物事はうまくいく方向へと導かれる。一方、動機が利己的なものであったり、邪《よこしま》(注)なものであったりしたなら、どれだけがんばっても事はうまく運ばない。動機とは、物事を進めるときの「土台」ともいうべきものだ。利他的な動機という揺るぎない土台があって初めて、その上に成功という家が建ちうる。貧弱な土台に立派な家を建てようとしてもそうはいかない。土台がしっかりとしていない家は、地震や台風などの自然災害で、倒壊する恐れもある。物事も同じだ。動機がしっかりとしていれば、その過程でたとえ、困難にぶつかっても崩れることなく、最終的にはうまくいく。

(注) 邪《よこしま》なもの：行いや考えが人の道を外したよくないもの

48 この文章で筆者が述べていることは何か。

1 確かな動機を持てば物事が良い方向に変わる。

2 成功するには動機が不純であってはいけない。

3 しっかりとした家を建てるには土台が何よりも大事だ。

4 困難に出会っても克服できる良い動機があれば成功する。

소요 시간 15분

問題 9　次の(1)から(3)の文章を読んで、後の問いに対する答えとして最もよいものを、1・2・3・4から一つ選びなさい。

（1）

評価は、それを信じることによって力となる。その力は非常に強力で、評価がほとんど根拠のないものであっても、大きな効果を及ぼすことが知られている。ピグマリオン効果と呼ばれるものだ。①小学生を対象に行ったある実験で、事前の検査結果とは無関係に、無作為に選んだ生徒について、この子は将来有望ですと教師に伝えた。一年後、もう一度調べてみると、「将来有望だ」として選ばれた生徒は、本当に成績が上がっていたのである。

(中略)

つまり、人にかかわり、人を育て、人を支援する役割を担っている者にとって、ある意味もっとも大切な能力は、本人の可能性を信じる能力だと言える。必ず良くなる、必ず乗り越えられると信じてかかわる者は、実際に良い結果を生み出しやすいのである。逆に最悪なのは、信じるよりも疑い、評価するよりも否定し、どうせ変わるはずがないと心のなかで見捨てて、本人(注)を蔑《さげす》んでいる人にかかわられた場合である。

対話において、②このことは非常に重要である。相手に対する敬意をもち、相手のなかにある可能性を信じ、その長所に目を注いで向かい合う人である場合は、そこから良い変化が生まれやすいのである。

人を良い方向に変えていく達人に共通するのは、ネガティブな先入観を一切捨てて、真っ白な白紙の状態でその人に接しようとすることである。そして良いところを見つけて、あなたはとても良いところをもっていると、 繰り返し言い続ける。言い続けるだけでなく、その人が良い方向に変化することを信じ続ける。すると本当に、そうした変化が起きるのである。

(岡田尊司『人を動かす対話術』による)

(注) 本人を蔑《さげす》んでいる：自分で自分のことを他人より劣っていると考えている

49 筆者によると①小学生を対象に行ったある実験で、どのようなことがわかったか。

1　将来が有望だと伝えられた生徒は、そうでない生徒よりも成績があがること

2　自分の将来について自信のある生徒は、そうでない生徒よりも成績があがること

3　教師が将来が有望だと聞いた生徒は、そうでない生徒よりも成績があがること

4　教師が将来を考えて教えた場合は、そうでない場合よりも生徒の成績があがること

50 ②このことは非常に重要であるとあるが、何が重要なのか。

1　話相手の可能性を信じて接すること

2　話相手の長所を探し教えてあげること

3　話相手の話を信じて疑わないこと

4　話相手の変化を察して接すること

51 筆者の考えに合っているのはどれか。

1　否定的なことは考えず肯定的なことだけを考えるといいことが本当に起こる。

2　先入観を持たずに、的確に相手の長所と短所を話すと相手は良い方向に変化する。

3　自分の良いところを見つけ出し良い方向に行くと信じると良い変化が起こる。

4　相手の長所を何度も話してあげて相手が良くなることを信じると本当にそうなる。

(2)

ミステリーを書いた理由は、この種の小説は、構造がだいたい決まっているので、書きやすいと思ったからだ。なにしろ、小説など書いたことがないから、どうやって話を作れば良いのかもわからない。ただ、小説を読んだことはあったので、小説がどんなものかくらいは知っていた。学科の中で国語が一番苦手だったけれど、少なくとも日本語の文法は学校で習っていたし、ワープロで打てば漢字が書けなくても変換してくれる。小説は、職人の技のように、弟子入りしてノーハウを学ばなければならないわけでもないだろう。誰にでもすぐに書けるものだ、と思っていた。ちょっとしたバイト感覚で、まずはこれを試してみようかな、と思いついて始めたのである。

(中略)

それで、小説を書いてみたら、あっという間に小説家になってしまった。ここで、僕は次の壁を破らなければならなくなった。何故なら、同じミステリーのジャンルで作品を発表し続けることには限界があるだろう、と思えたからだ。デビューまえから、それについて、打開策を考えた。

ミステリーの面白さは、一言でいえば「意外性」である。読者が予想もしなかった展開を見せることが、ミステリーの面白さである。しかし、僕がデビューする以前からミステリーは沢山存在するわけで、それらの古典というか名作がいずれも健在だ。小説というのは、古くならない商品なので、過去の作品はコンテンツとしてずっと蓄積している。新作は、それらと競合することになり、よほど面白いものを書かないと、商品としての価値が認めてもらえない。

(森博嗣『面白いとは何か？面白く生きるには？』による)

52 筆者がミステリー小説を書こうと思い立ったのはなぜか。

1 多くの小説を読んだおかげで、小説の構造を理解していたから

2 一定の形式があるため、初心者でも十分に書けるだろうと考えたから

3 著名な作家のもとで、小説の書き方を学ぶことができたから

4 お金に困っていた時に、アルバイトとしてお金を稼げると思ったから

53 次の壁とあるが、どういったことか。

1 ミステリー以外の小説も書くこと

2 過去の作品の売り上げを超えること

3 誰も思いつかない内容を書くこと

4 名作と言われる作品を書くこと

54 ミステリー小説について、筆者はどのように考えているか。

1 古典と言われる名作を模倣することにより面白い作品が書ける。

2 面白い作品を世に出し続けていかなければならない。

3 過去の作品と内容が似ていても面白くなければ、商品としての価値はない。

4 既存の作品にはない展開の斬新さがあれば、価値を認めてもらえる。

(3)

当時はいろんなところで「自己責任」という言葉が使われました。職場でもプライベートでも、「自己責任でやってくれ」とか、「自己責任をきちんと果たしてください」などと、猫も杓子《しゃくし》も(注1)「自己責任」という言葉を使っていました。その言葉とともに使われるようになったのが「努力」という言葉でした。先ほどのワーキングプア(注2)も、結局彼らの「努力」が足りないために非正規雇用で働かざるを得なかったのだから、それは「自己責任」だという①論理です。「自己責任」はいつしか「自助努力」とパラレル(注3)で語られるようになりました。いかにも新自由主義的な発想だと考えますが、ここにこの②問題のすり替えがあると思います。そもそも前に見たように、「責任」という概念は「自由」という概念とはつながっていますが、「努力の有無」とはまったく関係のない概念です。「努力しなかったことの責任が問われる」としたら、それはいったいどういう社会なのでしょう？もちろん「努力しなかった結果はしっかりと受け入れなければならない」という道義的な理屈は成り立っても、そこに「責任」が生じるという理屈は、あまりにも飛躍があります。

ところが当時、このような論調が声高に叫ばれていました。努力一筋で成功したという、某飲食店のオーナーが脚光を浴び、努力することで自ら道を切り開くことができるという風潮が蔓延しました。それは同時にワーキングプアの人たちは自ら努力を怠った結果であり、それを受け入れるのが当然であるという風潮を生み出しました。

(中略)

努力は本人が自主的、主体的にするものであって、第三者が努力しろと強制する権利は本来どこにもありませんし、努力しなければいけないという義務など存在しないのです。当然そこに責任など生じるものではありません。

(佐藤優『メンタルの強化書』による)

(注1) 猫《ねこ》も杓子《しゃくし》も：だれかれなしに

(注2) ワーキングプア：働く貧困層

(注3) パラレル：平行であること

55 ①論理とあるが、どのようなことか。

1 様々な状況で自己責任が求められること

2 努力不足は自分の責任だということ

3 努力が報われないのは自分の責任だということ

4 努力と自己責任は相反すること

56 ②問題のすり替えとは具体的にどのようなことか。

1 努力をすることは個人の自由である。

2 自由を得るには努力をしなければならない。

3 自己責任と努力とは互いに関係が深い。

4 責任を果たすには努力が必要だ。

57 努力について筆者はどのように考えているか。

1 努力は自らするものであり他人に強要もされないし、責任も伴わない。

2 努力には主体性がなければならず、自ら責任を負わなければならない。

3 努力をすることは自ら道を切り開くことなので褒められるべきだ。

4 努力の結果にとらわれず、自分のすきなだけやればいい。

問題 10　次の文章を読んで、後の問いに対する答えとして最もよいものを、1・2・3・4から一つ選びなさい。

よく世間では、学校の勉強ができることと、何かを生み出す創造的な才能は別物であるととらえられがちです。たとえば一流大学を卒業しているからといって、会社の中で創造的な仕事ができるわけではない。学問が優秀だからといって、芸術的な発想ができるわけではない。この二つの才能は全く別のものであるのだと。時には、自分はアーティストを目指しているのだから、学校の勉強などはしなくてもいいと考えている若者を見かけたりもします。

しかし、この考え方は誤解もはなはだしいと言えるでしょう。もともと創造性というものは、ゼロから生まれることはありません。どのような新しいものを生み出す時でも、必ずその元になる体験や知識というものがあるわけです。①それは当たり前のことで、たとえば字を知らない人に小説は書けません。人生経験の少ない五歳の子供が恋愛小説を書くことはできない。ベースとなるものがなければ、そこからは何も生まれないということなのです。

「自然は飛躍せず」という有名な格言があります。ルイ(注)・パスツールというフランスの生物学者は、②細菌の実験でその格言を証明してみせました。当時の人々は、細菌などの微生物は自然発生するものだと考えていました。肉汁を放っておくとやがては腐ってしまいます。その腐らせる原因になる細菌は自然に発生するものだと。このような考え方を否定するために、パスツールはある実験を行ないました。フラスコの中に肉汁を入れ、それを煮沸して細菌を殺します。そして次にフラスコの中に絶対に細菌が入り込まないようにする。すると肉汁はいつまでも腐らないことを発見したのです。今ではその方法が缶詰などに取り入れられ、常識として知られています。このパスツールの実験によって、細菌の自然発生説は否定されたのです。つまり生き物というのは連続して受け継がれていく。何もないところから生まれることはなく、必ず前に何かが存在している。実は創造性というものも、これと全く同じであると考えられています。

私たちはどうしても、創造性にロマンチックなイメージを抱いてしまう。真っ白なキャンバスに突如として素晴らしい絵画が生まれる。新しい五線譜の上に、次々と美しい音楽が書かれていく。ゼロから生み出すことこそが芸術である、と。しかし自然が飛躍しないのと同じように、さまざまな芸術もまたゼロから生まれることなど決してないのです。天才作曲家と言われるモーツァルト。しかし、いかにモーツァルトが天才だったとしても、彼がさまざまな音楽に接していたということなしには語れません。

(中略)

やはり創造性というものは、自分の体験が基礎になって生まれるもの。モーツァルトの曲の中に、日本の演歌調の曲は一つもありません。それはなぜか。答えは簡単です。モーツァルトは日本の演歌を聞いたことがないのですから。

(茂木健一郎『感動する脳』による)

(注) ルイ・パスツール：フランスの生化学者 · 細菌学者(1822~1895)

58 筆者によると世間の人は創造的な発想をどのようにとらえているか。

1 学問が優秀なら創造的な発想も優れている。

2 勉強の力と創造的な発想に相関関係はない。

3 創造的な発想は会社で鍛えられる。

4 若い人の方が創造的な発想が優れている。

59 ①それは当たり前のこととあるが、何が当たり前なのか。

1 創造性についての人々の誤解があまりにもひど過ぎること

2 創造性は無の状態から生まれることが多いこと

3 元になるものがあってこそ新しい創造が生まれること

4 新しい創造は経験や知識の差により優劣がつくこと

60 ②細菌の実験でその格言を証明してみせましたとあるが、何を証明したのか。

1 細菌などの微生物は時間をかけて環境に合わせて自然と生まれること

2 肉汁をそのままにしておくと細菌が自然発生して腐ってしまうこと

3 細菌が発生しても保存状態がよければ自然と肉汁が腐ることはないこと

4 生き物はその前に何かの存在がありそれをもとに発生すること

61 芸術や芸術家について、筆者はどのように述べているか。

1 いくら偉大な芸術家であっても過去の経験や体験がもとになって作品ができる。

2 持って生まれた才能と創造性がなければ努力だけではよい作品は生まれない。

3 芸術的な才能があれば何もないところから作品を作り出すことができる。

4 偉大な芸術家は突然素晴らしい絵を描いたり美しい音楽が浮かぶ創造性をもっている。

소요 시간 6분

問題 11　**次のAとBの文章を読んで、後の問いに対する答えとして最もよいものを、1・2・3・4から一つ選びなさい。**

A

多くの場合、日本に来た外国人が初めて触れる日本文化はマンガだ。外国人が日本社会全般に関心を持つうえで、マンガはその垣根を低くしてくれる。これは、マンガというメディアの強みだと思う。気軽に手にしたマンガをきっかけに、知的好奇心が刺激されたりすることもあるだろう。マンガならではの魅力があることも確かだ。魅力を多くの人に堪能してもらい、これが公共図書館の活性化につながってほしい。

日本での生活に不慣れな外国人。彼らを多様な日本のメディアの魅力に出会わせたいし、公共図書館が彼らにとって魅力的な場所であってほしいと思う。だから、公共図書館でもマンガやアニメを多く取り揃えてほしいと思っている。

B

マンガは本ではないという固定観念から脱却する必要がある。マンガを図書館に置くなんてけしからんという考えからは決別すべきである。県内には多くの外国人が生活している。公共の図書館としては当然、外国人にも配慮した蔵書を増やさなくてはならない。日本語が理解できなくても絵を通して理解できるマンガなら、外国人も手に取りやすいであろう。図書館の担当者は、図書購入に際して、日本人のみを考えた図書だけを購入するのではなく、外国人も気軽に足を運んで、楽しめる図書の購入も考えることが大切である。図書館は国籍に関わらず県民すべてを魅了するところでなければならないからだ。

62 マンガについて、AとBはどのように述べているか。

1 AもBも、外国人にとって魅力的なメディアだと述べている。

2 AもBも、マンガが本ではないという考えは間違いだと述べている。

3 Aは外国人が日本の文化を理解するのに役立つと述べ、Bは日本人も一緒に楽しめると述べている。

4 Aは外国人が日本社会に関心をもつきっかけになると述べ、Bは外国人も読みやすいと述べている。

63 公共図書館にマンガを置くことについて、AとBはどのように述べているか。

1 AもBも、マンガを通じて日本人の情緒を感じられるからよいと述べている。

2 AもBも、図書館が魅力的な場所になるのでよいと述べている。

3 Aは図書館の活性化につながるのでよいと述べ、Bは外国人の役立つ内容ならよいと述べている。

4 Aは図書の選択は慎重にならざるを得ないと述べ、Bは県民が楽しめるので検討すべきだと述べている。

소요 시간 8분

問題 12　次の文章を読んで、後の問いに対する答えとして最もよいものを、1・2・3・4から一つ選びなさい。

変革のビジョンづくりは、ただ会社を変えようとするだけの仕事ではない。ビジョンづくりの準備段階から魅力に満ちたワークであり、ワクワクしながらおこなうものでなければならない。そのことについて、一橋大学の米倉誠一郎さんとのやりとりを思い出す。

(中略)

正確な再現ではないが、おおよそ次のとおりだ。「電車のポスターで、『非常識がコロンブスにアメリカ大陸を発見させたのだ』というような言葉を見た。あるマーケティングの調査会社の吊り広告だった。コロンブスは、非常識、向こう見ずで航海に出たわけではない。しっかりと研究をして見込みを持ったうえでのことだ。でないとスポンサーや乗組員の説得もできなかっただろう。わたしは、コロンブスは非常識な人間で、向こう見ずの挑戦心が新大陸を発見させたとは思いません。ポスターのコピーは一見かっこいいが、違うんだよ」と。

向こう見ずな非常識が偉大なことを成し遂げさせるとなると、世の偉人はみな非常識な人間だったということになる。たしかに、創造的なひとにはどこか非常識、あるいは向こう見ずの挑戦心の側面も少なからずあるだろう。だけど非常識の塊だけのような人間が偉大なことを成し遂げるというのは大きな見当違いだ。コロンブスでいちばん重要なことは、結果においてアメリカとインドを間違っていたことになるものの、事前の下調べで地球は丸いらしいとか、地の果ては奈落ではなくそのまま水が流れ落ちてはいないらしいとかが分かっていたということだ。それが分かっていなければ、乗組員を募っても説得できるわけがないし、スペインのイザベラ女王を説得して出資者にもなってもらえなかっただろう。

(中略)

ベンチャー・ビジネスの旗手も、突飛なアイデアであっても、これでうまくいくというビジネスプランを理詰めで考えている。そうしたビジネスプランだから資金も集まるし、それならいけそうだと思うから働くひとも出てくる。

ヴァージン・グループ(注)の総帥であるリチャード・ブランソンは、気球をはじめとしたさまざまな冒険で有名になっている。多分に企業宣伝を意識した行動だと思うが、「僕が冒険を好むのは事実だけど、冒険をやる前の学習がいちばん魅力的なんだ」と、言っている。ブランソンの言葉をどう読むかだが、冒険を実行する前には学習が必要ということより、それが魅力的、楽しいと表現しているところに彼の言葉の魅力を感じる。

いざ冒険に旅立つのだけれど、冒険する前には勉強と準備が要る。しかもその勉強と準備はおもしろくない仕事ではなくて、それ自体が魅力的な時間になる。コロンブスも、この青い海の向こうにはインドがある、とワクワクしながら地理を勉強したのだろう。

(金井壽宏『組織変革のビジョン』による)

(注) ヴァージン・グループ(Virgin Group)：イギリスの多国籍企業ならびに複合企業

64 ポスターのコピーは一見かっこいいが、違うんだとあるが、なぜか。

1　コロンブスが行き当たりばったりで航海に出たから

2　コロンブスが周到に準備したうえで航海に出たから

3　コロンブスがスポンサーや乗組員を説得できなかったから

4　コロンブスの情熱が新大陸を発見させたから

65 ベンチャービジネスの旗手について、筆者はどのように述べているか。

1　奇抜なアイディアがなければ失敗するのがおちだ。

2　資金を集めることができるかが成功するポイントだ。

3　綿密な計画がないといくらアイディアがよくても成功しない。

4　優秀な人材によって作られたプランがあれば成功できる。

66 筆者はリチャード・ブランソンの言葉をどのようにとらえているか。

1　冒険を苦にすることなく楽しんでいると言っているのは魅力的だ。

2　冒険の前の学習の大切さを説いているのは楽しく、魅力的だ。

3　冒険をする前に学習をきちんとしているのは魅力的だ。

4　冒険よりもその準備を楽しんでいると述べているのは魅力的だ。

67 この文章で筆者が最も言いたいことは何か。

1　何かを成し遂げるための準備過程も楽しいものだ。

2　きちんと準備と学習していれば失敗しても後悔することはない。

3　偉大なことを成し遂げるには向こう見ずの挑戦心が必要だ。

4　偉人と呼ばれるにはどこか非常識なところがなければならない。

問題 13　右のページは、ある市役所のホームページにある「市民レポーター」の募集案内である。下の問いに対する答えとして最もよいものを、1・2・3・4から一つ選びなさい。

68　次の４人は、全員「市民レポーター」に応募しようと思っている。この中で、「市民レポーター」に応募できるのは誰か。

名前	住所	職業	その他
キムさん	山村市	学生	大学は山村市にある。
カールさん	岩山市	塾講師	塾は山村市にある。
シンさん	岩山市	会社員	会社は山村市にある。2025年１２月に帰国予定。
ポールさん	山村市	会社員	会社は東山市にある。2025年３月１５日から２５日までしばらく出国予定。

1　キムさん
2　カールさん
3　シンさん
4　ポールさん

69　「市民レポーター」に応募する人が、2025年２月２５日(火)までに必ずしなければならないことは何か。

1　申込書、志望理由書をメールで提出する。
2　申込書、志望理由書を持参して提出する。
3　申込書、志望理由書、写真をメールで提出する。
4　申込書、志望理由書、写真を持参して提出する。

山村市市民レポーター募集について

この度、地域の魅力を発信していくため、山村市観光ポータルサイトを開設します。本サイトでは行政からの情報発信だけでなく、市民の方による山村市の隠れた魅力や身近な情報を発信していくため、市民レポーターを募集いたします。

【活動内容】

地域の身近な話題(自然・文化・食・スポーツなど)や地域でのイベント内容について、取材を行い、情報(写真と文章)をメールで提供していただきます。

【任期】

2025年４月～2026年３月(1年間)

【謝礼】

謝礼(年額10,000円)と記念品を差し上げます。

【応募資格】

任期中を通じて、以下のⓐ~ⓒの条件をすべて満たす方。

ⓐ社会人の方(年齢不問)、外国人の方も歓迎します。

ⓑ山村市内に在住、または、山村市にある事業所に勤めている方。

ⓒ2025年３月２１日(金)に山村市役所で行われる事前説明会に出席できる方。

【応募方法】

市役所観光課にメールで(１)(２)をご提出ください。(2025年２月２５日(火)締め切り)折り返し、面接日についてはご連絡いたします。面接では写真を使ったプレゼンテーションもしていただきます。必ず(３)をご持参ください。

(１) 申込書

ホームページよりダウンロードし、必要事項を記載してください。

(２) 志望理由書

書式自由。山村市民レポーターに応募した理由を400字程度で書いてください。

(３) 写真(テーマ「あふれる山村市の魅力」身近な話題(自然・文化・食・スポーツなど)や地域でのイベントなど)

面接時、現住所及び勤務地を確認しますので、運転免許等確認できるものをご持参ください。

【その他】

市民レポーターの活動中の事故については、補償できません。ボランティア保険への加入をお勧めしております。(自己負担)

お問い合わせ：山村市役所　観光課　032 - 987 - 6543/kankouka@yamamura.jp

Listening

問題用紙

N1

聴解

(60分)

注　意

Notes

1.　試験が始まるまで、この問題用紙を開けないでください。
Do not open this question booklet until the test begins.

2.　この問題用紙を持って帰ることはできません。
Do not take this question booklet with you after the test.

3.　受験番号と名前を下の欄に、受験票と同じように書いてください。
Write your examinee registration number and name clearly in each box below as written on your test voucher.

4.　この問題用紙は、全部で 13 ページあります。
This question booklet has 13 pages.

5.　この問題用紙にメモをとってもかまいません。
You may make notes in this question booklet.

受験番号　Examinee Registration Number	

名前　Name	

문제1

기본 MP3 | 배속 MP3 | 시험장 MP3 | 청해 무료 해설 강의

問題《もんだい》 1

問題《もんだい》1では、まず質問《しつもん》を聞《き》いてください。それから話《はなし》を聞《き》いて、問題用紙《もんだいようし》の1から4の中《なか》から、最《もっと》もよいものを一《ひと》つ選《えら》んでください。

例《れい》

1　欠《か》けたところを探《さが》す。

2　修理専用《しゅうりせんよう》テープで修理《しゅうり》する。

3　無《な》くなったページを確認《かくにん》する。

4　破《やぶ》れた本《ほん》を図書館《としょかん》に持《も》って行《い》く。

1番《ばん》

1 中止《ちゅうし》の案内《あんない》をホームページにのせる。

2 講演者《こうえんしゃ》に時間《じかん》の延長《えんちょう》を頼《たの》む。

3 代《か》わりの講演者《こうえんしゃ》を探《さが》す。

4 空《あ》いた時間《じかん》にすることを決《き》める。

2番《ばん》

1 主張《しゅちょう》の部分《ぶぶん》を書《か》き直《なお》す。

2 背景《はいけい》の部分《ぶぶん》を加《くわ》える。

3 現状分析《げんじょうぶんせき》の部分《ぶぶん》を加《くわ》える。

4 まとめの部分《ぶぶん》を書《か》き直《なお》す。

3番《ばん》

1 売《う》れ行《ゆ》きが悪《わる》い靴《くつ》を選《えら》んでおく。

2 人気《にんき》がある靴《くつ》を選《えら》んでおく。

3 季節《きせつ》にあっている靴《くつ》を選《えら》んでおく。

4 季節外《きせつせつはず》れの靴《くつ》を選《えら》んでおく。

4番《ばん》

1 資料《しりょう》を各学部《かくがくぶ》に届《とど》ける。

2 訂正《ていせい》の部分《ぶぶん》をリストにする。

3 資料《しりょう》を訂正《ていせい》して作《つく》り直《なお》す。

4 資料《しりょう》をそのまま配布《はいふ》する。

5番《ばん》

1 自分《じぶん》のメールで確認《かくにん》する。

2 会社《かいしゃ》ホームページで確認《かくにん》する。

3 採用担当者《さいようたんとうしゃ》に電話《でんわ》する。

4 会社採用《かいしゃさいよう》サイトで問《と》い合《あ》わせする。

6番《ばん》

1 入学案内《にゅうがくあんない》の表紙《ひょうし》のデザインを変更《へんこう》する。

2 業者《ぎょうしゃ》に表紙《ひょうし》デザインを依頼《いらい》する。

3 優秀作品《ゆうしゅうさくひん》を各学科《かくがっか》から集《あつ》める。

4 新設学科紹介《しんせつがっかしょうかい》の概要《がいよう》を作成《さくせい》する。

問題《もんだい》2

問題《もんだい》2では、まず質問《しつもん》を聞《き》いてください。そのあと、問題用紙《もんだいようし》のせんたくしを読《よ》んでください。読《よ》む時間《じかん》があります。それから話《はなし》を聞《き》いて、問題用紙《もんだいようし》の1から4の中《なか》から、最《もっと》もよいものを一《ひと》つ選《えら》んでください。

例《れい》

1 操作《そうさ》ミスによる事故《じこ》

2 コンピューターの判断《はんだん》ミス

3 事故時《じこじ》の責任《せきにん》の所在《しょざい》

4 道路《どうろ》システムの整備《せいび》

1番《ばん》

1　仕事《しごと》が正当《せいとう》に評価《ひょうか》されないこと

2　仕事《しごと》とプライベートの線引《せんび》きができないこと

3　社員間《しゃいんかん》のコミュニケーションがうまくとれないこと

4　セキュリティ対策《たいさく》ができていないこと

2番《ばん》

1　緊急用《きんきゅうよう》のライトを作《つく》りたかったから

2　地域《ちいき》に役立《やくだ》つライトを作《つく》りたかったから

3　楽《たの》しめるライトを作《つく》りたかったから

4　電気《でんき》が不要《ふよう》なライトを作《つく》りたかったから

3番《ばん》

1　島《しま》でのびのび過《す》ごしてほしいから

2　自立心《じりつしん》を養《やしな》ってほしいから

3　勉強《べんきょう》に集中《しゅうちゅう》しやすい環境《かんきょう》だから

4　将来《しょうらい》家族《かぞく》で島《しま》に住《す》む予定《よてい》だから

4番《ばん》

1　発見《はっけん》されたときの状態《じょうたい》がよいこと

2　写真《しゃしん》の裏《うら》にサインがしてあること

3　人々《ひとびと》の日常《にちじょう》を撮《と》ったものであること

4　観光名所《かんこうめいしょ》を撮《と》ったものであること

5番《ばん》

1　商品説明《しょうひんせつめい》が足《た》りないから

2　デザインが今《いま》の流行《りゅうこう》と違《ちが》うから

3　カバンが目《め》立《だ》たないから

4　カバンの色《いろ》が古《ふる》くて傷《きず》が多《おお》いから

6番《ばん》

1　会社《かいしゃ》の規模《きぼ》が大《おお》きくなるから

2　売《う》り上《あ》げが好調《こうちょう》だから

3　新《あたら》しい薬《くすり》を開発《かいはつ》したから

4　新《あたら》しい研究拠点《けんきゅうきょてん》ができたから

문제 3

기본 MP3 배속 MP3 시험장 MP3

問題《もんだい》3

問題《もんだい》３では、問題用紙《もんだいようし》に何《なに》も印刷《いんさつ》されていません。この問題《もんだい》は、全体《ぜんたい》としてどんな内容《ないよう》かを聞《き》く問題《もんだい》です。話《はなし》の前《まえ》に質問《しつもん》はありません。まず話《はなし》を聞《き》いてください。それから、質問《しつもん》とせんたくしを聞《き》いて、１から４の中《なか》から、最《もっと》もよいものを一《ひと》つ選《えら》んでください。

― メモ ―

문제 4

기본 MP3 배속 MP3 시험장 MP3

問題《もんだい》4

問題《もんだい》4では、問題用紙《もんだいようし》に何《なに》も印刷《いんさつ》されていません。まず文《ぶん》を聞《き》いてください。それから、それに対《たい》する返事《へんじ》を聞《き》いて、1から3の中《なか》から、最《もっと》もよいものを一《ひと》つ選《えら》んでください。

— メモ —

문제 5

기본 MP3 배속 MP3 시험장 MP3

問題《もんだい》5

問題《もんだい》5では、長《なが》めの話《はなし》を聞《き》きます。この問題《もんだい》には練習《れんしゅう》はありません。問題用紙《もんだいようし》にメモを取《と》ってもかまいません。

1番《ばん》、2番《ばん》

問題用紙《もんだいようし》に何《なに》も印刷《いんさつ》していません。まず話《はなし》を聞《き》いてください。それから質問《しつもん》とせんたくしを聞《き》いて、1から4の中《なか》から、最《もっと》もよいものを一《ひと》つ選《えら》んでください。

― メモ ―

3番《ばん》

まず話《はなし》を聞《き》いてください。それから、二《ふた》つの質問《しつもん》を聞《き》いて、それぞれ問題用紙《もんだいようし》の1から4の中《なか》から、最《もっと》もよいものを一《ひと》つ選《えら》んでください。

質問《しつもん》1

1　講座《こうざ》1番《ばん》

2　講座《こうざ》2番《ばん》

3　講座《こうざ》3番《ばん》

4　講座《こうざ》4番《ばん》

質問《しつもん》2

1　講座《こうざ》1番《ばん》

2　講座《こうざ》2番《ばん》

3　講座《こうざ》3番《ばん》

4　講座《こうざ》4番《ばん》

정답 p.414

초단기 합격 프로젝트!

진짜 한 권으로 끝내는 JLPT N1

실전 모의고사 제2회

Language Knowledge (Vocabulary/Grammar) ·Reading

問題用紙

N1

言語知識（文字・語彙・文法）・読解

(110分)

注　意

Notes

1.　試験が始まるまで、この問題用紙を開けないでください。
Do not open this question booklet until the test begins.

2.　この問題用紙を持って帰ることはできません。
Do not take this question booklet with you after the test.

3.　受験番号と名前を下の欄に、受験票と同じように書いてください。
Write your examinee registration number and name clearly in each box below as written on your test voucher.

4.　この問題用紙は、全部で 31 ページあります。
This question booklet has 31 pages.

5.　問題には解答番号の 1 、 2 、 3 … が付いています。解答は、解答用紙にある同じ番号のところにマークしてください。
One of the row numbers 1 , 2 , 3 … is given for each question. Mark your answer in the same row of the answer sheet.

受験番号　Examinee Registration Number	

名前　Name	

제2회 실전 모의고사

제2회 실전 모의고사
해설서 PDF

소요 시간 2분

問題 1 ＿＿＿の言葉の読み方として最もよいものを、1・2・3・4から一つ選びなさい。

1 加藤さんは昔を回顧して、涙をこぼした。⑱

1 かいこう　　2 かいこ　　3 かいそう　　4 かいそ

2 コメを研いで、電気炊飯器に入れた。

1 そいで　　2 こいで　　3 といで　　4 はいで

3 畑に農薬を散布しているところです。

1 さんぽ　　2 さんぷ　　3 さつふ　　4 さっぷ

4 彼は奇妙な表情を浮かべて私を凝視していた。

1 きょうじ　　2 ぎょうし　　3 こうじ　　4 こうし

5 夕日に映える富士山がとても美しい。⑲

1 ひえる　　2 ほえる　　3 うえる　　4 はえる

6 彼はちょっと転んで擦りむいただけで、仰々しく包帯を巻いている。

1 こうこうしく　　2 ごうごうしく
3 ぎょうぎょうしく　　4 きょうきょうしく

問題 2 (　　　) に入れるのに最もよいものを、1・2・3・4 から一つ選びなさい。

7 P社は、優秀な社員の (　　　) を食い止める策を考えている。⑯

1 進捗　　2 発散　　3 流出　　4 転嫁

8 新型ウイルスが (　　　) につながらないように個人衛生やマスク着用を徹底した。

1 パンデミック　　2 エキスパート　　3 トラウマ　　4 ネック

9 うちは片働きなので、できるかぎり (　　　) 生活をしている。

1 打ち切った　　2 切り出した　　3 打ち消した　　4 切り詰めた

10 橋本さんは社長の前で (　　　) と言いたいことを言った。

1 ごちゃごちゃ　　2 ずけずけ　　3 ごしごし　　4 じろじろ

11 仕事を終えたら (　　　) 解散してもいいです。

1 適宜　　2 適合　　3 本意　　4 創意

12 仕事で嫌なことがあったので、酒で気持ちを (　　　)。

1 こしらえた　　2 とぼけた　　3 紛らした　　4 燃やした

13 彼は電話で誰かと話ができるほど英語が (　　　) ではない。

1 達者　　2 上達　　3 達人　　4 上品

소요 시간 3분

問題 3 ＿＿＿＿＿の言葉に意味が最も近いものを、1・2・3・4から一つ選びなさい。

14 束の間の出来事だった。⑱

1 類を見ない　　2 一瞬の　　3 悠久の　　4 忘れられない

15 彼のデートの誘いにしぶしぶ出かけた。

1 思わず　　2 にわかに　　3 いそいで　　4 やむを得ず

16 そのウェブサイトは私をブロックした。

1 遮った　　2 促した　　3 催した　　4 遠ざけた

17 彼は子供の頃、利発だと言われた。

1 賢い　　2 大人しい　　3 荒っぽい　　4 明るい

18 今は、課長の判断に仰ぐしかない。

1 信じる　　2 依存する　　3 待つ　　4 尊ぶ

19 彼は細やかな作業に堪能だ。

1 粘りがある　　2 意欲的だ　　3 不器用だ　　4 才能がある

소요 시간 5분

問題 4　次の言葉の使い方として最もよいものを、1・2・3・4から一つ選びなさい。

20　矢先

1　出かけようとした矢先に、雨が降り出した。

2　お昼休みのベルが鳴ると、矢先に教室を飛び出した。

3　せっかちな彼は矢先に、会場に着いて待っていた。

4　車で1時間ほど走ると、矢先にようやく建物が見えた。

21　はがゆい

1　みんなの前でほめられてなんだかはがゆかった。

2　失敗ばかりしている部下がはがゆくてならない。

3　親友であった彼が何も言わずに引っ越してしまい、はがゆかった。

4　どうぞと言われてもいないのにはがゆく上がりこんだ。

22　躍起

1　躍起を抑えきれない青少年の犯罪が増えている。

2　終電に乗り遅れてしまい友人の家に一晩躍起になった。

3　「亡くなる」は「死ぬ」の躍起な表現である。

4　彼は借金を返済するために、躍起になって働いた。

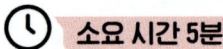

23 境遇

1 彼女はつらく苦しい境遇にもめげず、自分の夢を叶えた。

2 伝統と文化の保護を境遇とした都市づくりを進める。

3 育児ノイローゼが原因で離婚にいたる境遇もある。

4 UFOに境遇したことがあるけれど誰も信じてくれないと思う。

24 もじもじ

1 飲みすぎ、食べすぎで胸がもじもじする。

2 試験の成績発表の日みんなもじもじしている。

3 木村さんは言いにくそうにもじもじしている。

4 子供がもじもじ言いながらしつこくねだっている。

25 つまずく

1 彼女は石につまずいて、足首をひねってしまった。

2 学校の使命は子供を健全につまずくことにある。

3 飛ぶ鳥を落とす勢いの彼の前で気をつまずいた。

4 どこか悪いのか、子供は苦しそうにつまずいている。

소요 시간 12분

問題 5　次の文の（　　　）に入れるのに最もよいものを、1・2・3・4から一つ選びなさい。

26　認知症患者の介護は家族全員の力（　　　）なかなか困難なことです。

1　をものともせず　　2　にしてみると

3　にたえない　　4　をもってしても

27　今の会長が来月任期満了で引退します。（　　　）新しい会長を選ぶために候補者を上げることになりました。

1　つきましては　　2　もっとも　　3　ところで　　4　かつ

28　あの学生はレポート（　　　）いつもきちんと提出するが、成績はかんばしくない。⑲

1　ぐらいは　　2　こそ　　3　だけに　　4　ばかり

29　A「何考えてるの。今、出発しないと、間に合わないよ。」⑱
B「（　　　）そんなに急がなくてもいいだろう。いつも急かせる。」

1　はたして　　2　どうせ　　3　なにも　　4　いっさい

30　彼は激辛カレーを一口食べるなり、「こんな辛いカレー（　　　）。」と言いながらも食べる手を止めない。

1　食べられたもんじゃない　　2　食べるだけのことはある

3　食べられないわけではない　　4　食べるまでもない

31 A「今度、高級マンション購入したんだって？」
B「いや。高級（　　　　）けれど、ちょっと無理したよ。」㉕

1　というほどじゃない　　2　ぐらいのものだ
3　でなくもない　　4　だけのことはある

32 年配の男性が電車の中で二人分の席を（　　　　）。

1　とるわけにはいかない　　2　とるにたえない
3　とってはばからない　　4　とらずにはいられない

33 一年頑張った（　　　　）昇進もしたので、１２月のボーナスが入ったら高い鞄を自分へのご褒美に買いたい。

1　ことだし　　2　こととて　　3　ことにして　　4　とかで

34 (メールで)
先日の打ち合わせでのご意見を参考にして、資料を修正しました。修正後の資料のご確認をお願いするため、ご連絡差し上げた（　　　　）です。㉑

1　こと　　2　始末　　3　次第　　4　まで

35 車の窓越しに広がる夕暮れの風景が、まるで絵である（　　　　）美しかった。㉔

1　がごとく　　2　からといって　　3　がゆえに　　4　とあって

소요 시간 6분

問題６　次の文の ＿★＿ に入る最もよいものを、1・2・3・4から一つ選びなさい。

(問題例)　この前、君に貸してあげたお金１０万円いつ返してもらえる？全額

＿＿＿＿ ＿＿★＿＿ ＿＿＿＿ ＿＿＿＿ ５万円だけでも返してほしいよ。

1　とは　　2　までも　　3　言えない　　4　せめて

(解答のしかた)

1.正しい文はこうです。

> この前、君に貸してあげたお金１０万円いつ返してもらえる？全額
>
> ＿＿＿＿ ＿＿★＿＿ ＿＿＿＿ ＿＿＿＿ ５万円だけでも返してほしいよ。
>
> 1　とは　3　言えない　2　までも　4　せめて

2.＿★＿に入る番号を解答用紙にマークします。

(解答用紙)

(例)	①　②　●　④

36　姿勢が悪いことを ＿＿＿＿ ＿＿＿＿ ＿＿★＿＿ ＿＿＿＿ 、ダメだった。⑯

1　私なりに　　2　つもりだったが

3　先生に注意されて　　4　やるだけのことはやった

37　これまでにない歌を作ろうと思い、五線紙の上に音符を ＿＿＿＿ ＿＿＿＿ ＿＿＿＿ ＿＿★＿＿ 、ついに完成させた。⑰

1　数百回　　2　直し　　3　描いちゃ　　4　練り上げて

38　短期的な結果を出せる研究だけに注目し、奨励しがちな時代において ____ ____ __★__ ____ ノーベル賞の授賞者がとりわけ多い。

1　国には　　2　成功数や目先の結果よりも

3　将来性を見据えながら　　4　持続的な支援を続けている

39　人間の多くは膨らみすぎた ____ ____ __★__ ____ 絶えざる欲求不満に悩まされるという不幸な状態に陥っている。

1　日々を楽しく過ごせる　　2　ゆえに

3　欲望　　4　どころか

40　何かに挑んで失敗するのは ____ __★__ ____ ____ 衝撃が大きく成長はおろか挫折してしまうケースもある。

1　努力を重ねた　　2　成長につながるが

3　失敗した時の　　4　末の挑戦の場合は

소요 시간 8분

問題 7　次の文章を読んで、文章全体の趣旨を踏まえて、[41] から [44] の中に入る最もよいものを、1・2・3・4から一つ選びなさい。

ちょっと変わった読書体験

書店で本を選ぶときは、お気に入りの著者や好きなジャンルが基準になるでしょう。

しかし、たまには自分ルールを取っ払い、[41] 本に手を伸ばしてみてください。あなたの世界観は大きく広がります。

いつも行く書店であれば、普段は行かないコーナーに足を運んでみると、自分とは異なる興味をもつ読者が世に一定数いることが実感できます。

なかでも親書や小説なら、関心が、[42] 、何かを与えてくれるかもしれません。このときの読み方としては、必ずしも熟読する必要がありません。

そのままカフェに移動し、３色ボールペンでキーワードをチェックしつつ、３０分でとばし読みしてしまって大丈夫。それだけでこの「ミッション」はもう完了です。

ちなみに、「パッと見買い」した本が、その時のあなたにとって「ハズレ」だった場合でも、気にする必要はありません。無縁(注)だった知識に、[43] 触れたその体験は、きっとあなたの頭と心に残ります。

ひょっとしたら、３年後のあなたの思考と結びついて、何かを芽生えさせてくれるかもしれません。ハズレを引いたらそれはそれ。ちょっと変わった読書体験だったと楽しむ余裕を、[44] 。

（「本当に頭のいい人がやっている思考習慣100」斉藤孝）

(注) 無縁：関係がないこと

41

1 気がもめたことがなかった
2 気にしたことがなかった
3 気に触れたことがある
4 気兼ねすることがある

42

1 あるのやらないのやら
2 あったらあったで
3 あろうがなかろうが
4 あるなりなんなり

43

1 やたらに
2 無理にでも
3 無用に
4 むやみに

44

1 もつものです
2 もちたいことです
3 もちたいものです
4 もつということです

問題 8　次の(1)から(4)の文章を読んで、後の問いに対する答えとして最もよいものを、1・2・3・4から一つ選びなさい。

(1)

青年期には、それが良いことであれ、悪いことであれ、自分にとって魅力的で刺激的に感じるものに対して反応する。そして、家族よりも仲間、友達の影響力が増す。これは、新しいことを学んだり、見つけたりするのには大いに役立ちもする。それに、友達からの強い影響は、良い方向に向く可能性もある。しかし、良い方にも悪い方にも振れ幅が大きくなりがちな青年期であるがために、大きく道を踏み外してしまうと、その後の人生が圧倒的に不利なものになってしまうこともある。

45　筆者は青年期についてどう述べているか。

1　新しいことに魅力を感じるので、何かを学ぶのに有利である。
2　仲間や友達の力に振り回されやすい。
3　友達や仲間に良い方にも悪い方にも影響をされる。
4　今後の人生に不利なものに魅力を感じやすい。

(2)

よく人間関係は鏡写しだといわれる。自分が相手を好きになれば相手も自分を好きになるし、逆もそうだ。よって、相手の良いところを見つければ、相手にも好かれる可能性が高まる。もちろん、長所はそれが事実と異なっているとしても想像した内容で問題ない。重要なのは、相手に興味を持って観察するということだ。相手に興味を持てば、不思議と苦手な人がいなくなっていく。苦手な人との人間関係に悩んでいる人には、是非活用してほしい。

46 人間関係は鏡写しとはどういうことか。

1 相手の長所を想像してみること

2 相手の良いところを見つけること

3 相手を嫌いになれば相手も自分を嫌うこと

4 相手に関心を持つと苦手意識がなくなること

(3)

2025年 2月 19日

村上春子　様

ムーンライト食品の木村でございます。
いつも大変お世話になっております。
本日は突然のご連絡を差し上げますこと、どうかご容赦ください。

実は、弊社にてこのたび料理教室を開設することとなり、現在、総料理長としてご活躍いただけるシェフを探しております。

つきましては、村上先生のご関係の中で、もしご紹介いただけるような方がいらっしゃいましたら、お力添えいただけると幸いです。

求人の詳細につきましては、添付ファイルにてご案内申し上げます。

ご多忙のところ、誠に恐縮ではございますが、何卒よろしくお願い申し上げます。

ムーンライト食品会社　　企画部 木村秀吾

47 このメールで最も伝えたいことは何か。

1　料理教室の総料理長を担当してほしい 。

2　シェフとして働けそうな人の詳しい情報を知らせてほしい。

3　料理教室運営に携わってくれそうな人を紹介してほしい。

4　シェフとして働ける人を推薦してほしい。

(4)

行き詰ったときは、ありとあらゆる方法を試みて解決しようと努力するのもいいが、何も「しない」ことも一つの打開策だ。押したり引いたりするのではなく、逆らわずに流れに委ねて、ともに歩く。そうすることで力み(注)をとって、現状をより広い視野で見られるようになるかもしれない。これまで見えていなかった道が見えることもあるのだ。そして、無理に道を切り開こうとするのではなく、自然に切り開かれた道を選んで進む方が、速く、安全に目的地にたどり着けるときもあるのだ。

(注) 力みをとって：力を抜いて、リラックスして

48 この文章で筆者が言いたいことは何か。

1 現状の流れに身を任せることも必要だ。

2 現状の流れに逆らわず何もしないことが大事だ。

3 自然に道を切り開こうとする努力が必要だ。

4 急いで目的地を目指すよりもゆっくりと進む方がよい。

소요 시간 20분

問題 9　次の(1)から(4)の文章を読んで、後の問いに対する答えとして最もよいものを、1・2・3・4から一つ選びなさい。

(1)

朝起きてから寝る前までに、数多くの情報に出会う。あまりにも多くの情報が入ってきてどれが重要かどうかわからなくなるほどである。それは意識されている事柄よりほとんど意識されない事柄の方が多いでしょう。そんな情報の洪水から必要な部分を取り込んで自分のものにするためには、自分なりの取捨選択が必要である。それなら、吟味すべき情報をいかに見分けられるかという疑問が生じるはずだ。なにより、数多い雑音(情報)の中から肝心なところを見抜くすべを身に付けることだ。

だが、この「肝心なところを見抜く」ということはなかなか難しい。これをいちいち意識していると、すぐ疲れてしまうだろう。まず、人の話や情報をすべて捉えつつ、自分に必要な話題や内容を待っているのだ。興味深い内容が出たら、すかさずメモしたり疑問が浮かぶところを吟味し、内容の核心に深く入り込んでいくのだ。これができれば、普段気づかなかったものに気づくことができるし、聞こえなかったものを聞こえることもできる。

情報の取捨選択が上手な人が見たり聞いたりするのは、ただ入ってくる情報のみならず入ってこなかったことに集中しているのだ。このような方法で情報と向かい合う人は目と耳がいい。すべてを取り込むことは不可能だとよくわかっているので、内容の主旨を見抜き、要点をおさえる。同時にすべてを把握しつつ、核心を探り続けている。

一方、内容とつながりがないところに気をとられて、たわいないことに縛られてしまうと、内容のキーポイントを取り違える恐れがある。結局のところ、情報の核心がつかめないどころか自分に何が必要かわからなくなり、情報の渦に巻き込まれてしまう。いわば「木を見て森を見ず」状態になるのである。

49 筆者によると、情報の取捨選択が上手な人とはどのような人か。

1 必要な情報を簡単にまとめられる人

2 多くの情報の中で疑問点を見出せる人

3 情報の本質をよくつかめる人

4 必要に応じて情報を選べられる人

50 「木を見て森を見ず」とはどういうことか。

1 入ってこない情報に集中して、内容の本質が見出せなくなってしまうこと

2 ささいなことにとらわれ、内容の趣旨を間違って理解しまうこと

3 すべての内容にこだわって、内容の趣旨が分からなくなってしまうこと

4 情報の渦に巻き込まれ、自分の考えを見失ってしまうこと

(2)

赤ん坊というのは立って自由に歩けるようになると、今まで見ていた親の行動の中で、自分も同じようにやりたいなと思っていたことに、どんどんチャレンジするようになる。一見すると単なるいたずらをしているようにしか思えない行為でも、子どもの側からすれば、今までできなかったことができるのが嬉しくて、それを自分で何度も確かめているのである。

クレヨンで部屋中落書きをしたり、外で走り回って泥だらけになって帰ってくる。これらの行動は、大人の側からすれば枠からはみ出した行動かもしれない。なるべくならいたずらをしないでほしいし、素直に親の言うことを聞いてほしいと思うだろう。

こんなとき、頭(注)ごなしに「ダメ!」と叱ってしまいがちであるが、少し待って、考えてみてほしい。この「枠からはみ出している」ということは、あくまで大人の側からみた論理である。親から頭ごなしに否定されると、子どもは自分の「やりたい」という感情を、どうやって処理していいかわからなくなってしまう。

我慢させると我慢強い子になるわけではない。自発的に湧いてくる好奇心や有能感を存分に満たしてあげないと、子どもはかえって欲求不満になってしまうのだ。

こうなると、その欲求不満を無意識の領域に抑圧して、意識にのぼってこないようにしてしまう子も出てくる。そして それが続くと、次第に自分の欲求が何なのか、自分が感じていることが何なのかすらわからなくなってきてしまう。自分で自分の心がわからなくなってしまうのだ。

(山口創『子供の「脳」は肌にある』による)

(注) 頭ごなしに：高圧的に、無条件に

51 赤ん坊が立って歩けるようになると挑み続けるようになるのはなぜか。

1 親の監視から抜け出したいから

2 無意識のうちに体が動き出すから

3 親と同じことができるようになりたいから

4 自力達成の喜びを確認したいから

52 筆者によると、子どもの行動を親が否定し続けるとどうなるか。

1 欲求不満がたまり、反抗的になる。

2 好奇心が抑圧され、やる気を失うようになる。

3 次第に、意識が無意識を抑えるようになる。

4 何をしたいかわからず、無感覚になる。

(3)

統計という言葉を聞くと否定反応を示す人も多い。難解な概念、複雑な計算式、多量の数的データなど、数字や数式の羅列で頭が混乱してしまうというのもうなずける。また、私が勤務する法学部でも、数字そのものに対して苦手意識を持つ学生が多い。だが、統計というものをうまく活用すれば、世の中のさまざまなことが見えてくるのであり、無味乾燥とも思える各種の統計データも、分析次第で、大いに役立つのである。

「数十年前の統計の主な仕事は情報の収穫とその効率的な記述であった。しかし近年の統計の仕事はむしろ情報の分析とその意思決定における利用に重点をおかれている。限られた不確実な情報に基づいて意思決定が行われるとき、この役割は特に重大である」(森《もり》田《た》優三《ゆうぞう》(注1)『新統計概論』日本評論社)という三十年以上前に刊行された統計に関する教科書の序章のくだり(注2)は、現在でも十分あてはまる。

その一方で、統計の基本的な知識を欠いたまま、誤った加工をデータに施し、事実を誤解してしまうケースも少なからず見受けられる。あるいは意図的にデータを悪用して事実をねじ曲げているとしか言いようのないケースもある。メディアや官公庁、企業が提供するさまざまな統計を鵜《う》呑《の》み(注3)にすることで、時として誤った方向へ進んでしまうこともありうるのである。そのような事態を避けるためにも、データの罠に気がつくスキルを、日頃から身に付けて置くことが大切である。

(一川誠『デーたの罠「世論はこうしてつくられる」』による)

(注1) 森《もり》田《た》優三《ゆうぞう》：日本の経済学者(1901~1994)

(注2) くだり：文句

(注3) 鵜《う》呑《の》みにする：そのままうけ入れる

53 この役割とは、どのようなことか。

1 不明な情報を踏まえて効率的かつ正確な事実を見つけること

2 制限された不確かな情報のもとで判断すること

3 世の中の膨大な情報をことごとく処理すること

4 複雑で難解な多量の数的データを分かりやすく活用すること

54 筆者が言いたいことは何か。

1 外部から提供されたデータは事実と異なる部分が多いので注意が必要だ。

2 意図的であろうがなかろうが正しくないデータが流される恐れがある。

3 メディアや官公庁などから発信するデータは事実を誤った方向に導く可能性がある。

4 歪められたデータをそのまま受け入れないためデータを見分ける力が必要だ。

(4)

慢性的な睡眠不足が招く最も恐ろしい健康被害は何かと尋ねられたら、私は迷わず「発癌《はつがん》のリスクが高まることだ」と答えます。ところが、どうも世間では、睡眠と癌とは無関係だと思っている方が多いようです。

(中略)

睡眠と癌《がん》。一見、無関係だと感じられるこの両者を結びつけるキーワードは「免疫機構」です。慢性的な睡眠不足が続けば、免疫力は確実に低下します。そのために発癌のリスクが高まるのです。

実は癌細胞自体は、私たちの身体のなかで毎日、無数に生まれています。健康な人には癌細胞などまったく存在しないと思われているかもしれませんが、それは間違いです。老いも若きも、男性も女性も、生きてさえいれば癌細胞は全身で発生しています。これが、いわゆる「癌の芽」と呼ばれているものです。

(中略)

癌細胞は放置するとどんどん分裂し、大きな塊になります。この段階で初めて悪さをするのです。芽の段階で摘み取ることができれば、何の問題もありません。

(中略)

こうした癌細胞を撃退する方法は、何とも頼もしい免疫システムなのですが、弱点もあります。それが、睡眠不足に弱いことです。充分に睡眠をとらなければ、リンパ球《きゅう》(注)の活性が落ちてしまいます。このため、免疫力も低下してしまうのです。すると、芽のうちに癌細胞を摘み取ることができなくなるため、結果として発癌率が高まるというわけです。

(吉田たかよし『「脳力」をのばす！快適睡眠術』による)

(注) リンパ球《きゅう》：白血球の一種で免疫に関わる細胞

55 それは間違いですとあるが、何が間違いなのか。

1 健常者には癌細胞が発生しないということ

2 いくら健康であっても癌細胞ができるということ

3 日々、たくさんの癌細胞が発生しにくいということ

4 若い男女を問わず誰にも癌ができるということ

56 睡眠不足について、筆者はどのようにとらえているか。

1 癌細胞を放置することになるので発癌の可能性が高くなる。

2 免疫システムが機能しなくなり様々な病気にかかりやすくなる。

3 癌細胞の撃退には問題ないが発癌率が高まってしまう。

4 リンパ球が活性化し癌を撃退できなくなる。

소요 시간 8분

問題 10　次の文章を読んで、後の問いに対する答えとして最もよいものを、1・2・3・4から一つ選びなさい。

経済活動の成果は、人々のあいだにあまねく均等にゆきわたるわけではありません。たとえば賃金という労働所得と土地・家屋・株などを所有したり売却したりすることから得る資産所得との間には大きな差があります。同じ労働所得のなかでも、職種、企業規模、地位、年齢。それに男女間などで、大きな差があるのが現実です。

格差という言葉は、直接の意味としては大きな差ということです。格が違うと言えるほどの大きな差。その表現法にはふた通りのものがあります。所得格差とか資金格差などのように、何についての格差かを言うものです。ふたつ合わせて男女間昇進格差のようにも言います。先程、「直接の意味としては」と限定しました。それはなぜかと言えば、格差とは格の違いを感じさせるほどの大きな差のことを言ってみても、その大きさがどれぐらいなら格差にあたるのかなど、大きさの意味がはっきりしていないからです。

この点の結論を先に言えば、どれぐらいの大きさの差かという点ではなく、どんな性質の差かということが焦点です。個々の主体の努力では埋めにくいような差と言えます。どうして埋めにくいかの原因はさまざまですが、もっとも強力なものは制度の作用でしょう。制度が努力の場や、努力の機会や努力の成果の評価を制約してしまうという作用です。たとえば今日の土地制度とそれに関する税の制度のもとでは、土地資産を持つか持たないかで発生する資産所得の格差を、どのような努力をもってしても労働所得を高めて埋めるかということは不可能です。女性がこうむっているさまざまな制約も実にきびしい。

注意すべきことは、格差には格差を拡大する作用があるということです。たとえば月収の差よりも貯蓄能力の差のほうが大きいのがふつうです。貯蓄額の差は、借金能力の差に拡大される。五百万円を借りるのが限度という家計と二千万円借りてもなんとかやれるという家計では手に入る住宅の資産価値がまったく違う。今までの家を売って新しい家を買うときには、その差はもっと拡大することになってしまいます。

大きいものがますます大きくなり、富《と》める者はますます富《と》ますようになるメカニズムが経済には組み込まれていると言えます。市場メカニズムは部分的にはそのような格差拡大を均《なら》す機能を持っていますが、全体としては市場メカニズムを通じて格差は拡大していきます。市場メカニズムは、強者が勝利するしくみでもあるからです。格差を少しでも縮小していくためには、制度あるいはルールの変更が必要になります。

(岸本重陳「経済のしくみ100話」による)

57 「直接の意味としては」と限定しましたとあるが、なぜ限定したか。

1 格差という言葉の定義がはっきりしてないから

2 格差の大きさの度合いがあいまいだから

3 所得格差と資産格差の大きさが人それぞれだから

4 格差の大きさの意味が誤っているから

58 制度の作用について、筆者はどのように考えているか。

1 労働所得を高める人より土地資産を持っている人に制度が有利に適用される。

2 どんなに頑張っても制度が存在する限り、格差を縮めるのはむずかしい。

3 制度は個々の努力を低く評価する傾向があるので、労働所得が増えにくい。

4 制度は努力の成果に平等な評価をしないため、個人の努力では格差を埋めにくい。

59 筆者の考えに合うのはどれか。

1 格差拡大に歯止めをかけられないのが市場メカニズムの特徴だ。

2 労働所得に対する制度やルールを変更すれば、格差をなくすことができる。

3 市場の仕組みが金持ちはより豊かにし、貧乏人はより貧しくする。

4 所得格差より資産格差にもっと気をつけば、格差がやや縮小できる。

소요 시간 6분

問題 11 次のAとBの文章を読んで、後の問いに対する答えとして最もよいものを、1・2・3・4から一つ選びなさい。

A

「バーンアウト」という言葉を耳にしたことがありますか。バーンアウトは日本語で「燃え尽き症候群」と呼ばれ、それまで熱心に勉強や仕事に邁進していた人が、突然やる気を失ってしまうことを言います。かつては顧客と直接コミュニケーションする職業の人がバーンアウトに陥りやすいとされましたが、最近では職種にかかわらずこの症状が出るリスクがあるようです。特に、頑張り続ける人、完璧主義の人がバーンアウトに陥りやすく、自分にこれらの特徴がないか考えてみてください。バーンアウトにならないためには、どんなに忙しくとも食事や睡眠をしっかりとって、まずはとにかく休息をとる必要があります。まじめに仕事をする人ほど、バーンアウトになりやすいので、仕事とプライベートとのバランスがとれるように心がけましょう。

B

バーンアウト症候群とは、今まで前向きに仕事に臨んだ人が突如やる気を失ってしまう症状です。努力したのに報われなかった場合や、何もやる気が起きなくなってしまう場合もあります。バーンアウトは医療職や福祉職、教師などの対人サービス従業者によく見られると考えられてきました。しかし現在ではこれらの職業に限らず、より多様な職業でみられるとされています。また、年齢や性別で比較してみると若者や女性の方が、バーンアウトしやすい傾向があって、特に年齢については、社会経験の少なさが原因です。経験が少ないと、自分自身や職場環境に必要以上の高い期待を抱いてしまったり、受けたストレスへの適切な対処法が分からないためです。バーンアウトの状態が悪化するとウツ病や適応障害につながってしまう恐れがあります。安易に「バーンアウト」は病気ではないと自己判断せず、少しでも不安があれば医師に相談するようにしましょう。

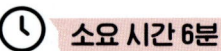

60 AとBの認識で共通していることは何か。

1 バーンアウトは求められる成果以上のものを出そうと頑張り続ける人に発症しやすい。

2 仕事とプライベートの切り替えが難しい人がバーンアウトにつながるリスクがある。

3 特定の職種に限ったことではなく、種々の職業でバーンアウトの症状が生じうる。

4 社会経験が浅く、ストレスに弱い若い人や女性がバーンアウトに陥りやすい。

61 AとBは、バーンアウトの時はどのようにすればいいと述べているか。

1 AもBも、ウツ病など、深刻な状態になる前にケアが何より大切だと述べている。

2 AもBも、やる気が出なく、仕事にストレスがたまった時は相談相手を探したほうがいいと述べている。

3 Aは多忙であろうともきちんと食べて、休む必要があると述べ、 Bは仕事第一主義になりすぎないよう気を使わなければならないと述べている。

4 Aはたっぷり睡眠を取って、リラックスした方がいいと述べ、 Bはこの症状の兆候を感じたら専門家に助言を仰いだ方がいいと述べている。

소요 시간 8분

問題 12　次の文章を読んで、後の問いに対する答えとして最もよいものを、1・2・3・4から一つ選びなさい。

事故は突然、予想もしなかった形で起きる。誰もが起こしたいと思って起きるものではない。想定していなかったことが発生したときに、それに対処できないことで事故になる。遭難原因でもっとも多い道迷いは、現在地に対する自分の思い込みから発生し、気づいたときに引き返すという判断をしなかったことにより事故に至っているケースが非常に多い。

恥ずかしい話、私も道迷いをしかけたことが何度かある。それは、やはり自分の思い込みによるものが多く、登山道が曲がっているところを見落としてしまったミスもある。

ただし、いずれの場合もすぐに「おかしい」と気づき、そのまま前進することをせず、引き返すことでタイムロスや体力の消耗を少なくすることができた。この「おかしい」と感じる感覚がとても重要である。そのためには、事前に周辺の地形を地形図などで把握しておき、周囲の状況、道の状況、傾斜などから本来通るべき登山道と自分が歩いている場所との差異を感じ、あやしいと思ったらすぐに地形図とコンパスを取り出して現在地を確認することだ。

次に多い転倒・滑落にしても、漫然と歩いていたり、いい加減に足を置いたりして、自分が思った以上に岩が濡れていたり、足場が安定していなかったりしたときに、それに対応できる身体能力がないことでバランスを崩すのが原因だ。これらの事故を防ぐためには、第一に体力をつけること、第二に余裕のある計画を立てること、第三にいい加減に足を置かないことである。

(中略)

これらを徹底すれば、転倒や滑落をすることはまずないだろう。

気象遭難においてもこれらの事故と同じように、想定外の状況に遭遇したときに起きている。もちろん、気象状況を100パーセント予想することなど誰にもできない。ただし「よい場合はこれくらい、悪い場合はこれくらい」とある程度、幅を持って予想することはできる。悪い場合に備えてリスクを想定し、それに対処できる準備をしていくことが大切なのだ。

(中略)

登っているときは、誰もが「自分だけは大丈夫」と大なり小なり思っているものだ。

私も学生時代に富士山で滑落事故を起こすまではそう思っていた。山の事故は交通事故と似た面がある。交通事故もみな「自分だけは大丈夫」と思っていて、起こしたときに初めてそれが間違いだとわかる。

ところが、登山も交通事故も初めての事故が死亡事故につながっては取り返しがつかない。だから、登山前に「想定外」を極力少なくする努力をし、万が一「想定外」が起きたときに、それに対処できる方法を身につけるのがもっともリスクを少なくする方法だ。

(猪熊隆之「山の天気にだまされるな！」による)

62 道迷いが起きる原因として合っているのはどれか。

1 地図やコンパスを持ち合わせなくて道に迷った時に対処できないから

2 一度通った道だと思い込んでしまい現在地を確認することなく進むから

3 事前に周囲や道の状況をきちんと確認することなく進むから

4 正しい道を進んでいると決めてかかり、間違えに気づいても戻らずに進むから

63 山の事故は交通事故と似た面があるとあるが、どのような点が似ていると筆者は述べているか。

1 死亡事故につながる可能性が高い点

2 滑落事故が起こりやすい点

3 油断したときに事故が起こりやすい点

4 想定外の事故が頻繁に起こる点

64 この文章で筆者が言いたいことは何か。

1 山での事故はある程度予測が可能であるため事前に想定しておくことが必要だ。

2 山に登る前準備をきちんとし万一事故が起きても対処できるようにしておくべきだ。

3 想定外の事故が起きたときは自分勝手に判断せず救助隊をじっと待つべきだ。

4 山での事故は想定不可能であるため事故が起きた時の対処法を日ごろから心得ておくべきだ。

問題 13　右のページは、ある農業体験ののサイトの案内である。下の問いに対する答えとして最もよいものを1・2・3・4から一つ選びなさい。

65　ミロさんは畑の土づくりの作業をするボランティアに参加したいと考えている。参加するためにはどうしなければならないか。

1　4月1日の2週間前までに申し込み、3月13日と14日の説明会に参加する。

2　4月1日の2週間前までに申し込み、3月13日か14日の説明会に参加する。

3　3月14日の2週間前までに申し込み、3月13日と14日の説明会に参加する。

4　3月13日の2週間前までに申し込み、3月13日か14日の説明会に参加する。

66　ヘナさんは以前ふかみ農場のボランティアに2回参加した経験があって、今度は夫と一緒にあさか農場のボランティアとして参加するつもりで、収穫した農作物を持って帰りたいと考えている。この場合、ヘナさんが体験の当日、いくら支払わなければならないか。

1　600円

2　800円

3　1000円

4　1200円

南丘市農業農場の2026年ボランティア募集

農家の作業を手伝ったりしてくださるボランティアを募集しています。

① ふかみ農場	花を植えたり、草取りなどの作業を行います。
開催期間：2026年　１０月１日～１１月３０日 活動時間：毎週土曜　10時～１２時	

② あさか農場	野菜の種をまいたり、苗の植え付けから作物の手入れ、収穫までの作業を行います。
開催期間：2026年 ４月１日～5月３０日 活動時間：毎週金曜　10時～１２時	

③ タンポポ農場	農作物の選定作業、野菜の種まきや土づくりの作業を行います。
開催期間：2026年 ４月１日～５月３０日 活動時間：毎週木曜　９時～１１時	

※ ①、②のボランティアに２回以上参加した方は農園から収穫した農作物の持ち帰りができます。(持ち帰りを希望する時： 活動当日 一人当たり２００円支払う。)

- **説明会**

① ふかみ農場：2026年　９月１１日(金)、１２日(土) １１時～１２時

② あさか農場：2026年　３月２０日(金)、２１日(土) １１時～１２時

③ タンポポ農場：2026年　３月１３日(金)、１４日(土) １１時～１２時

※ 必ず、いずれかの日にご参加ください。

- **申込み方法**

以下を明記の上、ホームページでお申し込みください。

※ 閉め切り：①は説明会開催１日目の１週間前、②と③は 説明会開催１日目の２週間前

- **参加費用**

①の体験は３００円、②と③の体験は４００円

(活動当日にお支払ください。)

南丘市農業農場

電話：030－778－1215

http://www.city.minamioka.lg.jp htm

Listening

問題用紙

N1

聴解
(60分)

注　意
Notes

1. 試験が始まるまで、この問題用紙を開けないでください。
Do not open this question booklet until the test begins.

2. この問題用紙を持って帰ることはできません。
Do not take this question booklet with you after the test.

3. 受験番号と名前を下の欄に、受験票と同じように書いてください。
Write your examinee registration number and name clearly in each box below as written on your test voucher.

4. この問題用紙は、全部で 13 ページあります。
This question booklet has 13 pages.

5. この問題用紙にメモをとってもかまいません。
You may make notes in this question booklet.

受験番号　Examinee Registration Number	

名前　Name	

문제1

기본 MP3 배속 MP3 시험장 MP3

問題《もんだい》1

問題《もんだい》1では、まず質問《しつもん》を聞《き》いてください。それから話《はなし》を聞《き》いて、問題用紙《もんだいようし》の1から4の中《なか》から、最《もっと》もよいものを一《ひと》つ選《えら》んでください。

例《れい》

1 欠《か》けたところを探《さが》す。

2 修理専用《しゅうりせんよう》テープで修理《しゅうり》する。

3 無《な》くなったページを確認《かくにん》する。

4 破《やぶ》れた本《ほん》を図書館《としょかん》に持《も》って行《い》く。

1番《ばん》

1　仕《し》入《い》れ食品《しょくひん》を片付《かたづ》ける。

2　肉《にく》にパンを塗《まぶ》す。

3　肉《にく》たたきをする。

4　賞味期限《しょうみきげん》が切《き》れた食品《しょくひん》を捨《す》てる。

2番《ばん》

1　参加費《さんかひ》を準備《じゅんび》する。

2　健康確認書《けんこうかくにんしょ》を持参《じさん》する。

3　身分証《みぶんしょう》を持参《じさん》する。

4　ジャージなどを用意《ようい》する。

3番《ばん》

1 取引先《とりひきさき》への製品発注《せいひんはっちゅう》

2 顧客《こきゃく》への電話応対《でんわおうたい》

3 取引先《とりひきさき》へのメール確認《かくにん》

4 取引先《とりひきさき》への代金《だいきん》支払《しはら》い

4番《ばん》

1 工事費《こうじひ》の値下《ねさ》げを検討《けんとう》する。

2 資材会社《しざいがいしゃ》とコスト交渉《こうしょう》をする。

3 取引先《とりひきさき》に完成時期《かんせいじき》の希望《きぼう》を聞《き》く。

4 図書館《としょかん》の工事《こうじ》の予定《よてい》を確認《かくにん》する。

5番《ばん》

1　他《ほか》の部署《ぶしょ》の人《ひと》からアイディアを出《だ》してもらう。

2　リストアップしてある案《あん》から三《みっ》つに絞《しぼ》る。

3　他社《たしゃ》の類似《るいじ》広告《こうこく》の資料《しりょう》を調《しら》べる。

4　社員《しゃいん》を対象《たいしょう》にアンケートの調査《ちょうさ》を行《おこな》う。

기본 MP3 배속 MP3 시험장 MP3

問題《もんだい》2

問題《もんだい》2では、まず質問《しつもん》を聞《き》いてください。そのあと、問題用紙《もんだいようし》のせんたくしを読《よ》んでください。読《よ》む時間《じかん》があります。それから話《はなし》を聞《き》いて、問題用紙《もんだいようし》の1から4の中《なか》から、最《もっと》もよいものを一《ひと》つ選《えら》んでください。

例《れい》

1 操作《そうさ》ミスによる事故《じこ》

2 コンピューターの判断《はんだん》ミス

3 事故時《じこじ》の責任《せきにん》の所在《しょざい》

4 道路《どうろ》システムの整備《せいび》

1番《ばん》

1　ストーリーの展開《てんかい》に引《ひ》き込《こ》まれるから

2　３０年前《ねんまえ》を背景《はいけい》にしたから

3　昔《むかし》の様子《ようす》をうまく表現《ひょうげん》しているから

4　多《おお》くの小説《しょうせつ》をもとに書《か》いたから

2番《ばん》

1　元来《がんらい》、繊維会社《せんいがいしゃ》であったこと

2　建築家の唯一な企業の建物であること

3　壁《かべ》の仕《し》上《あ》がりがユニークであること

4　建物《たてもの》の詳《くわ》しい設計図《せっけいず》が見《み》れること

3番《ばん》

1 長時間《ちょうじかん》書《か》いても疲《つか》れない。

2 文字《もじ》がぶれずに書《か》ける。

3 価格《かかく》が上《あ》がった。

4 振《ふ》るだけで芯《しん》がでる。

4番《ばん》

1 自分《じぶん》で課題《かだい》を見《み》つけ出《だ》す人《ひと》

2 即戦力《そくせんりょく》がある人《ひと》

3 業務経験《ぎょうむけいけん》が豊《ゆた》かなベテランの人《ひと》

4 やる気《き》がある人《ひと》

5番《ばん》

1　社員《しゃいん》の結束《けっそく》をはかること

2　仕事《しごと》のストレスを癒《いや》すこと

3　社内《しゃない》のトイレを清潔《せいけつ》に保《たも》つこと

4　会社《かいしゃ》のイメージを高《たか》めること

6番《ばん》

1　マーケティング戦略《せんりゃく》が悪《わる》かったこと

2　商品《しょうひん》の容器《ようき》が悪《わる》かったこと

3　商品名《しょうひんめい》が悪《わる》かったこと

4　売《う》り方《かた》が悪《わる》かったこと

문제 3

기본 MP3 배속 MP3 시험장 MP3

問題《もんだい》3

問題《もんだい》3では、問題用紙《もんだいようし》に何《なに》も印刷《いんさつ》されていません。この問題《もんだい》は、全体《ぜんたい》としてどんな内容《ないよう》かを聞《き》く問題《もんだい》です。話《はなし》の前《まえ》に質問《しつもん》はありません。まず話《はなし》を聞《き》いてください。それから、質問《しつもん》とせんたくしを聞《き》いて、1から4の中《なか》から、最《もっと》もよいものを一《ひと》つ選《えら》んでください。

— メモ —

問題《もんだい》4

問題《もんだい》4では、問題用紙《もんだいようし》に何《なに》も印刷《いんさつ》されていません。まず文《ぶん》を聞《き》いてください。それから、それに対《たい》する返事《へんじ》を聞《き》いて、1から3の中《なか》から、最《もっと》もよいものを一《ひと》つ選《えら》んでください。

— メモ —

문제 5

기본 MP3 배속 MP3 시험장 MP3

問題《もんだい》5

問題《もんだい》5では、長《なが》めの話《はなし》を聞《き》きます。この問題《もんだい》には練習《れんしゅう》はありません。問題用紙《もんだいようし》にメモを取《と》ってもかまいません。

1番《ばん》

問題用紙《もんだいようし》に何も印刷《いんさつ》していません。まず話《はなし》を聞《き》いてください。それから質問《しつもん》とせんたくしを聞《き》いて、1から4の中《なか》から、最《もっと》もよいものを一《ひと》つ選《えら》んでください。

― メモ ―

2番《ばん》

まず話《はなし》を聞《き》いてください。それから、二《ふた》つの質問《しつもん》を聞《き》いて、それぞれ問題用紙《もんだいようし》の1から4の中《なか》から、最《もっと》もよいものを一《ひと》つ選《えら》んでください。

質問《しつもん》1

1　ココ

2　モカ

3　プリンス

4　ブルースカイ

質問《しつもん》2

1　ココ

2　モカ

3　プリンス

4　ブルースカイ

정답 p.415

진짜 한 권으로 끝내는 JLPT N1

실전 모의고사 제3회

Language Knowledge (Vocabulary/Grammar) ·Reading

問題用紙

N1

言語知識（文字・語彙・文法）・読解
（110分）

注　意
Notes

1.　試験が始まるまで、この問題用紙を開けないでください。
Do not open this question booklet until the test begins.

2.　この問題用紙を持って帰ることはできません。
Do not take this question booklet with you after the test.

3.　受験番号と名前を下の欄に、受験票と同じように書いてください。
Write your examinee registration number and name clearly in each box below as written on your test voucher.

4.　この問題用紙は、全部で31ページあります。
This question booklet has 31 pages.

5.　問題には解答番号の[1]、[2]、[3] … が付いています。解答は、解答用紙にある同じ番号のところにマークしてください。
One of the row numbers [1], [2], [3]… is given for each question. Mark your answer in the same row of the answer sheet.

受験番号　Examinee Registration Number	

名前　Name	

제3회 실전 모의고사

제3회 실전 모의고사 해설서 PDF

소요 시간 2분

問題 1 ＿＿＿の言葉の読み方として最もよいものを、1・2・3・4から一つ選びなさい。

1 彼女は、自分の闘病生活の克明な記録を残している。⑫

1 きょくみょう　2 きょくめい　3 こくめい　4 こうみょう

2 会議で社長の意見に異を唱える社員が多かった。⑮

1 となえる　2 へだてる　3 ひかえる　4 うったえる

3 家で代々引き継がれてきた骨董品の鑑定を受けてみた。⑯

1 かんじょう　2 かんてい　3 がんてい　4 がんじょう

4 彼は都会から離れ、隠遁生活をしています。

1 おんとん　2 いんどん　3 おんどん　4 いんとん

5 月単位で契約する駐車場のことを月極駐車場と言います。

1 げっきょく　2 つきぎめ　3 つきぎわめ　4 げつごく

6 市の体育館は予約すれば随時利用可能である。⑮

1 ずうじ　2 ずいじ　3 すいじ　4 すうじ

소요 시간 4분

問題 2 （　　　）に入れるのに最もよいものを、1・2・3・4から一つ選びなさい。

7　サッカー試合が進むにつれて、両チームの応援もとても（　　　）してきた。

1　触発　　2　啓発　　3　激動　　4　白熱

8　息子はバスケットボールを始めてから（　　　）ように元気になった。

1　見失う　　2　見逃す　　3　見かける　　4　見違える

9　この店の占い師は何事も（　　　）言い当てるんですって？ ㉔

1　一様に　　2　とっくに　　3　ずばり　　4　こっこく

10　今時の若者には、インターネットが一番影響力のある（　　　）だ。⑮

1　メディア　　2　カルテ　　3　トレンド　　4　コミュニケーション

11　文化の違う国同士が（　　　）に達するには、かなりの時間がかかりそうだ。⑮

1　統一　　2　順応　　3　同感　　4　合意

12　不景気で国民の消費が減少し、経済の（　　　）が続いている。

1　消沈　　2　退化　　3　低迷　　4　混沌

13　合格発表を明日に控え、娘は（　　　）している。⑬

1　がやがや　　2　ばりばり　　3　めそめそ　　4　そわそわ

問題 3　＿＿＿＿の言葉に意味が最も近いものを、1・2・3・4から一つ選びなさい。

14　人間だれしもステレオタイプにとらわれがちだ。

1　幻想　　2　慣習　　3　偏見　　4　環境

15　彼を見るやいなや、皆仰天した。⑬

1　仰いで尊敬した　　2　がっかりした
3　とても驚いた　　4　深く悲しんだ

16　彼の言動がいぶかしい。

1　堂々としている　　2　非常識的だ　　3　一致しない　　4　不審だ

17　すみやかに解決した。⑱

1　思った通り　　2　できるだけ簡潔に
3　できるだけ早く　　4　定めた通りに

18　わざと妨害したわけではありません。⑱

1　しくじった　　2　いじめた　　3　じゃました　　4　いたずらした

19　まずは、メソッドを習得してください。

1　基礎　　2　方式　　3　慣例　　4　規則

소요 시간 5분

問題 4　次の言葉の使い方として最もよいものを、1・2・3・4から一つ選びなさい。

20　辞任 ⑮

1　あの大臣は今回の問題の責任をとって辞任することにした。

2　この件は私の手に余りますので、辞任させてください。

3　彼は大学の学長を勧められたが、辞任の意向を表明した。

4　本来ならお引き受けしたいところですが、辞任させていただきます。

21　察する ⑯

1　テレビのニュースで、大気汚染の状態を察している。

2　お風呂に入っていたら急にいいアイデアが察した。

3　中村さんは人の気持ちを察するのが苦手だ。

4　この病の症状を察することができる薬が開発された。

22　作動 ⑱

1　この消火装置は火事が起こると自動的に作動して火を消す。

2　子供は小さい時からリズミカルな音に作動することを身につけていく。

3　祖父の病状が作動して結局病院に入院することになった。

4　このシャトルバスは平日の出退勤時間だけ作動する。

23 面識 ⑱

1 いい面識をした人が悪い性格を持っていることもあり得ます。

2 取引先の会社のパーティーに行ったが、面識のある人がいなかった。

3 これは間違いのようなので、面識を改めなければならない。

4 故郷の町を歩いていると、当時の友達の面識が次々と思い出される。

24 入手 ⑯

1 旅行の前に、観光スポットやグルメの情報を入手しておいた。

2 あの政治家は不正を働いて、国民から多くの批判を入手した。

3 大学生になって初めて入手したバイト代で、両親にプレゼントをした。

4 幼い頃から書くことを好んでいた杉原さんは権威ある文学賞を入手した。

25 払拭 ㉔

1 部屋の中に入ると、バラの花の香りが払拭した。

2 彼はこれまでの悪いイメージを払拭した。

3 トイレのカビを払拭する殺虫剤を買ってきた。

4 審査員は主観的な感情を払拭しなければならない。

소요 시간 12분

問題 5　次の文の(　　　)に入れるのに最もよいものを、1・2・3・4 から一つ選びなさい。

26 彼は度重なる失敗（　　　）、いろいろな発明品を作り続けている。

1　もさることながら　　2　をものともせず
3　にかぎらず　　4　はおろか

27 電車に乗るため、定期券をカバンから取り出そうとしたが見つからない。（　　　）家の机の上に忘れてきたようだ。⑭

1　まさか　　2　いたずらに　　3　どうやら　　4　むしろ

28 参加者たちの時間を合わせることが難しくて、会議は次に持ち越すこと（　　　）致します。⑪

1　の　　2　で　　3　が　　4　と

29 我がチームが優勝した時のことを思い出す（　　　）、自然と笑みが浮かぶ。⑪㉒

1　につけ　　2　につき　　3　とは　　4　にしても

30 人間の欲望は限りがありません。ブランドカバンがほしい、次は車がほしい、また次は家が欲しいと、何でも（　　　）。しかし、誰しもそのすべてを手に入れられるわけではありません。

1　ほしがることです　　2　ほしがりそうなことです
3　ほしがるものです　　4　ほしがるとのことです

31 伝統的な街並みを保存している内子《うちこ》町では、この町（　　　　）個性や魅力を味わうことができます。⑪⑱⑳

1　なりの　　2　なくして　　3　ながらに　　4　ならではの

32 (学校の実験室で)

A「おい、お前、実験の手順が間違ってる（　　　　）。」

B「あ、ごめん。きちんと確認してなかった。またやり直すよ。」⑩⑪⑲

1　じゃないか　　2　のではないか

3　じゃないのか　　4　のではないのか

33 斉藤《さいとう》さんは元会社員。役員を（　　　　）、夢であった漫画家を目指し、44歳で退職。その5年後、大人気の漫画の「亀太郎《かめたろう》」を作り出した。⑱

1　任されたまでは　　2　任されたくらいでは

3　任されるまでになったが　　4　任されるくらいになれば

34 A「あれ、キーホルダーがない。どこでなくしたんだろう。ねえ、一緒に探して。」

B「（　　　　）、こんな暗いところでどうやって探すの？」⑱

1　探すのかどうか　　2　探すわりには

3　探すったって　　4　探すっていうより

35 (電話で)

木村《きむら》「あ、山中部長でいらっしゃいますか。P製薬会社の木村でございますが、今から新薬のサンプルをいただきに（　　　　）よろしいですか。」

山中《やまなか》「すみません。まだできていないんです。あと、3～4日ぐらいお待ちいただけますでしょうか。」

1　願っても　　2　差し上げても　　3　見えても　　4　上がっても

소요 시간 6분

問題 6　次の文の ＿★＿ に入る最もよいものを、1・2・3・4から一つ選びなさい。

(問題例)　この前、君に貸してあげたお金１０万円いつ返してもらえる？全額
＿＿＿＿ ＿＿★＿＿ ＿＿＿＿ ＿＿＿＿ 5万円だけでも返してほしいよ。

1　とは　　2　までも　　3　言えない　　4　せめて

(解答のしかた)

1. 正しい文はこうです。

> この前、君に貸してあげたお金１０万円いつ返してもらえる？全額
> ＿＿＿＿ ＿＿★＿＿ ＿＿＿＿ ＿＿＿＿ 5万円だけでも返してほしいよ。
>
> 1　とは　3　言えない　2　までも　4　せめて

2. ＿★＿ に入る番号を解答用紙にマークします。

(解答用紙)

(例)	①　②　●　④

36　子供は反抗期になると、＿＿＿ ＿＿＿ ＿★＿ ＿＿＿ を確立しようとするなかで、保護者との対立を選ぶ傾向があるのです。

1　意欲が高まり　　2　アイデンティティ
3　自分自身の　　4　自己主張の

37　ツバメは農作物に食害をもたらす昆虫を空中で捕らえて ＿＿＿ ＿＿＿ ＿★＿ ＿＿＿ であり、作物を守ってくれる福の神として人間に庇護されてきた特別な野鳥だった。

1　益鳥　　2　食べてくれる
3　盛んに　　4　この上ない

38 名古屋には３０年前に夫と ＿＿＿＿ ＿＿★＿＿ ＿＿＿＿ ＿＿＿＿ 名古屋に行っていない。

1　久しく　　2　その時のことが
3　行ったきりで　　4　思い出せないほど

39 普段から ＿＿＿＿ ＿＿＿＿ ＿＿★＿＿ ＿＿＿＿ 、古いカバンを相変わらず愛用している。

1　カバンが　　2　買い替えたが
3　重宝している　　4　古くさくなって

40 頭のいい人には他人の仕事の欠点が目につきやすい。その結果 ＿＿＿＿ ＿＿＿＿ ＿＿★＿＿
＿＿＿＿ 自分が誰よりも賢いというような錯覚に陥りやすい。

1　自然に他の人の　　2　それゆえ
3　愚かに見え　　4　することが

소요 시간 8분

問題７　次の文章を読んで、文章全体の趣旨を踏まえて、[41] から [44] の中に入る最もよいものを、1・2・3・4から一つ選びなさい。

やはり、人には通じない！

家電には取扱説明書なるものがある。その説明書には「正しい使い方」「使用上の注意」「安全に関する注意事項」などが書かれている。説明書の指示事項に従って使えばいいのである。機械の操作が苦手な人は指示通りに行っても全然動かなかったり、冷房のボタンを押したのに暖かい風が出てきたということもある。これなどは別としてたいていの場合、書かれている通りに使用すれば正常に動く。ところが、すべての場合に当てはまるわけではない。とりわけ子供の教育に限ってはまるで通じない。他の家庭で通用したことがこちらに通じるとは限らない。家電が正常に動かなければ、お店やメーカーにクレームを言うことも可能だ。だが、学校の先生から「こういう対応をしてみてはどうでしょうか」と言われ、うまくいかなくても、[41]。

今思い出すと、娘が高校生の頃、どう勉強させるかについて悩んだものだ。[42] 時に、当然のことながら「子どもに勉強させる方法」という本を手当たり次第読んだ。いわゆる子どもの取扱説明書である。「ふむふむ、そういうことだったんだね」と心から納得できそうな内容が書いてあった。中でもうなずけるところが、[43]。「東大に合格した子どもの家庭にはテレビがなかった。テレビがあると散漫になり子どもは勉強に集中できない。家の中からテレビを無くしましょう」という内容に思わずひざを打って感心した。そこで、早速、買ったばかりの最新のテレビを、思い切って処分してしまった。

[44]。今までテレビを見ていた時間に勉強してくれると思っていたのに、部屋に閉じこもり、スマホにはまっているのである。さらには、テレビを見ながらしていた家族の会話も少なくなってしまった。やはり、生身の人間に取扱説明書のようなものを当てはめることは無理だということに気づいた。

41

1　親は先生に責めることはない

2　親は先生を責めることなどできない

3　先生は親に責めることはない

4　先生は親を責めることなどできない

42

1　する　　2　いざという　　3　あの　　4　そういう

43

1　テレビのことだ　　2　テレビということだ

3　テレビそのものだ　　4　テレビのはずだ

44

1　もっともである　　2　いずれにせよ

3　ところがである　　4　さもないと

問題 8　次の(1)から(4)の文章を読んで、後の問いに対する答えとして最もよいものを、1・2・3・4から一つ選びなさい。

（1）

ひらめきというのは、ただオフィスの机に向かっていれば浮かんでくるものではないということは、誰もが経験していることではないでしょうか。ひらめきに必要なのは、「集中とリラックス」のバランスです。ひらめきやアイディアは基本的にリラックスして脳がアイドリングしている状態でなければ生まれにくいと言われています。たとえば何時間も何時間も考えぬいた末に疲れ果て、お風呂に浸かった瞬間「ひらめいた！」という経験をした人もいるかもしれません。これがまさに「ただただ、ボーッと過ごす」ということの効果です。

(茂木健一郎『脳をしっかり休ませる方法』による)

45　筆者の考えに合うのはどれか。

1　ぼんやりと過ごしていると、アイディアは自ずと浮かんでくる。

2　アイディアは考えに考えた後、考えを止めたとき訪れる。

3　集中とリラックスを繰り返すと、ある瞬間ひらめきが生れる。

4　ひらめきはリラックスしようと意識したときに、湧いてくる。

(2)

株式会社東海工業　営業部

太田光 様
いつもお世話になっております。
先日は弊社商品コールドプラスのご注文を賜り、誠にありがとうございます。

誠に心苦しいかぎりですが、当初提示していました９月１日の納期を９月１５日に延ばして頂けないでしょうか。

実は、台風の影響で交通機関に遅れが生じ、必要部品が弊社工場に到着しておりません。部品が到着次第、急いで生産致しますが、９月１日には間に合いそうにない現状です。

ご迷惑おかけし、誠に申し訳ございませんが、何卒ご容赦くださいますようお願い申し上げます。

株式会社二村産業
営業部　林田隆
電話：987-321-6547

46 このメールで最も伝えたいことは何か。

1　商品の注文の日程を変更してほしい。
2　商品の納期を１４日後に延期してほしい。
3　生産の開始を１５日に延期してほしい。
4　商品の納期日を繰り上げてほしい。

(3)

日本は長い間、地震や火山噴火、そして台風などの自然災害に悩まされてきた。そのため、そうした災害に適応できるよう、長期的な予測をして準備・対策をしなければならなかった。また災害時には、個人ではなく、みんなで助け合って復興をめざす以外の方法はない。そのため、集団への協力を拒んだり了解事項を裏切ったりすれば、その人物は非難と攻撃の対象となってしまう。このような背景から、日本では、個人の意思よりも集団の目的を最優先するようになっていった。

47 このような背景は何を指しているか。

1 自然災害による大きな被害をうけてきたこと

2 災害時には集団への協力を拒否してはいけないこと

3 災害への長期的な予測と対策をしてきたこと

4 災害時には一致団結して協力してきたこと

(4)

大人数でする調理とは、単に食べ物を煮炊きする行為ではなく、調理後に決まった時間に集団で食事することを中心にして社会を組織する行為と言える。集団で調理をすることによってそれぞれの役割が生まれ、楽しみや義務が共有されるようになる。そうなると、単に、食事をともにするというだけではなく、その過程で社会的な結びつきが生まれやすい。つまり、集団で調理をするという行為をとおして、人間関係が形成されるといっても過言ではないのである。

48 そうなるととあるが、そうなるとどのようになることか。

1 集団で調理することでそれぞれの役割が生まれる。

2 楽しみや義務が調理により共有される。

3 社会的なつながりが生じるようになる。

4 人間関係を広げることができる。

소요 시간 20분

問題 9　次の(1)から(4)の文章を読んで、後の問いに対する答えとして最もよいものを、1・2・3・4から一つ選びなさい。

(1)

およそ人間にはいろいろな欠点があるものだが、人間社会において最大の害があるのが「怨望(他人の幸福をねたんだり、うらむこと)」である。欲張り・ケチ・贅沢・誹謗の類は、どれも大きな欠点だけれども、これをよくよく見ていれば、その本質のところでは別に悪いものではない。それを出す場所柄とその強弱の程度と、向かっていく方向によっては欠点でなくなることもある。たとえば、お金を好んで飽くことを知らないのを、欲張り・ケチという。

けれども金が好きなのは人間の本性なのだから、その本性に従ってこれを十分満足させようとするのは、決してとがめるべきことではない。ただ道理の通らない金を得ようとして、場所をわきまえずにお金を好む気持ちに限度がなく道理をはずれて、金を得る方向を誤って道を踏み外すときはこれを欲張り・ケチというのだ。

(中略)

また、誹謗と批判とは、非常に区別しがたい。他人に難癖《なんくせ》(注)をつけるのを誹謗と言い、他人の迷いを晴らし、自分が正しいと思っていることを主張するのが批判ということになってはいる。しかし、絶対の真実がこの世の中でいまだ発見されていない以上は、どの議論が正しくてどれが間違っているのかは決められない。正しい正しくないが決まらないうちは、仮に世間の多数決によって一応の正しさとするべきだろうが、何が多数意見なのかを明らかに知ることすらも、たいへん難しいのである。したがって、他人を誹謗する者に対して、ただちに人格的に問題があるように言ってはいけない。

(福沢諭吉『学問のすすめ』による)

(注) 難癖《なんくせ》をつける：何か欠点を見つけて非難する

49 別に悪いものではない とあるが、なぜか。

1　自分の欲張りの強弱の程度をうまく調整すればいいから

2　自分の本性がいい方向へ進んでいれば問題ないから

3　自分の欲求を満たすための行動には理由があるから

4　自己満足のための行為を悪いとは言えないから

50 筆者の考えに合うのはどれか。

1　どの議論が正しいかわからないときは多数決によって、決めるのがいい。

2　世界中の真理を得なければ、誹謗する人が悪いかどうかわからない。

3　ケチをつけるのは誹謗で、気がかりを晴らしてやるのは批判である。

4　絶対の真理を見出せないので、むやみに誹謗をするようになる。

(2)

通常、家畜とは複数の個体をヒトの指揮・命令のもとで一緒に飼育するものです。現在、家畜になっている動物をみても、ウシやヒツジ、ニワトリやイヌなど、祖先となった野生種も含めて、序列の明確な群れで生活している動物が大多数を占めます。

(中略)

群れをつくる動物は、もともと密集して生活することに慣れているので、十分な餌と住みかを与えられれば、囲いのなかの生活にすんなり順応できたと考えられます。一方、ライオン以外のネコ科動物は単独生活です。他個体から自分のなわばりを守ろうとする性質があります。

さらに餌も、一般的な家畜は植物を食べるものが多いのに対し、ネコは肉食動物です。植物であれば多くの場所で入手可能ですが、肉はヒトにとっても貴重な食糧でした。いまでこそキャットフードがあるものの、昔のヒトに、自分たちの貴重な食糧である肉を分け与える余裕があったとは想像できません。

加えてネコはヒトの命令をほとんど聞かないので、決して扱いやすいとはいえません。

(中略)

餌を与えるのも、一カ所にじっとさせておくのも困難――このような点から考えると、ネコの家畜化はむしろ「ネコ主導」で進んだのではないかと想像できます。他の家畜は、たとえば肉や乳、卵を得るなどの特別な利用目的があったため、ヒトが野生から集めてきて飼い慣らしたのに対し、ネコはつかまって家畜にされたわけではないようです。ネコのほうに、なにかヒトのそばにいると自分に都合がいいことがあったため、ヒトと生活することを選んだのだろうと考えられます。

(黒瀬奈緒子『ネコがこんなにかわいくなった理由』による)

51 筆者によるとネコの特徴は何か。

1 自分の領域を守り人に従順だ。

2 食糧の確保のため人と争い合う。

3 肉を食べ自分の領域を守ろうとする。

4 食物を求めてなわばりを広げる。

52 筆者によるとどのようにしてネコは家畜となったか。

1 ネコから人に近づき一緒に生活するようになった。

2 ネコが人の家になわばりをつくり暮らすようになった。

3 人が野生のネコを捕まえて飼いならすようになった。

4 人が余った食糧を与えたため一緒にいるようになった。

(3)

よほどのことがないと上司のところに行けなかった私の場合、ミスを出しだときに報告に行くか、トラブルが起こって相談に行くか……。大半が、トラブル発生時だった。

ミスやトラブルは、いちはやく、つつみ隠さず上司に報告する必要がある。マイナス情報をすぐオープンにすることで、問題点が早く発見できる。改善の良い知恵もまわりからさっと集まってくる。どんな小さなミスも、隠せば問題発見が遅れ、事態はどんどん深刻になる。気づいたときには手遅れだ。だから、ミスやトラブルの報告は絶対に減らせないし、減らしてはいけない。だとすると、上司から見て、自分のプラス情報の割合を挙げていくしかない。

私が‘すぐに思いついたのは、成果報告を、まめにきちんとやることだ。それすらも、目先の仕事に追われて、ちゃんとやっていなかった。でも、待てよ。これ普段の私か？

自分のいい情報を積極的に流すとしても、上司にわざわざ言うほどの成果が出ることは、１年でも少ない。やってはいくが、それこそ、非常識だ。自分の全活動が100%として、上司に告げるほどのトラブル・手柄は１０％だとする。残る９０％が、普通の仕事生活だ。これを伝えたらいいのだろうか。

「言われなくても、日ごろのコミュニケーションが大事なことぐらいわかってるよ。うちには日報だってあるし、日々の報告義務があるから」という人がいるかもしれない。でも本当だろうか。何もない日の報告は、つい忙しさにかまけて怠ったり、気合がはいらないのではないだろうか。だって、「何もない」のだから。

上司など、やや距離のある人に自分の実情を伝えるのは、そんなに簡単ではないようだ。

(山田ズーニー「あなたの話はなぜ通じないのか」による)

53 上司に報告する必要があるとあるが、なぜか。

1 ミスやトラブルを報告することで、自分のプラス情報の割合を挙げることができるから

2 トラブルが起こった時にすぐ報告すれば、周りからかばってもらえるから

3 ミスやトラブルを隠すほど問題点が見い出せなくて事態が大きくなるから

4 ミスやトラブルの報告ははやいほど、事態の解決もしやすくなるから

54 この文章で筆者が最も言いたいことは何か。

1 ミスした報告は自分のマイナス情報の割合を挙げるだけだ。

2 ことが起こる確率より起こらない確率が高いので報告も容易ではない。

3 けむたい上司に自分の状況を一々報告するのはたやすいことではない。

4 普段、目先の仕事で精いっぱいだから、日々の報告はそう簡単ではない。

（4）

若い頃に感動した漫画を読んでも、今ではあまり心が動かないということがある。逆に、若い頃に読んだときにはあまり意味がわからなかったが、改めて読んでみると非常に共感できたというような小説もある。つまり、意味というのは、漫画や小説そのものにあるのではなく、読む側の心の中に生み出される。自分が人生経験を重ねることによって、意味を感じる対象が違ってくる、意味の感じ方が違ってくるのである。ゆえに、同じ出来事も、改めて振り返ると、以前とは違った意味をもつものになっていたりするのである。

(中略)

私たちの過去はどこにあるかといえば、今ここにいる自分自身の心の中にあるのだ。１０年前の自分も、２０年前の自分も、１０年前あるいは２０年前のどこかにあるのではなく、「今ここ」にある。それは、今のどこか客観的な場にあるのではなく、自分自身の心の中という、きわめて主観的な場にあるのだ。ここから示唆されることは何か。それは、私たちの「過去は変えられる」ということだ。一般に、過去はもう済んでしまったことだから変えることなどできないと思われている。専門家にもそのような発言が目立つ。それに対して、私はこれまで一般向けの講演でも、学会でも、「過去が変わる新たな発達観」というのを唱えてきた。

客観的に起こった出来事を起こらなかったことにする。そのような意味で過去を変えるのは、もちろん不可能である。だが、出来事のもつ意味を変えるということは、十分に可能である。昔読んだ本に、その当時とは違う意味を読み取るというのと同様に、自分自身の身に降りかかった出来事から、当時とは違った意味を汲み取ることは、じつはよくあることなのだ。多くの人が意識していないだけで、そのようなことはだれもがしばしば経験しているはずである。

(榎本博明『記憶の整理術』による)

55 若い頃に読んだ小説を今あらためて読むと感じ方が違うのはなぜか。

1 歩んできた人生によって小説の内容が違った意味をもつから

2 小説に出てくる語彙が年齢と共に理解できるようになるから

3 小説の中で疑似体験できるかどうかで感じ方が違ってくるから

4 年齢と共に小説の内容に感情移入しやすくなるから

56 筆者によるとどのようにして過去を変えることができるか。

1 過去に起こった出来事を今と比較しながら再解釈する。

2 起こった出来事をなかったことにして忘却する。

3 小説を読むことで他人の出来事を自分の経験とする。

4 起こった出来事を前とは違った意味で受け入れる。

소요 시간 8분

問題 10　次の文章を読んで、後の問いに対する答えとして最もよいものを、1・2・3・4から一つ選びなさい。

過去の思い出や過去から安心感を得るためにモノに執着したり、不安や決断力の欠如、責任感の強さなど、複雑な心理的な要因によってモノを捨てられない人がいる。捨てるモノがいっぱいあっても捨てられなくなるのだ。

人には「悪縁」というのがある。離れようとしても離れられない関係、好ましくない関係のことをいう。恋愛における悪縁を見てみよう。惹かれ合った間柄であったが、最初は相手に対する愛が今は全く残っていない。今すぐに切るべき悪い縁で、別れた方がいいと思っているのに、なかなか切り出すことができない。思い出を美化してしまったり、寂しい気持ちが募ったり。こういった理由で別れようにも別れないまま今までの関係を持続していく。

そして、モノとの関係にも似たようなことが起こりえるのだ。モノに初めて出会った時は「これ私に必ず必要だよ」といって買ったモノなのだが、いつの間にか最初のときめきはなくなり、しまいには使わずじまいで寝かせておくのである。職業上必要だと思って買ったブランドのバック、よく考えてみたらこんなに小さいバックは要らなかった。いいなあと思って買った服、何年も着ないままになっている。家の中にうんざりするほどモノがいっぱいになり、苦しい思いをして捨てるはめになるのだ。しょせん、もう使わない、着ることもないのだし、片付けて捨てたほうがいいとわかっている。しかし、いざ捨てるとなるともったいない気持ちで捨てられなくなる。

人と人とのつながりの悪縁であれば、縁を切ったほうがいいかもと思いながらも関係を続けていくうちにお互いに哀れみができたり深い情が生れ、しだいに連帯感のようなことを感じるようになり、別れるに別れられないようになってしまうこともある。いわゆる、愛憎相半ばする(注)というのがこういうことだろう。ところが、人間関係のように人とモノの関係にも深い情が生まれるのか。それはないだろうと思う。

確かに思い出が込められているモノとか購入以来、使い続けているモノなどならば、モノへの情といったものを感じるかもと思う。だが、使用もせず、家の中に放っておいたモノに情など生まれるはずがない。家のいたるところに転がっているモノ、タンスを肥やしている服など、もはや役に立つどころか邪魔になるだけである。

それでも、「捨てるのはもったいない。後で、必要になるかも」「いつか何かに役に立つだろう」「お金を出して買ったのに使えなかった」といって捨てることがうまくいかない人もいるだろう。もし、手放してからまた必要になったら、買い換えればいいではないか。あふれかえっているモノの中に埋もれる生活から脱するため、いま勇気を出さなければならない。身の回りに不要なモノでいっぱいになって、気忙しい日々でストレスを募らせる。そんなそわそわする日常から脱していられるのを考えれば心から納得できるはずだ。

(注) 愛憎相半ばする：愛と憎しみの相対する感情を半分ずつ感じている様子

57 悪縁について筆者はどのように述べているか。

1 モノに引き込まれると複雑な気持ちで使い続けること

2 一度ひかれあったモノには愛着が生まれて捨てにくくなること

3 モノに魅力を失ってしまった後も手放せないこと

4 役立たなくなったモノに愛着を持ち続けること

58 こういうことだろうとは、どのようなことを意味しているか。

1 別れようとしたが別れられずにいるうちに、絆が深まって別れられないこと

2 お互いに気持ちがさめても、長年を共にしてきた間柄は別れにくいこと

3 長い時間共に歩んできた年月があるため、別れるに別れられないこと

4 別れ話が言い出せずそのまま続いていくうちに、別れの気持ちがなくなること

59 筆者の考えに合うのはどれか。

1 モノは使ってこそ意味があるものだし、不要なモノは捨てたほうがいい。

2 思い出のあるモノには愛着があるので、捨てないで長持したほうがいい。

3 使わない不必要なモノをまわりに散らかしておくと、精神的によくない。

4 モノを捨てても後悔しないように、何を捨てるのか賢明な判断が必要だ。

소요 시간 6분

問題 11　次のAとBの文章を読んで、後の問いに対する答えとして最もよいものを、1・2・3・4から一つ選びなさい。

A

尊厳死という言葉を聞いたことがありますか。尊厳死とは自然死あるいは平穏死ともほぼ同じ意味で、人生の最終段階において過剰な延命治療を行わずに、自然な過程に任せた先にある死のことです。現在の日本においては尊厳死は自殺関与、同意殺人罪に該当し、合法化されていません。尊厳死は自分の人生は自分でコントロールしてこそ尊厳が保たれると考える人にとっては尊い選択とも言えますが、病で精神的に不完全状態な患者さんの本当の意志を確認することは不可能ですし、また、生をあきらめるのは生命尊重に反することです。ゆえに、人の命の在り方を法律化することについてはもっと深く考えてみなければなりません。「生死を決める機会を与える」のではなく、「どうしたら最期まで本人らしさを失わず、人生を送れるか」を支援する仕組みが必要ではないかと思います。

B

誰もが「死んだ方《ほう》がよい」とは思わない。でも、人間らしいとはいえない状態になってしまう場合はどうだろうか。もし、動くことも食べることもできず、自分の意志を満足に伝えることさえできないまま、延命装置で生き延びている人であれば、「死んだ方がよい」と思うかもしれない。本人が肉体的、精神的に苦しいだけでなく、見守る家族の精神的金銭的負担が大きいので、過剰な延命措置を断り、痛みを和らげるケアをしつつ、最期を迎えられる尊厳死を選ぶ人もいる。死ぬその瞬間も生の延長なので、死に方ぐらいは自分で決めたいという願いが尊厳死を通じて叶えられる。でも、尊厳死は日本には法的に定められたものではないので、それを選ぶときには、家族や医者と相談し決めることになっている。で、万一の場合に備え、元気なうちから「自分の最期」についてしっかり伝えておくのがいいと思う。

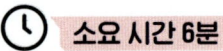

60 尊厳死について、AとBが共通していることは何か。

1　自らを統制できてこそ尊厳を守ることができる。

2　尊厳死で自分自身の尊厳が保たれる。

3　尊厳死は日本では法制化されていない。

4　心身が衰弱した状態では正しい判断が下せない。

61 尊厳死について、AとBはどのように述べているか。

1　Aは本人の命であってもむやみに捨てるべきではないと述べ、 Bは自らの意志をろくに伝えられない状態では延命措置は要らないと述べている。

2　Aは本人の死に方は自分で決められる権利があるべきだと述べ、 Bは家族の負担をかけないために尊厳死という選択をする人もいると述べている。

3　Aは自分の死に方をたやすく決められるように政府が支援すべきだと述べ、 Bは元気なうち家族に最期について伝えておくべきだと述べている。

4　Aは最期まで人の尊厳が守れるような政策が整うべきだと述べ、 Bは自分の死に方について本人の意思を事前に示しておくべきだと述べている。

소요 시간 8분

問題 12　次の文章を読んで、後の問いに対する答えとして最もよいものを、1・2・3・4から一つ選びなさい。

私たちは容易に「わかった」と思ってしまいがちです。しかし、本当にそうなのか。英文学者で名著『知的生活の方法』の著者である渡部昇一《わたべしょういち》は「ゾクゾクするほどわからなければ、わかっていないのだ」と指摘しています。あるいは、歴史学者の阿部謹也《あべきや》が、その師である上原専禄《うえはらせんろく》から「解るということはそれによって自分が変わるということでしょう」と言われるというエピソードはすでに紹介しました。両者ともに「わかる」ということの深遠さ、自分へのインパクトを指摘しているわけです。

私たちの学びは「わかった」と思った時には停滞してしまう。本当に「ゾクゾクするほど」わかったのか、わかることによって「自分が変わった」と思えるほどにわかったのか。私たちは「わかった」と思うことについて、もう少し謙虚になってもいいのかもしれません。

この忠告はまた、短兵急《たんぺいきゅう》(注)にモノゴトをまとめたがる危険性をも思い起こさせます。私が長年所属しているコンサルティング業界の人々には特有の口癖がいくつかありますが、中でも「要するに○○ってことでしょう」はその筆頭と言えます。コンサルタントは、物事を一般化してパターン認識するのが好きな人種ですから、人の話を聞いて、最後にこのように「まとめたい欲」を抑えるのが難しいようです。

しかし、相手の話の要点を抽出し、一般化してまとめることは、常に良い結果をもたらすとは限りません。まず対話において、話し手が一生懸命にいろいろな説明を交えて説明したのちに、最後に相手から単純化されて「要は○○ってことでしょ」と言われると、たとえそれが要領を得たものであったとしても、何か消化不良のような、あるいは何かこぼれ落ちてしまうように感じるかもしれません。あるいは「聞き手」にとっても、いつも「要は○○ってことでしょう」で済ませる習慣は、世界観を拡大する機会を制限してしまうことになります。

私たちは、無意識レベルにおいて、心の中で「メンタルモデル」を形成します。メンタルモデルというのは、私たち一人一人が心の中に持っている「世界を見る枠組み」のことです。そして現実の外的世界から五感を通じて知覚した情報は、そのメンタルモデルで理解できる形にフィルタリング・歪曲された上で受け取られます。

(中略)

もしも「要は○○でしょう」とまとめてしまいたくなったときは、そうすることで新たな気付き・発見が失われてしまう可能性があるのだ、ということを思い出しましょう。容易に「わかる」ことは、過去の知覚の枠組みを累積的補強するだけの効果しかありません。本当に自分が変わり、成長するためには、容易に「わかった」と思うことを、もう少し戒めてみてもいいのではないでしょうか。

(山口週『武器になる哲学』による)

(注) 短兵急《たんぺいきゅう》に：いきなり

62　わかることについて筆者はどのように述べているか。

1　わかったと思うとき、学びは滞ってしまう。

2　わかることによって、謙虚さが学べるようになる。

3　わかったと気づいたとき、はじめて自分が変わる。

4　わかることはぞくぞくするほど恐ろしいことである。

63　まとめたがる危険性とあるが、危険性とはどのようなことか。

1　相手の話を単純化することで、あいまいな結果を招いてしまうこと

2　相手からの情報を一般化することで、自分の世界観が狭まってしまうこと

3　相手の話を単純化することで、考え方や見方を広げる機会が限られること

4　相手の話を一言でまとめることで、相手が伝えようとする情報を歪曲させること

64　この文章で筆者が最も言いたいことは何か。

1　新しい気づき・発見のためには、自分を変えなければならない。

2　わかったとたやすく思うことを注意しなければならない。

3　自分が変わったとき、本当にわかるということの意味が理解できる。

4　わかることは自分のメンタルモデルを捨ててこそ得られるものだ。

소요 시간 6분

問題 13　右のページは、光書道教室で秋から開講される講座の入会案内である。下の問いに対する答えとして最もよいものを1・2・3・4から一つ選びなさい。

65　マホさんは４８歳で、この書道教室に入会して基本的な字の書き方を学びたいと考えている。月曜の１０時から１２時までと、水曜の１８時３０分から２０時３０分までが両方受講できるもので、できるだけ安いクラスがいい。マホさんの希望に合う教室はどれか。

1　星クラス

2　月クラス

3　花クラス

4　風クラス

66　ユリさんはこの書道教室の「秋のペン字コースのご入会イベント」の期間内に入会手続きに行くつもりだ。ユリさんが入会手続きの時、支払わなければならない料金はどれか。

1　１ヵ月分の月謝

2　半額の入会金と１ヵ月分の月謝

3　半額の入会金と２ヵ月分の月謝

4　入会金と２ヵ月分の月謝

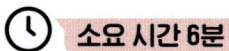

光書道教室ご入会案内

書道家のアトリエで気軽に通える書道教室です。初心者から上級者まで大歓迎！

• 営業時間

月曜日～金曜日　１０：００～２３：００

土曜日　１０：００～２１：００

祝日・日曜日　休み

• 授業料

大人向けの書道クラス

クラス	月謝	授業時間	内容
星クラス	2000円	月～金の営業時間内	作品制作を指導する少人数クラス
月クラス	1600円	月～金の２３：００まで	書道の基礎から学ぶクラス
花クラス	1200円	月～金の２１：００まで	かな・漢字の書き順から学ぶクラス
風クラス	1000円	月～土の２１：００まで	生活で役立つペン字を学ぶクラス (６０歳以上の方)

※ 時間割

午前 10：00～12：00

午後① 13：00～15：00、午後② 15：30～17：30

夜間① 18：30～20：30、夜間② 21:00～23：00

※ 急な仕事や残業などで教室に行けなくなってしまっても、キャンセルや振替が無料でできます。

※ 書道に必要な道具はすべて貸し出しているので手ぶらでもOKです。

• 入会手続き

① 本人確認書類(運転免許証、保険証などの公的身分証明書)

② 入会金(10000円)及び(１ヵ月分目、２ヵ月分目)の月謝

＊各種イベント適用により、入会金、月謝が割引になる場合があります。

「秋のペン字コースのご入会イベント」

9月１５日から～３１日までご入会の方限定イベント
＊入会金が半額
＊一か月分の月謝が無料
＊ペン字用品の筆ペンを贈呈する

ご不明な点は光書道教室の受付までお気軽にお問合せください。

光書道教室　電話：０５０－１０８２－５５３０　http://hikarisyodou.com

Listening

問題用紙

N1

聴解
(60分)

注　意
Notes

1.　試験が始まるまで、この問題用紙を開けないでください。
Do not open this question booklet until the test begins.

2.　この問題用紙を持って帰ることはできません。
Do not take this question booklet with you after the test.

3.　受験番号と名前を下の欄に、受験票と同じように書いてください。
Write your examinee registration number and name clearly in each box below as written on your test voucher.

4.　この問題用紙は、全部で 13 ページあります。
This question booklet has 13 pages.

5.　この問題用紙にメモをとってもかまいません。
You may make notes in this question booklet.

受験番号　Examinee Registration Number	
名前　Name	

문제1

기본 MP3 배속 MP3 시험장 MP3

問題《もんだい》 1

問題《もんだい》1では、まず質問《しつもん》を聞《き》いてください。それから話《はなし》を聞《き》いて、問題用紙《もんだいようし》の1から4の中《なか》から、最《もっと》もよいものを一《ひと》つ選《えら》んでください。

例《れい》

1 欠《か》けたところを探《さが》す。

2 修理専用《しゅうりせんよう》テープで修理《しゅうり》する。

3 無《な》くなったページを確認《かくにん》する。

4 破《やぶ》れた本《ほん》を図書館《としょかん》に持《も》って行《い》く。

1番《ばん》

1　黄色《きいろ》のパッケージを緑色《みどりいろ》に変更《へんこう》する。

2　年齢《ねんれい》の好《この》みに応《おう》じて文字《もじ》の色《いろ》を変《か》える。

3　文字《もじ》の大《おお》きさに差《さ》をつけない。

4　パッケージのサイズを統一《とういつ》させる。

2番《ばん》

1　現場《げんば》の写真《しゃしん》を撮《と》ってもらう。

2　通訳《つうやく》の留意点《りゅういてん》をまとめる。

3　打《う》ち合《あ》わせをする。

4　企画書《きかくしょ》を確認《かくにん》する。

3番《ばん》

1　土《つち》の性質《せいしつ》に関《かん》する講義《こうぎ》を受《う》ける。

2　回転式《かいてんしき》機械《きかい》のろくろを回《まわ》す体験《たいけん》

3　粘土《ねんど》を手《て》で触《ふ》れる体験《たいけん》

4　有名作家《ゆうめいさっか》の作品《さくひん》を見《み》る。

4番《ばん》

1　電話《でんわ》の対応方法《たいおうほうほう》

2　顧客《こきゃく》への相談方法《そうだんほうほう》

3　取引先《とりひきさき》に接《せっ》する方法《ほうほう》

4　資料《しりょう》の片付《かたづ》け方法《ほうほう》

5番《ばん》

1 資料《しりょう》を読《よ》んで、質問《しつもん》する内容《ないよう》を考《かんが》える。

2 資料《しりょう》を読《よ》んで、詳《くわ》しく調査《ちょうさ》する。

3 資料《しりょう》を読《よ》んで、わからない言葉《ことば》を調《しら》べる。

4 資料《しりょう》を読《よ》んで、自分《じぶん》の意見《いけん》を考《かんが》える。

문제 2

기본 MP3 배속 MP3 시험장 MP3

問題《もんだい》2

問題《もんだい》2では、まず質問《しつもん》を聞《き》いてください。そのあと、問題用紙《もんだいようし》のせんたくしを読《よ》んでください。読《よ》む時間《じかん》があります。それから話《はなし》を聞《き》いて、問題用紙《もんだいようし》の1から4の中《なか》から、最《もっと》もよいものを一《ひと》つ選《えら》んでください。

例《れい》

1 操作《そうさ》ミスによる事故《じこ》

2 コンピューターの判断《はんだん》ミス

3 事故時《じこじ》の責任《せきにん》の所在《しょざい》

4 道路《どうろ》システムの整備《せいび》

1番《ばん》

1　地理的《ちりてき》な不利《ふり》をなくすため

2　会社《かいしゃ》を全国《ぜんこく》にアピールするため

3　島《しま》の椿《つばき》を知《し》らせるため

4　市《し》の観光《かんこう》に貢献《こうけん》するため

2番《ばん》

1　酒《さけ》の味《あじ》が評価《ひょうか》されたため

2　海外《かいがい》での活躍《かつやく》が評価《ひょうか》されたため

3　伝統《でんとう》を守《まも》ってきたため

4　後継者《こうけいしゃ》の育成《いくせい》に尽力《じんりょく》したため

3番《ばん》

1　会社《かいしゃ》の沿革《えんかく》を簡潔《かんけつ》にすること

2　ヒット商品《しょうひん》の写真《しゃしん》を入《い》れること

3　商品《しょうひん》カテゴリーの色《いろ》を統一《とういつ》すること

4　新着《しんちゃく》アイテムの位《い》置《ち》を変《か》えること

4番《ばん》

1　米《こめ》のデンプンをブドウ糖《とう》に変《へん》化《か》させたから

2　発酵《はっこう》させる材料《ざいりょう》を変《か》えたから

3　酒《さけ》に合《あ》う食《た》べ物《もの》を紹介《しょうかい》したから

4　酒《さけ》の度《ど》数《すう》や香《かお》りについて紹介《しょうかい》したから

5番《ばん》

1 ペンギンの子《こ》育《そだ》て

2 カンガルーの子《こ》育《そだ》て

3 ライオンの子《こ》育《そだ》て

4 カッコウの子《こ》育《そだ》て

6番《ばん》

1 人生《じんせい》の意味《いみ》を考《かんが》えさせる点《てん》

2 現実《げんじつ》をリアルに表現《ひょうげん》した点《てん》

3 ストーリー構成《こうせい》がよかった点《てん》

4 母《はは》と娘《むすめ》の話《はなし》を扱《あつか》った点《てん》

문제 3

기본 MP3 배속 MP3 시험장 MP3

問題《もんだい》3

問題《もんだい》３では、問題用紙《もんだいようし》に何《なに》も印刷《いんさつ》されていません。この問題《もんだい》は、全体《ぜんたい》としてどんな内容《ないよう》かを聞《き》く問題《もんだい》です。話《はなし》の前《まえ》に質問《しつもん》はありません。まず話《はなし》を聞《き》いてください。それから、質問《しつもん》とせんたくしを聞《き》いて、１から４の中《なか》から、最《もっと》もよいものを一《ひと》つ選《えら》んでください。

― メモ ―

문제 4

기본 MP3 배속 MP3 시험장 MP3

問題《もんだい》4

問題《もんだい》4では、問題用紙《もんだいようし》に何《なに》も印刷《いんさつ》されていません。まず文《ぶん》を聞《き》いてください。それから、それに対《たい》する返事《へんじ》を聞《き》いて、1から3の中《なか》から、最《もっと》もよいものを一《ひと》つ選《えら》んでください。

— メモ —

문제 5

기본 MP3　배속 MP3　시험장 MP3

問題《もんだい》5

問題《もんだい》5では、長《なが》めの話《はなし》を聞《き》きます。この問題《もんだい》には練習《れんしゅう》はありません。問題用紙《もんだいようし》にメモを取《と》ってもかまいません。

1番《ばん》

問題用紙《もんだいようし》に何《なに》も印刷《いんさつ》していません。まず話《はなし》を聞《き》いてください。それから質問《しつもん》とせんたくしを聞《き》いて、1から4の中《なか》から、最《もっと》もよいものを一《ひと》つ選《えら》んでください。

― メモ ―

2番《ばん》

まず話《はなし》を聞《き》いてください。それから、二《ふた》つの質問《しつもん》を聞《き》いて、それぞれ問題用紙《もんだいようし》の1から4の中《なか》から、最《もっと》もよいものを一《ひと》つ選《えら》んでください。

質問《しつもん》1

1　陶芸講座《とうげいこうざ》
2　コーヒー講座《こうざ》
3　ヨガ講座《こうざ》
4　水彩画講座《すいさいがこうざ》

質問《しつもん》2

1　陶芸講座《とうげいこうざ》
2　コーヒー講座《こうざ》
3　ヨガ講座《こうざ》
4　水彩画講座《すいさいがこうざ》

정답 p.416

실전 모의고사 해설서는
시원스쿨 홈페이지(japan.siwonschool.com) > 학습지원센터 > 공부 자료실에서
다운로드 가능합니다.

日本語能力試験 解答用紙

N1 言語知識 (文字・語彙・文法)・読解

진짜 한 권으로 끝내는
JLPT N1 제1회

受 験 番 号 Examinee Registration Number	

名 前 Name	

<ちゅうい Notes>

1. くろいえんぴつ(HB、No.2)でかいてください。
(ペンやボールペンで　かかないでください。)
Use a black medium soft (HB or No.2) pencil.
(Do not use any kind of pen.)
2. かきなおすときは、けしゴムできれいにけしてください。
Erase any unintended marks completely.
3. きたなくしたり、おったりしないでください。
Do not soil or bend this sheet.
4. マークれい Marking examples

よいれい Correct Example	わるいれい Incorrect Examples
●	

問題 1				
1	①	②	③	④
2	①	②	③	④
3	①	②	③	④
4	①	②	③	④
5	①	②	③	④
6	①	②	③	④
問題 2				
7	①	②	③	④
8	①	②	③	④
9	①	②	③	④
10	①	②	③	④
11	①	②	③	④
12	①	②	③	④
13	①	②	③	④
問題 3				
14	①	②	③	④
15	①	②	③	④
16	①	②	③	④
17	①	②	③	④
18	①	②	③	④
19	①	②	③	④
問題 4				
20	①	②	③	④
21	①	②	③	④
22	①	②	③	④
23	①	②	③	④
24	①	②	③	④
25	①	②	③	④

問題 5				
26	①	②	③	④
27	①	②	③	④
28	①	②	③	④
29	①	②	③	④
30	①	②	③	④
31	①	②	③	④
32	①	②	③	④
33	①	②	③	④
34	①	②	③	④
35	①	②	③	④
問題 6				
36	①	②	③	④
37	①	②	③	④
38	①	②	③	④
39	①	②	③	④
40	①	②	③	④
問題 7				
41	①	②	③	④
42	①	②	③	④
43	①	②	③	④
44	①	②	③	④

問題 8				
45	①	②	③	④
46	①	②	③	④
47	①	②	③	④
48	①	②	③	④
問題 9				
49	①	②	③	④
50	①	②	③	④
51	①	②	③	④
52	①	②	③	④
53	①	②	③	④
54	①	②	③	④
55	①	②	③	④
56	①	②	③	④
57	①	②	③	④
問題 10				
58	①	②	③	④
59	①	②	③	④
60	①	②	③	④
61	①	②	③	④
問題 11				
62	①	②	③	④
63	①	②	③	④

問題 12				
64	①	②	③	④
65	①	②	③	④
66	①	②	③	④
67	①	②	③	④
問題 13				
68	①	②	③	④
69	①	②	③	④

日本語能力試験 解答用紙

N1 聴解

受 験 番 号 Examinee Registration Number	

名 前 Name	

<ちゅうい Notes>

1. くろいえんぴつ(HB、No.2)でかいてください。
(ペンやボールペンではかかないでください。)
Use a black medium soft (HB or No.2) pencil.
(Do not use any kind of pen.)
2. かきなおすときは、けしゴムできれいにけしてください。
Erase any unintended marks completely.
3. きたなくしたり、おったりしないでください。
Do not soil or bend this sheet.
4. マークれい Marking examples

よいれい Correct Example	わるいれい Incorrect Examples
●	

問題《もんだい》 1				
例《れい》	①	②	③	●
1	①	②	③	④
2	①	②	③	④
3	①	②	③	④
4	①	②	③	④
5	①	②	③	④
6	①	②	③	④

問題《もんだい》 2				
例《れい》	①	②	●	④
1	①	②	③	④
2	①	②	③	④
3	①	②	③	④
4	①	②	③	④
5	①	②	③	④
6	①	②	③	④

問題《もんだい》 3				
例《れい》	①	●	③	④
1	①	②	③	④
2	①	②	③	④
3	①	②	③	④
4	①	②	③	④
5	①	②	③	④
6	①	②	③	④

問題《もんだい》 4			
例《れい》	①	●	③
1	①	②	③
2	①	②	③
3	①	②	③
4	①	②	③
5	①	②	③
6	①	②	③
7	①	②	③
8	①	②	③
9	①	②	③
10	①	②	③
11	①	②	③
12	①	②	③
13	①	②	③

問題《もんだい》 5					
1		①	②	③	④
2		①	②	③	④
3	(1)	①	②	③	④
	(2)	①	②	③	④

진짜 한 권으로 끝내는 JLPT N1 제2회

日本語能力試験 解答用紙

N1 言語知識（文字・語彙・文法）・読解

受験番号 Examinee Registration Number	

名前 Name	

<ちゅうい Notes>

1. くろいえんぴつ(HB、No.2)でかいてください。
   (ペンやボールペンで　かかないでください。)
   Use a black medium soft (HB or No.2) pencil.
   (Do not use any kind of pen.)
2. かきなおすときは、けしゴムできれいにけしてください。
   Erase any unintended marks completely.
3. きたなくしたり、おったりしないでください。
   Do not soil or bend this sheet.
4. マークれい Marking examples

よいれい Correct Example	わるいれい Incorrect Examples
●	

問題1				
1	①	②	③	④
2	①	②	③	④
3	①	②	③	④
4	①	②	③	④
5	①	②	③	④
6	①	②	③	④
問題2				
7	①	②	③	④
8	①	②	③	④
9	①	②	③	④
10	①	②	③	④
11	①	②	③	④
12	①	②	③	④
13	①	②	③	④
問題3				
14	①	②	③	④
15	①	②	③	④
16	①	②	③	④
17	①	②	③	④
18	①	②	③	④
19	①	②	③	④
問題4				
20	①	②	③	④
21	①	②	③	④
22	①	②	③	④
23	①	②	③	④
24	①	②	③	④
25	①	②	③	④

問題5				
26	①	②	③	④
27	①	②	③	④
28	①	②	③	④
29	①	②	③	④
30	①	②	③	④
31	①	②	③	④
32	①	②	③	④
33	①	②	③	④
34	①	②	③	④
35	①	②	③	④
問題6				
36	①	②	③	④
37	①	②	③	④
38	①	②	③	④
39	①	②	③	④
40	①	②	③	④
問題7				
41	①	②	③	④
42	①	②	③	④
43	①	②	③	④
44	①	②	③	④

問題8				
45	①	②	③	④
46	①	②	③	④
47	①	②	③	④
48	①	②	③	④
問題9				
49	①	②	③	④
50	①	②	③	④
51	①	②	③	④
52	①	②	③	④
53	①	②	③	④
54	①	②	③	④
55	①	②	③	④
56	①	②	③	④
問題10				
57	①	②	③	④
58	①	②	③	④
59	①	②	③	④
問題11				
60	①	②	③	④
61	①	②	③	④

問題12				
62	①	②	③	④
63	①	②	③	④
64	①	②	③	④
問題13				
65	①	②	③	④
66	①	②	③	④

日本語能力試験 解答用紙

N1 聴解

受験番号 Examinee Registration Number	

名前 Name	

<ちゅうい Notes>

1. くろいえんぴつ(HB、No.2)でかいてください。
   (ペンやボールペンではかかないでください。)
   Use a black medium soft (HB or No.2) pencil.
   (Do not use any kind of pen.)
2. かきなおすときは、けしゴムできれいにけしてください。
   Erase any unintended marks completely.
3. きたなくしたり、おったりしないでください。
   Do not soil or bend this sheet.
4. マークれい Marking examples

よいれい Correct Example	わるいれい Incorrect Examples
●	

問題《もんだい》 1

例《れい》	①	②	③	●
1	①	②	③	④
2	①	②	③	④
3	①	②	③	④
4	①	②	③	④
5	①	②	③	④

問題《もんだい》 2

例《れい》	①	②	●	④
1	①	②	③	④
2	①	②	③	④
3	①	②	③	④
4	①	②	③	④
5	①	②	③	④
6	①	②	③	④

問題《もんだい》 3

例《れい》	①	●	③	④
1	①	②	③	④
2	①	②	③	④
3	①	②	③	④
4	①	②	③	④
5	①	②	③	④

問題《もんだい》 4

例《れい》	①	●	③
1	①	②	③
2	①	②	③
3	①	②	③
4	①	②	③
5	①	②	③
6	①	②	③
7	①	②	③
8	①	②	③
9	①	②	③
10	①	②	③
11	①	②	③

問題《もんだい》 5

1		①	②	③	④
2	(1)	①	②	③	④
	(2)	①	②	③	④

日本語能力試験 解答用紙

N1 言語知識（文字・語彙・文法）・読解

진짜 한 권으로 끝내는 JLPT N1 제3회

受 験 番 号 Examinee Registration Number	

名 前 Name	

<ちゅうい Notes>

1. くろいえんぴつ(HB、No.2)でかいてください。
   (ペンやボールペンではかかないでください。)
   Use a black medium soft (HB or No.2) pencil.
   (Do not use any kind of pen.)
2. かきなおすときは、けしゴムできれいにけしてください。
   Erase any unintended marks completely.
3. きたなくしたり、おったりしないでください。
   Do not soil or bend this sheet.
4. マークれい Marking examples

よいれい Correct Example	わるいれい Incorrect Examples
●	

問題 1				
1	①	②	③	④
2	①	②	③	④
3	①	②	③	④
4	①	②	③	④
5	①	②	③	④
6	①	②	③	④
問題 2				
7	①	②	③	④
8	①	②	③	④
9	①	②	③	④
10	①	②	③	④
11	①	②	③	④
12	①	②	③	④
13	①	②	③	④
問題 3				
14	①	②	③	④
15	①	②	③	④
16	①	②	③	④
17	①	②	③	④
18	①	②	③	④
19	①	②	③	④
問題 4				
20	①	②	③	④
21	①	②	③	④
22	①	②	③	④
23	①	②	③	④
24	①	②	③	④
25	①	②	③	④

問題 5				
26	①	②	③	④
27	①	②	③	④
28	①	②	③	④
29	①	②	③	④
30	①	②	③	④
31	①	②	③	④
32	①	②	③	④
33	①	②	③	④
34	①	②	③	④
35	①	②	③	④
問題 6				
36	①	②	③	④
37	①	②	③	④
38	①	②	③	④
39	①	②	③	④
40	①	②	③	④
問題 7				
41	①	②	③	④
42	①	②	③	④
43	①	②	③	④
44	①	②	③	④

問題 8				
45	①	②	③	④
46	①	②	③	④
47	①	②	③	④
48	①	②	③	④
問題 9				
49	①	②	③	④
50	①	②	③	④
51	①	②	③	④
52	①	②	③	④
53	①	②	③	④
54	①	②	③	④
55	①	②	③	④
56	①	②	③	④
問題 10				
57	①	②	③	④
58	①	②	③	④
59	①	②	③	④
問題 11				
60	①	②	③	④
61	①	②	③	④

問題 12				
62	①	②	③	④
63	①	②	③	④
64	①	②	③	④
問題 13				
65	①	②	③	④
66	①	②	③	④

日本語能力試験 解答用紙

N1 聴解

受 験 番 号 Examinee Registration Number	

名 前 Name	

<ちゅうい Notes>

1. くろいえんぴつ(HB、No.2)でかいてください。
   (ペンやボールペンではかかないでください。)
   Use a black medium soft (HB or No.2) pencil.
   (Do not use any kind of pen.)
2. かきなおすときは、けしゴムできれいにけしてください。
   Erase any unintended marks completely.
3. きたなくしたり、おったりしないでください。
   Do not soil or bend this sheet.
4. マークれい Marking examples

よいれい Correct Example	わるいれい Incorrect Examples
●	

問題《もんだい》1				
例《れい》	①	②	③	●
1	①	②	③	④
2	①	②	③	④
3	①	②	③	④
4	①	②	③	④
5	①	②	③	④

問題《もんだい》2				
例《れい》	①	②	●	④
1	①	②	③	④
2	①	②	③	④
3	①	②	③	④
4	①	②	③	④
5	①	②	③	④
6	①	②	③	④

問題《もんだい》3				
例《れい》	①	●	③	④
1	①	②	③	④
2	①	②	③	④
3	①	②	③	④
4	①	②	③	④
5	①	②	③	④

問題《もんだい》4			
例《れい》	①	●	③
1	①	②	③
2	①	②	③
3	①	②	③
4	①	②	③
5	①	②	③
6	①	②	③
7	①	②	③
8	①	②	③
9	①	②	③
10	①	②	③
11	①	②	③

問題《もんだい》5					
1		①	②	③	④
2	(1)	①	②	③	④
	(2)	①	②	③	④

日本語能力試験 解答用紙

N1 言語知識（文字・語彙・文法）・読解

진짜 한 권으로 끝내는 JLPT N1 제4회

受 験 番 号 Examinee Registration Number	

名 前 Name	

<ちゅうい Notes>

1. くろいえんぴつ(HB、No.2)でかいてください。
   (ペンやボールペンではかかないでください。)
   Use a black medium soft (HB or No.2) pencil.
   (Do not use any kind of pen.)
2. かきなおすときは、けしゴムできれいにけしてください。
   Erase any unintended marks completely.
3. きたなくしたり、おったりしないでください。
   Do not soil or bend this sheet.
4. マークれい Marking examples

よいれい Correct Example	わるいれい Incorrect Examples
●	

問題 1				
1	①	②	③	④
2	①	②	③	④
3	①	②	③	④
4	①	②	③	④
5	①	②	③	④
6	①	②	③	④

問題 2				
7	①	②	③	④
8	①	②	③	④
9	①	②	③	④
10	①	②	③	④
11	①	②	③	④
12	①	②	③	④
13	①	②	③	④

問題 3				
14	①	②	③	④
15	①	②	③	④
16	①	②	③	④
17	①	②	③	④
18	①	②	③	④
19	①	②	③	④

問題 4				
20	①	②	③	④
21	①	②	③	④
22	①	②	③	④
23	①	②	③	④
24	①	②	③	④
25	①	②	③	④

問題 5				
26	①	②	③	④
27	①	②	③	④
28	①	②	③	④
29	①	②	③	④
30	①	②	③	④
31	①	②	③	④
32	①	②	③	④
33	①	②	③	④
34	①	②	③	④
35	①	②	③	④

問題 6				
36	①	②	③	④
37	①	②	③	④
38	①	②	③	④
39	①	②	③	④
40	①	②	③	④

問題 7				
41	①	②	③	④
42	①	②	③	④
43	①	②	③	④
44	①	②	③	④

問題 8				
45	①	②	③	④
46	①	②	③	④
47	①	②	③	④
48	①	②	③	④

問題 9				
49	①	②	③	④
50	①	②	③	④
51	①	②	③	④
52	①	②	③	④
53	①	②	③	④
54	①	②	③	④
55	①	②	③	④
56	①	②	③	④

問題 10				
57	①	②	③	④
58	①	②	③	④
59	①	②	③	④

問題 11				
60	①	②	③	④
61	①	②	③	④

問題 12				
62	①	②	③	④
63	①	②	③	④
64	①	②	③	④

問題 13				
65	①	②	③	④
66	①	②	③	④

日本語能力試験 解答用紙

N1 聴解

受 験 番 号 Examinee Registration Number	

名 前 Name	

<ちゅうい Notes>

1. くろいえんぴつ(HB、No.2)でかいてください。(ペンやボールペンではかかないでください。)
   Use a black medium soft (HB or No.2) pencil.
   (Do not use any kind of pen.)
2. かきなおすときは、けしゴムできれいにけしてください。
   Erase any unintended marks completely.
3. きたなくしたり、おったりしないでください。
   Do not soil or bend this sheet.
4. マークれい Marking examples

よいれい Correct Example	わるいれい Incorrect Examples
●	

問題《もんだい》1				
例《れい》	①	②	③	●
1	①	②	③	④
2	①	②	③	④
3	①	②	③	④
4	①	②	③	④
5	①	②	③	④

問題《もんだい》2				
例《れい》	①	②	●	④
1	①	②	③	④
2	①	②	③	④
3	①	②	③	④
4	①	②	③	④
5	①	②	③	④
6	①	②	③	④

問題《もんだい》3				
例《れい》	①	●	③	④
1	①	②	③	④
2	①	②	③	④
3	①	②	③	④
4	①	②	③	④
5	①	②	③	④

問題《もんだい》4			
例《れい》	①	●	③
1	①	②	③
2	①	②	③
3	①	②	③
4	①	②	③
5	①	②	③
6	①	②	③
7	①	②	③
8	①	②	③
9	①	②	③
10	①	②	③
11	①	②	③

問題《もんだい》5					
1		①	②	③	④
2	(1)	①	②	③	④
	(2)	①	②	③	④

진짜 한 권으로 끝내는

JLPT N1

2025년
최신 경향
완벽 반영
2010년부터 2025년까지 16년간

황지영(대표 저자)
사츠모토 타쿠마·시원스쿨어학연구소 지음

해설서

S 시원스쿨닷컴

진짜 한 권으로 끝내는

JLPT N1

해설서

S 시원스쿨닷컴

1교시 언어 지식(문자·어휘)

연습 문제 정답 및 해설

문제 1 한자 읽기

기출 어휘 연습 문제 ❶ 1 ③ 2 ① 3 ① 4 ② 5 ③ 6 ④ 7 ③ 8 ② 9 ① 10 ③

기출 어휘 연습 문제 ❷ 1 ① 2 ④ 3 ③ 4 ① 5 ④ 6 ③ 7 ① 8 ② 9 ① 10 ④

예상 어휘 연습 문제 ❶ 1 ① 2 ② 3 ④ 4 ① 5 ③ 6 ③ 7 ② 8 ② 9 ③ 10 ①

예상 어휘 연습 문제 ❷ 1 ③ 2 ① 3 ④ 4 ② 5 ③ 6 ① 7 ④ 8 ① 9 ② 10 ④

문제 2 문맥 규정

기출 어휘 연습 문제 ❶ 1 ① 2 ② 3 ④ 4 ① 5 ④ 6 ① 7 ④ 8 ① 9 ① 10 ②

기출 어휘 연습 문제 ❷ 1 ① 2 ④ 3 ③ 4 ② 5 ① 6 ④ 7 ② 8 ③ 9 ① 10 ③

예상 어휘 연습 문제 ❶ 1 ② 2 ① 3 ④ 4 ① 5 ③ 6 ① 7 ② 8 ① 9 ① 10 ③

예상 어휘 연습 문제 ❷ 1 ③ 2 ② 3 ① 4 ③ 5 ① 6 ④ 7 ① 8 ③ 9 ① 10 ②

문제 3 유의 표현

기출 어휘 연습 문제 ❶ 1 ③ 2 ① 3 ④ 4 ① 5 ② 6 ④ 7 ② 8 ① 9 ③ 10 ①

기출 어휘 연습 문제 ❷ 1 ① 2 ① 3 ④ 4 ① 5 ② 6 ① 7 ③ 8 ① 9 ④ 10 ②

예상 어휘 연습 문제 ❶ 1 ② 2 ① 3 ③ 4 ① 5 ② 6 ① 7 ② 8 ① 9 ③ 10 ①

예상 어휘 연습 문제 ❷ 1 ① 2 ② 3 ① 4 ① 5 ② 6 ② 7 ① 8 ② 9 ③ 10 ①

문제 4 용법

기출 어휘 연습 문제 ❶ 1 ③ 2 ① 3 ③ 4 ① 5 ② 6 ① 7 ② 8 ① 9 ① 10 ②

기출 어휘 연습 문제 ❷ 1 ① 2 ① 3 ④ 4 ① 5 ① 6 ④ 7 ③ 8 ③ 9 ② 10 ③

예상 어휘 연습 문제 ❶ 1 ① 2 ③ 3 ① 4 ① 5 ③ 6 ④ 7 ① 8 ② 9 ① 10 ③

예상 어휘 연습 문제 ❷ 1 ① 2 ④ 3 ② 4 ③ 5 ① 6 ③ 7 ④ 8 ① 9 ③ 10 ①

문제 1 한자 읽기 | 기출 어휘 연습 문제 ❶

문제집 P.22

1 ③ 2 ① 3 ① 4 ② 5 ③ 6 ④ 7 ③ 8 ② 9 ① 10 ③

問題 1 ＿＿＿の言葉《ことば》の読《よ》み方《かた》として最《もっと》もよいものを、1・2・3・4から一《ひと》つ選《えら》びなさい。

문제 1 ＿＿＿의 단어 읽는 법으로 가장 알맞은 것을 1・2・3・4에서 하나 고르세요.

1 あの先生《せんせい》は、生徒《せいと》たちに**慕《した》われて**いる。

1 伴《ともな》われて　　2 報《むく》われて
3 慕《した》われて　　4 疑《うたが》われて

1 저 선생님은 학생들에게 **존경받고** 있다.

1 동반되고　　2 보답받고
3 존경받고　　4 의심받고

풀이 「慕《した》う」는 '경모하다'라는 의미로 수동형 「慕《した》われる」가 되면 '존경받다'라는 뜻이 된다.

단어 生徒《せいと》 학생 | 慕《した》う 연모하다, 뒤를 좇다 | 伴《ともな》う 동반하다, 따르다 | 報《むく》う 보답하다, 갚다 | 疑《うたが》う 의심하다

2 この物質《ぶっしつ》は植物《しょくぶつ》の生育《せいいく》を**促《うなが》す**。

1 促《うなが》す　　2 催《もよお》す
3 正《ただ》す　　4 逸《そ》らす

2 이 물질은 식물의 생육을 **촉진한다**.

1 촉진한다　　2 개최한다, 열다
3 바르게 한다, 바로잡다　　4 (방향을) 딴 데로 돌리다

풀이 「促《うなが》す」는 '재촉하다, 독촉하다'라는 뜻 외에 생물의 생장(육)이나 신진대사 등을 '촉진하다'는 뜻으로도 사용된다.

단어 物質《ぶっしつ》 물질 | 植物《しょくぶつ》 식물 | 生育《せいいく》 생육 | 促《うなが》す 촉진하다, 재촉하다, 독촉하다

3 人手不足《ひとでぶそく》で、工事《こうじ》が**滞《とどこお》って**いる。

1 滞《とどこお》って　　2 労《いた》わって
3 渋《しぶ》って　　4 怠《おこた》って

3 인력 부족으로 공사가 **정체되고** 있다.

1 정체되고　　2 (노약자를) 돌보고
3 원활하게 진행되지 않고　　4 게으름 피우고

풀이 「滞《とどこお》る」는 일이나 돈의 지불 등이 지연될 때 또는 길이나 도로가 정체될 때 사용한다.

단어 人手不足《ひとでぶそく》 인력 부족 | 工事《こうじ》 공사 | 滞《とどこお》る 정체되다, 밀리다, 지연되다 | 労《いた》わる (노약자를) 돌보다, (노고를) 위로하다 | 渋《しぶ》る 원활하게 진행되지 않다, 주저하다 | 怠《おこた》る 게으름 피우다, 소홀히 하다

4 新《あたら》しく買《か》った食器《しょっき》を熱湯《ねっとう》で**殺菌《さっきん》**した。

1 さつきん　　2 殺菌《さっきん》
3 最近《さいきん》　　4 送金《そうきん》

4 새로 산 식기를 뜨거운 물로 **살균**했다.

1 X　　2 살균
3 최근　　4 송금

풀이 「殺菌《さっきん》 살균」에서 「殺」의 음독은 「さつ」, 「さっ」, 「せっ」, 「さい」이며, 훈독은 「ころす 죽이다」, 「そぐ 깎다, 꺾다」이다. 「菌」의 음독은 「きん」으로만 발음된다. 특히 「殺」의 음독에 주의해야 한다. * 殺到《さっとう》 쇄도 | 殺生《せっしょう》 살생

단어 新《あたら》しい 새롭다 | 買《か》う 사다 | 食器《しょっき》 식기 | 熱湯《ねっとう》 뜨거운 물 | 殺菌《さっきん》 살균 | 最近《さいきん》 최근 | 送金《そうきん》 송금

5 彼《かれ》は本《ほん》の執筆《しっぴつ》、講演《こうえん》など、**多岐**《たき》にわたって活躍《かつやく》している。

1 おおき 2 だき

3 **多岐**《たき》 4 おおぎ

5 그는 책의 집필, 강연 등 **여러 분야**에 걸쳐 활약하고 있다.

1 X 2 X

3 **여러 분야** 4 X

풀이 「多岐《たき》」는 '여러 갈래로 갈려 복잡하다'라는 뜻의 명사로 「多岐《たき》にわたる 여러 갈래(다방면)에 걸치다」의 형태로 많이 사용된다.

단어 執筆《しっぴつ》 집필 | 講演《こうえん》 강연 | 多岐《たき》 여러 분야, 여러 갈래 | 活躍《かつやく》 활약

6 異議《いぎ》を**唱**《とな》**える**。

1 訴《うった》える 2 鍛《きた》える

3 構《かま》える 4 **唱**《とな》**える**

6 이의를 **제기하다**.

1 소송하다, 호소하다 2 단련하다, 연마하다

3 꾸미다, 대비하다, 자세를 취하다 4 **제기하다**

풀이 「唱《とな》える」는 「異議《いぎ》を唱《とな》える 이의를 제기하다」, 「不服《ふふく》を唱《とな》える 불복(이의)을 제기하다」 등의 형태로 자주 호응하여 사용된다.

단어 異議《いぎ》 이의(다른 의견) | 唱《とな》える 제기하다, 주창(주장)하다, 소리내서 읽다, 외치다

7 公園《こうえん》は市民《しみん》の**憩**《いこ》**い**の場《ば》として必要不可欠《ひつようふかけつ》だ。

1 集《つど》い 2 救《すく》い・掬《すく》い

3 **憩**《いこ》**い** 4 患《わずら》い・煩《わずら》い

7 공원은 시민의 **쉼**터로서 필요 불가결하다.

1 모임 2 구함·떠냄, 떠올림

3 **쉼** 4 병·병고·번거로움, 고민, 걱정

풀이 「憩《いこ》う 쉬다」라는 뜻의 동사에서 「憩《いこ》い」가 되어 '쉼, 휴식'이라는 뜻의 명사가 되었다.

단어 公園《こうえん》 공원 | 市民《しみん》 시민 | 憩《いこ》う 쉬다, 휴식하다 | 場《ば》 장소, 터 | 必要不可欠《ひつようふかけつ》 필요 불가결 | 集《つど》う 모이다, 집회하다 | 救《すく》う 구하다, 구제하다 | 掬《すく》う 떠내다, 건져 올리다 | 患《わずら》う(병을) 앓다 | 煩《わずら》う 고민하다, 번민하다

8 カーテンで光《ひかり》を**遮**《さえぎ》**る**。

1 耐《た》える 2 **遮**《さえぎ》**る**

3 備《そな》える 4 誂《あつら》える

8 커튼으로 빛을 **차단하다**.

1 견디다, 참다 2 **차단하다**

3 준비하다, 갖추다 4 주문하다, 맞추다

풀이 「遮《さえぎ》る」는 '차단하다, 가리다, 가로막다, 방해하다'라는 뜻의 동사이다.

단어 カーテン 커튼 | 光《ひかり》 빛 | 遮《さえぎ》る 차단하다, 가리다

9 生《せい》徒《と》たちが**伴奏《ばんそう》**に合《あ》わせて歌《うた》っている。		9 학생들이 **반주**에 맞춰 노래 부르고 있다.	
1 伴奏《ばんそう》	2 搬送《はんそう》	1 반주	2 반송
3 はんぞう	4 ばんぞう	3 X	4 X

풀이 「伴奏《ばんそう》 반주」에서 「伴」의 음독은 「はん」、「ばん」이고, 훈독은 「ともなう 동반하다, 수반하다」이다. 「奏」의 음독은 「そう」이고, 훈독은 「かなでる 연주하다」이다.

단어 生《せい》徒《と》 학생 | 合《あ》わせる 맞추다 | 歌《うた》う 노래 부르다 | 搬送《はんそう》 반송

10 久《ひさ》しぶりの雨《あめ》で畑《はたけ》が**潤《うるお》う**。	10 오랜만의 비로 밭이 **촉촉이 젖다**.
1 補《おぎな》う	1 (부족을) 보충하다
2 繕《つくろ》う	2 고치다, 수선하다, 겉을 꾸미다, 얼버무리다
3 潤《うるお》う	3 촉촉이 젖다
4 賄《まかな》う	4 조달하다, 식사를 제공하다, (가계·재정을) 꾸려가다

풀이 「潤《うるお》う」는 '습기를 띠어 축축해지다'라는 뜻으로 앞에 오는 명사에 따라 다양하게 해석되는 단어이므로 예문을 통해 익혀두어야 한다.

단어 久《ひさ》しぶり 오랜만 | 雨《あめ》 비 | 畑《はたけ》 밭 | 潤《うるお》う 축축(촉촉)해지다, 습기를 띠다, 윤택해지다, 혜택을 얻다

문제 1 한자 읽기 | 기출 어휘 연습 문제 ❷

문제집 P.23

1 ① 2 ④ 3 ③ 4 ① 5 ④ 6 ③ 7 ① 8 ② 9 ① 10 ④

問題 1 ＿＿＿の言葉《ことば》の読《よ》み方《かた》として最《もっと》もよいものを、1・2・3・4から一《ひと》つ選《えら》びなさい。	문제 1 ＿＿＿의 단어 읽는 법으로 가장 알맞은 것을 1・2・3・4에서 하나 고르세요.

1 母親《ははおや》は息《むす》子《こ》を優《やさ》しく**諭《さと》した**。		1 어머니는 아들을 부드럽게 **타일렀다**.	
1 諭《さと》した	2 誤《ご》魔《ま》化《か》した	1 타일렀다	2 속였다
3 癒《いや》した	4 脅《おびや》かした	3 치유했다	4 위협했다

풀이 「諭《さと》す 타이르다, 깨우치게 하다」는 「言《い》い聞《き》かせる 타이르다」보다는 딱딱한 표현이다.

단어 母親《ははおや》 어머니 | 息《むす》子《こ》 아들 | 優《やさ》しい 부드럽다, 상냥하다 | 諭《さと》す 타이르다, 깨우치게 하다 | 誤《ご》魔《ま》化《か》す 속이다, 얼버무리다 | 癒《いや》す 치유하다 | 脅《おびや》かす 위협하다, 위태롭게 하다

2 このドアは閉《し》めると自動的《じどうてき》に**施錠《せじょう》**される。

1 指定《してい》　　2 市場《しじょう》

3 せてい　　**4 施錠《せじょう》**

2 이 문은 닫으면, 자동적으로 **잠금**된다.

1 지정　　2 시장

3 X　　**4 잠금, 자물쇠를 채움**

풀이 「施錠《せじょう》 시정, 잠금」은 「施錠《せじょう》する」 형태로 동사가 되어 '잠금하다, 자물쇠를 채우다'라는 뜻이 된다. 「施」의 음독은 「し」、「せ」이고, 훈독은 「ほどこす 행하다, 가하다」이며, 「錠」은 음독 「じょう」로만 발음된다.

단어 ドア 문 | 閉《し》める 닫다 | 自動的《じどうてき》 자동적

3 A作家《さっか》は素材《そざい》の**枯渇《こかつ》**で苦《くる》しんでいる。

1 ごうかつ　　2 こっかつ

3 枯渇《こかつ》　　4 ごかつ

3 A작가는 소재 **고갈**로 괴로워하고 있다.

1 X　　2 X

3 고갈　　4 X

풀이 「枯渇《こかつ》 고갈」은 '말라서 없어짐'을 뜻하며, 「枯」의 음독은 「こ」이고, 훈독은 「からす 시들게 하다」、「かれる 시들다」이다. 「渇」의 음독은 「かつ」, 훈독은 「かわく 목마르다」로 발음된다.

단어 作家《さっか》 작가 | 素材《そざい》 소재 | 苦《くる》しむ 괴로워하다

4 彼《かれ》はみんなの前《まえ》で踊《おど》りを**披露《ひろう》**した。

1 披露《ひろう》　　2 ひろ

3 びろう　　4 びろ

4 그는 모두의 앞에서 춤을 **피로**했다.

1 피로(공개함)　　2 X

3 X　　4 X

풀이 「披露《ひろう》 피로」에서 「披」는 음독 「ひ」로만 발음되며, 「露」의 음독은 「ろ」、「ろう」, 훈독은 「つゆ 이슬」로 발음된다. 특히 「露」의 음독에 주의해야 한다.

* 露骨《ろこつ》 노골 | 暴露《ばくろ》 폭로

단어 みんな 모두 | 前《まえ》 앞 | 踊《おど》り 춤

5 朝日《あさひ》に**映《は》える**海《うみ》が美《うつく》しい。

1 栄《さか》える　　2 冷《ひ》える

3 飢《う》える·植《う》える　　**4 映《は》える**

5 아침 해에 **비치는** 바다가 아름답다.

1 성해지는　　2 차가워지는

3 굶주리는 · 심는　　**4 비치는**

풀이 「映《は》える」는 빛을 받아 빛나거나 비칠 때, 혹은 주위와 잘 어울려 돋보일 때 주로 사용한다.

단어 朝日《あさひ》 아침 해 | 映《は》える 비치다, 빛나다, 잘 어울리다 | 海《うみ》 바다 | 美《うつく》しい 아름답다 | 栄《さか》える 성해지다, 번영하다 | 冷《ひ》える 차가워지다, 식다 | 飢《う》える 굶주리다 | 植《う》える 심다

6 正体《しょうたい》を**暴露《ばくろ》**する。

1 ばくろう　　2 ぼうろう

3 暴露《ばくろ》　　4 ぼうろ

6 정체를 **폭로**하다.

1 X　　2 X

3 폭로　　4 X

풀이 「暴露《ばくろ》 폭로」에서 「暴」의 음독은 「ぼう」, 「ばく」이고, 훈독은 「あばれる 날뛰다, 설치다」, 「あばく 폭로하다, 파헤치다」이다. 「露」의 음독은 「ろ」, 「ろう」이고, 훈독은 「つゆ 이슬」이다.

단어 正体《しょうたい》 정체

7 筆跡《ひっせき》を**鑑定《かんてい》**する。

1 鑑定《かんてい》　　2 感情《かんじょう》

3 がんてい　　4 頑丈《がんじょう》

7 필적을 **감정**하다.

1 감정　　2 감정

3 X　　4 튼튼

풀이 「鑑定《かんてい》 감정」은 '사물의 특징이나 참과 거짓, 좋고 나쁨을 분별하여 판정함'이라는 뜻이다. 「鑑」의 음독은 「かん」이고, 훈독은 「かんがみる 비추어 생각하다, 감안하다」이다. 「定」의 음독은 「じょう」, 「てい」이고, 훈독은 「さだまる 정해지다」, 「さだめる 정하다」, 「さだか 확실함, 분명함」으로 발음된다.

단어 筆跡《ひっせき》 필적 | 鑑定《かんてい》 감정(어떤 사물의 진위, 가치 등을 판단하거나 평가함) | 感情《かんじょう》 감정(마음속에서 일어나는 느낌이나 정서)

8 アルバイトを**随時《ずいじ》**募集《ぼしゅう》しています。

1 一時《いっとき》　　2 随時《ずいじ》

3 一時《ひととき》　　4 炊事《すいじ》

8 아르바이트를 **수시** 모집하고 있습니다.

1 일시, 잠시　　2 수시

3 한때, 일시　　4 취사

풀이 「随時《ずいじ》 수시」는 '그때그때, 아무 때고'라는 뜻으로 「随」는 음독 「ずい」로만 발음된다. 「時」의 음독은 「じ」, 훈독은 「とき」이다.

단어 アルバイト 아르바이트 | 募集《ぼしゅう》 모집

9 その会社《かいしゃ》は代表《だいひょう》が変《か》わり、さらなる**躍進《やくしん》**を遂《と》げている。

1 躍進《やくしん》　　2 やくじん

3 ようしん　　4 用心《ようじん》

9 그 회사는 대표가 바뀌어, 한층 더한 **약진**을 이루고 있다.

1 약진　　2 X

3 X　　4 조심, 주의

풀이 「躍進《やくしん》 약진」은 '빠르게 발전하거나 진보함'을 뜻하는 단어로 「躍」의 음독은 「やく」, 훈독은 「おどる 뛰어 오르다」이다. 「進」의 음독은 「しん」, 훈독은 「すすむ 나아가다」, 「すすめる 나아가게 하다」로 발음된다.

단어 会社《かいしゃ》 회사 | 代表《だいひょう》 대표 | 変《か》わる 바뀌다 | さらなる 한층 더한 | 遂《と》げる 이루다, 성취하다

10 京都《きょうと》には**由緒**《ゆいしょ》ある建物《たてもの》が多《おお》く残《のこ》っている。

1 ゆちょう　　2 ゆうしょ

3 ゆいちょう　　4 由緒《ゆいしょ》

10 교토에는 **유서** 있는 건물이 많이 남아 있다.

1 X　　2 X

3 X　　4 유서(유래, 내력)

풀이 「由緒《ゆいしょ》 유서」는 '유래'나 '내력'이라는 뜻으로 「由」의 음독은 「ゆ」, 「ゆう」, 「ゆい」이고, 훈독은 「よし 유래, 연유, 까닭」이다. 「緒」의 음독은 「しょ」, 「ちょ」이고, 훈독은 「お 가는 끈」로 발음된다. 특히 「由」의 발음에 주의해야 한다.

* 自由《じゆう》 자유 | 由来《ゆらい》 유래

단어 京都《きょうと》 교토 | 建物《たてもの》 건물 | 多《おお》い 많다 | 残《のこ》る 남다

문제 1 한자 읽기 | 예상 어휘 연습 문제 ❶

문제집 P.32

1 ① 2 ② 3 ④ 4 ① 5 ③ 6 ③ 7 ② 8 ② 9 ③ 10 ①

問題 1 ＿＿＿の言葉《ことば》の読《よ》み方《かた》として最《もっと》もよいものを、1・2・3・4から一《ひと》つ選《えら》びなさい。

문제 1 ＿＿＿의 단어 읽는 법으로 가장 알맞은 것을 1・2・3・4에서 하나 고르세요.

1 彼《かれ》らは平和《へいわ》を**渇望**《かつぼう》している。

1 渇望《かつぼう》　　2 かつもう

3 こつぼう　　4 こつもう

1 그들은 평화를 **갈망**하고 있다.

1 갈망　　2 X

3 X　　4 X

풀이 「渇望《かつぼう》 갈망」은 '간절히 바란다'는 뜻으로 「渇」의 음독은 「かつ」이고, 훈독은 「かわく 목이 마르다」이다. 「望」의 음독은 「ぼう」, 「もう」이고, 훈독은 「のぞむ 바라다, 소망하다」이다.

단어 平和《へいわ》 평화

2 ここは昔《むかし》の**趣**《おもむき》がある。

1 傾《かたむ》き　　2 趣《おもむき》

3 歪《ひず》み　　4 弾《はず》み

2 여기는 옛날의 **정취**가 있다.

1 기울기　　2 정취

3 뒤틀림, 폐해　　4 퇴, 탄력, 추세

풀이 「趣《おもむき》」의 주된 뜻은 '정취, 멋, 분위기'이지만, 음독 한자인 「趣旨《しゅし》 취지」로도 자주 사용된다.

단어 昔《むかし》 옛날 | 趣《おもむき》 정취, 멋, 분위기 | 傾《かたむ》く 기울다 | 歪《ひず》む 비뚤어지다, 일그러지다 | 弾《はず》む 튀다, 기세가 오르다

3 母《はは》はとても**倹《つま》しい**暮《く》らしをしている。

1 険《けわ》しい　　2 みすぼらしい
3 乏《とぼ》しい　　4 倹《つま》しい

3 엄마는 굉장히 **검소한** 생활을 하고 있다.

1 험난한, 험악한　　2 초라한, 빈약한
3 모자란, 부족한　　4 검소한, 알뜰한

풀이 「倹《つま》しい」는 '검소하다, 알뜰하다'라는 뜻이며, 선택지 1번의 한자와 헷갈리지 않도록 주의하자.

단어 母《はは》 엄마 | 暮《く》らし 생활

4 吉田《よしだ》さんは努力《どりょく》もせず人《ひと》を**妬《ねた》んで**ばかりいる。

1 妬《ねた》んで
2 痛《いた》んで・傷《いた》んで・悼《いた》んで
3 絡《から》んで
4 悔《く》やんで

4 요시다 씨는 노력도 하지 않고 남을 **시샘하기**만 한다.

1 시샘하기
2 아프기·상하기·애도하기
3 얽히기
4 후회하기

풀이 「妬《ねた》む」는 '시샘하다, 질투하다, 시기하다'라는 뜻이며, 「嫉妬《しっと》 질투」도 함께 알아두자.

단어 努力《どりょく》 노력 | 妬《ねた》む 시샘하다 | ～てばかりいる ~하기만 하다 | 痛《いた》む 아프다, 괴롭다 | 傷《いた》む 상하다, 파손되다 | 悼《いた》む 애도하다, 슬퍼하다 | 絡《から》む 휘감기다, 얽히다, 얽매이다, 관련되다 | 悔《く》やむ 후회하다, 애도하다

5 取引先《とりひきさき》からの依頼《いらい》を**婉曲《えんきょく》**に断《ことわ》った。

1 湾曲《わんきょく》　　2 陰極《いんきょく》
3 婉曲《えんきょく》　　4 おんきょく

5 거래처로부터의 의뢰를 **완곡**하게 거절했다.

1 만곡　　2 음극
3 완곡　　4 X

풀이 「婉曲《えんきょく》 완곡」은 '말하는 투가 모나지 않고 부드럽다, 말 등을 빙빙 돌려서 하다'라는 뜻이며, 「婉」의 음독 발음에 주의하도록 하자.

단어 取引先《とりひきさき》 거래처 | 依頼《いらい》 의뢰 | 断《ことわ》る 거절하다, 미리 양해를 구하다

6 この作品《さくひん》は**類《たぐい》**まれな名作《めいさく》だ。

1 集《つど》い　　2 憩《いこ》い
3 類《たぐい》　　4 悔《く》い

6 이 작품은 **유례**없는 명작이다.

1 모임　　2 휴식
3 유례, 종류, 부류　　4 후회, 뉘우침

풀이 「類」의 음독은 「るい」이고, 훈독은 「たぐい」로 「類《るい》がない 유례가 없다」로도 사용할 수 있다.

단어 作品《さくひん》 작품 | 名作《めいさく》 명작 | 集《つど》う 모이다, 집회하다 | 憩《いこ》う 휴식하다, 쉬다 | 悔《く》いる 후회하다

7 誇大広告《こだいこうこく》で消費者《しょうひしゃ》を**惑《まど》わして**いる。

1 みがわして　　2 惑《まど》わして

3 交《か》わして　　4 ぎどわして

7 과대 광고로 소비자를 **현혹시키고** 있다.

1 X　　2 현혹시키고

3 주고받고　　4 X

풀이 「惑《まど》わす」에서 「惑」의 음독은 「わく」이고, 훈독은 「まどう 망설이다, 혹하다, 마음을 빼앗기다」로 발음된다.

단어 誇大広告《こだいこうこく》 과대 광고 | 消費者《しょうひしゃ》 소비자 | 惑《まど》わす 혼란(현혹)시키다, 유혹하다, 꾀다 | 交《か》わす 주고받다, 교차하다

8 彼女《かのじょ》は荷物《にもつ》を**梱包《こんぽう》**した。

1 漢方《かんぽう》　　2 梱包《こんぽう》

3 かんぼう　　4 困乏《こんぼう》

8 그녀는 짐을 **포장**했다.

1 한방　　2 포장

3 X　　4 궁핍

풀이 「梱包《こんぽう》 곤포」는 '짐을 꾸림, '꾸린 짐'이라는 뜻으로 주로 「梱包《こんぽう》する 포장하다」라는 뜻으로 사용된다.

단어 荷物《にもつ》 짐

9 長年《ながねん》の研究《けんきゅう》が**成就《じょうじゅ》**した。

1 せいしゅう　　2 せいじゅ

3 成就《じょうじゅ》　　4 除臭《じょしゅう》

9 오랜 세월의 연구가 **성취**되었다.

1 X　　2 X

3 성취　　4 제취

풀이 「成就《じょうじゅ》 성취」는 '목적한 바를 이룬다'는 뜻으로 이 한자는 특히 음독 발음에 주의해야 한다. 「成」의 음독은 「せい」、「じょう」이고, 「就」의 음독은 「しゅう」、「じゅ」로 발음된다.

단어 長年《ながねん》 오랜 세월, 긴 세월 | 研究《けんきゅう》 연구 | 除臭《じょしゅう》 제취, 냄새를 없앰

10 A氏《し》は**情緒《じょうちょ》**が豊富《ほうふ》な人《ひと》だ。

1 情緒《じょうちょ》　　2 上昇《じょうしょう》

3 長所《ちょうしょ》　　4 ちょしょう

10 A 씨는 **정서**가 풍부한 사람이다.

1 정서　　2 상승

3 장점　　4 X

풀이 「情緒《じょうちょ》 정서」에서 「情」의 음독은 「じょう」、「せい」이고, 훈독은 「なさけ 정, 인정」이다. 「緒」의 음독은 「しょ」、「ちょ」, 훈독은 「お 가는 끈, 실」로 특히 「緒」의 음독 발음에 주의해야 한다.

단어 豊富《ほうふ》 풍부

문제 1 한자 읽기 | 예상 어휘 연습 문제 ❷

문제집 P.33

1 ③ 2 ① 3 ④ 4 ② 5 ③ 6 ① 7 ④ 8 ① 9 ② 10 ④

問題 1 ＿＿＿の言葉《ことば》の読《よ》み方《かた》として最《もっと》もよいものを、1・2・3・4から一《ひと》つ選《えら》びなさい。	**문제 1** ＿＿＿의 단어 읽는 법으로 가장 알맞은 것을 1・2・3・4에서 하나 고르세요.

1 虚偽《きょぎ》の事実《じじつ》が**流布《るふ》**されている。

1 りゅうふ　　2 りゅうふう
3 流布《るふ》　　4 るふう

1 허위 사실이 **유포**되고 있다.

1 X　　2 X
3 유포　　4 X

풀이 「流布《るふ》 유포」는 '세상에 널리 퍼짐(퍼뜨림)'이라는 뜻으로 특히 「流《る》」의 음독 발음에 주의해야 한다.

단어 虚偽《きょぎ》 허위 | 事実《じじつ》 사실

2 このバクテリアは熱《ねつ》に**脆弱《ぜいじゃく》**だ。

1 脆弱《ぜいじゃく》　　2 ぜいにゃく
3 しゅうじゃく　　4 しゅうにゃく

2 이 박테리아는 열에 **취약**하다.

1 취약　　2 X
3 X　　4 X

풀이 「脆弱《ぜいじゃく》 취약」은 음독 발음에 주의해야 하며, 「脆《も》ろい 약하다, 부서지기 쉽다」와 함께 알아두자.

단어 バクテリア 박테리아 | 熱《ねつ》 열

3 表情《ひょうじょう》だけで人《ひと》の感情《かんじょう》を**捕捉《ほそく》**することはできない。

1 逢着《ほうちゃく》　　2 法則《ほうそく》
3 ほちゃく　　4 捕捉《ほそく》

3 표정만으로 사람의 감정을 **포착**할 수 없다.

1 봉착　　2 법칙
3 X　　4 포착

풀이 「捕捉《ほそく》 포착」은 '꼭 붙잡다'라는 뜻으로 요점이나 요령을 얻거나 어떤 기회나 정세를 알아차릴 때 사용한다. 특히 「捉《ほ》」의 음독 발음에 주의해야 한다.

단어 表情《ひょうじょう》 표정 | 感情《かんじょう》 감정

4 彼《かれ》は**強靭《きょうじん》**なメンタルの持《も》ち主《ぬし》だ。

1 きょうにん　　2 強靭《きょうじん》
3 ごうにん　　4 ごうじん

4 그는 **강인**한 멘탈의 소유자다.

1 X　　2 강인
3 X　　4 X

풀이 「強靭《きょうじん》 강인」에서 「靭《じん》」의 음독 발음에 주의하도록 하자.

단어 メンタル 멘탈, 정신 | 持《も》ち主《ぬし》 소유자

5 悪習慣《あくしゅうかん》は**撲滅《ぼくめつ》**した方《ほう》がいい。		5 악습관은 **박멸**하는 것이 좋다.	
1 ばくめつ	2 ばくべつ	1 X	2 X
3 撲滅《ぼくめつ》	4 ぼくべつ	3 박멸	4 X

풀이 「撲滅《ぼくめつ》 박멸」은 '모조리 잡아 없앤다'는 뜻으로 「撲」의 음독은 「ぼく」이다. 「滅」의 음독은 「めつ」이고, 훈독은 「ほろびる 멸망하다」, 「ほろぼす 멸망시키다」로 발음된다.

단어 悪習慣《あくしゅうかん》 악습관 | ~方《ほう》がいい ~하는 편(것)이 좋다

6 そのような発言《はつげん》は**侮辱《ぶじょく》**にあたる。		6 그러한 발언은 **모욕**에 해당된다.	
1 侮辱《ぶじょく》	2 ばいじょく	1 모욕	2 X
3 ぶぞく	4 ばいぞく	3 X	4 X

풀이 「侮辱《ぶじょく》 모욕」에서 「侮」의 음독은 「ぶ」이고, 훈독은 「あなどる 깔보다, 얕보다」이다. 「辱」의 음독은 「じょく」이고, 훈독은 「はずかしめる 욕보이다, 창피를 주다」로 발음된다.

단어 発言《はつげん》 발언 | あたる 해당되다

7 日《ひ》が沈《しず》む光景《こうけい》は**風情《ふぜい》**がある。		7 해가 지는 광경은 **운치**가 있다.	
1 ふうじょ	2 ふうぜい	1 X	2 X
3 ぶじょう	4 風情《ふぜい》	3 X	4 운치, 풍정, 정취

풀이 「風情《ふぜい》 풍정」은 주로 '운치, 정취'라는 뜻이지만, '대접, 접대'라는 뜻으로도 사용된다. 음독 발음이 독특한 한자이므로 주의하도록 하자.

단어 日《ひ》が沈《しず》む 해가 지다 | 光景《こうけい》 광경

8 お互《たが》いの債務《さいむ》が**相殺《そうさい》**された。		8 서로의 채무가 **상쇄**되었다.	
1 相殺《そうさい》	2 しょうさい	1 상쇄	2 X
3 そうさつ	4 しょうさつ	3 X	4 X

풀이 「相殺《そうさい》 상쇄」는 '상반되는 것이 서로 영향을 주어 효과가 없어진다'는 뜻이다.

단어 お互《たが》い 서로 | 債務《さいむ》 채무

9 彼《かれ》は**熟考《じゅっこう》**を重《かさ》ねたうえで、会社《かいしゃ》をやめた。		9 그는 **숙고**를 거듭한 후에, 회사를 그만뒀다.	
1 熟語《じゅくご》	2 熟考《じゅっこう》	1 숙어	2 숙고
3 じゅくこう	4 十個《じゅっこ》	3 X	4 10개

풀이 「熟考《じゅっこう》 숙고」는 '곰곰이 잘 생각한다'는 뜻으로 「熟」의 음독 발음에 주의하도록 하자.

단어 重《かさ》ねる 거듭하다 | ~うえで ~한 후에 | 会社《かいしゃ》をやめる 회사를 그만두다

10 畑《はたけ》に農薬《のうやく》を**散布《さんぷ》**した。

1 さつふ　　2 さっぽ

3 さんぶ　　4 散布《さんぷ》

10 밭에 농약을 **살포**했다.

1 X　　2 X

3 X　　4 살포, 산포

풀이 「散布《さんぷ》 산포」는 주로 「散布《さんぷ》する」로 사용되며, '살포하다, 흩어 뿌리다'라는 뜻으로 해석하면 된다.

단어 畑《はたけ》 밭 | 農薬《のうやく》 농약

문제 2 문맥 규정 | 기출 어휘 연습 문제 ❶

문제집 P.48

1 ①　2 ②　3 ④　4 ①　5 ④　6 ①　7 ④　8 ①　9 ①　10 ②

問題2 (　　) に入《い》れるのに最《もっと》もよいものを 1・2・3・4から一《ひと》つ選《えら》びなさい。

문제 2 (　　)에 들어갈 것으로 가장 알맞은 것을 1・2・3・4에서 하나 고르세요.

1 裁判所《さいばんしょ》は私《わたし》の訴《うった》えを (**却下《きゃっか》**) した。

1 却下《きゃっか》　　2 脱却《だっきゃく》

3 除去《じょきょ》　　4 撤退《てったい》

1 법원에서는 나의 소송을 (**각하**)했다.

1 각하　　2 탈거, 벗어남

3 제거　　4 철퇴, 철수

풀이 「却下《きゃっか》 각하」는 주로 「却下《きゃっか》する」의 형태로 쓰이며, 검토하여 돌려보내는 '기각'과는 달리 검토할 자격을 갖추지 못해 '그대로 돌려보낸다'는 뜻을 나타낸다. 즉, 소장이나 신청을 '거절한다'는 것으로 이해하면 된다.

단어 裁判所《さいばんしょ》 법원 | 訴《うった》え 소송

2 息子《むすこ》はゲームがしたくて (**うずうず**) しているようだ。

1 もじもじ　　2 うずうず

3 もやもや　　4 まごまご

2 아들은 게임을 하고 싶어 (**근질근질**)한 것 같다.

1 머뭇머뭇, 주저주저　　2 근질근질

3 답답한, 개운치 않은　　4 우물쭈물, 갈팡질팡

풀이 「うずうず 근질근질」은 '어떤 행동을 하고 싶어 좀이 쑤시는 모양'으로 「むずむず 근질근질」과 비슷한 뜻으로 사용된다.

단어 息子《むすこ》 아들 | ゲーム 게임

3 手術《しゅじゅつ》は成功《せいこう》したが、油断《ゆだん》は (**禁物《きんもつ》**) だ。

1 偏見《へんけん》　　2 不当《ふとう》

3 拙速《せっそく》　　4 禁物《きんもつ》

3 수술은 성공했지만, 방심은 (**금물**)이다.

1 편견　　2 부당

3 졸속　　4 금물

풀이 「禁物《きんもつ》 금물」은 '해서는 안 된다'는 뜻이다.

단어 手術《しゅじゅつ》 수술 | 成功《せいこう》 성공 | 油断《ゆだん》 방심

4 態度《たいど》が (**がらりと**) 変《か》わる。	4 태도가 (**싹**) 바뀌다.
1 **がらりと** 2 ひしひしと	1 **싹** 2 절실히
3 ほそぼそと 4 どんよりと	3 근근이 4 잔뜩 찌푸린

풀이 「がらりと」는 어떤 상태가 갑자기 변하는 모양의 '싹', 문을 거칠게 여닫는 모양의 '드르르', 쌓여 있는 물건 등이 무너지는 모양의 '와르르'의 뜻을 가지고 있다.

단어 態度《たいど》 태도 | 変《か》わる 바뀌다, 변하다

5 相手《あいて》に意向《いこう》を (**打診《だしん》**) してみたが、返事《へんじ》はなかった。	5 상대에게 의향을 (**타진**)해 봤지만, 응답은 없었다.
1 疎通《そつう》 2 挑発《ちょうはつ》	1 소통 2 도발
3 模索《もさく》 4 **打診《だしん》**	3 모색 4 **타진**

풀이 「打診《だしん》 타진」은 '남의 마음이나 사정을 미리 살펴본다'는 뜻이다.

단어 相手《あいて》 상대 | 意向《いこう》 의향 | 返事《へんじ》 응답, 대답

6 感情《かんじょう》の (**起伏《きふく》**) が激《はげ》しい。	6 감정의 (**기복**)이 심하다.
1 **起伏《きふく》** 2 裏腹《うらはら》	1 **기복** 2 정반대, 모순됨
3 釈明《しゃくめい》 4 手際《てぎわ》	3 석명, 해명 4 (처리하는) 솜씨, 수완

풀이 「起伏《きふく》 기복」은 '자세나 세력, 기세 따위가 높아졌다 낮아졌다 하는 것'을 뜻한다.

단어 感情《かんじょう》감정 | 激《はげ》しい 심하다

7 与《あた》えられた (**ノルマ**) を成《な》し遂《と》げる。	7 주어진 (**할당량**)을 달성하다.
1 ストック 2 カルテ	1 비축, 재고품, 저장품 2 진료 기록표
3 スタンス 4 **ノルマ**	3 자세, 태도 4 **(노동의) 할당량**

풀이 「ノルマ」는 러시아어로 '노동의 기준량'을 뜻한다.

단어 与《あた》える 주다 | 成《な》し遂《と》げる 달성하다

8 景気《けいき》の先行《さきゆ》きは（**予断**《よだん》）を許《ゆる》さない状況《じょうきょう》が続《つづ》いている。

1 予断《よだん》　2 見当《けんとう》
3 予感《よかん》　4 見通《みとお》し

8 경기의 동향은 (**예측**)을 불허하는 상황이 이어지고 있다.

1 예측　2 짐작, 예측
3 예감　4 전망, 예측

풀이 「予断《よだん》 예측」은 「予断《よだん》を許《ゆる》さない 예측을 불허하다」의 형태로 자주 사용되며, 2번은 「見当《けんとう》がつく 짐작이 가다」, 4번은 「見通《みとお》しがつく(立《た》つ) 전망이 서다」로 주로 사용된다.

단어 景気《けいき》 경기 | 先行《さきゆ》き 동향 | 許《ゆる》す 허용하다, 허가하다 | 状況《じょうきょう》 상황 | 続《つづ》く 계속되다

9 上司《じょうし》の提案《ていあん》を（**やんわり**）と断《ことわ》った。

1 やんわり　2 しんなり
3 どんより　4 がぶり

9 상사의 제안을 (**완곡하게**) 거절했다.

1 완곡하게　2 나긋나긋하게
3 잔뜩 찌푸려　4 덥석

풀이 「やんわり」는 차분하게 말하는 모양의 '완곡하게, 넌지시', 느낌이 좋고 부드러운 모양의 '부드러운, 살며시'라는 뜻을 가지고 있다.

단어 上司《じょうし》 상사 | 提案《ていあん》 제안 | 断《ことわ》る 거절하다

10 （**綿密**《めんみつ》）な計画《けいかく》を立《た》てる。

1 繊細《せんさい》　2 綿密《めんみつ》
3 濃密《のうみつ》　4 堪能《たんのう》

10 (**면밀**)한 계획을 세우다.

1 섬세　2 면밀
3 농밀　4 능통, 뛰어남

풀이 「綿密《めんみつ》 면밀」은 '자세하고 빈틈이 없다'라는 뜻으로 「綿密《めんみつ》な計画《けいかく》 면밀한 계획」으로 주로 사용되며, 1번의 「繊細《せんさい》」는 '섬세'라는 뜻으로 '모양이나 감정, 감각' 등에 사용된다.

단어 計画《けいかく》 계획 | 立《た》てる 세우다

문제 2 문맥 규정 | 기출 어휘 연습 문제 ❷

문제집 P.49

1 ①　2 ④　3 ③　4 ②　5 ①　6 ④　7 ②　8 ③　9 ①　10 ③

問題 2 （　　　）に入《い》れるのに最《もっと》もよいものを1·2·3·4から一《ひと》つ選《えら》びなさい。

문제 2 (　　　)에 들어갈 것으로 가장 알맞은 것을 1·2·3·4에서 하나 고르세요.

1 スプーンでかゆを（**掬《すく》う/抄《すく》う**）。

1 掬《すく》う(抄《すく》う)・救《すく》う　2 摘《つ》む・積《つ》む
3 濯《すす》ぐ　4 縫《ぬ》う

1 스푼으로 죽을 (**뜨다**).

1 뜨다·구하다　2 뜯다, 따다·쌓다
3 씻다, 헹구다　4 꿰매다, 수놓다

풀이 「すくう」는 「掬《すく》う(抄《すく》う) 뜨다, 떠내다, 건져 올리다」、「救《すく》う 구하다, 구조하다」라는 뜻을 가지고 있으나 여기에서는 문맥상 「掬《すく》う(抄《すく》う)」가 답으로 적합하다.

단어 スプーン 스푼 | かゆ 죽

2 彼《かれ》とは意見《いけん》が (**噛《か》み合《あ》わなくて**) いつも喧《けん》嘩《か》になる。

1 見《み》合《あ》わなくて　　2 掛《か》け合《あ》わなくて

3 釣《つ》り合《あ》わなくて　　4 噛《か》み合《あ》わなくて

2 그와는 의견이 (**서로 맞지 않아서**) 항상 싸우게 된다.

1 어울리지 않아서　　2 흥정하지 않아서

3 균형이 맞지 않아서　　4 서로 맞지 않아서

풀이 「噛《か》み合《あ》う」는 '서로 물어뜯다', '(이와 이가) 맞물리다', '(의견, 생각 따위가) 서로 맞다'라는 뜻을 가진 복합 동사이며, 여기에서는 「噛《か》み合《あ》わない 서로 맞지 않다」로 사용되었다.

단어 噛《か》み合《あ》う (의견, 생각 따위가) 서로 맞다 | 喧《けん》嘩《か》 싸움 | 見《み》合《あ》わせる 어울리다, 상응하다, 걸맞다 | 掛《か》け合《あ》う 흥정하다, 교섭하다 | 釣《つ》り合《あ》う 균형이 맞다, (서로) 어울리다

3 話《はな》し合《あ》いが (**拗《こじ》れた**) 。

1 乱《みだ》れた　　2 痺《しび》れた

3 拗《こじ》れた　　4 跳《は》ねた

3 이야기가 (**복잡해졌다**).

1 어지러워졌다　　2 마비됐다

3 복잡해졌다　　4 뛰어올랐다

풀이 「拗《こじ》れる」는 '(일·이야기·사이·관계 등이) 복잡해지다, 꼬이다', '(병이) 악화되다', '(마음이) 비꼬이다, 뒤틀리다'라는 뜻을 가지고 있으며, 여기에서는 「話《はな》し合《あ》いがこじれる 이야기가 복잡해지다」로 사용되었다.

단어 話《はな》し合《あ》い 이야기, 대화 | 拗《こじ》れる 복잡해지다 | 乱《みだ》れる 어지러워지다, 흐트러지다 | 痺《しび》れる 마비되다, 저리다 | 跳《は》ねる 뛰어오르다, 튀다

4 この服《ふく》は水《みず》を (**弾《はじ》く**) 。

1 そそる

2 弾《はじ》く

3 研《と》ぐ

4 歪《ひず》む

4 이 옷은 물을 (**튕겨 낸다**).

1 (군침·식욕·흥미 등을) 돋우다, 자아내다

2 튕겨 낸다, 겉돌게 한다

3 (칼을) 갈다, 닦아서 윤을 내다, (물에 비비어) 씻다

4 비뚤어지다, 일그러지다

풀이 「弾《はじ》く」는 '튕겨 내다, 겉돌게 하다, 스며들지 않게 하다'라는 뜻을 가진 동사이다.

단어 服《ふく》 옷 | 水《みず》 물

5 彼女《かのじょ》は突然《とつぜん》、別《わか》れ話《ばなし》を (**切《き》り出《だ》した**)。

1 切《き》り出《だ》した　　2 持《も》ち上《あ》げた
3 取《と》り寄《よ》せた　　4 割《わ》り当《あ》てた

5 그녀는 갑자기 이별 이야기를 (**꺼냈다**).

1 꺼냈다　　2 들어 올렸다
3 가져오게 했다　　4 분배했다

풀이 「切《き》り出《だ》す」는 「用件《ようけん》を……」, 「結婚《けっこん》の話《はなし》を……」 등과 함께 쓰면 '용건이나 말을 꺼내다, 말하기 시작하다'라는 뜻이 된다.

단어 突然《とつぜん》 돌연, 갑자기 | 別《わか》れ話《ばなし》 이별 이야기 | 切《き》り出《だ》す 말을 꺼내다 | 持《も》ち上《あ》げる 들어 올리다 | 取《と》り寄《よ》せる (주문하거나 말해서) 가져오게 하다 | 割《わ》り当《あ》てる 분배하다, 할당하다

6 医者《いしゃ》の笑顔《えがお》に患者《かんじゃ》の不安《ふあん》は (**一掃《いっそう》**) された。

1 自粛《じしゅく》　　2 抜粋《ばっすい》
3 披露《ひろう》　　4 一掃《いっそう》

6 의사의 웃는 얼굴에 환자의 불안은 (**일소**)되었다.

1 자숙　　2 발췌
3 피로　　4 일소

풀이 「一掃《いっそう》 일소」는 '한꺼번에 싹 제거하다, 남김없이 제거하다'라는 뜻을 가지고 있다.

단어 医者《いしゃ》 의사 | 笑顔《えがお》 웃는 얼굴 | 患者《かんじゃ》 환자 | 不安《ふあん》 불안

7 人波《ひとなみ》に (**紛《まぎ》れて**)、見《み》えなくなった。

1 躊躇《ためら》って　　2 紛《まぎ》れて
3 狼狽《うろた》えて　　4 解《ほど》けて

7 인파에 (**뒤섞여서**), 보이지 않게 되었다.

1 망설여서, 주저해서　　2 뒤섞여서
3 당황해서　　4 (매듭·끈·감정 등이) 풀려서

풀이 「紛《まぎ》れる」는 '뒤섞이다, 헷갈리다'라는 뜻을 가지고 있다.

단어 人波《ひとなみ》 인파 | 紛《まぎ》れる 뒤섞이다 | 見《み》える 보이다 | 躊躇《ためら》う 망설이다, 주저하다 | 狼狽《うろた》える 당황하다, 허둥대다 | 解《ほど》ける (매듭·끈·감정 등이) 풀리다

8 意見《いけん》の不一致《ふいっち》で、話《はな》し合《あ》いは平行線《へいこうせん》を (**辿《たど》った**)。

1 歩《あゆ》んだ　　2 喘《あえ》いだ
3 辿《たど》った　　4 伝《つた》った

8 의견의 불일치로 이야기는 평행선을 (**걸었다**).

1 나아갔다　　2 허덕였다
3 걸었다　　4 이동했다

풀이 「辿《たど》る」는 보통 '더듬어가다, (모르는 곳을) 확인하며 가다'라는 뜻이지만, 여기에서의 「平行線《へいこうせん》をたどる 평행선을 걷다」라는 숙어로 사용되었다.

단어 意見《いけん》 의견 | 不一致《ふいっち》 불일치 | 話《はな》し合《あ》い 이야기 | 平行線《へいこうせん》 평행선 | 辿《たど》る 더듬어 가다, (모르는 곳을) 확인하며 가다 | 歩《あゆ》む 나아가다, 걷다 | 喘《あえ》ぐ 허덕이다, 헐떡이다 | 伝《つた》う (어떤 것을 매개로) 이동하다, 타다

9 作戦《さくせん》を (練《ね》る)。	9 작전을 (**짜다**).
1 練《ね》る	1 짜다
2 臨《のぞ》む	2 면하다, 향하다, 임하다
3 鍛《きた》える	3 단련하다
4 賄《まかな》う	4 조달하다, 식사를 제공하다, 꾸려 가다

풀이 「練《ね》る」는 '(문장·계획 등을) 짜다, 다듬다', '반죽하다', '(실을) 누이다'라는 뜻을 가지고 있다.

단어 作戦《さくせん》 작전

10 芸能人《げいのうじん》の話題《わだい》で友人《ゆうじん》と話《はなし》が (弾《はず》む)。	10 연예인의 화제로 친구와 이야기가 (**활기를 띠다**).
1 踊《おど》る　　2 跳《は》ねる	1 춤추다　　2 뛰어오르다, 튀다
3 弾《はず》む　　4 舞《ま》う	3 활기를 띠다　　4 흩날리다, 춤추다

풀이 「弾《はず》む」는 '(이야기가) 활기를 띠다', '(반동으로) 튀다', '기세가 오르다, (기분이) 들뜨다'라는 뜻을 가지고 있다. 여기에서 쓰인 「話《はなし》(会話《かいわ》)が弾《はず》む 이야기가 활기를 띠다」는 숙어로 외워두도록 하자.

단어 芸能人《げいのうじん》 연예인 | 話題《わだい》 화제 | 友人《ゆうじん》 친구 | 話《はなし》 이야기

문제 2 문맥 규정 | 예상 어휘 연습 문제 ❶

문제집 P.62

1 ② 2 ① 3 ④ 4 ① 5 ③ 6 ① 7 ② 8 ① 9 ① 10 ③

問題2 (　　　) に入《い》れるのに最《もっと》もよいものを 1・2・3・4から一《ひと》つ選《えら》びなさい。	**문제 2** (　　　)에 들어갈 것으로 가장 알맞은 것을 1·2·3·4에서 하나 고르세요.

1 先生《せんせい》は (要点《ようてん》) だけを摘《つ》まんで説明《せつめい》した。	1 선생님은 (**요점**)만을 요약해서 설명했다.
1 全容《ぜんよう》　　2 要点《ようてん》	1 전용, 전모(전 내용)　　2 요점
3 記憶《きおく》　　4 思考《しこう》	3 기억　　4 사고

풀이 「摘《つ》まむ」는 '(손끝으로) 집어먹다', '요약하다', '발췌하다'라는 뜻을 가지고 있는데, 여기에서는 「要点《ようてん》を摘《つ》まむ 요점을 요약하다」로 사용되었다.

단어 先生《せんせい》 선생님 | 摘《つ》まむ 요약하다 | 説明《せつめい》 설명

2 整形手術《せいけいしゅじゅつ》で彼女《かのじょ》は (**見違《みちが》える**) ほどきれいになった。

1 見違《みちが》える
2 見《み》かける
3 見失《みうしな》う
4 見逃《みのが》す

2 성형수술로 그녀는 (**몰라볼**) 만큼 예뻐졌다.

1 몰라볼
2 가끔 볼, 얼핏 볼
3 보던 것을 (시야에서) 놓칠, 잃을
4 못 볼, 묵인할

풀이 「見違《みちが》える」는 '몰라보다, 잘못보다, 착각하다'라는 뜻을 가지고 있다.

단어 整形手術《せいけいしゅじゅつ》 성형수술 | ほど ~만큼, 정도 | きれいになる 예뻐지다

3 彼《かれ》に犯行《はんこう》の動機《どうき》を (**追及《ついきゅう》**) した。

1 追跡《ついせき》　2 追慕《ついぼ》
3 追考《ついこう》　4 追及《ついきゅう》

3 그에게 범행 동기를 (**추궁**)했다.

1 추적　2 추모
3 추고(이전 일을 다시 생각함)　4 추궁

풀이 「追及《ついきゅう》」는 '(책임 등을) 추궁함, 뒤쫓음'이라는 뜻을 가지고 있다. *「追求《ついきゅう》 추구」와 구분해서 알아두자.

단어 犯行《はんこう》 범행 | 動機《どうき》 동기

4 不要《ふよう》な本《ほん》を (**始末《しまつ》**) することにした。

1 始末《しまつ》　2 処置《しょち》
3 措置《そち》　4 削除《さくじょ》

4 필요 없는 책을 (**처분**)하기로 했다.

1 처분　2 처치
2 조치　4 삭제

풀이 「始末《しまつ》」는 '(일의) 처리, 처분, 정리', '일의 시말(자초지종)', '(나쁜 결과로서의) 사정, 모양, 꼴, 형편'의 뜻을 가지고 있으며, 여기에서는 '처분, 정리'의 뜻으로 사용되었다.

단어 不要《ふよう》 불필요

5 彼《かれ》は私《わたし》と同《おな》じ (**境遇《きょうぐう》**) にある。

1 実像《じつじょう》　2 論理《ろんり》
3 境遇《きょうぐう》　4 錯誤《さくご》

5 그는 나와 같은 (**처지**)에 있다.

1 실상　2 논리
3 처지　4 착오

풀이 「境遇《きょうぐう》」는 '처지, 형편, 환경'의 뜻으로 사용된다.

단어 同《おな》じ 같음

6 人《ひと》に責任《せきにん》を (**転嫁《てんか》**) するのはよくない。

1 転嫁《てんか》　2 転回《てんかい》
3 横転《おうてん》　4 転倒《てんとう》

6 남에게 책임을 (**전가**)하는 것은 좋지 않다.

1 전가　2 회전, 전회
3 횡전, 뒹굶　4 전도, 거꾸로 됨

풀이 「転嫁《てんか》 전가」는 '잘못이나 책임을 다른 사람에게 넘겨 씌운다'는 뜻이다.

단어 責任《せきにん》 책임

7 ハンカチの (**縁《ふち》**) のところにレースがついている。

1 導《しるべ》・標《しるべ》　2 縁《ふち》
3 種《たね》　4 具《ぐ》

7 손수건의 (**가장자리**) 부분에 레이스가 달려 있다.

1 길 안내·길잡이　2 가장자리
3 종자(씨), 재료　4 도구, 건더기

풀이 「縁」는 「ふち」로 읽을 때는 '가장자리, 테두리'라는 뜻이 된다.

단어 ハンカチ 손수건 | レース 레이스

8 試験《しけん》を控《ひか》えている息子《むすこ》は (**いやいや**) ながら勉強《べんきょう》している。

1 いやいや
2 うずうず
3 ほそぼそ
4 じわじわ

8 시험을 앞두고 있는 아들은 (**마지못해**) 하면서 공부하고 있다.

1 마지못해
2 근질근질(어떤 행동을 하고 싶어서)
3 근근이, 그럭저럭
4 서서히, 질금질금

풀이 「いやいや」는 '싫으나 할 수 없이, 마지못해'라는 뜻이며, 유의어인 「しぶしぶ 떨떠름하게, 마지못해」, 「不承不承《ふしょうぶしょう》 마지못해 억지로」라는 표현도 함께 알아두자.

단어 試験《しけん》 시험 | 控《ひか》える 앞두다 | 息子《むすこ》 아들 | 勉強《べんきょう》 공부

9 彼《かれ》は突然《とつぜん》の解雇《かいこ》に (**呆然《ぼうぜん》**) としている。

1 呆然《ぼうぜん》　2 騒然《そうぜん》
3 漠然《ばくぜん》　4 必然《ひつぜん》

9 그는 갑작스러운 해고에 (**망연자실**)하고 있다.

1 망연(자실), 멍　2 시끄러워, 어수선해
3 막연해　4 필연

풀이 「呆然《ぼうぜん》」은 '망연(자실)함, 멍함, 어리둥절함'이라는 뜻을 가지고 있다.

단어 突然《とつぜん》 돌연, 갑작스러움 | 解雇《かいこ》 해고

10 政府《せいふ》は物価《ぶっか》の上昇《じょうしょう》に (**歯止《はど》め**) をかけた。

1 乗《の》り合《あ》い　　2 テコ入《い》れ
3 歯止《はど》め　　4 足止《あしど》め

10 정부는 물가의 상승에 (**제동**)을 걸었다.

1 합승(같이 탐)　　2 지원(지렛대를 넣음)
3 제동　　4 금족, 발 묶임

풀이 「歯止《はど》め」는 '기계나 자동차 따위를 멈추게 하다'는 것에서 비롯된 말로 '일의 진행이나 활동을 방해하거나 멈추게 하다'라는 뜻으로도 사용되며, 주로 여기에서처럼 「歯止《はど》めをかける 제동을 걸다」의 형태로 사용된다.

단어 政府《せいふ》 정부 | 物価《ぶっか》 물가 | 上昇《じょうしょう》 상승

문제 2 문맥 규정 | 예상 어휘 연습 문제 ❷

문제집 P.63

1 ③　2 ②　3 ①　4 ③　5 ①　6 ④　7 ①　8 ③　9 ①　10 ②

問題2 (　　　) に入《い》れるのに最《もっと》もよいものを 1·2·3·4から一《ひと》つ選《えら》びなさい。

문제 2 (　　　)에 들어갈 것으로 가장 알맞은 것을 1·2·3·4에서 하나 고르세요.

1 カードを端末《たんまつ》に (**かざす**) と、決済《けっさい》される。

1 写《うつ》す・移《うつ》す・映《うつ》す
2 垂《た》らす
3 かざす
4 摩《さす》る

1 카드를 단말기에 (**가져다 대**)면, 결제된다.

1 베끼, 본뜨·옮기·비추
2 늘어뜨리, 흘리
3 가져다 대
4 가볍게 문지르, 어루만지

풀이 「かざす」는 여러 가지 뜻을 가진 단어로 '가져다 대다', '(머리 위로) 치켜들다', '(위를) 가리다', '(손을) 얹다', '비추어 보다'라는 뜻을 가지고 있다. 여기에서는 손이나 물건을 '가져다 대다'라는 뜻으로 사용되었다.

단어 カード 카드 | 端末《たんまつ》 단말(기) | 決済《けっさい》 결제

2 必要《ひつよう》に (**迫《せま》られて**) 、語学《ごがく》の勉強《べんきょう》をした。

1 責《せ》められて　　2 迫《せま》られて
3 煽《おだ》てられて　　4 満《み》たされて

2 필요에 (**쫓기어**) 어학 공부를 했다.

1 비난받아　　2 쫓기어, 의해
3 치켜세워져　　4 채워져

풀이 「迫《せま》る」는 자동사의 의미로는 '다가오(가)다, 육박하다, 좁혀지다, 막히다, 닥치다'라는 뜻이며, 타동사의 의미로는 '강요하다, 핍박하다'라는 뜻으로 사용되는데, 여기에서는 「に迫《せま》られる、を迫《せま》られる」의 형태로 쓰여 '~에 쫓기다(강요당하다), ~을 부득이하게 하다, 어쩔 수 없이 ~을 하다'라는 뜻으로 의역 해석된다.

단어 必要《ひつよう》 필요 | 迫《せま》る 강요하다 | 語学《ごがく》 어학 | 責《せ》める 비난하다, 꾸짖다 | 煽《おだ》てる 치켜세우다, 부추기다 | 満《み》たす 채우다, 만족시키다

3 彼《かれ》の皮肉《ひにく》な言《い》い方《かた》に (愛想《あいそ》) がつきた。

1 愛想《あいそ》　2 気分《きぶん》
3 予想《よそう》　4 運《うん》

3 그의 빈정거리는 말투에 (정나미)가 떨어졌다.

1 정나미　2 기분
3 예상　4 운

풀이 「愛想《あいそ》」는 '정나미', '붙임성', '(음식점에서의) 계산'의 뜻을 가지고 있으며, 여기에서는 「愛想《あいそ》がつきる 정나미가 떨어지다」라는 숙어로 사용되었다.

단어 皮肉《ひにく》 빈정거림, 비꼼, 얄궂음 | 言《い》い方《かた》 말투 | つきる 다하다

4 機械《きかい》の問題《もんだい》で製品《せいひん》の生産《せいさん》に (狂《くる》い) が生《しょう》じた。

1 乱《みだ》れ　2 こじれ
3 狂《くる》い　4 偏《かたよ》り

4 기계의 문제로 제품 생산에 (차질)이 생겼다.

1 혼란　2 틀어짐, 덧남
3 차질　4 편향, 치우침

풀이 「狂《くる》う」는 '틀어지다', '고장 나다', '미치다'라는 뜻을 가지고 있는데, 여기에서처럼 '계획이나 예측'이 틀어지거나 빗나갈 때 「狂《くる》いが生《しょう》じる・狂《くる》いが出《で》る 차질이 생기다」의 세트 형태로 사용될 때가 많다.

단어 機械《きかい》 기계 | 製品《せいひん》 제품 | 生産《せいさん》 생산 | 狂《くる》う 미치다, 고장 나다, 틀어지다 | 乱《みだ》れる 흐트러지다, 혼란해지다 | 拗《こじ》れる (일이) 복잡해지다, (병이) 악화되다, (마음이) 꼬이다 | 偏《かたよ》る 치우치다, 기울다

5 彼《かれ》は「自分《じぶん》はハンサムだ」と言《い》って (憚《はばか》らない)。

1 憚《はばか》らない　2 逸《そ》れない
3 惜《お》しまない　4 潜《ひそ》めない

5 그는 '자신은 미남이다'라고 말함에 (거리낌이 없다).

1 거리낌이 없다　2 빗나가지 않다
3 아쉬움이 없다　4 숨기지 않다

풀이 「憚《はばか》る」는 자동사의 의미로는 '위세를 떨치다, 널리 퍼지다'이고, 타동사의 의미로는 '거리끼다, 꺼리다'인데, 타동사의 뜻에서 '동사의 て형＋てはばからない'의 형태가 되면 '~함에 거리낌이 없다, 거리낌 없이(서슴없이) ~하다'로 의역 해석된다.

단어 自分《じぶん》 자신 | ハンサム 핸섬, 미남 | 憚《はばか》る 거리끼다, 꺼리다 | 逸《そ》れる 빗나가다, 벗어나다, 일탈하다 | 惜《お》しむ 아쉬워하다, 아끼다 | 潜《ひそ》める 숨기다, 감추다

6 田畑《たはた》を (潰《つぶ》して) 建物《たてもの》を建《た》てた。

1 削《けず》って　2 押《お》して
3 研《と》いで　4 潰《つぶ》して

6 논밭을 (밀어서) 건물을 세웠다.

1 깎아서　2 눌러서
3 갈아서　4 밀어서

풀이 「潰《つぶ》す」는 '(다른 용도로 사용하기 위해) 밀다, 녹이다, 부수다', '못쓰게 하다, 망하게 하다', '찌부러뜨리다, 으깨다', '(비어 있는 시간을) 때우다'라는 뜻을 가지고 있다.

단어 田畑《たはた》 논밭 | 潰《つぶ》す (다른 용도로 사용하기 위해) 밀다 | 削《けず》る 깍다, 없애다, 삭제하다 | 押《お》す 누르다, 박다, 강행하다 | 研《と》ぐ (칼 등을) 갈다, (물에 비비어) 씻다, 닦아서 윤을 내다

7 (**いたずら**) に時間《じかん》を費《つい》やしてしまった。

1 いたずら　　2 ひた向《む》き
3 頑《かたく》な　　4 微《かす》か

7 (**쓸데없**)이 시간을 허비해 버렸다.

1 쓸데없음, 헛됨, 공연함　　2 한결같음, 일편단심
3 완고함, 고집이 셈　　4 희미함, 어렴풋함

풀이 「いたずら」는 「徒《いたずら》 쓸데없음」 혹은 「悪戯《いたずら》 장난」의 뜻이 있다.

단어 費《つい》やす 소비하다(허비하다)

8 迷惑《めいわく》メールを (**ブロック**) した。

1 シフト　　2 マーク
3 ブロック　　4 メンテナンス

8 스팸메일을 (**차단**)했다.

1 (위치) 이동　　2 상표, 감시
3 차단, 방해　　4 관리, 보수, 유지

풀이 「ブロック」의 본래 뜻은 '블록, 네모난 석재, 콘크리트 벽돌'이지만, '차단, 방해'라는 뜻도 가지고 있으며, 주로 여기에서처럼 「ブロックする 방해하다, 차단하다」의 형태로 사용된다.

단어 迷惑《めいわく》メール 스팸메일

9 思《おも》いがけない災難《さいなん》に (**見舞《みま》われた**) 。

1 見舞《みま》われた　　2 見合《みあ》われた
3 見失《みうしな》われた　　4 見破《みやぶ》られた

9 뜻밖의 재난에 (**휩쓸렸다**).

1 휩쓸렸다　　2 마주보게 되었다
3 놓치게 되었다　　4 간파당했다

풀이 「見舞《みま》う」는 '(달갑지 않은 것이) 닥쳐오다, 덮치다', '문병하다, 문안하다'라는 뜻을 가지고 있지만, 재해나 사고 등의 내용과 함께 쓰이면 수동태 「~に見舞《みま》われる」가 되어 '~에 휩쓸리다, 휩싸이다, ~을 만나다, ~을 당하다'로 해석된다.

단어 思《おも》いがけない 뜻밖이다, 의외다 | 災難《さいなん》 재난 | 見舞《みま》う 덮치다, 닥쳐오다 | 見合《みあ》う 마주보다, 맞선보다, 걸맞다, 어울리다 | 見失《みうしな》う 보던 것을 (시야에서) 놓치다 | 見破《みやぶ》る 간파하다, 꿰뚫어 보다

10 環境変化《かんきょうへんか》に適応《てきおう》できないものは (**淘汰《とうた》**) される。

1 破綻《はたん》　　2 淘汰《とうた》
3 収斂《しゅうれん》　　4 墜落《ついらく》

10 환경 변화에 적응할 수 없는 것은 (**도태**)된다.

1 파탄　　2 도태
3 수렴　　4 추락

풀이 「淘汰《とうた》 도태」는 '쌀을 물에 넣고 일어서 좋은 것만 골라내고 불필요한 것은 가려서 버린다'는 것에서 나온 말로, 환경이나 어떤 조건에 적응을 하면 생존하지만, 그렇지 못할 경우에는 '도태된다(저절로 사라진다)'는 의미이다.

단어 環境変化《かんきょうへんか》 환경 변화 | 適応《てきおう》 적응

문제 3 유의 표현 | 기출 어휘 연습 문제 ❶

문제집 P.76

1 ③ 2 ① 3 ④ 4 ① 5 ② 6 ④ 7 ② 8 ① 9 ③ 10 ①

問題3 ＿＿＿の言葉《ことば》に意味《いみ》が最《もっと》も近《ちか》いものを、1・2・3・4から一《ひと》つ選《えら》びなさい。

문제 3 ＿＿＿의 단어에 의미가 가장 가까운 것을 1・2・3・4에서 하나 고르세요.

1 彼《かれ》のとんでもない言動《げんどう》に**閉口《へいこう》して**しまった。

1 驚《おどろ》いて　2 がっかりして
3 困《こま》って　4 ひるんで

1 그의 터무니없는 언동에 **난처해져**버렸다.

1 놀라　2 실망해
3 난처해져　4 주눅 들어

풀이 「閉口《へいこう》」는 '입을 다물고 말하지 않음'이라는 뜻의 명사이지만, 「閉口《へいこう》する」처럼 '몹시 난처하다, 곤란하다, 질리다, 두 손 들다'라는 뜻의 동사 형태로 주로 쓰인다.

단어 とんでもない 터무니없다, 어처구니없다 | 言動《げんどう》 언동 | 驚《おどろ》く 놀라다 | がっかりする 실망하다 | 困《こま》る (상대의 행동에) 곤란하다, 난처해지다 | ひるむ 주눅 들다, 기가 꺾이다

2 その話《はなし》は**うやむやに**終《お》わった。

1 あいまいに　2 儚《はかな》く
3 空《むな》しく　4 むしょうに

2 그 이야기는 **흐지부지하게** 끝났다.

1 애매하게　2 덧없이
3 공허하게　4 몹시, 공연히 까닭 없이

풀이 「うやむや」는 '흐지부지함, 애매함'이라는 뜻으로 주로 「うやむやにする 흐지부지 해 버리다」, 「うやむやな態度《たいど》を取《と》る 애매한 태도를 취하다」의 형태로 사용된다.

단어 話《はなし》 이야기 | 終《お》わる 끝나다

3 自分《じぶん》の役割《やくわり》を**全《まっと》うする**べく、がんばっています。

1 定《さだ》める　2 促《うなが》す
3 諭《さと》す　4 果《は》たす

3 자신의 역할을 **완수하기** 위해서, 분발하고 있습니다.

1 정하기　2 재촉하기, 촉구하기
3 타이르기　4 완수하기, 달성하기

풀이 「全《まっと》うする」는 임무나 책임, 역할 등을 '완수하다, 다하다'라는 뜻을 가지고 있다.

단어 役割《やくわり》 역할 | ~べく ~하기 위해서 | がんばる 분발하다, 노력하다

4 親《おや》は承諾《しょうだく》を**渋《しぶ》った**。

1 ためらった　　2 得《え》た
3 求《もと》めた　　4 慎《つつし》んだ

4 부모는 승낙을 **주저했다**.

1 주저했다　　2 얻었다
3 구했다　　4 조심했다

풀이 「渋《しぶ》る」는 자동사로는 '원활하게 진행되지 않다'는 뜻이지만, 타동사로는 '주저하다, 꺼리다, 망설이다'라는 뜻이 된다.

단어 親《おや》 부모 | 承諾《しょうだく》 승낙 | ためらう 주저하다 | 得《え》る 얻다 | 求《もと》める 구하다 | 慎《つつし》む 조심하다, 삼가다

5 試験《しけん》を完全《かんぜん》に**しくじった**。

1 練《ね》た　　2 失敗《しっぱい》した
3 完了《かんりょう》した　　4 やり遂《と》げた

5 시험을 완전히 **망쳤다**.

1 짰다　　2 실패했다
3 완료했다　　4 완수했다

풀이 「しくじる」는 '실패하다, 실수하다, 잡치다, 망치다', '(잘못 따위로) 해고 되다'라는 뜻을 가지고 있다.

단어 完全《かんぜん》に 완전히 | 練《ね》る (명주·실 등을) 짜다 | 失敗《しっぱい》する 실패하다 | 完了《かんりょう》する 완료하다 | やり遂《と》げる 완수하다, 끝까지 해내다

6 相手《あいて》の話《はなし》に一瞬《いっしゅん》**むっとした**。

1 うなずいた　　2 がっかりした
3 感心《かんしん》した　　4 怒《おこ》った

6 상대의 이야기에 한순간 **욱했다**.

1 수긍했다　　2 실망했다
3 감탄했다　　4 화냈다

풀이 「むっとする」는 화가 치밀어 오르는 모양으로 '욱하다', 열기로 인해 '후텁지근하다, 숨이 막히다'라는 뜻을 가지고 있다.

단어 一瞬《いっしゅん》 한순간, 일순(간) | うなずく 수긍하다, (고개를) 끄덕이다 | がっかりする 실망하다 | 感心《かんしん》する 감탄하다 | 怒《おこ》る 화내다, 성내다

7 並々《なみなみ》ならぬ**意気込《いきご》み**を示《しめ》している。

1 能力《のうりょく》　　2 熱意《ねつい》
3 才覚《さいかく》　　4 根気《こんき》

7 남다른 **의욕**을 보이고 있다.

1 능력　　2 열의
3 재치, 기지　　4 끈기

풀이 「意気込《いきご》み」는 「意気込《いきご》む 의욕에 불타다, 단단히 마음먹다」라는 동사에서 명사화되어 '의욕, 패기, 기세, 열의'라는 뜻이 되었다.

단어 並々《なみなみ》ならぬ 남다른, 이만저만 아닌 | 示《しめ》す 보이다, 가리키다

8 相手《あいて》の態度《たいど》で彼女《かのじょ》は非常《ひじょう》に**うろたえた**。

1 慌《あわ》てた　　2 驚《おどろ》いた

3 落《お》ち着《つ》いた　　4 呆《あき》れた

8 상대의 태도로 인해 그녀는 굉장히 **당황했다**.

1 당황했다　　2 놀랐다

3 침착했다　　4 기막혔다

풀이 「うろたえる」는 '당황하다, 허둥대다, 갈팡질팡하다', '어슬렁어슬렁 걷다, 서성거리다'라는 뜻을 가지고 있다.

단어 態度《たいど》 태도 | 慌《あわ》てる 당황하다, 허둥대다 | 驚《おどろ》く 놀라다 | 落《お》ち着《つ》く 침착하다, 안정되다 | 呆《あき》れる 기막히다, 어이없다

9 お金《かね》を**ことごとく**使《つか》った。

1 丹念《たんねん》に　　2 少《すこ》しずつ

3 すべて　　4 むやみに

9 돈을 **모조리** 썼다.

1 정성껏, 꼼꼼히　　2 조금씩

3 모두　　4 함부로, 터무니없이

풀이 「ことごとく」는 '모조리, 모두, 죄다, 깡그리'의 뜻을 가지고 있다.

단어 使《つか》う 사용하다

10 木々《きぎ》が**疎《まば》らだった**。

1 少《すく》なかった　　2 枯《か》れた

3 しげった　　4 舞《ま》った

10 나무들이 **드문드문했다**.

1 적었다　　2 시들었다

3 무성했다　　4 흩날렸다

풀이 「疎《まば》ら」는 '(사이가) 뜸, 성김, 드문드문함'이라는 뜻을 가지고 있다.

단어 木々《きぎ》 나무들 | 少《すく》ない 적다 | 枯《か》れる 시들다 | しげる 무성하다 | 舞《ま》う 흩날리다, 춤추다

문제 3 유의 표현 | 기출 어휘 연습 문제 ❷

문제집 P.77

1 ①　2 ①　3 ④　4 ①　5 ②　6 ①　7 ③　8 ①　9 ④　10 ②

問題3 ＿＿＿の言葉《ことば》に意味《いみ》が最《もっと》も近《ちか》いものを、1・2・3・4から一《ひと》つ選《えら》びなさい。

문제 3 ＿＿＿의 단어에 의미가 가장 가까운 것을 1・2・3・4에서 하나 고르세요.

1 問題解決《もんだいかいけつ》に**奮闘《ふんとう》している**。

1 打《う》ち込《こ》んでいる　　2 絞《しぼ》り込《こ》んでいる

3 追《お》い込《こ》んでいる　　4 押《お》し込《こ》んでいる

1 문제 해결에 **분투하고 있다**.

1 열중하고 있다　　2 좁히고 있다

3 몰아넣고 있다　　4 억지로 밀어 넣고 있다

풀이 「奮闘《ふんとう》する 분투하다」는 '있는 힘을 다해 싸우거나 노력한다'는 뜻이다.

단어 問題解決《もんだいかいけつ》 문제 해결 | 打《う》ち込《こ》む 열중하다, 몰두하다 | 絞《しぼ》り込《こ》む 좁히다, 압축하다 | 追《お》い込《こ》む 몰아넣다, (괴로운 지경에) 빠지게 하다 | 押《お》し込《こ》む 억지로 밀어 넣다

2 彼女《かのじょ》は**あどけない**顔《かお》をしている。	2 그녀는 **천진난만한** 얼굴을 하고 있다.
1 ピュアな　2 シリアスな	1 순수한　2 심각한
3 シャープな　4 シックな	3 날카로운　4 세련된, 멋진

풀이 「あどけない」는 '천진난만하다, 순진하고 귀엽다'라는 뜻이며, 주로 「無邪気《むじゃき》だ 천진난만하다」라는 뜻으로 자주 쓰인다.

단어 顔《かお》 얼굴

3 予定《よてい》がかなり**ずれ込《こ》んで**しまった。	3 예정이 상당히 **늦춰져** 버렸다.
1 変《か》わって　2 乱《みだ》れて	1 변해　2 어지러져
3 漏《も》れて　4 延《の》びて	3 누설돼　4 연장되어

풀이 「ずれ込《こ》む」는 '(예정이 늦어져서) 그 다음 기한까지 넘어가다, 늦춰지다'라는 뜻이다.

단어 予定《よてい》 예정 | かなり 상당히, 꽤 | 変《か》わる 변하다, 바뀌다 | 乱《みだ》れる 어지러워지다, 흐트러지다 | 漏《も》れる 누설되다, 새다, 누락되다 | 延《の》びる 연장되다, 늘어지다, 길어지다

4 母《はは》は子供《こども》の後姿《うしろすがた》を**凝視《ぎょうし》して**いた。	4 엄마는 아이의 뒷모습을 **응시하고** 있었다.
1 じっと見《み》て　2 ぼうっと見《み》て	1 빤히 보고　2 멍하니 보고
3 うかうかと見《み》て　4 ざっと見《み》て	3 무심코 보고　4 대충 보고

풀이 「凝視《ぎょうし》 응시」는 '눈길을 모아 한곳을 똑바로 바라본다'는 뜻이다.

단어 後姿《うしろすがた》 뒷모습 | じっと見《み》る 빤히 보다, 가만히 보다 | ぼうっと見《み》る 멍하니 보다 | うかうかと見《み》る 무심코 보다 | ざっと見《み》る 대충 보다

5 上司《じょうし》に**つぶさに**報告《ほうこく》した。	5 상사에게 **자세히** 보고했다.
1 でたらめに　2 こまかく	1 엉터리로, 아무렇게나　2 자세히
3 ずさんに　4 すかさず	3 엉성하게, 허술하게　4 즉각, 지체 없이

풀이 「つぶさに」는 '자세히, 구체적으로, 빠짐없이, 모두'라는 뜻이다.

단어 上司《じょうし》 상사 | 報告《ほうこく》 보고

6 資料《しりょう》をよく**吟味《ぎんみ》する**。

1 調《しら》べる　　2 探《さが》す

3 決定《けってい》する　　4 比較《ひかく》する

6 자료를 잘 **음미하다(살펴보다)**.

1 조사하다　　2 찾다

3 결정하다　　4 비교하다

풀이 「吟味《ぎんみ》する 음미하다」는 '맛을 감상하다', 혹은 '자세히 조사하거나 살펴본다'는 뜻으로 사용된다.

단어 資料《しりょう》 자료

7 日記《にっき》に彼《かれ》の生活《せいかつ》の様子《ようす》が**克明《こくめい》に**記《しる》されていた。

1 極端的《きょくたんてき》に　　2 あらわに

3 念入《ねんい》りに　　4 強《したた》かに

7 일기에 그의 생활 모습이 **극명하게** 기록되어 있었다.

1 극단적으로　　2 노골적으로

3 꼼꼼하게, 정성 들여　　4 만만치 않게

풀이 「克明《こくめい》 극명」은 세밀하게 주의를 기울이는 모양으로 '매우 분명하다'는 뜻으로 사용된다.

단어 様子《ようす》 모습, 상태 | 記《しる》す 기록하다

8 申《もう》し込《こ》みが**殺到《さっとう》した**。

1 押《お》し寄《よ》せた　　2 締《し》め切《き》られた

3 無《な》くなった　　4 少《すく》なくなった

8 신청이 **쇄도했다**.

1 몰려들었다　　2 마감되었다

3 없어졌다　　4 적어졌다

풀이 「殺到《さっとう》 쇄도」는 '전화나 주문 따위가 한꺼번에 세차게 몰려든다'는 뜻이다.

단어 申《もう》し込《こ》み 신청 | 押《お》し寄《よ》せる 몰려들다, 밀어닥치다 | 締《し》め切《き》る 마감하다 | 無《な》くなる 없어지다 | 少《すく》なくなる 적어지다

9 **雑踏《ざっとう》**を歩《ある》いている。

1 汚《きたな》いところ　　2 騒々《そうぞう》しいところ

3 廃《すた》れたところ　　4 込《こ》み合《あ》っているところ

9 **혼잡한 곳**을 걷고 있다.

1 더러운 곳　　2 시끄러운 곳

3 한물간 곳　　4 북적이는 곳

풀이 「雑踏《ざっとう》 잡답」은 '혼잡한 곳, 혼잡함, 붐빔'이라는 뜻을 가지고 있다.

단어 歩《ある》く 걷다

10 少《すこ》し休《やす》んだら仕事《しごと》が**捗《はかど》った**。

1 こじれた　　2 進捗《しんちょく》した

3 しぶった　　4 完結《かんけつ》した

10 잠시 쉬었더니 일이 **진척되었다**.

1 복잡해졌다　　2 진척되었다

3 원활히 진행되지 않았다　　4 완결되었다

풀이 「捗《はかど》る」는 일이 순조롭게 되어 가는 모양으로 '진척되다'라는 뜻을 가지고 있다. 한편 2번의 「進捗《しんちょく》する 진척되다」는 음독 발음에 주의하도록 하자.

단어 少《すこ》し休《やす》む 잠시 쉬다 | こじれる 복잡해지다, 꼬이다 | 進捗《しんちょく》する 진척되다 | しぶる 원활히 진행되지 않다 | 完結《かんけつ》する 완결하다(되다)

문제 3 유의 표현 | 예상 어휘 연습 문제 ❶

문제집 P.84

1 ② 2 ① 3 ③ 4 ① 5 ② 6 ① 7 ② 8 ① 9 ③ 10 ①

問題 3 ＿＿＿の言葉《ことば》に意味《いみ》が最《もっと》も近《ちか》いものを、1・2・3・4から一《ひと》つ選《えら》びなさい。

문제 3 ＿＿＿의 단어에 의미가 가장 가까운 것을 1・2・3・4에서 하나 고르세요.

1 師匠《ししょう》は弟子《でし》に**極意《ごくい》**を伝《つた》えた。

1 宝《たから》　2 骨《こつ》

3 シークレット　4 フラッシュ

1 스승은 제자에게 **비법**을 전했다.

1 보물　2 요령

3 비밀　4 플래시, 섬광

풀이 「極意《ごくい》」는 '(예도·무술 등의) 가장 심오한 경지, 비법'이라는 뜻으로 「骨《こつ》 요령」과 바꿔 사용할 수 있다. 그 외에 유의어로는 「ノウハウ 노하우」、「秘訣《ひけつ》 비결」 등이 있다.

단어 師匠《ししょう》 스승 | 弟子《でし》 제자 | 伝《つた》える 전하다

2 **漸次《ぜんじ》**、改善《かいぜん》します。

1 おいおい　2 てっきり

3 ことに　4 みるみる

2 **점차**, 개선하겠습니다.

1 차차　2 틀림없이

3 각별히, 특히　4 순식간에

풀이 「漸次《ぜんじ》」는 '점차'라는 뜻의 한자어로 「おいおい 차차, 차츰차츰」으로 바꿔 사용할 수 있으며, 그 외에 유의어로는 「次第《しだい》に 점차, 점점」、「だんだん 점점, 차차」 등이 있다.

단어 改善《かいぜん》 개선

3 キムラさんからけんかの**発端《ほったん》**を聞《き》いた。

1 一部分《いちぶぶん》　2 過程《かてい》

3 起《お》こり　4 裁《さば》き

3 기무라 씨로부터 싸움의 **발단**을 들었다.

1 일부분　2 과정

3 시초, 원인　4 중재, 재판

풀이 「発端《ほったん》 발단」은 '어떤 일이 처음 벌어짐 또는 그 일이 시작됨'을 뜻한다.

단어 けんか 싸움

4 彼女《かのじょ》のことを**買《か》いかぶって**いる。

1 **過《か》大《だい》評《ひょう》価《か》して**　2 誤《ご》解《かい》して
3 不《ふ》審《しん》に思《おも》って　4 見《み》くびって

4 그녀에 대해 **과대평가하고** 있다.

1 **과대평가하고**　2 오해하고
3 수상하게 생각하고　4 깔보고, 얕보고

풀이 「買《か》いかぶる」는 '(사실보다) 과대평가하다, 높이 평가하다'라는 뜻을 가지고 있다.

단어 過《か》大《だい》評《ひょう》価《か》する 과대평가하다

5 今年《ことし》の業績《ぎょうせき》は昨年《さくねん》を**凌《しの》ぐ**。

1 追《お》いつく
2 **乗《の》り越《こ》える**
3 押《お》し付《つ》ける
4 取《と》り戻《もど》す

5 올해의 실적은 작년을 **능가한다**.

1 따라붙는다, 따라잡는다
2 **능가한다, 극복한다**
3 강요한다, 억지로 떠맡긴다
4 되찾는다, 회복한다

풀이 「凌《しの》ぐ」는 '능가하다, 참고 견디다, 헤쳐 나아가다'라는 뜻을 가지고 있으며, 「乗《の》り越《こ》える 능가하다, 극복하다」와 바꿔 사용할 수 있다.

단어 業績《ぎょうせき》 업적, 실적

6 これは**空前《くうぜん》の**ブームになった。

1 **前例《ぜんれい》のない**　2 大衆的《たいしゅうてき》な
3 絶大《ぜつだい》な　4 前《まえ》触《ぶ》れもない

6 이것은 **공전의** 붐이 되었다.

1 **전례가 없는**　2 대중적인
3 절대의, 크나큰　4 전조(조짐)이 없는

풀이 「空前《くうぜん》 공전」은 '비교할 만한 것이 이전에는 없다'라는 뜻으로 「前例《ぜんれい》がない 전례가 없다」와 바꿔 사용할 수 있다.

단어 ブーム 붐

7 今《いま》の状態《じょうたい》では成功《せいこう》は**覚束《おぼつか》ない**。

1 待《ま》ち遠《どお》しい　2 **はっきりしない**
3 あぶなげない　4 そっけない

7 지금 상태로는 성공은 **불안하다**.

1 오래 기다리다　2 **확실하지 않다**
3 무난하다　4 매정하다, 냉담하다

풀이 「覚束《おぼつか》ない」는 '(될지 안 될지) 불안하다, 불투명하다, 분명치 않다'라는 뜻을 가지고 있으며, 「はっきりしない 확실하지 않다」와 바꿔 사용할 수 있다.

단어 成功《せいこう》 성공 | とても 아무래도, 도저히(부정 수반)

8 彼《かれ》は**罠《わな》**をかけた。

1 落《お》とし穴《あな》　　2 長《なが》いひも

3 縄張《なわば》り　　4 厚《あつ》い服《ふく》

8 그는 **덫**을 놓았다.

1 함정, 계략　　2 긴 끈

3 세력권, 세력 범위　　4 두꺼운 옷

풀이 「罠《わな》」는 '덫, 올가미, 함정, 계략'이라는 뜻을 가지고 있다.

단어 罠《わな》をかける 덫을 놓다

9 あの人《ひと》はいつも**豪語《ごうご》する**。

1 偉《えら》そうなふりをする

2 甘《あま》い言葉《ことば》でだます

3 大口《おおぐち》を叩《たた》く

4 強《つよ》く言《い》い張《は》る

9 저 사람은 항상 **호언장담한다**.

1 잘난 척한다

2 달콤한 말로 속인다

3 큰소리친다

4 강하게 우긴다

풀이 「豪語《ごうご》する」는 '호언장담하다, 큰소리치다'라는 뜻이며, 「大口《おおぐち》を叩《たた》く 큰소리치다」로 바꿔 사용할 수 있다.

단어 ふりをする ~하는 척하다

10 手持《ても》ちの品《しな》を**さばいて**しまった。

1 売《う》り飛《と》ばして　　2 分《わ》け与《あた》えて

3 迷《まよ》わず捨《す》てて　　4 安《やす》めに値《ね》をつけて

10 수중의 물건을 **팔아 치워** 버렸다.

1 팔아 치워　　2 나누어 줘

3 망설이지 않고 버려　　4 조금 싸게 값을 매겨

풀이 「捌《さば》く」는 '(상품을) 팔아 치우다, (복잡한 일을) 처리하다'라는 뜻을 가지고 있다.

단어 手持《ても》ちの品《しな》 수중에 있는 물건

문제 3 유의 표현 | 예상 어휘 연습 문제 ❷

문제집 P.85

1	2	3	4	5	6	7	8	9	10
①	②	①	①	②	②	①	②	③	①

問題3 ＿＿＿の言葉《ことば》に意味《いみ》が最《もっと》も近《ちか》いものを、1・2・3・4から一《ひと》つ選《えら》びなさい。

문제 3 ＿＿＿의 단어에 의미가 가장 가까운 것을 1・2・3・4에서 하나 고르세요.

1 **忙《せわ》しい**毎日《まいにち》を過《す》ごしている。

1 多忙《たぼう》な　　2 面倒《めんどう》な

3 退屈《たいくつ》な　　4 明朗《めいろう》な

1 **바쁜** 나날을 보내고 있다.

1 다망한　　2 귀찮은

3 지루한　　4 명랑한

풀이 「忙《せわ》しい」는 '바쁘다, 틈이 없다, 조급하다, 성급하다'라는 뜻을 가지고 있다.

단어 毎日《まいにち》 일, 나날 | 過《す》ごす 보내다

2 幸運《こううん》と不幸《ふこう》は**交互《こうご》に**起《お》こる。

1 不意《ふい》に　　2 かわるがわる

3 つながって　　4 ほぼ等《ひと》しく

2 행복과 불행은 **번갈아** 일어난다.

1 갑자기, 별안간　　2 번갈아 가며, 교대로

3 이어서, 연결해서　　4 거의 동일하게

풀이 「交互《こうご》 교호」는 '서로 번갈아 함, 서로 교대로 함, 서로 어긋나게 맞춤'이라는 뜻으로 「交互《こうご》に」라고 하면 '번갈아'라는 부사의 뜻이 된다.

단어 幸運《こううん》 행복 | 不幸《ふこう》 불행

3 彼《かれ》は足《あし》が**達者《たっしゃ》だ**。

1 丈夫《じょうぶ》だ　　2 早《はや》い

3 きれいだ　　4 ほそい

3 그는 다리가 **튼튼하다**.

1 튼튼하다　　2 빠르다

3 예쁘다　　4 가늘다

풀이 「達者《たっしゃ》」는 '달인, 명인, 능숙함, 잘함'이라는 뜻 외에도 여기에서처럼 '튼튼함, 건강함'이라는 뜻도 가지고 있다.

단어 丈夫《じょうぶ》だ 튼튼하다

4 彼《かれ》は身《み》なりに**無頓着《むとんちゃく》だ**。

1 気《き》にかけない　　2 気《き》が利《き》かない

3 気《き》を抜《ぬ》かない　　4 気《き》が置《お》けない

4 그는 옷차림에 **무심하다**.

1 괘념치 않는다　　2 눈치가 없다

3 긴장을 늦추지 않는다　　4 마음이 쓰이지 않다

풀이 「無頓着」는 「むとんちゃく」、「むとんじゃく」로 발음되며, '어떤 일에 관심이나 신경을 쓰지 않는다'는 뜻이며, '무심함, 무신경함'으로 해석하면 된다.

단어 身《み》なり 옷차림, 행색 | 気《き》にかける 마음에 두다, 괘념하다, 걱정하다 | 気《き》が利《き》く 눈치가 빠르다, 재치가 있다 | 気《き》を抜《ぬ》く 긴장을 늦추다 | 気《き》が置《お》ける 마음이 쓰이다

5 **エシカル**消費《しょうひ》が広《ひろ》がりつつある。

1 合理的《ごうりてき》な　　2 倫理的《りんりてき》な

3 倹《つま》しい　　4 楽《たの》しむ

5 **윤리적** 소비가 확대되어 가고 있다.

1 합리적인　　2 윤리적인

3 알뜰한　　4 즐기는

풀이 「エシカル」는 '윤리적, 도덕적, 환경과 사회를 고려한 모양'이라는 뜻을 가지고 있다.

단어 消費《しょうひ》 소비 | 広《ひろ》がる 확대되다, 넓어지다, 퍼지다 | つつある ~하고 있다, ~해 가고 있다

6 自分《じぶん》の意向《いこう》を**仄《ほの》めかした**。

1 隠《かく》した　**2 匂《にお》わせた**

3 公《おおやけ》にした　4 ごまかした

6 자신의 의향을 **넌지시 비쳤다**.

1 감췄다　**2 비쳤다, 풍겼다**

3 공표했다, 공개했다　4 속였다, 얼버무렸다

풀이 「仄《ほの》めかす」는 '넌지시 비치다(말하다), 시사하다, 암시하다'라는 뜻을 가지고 있으며, 「匂《にお》う・臭《にお》う 냄새가 나다」는 「匂《にお》わせる・臭《にお》わせる 냄새 나게 하다」의 사역 형태가 되어 '(넌지시) 비치다, 풍기다'라는 뜻으로도 사용할 수 있다.

단어 意向《いこう》 의향

7 彼《かれ》は**迂闊《うかつ》**なことをした。

1 不注意《ふちゅうい》　2 卑劣《ひれつ》

3 案外《あんがい》　4 不吉《ふきつ》

7 그는 **부주의(멍청)**한 행동을 했다.

1 부주의　2 비열

3 뜻밖임, 의외임　4 불길

풀이 「迂闊《うかつ》 우활」은 '주의가 부족하고 멍청한 모양, 물정에 어두움'이라는 뜻을 가지고 있으며, 「迂闊《うかつ》に 섣불리, 함부로」도 함께 알아두자.

단어 ～ことをする ~한 일(짓)을 하다

8 政府《せいふ》を**露《あらわ》に**批判《ひはん》した。

1 痛快《つうかい》に　**2 露骨《ろこつ》に**

3 痛烈《つうれつ》に　4 大胆《だいたん》に

8 정부를 **노골적으로** 비판했다.

1 통쾌하게　**2 노골적으로**

3 통렬하게　4 대담하게

풀이 「露《あらわ》」는 '노골적임, 표면화됨, 가린 것 없이 드러남, 노출함'이라는 뜻의 형용사로 「露《あらわ》に」의 형태로 사용되면 '노골적으로'라는 뜻의 부사가 된다.

단어 政府《せいふ》 정부 | 批判《ひはん》 비판

9 先生《せんせい》は**おっかない**顔《かお》をしている。

1 明《あか》るい　2 まじめな

3 怖《こわ》い　4 怒《おこ》った

9 선생님은 **무서운** 얼굴을 하고 있다.

1 밝은　2 진지한

3 무서운　4 화난

풀이 「おっかない」는 '무섭다, 두렵다'라는 뜻이다.

단어 怒《おこ》る 화내다

10 政府《せいふ》は不動産対策《ふどうさんたいさく》に**苦慮《くりょ》している**。

1 必死《ひっし》で考《かんが》えている
2 念入《ねんい》りにしている
3 厄介《やっかい》をみている
4 力《ちから》を尽《つ》くしている

10 정부는 부동산 대책에 **고심하고 있다**.

1 필사적으로 생각하고 있다
2 정성 들이고 있다
3 돌보고 있다, 시중을 들고 있다
4 힘을 다하고 있다

풀이 「苦慮《くりょ》 고려」는 '애써 여러 가지로 생각, 고심'이라는 뜻으로, 어려운 한자가 나왔을 경우에는 한자를 나눠 「苦《く》 → 苦《くる》しむ 괴로워하다」 + 「慮《りょ》 → 考《かんが》える 생각하다」로 합쳐보면 이해가 쉬워진다.

단어 政府《せいふ》 정부 | 不動産《ふどうさん》 부동산 | 対策《たいさく》 대책

문제 4 용법 | 기출 어휘 연습 문제 ❶

문제집 P.100

1 ③	2 ①	3 ③	4 ①	5 ②	6 ①	7 ②	8 ①	9 ①	10 ②

問題4 次《つぎ》の言葉《ことば》の使《つか》い方《かた》として最《もっと》もよいものを、1・2・3・4から一《ひと》つ選《えら》びなさい。

문제 4 다음 단어의 사용법으로 가장 알맞은 것을 1 · 2 · 3 · 4에서 하나 고르세요.

1 脆《もろ》い

1 脆《もろ》い風習《ふうしゅう》が残《のこ》っている。
2 服《ふく》の色《いろ》が脆《もろ》い。
3 骨《ほね》が**脆《もろ》く**なった。
4 味《あじ》がちょっと脆《もろ》い。

1 (견디는 힘이) 약하다

1 약한 풍습이 남아 있다.
2 옷의 색이 약하다.
3 뼈가 약해졌다.
4 맛이 조금 약하다.

풀이 「脆《もろ》い」는 '(견디는 힘이) 약하다', '부서지기(깨지기) 쉽다', '(마음이) 여리다, 약하다'라는 뜻을 가지고 있으며, 바르게 사용한 것은 3번이다. 그 외에 1번은 「古《ふる》い 오래되다, 낡다」, 2번은 「褪《あ》せる 바래다」、「くどい 칙칙하다」, 4번은 「薄《うす》い 싱겁다, 연하다」로 바꾸면 자연스러운 문장이 된다.

단어 風習《ふうしゅう》 풍습 | 残《のこ》る 남다 | 骨《ほね》 뼈

2 頑《かたく》な

1 **頑《かたく》なな**態度《たいど》をとった。
2 頑《かたく》なに計算《けいさん》した。
3 頑《かたく》なに検査《けんさ》をした。
4 頑《かたく》なな質問《しつもん》を受《う》けた。

2 완고함

1 완고한 태도를 취했다.
2 완고하게 계산했다.
3 완고하게 검사했다.
4 완고한 질문을 받았다.

풀이 「頑《かたく》な」는 '완고한, 고집스러운'이라는 뜻의 형용사로 바르게 사용한 것은 1번이다. 그 외에 2번은 「大《おお》まか 대략적인, 대충」, 3번은 「精密《せいみつ》 정밀」, 4번은 「敏感《びんかん》 민감」으로 바꾸면 된다.

단어 態度《たいど》 태도 | 計算《けいさん》 계산 | 検査《けんさ》 검사 | 質問《しつもん》 질문 | 受《う》ける 받다

3　懐《なつ》く	3　따르다
1　彼《かれ》の話《はなし》にみんな懐《なつ》く。	1　그의 이야기에 모두 따른다.
2　頭《あたま》をこくりと懐《なつ》く。	2　머리를 끄덕하며 따른다.
3　この犬《いぬ》は人《ひと》によく懐《なつ》く。	**3　이 개는 사람을 잘 따른다.**
4　丁寧《ていねい》に髪《かみ》を懐《なつ》く。	4　정성껏 머리를 따른다.

풀이 「懐《なつ》く」는 '(친숙해져서) 따르다'라는 뜻으로 바르게 사용한 것은 3번이다. 그 외에 1번, 2번은 「頷《うなず》く 수긍하다」, 4번은 「解《と》かす・梳《と》かす (빗으로) 머리를 빗다」로 바꾸면 된다.

단어 こくりと (가볍게) 끄덕, 꾸벅꾸벅 | 丁寧《ていねい》に 정중하게, 정성껏

4　くじける	4　꺾이다
1　一回《いっかい》の失敗《しっぱい》でくじけてはいけない。	**1　한 번의 실패로 꺾여서는 안 된다.**
2　暑《あつ》さで心身《しんしん》がくじけてしまった。	2　더위로 심신이 꺾여 버렸다.
3　ぼんやりと思《おも》い出《で》にくじけた。	3　멍하니 추억에 꺾였다.
4　誇大広告《こだいこうこく》で消費者《しょうひしゃ》をくじけさせる。	4　과대광고로 소비자를 꺾이게 하다.

풀이 「くじける」는 '(마음이) 꺾이다, 좌절하다', '(손이나 발 등이) 삐다, 접질리다'라는 뜻으로 바르게 사용한 것은 1번이다. 그 외에 2번은 「だらける 나른해지다, 해이해지다」, 3번은 「耽《ふけ》る 빠지다, 잠기다」, 4번은 「惑《まど》わす 현혹하다, 속이다」로 바꾸면 된다.

단어 失敗《しっぱい》 실패 | 暑《あつ》さ 더위 | 心身《しんしん》 심신 | ぼんやりと 멍하니 | 思《おも》い出《で》 추억 | 誇大広告《こだいこうこく》 과대광고 | 消費者《しょうひしゃ》 소비자

5　基調《きちょう》	5　기조
1　傷《きず》の基調《きちょう》はたいしたことない。	1　상처의 기조는 대단치 않다.
2　この家《いえ》は青《あお》を基調《きちょう》にして建《た》てられた。	**2　이 집은 파랑을 기조로 해서 세워졌다.**
3　基調《きちょう》の概念《がいねん》にとらわれている。	3　기조의 개념에 사로잡혀 있다.
4　この着物《きもの》の基調《きちょう》は絹《きぬ》である。	4　이 일본 옷의 기조는 명주이다.

풀이 「基調《きちょう》 기조」는 '사상, 작품, 학설 따위에 일관해서 흐르는 기본적인 경향이나 방향'을 뜻하며, 바르게 사용한 것은 2번이다. 그 외에 1번은 「程度《ていど》 정도」, 3번은 「既成《きせい》 기성」, 4번은 「生地《きじ》 천」으로 바꾸면 된다.

단어 傷《きず》 상처 | 青《あお》 파랑 | 概念《がいねん》 개념 | とらわれる 사로잡히다, 구애되다 | 絹《きぬ》 명주, 비단

6 過密《かみつ》

1 今週《こんしゅう》のスケジュールは**過密《かみつ》**だ。

2 子供《こども》に過密《かみつ》に服《ふく》を着《き》せた。

3 犬《いぬ》は過密《かみつ》な勢《いきお》いで吠《ほ》えた。

4 過密《かみつ》なダイエットはよくない。

6 과밀

1 이번 주의 스케줄은 과밀(빽빽)하다.

2 아이에게 과밀하게 옷을 입혔다.

3 개는 과밀한 기세로 짖었다.

4 과밀한 다이어트는 좋지 않다.

풀이 「過密《かみつ》」는 '과밀, 빽빽한(한곳에 지나치게 집중되어 있음)'이라는 뜻으로 바르게 사용한 것은 1번이다. 그 외에 2번은 「過剰《かじょう》 과잉, 지나침」, 3번은 「猛烈《もうれつ》 맹렬」, 4번은 「過度《かど》 과도」로 바꾸면 된다.

단어 スケジュール 스케줄 | 勢《いきお》い 기세 | 吠《ほ》える 짖다 | ダイエット 다이어트

7 甚《はなは》だしい

1 甚《はなは》だしい日々《ひび》を過《す》ごしている。

2 台風《たいふう》の被害《ひがい》が**甚《はなは》だしい**。

3 雨《あめ》の日《ひ》は出《で》かけるのが甚《はなは》だしい。

4 甚《はなは》だしい仕事《しごと》で疲《つか》れ切《き》った。

7 심하다

1 심한 나날을 보내고 있다.

2 태풍의 피해가 심하다.

3 비 오는 날에는 나가는 것이 심하다.

4 심한 일로 몹시 지쳤다.

풀이 「甚《はなは》だしい」는 '(정도가) 매우 심하다'라는 뜻으로 바르게 사용한 것은 2번이다. 그 외에 1번은 「慌《あわ》ただしい 어수선하다」、「忙《いそが》しい 바쁘다」, 3번은 「煩《わずら》わしい 귀찮다, 번거롭다」, 4번은 「きつい 고되다, 엄하다」로 바꾸면 된다.

단어 日々《ひび》 나날, 매일 | 過《す》ごす 보내다 | 被害《ひがい》 피해 | 出《で》かける 나가다 | 疲《つか》れ切《き》る 몹시 지치다

8 剥《は》がす

1 壁《かべ》からポスターを**剥《は》がした**。

2 ジャム瓶《びん》のふたを剥《は》がした。

3 シャツのボタンを剥《は》がした。

4 バナナの皮《かわ》を剥《は》がした。

8 떼어 내다

1 벽에서 포스터를 떼어 냈다.

2 잼 병의 뚜껑을 떼어 냈다.

3 셔츠의 단추를 떼어 냈다.

4 바나나 껍질을 떼어 냈다.

풀이 「剥《は》がす」는 '떼어 내다, 벗겨 내다'라는 뜻으로 바르게 사용한 것은 1번이다. 그 외에 2번은 「開《あ》ける 열다」, 3번은 「外《はず》す (단추를) 풀다」, 4번은 「剥《む》く (껍질 따위를) 벗기다, 까다」로 바꾸면 된다.

단어 ジャム 瓶《びん》 잼 병 | ふた 뚜껑 | シャツ 셔츠 | ボタン 단추 | バナナの皮《かわ》 바나나 껍질

9	奔放《ほんぽう》
1	彼《かれ》は奔放《ほんぽう》な性格《せいかく》を持《も》っている。
2	資金集《しきんあつ》めに奔放《ほんぽう》している。
3	奔放《ほんぽう》した成果《せいか》が出《で》てよかった。
4	奔放《ほんぽう》な手《て》掛《が》かりをつかんだ。

9	분방
1	그는 분방한 성격을 가지고 있다.
2	자금 모으기에 분방하고 있다.
3	분방한 성과가 나와서 다행이다.
4	분방한 단서를 잡았다.

풀이 「奔放《ほんぽう》 분방」은 '규칙이나 규범, 격식에 얽매이지 않고 제멋대로다'라는 뜻으로 바르게 사용한 것은 1번이며, 주로 「自由奔放《じゆうほんぽう》 자유분방」의 형태로 사용된다. 그 외에 2번, 3번은 「奔走《ほんそう》 (일이 잘 되도록) 분주하게 뛰어다님, 여러 가지로 애씀」으로 바꾸면 되며, 주로 「奔走《ほんそう》する 분주하다, 동분서주하다」의 형태로 사용된다. 4번은 「有力《ゆうりょく》 유력」으로 바꾸면 된다.

단어 資金集《しきんあつ》め 자금 모으기 | 成果《せいか》が出《で》る 성과가 나오다 | 手《て》掛《が》かり 단서 | つかむ 잡다

10	潔《いさぎよ》い
1	爽《さわ》やかで潔《いさぎよ》いにおいがした。
2	潔《いさぎよ》く非《ひ》を認《みと》めた方《ほう》がいい。
3	部屋《へや》の中《なか》を潔《いさぎよ》く片付《かたづ》けた。
4	彼女《かのじょ》は潔《いさぎよ》い顔《かお》をしていた。

10	깨끗하다
1	상쾌하고 깨끗한 냄새가 났다.
2	깨끗이 잘못을 인정하는 것이 좋다.
3	방 안을 깨끗이 정리했다.
4	그녀는 깨끗한 얼굴을 하고 있었다.

풀이 「潔《いさぎよ》い」는 '(비겁한 데나 미련 없이) 깨끗하다, (태도가) 떳떳하다'라는 뜻으로, 바르게 사용한 것은 2번이다. 그 외에 1번은 「清々《すがすが》しい 시원하다, 상쾌하다」, 3번은 「きれいに 깨끗하게」, 4번은 「無邪気《むじゃき》な 천진한」으로 바꾸면 된다.

단어 爽《さわ》やか 상쾌함, 산뜻함 | においがする 냄새가 나다

문제 4 용법 | 기출 어휘 연습 문제 ❷

문제집 P.102

1 ① 2 ① 3 ④ 4 ① 5 ① 6 ④ 7 ③ 8 ③ 9 ② 10 ③

問題4 次《つぎ》の言葉《ことば》の使《つか》い方《かた》として最《もっと》もよいものを、1·2·3·4から一《ひと》つ選《えら》びなさい。	문제 4 다음 단어의 사용법으로 가장 알맞은 것을 1·2·3·4에서 하나 고르세요.

1	痛烈《つうれつ》
1	痛烈《つうれつ》に批判《ひはん》した。
2	痛烈《つうれつ》な印象《いんしょう》を受《う》けた。
3	痛烈《つうれつ》な恋《こい》をした。
4	変化《へんか》が痛烈《つうれつ》に表《あらわ》れた。

1	통렬
1	통렬히 비판했다.
2	통렬한 인상을 받았다.
3	통렬한 사랑을 했다.
4	변화가 통렬히 나타났다.

풀이 「痛烈《つうれつ》 통렬」은 '몹시 날카롭고 매섭다'라는 뜻으로 바르게 사용한 것은 1번이다. 주로 「痛烈《つうれつ》な非難《ひなん》 통렬한 비난、痛烈《つうれつ》に批判《ひはん》する 통렬히 비판하다、痛烈《つうれつ》に風刺《ふうし》する 통렬히 풍자하다」의 형태로 사용된다. 그 외에 2번은 「強烈《きょうれつ》 강렬」, 3번은 「熱烈《ねつれつ》 열렬」, 4번은 「顕著《けんちょ》 현저」로 바꾸면 된다.

단어 批判《ひはん》 비판 | 印象《いんしょう》 인상 | 受《う》ける 받다 | 恋《こい》をする 사랑을 하다 | 変化《へんか》 변화 | 表《あらわ》れる 나타나다

2 絶大《ぜつだい》	2 절대
1 絶大《ぜつだい》な支持《しじ》を得《え》ている。	1 절대의 지지를 얻고 있다.
2 これは絶大《ぜつだい》に必要《ひつよう》だ。	2 이것은 절대로 필요하다.
3 絶大《ぜつだい》な資本《しほん》を投下《とうか》した。	3 절대의 자본을 투입했다.
4 絶大《ぜつだい》な被害《ひがい》を被《こうむ》った。	4 절대의 피해를 입었다.

풀이 「絶大《ぜつだい》 절대」는 '크나큰, 아주 큼'이라는 뜻으로 바르게 사용한 것은 1번이다. 그 외에 2번은 「絶対《ぜったい》 절대, 무조건, 꼭」, 3번은 「膨大《ぼうだい》 방대」, 4번은 「甚大《じんだい》 심대」로 바꾸면 된다.

단어 支持《しじ》 지지 | 得《え》る 얻다, 획득하다 | 投下《とうか》する 투입하다 | 被《こうむ》る (피해를) 입다

3 そそる	3 자극하다
1 そそったらつけあがった。	1 자극했더니 기어올랐다.
2 彼《かれ》を候補者《こうほしゃ》にそそった。	2 그를 후보자로 자극했다.
3 水《みず》を飲《の》んで乾《かわ》きをそそった。	3 물을 마셔서 갈증을 자극했다.
4 においが食欲《しょくよく》をそそった。	4 냄새가 식욕을 자극했다.

풀이 「そそる」는 '(식욕·흥미·호기심·눈물 등을) 자극하다, 자아내다, 돋우다'라는 뜻으로 바르게 사용한 것은 4번이다. 그 외에 1번은 「煽《おだ》てる 치켜세우다, 부추기다」, 2번은 「薦《すす》める 추천하다」, 3번은 「癒《いや》す 치유하다, 풀다」로 바꾸면 된다.

단어 つけあがる 기어오르다, 버릇없이 굴다 | 候補者《こうほしゃ》 후보자 | 乾《かわ》き 갈증, 목마름

4 交《まじ》える	4 섞다
1 学生《がくせい》を交《まじ》えて討論会《とうろんかい》を開《ひら》いた。	1 학생을 섞어 토론회를 열었다.
2 うわさを耳《みみ》に交《まじ》えた。	2 소문을 귀에 섞었다.
3 疑《うたが》いを交《まじ》える余地《よち》がない。	3 의심을 섞을 여지가 없다.
4 脇《わき》に本《ほん》を交《まじ》えた。	4 겨드랑이에 책을 섞었다.

풀이 「交《まじ》える」는 '섞다(끼게 하다), 교차시키다, 맞대다'라는 뜻으로 바르게 사용한 것은 1번이다. 그 외에 2번, 3번, 4번 모두 「挟《はさ》む 끼우다, 사이에 두다, 집다, 듣다, (마음에) 품다」로 바꾸면 된다.

단어 討論会《とうろんかい》 토론회 | うわさ 소문 | 疑《うたが》い 의심 | 余地《よち》がない 여지가 없다 | 脇《わき》 겨드랑이

5 交錯《こうさく》

1 **不安《ふあん》と期待《きたい》が交錯《こうさく》した気分《きぶん》である。**
2 公私《こうし》を交錯《こうさく》してはいけない。
3 三原色《さんげんしょく》を交錯《こうさく》すると黒色《くろいろ》になる。
4 犯人《はんにん》は交錯《こうさく》に紛《まぎ》れて逃《に》げた。

5 교착

1 **불안과 기대가 교착하는 기분이다.**
2 공사를 교착해서는 안 된다.
3 삼원색을 교착하면 검은색이 된다.
4 범인은 교착을 틈타 도망갔다.

풀이 「交錯《こうさく》 교착」은 '이리저리 엇갈려 뒤섞임'이라는 뜻으로 「交錯《こうさく》する 뒤얽히다, 교차되다」로 의역할 수 있으며, 정답은 1번이다. 그 외에 2번은 「混同《こんどう》 혼동」, 3번은 「混合《こんごう》 혼합」, 4번은 「混乱《こんらん》 혼란」으로 바꾸면 된다.

단어 公私《こうし》 공사 | 三原色《さんげんしょく》 삼원색 | 黒色《くろいろ》 검은색 | 犯人《はんにん》 범인 | に紛《まぎ》れる ~을 틈타다, ~에 뒤섞이다 | 逃《に》げる 도망가다

6 うなだれる

1 ちやほやされてうなだれている。
2 試験《しけん》に合格《ごうかく》してうなだれている。
3 水《みず》を飲《の》みすぎて顔《かお》がうなだれた。
4 **叱《しか》られてうなだれている。**

6 (고개를) 떨구다

1 추켜세워져 (고개를) 떨구고 있다.
2 시험에 합격해서 (고개를) 떨구고 있다.
3 물을 너무 마셔서 얼굴이 (고개를) 떨궜다.
4 **야단맞아서 (고개를) 떨구고 있다.**

풀이 「うなだれる」는 '고개를 떨구다, 머리(고개)를 숙이다'라는 뜻으로 바르게 사용한 것은 4번이다. 그 외에 1번은 「いい気《き》になる 우쭐해지다」, 2번은 「有頂天《うちょうてん》になる 기뻐 어쩔 줄 모르다」, 3번은 「浮腫《むく》む 붓다」로 바꾸면 된다.

단어 ちやほやする 치켜세우다, 오냐오냐하다 | ~すぎる 지나치게 ~하다

7 退《しりぞ》く

1 このデザインはもう退《しりぞ》いた。
2 この服《ふく》は色《いろ》が退《しりぞ》いてしまった。
3 **彼《かれ》は経営《けいえい》の一線《いっせん》から退《しりぞ》いた。**
4 納得《なっとく》できないように首《くび》を退《しりぞ》いた。

7 물러나다

1 이 디자인은 이제 물러났다.
2 이 옷은 색이 물러나 버렸다.
3 **그는 경영의 일선에서 물러났다.**
4 납득할 수 없다는 듯이 머리를 물렸다.

풀이 「退《しりぞ》く」는 '물러나다, 물러서다, 후퇴하다'라는 뜻으로 바르게 사용한 것은 3번이다. 그 외에 1번은 「廃《すた》れる 사용하지 않게 되다, 한물가다」, 2번은 「褪《あ》せる (색이) 바래다」, 4번은 「傾《かし》げる (고개를) 갸웃하다, 갸우뚱하다」로 바꾸면 된다.

단어 デザイン 디자인 | 経営《けいえい》 경영 | 一線《いっせん》 일선 | 納得《なっとく》 납득 | 首《くび》 목, 머리, 고개

8 工面《くめん》

1 試合《しあい》に負《ま》けて工面《くめん》がない。

2 抜《ぬ》き差《さ》しならない工面《くめん》になった。

3 お金《かね》を**工面《くめん》**して家賃《やちん》を払《はら》った。

4 信《しん》じて任《まか》せたらこの工面《くめん》だ。

8 변통

1 시합에 져서 변통이 없다.

2 빼도 박도 못하는 변통이 되었다.

3 돈을 변통해서 집세를 지불했다.

4 믿고 맡겼더니 이 변통이다.

풀이 「工面《くめん》」은 '돈 마련, 주머니 사정, 형편'이라는 뜻을 가지고 있으며, 「工面《くめん》する」는 '(돈을) 마련하다, 변통하다'라는 뜻이 된다. 동사의 형태로 사용한 3번이 정답이다. 그 외에 1번은 「面目《めんぼく》 면목」, 2은 「羽目《はめ》 처지」, 4번은 「始末《しまつ》 지경, 꼴, 모양」으로 바꾸면 된다.

단어 負《ま》ける (시합에) 지다 | 抜《ぬ》き差《さ》しならない 빼도 박도 못하다, 꼼짝달싹 못하다 | 家賃《やちん》 집세 | 払《はら》う 지불하다 | 信《しん》じる 믿다 | 任《まか》せる 맡기다

9 拍子《ひょうし》

1 拍子《ひょうし》に乗《の》って浮《う》かれている。

2 転《ころ》んだ**拍子《ひょうし》**に頭《あたま》をぶつけた。

3 ネコの拍子《ひょうし》がかわいい。

4 この拍子《ひょうし》では成功《せいこう》はおぼつかない。

9 순간

1 순간에 올라 들떠 있다.

2 넘어지는 순간에 머리를 부딪쳤다.

3 고양이의 순간이 귀엽다.

4 이 순간으로는 성공은 불안하다.

풀이 「拍子《ひょうし》 박자, 장단」은 「동사의 た형 + 拍子《ひょうし》に」의 형태가 되면 '(~하는 바로 그) 순간에, 찰나에, 바람에'로 해석되며, 바르게 사용한 것은 2번이다. 그 외에 1번은 「調子《ちょうし》 상태」로, 주로 「調子《ちょうし》に乗《の》る 신이 나서 우쭐해지다, 신명이 나다」의 형태로 쓰이며, 3번은 「仕草《しぐさ》 몸짓, 행위, (하는) 짓」, 4번은 「調子《ちょうし》 상태」로 바꾸면 된다.

단어 浮《う》かれる 뜰뜨다, 신이 나다 | 転《ころ》ぶ 넘어지다 | 頭《あたま》 머리 | ぶつける 부딪치다 | ネコ 고양이 | おぼつかない 불안하다

10 総《そう》じて

1 虫一匹《むしいっぴき》も総《そう》じて殺《ころ》してはいけない。

2 刃物《はもの》は総《そう》じて使《つか》うと怪我《けが》をする。

3 彼《かれ》の論旨《ろんし》は**総《そう》じて**正《ただ》しい。

4 彼女《かのじょ》は魚《さかな》を総《そう》じて食《た》べた。

10 대체로

1 벌레 한 마리도 대체로 죽여서는 안 된다.

2 칼은 대체로 사용하면 다친다.

3 그의 논지는 대체로 맞다.

4 그녀는 생선을 대체로 먹었다.

풀이 「総《そう》じて」는 '대체로, 대개, 일반적으로, 원래, 모두(합해서)'라는 뜻의 부사로 바르게 사용한 것은 3번이다. 그 외에 1번과 2번은 「むやみに 함부로, 무턱대고」, 4번은 「丸《まる》ごと 통째로」、「骨《ほね》ごと 뼈째(로)」로 바꾸면 된다.

단어 殺《ころ》す 죽이다 | 刃物《はもの》 칼 | 使《つか》う 사용하다 | 怪我《けが》をする 다치다, 부상을 입다 | 論旨《ろんし》 논지 | 正《ただ》しい 맞다, 바르다

문제 4 용법 | 예상 어휘 연습 문제 ❶

문제집 P.110

1 ① 2 ③ 3 ① 4 ① 5 ③ 6 ④ 7 ① 8 ② 9 ① 10 ③

問題4 次《つぎ》の言葉《ことば》の使《つか》い方《かた》として最《もっと》もよいものを、1・2・3・4から一《ひと》つ選《えら》びなさい。	문제 4 다음 단어의 사용법으로 가장 알맞은 것을 1・2・3・4에서 하나 고르세요.

1 作法《さほう》	1 예절
1 彼《かれ》は食事《しょくじ》の作法《さほう》を知《し》らない。	1 그는 식사 예절을 모른다.
2 写真《しゃしん》の新《あたら》しい作法《さほう》を学《まな》んだ。	2 사진의 새로운 예절을 배웠다.
3 コンパスで円《えん》を作法《さほう》した。	3 컴퍼스로 원을 예절했다.
4 作業《さぎょう》の作法《さほう》を見覚《みおぼ》えた。	4 작업의 예절을 보고 배웠다.

풀이 「作法《さほう》 작법」은 '예의범절, 예절'이라는 뜻의 명사로 바르게 사용한 것은 1번이다. 그 외에 2번은 「技法《ぎほう》 기법」、「テクニック 테크닉, 기술」, 3번은 「作図《さくず》 작도」, 4번은 「やり方《かた》 방식」、「こつ 요령」으로 바꾸면 된다.

단어 学《まな》ぶ 배우다 | コンパス 컴퍼스 | 作業《さぎょう》 작업 | 見覚《みおぼ》える 보고 배우다

2 収束《しゅうそく》	2 수습
1 収束《しゅうそく》から脱《だっ》した。	1 수습으로부터 벗어났다.
2 辞表《じひょう》が収束《しゅうそく》された。	2 사표가 수습되었다.
3 緊急事態《きんきゅうじたい》が収束《しゅうそく》した。	3 긴급 사태가 수습되었다.
4 予想外《よそうがい》の収束《しゅうそく》を収《おさ》めた。	4 예상 외의 수습을 거두었다.

풀이 「収束《しゅうそく》 수속」은 '수습, 결말을 지음'이라는 뜻의 명사로 바르게 사용한 것은 3번이다. 그 외에 1번은 「束縛《そくばく》 속박」, 2번은 「受理《じゅり》 수리」, 4번은 「収穫《しゅうかく》 수확」으로 바꾸면 된다.

단어 脱《だっ》する 벗어나다 | 辞表《じひょう》 사표 | 予想外《よそうがい》 예상 외 | 収《おさ》める 거두다

3 前触《まえぶ》れ	3 예고
1 前触《まえぶ》れもなく訪問《ほうもん》した。	1 예고도 없이 방문했다.
2 結果《けっか》は前触《まえぶ》れに反《はん》した。	2 결과는 예고에 반했다.
3 前触《まえぶ》れから外《はず》れている。	3 예고로부터 벗어나 있다.
4 事件《じけん》の前触《まえぶ》れをつかんだ。	4 사건의 예고를 잡았다.

풀이 「前触《まえぶ》れ」는 '예고, 조짐, 전조'라는 뜻의 명사로 바르게 사용한 것은 1번이다. 그 외에 2번은 「予想《よそう》 예상」, 3번은 「常識《じょうしき》 상식」、「予想《よそう》 예상」, 4번은 「手掛《てが》かり 단서」로 바꾸면 된다.

단어 訪問《ほうもん》 방문 | 反《はん》する 반하다 | 外《はず》れる 벗어나다 | つかむ 잡다

4 うっとうしい

1 前髪《まえがみ》が下《さ》がってきて**うっとうしい**。

2 幼《おさな》い時《とき》、うっとうしいやけどをした。

3 耳《みみ》の中《なか》がうっとうしかった。

4 ほめられてなんだかうっとうしい。

4 성가시다

1 앞머리가 내려와서 성가시다.

2 어릴 때 성가신 화상을 입었다.

3 귓속이 성가셨다.

4 칭찬받아서 어쩐지 성가시다.

풀이 「うっとうしい」는 '성가시다, 귀찮다', '울적하다, 마음이 개운치 않다'라는 뜻의 형용사로 바르게 사용한 것은 1번이다. 그 외에 2번은 「ひどい 심하다」、「軽《かる》い 가볍다」, 3번은 「かゆい 가렵다」, 4번은 「きまり悪《わる》い 쑥스럽다」、「くすぐったい 겸연쩍다, 낯간지럽다」로 바꾸면 된다.

단어 前髪《まえがみ》 앞머리 | 下《さ》がる 내리다 | 幼《おさな》い時《とき》 어릴 때 | やけどをする 화상을 입다 | 耳《みみ》の中《なか》 귓속 | ほめる 칭찬하다

5 一様《いちよう》に

1 本《ほん》を一様《いちよう》に読《よ》み通《とお》した。

2 缶《かん》ビールを一様《いちよう》に飲《の》み干《ほ》した。

3 みんなが**一様《いちよう》に**緊張《きんちょう》している。

4 石段《いしだん》を一様《いちよう》に駆《か》け下《お》りた。

5 한결같이

1 책을 한결같이 끝까지 다 읽었다.

2 캔맥주를 한결같이 다 마셨다.

3 모두가 한결같이 긴장하고 있다.

4 돌계단을 한결같이 뛰어 내려갔다.

풀이 「一様《いちよう》に」는 '한결같이, 하나같이, 똑같이'라는 뜻의 부사로 바르게 사용한 것은 3번이다. 1번, 2번, 4번 모두 「一《いっ》
気《き》に 단숨에」로 바꾸면 된다.

단어 読《よ》み通《とお》す 끝까지 다 읽다 | 缶《かん》ビール 캔맥주 | 飲《の》み干《ほ》す 다 마시다 | 石段《いしだん》 돌계단 | 駆《か》け下《お》りる 뛰어 내려가다

6 寸前《すんぜん》

1 寸前《すんぜん》を惜《お》しんで勉強《べんきょう》している。

2 地震《じしん》で道路《どうろ》が寸前《すんぜん》された。

3 スカートの寸前《すんぜん》を計《はか》った。

4 飢《う》えで倒《たお》れる**寸前《すんぜん》**だった。

6 직전

1 직전을 아끼며 공부하고 있다.

2 지진으로 도로가 직전되었다.

3 스커트의 직전을 재었다.

4 굶주림으로 쓰러지기 직전이었다.

풀이 「寸前《すんぜん》」은 '직전, 바로 앞'이라는 뜻의 명사로 바르게 사용한 것은 4번이다. 그 외에 1번은 「寸刻《すんこく》 촌각(매우 짧은 동안의 시간)」, 2번은 「寸断《すんだん》 촌단, 토막토막 끊음」으로, 주로 「寸断《すんだん》される 토막토막 끊어지다」의 형태로 사용하며, 3번은 「寸法《すんぽう》 길이, 치수」로 바꾸면 자연스러워진다.

단어 惜《お》しむ 아끼다 | 地震《じしん》 지진 | 道路《どうろ》 도로 | 飢《う》える 굶주리다 | 倒《たお》れる 쓰러지다

7 躓《つまず》く

1 石《いし》に**躓《つまず》いて**転《ころ》んだ。

2 足下《あしもと》に猫《ねこ》が躓《つまず》いている。

3 がっくり躓《つまず》いたまま歩《ある》いた。

4 部屋《へや》の隅《すみ》に躓《つまず》いて泣《な》いている。

7 걸려 넘어지다

1 돌에 걸려 넘어져 자빠졌다.

2 발밑에 고양이가 걸려 넘어지고 있다.

3 푹 걸려 넘어진 채 걸었다.

4 방구석에 걸려 넘어져 울고 있다.

풀이 「躓《つまず》く」는 '(발이) 걸려 넘어지다, 좌절하다, 실패하다'라는 뜻의 동사로 바르게 사용한 것은 1번이다. 그 외에 2번, 4번은 '어떤 장소에 ~하고 있는 상태'이므로 「うずくまる 웅크리다」, 3번은 「うつむく 고개(머리)를 숙이다(떨구다)」로 바꾸면 된다.

단어 転《ころ》ぶ 자빠지다, 쓰러지다 | 足下《あしもと》 발밑 | がっくり 푹, 풀썩 | 隅《すみ》 구석 | 泣《な》く 울다

8 細々《ほそぼそ》

1 気《き》持《も》ちが細々《ほそぼそ》と落《お》ち着《つ》かない。

2 年金《ねんきん》で**細々《ほそぼそ》**と暮《く》らしている。

3 一日中《いちにちじゅう》細々《ほそぼそ》して過《す》ごした。

4 心臓病《しんぞうびょう》のために細々《ほそぼそ》薬《くすり》を飲《の》んでいる。

8 근근이

1 기분이 근근이 안정되지 않는다.

2 연금으로 근근이 살고 있다.

3 하루 종일 근근이 하며 보냈다.

4 심장병 때문에 근근이 약을 먹고 있다.

풀이 「細々《ほそぼそ》」는 '근근이(간신히), 겨우'라는 뜻의 부사로 바르게 사용한 것은 2번이다. 그 외에 1번, 3번은 「そわそわ 뒤숭숭하니, 안절부절, 들뜬(불안한) 모양」, 4번은 「こつこつ 꾸준히」로 바꾸면 된다.

단어 気《き》持《も》ち 기분 | 落《お》ち着《つ》く 안정되다 | 年金《ねんきん》 연금 | 暮《く》らす 생활하다 | 心臓病《しんぞうびょう》 심장병

9 綻《ほころ》びる

1 うれしくて口元《くちもと》が**綻《ほころ》びた**。

2 わけもなく涙《なみだ》が綻《ほころ》びた。

3 しきりに体《からだ》を綻《ほころ》びた。

4 袋《ふくろ》から米《こめ》が綻《ほころ》びた。

9 벌어지다

1 기뻐서 입가가 벌어졌다.

2 이유도 없이 눈물이 벌어졌다.

3 계속해서 몸이 벌어졌다.

4 자루에서 쌀이 벌어졌다.

풀이 「綻《ほころ》びる」는 '표정이 부드러워지다, 풀리다', '(실밥이) 풀리다, '(꿰맨 자리가) 터지다', '(꽃봉오리가) 벌어지다'라는 뜻을 가진 동사로 주로 좋아서, 기뻐서 「口元《くちもと》がほころびる 입가(입꼬리)가 벌어지다, 입가에 미소를 짓다」, 「顔《かお》がほころびる 얼굴에 웃음을 띄우다」의 세트 형태로 쓰이며, 1번이 바르게 사용되었다. 그 외에 2번은 「こぼれる 흘러내리다, 넘치다」, 「流《なが》れる 흐르다」, 3번은 「(体《からだ》が)震《ふる》える (몸이) 떨리다」의 세트 형태로, 4번은 '꿰맨 자리'가 터져서 나오는 것이 아니므로 「こぼれる 흘러나오다」로 바꾸면 된다.

단어 口元《くちもと》 입가, 입매 | わけもなく 이유 없이 | 涙《なみだ》 눈물 | しきりに 계속해서 | 笑《え》み 미소 | 袋《ふくろ》 주머니, 자루

10 解《ほど》く	10 풀다
1 卵《たまご》を解《ほど》いて油《あぶら》で焼《や》いた。	1 달걀을 풀어서 기름으로 구웠다.
2 恨《うら》みを解《ほど》くすべがない。	2 한을 풀 방법이 없다.
3 結《むす》んでいた髪《かみ》を**解《ほど》いた**。	3 묶고 있던 머리를 풀었다.
4 胸《むね》のもやもやを解《ほど》いた。	4 가슴의 응어리를 풀었다.

풀이 「解《ほど》く」는 '풀다'라는 뜻의 동사로 엉킨 것, 묶인 것, 짐 등을 풀 때 주로 쓰이며, 바르게 사용한 것은 3번이다. 그 외에 1번은 「溶《と》かす 녹이다, 풀다」, 2번과 4번은 「晴《は》らす (불쾌감·의심·기분 등을) 풀다」로 바꾸면 된다.

단어 卵《たまご》 달걀 | 油《あぶら》 기름 | 焼《や》く 굽다 | 恨《うら》み 원망, 한 | すべ 방법 | 結《むす》ぶ 묶다 | 髪《かみ》 머리카락 | 胸《むね》 가슴 | もやもや 개운치 않은 감정, 응어리

문제 4 용법 | 예상 어휘 연습 문제 ❷

문제집 P.112

1 ① 2 ④ 3 ② 4 ③ 5 ① 6 ③ 7 ④ 8 ① 9 ③ 10 ①

問題4 次《つぎ》の言葉《ことば》の使《つか》い方《かた》として最《もっと》もよいものを、1・2・3・4から一《ひと》つ選《えら》びなさい。	**문제 4 다음 단어의 사용법으로 가장 알맞은 것을 1・2・3・4에서 하나 고르세요.**

1 必至《ひっし》	1 불가피
1 このままでは会社《かいしゃ》の倒産《とうさん》は**必至《ひっし》**だ。	1 이대로는 회사의 도산은 불가피하다.
2 彼《かれ》らは必至《ひっし》になって戦《たたか》った。	2 그들은 불가피가 되어 싸웠다.
3 必至《ひっし》に応《おう》じて自給自足《じきゅうじそく》する。	3 불가피에 따라 자급자족한다.
4 自然《しぜん》を守《まも》ることが必至《ひっし》課題《かだい》だ。	4 자연을 지키는 것이 불가피 과제이다.

풀이 「必至《ひっし》 필지」는 '불가피'라는 뜻의 명사로 바르게 사용한 것은 1번이다. 그 외에 2번은 「必死《ひっし》 필사, 전력을 다함」, 3번은 「必要《ひつよう》 필요」, 4번은 「至上《しじょう》 지상, 최상」으로 바꾸면 된다.

단어 倒産《とうさん》 도산 | 戦《たたか》う 싸우다 | ~に応《おう》じて ~에 따라(서) | 自給自足《じきゅうじそく》 자급자족 | 守《まも》る 지키다 | 課題《かだい》 과제

2 役不足《やくぶそく》	2 격이 맞지 않음
1 この仕事《しごと》は努力《どりょく》だけでは役不足《やくぶそく》だ。	1 이 일은 노력만으로는 격이 맞지 않다.
2 眠気《ねむけ》を追《お》い払《はら》うのは役不足《やくぶそく》だった。	2 졸음을 쫓는 것은 격이 맞지 않았다.
3 成功《せいこう》するのにはまだまだ役不足《やくぶそく》だ。	3 성공하기에는 아직 격이 맞지 않다.
4 彼《かれ》には係長《かかりちょう》では少《すこ》し**役不足《やくぶそく》**だ。	4 그에게는 계장(자리)는 조금 격(역할)이 맞지 않다.

풀이 「役不足《やくぶそく》」는 주어진 역할이 그 사람의 능력이나 역량에 비해 부족하거나 혹은 일에 만족을 못하고 불만을 가지고

있을 때 사용하는 명사로 바르게 사용한 것은 4번이다. 그 외에 1번, 2번, 3번은 모두 자신의 역량이 부족할 때 사용하는 「力不足《ちからぶそく》 역부족」으로 바꿔야 한다.

단어 だけでは ~만으로는 | 眠気《ねむけ》 졸음 | 追《お》い払《はら》う 쫓다 | 独立《どくりつ》 독립 | 係長《かかりちょう》 계장

3 研《と》ぐ	3 씻다
1 美容院《びよういん》に行《い》って髪《かみ》を研《と》いで来《き》た。	1 미용실에 가서 머리를 씻고 왔다.
2 米《こめ》を**研《と》いで**ご飯《はん》を炊《た》く。	2 쌀을 씻어 밥을 안친다.
3 体《からだ》のコンディションを研《と》いだ。	3 몸의 컨디션을 씻었다.
4 お互《たが》いの意見《いけん》を研《と》いだ。	4 서로의 의견을 씻었다.

풀이 「研《と》ぐ」는 '(콩이나 쌀 등을 물에) 비벼 씻다, (칼 등을) 갈다'라는 뜻을 가진 동사로 바르게 사용한 것은 2번이다. 그 외에 나머지 선택지에는 동사 「整《ととの》える 정돈하다, 단정히 하다, 조절하다」를 넣어, 1번은 「(髪《かみ》を)整《ととの》える (머리를) 하다」, 3번은 「整《ととの》える 조절하다」, 4번은 「整《ととの》える 조율하다」는 의미로 해석하면 된다.

단어 美容院《びよういん》 미용실 | 炊《た》く(밥을) 안치다 | コンディション 컨디션, 상태 | お互《たが》い 서로

4 高慢《こうまん》	4 교만
1 高慢《こうまん》できるほどの特技《とくぎ》がない。	1 교만할 정도의 특기가 없다.
2 料理《りょうり》の腕前《うでまえ》を高慢《こうまん》する。	2 요리 솜씨를 교만한다.
3 初心《しょしん》を忘《わす》れて**高慢《こうまん》**になった。	3 초심을 잊고 교만해졌다.
4 町《まち》の高慢《こうまん》だった古木《こぼく》が倒《たお》れた。	4 마을의 교만이었던 고목이 쓰러졌다.

풀이 「高慢《こうまん》 고만」은 '교만, 오만, 건방짐'이라는 뜻을 가진 형용사로 바르게 사용한 것은 3번이다. 그 외에 1번, 2번은 「自慢《じまん》 자랑」, 4번은 「自慢《じまん》 자랑」 혹은 「誇《ほこ》り 자랑, 긍지」로 바꾸면 된다.

단어 特技《とくぎ》 특기 | 腕前《うでまえ》 솜씨 | 初心《しょしん》 초심 | 古木《こぼく》 고목 | 倒《たお》れる 쓰러지다

5 ずけずけ	5 거침없이
1 ためらわずに**ずけずけ**と言《い》う。	1 망설이지 않고 거침없이 말한다.
2 初《はつ》デートに遅《おく》れるかと思《おも》ってずけずけした。	2 첫 데이트에 늦을까봐 거침없이 했다.
3 彼《かれ》の真意《しんい》がずけずけわかった。	3 그의 진의를 거침없이 알았다.
4 親《おや》のありがたみをずけずけと感《かん》じる。	4 부모의 고마움을 거침없이 느낀다.

풀이 「ずけずけ」는 '거침없이, 넉살좋게, 툭툭'이라는 부사로 바르게 사용한 것은 1번이다. 그 외에 2번은 「はらはら 조마조마」, 3번은 「うすうす 어렴풋이」, 4번은 「しみじみ 절실히」、「つくづく 절실히」로 바꾸면 된다.

단어 ためらう 망설이다, 주저하다 | 言《い》う 말하다 | 真意《しんい》 진의 | 親《おや》 부모 | ありがたみ 고마움 | 感《かん》じる 느끼다

6 歯痒《はがゆ》い

1 急《きゅう》に雰囲気《ふんいき》が歯痒《はがゆ》くなった。

2 歯痒《はがゆ》い話《はなし》をして時間《じかん》を潰《つぶ》した。

3 思《おも》い通《どお》りにならず歯痒《はがゆ》い。

4 友達《ともだち》を裏切《うらぎ》ったようで歯痒《はがゆ》い。

6 답답하다

1 갑자기 분위기가 답답해졌다.

2 답답한 이야기를 하며 시간을 때웠다.

3 생각대로 되지 않아 답답하다.

4 친구를 배신한 것 같아 답답하다.

풀이 「歯痒《はがゆ》い」는 일이 생각대로 되지 않아 초조할 때나 자신의 힘으로는 어쩔 도리가 없다고 무력감을 느낄 때 사용하는 형용사로 '답답하다, 속이 타다, 성에 차지 않다'로 해석할 수 있다. 따라서 정답은 3번이다. 그 외에 1번은 「気《き》まずい 어색하다」, 2번은 「たわいない 시시하다」, 4번은 「後《うし》ろめたい 꺼림직하다, 뒤가 켕기다」로 바꾸면 된다.

단어 急《きゅう》に 갑자기 | 雰囲気《ふんいき》 분위기 | 潰《つぶ》す (비어 있는 시간을) 때우다, 허비하다 | 思《おも》い通《どお》りに 생각대로 | 裏切《うらぎ》る 배신하다

7 追々《おいおい》

1 人《ひと》には追々長所《おいおいちょうしょ》がある。

2 追々《おいおい》されていい気《き》になった。

3 子供《こども》を追々《おいおい》している。

4 外《そと》が追々暗《おいおいくら》くなってきた。

7 점차

1 사람에게는 점차 장점이 있다.

2 점차 되어져 우쭐해졌다.

3 아이를 점차 하고 있다.

4 밖이 점차 어두워졌다.

풀이 「追々《おいおい》」는 '점차, 차차'라는 뜻의 부사로 바르게 사용한 것은 4번이다. 그 외에 1번은 「おのおの 각각, 각자」, 2번과 3번은 「ちやほや 추어올림, 떠받듦, 오냐오냐」로 바꾸면 된다.

단어 長所《ちょうしょ》 장점 | いい気《き》になる 우쭐해지다

8 なぞる

1 この歌《うた》は他人《たにん》の曲《きょく》をなぞって作《つく》った。

2 彼《かれ》はないことをなぞって言《い》った。

3 涙《なみだ》が彼女《かのじょ》の頬《ほお》をなぞって落《お》ちた。

4 案内《あんない》の矢印《やじるし》をなぞって行《い》った。

8 모방해서

1 이 노래는 타인의 곡을 모방해서 만들었다.

2 그는 없는 일을 모방해서 말했다.

3 눈물이 그녀의 뺨을 모방해서 떨어졌다.

4 안내 화살 표시를 모방해서 갔다.

풀이 「なぞる」는 '(글씨·그림 위에) 덧쓰다, 덧그리다', '그대로 모방하다, 재현하다'라는 뜻의 동사로 바르게 사용한 것은 1번이다. 그 외에 2번은 「こしらえる 만들다, 꾸미다, 얼렁뚱땅 넘기다」, 3번과 4번은 「伝《つた》う (어떤 매개로) 타다, 따라서 이동하다」로 바꾸면 된다.

단어 曲《きょく》 곡 | 涙《なみだ》 눈물 | 頬《ほお》 뺨, 볼 | 落《お》ちる 떨어지다 | 案内《あんない》 안내 | 矢印《やじるし》 화살표

9 優遇《ゆうぐう》	9 우대
1 山《やま》の中《なか》でヒグマに優遇《ゆうぐう》した。	1 산속에서 불곰을 우대했다.
2 思《おも》わぬ出《で》来《き》事《ごと》に優遇《ゆうぐう》した。	2 뜻밖의 사건을 우대했다.
3 うちの会社《かいしゃ》は経験者《けいけんしゃ》を優遇《ゆうぐう》する。	3 우리 회사는 경험자를 우대한다.
4 サッカーではわが校《こう》が優遇《ゆうぐう》している。	4 축구로는 우리 학교가 우대하고 있다.

풀이 「優遇《ゆうぐう》 우우」는 '우대'라는 뜻의 명사로 바르게 사용한 것은 3번이다. 그 외에 1번과 2번은 「遭遇《そうぐう》 조우(우연히 만남, 뜻하지 않게 만남)」, 4번은 「優越《ゆうえつ》 우월(優越《ゆうえつ》している 우월하다)」로 바꾸면 된다.

단어 山《やま》の中《なか》 산속 | ヒグマ 불곰 | 思《おも》わぬ 뜻밖의 | 経験者《けいけんしゃ》 경험자 | サッカー 축구 | わが校《こう》 우리 학교

10 瑞々《みずみず》しい	10 싱싱하다
1 瑞々《みずみず》しい果物《くだもの》が食欲《しょくよく》をそそった。	1 싱싱한 과일이 식욕을 돋우었다.
2 味《み》噌《そ》汁《しる》が瑞々《みずみず》しくて塩《しお》を入《い》れた。	2 된장국이 싱싱해서 소금을 넣었다.
3 布《ふ》団《とん》が瑞々《みずみず》しくて眠《ねむ》れなかった。	3 이불이 싱싱해서 잠들 수 없었다.
4 一瞬《いっしゅん》のミスで瑞々《みずみず》しく負《ま》けてしまった。	4 한순간의 실수로 싱싱하게 져 버렸다.

풀이 「瑞々《みずみず》しい」는 '윤이 나고 싱싱하다, (감성이) 신선하다'라는 뜻의 형용사로 바르게 사용한 것은 1번이다. 그 외에 2번은 「薄《うす》い 싱겁다」, 3번은 「湿《しめ》っぽい 눅눅하다, 축축하다」, 4번은 「あっけない 어이없다, 아쉽다, 싱겁다」로 바꾸면 된다.

단어 果物《くだもの》 과일 | 食欲《しょくよく》をそそる 식욕을 돋우다 | 味《み》噌《そ》汁《しる》 된장국 | 塩《しお》を入《い》れる 소금을 넣다 | 布《ふ》団《とん》 이불 | 眠《ねむ》る 잠들다 | 一瞬《いっしゅん》 일순 | ミス 실수 | 負《ま》ける 지다

1교시 언어 지식(문자·어휘)

실전 테스트 정답 및 해설

문제 1 한자 읽기

실전 테스트 ❶	1 ①	2 ③	3 ②	4 ①	5 ①	6 ③
실전 테스트 ❷	1 ③	2 ③	3 ①	4 ②	5 ①	6 ②
실전 테스트 ❸	1 ①	2 ②	3 ②	4 ③	5 ①	6 ②
실전 테스트 ❹	1 ①	2 ③	3 ①	4 ①	5 ④	6 ①
실전 테스트 ❺	1 ③	2 ①	3 ②	4 ④	5 ②	6 ①
실전 테스트 ❻	1 ②	2 ③	3 ①	4 ④	5 ②	6 ①

문제 2 문맥 규정

실전 테스트 ❶	7 ①	8 ②	9 ③	10 ②	11 ④	12 ②	13 ③
실전 테스트 ❷	7 ④	8 ②	9 ④	10 ①	11 ①	12 ③	13 ①
실전 테스트 ❸	7 ④	8 ③	9 ①	10 ④	11 ②	12 ②	13 ②
실전 테스트 ❹	7 ③	8 ①	9 ③	10 ①	11 ③	12 ③	13 ②
실전 테스트 ❺	7 ③	8 ①	9 ③	10 ②	11 ④	12 ①	13 ②
실전 테스트 ❻	7 ①	8 ③	9 ④	10 ①	11 ①	12 ②	13 ①

문제 3 유의 표현

실전 테스트 ❶	14 ②	15 ①	16 ②	17 ③	18 ②	19 ④
실전 테스트 ❷	14 ①	15 ②	16 ④	17 ①	18 ③	19 ④
실전 테스트 ❸	14 ①	15 ④	16 ②	17 ①	18 ③	19 ④
실전 테스트 ❹	14 ③	15 ①	16 ③	17 ③	18 ①	19 ②
실전 테스트 ❺	14 ①	15 ④	16 ③	17 ②	18 ①	19 ④
실전 테스트 ❻	14 ④	15 ②	16 ①	17 ①	18 ②	19 ③

문제 4 용법

실전 테스트 ❶	20 ①	21 ②	22 ①	23 ②	24 ①	25 ②
실전 테스트 ❷	20 ①	21 ④	22 ①	23 ④	24 ①	25 ③
실전 테스트 ❸	20 ①	21 ②	22 ①	23 ②	24 ④	25 ②
실전 테스트 ❹	20 ③	21 ②	22 ②	23 ①	24 ①	25 ①
실전 테스트 ❺	20 ①	21 ②	22 ③	23 ①	24 ④	25 ③
실전 테스트 ❻	20 ④	21 ②	22 ②	23 ①	24 ③	25 ①

문제 1 한자 읽기 | 실전 테스트 ❶

문제집 P.114

1 ① 2 ③ 3 ② 4 ① 5 ① 6 ③

問題 1 ＿＿＿の言葉《ことば》の読《よ》み方《かた》として最《もっと》もよいものを、1・2・3・4から一《ひと》つ選《えら》びなさい。

문제 1 ＿＿＿의 단어 읽는 법으로 가장 알맞은 것을 1・2・3・4에서 하나 고르세요.

1 時間《じかん》が経《た》てば、決心《けっしん》も**鈍《にぶ》る**ものだ。

1 鈍《にぶ》る　　2 滞《とどこお》る
3 劣《おと》る　　4 縮《ちぢ》まる

1 시간이 지나면 결심도 **무뎌지는** 법이다.

1 무뎌지는, 둔해지는　　2 밀리는, 정체되는
3 뒤떨어지는　　4 줄어드는

풀이 「둔할 둔 鈍」의 음독은 「どん」, 훈독은 「にぶる 둔해지다, 무뎌지다」 또는 「にぶい 둔하다, 무디다」, 「のろい 느리다, 더디다」로 발음된다.

단어 経《た》つ (시간·때가) 지나다, 경과하다, 흐르다 | ものだ ~하는 법이다

2 わが社《しゃ》の発展《はってん》のためには、まず福祉制度《ふくしせいど》の**改革《かいかく》**が必要《ひつよう》だ。

1 戒告《かいこく》　　2 解明《かいめい》
3 改革《かいかく》　　4 解体《かいたい》

2 우리 회사의 발전을 위해서는 우선 복지 제도의 **개혁**이 필요하다.

1 계고(경고)　　2 해명
3 개혁　　4 해체

풀이 「改革《かいかく》 개혁」에서 「고칠 개 改」의 음독은 「かい」, 훈독은 「改《あらた》める 고치다, 개선하다」, 「改《あらた》まる 변경되다, 개선되다」이며, 「가죽 혁 革」의 음독은 「かく」, 훈독은 「かわ 가죽, 껍질」로 발음된다.

단어 わが社《しゃ》 우리 회사 | 発展《はってん》 발전 | 福祉制度《ふくしせいど》 복지 제도

3 店内《てんない》にはさまざまなデザイン、**華《はな》やか**な色《いろ》のカバンが並《なら》んでいる。

1 緩《ゆる》やか　　2 華《はな》やか
3 しなやか　　4 和《なご》やか

3 가게 안에는 여러 가지 디자인, **화려**한 색의 가방이 진열되어 있다.

1 느긋함, 완만함　　2 화려함
3 유연함　　4 부드러움, 온화함

풀이 「빛날 화 華」의 음독은 「か」, 「け」이며, 훈독은 「はな」로 발음된다. 출제된 적이 있는 「華々《はなばな》しい 눈부시다, 매우 화려하다」와 음독이 독특한 「華奢《きゃしゃ》 가냘픔, 연약함」도 함께 알아두자.

단어 店内《てんない》 가게 안 | 並《なら》ぶ 늘어서다

4 母《はは》は庭《にわ》にある**淡《あわ》い**オレンジ色《いろ》の木々《きぎ》の葉《は》を眺《なが》めている。

1 淡《あわ》い
2 くどい
3 空《むな》しい
4 浅《あさ》い

4 엄마는 뜰에 있는 **연한** 오렌지색 나무들의 잎을 바라보고 있다.

1 연한, 진하지 않은, 희미한
2 장황한, (맛이) 느끼한, (색이) 칙칙한
3 공허한, 허무한
4 얕은

풀이 「맑을 담 淡」의 음독은 「たん」, 훈독은 「あわい」로 발음된다.

* 淡泊《たんぱく》 담백 | 冷淡《れいたん》 냉담

단어 オレンジ色《いろ》 오렌지색 | 木々《きぎ》 나무들 | 葉《は》 잎(사귀) | 眺《なが》める 바라보다

5 今《いま》、洪水《こうずい》の被害者《ひがいしゃ》への寄付金《きふきん》を**募《つの》って**いるところです。

1 募《つの》って　　2 弄《いじ》って
3 抓《つね》って　　4 詰《なじ》って

5 지금, 홍수 피해자를 위한 기부금을 **모으고** 있는 중입니다.

1 모으고　　2 만지작거리고
3 꼬집고　　4 질책하고

풀이 「모을 모 募」의 음독은 「ぼ」이고, 훈독은 「つのる」로 발음된다. 동사 「募《つの》る」는 '모으다, 모집하다'라는 타동사의 뜻과 '점점 심해지다, 격화되다'라는 자동사의 뜻을 모두 가지고 있다.

단어 洪水《こうずい》 홍수 | 被害者《ひがいしゃ》 피해자 | 寄付金《きふきん》 기부금 | 募《つの》る 모으다, 모집하다 | 弄《いじ》る 만지작거리다, 손대다 | 抓《つね》る 꼬집다 | 詰《なじ》る 질책하다, 따지다

6 なるべく、食事《しょくじ》を**賄《まかな》って**くれる寮《りょう》に入《はい》りたい。

1 耽《ふけ》って　　2 整《ととの》えて
3 賄《まかな》って　　4 養《やしな》って

6 되도록이면, 식사를 **제공해** 주는 기숙사에 들어가고 싶다.

1 열중해　　2 정돈해
3 제공해　　4 부양해

풀이 「재물(뇌물) 회 賄」의 음독은 「わい」, 훈독은 「まかなう」로 발음된다.

단어 なるべく 될 수 있는 한 | 賄《まかな》う (식사를) 제공하다, 공급하다, 조달하다 | 寮《りょう》 기숙사 | 耽《ふけ》る 열중하다, 빠지다 | 整《ととの》える 정돈하다, 가지런히 하다 | 養《やしな》う 부양하다, 기르다

문제 1 한자 읽기 | 실전 테스트 ❷

문제집 P.115

1 ③　2 ③　3 ①　4 ②　5 ①　6 ②

問題 1 _____の言葉《ことば》の読《よ》み方《かた》として最《もっと》もよいものを、1·2·3·4から一《ひと》つ選《えら》びなさい。

문제 1 _____의 단어 읽는 법으로 가장 알맞은 것을 1·2·3·4에서 하나 고르세요.

1 この会《かい》の**趣旨《しゅし》**はみんなで楽《たの》しむことです。

1 書誌《しょし》　　2 障子《しょうじ》
3 趣旨《しゅし》　　4 終始《しゅうし》

1 이 모임의 **취지**는 다 함께 즐기는 것입니다.

1 서지(서적)　　2 장지(문)
3 취지　　4 내내, 줄곧

풀이 「뜻 취 趣」의 음독은 「しゅ」이고, 훈독은 「おもむき 정취, 멋」이다. 「뜻 지 旨」의 음독은 「し」, 훈독은 「むね 뜻, 취지」로 발음된다. 한편 「主旨《しゅし》 주지, 주된 뜻」도 함께 알아두자.

단어 会《かい》 모임 | 趣旨《しゅし》 취지(어떤 일의 근본이 되는 목적이나 긴요한 뜻)

2 彼女《かのじょ》の証言《しょうげん》には**偽《いつわ》り**がないと思《おも》われる。

1 迫《せま》り　　2 司《つかさど》り
3 偽《いつわ》り　　4 縋《すが》り

2 그녀의 증언에는 **거짓**이 없다고 여겨진다.

1 강요　　2 담당
3 거짓(말)　　4 매달림, 기댐

풀이 「거짓 위 偽」의 음독은 「ぎ」이고, 훈독은 「いつわる 속이다」, 「にせ 가짜」로 발음된다. 한편 「偽装《ぎそう》 위장」, 「偽造《ぎぞう》 위조」, 「偽証《ぎしょう》 위증」, 「虚偽《きょぎ》 허위」도 함께 알아두자.

단어 証言《しょうげん》 증언 | 偽《いつわ》る 거짓말하다, 속이다 | と思《おも》われる ~로 여겨지다 | 迫《せま》る 다가오다, 육박하다, 강요하다, 핍박하다 | 司《つかさど》る 담당하다, 맡다 | 縋《すが》る 의지하다, 매달리다, 달라붙다

3 知恵《ちえ》を得《え》るには**忍耐《にんたい》**が必要《ひつよう》である。

1 忍耐《にんたい》　　2 いんだい
3 院内《いんない》　　4 引退《いんたい》

3 지혜를 얻으려면 **인내**가 필요하다.

1 인내　　2 X
3 원내　　4 은퇴

풀이 「참을 인 忍」의 음독은 「にん」, 훈독은 「しのぶ 견디다, 참다, 남이 모르게 하다」이다. 「견딜 내 耐」의 음독은 「たい」, 훈독은 「たえる 견디다, 참다」로 발음된다.

* 忍苦《にんく》 인고(괴로움을 참음)

단어 知恵《ちえ》 지혜

4 これだけ証拠《しょうこ》があれば、**釈明《しゃくめい》**の余地《よち》はないだろう。

1 しょくめい　　2 釈明《しゃくめい》
3 ちゃくめい　　4 そくめい

4 이 정도의 증거가 있으면, **해명**의 여지는 없을 것이다.

1 X　　2 석명, 해명
3 X　　4 X

풀이 「해석할 석 釈」의 음독은 「しゃく」이고, 「밝을 명 明」의 음독은 「めい」와 「みょう」, 훈독은 「あかす 밝히다」, 「あかるい 밝다」, 「あきらか 분명함, 명백함」이다.

단어 証拠《しょうこ》 증거 | 釈明《しゃくめい》 석명, 해명(사실을 설명하여 내용을 밝힘) | 余地《よち》はない 여지는 없다

5 R社《しゃ》は商品開発《しょうひんかいはつ》のため、**膨大《ぼうだい》**な資本《しほん》を投《とう》じた。

1 膨大《ぼうだい》　　2 倍大《ばいだい》

3 ぼうたい　　4 媒体《ばいたい》

5 R사는 상품 개발을 위해서, **방대**한 자본을 투자했다.

1 방대　　2 배대(갑절의 크기)

3 X　　4 매체

풀이 「불을 팽 膨」의 음독은 「ぼう」이고, 훈독은 「ふくらむ 부풀다」, 「ふくれる 불룩해지다」이다. 「큰 대 大」의 음독은 「たい」와 「だい」이고, 훈독은 「おお 큰, 많은, 넓은」, 「おおい 많다」, 「おおきい 크다」로 발음된다.

단어 商品開発《しょうひんかいはつ》 상품 개발 | 資本《しほん》 자본 | 投《とう》じる 던지다, 집어넣다

6 夏《なつ》になると気温《きおん》と湿度《しつど》が上昇《じょうしょう》し、食品《しょくひん》が**腐敗《ふはい》**しやすくなります。

1 ぶはい　　2 腐敗《ふはい》

3 ふうはい　　4 ぶうはい

6 여름이 되면 기온과 습도가 상승해서 식품이 **부패**하기 쉬워집니다.

1 X　　2 부패

3 X　　4 X

풀이 「썩을 부 腐」의 음독은 「ふ」, 훈독은 「くさる 썩다」이다. 「패할 패 敗」의 음독은 「はい」, 훈독은 「やぶれる 지다, 패배하다」로 발음된다.

단어 湿度《しつど》 습도 | 上昇《じょうしょう》 상승 | 食品《しょくひん》 식품 | しやすい 하기 쉽다

문제 1 한자 읽기 | 실전 테스트 ③

문제집 P.116

1 ① 2 ② 3 ② 4 ③ 5 ① 6 ②

問題 1 ＿＿＿の言葉《ことば》の読《よ》み方《かた》として最《もっと》もよいものを、1・2・3・4から一《ひと》つ選《えら》びなさい。

문제 1 ＿＿＿의 단어 읽는 법으로 가장 알맞은 것을 1・2・3・4에서 하나 고르세요.

1 入社《にゅうしゃ》して一ヵ月《いっかげつ》経《た》って、ようやく業務《ぎょうむ》の総体《そうたい》が**把握《はあく》**できた。

1 把握《はあく》　　2 ぱあく

3 ぱおく　　4 はおく

1 입사한 지 1개월 지나고, 간신히 업무 전체를 **파악**할 수 있었다.

1 파악　　2 X

3 X　　4 X

풀이 「잡을 파 把」의 음독은 「は」로만 읽히며, 「쥘 악 握」의 음독은 「あく」, 훈독은 「にぎる 쥐다, 잡다」로 발음된다.

단어 入社《にゅうしゃ》 입사 | 経《た》つ 지나다, 경과하다 | ようやく 간신히, 겨우 | 業務《ぎょうむ》 업무 | 総体《そうたい》 총체, 전체

2　学習法《がくしゅうほう》を変《か》えたところ、テストの点数《てんすう》に**顕著《けんちょ》**な伸《の》びが見《み》られた。

1　けいちょ　　**2　顕著《けんちょ》**
3　けいしょ　　4　けんじょ

2　학습법을 바꾸었더니, 테스트 점수에 **현저**한 상승이 보였다.

1　X　　**2　현저**
3　X　　4　X

풀이　「顕著《けんちょ》」는 발음도 중요하지만, '분명하게 드러남'이라는 한자의 뜻을 제대로 알고 있어야 한다. 「나타날 현 顕」의 음독은 「けん」으로만 읽히며, 「나타날 저 著」의 음독은 「ちょ」, 훈독은 「あらわす (책을) 쓰다, 저술하다」、「いちじるしい 현저하다, 두드러지다」로 발음된다. 한편 유의어인 「一目瞭然《いちもくりょうぜん》 일목요연(한눈에 뚜렷이 알 수 있음)」、「歴然《れきぜん》 분명함」、「明瞭《めいりょう》 명료, 뚜렷함」도 함께 알아두자.

단어　学習法《がくしゅうほう》 학습법 | 変《か》える 바꾸다 | テスト 테스트 | 点数《てんすう》 점수 | 伸《の》び 자람, 늘어남, 성장

3　会社《かいしゃ》からの給与支払《きゅうよしはら》いが**滞《とどこお》って**生活《せいかつ》が苦《くる》しい。

1　繁《しげ》って(茂《しげ》って)　　**2　滞《とどこお》って**
3　劣《おと》って　　4　籠《こも》って

3　회사로부터의 급여 지불이 **밀려**, 생활이 괴롭다.

1　무성해　　**2　밀려**
3　뒤떨어져　　4　틀어박혀

풀이　「막힐 체 滞」의 음독은 「たい」이고, 훈독은 「とどこおる」로 발음된다. 명사 표현인 「渋滞《じゅうたい》 밀림, 정체」、「停滞《ていたい》 정체」도 함께 알아두자.

단어　給与支払《きゅうよしはら》い 급여 지불 | 滞《とどこお》る 밀리다, 정체되다 | 苦《くる》しい 괴롭다 | 繁《しげ》る(茂《しげ》る) 초목이 무성하다, 빽빽이 들어차다 | 劣《おと》る 뒤떨어지다, (다른 것만) 못하다 | 籠《こも》る 틀어박히다, 두문불출하다

4　苦労《くろう》して**蓄《たくわ》えた**財産《ざいさん》をギャンブルですっかり失《うしな》ってしまった。

1　堪《こら》えた　　2　揃《そろ》えた
3　蓄《たくわ》えた　　4　映《は》えた・生《は》えた

4　고생해서 **모은** 재산을 도박으로 몽땅 잃어버렸다.

1　참은　　2　가지런히 정돈한
3　모은　　4　빛난・생겨난

풀이　「모을 축 蓄」의 음독은 「ちく」이고, 훈독은 「たくわえる」로 발음된다.　　* 貯蓄《ちょちく》 저축 | 備蓄《びちく》 비축 | 含蓄《がんちく》 함축

단어　苦労《くろう》 고생 | 蓄《たくわ》える 모으다, 저장하다, 비축하다 | 財産《ざいさん》 재산 | ギャンブル 도박 | すっかり 몽땅, 완전히 | 失《うしな》う 잃다 | 堪《こら》える 참다, 견디다 | 揃《そろ》える 가지런히 (정돈)하다, 갖추다 | 映《は》える (빛을 받아) 빛나다, 잘 어울리다

5　生徒《せいと》たちは美術《びじゅつ》の時間《じかん》に**粘土《ねんど》**で人形《にんぎょう》を作《つく》りました。

1　粘土《ねんど》　　2　遷都《せんと》
3　ねんと　　4　鮮度《せんど》

5　학생들은 미술 시간에 **점토**로 인형을 만들었습니다.

1　점토　　2　천도
3　X　　4　선도

풀이 「붙을 점 粘」의 음독은 「ねん」이고, 훈독은 「ねばる 잘 달라붙다, 끈덕지게 버티다」이다. 「흙 토 土」의 음독은 「と」와 「ど」이고, 훈독은 「つち 땅, 흙」으로 발음된다. 한편 출제된 적이 있는 명사 「粘膜《ねんまく》 점막」도 함께 알아두자.

단어 美術《びじゅつ》 미술 | 人形《にんぎょう》 인형 | 遷都《せんと》 천도, 도읍을 옮김 | 鮮度《せんど》 선도, 야채·어육 등의 신선한 정도

6 最近《さいきん》はSNSを**媒体**《ばいたい》とした広告《こうこく》が人気《にんき》を集《あつ》めている。	6 최근엔 SNS를 **매체**로 한 광고가 인기를 모으고 있다.
1 まいたい　　2 媒体《ばいたい》	1 X　　2 매체
3 ばいてい　　4 まいてい	3 X　　4 X

풀이 「媒体《ばいたい》 매체」는 어떤 작용을 한쪽에서 다른 쪽으로 전달하는 것, 즉 '매스미디어'를 가리킨다. 「중매 매 媒」의 음독은 「ばい」로만 읽히며, 「몸 체 体」의 음독은 「たい」와 「てい」, 훈독은 「からだ 몸」으로 발음된다.

* 媒介《ばいかい》 매개 | 触媒《しょくばい》 촉매

단어 広告《こうこく》 광고 | 集《あつ》める 모으다

문제 1 한자 읽기 | 실전 테스트 ④

문제집 P.117

1 ①　2 ③　3 ①　4 ①　5 ④　6 ①

問題 1 ＿＿＿の言葉《ことば》の読《よ》み方《かた》として最《もっと》もよいものを、1・2・3・4から一《ひと》つ選《えら》びなさい。	**문제 1** ＿＿＿의 단어 읽는 법으로 가장 알맞은 것을 1·2·3·4에서 하나 고르세요.

1 これからもなおいっそう、業務《ぎょうむ》に**励**《はげ》**んで**いきたいと思《おも》います。	1 앞으로 한층 더 업무에 **힘써** 가겠습니다.
1 励《はげ》んで　　2 忍《しの》んで・偲《しの》んで	1 힘써　　2 견뎌·그리워
3 及《およ》んで　　4 挑《いど》んで	3 미쳐　　4 도전해

풀이 「힘쓸 려 励」의 음독은 「れい」이고, 훈독은 「はげます 격려하다」, 「はげむ 힘쓰다」로 읽힌다.

* 激励《げきれい》 격려 | 督励《とくれい》 독려 | 奨励《しょうれい》 장려

단어 なお 더구나, 더욱 | いっそう 한층 더, 더욱더 | 業務《ぎょうむ》 업무 | 励《はげ》む 힘쓰다 | 忍《しの》ぶ 견디다, 남이 모르게 하다 | 偲《しの》ぶ 그리워하다, 회상하다 | 及《およ》ぶ 미치다, 달하다 | 挑《いど》む 도전하다

2 問題《もんだい》を起《お》こした芸能人《げいのうじん》に**自粛**《じしゅく》を促《うなが》す声《こえ》が高《たか》まった。	2 문제를 일으킨 연예인에게 **자숙**을 촉구하는 소리가 높아졌다.
1 辞職《じしょく》　　2 じゃじゅく	1 사직　　2 X
3 自粛《じしゅく》　　4 じゃしょく	3 자숙　　4 X

풀이 「自粛《じしゅく》 자숙」은 '자신의 행동을 스스로 조심함'이라는 뜻을 가진 명사로 「스스로 자 自」의 음독은 「し」와 「じ」이고, 훈독은 「みずから 스스로」, 「おのずから 저절로」이다. 「엄숙할 숙 粛」은 음독 「しゅく」로만 발음된다.

* 厳粛《げんしゅく》 엄숙 | 静粛《せいしゅく》 정숙

단어 問題《もんだい》 문제 | 起《お》こす 일으키다 | 芸能人《げいのうじん》 연예인 | 促《うなが》す 촉구하다 | 高《たか》まる 높아지다

---

3 私《わたし》は彼女《かのじょ》の**巧妙《こうみょう》**な話《はなし》にだまされてしまった。

1 巧妙《こうみょう》　　2 高尚《こうしょう》・交渉《こうしょう》
3 奇妙《きみょう》　　4 気象《きしょう》

3 나는 그녀의 **교묘**한 말에 속아버렸다.

1 교묘　　2 고상・교섭
3 기묘　　4 기상

풀이 「공교할 교 巧」의 음독은 「こう」, 훈독은 「たくみ 교묘함, 솜씨가 좋음」이다. 「묘할 묘 妙」의 음독은 「みょう」로만 발음된다.

단어 騙《だま》す 속이다

---

4 このスタイルは一時《いちじ》**廃《すた》れた**が、またはやってきた。

1 廃《すた》れた　　2 掠《かす》れた
3 寂《さび》れた　　4 くたびれた

4 이 스타일은 한때 **한물갔**지만, 다시 유행하게 되었다.

1 한물갔　　2 긁혔
3 쇠퇴했　　4 지쳤

풀이 「폐할 폐 廃」의 음독은 「はい」, 훈독은 「すたる」, 「すたれる」로 발음된다.

단어 スタイル 스타일 | 一時《いちじ》 일시, 한때 | 廃《すた》れる 한물가다, 쇠퇴하다, 쓰이지 않게 되다 | はやる 유행하다, 인기가 있다 | 掠《かす》れる (가볍게) 긁히다, (목소리가) 쉬다 | 寂《さび》れる (번창하던 곳이) 쇠퇴하다 | くたびれる 지치다

---

5 あの大臣《だいじん》の不用意《ふようい》な発言《はつげん》に強《つよ》い**憤《いきどお》り**を覚《おぼ》えた。

1 焦《あせ》り　　2 怒《いか》り
3 拘《こだわ》り　　4 憤《いきどお》り

5 저 장관의 부주의한 발언에 강한 **분노**를 느꼈다.

1 초조함　　2 노여움, 분노
3 고집, 구애됨　　4 분노

풀이 「분할 분 憤」의 음독은 「ふん」이고, 훈독은 「いきどおる 분개하다, 분노하다」로 발음된다.

* 憤慨《ふんがい》 분개(몹시 분하게 여김) | 痛憤《つうふん》통분(원통하고 분함)

단어 大臣《だいじん》 장관 | 不用意《ふようい》 부주의 | 発言《はつげん》 발언 | 強《つよ》い 강하다 | 覚《おぼ》える 느끼다

---

6 この小説《しょうせつ》には、主人公《しゅじんこう》の惨《みじ》めな人生《じんせい》が**如《にょ》実《じつ》**に描《えが》かれている。

1 如実《にょじつ》　　2 じょじつ
3 よじつ　　4 ようじつ

6 이 소설에는 주인공의 비참한 인생이 **여실**히 그려져 있다.

1 여실　　2 X
3 X　　4 X

풀이 「如実《にょじつ》 여실」은 '있는 그대로'라는 뜻으로 「같을 여 如」의 음독은 「じょ」와 「にょ」이다. 「열매 실 実」의 음독은 「じつ」이고, 훈독은 「み 열매」, 「みのる 열매를 맺다」로 발음된다. 특히 여기에서는 「如」의 음독에 주의하도록 하자.

* 突如《とつじょ》 돌연, 갑자기 | 欠如《けつじょ》 결여

단어 小説《しょうせつ》 소설 | 主人公《しゅじんこう》 주인공 | 惨《みじ》め 비참함, 참혹함 | 描《えが》く 그리다, 표현하다

문제 1 한자 읽기 | 실전 테스트 ⑤

문제집 P.118

1 ③ **2** ① **3** ② **4** ④ **5** ② **6** ①

問題 1 ＿＿＿の言葉《ことば》の読《よ》み方《かた》として最《もっと》もよいものを、1・2・3・4から一《ひと》つ選《えら》びなさい。

문제 1 ＿＿＿의 단어 읽는 법으로 가장 알맞은 것을 1・2・3・4에서 하나 고르세요.

1 小学生《しょうがくせい》のごろ、「将来《しょうらい》は野球選手《やきゅうせんしゅ》になりたい」と**漠然《ばくぜん》**と考《かんが》えていた。

1 まくえん　　2 もくえん
3 漠然《ばくぜん》　　4 呆然《ぼうぜん》

1 초등학생 무렵, '장래엔 야구선수가 되고 싶다'고 **막연**하게 생각했었다.

1 X　　2 X
3 막연　　4 망연, 어리둥절함

풀이 「넓을 막 漠」의 음독은 「ばく」이고, 「그럴 연 然」의 음독은 「ぜん」과 「ねん」으로 발음된다.

단어 小学生《しょうがくせい》 초등학생 | 将来《しょうらい》 장래 | 野球選手《やきゅうせんしゅ》 야구선수 | 考《かんが》える 생각하다

2 渡辺《わたなべ》さんは私《わたし》に１００万円《まんえん》の**債務《さいむ》**がある。

1 債務《さいむ》　　2 責務《せきむ》
3 商務《しょうむ》　　4 大夢《たいむ》

2 와타나베 씨는 나에게 100만 엔의 **채무**가 있다.

1 채무　　2 책무
3 상무　　4 대몽, 큰 꿈

풀이 「빚 채 債」의 음독은 「さい」로만 읽히고, 「힘쓸 무 務」의 음독은 「む」, 훈독은 「つとまる 잘 수행해내다」, 「つとめる 역할을 다하다」로 발음된다. 한편 한자에 따라 뜻이 달라지는 동사 「務《つと》める 역할을 다하다, 임무를 맡다」, 「努《つと》める 애쓰다, 노력하다」도 함께 알아두자.

3 あの子《こ》は授業中《じゅぎょうちゅう》に騒《さわ》いだ**戒《いまし》め**として、廊《ろう》下《か》に立《た》たされている。

1 苛《いじ》め　　2 戒《いまし》め
3 屈《かが》め　　4 馴染《なじ》め

3 저 아이는 수업 중에 떠든 **징계**로 복도에 서게 되었다.

1 괴롭힘　　2 징계
3 구부림　　4 친숙해짐

풀이 「경계할 계 戒」의 음독은 「かい」, 훈독은 「いましめる」로 발음된다.

* 警戒《けいかい》 경계 | 懲戒《ちょうかい》 징계 | 訓戒《くんかい》 훈계

단어 騒《さわ》ぐ 떠들다 | 戒《いまし》める 징계하다, 훈계하다, 경고하다 | 廊下《ろうか》 복도 | 苛《いじ》める 괴롭히다, 들볶다 | 屈《かが》める 구부리다, 굽히다 | 馴染《なじ》む 어울리다, 친숙해지다

4 価値観《かちかん》と科学常識《かがくじょうしき》は時代《じだい》とともに**変遷《へんせん》**していくものだ。

1 へんてん　　2 へんぜん
3 へんでん　　4 変遷《へんせん》

4 가치관과 과학 상식은 시대와 함께 **변천**해 가는 법이다.

1 X　　2 X
3 X　　4 변천

풀이 「변할 변 変」의 음독은 「へん」이고, 훈독은 「かえる 바꾸다, 변화시키다」, 「かわる 바뀌다, 변하다」이다. 「옮길 천 遷」은 음독 「せん」으로만 발음되며, 「変遷《へんせん》をたどる 변천을 겪다」라는 숙어도 함께 외워두자.

단어 価値観《かちかん》 가치관 | 科学常識《かがくじょうしき》 과학 상식 | 時代《じだい》 시대 | ～とともに ~와 함께

5 **閲覧《えつらん》**とは、書物《しょもつ》などを見《み》て読《よ》んだり調《しら》べたりすることを意味《いみ》する。

1 えんらん　　2 閲覧《えつらん》
3 沿岸《えんがん》　　4 えつかん

5 **열람**이란, 서적 등을 보고 읽거나 조사하거나 하는 것을 의미한다.

1 X　　2 열람
3 연안　　4 X

풀이 「검열할 열 閲」의 음독은 「えつ」이고, 「볼 람 覧」의 음독은 「らん」으로 발음된다.

* 検閲《けんえつ》 검열

단어 書物《しょもつ》 책, 서적 | 調《しら》べる 조사하다

6 あなたの技術《ぎじゅつ》には**驚嘆《きょうたん》**するばかりです。

1 驚嘆《きょうたん》　　2 けいたん
3 ぎょうたん　　4 けいだん

6 당신의 기술에는 **경탄**할 따름입니다.

1 경탄　　2 X
3 X　　4 X

풀이 「놀랄 경 驚」의 음독은 「きょう」이고, 훈독은 「おどろかす 놀라게 하다」, 「おどろく 놀라다」이다. 「탄식할 탄 嘆」의 음독은 「たん」이고, 훈독은 「なげかわしい 한탄스럽다」, 「なげく 한탄하다」로 발음된다.

* 驚異《きょうい》 경이 | 驚愕《きょうがく》 경악 | 痛嘆《つうたん》 통탄 | 讃嘆《さんたん》 찬탄

단어 技術《ぎじゅつ》 기술 | ～ばかりだ ~할 따름이다

문제 1 한자 읽기 | 실전 테스트 ❻

문제집 P.119

1 ②　2 ③　3 ①　4 ④　5 ②　6 ①

問題 1 ＿＿＿の言葉《ことば》の読《よ》み方《かた》として最《もっと》もよいものを、1・2・3・4から一《ひと》つ選《えら》びなさい。

문제 1 ＿＿＿의 단어 읽는 법으로 가장 알맞은 것을 1・2・3・4에서 하나 고르세요.

1 書店《しょてん》に多様《たよう》な本《ほん》が見《み》やすく**陳列《ちんれつ》**されている。

1 じんれい　　2 陳列《ちんれつ》

3 鮮烈《せんれつ》　　4 陣列《じんれつ》

1 서점에 다양한 책이 보기 쉽게 **진열**되어 있다.

1 X　　2 진열

3 선명하고 강렬한　　4 배치

풀이 「베풀(묵을) 진 陳」의 음독은 「ちん」이고, 「벌릴 렬(열) 列」의 음독도 「れつ」로만 발음된다. 특히 「陳」의 음독 발음에 주의하도록 하자.

단어 書店《しょてん》 서점 | 多様《たよう》 다양 | 陣列《じんれつ》 배치(군대의 배열)

2 地震《じしん》で道路《どうろ》と建物《たてもの》が**破損《はそん》**した。

1 ぱそん　　2 はいん

3 破損《はそん》　　4 ぱいん

2 지진으로 도로와 건물이 **파손**되었다.

1 X　　2 X

3 파손　　4 X

풀이 「깨뜨릴 파 破」의 음독은 「は」이고, 훈독은 「やぶる 깨다, 부수다」, 「やぶれる 찢어지다, 깨지다」이다. 「덜 손 損」의 음독은 「そん」이고, 훈독은 「そこなう 손상하다, 상하게 하다」, 「そこねる 손상하다, 해치다」로 발음된다.

단어 地震《じしん》 지진 | 道路《どうろ》 도로 | 建物《たてもの》 건물

3 長引《ながび》く不況《ふきょう》で消費者《しょうひしゃ》の心理《しんり》が**萎縮《いしゅく》**している。

1 萎縮《いしゅく》　　2 移植《いしょく》·異色《いしょく》

3 ゆしゅく　　4 ゆしょく

3 오래 끄는 불황으로 소비자의 심리가 **위축**되어 있다.

1 위축　　2 이식·이색

3 X　　4 X

풀이 「시들 위 萎」의 음독은 「い」이고, 훈독은 「なえる 쇠약해지다, 시들다」이다. 「줄일 축 縮」의 음독은 「しゅく」이고, 훈독은 「ちぢまる(ちぢむ) 줄다」, 「ちぢめる 줄이다」로 발음된다. 출제된 적이 있는 「凝縮《ぎょうしゅく》 응축」, 「縮尺《しゅくしゃく》 축척」, 「緊縮《きんしゅく》 긴축」도 함께 알아두자.

단어 長引《ながび》く 오래 끌다 | 不況《ふきょう》 불황 | 消費者《しょうひしゃ》 소비자

4 痛《いた》みの**緩和《かんわ》**に音楽《おんがく》や芳香《ほうこう》治療《ちりょう》が有効《ゆうこう》だそうだ。

1 わんわ　　2 わんは

3 かんは　　4 緩和《かんわ》

4 통증 **완화**에 음악이나 방향 치료가 유효하다고 한다.

1 X　　2 X

3 X　　4 완화

풀이 「느릴 완 緩」의 음독은 「かん」이고, 훈독은 「ゆるい 느슨하다, 완만하다」, 「ゆるむ 느슨해지다, (긴장이) 풀리다」, 「ゆるめる 늦추다, 느슨하게 하다, (긴장을) 풀다」, 「ゆるやか 느슨함, 완만함」이다. 「화할 화 和」의 음독은 「わ」이고, 훈독은 「なごむ 누그러지다, 온화해지다, 평온해지다」, 「なごやか 부드러움, 온화함」, 「やわらぐ 누그

러지다, 풀리다, 잔잔해지다」, 「やわらげる 누그러뜨리다, 완화하다」로 발음된다. 특히 훈독 발음의 단어들은 자주 출제되므로 숙지하도록 하자.

단어 痛《いた》み 아픔, 통증 | 芳香《ほうこう》 방향(향기로운 냄새) | 治療《ちりょう》 치료 | 有効《ゆうこう》 유효

5 鈴木《すずき》選手《せんしゅ》の**豪快《ごうかい》**なホームランで観衆《かんしゅう》が沸《わ》いている。

1 業界《ぎょうかい》　　2 豪快《ごうかい》
3 協会《きょうかい》　　4 後悔《こうかい》

5 스즈키 선수의 **호쾌**한 홈런으로 관중이 열광하고 있다.

1 업계　　2 호쾌
3 협회　　4 후회

풀이 「호걸 호 豪」의 음독은 「ごう」로만 발음된다. 「쾌할 쾌 快」의 음독은 「かい」이고, 훈독은 「こころよい 기분이 좋다, 상쾌하다」로 발음된다.
* 豪傑《ごうけつ》 호걸 | 豪語《ごうご》 호어(호언장담) | 豪華《ごうか》 호화 | 愉快《ゆかい》유쾌

단어 選手《せんしゅ》 선수 | ホームラン 홈런 | 観衆《かんしゅう》 관중 | 沸《わ》く 들끓다, 열광하다

6 この新聞《しんぶん》に載《の》っている情報《じょうほう》は少《すこ》し**偏《かたよ》って**いる。

1 偏《かたよ》って　　2 整《ととの》って
3 培《つちか》って　　4 縮《ちぢ》まって

6 이 신문에 실려 있는 정보는 약간 **편중되어** 있다.

1 편중되어　　2 갖추어져
3 가꿔져　　4 줄어들어

풀이 「치우칠 편 偏」의 음독은 「へん」이고, 훈독은 「かたよる」로 발음된다.
* 偏見《へんけん》 편견 | 偏頗《へんぱ》 편파

단어 新聞《しんぶん》 신문 | 載《の》る 실리다, (위에) 놓이다 | 情報《じょうほう》 정보 | 偏《かたよ》る 치우치다, 기울다, 편중되다 | 整《ととの》う 갖추어지다, 정돈되다, 마련되다 | 培《つちか》う 기르다, 가꾸다, 배양하다 | 縮《ちぢ》まる 줄어들다, 오그라들다

문제 2 문맥 규정 | 실전 테스트 ❶

문제집 P.120

7 ①　8 ②　9 ③　10 ②　11 ④　12 ②　13 ③

問題 2 (　　　)に入《い》れるのに最《もっと》もよいものを 1・2・3・4から一《ひと》つ選《えら》びなさい。

문제 2 (　　　)에 들어갈 것으로 가장 알맞은 것을 1・2・3・4에서 하나 고르세요.

7 鎌倉時代《かまくらじだい》の仏像《ぶつぞう》が破損《はそん》して、(**修復《しゅうふく》**) 作業《さぎょう》をしている。

1 修復《しゅうふく》　　2 復旧《ふっきゅう》
3 改修《かいしゅう》　　4 修正《しゅうせい》

7 가마쿠라 시대의 불상이 파손되어, (**복원**) 작업을 하고 있다.

1 복원, (관계) 회복　　2 복구
3 개수(수리)　　4 수정

풀이 「修復《しゅうふく》 수복」은 '복원(원래 그대로 회복)', '(관계) 회복'이라는 두 가지 뜻이 있는데, 주로 건물이나 미술품 등에 사용된다. 여기에서는 훼손된 문화재를 원래 그대로 되돌리는 '복원'의 의미로 쓰였으므로 정답은 1번이다. 한편 2번의 「復旧《ふっきゅう》 복구」는 '이전 상태로 되돌린다'는 의미로 '도로 복구', '데이터 복구'처럼 사용한다.

단어 鎌倉時代《かまくらじだい》 가마쿠라 시대 | 破損《はそん》 파손 | 作業《さぎょう》 작업

8 急《いそ》いで印刷《いんさつ》されるべきデータが他《ほか》の資料《しりょう》に(**紛《まぎ》れて**)しまって見《み》当《あ》たらない。

1 拗《こじ》れて　　2 **紛《まぎ》れて**
3 絡《から》んで　　4 馴染《なじ》んで

8 **급하게 인쇄되어야 할 데이터가 다른 자료에 (뒤섞여) 버려 보이지 않는다.**

1 악화돼　　2 **뒤섞여**
3 얽혀　　4 친숙해져

풀이 찾아야 할 데이터가 보이지 않는 상황이므로, 다른 자료에 '뒤섞여' 버렸다는 표현의 2번이 정답이다. 특히 동사 「紛《まぎ》れる」는 「人込《ひとご》みに紛《まぎ》れる 인파 속에 뒤섞이다」、「忙《いそが》しさに気《き》が紛《まぎ》れる 바빠서 시름이 잊혀지다」의 형태로 자주 사용된다.

단어 急《いそ》ぐ 급하다, 서두르다 | 印刷《いんさつ》 인쇄 | データ 데이터 | 紛《まぎ》れる (뒤섞여) 헷갈리다, 혼동되다, (어떤 것에 마음을 빼앗겨) 다른 것을 잊다, 잊혀지다 | 見《み》当《あ》たる 발견되다, 눈에 띄다 | 拗《こじ》れる (병이) 악화되다, (일이) 복잡해지다 | 絡《から》む 휘감기다, 얽히다 | 馴染《なじ》む 친숙해지다, 정들다, 익숙해지다

9 いざという時《とき》のために、食品《しょくひん》を(**ストック**)しておいた。

1 アパシー　　2 マーク
3 **ストック**　　4 シェア

9 **만일의 경우를 위해, 식품을 (비축)해 두었다.**

1 냉담, 무관심　　2 (상)표, 기록
3 **비축, 저축, 저장품**　　4 시장 점유율

풀이 '만일의 경우를 위해'라는 말에서 식품을 '비축'해 둔다는 3번이 정답이라는 것을 알 수 있다.

단어 いざという時《とき》 만일의 경우 | 食品《しょくひん》 식품

10 化粧《けしょう》をしたまま涙《なみだ》を流《なが》して、マスカラが目《め》の下《もと》に黒《くろ》く(**滲《にじ》んだ**)。

1 こぼれた　　2 **滲《にじ》んだ**
3 暴《あば》れた　　4 壊《こわ》れた

10 **화장한 채로 눈물을 흘려서, 마스카라가 눈 밑에 검게 (번졌다).**

1 넘쳤다　　2 **번졌다**
3 날뛰었다　　4 부서졌다

풀이 화장을 한 상태로 눈물을 흘렸기 때문에 2번의 마스카라가 '번지다'가 정답이다. 1번의 「こぼれる」는 넘쳐 떨어지는 것에 사용하는 단어로 '눈물이 흘러내리다'라는 식으로 사용해야 한다. 한편 '화장이 지워지다'라는 뜻의 「化粧《けしょう》が崩《くず》れる」라는 표현도 함께 알아두자.

단어 涙《なみだ》 눈물 | 流《なが》す 흘리다 | マスカラ 마스카라 | 滲《にじ》む 번지다, 배다, 드러나다 | こぼれる 넘치다, 흘러내리다 | 暴《あば》れる 날뛰다, 발악하다 | 壊《こわ》れる 부서지다, 망가지다

11 土砂《どしゃ》崩《くず》れが (**懸念《けねん》**) されるため、山《やま》には近《ちか》づかないようにしましょう。

1 丹念《たんねん》
2 入念《にゅうねん》
3 無念《むねん》
4 **懸念《けねん》**

11 산사태가 (**우려**)되어지기 때문에, 산에는 접근하지 않도록 합시다.

1 정성들임, 꼼꼼함, 공들임
2 공을 들임, 꼼꼼히 함, 정성들임
3 무념, 원통함, 분함
4 **우려, 걱정, 근심**

풀이 산에 접근하지 말라는 것은 산사태의 우려 때문이므로 4번의 「懸念《けねん》」이 정답이다. 유의어인 「危《き》惧《ぐ》 위구, 걱정하고 두려워함」도 함께 알아두자.

단어 土砂《どしゃ》崩《くず》れ 산사태 | 近《ちか》づく 접근하다, 다가가다

12 すぐに、担当者《たんとうしゃ》に (**取《と》り次《つ》ぎ**) ますので、もうしばらくお待《ま》ちいただけませんか。

1 持《も》ち越《こ》し
2 **取《と》り次《つ》ぎ**
3 引《ひ》き取《と》り
4 差《さ》し替《か》え

12 바로 담당자에게 (**전하겠**)으니 잠시 기다려주시겠습니까?

1 미루겠
2 **전하겠, 중개하겠**
3 (떠)맡겠, 인수하겠
4 바꿔 꽂겠, (새로) 바꾸어 놓겠

풀이 2번의 「取《と》り次《つ》ぐ」는 양자 사이에서 용건이나 의사를 '전하다'라는 뜻으로 전화 통화를 할 때 자주 사용하는 복합동사이다. 한편 출제된 적 있는 「請《う》け負《お》う 청부받다, 책임지고 맡다」와 비즈니스에서 자주 사용되는 「掛《か》け合《あ》う 교섭하다, 흥정하다」도 함께 알아두자.

단어 すぐに (곧)바로, 즉시 | 担当者《たんとうしゃ》 담당자 | しばらく 잠시, 당분간

13 数学《すうがく》の試験《しけん》を (**侮《あなど》って**) 勉強《べんきょう》しなかった結果《けっか》、試験《しけん》で失敗《しっぱい》した。

1 賄《まかな》って　　2 からかって
3 **侮《あなど》って**　　4 劣《おと》って

13 수학 시험을 (**얕보고**) 공부하지 않은 결과, 시험을 망쳤다.

1 공급하고　　2 놀리고
3 **얕보고**　　4 뒤떨어지고

풀이 3번의 「侮《あなど》る」는 '얕잡아보다'라는 뜻으로 여기에서 수학 시험을 깔본 결과 시험을 망쳤다는 것을 알 수 있다. 4번의 「劣《おと》る」는 '(다른 것만) 못하다'라는 뜻이기 때문에 오답이다. 「見《み》くびる 얕보다, 깔보다」, 「貶《おとし》める 깔보다, 멸시하다, 깎아내리다」와 시험에 출제된 적 있는 「貶《けな》す 폄하하다, 헐뜯다, 비방하다」도 함께 알아두자.

단어 数学《すうがく》 수학 | 侮《あなど》る 깔보다, 얕보다, 업신여기다 | 失敗《しっぱい》 실패 | 賄《まかな》う 공급하다, 조달하다, 식사를 제공하다 | からかう 놀리다, 조롱하다 | 劣《おと》る 뒤떨어지다

문제 2 문맥 규정 | 실전 테스트 ❷

문제집 P.121

7 ④ **8** ② **9** ④ **10** ① **11** ① **12** ③ **13** ①

問題2 (　　　)に入《い》れるのに最《もっと》もよいものを1・2・3・4から一《ひと》つ選《えら》びなさい。

문제 2 (　　　)에 들어갈 것으로 가장 알맞은 것을 1・2・3・4에서 하나 고르세요.

7 彼女《かのじょ》への私《わたし》の思《おも》いをうまく伝《つた》えられなくて、とても (**もどかしい**)。

1 痛《いた》ましい
2 微笑《ほほえ》ましい
3 よそよそしい
4 もどかしい

7 그녀에 대한 나의 마음을 제대로 전달하지 못해서 너무 (**답답하다**).

1 애처롭다, 가엾다, 참혹하다
2 흐뭇하다, 저절로 미소 짓게 된다
3 데면데면하다, 서먹서먹하다
4 답답하다, 안타깝다, 애타다

풀이 그녀에 대한 마음이 제대로 전달되지 않아 애가 타는 기분이므로 '답답하다, 애타다'라는 뜻의 4번「もどかしい」가 정답이다. 1번의「痛《いた》ましい」는 어떤 상황을 보고 괴로워할 때 사용하는 단어이다.

단어 思《おも》い 마음, 생각 | うまく伝《つた》える 잘(제대로) 전달하다

8 このカバンは古《ふる》いけど、使《つか》い心地《ごこち》がよくて (**重宝《ちょうほう》**) している。

1 携帯《けいたい》　　2 重宝《ちょうほう》
3 所有《しょゆう》　　4 持参《じさん》

8 이 가방은 낡았지만, 사용감이 좋아서 (**요긴하게**) 쓰고 있다.

1 휴대　　2 요긴함, 편리함
3 소유　　4 지참

풀이 가방의 사용감이 좋아서 자주 사용하고 있다는 의미이므로 2번의「重宝《ちょうほう》している 요긴하게 쓰고 있다」가 정답이며「重宝《ちょうほう》する 요긴하게 쓰다」의 형태로 외워두자. 1번의「携帯《けいたい》」는 물건을 손에 들거나 몸에 지니고 다닐 때 쓰는 단어로 '(우산을) 휴대하다', '(무기)를 휴대하다', '(노트북)을 휴대하다' 등으로 사용된다.

단어 使《つか》い心地《ごこち》 사용감

9 今回《こんかい》の試合《しあい》は両《りょう》チームの実力《じつりょく》が (**互《ご》角《かく》**) で、優劣《ゆうれつ》をつけがたい。

1 比例《ひれい》
2 強豪《きょうごう》
3 明瞭《めいりょう》
4 互角《ごかく》

9 이번 시합은 양 팀의 실력이 (**호각**)으로, 우열을 가리기 어렵다.

1 비례
2 강호(세력이 강하고 대적하기 힘든 상대)
3 명료(뚜렷하고 분명함)
4 호각(막상막하)

풀이 '우열을 가릴 수 없는 정도로 역량이 비슷하다'라는 뜻의 4번 「互角《ごかく》 호각」이 정답이다. 유사 표현으로는 「五《ご》分《ぶ》五《ご》分《ぶ》だ 엇비슷하다, 막상막하다」, 「拮抗《きっこう》する (세력이) 팽팽하다」, 「伯仲《はくちゅう》している 백중하다, 팽팽하다」 등이 있으니 함께 알아두자. 한편 3번의 「明瞭《めいりょう》」는 '우열을 가리기 쉽다'는 뜻이 되므로 오답이다.

단어 実力《じつりょく》 실력 | 優劣《ゆうれつ》をつける 우열을 가리다 | ~がたい ~하기 어렵다

10 人《ひと》に聞《き》くのもいいけど、まず、自分《じぶん》で調《しら》べてみることを（念頭《ねんとう》）に置《お》いてもらいたい。

1 念頭《ねんとう》　2 内心《ないしん》
3 本気《ほんき》　4 念願《ねんがん》

10 남에게 묻는 것도 좋지만, 우선 스스로 찾아보는 것을 (**염두**)에 두길 바란다.

1 염두(마음속, 머릿속)　2 내심(속마음)
3 진심(진지함, 본격적임)　4 염원, 소원

풀이 어떤 일을 할 때 미리 생각하고 주의해야 할 사항을 떠올리는 경우에 '염두에 두다'라는 뜻의 「念頭《ねんとう》に置《お》く」를 사용하므로 세트로 익혀두자.

단어 自分《じぶん》で 스스로 | 調《しら》べる 조사하다, 찾다 | 置《お》く 두다

11 このカバンはコピー商品《しょうひん》であるが、本物《ほんもの》と（紛《まぎ》らわしい）。

1 紛《まぎ》らわしい
2 甚《はなは》だしい
3 やかましい
4 ややこしい

11 이 가방은 모조품이지만, 진품과 (**헷갈리기 쉽다**).

1 헷갈리기 쉽다, 구별하기 어렵다
2 (정도가) 매우 심하다, 극심하다
3 시끄럽다, 잔소리가 심하다, 엄격하다
4 복잡해서 알기 어렵다, 까다롭다

풀이 모조품이지만 진품과 비슷해서 헷갈리기 쉽다는 의미이므로 1번 「紛《まぎ》らわしい」가 정답이다. 4번의 「ややこしい」는 어떤 문제나 일 따위가 복잡해서 알기 어려울 때 사용하는 단어이므로 주의하도록 하자.

단어 コピー商品《しょうひん》 모조품 | 本物《ほんもの》 진짜, 진품

12 詳細《しょうさい》な計画《けいかく》を立《た》てる前《まえ》に、もっと総合的《そうごうてき》な構想《こうそう》を（練《ね》る）必要《ひつよう》がある。

1 磨《みが》く
2 熟《こな》す
3 練《ね》る
4 築《きず》く

12 상세한 계획을 세우기 전에, 좀 더 종합적인 구상을 (**짤**) 필요가 있다.

1 (갈고) 닦을, 연마할
2 잘게 부술, 소화시킬, 해치울, 처리할
3 (계획·작전 등을) 짤
4 쌓을, 구축할

풀이 계획·작전 등을 '짜다'라는 뜻의 3번 「練《ね》る」가 정답이다. 이밖에도 「練《ね》る」는 '반죽하다', '(실을) 누이다', '(쇠를) 불리다', '(심신을) 단련하다', '(문장 등을) 다듬다'는 뜻도 있으니 함께 알아두자.

단어 詳細《しょうさい》 상세함 | 総合的《そうごうてき》 종합적 | 構想《こうそう》 구상

13 子供《こども》が生《う》まれてからというもの、責任《せきにん》の重《おも》さを (**ひしひし**) と感《かん》じた。 1 ひしひし 2 ごしごし 3 こっこく 4 めきめき	13 아이가 태어난 후, 책임의 무게를 (**절실히**) 느꼈다. 1 절실히, 절절히 2 싹싹, 북북(물건을 비벼대는 소리) 3 시시각각으로 4 두드러지게, 무럭무럭(성장, 진보하는 모양)

풀이 「~てからというもの」는 '~하고부터 그 이후로 쭉 크게 변했다'는 화자의 감정을 표현할 때 주로 사용하며, 여기에서는 1번의 「ひしひしと感《かん》じる 절실히 느끼다」가 정답으로 적절하다. 한편 유의어인 「しみじみ 절실히, 진지하게」와 출제된 적 있는 「つくづく 절실히, 곰곰이」도 함께 알아두자.

단어 生《う》まれる 태어나다 | ~てからというもの ~하고 부터 | 責任《せきにん》 책임 | 重《おも》さ 무게, 중대성

문제 2 문맥 규정 | 실전 테스트 ❸

문제집 P.122

7 ④ 8 ③ 9 ① 10 ④ 11 ② 12 ② 13 ②

問題 2 ( )に入《い》れるのに最《もっと》もよいものを 1・2・3・4から一《ひと》つ選《えら》びなさい。	**문제 2** ( )에 들어갈 것으로 가장 알맞은 것을 1・2・3・4에서 하나 고르세요.

7 彼《かれ》の人生《じんせい》が二時間《にじかん》のドキュメンタリーの中《なか》に (**凝縮《ぎょうしゅく》**) されている。 1 狭窄《きょうさく》　2 引用《いんよう》 3 察知《さっち》　4 凝縮《ぎょうしゅく》	7 그의 인생이 두 시간의 다큐멘터리 속에 (**응축**) 되어 있다. 1 협착　2 인용 3 찰지　4 응축

풀이 '내용의 핵심이 어느 한곳에 집중되어 쌓여 있음'을 뜻하는 4번의 「凝縮《ぎょうしゅく》 응축」이 정답이다. 3번의 「察知《さっち》 찰지, 감지」는 '추측하거나 짐작하여 헤아려 안다'는 뜻으로 주로 「察知《さっち》する 알아차리다」의 형태로 사용된다.

단어 人生《じんせい》 인생 | ドキュメンタリー 다큐멘터리

8 この曲《きょく》の歌詞《かし》は和歌《わか》の一部分《いちぶぶん》を (**抜粋《ばっすい》**) して作《つく》ったそうだ。 1 切断《せつだん》　2 工面《くめん》 3 抜粋《ばっすい》　4 抽出《ちゅうしゅつ》	8 이 곡의 가사는 와카(시)의 일부분을 (**발췌**)해서 만들었다고 한다. 1 절단　2 돈 마련, 주머니 사정 3 발췌　4 추출, 빼냄

풀이 '와카'라는 시의 일부분을 그대로 가져왔다는 내용이므로 '문장 등에서 필요한 부분만을 빼내서 그대로 올리는 발췌'라는 뜻의 3번 「抜粋《ばっすい》」가 정답이 된다. 4번의 「抽出《ちゅうしゅつ》」는 많은 데이터 중에서 목적에 맞는 부분이나 특정한 조건에 부합하는 부분을 뽑아내거나 빼내는 것에 사용된다. 예를 들면 '과일에서 과즙을 추출하다', '무작위 추출하다' 등의 형태로 사용된다.

단어 曲《きょく》 곡 | 歌詞《かし》 가사 | 和歌《わか》 와카(일본 헤이안 시대의 정형시)

9 物価高《ぶっかだか》が事業展開《じぎょうてんかい》における最大《さいだい》の (**ネック**) になっている。

1 ネック　　2 リミット
3 エラー　　4 ミスマッチ

9 고물가가 사업 전개에 있어서 최대의 (**걸림돌**)이 되고 있다.

1 걸림돌, 애로(사항)　　2 한계
3 에러, 잘못, 실패　　4 미스매치, 어울리지 않음

풀이 고물가로 인해 사업 전개가 어려운 상황이므로 1번의 「ネック 걸림돌, 애로(사항)」이 정답이 된다. 한편 유의어인 「隘路《あいろ》 애로, 어려움, 장애」、「難関《なんかん》 난관」도 함께 알아두자.

단어 物価高《ぶっかだか》 고물가 | 事業展開《じぎょうてんかい》 사업 전개 | ～における ~에게 있어서

10 ここは車《くるま》が (**頻繁《ひんぱん》**) に通《とお》るため、子供《こども》の通《つう》学路《がくろ》には不向《ふむ》きです。

1 活発《かっぱつ》　　2 円滑《えんかつ》
3 無謀《むぼう》　　4 頻繁《ひんぱん》

10 여기는 자동차가 (**빈번**)하게 다니기 때문에 아이의 등굣길로는 적합하지 않습니다.

1 활발　　2 원활
3 무모　　4 빈번

풀이 등굣길로 적합하지 않은 이유가 자동차가 '자주 다녀서'이므로 4번의 「頻繁《ひんぱん》 빈번」이 정답이다. 1번의 「活発《かっぱつ》 활발」은 '생기 있고 힘차다'는 의미로 '활발한 성격', '사회 활동이 활발하다' 등으로 사용된다.

단어 通《とお》る 통하다, 지나다 | 通学路《つうがくろ》 등굣길, 통학로 | 不向《ふむ》き 적합하지 않음

11 高層《こうそう》ビルの５０階《かい》から火《ひ》が出《で》て、一《いち》時《じ》 (**騒然《そうぜん》**) とした。

1 漠然《ばくぜん》
2 騒然《そうぜん》
3 歴然《れきぜん》
4 毅然《きぜん》

11 고층 빌딩의 50층에서 불이 나서, 일시 (**소란스러**)웠다.

1 막연(뚜렷하지 않고 어렴풋함)
2 소연(소란스러움, 어수선함, 시끄러움)
3 역연(분명함, 뚜렷함)
4 의연(의지가 굳고 어엿한 모양)

풀이 불이 나서 시끄럽고 소란스러운 상태이므로 2번의 「騒然《そうぜん》 소연」이 정답이다. 한편 유의어인 「騒々《そうぞう》しい 시끄럽다, 떠들썩하다, 어수선하다」、「騒《ざわ》めく 웅성거리다, 술렁거리다」도 함께 알아두자.

단어 高層《こうそう》ビル 고층 빌딩 | 50階《かい》 50층 | 火《ひ》が出《で》る 불이 나다

12 彼《かれ》は問題《もんだい》に対《たい》して、いつも (**多角的《たかくてき》**) なアプローチをしていて感心《かんしん》するばかりです。

1 普遍的《ふへんてき》　2 多角的《たかくてき》
3 自発的《じはつてき》　4 圧倒的《あっとうてき》

12 그는 문제에 대해서, 항상 (**다각적**)으로 접근을 해서 감탄할 따름입니다.

1 보편적　2 다각적
3 자발적　4 압도적

풀이 그에게 감탄하는 이유는 여러 각도로 문제에 접근하기 때문이므로 문맥상 2번이 정답이다. 1번의 '보편적(일반적)' 접근은 감탄할 일이 아니므로 오답이다.

단어 ~に対《たい》して ~에 대해서 | アプローチする 접근하다 | 感心《かんしん》する 감탄하다 | ~ばかりだ ~할 따름(뿐)이다

13 A会社《がいしゃ》は前月《ぜんげつ》から業務《ぎょうむ》の (**幅広《はばひろ》い**) 改革《かいかく》とスリム化《か》を推進《すいしん》している。

1 根深《ねぶか》い　2 幅広《はばひろ》い
3 重々《おもおも》しい　4 甚《はなは》だしい

13 A 회사는 지난달부터 업무의 (**폭넓은**) 개혁과 슬림화를 추진하고 있다.

1 뿌리 깊은　2 폭넓은
3 엄숙한, 위엄이 있는　4 (정도가) 심한

풀이 '개혁'이라는 단어와 수식했을 때 선택지 중 가장 어울리는 단어는 2번의 「幅広《はばひろ》い 폭넓다」이다. 이처럼 형용사가 나올 경우에는 수식받는 명사와 연결해서 문장 전체의 해석이 자연스러워야 한다.

단어 業務《ぎょうむ》 업무 | 改革《かいかく》 개혁 | スリム化《か》 슬림화, (조직이나 기구를) 축소(간소화)하는 것 | 推進《すいしん》 추진

문제 2 문맥 규정 | 실전 테스트 ❹

문제집 P.123

7 ③ 8 ① 9 ③ 10 ① 11 ③ 12 ③ 13 ②

問題2 (　　　)に入《い》れるのに最《もっと》もよいものを1・2・3・4から一《ひと》つ選《えら》びなさい。

문제 2 (　　　)에 들어갈 것으로 가장 알맞은 것을 1・2・3・4에서 하나 고르세요.

7 エンジンの (**稼働《かどう》**) 中《ちゅう》に手入《てい》れをするのは危険《きけん》です。

1 展開《てんかい》　2 負荷《ふか》
3 稼働《かどう》　4 微動《びどう》

7 엔진 (**가동**) 중에 손질하는 것은 위험합니다.

1 전개　2 부하
3 가동　4 미동

풀이 엔진이 돌아가는 중에 손질하면 위험하다는 내용이므로 3번의 「稼働《かどう》 가동」이 정답으로 적절하다. 한편 2번의 「負荷《ふか》 부하」는 운정 중 엔진에 걸리는 저항을 뜻하므로 오답이다.

단어 エンジン 엔진 | 手入《てい》れをする 손질하다 | 危険《きけん》 위험

8 中村《なかむら》さんは、トラブルで怒《おこ》っている顧客《こきゃく》を (**宥《なだ》める**) ことがとても上手《じょうず》です。

1 宥《なだ》める　　2 親《した》しむ
3 委《ゆだ》ねる　　4 操《あやつ》る

8 나카무라 씨는 트러블로 화나 있는 고객을 (**달래는**) 것을 굉장히 잘합니다.

1 달래는　　2 친하게 지내는
3 맡기는　　4 조종하는

풀이 화를 가라앉게 하는 것에 능숙하므로 가장 어울리는 단어는 1번의 「宥《なだ》める 달래다」이다. 4번의 「操《あやつ》る」는 '조종하다', '조작하다, 다루다'에 사용하는 동사이므로 오답이다.

단어 トラブル 트러블(말썽, 문제) | 怒《おこ》る 화내다 | 顧客《こきゃく》 고객 | 宥《なだ》める 달래다 | 親《した》しむ 친하게 지내다, 가까이하다 | 委《ゆだ》ねる 맡기다, 위임하다 | 操《あやつ》る 조종하다, 다루다

9 新《あら》たな市場《しじょう》や顧客《こきゃく》ニーズの開拓《かいたく》が創業《そうぎょう》における (**ハードル**) となっている。

1 ブロック　　2 ダメージ
3 ハードル　　4 リミット

9 새로운 시장이나 고객 니즈의 개척 등이 창업에 있어서 (**허들**)이 되고 있다.

1 방해, 차단　　2 손해, 피해, 타격
3 허들(장애물)　　4 한계, 한도

풀이 새로운 시장이나 고객 니즈의 개척 등이 창업의 장애가 되므로 3번의 「ハードル 허들」이 정답이다. 여기에서 허들은 '극복해야 할 장애물'로 이해하면 된다. 1번의 「ブロック」는 「ブロックする 방해하다」의 동사 형태로 사용되므로 문맥에 맞지 않아 오답이다.

단어 新《あら》た 새로운 | 顧客《こきゃく》 고객 | ニーズ 니즈, 요망, 요구, 필요성 | 開拓《かいたく》 개척 | 創業《そうぎょう》 창업

10 この仕事《しごと》は、入社《にゅうしゃ》 1年目《ねんめ》の杉田《すぎた》さんには (**荷《に》**) が重《おも》すぎると思《おも》う。

1 荷《に》　　2 肩《かた》
3 職《しょく》　　4 役《やく》

10 이 일은 입사 1년째의 스기타 씨에게는 (**책임**)이 너무 무거울 것이다.

1 짐, 부담, 책임　　2 어깨
3 직업, 직무(책)　　4 직무, 직책, 역할

풀이 이 일은 입사한지 얼마 안 된 스기타 씨에게는 버겁다는 의미이므로 1번의 「荷《に》が重《おも》い 책임이 무겁다」가 정답으로 적절하다. 「重荷《おもに》になる (큰) 부담이 되다」의 형태로도 자주 사용되니 숙어로 외워두자.

단어 入社《にゅうしゃ》 입사 | 重《おも》すぎる 너무 무겁다

11 うちにある骨董品《こっとうひん》が本物《ほんもの》かどうか (**鑑《かん》定《てい》**) してもらうことにした。

1 勘定《かんじょう》　　2 探索《たんさく》
3 鑑定《かんてい》　　4 観察《かんさつ》

11 우리 집에 있는 골동품이 진품인지 아닌지 (**감정**)받기로 했다.

1 계산　　2 탐색
3 감정　　4 관찰

풀이 진품인지 아닌지를 가리기 위해 어떤 것을 받기로 했다는 내용이므로 '사물에 대한 참과 거짓, 좋고 나쁨을 분별하여 판정한다'는 뜻의 3번 「鑑定《かんてい》 감정」이 정답이다. 특히 서화나 골동품 혹은 자료 따위의 진위를 감별할 때 주로 사용하는 단어이다.

단어 骨董品《こっとうひん》 골동품 | 本物《ほんもの》 진품

12 医者《いしゃ》は私《わたし》に、今《いま》よりも体重《たいじゅう》を５キロへらすよう、(**促《うなが》した**)。

1 催《もよお》した　　2 問《と》い詰《つ》めた
3 促《うなが》した　　4 ほのめかした

12 의사는 나에게 지금보다도 체중을 5킬로그램 줄이도록 (**촉구했다**).

1 개최했다　　2 캐물었다
3 촉구했다　　4 암시했다

풀이 의사가 체중을 줄이라고 권유한 것이므로 '권유하다'와 가장 가까운 뜻인 3번의 「促《うなが》す 촉구하다」가 정답으로 적절하다. 4번의 「ほのめかす 암시하다」는 직접적인 표현에는 사용할 수 없으므로 오답이다.

단어 体重《たいじゅう》 체중 | へらす 줄이다 | 促《うなが》す 촉구하다, 재촉하다, 독촉하다, 촉진하다 | 催《もよお》す 개최하다, 열다, (어떤 기분·상태를) 불러일으키다, 자아내다 | 問《と》い詰《つ》める 캐묻다, 추궁하다, 따지다 | ほのめかす 암시하다, 넌지시 비추다

13 除雪作業《じょせつさぎょう》のため、はしごを (**伝《つた》って**) 屋根《やね》にはい上《あ》がった。

1 辿《たど》って　　2 伝《つた》って
3 絡《から》めて　　4 なぞって

13 제설 작업을 위해, 사다리를 (**타고**) 지붕으로 기어올라갔다.

1 더듬어　　2 타고
3 휘감고　　4 덧그리며

풀이 「伝《つた》う」는 「伝《つた》える」의 문어체 표현으로 '전하다'는 뜻 외에도 어떤 것을 매개로 따라서 이동하는 '타다'라는 뜻으로도 사용되며, 여기에서는 사다리를 타고 올라가는 것이므로 2번의 「伝《つた》う」가 정답이다.

단어 除雪作業《じょせつさぎょう》 제설 작업 | はしご 사다리 | 伝《つた》う 타다, 따르다 | 屋根《やね》 지붕 | はい上《あ》がる 기어올라가다 | 辿《たど》る 더듬다, 찾아 나아가다 | 絡《から》める 휘감다, 관련시키다 | なぞる 덧그리다, 덧쓰다, 그대로 모방하다, 재현하다

문제 2 문맥 규정 | 실전 테스트 ⑤

문제집 P.124

7 ③　8 ①　9 ③　10 ②　11 ④　12 ①　13 ②

問題２　(　　　　)に入《い》れるのに最《もっと》もよいものを１・２・３・４から一《ひと》つ選《えら》びなさい。

문제 2　(　　　　)에 들어갈 것으로 가장 알맞은 것을 1・2・3・4에서 하나 고르세요.

7 飲食店《いんしょくてん》における食中毒《しょくちゅうどく》の原因《げんいん》(**究明《きゅうめい》**) は保《ほ》健所《けんじょ》の仕事《しごと》の一《ひと》つです。

1 探知《たんち》　　2 除去《じょきょ》
3 究明《きゅうめい》　　4 釈明《しゃくめい》

7 음식점에서의 식중독의 원인 (**구명**)은 보건소의 일의 하나입니다.

1 탐지　　2 제거
3 구명　　4 석명

풀이 식중독의 원인을 밝히는 일이므로 '사물의 본질이나 원인 따위를 깊이 연구하여 밝힌다'는 뜻을 가진 3번의 「究《きゅう》明《めい》 구명」이 정답이다. 4번의 「釈明《しゃくめい》 석명」은 '변명' 또는 '해명'을 뜻하므로 오답이다.

단어 飲食店《いんしょくてん》 음식점 | ~における ~에 있어서의 | 食中毒《しょくちゅうどく》 식중독 | 原因《げんいん》 원인 | 保健所《ほけんじょ》 보건소

8 この春《はる》から店《みせ》の売《う》り上《あ》げが (**コンスタント**) に伸《の》びている。

1 コンスタント　　2 ラフ
3 エシカル　　4 リーズナブル

8 이번 봄부터 가게의 매상이 (**일정하**)게 증가하고 있다.

1 일정함　　2 러프, 거침, 조잡함
3 윤리적, 도덕적　　4 타당함, 적당함

풀이 '매상이 늘고 있다'는 말과 어울리는 것은 1번의 「コンスタントに 일정하게」이며, 4번의 「リーズナブルに 적당하게」는 '(가격 등이) 적당하고, 비싸지 않다'는 의미이므로 오답이다.

단어 売《う》り上《あ》げ 매상 | 伸《の》びる 자라다, 증가하다

9 にわかに、(**すさまじい**) 物音《ものおと》が聞《き》こえて、びっくりした。

1 はださむい　　2 慌《あわ》ただしい
3 すさまじい　　4 たくましい

9 갑자기 (**무시무시한**) 소리가 들려 깜짝 놀랐다.

1 섬뜩한　　2 분주한
3 무시무시한　　4 늠름한

풀이 소리에 깜짝 놀란 상황이므로 3번의 「すさまじい 무시무시하다」가 문맥상 가장 자연스럽다. 1번의 「はださむい」는 소리가 아닌 어떤 광경이 '섬뜩하다, 오싹하다'라는 뜻이므로 오답이다.

단어 にわかに 갑자기 | すさまじい 무시무시하다, 무섭다, 굉장하다 | 物音《ものおと》 소리 | 聞《き》こえる 들리다 | びっくりする 깜짝 놀라다 | はださむい 섬뜩하다, 오싹하다 | 慌《あわ》ただしい 분주하다, 어수선하다 | たくましい 늠름하다, 강하다, 씩씩하다

10 給料日前《きゅうりょうびまえ》でお金《かね》がないという同僚《どうりょう》の昼食《ちゅうしょく》代《だい》を (**立《た》て替《か》える**) ことにした。

1 差《さ》し引《ひ》く　　2 立《た》て替《か》える
3 積《つ》み立《た》てる　　4 買《か》いかぶる

10 월급날 전 돈이 없다는 동료의 점심 비용을 (**대신 지불해 주기**)로 했다.

1 공제하기　　2 대신 지불해 주기
3 적립하기　　4 과대평가하기

풀이 돈이 없는 동료의 점심 비용을 대납했다는 내용이므로 2번의 「立《た》て替《か》える 대신 지불하다」가 정답이 된다.

단어 昼食代《ちゅうしょくだい》 점심 비용 | 立《た》て替《か》える 대신 지불하다 | 差《さ》し引《ひ》く 공제하다, 빼다 | 積《つ》み立《た》てる 적립하다, 적금하다 | 買《か》いかぶる 과대평가하다, 실제보다 비싸게 사다

11 はたして、彼《かれ》が国《くに》の明日《あす》を（**担《にな》う**）ことができる人物《じんぶつ》だろうか。

1　諭《さと》す　　2　掲《かか》げる
3　養《やしな》う　　**4　担《にな》う**

11 과연 그가 국가의 내일을 (**짊어질**) 수 있는 인물일까?

1　잘 타이를　　2　내걸
3　양육할　　**4　짊어질**

풀이 여기에서 「明日《あす》」는 단순한 '내일'이 아닌 '미래'를 의미하며, 그 미래를 '책임진다'는 의미이므로 4번의 「担《にな》う 짊어지다, 떠맡다」가 정답이다. 한편 「養《やしな》う 양육하다」 → 「子供《こども》を養《やしな》う 자식을 기르다」, 「掲《かか》げる 내걸다」 → 「目標《もくひょう》を掲《かか》げる 목표를 내걸다(내세우다)」의 형태로 자주 쓰이므로 함께 익혀두자.

단어 はたして 과연 | 担《にな》う 짊어지다, 떠맡다, 담당하다 | 人物《じんぶつ》 인물 | 諭《さと》す 잘 타이르다, 교도하다 | 掲《かか》げる 내걸다, 싣다, 게재하다 | 養《やしな》う 양육하다, 기르다, 배양하다, 양성하다

12 何《なん》の（**見返《みかえ》り**）も期待《きたい》しないで、無条件《むじょうけん》で愛《あい》するのが真《しん》の愛《あい》だと言《い》える。

1　見返《みかえ》り
2　見計《みはか》らい
3　見出《みだ》し
4　見向《みむ》き

12 어떤 (**보상**)도 기대하지 않고, 조건 없이 사랑하는 것이 진정한 사랑이라고 말할 수 있다.

1　보상
2　가늠함, 적당히 고름
3　표제, 목차
4　(그쪽으로) 돌아다봄, 거들떠봄

풀이 '무조건적인 사랑이 진정한 사랑이라면, 어떤 보상도 기대하지 않는다'는 내용이므로 1번의 「見返《みかえ》り 보상, 보답」이 정답이다.

단어 期待《きたい》 기대 | 無条件《むじょうけん》 무조건 | 愛《あい》する 사랑하다 | 真《しん》の愛《あい》 진정한 사랑

13 試験《しけん》が終《お》わったので、電話《でんわ》のマナーモードを（**解除《かいじょ》**）した。

1　停止《ていし》　　**2　解除《かいじょ》**
3　解禁《かいきん》　　4　解約《かいやく》

13 시험이 끝났기 때문에 전화의 매너 모드를 (**해제**)했다.

1　정지　　**2　해제**
3　해금　　4　해약

풀이 '설치했거나 장비한 것을 풀어 없앤다'는 뜻을 지닌 2번의 「解除《かいじょ》 해제」가 정답이며, 3번의 「解禁《かいきん》 해금」은 '금지하였던 것을 푼다'는 의미이므로 오답이다.

단어 マナーモード 매너 모드, (휴대 전화의) 진동

문제 2 문맥 규정 | 실전 테스트 ❻

문제집 P.125

7 ① 8 ③ 9 ④ 10 ① 11 ① 12 ② 13 ①

問題2 (　　　　)に入《い》れるのに最《もっと》もよいものを 1・2・3・4から一《ひと》つ選《えら》びなさい。

문제 2 (　　　　)에 들어갈 것으로 가장 알맞은 것을 1・2・3・4에서 하나 고르세요.

7 ふいに店員《てんいん》がやめてしまって、働《はたら》く人《ひと》を (**急遽《きゅうきょ》**) 募集《ぼしゅう》している。

1 急遽《きゅうきょ》　　2 急激《きゅうげき》に
3 迅速《じんそく》に　　4 断固《だんこ》

7 갑자기 점원이 그만둬 버려서, 일할 사람을 (**허둥지둥**) 모집하고 있다.

1 허둥지둥, 급거　　2 급격하게
3 신속하게　　4 단호히

풀이 점원이 갑자기 그만 둔 상황에 갑작스럽게 일할 사람을 모집하는 상황이므로 '허둥지둥, 급거'의 뜻을 지닌 1번의 「急遽《きゅうきょ》」가 정답이다.

단어 ふいに 갑자기, 느닷없이 | やめる 그만두다 | 働《はたら》く人《ひと》 일할 사람 | 募集《ぼしゅう》 모집

8 誰《だれ》にでも触《ふ》れてほしくないことはあるものだから、あえて (**言及《げんきゅう》**) しないほうがいい。

1 口外《こうがい》　　2 告白《こくはく》
3 言及《げんきゅう》　　4 供述《きょうじゅつ》

8 누구든지 건들지 않았으면 하는 것은 있기 때문에 굳이 (**언급**)하지 않는 게 좋다.

1 발설　　2 고백
3 언급　　4 공술, 진술

풀이 '어떤 문제에 대하여 말하다'는 뜻을 지닌 3번의 「言及《げんきゅう》 언급」이 정답이며, 1번의 「口外《こうがい》 발설, 누설」은 말해서는 안 될 '비밀' 등을 입 밖으로 낼 때 사용하는 단어이므로 오답이다.

단어 あえて 굳이, 구태여 | 口外《こうがい》 발설(비밀 등을 입 밖으로 냄)

9 化粧品《けしょうひん》のコマーシャルに一般女性《いっぱんじょせい》を (**起《き》用《よう》**) することにした。

1 採用《さいよう》　　2 引用《いんよう》
3 採択《さいたく》　　4 起用《きよう》

9 화장품 광고에 일반 여성을 (**기용**)하기로 했다.

1 채용　　2 인용
3 채택　　4 기용

풀이 「起用《きよう》 기용」은 지금까지 사용되지 않은 인물을 '내세워 쓴다'는 의미로, 4번이 정답이 된다. 한편 1번의 「採用《さいよう》 채용」은 적절한 인물이나 의견, 방법 등을 많은 선택지 중에서 '골라서 쓴다'라는 의미이므로 오답이다.

단어 コマーシャル 광고 | 一般女性《いっぱんじょせい》 일반 여성

10 いくら親《した》しい友《とも》の間柄《あいだがら》でも礼儀《れいぎ》を (**弁《わきま》える**) べきだ。

1 **弁《わきま》える**　2 誂《あつら》える
3 訴《うった》える　4 自惚《うぬぼ》れる

10 아무리 친구 사이라도 예의를 (**차려**)야 한다.

1 **차려**　2 주문해
3 소송해　4 자만해

풀이 친구 사이라도 예의는 갖춰야 한다는 의미로 1번의 「礼儀《れいぎ》を弁《わきま》える 예의를 차릴 줄 안다」의 형태로 자주 사용한다.

단어 いくら 아무리 | 親《した》しい 친하다 | 間柄《あいだがら》 사이(관계) | 礼儀《れいぎ》 예의 | 弁《わきま》える 분별하다(가리다), 판별하다, 분간하다 | ~べきだ ~해야 한다 | 誂《あつら》える 주문하다, 맞추다 | 訴《うった》える 소송하다, 고소하다, 호소하다 | 自惚《うぬぼ》れる 자만하다, 우쭐해하다

11 今回《こんかい》のプロジェクトの成功《せいこう》に彼女《かのじょ》は (**会心《かいしん》**) の笑《え》みを浮《う》かべた。

1 **会心《かいしん》**　2 核心《かくしん》
3 真心《まごころ》　4 本気《ほんき》

11 이번 프로젝트의 성공에 그녀는 (**회심**)의 미소를 지었다.

1 **회심**　2 핵심
3 진심, 성심, 정성　4 진심, 진지함

풀이 프로젝트의 성공으로 미소를 짓는 상황이므로 '마음에 흐뭇하게 들어맞음'이라는 뜻인 1번의 「会心《かいしん》 회심」이 정답이며, 「会心《かいしん》の笑《え》み 회심의 미소」와 「会心《かいしん》の作《さく》 회심의 작품」은 자주 사용되는 표현이므로 세트로 익혀두자.

단어 プロジェクト 프로젝트, 기획 | 笑《え》みを浮《う》かべる 미소를 짓다

12 プラスチックごみを (**加工《かこう》**) して作《つく》ったリサイクルカバンが流行《はや》っている。

1 一掃《いっそう》　2 **加工《かこう》**
3 転換《てんかん》　4 細工《さいく》

12 플라스틱 쓰레기를 (**가공**)해서 만든 리사이클 가방이 유행하고 있다.

1 일소　2 **가공**
3 전환　4 세공

풀이 플라스틱 쓰레기를 가방으로 만들었기 때문에 '원자재나 반제품을 인공적으로 처리하여 새로운 물건을 만들거나 물건의 질을 높인다'는 뜻을 지닌 2번의 「加工《かこう》 가공」이 정답이며, 4번의 「細工《さいく》 세공」은 '잔손을 많이 들여 정밀하게 만든다'는 뜻이므로 오답이다.

단어 プラスチックごみ 플라스틱 쓰레기 | リサイクルカバン 리사이클(재활용) 가방 | 流行《はや》る 유행하다, 인기가 있다

13 犯《おか》したミスを一時《いちじ》しのぎで (**繕《つくろ》っても**) 、そのミスは消《き》えない。

1 **繕《つくろ》っても**　2 償《つぐな》っても
3 憚《はばか》っても　4 賄《まかな》っても

13 저지른 잘못을 임시방편으로 (**얼버무려도**), 그 잘못은 사라지지 않는다.

1 **얼버무려도**　2 갚아도
3 꺼려해도　4 조달해도

풀이 '갑자기 생긴 일을 우선 임시로 둘러맞춰 처리한다'는 뜻의 '임시방편'이 괄호 바로 앞에 나와 있으므로 그에 어울리는 동사는 1 번의 「繕《つくろ》う 얼버무리다」이다. 「繕《つくろ》う」는 주로 '수선하다, 고치다'라는 뜻으로 많이 사용되지만, 여기에서처럼 '얼버무리다'라는 뜻으로도 종종 쓰이니 함께 알아두자.

단어 犯《おか》す 저지르다, 범하다 | ミス 잘못, 실패 | 一時《いちじ》しのぎ 임시방편 | 繕《つくろ》う 얼버무리다, 수신하다, 고치다, 겉을 꾸미다, 체면을 차리다 | 消《き》える 사라지다 | 償《つぐな》う 갚다, 변상하다, 보상하다, (죄나 잘못을) 속죄하다 | 憚《はばか》る 꺼리다, 거리끼다 | 賄《まかな》う 조달하다, 공급하다, 식사를 제공하다

문제 3 유의 표현 | 실전 테스트 ❶

문제집 P.126

14 ② **15** ① **16** ② **17** ③ **18** ② **19** ④

問題 3 ＿＿＿の言葉《ことば》に意味《いみ》が最《もっと》も近《ちか》いものを、1・2・3・4から一《ひと》つ選《えら》びなさい。	문제 3 ＿＿＿의 단어에 의미가 가장 가까운 것을 1・2・3・4에서 하나 고르세요.

14 お客様《きゃくさま》からの<u>クレーム</u>が相次《あいつ》いでいる。

1 要望《ようぼう》　2 苦情《くじょう》
3 注文《ちゅうもん》　4 質問《しつもん》

14 손님으로부터의 <u>클레임</u>이 잇따르고 있다.

1 요망　2 불평
3 주문　4 질문

풀이 「クレーム 클레임」은 '불만, 이의 제기, 권리 주장'을 요구할 때 사용하는 단어로 2번의 「苦情《くじょう》 불평, 불만, 괴로운 고충이나 민원」과 바꿔 사용할 수 있다. 1번의 「要望《ようぼう》 요망」은 '필요성, 요구, 요망'을 뜻하는 「ニーズ」로 바꿔 사용할 수 있으므로 오답이다.

단어 お客様《きゃくさま》 손님 | 相次《あいつ》ぐ 잇따르다

15 残業《ざんぎょう》ずくめで、<u>ばてて</u>しまった。

1 疲《つか》れて　2 うんざりして
3 あきれて　4 飽《あ》きて

15 야근을 너무 해서 <u>녹초가 되어</u> 버렸다.

1 지쳐　2 진절머리 나
3 어이가 없어　4 질려

풀이 「ばてる」는 '녹초가 되다, 지치다, 기진하다'라는 뜻의 동사로 1번의 「疲《つか》れる 지치다, 피곤하다」와 바꿔 사용할 수 있다. 유의어인 「へとへとになる 기진맥진하다, 녹초가 되다」, 「くたびれる 피곤에 지치다」, 「疲労困憊《ひろうこんぱい》 기진맥진)」도 함께 알아두자.

단어 ~ずくめ 온통 ~뿐, ~투성이 | うんざりする 진절머리 나다 | 疲《つか》れる 지치다 | あきれる 어이가 없다 | 飽《あ》きる 질리다

16 リスクは**極力《きょくりょく》**減《へ》らしたい。

1 大幅《おおはば》に　　**2 できる限《かぎ》り**

3 少《すこ》しずつ　　4 ひとまず

16 리스크는 **극력** 줄이고 싶다.

1 큰 폭으로　　**2 가능한 한**

3 조금씩　　4 우선

풀이 「極力《きょくりょく》 극력」은 '온 힘을 다해'라는 뜻의 부사로 2번의 「できる限《かぎ》り 가능한 한, 할 수 있는 한」으로 바꿔 사용할 수 있다. 1번의 「大幅《おおはば》に」는 '큰 폭으로'라는 뜻으로 수량이나 규모 등의 변동이 클 때 사용하는 단어이므로 오답이다.

단어 リスク 리스크, 위험 | 減《へ》らす 줄이다

17 さっき見《み》かけた人《ひと》が再《ふたた》び目《め》の前《まえ》に現《あらわ》れ、**錯覚《さっかく》**だと思《おも》ったら、実《じつ》は双子《ふたご》だった。

1 焦《あせ》り　　2 疑念《ぎねん》

3 勘違《かんちが》い　　4 行《ゆ》き違《ちが》い

17 아까 본 사람이 다시 눈앞에 나타나 **착각**이라고 생각했는데, 실은 쌍둥이었다.

1 조바심　　2 의심

3 착각　　4 엇갈림

풀이 「錯覚《さっかく》 착각」은 3번의 「勘違《かんちが》い 착각, 잘못 생각함」과 바꿔 사용할 수 있다. 4번의 「行《ゆ》き違《ちが》い」에는 '오해'라는 뜻도 있지만 여기에서 오해라는 것은 '서로 생각이 어긋나서 엇갈린다'는 뜻이므로 오답이다.

단어 見《み》かけた 눈에 보이다(띄다) | 再《ふたた》び 다시, 재차 | 現《あらわ》れる 나타나다 | 双子《ふたご》 쌍둥이 | 焦《あせ》り 조바심, 초조 | 疑念《ぎねん》 의심, 의념 | 勘違《かんちが》い 착각, 잘못 생각함 | 行《ゆ》き違《ちが》い 엇갈림, 오해, 충돌

18 雪道《ゆきみち》でタイヤが滑《すべ》り始《はじ》めたら、もはや車《くるま》を止《と》める**すべ**がない。

1 必要《ひつよう》　　**2 方法《ほうほう》**

3 要領《ようりょう》　　4 理由《りゆう》

18 눈길에서 타이어가 미끄러지기 시작하면, 이미 차를 멈출 **방법**이 없다.

1 필요　　**2 방법**

3 요령　　4 이유

풀이 「すべ」는 '방법, 수단'이라는 뜻의 명사로 2번의 「方法《ほうほう》 방법」으로 바꿔 사용할 수 있다. 3번의 「要領《ようりょう》 요령」은 '일 하는 데 필요한 이치'를 뜻하기 때문에 오답이며, 「骨《こつ》 요령」과 바꿔 사용할 수 있다.

단어 雪道《ゆきみち》 눈길 | タイヤ 타이어 | 滑《すべ》り始《はじ》める 미끄러지기 시작하다 | もはや 이제는, 이미

19 津波《つなみ》で建物《たてもの》が**根《ね》こそぎ**壊《こわ》れた。

1 突然《とつぜん》　　2 一気《いっき》に

3 こなごなに　　**4 すべて**

19 해일로 건물이 **모조리** 부서졌다.

1 갑자기, 돌연　　2 단숨에

3 산산조각으로　　**4 모두, 전부**

풀이 「根《ね》こそぎ」는 '모조리, 전부, 몽땅, 송두리째'라는 뜻의 부사로 4번의 「すべて 모두, 전부」와 바꿔 사용할 수 있다. 또한 「根《ね》こそぎ」는 「根《ね》こそぎにする 뿌리째 뽑다」의 형태로도 자주 사용된다.

단어 津波《つなみ》 해일 | 建物《たてもの》 건물 | 壊《こわ》れる 부서지다, 망가지다

문제 3 유의 표현 | 실전 테스트 ❷

문제집 P.127

14 ① **15** ② **16** ④ **17** ① **18** ③ **19** ④

問題3 ＿＿＿の言葉《ことば》に意味《いみ》が最《もっと》も近《ちか》いものを、1・2・3・4から一《ひと》つ選《えら》びなさい。

문제 3 ＿＿＿의 단어에 의미가 가장 가까운 것을 1・2・3・4에서 하나 고르세요.

14 彼《かれ》は大汗《おおあせ》をかきながら必死《ひっし》に**弁解《べんかい》して**いる。

1 言《い》い訳《わけ》して　2 言《い》い張《は》って
3 反論《はんろん》して　4 謝《あやま》って

14 그는 진땀을 빼며 필사적으로 **변명하고** 있다.

1 변명하고　2 우겨대고
3 반론하고　4 사과하고

풀이 「弁解《べんかい》する」는 '변명하다'는 뜻으로 1번의 「言《い》い訳《わけ》する 변명하다, 핑계를 대다」와 바꿔 사용할 수 있다. 2번의 「言《い》い張《は》る」는 '자기 의견을 끝까지 주장하다, 우기다'라는 뜻이므로 오답이다.

단어 大汗《おおあせ》をかく 땀을 몹시 흘리다, 진땀을 빼다 | 必死《ひっし》に 필사적으로

15 試験《しけん》が終《お》わった後《ご》、学生《がくせい》たちは**すがすがしい**表情《ひょうじょう》で教室《きょうしつ》を出《で》た。

1 真剣《しんけん》な　2 爽《さわ》やかな
3 うつろな　4 ほっとした

15 시험이 끝난 후, 학생들은 **시원한** 표정으로 교실을 나왔다.

1 진지한　2 시원한, 상쾌한
3 멍한　4 (마음이 놓여) 안심한

풀이 「すがすがしい」는 '시원시원하다, 상쾌하다'라는 뜻으로 '상쾌하거나 마음이 개운한 모양'을 나타내는 2번의 「爽《さわ》やか 시원함, 상쾌함」과 바꿔 사용할 수 있다.

단어 試験《しけん》 시험 | 表情《ひょうじょう》 표정

16 今《いま》の結果《けっか》は政策《せいさく》の失敗《しっぱい》を**端的《たんてき》に**表《あらわ》している。

1 主《おも》に　2 詳細《しょうさい》に
3 部分的《ぶぶんてき》に　4 明白《めいはく》に

16 지금의 결과는 정책의 실패를 **단적으로** 나타내고 있다.

1 주로　2 상세하게
3 부분적으로　4 명백하게

풀이 「端的《たんてき》に」는 '단적으로'로 해석되며, 여기에서 '단적'은 '곧바르고 명백한 것'을 의미하므로 4번의 「明白《めいはく》に 명백하게」와 바꿔 사용할 수 있다.

단어 政策《せいさく》 정책 | 失敗《しっぱい》 실패 | 表《あらわ》す 나타내다

17 その人《ひと》は事件《じけん》の内容《ないよう》を**誇張《こちょう》して**伝《つた》えた。

1 大《おお》げさに　2 あいまいに
3 大《おお》ざっぱに　4 自慢《じまん》して

17 그 사람은 사건의 내용을 **과장해서** 전했다.

1 과장되게　2 애매하게
3 대략적으로, 대충　4 자랑하며

풀이 「誇張《こちょう》」는 '과장'이라는 뜻으로 사실보다 지나치게 불려서 나타내는 것이므로 1번의 「大《おお》げさに 과장되게」와 바꿔 사용할 수 있다. 4번의 「自慢《じまん》する」는 '자랑하다, 뽐내다'라는 뜻이므로 오답이다.

단어 内容《ないよう》 내용 | 伝《つた》える 전하다

18 **もやもやした**気持《きも》ちで一日《いちにち》を送《おく》った。

1 落《お》ち着《つ》かない
2 うきうきする
3 すっきりしない
4 すがすがしい

18 **답답한** 기분으로 하루를 보냈다.

1 들뜬, 뒤숭숭한, 안정되지 않은
2 싱숭생숭한, 들뜬
3 마음이 개운치 않은, 시원치 않은
4 시원한

풀이 「もやもやする」는 실체나 원인 등이 분명하지 않은 모양이나 완전히 해결되지 않는 상태로 '답답하다, 개운치 않다'라는 뜻으로 3번의 「すっきりしない 마음이 개운치 않다」와 바꿔 사용할 수 있다.

단어 気持《きも》ち 기분 | 一日《いちにち》を送《おく》る 하루를 보내다

19 今学期《こんがっき》の成績《せいせき》は**さっぱりだ**。

1 とてもこのましい　2 まだわからない
3 まあまあだ　4 まったくだめだ

19 이번 학기의 성적은 **형편없다**.

1 아주 바람직하다　2 아직 모르겠다
3 그저 그렇다　4 완전히 형편없다

풀이 「さっぱり」는 다의어로 문장 끝에 와서 「さっぱりだ」의 형태로 쓰이면 '형편없다, 아주 말이 아니다'라는 뜻이 되므로, 4번의 「まったくだめだ 완전히 형편없다, 글렀다」로 바꿔 사용할 수 있다. 한편 「さっぱり」는 일반적으로는 '후련함, 산뜻함, 남김없이, 전혀(조금도)'라는 뜻으로 사용된다.

단어 今学期《こんがっき》 이번 학기 | 成績《せいせき》 성적

문제 3 유의 표현 | 실전 테스트 ③

문제집 P.128

14 ①　15 ④　16 ②　17 ①　18 ③　19 ④

問題3 ＿＿＿の言葉《ことば》に意味《いみ》が最《もっと》も近《ちか》いものを、1・2・3・4から一《ひと》つ選《えら》びなさい。

문제 3 ＿＿＿의 단어에 의미가 가장 가까운 것을 1・2・3・4에서 하나 고르세요.

14 今度《こんど》のサッカー試合《しあい》で、**危《あぶ》なげなく**勝《か》った。

1 無難《ぶなん》に　2 やっとのことで
3 はらはらしながら　4 案外《あんがい》

14 이번 축구 시합에서 **무난하게** 이겼다.

1 무난하게　2 겨우, 간신히
3 전전긍긍하면서　4 의외로

풀이 「危《あぶ》なげない」는 '무난하다, 위태롭다는 기분이 안 들다'라는 뜻으로 1번의 「無難《ぶなん》に 무난하게」와 바꿔 사용할 수 있다.

단어 サッカー試合《しあい》 축구 시합 | 勝《か》つ 이기다

15 木村《きむら》さんはこの分野《ぶんや》の**エキスパート**だ。

1 経営者《けいえいしゃ》　　2 職人《しょくにん》
3 戦略家《せんりゃくか》　　**4 専門家《せんもんか》**

15 기무라 씨는 이 분야의 **전문가**다.

1 경영자　　2 장인
3 전략가　　**4 전문가**

풀이 「エキスパート」는 '전문가, 숙련자, 대가'라는 뜻으로 4번의 「専門家《せんもんか》 전문가」와 바꿔 사용할 수 있다. 유의어인 「玄人《くろうと》 전문가, 프로」도 함께 알아두자.

단어 分野《ぶんや》 분야

16 **案《あん》の定《じょう》**、雪《ゆき》が降《ふ》った。

1 思《おも》いがけず　　**2 やっぱり**
3 いきなり　　4 あいにく

16 **아니나 다를까**, 눈이 내렸다.

1 의외로, 뜻하지 않게　　**2 역시**
3 갑자기　　4 공교롭게도

풀이 「案《あん》の定《じょう》 아니나 다를까」는 「思《おも》った通《とお》り 생각한대로」, 「予想通《よそうどお》り 예상대로」라는 뜻으로 2번의 「やっぱり 역시」와 바꿔 사용할 수 있다.

단어 雪《ゆき》 눈 | 降《ふ》る 내리다

17 あれ以来《いらい》、彼女《かのじょ》は**密《ひそ》かに**日本《にほん》を離《はな》れた。

1 こっそり　　2 急《いそ》いで
3 張《は》り切《き》って　　4 すかさず

17 그 이후로 그녀는 **몰래** 일본을 떠났다.

1 몰래, 살짝　　2 서둘러
3 활기차게　　4 즉각, 지체 없이

풀이 「密《ひそ》かに」는 '몰래, 살짝, 은근히'라는 뜻으로 1번의 「こっそり 몰래, 살짝, 가만히」와 바꿔 사용할 수 있다.

단어 離《はな》れる 떠나다, 벗어나다

18 彼《かれ》は思《おも》いがけない質問《しつもん》に**まごついた**。

1 腹《はら》を立《た》てた　　2 感心《かんしん》した
3 慌《あわ》てた　　4 あきれた

18 그는 뜻밖의 질문에 **당황했다**.

1 화를 냈다　　2 감탄했다
3 당황했다　　4 어이없었다, 질렸다

풀이 「まごつく」는 '(어찌해야 할지 몰라) 당황하다, 망설이다, 갈팡질팡하다'라는 뜻으로 3번의 「慌《あわ》てる 당황하다」와 바꿔 사용할 수 있다. 유의어인 「うろたえる 당황하다, 허둥대다, 갈팡질팡하다」, 「困惑《こんわく》する 당황하다, 곤혹스러워하다」, 「戸惑《とまど》う 당황하다, 어리둥절해하다, 망설이다」도 함께 알아두자.

단어 思《おも》いがけない 뜻밖이다, 의외이다 | 腹《はら》を立《た》てる 화를 내다 | 感心《かんしん》する 감탄하다 | 慌《あわ》てる 당황하다 | あきれる 어이없다, 질리다

19 彼《かれ》の死因《しいん》は**歴然《れきぜん》としている**。

1 突《つ》き止《と》められない
2 予想《よそう》したとおりだ
3 依然《いぜん》として解《と》けない
4 はっきりしている

19 그의 사인은 **역연하다**.

1 밝혀낼 수 없다
2 예상했던 대로다
3 여전히 풀 수 없다
4 확실하다

풀이 「歴然《れきぜん》 역연」은 '분명함, 또렷함'이라는 뜻으로 4번의 「はっきりしている 확실하다」로 바꿔 사용할 수 있다.

단어 死因《しいん》 사인(죽은 원인) | 突《つ》き止《と》める 밝혀내다, 알아내다

문제 3 유의 표현 | 실전 테스트 ④

문제집 P.129

14 ③ 15 ① 16 ③ 17 ③ 18 ① 19 ②

問題3 ＿＿＿の言葉《ことば》に意味《いみ》が最《もっと》も近《ちか》いものを、1・2・3・4から一《ひと》つ選《えら》びなさい。

문제 3 ＿＿＿의 단어에 의미가 가장 가까운 것을 1・2・3・4에서 하나 고르세요.

14 海外《かいがい》を訪《おとず》れると、文化《ぶんか》の違《ちが》いに**戸惑《とまど》う**こともある。

1 動転《どうてん》する
2 悔《く》やむ
3 困《こま》る
4 かしげる

14 해외를 방문하면 문화의 차이에 **당황할** 때도 있다.

1 놀랄(놀라서 동요할)
2 후회할
3 곤란할
4 갸웃할

풀이 「戸惑《とまど》う」는 '당황하다, 망설이다, 어리둥절해하다'라는 뜻을 가지고 있는데, 여기에서는 '당황하다'라는 뜻으로 사용되었으며, 3번의 「困《こま》る 곤란하다」와 바꿔 사용할 수 있다. 3번처럼 의미적으로 완전한 유의어는 아니더라도 비슷한 뉘앙스를 지니면 답이 될 수 있다.

단어 訪《おとず》れる 방문하다 | 違《ちが》い 차이

15 彼《かれ》に**触発《しょくはつ》されて**運動《うんどう》をはじめた。

1 刺激《しげき》を受《う》けて
2 支援《しえん》を受《う》けて
3 評価《ひょうか》を受《う》けて
4 推薦《すいせん》を受《う》けて

15 그에게 **촉발되어** 운동을 시작했다.

1 자극을 받아
2 지원을 받아
3 평가를 받아
4 추천을 받아

풀이 「触発《しょくはつ》される 촉발되다」는 '어떤 일을 당하여 감정, 충동 따위가 일어난다'는 뜻으로 1번의 「刺激《しげき》を受《う》ける 자극을 받다」로 바꿔 사용할 수 있다. 한편 유의어로 「感化《かんか》される 감화되다」, 「感化《かんか》を受《う》ける 감화를 받다」라는 표현이 있는데, '좋은 영향을 받아 생각이나 감정이 바람직하게 변하다'라는 뜻을 가지고 있다.

단어 運動《うんどう》 운동 | はじめる 시작하다

16 **銘々《めいめい》**、意見《いけん》を述《の》べてください。

1 順々《じゅんじゅん》に　　2 グループごとに

3 一人一人《ひとりひとり》　　4 明確《めいかく》に

16 **각자**, 의견을 말해 주세요.

1 차례차례　　2 그룹마다

3 한 사람 한 사람, 각자　　4 명확하게

풀이 「銘々《めいめい》」는 '각자, 제각기, 각각'이라는 뜻을 가지고 있으며, 3번의 「一人一人《ひとりひとり》 한 사람 한 사람」으로 바꿔 사용할 수 있다. 유의어인 「各々《おのおの》 각자, 각각」도 함께 알아두자.

단어 述《の》べる 말하다

17 彼《かれ》は**おびえて**いるような様子《ようす》で待機《たいき》していた。

1 緊張《きんちょう》して　　2 後悔《こうかい》して

3 怖《こわ》がって　　4 思《おも》いあがって

17 그는 **겁먹고** 있는 듯한 모습으로 대기하고 있었다.

1 긴장하고　　2 후회하고

3 무서워하고　　4 우쭐대고

풀이 「怯《おび》える」는 '겁먹다, 무서워 벌벌 떨다'는 뜻으로 3번의 「怖《こわ》がる 무서워하다」로 바꿔 사용할 수 있다. 유의어인 「恐《おそ》れる 두려워하다」、「おののく 부들부들 떨다, 전율하다」、「びくびくする 움찔움찔하다, 겁을 내다」도 함께 알아두자.

단어 様子《ようす》 모습 | 待機《たいき》 대기

18 彼《かれ》の発想《はっそう》はいつも**抜群《ばつぐん》だった**。

1 他《ほか》と比《くら》べて特《とく》によかった

2 他《ほか》と比《くら》べて特《とく》に上《あ》がった

3 他《ほか》と比《くら》べて特《とく》に下《さ》がった

4 他《ほか》と比《くら》べて特《とく》に劣《おと》っている

18 그의 발상은 항상 **발군이었다**.

1 다른 것과 비교해 특히 좋았다

2 다른 것과 비교해 특히 올랐다

3 다른 것과 비교해 특히 내려갔다

4 다른 것과 비교해 특히 뒤떨어져 있다

풀이 「抜群《ばつぐん》 발군」은 '여럿 가운데 특별히 뛰어남'을 뜻하며, 1번의 「他《ほか》と比《くら》べて特《とく》によかった 다른 것과 비교해 특히 좋았다」로 바꿔 사용할 수 있다. 유의어인 「抜《ぬ》きん出《で》る 뛰어나다, 출중하다」、「優《すぐ》れる 뛰어나다, 우수하다」、「秀《ひい》でる 빼어나다, 뛰어나다」、「長《た》ける 뛰어나다」도 함께 알아두자.

단어 発想《はっそう》 발상

19 うちの猫《ねこ》は**みるみる**太《ふと》くなった。

1 徐々《じょじょ》に　　2 あっという間《ま》に

3 見《み》るたびに　　4 全体的《ぜんたいてき》に

19 우리 고양이는 **순식간에** 살이 쪘다.

1 서서히　　2 눈 깜짝할 사이에

3 볼 때마다　　4 전체적으로

풀이 「みるみる」는 '순식간에, 금세, 삽시간에'라는 뜻으로 2번의 「あっという間《ま》に 눈 깜짝할 사이에」로 바꿔 사용할 수 있다. 유의어인 「たちまち 금세, 순식간에」、「瞬《またた》く間《ま》に 눈 깜박할 사이에」、「瞬時《しゅんじ》に 순식간에, 삽시간에」도 함께 알아두자.

단어 太《ふと》くなる 살찌다

문제 3 유의 표현 | 실전 테스트 ⑤

문제집 P.130

14 ① **15** ④ **16** ③ **17** ② **18** ① **19** ④

問題3 ＿＿＿の言葉《ことば》に意味《いみ》が最《もっと》も近《ちか》いものを、1・2・3・4から一《ひと》つ選《えら》びなさい。	**문제 3** ＿＿＿의 단어에 의미가 가장 가까운 것을 1・2・3・4에서 하나 고르세요.

14 来週《らいしゅう》、細胞分裂《さいぼうぶんれつ》の<u>**メカニズム**</u>についての発表《はっぴょう》がある。

1 仕組《しく》み　2 可能性《かのうせい》
3 危険性《きけんせい》　4 移《うつ》り変《か》わり

14 다음 주, 세포 분열의 <u>**매커니즘**</u>에 관해서의 발표가 있다.

1 구조　2 가능성
3 위험성　4 변화, 변천

풀이 「メカニズム 매커니즘」은 '(목적을 달성하기 위한) 방법, (생물체 내에서 특정한 기능을 수행하는) 구조'라는 뜻으로 1번의 「仕組《しく》み 구조, 짜임새」로 바꿔 사용할 수 있다.

단어 細胞分裂《さいぼうぶんれつ》 세포 분열 | 発表《はっぴょう》 발표

15 <u>**ありふれた**</u>事件《じけん》ではあるが、すぐ解決《かいけつ》することは容易《ようい》ではない。

1 奇異《きい》な　2 幼稚《ようち》な
3 複雑《ふくざつ》な　4 平凡《へいぼん》な

15 <u>**흔한**</u> 사건이지만, 바로 해결하는 것은 쉽지 않다.

1 기이한　2 유치한
3 복잡한　4 평범한

풀이 「ありふれる」는 주로 「ありふれた」、「ありふれている」의 형태로 쓰이며, '어디에나 있다, 흔해 빠지다, 지천으로 있다'는 뜻으로 4번의 「平凡《へいぼん》な 평범한」으로 바꿔 사용할 수 있다.

단어 解決《かいけつ》 해결 | 容易《ようい》 쉬움, 용이(함)

16 幼《おさな》い頃《ころ》亡《な》くなった祖母《そぼ》の顔《かお》を<u>**かろうじて**</u>思《おも》い出《だ》した。

1 いきなり　2 なぜか
3 何《なん》とか　4 妙《みょう》に

16 어릴 때 돌아가신 할머니의 얼굴을 <u>**가까스로**</u> 생각해냈다.

1 갑자기　2 웬일인지, 어쩐지
3 어떻게(든), 간신히　4 이상하게, 묘하게

풀이 「かろうじて」는 '가까스로, 겨우, 간신히'라는 뜻으로 3번의 「何《なん》とか 어떻게(든), 간신히」와 바꿔 사용할 수 있다. 유의어인 「ようやく 가까스로, 겨우, 간신히」、「やっと 겨우, 간신히」도 함께 알아두자.

단어 幼《おさな》い頃《ころ》 어릴 때 | 亡《な》くなる 돌아가시다 | 思《おも》い出《だ》す 생각해내다, 떠올리다

17 それはわが社《しゃ》の古《ふる》くからの**しきたり**です。

1 名残《なごり》　**2 慣例《かんれい》**
3 歴史《れきし》　4 思想《しそう》

17 그것은 우리 회사의 오래 전부터의 **관례**입니다.

1 자취, 흔적　**2 관례**
3 역사　4 사상

풀이 「しきたり」는 '(이제까지의) 관례, 관습'을 뜻하며, 2번의 「慣例《かんれい》 관례」로 바꿔 사용할 수 있다. 3번의 「歴史《れきし》 역사」는 '인류 사회의 변천과 흥망의 과정' 혹은 '자연 현상이 변하여 온 자취'를 의미하므로 오답이다.

단어 古《ふる》くから 오래 전부터, 예로부터

18 毎日《まいにち》**みっちり**勉強《べんきょう》している。

1 まじめに　2 猛烈《もうれつ》に
3 正確《せいかく》に　4 綿密《めんみつ》に

18 매일 **착실히** 공부하고 있다.

1 근면하게, 성실하게　2 맹렬하게
3 정확하게　4 면밀하게

풀이 「みっちり」는 대충대충 하지 않고 착실하게 어떤 것을 하는 모습을 나타낼 때 사용하는 부사로, 거짓이 없고 진지하며, 성실한 모습을 나타내는 형용사 「まじめだ 근면하다, 성실하다」와 바꿔 사용할 수 있다. 2번의 「猛烈《もうれつ》 맹렬」은 '어떤 정도가 심한 모습'을 나타낼 때 사용하므로 오답이다.

19 今度《こんど》の決定《けってい》に**くい**はありません。

1 未練《みれん》　2 間違《まちが》い
3 疑《うたが》い　**4 後悔《こうかい》**

19 이번 결정에 **후회**는 없습니다.

1 미련　2 틀림, 잘못
3 의심　**4 후회**

풀이 「くい」는 「悔《く》いる 후회하다, 뉘우치다」라는 동사에서 명사형이 되어, '후회'라는 뜻이 되었으며, 4번의 「後悔《こうかい》 후회」로 바꿔 사용할 수 있다.

단어 決定《けってい》 결정

문제 3 유의 표현 | 실전 테스트 ❻

문제집 P.131

14 ④　**15** ②　**16** ①　**17** ①　**18** ②　**19** ③

問題 3 ＿＿＿＿の言葉《ことば》に意味《いみ》が最《もっと》も近《ちか》いものを、1・2・3・4から一《ひと》つ選《えら》びなさい。

문제 3 ＿＿＿＿의 단어에 의미가 가장 가까운 것을 1 · 2 · 3 · 4에서 하나 고르세요.

14 母《はは》が私《わたし》を**急《せ》かした**。

1 励《はげ》ました　2 諭《さと》した
3 待《ま》たせた　**4 急《いそ》がせた**

14 엄마가 나를 **재촉했다**.

1 격려했다　2 타일렀다
3 기다리게 했다　**4 서두르게 했다**

풀이 「急《せ》かす(= 急《せ》かせる)」는 '재촉하다', '독촉하다', '보채다'라는 뜻으로 「急《いそ》ぐ」의 사역 형태인 4번의 「急《いそ》がせる 서두르게 하다」와 바꿔 사용할 수 있다.

15 謎《なぞ》は**呆気《あっけ》ない**ほど簡単《かんたん》に解《と》けた。

1 こころない

2 ばかばかしい

3 うたがわしい

4 おかしい

15 수수께끼는 **어이없을** 정도로 간단히 풀렸다.

1 생각이 모자랄, 사리분별이 없을

2 어이없을, 어마어마할, 엄청날

3 의심스러울, 수상쩍을

4 우스울, 이상할

풀이 「呆気《あっけ》ない」는 ‘어이없다, (기대에 못 미쳐) 싱겁다, 아쉽다’라는 뜻으로 2번의 「ばかばかしい 어이없다」와 바꿔 사용할 수 있다. 유의어인 「呆《あき》れる 어이없다, 기막히다」、「呆気《あっけ》にとられる 어안이 벙벙하다, 어이없다」도 함께 알아두자.

단어 謎《なぞ》 수수께끼 | 簡単《かんたん》に 간단하게 | 解《と》ける 풀리다

16 彼《かれ》は事件解決《じけんかいけつ》のための**糸口《いとぐち》**をやっとつかんだ。

1 ヒント

2 プロセス

3 ポイント

4 ポテンシャル

16 그는 사건 해결을 위한 **실마리**를 겨우 잡았다.

1 힌트, 도움말

2 프로세스, 과정

3 포인트, 요점

4 포텐셜, 잠재력

풀이 「糸口《いとぐち》 실마리」는 ‘일이나 사건을 풀어나갈 수 있는 첫머리’를 뜻하므로 1번의 「ヒント 힌트」로 바꿔 사용할 수 있다. 유의어인 「端緒《たんしょ》 단서」、「手掛《てが》かり 단서, 실마리」도 함께 알아두자.

단어 事件《じけん》 사건 | 解決《かいけつ》 해결 | やっと 겨우 | つかむ 잡다

17 新人監督《しんじんかんとく》の映画《えいが》を**堪能《たんのう》した**。

1 十分《じゅうぶん》に楽《たの》しんだ

2 深《ふか》く分析《ぶんせき》した

3 厳《きび》しく批判《ひはん》した

4 見《み》くびった

17 신인 감독의 영화를 **만끽했다**.

1 충분히 즐겼다

2 깊게 분석했다

3 엄격하게 비판했다

4 얕봤다, 깔봤다

풀이 「堪能《たんのう》」가 する 동사 형태가 되면 「堪能《たんのう》する」가 되어, ‘충분하다, 만족히 ~하다, ~을 만끽하다’의 뜻이 되며, 1번의 「十分《じゅうぶん》に楽《たの》しんだ 충분히 즐겼다」와 바꿔 사용할 수 있다.

단어 新人《しんじん》 신인 | 監督《かんとく》 감독

18 彼女《かのじょ》は飲《の》み会《かい》で酒《さけ》を**しぶしぶ**飲《の》んだ。

1 おもむろに　　2 やむを得《え》ず

3 楽《たの》しんで　　4 不満《ふまん》げに

18 그녀는 회식에서 술을 **마지못해** 마셨다.

1 천천히　　2 어쩔 수 없이

3 즐기며　　4 불만스러운 듯이

풀이 「しぶしぶ」는 '마지못해, 떨떠름하게'라는 뜻으로 2번의 「やむを得《え》ず 어쩔 수 없이」와 바꿔 사용할 수 있다. 유의어인 「不承不承《ふしょうぶしょう》 마지못해 억지로」, 「いやいや(ながら) 마지못해서」도 함께 알아두자.

단어 飲《の》み会《かい》 회식

19 この本《ほん》を読《よ》んで、**インスピレーション**を得《え》た。

1 教訓《きょうくん》　　2 驚《おどろ》き

3 思《おも》いつき　　4 常識《じょうしき》

19 이 책을 읽고, **영감**을 얻었다.

1 교훈　　2 놀람

3 착상　　4 상식

풀이 「インスピレーション 인스피레이션」은 '영감(霊感《れいかん》)'이라는 뜻으로 3번의 「思《おも》いつき 착상, 문득 생각이 남」과 바꿔 사용할 수 있다. 유의어인 「ひらめき 번뜩임」, 「アイデア 아이디어」도 함께 알아두자.

단어 本《ほん》 책 | 読《よ》む 읽다 | 得《え》る 얻다

문제 4 용법 | 실전 테스트 ❶

문제집 P.132

20 ①　21 ②　22 ①　23 ②　24 ①　25 ②

問題4 **次《つぎ》の言葉《ことば》の使《つか》い方《かた》として最《もっと》もよいものを、1・2・3・4から一《ひと》つ選《えら》びなさい。**

문제 4 다음 단어의 사용법으로 가장 알맞은 것을 1・2・3・4에서 하나 고르세요.

20 有数《ゆうすう》

1 この山《やま》は世界《せかい》でも**有数《ゆうすう》**の高《たか》い山《やま》です。

2 このブランドは有数《ゆうすう》なので、たちまち売《う》れきれる。

3 A氏《し》は今度《こんど》の選挙《せんきょ》で一番有数《いちばんゆうすう》な優勝候補《ゆうしょうこうほ》と言《い》われている。

4 有数《ゆうすう》な人材《じんざい》の中《なか》でも彼《かれ》はことに優《すぐ》れている。

20 유수

1 이 산은 세계에서도 유수의 높은 산입니다.

2 이 브랜드는 유수하기 때문에, 금세 다 팔린다.

3 A 씨는 이번 선거에서 가장 유수한 우승 후보로 거론되고 있다.

4 유수한 인재 속에서도 그는 특히 뛰어나다.

풀이 「有数《ゆうすう》 유수」는 '손꼽을 만큼 두드러지거나 훌륭함'을 뜻하며, '손꼽히는' 또는 '굴지'의 뜻으로 이해하면 된다. 따라서 정답은 1번이다. 그 외에 2번은 「有名《ゆうめい》 유명」, 3번은 「有力《ゆうりょく》 유력」, 4번은 「優秀《ゆうしゅう》 우수」로 바꿔야 자연스러운 문장이 된다.

단어 ブランド 브랜드 | 選挙《せんきょ》 선거 | 優勝《ゆうしょう》 우승 | 候補《こうほ》 후보 | 人材《じんざい》 인재 | 優《すぐ》れる 뛰어나다

21 隠《くま》なく

1 木《き》村《むら》選手《せんしゅ》は競争者《きょうそうしゃ》を隠《くま》なく圧倒《あっとう》して今《いま》は独《ひと》り舞台《ぶたい》だ。

2 彼女《かのじょ》は木製《もくせい》の食卓《しょくたく》を茶色《ちゃいろ》のペンキで**隠《くま》なく**塗《ぬ》った。

3 お小遣《こづか》いを四日《よっか》で隠《くま》なく使《つか》ってしまった。

4 彼《かれ》は彼《かれ》なりに頑張《がんば》ってきたが、仕事《しごと》は隠《くま》なく失敗《しっぱい》した。

21 샅샅이

1 기무라 선수는 경쟁자를 샅샅이 압도해서 지금은 독무대이다.

2 그녀는 목제 식탁을 갈색 페인트로 샅샅이 칠했다.

3 용돈을 4일 만에 샅샅이 사용해 버렸다.

4 그는 그 나름대로 분발해 왔지만, 일은 샅샅이 실패했다.

풀이 「隠《くま》」는 원래 '구석'이라는 뜻인데, 여기에서는 「隠《くま》なく」가 되어 '샅샅이, 구석구석까지, 빠짐없이'라는 뜻이 된 것으로 바르게 사용한 것은 2번이다. 그 외에 1번, 3번, 4번은 모두 「全部《ぜんぶ》 전부」로 바꾸면 자연스러운 문장이 된다.

단어 選手《せんしゅ》 선수 | 競争者《きょうそうしゃ》 경쟁자 | 圧倒《あっとう》 압도 | 独《ひと》り舞台《ぶたい》 독무대 | お小遣《こづか》い 용돈 | ~なりに ~나름으로 | 頑張《がんば》る 분발하다 | 失敗《しっぱい》 실패

22 拮抗《きっこう》

1 死刑制度《しけいせいど》の維持《いじ》について賛成派《さんせいは》と反対派《はんたいは》の意見《いけん》が**拮抗《きっこう》**している。

2 思春期《ししゅんき》に入《はい》った息子《むすこ》はわけもなくことごとく拮抗《きっこう》している。

3 彼女《かのじょ》はゴキブリを見《み》るや否《いな》や、拮抗《きっこう》して悲鳴《ひめい》をあげた。

4 親《おや》は子供《こども》のためとあれば、どんな拮抗《きっこう》もいとわないものだ。

22 팽팽

1 사형 제도의 유지에 관해서 찬성파와 반대파의 의견이 팽팽해 있다.

2 사춘기에 접어든 아들은 이유도 없이, 모조리 팽팽하고 있다.

3 그녀는 바퀴벌레를 보자마자, 팽팽해서 비명을 질렀다.

4 부모는 아이를 위해서라면, 어떤 팽팽함도 마다하지 않는 법이다.

풀이 「拮抗《きっこう》 길항」은 '세력이 팽팽함, 서로 맞버팀'이라는 뜻으로 바르게 사용한 것은 1번이다. 그 외에 2번은 「反抗《はんこう》 반항」, 3번은 「仰天《ぎょうてん》 기겁함, 깜짝 놀람」, 4번은 「苦労《くろう》 고생」으로 바꾸면 자연스러운 문장이 된다.

단어 思春期《ししゅんき》に入《はい》る 사춘기에 접어들다 | わけもなく 이유 없이 | ことごとく 모조리, 전부 | ゴキブリ 바퀴벌레 | 悲鳴《ひめい》をあげる 비명을 지르다 | 親《おや》 부모 | ~とあれば ~라고 하면 | ~もいとわない ~도 마다하지 않다 | ~ものだ ~하는 법이다

23 問《と》い詰《つ》める

1 彼《かれ》はしまいまで「自分《じぶん》は無実《むじつ》である」と問《と》い詰《つ》めている。

2 娘《むすめ》にどこに行《い》っていたのかと**問《と》い詰《つ》めたら**泣《な》いてしまった。

3 彼《かれ》は会社側《かいしゃがわ》から突然《とつぜん》の解雇通知《かいこつうち》を問《と》い詰《つ》められた。

4 他人《たにん》に自分《じぶん》の考《かんが》え方《かた》や生《い》き方《かた》を問《と》い詰《つ》めてはいけない。

23 추궁하다

1 그는 끝까지 '자신은 억울하다'고 추궁하고 있다.

2 딸에게 어디에 갔었는지 추궁했더니 울어버렸다.

3 그는 회사 측으로부터 갑작스러운 해고 통지를 추궁당했다.

4 남에게 자신의 사고방식이나 사는 방식을 추궁해서는 안 된다.

풀이 「問《と》い詰《つ》める」는 '추궁하다, 캐묻다'라는 뜻으로 바르게 사용한 것은 2번이다. 그 외에 1번은 「主張《しゅちょう》する 주장하다」, 「言《い》い張《は》る 우기다」, 3번은 「受《う》ける 받다」, 4번은 「押《お》し付《つ》ける 강요하다」로 바꾸면 자연스러운 문장이 된다.

단어 無実《むじつ》 억울함 | 会社側《かいしゃがわ》 회사 측 | 解雇通知《かいこつうち》 해고 통지 | 他人《たにん》 남, 타인 | 考《かんが》え方《かた》 사고방식 | 生《い》き方《かた》 사는 방식

24 煩雑《はんざつ》

1 **相続《そうぞく》の手続《てつづ》きは、非常《ひじょう》に煩雑《はんざつ》で時間《じかん》もかかる。**

2 そのような煩雑《はんざつ》な話《はなし》はお祝《いわ》いの席《せき》に場違《ばちが》いだ。

3 最近《さいきん》の新《あたら》しい機械《きかい》はいずれも性能《せいのう》が高《たか》く構造《こうぞう》が煩雑《はんざつ》だ。

4 彼女《かのじょ》は煩雑《はんざつ》な心境《しんきょう》を涙《なみだ》ながらに語《かた》っている。

24 번잡

1 상속의 절차는 굉장히 번잡하고 시간도 걸린다.

2 그러한 번잡한 이야기는 축하 자리에 어울리지 않는다.

3 최근의 새로운 기계는 어느 것이나 성능이 좋고, 구조가 번잡하다.

4 그녀는 번잡한 심경을 눈물 흘리면서 이야기하고 있다.

풀이 「煩雑《はんざつ》 번잡」은 '번거롭게 뒤섞여 어수선함'이라는 뜻으로 한자를 하나하나 떼어보면 「煩《わずら》わしい 번거롭다 + 複雑《ふくざつ》だ 복잡하다」가 되어 뜻을 좀 더 정확하게 알 수 있으며, 그 뜻을 바르게 사용한 것은 1번이다. 그 외에 2번, 3번, 4번은 모두 「複雑《ふくざつ》 복잡함」으로 바꾸면 자연스러운 문장이 된다.

단어 相続《そうぞく》 상속 | 手続《てつづ》き 절차 | 非常《ひじょう》に 굉장히, 아주 | お祝《いわ》いの席《せき》 축하 자리 | 場違《ばちが》い 장소에 어울리지 않음 | 機械《きかい》 기계 | いずれも 어느 것이나, 모두 | 性能《せいのう》が高《たか》い 성능이 좋다 | 構造《こうぞう》 구조 | 心境《しんきょう》 심경 | 涙《なみだ》ながらに 눈물 흘리면서 | 語《かた》る 이야기하다

25 才覚《さいかく》

1 本選《ほんせん》を控《ひか》えて、選手《せんしゅ》たちは大変《たいへん》な才覚《さいかく》で取《と》り組《く》んでいる。

2 彼《かれ》は優《すぐ》れた人柄《ひとがら》と経営《けいえい》の**才覚《さいかく》**を持《も》ち合《あ》わせている。

3 吉村《よしむら》さんの将棋《しょうぎ》の才覚《さいかく》はプロも顔負《かおま》けするほどです。

4 高校《こうこう》3年生《ねんせい》になった弟《おとうと》は才覚《さいかく》を新《あら》たにして入試《にゅうし》の準備《じゅんび》をした。

25 기지(재치)

1 본선을 앞두고, 선수들은 굉장한 기지로 몰두하고 있다.

2 그는 훌륭한 인품과 경영의 기지를 갖추고 있다.

3 요시무라 씨의 장기의 기지는 프로 뺨칠 정도입니다.

4 고교 3학년이 된 남동생은 기지를 새롭게 해서 입시 준비를 했다.

풀이 「才覚《さいかく》 재각」은 주로 재주와 지각을 아울러 이르는 '재치, 기지'라는 뜻으로 바르게 사용한 것은 2번이다. 그 외에 1번은 「意気込《いきご》み 패기, 의욕, 기세」、「勢《いきお》い 기세」, 3번은 「腕前《うでまえ》 솜씨」, 4번은 「覚悟《かくご》 각오」로 바꾸면 자연스러운 문장이 된다.

단어 本選《ほんせん》 본선 | 控《ひか》える 앞두다 | 取《と》り組《く》む 몰두하다 | 優《すぐ》れる 뛰어나다 | 人柄《ひとがら》 인품 | 持《も》ち合《あ》わせる 갖추다, 보유하다 | 将棋《しょうぎ》 장기 | プロ 프로 | ~顔負《かおま》けする ~뺨치다, ~이(가) 무색하다 | 高校《こうこう》3年生《ねんせい》 고교 3학년 | 新《あら》たに 새롭게 | 入試《にゅうし》 입시

문제 4 용법 | 실전 테스트 ❷

문제집 P.134

20 ① 21 ④ 22 ① 23 ④ 24 ① 25 ③

問題4 次《つぎ》の言葉《ことば》の使《つか》い方《かた》として最《もっと》もよいものを、1・2・3・4から一《ひと》つ選《えら》びなさい。

문제 4 다음 단어의 사용법으로 가장 알맞은 것을 1・2・3・4에서 하나 고르세요.

20 閑静《かんせい》

1 退職後《たいしょくご》は町外《まちはず》れの**閑静《かんせい》**な田舎《いなか》で暮《く》らしたい。

2 夜《よる》になるとその店《みせ》は閑静《かんせい》として、早《はや》めに閉《し》めてしまう。

3 閑静《かんせい》な時《とき》は、本《ほん》を読《よ》んだり映画《えいが》をみたりします。

4 この通《とお》りは騒《さわ》がしい平日《へいじつ》と違《ちが》って週末《しゅうまつ》になると閑静《かんせい》になる。

20 한정(조용)

1 퇴직 후에는 변두리의 조용한 시골에서 살고 싶다.

2 밤이 되면 그 가게는 조용해져, 조금 일찍 문을 닫아 버린다.

3 조용한 때는 책을 읽거나 영화를 보거나 합니다.

4 이 거리는 소란한 평일과 달리 주말이 되면, 조용해진다.

풀이 「閑静《かんせい》 한정」은 장소나 주거지 등이 '조용함, 고요함, 한가하고 평화로움'이라는 뜻으로 제대로 사용한 것은 1번이다. 그 외에 2번은 「閑散《かんさん》 한산」, 3번은 「暇《ひま》 한가」, 4번은 「静《しず》か 조용함」、「閑散《かんさん》 한산」으로 바꾸면 자연스러운 문장이 된다.

단어 町外《まちはず》れ 변두리 | 田舎《いなか》 시골 | 暮《く》らす 살다 | 早《はや》めに 조금 일찍 | 通《とお》り 길, 거리 | 騒《さわ》がしい 소란하다 | 違《ちが》う 다르다

---

21 怠《おこた》る

1 彼《かれ》はこれといった理由《りゆう》もなく授業《じゅぎょう》を怠《おこた》った。

2 今日《きょう》は疲《つか》れたから食事支度《しょくじしたく》を怠《おこた》って、出前《でまえ》を頼《たの》んだ。

3 自分《じぶん》の仕事《しごと》を他人《たにん》に怠《おこた》ってはいけない。

4 注意《ちゅうい》を怠《おこた》って交通事故《こうつうじこ》を起《お》こしてしまった。

21 소홀히 하다

1 그는 이렇다할 이유도 없이 수업을 소홀히 했다.

2 오늘은 피곤해서 식사 준비를 소홀히 하고, 배달 음식을 시켰다.

3 자신의 일을 남에게 소홀히 해서는 안 된다.

4 주의를 소홀히 해서 교통사고를 일으켜 버렸다.

풀이 「怠《おこた》る」는 '소홀히 하다, 방심하다, 게으름 피우다, 태만히 하다'라는 뜻으로 바르게 사용한 것은 4번이다. 그 외에 1번은 「さぼる 땡땡이치다, 빼먹다」, 2번은 「しないで 하지 않고」, 3번은 「押《お》し付《つ》ける 강요하다, 억지로 떠맡기다」로 바꾸면 자연스러운 문장이 된다.

단어 これといった 이렇다 할 | 疲《つか》れる 피곤하다, 지치다 | 食事支度《しょくじしたく》 식사 준비 | 出前《でまえ》を頼《たの》む 배달시키다 | 注意《ちゅうい》 주의 | 交通事故《こうつうじこ》を起《お》こす 교통사고를 일으키다

---

22 まちまち

1 みんなの意見《いけん》がまちまちで、まとめるのが大変《たいへん》だ。

2 春《はる》になるとこの公園《こうえん》にはまちまちの花《はな》が満開《まんかい》する。

3 この図書館《としょかん》には、まちまちな本《ほん》が揃《そろ》っています。

4 費用《ひよう》はまちまち半分《はんぶん》ずつ負担《ふたん》することにした。

22 각기 다름

1 모두의 의견이 각기 달라서 통합하는 것이 힘들다.

2 봄이 되면 이 공원에는 각기 다른 꽃이 만개한다.

3 이 도서관에는 각기 다른 책이 갖춰져 있습니다.

4 비용은 각기 다르게 반씩 부담하기로 했다.

풀이 「まちまち」는 '각기 다름, 제각각'이라는 뜻으로 제대로 사용한 것은 1번이다. 그 외에 2번은 「色《いろ》とりどり 각양각색, 가지각색」, 3번은 「いろいろな 여러 가지」, 4번은 「おのおの 각각」、「各自《かくじ》 각자」、「めいめい 각각, 제각기」로 바꾸면 자연스러운 문장이 된다.

단어 まとめる 통합하다, 정리하다 | 花《はな》が満開《まんかい》する 꽃이 만개하다 | 本《ほん》が揃《そろ》っている 책이 갖춰져 있다 | 費用《ひよう》 비용 | 半分《はんぶん》 반

23 合致《がっち》

1 時代《じだい》に合致《がっち》した人材育成《じんざいいくせい》が重要《じゅうよう》である。

2 ここに残《のこ》されている指紋《しもん》が彼《かれ》の指紋《しもん》と合《がっ》致《ち》した。

3 この問題《もんだい》を解決《かいけつ》するためには当事者間《とうじしゃかん》の合致《がっち》が求《もと》められる。

4 彼女《かのじょ》が計画《けいかく》したイベントは我々《われわれ》の趣旨《しゅし》に合致《がっち》している。

23 합치

1 시대에 합치한 인재 육성이 중요하다.

2 여기에 남겨진 지문이 그의 지문과 합치했다.

3 이 문제를 해결하기 위해서는 당사자 간의 합치가 요구되어진다.

4 그녀가 계획한 이벤트는 우리들의 취지에 합치하고 있다.

풀이 「合致《がっち》 합치」는 '의견이나 주장 따위가 서로 맞아 일치함'이라는 뜻으로 바르게 사용한 것은 4번이다. 그 외에 1번은 「適合《てきごう》 적합, 일이나 조건 따위에 꼭 알맞음」, 2번은 「一致《いっち》 일치, 비교 대상들이 어긋나지 않고 같거나 들어맞음」, 3번은 「合意《ごうい》 합의, 둘 이상의 당사자의 의사가 일치함」으로 바꾸면 자연스러운 문장이 된다.

단어 時代《じだい》 시대 | 人材育成《じんざいいくせい》 인재 육성 | 残《のこ》す 남기다 | 指紋《しもん》 지문 | 問題《もんだい》 문제 | 解決《かいけつ》 해결 | 当事者間《とうじしゃかん》 당사자 간 | 求《もと》める 요구하다 | イベント 이벤트 | 我々《われわれ》 우리들 | 趣旨《しゅし》 취지

24 満《み》たない

1 数学《すうがく》の点数《てんすう》が７０点《てん》に満《み》たない学生《がくせい》がほとんどだった。

2 味《あじ》はいいが、量《りょう》が少《すこ》し満《み》たない気《き》がする。

3 どうしても体力《たいりょく》では木村《きむら》さんに満《み》たない。

4 彼《かれ》は社会人《しゃかいじん》としての自覚《じかく》が満《み》たない。

24 미달이다

1 수학 점수가 70점에 미달인 학생이 대부분이었다.

2 맛은 좋지만, 양이 조금 미달인 기분이 든다.

3 절대로 체력으로는 기무라 씨에게 미달이다.

4 그는 사회인으로서의 자각이 미달이다.

풀이 「満《み》たない」는 「満《み》つ 차다, 충분하다」의 부정 형태로 '미달이다, 기준이나 한도에 차지 않다」라는 뜻으로 바르게 사용한 것은 1번이다. 그 외에 2번과 4번은 「足《た》りない 부족하다, 모자라다」, 3번은 「敵《かな》わない 대적할 수 없다, 이길 수 없다」로 바꾸면 자연스러운 문장이 된다.

단어 数学《すうがく》 수학 | 点数《てんすう》 점수 | ほとんど 거의, 대부분 | 味《あじ》はいい 맛은 좋다 | 量《りょう》 양 | 気《き》がする 느낌(기분)이 들다 | どうしても 아무리 하여도, 절대로(부정 수반) | 体力《たいりょく》 체력 | 社会人《しゃかいじん》 사회인 | 自覚《じかく》 자각

25 デマ

1 この美術館《びじゅつかん》に展示《てんじ》されている作品《さくひん》はすべてデマだ。

2 下手《へた》な言《い》い訳《わけ》はデマを招《まね》くだけだ。

3 多《おお》くの人《ひと》がとんでもないデマに振《ふ》り回《まわ》されている。

4 ちょっとしたデマで二人《ふたり》の仲《なか》が次第《しだい》に隔《へだ》たった。

25 유언비어

1 이 미술관에 전시되어 있는 작품은 모두 유언비어다.

2 서툰 변명은 유언비어를 불러일으킬 따름이다.

3 많은 사람이 터무니없는 유언비어에 휘둘리고 있다.

4 사소한 유언비어로 두 사람의 사이가 점점 멀어졌다.

풀이 「デマ 데마」는 독일어에서 온 말로 「デマゴギー」의 축약어이다. 원래는 '정치적인 목적으로 상대를 비방하고 상대에게 불리한 여론을 만들어 내도록 흘리는 허위 정보'를 뜻한다. 주로 「流言飛語《りゅうげんひご》 유언비어, 헛소문, 선동」으로 해석되며, 바르게 사용한 것은 3번이다. 그 외에 1번은 「偽物《にせもの》 가짜, 위조품」, 2번과 4번은 「誤解《ごかい》 오해」로 바꾸면 자연스러운 문장이 된다.

단어 美術館《びじゅつかん》 미술관 | 展示《てんじ》 전시 | 作品《さくひん》 작품 | すべて 모두 | 言《い》い訳《わけ》 변명 | 招《まね》く 불러일으키다, 초래하다 | ~だけだ ~할 뿐이다 | とんでもない 터무니 없다, 당치도 않다 | 振《ふ》り回《まわ》す 휘두르다 | ちょっとした 사소한 | 仲《なか》 사이 | 次第《しだい》に 점점, 차츰 | 隔《へだ》たる 멀어지다

문제 4 용법 | 실전 테스트 ❸

문제집 P.136

20 ① 21 ② 22 ① 23 ② 24 ④ 25 ②

問題 4 次《つぎ》の言葉《ことば》の使《つか》い方《かた》として最《もっと》もよいものを、1・2・3・4から一《ひと》つ選《えら》びなさい。

문제 4 다음 단어의 사용법으로 가장 알맞은 것을 1・2・3・4에서 하나 고르세요.

20 余剰《よじょう》

1 倉庫《そうこ》の中《なか》には余剰《よじょう》の古《ふる》い物資《ぶっし》が積《つ》み上《あ》げられている。

2 スケジュールが余剰《よじょう》で周囲《しゅうい》を見渡《みわた》す余裕《よゆう》がない。

3 ビタミンを余剰《よじょう》に摂取《せっしゅ》するとかえって健康《けんこう》を損《そこ》なう。

4 エネルギーは質量《しつりょう》に光《ひかり》の速度《そくど》の余剰《よじょう》をかけたものと同《おな》じだ。

20 여분

1 창고 안에는 여분의 오래된 물자가 쌓여 있다.

2 스케줄이 여분해서 주위를 둘러볼 여유가 없다.

3 비타민을 여분으로 섭취하면 오히려 건강을 해친다.

4 에너지는 질량에 빛의 속도의 여분을 곱한 것과 같다.

풀이 「余剰《よじょう》 여분, 잉여」는 문어체적 표현으로 「剰余《じょうよ》」로도 표기할 수 있다. '쓰고 난 후 남은 것'을 뜻하며, 바르게 사용한 것은 1번이다. 그 외에 2번은 「過密《かみつ》 과밀, 빽빽함」, 3번은 「過剰《かじょう》 과잉」, 4번은 「二乗《にじょう》, 自乗《じじょう》 제곱, 자승」으로 바꾸면 자연스러운 문장이 된다.

단어 倉庫《そうこ》 창고 | 物資《ぶっし》 물자 | 積《つ》み上《あ》げる 쌓아 올리다 | スケジュール 스케줄 | 周囲《しゅうい》 주위 | 見渡《みわた》す 바라보다, 둘러보다 | 余裕《よゆう》がない 여유가 없다 | ビタミン 비타민 | 摂取《せっしゅ》 섭취 | かえって 오히려 | 健康《けんこう》を損《そこ》なう 건강을 해치다 | エネルギー 에너지 | 質量《しつりょう》 질량 | 光《ひかり》 빛

21 軌道《きどう》	21 궤도
1 これは特別《とくべつ》な軌道《きどう》でしか手《て》に入《い》れないものです。	1 이것은 특별한 궤도로밖에 손에 넣을 수 없는 것입니다.
2 何事《なにごと》も軌道《きどう》に乗《の》せるまでは時間《じかん》がかかるものだ。	2 무슨 일이든 궤도에 올리기까지는 시간이 걸리는 법이다.
3 途中《とちゅう》で軌道《きどう》を間違《まちが》えて、1時間《じかん》以上《いじょう》遅《おく》れてしまった。	3 도중에 궤도를 착각해서, 1시간 이상 늦어버렸다.
4 目的地《もくてきち》までの軌道《きどう》を地図《ちず》で確《たし》かめながら歩《ある》いてきました。	4 목적지까지의 궤도를 지도로 확인하면서 걸어왔습니다.

풀이 「軌道《きどう》 궤도」는 '일이 발전하는 본격적인 방향과 단계'라는 뜻으로 바르게 사용한 것은 2번이다. 「軌道《きどう》 궤도」는 「軌道《きどう》に乗《の》る 궤도에 오르다(일이 순조롭게 진행되다)」의 형태로 자주 사용된다. 그 외에 1번은 「方法《ほうほう》 방법」、「手段《しゅだん》 수단」으로, 3번은 「道《みち》 길」, 4번은 「道《みち》 길」、「道順《みちじゅん》 (목적지로 가는) 길」로 바꾸면 자연스러운 문장이 된다.

단어 特別《とくべつ》 특별 | 手《て》に入《い》れる 손에 넣다 | 乗《の》せる 태우다, 올리다 | ~ものだ ~하는(인) 법이다 | 間違《まちが》える 잘못하다, 틀리다, 잘못 알다 | 確《たし》かめる 확인하다

22 寛《くつろ》ぐ	22 편히 쉬다
1 ソファーでビールを飲《の》みながらゆったりと寛《くつろ》ぐのが好《す》きだ。	1 소파에서 맥주를 마시면서 느긋이 편히 쉬는 것을 좋아한다.
2 母《はは》に怒《おこ》られた女《おんな》の子《こ》が机《つくえ》の下《した》で寛《くつろ》いで泣《な》いている。	2 엄마에게 혼난 여자아이는 책상아래에서 편히 쉬며 울고 있다.
3 年《とし》をとるにつれ、腹《はら》を寛《くつろ》ぐほど笑《わら》うことはなくなってきた。	3 나이 들어 감에 따라, 배를 편히 쉴 만큼 웃을 일은 없어졌다.
4 あの老人《ろうじん》はいつもかすかな声《こえ》で一人《ひとり》で寛《くつろ》いでいる。	4 저 노인은 항상 희미한 소리로 혼자 편히 쉬고 있다.

풀이 「寛《くつろ》ぐ」는 '(느긋한 기분으로) 편히 쉬다, 유유자적하다'라는 뜻으로 바르게 사용한 것은 1번이다. 그 외에 2번은 「うずくまる 웅크리다, 쭈그리고 앉다」, 3번은 「抱《かか》える 움켜쥐다, 안다, 부둥켜안다」, 4번은 「呟《つぶや》く 중얼거리다」로 바꾸면 자연스러운 문장이 된다. 한편 3번의 「抱《かか》える」는 「腹《はら》を抱《かか》える 배꼽을 움켜쥐다(크게 웃다)」의 형태로 자주 쓰이니 함께 알아두자.

단어 ゆったりと 느긋이 | 怒《おこ》る 화내다 | 年《とし》をとる 나이를 먹다 | ~につれ ~에 따라 | 老人《ろうじん》 노인 | かすかな声《こえ》 희미한 목소리

23 加味《かみ》

1 相手《あいて》の立場《たちば》も加味《かみ》して、予定《よてい》を立《た》ててください。

2 今学期《こんがっき》では出席日数《しゅっせきにっすう》も単位取得《たんいしゅとく》に**加味《かみ》**することにします。

3 健康《けんこう》のため、加味《かみ》されていない自然《しぜん》そのままの野菜《やさい》を食《た》べている。

4 この食品《しょくひん》には防腐剤《ぼうふざい》が加味《かみ》されていません。

23 가미

1 상대의 입장도 가미해서 예정을 세워주세요.

2 이번 학기에는 출석일수도 학점 취득에 가미하기로 했습니다.

3 건강을 위해, 가미되어 있지 않은 자연 그대로의 야채를 먹고 있다.

4 이 식품에는 방부제가 가미되어 있지 않습니다.

풀이 「加味《かみ》 가미」는 '본래의 것에 다른 요소를 보태어 넣는다'라는 뜻으로 바르게 사용한 것은 2번이다. 그 외에 1번은 「勘案《かんあん》 감안」, 3번은 「加工《かこう》 가공」, 4번은 「添加《てんか》 첨가」로 바꿔 사용하면 자연스러운 문장이 된다.

단어 立場《たちば》 입장 | 予定《よてい》を立《た》てる 예정을 세우다 | 出席日数《しゅっせきにっすう》 출석일수 | 単位取得《たんいしゅとく》 학점 취득 | 防腐剤《ぼうふざい》 (식품)방부제

24 打開《だかい》

1 皆《みんな》が満足《まんぞく》するように事件《じけん》を打開《だかい》することは難《むずか》しい。

2 これだけの予算《よさん》で家計《かけい》を打開《だかい》するのは大変《たいへん》だ。

3 自然《しぜん》の中《なか》で食《た》べるもの着《き》るものなどを打《だ》開《かい》して生活《せいかつ》する。

4 今《いま》の国難《こくなん》を**打開《だかい》**するためには、政治《せいじ》の改革《かいかく》が不可欠《ふかけつ》だ。

24 타개

1 모두가 만족하도록 사건을 타개하는 것은 어렵다.

2 이 정도의 예산으로 가계를 타개하는 것은 힘들다.

3 자연 속에서 먹을 것 입을 것 등을 타개해서 생활한다.

4 지금의 국난을 타개하기 위해서는 정치의 개혁이 불가결하다.

풀이 「打開《だかい》 타개」는 '매우 어렵거나 막힌 일을 잘 처리하여 해결의 길을 연다'라는 뜻으로 바르게 사용한 것은 4번이다. 그 외에 1번은 「解決《かいけつ》 해결」, 2번은 「維持《いじ》 유지」, 3번은 「解決《かいけつ》 해결」、「調達《ちょうたつ》 조달」로 바꾸면 자연스러운 문장이 된다.

단어 満足《まんぞく》 만족 | 予算《よさん》 예산 | 家計《かけい》 가계 | 生活《せいかつ》 생활 | 国難《こくなん》 국난 | 政治《せいじ》 정치 | 改革《かいかく》 개혁 | 不可欠《ふかけつ》 불가결

25 苛《さいな》む

1 人《ひと》の容姿《ようし》を苛《さいな》むようなことを言《い》ってはいけない。

2 彼《かれ》は自分《じぶん》の悪事《あくじ》がばれないかと恐怖《きょうふ》に**苛《さいな》まれて**いる。

3 あの人《ひと》はいつも陰《かげ》で人《ひと》を苛《さいな》む癖《くせ》がある。

4 彼女《かのじょ》は自分《じぶん》の作品《さくひん》を苛《さいな》まれて落《お》ち込《こ》んでいる。

25 들볶다

1 남의 용모를 들볶는 듯한 말을 해서는 안 된다.

2 그는 자신의 악행이 탄로나지 않을까 공포에 들볶이고(시달리고) 있다.

3 저 사람은 항상 뒤에서 남을 들볶는 버릇이 있다.

4 그녀는 자신의 작품을 들볶여 침울해 하고 있다.

풀이 「苛《さいな》む」는 '들볶다, 괴롭히다, 꾸짖다, 책망하다'라는 뜻으로 바르게 사용한 것은 2번이다. 그 외에 1번은 「貶《けな》す 헐뜯다, 폄하다, 비방하다」, 3번은 「罵《ののし》る 욕하다」、「貶《けな》す 헐뜯다」, 4번은 「貶《けな》される 헐뜯기다」로 바꾸면 자연스러운 문장이 된다.

단어 容姿《ようし》 용모 | 悪事《あくじ》 악행, 못된 짓 | ばれる 탄로나다, 들키다 | 恐怖《きょうふ》 공포 | 陰《かげ》で 뒤에서, 뒷전에서 | 癖《くせ》がある 버릇이 있다 | 作品《さくひん》 작품 | 落《お》ち込《こ》む 침울해 하다

문제 4 용법 | 실전 테스트 ❹

문제집 P.138

20 ③ 21 ② 22 ② 23 ① 24 ① 25 ①

問題4 次《つぎ》の言葉《ことば》の使《つか》い方《かた》として最《もっと》もよいものを、1・2・3・4から一《ひと》つ選《えら》びなさい。

문제 4 다음 단어의 사용법으로 가장 알맞은 것을 1・2・3・4에서 하나 고르세요.

20 乗《の》り出《だ》す

1 いくら親《した》しい間柄《あいだがら》でも 私生活《しせいかつ》にまで乗《の》り出《だ》してはいけない。

2 ボランティアに参加《さんか》したいと乗《の》り出《だ》してくれた人《ひと》が多《おお》くて助《たす》かった。

3 政府《せいふ》は麻薬組織《まやくそしき》がらみの犯罪《はんざい》の一掃《いっそう》に**乗《の》り出《だ》した**。

4 賃金《ちんぎん》アップを求《もと》めて、社員《しゃいん》たちが無期限《むきげん》ストライキに乗《の》り出《だ》した。

20 착수하다

1 아무리 친한 사이라도 사생활에까지 착수해서는 안 된다.

2 봉사에 참여하고 싶다고 착수해 준 사람이 많아서 다행이었다.

3 정부는 마약조직과 관련된 범죄의 일소에 착수했다.

4 임금 인상을 요구하며, 사원들이 무기한 파업에 착수했다.

풀이 「乗《の》り出《だ》す」는 '(어떤 일에 적극적으로) 착수하다, 나서다'라는 뜻으로 바르게 사용한 것은 3번이다. 그 외에 1번은 「首《くび》を突《つ》っ込《こ》む 깊이 관여하다」, 2번은 「申《もう》し出《で》る (의견, 희망, 요구 등을) 자청하다, 신청하다」, 4번은 「入《はい》る 들어가다」、「突入《とつにゅう》する 돌입하다」로 바꾸면 자연스러운 문장이 된다.

단어 いくら 아무리 | 親《した》しい 친하다 | 間柄《あいだがら》 사이, 관계 | 私生活《しせいかつ》 사생활 | ボランティア 자원 봉사자 | 助《たす》かった 도움이 되었다 | 賃金《ちんぎん》アップ 임금 인상 | 求《もと》める 요구하다 | 社員《しゃいん》 사원 | 無期限《むきげん》 무기한 | ストライキ 파업

21 とっくに

1 父《ちち》と母《はは》に親不孝《おやふこう》したことが<u>とっくに</u>悔《くや》まれる。

2 彼女《かのじょ》は誰《だれ》がそんなうわさを広《ひろ》めたか**<u>とっくに</u>**知《し》っていた。

3 バスが突然急停車《とつぜんきゅうていしゃ》してしまい、<u>とっくに</u>手《て》すりをつかんだ。

4 夜《よる》に横《よこ》になると、<u>とっくに</u>せきが出《で》てよく眠《ねむ》れない。

21 진작에

1 아빠와 엄마에게 불효한 것이 <u>진작에</u> 후회되어진다.

2 그녀는 누가 그런 소문을 널리 퍼뜨렸는지 <u>진작에</u> 알고 있었다.

3 버스가 갑자기 급정거해버려, <u>진작에</u> 손잡이를 잡았다.

4 밤에 누우면, <u>진작에</u> 기침이 나와 잠을 잘 수가 없다.

풀이 「とっくに」는 '진작에, 훨씬 전에, 벌써'라는 뜻으로 바르게 사용한 것은 2번이다. 그 외에 1번은 「いまさら 이제와서, 새삼」, 3번은 「とっさに 순간적으로, 바로」, 4번은 「しきりに 자꾸만, 계속적으로, 끊임없이」로 바꾸면 자연스러운 문장이 된다.

단어 親不孝《おやふこう》 불효 | 悔《くや》む 후회하다 | 突然《とつぜん》 갑자기 | 急停車《きゅうていしゃ》 급정거 | 手《て》すりをつかむ 손잡이를 잡다 | 横《よこ》になる 눕다 | せきが出《で》る 기침이 나오다

22 没頭《ぼっとう》

1 先生《せんせい》の助言《じょげん》を<u>没頭《ぼっとう》</u>において試験《しけん》に臨《のぞ》んだ。

2 あの作家《さっか》はただ一筋小説《ひとすじしょうせつ》の執筆《しっぴつ》に**<u>没頭《ぼっとう》</u>**しました。

3 芳《かんば》しい香《かお》りが部屋《へや》の中《なか》に<u>没頭《ぼっとう》</u>していた。

4 彼女《かのじょ》は子育《こそだ》てに<u>没頭《ぼっとう》</u>するため、育児休暇《いくじきゅうか》をとった。

22 몰두

1 선생님의 조언을 <u>몰두</u>에 두고 시험에 임했다.

2 저 작가는 그저 한결같이 소설의 집필에 <u>몰두</u>했습니다.

3 향기로운 향기가 방안에 <u>몰두</u>해 있었다.

4 그녀는 육아에 <u>몰두</u>하기 위해, 육아 휴가를 냈다.

풀이 「没頭《ぼっとう》 몰두」는 '어떤 일에 정신을 다 기울여 열중한다'는 뜻으로, 제대로 사용한 것은 2번이다. 그 외에 1번은 「念《ねん》頭《とう》 염두(머릿속)」, 3번은 「充満《じゅうまん》 충만, 가득함」, 4번은 「専念《せんねん》 전념(오로지 한 가지 일에만 마음을 씀)」으로 바꾸면 자연스러운 문장이 된다.

단어 助言《じょげん》 조언 | 臨《のぞ》む 향하다, 임하다 | ただ 그저, 단지 | 一筋《ひとすじ》 한줄기, 외길, 한결같음 | 執筆《しっぴつ》 집필 | 芳《かんば》しい 향기롭다 | 香《かお》り 향기 | 子育《こそだ》て 육아 | 育児休暇《いくじきゅうか》をとる 육아 휴직을 내다

23 食《く》い違《ちが》う

1 双方《そうほう》の証言《しょうげん》が**食《く》い違《ちが》って**いて、第三者《だいさんしゃ》の話《はなし》を聞《き》いてみることにした。

2 最近《さいきん》大《おお》きめの服《ふく》が流行《はや》りだが、わたしには食《く》い違《ちが》うと思《おも》う。

3 弟《おとうと》は母《はは》が４０歳《さい》を過《す》ぎて産《う》んだ年寄《としより》りっ子《こ》で私《わたし》と一回《ひとまわ》り食《く》い違《ちが》う。

4 薬《くすり》を食《く》い違《ちが》った副作用《ふくさよう》で目《め》が赤《あか》くなって体中《からだじゅう》がムズムズし始《はじ》めた。

23 엇갈리다

1 쌍방의 증언이 엇갈려서 제3자의 이야기를 들어 보기로 했다.

2 최근, 조금 큰 옷이 유행이지만, 나에게는 엇갈린다고 생각한다.

3 남동생은 엄마가 40세를 넘어서 낳은 늦둥이로 나와 12살 엇갈린다.

4 약을 엇갈린 부작용으로 눈이 빨개지고, 온몸이 근질근질하기 시작했다.

풀이 「食《く》い違《ちが》う」는 '(꼭 맞지 않고, 맞물리지 않고) 엇갈리다, 어긋나다'라는 뜻으로 바르게 사용한 것은 1번이다. 그 외에 2번은 「似合《にあ》わない 어울리지 않는다」, 3번은 「違《ちが》う 다르다, 차이가 있다」, 4번은 「飲《の》み違《ちが》う 잘못 복용하다」로 바꾸면 자연스러운 문장이 된다.

단어 双方《そうほう》 쌍방 | 証言《しょうげん》 증언 | 第三者《だいさんしゃ》 제3자 | 流行《はや》り 유행 | 産《う》む 낳다 | 年寄《としより》りっ子《こ》 늦둥이 | 一回《ひとまわ》り 한바퀴 돎, 12년 | 副作《ふくさ》用《よう》 부작용 | ムズムズする 근질근질하다

24 心《こころ》当《あ》たり

1 **心《こころ》当《あ》たり**のないメールは開《ひら》かないで削除《さくじょ》したほうがいい。

2 甘《あま》いものを食《た》べすぎて、太《ふと》ったような心《こころ》当《あ》たりがする。

3 肯定的《こうていてき》な心《こころ》当《あ》たりを持《も》っている人《ひと》に運《うん》もついてくる。

4 手術《しゅじゅつ》を受《う》けるにしても助《たす》かる心《こころ》当《あ》たりがない。

24 짐작

1 짐작 가는 데가 없는 메일은 열지 않고 삭제하는 게 좋다.

2 단것을 너무 많이 먹어서, 살찐 듯한 짐작이 든다.

3 긍정적인 짐작을 가지고 있는 사람에게 운도 따라온다.

4 수술을 받는다 하더라도 살아날 짐작이 없다.

풀이 「心《こころ》当《あ》たり」는 '짐작, 짐작 가는 곳, 짚이는 데'라는 뜻으로 바르게 사용한 것은 1번이다. 그 외에 2번은 「気《き》 기분」, 3번은 「考《かんが》え方《かた》 사고방식」, 4번은 「見込《みこ》み · 望《のぞ》み 가망」으로 바꾸면 자연스러운 문장이 된다.

단어 削除《さくじょ》 삭제 | ~ほうがいい ~하는 게 좋다 | 太《ふと》る 살찌다 | 肯定的《こうていてき》 긍정적 | 運《うん》もつく 운도 따르다 | 手術《しゅじゅつ》 수술 | 受《う》ける 받다 | ~にしても ~라 해도 | 助《たす》かる 살아나다, 구조되다, 도움이 되다

25 重荷《おもに》

1 彼《かれ》の出《で》すぎた親切《しんせつ》が私《わたし》にはかえって、重《おも》荷《に》になった。

2 大《おお》きな夢《ゆめ》を抱《だ》いて留学《りゅうがく》した彼《かれ》は、重荷《おもに》をして帰《かえ》って来《き》た。

3 弟《おとうと》は家出《いえで》をして、しまいには警察《けいさつ》の重荷《おもに》になった。

4 終電《しゅうでん》を逃《のが》して、一晩《ひとばん》友人《ゆうじん》の家《いえ》に重荷《おもに》になることにした。

25 부담

1 그의 지나친 친절이 나에게는 오히려 부담이 되었다.

2 큰 꿈을 안고 유학 간 그는 부담을 하고 돌아왔다.

3 남동생은 가출을 하고, 끝내는 경찰의 부담이 되었다.

4 막차를 놓쳐서 하룻밤 친구의 집에 부담이 되기로 했다.

풀이 「重荷《おもに》」는 '과중한 부담, 무거운 짐, 무거운 책임'이라는 뜻으로 바르게 사용한 것은 1번이다. 그 외에 2번은 「骨折《ほねお》り損《ぞん》 헛고생(애쓴 보람이 없음)」, 3번은 「厄介《やっかい》 (폐가 되는) 신세, 厄介《やっかい》になる 신세 지다」, 4번은 「世話《せわ》 신세, 世話《せわ》になる 신세 지다」로 바꾸면 자연스러운 문장이 된다.

단어 出《で》すぎる 지나치다, 정도를 넘다 | かえって 오히려 | 大《おお》きな夢《ゆめ》を抱《だ》く 큰 꿈을 안다 | 家出《いえで》 가출 | 警察《けいさつ》 경찰 | 終電《しゅうでん》 막차(마지막 전차) | 逃《のが》す 놓치다 | 一晩《ひとばん》 하룻밤 | 友人《ゆうじん》 친구

문제 4 용법 | 실전 테스트 ❺

문제집 P.140

20 ① 21 ② 22 ③ 23 ① 24 ④ 25 ③

問題 4 次《つぎ》の言葉《ことば》の使《つか》い方《かた》として最《もっと》もよいものを、1・2・3・4から一《ひと》つ選《えら》びなさい。

문제 4 다음 단어의 사용법으로 가장 알맞은 것을 1・2・3・4에서 하나 고르세요.

20 見込《みこ》み

1 この高層《こうそう》ビルはこれから一週間《いっしゅうかん》で出来上《できあ》がる見込《みこ》みです。

2 美術大学《びじゅつだいがく》に入《はい》りたかったが親《おや》の見込《みこ》みに応《こた》えて、医大《いだい》に進学《しんがく》した。

3 今《いま》まで失敗《しっぱい》を繰《く》り返《かえ》したが今度《こんど》こそ必《かなら》ずやり遂《と》げる見込《みこ》みです。

4 このホテルは見込《みこ》みがよくて、遠《とお》くの山《やま》もよく見《み》える。

20 예정

1 이 고층 건물은 앞으로 일주일 만에 완성될 예정입니다.

2 미술 대학에 들어가고 싶었지만 부모님의 예정에 부응해서 의대에 진학했다.

3 지금까지 실패를 반복했지만, 이번에는 반드시 끝까지 해낼 예정입니다.

4 이 호텔은 예정이 좋아서 멀리 있는 산도 잘 보인다.

풀이 「見込《みこ》み」는 '예정, 목표, 예상, 전망'이라는 뜻으로 바르게 사용한 것은 1번이다. 그 외에 2번은 「期待《きたい》 기대」, 3번은 「つもり 작정」, 4번은 「見晴《みは》らし (경치) 전망」으로 바꾸면 자연스러운 문장이 된다.

단어 高層《こうそう》ビル 고층 빌딩 | 出来上《できあ》がる 완성되다 | 美術大学《びじゅつだいがく》 미술 대학 | 親《おや》 부모 | ~に応《こた》えて ~에 부응해서 | 医大《いだい》 의대 | 進学《しんがく》 진학 | 失敗《しっぱい》 실패 | 繰《く》り返《かえ》す 반복하다 | 今度《こんど》こそ 이번에야말로 | やり遂《と》げる 끝까지 해내다, 완수하다

21 帯《お》びる

1 田中《たなか》さんは退職後《たいしょくご》、パン製造技能士《せいぞうぎのうし》の資《し》格《かく》を<u>帯《お》びて</u>パン屋《や》さんを開業《かいぎょう》した。

2 トンネルを抜《ぬ》けると、車外《しゃがい》の風景《ふうけい》は田園《でんえん》から都会《とかい》の様相《ようそう》を<u>**帯《お》びて**</u>きていた。

3 新《あたら》しい家《いえ》に引《ひ》っ越《こ》しして浴室《よくしつ》にカビが<u>帯《お》びない</u>ように乾式《かんしき》に変《か》えた。

4 家賃《やちん》が六《ろっ》か月分《げつぶん》も<u>帯《お》びて</u>いて借家《しゃくや》から追《お》い立《た》てられることになった。

21 띠다

1 다나카 씨는 퇴직 후, 빵 제조 기능사 자격을 <u>띠고</u> 빵가게를 개업했다.

2 터널을 나오자, 차 밖의 풍경은 전원으로부터 도회지의 양상을 <u>띠어</u> 갔다.

3 새집으로 이사 와서 욕실에 곰팡이가 <u>띠지 않</u>도록 건식으로 바꿨다.

4 집세가 6개월분이나 <u>띠어서</u> 셋집에서 쫓겨나게 되었다.

풀이 「帯《お》びる」는 '(성질·성분·경향 등을) 띠다, 머금다, (책임·사명 등을) 지니다, 맡다, (몸·허리 등에) 차다'라는 뜻으로 바르게 사용한 것은 2번이다. 그 외에 1번은 「とる 따다」, 3번은 「生《は》える (돋아)나다, 생겨나다」, 4번은 「滞《とどこお》る 정체되다, 밀리다」로 바꾸면 자연스러운 문장이 된다.

단어 パン製造技能士《せいぞうぎのうし》 빵 제조 기능사 | 資格《しかく》 자격 | 開業《かいぎょう》 개업 | トンネル 터널 | 風景《ふうけい》 풍경 | 田園《でんえん》 전원 | 都会《とかい》 도회(지) | 様相《ようそう》 양상, 모습 | 引《ひ》っ越《こ》しする 이사하다 | 浴室《よくしつ》 욕실 | カビ 곰팡이 | 乾式《かんしき》 건식 | 変《か》える 바꾸다 | 家賃《やちん》 집세 | 借家《しゃくや》 셋집 | 追《お》い立《た》てる 몰아내다, 내쫓다

22 しぶとい

1 過労《かろう》のせいか、昨日《きのう》の夜《よる》から体《からだ》が<u>しぶとくて</u>気力《きりょく》がない。

2 彼《かれ》は高《たか》い知能指数《ちのうしすう》と<u>しぶとい</u>観察力《かんさつりょく》を持《も》っている。

3 息子《むすこ》の<u>**しぶとい**</u>説得《せっとく》に負《ま》けて、反対《はんたい》していた結婚《けっこん》を承諾《しょうだく》した。

4 調味料《ちょうみりょう》を使《つか》いすぎて、味《あじ》が<u>しぶとく</u>なってしまった。

22 끈질기다

1 과로 탓인가, 어젯밤부터 몸이 <u>끈질겨서</u> 기력이 없다.

2 그의 높은 지능 지수와 <u>끈질긴</u> 관찰력을 지니고 있다.

3 아들의 <u>끈질긴</u> 설득에 져서, 반대하던 결혼을 승낙했다.

4 조미료를 지나치게 사용해서 맛이 <u>끈질겨</u>지게 되었다.

풀이 「しぶとい」는 '끈질기다, 고집이 세다, 완고하다, 강인하다'라는 뜻으로 바르게 사용한 것은 3번이다. 그 외에 1번은 「だるい 나른하다, 노곤하다」, 2번은 「鋭《するど》い 날카롭다」, 4번은 「くどい (맛이) 느끼하다」로 바꾸면 자연스러운 문장이 된다.

단어 過労《かろう》 과로 | ~せいか ~탓인가 | 気力《きりょく》 기력 | 知能指数《ちのうしすう》 지능 지수 | 観察力《かんさつりょく》 관찰력 | 説得《せっとく》 설득 | 負《ま》ける 지다 | 反対《はんたい》 반대 | 承諾《しょうだく》 승낙 | 調味料《ちょうみりょう》 조미료

23 不慮《ふりょ》

1 コンサート会場《かいじょう》に**不慮《ふりょ》**の事態《じたい》に備《そな》えて警察《けいさつ》が出動《しゅつどう》した。

2 市役所《しやくしょ》に不慮《ふりょ》を申《もう》し出《で》たが、一《いっ》か月《げつ》が過《す》ぎても連絡《れんらく》がない。

3 これでもう一息《ひといき》つけたが一時《いちじ》はどうなることかと不慮《ふりょ》した。

4 引《ひ》っ越《こ》しを機《き》に不慮《ふりょ》の物《もの》を捨《す》てることにした。

23 의외

1 콘서트 회장에 의외의 사태에 대비해서 경찰이 출동했다.

2 시청에 의외를 신청했지만, 1개월이 지나도 연락이 없다.

3 이걸로 이제 한숨 돌렸지만, 한때는 어떻게 되는가 싶어 의외했다.

4 이사를 기회로 의외의 물건을 버리기로 했다.

풀이 「不慮《ふりょ》」는 '의외, 뜻밖에, 뜻하지 않은'이라는 뜻으로 바르게 사용한 것은 1번이다. 그 외에 2번은 「苦情《くじょう》 불평(만), 고충, 민원」, 3번은 「心配《しんぱい》 걱정」, 4번은 「不要《ふよう》 불필요」로 바꾸면 자연스러운 문장이 된다.

단어 コンサート会場《かいじょう》 콘서트 회장 | 事態《じたい》 사태 | 備《そな》える 대비하다, 준비하다 | 警察《けいさつ》 경찰 | 出動《しゅつどう》 출동 | 市役所《しやくしょ》 시청 | 申《もう》し出《で》る 자청하다, 신청하다 | 連絡《れんらく》 연락 | 一息《ひといき》つける 한숨 돌리다 | ～を機《き》に ~을 기회로

24 当《あ》てはめる

1 価値観《かちかん》と常識《じょうしき》は時代《じだい》に当《あ》てはめて変《か》わるものだ。

2 家具《かぐ》を壁《かべ》の色《いろ》に当《あ》てはめて買《か》うことにした。

3 化粧品《けしょうひん》メーカは足並《あしな》みを当《あ》てはめて値《ね》上《あ》げをした。

4 老後《ろうご》の問題《もんだい》を自分《じぶん》の身《み》に**当《あ》てはめて**考《かんが》えてみた。

24 적용시키다

1 가치관과 상식은 시대에 적용시켜서 변하는 법이다.

2 가구를 벽의 색에 적용시켜서 사기로 했다.

3 화장품 제조회사는 발을 적용시켜서 가격 인상을 했다.

4 노후 문제를 자신의 처지에 적용시켜서 생각해 보았다.

풀이 「当《あ》てはめる」는 '(꼭) 들어 맞추다, 적용시키다'라는 뜻으로 바르게 사용한 것은 4번이다. 그 외에 1번은 「つれて 따라서」, 2번은 「合《あ》わせて(合《あ》わせる) 맞추어, 어울리게 하여」, 3번은 「揃《そろ》えて(揃《そろ》える) 맞추어」로 바꾸면 자연스러운 문장이 된다. 한편 3번의 「揃《そろ》える」는 「足並《あしな》みを揃《そろ》える 발(보조)을 맞추다, 통일된 행동을 취하다」의 형태로 자주 쓰이니 함께 알아두자.

단어 価値観《かちかん》 가치관 | 常識《じょうしき》 상식 | 時代《じだい》 시대 | 変《か》わる 변하다 | ～ものだ ~하는 법이다 | 家具《かぐ》가구 | 壁《かべ》 벽 | 色《いろ》 색 | 買《か》う 사다 | 化粧品《けしょうひん》 화장품 | メーカー 제조회사 | 足並《あしな》み 발, 보조 | 値《ね》上《あ》げ 가격 인상 | 老後《ろうご》 노후 | 自分《じぶん》の身《み》 자신의 처지

25 ステレオタイプ

1 木村《きむら》さんは世《よ》の中《なか》に対《たい》していつもステレオタイプで批判的《ひはんてき》だ。

2 あの女優《じょゆう》は社会的《しゃかいてき》なマナーやステレオタイプが欠《か》けている。

3 血液型《けつえきがた》で人《ひと》の性格《せいかく》を判断《はんだん》するのは**ステレオタイプ**です。

4 角田《かくた》さんはいつも意欲的《いよくてき》なステレオタイプで仕事《しごと》に取《と》り組《く》んでいる。

25 고정관념

1 기무라 씨는 세상에 대해서 항상 고정관념이고 비판적이다.

2 저 여배우는 사회적인 매너나 고정관념이 결여되어 있다.

3 혈액형으로 사람의 성격을 판단하는 것은 고정관념입니다.

4 가구타 씨는 항상 의욕적인 고정관념으로 일에 임하고 있다.

풀이 「ステレオタイプ」는 인쇄 용어로 신문이나 사전 등의 활자 인쇄를 위해 사용된 「ステロ版《ばん》 연판(인쇄)」에서 온 단어로 주로 '고정관념, 판에 박힌 문구, 고정적인 편견' 등으로 해석된다. 그 뜻을 바르게 사용한 것은 3번이다. 그 외에 1번은 「シニカル 냉소적인」, 2번은 「常識《じょうしき》 상식」, 4번은 「スタンス 태도, 자세」、「態度《たいど》 태도」로 바꾸면 자연스러운 문장이 된다.

단어 ~に対《たい》して ~에 대해서 | 批判的《ひはんてき》 비판적 | 女優《じょゆう》 여배우 | 社会的《しゃかいてき》 사회적 | マナー 매너 | 欠《か》ける 빠지다 | 血液型《けつえきがた》 혈액형 | 判断《はんだん》 판단 | 意欲的《いよくてき》 의욕적 | 仕事《しごと》 일 | 取《と》り組《く》む 몰두하다

문제 4 용법 | 실전 테스트 ❻

문제집 P.142

20 ④ **21** ② **22** ② **23** ① **24** ③ **25** ①

問題 4 次《つぎ》の言葉《ことば》の使《つか》い方《かた》として最《もっと》もよいものを、1·2·3·4から一《ひと》つ選《えら》びなさい。

문제 4 다음 단어의 사용법으로 가장 알맞은 것을 1 · 2 · 3 · 4에서 하나 고르세요.

20 規制《きせい》

1 政府《せいふ》は、子供《こども》が動画《どうが》を見《み》る時《とき》は、規制付《きせいつ》きモードを設定《せってい》するようにした。

2 ここは公共場所《こうきょうばしょ》なので、建物内《たてものない》での喫煙《きつえん》は全面規制《ぜんめんきせい》されている。

3 食事代《しょくじだい》と交通費《こうつうひ》を最小限《さいしょうげん》に規制《きせい》して生活費《せいかつひ》を切《き》り詰《つ》めている。

4 この大通《おおどお》りは週末《しゅうまつ》になると一部《いちぶ》の道路《どうろ》の通行《つうこう》が**規制《きせい》**される。

20 규제

1 정부는 아이가 동영상을 볼 때에는 규제가 있는 모드를 설정하도록 했다.

2 여기는 공공장소이기 때문에 건물 내에서의 흡연은 전면 규제되어져 있다.

3 식사비와 교통비를 최소한으로 규제해서 생활비를 절약하고 있다.

4 이 대로는 주말이 되면 일부 도로 통행이 규제된다.

풀이 「規制《きせい》 규제」는 '나라의 법이나 단체의 규칙, 규정에 의하여, 일정한 한도를 정하거나 정한 한도를 넘지 못하게 막는 것'이라는 뜻으로 바르게 사용한 것은 4번이다. 그 외에 1번은 「制限《せいげん》 제한」, 2번은 「禁止《きんし》 금지」, 3번은 「制限《せいげん》

제한」으로 바꾸면 자연스러운 문장이 된다.

단어 中小企業《ちゅうしょうきぎょう》 중소기업 | 残業時間《ざんぎょうじかん》 야근 시간 | 厳《きび》しい 엄격하다 | 設《もう》ける 마련하다 | 公共場所《こうきょうばしょ》 공공장소 | 喫煙《きつえん》 흡연 | 食事代《しょくじだい》 식사비 | 交通費《こうつうひ》 교통비 | 最小限《さいしょうげん》 최소한 | 生活費《せいかつひ》 생활비 | 切《き》り詰《つ》める 절약하다 | 大通《おおどお》り 대로, 큰길 | 通行《つうこう》 통행

21 透《す》ける

1 つい、手《て》が透《す》けてマグカップを落《お》としてしまった。

2 このブラウスは肌《はだ》が**透《す》ける**ことのない素材《そざい》を使《つか》った。

3 田中《たなか》さんは靴《くつ》を買《か》うと、靴底《くつぞこ》が透《す》けるまで履《は》く。

4 ここに手《て》を透《す》けると、自動的《じどうてき》に石《せっ》けんが出《で》る。

21 비쳐 보이다

1 그만 손이 비쳐 보여 머그컵을 떨어뜨리고 말았다.

2 이 블라우스는 피부가 비쳐 보이지 않는 소재를 사용했다.

3 다나카 씨는 구두를 사면, 구두 밑창이 비쳐 보일 때까지 신는다.

4 여기에 손을 비쳐 보이면, 자동적으로 비누가 나온다.

풀이 「透《す》ける」는 '비쳐 보이다, 들여다 보이다'라는 뜻으로 바르게 사용한 것은 2번이다. 그 외에 1번은 「滑《すべ》る 미끄러지다」, 3번은 「擦《す》れる 닳다」, 4번은 「かざす 얹다, 가져다 대다」로 바꾸면 자연스러운 문장이 된다.

단어 つい 그만 | マグカップ 머그컵 | 落《お》とす 떨어뜨리다 | ブラウス 블라우스 | 靴底《くつぞこ》 신발 밑창, 구두창 | 自動的《じどうてき》 자동적 | 石《せっ》けん 비누

22 嵩張《かさば》る

1 天然資源《てんねんしげん》がなくなるにつれ、代替《だいたい》エネルギー開発《かいはつ》に関心《かんしん》が嵩張《かさば》っている。

2 旅行《りょこう》や出張《しゅっちょう》の時《とき》、**嵩張《かさば》る**荷物《にもつ》はコンパクトに畳《たた》んでからカバンに入《い》れる。

3 今月《こんげつ》は、引《ひ》っ越《こ》しだの転職《てんしょく》だので、出費《しゅっぴ》が嵩張《かさば》った。

4 スピーチ大会《たいかい》で自分《じぶん》の番《ばん》に近《ちか》づくにつれていらいらが嵩張《かさば》ってきた。

22 부피가 크다(커지다)

1 천연 자원이 없어짐에 따라, 대체 에너지 개발에 관심이 부피가 커지고 있다.

2 여행이나 출장 때, 부피가 큰 짐은 간단히 접은 후 가방에 넣는다.

3 이번 달은 이사와 이직 때문에 지출이 부피가 커졌다.

4 스피치 대회에서 자신의 차례가 다가옴에 따라 초조함이 부피가 커져 왔다.

풀이 「嵩張《かさば》る」는 '부피가 크다, 부피가 커지다'라는 뜻으로 바르게 사용한 것은 2번이다. 그 외에 1번은 「集《あつ》まる 모이다」, 3번은 「嵩《かさ》む (수량, 비용이) 늘어나다, (부피가) 커지다」, 4번은 「募《つの》る 더해지다, 심해지다」로 바꾸면 자연스러운 문장이 된다.

단어 天然資源《てんねんしげん》 천연 자원 | ~につれ ~에 따라서 | 代替《だいたい》エネルギー 대체 에너지 | 開発《かいはつ》 개발 | 関心《かんしん》 관심 | コンパクトに 간단히, 작게 | 畳《たた》む 접다 | 入《い》れる 넣다 | 転職《てんしょく》 전직, 이직 | 出費《しゅっぴ》 지출(비) | スピーチ大会《たいかい》 스피치 대회 | 近《ちか》づく 다가오다

23 巧《たく》み

1 彼《かれ》の**巧《たく》み**な話術《わじゅつ》に騙《だま》された人《ひと》が一人二人《ひとりふたり》ではない。

2 彼《かれ》は記者《きしゃ》の質問《しつもん》に慌《あわ》てて巧《たく》みに答《こた》えられなかった。

3 どう頭《あたま》をひねっても巧《たく》みなアイデアが浮《う》かんでこない。

4 中島《なかじま》さんは記憶力《きおくりょく》が巧《たく》みで過去《かこ》の出来事《できごと》をほぼ覚《おぼ》えている。

23 교묘함

1 그의 교묘한 화술에 속은 사람이 한두 사람이 아니다.

2 그는 기자의 질문에 당황하여 교묘하게 대답할 수 없었다.

3 어떻게 머리를 쥐어짜도 교묘한 아이디어가 떠오르지 않는다.

4 나카지마 씨는 기억력이 교묘해서 과거의 일을 거의 기억하고 있다.

풀이 「巧《たく》み」는 '교묘함, 솜씨가 좋음, 기교, 정교함'이라는 뜻으로 바르게 사용한 것은 1번이다. 그 외에 2번은 「巧《たく》みに」를 「ちゃんと 제대로」, 3번은 「巧《たく》みな」를 「いい 좋은」, 4번은 「巧《たく》みで」를 「よくて 좋아서」로 바꾸면 자연스러운 문장이 된다.

단어 話術《わじゅつ》 화술 | 騙《だま》す 속이다 | 記者《きしゃ》 기자 | 慌《あわ》てる 당황하다 | 頭《あたま》をひねる 머리를 쥐어짜다, 골똘히 생각하다 | アイデアが浮《う》かぶ 아이디어가 떠오르다 | 記憶力《きおくりょく》 기억력 | 過去《かこ》の出来事《できごと》 과거의 일 | ほぼ 거의

24 補填《ほてん》

1 書類《しょるい》に補填《ほてん》がありますので、明日《あした》まで訂正《ていせい》をお願《ねが》いします。

2 今度《こんど》、発掘《はっくつ》された遺跡《いせき》の一部《いちぶ》が補填《ほてん》している。

3 地震《じしん》で家《いえ》の一部《いちぶ》が破損《はそん》したが、火災保険《かさいほけん》で全額《ぜんがく》**補填《ほてん》**できた。

4 願書用紙《がんしょようし》をよく読《よ》んで、必要事項《ひつようじこう》をもれなく補填《ほてん》してください。

24 보전

1 서류에 보전이 있으므로 내일까지 정정 부탁드립니다.

2 이번에 발굴된 유적의 일부가 보전되어 있다.

3 지진으로 집의 일부가 파손되었지만, 화재 보험으로 전액 보전할 수 있었다.

4 원서 용지를 잘 읽고 필요 사항을 빠짐없이 보전해 주세요.

풀이 「補填《ほてん》 보전」은 '부족한 부분을 보태어 채운다'는 뜻으로 바르게 사용한 것은 3번이다. 그 외에 1번은 「不備《ふび》 불비(필요한 것을 충분히 갖추지 않음)」, 2번은 「損傷《そんしょう》 손상」, 4번은 「記入《きにゅう》 기입」으로 바꾸면 자연스러운 문장이 된다.

단어 訂正《ていせい》 정정 | 今度《こんど》 이번 | 発掘《はっくつ》 발굴 | 遺跡《いせき》 유적 | 破損《はそん》 파손 | 火災保険《かさいほけん》 화재 보험 | 全額《ぜんがく》 전액 | 願書用紙《がんしょようし》 원서 용지 | 必要事項《ひつようじこう》 필요 사항 | もれる 새다, 빠지다

25 劣化《れっか》

1 モノは大事《だいじ》に使《つか》っていても使《つか》えば使《つか》うほど**劣化《れっか》**する。

2 鶏《にわとり》はつばさがあるが、劣化《れっか》して飛《と》ぶことができない。

3 常識《じょうしき》と価値観《かちかん》は時代《じだい》の流《なが》れによって、劣《れっ》化《か》していく。

4 彼《かれ》は身長《しんちょう》の劣化《れっか》を克服《こくふく》して立派《りっぱ》なサッカー選手《せんしゅ》になった。

25 열화

1 물건은 소중히 사용해도 사용하면 사용할수록 열화된다.

2 닭은 날개가 있지만, 열화되어 날 수가 없다.

3 상식과 가치관은 시대의 흐름에 따라서 열화되어 간다.

4 그는 신장의 열화를 극복하고 훌륭한 축구선수가 되었다.

풀이 「劣化《れっか》 열화」는 '외부적인 영향이나 내부적인 영향으로 화학적, 물리적 성질이 나빠지는 것', 즉 '상태나 성능, 품질이 나빠진다'라는 뜻으로 바르게 사용한 것은 1번이다. 그 외에 2번은 「退化《たいか》 퇴화」, 3번은 「変遷《へんせん》 변천」, 4번은 「劣勢《れっせい》 열세」로 바꾸면 자연스러운 문장이 된다.

단어 大事《だいじ》に 소중히 | ~ほど 할수록 | 鶏《にわとり》 닭 | つばさ 날개 | 飛《と》ぶ 날다 | 常識《じょうしき》 상식 | 価値観《かちかん》 가치관 | 流《なが》れ 흐름 | ~によって ~에 따라서 | 身長《しんちょう》 신장 | 克服《こくふく》 극복 | 立派《りっぱ》 훌륭함

1교시 언어 지식(문법)

연습 문제 정답 및 해설

문제 5 문법 형식 판단

기출 문법 연습 문제 ❶	1 ①	2 ④	3 ②	4 ③	5 ①	6 ③	7 ②	8 ④	9 ①	10 ③
기출 문법 연습 문제 ❷	1 ③	2 ②	3 ②	4 ②	5 ①	6 ③	7 ①	8 ②	9 ①	10 ②
기출 문법 연습 문제 ❸	1 ①	2 ①	3 ④	4 ①	5 ②	6 ③	7 ①	8 ④	9 ③	10 ①
기출 문법 연습 문제 ❹	1 ②	2 ①	3 ②	4 ④	5 ②	6 ①	7 ③	8 ④	9 ①	10 ④
기출 문법 연습 문제 ❺	1 ②	2 ①	3 ③	4 ②	5 ①	6 ④	7 ①	8 ①	9 ②	10 ①
예상 문법 연습 문제 ❶	1 ①	2 ③	3 ①	4 ③	5 ①	6 ②	7 ③	8 ①	9 ②	10 ①
예상 문법 연습 문제 ❷	1 ③	2 ①	3 ③	4 ④	5 ①	6 ③	7 ①	8 ③	9 ①	10 ②

문제 6 문장 만들기

연습 문제	1 ④	2 ④	3 ①	4 ③	5 ④	6 ④	7 ④	8 ①

문제 7 글의 문법

연습 문제	1 ②	2 ④	3 ①	4 ③

문제 5 문법 형식 판단 | 기출 문법 연습 문제 ❶

문제집 p.178

1 ① 2 ④ 3 ② 4 ③ 5 ① 6 ③ 7 ② 8 ④ 9 ① 10 ③

問題5 次《つぎ》の文《ぶん》の（　　　）に入《い》れるのに最《もっと》もよいものを、1・2・3・4から一《ひと》つ選《えら》びなさい。	**문제 5** 다음 문장의 (　　　) 안에 넣기에 가장 알맞은 것을 1・2・3・4에서 하나 고르세요.

1 仕事《しごと》をしている女性《じょせい》のうち、約《やく》7割《わり》が出《しゅっ》産《さん》（**を機《き》に**）離職《りしょく》している。

1 を機《き》に　　2 を皮切《かわき》りに
3 をもって　　4 を問《と》わず

1 일을 하고 있는 여성 중, 약 70%가 출산(**을 계기로**) 이직하고 있다.

1 ~을 계기로　　2 ~을 시작으로
3 ~으로　　4 ~을 불문하고

풀이 「명사 + を機《き》に ~을 계기로, ~을 기회로」는 '어떤 특정한 사건이나 시점을 계기로 무언가 새로운 것을 시작하거나 무언가를 바꾼다'는 의미를 지닌다. 여기에서는 '출산을 계기로 이직하는 것'이므로 1번이 정답이다. 2번의 「を皮切《かわき》りに ~을 시작으로」는 '어떤 것을 시작으로 계속해서 발전, 전개되어 갈 때나 비슷한 일이 계속 행해진다'는 의미를 지니고 있으므로 오답이다.

단어 約《やく》 약, 대략 | 割《わり》 할, 십분의 일 | 出産《しゅっさん》 출산 | 離職《りしょく》 이직(직장을 그만둠)

2 彼《かれ》は（**貧乏《びんぼう》**）極《きわ》まりない家《いえ》で育《そだ》ったので、塾《じゅく》など通《かよ》ったことがなかった。

1 貧乏《びんぼう》で　　2 貧乏《びんぼう》と
3 貧乏《びんぼう》な　　4 貧乏《びんぼう》

2 그는 (**가난**)하기 짝이 없는 집에서 자랐기 때문에 학원 같은 건 다닌 적이 없다.

1 가난해서　　2 가난하게
3 가난한　　4 가난

풀이 「極《きわ》まりない ~하기 짝이 없다, 너무 ~하다」는 「ナ형용사 어간 + 極《きわ》まりない」, 「ナ형용사 な + こと + 極《きわ》まりない」, 「イ형용사 い + こと + 極《きわ》まりない」에 접속하기 때문에 4번이 정답이다.

단어 貧乏《びんぼう》 가난함 | 育《そだ》つ 자라다 | 塾《じゅく》 학원 | 通《かよ》う 다니다

3 時々《ときどき》、亡《な》くなった母《はは》（**ならではの**）料理《りょうり》が懐《なつ》かしくなる時《とき》がある。

1 からして　　2 ならではの
3 にそった　　4 むけの

3 때때로, 돌아가신 엄마(**만의**) 요리가 그리워질 때가 있다.

1 ~부터가　　2 ~만의
3 ~에 따른　　4 ~을 위한, ~용의

풀이 「명사 + ならではの ~만의」는 '~만이 할 수 있는(가질 수 있는) 독자적인(독특한)'이라는 의미를 지니고 있으며, 여기에서는 단순히 「の」만 있어도 문장 성립은 되지만 「ならではの」가 들어가면 강조가 된다. 또한 「ならではだ ~만의 것이다」의 형태로도 사용할 수 있다.

단어 時々《ときどき》 때때로 | 亡《な》くなる 죽다, 돌아가다 | 懐《なつ》かしい 그립다

---

4 この靴《くつ》はデザイン（**こそ**）古《ふる》いが、歩《ある》きやすい。

1 まで　　2 から
3 こそ　　4 ほど

4 **이 구두는 디자인(은) 구식이지만, 걷기 편하다.**

1 ~까지　　2 ~부터
3 ~은　　4 ~만큼

풀이 「こそ」는 「~が·けど·けれども·ものの ~지만」과 같은 역접 표현과 함께 사용될 경우 '~은(는) ~이지만(하지만)'으로 해석되며 강조의 역할을 한다.

단어 靴《くつ》 구두 | デザイン 디자인 | 古《ふる》い 오래되다, 낡다, 구식이다 | 歩《ある》きやすい 걷기 편하다

---

5 人工《じんこう》知能《ちのう》の登場《とうじょう》で、人々《ひとびと》の生活《せいかつ》が（**変《か》わりつつある**）。

1 変《か》わりつつある
2 変《か》わりつついる
3 変《か》わるしまつだ
4 変《か》わるだけだ

5 **인공지능의 등장으로, 사람들의 생활이 (변해가고 있다).**

1 변해가고 있다
2 X
3 변하는 지경이다
4 변할 뿐이다

풀이 「つつある ~해가고 있다, ~하고 있다」는 변화를 나타내는 동사에 접속하여, 어떤 변화가 일정 방향으로 진전하고 있음을 나타내며, 접속형은 「동사 ます형 + つつある」이다. 2번은 없는 표현이므로 주의하도록 하자.

단어 人工《じんこう》知能《ちのう》 인공지능 | 登場《とうじょう》 등장 | 人々《ひとびと》 사람들 | 生活《せいかつ》 생활 | 変《か》わる 변하다

---

6 この音楽《おんがく》を聞《き》く（**につけ**）別《わか》れた彼女《かのじょ》のことが思《おも》い出《だ》される。

1 にしたって　　2 につれて
3 につけ　　4 につき

6 **이 음악을 들을 (때마다) 헤어진 여자 친구가 생각난다.**

1 ~에 따라서　　2 ~에 따라서
3 ~할 때마다　　4 ~로 인해

풀이 「につけ ~할 때마다」는 '~하면 항상'이라는 의미를 지니며, 접속형은 「동사 사전형 + につけ」이다. 4번의 「명사 + につき ① ~로 인해(원인) ② ~에 관해서」와 혼동하지 않도록 주의하자.

단어 音楽《おんがく》 음악 | 別《わか》れる 헤어지다 | 思《おも》い出《だ》す 생각해 내다, 떠올리다

7 小説家《しょうせつか》J氏《し》のサイン会《かい》が開《ひら》かれる（**とあって**）多《おお》くの人《ひと》が押《お》し寄《よ》せた。

1 ともなると　　2 **とあって**

3 というと　　4 とあれば

7 소설가 J씨의 사인회가 열린다(**고 해서**) 많은 사람이 몰려들었다.

1 ~하게 되면, ~쯤 되면　　2 **~라고 해서**

3 ~라고 하면　　4 ~라면

풀이 사람들이 많이 몰려든 이유가 사인회 때문이므로 이유의 문형「とあって ~라고 해서, ~이기(하기) 때문에」가 들어가야 한다. 화자 자신이 주어로 올 수 없고 화자는 관찰자의 입장에 있으며, 접속형은 모든 품사의 보통형이다.

단어 小説家《しょうせつか》 소설가 | サイン会《かい》 사인회 | 押《お》し寄《よ》せる 몰려들다, 밀어닥치다

8 晴《は》れ上《あ》がったか（**と思《おも》いきや**）もう雨《あめ》が降《ふ》り出《だ》した。

1 と思《おも》えば　　2 といえば

3 といえども　　4 **と思《おも》いきや**

8 맑게 개었다(**고 생각했는데**), 다시 비가 내리기 시작했다.

1 ~라고 생각하면　　2 ~라고 하면

3 ~라고 해도　　4 **~라고 생각했는데**

풀이「と思《おも》いきや ~라고 생각했는데」는 뜻밖의 일이나 예상 밖의 일이 일어날 때 사용하는 문형으로 맑게 개었다고 생각했는데 비가 내리는 상황이므로 4번이 정답이다. 접속형은 모든 품사의 보통형이다.

단어 晴《は》れ上《あ》がる 맑게 개다 | 降《ふ》り出《だ》す 내리기 시작하다

9 随筆《ずいひつ》は気《き》が（**向《む》くままに**）書《か》くものだ。

1 **向《む》くままに**　　2 向《む》いたままに

3 引《ひ》けるままに　　4 引《ひ》けたままに

9 수필은 마음이 (**가는 대로**) 쓰는 것이다.

1 **가는 대로**　　2 간 대로

3 내키지 않는 대로　　4 내키지 않았던 대로

풀이「동사의 사전형 + ままに ~하는 대로」는 '내맡긴다'는 뉘앙스를 지닌다. 여기에서 수필은 '마음이 가는 대로', 즉 '마음에 내맡긴다'는 의미이므로 1번이 정답이다. 선택지 3, 4번에 사용된「気《き》が引《ひ》ける 마음이 내키지 않다, 기가 죽다」라는 단어도 함께 알아두자.

단어 随筆《ずいひつ》 수필 | 気《き》が向《む》く 마음이 내키다, 마음이 가다

10 受《う》け付《つ》けは12月《がつ》15日《にち》（**をもちまして**）締《し》め切《き》らせていただきます。

1 を皮《かわ》切《き》りとして　　2 をはじめとして

3 **をもちまして**　　4 をおして

10 접수는 12월 15일(**로**) 마감하겠습니다.

1 ~을 시작으로　　2 ~을 비롯하여

3 **~으로**　　4 ~을 무릅쓰고

풀이「~をもちまして」는「~をもって」의 정중형이다.「~をもって ~(으)로」는 ① 시간, 기한의 한정 ② 수단과 방법의 의미로 사용되며 여기에서는 ①의 의미로 쓰였다.

단어 受《う》け付《つ》け 접수 | 締《し》め切《き》る 마감하다

문제 5 문법 형식 판단 | 기출 문법 연습 문제 ❷

문제집 p.180

1 ③ 2 ② 3 ② 4 ② 5 ① 6 ③ 7 ① 8 ② 9 ① 10 ②

問題 5 次《つぎ》の文《ぶん》の（　　　）に入《い》れるのに最《もっと》もよいものを、1・2・3・4から一《ひと》つ選《えら》びなさい。

문제 5 다음 문장의 (　　　) 안에 넣기에 가장 알맞은 것을 1・2・3・4에서 하나 고르세요.

1 この動物《どうぶつ》は絶滅《ぜつめつ》の（**おそれ**）があるため、国際条約《こくさいじょうやく》で取引《とりひき》が禁止《きんし》されている。

1 ためし　　2 きざし
3 おそれ　　4 きらい

1 이 동물은 멸종의 (**우려**)가 있기 때문에, 국제 조약에서 거래가 금지되고 있다.

1 전례　　2 징조
3 우려　　4 경향

풀이 「おそれ」는 '두려움, 무서움'이라는 뜻으로도 쓰이지만, '나쁜 일이 일어날 가능성(걱정)이 있다'라는 뉘앙스를 지닌 「恐《おそ》れがある ~할 우려가 있다」라는 문형으로도 사용된다. 여기에서는 '멸종의 우려'에 대한 내용이므로 3번이 정답이다.

단어 絶滅《ぜつめつ》 절멸, 멸종 | 国際条約《こくさいじょうやく》 국제조약 | 取引《とりひき》 거래 | 禁止《きんし》 금지

2 電話《でんわ》は（**かけないまでも**）メールぐらいしろ。

1 かけないからも　　2 かけないまでも
3 かけようものなら　　4 かけながらも

2 전화는 (**하지 않더라도**) 메일 정도는 해.

1 X　　2 하지 않더라도
3 했다가는　　4 하면서도

풀이 「ないまでも ~하지 않더라도」는 「AないまでもB」의 형태로 'A 정도는 아니더라도 적어도(최소한) B 정도는'이라는 뉘앙스를 지니며, 'A의 정도가 B의 정도보다 높다'라는 뜻을 나타낸다. 여기에서는 전화가 메일보다 정도가 높으므로 2번이 정답이다.

단어 電話《でんわ》をかける 전화를 걸다(하다) | メール 메일

3 試験結果《しけんけっか》については、明日《あした》の夕方《ゆうがた》にはわかる（**ものと思《おも》われる**）。

1 ことと思《おも》う　　2 ものと思《おも》われる
3 どころではない　　4 ことになっている

3 시험 결과에 관해서는 내일 저녁에는 알 수 있을 (**것이라고 여겨진다**).

1 ~일 것이라고 생각한다　　2 ~것이라고 여겨진다
3 ~할 상황이 아니다　　4 ~하게 되어 있다

풀이 시험 결과를 내일 저녁에는 알 수 있을 것이라고 예측하고 있는 내용이므로 화자의 예측을 강조하는 표현인 「~ものと思《おも》われる ~일 것이라고 여겨진다」를 사용한 2번이 정답이다. 1번의 「~ことと思《おも》う ~일 것이라고 생각한다」는 상대방의 상황을 미뤄 짐작(추측)해서 헤아리거나 위로하거나 할 때 사용하는 표현이므로 오답이다.

단어 試験結果《しけんけっか》 시험 결과 | 夕方《ゆうがた》 저녁

4 あのそば屋《や》は不況《ふきょう》を（**よそに**）いつも入口《いりぐち》に長《なが》い行列《ぎょうれつ》ができている。

1 ものともせずに　2 **よそに**

3 めぐって　4 もとに

4 **저 메밀국수 가게는 불황을 (아랑곳하지 않고) 항상 입구에 긴 줄이 늘어서 있다.**

1 아랑곳하지 않고　2 **아랑곳하지 않고**

3 둘러싸고　4 토대로

풀이 「をよそに」는 ① ~을 상관하지 않고, ~을 무시하고 ② ~와 상관없이, ~와 관계없이라는 두 가지 의미를 지니고 있다. 여기에서는 불황이라는 상황과 관계없이 긴 줄이 늘어서 있으므로 ②의 의미로 사용되었음을 알 수 있다. 선택지 1번의 「ものともせずに」는 해석은 비슷하지만, '곤란이나 장애를 극복하고'라는 의미를 가지고 있으므로 오답이다.

단어 そば屋《や》 메밀국수 가게 | 不況《ふきょう》 불황 | 入口《いりぐち》 입구 | 行列《ぎょうれつ》 줄

5 糸川公園《いとがわこうえん》は４月《がつ》（**ともなれば**）色《いろ》とりどりの花《はな》が咲《さ》き乱《みだ》れる。

1 **ともなれば**　2 とあって

3 ともなく　4 ときたら

5 **이토가와 공원은 4월(쯤 되면) 가지각색의 꽃이 만발한다.**

1 **~쯤 되면**　2 ~라고 해서

3 ~할 생각없이　4 ~로 말할 것 같으면

풀이 「ともなれば」는 '~라는 상황이 되면/~라는 때가 되면, 당연히 ~이 된다(하게 된다)'라는 의미로 「ともなると」로도 표현할 수 있다. 접속 형태는 「명사·동사의 사전형 + ともなれば / ともなると」이다.

단어 色《いろ》とりどり 가지각색, 각양각색 | 咲《さ》き乱《みだ》れる 만발하다, 흐드러지게 피다

6 もう少《すこ》しで犬《いぬ》にかまれる（**ところ**）だっだ。

1 しまつ　2 ばかり

3 **ところ**　4 だけ

6 **하마터면 개에게 물릴 (뻔)했다.**

1 지경, 꼴, 모양　2 ~뿐

3 **~뻔**　4 ~뿐

풀이 여기에서 주목해야 할 것은 부사 「もう少《すこ》しで 하마터면, 자칫하면」이다. 아직 개에게 물린 상황이 아니라 물릴 뻔한 상황이므로 3번이 정답이다. 1번은 결과적으로 물렸다는 의미이므로 오답이다.

단어 もう少《すこ》しで 하마터면 | かむ 물다

7 どんな時《とき》でも、（**するもしないも**）自分《じぶん》次第《しだい》だ。

1 するもしないも　2 するやらしないやら
3 するまでもなく　4 しようとも

7 어느 때건 (**하고 안 하고는**) 자신에게 달려 있다.

1 하고 안 하고는　2 하는지 안 하는지
3 할 필요는 없이　4 하든

풀이 문맥상「するもしないも 하고 안 하고는」이 정답이다. 선택지 2번에 사용된「~やら ~やら」는 '~하기도 하고 ~하기도 하고(열거)'와 '~하는지 ~하는지 (잘 모르겠다)'라는 두 가지 의미를 가지고 있으며, 여기에서는 뉘앙스가 다르므로 오답이다.

단어 次第《しだい》だ ~(하기) 나름이다, ~(하기)에 달려 있다

8 彼《かれ》は自分《じぶん》の解雇《かいこ》が不当《ふとう》（**として**）会社側《かいしゃがわ》に訴《うった》えを起《お》こした。

1 からして　2 として
3 だけあって　4 ながら

8 그는 자신의 해고가 부당(**하다고 생각하고**) 회사측에 소송을 걸었다.

1 ~부터가　2 ~라고 (생각)하고
3 ~인 만큼　4 ~이면서(도)

풀이 여기에서「として」는 '~라고 생각(판단, 간주)하고'라는 의미이며, 부당해고로 판단하고 소송을 한 것이므로 정답은 2번이다. 3번의「だけあって ~인 만큼」은 '~에 어울리는 정도, 능력, 가치가 있어서'라는 뜻으로 좋은 평가를 할 때 사용하므로 오답이다.

단어 解雇《かいこ》 해고 | 不当《ふとう》 부당 | 会社側《かいしゃがわ》 회사측 | 訴《うった》えを起《お》こす 소송을 걸다

9 痩《や》せているのに、よくあんなに食《た》べられる（**ものだ**）。

1 ものだ　2 ことだ
3 ことか　4 ものか

9 말랐는데, 잘도 저렇게 먹을 수 있(**구나**).

1 ~(하는) 구나　2 ~(하는) 것이다
3 ~(하는)가　4 ~(하나) 봐라

풀이「ものだ」는 '~하는 구나, ~했구나'라는 뜻으로 감탄이나 놀라움 등을 표현할 때 사용한다. 접속 형태는「동사의 사전형·동사의 た형＋ものだ」이다. 말랐음에도 잘 먹어서 놀라워하는 문장이므로 정답은 1번이다. 2번의「동사의 사전형＋ことだ」는 '~하는 것이 좋다(중요하다)'는 의미를 지니고 있으므로 오답이다.

단어 痩《や》せる 마르다, 살이 빠지다

10 岸田選手《きしだせんしゅ》はこの試合《しあい》を（**最後《さいご》に**）現役《げんえき》を引退《いんたい》するそうだ。

1 かぎりで　2 最後《さいご》に
3 おして　4 かえりみず

10 기시다 선수는 이 시합을 (**마지막으로**) 현역에서 은퇴한다고 한다.

1 끝으로　2 마지막으로
3 무릅쓰고　4 돌아보지 않고

풀이 이번 시합을 마지막으로 은퇴를 하는 것이므로 2번의 「명사+を最後《さいご》に ~을 마지막으로」가 정답이다. 1번의 「명사+かぎりで」도 '~을 끝으로'라는 뜻이지만, 문장 속에 있는 조사 「を」와 함께 사용할 수 없기 때문에 오답이며, 조사 「を」와 함께 쓰려면 「명사+をかぎりに ~을 끝으로」의 형태가 되어야 한다.

단어 選手《せんしゅ》 선수 | 試合《しあい》 시합 | 現役《げんえき》 현역 | 引退《いんたい》 은퇴

문제 5 문법 형식 판단 | 기출 문법 연습 문제 ❸

문제집 p.182

1 ① 2 ① 3 ④ 4 ① 5 ② 6 ③ 7 ① 8 ④ 9 ③ 10 ①

問題5 次《つぎ》の文《ぶん》の（　　）に入《い》れるのに最《もっと》もよいものを、1・2・3・4から一《ひと》つ選《えら》びなさい。	**문제 5** 다음 문장의 (　　) 안에 넣기에 가장 알맞은 것을 1・2・3・4에서 하나 고르세요.
1 先生《せんせい》、明晩《みょうばん》はお宅《たく》に（**おいでになりますか**）。 1 おいでになりますか　2 おりますか 3 ございますか　4 まいりますか	1 선생님 내일 밤에는 댁에 (**계십니까**)? 1 계십니까　2 있습니까 3 있습니까　4 가겠습니까

풀이 집에 있는 분은 선생님이고, 상대의 행동을 높여 줄 때는 존경 표현을 사용해야 하므로, 「行《い》く」、「来《く》る」、「いる」의 존경 표현인 1번 「おいでになる 가시다, 오시다, 계시다」가 정답이 된다. 나머지 선택지는 모두 겸양 표현이므로 오답이다.

단어 お宅《たく》 댁

2 私《わたし》がどこに（**行《い》こうとも**）勝手《かって》だ。あなたに言《い》う必要《ひつよう》はない。 1 行《い》こうとも　2 行《い》くのに 3 行《い》くうえに　4 行《い》こうにも	2 내가 어디에 (**가든**) 내 마음이다. 너에게 말할 필요는 없다. 1 가든　2 가는데 3 가는 데다가　4 가려고 해도

풀이 문맥상 역접의 내용이 와야 하므로 1번의 「行《い》こうとも 가든」이 정답이며, 「동사의 의지형 + が / と ~하든」에서 「동사의 의지형 + とも」가 된 역접 강조 표현이다. 4번의 「行《い》こうにも 가려고 해도」 뒤에는 '갈 수 없다' 아니면 '갈 방법을 모르겠다' 등의 내용이 나와야 하므로 오답이다.

단어 勝手《かって》 마음대로 함 | 必要《ひつよう》 필요

3 この店《みせ》のコーヒーは１２０円《えん》（**にしては**）とてもおいしい。

1　わりには　　2　からして
3　のあげく　　4　**にしては**

3 이 가게의 커피는 120엔 (**치고는**) 대단히 맛있다.

1　~인 것에 비해서는　　2　~부터가
3　~한 끝에　　4　**~치고는**

풀이 '커피가 120엔인데도 맛있다'는 뜻이므로 '예상했던 것과는 다르게'라는 뉘앙스를 지닌 4번의 「~にしては ~치고는」이 정답이다. 「にしては」의 접속형은 모든 품사의 보통형이며 명사와 ナ형용사의 「だ」는 생략한다. 선택지 1번의 「~わりには ~인 것에 비해서는」의 경우, 뜻은 맞지만 접속형이 모든 품사의 명사 수식이기 때문에 「１２０円《えん》」 다음에 「の」를 넣어야 한다.

단어 店《みせ》 가게 | コーヒー 커피

4 いつか師匠《ししょう》を超《こ》える職人《しょくにん》になって（**見《み》せます**）。

1　**見《み》せます**　　2　見《み》えます
3　見《み》させます　　4　見《み》られます

4 언젠가 스승을 뛰어넘는 장인이 되어 (**보이겠습니다**).

1　**보이겠습니다**　　2　보입니다
3　보게 하겠습니다　　4　보여집니다

풀이 「동사의 て형 + てみせる ~해 보이겠다」는 화자의 강한 의지나 결의를 보여주는 문형으로 '꼭(반드시) ~하겠다'라는 의미이다. 스승을 뛰어넘겠다는 의지를 나타내고 있으므로 정답은 1번이다. 한편 「て + 見《み》せた」는 '~해 보였다'로 해석된다.

단어 師匠《ししょう》 스승 | 超《こ》える (뛰어)넘다, 초월하다 | 職人《しょくにん》 장인

5 何度《なんど》も失敗《しっぱい》を繰《く》り返《かえ》した（**すえに**）やっと、実験《じっけん》に成功《せいこう》した。

1　うえに　　2　**すえに**
3　しまつで　　4　そばから

5 몇 번이나 실패를 반복한 (**끝에**) 겨우, 실험에 성공했다.

1　~(했는) 데다가　　2　**~(한) 끝에**
3　~(하는) 지경으로　　4　~하자마자

풀이 「동사의 た형+すえに ~한 끝에」는 '여러 가지로(오랫동안) ~한 끝에 ~의 결과가 되었다'는 의미로 이 문장의 내용이 실패를 반복하고 겨우 성공했다는 내용이므로 정답은 2번이다. 4번의 「そばから」는 '~하자마자 같은 일이 반복된다'는 의미이므로 오답이다. 또한 3번의 「しまつで」는 접속형이 「동사 사전형 + しまつ」이다.

단어 失敗《しっぱい》 실패 | 繰《く》り返《かえ》す 반복하다 | やっと 겨우 | 実験《じっけん》 실험 | 成功《せいこう》 성공

6 私《わたし》が試験《しけん》に合格《ごうかく》することができたのは、家族《かぞく》の励《はげ》まし（**あっての**）ことです。

1 からある　　2 からの

3 あっての　　4 ある

6 내가 시험에 합격할 수 있었던 것은 가족의 격려가 (**있기에 (가능한)**) 일입니다.

1 ~이나 되는　　2 ~에서의, ~이나 되는

3 ~있기에 (가능한)　　4 있는

풀이 「명사A＋あっての＋명사B」는 'A가 존재하기에 B가 성립되는(가능한)'이라는 의미를 가지고 있으며, 문맥상 '가족의 격려가 있어서 합격한 것'이고 여기에서 「こと」는 '합격한 일'을 뜻하므로 정답은 3번이다. 1번과 2번의 「からある」, 「からの」는 단위를 강조하는 문형으로 접속 형태는 「단위＋からある / からの ~에서의, ~이나 되는」이다.

단어 合格《ごうかく》 합격 | 励《はげ》まし 격려

7 映画監督《えいがかんとく》、木村《きむら》たかしの新作《しんさく》が（**待《ま》たれる**）。

1 待《ま》たれる　　2 待《ま》たさせる

3 待《ま》たされる　　4 待《ま》つ

7 영화 감독인 기무라 타카시의 신작이 (**기다려진다**).

1 기다려진다　　2 기다리게 한다

3 기다리게 되어진다　　4 기다린다

풀이 문맥상 자발 수동인 1번의 「待《ま》たれる 기다려진다」가 정답이다. 자발 수동이란 '저절로 ~하게 된다'라는 의미이며, 자발 수동의 대표적인 표현으로 예를 들어 「思《おも》い出《だ》される 떠오른다, 생각난다」, 「案《あん》じられる 걱정되어진다」, 「悔《く》やまれる 후회되어진다」 등이 있다.

단어 映画監督《えいがかんとく》 영화 감독 | 新作《しんさく》 신작

8 飼《か》っていた猫《ねこ》が死《し》んだとき、どんなに悲《かな》しかった（**ことか**）。

1 ものか　　2 ものだ

3 ことだ　　4 ことか

8 기르고 있던 고양이가 죽었을 때, 얼마나 슬펐(**던가**).

1 ~(하나) 봐라　　2 ~(하곤) 했다

3 ~(하는) 것이다　　4 ~(했)던가

풀이 「ことか」는 '(얼마나) ~(했)던가, ~한가'라는 뜻으로 감정을 강조하는 표현이다. 주로 「どんなに ~ことか」, 「どれほど ~ことか」의 형태로 사용된다.

단어 飼《か》う 키우다, 기르다 | どんなに 얼마나 | 悲《かな》しい 슬프다

9 あの政治家《せいじか》の不正《ふせい》は氷山《ひょうざん》の一角《いっかく》（**に過《す》ぎない**）。

1 に限《かぎ》る　　2 のきらいがある

3 に過《す》ぎない　　4 でもなんでもない

9 그 정치가의 부정은 빙산의 일각(**에 불과하다**).

1 ~이 최고(제일)이다　　2 ~의 경향이 있다

3 ~에 불과하다　　4 ~도 무엇도 아니다

풀이 「氷山《ひょうざん》の一角《いっかく》 빙산의 일각」은 '어떤 일의 대부분이 숨겨져 있고 겉으로 드러나는 것은 극히 일부분에 지나지 않음'을 뜻하므로 3번의 「に過《す》ぎない ~에 불과하다(지나지 않는다)」가 정답이다.

단어 政治家《せいじか》 정치가 | 不正《ふせい》 부정 | 氷山《ひょうざん》の一角《いっかく》 빙산의 일각

10 ここ数年《すうねん》、景気《けいき》の悪化《あっか》（**に伴《とも》なって**）大《だい》学生《がくせい》の就職率《しゅうしょくりつ》が低下《ていか》した。

1 に伴《とも》なって　　2 の一方《いっぽう》で

3 かたわら　　4 にかこつけて

10 최근 몇 년간 경기 악화(**와 함께**) 대학생의 취직률이 떨어졌다.

1 ~와 함께　　2 ~인 한편

3 ~하는 한편　　4 ~을 핑계 삼아

풀이 「に伴《とも》って ~와 함께, ~에 동반해서, ~에 따라서」는 한쪽의 변화와 함께 다른 쪽도 변하는 것을 나타내며, 주로 사회적인 일에 사용한다. 여기에서는 경기 악화의 상황이 대학생의 취업률 저하라는 결과를 가져왔으므로 정답은 1번이다.

단어 景気《けいき》の悪化《あっか》 경기 악화 | 就職率《しゅうしょくりつ》 취업률 | 低下《ていか》 저하

문제 5 문법 형식 판단 | 기출 문법 연습 문제 ④

문제집 p.184

1 ② 2 ① 3 ② 4 ④ 5 ② 6 ① 7 ③ 8 ④ 9 ① 10 ④

問題5 次《つぎ》の文《ぶん》の（　　）に入《い》れるのに最《もっと》もよいものを、1・2・3・4から一《ひと》つ選《えら》びなさい。

문제 5 다음 문장의 (　　) 안에 넣기에 가장 알맞은 것을 1・2・3・4에서 하나 고르세요.

1 このことについては、（**なんら**）疑《うたが》わしいところはない。

1 とっさに　　2 なんら

3 とっくに　　4 さぞかし

1 이 일에 관해서는 (**조금도**) 의심스러운 부분은 없다.

1 순식간에　　2 조금도, 전혀

3 훨씬 전에, 진작에　　4 필시, 틀림없이

풀이 문맥에 맞는 부사를 찾는 문제로 「なんら」는 뒤에 부정이 따를 경우 '조금도, 전혀'라는 뜻이 된다. 또한 「なんら」는 「の」가 붙을 경우는 '아무런'이라는 뜻이 된다. 여기에서는 부정이 수반된 문장이므로 정답은 2번이다. 4번의

「さぞかし 필시, 틀림없이」 뒤에는 추측을 나타내는 말이 수반되기 때문에 오답이다.

단어 疑《うたが》わしい 의심스럽다

2 木村先生《きむらせんせい》の展示会《てんじかい》 (**とあっては**) 見《み》に行《い》かなければならない。

1 とあっては
2 とあって
3 もさることながら
4 はともかくとして

2 기무라 선생님의 전시회(**라면**) 보러 가지 않을 수 없다.

1 ~라면
2 ~라고 해서
3 ~도 물론이고
4 ~은 어찌 되었든 간에

풀이 「とあっては」는 '~라는 특별한 상황에서는 ~을 하지 않으면 안 되거나 자연히 그렇게 되어지는 상태'를 나타낼 때 사용하는 문형이다. 여기에서는 '기무라 선생님의 전시회라면 보러 가야 한다'는 내용이므로 정답은 1번이다. 이유의 뜻을 지닌 2번의 「とあって ~라고 해서」는 주어에 화자 자신이 올 수 없기 때문에 오답이다.

단어 展示会《てんじかい》 전시회

3 不運《ふうん》だと思《おも》われることも、 (**考《かんが》えようによっては**) 、幸運《こううん》に受《う》け止《と》められる。

1 考《かんが》えるにつれて
2 考《かんが》えようによっては
3 考《かんが》えるとなると
4 考《かんが》えるにとどまらず

3 불운하다고 여겨지는 일도 (**생각하기에 따라서는**), 행운으로 받아들일 수 있다.

1 생각함에 따라서
2 생각하기에 따라서는
3 생각하게 되면
4 생각하는 것에 머물지 않고

풀이 「考《かんが》えようによっては」는 '생각하기에 따라서는'이라는 의미로 문맥상 2번이 정답이며, 통째로 외워두면 편하다. 1번에 사용된 문형 「~につれて」는 '앞의 내용에 따라 뒤의 내용도 변한다'는 뜻이며, 예를 들면 「年《とし》をとるにつれて白髪《しらが》が増《ふ》えてきた 나이가 들어감에 따라 흰머리가 늘었다」라는 식으로 사용된다.

단어 不運《ふうん》 불운 | 幸運《こううん》 행운 | 受《う》け止《と》める 받아들이다

4 明日《あした》、御社《おんしゃ》へ資料《しりょう》を頂戴《ちょうだい》に (**あがり**) たいのですが、ご都合《つごう》いかがでしょうか。

1 拝見《はいけん》
2 おいでになり
3 ご覧《らん》になり
4 あがり

4 내일 귀사에 자료를 받으러 (**방문하고**) 싶습니다만, 상황 괜찮습니까?

1 배견하고
2 오시고
3 보시고
4 방문하고

풀이 화자가 상대의 회사에 방문하는 것이므로 '방문하다, 가다'의 겸양 표현인 4번의 「あがる」가 정답이다. 1번의 「拝見《はいけん》」은 「見《み》る 보다」의 겸양 표현이고, 2번과 3번은 존경 표현이기 때문에 오답이다.

단어 御社《おんしゃ》 귀사 | 頂戴《ちょうだい》 받음(겸양 표현) | 都合《つごう》 상황

5 津波《つなみ》に襲《おそ》われ、その建物《たてもの》は一瞬《いっしゅん》（**にして**）崩《くず》れた。

1 として　　2 **にして**
3 だに　　4 すら

5 해일이 덮쳐, 그 건물은 한순간(**에**) 무너졌다.

1 ~(으)로서　　2 **~에**
3 조차　　4 조차

풀이 「にして」는 접속 형태에 따라 뜻이 달라지는 문형으로 ① 「명사 + にして」는 '~이기에, ~조차도, ~에(시간, 나이 한정)'라는 뜻과 ② 「명사, ナ형용사 + にして」는 '~이면서, ~이면서도'라는 두 가지 뜻을 가진다. 여기에서는 '~에(시간의 한정)'의 뜻으로 사용되었으므로 정답은 2번이다.

단어 津波《つなみ》に襲《おそ》われる 해일이 덮치다 | 建物《たてもの》 건물 | 一瞬《いっしゅん》 일순, 한순간 | 崩《くず》れる 무너지다

6 刺身《さしみ》は（**食**《た》**べられないものでもないが**）、あまり好《す》きじゃない。

1 **食**《た》**べられないものでもないが**
2 食《た》べないわけがないが
3 食《た》べないわけにはいかないが
4 食《た》べることはないが

6 회는 (**먹을 수 없는 것은 아니지만**), 그다지 좋아하지 않는다.

1 **먹을 수 없는 것은 아니지만**
2 먹지 않을 리가 없지만
3 먹지 않을 수는 없지만
4 먹을 필요는 없지만

풀이 문맥상으로는 '회를 좋아하지는 않아도 먹을 수는 있다'는 내용이므로 이중 부정의 소극적인 긍정을 나타낸 1번의 「食《た》べられないものでもない 먹을 수 없는 것은 아니다」가 정답이다. 「동사의 ない형 + ないものでもない ~하지 않는 것은 아니다」는 '~할 수도 있다'라는 소극적인 긍정을 할 경우 사용하는 문형으로 「~ないでもない」로 줄여 사용할 수도 있다.

단어 刺身《さしみ》 회 | 好《す》き 좋아함

7 死後《しご》の世界《せかい》というものは、（**はたして**）あるのだろうか。

1 どうやら　　2 てんで
3 **はたして**　　4 くっきり

7 사후의 세계라는 것은 (**과연**) 있는 것일까.

1 아무래도　　2 아예, 도무지
3 **과연**　　4 또렷하게, 선명하게

풀이 문장 끝에 추측의 뜻을 나타내는 「だろうか ~일까」가 나와 있으므로 3번의 「はたして」가 정답이다.

단어 死後《しご》 사후(죽은 후) | 世界《せかい》 세계

8 今日《きょう》はついてない。バスが遅《おく》れるし、重《じゅう》要《よう》な書類《しょるい》を忘《わす》れるし、しまいには部《ぶ》長《ちょう》に怒《おこ》られる (**始末《しまつ》だった**) 。

1 までだ

2 恐《おそ》れがある

3 だけましだった

4 **始末《しまつ》だった**

8 오늘은 재수가 없다. 버스는 늦게 오고, 중요한 서류는 잊고 오고, 끝내는 부장님에게 혼나는 (**지경이었다**).

1 ~(할) 따름이다

2 ~(할) 우려가 있다

3 ~(하는 것)만으로 다행이었다

4 **~(하는) 지경이었다**

풀이 「始末《しまつ》だ ~하는 지경(꼴, 형편, 모양)이다」는 '좋지 않은 일이 계속되어, 마지막에는 나쁜 결과가 되었다'는 의미에 사용되는 문형으로, 접속 형태는 「동사의 사전형 + 始末《しまつ》だ」이다. 여기에서는 4번의 문형이 문맥상 정답으로 가장 적합하다.

단어 ついてない 재수 없다 | 重要《じゅうよう》 중요함 | 忘《わす》れる 잊다 | 怒《おこ》る 화내다

9 私《わたし》に、数学《すうがく》は楽《たの》しいものだと (**思《おも》わせて**) くれた先生《せんせい》に感謝《かんしゃ》しております。

1 **思《おも》わせて**　　2 思《おも》われて

3 思《おも》わされて　　4 思《おも》って

9 나에게 수학은 즐거운 거라고 (**생각하게 해**) 준 선생님에게 감사하고 있습니다.

1 **생각하게 해**　　2 생각되어져

3 생각되어지게 해　　4 생각해

풀이 내가 생각한 것이 아니고 나에게 선생님이 '생각하게 해 준 것'이므로 사역인 1번의 「思《おも》わせて」가 정답이다.

단어 数学《すうがく》 수학 | 感謝《かんしゃ》 감사

10 店員《てんいん》さんに (**言《い》わせれば**) スマホを修《しゅう》理《り》するより買《か》い換《か》えたほうがいいらしい。

1 言《い》わされれば

2 言《い》えば

3 言《い》われれば

4 **言《い》わせれば**

10 점원의 (**말에 의하면**) 스마트폰을 수리하는 것보다 새로 사는 게 나은 듯하다.

1 말하게 되어지면, 듣게 되어지면

2 말하면

3 말해지면, 들으면

4 **말하게 하면, 말에 의하면**

풀이 「명사+に言《い》わせれば」는 '~의 의견으로는'이라는 의미로 명사에 화자인 '나'가 올 경우에는 '내 생각에는, 내가 보기에는'이라는 뜻을 나타내고, 명사에 '제3자'가 올 경우에는 '~의 의견으로는, ~의 말에 의하면, ~의 말로는'이라는 뜻으로 의역해서 해석해야 한다. 여기에서는 「言《い》わせれば (점원의) 말에 의하면」인 4번이 정답으로 적합하다.

단어 スマホ 스마트폰 | 修理《しゅうり》 수리 | 買《か》い換《か》える 새로 사다

문제 5 문법 형식 판단 | 기출 문법 연습 문제 ⑤

문제집 p.186

1 ② **2** ① **3** ③ **4** ② **5** ① **6** ④ **7** ① **8** ① **9** ② **10** ①

問題5 次《つぎ》の文《ぶん》の（　　　）に入《い》れるのに最《もっと》もよいものを、1・2・3・4から一《ひと》つ選《えら》びなさい。

문제 5 다음 문장의 (　　　) 안에 넣기에 가장 알맞은 것을 1・2・3・4에서 하나 고르세요.

1 この本《ほん》を全部《ぜんぶ》読《よ》もうと思《おも》ったら、5時間《じかん》（**では**）無理《むり》だと思《おも》います。

1 からも　　2 では
3 には　　4 までも

1 이 책을 전부 읽으려고 하면 5시간(**으로는**) 무리라고 생각합니다.

1 ~부터도　　2 ~(으)로는
3 ~에는　　4 ~까지도

풀이 「で」의 여러 가지 뜻 중 '시간, 수량, 크기의 한정'을 나타내는 뜻이 있는데, 여기에서는 '시간의 한정'으로 사용되었다. 또한 「は」는 「で」를 강조해 주는 역할을 하고 있다. 이 밖에도 '5시까지'가 아니라 '5시간으로는'이라는 것에 주목해야 한다.

단어 無理《むり》 무리

2 ロボット（**じゃあるまいし**）休《やす》まずに働《はたら》けるはずがない。

1 じゃあるまいし
2 いかんを問《と》わず
3 であろうがなかろうが
4 じゃないだろうけど

2 로봇(**도 아니고**) 쉬지 않고 일할 수 있을 리가 없다.

1 ~도 아니고
2 ~여하를 불문하고
3 ~이든 아니든
4 ~이 아니겠지만

풀이 「ではあるまいし/じゃあるまいし ~도 아니고, ~도 아닌데」의 뒤에는 상대에 대한 충고나 조언, 명령, 비판 등의 내용이 따라올 때가 많다. 접속 형태는 「명사 + ではあるまいし」, 「동사의 사전형 · 동사의 た형 + の / わけ / ん + ではあるまいし」이다.

단어 ロボット 로봇 | 働《はたら》く 일하다

3 ４０歳《さい》の息子《むすこ》でも、親《おや》（**にしてみれば**）いつまでも子供《こども》に見《み》えるのだろう。

1 のわりには　　2 にしたって
3 にしてみれば　　4 にしては

3 40살의 아들이라도, 부모(**의 입장에서 보면**) 언제까지나 아이로 보일 것이다.

1 ~인 것에 비해서는　　2 ~라고 해도
3 ~의 입장에서 보면　　4 ~치고는

풀이 「명사+にしてみれば ~의 입장에서 보면」은 사람의 입장이나 상황에 따라서 생각이나 견해가 다름을 나타낼 때 사용하는 문형이다. 여기에서는 부모의 입장에서 본 40살의 아들이므로 정답은 3번이다.

단어 息子《むすこ》 아들 | 親《おや》 부모 | 子供《こども》 아이

4 息子《むすこ》は「勉強《べんきょう》する」とか言《い》って（**はじめるなり**）、うとうと居眠《いねむ》りをしている。

1 はじめたなり　　2 はじめるなり

3 はじめたまま　　4 はじめるまま

4 아들은 "공부한다"고 말하고 (시작하자마자), 꾸벅꾸벅 앉아 졸고 있다.

1 시작한 채　　2 시작하자마자

3 시작한 채로　　4 시작하는 대로

풀이 2번의 「はじめるなり 시작하자마자」가 들어가는 것이 문맥상 가장 자연스러우며, 여기에서 사용된 「동사의 사전형 + なり ~하자마자」는 반드시 '3인칭'에게만 사용해야 하고 앞뒤의 주어가 같아야 한다. 한편 1번의 「동사의 た형+なり」는 '~한 채(로), ~한 뒤'라는 뜻을 지닌다.

단어 うとうと 꾸벅꾸벅 | 居眠《いねむ》りをする 앉아서 졸다

5 何《なん》とかして明日《あした》の朝《あさ》まで北海道《ほっかいどう》に（**行《い》けないものか**）。

1 行《い》けないものか　　2 行《い》けないことか

3 行《い》くことか　　4 行《い》くものか

5 어떻게 해서 내일 아침까지 홋카이도에 (갈 수 없을까).

1 갈 수 없을까　　2 갈 수 없는 일인가

3 갈 일인가　　4 가나 봐라

풀이 「~ないものか 없는 걸까, 안 되는 걸까」는 어떤 일이 실현되기를 강하게 바라는 화자의 기분을 나타내는 표현이며 「~ないものだろうか」로도 바꿔 쓸 수 있다. 여기에서는 '내일 아침까지 홋카이도에 갈 수 있었으면'하는 화자의 바람이 나타나 있으므로 정답은 1번이다.

단어 北海道《ほっかいどう》 홋카이도

6 いつも成績《せいせき》がよくても、試験《しけん》に（**落《お》ちないともかぎらない**）。

1 落《お》ちるにほかならない

2 落《お》ちないではおかない

3 落《お》ちるまでのことだ

4 落《お》ちないともかぎらない

6 항상 성적이 좋아도 시험에 (떨어지지 않는다고는 할 수 없다).

1 (바로) 떨어진다

2 떨어지지 않을 수 없다

3 떨어질 따름이다

4 떨어지지 않는다고는 할 수 없다

풀이 「~ないともかぎらない ~하지 않는다고는 할 수 없다」는 '~할 수도 있다는 가능성'을 나타내며, 여기에서는 성적이 좋아도 시험에 떨어질 수도 있다는 것을 의미하므로 정답은 4번이다.

단어 成績《せいせき》 성적 | 落《お》ちる 떨어지다

7 ここから家《いえ》まで徒歩《とほ》で２０分《ぷん》（**といったところ**）でしょう。

1 といったところ　　2 どころではない
3 といったらない　　4 とみられる

7 여기서부터 집까지 도보로 20분 (**정도**)일 겁니다.

1 ~정도　　2 ~(할) 상황이 아닐
3 아주 ~할　　4 ~로 여겨질

풀이 「명사・동사의 사전형＋といったところ」는 '대체로, 기껏해야 ~정도다'라는 의미이며, 여기에서는 '20분 정도로 대체적인 시간을 가늠'하고 있으므로 1번이 정답으로 가장 적당하다. 또한 「というところ」로도 바꿔 사용할 수 있다. 선택지 4번의 「とみられる」는 객관적 근거에 의한 추측, 예측을 나타낼 때 사용된다.

단어 徒歩《とほ》 도보

8 親《おや》の育《そだ》て方《かた》（**次第《しだい》で**）子供《こども》の一生《いっしょう》が決《き》まる。

1 次第《しだい》で　　2 次第《しだい》に
3 の次第《しだい》で　　4 の次第《しだい》に

8 부모의 양육 방식(**에 따라서**) 아이의 일생이 결정된다.

1 ~에 따라서　　2 점차로
3 X　　4 X

풀이 「명사・동사의 ます형＋次第《しだい》で」는 '~에 따라 결정된다'라는 의미로 「次第《しだい》だ」의 형태로도 사용된다.

단어 親《おや》 부모 | 育《そだ》て方《かた》 양육 방식 | 一生《いっしょう》 평생, 일생 | 決《き》まる 결정되다

9 駅前《えきまえ》のうどん屋《や》「ココロ」はテレビで紹介《しょうかい》された（**とかで**）毎日店《まいにちみせ》の前《まえ》に行列《ぎょうれつ》ができている。

1 となると　　2 とかで
3 というと　　4 とあれば

9 역 앞의 우동 가게 '코코로'는 텔레비전에서 소개되었(**던가 뭔가로**) 매일 가게 앞에 줄이 늘어서 있다.

1 ~하게 되면　　2 ~던가 뭔가로
3 ~라고 하면　　4 ~라(고) 하면

풀이 「とかで ~던가 뭔가로」는 '소문이나 들은 것 등의 불확실한 전문 정보'를 나타낼 때 사용하는 표현인 「とか」와 '이유, 원인'을 뜻하는 「で」가 합쳐진 형태이다.

단어 行列《ぎょうれつ》ができている 줄이 서 있다

10 顧客《こきゃく》から厳《きび》しいクレームを（**頂戴《ちょうだい》しました**）。

1 頂戴《ちょうだい》しました　　2 申《もう》し上《あ》げました
3 拝借《はいしゃく》しました　　4 差《さ》し上《あ》げました

10 고객으로부터 혹독한 클레임을 (**받았습니다**).

1 받았습니다　　2 말씀드렸습니다
3 빌렸습니다　　4 드렸습니다

풀이 클레임을 받은 쪽이 '화자 자신'이므로 경어를 사용한다면 겸양 표현을 써야 한다. 「もらう 받다」의 겸양 표현은 「頂戴《ちょうだい》する」, 「いただく」이므로 정답은 1번이다.

단어 顧客《こきゃく》 고객 | 厳《きび》しい 혹독하다, 지독하다, 엄격하다 | クレーム 클레임, 불만

문제 5 문법 형식 판단 | 예상 문법 연습 문제 ❶

문제집 p.218

1 ① 2 ③ 3 ① 4 ③ 5 ① 6 ② 7 ③ 8 ① 9 ② 10 ①

問題5 次《つぎ》の文《ぶん》の（　　　）に入《い》れるのに最《もっと》もよいものを、1・2・3・4から一《ひと》つ選《えら》びなさい。

문제 5 다음 문장의 (　　　) 안에 넣기에 가장 알맞은 것을 1・2・3・4에서 하나 고르세요.

1 毎日電車《まいにちでんしゃ》で学校《がっこう》に行《い》ったが、今月《こんげつ》からは運動《うんどう》（**がてら**）歩《ある》いて行《い》くことにした。

1 がてら　　2 ついでに
3 ながらも　　4 ゆえに

1 매일 전철로 학교에 갔지만, 이번 달부터는 운동(**하는 김에**) 걸어서 가기로 했다.

1 ~하는 김에　　2 ~하는 김에
3 ~하면서도　　4 ~의 연유로

풀이 문맥상 '~하는 김에, ~할 겸'의 뜻을 가진 1번과 2번이 둘 다 답이 될 수 있지만, 접속 형태를 고려했을 때 1번의 「がてら」가 정답으로 가장 적합하다. 접속 형태를 살펴보면 「동사의 ます형 · 명사+がてら」, 「동사의 사전형 · 동사의 た형+ついでに」, 「명사 + の + ついでに」이다.

단어 運動《うんどう》 운동 | 歩《ある》いて行《い》く 걸어가다

2 この不景気《ふけいき》はいつまで続《つづ》く（**やら**）。

1 とは　　2 だろうに
3 やら　　4 ものだ

2 이 불경기는 언제까지 계속될(**는지**).

1 ~다니　　2 ~텐데
3 ~는지　　4 ~것이다

풀이 「やら」는 '~인지, ~는지(잘 모르겠다)'는 뜻을 가지는 표현으로 접속 형태는 「동사·イ형용사의 보통체 + (の/もの/こと) + やら」이다. 여기에서는 '불경기가 언제까지 계속될지 모르겠다'는 내용이므로 3번이 정답으로 적당하다.

단어 不景気《ふけいき》 불경기 | 続《つづ》く 계속되다

3 店長《てんちょう》、個人的《こじんてき》な事情《じじょう》で、今日《きょう》（**を限《かぎ》りに**）やめさせていただきます。

1 を限《かぎ》りに　　2 を限《かぎ》りで
3 に限《かぎ》って　　4 に限《かぎ》っては

3 점장님, 개인적인 사정으로 오늘(**을 끝으로**) 그만두겠습니다.

1 ~을 끝으로　　2 X
3 ~에 한해서　　4 ~에 한해서는

풀이 '오늘로 그만둔다'는 내용이므로 1번의 「명사+を限《かぎ》りに ~을 끝으로」가 정답이다. 선택지 2번도 조사 「を」만 빼면 「명사+限《かぎ》りで ~을 끝으로」의 뜻으로 사용할 수 있다.

단어 店長《てんちょう》 점장 | 個人的《こじんてき》 개인적 | 事情《じじょう》 사정 | やめる 그만두다

4 佐藤《さとう》さんは、ここ6か月《げつ》（**というもの**）会社《かいしゃ》を休《やす》んで旅行《りょこう》に行《い》ってきたそうだ。

1 というの　　2 ということ
3 というもの　　4 というと

4 사토 씨는 최근 6개월 (**동안**) 회사를 쉬고 여행을 다녀왔다고 한다.

1 ~라는 것　　2 ~라는 것
3 ~동안　　4 ~라고 하면

풀이 「というもの」는 '시간, 때, 기간'의 뜻을 지닌 명사와 함께 사용되면 '~동안'이라는 뜻이 되니 주의하도록 하자.

단어 ここ 요, 최근 | 旅行《りょこう》に行《い》く 여행 가다

5 このそば屋《や》は東京《とうきょう》の4店舗《てんぽ》の開業《かいぎょう》を（**皮《かわ》切《き》りに**）全国各地《ぜんこくかくち》に続々《ぞくぞく》と出店《しゅってん》している。

1 皮切《かわき》りに　　2 きっかけに
3 はじめとして　　4 前提《ぜんてい》として

5 이 메밀국수 가게는 동경의 4점포의 개업(**을 시작으로**) 전국 각지에 계속해서 가게를 새로 내고 있다.

1 ~(을) 시작으로　　2 ~(을) 계기로
3 ~(을) 비롯하여　　4 ~(을) 전제로 해서

풀이 동경 점포 4곳을 시작으로 전국적으로 계속해서 점포를 내고 있는 상황이므로 '~을 시작으로 무언가를 계속한다'는 뜻을 지닌 1번의 「を皮切《かわき》りに」가 정답이다. 선택지 2번의 「きっかけに」는 '~을 계기로'라는 뜻으로 방향 전환을 할 때 사용하는 문형이므로 오답이다.

단어 店舗《てんぽ》 점포 | 開業《かいぎょう》 개업 | 全国各地《ぜんこくかくち》 전국 각지 | 続々《ぞくぞく》と 계속해서 | 出店《しゅってん》 출점, 새로 가게를 냄

6 料理《りょうり》には慣《な》れぬ（**こととて**）レシピ通《どお》りにやったが失敗《しっぱい》してしまった。

1 ことだし　　2 こととて
3 にしたって　　4 からといって

6 요리에 익숙하지 않(**아서**) 조리법대로 했지만 실패해 버렸다.

1 ~(하)고　　2 ~아서, ~라서
3 ~라고 해도　　4 ~라고 해서

풀이 '요리에 익숙하지 않아 실패한 것'이므로 주로 '변명이나 이유'를 나타낼 때 사용하는 2번의 「こととて ~아서, ~라서, ~이므로」가 정답이다. 접속 형태는 모든 품사의 명사 수식이지만, 동사의 ない형은 「ない」 대신 「ぬ」로 나타내는 경우가 많다.

단어 慣《な》れる 익숙하다 | レシピ 레시피, 조리법 | 通《どお》り ~대로 | 失敗《しっぱい》 실패

7 彼女《かのじょ》は猫《ねこ》を飼《か》っていて (**手《て》といい足《あし》といい**) 引《ひ》っ掻《か》き傷《きず》だらけだ。

1 手《て》であれ足《あし》であれ

2 手《て》なり足《あし》なり

3 手《て》といい足《あし》といい

4 手《て》とも足《あし》とも

7 그녀는 고양이를 기르고 있어 (**손이며 발이며**) 할퀸 상처투성이다.

1 손이든 발이든 (상관없다, 변함없다)

2 손이든 발이든 (선택)

3 손이며 발이며

4 손이라고도 발이라고도

풀이 짝을 이루는 표현을 찾는 문제로 여기저기 상처가 있는데, 그중 손발을 예를 들어 말한 것이므로 3번의「手《て》といい足《あし》といい 손이며 발이며」가 정답으로 적당하다.「명사 + といい + 명사 + といい」는 전체 중에서 눈에 띄는 두 가지 내용을 예로 들어 말할 때 사용하는 표현이며, '예로 든 두 가지 이외에도 그러하다'는 뉘앙스를 지닌다. 해석은 '~이며 ~이며, ~도 그렇고 ~도 그렇고, ~든 ~든'으로 다양하게 할 수 있다.

단어 引《ひ》っ掻《か》き傷《きず》 할퀸 상처 | だらけ ~투성이

8 彼《かれ》は部《へ》屋《や》の中《なか》で (**行《い》きつ戻《もど》りつ**) しながら、物思《ものおも》いに耽《ふけ》っている。

1 行《い》きつ戻《もど》りつ

2 行《い》こうか行《い》くまいか

3 行《い》こうと行《い》くまいと

4 行《い》くかどうか

8 그는 방 안에서 (**왔다 갔다**) 하면서, 생각에 빠져 있다.

1 왔다 갔다

2 가야 할지 말아야 할지

3 가든 말든

4 갈지 말지

풀이 방 안을 '왔다 갔다' 한다는 것이므로「行《い》ったり来《き》たり 왔다 갔다, 오락가락」과 같은 뜻인 1번의「行《い》きつ戻《もど》りつ」가 정답이다. 접속 형태는「동사의 ます형 + つ + 동사의 ます형 + つ ~하기도 하고 ~하기도 하고」로,「~たり、~たり」와 뜻은 비슷하지만,「行《い》きつ戻《もど》りつ」처럼 관용적으로 사용되는 것도 있다.

단어 部《へ》屋《や》の中《なか》 방 안 | 物思《ものおも》いに耽《ふけ》る 생각에 빠지다(골몰하다)

9 娘《むすめ》は希《き》望《ぼう》する大学《だいがく》に合格《ごうかく》 (**せんがために**) 寝《ね》る間《ま》も惜《お》しんで勉強《べんきょう》している。

1 せんばかりに　2 せんがために

3 するかのように　4 するかのごとく

9 딸은 희망하는 대학에 합격(**하기 위해서**) 자는 시간도 아끼며 공부하고 있다.

1 ~할 듯이　2 ~하기 위해서

3 ~하는 것처럼　4 ~하듯이

풀이 문맥상 목적을 나타내는 표현이 필요하므로, 2번의「せんがために ~하기 위해서」가 정답이다. 접속 형태는「동사의 ない형 + んがため(に)」이며,「する」는「せ」가 된다.

단어 娘《むすめ》 딸 | 希《き》望《ぼう》 희망 | 惜《お》しむ 아끼다, 아쉬워하다

10 何《なん》の断《ことわ》り (**なしに**) 他人《たにん》のものを使《つか》ってはいけない。

1 なしに　　2 ことなく
3 からして　　4 のうえでは

10 아무런 양해 (**없이**) 타인의 물건을 사용해서는 안 된다.

1 ~없이　　2 ~하지 않고
3 ~부터가　　4 ~에 있어서는

풀이 「명사 + なしに(は) ~없이(는)」이라는 뜻으로 명사와 접속된 1번이 정답이다. 2번의 「ことなく ~하지 않고」는 동사의 사전형과 접속하므로 오답이다.

단어 断《ことわ》り 거절, 양해, 미리 말함 | 他人《たにん》 타인

문제 5 문법 형식 판단 | 예상 문법 연습 문제 ②

문제집 p.220

1 ③　2 ①　3 ③　4 ④　5 ①　6 ③　7 ①　8 ③　9 ①　10 ②

問題5 次《つぎ》の文《ぶん》の（　　）に入《い》れるのに最《もっと》もよいものを、1・2・3・4から一《ひと》つ選《えら》びなさい。

문제 5 다음 문장의 (　　) 안에 넣기에 가장 알맞은 것을 1・2・3・4에서 하나 고르세요.

1 三浦《みうら》さんは看護師《かんごし》として (**働《はたら》くかたわら**) 週末《しゅうまつ》はダンス教室《きょうしつ》でダンスを教《おし》えている。

1 働《はたら》くついでに　　2 働《はたら》くや否《いな》や
3 働《はたら》くかたわら　　4 働《はたら》くがてら

1 미우라 씨는 간호사로서 (**일하는 한편**) 주말에는 댄스교실에서 댄스를 가르치고 있다.

1 일하는 김에　　2 일하자마자
3 일하는 한편　　3 일하는 김에

풀이 간호사의 일이 주된 일이고 주말에는 댄스도 가르치므로 3번의 「働《はたら》くかたわら 일하는 한편」이 정답이다. 「かたわら」의 접속 형태는 「동사의 사전형 + かたわら」, 「명사 + の + かたわら」이며, 앞쪽이 주된 일(지속적으로 해온 일)이 오고, 뒤쪽에는 부수적인 일이 따라 나온다.

단어 看護師《かんごし》 간호사 | 働《はたら》く 일하다 | ダンス教室《きょうしつ》 댄스교실

2 パンに目《め》がない娘《むすめ》はパンを一口《ひとくち》 (**食《た》べたら最後《さいご》**) 全部《ぜんぶ》食《た》べ切《き》ってしまう。

1 食《た》べたら最後《さいご》　　2 食《た》べるそばから
3 食《た》べたなり　　4 食《た》べる一方《いっぽう》で

2 빵에 사족을 못쓰는 딸은 빵을 한입 (**먹었다 하면**), 전부 다 먹어버린다.

1 먹었다 하면　　2 먹자마자
3 먹은 채(로)　　4 먹은 한편으로

풀이 빵을 입에 대면 다 먹어버린다는 내용이므로 1번의 「食《た》べたら最後《さいご》 먹었다 하면」이 정답이다. 여기에서 사용된 문형 「동사의 た형 + たら最後《さいご》」는 '~을 했다 하면 끝장이다'라는 뉘앙스를 지닌다.

단어 目《め》がない 사족을 못쓰다, 매우 좋아하다 | 一口《ひとくち》 한입

3 いくら健康《けんこう》のため（**とはいえ**）サプリメントの摂《と》りすぎはよくないと思《おも》う。 1 とあれば　　2 ともなると 3 とはいえ　　4 とあって	3 아무리 건강을 위해서(**라고 해도**) 건강보조식품의 지나친 섭취는 좋지 않다고 생각한다. 1 ~라고 하면　　2 ~하게 되면, ~쯤 되면 3 ~라고 해도　　4 ~라고 해서

풀이 부사 「いくら 아무리」와는 역접 표현이 어울리므로 3번의 「とはいえ ~라고 해도」가 정답이 된다. 「とはいえ」의 접속 형태는 모든 품사의 보통형이며, 명사와 ナ형용사의 「だ」는 생략 가능하다. 이 밖에도 역접 표현과 주로 많이 사용되는 부사 「いかに、どんなに 아무리」, 「たとえ 설령」 등도 함께 알아두자.

단어 いくら 아무리 | サプリメント 건강보조식품, 영양제 | 摂《と》りすぎ 지나친 섭취

4 もう過《す》ぎ去《さ》ったことを後悔《こうかい》（**したところで**）何《なに》も変《か》わらない。 1 しつつも　　2 したにもかかわらず 3 しながらも　　4 したところで	4 이미 지나간 일을 후회(**한다 해도**), 아무것도 바뀌지 않는다. 1 ~하면서도　　2 ~했음에도 불구하고 3 ~하면서도　　4 ~한다 해도

풀이 문맥상 역접 표현이 필요하므로 4번의 「したところで ~한다 해도」가 정답이다. 「동사의 た형 + ところで」는 '~한다(했다) 해도, ~해 본들, ~해 봤자'로 해석하면 된다.

단어 過《す》ぎ去《さ》る 지나가다 | 後悔《こうかい》 후회 | 変《か》わる 바뀌다

5 君《きみ》が何《なに》を（**しようが**）私《わたし》には無関係《むかんけい》だ。勝手《かって》にしろ。 1 しようが　　2 しようか 3 したのに　　4 するのに	5 네가 무엇을 (**하든**) 나는 상관없다. 마음대로 해. 1 하든　　2 할까 3 했는데　　4 하는 데에

풀이 문맥상 '무엇을 해도 상관없다'는 뜻이므로 역접 표현인 「しようが 하든」이 정답이며, 「しても」로 바꿔 사용해도 된다. 「しようが」의 접속 형태는 「동사의 의지형 + が」이다.

단어 無関係《むかんけい》 무관계, 관계없음, 상관없음 | 勝手《かって》にする 마음대로 하다

6 子育《こそだ》ては苦労《くろう》 (**こそあれ**) それなりの楽《たの》しみがある。

1 からして　　2 だからこそ

3 こそあれ　　4 ゆえに

6 육아는 고생(**은 있을지언정**), 그 나름의 즐거움이 있다.

1 ~부터가　　2 ~이기에

3 ~은 있을지언정　　4 ~인 연유(이유)로

풀이 문맥상 '~은 되지만, ~이지만'이라는 뜻이 들어가야 하므로 3번의 「こそあれ ~은 있을지언정」이 정답이 된다. 「こそあれ」의 접속 형태는 「명사 + こそ」, 「ナ형용사 + で + こそ」이다.

단어 子育《こそだ》て 육아 | 苦労《くろう》 고생 | それなりの 그 나름의 | 楽《たの》しみ 즐거움

7 成績《せいせき》が少《すこ》し落《お》ちたからといって、そこまで落《お》ち込《こ》む (**には当《あ》たらない**) 。

1 には当《あ》たらない　　2 にたえない

3 にかたくない　　4 にとどまる

7 성적이 조금 떨어졌다고 해서, 그렇게까지 침울해(**할 필요는 없다**).

1 ~할 필요는 없다　　2 차마 ~할 수 없다

3 ~하기 어렵지 않다　　4 ~에 그치다

풀이 '침울해할 일이 아니다' 혹은 '침울해할 필요는 없다' 등의 내용이 와야 하므로 1번의 「には当《あ》たらない ~할 필요는 없다」가 정답이 된다. 「동사의 사전형 · 명사 + に(は)当《あ》たらない」는 '① ~할 필요는 없다, ~할 정도는 아니다 ② ~에는 해당되지 않는다'라는 뜻으로 사용된다.

단어 成績《せいせき》 성적 | 落《お》ちる 떨어지다 | からといって ~라고 해서 | 落《お》ち込《こ》む 침울해지다

8 仕事《しごと》と家事《かじ》、育児《いくじ》までやらなければならない彼女《かのじょ》の苦労《くろう》は想像《そうぞう》 (**にかたくない**) 。

1 を禁《きん》じ得《え》ない

2 せずにはすまない

3 にかたくない

4 にすぎない

8 일과 가사, 육아까지 하지 않으면 안 되는 그녀의 고생은 상상(**하기 어렵지 않다**).

1 ~을 금치 못하다

2 ~하지 않으면 안 된다

3 ~하기 어렵지 않다

4 ~에 불과하다

풀이 '그녀의 고생을 충분히 상상하고도 남는다'는 내용이므로 3번의 「にかたくない ~하기 어렵지 않다」가 정답이 된다. 「동사의 사전형 · 명사+かたくない」는 '~하는 것은 어렵지 않다, 간단히 ~할 수 있다'는 의미로 주로 「想像《そうぞう》 상상」, 「察《さっ》する 헤아리다」, 「理解《りかい》する 이해하다」 등과 같은 단어와 함께 사용된다.

단어 家事《かじ》 가사 | 育児《いくじ》 육아 | 苦労《くろう》 고생 | 想像《そうぞう》 상상

9 どんな理由《りゆう》があったとしても、児童虐待《じどうぎゃくたい》は許《ゆる》す（**べからざる**）行為《こうい》だ。

1 **べからざる**　　2 までもない
3 べくして　　4 めいた

9 어떤 이유가 있었다 하더라도, 아동 학대는 용서(**해서는 안 되는**) 행위이다.

1 **~해서는 안 되는**　　2 ~할 필요는 없다
3 ~할 만해서　　4 ~인 듯한

풀이 아동 학대는 용서할 수 없는 행위라는 내용이므로 1번의 「べからざる ~해서는 안 되는」이 정답이 된다. 접속 형태는 「동사의 사전형+べからざる+명사」이며, 금지나 금지 명령을 나타내는 문형으로 주로 딱딱한 문어체에 사용된다. 문말 형태로는 「동사의 사전형 + べからず ~하지 말 것, ~해서는 안 된다」가 있다.

단어 児童虐待《じどうぎゃくたい》 아동 학대 | 許《ゆる》す 용서하다 | 行為《こうい》 행위

10 不本意《ふほんい》だとしても、相手《あいて》を傷《きず》つけてしまったら（**謝《あやま》らずにはすまない**）だろう。

1 謝《あやま》らずにはいられない
2 **謝《あやま》らずには済《す》まない**
3 謝《あやま》ってすむ
4 謝《あやま》るだけまし

10 본의가 아니었다 하더라도 상대에게 상처를 입혔다면 (**사과하지 않으면 해결되지 않을**) 것이다.

1 사과하지 않고는 있을 수 없을
2 **사과하지 않고는 해결되지 않을(사과하지 않으면 안 될)**
3 사과하고 해결될
4 사과하는 것만으로 다행일

풀이 문맥상 '사과를 해야 한다'는 내용이므로 '~하지 않으면 안 된다'는 뜻을 가진 선택지 1번과 2번 둘 다 답이 될 수 있지만, '사회적 상식, 주위의 상황, 자신의 의무 등의 객관적 사실에 의해 ~하지 않으면 안 되는 경우'에는 「~ずには済《す》まない」를 사용해야 하며, 「~ずにはいられない」는 '참을 수 없어서 ~해 버린다' 혹은 '~하지 않고는 견딜 수 없다'라는 등의 뜻을 지녀, 감정적인 것에 주로 사용된다. 여기서는 상식적인 내용을 다뤘으므로 2번이 정답이다.

단어 不本意《ふほんい》 본의가 아님, 바라는 바가 아님 | 傷《きず》つける 상처 입히다 | 謝《あやま》る 사죄하다, 사과하다

문제 6 문장 만들기 | 연습 문제

문제집 p.224

1 ④　2 ④　3 ①　4 ③　5 ④　6 ④　7 ④　8 ①

問題6 次《つぎ》の文《ぶん》の ＿★＿ に入《はい》る最《もっと》もよいものを、1・2・3・4から一《ひと》つ選《えら》びなさい。

문제 6 다음 문장의 ＿★＿ 에 들어갈 가장 알맞은 것을 1・2・3・4에서 하나 고르세요.

1 「パンジー」という名《な》は思想《しそう》や考《かんが》えを意味《いみ》するフランス語《ご》の 2 パンジーに由《ゆ》来《らい》し 1 頭《こうべ》を垂《た》れて **4 ★前《まえ》に傾《かたむ》いたように** 3 咲《さ》く花《はなす》の姿《がた》を 思考《しこう》している人《ひと》の姿《すがた》に見立《みた》てたとされている。

1 頭《あたま》を垂《た》れて

2 パンジーに由来《ゆらい》し

3 咲《さ》く花《はな》の姿《すがた》を

4 前《まえ》に傾《かたむ》いたように

1 '팬지'라는 이름은 사상이나 생각을 의미하는 프랑스어의 2 팬지에서 유래되었고 1 머리를 늘어뜨려 **4 ★앞으로 기울어진 듯이** 3 피는 꽃의 모습을 사고하고 있는 사람에 비유했다고 한다.

1 머리를 늘어뜨려

2 팬지에서 유래되었고

3 피는 꽃의 모습을

4 앞으로 기울어진 듯이

풀이 (2-1-4-3) 문맥 해석 문제로 맨 앞줄 앞에 조사「の」가 있는 것으로 보아 명사가 이어져야 한다. 문맥상 '프랑스어의 팬지에서 유래되었고'로 이어지는 것이 자연스럽기 때문에, 2번을 선두에 두고 문맥에 맞게 해석해 나가면 1→4→3이 된다. 해석 문제는 주어와 술어 관계, 수식 부분을 주의해야 하며, 집중을 위해서 뜻을 밑줄 아래 적어가며 나열해 보는 것도 하나의 방법이 될 수 있다.

단어 意味《いみ》 의미 | 由来《ゆらい》 유래 | 垂《た》れる 늘어지다, 늘어뜨리다 | 傾《かたむ》ける 기울이다 | 咲《さ》く 피다 | 思考《しこう》 사고 | 見立《みた》てる 보고 판단하다, (~에) 비유하다

2 受験者《じゅけんしゃ》以外《いがい》の者《もの》が受験者本人《じゅけんしゃほんにん》になりすまして、試験《しけん》を受《う》けることはずいぶん前《まえ》から 3 あったようで 1 メディアで騒《さわ》がれたもの **4 ★もあれば** 2 発覚《はっかく》していないケースもたくさんありそうだ。

1 メディアで騒《さわ》がれたもの

2 発覚《はっかく》していない

3 あったようで

4 もあれば

2 수험자 이외의 사람이 수험자 본인인 체하며, 시험을 치는 일은 꽤 전부터 3 있었던 것 같으며, 1 매체에서 떠들썩해졌던 것 **4 ★도 있고** 2 발각되지 않은 경우도 많이 있을 듯하다.

1 매체에서 떠들썩해졌던 것

2 발각되지 않은

3 있었던 것 같으며

4 ~도 있고

풀이 (3-1-4-2)「~も ~ば ~も ~도 ~하고(이고) ~도」의 문장 구조로 짜여 있으며, 문장 속「~もあれば」는 가정법 해석이 아닌「~도 있고(있거니와)」로 해석해야 한다. 맨 처음 들어갈 내용이 3번인 것을 알면 문장 만들기가 좀 더 수월해진다.

단어 受験者《じゅけんしゃ》 수험자 | なりすます ~인 양 행세하다, ~인 체하다 | メディア 매체 | 騒《さわ》ぐ 떠들다, 시끄러워지다 | 発覚《はっかく》 발각

3 会社《かいしゃ》での肩書《かたがき》が部長《ぶちょう》 2 である 4 といえば 1 ★聞《き》こえはいいが 3 平《ひら》たく言《い》えば社員《しゃいん》10名《めい》しかいない小《ちい》さな町工場《まちこうば》である。

1 聞《き》こえはいいが　2 である
3 平《ひら》たく言《い》えば　4 といえば

3 회사에서의 직함이 부장 2 이라 4 고 하면 1 ★듣기엔 좋지만, 3 쉽게 말하면 사원 10명밖에 안 되는 시내의 작은 공장이다.

1 듣기엔 좋지만　2 ~이라
3 쉽게 말하면　4 ~고 하면

풀이 (2-4-1-3) 2번의 「である」가 맨 앞으로 들어가 '부장이다'가 만들어지면, 그 뒤로 4번이 와서 '부장이라고 하면'이 되고 마지막으로 1→3으로 해석이 자연스럽게 연결된다. 해석 문제에서는 어휘 실력이 큰 힘을 발휘한다.

단어 肩書《かたがき》 직함 | 平《ひら》たい 평평하다, 알기 쉽다 | 町工場《まちこうば》 시내에 있는 영세한 공장 | といえば ~라고 하면

4 ネットの閲覧中《えつらんちゅう》に広告《こうこく》が表示《ひょうじ》されるのはいいが、何《なに》かについて検索《けんさく》しているときに突如現在《とつじょげんざい》の 1 閲覧内容《えつらんないよう》と 3 ★広告内容《こうこくないよう》を 2 関連《かんれん》 4 付《つ》けさせて自動《じどう》で表示《ひょうじ》されるようにするのはしないでほしい。

1 閲覧内容《えつらんないよう》と　2 関連《かんれん》
3 広告内容《こうこくないよう》を　4 付《つ》けさせて

4 인터넷 열람 중에 광고가 표시되는 것은 괜찮지만, 무언가에 관해서 검색하고 있을 때 갑자기 현재 1 열람 내용과 3 ★광고 내용을 2 연관 4 시켜서 자동으로 표시되게 하는 것은 하지 말았으면 좋겠다.

1 열람 내용과　2 연관
3 광고 내용을　4 시켜서

풀이 (1-3-2-4) 현재 보고 있는 열람 내용과 광고 내용을 관련시켜 광고가 자동으로 나온다는 내용이므로 1번과 3번, 2번과 4번이 연결되면 자연스러운 문장이 된다.

단어 ネット 인터넷 | 閲覧《えつらん》 열람 | 広告《こうこく》 광고 | 表示《ひょうじ》 표시 | 検索《けんさく》 검색 | 突如《とつじょ》 갑자기 | 内容《ないよう》 내용 | 関連《かんれん》 관련 | 自動《じどう》 자동

5 親《おや》からちやほや育《そだ》てられた妹《いもうと》のミリはあたかも自分《じぶん》が 1 お姫《ひめ》さま 4 ★である 2 かの 3 ごとく ふるまっている。

1 お姫《ひめ》さま　2 かの
3 ごとく　4 である

5 부모로부터 오냐오냐 키워진 여동생 미리는 마치 자신이 1 공주님 4 ★인 2 것 3 처럼 행동하고 있다.

1 공주님　2 것
3 처럼　4 ~인

풀이 (1-4-2-3) 「ごとく」는 '~처럼, 같이'라는 뜻으로 비유, 예시를 나타내는 「ように」와 뜻이 같다. 접속 형태에 맞춰 연결하면 1→4→2→3이 된다. 접속 형태는 「명사+の+ごとく」, 「명사+である+が(の) / かの + ごとく」, 「동사의 사전형 · 동사의 た형+(が) / (かの) + ごとく」, 「ナ형용사+である+が(の) / かの + ごとく」이다.

단어 親《おや》 부모 | ちやほや 추켜세우는 모양, 오냐오냐 | 育《そだ》てる 키우다 | 妹《いもうと》 여동생 | あたかも 흡사, 마치 | 自分《じぶん》 자신 | お姫《ひめ》さま 공주님 | ふるまう 행동하다

6 同《おな》じ映画《えいが》でもその日《ひ》の感情《かんじょう》の働《はたら》き 1 に よって 4 ★違《ちが》う 2 ように 3 感《かん》じられる こともあるので同《おな》じ映画《えいが》を何回《なんかい》見《み》てもいいのだ。

1 によって　　2 ように
3 感《かん》じられる　　4 違《ちが》う

6 같은 영화라도 그날의 감정의 작용 1 에 따라 4 ★다른 2 것 같이 3 느껴질 때가 있기 때문에 같은 영화를 몇 번이나 봐도 좋은 것이다.

1 ~에 따라　　2 ~인 것 같이
3 느껴질　　4 다른

풀이 (1-4-2-3) 문맥상 1번의 「によって ~에 따라서」가 '감정의 작용' 다음에 와야 하며, 1번이 선두로 정해지면 그 다음은 4번과 2번이 묶여서 1→4→2→3으로 연결된다.

단어 同《おな》じ 같은 | 感情《かんじょう》 감정 | 働《はたら》き 작용 | 違《ちが》う 다르다 | 感《かん》じる 느끼다 | 何回《なんかい》 몇 번, 여러 번

7 彼《かれ》がどんな苦境《くきょう》に立《た》っても 2 挫折《ざせつ》する ことなく 1 研究《けんきゅう》を成《な》し遂《と》げられたのは 4 ★いつも支《ささ》えてくれる 3 家族《かぞく》や友人《ゆうじん》 がいたから にほかならない。

1 研究《けんきゅう》を成《な》し遂《と》げられたのは
2 挫折《ざせつ》することなく
3 家族《かぞく》や友人《ゆうじん》がいたから
4 いつも支《ささ》えてくれる

7 그가 어떠한 곤경에 처해도 2 좌절하지 않고 1 연구를 계속 해 올 수 있었던 것은 4 ★항상 지지해 준 3 가족이나 친구가 있었기 때문이다.

1 연구를 계속 해 올 수 있었던 것은
2 좌절하지 않고
3 가족이나 친구가 있었기 때문
4 항상 지지해 준

풀이 (2-1-4-3) 2번에 사용된 「~ことなく ~하지 않고」를 제대로 해석하면 '좌절하지 않고'가 되므로 그 뒤는 1번이 오고, 4번과 3번을 수식 관계로 묶으면 자연스러운 문장이 만들어진다. 마지막에 있는 문형 「~にほかならない」는 '바로 ~이다'라고 해석되며, 바로 앞에 오는 내용을 강조하는 역할을 한다.

단어 苦境《くきょう》 곤경, 괴로운 처지 | 研究《けんきゅう》 연구 | 友人《ゆうじん》 친구

8 電車《でんしゃ》に乗《の》ろう 4 とした 3 矢先《やさき》 1 ★に 2 書類《しょるい》を 家《いえ》に忘《わす》れてきたことに気《き》づいて家《いえ》に引《ひ》き返《かえ》した。

1 に　　2 書類《しょるい》を
3 矢先《やさき》　　4 とした

8 전철에 타려 4 고 하는 3 순간 1 ★에 2 서류를 집에 두고 온 것을 알아차리고 집으로 다시 돌아갔다.

1 ~에　　2 서류를
3 순간　　4 ~고 하는

풀이 (4-3-1-2) '막 ~하려는 참에, 마침 그때에'라는 뜻의 「矢先《やさき》に」를 알면 바로 문장 조합이 가능하다. 「矢先《やさき》に」의 접속 형태는 「동사의 た형 · 동사 의지형+とする / とした+矢先《やさき》(に)」이다.

단어 忘《わす》れる 잊다 | 気《き》づく 알아차리다 | 引《ひ》き返《かえ》す 되돌아가다(오다)

문제 7 글의 문법 | 연습 문제

문제집 p.230

1 ② **2** ④ **3** ① **4** ③

問題7 次《つぎ》の文章《ぶんしょう》を 読《よ》んで、文章全体《ぶんしょうぜんたい》の趣旨《しゅし》を踏《ふ》まえて、1～4の中《なか》に入《はい》る最《もっと》も良《よ》いものを、1·2·3·4から一《ひと》つ選《えら》びなさい。

문제 7 다음 글을 읽고 글 전체의 취지를 근거로 하여, 1~4 안에 들어갈 가장 알맞은 것을 1 · 2 · 3 · 4에서 하나 고르세요.

以下《いか》はある小説家《しょうせつか》が書《か》いたエッセイである

せっかく読書《どくしょ》をしようと意気込《いきご》んでも、5分《ふん》も経《た》たないうちに疲《つか》れてしまったり、眠《ねむ》くなってしまったりしますよね。字《じ》を見《み》るだけで疲《つか》れてしまう人《ひと》も結構《けっこう》いれば、寝付《ねつ》くために本《ほん》を読《よ》む人《ひと》さえいます。この眠気《ねむけ》と疲労《ひろう》は明《あき》らかに読書《どくしょ》がきっかけで起《お》こり、読《よ》み始《はじ》めると同時《どうじ》に眠気《ねむけ》がさして知《し》らぬ間《ま》にうとうとしてしまいます。もちろんすらすらと、そしてもくもくと本《ほん》の世界《せかい》に入《はい》り込《こ》んでいける人《ひと》も 1 いないわけでもないですが、しかしそれは本好《ほんず》きの人《ひと》のことで、ここで問題《もんだい》にしていることからすれば例外《れいがい》です。

それでは、どうして集中力《しゅうちゅうりょく》が続《つづ》かないのでしょうか。一番《いちばん》の原因《げんいん》は脳《のう》と目《め》が疲《つか》れて情報《じょうほう》がはいってくるのをシャットアウトしてしまうからです。もう一《ひと》つの原因《げんいん》は「馴化《じゅんか》」という概念《がいねん》で説明《せつめい》できます。「馴《じゅん》」というのは「なれる」という意味《いみ》で、外部《がいぶ》から同《おな》じような刺激《しげき》が続《つづ》くと、私《わたし》たちの身体《しんたい》がなれてしまい、その刺激《しげき》に対《たい》して反応《はんのう》が 2 鈍《にぶ》くなってしまうのです。目《め》で文字《もじ》を追《お》うという単純《たんじゅん》な動作《どうさ》に体《からだ》がなれてしまって、眠《ねむ》くなってくるわけです。

そこで、眠《ねむ》くならずに本《ほん》を読《よ》むためには、次《つぎ》の五《いつ》つの部分《ぶぶん》に注意《ちゅうい》 3 しなければどんなに努力《どりょく》しても眠気《ねむけ》から離《はな》れられないでしょう。

(1) タイムリミットを設《もう》けて本《ほん》を読《よ》むこと

(2) 眠《ねむ》い時《とき》は無理《むり》せず休息《きゅうそく》をとること

(3) 自分《じぶん》のレベルに適《てき》した本《ほん》を読《よ》むこと

(4) 背筋《せすじ》をピッと伸《の》ばして本《ほん》を読《よ》むこと

이하는 어느 소설가가 쓴 에세이이다

모처럼 독서를 하려고 마음을 먹어도, 5분이 지나기도전에 지쳐 버리기도 하고, 졸음이 와 버리기도 하죠. 글자를 보는 것만으로 지쳐버리는 사람도 있고, 잠들기 위해 책을 읽는 사람조차 있습니다. 이 졸음과 피로는 분명히 독서가 계기가 되어 일어나고, 읽기 시작함과 동시에 졸음이 와서 어느새 꾸벅꾸벅 졸아 버립니다. 물론 술술, 그리고 묵묵히 책의 세계에 깊숙이 파고들어 갈 수 있는 사람도 1 없는 것도 아니지만, 그러나 그것은 책을 좋아하는 사람에 관한 일이며, 여기서 문제로 삼고 있는 것으로 본다면 예외입니다.

그렇다면, 왜 집중력이 지속되지 않는 걸까요? 첫 번째 원인은 뇌와 눈이 지쳐서 정보가 들어오는 것을 차단해 버리기 때문입니다. 또 하나의 원인은 '순화'라는 개념으로 설명할 수 있습니다. '순'이라는 것은 '익숙해지다'라는 의미로, 외부로부터 비슷한 자극이 계속되면, 우리들의 신체가 익숙해져 버려, 그 자극에 대해서 반응이 2 둔해져 버리는 것입니다. 눈으로 문자를 따라간다는 단순한 동작에 몸이 익숙해져서 졸리게 되는 겁니다.

그래서 졸리지 않게 책을 읽기 위해서는 다음의 다섯 부분을 주의 3 하지 않으면, 아무리 노력해도 졸음으로부터 멀어질 수 없을 겁니다.

(1) 시간 제한을 마련해서 책을 읽을 것

(2) 졸릴 때는 무리하지 말고 휴식을 취할 것

(3) 자신의 수준에 맞는 책을 읽을 것

(4) 등을 쭉 뻗고 책을 읽을 것

(5) ポイントや理解《りかい》できない部分《ぶぶん》をノートにまとめてみること

この五《いつ》つの部分《ぶぶん》に注意《ちゅうい》しながら本《ほん》を読《よ》むのはしんどいかもしれませんが、慣《な》れてくればどんどん [4] 楽《たの》しくなるはずです。

(5) 포인트나 이해 안 되는 부분을 노트에 정리해 볼 것

이 다섯 부분에 주의하면서 책을 읽는 것은 힘들지도 모르겠습니다만, 익숙해지면 점점 [4] 즐거워지게 될 것입니다.

단어 せっかく 모처럼 | 意気込《いきご》む 단단히 마음을 먹다 | 経《た》つ 경과하다, 지나다 | 疲《つか》れる 지치다 | 眠《ねむ》い 졸리다 | 結構《けっこう》 꽤, 상당히 | 寝付《ねつ》く 잠들다 | さえ ~조차 | 明《あき》らかに 분명히 | きっかけ 계기 | 眠気《ねむけ》がさす 졸음이 오다 | 知《し》らぬ間《ま》に 어느새, 부지중에 | うとうとする 꾸벅꾸벅 졸다 | すらすら 술술, 거침없이 | もくもくと 묵묵히 | 入《はい》り込《こ》む 안으로 들어가다, 깊숙이 파고 들어가다 | 例外《れいがい》 예외 | 集中力《しゅうちゅうりょく》 집중력 | シャットアウトする 셧아웃 하다, 차단하다 | 馴化《じゅんか》 순화, 적응되어 감 | 概念《がいねん》 개념 | 説明《せつめい》 설명 | に対《たい》して~에 대해서 | 反応《はんのう》 반응 | 単純《たんじゅん》 단순 | 鈍《にぶ》い 둔하다 | タイムリミット 타임 리밋, 시간제한 | 設《もう》ける 마련하다, 만들다 | 休息《きゅうそく》をとる 휴식을 취하다 | レベルに適《てき》する 수준에 맞다 | ピッと 쭉 | しんどい 힘들다, 벅차다, 지치다 | どんどん 점점, 계속해서

[1]

1 いるとも限《かぎ》らないです
2 いないわけでもないです
3 いないはずがないです
4 いるまでのことです

[1]

1 있다고도 할 수 없습니다
2 없는 것도 아닙니다
3 없을 리가 없습니다
4 있을 따름입니다

풀이 빈칸의 앞뒤의 내용을 요약해 보면 '독서를 읽기 시작함과 동시에 꾸벅꾸벅 졸아 버린다' → '물론 책의 세계에 파고드는 사람도 (　　)만'에서 빈칸에 들어갈 말은 '있다'이다. 선택지 중에 있다는 뜻으로 해석될 수 있는 것은 2번의 「いないわけでもないです 없는 것은 아닙니다」이다. 「~ないわけでなない」는 이중부정 중 소극적인 긍정 표현이다. 한편 「~はずがない ~일리가 없다」가 들어간 선택지 3번은 객관적인 근거나 납득할 만한 상황이 주어진 상태에서 사용할 수 있으므로 오답이다.

[2]

1 だるくなってしまうのです
2 きつくなってくるのです
3 強《つよ》くなってくるのです
4 鈍《にぶ》くなってしまうのです

[2]

1 나른해져 버리는 것입니다
2 힘들어지는 것입니다
3 강해지는 것입니다
4 둔해져 버리는 것입니다

풀이 '왜 집중력이 지속되지 않는 걸까요?' → '외부로부터 비슷한 자극이 계속되면, 우리들의 신체가 익숙해져 버려, 그 자극에 대해서 반응이 (　　)'에서 빈칸에 들어갈 수 있는 적절한 단어를 선택지 속에서 고른다면 「鈍《にぶ》くなる 둔해지다」이므로 정답은 4번이다.

3		3	
1 しなければ	2 すれば	1 하지 않으면	2 하면
3 しても	4 しなくても	3 해도	4 하지 않아도

풀이 '다음의 다섯 부분을 주의 (　　　)'→ '졸음으로부터 멀어질 수 없다'에서 '~하지 않으면 ~할 수 없다'는 문장 구조이므로 1번의 「しなければ ~하지 않으면」이 정답이 된다.

4	4
1 楽《たの》しくなるべきです	1 즐거워져야 합니다
2 楽《たの》しくなるに限《かぎ》ります	2 즐거워지는 것이 제일입니다
3 楽《たの》しくなるはずです	3 즐거워지게 될 것입니다
4 楽《たの》しくなくもないです	4 즐겁지 않는 것도 아닙니다

풀이 '익숙해지면 점점 (　　　)'에서 부사 「どんどん 점점, 자꾸만, 계속해서」와 어울리는 문장은 3번의「楽《たの》しくなるはずです 즐거워지게 될 것입니다」이다.

1교시 언어 지식(문법)

실전 테스트 정답 및 해설

문제 5 문법 형식 판단

실전 테스트 ❶	26 ③	27 ③	28 ①	29 ②	30 ③	31 ②	32 ①	33 ①	34 ①	35 ②
실전 테스트 ❷	26 ④	27 ④	28 ①	29 ②	30 ①	31 ④	32 ④	33 ①	34 ③	35 ③
실전 테스트 ❸	26 ③	27 ①	28 ③	29 ②	30 ③	31 ②	32 ②	33 ③	34 ③	35 ①
실전 테스트 ❹	26 ①	27 ③	28 ②	29 ④	30 ③	31 ③	32 ④	33 ②	34 ③	35 ③
실전 테스트 ❺	26 ①	27 ④	28 ②	29 ②	30 ④	31 ②	32 ③	33 ①	34 ③	35 ①
실전 테스트 ❻	26 ④	27 ②	28 ②	29 ②	30 ③	31 ②	32 ③	33 ①	34 ①	35 ②

문제 6 문장 만들기

실전 테스트 ❶	36 ④	37 ④	38 ②	39 ①	40 ①
실전 테스트 ❷	36 ①	37 ③	38 ①	39 ①	40 ①
실전 테스트 ❸	36 ④	37 ①	38 ②	39 ③	40 ①
실전 테스트 ❹	36 ②	37 ③	38 ④	39 ④	40 ②
실전 테스트 ❺	36 ③	37 ②	38 ①	39 ②	40 ①
실전 테스트 ❻	36 ③	37 ④	38 ④	39 ①	40 ③

문제 7 글의 문법

실전 테스트 ❶	41 ①	42 ②	43 ①	44 ③	
실전 테스트 ❷	41 ②	42 ④	43 ①	44 ②	
실전 테스트 ❸	41 ①	42 ③	43 ①	44 ③	45 ④
실전 테스트 ❹	41 ④	42 ①	43 ②	44 ③	
실전 테스트 ❺	41 ①	42 ③	43 ②	44 ①	
실전 테스트 ❻	41 ②	42 ①	43 ③	44 ①	

문제 5 문법 형식 판단 | 실전 테스트 ❶

문제집 p.232

26 ③ **27** ③ **28** ① **29** ② **30** ③ **31** ② **32** ① **33** ①
34 ① **35** ②

問題5 次《つぎ》の文《ぶん》の（　　　）に入《い》れるのに最《もっと》もよいものを、1・2・3・4から一《ひと》つ選《えら》びなさい。

문제 5 다음 문장의 (　　　) 안에 넣기에 가장 알맞은 것을 1・2・3・4에서 하나 고르세요.

26 経済《けいざい》の発展《はってん》で生活《せいかつ》は豊《ゆた》かになったが、豊《ゆた》かさ（**と引《ひ》きかえに**）心《こころ》の余裕《よゆう》がなくなってしまった。

1 にもまして　　2 はおろか
3 と引《ひ》きかえに　　4 をふまえて

26 경제 발전으로 생활은 풍요로워졌지만, 풍요로움(**과 맞바꾸어**) 마음의 여유가 없어져 버렸다.

1 ~보다 더　　2 ~은 고사하고
3 ~과 맞바꾸어　　4 ~을 바탕으로

풀이 「명사＋と引《ひ》きかえに」는 명사에 접속하며, '~과 맞바꾸어'라는 의미로 앞뒤 내용에 대조적인 일, 사건이 들어간다. 단어 그 자체의 의미로 사용된 문형으로 N1에서는 단어 그 자체의 의미로 사용되는 문형 2~3개가 함께 사용된 문제가 자주 출제된다. 한편 「にもまして ~보다 더」는 '과거의 어떤 시점이나 상태와 비교해서 정도가 높아졌음'을 나타내는 표현이다. 「以前《いぜん》にもまして 이전보다 더」、「いつにもまして 여느 때보다 더」와 같은 관용 표현도 함께 기억해 두자.

단어 経済《けいざい》 경제 | 発展《はってん》 발전 | 豊《ゆた》か 풍요로운 | 余裕《よゆう》 여유

27 彼《かれ》の素晴《すば》らしい頭脳《ずのう》と今《いま》まで築《きず》いてきたノウハウ（**をもってすれば**）ワクチン開発《かいはつ》は可能《かのう》だと思《おも》います。

1 を契機《けいき》として　　2 をこめて
3 をもってすれば　　4 を皮切《かわき》りとして

27 그의 훌륭한 두뇌와 지금까지 쌓아온 노하우(**로 본다면**) 백신개발은 가능할 거라고 생각합니다.

1 ~을 계기로　　2 ~을 담아서
3 ~로 본다면　　4 ~을 시작으로

풀이 「명사＋をもってすれば」는 '~로 본다면'이라는 뜻으로 자주 출제되는 문형에 속한다. 「명사＋をもってすれば」는 「명사＋をもって ~로(서)」의 '① 수단, 방법 ② 때, 기한의 한정' 두 가지 뜻을 지니는 문형이다. 한편 「を皮切《かわき》りとして ~을 시작으로」는 '~을 출발점으로 하며 그 이후 계속해서 성하여 지거나 비약적으로 발전하는 모습'으로 진행되는 경우에 사용되는 문형이다.

단어 素晴《すば》らしい 훌륭하다 | 頭脳《ずのう》 두뇌 | 築《きず》く 쌓다 | ワクチン 백신 | 開発《かいはつ》 개발 | 可能《かのう》 가능

28 少子高齢化《しょうしこうれいか》で国内市場《こくないしじょう》の縮小《しゅくしょう》が避《さ》けられない中《なか》、今後《こんご》は海外市場《かいがいしじょう》の開拓《かいたく》が一《ひと》つの決《き》め手《て》 (**となりつつある**) ようだ。

1 となりつつある
2 というほどではない
3 としつつある
4 とは限《かぎ》らない

28 **저출산 고령화로 국내 시장의 축소를 피할 수 없는 중에, 앞으로는 해외 시장의 개척이 하나의 비장의 카드(가 되어 가고 있는) 듯하다.**

1 ~이 되어 가고 있는
2 ~(라는) 정도는 아닌
3 ~로 삼아가고 있다, ~해 가고 있는
4 ~라고는 할 수 없는

풀이 「동사의 ます형 + つつある」는 '~해 가고 있다, ~하고 있다'라는 뜻으로 N2의 문형이지만 N1에도 자주 출제된다. 유사 형태인 「동사의 ます형 + つつ ~하면서」, 「동사의 ます형 + つつ(も) ~하면서(도)」를 함께 알아두자. 또한 「となり + つつある」의 형태에서 「となる」는 「になる」와 같은 의미로 '~이(가) 되다'라는 뜻이다.

단어 少子高齢化《しょうしこうれいか》 저출산 고령화 | 国内市場《こくないしじょう》 국내 시장 | 縮小《しゅくしょう》 축소 | 避《さ》ける 피하다 | 海外《かいがい》 해외 | 開拓《かいたく》 개척 | 決《き》め手《て》 결정적 근거(방법), 승부수, 비장의 카드

29 風邪《かぜ》をひいている娘《むすめ》のことが心配《しんぱい》だけど、仕事《しごと》がある私《わたし》としては明日《あした》保育園《ほいくえん》に預《あず》けて、仕事《しごと》に行《い》く (**しかあるまい**) 。

1 までもない
2 しかあるまい
3 などあるものか
4 ことさえできない

29 **감기에 걸린 딸이 걱정되지만, 일이 있는 나로서는 내일 보육원에 맡기고 일하러 갈 (수밖에 없을 것이다).**

1 ~할 필요가 없다
2 ~할 수밖에 없을 것이다
3 ~따위 있을 리 있나
4 ~할 수조차 없다

풀이 「まい」는 부정 추측(의지)의 뜻으로 「しか」와 함께 쓰여 「行《い》くしかあるまい (갈 수)밖에 없을 것이다」가 된 것이며, 이것은 「行《い》くしかないだろう」와 같은 뜻이다. N1에서는 「ないだろう」가 「まい」로 표현될 때가 많다. 「まい」의 접속형은 「1그룹 동사 사전형 + まい」, 「2그룹 동사 ない형 + まい」, 「する + まい(す + まい、し + まい)」, 「来《く》る + まい(来《こ》 + まい)」이다.

단어 風邪《かぜ》をひく 감기에 걸리다 | 娘《むすめ》 딸 | 保育園《ほいくえん》 보육원 | 預《あず》ける 맡기다

30 ひき逃《に》げ事故《じこ》の犯人《はんにん》は彼《かれ》だという動《うご》かぬ証拠《しょうこ》があるにもかかわらず、彼《かれ》は素直《すなお》にすべてを (**白状《はくじょう》しようとはしなかった**) 。

1 白状《はくじょう》するきらいがある
2 白状《はくじょう》しなくもない
3 白状《はくじょう》しようとはしなかった
4 白状《はくじょう》せざるを得《え》なかった

30 **뺑소니 사고 범인은 그라는 확고한 증거가 있음에도 불구하고 그는 순순히 모든 것을 (자백하려고는 하지 않았다).**

1 자백하는 경향이 있다
2 자백하지 않는 건 아니다
3 자백하려고(는) 하지 않았다
4 자백하지 않을 수 없었다

풀이 「動《うご》かぬ証拠《しょうこ》があるにもかかわらず 확고한 증거가 있음에도 불구하고」라는 표현이 앞서 나왔기 때문에 「동사의 의지형＋とはしなかった ~하려고(는) 하지 않았다」는 내용을 담은 3번의 「白状《はくじょう》しようとはしなかった 자백하려고 하지 않았다」가 정답이다. 1번은 비문이며, 2번, 4번은 '자백한다'는 말이므로 오답이다.

단어 ひき逃《に》げ 뺑소니 | 事故《じこ》 사고 | 犯人《はんにん》 범인 | 動《うご》かぬ証拠《しょうこ》 확고한 증거 | 素直《すなお》に 결코 | 白状《はくじょう》する 자백하다

31 「今後《こんご》、このようなことが二度《にど》と起《お》こらないよう、再発防止《さいはつぼうし》に努《つと》めて（**まいります**）」。

1 承《うけたまわ》ります
2 **まいります**
3 いたします
4 うかがいます

31 **'앞으로 이러한 일이 두 번 다시 일어나지 않도록, 재발 방지에 힘써 (가겠습니다)'.**

1 듣겠습니다, 받겠습니다
2 **가겠습니다**
3 하겠습니다
4 찾아 뵙겠습니다, 여쭙겠습니다

풀이 경어 문제로 '~해 가겠다'라는 뜻의 「~て行《い》く」를 겸양 표현인 「~てまいります」로 나타낸 것이다. 「まいる」는 「行《い》く、来《く》る」의 겸양 표현이다. 그 외에도 「承《うけたまわ》る (삼가) 듣다, 받다, 전해 듣다」, 「いたす 하다」, 「うかがう 묻다, 방문하다」도 자주 사용되는 겸양 표현이니 함께 알아두자.

단어 再発《さいはつ》 재발 | 防止《ぼうし》 방지 | 努《つと》める 노력하다, 애쓰다

32 この部屋《へや》は二重《にじゅう》ドアで防音《ぼうおん》してあるので、大《おお》きい声《こえ》で（**話《はな》そうとも**）声《こえ》がもれない。

1 **話《はな》そうとも**
2 話《はな》したといえば
3 話《はな》したにもかかわらず
4 話《はな》そうにも

32 **이 방은 이중 도어로 방음 되어있어, 큰소리로 (이야기해도) 소리가 새어 나가지 않는다.**

1 **이야기해도**
2 이야기했다고 한다면
3 이야기했음에도 불구하고
4 이야기하려 해도

풀이 「동사의 의지형＋と」의 형태가 되면 '~하든 ~해도'의 역접의 의미가 되고, 다시 여기에 조사 「も」를 붙이면 「동사의 의지형＋とも」가 되어 강조 표현이 된다.

단어 二重《にじゅう》ドア 이중 도어 | 防音《ぼうおん》 방음 | 声《こえ》が漏《も》れる 소리가 새다

33 エアコンが故障《こしょう》したのか、生《なま》ぬるい風《かぜ》が出《で》るし嫌《いや》な臭《にお》いまでして、（**不快《ふかい》**）極《きわ》まりなかった。

1 **不快《ふかい》**
2 不快《ふかい》の
3 不快《ふかい》な
4 不快《ふかい》で

33 **에어컨이 고장 난 건지, 미지근한 바람이 나오고 역겨운 냄새까지 나서 너무 (불쾌)했다.**

1 **불쾌**
2 불쾌의
3 불쾌인
4 불쾌이고

풀이 여러 번 출제된 「~極《きわ》まりない」는 '아주 ~하다, ~하기 짝이 없다'라는 뜻을 지닌 강조 문형으로, 접속 형태는 「ナ형용사 어간+極《きわ》まりない」, 「ナ형용사 어간(+な + こと) + 極《きわ》まりない」, 「イ형용사 사전형 + こと + 極《きわ》まりない」이다. 여기서 바르게 접속된 것은 1번 「不快《ふかい》」이다. 문형 문제는 뜻만 알아서는 정답을 찾을 수 없으므로 반드시 접속형을 같이 외워 둬야 한다.

단어 エアコン 에어컨 | 故障《こしょう》 고장 | 生《なま》ぬるい 미적지근하다 | 風《かぜ》 바람 | 嫌《いや》な臭《にお》い 역겨운 냄새 | 不快《ふかい》 불쾌

---

34 甘《あま》いものが苦手《にがて》で、普段《ふだん》甘《あま》いものは食《た》べないが、いただきものであるチョコケーキを一口《ひとくち》食《た》べてみた。このくらいの甘《あま》さなら（**食《た》べられなくはない**）。

1 食《た》べられなくはない
2 食《た》べられもしない
3 食《た》べられるわけではない
4 食《た》べられたもんじゃない

34 단것을 싫어해서 평소 단것은 먹지 않지만, 선물 받은 초코 케이크를 한입 먹어봤다. 이 정도의 단맛이라면 (먹을 수 없는 것은 아니다).

1 먹을 수 없는 것은 아니다
2 먹을 수 있지도 않는다
3 먹을 수 있는 건 아니다
4 먹을 수 없다

풀이 문맥상 '이 정도의 단맛이라면 먹을 수 있다'가 되어야 하므로 「食《た》べられなくはない 먹을 수 없는 것은 아니다, 먹을 수도 있다」가 정답이다. 여기에서 사용된 이중부정은 소극적인 긍정 표현으로 '~하지 않는 것은 아니다', '~가 아닌 것은 아니다', 즉 '~할 수도 있다(확실하지는 않지만 가능성은 있다), ~이긴(하긴) 하다'는 뉘앙스를 지니며, 접속 형태는 「동사 · イ형용사 · ナ형용사 · 명사의 ない형+なくはない / なくもない / ないことはない」이다.

단어 甘《あま》いもの 단것 | 苦手《にがて》 서툶, 질색임 | 普段《ふだん》 평소 | いただきもの 선물(얻은 것) | チョコケーキ 초코 케이크 | 一口《ひとくち》 한입

---

35 彼《かれ》の思想《しそう》はあまりに過激《かげき》で、たいていの人《ひと》には（**受《う》け入《い》れられはしない**）だろう。

1 受《う》け入《い》れることはない
2 受《う》け入《い》れられはしない
3 受《う》け入《い》れはしない
4 受《う》け入《い》れられるのではない

35 그의 사상은 너무 과격해서, 대부분의 사람들에게는 (받아들여지지는 않을) 것이다.

1 받아들일 필요가 없을
2 받아들여지지는 않을
3 받아들이지는 않을
4 받아들여지는 것은 아닐

풀이 「たいていの人《ひと》」 뒤에 조사 「は」가 아닌 「に ~에게(는)」가 있으므로 수동형이 와야 하며, 해석상으로는 부정형이 되어야 하므로 「受《う》け入《い》れられない 받아들여지지 않는다」가 와야 한다. 여기에서는 동사의 부정 강조 표현인 「동사의 ます형 + は + しない ~하지는 않는다」가 사용되어 「受《う》け入《い》れられはしない 받아들여지지는 않는다」가 정답이다.

단어 思想《しそう》 사상 | あまりに 너무나, 지나치게 | 過激《かげき》 과격 | たいてい 대개, 대부분 | 受《う》け入《い》れる 받아들이다

문제 5 문법 형식 판단 | 실전 테스트 ❷

문제집 p.234

26 ④ **27** ④ **28** ① **29** ② **30** ① **31** ④ **32** ④ **33** ①
34 ③ **35** ③

問題5 **次《つぎ》の文《ぶん》の（　　　）に入《い》れるのに最《もっと》もよいものを、1・2・3・4から一《ひと》つ選《えら》びなさい。**	**문제 5** 다음 문장의 (　　　) 안에 넣기에 가장 알맞은 것을 1・2・3・4에서 하나 고르세요.

26 ハリウッドの有名《ゆうめい》な映画監督《えいがかんとく》がやってくる（**とあって**）、空港《くうこう》には大勢《おおぜい》の人《ひと》たちが待《ま》ち受《う》けていた。	26 할리우드의 유명한 영화 감독이 온다(**고 해서**), 공항에는 많은 사람들이 기다리고 있었다.
1　にしたって　　2　とあれば	1　~라고 해도　　2　~라고 하면
3　ともなると　　4　とあって	3　~하게 되면, ~이 되면　　4　~라고 해서

풀이 문맥상 이유의 문형인 「~とあって ~라고 해서, 하기(이기) 때문에」가 들어가는 것이 자연스럽다. 「~とあって」의 주어로 화자 자신이 올 수 없으며, 화자는 '제3자' 즉 관찰자의 입장에 있어야 한다. 접속형은 「동사・イ형용사・ナ형용사・명사의 보통형+とあって(단, ナ형용사・명사의 「だ」는 생략 가능)」이다. 한편 2번의 「동사・イ형용사・ナ형용사・명사의 보통형 + とあれば ~라고 하면(현실 조건 가정)」과 3번의 「명사・동사의 사전형 + ともなると ~하게 되면, ~이 되면(~쯤 되면)」도 자주 출제되는 문형이니 함께 알아두자.

단어 ハリウッド 할리우드 | 映画監督《えいがかんとく》 영화 감독 | 大勢《おおぜい》の人《ひと》たち 많은 사람들 | 待《ま》ち受《う》ける 기다리다, 고대하다

27 この新《あたら》しく発見《はっけん》された生物《せいぶつ》に関《かん》しては、まだ（**いっさい**）明《あき》らかなことが分《わ》かっていない。	27 이 새롭게 발견된 생물에 관해서는, 아직 명확한 것이 (**전혀**) 밝혀지지 않았다.
1　とても　　2　さぞかし	1　도저히　　2　필시, 틀림없이
3　まさか　　4　いっさい	3　설마　　4　전혀

풀이 문맥상 '일절 ~않다' 라는 뜻의 부사 「いっさい」가 들어가야 자연스러우며, 「いっさい」는 '일체', '모두'라는 명사적 의미와 「いっさい……ない」의 '일절 ~않다, 전혀 ~않다'라는 부사적 의미 두 가지 뜻을 지니고 있다. 이 밖에도 뜻이 두 개 이상인 부사 「とても 아주, 도저히」, 「まるで 마치, 전혀」, 「まず 우선, 대체로, 아마도」도 자주 출제되므로 함께 알아두자.

단어 発見《はっけん》 발견 | 生物《せいぶつ》 생물 | 関《かん》する 관(계)하다 | 明《あき》らか 분명한, 뚜렷한

28 学生《がくせい》時代《じだい》に耽《ふけ》っていたヘビーメタルを聞《き》くと、あの頃《ころ》のことが（**思《おも》い出《だ》されて**）ひとりでに笑《え》みがもれる。

1 思《おも》い出《だ》されて　2 思《おも》い出《だ》して
3 思《おも》い出《だ》させて　4 思《おも》い出《だ》させられて

28 대학 시절 빠졌던 헤비메탈을 들으면, 그때의 일이 (**생각나서**) 저절로 미소가 번진다.

1 생각나서　2 생각해서
3 생각나게 해서　4 생각하게 되어져

풀이 의지와 관계없이 저절로 그 상태가 되는 자발 수동 문제로 '헤비메탈을 들으면 저절로 그때가 생각'나기 때문에 「思《おも》い出《だ》されてる 생각나다」가 들어가야 한다. 자발 수동은 저절로 그 상태를 만드는 주체가 모호하더라도 화자의 주관적인 생각이나 추억에 의한 것이어서 「に……られる」가 아니라 「が……られる」의 형태가 되며, 주로 「~が思《おも》い出《だ》される ~가 생각나다」, 「~が悔《く》やまれる ~가 후회되어지다」, 「~が待《ま》たれる ~가 기다려지다」, 「~が案《あん》じられる ~가 염려(걱정)되어 진다」 등으로 많이 사용되므로 함께 알아두자.

단어 耽《ふけ》る 빠지다 | ヘビーメタル 헤비메탈 | 思《おも》い出《だ》す 생각하다, 상기하다 | ひとりでに 저절로 | 笑《え》みがもれる 미소가 번지다

29 その日《ひ》、私《わたし》はレシピ通りにスパゲッティを作《つく》ってみた。ところが、スパゲッティ麺《めん》が半煮《はんに》えしてしまった（**ではないか**）。

1 ではない
2 ではないか
3 のではない
4 のではないだろうか

29 그날, 나는 레시피 대로 스파게티를 만들어 봤다. 그러나, 스파게티면이 덜 익어 버린 게 (**아닌가**).

1 ~가(이) 아니다
2 ~가(이) 아닌가
3 ~인(하는) 것은 아니다
4 ~인(하는) 것은 아닐까

풀이 「~では(じゃ)ないか」는 '~가(이) 아닌가' 즉, '그렇다'라는 반어 표현으로 확정된 사실 상황을 강조하는 표현이다. 이 문장에서는 「半煮《はんに》えしてしまったではないか 덜 익어버린 게 아닌가」, 즉 '덜 익어 버렸다'가 되어야 하므로 정답은 2번이다.

단어 麺《めん》 면 | 半煮《はんに》え 덜 익음

30 試験勉強《しけんべんきょう》で昨日《きのう》は全然《ぜんぜん》寝《ね》られなかったから、今日《きょう》試験中《しけんちゅう》、眠《ねむ》い（**といったらなかった**）。

1 といったらなかった
2 にかぎる
3 に越《こ》したことはない
4 ともかぎらなかった

30 시험 공부로 어제는 전혀 잠을 못 잤기 때문에, 오늘 시험 중에, (**너무 졸렸다**).

1 너무 ~했다
2 ~이 제일(최고)이다
3 ~인 것이 좋다, ~보다 좋을 수는 없다
4 ~라고도 할 수 없었다

풀이 「~といったらない」는 '아주(너무) ~하다(이다)'라는 뜻의 강조 표현의 문형으로 「~といったらありはしない」의 축약된 형태이다. 접속형은 「동사 · イ형용사 · ナ형용사 · 명사의 보통형 현재+といったらない(단, ナ형용사 · 명사의 「だ」는 생략 가능)」이다.

단어 眠《ねむ》い 졸리다

31 いじめ、暴力《ぼうりょく》、殺人《さつじん》、残酷極《ざんこくきわ》まりない青少年問題《せいしょうねんもんだい》が深刻化《しんこくか》している。犠牲者《ぎせいしゃ》が（**出《で》てからでは**）遅《おそ》い。

1 出《で》て以来《いらい》

2 出《で》ることからして

3 出《で》ただけでは

4 出《で》てからでは

31 괴롭힘, 폭력, 살인 잔혹하기 짝이 없는 청소년 문제가 심각해지고 있다. 희생자가 (**나오고 나서는**) 늦다.

1 나온 이래

2 나온 것부터(가)

3 나온 것만으로는

4 나오고 나서는

풀이 문맥상 「~てからでは ~하고 나서는」을 넣은 「出《で》てからでは 나오고 나서는」이 되어야 뒤에 나오는 내용 「遅《おそ》いし、手《て》の打《う》ちようがない 늦고, 손쓸 방법이 없다」와 자연스럽게 이어지게 된다. 문맥에 맞는 내용 중심의 문제도 자주 출제되니 앞뒤 내용을 잘 살피며 풀어야 한다.

단어 いじめ 괴롭힘 | 暴力《ぼうりょく》 폭력 | 殺人《さつじん》 살인 | 残酷《ざんこく》 잔혹 | 青少年《せいしょうねん》 청소년 | 深刻化《しんこくか》 심각화 | 犠牲者《ぎせいしゃ》 희생자

32 この度《たび》は、多大《ただい》なご迷惑《めいわく》をおかけして、心《こころ》から申《もう》し訳《わけ》なく、深《ふか》く（**お詫《わ》びいたします**）。

1 詫《わ》びていただきます

2 詫《わ》びていらっしゃいます

3 お詫《た》びいただきます

4 お詫《わ》びいたします

32 요전에는 크나큰 폐를 끼쳐드려, 진심으로 죄송하며, 깊이 (**사죄드립니다**).

1 사죄해 받습니다

2 사죄하고 계십니다

3 사죄 받습니다

4 사죄드립니다

풀이 화자 쪽에서 사죄하는 입장이라 겸양 표현이 와야 하며, 「詫《わ》びる 사죄하다」를 일반 겸양 공식 형태 「お(ご) + 동사의 ます형 / 명사+する(いたす)」에 적용시키면 「お詫《わ》びいたします」가 된다. 경어 문제가 나오면 우선, 동사의 행위자가 화자인지 상대인지를 확인하고, 자신이면 '겸양 표현'을 상대이면 '존경 표현'을 사용해야 한다.

단어 多大《ただい》 다대함(많음) | 迷惑《めいわく》をかける 폐를 끼치다 | 申《もう》し訳《わけ》ない 할 말이 없다, 죄송(미안)하다 | 詫《わ》びる 사죄하다

33 電車《でんしゃ》の中《なか》で、スマホゲームに夢中《むちゅう》になってしまって、あやうく一駅《ひとえき》（**乗《の》り越《こ》す**）ところだった。

1 乗《の》り越《こ》す　2 乗《の》り越《こ》した

3 乗《の》り越《こ》せる　4 乗《の》り越《こ》せた

33 전철 안에서 스마트폰 게임에 빠져버려, 하마터면 한 정거장을 (**지나칠**) 뻔했다.

1 지나칠　2 지나쳤을

3 지나칠 수 있을　4 지나칠 수 있었을

풀이 「~ところだった」는 '~할 뻔했다'는 뜻의 N3 문형이지만 N1에도 자주 출제된다. 접속형은 「동사의 사전형+ところだった」이기 때문에 「乗《の》り越《こ》す」가 와야 한다. 「동사의 사전형+ところだ ~할 참이다」와 구분해서 사용하도록 하자.

단어 夢中《むちゅう》になる 열중하다, 빠지다 | あやうく 하마터면 | 一駅《ひとえき》 한 정거장 | 乗《の》り越《こ》す (타고 가다가 목적지를) 지나치다

34 親《おや》の一言《ひとこと》が子供《こども》の自己肯定感《じここうていかん》を高《たか》める場《ば》合《あい》もあるが、時《とき》には何気《なにげ》ない言葉《ことば》がやる気《き》を (**失《うしな》わせてしまいかねない**) 。

1 失《うしな》わせてしまう始末《しまつ》だ

2 失《うしな》わせてしまうだけましだ

3 失《うしな》わせてしまいかねない

4 失《うしな》わせてしまうまでのことだ

34 부모의 한마디가 아이의 자기 긍정감을 높이는 경우도 있지만, 때로는 무심코 하는 말이 의욕을 (잃어버리게 할 수도 있다).

1 잃어버리게 해 버리는 지경이다

2 잃어버리게 해 버리는 것만으로 다행이다

3 잃어버리게 할 수도 있다

4 잃어버리게 할 따름이다

풀이 단순히 문형을 묻는 문제가 아닌, 문맥을 제대로 이해했는지에 대한 문제도 자주 출제된다. 문맥상 '의욕을 잃게 할 수도 있다'는 것이므로 '~할지도 모른다'라는 뜻의 문형 「동사의 ます형+かねない」가 들어가야 문장이 자연스럽다.

단어 親《おや》 부모 | 一言《ひとこと》 한마디 | 自己肯定感《じここうていかん》 자기 긍정감 | 高《たか》める 높이다 | 場合《ばあい》 경우 | 何気《なにげ》ない言葉《ことば》 무심코 한 말 | やる気《き》 의욕 | 失《うしな》う 잃다

35 努力《どりょく》が常《つね》にいい結果《けっか》につながるとは限《きり》らない。今《いま》は、ただ結果《けっか》を考《かんが》えず、やるまでのことだ。それが (**人生《じんせい》ってもんだ**) 。

1 人生《じんせい》でもなんでもない

2 人生《じんせい》といったところだ

3 人生《じんせい》ってもんだ

4 人生《じんせい》ということだ

35 노력이 항상 좋은 결과로 이어진다고는 할 수 없다. 지금은 그저 결과를 생각하지 않고, (묵묵히) 할 따름이다. 그것이 (인생이라는 것이다).

1 인생도 무엇도 아니다

2 인생이라는 정도다

3 인생이라는 것이다

4 인생이라고 한다

풀이 화자가 인생의 본질에 대해 '인생은 ~이다'라는 형태로 문장을 이끌어 가고 있으며, 당연, 본성, 상식적인 것에 대해 '~인 것이다'라고 할 때는 「~ものだ」 혹은 「~というものだ」가 주로 사용되며, 여기에서는 「~というものだ」의 축약 형태인 「~ってもんだ」가 와서, '그것이 인생이라는 것이다', 즉 '그것이 인생이다'라고 표현하고 있다. 한편 「~ということだ」는 '~라고 한다(전문, 인용)', '~라는 의미이다'라는 뜻이다. 「~ってもんだ」와 해석은 비슷하지만, 형식 명사 「物《もの》」와 「事《こと》」를 '것'으로만 단순히 이해해서는 안 되며, 각각의 역할을 제대로 이해해야 한다.

단어 努力《どりょく》 노력 | 常《つね》に 항상 | 結果《けっか》 결과 | つながる 이어지다 | 人生《じんせい》 인생

문제 5 문법 형식 판단 | 실전 테스트 ❸

문제집 p.236

26 ③ **27** ① **28** ③ **29** ② **30** ③ **31** ② **32** ② **33** ③
34 ③ **35** ①

問題 5 次《つぎ》の文《ぶん》の（　　　）に入《い》れるのに最《もっと》もよいものを、1・2・3・4から一《ひと》つ選《えら》びなさい。

문제 5 다음 문장의 (　　　) 안에 넣기에 가장 알맞은 것을 1・2・3・4에서 하나 고르세요.

26 子供《こども》が小学生《しょうがくせい》になったの（**を機《き》に**）、再《ふたた》び働《はたら》き始《はじ》める女性《じょせい》が増《ふ》えつつある。

1 にかこつけて
2 を踏《ふ》まえて
3 を機《き》に
4 にひきかえ

26 아이가 초등학생이 된 것(**을 기회로**), 다시 일하기 시작하는 여성이 늘고 있다.

1 ~을 구실 삼아
2 ~을 바탕으로(토대로)
3 ~을 기회로
4 ~에 반해, ~에 비해

풀이 문맥상 '~을 기회로'라는 뜻인 「명사＋を機《き》に」가 오는 것이 자연스러우며, 단어 그 자체의 의미가 그대로 사용된 문형인다. 선택지에 문형 부분만 나와 있을 경우에는 앞뒤 내용을 제대로 살펴야 한다.

단어 小学生《しょうがくせい》 초등학생 | 再《ふたた》び 재차, 두 번 | 働《はたら》き始《はじ》める 일하기 시작하다 | 増《ふ》える 늘다 | つつある ~해 가고 있다, ~하고 있다(동사의 ます형 + つつある)

27 メーカーはより簡単《かんたん》（**且《かつ》**）安価《あんか》に、お年《とし》寄《よ》り向《む》けのスマホを製造《せいぞう》している。

1 且《かつ》　　2 やや
3 くしくも　　4 むしろ

27 제조 회사는 보다 간단하고 (**또한**) 싼 가격으로 노인용 스마트폰을 제조하고 있다.

1 또한　　2 약간, 조금
3 기이하게도, 이상하게도　　4 오히려

풀이 문맥에 맞게 부사를 찾아 넣는 문제로 이 문장에서는 '간단함'에 '싼 가격'이 플러스가 되었기 때문에 '동시에, 또한, 한편'의 뜻을 지닌 「且《かつ》」가 들어가는 것이 자연스럽다. 또한 「且《かつ》」는 '그 위에', '게다가'라는 뜻의 접속사로도 사용된다.

단어 メーカー 제조 회사 | 安価《あんか》 싼 값 | お年《とし》寄《よ》り 노인 | 向《む》け ~용(을 위한) | 製造《せいぞう》 제조

28 (大学《だいがく》の校庭《こうてい》で)

A「恵理《えり》ちゃん、最近《さいきん》、学校《がっこう》に来《き》てないようだね。」

B「あいつ、学校《がっこう》辞《や》めたよ。」

A「あ、そっか、道理《どうり》で、見《み》かけない（**はずだ**）。」

1 に違《ちが》いない

2 に決《き》まっている

3 はずだ

4 ということだ

28 (대학 교정에서)

A: 에리, 최근 학교에 안 나오는 것 같아.

B: 그 녀석, 학교 그만뒀어.

A: 아 그래? 그래서 안 보이(**는 거구나**).

1 ~임에 틀림이 없다

2 당연 ~이다

3 ~는 거구나

4 ~라는 것(의미)이다, ~라고 한다(전문, 인용)

풀이 문맥상 '에리'가 최근 보이지 않게 된 납득할 만한 객관적 이유는 학교를 그만뒀기 때문이다. 따라서, '객관적 근거' 혹은 '납득할 만한 상황'에 의한 당연한 일에 사용하는 형식 명사 「はず」가 들어가야 자연스러운 문장이 된다. 「はず」는 객관적인 근거에 의한 '당연함' 이외에도, '확신'이나 '예정'에도 사용할 수 있다. 한편 이미 납득할 만한 상황이 나왔기 때문에 추측 표현인 「~に違《ちが》いない ~임에 틀림이 없다(화자의 강한 확신, 추측)」과 「~に決《き》まっている 당연 ~이다(화자의 확신, 주관적 추측)」은 오답이다.

단어 校庭《こうてい》 교정 | 辞《や》める 그만두다 | 道理《どうり》で 어쩐지, 그 때문에 | 見《み》かける 눈에 띄다, (언뜻)보다, 만나다

29 ご不明《ふめい》な点《てん》があれば、ご遠慮《えんりょ》なくお問《と》い合《あ》わせ（**いただきたく**）存《ぞん》じます。

1 いたしたく　　2 いただきたく

3 うかがいたく　　4 申《もう》し上《あ》げたく

29 불분명한 점이 있으면, 주저하지 마시고 문의(**해 주시길**) 바랍니다.

1 하고 싶길　　2 해 주시길

3 여쭙고 싶길　　4 말씀드리길

풀이 화자가 상대에 대한 요망(희망)을 나타내고 있으므로 겸양 표현의 문장이 와야 한다. 의뢰하거나 요청, 허가를 구할 때는 「~てもらいたい、~てほしい」 대신 「ご(お) + 명사 · 동사의 ます형+いただきたく存《ぞん》じます ~해 주시길 바랍니다」를 사용하면 경어 표현이 된다. 겸양 표현인 「いたしたく → いたす 하다」, 「うかがいたく → うかがう 여쭙다, 방문하다」, 「申《もう》し上《あ》げたく → 申《もう》し上《あ》げる 말씀드리다, ~해 드리다」도 함께 알아두자.

단어 不明《ふめい》 불명확 | ご遠慮《えんりょ》なく 주저하지 말고, 사양 않고 | お問《と》い合《あ》わせ 문의 | 存《ぞん》じる 알다(知《し》る), 생각하다(思《おも》う)의 겸양어

30 難《むずか》しい数学《すうがく》の問題《もんだい》に挑戦《ちょうせん》してみた。時間《じかん》はかかったが、考《かんが》えたより簡単《かんたん》に（**解《と》けるものだ**）と思《おも》った。

1 解《と》くものだ

2 解《と》くに限《かぎ》る

3 解《と》けるものだ

4 解《と》いただけのことはある

30 어려운 수학 문제에 도전해 봤다. 시간은 걸렸지만, 생각보다 간단히 (**풀리는 구나**)라고 생각했다.

1 푸는 법이다

2 푸는 것이 최고다

3 풀리는 구나, 풀 수 있구나

4 풀 만하다, 풀 만한 가치가 있다

풀이 「ものだ」의 접속 형태는 「동사의 사전형 · 동사의 た형+ものだ」로, '~하는 구나, ~했구나'라는 영탄, 감탄, 놀람 등의 뜻으로 사용되었다. 문맥상 「時間《じかん》はかかったが……解《と》ける 시간은 걸렸지만, ~풀리다」가 와야 해석이 자연스럽다. 한편 「~に限《かぎ》る ~(하는 것)이 제일(최고)이다」, 「~だけのことはある ~만큼의 가치는 있다, ~일(할) 만하다」도 자주 나오는 문형이므로 함께 알아두자.

단어 数学《すうがく》 수학 | 挑戦《ちょうせん》 도전 | 簡単《かんたん》 간단

31 大手自動車《おおてじどうしゃ》メーカが７年《ねん》ぶりにフルモデルチェンジした新型電気自動車《しんがたでんきじどうしゃ》の予約販売《よやくはんばい》を始《はじ》める（**とあっては**）、待《ま》ちに待《ま》った私《わたし》としてはすぐ予約《よやく》せずにはいられない。

1 とあって

2 とあっては

3 ともなく

4 にあって

31 대기업 자동차 제조 회사가 7년 만에 풀 모델 체인지한 신형 전기차의 예약 판매를 시작한(**다고 하면**), 오랫동안 기다렸던 나로서는 바로 예약하지 않을 수 없다.

1 ~라고 해서

2 ~라고 하면

3 ~할 생각 없이

4 ~에 있어서

풀이 「とあっては」는 '~라고 하면, ~라고 해서는'이라는 뜻의 문형으로 '~라고 하는 특별한 상황이라면 그 뒤에 그에 상응하는 당연한 일의 문장'이 이어진다는 뉘앙스를 지닌다. 접속형은 「동사 · イ형용사 · ナ형용사 · 명사의 보통형+とあっては(단, ナ형용사 · 명사의 「だ」는 생략 가능)」이다.

단어 大手自動車《おおてじどうしゃ》メーカー 대기업 자동차 제조 회사 | フルモデルチェンジ 풀 모델 체인지(전면적인 형식 변경) | 新型電気自動車《しんがたでんきじどうしゃ》 신형 전기 자동차 | 予約販売《よやくはんばい》 예약 판매 | 待《ま》ちに待《ま》った 기다리고 기다리던(오랫동안 기다리던)

32 景気低迷《けいきていめい》の長期化《ちょうきか》で、会社《かいしゃ》の運営《うんえい》が難《むずか》しくなってきたので、社員《しゃいん》らに対《たい》する報酬《ほうしゅう》は（**どうしたものか**）と社長《しゃちょう》は悩《なや》んでいる。

1 どうしたことか

2 どうしたものか

3 どうだったことか

4 どうだったものか

32 경기 침체의 장기화로 회사 운영이 어려워져, 사원들에 대한 보수는 (**어쩌면 좋을까**) 하고 사장은 고민하고 있다.

1 어찌된 일인가

2 어쩌면 좋을까

3 어떠했던 것(일)일까

4 어떠했던 것(물건)일까

풀이 「どうしたものか」는 '어떻게 된 걸까?'라는 뜻 외에도 '어쩌면 좋을까?', '어떻게 하면 좋을까?', '어떡하지?'라는 뜻으로 자문하거나 상대에게 의견(생각)을 물을 때 사용하며, 「どうしたものだろうか」의 형태로도 사용된다.

단어 景気低迷《けいきていめい》 경기 침체 | 長期化《ちょうきか》 장기화 | 運営《うんえい》 운영 | 報酬《ほうしゅう》 보수

33 赤字削減《あかじさくげん》のために100人《にん》の社員《しゃいん》の解雇《かいこ》が検討《けんとう》されているが、社員《しゃいん》たちにしてみれば、突然《とつぜん》なことで直《ただ》ちに（**納得《なっとく》しがたいのではないか**）と思《おも》われる。

1 納得《なっとく》するきらいがあるのではないか
2 納得《なっとく》しないものでもないではないか
3 **納得《なっとく》しがたいのではないか**
4 納得《なっとく》しないわけにはいかないではないか

33 적자 삭감을 위해 100명의 사원의 해고가 검토되고 있는데, 직원들 입장에서 보면, 갑작스러운 일이라, 바로는 (**납득하기 힘든 건 아닐까**)라고 생각된다.

1 납득하는 경향이 있는 것은 아닐까
2 납득하지 않는 것도 아니지 않을까
3 **납득하기 힘든 건 아닐까**
4 납득하지 않을 수 없지 않을까

풀이 「納得《なっとく》する」와 「동사의 ます형+がたい ~하기 어렵다」가 합쳐져, '받아들이기 어렵다'라는 뜻이 되었고, 그 뒤에 「~のではないか ~인(한) 것은 아닐까」가 이어져 '납득하기 힘든 건 아닐까'로 해석되어 자연스러운 문장이 되었다.

단어 赤字削減《あかじさくげん》 적자 삭감 | 解雇《かいこ》 해고 | 検討《けんとう》 검토 | 社員《しゃいん》 사원 | 突然《とつぜん》 갑작스러움 | 直《ただ》ちに 바로, 즉시 | 納得《なっとく》 납득

34 うちの子《こ》は思春期《ししゅんき》なのか、事々《ことごと》に反抗《はんこう》してます。親《おや》として黙々《もくもく》と見守《みまも》って一切《いっさい》、関与《かんよ》する（**べきではないのでしょうか**）。

1 わけではないでしょうか
2 わけにはいかないでしょうか
3 **べきではないのでしょうか**
4 べきなのでないでしょうか

34 우리 집 아이는 사춘기인지, 사사건건 반항하고 있습니다. 부모로서 묵묵히 지켜보며 일절 관여 (**해서는 안 되는 걸까요**)?

1 ~인(하는) 것은 아닐까요
2 ~할 수는 없을까요
3 **~해서는 안 되는 걸까요**
4 ~해야 하는 것은 아닐까요

풀이 문맥상 관여해야 할지, 하지 말아야 할지에 대한 내용이 나와야 하며, 여기서는 「一切《いっさい》 일절」이 앞에 나왔으므로 3번의 '~해서는 안 되는 걸까요'가 들어가면 자연스러운 문장이 된다. 여기서 사용된 문형은 「べきではない」이며, 접속형은 「동사의 사전형+べきだ / べきではない(するは する 또는 すs로 접속)」이다.

단어 思春期《ししゅんき》 사춘기 | 事々《ことごと》に 매사에, 사사건건 | 反抗《はんこう》 반항 | 黙々《もくもく》と 묵묵히 | 見守《みまも》る 지켜보다 | 一切《いっさい》 일절, 전혀 | 関与《かんよ》 관여

[35] どうやらうちの猫《ねこ》、飼《か》い主《ぬし》の留守《るす》（**をいいことに**）いたずらをしたらしく、部屋《へや》がめちゃくちゃだ。

1 をいいことに　　2 もさることながら
3 を踏《ふ》まえて　　4 からして

[35] 아무래도 우리 집 고양이, 주인이 부재중인 것(**을 틈타서**) 장난을 친 듯, 방이 엉망진창이다.

1 ~을 틈타서　　2 ~도 물론이고
3 ~을 바탕으로 해서　　4 ~부터가

풀이 문맥상 '~을(를) 이용해서, ~을(를) 틈타, ~을 좋은 기회로 삼아'라는 뜻을 지니고 있는 「명사+をいいことに」가 들어가는 것이 가장 자연스럽다. 3번의 「~を踏《ふ》まえて」는 '~을 바탕으로 해서, 토대로 해서'라는 뜻으로 '~을 고려한다'는 의미이므로 오답이다. 한편 「명사+もさることながら ~도 물론이고」는 청해 파트에도 자주 출제되는 N1 문형이므로 함께 알아두자.

단어 飼《か》い主《ぬし》 기르는 사람(주인) | 留守《るす》 부재(중) | めちゃくちゃ 엉망(진창)

문제 5 문법 형식 판단 | 실전 테스트 ❹

문제집 p.238

26 ①　27 ③　28 ②　29 ④　30 ③　31 ③　32 ④　33 ②
34 ③　35 ③

問題 5 次《つぎ》の文《ぶん》の（　　　）に入《い》れるのに最《もっと》もよいものを、1・2・3・4から一《ひと》つ選《えら》びなさい。

문제 5 다음 문장의 (　　　) 안에 넣기에 가장 알맞은 것을 1・2・3・4에서 하나 고르세요.

[26] 最近《さいきん》、飲酒運転《いんしゅうんてん》による死亡事故《しぼうじこ》が相次《あいつ》いでいるの（**を受《う》けて**）政府《せいふ》は飲酒運転《いんしゅうんてん》に対《たい》する処罰《しょばつ》を強化《きょうか》することにした。

1 を受《う》けて　　2 にもまして
3 を含《ふく》めて　　4 につれて

[26] 최근, 음주 운전에 의한 사망 사고가 잇따르는 것(**으로 인해**) 정부는 음주 운전에 대한 처벌을 강화하기로 했다.

1 ~(으)로 인해　　2 ~보다 더
3 ~를 포함해서　　4 ~에 따라서

풀이 '사망 사고가 잇따르는 것' → '처벌을 강화하기로 했다'는 인과 관계를 나타내고 있으므로 '~(으)로 인해'라는 뜻을 가진 1번의 「명사+を受《う》けて」가 들어가는 것이 자연스럽다. 「~を受《う》けて」는 '어떤 영향을 받아 그로 인해'라는 뉘앙스를 지닌다. 4번의 「~につれて ~에 따라서」는 '뒤따라오는 문장에 자연스러운 변화'가 있을 때 사용하는데, 예를 들면 「年《とし》を取《と》るにつれて、しわが増《ふ》えてくる 나이가 들어감에 따라, 주름이 늘어난다」 같은 문장에 적용된다. 이처럼 문형은 뜻만이 아닌 뉘앙스 확인도 중요하다.

단어 飲酒運転《いんしゅうんてん》 음주 운전 | 死亡事故《しぼうじこ》 사망 사고 | 相次《あいつ》ぐ 잇따르다 | 政府《せいふ》 정부 | 処罰《しょばつ》 처벌 | 強化《きょうか》 강화

27 私《わたし》たち姉妹《しまい》は双子《ふたご》で見《み》かけはよく似《に》ているが、性格《せいかく》は (**まるで**) 違《ちが》う。

1 とうとう　　2 しょせん

3 **まるで**　　4 たとえ

27 **우리 자매는 쌍둥이로, 생김새는 많이 닮았는데, 성격은 (전혀) 다르다.**

1 드디어, 결국, 마침내　　2 어차피

3 전혀　　4 설령

풀이 「まるで」는 '마치'와 '전혀'라는 두 가지 뜻이 있는데, 이 문장에서는 '전혀'라는 의미로 사용되었다. 이처럼 두 가지 이상의 뜻을 가진 부사 「いかに 어떻게, 얼마나, 아무리」, 「まず 우선, 일단(은), 대체로, 아마도」, 「しみじみ 절실히, 통절히, 진지하게」, 「ひしひし 바싹바싹, 절실히(다가오는 모양)」 등은 시험에 자주 출제되므로 함께 숙지해 두도록 하자.

단어 姉妹《しまい》 자매 | 双子《ふたご》 쌍둥이 | 見《み》かけ 외관, 겉보기 | 似《に》ている 닮았다 | 性格《せいかく》 성격 | 違《ちが》う 다르다

28 この作品《さくひん》には、彼女《かのじょ》の故郷《こきょう》への一途《いちず》な (**思《おも》い**) があふれています。

1 考《かんが》え　　2 **思《おも》い**

3 見込《みこ》み　　4 本音《ほんね》

28 **이 작품에는 그녀의 고향에 대한 한결같은 (마음)이 넘쳐나고 있습니다.**

1 생각, 사고　　2 생각, 마음

3 예상, 전망　　4 진심, 속마음

풀이 「思《おも》い」는 '마음, 느낌, 기분 등'의 의미를 지닌 '생각'이고, 「考《かんが》え」는 '소견, 의견, 사고 등'의 의미를 지닌 '생각'이다. 이처럼 표면적인 뜻은 같지만 쓰임에 차이가 있는 단어들은 명확히 구분할 줄 알아야 한다.

단어 作品《さくひん》 작품 | 故郷《こきょう》 고향 | 一途《いちず》 한결같음 | あふれる 넘치다 | 考《かんが》え 생각, 사고 | 見込《みこ》み 가망, 희망, 예상 | 本音《ほんね》 본심, 속마음

29 最近《さいきん》は紙《かみ》の辞書《じしょ》より電子辞書《でんしじしょ》を多《おお》く使《つか》うが、紙《かみ》には紙《かみ》 (**ならではの**) 温《あたた》かみがあると思《おも》う。

1 ごときの　　2 並《な》みの

3 がらみの　　4 **ならではの**

29 **요즘에는 종이사전보다 전자사전을 많이 사용하지만, 종이에는 종이(만의) 따스함이 있다고 생각한다.**

1 ~따위, 등의　　2 ~수준의

3 ~와 관련된　　4 ~만의

풀이 문맥상 '~만의'라는 뜻을 가진 4번의 「명사+ならではの + 명사」가 와야 자연스러우며, 「ならでは」는 '~만이 가지는 독특한, ~만이 할 수 있는 독자적인'이라는 뉘앙스를 지닌다. 문장 끝에 오게 되면 「~ならではだ ~만의 것이다」의 형태가 된다. 또한 2번의 「명사+並《な》み」는 '~수준'이라는 뜻으로 '급', '레벨'의 의미이므로 오답이다. 이 밖에도 상대를 경시, 무시하거나 자신을 낮출 때 사용하는 1번의 「명사+ごとき ~따위, 등」과 동사에서 변형된 3번의 「명사+がらみ ~와 관련된, ~째, ~가량」도 함께 알아두자.

단어 紙《かみ》 종이 | 電子辞書《でんしじしょ》 전자사전 | 温《あたた》かみ 따뜻함

30 注意《ちゅうい》されたそばからまた同《おな》じミスを犯《おか》すなんて、情《なさ》けない（**としか言《い》いようがない**）。

1　と言《い》えばいいきれない

2　とさえ言《い》うつもりだ

3　**とし か言《い》いようがない**

4　と言《い》っても仕方《しかた》がない

30 주의를 받자마자 또 같은 실수를 저지르다니, 한심하다(**라고밖에 말할 수 없다**).

1　~라고 말하면 다 말할 수 없다

2　~라고조차 말할 생각이다

3　**~라고밖에 말할 수 없다**

4　~라고 말해도 어쩔 수 없다

풀이 주의를 받았는데 또 같은 실수를 저질러서 한심하다는 뜻이므로, 그것을 부정의 형태로 바꾼 3번의 「としか言《い》いようがない ~라고밖에 말할 수 없다」가 오는 것이 가장 자연스러우며, 「としか ~로밖에」와 「동사의 ます형+ようがない ~할 방법이 없다」가 합쳐진 형태이다. 한편 4번의 「と言《い》っても仕方《しかた》がない ~라고 말해도 어쩔 수 없다」는 화자 본인이 주어인 상태에서는 어색한 표현이므로 오답이다. 또한 문장 속에 나온 「동사의 사전형・동사의 た형 + そばから ~하자마자」는 '~하자마자 앞의 행동이 반복된다'는 뉘앙스를 지닌 N1문형이므로 함께 알아두자.

단어 注意《ちゅうい》 주의 | そばから ~하자마자 | ミスを犯《おか》す 실수를 저지르다 | 情《なさ》けない 한심하다

31 スパゲッティで有名《ゆうめい》な店《みせ》の予約《よやく》なので、一ヵ月《いっかげつ》くらいは（**待《ま》たされるかと思《おも》いきや**）、案外《あんがい》、今週末《こんしゅうまつ》に予約《よやく》が取《と》れた。

1　待《ま》たされたかと思《おも》えば

2　待《ま》たされると思《おも》いながらも

3　**待《ま》たされるかと思《おも》いきや**

4　待《ま》たされたことと思《おも》おうと

31 스파게티로 유명한 가게 예약이기에 1개월 정도는 (**기다리게 될 거라고 생각했는데**), 의외로 이번 주말에 예약이 잡혔다.

1　기다리게 될까라고 생각하면

2　기다리게 될 거라고 생각하면서도

3　**기다리게 될 거라고 생각했는데**

4　기다리게 될 일이라고 생각하든

풀이 1개월 정도는 기다릴 줄 알았는데 「案外《あんがい》 의외로」 예약이 잡혔기 때문에, 3번의 「(か)と思《おも》いきや ~(한가, 인가)라고 생각했는데」가 들어가면 자연스러워진다. 「(か)と思《おも》いきや」의 뒤따라오는 문장에는 '뜻밖의 일' 혹은 '예상 밖의 일'이 이어진다. 접속 형태는 「동사・イ형용사・ナ형용사・명사의 보통형+(か)思《おも》いきや」이다.

단어 有名《ゆうめい》 유명 | 予約《よやく》 예약 | 案外《あんがい》 의외로

32 この間《あいだ》、結婚《けっこん》についての私《わたし》の意見《いけん》は、ただ個人的《こじんてき》な観点《かんてん》からの考《かんが》えを（**話《はな》そうとしたに過《す》ぎず**）結婚《けっこん》そのものが悪《わる》いというわけではない。

1　話《はな》そうとしたにもかかわらず

2　話《はな》しそうもなかったに過《す》ぎず

3　話《はな》しそうになったにもかかわらず

4　**話《はな》そうとしたに過《す》ぎず**

32 요전에 결혼에 관해서의 내 의견은 단순히 개인적 관점에서의 생각을 (**말하려는 것에 지나지 않으며**), 결혼 그 자체가 나쁘다는 것은 아니다.

1　말하려고 했음에도 불구하고

2　말할 것 같지 않았음에 지나지 않고

3　말할 것 같이 되었음에도 불구하고

4　**말하려 했던 것에 지나지 않으며**

풀이 이 문제는 문맥 해석 문제+문형 문제로, 결혼에 대한 개인 관점에서 말했을 뿐 결혼이 나쁘다는 것은 아니다는 내용이므로 4번의 「話《はな》そうとした + に過《す》ぎない 말하려고 했던 + ~(하는 것)에 불과하다(지나지 않다)」를 넣으면 자연스러운 문장이 된다. 「に過《す》ぎない」의 접속형은 「동사 · イ형용사 · ナ형용사 · 명사의 보통형+に過《す》ぎない(단, ナ형용사 · 명사의 「だ」는 생략)」이다. 1번과 3번에 사용된 「にもかかわらず」는 '~임에도 불구하고'라는 뜻의 문형으로 접속형은 「に過《す》ぎない」와 동일하다.

단어 結婚《けっこん》 결혼 | 意見《いけん》 의견 | 個人的《こじんてき》 개인적 | 観点《かんてん》 관점 | 考《かんが》え 생각

33 私《わたし》が幼稚園《ようちえん》に（**入《はい》るか入《はい》らないか**）のころ、母《はは》に買《か》ってもらった亀《かめ》二匹《にひき》は、20年《ねん》経《た》った今《いま》も元気《げんき》に生《い》きている。

1 入《はい》ろうが入《はい》るまいが

2 入《はい》るか入《はい》らないか

3 入《はい》ろうか入《はい》るまいか

4 入《はい》るにせよ入《はい》らないにせよ

33 내가 유치원에 (**들어갈까 말까**) 할 무렵 엄마가 사준 거북이 두 마리는 20년이 지난 지금도 건강하게 살고 있다.

1 들어가든 말든

2 들어갈까 말까

3 들어가야 할지 말아야 할지

4 들어간다 해도 들어가지 않는다 해도

풀이 정확한 시기가 선택지에 없으므로 화자 본인 스스로도 잘 기억나지 않을 무렵이라는 것을 알 수 있으며, 2번의 「入《はい》るか入《はい》らないか 들어갈까 말까」가 답으로 적당하다.

단어 幼稚園《ようちえん》 유치원 | 亀《かめ》 거북이 | 二匹《にひき》 2마리 | 経《た》つ 경과하다, 지나다 | 生《い》きる 살다

34 夢《ゆめ》は反対《はんたい》だと言《い》われるが、自分《じぶん》が死《し》ぬ夢《ゆめ》は不吉《ふきつ》に（**思《おも》われる**）。

1 思《おも》う　　2 思《おも》っている

3 思《おも》われる　　4 思《おも》わせる

34 꿈은 반대라고 하지만, 자신이 죽는 꿈은 불길하게 (**생각되어진다**).

1 생각한다　　2 생각하고 있다

3 생각되어진다　　4 생각하게 한다

풀이 문맥상 '(불길하게) 생각되어진다, 느껴진다'라는 수동형 해석이 자연스러우므로 3번의 「思《おも》われる」가 정답이다.

단어 夢《ゆめ》 꿈 | 反対《はんたい》 반대 | 不吉《ふきつ》 불길

35 本当《ほんとう》にいやだと思《おも》ったら、直《ただ》ちに「いや」と（**言《い》えばいいものを**）、彼《かれ》は本音《ほんね》を言《い》えず、いつも損《そん》をする。

1 言《い》おうとしたって

2 言《い》うにしたって

3 言《い》えばいいものを

4 言《い》わないものを

35 정말로 싫다고 생각되면 그 즉시 '싫어'라고 (**말하면 되는 것을**), 그는 속마음을 말하지 못해 늘 손해를 본다.

1 말하려고 해도

2 말한다 하더라도

3 말하면 되는 것을

4 말하지 않을 것을

풀이 싫으면 싫다고 말하면 되는데, 그 말을 못해서 손해본다는 내용이므로 '후회와 유감'의 뜻을 지닌 「ものを ~할(일) 것을, ~할(일) 텐데」라는 문형을 사용한 3번의 「言《い》えばいいものを 말하면 되는 것을, 말하면 될 텐데」를 넣으면 문장이 자연스러워진다. 「ものを」의 접속 형태는 「동사 · イ형용사 · ナ형용사 · 명사의 명사 수식형+ものを(단, 명사의 「の」는 「である」임)」이다.

단어 いや 싫어 | 直《ただ》ちに 바로, 즉시 | 本音《ほんね》 본심, 속마음 | 損《そん》をする 손해를 보다

문제 5 문법 형식 판단 | 실전 테스트 ❺

문제집 p.240

26 ① **27** ④ **28** ② **29** ② **30** ④ **31** ② **32** ③ **33** ①
34 ③ **35** ①

問題5 次《つぎ》の文《ぶん》の（　　　）に入《い》れるのに最《もっと》もよいものを、1・2・3・4から一《ひと》つ選《えら》びなさい。	**문제 5** 다음 문장의 (　　　) 안에 들어갈 가장 알맞은 것을 1・2・3・4에서 하나 고르세요.

26 手術《しゅじゅつ》の途中《とちゅう》、患者《かんじゃ》が突然《とつぜん》、死亡《しぼう》したのが釈然《しゃくぜん》としなかった遺族《いぞく》は医療事故《いりょうじこ》（**として**）病院《びょういん》に損害賠償《そんがいばいしょう》を求《もと》めた。 1 として　　2 にして 3 を機《き》に　　4 を限《かぎ》りに	26 수술 도중, 환자가 갑자기 사망한 것이 석연치 않았던 유족은 의료사고(**라고 보고**) 병원에 손해배상을 요구했다. 1 ~라고 보고　　2 ~이기에 3 ~을 기회로　　4 ~을 끝으로

풀이 유족은 환자의 석연치 않은 죽음을 의료사고라고 판단하고 있기 때문에, 1번의 「として ~라고 보고, ~라고 판단하고, ~라고 생각하고, ~라고 간주하고」가 들어가야 한다. 「として」의 접속형은 「동사 · イ형용사 · ナ형용사 · 명사의 보통형+として(단, 명사와 ナ형용사의 「だ」는 생략 가능함)」이다.

단어 手術《しゅじゅつ》 수술 | 途中《とちゅう》 도중 | 患者《かんじゃ》 환자 | 突然《とつぜん》 돌연, 갑자기 | 死亡《しぼう》 사망 | 釈然《しゃくぜん》としない 석연치 않다 | 遺族《いぞく》 유족 | 医療事《いりょうじ》故《こ》 의료사고 | 損害賠償《そんがいばいしょう》 손해배상 | 求《もと》める 요구하다

27 最近《さいきん》、小《ちい》さい字《じ》が読《よ》みづらくなってきた。年《とし》（**が**）年《とし》だけに、もう私《わたし》も老眼鏡《ろうがんきょう》をかけなきゃ。 1 という　　2 は 3 から　　4 が	27 최근 작은 글자를 읽기가 힘들어졌다. 나이(**가**) 나이인 만큼, 이제 나도 돋보기를 쓰지 않으면 안 되겠다. 1 ~라는　　2 ~은 3 ~로부터　　4 ~가

풀이 돋보기를 쓰지 않으면 안 되는 것은 나이가 들었기 때문이고, 조사 「が」가 들어간 4번의 「年《とし》が年《とし》 나이가 나이」가 들어가면, 그 뒤에 따라오는 「~だけに ~인 만큼」과 합쳐져 '나이가 나이인 만큼'이 되어 자연스러운 문장이 된다.

단어 最近《さいきん》 최근 | 小《ちい》さい字《じ》 작은 글자 | 読《よ》みづらい 읽기 어렵다(불편하다) | 老眼鏡《ろうがんきょう》 돋보기

28 世界一《せかいいち》の大《おお》きさを誇《ほこ》る遊覧船《ゆうらんせん》JJは、劣《れっ》化《か》で今月《こんげつ》いっぱいまでの運航《うんこう》(**を最後《さいご》に**) 廃棄《はいき》するということだ。

1　をふまえて　　2　を最後《さいご》に

3　にあたって　　4　に沿《そ》って

28 세계 제일의 크기를 자랑하는 유람선 JJ는 열화로 이번 달 말까지의 운항(**을 마지막으로**) 폐기한다고 한다.

1　~을 바탕으로 해서　　2　~을 마지막으로

3　~할 즈음에　　4　~을(를) 따라서

풀이　'유람선의 성능 문제로 이번 달 말을 끝으로 폐기한다'는 내용이므로 2번의 「명사+を最後《さいご》に ~을(를) 마지막으로, 최후로」가 들어가면 자연스러운 문장이 된다. 3번의 「にあたって」도 시간과 관련된 문형이기는 하지만 '~할 즈음에, ~할 때에'라는 뜻이므로 오답이다. 한편 자주 출제되는 「명사+をもって」는 '수단, 방법'뿐 아니라 '시간의 시작과 끝'의 의미를 가지고 있기 때문에 「を最後《さいご》に」를 대신해서 사용할 수 있다.

단어　誇《ほこ》る 자랑하다, 뽐내다 | 遊覧船《ゆうらんせん》 유람선 | 劣化《れっか》 열화, 성능이 나빠짐 | 運航《うんこう》 운항 | 廃棄《はいき》 폐기

29 いつも借金《しゃっきん》を踏《ふ》み倒《たお》して行方《ゆくえ》をくらます彼女《かのじょ》に、もう二度《ふたど》とお金《かね》を貸《か》してやったり (**などするものか**)。

1　こそするものか　2　などするものか

3　こそすることか　4　などすることか

29 항상 빚을 떼먹고 행방을 감추는 그녀에게 이제 두 번 다시 돈을 빌려주거나 하는 (**따위 하나 봐라**).

1　~야말로 하나 봐라　　2　~따위 하나 봐라

3　~야말로 하는 것인가　　4　~따위 하는 것인가

풀이　문맥상 '빌려주지 않겠다'는 부정 표현이 필요하며, 부정을 강조하는 문형인 「ものか ~하나 봐라」와 「~따위, 등」의 뜻을 가진 「など」가 합쳐진 2번의 「などするものか」가 답으로 가장 적당하다. 여기에서 「など」의 해석은 굳이 하지 않아도 되며, 강조의 의미로 이해해도 된다. 또한, 3번과 4번에 사용된 「ことか」는 출제된 적이 있는 N2 문형으로 '(얼마나) ~한가, 인가'라는 뜻을 가지고 있다.

단어　借金《しゃっきん》 빚 | 踏《ふ》み倒《たお》す (대금, 빚을) 떼어먹다 | 行方《ゆくえ》をくらます 행방을 감추다 | 金《かね》を貸《か》す 돈을 빌려주다

30 母《はは》「千尋《ちひろ》の今度《こんど》の数学《すうがく》コンテスト。例年《れいねん》より難《むずか》しくなるんだって。本選《ほんせん》まで行《い》くのは無理《むり》かもしれないね。」

父《ちち》「試験《しけん》の結果《けっか》は (**受《う》けてみなきゃ**) わかんないものよ。」

1　受《う》けてるって　　2　受《う》けちゃおうと

3　受《う》けちゃうのが　4　受《う》けてみなきゃ

30 엄마: 치히로의 이번 수학 경연대회. 예년보다 어려워진다고 해. 본선까지는 가는 건 무리일지도 모르겠어.

아빠: 시험 결과는 (**쳐보지 않으면**) 모르는 거야.

1　치고 있다고 해　　2　쳐 버리든

3　쳐 버리는 것이　　4　쳐보지 않으면

풀이　'시험 결과는 ~모르는 거야'라는 내용에서 「受《う》けてみなきゃ 쳐보지 않으면」을 넣는 것이 자연스러우며, 여기에서 「~てみなきゃ」는 「~てみなければ」의 축약 형태이다. 한편 선택지 4번은 「동사의 의지형+と」의 역접 형태로 '쳐 버리든, 쳐 버려도'로 해석되며, 자주 출제되는 형태이므로 함께 알아두자.

단어　数学《すうがく》 수학 | コンテスト 경연대회 | 例年《れいねん》 예년 | 本選《ほんせん》 본선 | 無理《むり》 무리

31 一度《いちど》や二度《にど》の失敗《しっぱい》で、人生《じんせい》が（**終《お》わるわけじゃあるまいし**）、落《お》ち込《こ》まないで。

1 終《お》わるわけにはいかないし

2 終《お》わるわけじゃあるまいし

3 終《お》わるわけだったんだから

4 終《お》わらないわけではないだろうから

31 한 번이나 두 번의 실패로, 인생이 (**끝나는 것도 아니고**), 상심하지 마.

1 끝날 수는 없고

2 끝나는 것도 아니고

3 끝나는 것이었기 때문에

4 끝나지 않는 것은 아닐 테니까

풀이 괄호 다음에 '상심하지 마'라는 내용이 이어져 나오는 것으로 보아 인생이 한두 번의 실패로 '끝나지 않는다'는 내용을 담은 2번의 「終《お》わるわけじゃあるまいし 끝나는 것도 아니고」가 들어가는 것이 자연스럽다. 「わけじゃあるまいし」는 '~도 아니고, 아닌데'라는 뜻이며, 접속형은 「동사의 사전형 · 동사의 た형+(の/ん/わけ), 명사+では(じゃ)あるまいし」이다. 한편 선택지 1번도 '끝날 수는 없다'라는 뜻이지만, 사용된 문형 「동사의 사전형+わけにはいかない」는 '자신의 주변에 사정이 있어서 ~할 수 없다'라는 뉘앙스를 지니고 있기 때문에 오답이다.

단어 一度《いちど》や二度《ふたど》 한 번이나 두 번 | 失敗《しっぱい》 실패 | 人生《じんせい》 인생 | 落《お》ち込《こ》む 침울해 하다

32 中学生《ちゅうがくせい》の息子《むすこ》は、突然《とつぜん》、歌《うた》を歌《うた》ったり踊《おど》ったり、（**そうかと思《おも》えば**）、自分《じぶん》の部屋《へや》に閉《と》じこもってしまったりする。もう、思春期《ししゅんき》かな。

1 そうかと思《おも》って

2 こうだとみられて

3 そうかと思《おも》えば

4 こうかとみれば

32 중학생인 아들은 갑자기 노래를 부르기도 하고 춤추기도 하고 (**그런가 하면**) 자기 방에 틀어박혀 버리기도 한다. 이제 사춘기인가?

1 그런가(라고 생각)해서

2 이렇다고 여겨져

3 그런가(라고 생각)하면

4 이런가라고 보면

풀이 괄호 앞의 내용과 뒤의 내용이 상반되는 상황이기 때문에 그 사이에 들어갈 만한 것은 3번의 「そうかと思《おも》えば 그런가(라고 생각)하면」이다. 「そうかと思《おも》えば」는 '그런가 하면'으로 의역해서 통으로 외워두면 편하게 사용할 수 있다. 선택지 2번에 나온 「~とみられる」도 '~로 보여진다'보다는 '~으로 여겨지다(추측, 예측)'으로 의역하는 것이 좋다.

단어 突然《とつぜん》 돌연, 갑자기 | 踊《おど》る 춤추다 | 閉《と》じこもる 틀어박히다 | 思春期《ししゅんき》 사춘기

33 皮肉《ひにく》なことに、私《わたし》たちが追《お》い求《もと》めてきた豊《ゆた》かさや便利《べんり》さこそが地球《ちきゅう》を破壊《はかい》しているだけでなく、自然《しぜん》そのもの（**とでもいうべき**）人間《にんげん》さえ蝕《むしば》んでいる。

1 とでもいうべき　　2 ならではの

3 になるべからざる　　4 ともあろう

33 얄궂게도, 우리들이 추구해온 풍요로움과 편리함이 지구를 파괴하고 있을 뿐만 아니라, 자연 그 자체(**라고도 말할 만한**) 인간조차 갉아먹고 있다.

1 ~라고도 말할 만한　　2 ~만의

3 ~가 되어서는 안 될　　4 ~이나 되는

풀이 문맥상 '자연 그 자체라고 할 수 있는 인간'이라는 내용이 들어가야 하며, 그에 가장 어울리는 표현은 1번의 「とでもいうべき ~라고도 말할 만한」이다. 여기에서 「とでもいうべき」는 비유 표현의 하나로 통째로 그 의미를 외워 두는 것이 좋다. 이 밖에도 선택지 3번의 「べからざる」는 「동사의 사전형 + べからざる + 명사 ~해서는 안 될」이라는 금지의 뜻을 지니고 있다. 한편 문장 끝에 오는 금지 형태인 「동사의 사전형 + べからず ~해서는 안 된다」도 함께 알아두자.

단어 皮肉《ひにく》 빈정거림, 얄궂음 | 追《お》い求《もと》める 추구하다 | 豊《ゆた》かさ 풍요로움 | 便利《べんり》さ 편리함 | 地球《ちきゅう》 지구 | 破壊《はかい》 파괴 | 自然《しぜん》 자연 | 蝕《むしば》む 좀 먹다, 침식하다, 해치다

---

34 今日《きょう》はPM2.5の濃度《のうど》が高《たか》いので、呼吸器《こきゅうき》官《かん》が弱《よわ》い人《ひと》はつらいらしい。のどがカラカラで、軽《かる》いせきが出《で》る（**くらいはいいとしても**）ひどい場合《ばあい》は呼吸混乱《こきゅうこんらん》があることもあるそうだ。

1 ほどにならないとしても
2 だけましだとすれば
3 くらいはいいとしても
4 わけではないとすれば

34 오늘은 초미세먼지의 농도가 높기 때문에 호흡기관이 약한 사람들은 괴로울 겁니다. 목이 칼칼하고, 가벼운 기침이 나오는 (**정도는 괜찮다 하더라도**) 심한 경우에는 호흡 곤란이 있을 수도 있다고 합니다.

1 ~만큼(정도)는 되지 않는다 하더라도
2 ~만으로 다행이라고 한다면
3 ~정도는 괜찮다고 하더라도
4 ~인 것은 아니라고 한다면

풀이 '가벼운 기침은 괜찮아도 심한 경우 호흡 곤란이 있을 수 있다는 내용'이므로 역접 문형인 「としても ~라고 하더라도」와 가벼운 정도에 사용할 수 있는 형식 명사 「くらい ~정도」가 합쳐진 3번의 「~くらいはいいとしても ~정도는 괜찮다고 하더라도」가 들어가야 문장이 자연스러워진다. 1번의 「~ほどにならないとしても ~만큼(정도)는 되지 않는다 하더라도」는 앞 문장 쪽에 정도가 심한 것이 와야 하므로 오답이다. 이 밖에도 선택지 2번과 4번에 사용된 「~とすれば ~라고 한다면」은 가정의 의미를 가진 문형이므로 정답과 어울리지 않는다.

단어 PM2.5 초미세먼지 | 濃度《のうど》 농도 | 呼吸器官《こきゅうきかん》 호흡기관 | のど 목 | カラカラ 바싹바싹 | せき 기침 | 場合《ばあい》 경우 | 混乱《こんらん》 혼란

---

35 (インタビューで)

山崎《やまさき》「最初《さいしょ》からコックになる（**つもりだったかっていうと**）、そうじゃないんです。もともと、私《わたし》は小学校《しょうがっこう》の先生《せんせい》になりたくて教育大学《きょういくだいがく》に進学《しんがく》しました。」

記者《きしゃ》「では、いつ、進路《しんろ》を変《か》えたんですか。」

1 つもりだったかっていうと
2 はずじゃなかったっていうと
3 はずがなかったかっていうと
4 つもりじゃなかったのかっていわれたら

35 (인터뷰에서)

야마사키: 처음부터 요리사가 될 (**생각이었던가라고 한다면**) 그렇진 않습니다. 원래 저는 초등학교 선생님이 되고 싶어서 교육대학으로 진학했습니다.

기자: 그럼, 언제 진로를 바꿨습니까?

1 생각이었던가라고 한다면
2 건 아니었다고 한다면
3 리가 없었던가라고 한다면
4 생각이 아니었던 건가라고 한다면

풀이 「つもり」가 섞여 나온 문제는 이미 여러 번 출제되었으며, 일반적으로 '작정'이라는 뜻으로만 알고 있지만 '생각, 의도, 느낌, 마음 등'의 여러 가지 뜻을 가지고 있는 명사이다. 여기에서는 '생각'으로 해석되며, 문맥상 1번의 「~つもりだったかっていうと 생각이었던가라고 한다면」이 와야 뒤따라오는 「そうじゃないんです 그렇진 않습니다」와 자연스럽게 연결된다. 한편 해석상으로는 4번도 정답인 것 같지만, 「~つもりじゃなかったのかっていわれたら 생각이 아니었던 건가라고 한다면」이 정답이 되려면 뒤따라오는 내용이 「そうなんです 그렇습니다」가 되어야 한다. 단순히 해석 문제로만 보일 수도 있지만 앞뒤를 살피지 않으면 틀리기 쉬운 문제이다.

단어 コック 요리사 | 教育大学《きょういくだいがく》 교육대학 | 進学《しんがく》진학 | 進路《しんろ》 진로 | 変《か》える 바꾸다

문제 5 문법 형식 판단 | 실전 테스트 ❻

문제집 p.242

26 ④ 27 ② 28 ② 29 ② 30 ③ 31 ② 32 ③ 33 ①
34 ① 35 ②

問題5 **次《つぎ》の文《ぶん》の（　　　）に入《い》れるのに最《もっと》もよいものを、1・2・3・4から一《ひと》つ選《えら》びなさい。**	**문제 5** 다음 문장의 (　　　) 안에 넣기에 가장 알맞은 것을 1・2・3・4에서 하나 고르세요.

26 うちの息子《むすこ》の趣味《しゅみ》はフィギュアを買《か》い集《あつ》めることで、棚《たな》（**という**）棚《たな》はフィギュアで埋《う》め尽《つ》くされている。 1 に　　2 との 3 なりの　　4 という	26 우리 아들의 취미는 피규어를 사 모으는 것이라, 선반(**이라는**) 선반은 피규어로 가득 메워져 있다. 1 ~에　　2 ~와의 3 ~나름의　　4 ~라는

풀이 선반이 피규어로 가득 차 있다는 내용이므로, 명사를 강조해 주는 「명사1＋という＋명사2」를 사용한 4번의 「棚《たな》という棚《たな》 선반이라는 선반(모든 선반)」이 정답이 된다. 1번의 「に」는 '명사1에 명사2를 더하여'로 해석이 되며, 주로 「ご飯《はん》にみそ汁《しる》 밥에 된장국, ケーキにコーヒー 케이크에 커피」라는 식으로 사용된다.

단어 フィギュア 피규어 | 買《か》い集《あ》める 사 모으다 | 棚《たな》 선반 | 埋《う》め尽《つ》くす 가득 채우다

27 母《はは》はすし屋《や》一筋《ひとすじ》で、お店《みせ》の中《なか》にお客様《きゃくさま》が（**いる**）かぎり、お店《みせ》は閉《し》めないと言《い》っている。 1 いない　　2 いる 3 いた　　4 いなかった	27 엄마는 오직 초밥 가게에만 전념해 왔고, 가게 안에 손님이 (**있는**) 한, 가게는 닫지 않을 것이라고 한다. 1 없는　　2 있는 3 있었던　　4 없었던

풀이 '손님이 있는 한 문을 닫지 않겠다'는 내용이며, 괄호 다음에 나와 있는 문형 「かぎり ~(인) 한, ~(하는) 한」과 뜻을 조합해 봤을 때 2번의 「いる」가 들어가 '손님이 있는 한'이 되어야 문장이 자연스러워진다. 「かぎり」의 접속형은 「동사 · イ형용사 · ナ형용사 · 명사의 명사 수식형＋かぎり(は) / (では)」이다.

단어 一筋《ひとすじ》 외곬으로, 한 줄기, 한결같음 | お客様《きゃくさま》 손님 | 閉《し》める 닫다

28 この通販会社《つうはんがいしゃ》は小口《こぐち》の注文《ちゅうもん》であっても一日《いちにち》で自宅《じたく》まで届《とど》けてくれる。その便利《べんり》さ (**ゆえに**) 多《おお》くの人々《ひとびと》に利用《りよう》されている。

1 にしたって　　2 **ゆえに**
3 どころか　　4 なしには

28 이 통신판매회사는 소액 주문이라도 하루 만에 집까지 배달해 준다. 그 편리함 (**때문에**) 많은 사람들이 이용하고 있다.

1 ~라고 해도　　2 **~때문에**
3 ~은(는)커녕, ~뿐만이 아니라　　4 ~없이는

풀이 '편리함 때문에 사람들이 이 통신판매회사를 많이 이용한다'는 내용으로 괄호에는 2번의 이유를 나타내는 문형 「ゆえに ~때문에, ~한(인) 연유로, 까닭으로」가 들어가야 자연스럽다.
「ゆえ(に)」는 접속 형태가 다양해서 시험에 자주 출제되고 있다. 기본적인 접속 형태는 「동사·イ형용사·ナ형용사·명사의 명사 수식형 + ゆえ(に) / ゆえの」이지만, 「동사의 명사 수식형(が)·イ형용사의 명사 수식형(が)+ゆえ(に)(단, 명사의 「の」·ナ형용사의 「な」는 생략 가능)」, 그리고 「명사+である(が)·ナ형용사 어간 + である(が)+ゆえ(に)」로도 접속 가능하다. 예를 들면, 명사의 경우 '가난 때문에' → 「まずしさのゆえ(に) 」、「まずしさゆえ(に) 」、「まずしさであるゆえ(に) 」、「まずしさであるがゆえ(に)」로 나타낼 수 있다.

단어 通販会社《つうはんがいしゃ》 통신판매회사 | 小口《こぐち》 소액 | 注文《ちゅうもん》 주문 | 自宅《じたく》 자택 | 届《とど》ける 보내다 | 便利《べんり》さ 편리함

29 あの学生《がくせい》はレポート (**こそ**) いつもきちんと提出《ていしゅつ》するが、成績《せいせき》はかんばしくない。

1 ぐらいは　　2 **こそ**
3 だけに　　4 ばかり

29 저 학생은 리포트(**는**) 항상 잘 제출하는데, 성적은 좋지 않다.

1 ~정도는　　2 **~는**
3 ~인 만큼　　4 ~만

풀이 문맥상 괄호 안에는 주격 조사가 와야 된다. 2번의 「こそ」는 역접 표현인 「が、けど、けれども、ものの」 등과 함께 쓰여 강조의 역할을 하며 '~은(는) ~하지만, ~이지만'으로 해석하면 된다. 선택지 1번의 「~ぐらいは ~정도는」은 화자의 입장에서 '가벼운 정도, 최소한의 정도'를 의미하므로 오답이다.

단어 提出《ていしゅつ》 제출 | 成績《せいせき》 성적 | かんばしい 향기롭다, 좋다, 훌륭하다 | かんばしくない 좋지 않다

30 母《はは》の好《この》みを考《かんが》えずに、店員《てんいん》に (**勧《すす》められるまま**) 、花柄《はながら》の半《はん》ズボンを買《か》ってしまった。

1 勧《すす》められるものを
2 勧《すす》められたものを
3 **勧《すす》められるまま**
4 勧《すす》められたまま

30 엄마의 취향을 생각하지 않고, 점원이 (**권하는 대로**), 꽃무늬 반바지를 사 버렸다.

1 권해질 텐데(권할 텐데)
2 권해졌을 텐데(권했을 텐데)
3 **권해지는 대로(권하는 대로)**
4 권해진 채로(권한 채로)

풀이 「まま」는 접속형이 「동사의 사전형+まま(に)」가 되면, '~하는 대로'라는 뜻이 되며, 주로 수동 형태의 동사가 접속되어, 상황에 '내맡긴다'라는 느낌을 들게 한다. 여기서도 본인의 의사보다는 점원이 권하는 대로(점원의 생각에 내맡긴 채) 꽃무늬 반바지를 샀기 때문에 3번이 정답이다. 예를 들면 「足《あし》の向《む》くままに旅《たび》をする 발이 닿는 대로

여행을 한다」, 「思《おも》いつくままに書《か》く생각나는 대로 쓴다」는 식으로 사용된다. 또한 접속형이 「동사의 た · 동사의 ない형 + まま」, 「イ형용사 · ナ형용사 · 명사의 명사 수식형 현재 + まま」는 '~한 채로, ~인 그대로'라는 뜻이 되며, 같은 상태가 변하지 않고 이어진다는 것을 의미한다.

단어 好《この》み 기호, 취향 | 勧《すす》める 권(장)하다 | 花柄《はながら》 꽃무늬 | 半《はん》ズボン 반바지

31 現在《げんざい》、家庭《かてい》ごみを（**減量《げんりょう》するべく**）、ごみ袋《ぶくろ》を有料化《ゆうりょうか》し、消費者《しょうひしゃ》が処理費用《しょりひよう》の一《いち》部《ぶ》を負担《ふたん》することになっている。

1 減量《げんりょう》しようとも
2 減量《げんりょう》するべく
3 減量《げんりょう》してこそ
4 減量《げんりょう》するとはいえ

31 현재, 가정 쓰레기를 (감량하기 위해) 쓰레기 봉투를 유료화해서, 소비자가 처리 비용의 일부를 부담하게 되어 있다.

1 감량하든
2 감량하기 위해서
3 감량해야지(만)
4 감량한다 하더라도

풀이 가정 쓰레기를 줄이기 위해 쓰레기 봉투를 유료화한 것이기 때문에 목적의 의미를 가진 2번의 「동사의 사전형 + べく ~하기 위해서」라는 문형이 괄호 안에 들어가야 한다. 일반적으로 사용하는 「ために」보다는 딱딱한 표현이며, 주로 문어체적 표현에 사용한다. 한편 선택지 1번은 「동사의 의지형+とも」의 형태를 가진 '역접 강조' 표현이며, 3번은 「동사의 て형+てこそ」라는 '이유를 강조'하고 있으며, 4번의 「동사 · イ형용사 · ナ형용사 · 명사의 보통형 수식+とはいえ」는 '역접' 표현의 문형이다.

단어 ゴミ袋《ぶくろ》 쓰레기 봉투 | 有料化《ゆうりょうか》 유료화 | 消費者《しょうひしゃ》 소비자 | 処理費用《しょりひよう》 처리 비용 | 負担《ふたん》 부담 | 減量《げんりょう》する 감량하다, 줄이다

32 本好《ほんず》きの太田《おおた》さんは希少本《きしょうぼん》を手《て》に入《い》れて嬉《うれ》しがっているが、私《わたし》に（**言《い》わせると**）、だれも欲《ほ》しがらない本《ほん》といった方《ほう》がよさそうなしろものだ。

1 言《い》われれば　　2 言《い》うなら
3 言《い》わせると　　4 言《い》わされたら

32 책을 좋아하는 오타 씨는 희귀 책을 입수해서 기뻐하고 있지만, 내가 (보기엔) 아무도 갖고 싶어 하지 않는 책이라고 해도 될 만한 물건이다.

1 들으면　　2 말하면
3 보기엔　　4 말하게 되어진다면

풀이 어떤 대상 다음에 「に」가 오면, 따라오는 동사의 형태가 수동이나 사역 수동일 때가 많지만, 여기에 사용된 것은 사역이다. 따라서 문형은 아니지만 통으로 외워두면 편하게 사용할 수 있다. 형태는 「~に言《い》わせると、~に言《い》わせたら、~に言《い》わせれば ~에게 말하게 하면」이며, 직역이 안 되는 표현이다. 우선 대상 부분에 「私《わたし》」가 오는 경우에는 '내가 보기에는, 내 생각에는, 내 의견으로는'으로, 대상 부분에 '제3자, 타인'이 오는 경우에는 '~의 말(이야기)로는, ~의 말(이야기)에 의하면, ~의 말을 빌리자면'으로 의역 해석하면 된다.

단어 希少本《きしょうぼん》 희소(귀)본 | 手《て》に入《い》れる 손에 넣다 | 嬉《うれ》しがる 기뻐하다 | 欲《ほ》しがる 갖고 싶어하다

33 (電話《でんわ》で)

A「明日《あした》9時《じ》に空港《くうこう》までお迎《むか》えに (**あがります**) ので、その場《ば》でお待《ま》ちください。」

B「ありがとうございます。では空港《くうこう》に着《つ》いたら連絡《れんらく》します。」

1 **あがります**　　2 いたたきます

3 お目《め》にかけます　4 お目《め》にかかります

33 (전화로)

A: 내일 9시에 공항까지 모시러 (**갈**) 테니 거기서 기다려 주세요.

B: 감사합니다. 그럼, 공항에 도착하면 연락 드리겠습니다.

1 **갈**　　2 받을

3 보여드릴　　4 뵐

풀이 경어 문제에서 화자 자신의 행동일 경우에는 겸양 표현, 상대방의 행동일 때는 존경 표현을 사용하면 된다. 선택지에 제시된 것이 모두 겸양 표현이기 때문에 해석에 맞는 겸양 표현을 찾으면 된다. 우선, 화자인 A가 상대방인 B를 마중 가는 상태이고, A 자신의 행동인 동작 동사 「迎《むか》えに行《い》く 데리러 간다」를 겸양 표현인 「お迎《むか》えにあがります 모시러 가겠습니다」로 바꿔 표현한 1번이 정답으로 적합하다. 여기에서 「あがる」는 「行《い》く 가다」, 「訪《たず》ねる 방문하다」의 겸양 표현이며, 자주 출제되고 있는 표현이다. 이 밖에도 「いただく」는 「もらう 받다」, 「お目《め》にかける」는 「見《み》せる 보이다」, 「お目《め》にかかる」는 「会《あ》う 만나다」의 겸양 표현이니, 함께 외워 두도록 하자.

단어 空港《くうこう》 공항 | 迎《むか》える 마중하다

34 酒《さけ》は好《す》きだけど、毎日《まいにち》飲《の》む (**ほどのことではない**)。

1 **ほどのことではない**

2 までのことだ

3 だけのことにすぎない

4 ほどのことにすぎない

34 술은 좋아하지만, 매일 마실 (**정도는 아니다**).

1 **~정도는 아니다**

2 ~할 뿐(따름)이다

3 ~만큼의 일에 불과하다

4 ~정도의 일에 불과하다

풀이 '술은 좋아하지만, 매일 마시는 정도까지는 아니다'라는 뜻이므로 「~ほどのことではない ~정도는 아니다, ~만큼은 아니다」라는 문형을 사용한 1번이 정답이다. 접속형은 「동사 · イ형용사 · ナ형용사 · 명사의 명사 수식형+ほどのことではない(단, 명사의 「の」는 생략)」이다. 또한 「(という)ほどではない、~(という)ほどでもない」로 간단히 줄여 표현할 수 있으며, 「それほどでもない 그 정도는 아니다」의 형태로 자주 사용된다.

단어 酒《さけ》 술 | 好《す》き 좋아함

35 今日《きょう》はついていない。朝寝坊《あさねぼう》して電車《でんしゃ》に遅《おく》れるし、それにうっかり書類《しょるい》を置《お》き忘《わす》れて部長《ぶちょう》に（**怒《おこ》られる始末《しまつ》だった**）。

1 怒《おこ》られるに限《かぎ》ったことではなかった
2 怒《おこ》られる始末《しまつ》だった
3 怒《おこ》られた始末《しまつ》だ
4 怒《おこ》られたに限《かぎ》ったことではない

35 오늘은 재수가 없다. 늦잠 자서 전철을 놓치고, 게다가 깜빡하고 중요한 서류를 두고 와서 부장님께 (**혼나는 지경이었다**).

1 혼나는 것뿐만이 아니었다
2 혼나는 지경이었다
3 혼난 지경이다
4 혼났던 것뿐만이 아니다

풀이 문맥상 좋지 않은 상황의 연속으로 결국 혼나는 지경까지 왔으므로 '~하는 지경, 꼴, 형편, 모양이다'라는 뜻을 지닌 문형 「동사의 사전형＋始末《しまつ》だ」라는 문형이 와야 한다. 3번의 「怒《おこ》られた始末《しまつ》だ」는 동사의 접속이 잘못되었으므로 오답이다. 과거의 시점이 될 경우 「始末《しまつ》」를 과거형으로 만들어야 한다.

단어 ついていない 재수가 없다 | 朝寝坊《あさねぼう》する 늦잠자다 | 電車《でんしゃ》に遅《おく》れる 전철을 놓치다 | それに 게다가 | うっかり 깜빡 | 置《お》き忘《わす》れる 잊어버리고 두고 오다

문제 6 문장 만들기 | 실전 테스트 ❶

문제집 p.244

36 ④ **37** ④ **38** ② **39** ① **40** ①

問題6 次《つぎ》の文《ぶん》の ＿★＿ に入《はい》る最《もっと》もよいものを、1・2・3・4から一《ひと》つ選《えら》びなさい。

문제 6 다음 문장의 ＿★＿ 에 들어갈 가장 알맞은 것을 1・2・3・4에서 하나 고르세요.

36 柿山市《かきやまし》出身《しゅっしん》の漫画家《まんがか》井上雪《いのうえゆき》の未発表作《みはっぴょうさく》を 2 公《おおやけ》にしようと 4 ★柿山市《かきやまし》が 3 取《と》り組《く》んできた 1 展示会《てんじかい》が、来月中旬頃《らいげつちゅうじゅんごろ》に開催《かいさい》される見込《みこ》みです。

1 展示会《てんじかい》が　　2 公《おおやけ》にしようと
3 取《と》り組《く》んできた　　4 柿山市《かきやまし》が

36 가키야마시 출신 만화가 이노우에 유키의 미발표 작품을 2 공개하려고 4 ★가키야마시가 3 진행해 온 1 전시회가 다음 달 중순 무렵에 개최될 전망입니다.

1 전시회가　　2 공개하려고
3 진행해 온　　4 가키야마시가

풀이 (2-4-3-1) 「しようと ~하고자, ~하려고」는 어떤 것을 하려고 노력하고 있거나, 어떤 것을 시작하기 직전의 상황을 나타내는 문형이다. 따라서 2번은 맨 앞으로 가야 한다. 선택지 1번과 4번은 모두 주어가 될 수 있는데, '가키야마시가 진행해 왔다'가 문장의 흐름상 자연스럽다.

단어 出身《しゅっしん》 출신 | 漫画家《まんがか》 만화가 | 未発表《みはっぴょう》 미발표 | 公《おおやけ》にする 공개하다 | 中旬《ちゅうじゅん》 중순 | 開催《かいさい》 개최 | 見込《みこ》み 전망

37 生《い》きてきた人生《じんせい》を顧《かえり》みた時《とき》、2 あの時《とき》あしていたら 1 もっと有意義《ゆういぎ》な人生《じんせい》を送《おく》れたはずだと 4 ★悔《く》やむことの 3 ないように 今《いま》の時間《じかん》を大切《たいせつ》にしています。

1 もっと有意義《ゆういぎ》な人生《じんせい》を送《おく》れたはずだと

2 あの時《とき》ああしていたら

3 ないように

4 悔《く》やむことの

37 살아온 인생을 돌아봤을 때, 2 그때 그렇게 했더라면 1 좀 더 의미 있는 삶을 살 수 있었을 거라고 4 ★후회하는 일이 3 없도록 지금의 시간을 소중히 하고 있습니다.

1 좀 더 의미 있는 삶을 살 수 있었을 거라고

2 그때 그렇게 했더라면

3 없도록

4 후회하는 일이

풀이 (2-1-4-3)「~たら ~はずだ ~했더라면 ~했을 거다」라는 내용인 2번과 1번이 한 묶음이 되고,「~ことのないように ~하는 일이 없도록」이 되어야 하므로 4번 다음에 3번이 이어져야 한다. 이 문제는 문맥 해석 문제로 선택지 내용이 길거나 어려우면 해석을 적은 뒤 조합을 해 보는 것도 하나의 방법이 될 수 있다.

단어 顧《かえり》みる 돌아보다, 회고하다 | 有意義《ゆういぎ》 유의의, 의미 있는 | 悔《く》やむ 후회하다

38 先月《せんげつ》、営業部《えいぎょうぶ》からマーケティング部《ぶ》にいきなり異動《いどう》することになった。これまでとは 1 勝手《かって》が 3 違《ちが》うので 2 ★慣《な》れない分《ぶん》 4 余計《よけい》に 疲《つか》れがたまる。

1 勝手《かって》が

2 慣《な》れない分《ぶん》

3 違《ちが》うので

4 余計《よけい》に

38 지난 달, 영업부에서 마케팅부로 갑자기 인사이동을 하게 되었다. 이제까지와는 1 사정이 3 다르기 때문에 2 ★익숙하지않은 만큼 4 한층 더 피로가 쌓인다.

1 상황이, 사정이

2 익숙하지 않은 만큼

3 다르기 때문에

4 한층 더

풀이 (1-3-2-4)「勝手《かって》」는 다의어로 여기에서는 '사정, 상황'이라는 뜻으로 사용되었으며, 익숙치 않은 이유가 이제까지와는 상황이 다르기 때문이므로 1번 → 3번으로 이어져야 하며, 그러므로 인해 결국 한층 더 피로가 쌓이는 것이다.

단어 営業部《えいぎょうぶ》 영업부 | マーケティング部《ぶ》 마케팅부 | いきなり 갑자기 | 異動《いどう》 (인사)이동 | 勝手《かって》 사정, 상황 | 慣《な》れる 익숙해지다 | 余計《よけい》に 한층 더, 더욱 | 疲《つか》れがたまる 피로가 쌓이다

39 アホウドリは警戒心《けいかいしん》が非常《ひじょう》に薄《うす》く、陸上《りくじょう》において人間《にんげん》が近《ちか》づいても 2 逃《に》げず 4 歩《ある》き方《かた》も不器用《ぶきよう》である 1 ★がゆえに 3 すぐに捕《つか》まってしまって アホウドリという名《な》がつけられた。

1 がゆえに

2 逃《に》げず

3 すぐに捕《つか》まってしまって

4 歩《ある》き方《かた》も不器用《ぶきよう》である

39 아호도리는 경계심이 굉장히 약하고, 육지에서 인간이 다가가도 2 도망가지 않고 4 걸음걸이도 서툰 1 ★까닭에 3 바로 잡혀버려서 머저리새라는 이름이 붙여졌다.

1 까닭에

2 도망가지 않고

3 바로 잡혀버려서

4 걸음걸이도 서툰

풀이 (2-4-1-3) '~까닭에, ~인(한) 이유(연유)로'라는 뜻을 가진 문형「(が)ゆえ(に)」가 들어간 문장이다. 문형 문제가 나왔을 경우에는 문형을 중심으로 앞뒤 내용을 살피면 된다. 1번의「がゆえに」앞에 올 수 있는 것은 2번과 4번이지만, '인간이 다가가도 도망가지 않고'가 이어져야 하므로 2번 → 4번의 순서가 되어야 하고, 마지막에 3번을 넣으면 자연스러운 문장이 된다.

단어 アホウドリ 아호도리, 머저리새(알바트로스) | 警戒心《けいかいしん》 경계심 | 非常《ひじょう》に 굉장히 | 陸上《りくじょう》 육상, 육지 | 歩《ある》き方《かた》 걸음걸이 | 不器用《ぶきよう》 서투름 | 捕《つか》まる 잡히다 | 名《な》をつける 이름을 붙이다

40 日本《にほん》のスタートアップが開発《かいはつ》した生成《せいせい》AIの進化版《しんかばん》、デジタルクローンは人間《にんげん》の容《よう》姿《し》や音声《おんせい》だけでなく性格《せいかく》や考《かんが》えも 4 そっくり 2 という 1 ★クローンで 3 人間《にんげん》の代《か》わりに働《はたら》くことができるそうだ。

1 クローンで　　2 という
3 人間《にんげん》　　4 そっくり

40 일본 스타트업이 개발한 생성 AI의 진화버전인 디지털 클론은 인간의 외모나 음성만이 아니라 성격이나 생각도 4 쏙 빼닮았다 2 고 하는 1 ★클론으로 3 인간 대신에 일할 수 있다고 한다.

1 클론으로　　2 고 하는
3 인간　　4 쏙 빼닮았다

풀이 (4-2-1-3) 디지털 클론에 대한 설명을 하고 있는 문장으로 '외모, 성격 등이 인간과 닮았다'는 내용이므로 4번과 2번이 한 묶음이 되어「そっくりという 쏙 빼닮았다고 하는」이 1번의「クローンで」를 수식하고, 3번은 맨 끝에 넣어 '인간을 대신할 수 있다'는 내용이 되면 자연스러운 문장이 된다.

단어 スタートアップ 스타트업, 벤처 기업 | 開発《かいはつ》 개발 | 生成《せいせい》AI 생성 인공지능 | 進化版《しんかばん》 진화판, 진화버전 | デジタルクローン 디지털 클론 | 容姿《ようし》 외모, 모습 | 音声《おんせい》 음성 | そっくり 쏙 (빼)닮음, 그대로

문제 6 문장 만들기 | 실전 테스트 ❷

문제집 p.245

36 ① 37 ③ 38 ① 39 ① 40 ①

問題6 次《つぎ》の文《ぶん》の ★ に入《はい》る最《もっと》もよいものを、1·2·3·4から一《ひと》つ選《えら》びなさい。

문제 6 다음 문장의 ★ 에 들어갈 가장 알맞은 것을 1 · 2 · 3 · 4에서 하나 고르세요.

36 新型《しんがた》電気《でんき》自動車《じどうしゃ》に関《かん》して、来年《らいねん》あたり何《なん》らかの発表《はっぴょう》を 3 するのではないかと 2 思《おも》われていた 1 ★自動車《じどうしゃ》メーカーP社《しゃ》が 4 予定《よてい》を繰《く》り上《あ》げて 公開《こうかい》すると発表《はっぴょう》した。

1 自動車《じどうしゃ》メーカーP社《しゃ》が
2 思《おも》われていた
3 するのではないかと
4 予定《よてい》を繰《く》り上《あ》げて

36 신형 전기자동차에 관해서, 내년쯤 어떠한 발표를 3 하는 건 아닌가 하고 2 여겨졌던 1 ★자동차 제조사 P사가 4 예정을 앞당겨 공개한다고 발표했다.

1 자동차 제조사 P사가
2 여겨졌던
3 하는 건 아닌가 하고
4 예정을 앞당겨

풀이 **(3-2-1-4)** 화자의 추측 표현인「~と思《おも》われる ~로 여겨지다」는 3번과 2번이 한 묶음이 되어야 자연스럽기 때문에「発表《はっぴょう》を」뒤에 3번 → 2번, 그 다음으로 주어인 1번과 동사인 4번이 이어져 'P사가 예정을 앞당겨 발표한다'는 내용으로 이어지면 자연스러운 문장이 된다.

단어 新型電気自動車《しんがたでんきじどうしゃ》 신형 전기자동차 | 来年《らいねん》あたり 내년쯤 | 何《なん》らか 어떠한 | 発表《はっぴょう》 발표 | 自動車《じどうしゃ》メーカー 자동차 제조사 | 繰《く》り上《あ》げる 앞당기다 | 公開《こうかい》 공개

37 看護師《かんごし》である母《はは》は、今月末《こんげつまつ》の 2 定年退職《ていねんたいしょく》を機《き》に 1 今《いま》までやりたいと思《おも》いつつ 3 ★実行《じっこう》せずにいた 4 美術《びじゅつ》の勉強《べんきょう》を始《はじ》めることにしたそうだ。

1 今《いま》までやりたいと思《おも》いつつ
2 定年退職《ていねんたいしょく》を機《き》に
3 実行《じっこう》せずにいた
4 美術《びじゅつ》の勉強《べんきょう》を始《はじ》めることにした

37 간호사인 엄마는, 이번 달 말의 2 정년퇴직을 기회로 1 지금까지 하고 싶다고 생각하면서도 3 ★실행하지 않고 있던 4 미술 공부를 시작하기로 했다고 한다.

1 지금까지 하고 싶다고 생각하면서도
2 정년퇴직을 기회로
3 실행하지 않고 있던
4 미술 공부를 시작하기로 했다

풀이 **(2-1-3-4)**「今月末《こんげつまつ》の」다음에는 2번의「定年退職《ていねんたいしょく》を機《き》に」가 이어져야 하며, 문장 끝에 전문 표현인「そうだ」가 있기 때문에 보통형으로 끝난 4번의「美術《びじゅつ》の勉強《べんきょう》を始《はじ》めることにした」와 3번의「実行《じっこう》せずにいた」가 마지막 부분에 들어가야 하지만, '하고 싶었지만 실행하지 않았던 미술 공부'이므로 1번과 3번을 연결해야 문장이 자연스럽게 연결되므로 4번을 맨 마지막에 두어야 한다. 이 밖에도 선택지에 있는「명사 + を機《き》に ~을 기회로」와「동사의 ます형 + つつ ~하면서(도)」라는 문형도 함께 알아두자.

단어 定年退職《ていねんたいしょく》 정년퇴직 | を機《き》に ~을 기회로 | つつ ~하면서(도) | 実行《じっこう》 실행 | 美術《びじゅつ》 미술

38 妹《いもうと》とけんかしたその日《ひ》は、機嫌《きげん》が悪《わる》くなって 2 二度《にど》と 4 相手《あいて》にして 1 ★やる 3 もんか なんて気持《きも》ちになるけど、不思議《ふしぎ》にも次《つぎ》の日《ひ》には仲《なか》よく遊《あそ》んだものだ。

1 やる　　2 二度《にど》と
3 もんか　　4 相手《あいて》にして

38 여동생과 싸운 그날은 기분이 나빠져 2 두 번 다시 4 상대해 1 ★주나 3 봐라 라는 기분이 되지만, 이상하게도 다음 날에는 사이 좋게 놀곤 했다.

1 주나　　2 두 번 다시
3 봐라　　4 상대해

풀이 **(2-4-1-3)** 4번과 1번은 내용상「相手《あいて》にしてやる」로 한 묶음이 되어야 하며, 부정 강조 표현인 3번의「もんか ~하나 봐라」가 4번과 1번 다음으로 이어지면 '상대해 주나 봐라'가 되며, 2번의 부사는 맨 앞에 두어야 문장이 자연스럽다.

단어 機嫌《きげん》が悪《わる》い 기분이 상하다 | 二度《にど》と 두 번 다시 | 不思議《ふしぎ》 이상함, 희한함

39 料理《りょうり》の初心者《しょしんしゃ》はレシピの研究《けんきゅう》よりも直接《ちょくせつ》やってみる方《ほう》がいい。例《たと》えば 2 魚《さかな》のさばき方《かた》 3 一《ひと》つに 1 ★しても 4 そうで、自分《じぶん》でいろんな種類《しゅるい》の材料《ざいりょう》と道具《どうぐ》が扱《あつか》えることで、すぐ腕《うで》があがる。

1 しても　　2 魚《さかな》のさばき方《かた》

3 一《ひと》つに　　4 そうで

39 요리의 초심자는 레시피 연구보다는 직접 해 보는 쪽이 좋다. 예를 들면, 2 생선 해체법 3 하나라 1 ★해도 4 그렇고, 스스로 여러 가지 종류의 재료와 도구를 다룰 수 있어야, 바로 솜씨가 는다.

1 하더라도　　2 생선 해체법

3 하나라　　4 그렇고

풀이 (2–3–1–4) 역접 문형인 「~にしても ~라(고) 하더라도」가 되려면 3번과 1번은 한 묶음이 되어야 하고, 2번인 「魚《さかな》のさばき方《かた》」가 3번과 1번의 앞으로 들어가서 「魚《さかな》のさばき方《かた》一《ひと》つにしても 생선 해체법 하나라 하더라도」가 되면 4번의 「そうで」와 자연스럽게 이어진다. 이처럼 접속에 영향을 미치는 문형이 있으면 그 문형을 중심으로 내용의 뼈대를 잡아가는 것이 좋다.

단어 初心者《しょしんしゃ》 초심자 | レシピ 레시피(음식 만드는 방법) | 直接《ちょくせつ》 직접 | さばき方《かた》 살을 바르는 법(해체법) | 種類《しゅるい》 종류 | 材料《ざいりょう》 재료 | 道具《どうぐ》 도구 | 腕《うで》が上《あ》がる 솜씨가 늘다

40 M社《しゃ》は業績回復《ぎょうせきかいふく》のために新製品開発《しんせいひんかいはつ》に励《はげ》んできたが、業績《ぎょうせき》が上《あ》がってきている 3 と感《かん》じられると 2 いう 1 ★ほどではない 4 というのが 現状《げんじょう》です。

1 ほどではない　　2 いう

3 と感《かん》じられると　　4 というのが

40 M사는 실적 회복을 위해서 신제품 개발에 힘써 왔지만, 실적이 오르고 있다 3 고 느낀다라고 2 할 1 ★정도는 아니다 4 라는 것이 현재 상황입니다.

1 정도는 아니다　　2 라(고) 할

3 (라)고 느낀다　　4 라는 것이

풀이 (3–2–1–4) 1번의 「~(という)ほどではない ~(라고 할) 정도는 아니다」는 '정도가 그렇게 높은 것은 아니다', '생각보다는 정도가 낮다'는 의미를 지닌 문형으로 그 앞에는 3번의 「と感《かん》じられると」가 들어가 '(실적이) 오르고 있다고 느끼는 정도는 아니다'가 되면 4번의 「というのが」로 이어지는 것이 자연스러워진다.

단어 業績《ぎょうせき》 실적 | 回復《かいふく》 회복 | 新製品《しんせいひん》 신제품 | 励《はげ》む 힘쓰다 | 現状《げんじょう》 현재 상황

문제 6 문장 만들기 | 실전 테스트 ❸

문제집 p.246

36 ④　37 ①　38 ②　39 ③　40 ①

問題6 次《つぎ》の文《ぶん》の ＿★＿ に入《はい》る最《もっと》もよいものを、1・2・3・4から一《ひと》つ選《えら》びなさい。

문제 6 다음 문장의 ＿★＿ 에 들어갈 가장 알맞은 것을 1・2・3・4에서 하나 고르세요.

36 入社《にゅうしゃ》したばかりのとき大事《だいじ》な通訳《つうやく》を任《まか》され、こんな大役《たいやく》が 2私《わたし》ごときふつつかな者《もの》に 3務《つと》まるのかと **4 ★おぼつかなかったが** 1幸《さいわ》いに して大《おお》きなミスなしに無《ぶ》事《じ》に務《つと》めてほっとしました。

1 幸《さいわ》いに

2 私《わたし》ごときふつつかな者《もの》に

3 務《つと》まるのかと

4 おぼつかなかったが

36 입사한지 얼마 안 되었을 때, 중요한 통역을 맡아, 이런 중대한 일을 2 나 같이 미숙한 사람이 3 잘 해낼 수 있을까 하고 **4 ★불안했지만** 1 다행히 큰 실수 없이 무사히 수행해 내서 안심했습니다.

1 다행히

2 나 같이 미숙한 사람이

3 잘 해낼 수 있을까 하고

4 불안했지만

풀이 (2-3-4-1) 「명사+ごとき ~따위, 등」은 상대방에게 사용할 경우에는 '경시, 무시'하는 뜻이 되지만 화자 자신에게 사용할 경우에는 자신을 낮추는 '겸양'의 뜻을 지닌다. 선택지 2번의 경우에는 겸양의 표현으로 사용되었으며, 주어인 2번 「私《わたし》ごときふつつか者《もの》に」 다음에 동사인 3번, 그리고 4번이 바로 이어지고 부사인 1번이 맨 마지막으로 가면 문장이 자연스러워진다. 문맥 해석 문제는 주어를 찾고 수식 관계에 따라 내용을 맞추면 된다.

단어 入社《にゅうしゃ》 입사 | 通訳《つうやく》 통역 | 任《まか》す 맡기다 | 大役《たいやく》 중대한 임무(역) | ごとき ~등, ~따위 | ふつつか者《もの》 미숙한 사람 | 務《つと》まる 수행해 내다, 감수해 내다 | おぼつかない 불안하다, 의심스럽다

37 ビタミンDは強《つよ》い骨《ほね》を維持《いじ》するためや健康《けんこう》のために必要《ひつよう》な栄養素《えいようそ》ですが、多《おお》くとったからといって 2 急《きゅう》に **1 ★元気《げんき》づく** 3 かというと 4 そういう ものではなく、過剰摂取《かじょうせっしゅ》はかえって健康障害《けんこうしょうがい》を引《ひ》き起《お》こすことがあります。

1 元気《げんき》づく 2 急《きゅう》に

3 かというと 4 そういう

37 비타민D는 단단한 뼈를 유지하기 위함이나 건강을 위해서 필요한 영양소이지만, 많이 섭취했다고 해서 2 갑자기 **1 ★기운이 나는** 3 것이냐고 한다면 4 그런 것은 아니며, 과잉 섭취는 오히려 건강 장애를 일으킬 수도 있습니다.

1 기운이 나는 2 갑자기

3 것이냐고 한다면 4 그런

풀이 (2-1-3-4) 「かというと ~인 것이냐고 한다면, ~인가라고 하면」은 'A냐고 묻는다면 그렇지 않고 B이다'라는 뉘앙스를 품고 있다. 따라서, 「かというと」를 중심에 두고 문장을 연결하면 '갑자기 기운이 나는 것이냐고 한다면 그런 것은 아니다'가 된다.

단어 維持《いじ》 유지 | 栄養素《えいようそ》 영양소 | 過剰《かじょう》 과잉 | 摂取《せっしゅ》 섭취 | 健康障害《けんこうしょうがい》 건강 장애

38 明日《あした》の資格試験《しかくしけん》の結果《けっか》が気《き》になっているが、人前《ひとまえ》ではそんなこと 1 どうだって 3 かまわない **2 ★なんて** 4 気持《きも》ちとは 裏腹《うらはら》な言葉《ことば》を発《はっ》してしまった。

1 どうだって **2 なんて**

3 かまわない 4 気持《きも》ちとは

38 내일 자격시험 결과가 신경 쓰이지만, 남들 앞에서는 그런 것 1 어떻게 되든 3 상관없다 **2 ★따위** 4 마음과는 정반대의 말을 해 버렸다.

1 어떻게 되든 **2 ~따위**

3 상관없다 4 마음과는

풀이 (1-3-2-4) 단순 문맥 해석 문제일 경우에는 선택지 아래에 뜻을 적어서 내용에 맞게 나열해 보는 것도 좋은 방법이 될 수 있으며, 여기에서 2번의 「なんて ~따위, 등」은 앞 내용을 가볍게 만드는 역할을 하며, 1→3→2로 연결만 되면, 4번이 위치하기가 쉬워진다. 한편 해석 문제일 경우 어려운 단어나 축약형이 나올 수 있으므로 주의해야 한다.

단어 資格試験《しかくしけん》 자격시험 | 気《き》になる 신경 쓰이다 | 人前《ひとまえ》で 남들 앞에서 | かまわない 상관없다 | 裏腹《うらはら》 정반대 | 言葉《ことば》を発《はっ》する 말하다

39 上司《じょうし》の立場《たちば》になると、かりに 4 本人《ほんにん》の過《あやま》ち 1 でないにしろ 3 ★本人《ほんにん》の過《あやま》ちだ 2 として 部下《ぶか》の失敗《しっぱい》まで責任《せきにん》をとらずにはすまないだろう。

1 でないにしろ　2 として
3 本人《ほんにん》の過《あやま》ちだ　4 本人《ほんにん》の過《あやま》ち

39 상사의 입장이 되면, 설령 4 본인의 잘못 1 이 아니라 하더라도 3 ★본인의 잘못이다 2 (라)고 (생각)하고 부하의 실패까지 책임을 지지 않으면 안 될 것이다.

1 이 아니라 하더라도　2 (라)고 (생각)하고
3 본인의 잘못이다　4 본인의 잘못

풀이 (4-1-3-2) 2번의 「として」는 자격, 입장, 종류의 '~로서'의 의미가 아닌 '~라고 (생각, 판단, 간주)하고'라는 뜻으로 모든 품사가 보통형으로 접속된다. 보통형 접속이라도 「だ」를 생략할 수 있어, 3번과 4번 모두 연결할 수도 있지만, 4번은 1번과 함께 묶여 「本人《ほんにん》の過《あやま》ちでないにしろ」가 되므로, 3번과 2번이 연결되어야 한다.

단어 上司《じょうし》 상사 | かりに 만일, 설령 | 過《あやま》ち 잘못, 실수 | 責任《せきにん》 책임

40 幸《しあわ》せを感《かん》じている人々《ひとびと》には自分《じぶん》の意志《いし》で 4 主体的《しゅたいてき》 1 ★かつ 3 前向《まえむ》きに 2 日々《ひび》を送《おく》り、いつも感謝《かんしゃ》の気持《きも》ちを持《も》っているという共通点《きょうつうてん》があるようだ。

1 かつ　2 日々《ひび》を送《おく》り
3 前向《まえむ》きに　4 主体的《しゅたいてき》

40 행복을 느끼고 있는 사람들에게는 자신의 의지로 4 주체적 1 ★(인) 동시에 3 긍정적으로 2 나날을 보내며 항상 감사의 기분을 가지고 있다는 공통점이 있는 것 같다.

1 (인) 동시에　2 나날을 보내며
3 긍정적으로　4 주체적

풀이 (4-1-3-2) '동시에, 게다가, 또한'라는 뜻을 지닌 「かつ」를 알면 문장 만들기가 쉬워진다. 우선 「かつ」를 중심에 두고 앞뒤로 3, 4번의 내용이 나뉘어 들어가면 되는데 마지막에 위치할 2번은 3번과 묶여 「前向《まえむ》きに日々《ひび》を送《おく》り」가 되므로, 4번의 「主体的《しゅたいてき》」가 「かつ」 앞에 들어가야 한다.

단어 意志《いし》 의지 | 主体的《しゅたいてき》 주체적 | かつ 동시에, 게다가, 또한 | 前向《まえむ》きに 긍정적으로 | 日々《ひび》を送《おく》る 나날을 보내다 | 感謝《かんしゃ》 감사 | 共通点《きょうつうてん》 공통점

문제 6 문장 만들기 | 실전 테스트 ❹

문제집 p.247

36 ② **37** ③ **38** ④ **39** ④ **40** ②

問題6 次《つぎ》の文《ぶん》の ★ に入《はい》る最《もっと》もよいものを、1·2·3·4から一《ひと》つ選《えら》びなさい。

문제 6 다음 문장의 ★ 에 들어갈 가장 알맞은 것을 1 · 2 · 3 · 4에서 하나 고르세요.

36 マスコミなどが提供《ていきょう》するデータを常《つね》に額面《がくめん》どおり受《う》け取《と》ってはいけないが 1 データ 4 はすべて 2 ★ごまかし 3 である と断《だん》じるのも早計《そうけい》である。

1 データ　　2 ごまかし

3 である　　4 はすべて

36 매스컴 등이 제공하는 데이터를 항상 액면 그대로 받아들여서는 안 되지만 1 데이터 4 는 모두 2 ★속임수 3 다 라고 단정짓는 것도 경솔한 생각이다.

1 데이터　　2 속임수

3 (이)다　　4 ~는 모두

풀이 (1-4-2-3) 앞쪽에 나오는 문장과 밑줄이 그어진 문장의 내용이 '데이터를 항상 액면 그대로 믿어서는 안 된다' ↔ '데이터는 모두 속임수다라고 단정짓는 것도 경솔한 생각이다'로 대조 구조를 이루고 있다. 따라서 그에 맞게 나열하면 1→4→2→3이 된다.

단어 マスコミ 매스컴 | 提供《ていきょう》 제공 | 常《つね》に 항상 | 額面《がくめん》 액면, 곧이곧대로 | ごまかし 속임수 | 断《だん》じる 단정하다 | 早計《そうけい》 경솔한 생각

37 卒論《そつろん》などでネット上《じょう》の内容《ないよう》を使用《しよう》するときは、情報《じょうほう》が正《ただ》しい 4 か否《いな》か 1 ばかりでなく 3 ★どこから 2 抜粋《ばっすい》したか も確認《かくにん》しなければならない。

1 ばかりでなく　　2 抜粋《ばっすい》したか

3 どこから　　4 か否《いな》か

37 졸업 논문 등으로 인터넷 상의 내용을 사용할 때는 정보가 정확한 4 지 아닌지 1 뿐만 아니라 3 ★어디에서 2 발췌했는지도 확인하지 않으면 안 된다.

1 뿐만 아니라　　2 발췌했는지

3 어디에서　　4 ~지 아닌지

풀이 (4-1-3-2) 「~か否《いな》か」는 '~인지 아닌지, ~할지 말지'의 선택지를 제시할 때 주로 사용하므로, 「正《ただ》しいか否《いな》か 정확한지 아닌지」로 연결해야 한다. 그 다음은 두 가지 사항을 앞뒤로 다루는 1번의 「ばかりでなく」를 넣고, 3번과 2번을 연결하면 자연스러운 문장이 된다.

단어 卒論《そつろん》 졸업 논문 | 否《いな》か 아닌가 | 抜粋《ばっすい》 발췌 | 確認《かくにん》する 확인하다

38 俳句《はいく》の大家《たいか》松尾芭蕉《まつおばしょう》は、日本《にほん》の詩《し》を語《かた》る 3 うえで 1 欠《か》くべからざる 4 ★人物《じんぶつ》 2 として 有名《ゆうめい》だ。

1 欠《か》くべからざる　2 として
3 うえで　4 人物《じんぶつ》

38 하이쿠의 대가 마츠오 바쇼는 일본의 시를 이야기하는 3 데 있어서 1 빼놓을 수 없는 4 ★인물 2 로서 유명하다.

1 빼놓을 수 없는　2 로서
3 데 있어서　4 인물

풀이 (3-1-4-2) 밑줄 바로 앞에 있는 「語《かた》る」 다음에 3번의 「うえで」를 연결해 「語《かた》るうえで 이야기하는 데 있어서」로 만든 다음, 4번과 2번을 연결해서 「人物《じんぶつ》として 인물로서」로 묶고, 1번의 「欠《か》くべからざる」가 「人物《じんぶつ》として」를 수식하는 형태로 나열하면 자연스러운 문장이 된다. 이처럼 문형이 나오는 문제는 그 의미와 접속 형태를 알면 문장을 쉽게 만들 수 있다. 한편 「うえで(は) ~하는 데 있어서(는)」의 접속 형태는 「동사의 사전형 · 명사+うえで(は)」이며, 「べからざる ~할 수 없는」의 접속 형태는 「동사의 사전형+べからざる+명사」이다.

단어 俳句《はいく》 하이쿠(시) | 大家《たいか》 대가 | 松尾芭蕉《まつおばしょう》 마츠오 바쇼(에도시대 하이쿠 시인) | 欠《か》く 빼놓다, 빠뜨리다

39 景気《けいき》がよかった頃《ころ》は盛《さか》り場《ば》を 3 飲《の》み歩《ある》いていた 1 のに 4 ★ひきかえ 2 不景気《ふけいき》の 今《いま》は家《いえ》で一人酒《ひとりざけ》を楽《たの》しんでいる。

1 のに　2 不景気《ふけいき》の
3 飲《の》み歩《ある》いていた　4 ひきかえ

39 경기가 좋았을 때는 번화가의 술집을 3 돌아다니며 마셨던 1 것에 4 ★반해 2 불경기인 지금은 집에서 (혼)술을 즐기고 있다.

1 것에　2 불경기인
3 돌아다니며 마셨던　4 반해

풀이 (3-1-4-2) 「~にひきかえ ~(한 것)에 반해, ~(인 것)에 비해」는 앞뒤 내용을 비교하되, 그 내용이 대조가 되어야 한다. '경기가 좋았을 때는 번화가의 술집을 돌아다니며 마셨고 불경기인 지금은 집에서 (혼)술을 즐기는 상황'이므로 「にひきかえ」의 앞쪽에는 3번과 1번을, 「にひきかえ」의 뒤쪽에는 2번을 넣으면 앞뒤의 내용이 대조를 이루게 된다.

단어 景気《けいき》 경기 | 盛《さか》り場《ば》 번화가 | 飲《の》み歩《ある》く 마시며 돌아다니다 | 不景気《ふけいき》 불경기 | 一人酒《ひとりざけ》 혼자 마시는 술

40 ドイツの数学者《すうがくしゃ》であるガウスの整数論《せいすうろん》は、数学《すうがく》に精通《せいつう》した 3 天才《てんさい》 1 にして 2 ★はじめて 4 遂《と》げられる ものであった。

1 にして　2 はじめて
3 天才《てんさい》　4 遂《と》げられる

40 독일의 수학자인 가우스의 정수론은 수학에 정통한 3 천재 1 이기에 2 ★ 비로소 4 완성할 수 있는 것이었다.

1 이기에　2 비로소
3 천재　4 완성할 수 있는

풀이 (3-1-2-4) 「にして」는 「명사+にして ~이기에」라는 뜻으로 사용되었기 때문에 우선, 3번과 1번을 연결한 뒤 2번 4번을 넣으면 '천재이기에 비로소 완성할 수 있다'라는 문장으로 완성시킬 수 있다.

단어 数学者《すうがくしゃ》 수학자 | ガウス 가우스(수학자) | 整数論《せいすうろん》 정수론 | 精通《せいつう》 정통 | 天才《てんさい》 천재 | 遂《と》げる 완성하다, 이루다, 성취하다

문제 6 문장 만들기 | 실전 테스트 ⑤

문제집 p.248

36 ③ 37 ② 38 ① 39 ② 40 ①

問題6 次《つぎ》の文《ぶん》の ★ に入《はい》る最《もっと》もよいものを、1·2·3·4から一《ひと》つ選《えら》びなさい。

문제 6 다음 문장의 ★ 에 들어갈 가장 알맞은 것을 1 · 2 · 3 · 4에서 하나 고르세요.

36 ３０年《ねん》ぶりに母校《ぼこう》の先生《せんせい》に会《あ》ったら、しわだらけの先生《せんせい》の顔《かお》に少《すこ》し驚《おどろ》いた。昔《むかし》の 1 姿《すがた》しか知《し》らない 4 私《わたし》にとっては 3 ★ なんか見知《みし》らぬ 2 人《ひと》に会《あ》ったかのような 妙《みょう》な気持《きも》ちになった。

1 姿《すがた》しか知《し》らない
2 人《ひと》に会《あ》ったかのような
3 なんか見知《みし》らぬ
4 私《わたし》にとっては

36 30년 만에 모교 선생님을 만났더니, 주름이 가득한 선생님의 얼굴에 조금 놀랐다. 예전의 1 모습밖에 모르는 4 나에게 있어서는 3 ★어쩐지 낯선 2 사람을 만난 듯한 묘한 기분이 들었다.

1 모습밖에 모르는
2 사람을 만난 듯한
3 어쩐지 낯선
4 나에게 있어서는(나로서는)

풀이 (1-4-3-2) 「私《わたし》にとっては」를 중심에 두고 문장을 내용에 따라 묶어보면, 1번과 4번을 연결해서 '(예전의) 모습밖에 모르는 나로서는'으로 만든 다음 3번과 2번을 연결해서 '어쩐지 낯선 사람을 만난 듯한'의 내용이 되면 그 뒤로 이어지는 '묘한 기분'과 자연스럽게 연결된다.

단어 母校《ぼこう》 모교 | しわだらけ 주름투성이 | 見知《みし》らぬ 낯선 | 妙《みょう》 묘한, 이상한

37 日取《ひど》りを決《き》めるという習慣《しゅうかん》は、特定日《とくていひ》を選《えら》ぶことで 4 人生《じんせい》の重要《じゅうよう》な節目《ふしめ》 3 を迎《むか》える際《さい》の 2 ★環境《かんきょう》を最適化《さいてきか》し 1 より良《よ》い結《けっ》果 を得《え》ることができると信《しん》じられてきた風習《ふうしゅう》や信仰《しんこう》に由来《ゆらい》した。

1 より良《よ》い結果《けっか》
2 環境《かんきょう》を最適化《さいてきか》し
3 を迎《むか》える際《さい》の
4 人生《じんせい》の重要《じゅうよう》な節目《ふしめ》

37 날짜를 정한다는 습관은 특정일을 정함으로써, 4 인생의 중요한 고비 3 를 맞이할 때의 2 ★환경을 최적화하고 1 보다 좋은 결과를 얻을 수 있다고 믿어온 풍습이나 신앙에서 유래되었다.

1 보다 좋은 결과
2 환경을 최적화하고
3 ~를 맞이할 때의
4 인생의 중요한 고비

풀이 (4-3-2-1) 「節目《ふしめ》を迎《むか》える」는 '고비를 맞다'라는 뜻으로 사용되므로, 4번과 3번은 한 묶음이 되며, 3번의 「際《さい》の」 다음에는 명사 연결이므로 2번이 그 다음으로 들어가야 한다. 1번은 맨 끝자리에 넣어 「より良《よ》い結果《けっか》を得《え》る」가 되면 자연스러운 문장이 된다.

단어 日《ひ》取《ど》りを決《き》める 날짜를 잡다, 택일하다 | 習慣《しゅうかん》 습관 | 特定日《とくていひ》 특정일 | 人生《じんせい》 인생 | 節目《ふしめ》を迎《むか》える 고비를 맞다 | 際《さい》 때 | 環境《かんきょう》 환경 | 最適化《さいてきか》 최적화

38 食事《しょくじ》のメニュー決《き》めが面倒《めんどう》くさいと思《おも》って、 2 いつも 4 ながらの 1 ★ところで 3 昼食《ちゅうしょく》 を済《す》ませている。

1 ところで　　2 いつも
3 昼食《ちゅうしょく》　　4 ながらの

38 식사 메뉴 정하기가 너무 귀찮아서 2 항상 4 같은 1 ★곳에서 3 점심을 해결하고 있다.

1 곳에서　　2 항상
3 점심　　4 같은

풀이 (2-4-1-3) 「ながらの、ながらにして ~인(한) 그대로, 채로」라는 문형이 여기에서는 「ながらの」의 형태로 사용되었으며, 2→4→1이 한 번에 묶여 「いつもながらのところで 항상 그대로인 곳에서」가 되었다. 즉 '항상 같은 곳에서'라는 뜻으로 의역하면 되며, 마지막에 3번을 넣으면 「昼食《ちゅうしょく》を済《す》ませる 점심을 해결하다」가 되어 자연스러운 문장이 된다. 한편 「ながらにして」는 '그대로 변화 없이 계속되는 상태나 모습'을 드러낼 때 사용되는 문형으로, 접속형이 「동사의 ます형·명사+ながらに(して)、ながらの(+명사)」이며, 주로 「生《う》まれ~ 태어나면서」, 「生《い》き~ 산 채로」, 「居《い》~ 가만히 앉아서」, 「昔《むかし》~ 옛날 그대로」, 「涙《なみだ》~ 눈물 흘리면서」, 「いつも~ 항상 그대로」의 형태로 사용되니 통째로 외워두면 편하게 사용할 수 있다.

단어 メニュー決《き》め 메뉴 정하기 | 済《す》ませる 해결하다

39 病院《びょういん》で寝《ね》たきりのお年寄《としよ》りに食事《しょくじ》を与《あた》えず放置《ほうち》し、虐待《ぎゃくたい》する 1 とは 4 人間《にんげん》 2 ★として 3 あるまじき行為《こうい》だ。

1 とは　　2 として
3 ある　　4 人間《にんげん》

39 병원에서 누워만 있는 노인에게 식사를 주지 않고 방치하고 학대하 1 다니, 4 인간 2 ★으로서 3 있어서는 안 될 행위다.

1 다니　　2 ~으로서
3 있어　　4 인간

풀이 (1-4-2-3) '놀람, 감탄'의 뜻을 가진 「~とは ~라니, 하다니」는 맨 앞으로 가서 「虐待《ぎゃくたい》するとは 학대하다니」가 되고, 2번과 4번을 묶어 「人間《にんげん》として ~인간으로서」로 연결한 뒤, 3번을 맨 마지막으로 넣어 「あるまじき行為《こうい》だ 있어서는 안 될 행위다」로 문장을 마무리 지으면 된다. 여기에서 「まじき」는 '~해서는 안 될, ~있어서는 안 될'이라는 뜻의 문형으로 접속 형태는 「동사의 사전형+まじき+명사」이다.

단어 寝《ね》たきり (거동 못하고) 누워만 있는 | お年寄《としよ》り 노인 | 食事《しょくじ》を与《あた》える 식사(밥)을 주다 | 放置《ほうち》 방치 | 虐待《ぎゃくたい》 학대 | 行為《こうい》 행위

40 地域観光事業《ちいきかんこうじぎょう》を地元《じもと》の人《ひと》たちの意見《いけん》を聞《き》くこと 4 なしに 2 進《すす》めた 1 ★もの 3 として 地元民《じもとみん》が政府《せいふ》に対《たい》し訴《うった》えを起《お》こした。

1 もの　　2 進《すす》めた
3 として　　4 なしに

40 지역 관광사업을 현지 사람들의 의견을 듣지 4 않고 2 진행한 1 ★것 3 으로 판단하고 현주민이 정부에 대해 소송을 했다.

1 것　　2 진행한
3 으로 판단하고　　4 않고

풀이 (4-2-1-3) 「동사의 사전형+ことなしに」는 '~하지 않고'라는 뜻의 문형이기 때문에 4번은 맨 앞으로 가서 「聞《き》くこと」와 연결되어야 한다. 그다음 1번과 3번이 묶여 「~한 것으로 (간주, 생각, 판단)하고」라는 뜻의 「ものとして」가 되며, 2번의 「進《すす》めた」를 「ものとして」 앞에 넣으면 자연스러운 문장이 된다.

단어 地元《じもと》 그 고장(지방), 현지 | 訴《うった》えを起《お》こす 소송을 제기하다

문제 6 문장 만들기 | 실전 테스트 ⑥

문제집 p.249

36 ③ 37 ④ 38 ④ 39 ① 40 ③

問題6 次《つぎ》の文《ぶん》の ＿★＿ に入《はい》る最《もっと》もよいものを、1·2·3·4から一《ひと》つ選《えら》びなさい。

문제 6 다음 문장의 ＿★＿ 에 들어갈 가장 알맞은 것을 1·2·3·4에서 하나 고르세요.

36 (研究《けんきゅう》の発表会《はっぴょうかい》で)
皆《みな》さんの量子物理学《りょうしぶつりがく》の理解《りかい》のために、この研究《けんきゅう》が 1 多少《たしょう》 4 なりとも 3 ★お役《やく》に立《た》てれば 2 研究者《けんきゅうしゃ》 といたしましてこれ以上《いじょう》の喜《よろこ》びはないと思《おも》います。

1 多少《たしょう》　2 研究者《けんきゅうしゃ》
3 お役《やく》に立《た》てれば　4 なりとも

36 (연구 발표회에서)
여러분의 양자물리학의 이해를 위해, 이 연구가 1 다소 4 나마 3 ★도움이 된다면 2 연구자로서 이 이상의 기쁨은 없을 거라고 생각합니다.

1 다소　2 연구자
3 도움이 된다면　4 (이)나마

풀이 (1-4-3-2) 「でも」의 문어체 표현인 「명사+なりとも ~(이)나마」는 「多少《たしょう》なりとも 다소나마」로 주로 사용되기 때문에 4번과 1번은 바로 묶을 수 있다. 주어가 「この研究《けんきゅう》」이므로 그 다음으로는 3번의 「お役《やく》に立《た》てれば」를 넣고, 마지막에 2번의 「研究者《けんきゅうしゃ》」가 들어가면 자연스러운 문장이 된다. 한편 「~として ~로서」의 겸양 표현이 「~といたしまして」라는 것을 알면, 2번의 위치를 조금 더 빨리 파악할 수 있다.

단어 研究《けんきゅう》 연구 | 発表会《はっぴょうかい》 발표회 | 量子物理学《りょうしぶつりがく》 양자물리학 | 多少《たしょう》 다소 | 研究者《けんきゅうしゃ》 연구자

37 ダイエット食品《しょくひん》は運動《うんどう》せずに痩《や》せたいという人《ひと》から愛《あい》されているが、ダイエット食品《しょくひん》を摂取《せっしゅ》した 1 からといって 3 すぐ 4 ★痩《や》せる 2 ほど ダイエットはそれほど容易《ようい》ではない。

1 からといって　2 ほど
3 すぐ　4 痩《や》せる

37 다이어트 식품은 운동하지 않고 살 빼고 싶다는 사람들로부터 사랑받고 있지만, 다이어트 식품을 섭취했다 1 고 해서 3 바로 4 ★살이 빠질 2 만큼 다이어트는 그렇게 쉽지 않다.

1 고 해서　2 만큼
3 바로　4 살이 빠질

풀이 **(1-3-4-2)** '~라고 해서(아무리 ~라는 이유가 있어도)'라는 뜻을 가진 문형 「~からといって」는 접속형이 보통형이기 때문에 「痩《や》せる」나 「摂取《せっしゅ》した」 둘 다 함께 사용할 수 있지만 「摂取《せっしゅ》した」와 연결해 '다이어트 식품을 섭취했다고 해서'가 되는 것이 문맥상 자연스럽다. 문형의 위치가 정해지면 그 다음은 내용 해석 문제가 되어 3→4→2 로 쉽게 이어진다.

단어 ダイエット食品《しょくひん》 다이어트 식품 | 運動《うんどう》 운동 | 痩《や》せる 살이 빠지다, 여위다 | 摂取《せっしゅ》する 섭취하다 | それほど 그렇게, 그만큼

---

38 彼《かれ》が難関試験《なんかんしけん》に受《う》かったのは偶然《ぐうぜん》ではない。並々《なみなみ》ならぬ努力《どりょく》の結果《けっか》であって彼《かれ》は <u>3 受《う》かる</u> <u>2 べく</u> <u>4 ★して</u> <u>1 受《う》かった</u> のだ。

1 受《う》かった　　2 べく
3 受《う》かる　　4 して

38 그가 어려운 시험에 붙은 것은 우연이 아니다. 남다른 노력의 결과이며, 그는 <u>3 붙을</u> <u>2 만</u> <u>4 ★해서</u> <u>1 붙은</u> 것이다.

1 붙은　　2 만
3 붙을　　4 해서

풀이 **(3-2-4-1)** '~할 만해서 ~했다, ~할 법해서 ~한 것이다'라는 뜻을 가진 「동사 사전형 + べくして」의 문형이 사용되었다. '당연히 예상되었던 일이 실제로 그렇게 되었다'는 뉘앙스를 지니며, 같은 동사를 2번 반복해서 사용한다. 문형을 알고 있으면 바로 적용할 수 있는 문제로, 여기에서는 3→2→4→1이 바로 묶여 「受《う》かるべくして受《う》かった 붙을 만해서 붙었다」가 되었다.

단어 難関試験《なんかんしけん》 난관(어려운) 시험 | 受《う》かる 붙다, 합격하다 | 偶然《ぐうぜん》 우연 | 並々《なみなみ》ならぬ 이만저만 아닌, 남다른 | 努力《どりょく》 노력 | 結果《けっか》 결과

---

39 創造力《そうぞうりょく》を作《つく》り出《だ》すためには失敗《しっぱい》を避《さ》けて培《つちか》うことができないので失敗《しっぱい》を恐《おそ》れず、まず自分《じぶん》が <u>2 やりたいことなら</u> <u>3 それは</u> <u>1 ★それで</u> <u>4 いい</u> のでやってみることだ。

1 それで
2 やりたいことなら
3 それは
4 いい

39 창조력을 만들어 내기 위해서는 실패를 피해서 기를 수가 없기 때문에 실패를 두려워하지 말고, 우선 자신이 <u>2 하고 싶은 일이라면</u> <u>3 그것은</u> <u>1 ★그걸로</u> <u>4 좋으니</u>까 해 보는 게 좋다.

1 그걸로(그것대로)
2 하고 싶은 일이라면
3 그것은
4 좋으니

풀이 **(2-3-1-4)** 주어인 「自分《じぶん》が」 다음에 이어질 수 있는 내용은 2번의 「やりたいことなら」이다. 그다음으로는 3→1→4가 한 묶음이 되어 「それはそれでいい 그것은 그걸로 좋다(그것은 그것으로 괜찮다)」가 오면 자연스러운 문장이 된다. 문맥 해석 문제일 경우에는 주어와 술어 수식 관계 및 부사에 주의해야 한다.

단어 創造力《そうぞうりょく》 창조력 | 失敗《しっぱい》 실패 | 培《つちか》う 기르다, 배양하다 | 恐《おそ》れる 두려워하다

40 相手《あいて》にメールを送《おく》っても最近《さいきん》は 4 迷惑《めいわく》メール 1 扱《あつか》い **3 ★になって** 2 ちゃんと読《よ》んでもらえないこともあるので受《う》け取《と》る人《ひと》に返信《へんしん》してもらえるように一言《ひとこと》添《そ》えた方《ほう》がいい。

1 扱《あつか》い	2 ちゃんと
3 になって	4 迷惑《めいわく》メール

40 상대에게 메일을 보내도 최근에는 4 스팸메일 1 취급 **3 ★이 되어** 2 제대로 읽지 않을 때도 있기 때문에 수취인에게 답신 받을 수 있도록 한마디 첨부하는 것이 좋다.

1 취급	2 제대로
3 ~이 되어	4 스팸메일

풀이 (4-1-3-2)「迷惑《めいわく》メール扱《あつか》い」는 '스팸메일 취급'이라는 뜻이기 때문에, 4번과 1번이 한 묶음이 되고, 그다음 3번을 넣으면 쉽게 문장을 만들 수 있는 문제이다. 하지만 평소 비문을 많이 사용하게 되면 2번의「ちゃんと」의 위치를 맨 앞으로 착각할 수도 있지만 마지막 자리로 보내 '제대로 읽지 않는다'가 되어야 올바른 문장이 된다.

단어 迷惑《めいわく》メール 스팸메일 | 受《う》け取《と》る 수취하다 | 一言《ひとこと》 한마디 | 添《そ》える 첨부하다, 곁들이다

문제 7 글의 문법 | 실전 테스트 ①

문제집 p.250

41 ① 42 ② 43 ① 44 ③

問題7 次《つぎ》の文章《ぶんしょう》を読《よ》んで、文章全体《ぶんしょうぜんたい》の趣旨《しゅし》を踏《ふ》まえて、41～44の中《なか》に入《はい》る最《もっと》も良《よ》いものを、1·2·3·4から一《ひと》つ選《えら》びなさい。

문제 7 다음 글을 읽고 글 전체의 취지를 근거로 하여, 41~44 안에 들어갈 가장 알맞은 것을 1·2·3·4에서 하나 고르세요.

なぜ活躍《かつやく》できないか

日本《にほん》のサッカーチームが世界《せかい》の中《なか》で上位《じょうい》に入《はい》れないのは、体格《たいかく》や技術的《ぎじゅつてき》な能力《のうりょく》が不足《ふそく》しているからだと信《しん》じられている。はたしてそうだろうか。今《いま》では外国《がいこく》のチームで活躍《かつやく》する選手《せんしゅ》も多《おお》く、個人《こじん》の能力《のうりょく》は決《けっ》して外国《がいこく》の選手《せんしゅ》にも勝《まさ》るとも劣《おと》らない。それよりも、私《わたし》は、次《つぎ》の２点《てん》を実行《じっこう》 41 **しないことには**どんなに個人《こじん》の能力《のうりょく》が優《すぐ》れていてもチームとして国際舞台《こくさいぶたい》での活躍《かつやく》は期待《きたい》できないであろうと考《かんが》える。

1 レフリーにはアピールやクレームを積極的《せっきょくてき》にする 42 **こと**

2 ファウルを気《き》にせず相手《あいて》からボールを奪《うば》う 42 **こと**

왜 활약을 못할까?

일본의 축구팀이 세계에서 상위에 들어갈 수 없는 것은 체격이나 기술적인 능력이 부족하기 때문이라고 믿어지고 있다. 과연 그럴까? 지금은 외국 팀에서 활약하는 선수도 많고 개인 능력은 결코 외국 선수보다 나으면 낫지, 못하지 않다. 그보다도 나는 다음의 두 가지 점을 실행 41 **하지 않으면** 아무리 개인의 능력이 뛰어나도 팀으로서 국제 무대에서의 활약은 기대할 수 없을 거라고 생각한다.

1 주심에게 항의나 이의 제기를 적극적으로 할 42 **것**

2 반칙을 신경 쓰지 말고 상대로부터 공을 뺏을 42 **것**

これらは、日本人《にほんじん》にとっては、大変難《たいへんむずか》しいようだ。一方《いっぽう》で、外国《がいこく》の選手《せんしゅ》は大変《たいへん》にエキサイトする。時《とき》には前《まえ》もって決《き》めているその日《ひ》のローカルルールなどにも抗議《こうぎ》をするのは日常茶飯事《にちじょうさはんじ》だ。 43 これに対《たい》して日本人《にほんじん》は真剣《しんけん》かつ必死《ひっし》にはやるものの、レフリーへのクレームは比較的激《ひかくてきはげ》しくせずに穏《おだ》やかにプレーするのだ。そして、ファウルになるようなプレーをしてまで、ボールを奪《うば》おうとはしない。どうしてかというと、「決《き》められたルールは守《まも》るべきだし、それに対《たい》して異《い》を唱《とな》えるのを潔《いさぎよ》しとしない」というスポーツにおける日本《にほん》の情緒《じょうちょ》があるからだ。

こう考《かんが》えてみると、日本《にほん》のサッカーチームが、国際舞台《こくさいぶたい》で活躍《かつやく》できないのは、技術的《ぎじゅつてき》な能力《のうりょく》の問題《もんだい》というよりは、文化《ぶんか》に根差《ねざ》した問題《もんだい》 44 ではないかと思《おも》うのである。

이런 것은 일본인에게 있어서 대단히 어려운 것 같다. 한편으로 외국 선수는 굉장히 흥분한다. 때로는 사전에 정해져 있는 그 날의 현지 규정 등에도 항의하는 것은 일상다반사다. 43 이에 비해 일본인은 진지하게 필사적으로는 하지만, 주심에게 이의제기는 비교적 격렬하게 하지 않고 차분하게 경기를 한다. 그리고 반칙이 될 만한 경기를 해서까지 공을 뺏으려고는 하지 않는다. 왜냐하면 '정해진 규칙은 지켜야 하고 그것에 대해서 이의를 제기하는 것을 떳떳하게 여기지 않는다'는 스포츠에 있어서 일본의 정서가 있기 때문이다.

그리 생각해 보면 일본의 축구팀이 국제 무대에서 활약할 수 없는 것은 기술적인 능력의 문제라기 보다는 문화에서 비롯된 문제 44 가 아닌가 하고 생각하는 것이다.

단어 サッカーチーム 축구팀 | 世界《せかい》 세계 | 上位《じょうい》 상위 | 体格《たいかく》 체격 | 技術的《ぎじゅつてき》 기술적 | 活躍《かつやく》 활약 | 選手《せんしゅ》 선수 | 決《けっ》して 결코 | 勝《まさ》るとも劣《おと》らない 나으면 낫지 못하지 않다 | 優《すぐ》れる 뛰어나다 | 国際《こくさい》 국제 | 舞台《ぶたい》 무대 | レフリー 심판원, 주심 | アピール 심판에 항의 | クレーム 이의제기 | 積極的《せっきょくてき》 적극적 | ファウル 반칙 | 奪《うば》う 뺏다 | エキサイト 흥분하다 | 前《まえ》もって 사전에 | ローカル ルール 현지 규정 | 抗議《こうぎ》 항의 | 日常茶飯事《にちじょうさはんじ》 일상다반사 | 真剣《しんけん》 진지함 | 必死《ひっし》 필사 | 比較的《ひかくてき》 비교적 | 激《はげ》しい 심하다 | 穏《おだ》やか 온화함, 평온함 | 異《い》を唱《とな》える 이의를 제기하다 | 潔《いさぎよ》しとしない 떳떳하게 여기지 않다 | 情緒《じょうちょ》 정서 | 技術的《ぎじゅつてき》 기술적 | 根差《ねざ》す 기인하다, 비롯하다

41

1 しないことには
2 するからといって
3 しなくても
4 するまでもなく

41

1 하지 않으면
2 한다고 해서
3 하지 않아도
4 할 필요 없이

풀이 문맥상 '~하지 않으면 ~할 수 없을 거다'라는 문장 구조이며, '두 가지 점을 실행하지 않으면 국제 무대에서의 활약은 기대할 수 없을 거라고 생각한다'가 자연스러우므로 정답은 1번이다. 「~ないことには」는 '~하지 않고서는(~하지 않으면), ~가(이) 아니고서는'이라는 뜻을 가진 강조 문형으로 접속형은 「동사의 ない형 + ないことには」, 「イ형용사어간 + く + ないことには」, 「ナ형용사어간 + で + ないことには」, 「명사 + で + ないことには」이다.

42	42
1 わけだ　　2 こと	1 ~(인)셈이다　　2 것
3 ところ　　4 はずだ	3 부분, 점　　4 ~(인)것이다

풀이 두 가지 점에 주의를 하고 있는 상황으로 '~할 것'이라는 뜻이 되는 2번이 정답이다. 「동사의 사전형 + こと」는 가벼운 명령인 '~할 것', 「동사의 ない형 + こと」는 가벼운 금지인 '~하지 말 것'이라는 뜻으로 사용된다.

43	43
1 これに対《たい》して	1 이에 비해
2 これを受《う》けて	2 이로 인해
3 これにしてみれば	3 이것의 입장에서 보면
4 これにもまして	4 이보다 더

풀이 괄호 앞뒤의 내용을 보면, '외국 선수는 굉장히 흥분한다. ~항의하는 것은 일상다반사다' → (43) → '일본인은 진지하게 필사적으로는 하지만, ~차분하게 경기를 한다'로, 앞 뒤 내용이 대조를 이루고 있으므로 1번의 '이에 비해'가 정답으로 적합하다.

44	44
1 ではないのか	1 가 아닌 건가?
2 であるべきか	2 이어야만 할까?
3 ではないか	3 가 아닌가?
4 であるべきだ	4 이어야 한다

풀이 문맥상 일본의 축구팀이 국제 무대에서 활약할 수 없는 것은 일본의 문화에서 비롯된 문제로 보고 있으므로, 주어부 부분인 '활약할 수 없는 것은'과 '문화 문제가 아닌가라고 생각한다'의 연결이 가장 자연스럽다. 따라서 정답은 3번이다. 한편 「~ではないか」는 사실을 강조하는 표현이다.

문제 7 글의 문법 | 실전 테스트 ❷

문제집 p.252

41 ② 42 ④ 43 ① 44 ②

問題7 **次《つぎ》の文章《ぶんしょう》を読《よ》んで、文章全体《ぶんしょうぜんたい》の趣旨《しゅし》を踏《ふ》まえて、41～44の中《なか》に入《はい》る最《もっと》も良《よ》いものを、1·2·3·4から一《ひと》つ選《えら》びなさい。**	**문제 7** 다음 글을 읽고 글 전체의 취지를 근거로 하여, 41~44 안에 들어갈 가장 알맞은 것을 1 · 2 · 3 · 4에서 하나 고르세요.

犬好《いぬず》きがいるように
犬嫌《いぬきら》いがいたっていい!

世《よ》の中《なか》は犬好《いぬず》きな人《ひと》であふれているように思《おも》える。しかしながら、「犬《いぬ》が嫌《きら》い」「犬《いぬ》が苦手《にがて》」という人《ひと》も多《おお》く存在《そんざい》するのだ。犬《いぬ》を飼《か》ったことがない人の場合《ばあい》は、どう接《せっ》していいのかわからず、とくに大型犬《おおがたけん》などはその大《おお》きさから怖《こわ》いと感《かん》じるようだ。また、近所《きんじょ》の犬《いぬ》にいつも吠《ほ》えられる、うなる犬《いぬ》は噛《か》まれそうで怖《こわ》いという恐怖心《きょうふしん》から犬《いぬ》が嫌《きら》いになる人《ひと》もいる。では、「犬《いぬ》が嫌《きら》い」「犬《いぬ》が苦《にが》手《て》」な人《ひと》は、どう犬《いぬ》に接《せっ》したらよいだろうか。

犬《いぬ》が苦手《にがて》な人《ひと》は犬《いぬ》が近《ちか》くにいるだけで不安《ふあん》を感《かん》じるし、散歩中《さんぽちゅう》に犬《いぬ》がやってきたら、犬《いぬ》に 41 かまれはしないかと怖くて動《どう》けなくなったりすることはないだろうか。まずは、遠《とお》くから犬《いぬ》を観察《かんさつ》することから始《はじ》め、慣《な》れてきたら少《すこ》しずつ距離《きょり》を縮《ちぢ》めてみよう。吠《ほ》えられても、はじめから怖《こわ》がらないように自分自身《じぶんじしん》に 42 言《い》い聞《き》かせる。びくびくしたり、大声《おおごえ》をあげたりすると、犬《いぬ》は自分《じぶん》が上《うえ》だと思《おも》って飛《と》び掛《か》かってくるので、決《けっ》して逃《に》げ腰《ごし》になってはいけない。

次《つぎ》に、友人《ゆうじん》が飼《か》っている大人《おとな》しい犬《いぬ》に触《ふ》れてみたりするのもよい方法《ほうほう》である。ただ気《き》をつけないといけないのは、犬《いぬ》の目《め》をまっすぐ見《み》てはいけないことだ。犬《いぬ》にしてみると脅《おど》かされていると感《かん》じるからだ。目《め》をそらすというのが犬《いぬ》の世界《せかい》ならではの 43 作法《さほう》なのである。犬《いぬ》との接触《せっしょく》に慣《な》れてくると少《すこ》しずつ緊張《きんちょう》がほぐれて、犬《いぬ》への恐怖心《きょうふしん》が徐々《じょじょ》に薄《うす》れていくかもしれない。実《じつ》はこれ、私《わたし》が近所《きんじょ》の犬《いぬ》に試《こころ》みたものだ。私《わたし》も大《だい》の犬嫌《いぬぎら》いなのである。いまだに私《わたし》の顔《かお》を見《み》るなり吠《ほ》えるが、以前《いぜん》ほど怖《こわ》くない。

また、飼《か》い主《ぬし》の方《ほう》も、自分《じぶん》の犬《いぬ》をしっかりコントロールして犬嫌《いぬぎら》いの人《ひと》に恐怖《きょうふ》を与《あた》えないことだ。世《よ》の中《なか》には犬《いぬ》のことが大好《だいす》きな人《ひと》がいれば、犬《いぬ》のことが大嫌《だいきら》いな人《ひと》も 44 いるものである。

개를 좋아하는 사람이 있듯이
개를 싫어하는 사람이 있어도 돼!

세상은 개를 좋아하는 사람으로 가득 차 있는 듯 느껴진다. 그러나 '개를 싫어한다', '개가 딱 질색이다' 라는 사람도 많이 존재하는 것이다. 개를 기른 적이 없는 사람의 경우는 어떻게 접해야 할 지 모르고, 특히 대형견은 그 크기에서 무서움을 느끼는 것 같다. 또한 이웃집 개가 항상 짖어 댄다, 으르렁 거리는 개는 물릴 것 같아서 무섭다는 공포심으로부터 개를 싫어 하게 된 사람도 있다. 그럼 '개를 싫어한다', '개가 딱 질색인' 사람은 어떻게 개와 접하면 좋을까?

개가 질색인 사람은 개가 근처에 있는 것 만으로 불안을 느끼고, 산책 중 개가 다가오면 개에게 41 물리지는 않을까 하고 무서워서 움직이지 못하게 된 적은 없을까? 우선은, 멀리서 개를 관찰하는 것부터 시작해서, 익숙해지면 조금씩 거리를 좁혀 보자. 짖어도 처음부터 무서워하지 않도록 스스로를 42 타이른다. 흠칫흠칫 하거나 큰소리를 지르거나 하면 개는 자신이 위라고 생각해 달려 들기 때문에, 절대 도망치려고 해서는 안 된다.

다음으로 친구가 키우고 있는 얌전한 개를 접해 보는 것도 좋은 방법이다. 단 주의하지 않으면 안 되는 것은 개의 눈을 똑바로 봐서는 안 되는 것이다. 개의 입장에서 보면 위협받는다고 느끼기 때문이다. 눈을 돌리는 것이 개 세계만의 43 예절인 것이다. 개와의 접촉에 익숙해지면 조금씩 긴장이 풀려서, 개에 대한 공포심이 서서히 약해질지도 모른다. 실은 이건 내가 근처의 개에게 시험해 본 것이다. 나도 개를 너무 싫어한다. 지금도 내 얼굴을 보자마자 짖지만, 이전만큼 무섭지 않다.

또한, 개 주인 쪽도, 자신의 개를 제대로 컨트롤 해서 개를 싫어하는 사람에게 공포를 주지 않아야 한다. 세상에는 개를 굉장히 좋아하는 사람도 있고, 개를 굉장히 싫어하는 사람도 44 있는 것이다.

단어 世《よ》の中《なか》 세상 | 犬好《いぬず》き 개를 좋아함 | あふれる 넘쳐나다 | 苦手《にがて》 딱질색임, 거북함 | 存在《そんざい》 존재 | 飼《か》う 기르다 | 接《せっ》する 접하다 | 大型犬《おおがたけん》 대형견 | 近所《きんじょ》 근처 | 吠《ほ》える 짖다 | うなる 으르렁거리다 | 噛《か》む 물다 | 恐怖心《きょうふしん》 공포심 | 散歩中《さんぽちゅう》 산책중 |

動《どう》く 움직이다 | 観察《かんさつ》 관찰 | 慣《な》れる 익숙해지다 | 少《すこ》しずつ 조금씩 | 距離《きょり》を縮《ちぢ》める 거리를 좁히다 | 言《い》い聞《き》かせる 타이르다 | びくびく 흠칫흠칫 | 大声《おおごえ》をあげる 큰소리를 내다 | 飛《と》び掛《か》かる 달려들다 | 決《けっ》して 결코, 절대로 | 逃《に》げ腰《ごし》になる 도망치다, 발뺌하다 | 次《つぎ》に 다음으로 | 友人《ゆうじん》 친구 | 大人《おとな》しい 얌전하다 | 触《ふ》れる 접하다 | 気《き》をつける 주의하다 | まっすぐ 똑바로 | 脅《おびや》かす 위협하다 | 目《め》をそらす 눈을 돌리다 | ならではの ~만의 | 作法《さほう》 예절 | 接触《せっしょく》 접촉 | 緊張《きんちょう》がほぐれる 긴장이 풀리다 | 徐々《じょじょ》に 서서히 | 薄《うす》れる 엷어지다, 약해지다 | 試《こころ》みる 시도하다 | いまだに 아직도 | 飼《か》い主《ぬし》 사육주 | しっかり 제대로 | コントロール 통제 | 与《あた》える 주다

41	41
1 かみはしないか	1 물지는 않을까
2 かまれはしないか	2 물리지는 않을까
3 かんでいるか	3 물고 있을까
4 かませているか	4 물게 하고 있을까

풀이 '개가 다가오면 개에게 (　　) 하고 무서워서 움직이지 못하게 된 적은 없을까?'라는 내용에서 개에게 물릴까봐 무서워서 움직이지 못하는 상황임을 알 수 있으므로 「かまれないか 물리지 않을까」가 되어야 한다. 단, 여기서는 부정 강조 표현인 「동사의 ます형 + は + しない」가 사용되어 「かまれはしないか 물리지는 않을까」가 된 것이다.

42	42
1 言《い》い張《は》る　　2 言《い》い渡《わた》す	1 우겨대다　　2 선고하다, 명하다
3 言《い》い切《き》る　　4 言《い》い聞《き》かせる	3 단언(정)하다　　4 타이르다

풀이 문맥상 이해하고 그에 맞는 어휘를 찾는 문제로, '(개가) 짖어도 처음부터 무서워하지 않도록 스스로를'이라는 내용 다음에 이어질 적당한 말은 2번의 「言《い》い聞《き》かせる 타이르다」이다.

43	43
1 作法《さほう》なのである	1 예절인 것인다
2 作法《さほう》だけのことはある	2 예절이라고 할 만하다
3 愛想《あいそ》なのである	3 붙임성인 것이다
4 愛想《あいそ》だけのことはある	4 붙임성이라고 할 만하다

풀이 '개의 눈을 똑바로 봐서는 안 되는 것이다. 눈을 돌리는 것이 개 세계만의' 다음에 이어질 말은 '규율', 혹은 '규칙' 같은 것이 나와야 하며, 그런 뜻을 대신할 수 있는 단어는 「作法《さほう》 예절」이다. 여기에 「なのである ~인 것이다」가 붙어 「作法《さほう》なのである 예절인 것이다」의 1번이 정답으로 적합하다.

44

1 いればよかったのだ

2 いるものである

3 いるのだろうか

4 いてもいいのだ

44

1 있으면 좋았던 것이다

2 있는 것이다

3 있는 것일까?

4 있어도 되는 것이다

풀이 「世《よ》の中《なか》には犬《いぬ》のことが大好《だいす》きな人《ひと》がいれば、犬《いぬ》のことが大嫌《だいきら》いな人《ひと》も(　　) 세상에는 개를 굉장히 좋아하는 사람도 있고, 개를 굉장히 싫어하는 사람도 (　　)」에서「~も ~ば、~も だ ~도 ~고(이며), ~도 ~하다(이다)」형태의 문장 구조를 이루고 있으며, 내용은 대조를 이루고 있기 때문에,「いる 있다」가 와야 한다. 또한 이러한 상황은 당연한 일에 속하므로 '당연, 상식'의 의미를 지닌「~ものだ ~(인) 것이다」가 붙은 2번이 정답이 된다.

문제 7 글의 문법 | 실전 테스트 ❸

문제집 p.254

41 ① 42 ③ 43 ① 44 ③ 45 ④

問題7 次《つぎ》の文章《ぶんしょう》を読《よ》んで、文章全体《ぶんしょうぜんたい》の趣旨《しゅし》を踏《ふ》まえて、４１～４５の中《なか》に入《はい》る最《もっと》も良《よ》いものを、1·2·3·4から一《ひと》つ選《えら》びなさい。

문제 7 다음 글을 읽고 글 전체의 취지를 근거로 하여, 41~45 안에 들어갈 가장 알맞은 것을 1·2·3·4에서 하나 고르세요.

すべては失敗《しっぱい》から始《はじ》まる

誰《だれ》もが考《かんが》えているように、失敗《しっぱい》することは当事者《とうじしゃ》にとっては恥《は》ずかしいことで、起《お》こさなければ 41 それに越《こ》したことはありません。しかし、いくら注意《ちゅうい》しても失敗《しっぱい》は必《かなら》ず起《お》こるし、起《お》こしたことで、次《つぎ》に大《おお》きな成功《せいこう》に結《むす》びつくことがあることもまた確《たし》かです。

九十九《きゅうじゅうきゅう》の失敗《しっぱい》に感《かん》じる絶望感《ぜつぼうかん》や怒《いか》りよりも、たったひとつの成功《せいこう》から得《え》られる喜《よろこ》びの方《ほう》が 42 はるかに大《おお》きい場合《ばあい》も現実《げんじつ》にあります。

確率《かくりつ》からすれば少《すく》ない方《ほう》に数《かぞ》えられるそのひとつの重《おも》みを大切《たいせつ》にすることで、人類《じんるい》が進歩《しんぽ》を続《つづ》けてきたことを私《わたし》たちはいま一度《いちど》思《おも》い返《かえ》さなければならない時期《じき》にさしかかっています。

모든 것은 실패로부터 시작된다

누구나가 생각하고 있듯이, 실패하는 것은 당사자에게 있어서는 부끄러운 일이며, 일어나지 않는다면, 41 그보다 좋을 수는 없습니다. 그러나, 아무리 주의를 해도 실패는 반드시 일어나고, 일으킴으로써 다음에 큰 성공으로 이어지는 일이 있는 것도 또한 확실합니다.

99가지의 실패로 느끼는 절망감이나 분노보다도, 단 하나의 성공으로부터 얻을 수 있는 기쁨 쪽이 42 훨씬 큰 경우도 현실에 있습니다.

확률로 본다면 적은 쪽으로 셀 수 있는 그 하나의 중요함을 소중히 함으로써, 인류가 계속해서 진보해 온 것을 우리들은 지금 한번 돌이켜 생각하지 않으면 안 되는 시기에 접어들고 있습니다.

さらにいえば、九十九《きゅうじゅうきゅう》の絶望感《ぜつぼうかん》しか与《あた》えない失敗《しっぱい》でも、**43** 考《かんが》え方次第《かたしだい》では知識《ちしき》の泉《いずみ》になることは「失敗学《しっぱいがく》」で強調《きょうちょう》してきました。これに真正《ましょう》面《めん》から向《む》き合《あ》い、失敗原因《しっぱいげんいん》の分析《ぶんせき》に励《はげ》めば、対象《たいしょう》の全体理解《ぜんたいりかい》にもつながるからです。

そうなると次《つぎ》に起《お》こりえる失敗《しっぱい》を予測《よそく》することができるし、それによって未来《みらい》に起《お》こるべき失敗《しっぱい》を防《ふせ》ぐことができます。その結果《けっか》、**44** 犠牲《ぎせい》になっていたかもしれない何万人《なんまんにん》もの命《いのち》を救《すく》う新《あら》たなシステムをつくることができたとしたら、これほど素晴《すば》らしい創造行為《そうぞうこうい》はないのです。

(中略)

失敗《しっぱい》は、一時的《いちじてき》に私《わたし》たちの心《こころ》を苦《くる》しめますが、じつは発展《はってん》のための大《おお》きな示唆《しさ》をつねに与《あた》えてくれます。そして真《しん》の創造《そうぞう》は、起《お》こって当《あ》たり前《まえ》の失敗《しっぱい》からスタートするということを私《わたし》たちは決《けっ》して **45** 忘《わす》れないようにしたいものです。

(「失敗学《しっぱいがく》のすすめ」畑村洋太郎《はたむらようたろう》)

더 말하자면, 99의 절망감밖에 주지 않는 실패라도, **43** 사고방식에 따라서는 지식의 샘이 되는 것은 '실패학'에서 강조해 왔습니다. 이것에 정면으로 마주하여, 실패 원인의 분석에 힘쓰면, 대상의 전체 이해로도 이어지기 때문입니다.

그렇게 되면, 다음에 일어날 수 있는 실패를 예측할 수 있고, 그것에 의해서 미래에 일어날 만한 실패를 막을 수 있습니다. 그 결과, **44** 희생되었을지도 모르는 몇 만명이나 되는 목숨을 구하는 새로운 시스템을 만들 수가 있다면 이처럼 멋진 창조 행위는 없는 것입니다.

(중략)

실패는 일시적으로 우리들의 마음을 괴롭게 하지만, 실은 발전을 위한 큰 시사를 항상 줍니다. 그리고 진정한 창조는, 일어나는 것이 당연한 실패로부터 시작한다는 것을 우리들은 결코 **45** 잊지 않도록 했으면 하는 겁니다.

(「실패학의 추천」 하타무라 요타로)

단어 失敗《しっぱい》する 실패하다 | 当事者《とうじしゃ》 당사자 | 恥《は》ずかしい 부끄럽다 | 起《お》こす 일으키다 | に越《こ》したことはない ~하는 것이 좋다, ~보다 좋을 수는 없다 | 注意《ちゅうい》 주의 | 起《お》こる 일어나다 | 次《つぎ》に 다음에 | 結《むす》びつく 이어지다, 연결되다 | 確《たし》か 확실한, 틀림없는 | 絶望感《ぜつぼうかん》 절망감 | 怒《いか》り 화, 분노 | 喜《よろこ》び 기쁨 | はるかに 훨씬 | 場合《ばあい》 경우 | 確率《かくりつ》 확률 | 少《すく》ない 적다 | 数《かぞ》える 세다, 헤아리다 | 重《おも》み 무게, 중요 | 大切《たいせつ》 소중한, 중요한 | 人類《じんるい》 인류 | 進歩《しんぽ》 진보 | 思《おも》い返《かえ》す 다시(돌이켜) 생각하다 | さしかかる 접어들다 | さらに 더욱(더) | 与《あた》える 주다 | 考《かんが》え方《かた》 생각하는 방식, 사고방식 | 次第《しだい》では ~에 따라서는 | 泉《いずみ》 샘, 원천 | 失敗学《しっぱいがく》 실패학 | 強調《きょうちょう》 강조 | 真正面《ましょうめん》 바로 정면 | 向《む》き合《あ》う 마주 향하다, 마주 대하다 | 分析《ぶんせき》 분석 | 励《はげ》む 힘쓰다 | つながる 이어지다 | 予測《よそく》 예측 | べき ~할 만한, ~할 법한 | 防《ふせ》ぐ 막다 | 犠牲《ぎせい》 희생 | かもしれない ~일지도 모른다 | 命《いのち》 목숨 | 救《すく》う 구하다 | 新《あら》たな 새로운 | システム 시스템 | 素晴《すば》らしい 훌륭하다, 멋지다 | 創造《そうぞう》 창조 | 行為《こうい》 행위 | 一時的《いちじてき》に 일시적으로 | 心《こころ》を苦《くる》しめる 마음을 괴롭히다 | 発展《はってん》 발전 | 示唆《しさ》 시사 | つねに 항상 | 真《しん》 진정, 진실 | 当《あ》たり前《まえ》 당연함 | スタートする 시작하다 | 決《けっ》して 결코

41

1 それに越《こ》したことはありません

2 それでいいというものではありません

3 起《お》こさないなりにいいというものです

4 それだけですまないことでしょう

41

1 그보다 좋을 수는 없습니다

2 그걸로 좋다는 것은 아닙니다

3 일어나지 않는 대로 좋은 것입니다

4 그것만으로 해결되지 않을 겁니다

풀이 빈칸의 앞의 내용을 보면 「失敗《しっぱい》することは当事者《とうじしゃ》にとっては恥《は》ずかしいことで、起《お》こさなければ 실패하는 것은 당사자에게 있어서는 부끄러운 일이며, 일으키지 않는다면」이라는 내용이 나온다. 이것은 결국 '일어나지 않는 게 좋다'라는 뜻이므로 1번의 「それに越《こ》したことはありません 그보다 좋을 수는 없습니다」가 정답이 된다. 한편 3번의 「起《お》こさないなりにいいというものです 일어나지 않는 대로 좋은 것입니다」는 해석상으로는 문제 없어 보이지만 여기에서 사용된 문형 「なりに ~나름으로, ~대로」는 '충분하거나 완벽하지는 않지만 ~그것에 어울리는 상응하는'이라는 뉘앙스를 품고 있기 때문에 오답이다.

42		42	
1 否応《いやおう》なしに	2 ふんだんに	1 싫든 좋든	2 충분히
3 はるかに	4 したたか	3 훨씬	4 세게

풀이 부사를 고르는 문제로 빈칸의 앞뒤에 쓰인 「九十九《きゅうじゅうきゅう》の失敗《しっぱい》に感《かん》じる絶望感《ぜつぼうかん》や怒《いか》りよりも、たったひとつの成功《せいこう》から得《え》られる喜《よろこ》びの方《ほう》が……大《おお》きい場合《ばあい》も現実《げんじつ》にあります」 문장 구조만 보면 '~보다도 ~쪽이 (　　) 큰 경우도 있다'이며, 빈칸에는 강조의 뜻을 지닌 부사가 와야 한다. 따라서 3번의 「はるかに 훨씬」이 정답이 된다. 2번의 「ふんだんに」는 '충분히, 많이, 넉넉하게'라는 뜻으로 주로 '분량'에 사용하기 때문에 오답이다.

43		43	
1 考《かんが》え方《かた》次第《しだい》では	2 考《かんが》えるままで	1 사고방식에 따라서는	2 생각하는 대로
3 考《かんが》え方《かた》を問《と》わず	4 考《かんが》えてこそ	3 사고방식을 불문하고	4 생각해야만

풀이 빈칸 앞에 「絶望感《ぜつぼうかん》しか与《あた》えない失敗《しっぱい》でも 절망감밖에 주지 않는 실패라도」에서 「でも」는 역접 표현이기 때문에, 뒤따라 오는 문장에 「知識《ちしき》の泉《いずみ》になる 지식의 샘이 된다」는 반대되는 내용이 나오게 된 것이며, 문맥상 빈칸에 가장 알맞은 내용은 1번의 「考《かんが》え方《かた》次第《しだい》では 사고방식에 따라서는」이다.

44	44
1 犠牲《ぎせい》にしていたかもしれない	1 희생시켰을지도 모르는
2 犠牲《ぎせい》にならざるを得《え》ない	2 희생되지 않으면 안 되는
3 犠牲《ぎせい》になっていたかもしれない	3 희생되었을지도 모르는
4 犠牲《ぎせい》にせざるを得《え》ない	4 희생시키지 않으면 안 되는

풀이 「その結果《けっか》 그 결과」의 바로 앞 내용이 「未来《みらい》に起《お》こるべき失敗《しっぱい》を防《ふせ》ぐことができます 미래에 일어날 법한 실패를 막을 수 있습니다」이다. '미래에 일어날 일'은 추측의 대상이며, 문맥상 '희생시켰을지도 모르는 목숨이 아닌 희생되었을지도 모르는 목숨'이 되어야 하므로 3번의 「犠牲《ぎせい》になっていたかもしれない 희생되었을지도 모른다」가 정답이 된다.

45	45
1 忘《わす》れたくないほかありません	1 잊고 싶지 않을 수밖에 없습니다
2 忘《わす》れないようにするということです	2 잊지 않도록 한다는 것입니다
3 忘《わす》れがたいのではないでしょうか	3 잊기 어려운 것은 아닐까요
4 忘《わす》れないようにしたいものです	4 잊지 않도록 했으면 하는 겁니다

풀이 빈칸 앞에 나오는 부사 「決《けっ》して」는 뒤에 부정 금지의 말이 수반되어 '결코, 절대로'라는 뜻을 지닌다. 따라서 빈칸에는 강조의 내용이 들어가야 하며, 주어가 필자 자신을 포함한 「私《わたし》たちは 우리들은」이기 때문에 4번의 「忘《わす》れないようにしたいものです 잊지 않도록 했으면 하는 겁니다」가 정답으로 적절한다. 여기에 사용된 「~たいものだ」는 화자의 강한 바람이나 희망을 담은 표현으로 꼭 해석하지 않아도 되며, 강조 표현으로 이해하면 된다.

문제 7 글의 문법 | 실전 테스트 ❹

문제집 p.256

41 ④　42 ①　43 ②　44 ③

問題 7 次《つぎ》の文章《ぶんしょう》を読《よ》んで、文章全体《ぶんしょうぜんたい》の趣旨《しゅし》を踏《ふ》まえて、４１～４４の中《なか》に入《はい》る最《もっと》も良《よ》いものを、1·2·3·4から一《ひと》つ選《えら》びなさい。

문제 7 다음 글을 읽고, 글 전체의 취지를 근거로 하여, 41~44 안에 들어갈 가장 알맞은 것을 1 · 2 · 3 · 4에서 하나 고르시오.

全然悪《ぜんぜんわる》くないのだ

冬《ふゆ》が過《す》ぎ春《はる》が来始《きはじ》めると、市《し》の公民館《こうみんかん》でもうかれこれ１０年《ねん》になるだろうか、映画鑑賞《えいがかんしょう》の講座《こうざ》をしている。きっかけは、市役所《しやくしょ》に大学《だいがく》の同期《どうき》が勤《つと》めていて、彼《かれ》から頼《たの》まれたことによる。彼《かれ》が市《し》民講座《みんこうざ》の担当《たんとう》をしていて、ちょうど友人《ゆうじん》に映画評《えいがひょう》論家《ろんか》がいたので、都合《つごう》がよかったといったところだ。ところで、全《ぜん》6回《かい》の映画鑑賞会《えいがかんしょうかい》だが、毎年参《まいとしさん》加《か》するいわゆる常連《じょうれん》さんが一人いる。大変嬉《たいへんうれ》しいことではあるのだが、僕《ぼく》の得意《とくい》としている映画《えいが》とその解説《かいせつ》の手持《ても》ちがだんだんとなくなってくるという悩《なや》みができてきた。ここ３年《ねん》で一通《ひととお》り鑑賞《かんしょう》、解説《かいせつ》をしたので、今年《ことし》は一度見《いちどみ》た映画《えいが》をもう一度《いちど》扱《あつか》いたいと思《おも》っていた。

전혀 미안하지 않은 거다

겨울이 가고 봄이 오기 시작하면, 시의 회관에서 벌써 이래저래 10년 됨직하게 영화 감상 강좌를 하고 있다. 계기는 시청에 대학동기가 근무하고 있었고 그로부터 부탁이 있었기 때문이다. 그가 시민강좌를 맡고 있었고 마침 친구 중에 영화 평론가가 있었기 때문에 상황이 맞아 떨어진 것이다. 그런데 전 6회의 영화 감상회인데 매년 참가하는 소위 단골손님이 한 명 있다. 굉장히 기쁜 일이긴 하지만 내가 자신 있어 하는 영화와 그 해설이 수중에서 점점 없어져 간다고 하는 고민이 생겼다. 최근 3년간 한차례 감상, 해설을 했기 때문에, 올해는 한번 본 영화를 한 번 더 다루고 싶었다.

41 あるとき、受講者名簿《じゅこうしゃめいぼ》を事前《じぜん》に見《み》ながら、彼《かれ》だけにもう一度《いちど》同《おな》じ映画《えいが》を見《み》てもらって、同《おな》じ解説《かいせつ》を我慢《がまん》してもらえればいいんだと気《き》づいた。そこで、彼《かれ》にはちょっとすまないけど、一応《いちおう》、「今日《きょう》は風《かぜ》と共《とも》に○○を見《み》たいと思《おも》います」と切《き》り出《だ》した。

そうすると、彼《かれ》は口元《くちもと》をほころばせて、「この映画《えいが》おもしろいし、先生《せんせい》の解説《かいせつ》もすごくよかったんだ」と言《い》った。その瞬間《しゅんかん》、映画《えいが》の勉強《べんきょう》を初《はじ》めてやるときの僕自身《ぼくじしん》のことが 42 思《おも》い出《だ》された。その時《とき》は、同《おな》じ映画《えいが》を何回《なんかい》見《み》ても見《み》るたびに新《あたら》しく感《かん》じられた。同《おな》じ内容《ないよう》を繰《く》り返《かえ》しても、申《もう》し訳《わけ》ないことではなかったのだ。普通《ふつう》なら、ストーリーを知《し》っている映画《えいが》を見《み》ると、つまらないと考える。結末《けつまつ》の分《わ》かっている映画《えいが》をもう一度《いちど》見《み》て何《なに》が面白《おもしろ》いのかと思《おも》ってしまう。

だが、43 彼《かれ》は違《ちが》った。映画《えいが》とは、人生《じんせい》の経験《けいけん》であり、憧《あこが》れであり、また失望《しつぼう》と悲哀《ひあい》である。映画《えいが》には人生《じんせい》が詰《つ》まっている。同《おな》じ映画《えいが》でもその日《ひ》の感情《かんじょう》の働《はたら》きによって違《ちが》うように感《かん》じられることもある。好《す》きな音楽《おんがく》を何度《なんど》も聞《き》くように、好《す》きな映画《えいが》を何度《なんど》 44 見《み》てもいいのだ。彼《かれ》の一言《ひとこと》で映画《えいが》の魅力《みりょく》を改《あらた》めて感《かん》じることができたと思《おも》った。

41 어느 날, 수강자 명부를 사전에 보면서 그에게만 한 번 더 같은 영화를 보게 하고 같은 해설을 참게 하면 되겠다고 생각했다. 그래서 그에게는 좀 미안하지만, 일단, '오늘은 바람과 함께 ··를 보려고 합니다'라고 말을 꺼냈다.

그러자 그는 입가에 미소를 지으며, '이 영화 재미있고, 선생님 해설도 굉장히 좋았는데.'라고 했다. 그 순간, 영화 공부를 처음 시작할 때의 나 자신이 42 생각났다. 그 때는 같은 영화를 여러 번 봐도 볼때마다 새롭게 느껴졌다. 같은 내용을 여러 번 반복해도 미안한 일은 아니었던 것이다. 보통 같으면, 스토리를 알고 있는 영화를 보면, 지루하다고 생각한다. 결말을 알고 있는 영화를 한 번 더 보면 뭐가 재미있을까 하고 생각해 버린다.

하지만, 43 그는 달랐다. 영화란, 인생의 경험이며, 동경이며, 또한 실망과 비애이다. 영화에는 인생이 가득 채워져 있다. 같은 영화라도 그날의 감정 작용에 따라 다르게 느껴지기도 한다. 좋아하는 음악을 몇 번이나 듣듯이 좋아하는 영화를 여러 번 44 봐도 괜찮은 것이다. 그의 한마디로 영화의 매력을 새삼 느낄 수 있었다.

단어 公民館《こうみんかん》 시민회관 | 映画鑑賞《えいがかんしょう》 영화 감상 | 講座《こうざ》 강좌 | きっかけ 계기 | 市役所《しやくしょ》 시청 | 同期《どうき》 동기 | 勤《つと》める 근무하다 | 頼《たの》む 부탁하다 | 担当《たんとう》 담당 | 評論家《ひょうろんか》 평론가 | 都合《つごう》 상황 | いわゆる 이른바 | 常連《じょうれん》さん 단골 손님 | 得意《とくい》 자신만만 | 解説《かいせつ》 해설 | 手持《ても》ち 수중에 있는 | 一通《ひととお》り 얼추, 대강, 한차례 | 扱《あつか》う 다루다 | 受講者《じゅこうしゃ》 수강자 | 名簿《めいぼ》 명부 | 事前《じぜん》に 사전에 | 我慢《がまん》する 참다 | 切《き》り出《だ》す 말을 꺼내다 | 口元《くちもと》をほころばせる 입가에 미소를 짓다 | つまらない 지루하다 | 結末《けつまつ》 결말 | 人生《じんせい》 인생 | 経験《けいけん》 경험 | 憧《あこが》れ 동경 | 失望《しつぼう》 실망 | 悲哀《ひあい》 비애 | 詰《つ》まる 가득차다 | 働《はたら》き 작용 | 改《あらた》めて 새삼

41

1 時《とき》おり　　2 ふいに

3 そんな日《ひ》には　　4 あるとき

41

1 이따금　　2 갑자기

3 그런 날에는　　4 어느 날

풀이 '올해는 한 번 본 영화를 한 번 더 다루고 싶다고 생각했다' → (　　) → '그 사람만 다시 한번 같은 영화를 보고, 같은 해설을 참아주면 된다고 생각했다'라는 내용 다음, 제목을 말한 그 때의 '상황'은 시간적으로 바로 이어지는 것이 아니며, 그런 생각을 하고 있던 차에 일어난 어느 한 때의 일이므로 '어느 날'인 4번이 정답으로 적절하다.

42	42
1 思《おも》い出《だ》された	1 생각났다
2 思《おも》い始《はじ》めた	2 생각하기 시작했다
3 思《おも》い出《だ》した	3 생각해 냈다
4 思《おも》い出《だ》させた	4 생각나게 했다

풀이 '그 순간, 영화 공부를 처음 시작할 때의 나 자신이 (　　)'라는 말을 통해 '자신의 의지와 상관없이 그 순간 저절로 생각이 난 것'임을 알 수 있으므로 자발 수동 표현인 1번이 정답이 된다.

43	43
1 自分《じぶん》　　2 彼《かれ》	1 자신　　2 그
3 普通《ふつう》の人《ひと》　　4 先生《せんせい》	3 보통의사람　　4 선생

풀이 '결말을 알고 있는 내용의 영화를 보면 결말을 알고 있기 때문에 보통은 지루하게 생각하거나 재미없어 한다' → '하지만 (　　)는 달랐다'라는 말을 통해 여기에서 '달랐다'의 대상은 같은 영화를 보고도 좋아하는 '그'를 가리키므로 정답은 2번이다.

44	44
1 見《み》てもよいだろうか	1 봐도 괜찮을까?
2 見《み》たって始《はじ》まらない	2 봐도 소용없다
3 見《み》てもいいのだ	3 봐도 괜찮은 것이다
4 見《み》るまでのことだ	4 볼 따름이다

풀이 '좋아하는 음악을 몇 번이나 듣듯이 좋아하는 영화를 여러 번 봐도 상관없다'는 뜻이므로 3번의 '봐도 괜찮은 것이다'가 정답이 된다.

문제 7 글의 문법 | 실전 테스트 ❺

문제집 p.258

41 ①　42 ③　43 ②　44 ①

問題7 **次《つぎ》の文章《ぶんしょう》を読《よ》んで、文章全体《ぶんしょうぜんたい》の趣旨《しゅし》を踏《ふ》まえて、41～44の中《なか》に入《はい》る最《もっと》も良《よ》いものを、1·2·3·4から一《ひと》つ選《えら》びなさい。**	**문제 7** 다음 글을 읽고 글 전체의 취지를 근거로 하여, 41~44 안에 들어갈 가장 알맞은 것을 1·2·3·4에서 하나 고르세요.

マナーを守《まも》ってほしい！

私《わたし》は電話《でんわ》が嫌《きら》いです。電話《でんわ》は、状況《じょうきょう》とは無関係《むかんけい》に即刻応答《そっこくおうとう》するよう強要《きょうよう》するからです。その点《てん》メールなら、都合《つごう》のよい時間《じかん》に応答《おうとう》すればよいので、発信《はっしん》でも受信《じゅしん》でも、電話《でんわ》より負担《ふたん》を 41 感《かん》じないですみます。他《ほか》の人《ひと》もそうだと思《おも》うので、仕事《しごと》でも、メールですむことはメールでやり取《と》りします。

電話嫌《でんわぎら》いな私《わたし》か特別《とくべつ》毛嫌《けぎら》いする電話《でんわ》があります。それは休日《きゅうじつ》くつろいでいるときにかかってくる宣伝《せんでん》、勧誘《かんゆう》の電話《でんわ》です。携帯電話《けいたいでんわ》の迷惑《めいわく》メールが話題《わだい》になりましたが、休日《きゅうじつ》の電話《でんわ》セールスの迷惑《めいわく》度は、迷惑《めいわく》メールの比《ひ》ではありません。せっかくの休日《きゅうじつ》のくつろぎの時間《じかん》が強制的《きょうせいてき》に中断《ちゅうだん》されてしまうのですから。

42 さらに問題《もんだい》なのはその話《はな》しぶりです。「あなたの貴重《きちょう》な時間《じかん》を私《わたし》たちのために割《さ》いてください」と、本来《ほんらい》「お願《ねが》い」をしなければならないのが電話《でんわ》セールスですから、それなりの丁寧《ていねい》さが 43 あってしかるべきです。ところが、電話《でんわ》セールスの多《おお》くは、相手《あいて》に迷惑《めいわく》をかけている意識《いしき》などまるでないかのように、ずけずけと話《はな》し始《はじ》めます。

(中略)

少《すこ》しでも配慮《はいりょ》があれば、電話《でんわ》の冒頭《ぼうとう》でたとえばこんなふうに言《い》うはずです。「休日《きゅうじつ》でおくつろぎの 44 ところ、電話《でんわ》で大変失礼致《たいへんしつれいいた》します。私《わたくし》どもはOOで、XXという業務《ぎょうむ》をしております。五分《ごふん》ほどお時間《じふん》をいただいてお電話《でんわ》をさせていただいてもよろしいですか？」

もちろん、こうした配慮《はいりょ》をしたとしても、多《おお》くの人《ひと》が「興味《きょうみ》ありません」と電話《でんわ》を切《き》るでしょう。しかし休日《きゅうじつ》の勧誘電話《かんゆうでんわ》が迷惑《めいわく》であることの認識《にんしき》さえない横柄《おうへい》で無礼《ぶれい》な電話《でんわ》より、少《すこ》しは話《はなし》を聞《き》いてくれる人《ひと》は増《ふ》えるはずです。

(「『分《わ》かりやすい説明《せつめい》』の技術《ぎじゅつ》」藤沢晃治《ふじさわこうち》)

예의를 지켜줬으면 좋겠다!

나는 전화를 싫어합니다. 전화는 상황과는 관계없이 즉각 응답하도록 강요하기 때문입니다. 그런 점에서 메일이라면, 상황이 되는 시간에 응답하면 되기 때문에, 발신이든 수신이든 전화보다 부담을 41 느끼지 않아도 됩니다. 다른 사람도 그럴 거라고 생각하기 때문에, 일에서도, 메일로 해결되는 일은 메일로 주고받습니다.

전화를 싫어하는 제가 특별히 까닭 없이 싫어하는 전화가 있습니다. 그것은 휴일에 편히 쉬고 있을 때 걸려 오는 선전, 권유 전화입니다. 휴대 전화의 스팸메일이 화제가 되었습니다만, 휴일의 전화 세일즈의 피해도는 스팸메일에 비할 바가 아닙니다. 모처럼의 휴일의 느긋한 휴식시간이 강제적으로 중단되어져 버리는 것이니까요.

42 더욱더 문제인 것은 그 말투입니다. "당신의 귀중한 시간을 우리들을 위해서 할애해 주세요"라고, 본래 "부탁"을 하지 않으면 안 되는 것이 전화 세일즈이기 때문에, 그 나름의 정중함이 43 있어야 하는 것이 마땅합니다. 그러나 전화 세일즈의 대부분은 상대에게 폐를 끼치고 있는 의식 따위는 전혀 없는 것처럼, 넉살 좋게 이야기하기 시작합니다.

(중략)

조금이라도 배려가 있다면, 전화의 첫머리에 예를 들면 이런 식으로 말할 겁니다. "휴일에 느긋하게 쉬시는 44 중에, 전화로 대단히 실례합니다. 저희들은 OO이며, XX라는 업무를 하고 있습니다. 5분 정도 시간을 내어 주셔서 전화해도 되겠습니까?"

물론 이러한 배려를 했다 하더라도, 대부분의 사람이 "흥미 없습니다"라고 전화를 끊을 겁니다. 그러나 휴일의 권유 전화가 민폐라는 것의 인식조차 없는 방자하고 무례한 전화보다 조금은 이야기를 들어줄 사람은 늘 겁니다.

(「『이해하기 쉬운 설명』의 기술」 후지사와 코치)

단어 嫌《きら》い 싫어하다 | 状況《じょうきょう》 상황 | 無関係《むかんけい》 무관계 | 即刻応答《そっこくおうとう》 즉각 응답 | 強要《きょうよう》 강요 | 都合《つごう》 상황 | 応答《おうとう》 응답 | 発信《はっしん》 발신 |

受信《じゅしん》 수신 | 負担《ふたん》 부담 | すむ 해결되다 | やり取《と》る 주고받다 | 特別《とくべつ》 특별 | 毛嫌《けぎら》い 까닭 없이 싫어함 | くつろぐ 편히 쉬다 | 宣伝《せんでん》 선전 | 勧誘《かんゆう》 권유 | 電話《でんわ》セールス 전화 세일즈 | 迷惑度《めいわくど》 피해도 | 比《ひ》ではない 비할 바 아니다 | せっかく 모처럼 | 強制的《きょうせいてき》 강제적 | 中断《ちゅうだん》 중단 | さらに 더욱(더) | 話《はな》しぶり 말투 | 貴重《きちょう》 귀중 | 時間《じかん》を割《さ》く 시간을 할애하다 | それなりの 그 나름의 | 丁寧《ていねい》さ 정중함 | ところが 그러나 | 迷惑《めいわく》をかける 폐를 끼치다 | まるでない 전혀 없다 | ずけずけ 넉살 좋게, 툭툭 | 配慮《はいりょ》 배려 | 冒頭《ぼうとう》 모두, 첫머리 | たとえば 예를 들면 | 大変《たいへん》 대단히 | 致《いた》す 하다(의 겸양 표현) | としても ~라고 해도 | 切《き》る (전화를) 끊다 | 迷惑《めいわく》 폐, 성가심 | 認識《にんしき》 인식 | さえ 조차 | 横柄《おうへい》 건방짐, 방자함 | 無礼《ぶれい》 무례함 | 増《ふ》える 늘다

41	41
1 感《かん》じないですみます	1 느끼지 않아도 됩니다
2 感《かん》じさせるまでもありません	2 느끼게 할 필요는 없습니다
3 感《かん》じるはずがありません	3 느낄 리가 없습니다
4 感《かん》じさせないですませます	4 느끼게 하지 않고 해결합니다

풀이 빈칸 앞의 내용을 정리해 보면 전화는 즉각 응답을 강요해서 싫어하지만, 메일은 상황이 될 때 응답하면 되기 때문에 「電話《でんわ》より負担《ふたん》を (　　　) 전화보다 부담을 (느끼지 않는다)」라는 내용이 와야 하므로 1번의 「感《かん》じないですみます 느끼지 않고 해결됩니다」가 정답으로 적절하다.

42		42	
1 あらわに	2 つぶさに	1 노골적으로	2 자세히
3 さらに	4 したたか	3 더욱더	4 세게

풀이 빈칸 앞뒤 내용은 「休日《きゅうじつ》の電話《でんわ》セールスの迷惑度《めいわくど》は、迷惑《めいわく》メールの比《ひ》ではありません 전화 세일즈의 피해도는 스팸메일에 비할 바가 아닙니다」 → (　　　) → 「問題《もんだい》なのはその話《はな》しぶりです 문제인 것은 그 말투입니다」에서 '휴대 전화의 스팸메일 ≪ 전화 세일즈 ≪ 말투' 즉, 뒤로 갈수록 문제가 심해지는 상황이므로 3번의 부사 「さらに 더욱더」가 정답으로 적절하다.

43	43
1 あってはばからないべきです	1 있음에 거리낌이 없어야 합니다
2 あってしかるべきです	2 있어야 하는 것이 마땅합니다
3 ありはしないのです	3 없는 것입니다
4 あるべくしてあるのです	4 있을 만해서 있는 것입니다

풀이 부탁을 해야 하는 것이 세일즈 전화이기 때문에 「それなりの丁寧《ていねい》さが (　　　) 그 나름의 정중함이 (있어야 한다)」는 내용이 와야 한다. 따라서 2번의 「あってしかるべきです 있어야 하는 것이 마땅합니다」가 정답이 된다. 여기에 쓰인 「동사의 て형+てしかるべきだ ~하는 것이 마땅하다(당연하다)」라는 문형도 익혀 두자.

44

1 ところ　　2 ところに
3 ところで　　4 ところが

44

1 ~(하는) 중에　　2 ~(하는) 중에
3 ~한들　　3 ~했더니만

풀이 빈칸 앞뒤 내용을 살펴 보면 「休日《きゅうじつ》でおくつろぎの (　　　)、 電話《でんわ》で大変失礼致《たいへんしつれいいた》します 휴일에 느긋하게 쉬시는 (　　), 전화로 대단히 실례합니다」이며, 이 문장의 경우에는 1번의 「ところ ~중에」가 와야 한다. '~하는 중에'라는 뜻의 「~ところ(を)」는 상대에게 무리한 것을 요구하거나 폐를 끼치게 되는 경우에 상대방의 상황을 배려하는 전제 표현으로 사용되었으며, 뒤에 의뢰나 사죄, 감사 등의 표현이 뒤따른다. 한편 2번의 「ところに」도 해석은 비슷하지만 '어떤 상황을 변화, 변경시킬 것 같은 일이 일어나는 것'을 나타낼 경우에 사용하는 표현으로 명사 접속이 없기 때문에 오답이다.

문제 7 글의 문법 | 실전 테스트 ❻

문제집 p.260

41 ② 42 ① 43 ③ 44 ①

問題7 **次《つぎ》の文章《ぶんしょう》を読《よ》んで、文章全体《ぶんしょうぜんたい》の趣旨《しゅし》を踏《ふ》まえて、４１～４４の中《なか》に入《はい》る最《もっと》も良《よ》いものを、1·2·3·4から一《ひと》つ選《えら》びなさい。**

문제 7 다음 글을 읽고 글 전체의 취지를 근거로 하여, 41~44 안에 들어갈 가장 알맞은 것을 1·2·3·4에서 하나 고르세요.

本の虫の夢

少年《しょうねん》のころ、本《ほん》が好《す》きだった。いやなことや悲《かな》しいことは、本《ほん》を読《よ》むことで少《すこ》しだけ中和《ちゅうわ》された。医者《いしゃ》になってから手《て》に取《と》るのは、病院《びょういん》づくりに役立《やくだ》つ本《ほん》ばかり。仕事《しごと》に関係《かんけい》ない本《ほん》を、41 じっくり読《よ》む時間《じかん》はほとんどなかった。

五十歳《ごじゅっさい》を超《こ》え病院長《びょういんちょう》を辞《や》めたいと言《い》うようになったのは、自分《じぶん》の中《なか》にある「本《ほん》の虫《むし》」がうごめきだしたからである。退職《たいしょく》して三年《さんねん》。ばんばん本《ほん》を読《よ》みはじめた。ぼくには、人生《じんせい》を変《か》えてくれた本《ほん》が何冊《なんさつ》かある。十八歳《じゅうはっさい》のころ、父《ちち》とぶつかり合《あ》ったとき、むさぼり読《よ》んだのが「クロ—ニン全集《ぜんしゅう》」だった。医学部《いがくぶ》に行《い》きたいと何度頼《なんどたの》んでも、「うちは貧乏《びんぼう》だからダメだ」と、はねのける父《ちち》。病《びょう》気《き》の母《はは》を抱《かか》え、懸命《けんめい》に働《はたら》いている父《ちち》の苦労《くろう》を知《し》っていたぼくは、二十二巻《にじゅうにかん》の全集《ぜんしゅう》を読《よ》むことで絶望《ぜつぼう》を 42 紛《まぎ》らそうとしていた。

책벌레의 꿈

소년 시절, 책을 좋아했다. 싫은 일이나 슬픈 일은 책을 읽음으로써 조금은 중화되었다. 의사가 되고 나서부터 손에 쥐는 것은 병원 조성에 도움이 되는 책뿐. 일에 관계없는 책을 41 차분히 읽을 시간은 거의 없었다.

50살 넘어 병원장을 그만두고 싶다고 말하게 된 것은 내 자신 속에 있는 '책벌레'가 꿈틀거리기 시작했기 때문이다. 퇴직하고 3년. 척척 책을 읽기 시작했다. 나에게는 인생을 바꿔준 책이 몇 권인가 있다. 18세 무렵, 아버지와 맞부딪쳤을 때, 걸신들린 듯이 읽은 것이 '크로닌 전집'이었다. 의학부에 가고 싶다고 몇 번이나 부탁해도 "우리집은 가난하기 때문에 안 돼"라고, 뿌리치는 아버지. 병든 어머니를 떠안고, 열심히 일하고 있는 아버지의 고생을 알고 있었던 나는 22권의 전집을 읽음으로써 절망을 42 달래려고 했다.

（中略）

読《よ》むほどに、医者《いしゃ》になりたいという想《おも》いは強《つよ》まっていった。再《ふたた》び父《ちち》に大学《だいがく》に行《い》かせてほしいと頼《たの》んだ。泣《な》いて泣《な》いて頼《たの》んだ。あまりにも泣《な》きつづけるぼくに父《ちち》は折《お》れた。「好《す》きなように生《い》きていい」

「クロ―ニン全集《ぜんしゅう》」が僕《ぼく》の気持《きも》ちを支《ささ》えてくれた。じつは最初《さいしょ》に医師《いし》を志《こころざ》したのは、もっと軽《かる》い気持《きも》ちだった。きっかけは、あまり言《い》いたくないけれど、北杜夫《きたもりお》の「どくとるマンボウ航海記《こうかいき》」。軽《かる》いのである。船医《せんい》になれば本《ほん》が読《よ》める。知《し》らない国《くに》を見《み》てまわることもできる。変化《へんか》のない、うつうつとした日常《にちじょう》からなんとなく脱出《だっしゅつ》できるような気《き》がしたのだ。そんな手軽《てがる》なぼくの心《こころ》を父《ちち》は **43** 見抜《みぬ》いていたかもしれない。壁《かべ》のように目《め》の前《まえ》に立《た》ちはだかった。大学《だいがく》なんて行《い》かなくていいと言《い》われて大《おお》いに落《お》ち込《こ》んだ。でも、「クロ―ニン全集《ぜんしゅう》」を読《よ》みふける中《なか》で、自分《じぶん》はこういう医師《いし》になりたいという具体的《ぐたいてき》な想《おも》いが **44** 固《かた》まっていった。

（「いいかげんがいい」　鎌田實《かまだみのる》）

(중략)

읽을수록 의사가 되고 싶다는 생각이 강해져 갔다. 재차 아버지에게 대학에 가게 해 달라고 부탁했다. 울고 울며 부탁했다. 너무나도 계속 우는 나에게 아버지는 꺾였다. "마음대로 살아도 돼"

'크로닌 전집'이 나의 마음을 지탱해 주었다. 실은 처음 의사에 뜻을 둔 것은, 좀 더 가벼운 기분이었다. 계기는 그다지 말하고 싶지 않지만, 기타모리오의 '닥터 개복치 항해기'. 가벼운 것이다. 선의가 되면 책을 읽을 수 있다. 모르는 나라를 보며 돌아다닐 수도 있다. 변화가 없는 침울한 일상으로부터 어쩐지 탈출할 수 있을 것 같은 느낌이 들었던 것이다. 그런 가벼운 나의 마음을 아버지는 **43** 간파하고 있었을지도 모르겠다. 벽처럼 눈앞을 가로막아 서 있었다. 대학 따위 안 가도 괜찮다고 해서 매우 침울해졌다. 하지만 '크로닌 전집'을 탐독하는 중에, 나 자신은 이러한 의사가 되고 싶다는 구체적인 생각이 **44** 굳어져 갔다.

(「적당히가 좋아」 카마다 미노루)

단어 少年《しょうねん》のころ 소년 시절 | いやなこと 싫은 일 | 悲《かな》しいこと 슬픈 일 | 中和《ちゅうわ》 중화 | 手《て》に取《と》る 손에 쥐다 | 病院《びょういん》づくり 병원 조성 | 役立《やくだ》つ 도움 되다 | 関係《かんけい》 관계 | じっくり 차분히 | ほとんど 거의 | 超《こ》える 넘다 | 病院長《びょういんちょう》 병원장 | 本《ほん》の虫《むし》 책벌레 | うごめく 꿈틀거리다 | ばんばん 척척 | 変《か》える 바꾸다 | ぶつかり合《あ》う 맞부딪치다, 충돌하다 | むさぼる 걸신들리다 | クローニン全集《ぜんしゅう》 크로닌 전집(크로닌:1896~1981 스코틀랜드 소설가 겸 의사) | 頼《たの》む 부탁하다 | 貧乏《びんぼう》 가난함 | はねのける 거절하다, 뿌리치다 | 病気《びょうき》 병 | 抱《かか》える 떠안다 | 懸命《けんめい》に 열심히 | 働《はたら》く 일하다 | 苦労《くろう》 고생 | 絶望《ぜつぼう》 절망 | 紛《まぎ》らす 달래다 | 強《つよ》まる 강해지다 | 再《ふたた》び 재차 | あまりにも 너무나도 | つづける 계속 ~하다 | 折《お》れる 꺾이다 | 生《い》きる 살다 | 支《ささ》える 지탱하다 | 最初《さいしょ》 최초 | 志《こころざ》す 뜻을 두다 | きっかけ 계기 | 北杜夫《きたもりお》 기타 모리오(소설가, 1927~2011) | どくとるマンボウ航海記《こうかいき》 닥터 개복치 항해기(책 제목) | 船医《せんい》 선의(항해중인 배를 타고 근무하는 의사) | うつうつとする 우울하다, 침울하다 | なんとなく 어쩐지 | 脱出《だっしゅつ》 탈출 | 手軽《てがる》 가벼움 | 見抜《みぬ》く 꿰뚫어 보다, 간파하다 | 壁《かべ》 벽 | 立《た》ちはだかる 가로막아 서다, 가로 놓이다 | 大《おお》いに 크게, 매우, 대단히 | 落《お》ち込《こ》む 침울해지다 | 読《よ》みふける 탐독하다 | 具体的《ぐたいてき》 구체적

41

1　いっさい　　2　じっくり

3　ひしひし　　4　じろじろ

41

1　일절, 전혀　　2　차분히

3　절실히　　4　빤히, 유심히

풀이 부사를 찾는 문제로 빈칸 바로 앞뒤 내용을 보면 「仕事《しごと》に関係《かんけい》ない本《ほん》を 일에 관계없는 책을」→ (　　　) →「読《よ》む時間《じかん》はほとんどなかった 읽을 시간은 거의 없었다」는 내용이 나온다. 부사가 없어도 문장 성립은 되지만, '거의 없었다'는 술어부에 대한 주어를 조금 더 보강한다면, 적합한 부사는 2번의 「じっくり 차분히」이다. 1번의 「いっさい 일절, 전혀」는 '거의 없었다'가 아닌 '없었다'가 되어야 하고, 4번의 「じろじろ 빤히, 유심히」는 '삼가는 기색 없이 쳐다보는 모양'을 뜻하기 때문에 오답이다.

42	42
1 紛《まぎ》らそうとしていた	1 달래려고 했다
2 紛《まぎ》らすつもりではなかった	2 달랠 생각이 아니었다
3 紛《まぎ》らすしまつだった	3 달래는 지경이었다
4 紛《まぎ》らすべくもなかった	4 달랠 수 없었다

풀이 「二二巻《にじゅうにかん》の全集《ぜんしゅう》を読《よ》むことで絶望《ぜつぼう》を…… 22권의 전집을 읽음으로써 절망을 (　　　)」 다음에 들어갈 내용을 찾는 문제로 '책을 읽어서 절망을 잊으려고 한 것'이므로 1번의 「紛《まぎ》らそうとしていた 달래려고 했었다」가 정답으로 적절하다. 3번의 「紛《まぎ》らすしまつだった 달래는 지경이었다」는 '여러 과정을 거쳐 마지막에는 나쁜 결과가 되었다'는 뜻을 가지고 있기 때문에 오답이다.

43	43
1 見逃《みの》がしていたはずだ	1 간과하고 있었던 것이다
2 見過《みす》ごしていたかもしれない	2 간과하고 있었을지도 모르겠다
3 見抜《みぬ》いていたかもしれない	3 간파하고 있었을지도 모르겠다
4 見計《みはか》らっていたはずだ	4 가늠하고 있었던 것이다

풀이 「そんな手軽《てがる》なぼくの心《こころ》を父《ちち》は…… 그런 가벼운 나의 마음을 아버지는 (　　　)」 다음에 들어갈 내용을 찾는 문제로 필자의 입장에서 아버지의 생각을 추측하고 있으므로 불확실한 추측 표현인 「かもしれない ~일지도 모른다」가 들어간 3번의 「見抜《みぬ》いていたかもしれない 간파하고 있었을지도 모른다」가 정답이 된다.

44	44
1 固《かた》まっていった	1 굳어져 갔다
2 通《つう》じるようになった	2 통하게 되었다
3 募《つの》るようになった	3 심해지게 되었다
4 凝《こ》っていった	4 열중해 갔다

풀이 마지막 문장의 「落《お》ち込《こ》んだ。でも「クローニン全集《ぜんしゅう》」を読《よ》みふける中《なか》で医師《いし》になりたいという具体的《ぐたいてき》な想《おも》いが…… 침울해졌다. 하지만 '크로닌 전집'을 탐독하는 중에 의사가 되고 싶다는 구체적인 생각이 (　　　)」를 통해 문맥상 1번의 「固《かた》まっていった 굳어져 갔다」가 빈칸의 들어갈 내용으로 적절하다. 여기에서 '굳어져 갔다'는 '확고해졌다'로 이해하면 된다.

연습 문제 정답 및 해설

문제 8 내용 이해(단문)

연습 문제 1 ④

문제 9 내용 이해(중문)

연습 문제 1 ② 2 ①

문제 10 내용 이해(장문)

연습 문제 1 ② 2 ④ 3 ③

문제 11 통합 이해(비교문)

연습 문제 1 ② 2 ①

문제 12 주장 이해(장문)

연습 문제 1 ① 2 ② 3 ②

문제 13 정보 검색

연습 문제 1 ② 2 ④

문제 8　내용 이해(단문) | 연습 문제

문제집 p.271

1 ④

問題《もんだい》 8

次《つぎ》の文章《ぶんしょう》を読《よ》んで、後《あと》の問《と》いに対《たい》する答《こた》えとして最《もっと》もよいものを、1・2・3・4から一《ひと》つ選《えら》びなさい。

문제 8

다음 글을 읽고, 질문에 대한 답으로 가장 알맞은 것을 1 · 2 · 3 · 4에서 하나 고르세요.

　家《いえ》というものは、人《ひと》を雨風《あめかぜ》や外敵《がいてき》から守《まも》れるなど、機能的《きのうてき》な部分《ぶぶん》だけを意味《いみ》しません。「ハウス」ではなく「ホーム」の概念《がいねん》から見《み》ると、家《いえ》は人間《にんげん》にとってきわめて大事《だいじ》なことです。外《そと》で疲《つか》れ切《き》って帰《かえ》ったとき、休《やす》める場所《ばしょ》にならなければならないです。しかし、家族《かぞく》の一員《いちいん》が傷《きず》つけられてホームに戻《もど》って来《き》たとき暖《あたた》かい慰《なぐさ》めの言葉《ことば》より、すべてを冷静《れいせい》かつ客観的《きゃっかんてき》に判断《はんだん》し、相手《あいて》を追《お》い詰《つ》めようとします。それは世知辛《せちがら》い世《よ》の中《なか》で家族《かぞく》の一員《いちいん》がもっと強《つよ》くなってほしい思《おも》いであろうと思《おも》います。だが、こうなっては家《いえ》はもう休《やす》みたいところ、帰《かえ》りたいところになれません。家《いえ》は教《おし》えの場《ば》である前《まえ》にまず癒《いや》される場《ば》でなければならないのです。

(注) 世知辛《せちがら》い：暮《く》らしにくい

　집이라는 것은 인간을 비바람이나 외부의 적으로부터 지킬 수 있는 등, 기능적인 부분만을 의미하지 하지 않습니다. '하우스'가 아닌 '홈'의 개념으로 보면, 집은 인간에게 있어 매우 중요한 것입니다. 밖에서 녹초가 되어 돌아왔을 때, 쉴 수 있는 장소가 되지 않으면 안 됩니다. 그러나 가족의 일원이 상처받고 집에 돌아왔을 때, 따뜻한 위로의 말보다, 모든 것을 냉정하고 객관적으로 판단하고 상대를 궁지에 몰려고 합니다. 그것은 각박한 세상 속에서 가족의 일원이 좀 더 강해지기를 바라는 마음일 거라고 생각합니다. 하지만 이래서는 집은 이제 쉬고 싶은 곳, 돌아가고 싶은 곳이 될 수 없습니다. 집은 가르침의 장소이기 전에 우선 치유받는 장소이지 않으면 안 됩니다.

(주) 각박하다: 살기 어렵다

1　この文章《ぶんしょう》で筆者《ひっしゃ》が言《い》いたいことは何《なに》か。

1　家《いえ》は生《い》き抜《ぬ》ける力《ちから》をつけさせる場《ば》であるべきだ。

2　家《いえ》は外《そと》で頑張《がんば》れる力《ちから》をもらえる場《ば》であるべきだ。

3　家《いえ》はさらに強《つよ》くなるために休《やす》める場《ば》であるべきだ。

4　家《いえ》は力《ちから》尽《つ》きたとき戻《もど》れる憩《いこ》いの場《ば》であるべきだ。

1　이 글에서 필자가 말하고 싶은 것은 무엇인가?

1　집은 살아갈 수 있는 힘을 기르게 하는 장소여야 한다.

2　집은 밖에서 분발할 수 있는 힘을 받을 수 있는 장소여야 한다.

3　집은 더 강해지기 위해서 쉴 수 있는 장소여야 한다.

4　집은 힘이 다했을 때 돌아갈 수 있는 휴식의 장소여야 한다.

독해

문제 8 내용 이해(단문)

풀이 내용의 흐름을 보면 '집이란 심신이 지쳤을 때 쉴 수 있는 곳이어야 한다' → しかし(그러나) → '가족의 일원이 상처받고 집으로 돌아왔을 때 위로보다는 좀 더 강해지기를 바라는 마음에 몰아붙이게 된다'→ だが(하지만) →'이래서는 집은 돌아가고 싶은 곳이 될 수 없으며, 집은 치유(힐링)되는 곳이어야 한다'는 내용으로 마무리된다. 결국 '집은 힘이 다했을 때 돌아갈 수 있는 휴식의 장소여야 한다'는 4번이 정답으로 적합하다. 단어의 조합이 아닌 전체 내용을 잘 이해하고 가장 틀리지 않는 선택지를 답으로 찾아야 한다.

단어 雨風《あめかぜ》 비바람 | 外敵《がいてき》 외부의 적 | 守《まも》る 지키다 | 機能的《きのうてき》 기능적 | 疲《つか》れ切《き》る 녹초가 되다 | 傷《きず》つける 상처를 입히다 | 戻《もど》って来《く》る 돌아오다 | 慰《なぐさ》めの言葉《ことば》 위로의 말 | すべて 모든 (일) | 冷静《れいせい》 냉정 | かつ 한편, 동시에, 게다가 | 客観的《きゃっかんてき》 객관적 | 判断《はんだん》 판단 | 追《お》い詰《つ》める 몰아붙이다, 궁지에 몰아넣다 | 世知辛《せちがら》い 살아가기 힘들다, 각박하다 | 癒《いや》す 치유하다 | 力尽《ちからつ》きる 힘이 다하다

문제 9 내용 이해(중문) | 연습 문제

문제집 p.276

1 ② 2 ①

問題《もんだい》 9

次《つぎ》の文章《ぶんしょう》を読《よ》んで、後《あと》の問《と》いに対《たい》する答《こた》えとして最《もっと》もよいものを、1・2・3・4から一《ひと》つ選《えら》びなさい。

문제 9

다음 글을 읽고, 질문에 대한 답으로 가장 알맞은 것을 1・2・3・4에서 하나 고르세요.

1~2

世《よ》の中《なか》の変化《へんか》のスピードがどんどん速《はや》くなっている中《なか》で、このスピード感《かん》への対応《たいおう》ということも、今《いま》の時代《じだい》の大《おお》きな特徴《とくちょう》と言《い》えます。とはいえ、表層的《ひょうそうてき》な時間《じかん》という川《かわ》の流《なが》れがいくら速《はや》くなろうとも、地下水《ちかすい》のようなゆったりした自分《じぶん》の時間《じかん》を確保《かくほ》することは、これからの時代《じだい》にこそ必要《ひつよう》といえます。

分刻《ふんきざ》みでスケジュールを組《く》んで [1] 仕事《しごと》をしたり家事《かじ》に追《お》われたりするのが「漂流水《ひょうりゅうすい》」であるとしたら、読書《どくしょ》の時間《じかん》は「湧水《ゆうすい》」もしくは「地下《ちか》水《すい》」と考《かんが》えられます。この二《ふた》つを持《も》つことで知《ち》のバランスがとれるのです。

『論語《ろんご》』という2500年《ねん》ほど前《まえ》の孔子《こうし》の言葉《ことば》をかみしめる時間《じかん》は、[1] 誰《だれ》にも強制《きょうせい》されないゆったりした自分《じぶん》の時間《じかん》です。こうした「知《ち》の湧《わ》き水《みず》」が、私《わたし》たちの知《ち》を枯渇《こかつ》させない源泉《げんせん》となるものです。表面《ひょうめん》の現代社会《げんだいしゃかい》に対応《たいおう》しつつも、もう

세상의 변화 속도가 점점 빨라지고 있는 중에, 이 속도감에 대한 대응이라는 것도, 지금 시대의 큰 특징이라고 말할 수 있습니다. 그렇다고는 하나, 표층적인 시간이라는 강의 흐름이 아무리 빨라져도 지하수와 같은 느긋한 자신의 시간을 확보하는 것은 앞으로의 시대에야말로 필요하다고 말할 수 있습니다.

분 단위로 스케줄을 짜서 [1] 일을 하거나 가사에 쫓기기도 하는 것이 '표류수'라고 한다면, 독서의 시간은 '용수' 혹은 '지하수'라고 생각할 수 있습니다. 이 두 가지를 가짐으로써 지식의 균형이 잡히는 것입니다.

"논어"라는 2500년 정도 전의 공자의 말을 음미하는 시간은 [1] 누구에게도 강제되지 않는 느긋한 자신의 시간입니다. 이러한 '지식의 용수'가 우리들의 지식을 고갈시키지 않는 원천이 되는 것입니다. 표면의 현대사회에 대응하면서도 또 하나의 시간을 어떻게 가질 수

ひとつの時間《じかん》をどうもてるか。それが今《いま》を生《い》きる大《おお》きなヒントといえるでしょう。また、そうした時《とき》の流《なが》れの速《はや》さに押《お》され、足《あし》を引《ひ》っ張《ぱ》る最《さい》たるもののひとつが睡眠不足《すいみんぶそく》です。自分《じぶん》の生活《せいかつ》リズムに合《あ》わせて 2 十分《じゅうぶん》な睡眠《すいみん》を確保《かくほ》できれば、頭《あたま》がすっきりと冴《さ》え、身体《しんたい》も健康《けんこう》に保《たも》てます。健康《けんこう》を保《たも》てているから、頭《あたま》もスムーズに回転《かいてん》するのです。

（中略）

仕事《しごと》でもスポーツでも豊《ゆた》かで実《みの》りのある時間《じかん》を過《す》ごしている人《ひと》は、睡眠《すいみん》の大切《たいせつ》さを理解《りかい》している人《ひと》です。睡眠《すいみん》の質《しつ》でホルモンの分泌《ぶんぴつ》も変化《へんか》し、それが身体《しんたい》のリズムに影響《えいきょう》を及《およ》ぼすことを知《し》っている人《ひと》です。すべての人《ひと》に平等《びょうどう》に与《あた》えられている２４時間《じかん》をどう工夫《くふう》し、 2 寝《ね》る時間《じかん》をどう確保《かくほ》するのか。その「知《ち》の環境《かんきょう》づくり」が今後《こんご》の私《わたし》たちの暮《く》らしに大《おお》きく影響《えいきょう》してくることは間違《まちが》いないでしょう。

（斎藤孝《さいとうたかし》『本当《ほんとう》に頭《あたま》のいい人《ひと》がやっている思考習慣《しこうしゅうかん》』による）

(注) 孔子《こうし》：中国《ちゅうごく》、春秋時代《しゅんじゅうじだい》の学者《がくしゃ》、思想家《しそうか》

있을까? 그것이 지금을 살아가는 큰 힌트라고 말할 수 있을 겁니다. 또한 그러한 시간의 흐름의 속도에 떠밀려, 발목을 잡는 가장 두드러진 것 하나가 수면 부족입니다. 자신의생활 리듬에 맞춰서 2 충분한 수면을 확보할 수 있다면, 머리가 상쾌하게 맑아지고, 신체도 건강하게 유지할 수 있습니다. 건강을 유지할 수 있기 때문에 머리도 원활하게 회전하는 것입니다.

(중략)

일에서도 스포츠에서도 풍요롭고 결실 있는 시간을 보내고 있는 사람은 수면의 중요성을 이해하고 있는 사람입니다. 수면의 질로 호르몬의 분비도 변화하고 그것이 신체 리듬에 영향을 미치는 것을 알고 있는 사람입니다. 모든 사람에게 평등하게 주어지는 24시간을 어떻게 궁리하고, 2 자는 시간을 어떻게 확보할 것인가? 그 '지식의 환경 조성'이 앞으로 우리들의 생활에 큰 영향을 줄 것은 틀림없을 겁니다.

(사이토 타카시 『정말로 머리가 좋은 사람이 하고 있는 사고 습관』에 의함)

(주) 공자: 중국 춘추시대의 학자, 사상가

단어 スピード 속도 | 対応《たいおう》 대응 | 特徴《とくちょう》 특징 | とはいえ ~라고 해도 | 表層的《ひょうそうてき》 표층적 | 流《なが》れ 흐름 | 地下水《ちかすい》 지하수 | ゆったり 느긋이 | 確保《かくほ》 확보 | 分刻《ふんきざ》み 분 단위 | スケジュール 스케줄 | 組《く》む 짜다 | 家事《かじ》に追《お》われる 가사에 쫓기다 | 漂流水《ひょうりゅうすい》 표류수 | 湧水《ゆうすい》 용수 | もしくは 혹은 | バランスがとれる 균형이 잡히다 | 論語《ろんご》 논어 | 孔子《こうし》 공자 | 言葉《ことば》をかみしめる 말을 음미하다(이해하다) | 強制《きょうせい》 강제 | 枯渇《こかつ》 고갈 | 源泉《げんせん》 원천 | 表面《ひょうめん》 표면 | 対応《たいおう》 대응 | つつも ~하면서도 | 生《い》きる 살다 | ヒント 힌트 | 押《お》す 누르다 | 足《あし》を引《ひ》っ張《ぱ》る 발목을 잡다, 방해하다 | 最《さい》たる 으뜸가는, 가장 두드러진 | 睡眠不足《すいみんぶそく》 수면 부족 | 生活《せいかつ》リズム 생활 리듬 | 十分《じゅうぶん》 충분함 | すっきりと冴《さ》える 산뜻하게 맑아지다 | 保《たも》つ 유지하다, 지키다 | スムーズに 원활하게 | 回転《かいてん》 회전 | スポーツ 스포츠 | 豊《ゆた》か 풍요로움 | 実《みの》り 결실 | 大切《たいせつ》さ 중요성 | 質《しつ》 질 | ホルモン 호르몬 | 分泌《ぶんぴつ》 분비 | 影響《えいきょう》を及《およ》ぼす 영향을 미치다 | 平等《びょうどう》に 평등하게 | 与《あた》える 주다 | 工夫《くふう》 궁리, 연구 | 環境《かんきょう》づくり 환경 조성 | 暮《く》らし 생활 | 間違《まちが》いない 틀림없다

1 もうひとつの時間《じかん》とあるが、どのような時間《じかん》か。

1 分刻《ふんきざ》みで組《く》まれた時間《じかん》
2 時《とき》の流《なが》れに縛《しば》られない時《じ》間
3 忙《いそが》しい日常《にちじょう》から離《はな》れた時《じ》間
4 知識《ちしき》を自分《じぶん》のものにするための時間《じかん》

1 또 하나의 시간이라고 하는데, 어떠한 시간인가?

1 분 단위로 짜인 시간
2 시간의 흐름에 얽매이지 않는 시간
3 바쁜 일상에서 벗어난 시간
4 지식을 쌓기 위한 시간

풀이 '또 하나의 시간'에서 그 시간이 어떤 시간인지를 묻는 문제로 여기에서는 '일이나 가사에 쫓기는 시간이 표류수라고 한다면, 독서의 시간은 용수(샘물) 또는 지하수라고 생각할 수 있다'고 하였다. 또한 '누구의 강제도 없는 느긋한 자신의 시간이 지식의 용수이며, 또 하나의 시간이다'라고 하였다. 즉 '시간의 흐름에 얽매이지 않는 시간'으로 바꿔 표현할 수 있으므로 정답은 2번이 된다.

2 筆者《ひっしゃ》は何《なに》が「知《ち》の環境《かんきょう》づくり」につながると述《の》べているか。

1 しっかり睡眠《すいみん》をとること
2 睡眠《すいみん》の質《しつ》を高《たか》めること
3 時間《じかん》をうまく活用《かつよう》すること
4 寝《ね》る時間《じかん》を一定《いってい》に保《たも》つこと

2 필자는 무엇이 '지식의 환경 조성'으로 이어진다고 말하고 있는가?

1 제대로 수면을 취하는 것
2 수면의 질을 높이는 것
3 시간을 잘 활용하는 것
4 자는 시간을 일정하게 유지하는 것

풀이 '지식의 환경 조성'으로 이어지는 것이 무엇인지 묻는 문제로 지문에서는 '자는 시간을 어떻게 확보하는가? 그 지식의 환경 조성'이라고 나와 있다. 여기에서 '그'에 해당되는 것이 '자는 시간 확보'이다. 또한「また」이후의 내용을 보면 충분한 수면 확보가 중요하다는 점을 강조하고 있다. 따라서 1번의 '제대로 수면을 취하는 것'이 바로 '지식의 환경 조성'으로 이어지는 것임을 알 수 있다.

문제집 p.278

1 ② **2** ④ **3** ③

問題《もんだい》10

次《つぎ》の文章《ぶんしょう》を読《よ》んで、後《あと》の問《と》いに対《たい》する答《こた》えとして最《もっと》もよいものを、1・2・3・4から一《ひと》つ選《えら》びなさい。

문제 10

다음 글을 읽고, 질문에 대한 답으로 가장 알맞은 것을 1 · 2 · 3 · 4에서 하나 고르세요.

1~3

これからどうなるか予測《よそく》しがたい世界《せかい》に住《す》んでいる私《わたし》たちはいつも不安《ふあん》と恐《おそ》れを抱《かか》えたまま日々《ひび》を過《す》ごしている。かつてであればある程度《ていど》見極《みきわ》めることができた。ところが、目《め》まぐるしく激変《げきへん》する今《いま》、先《さき》を見通《みとお》すことが難《むずか》しくなってきた。それに、このような状況《じょうきょう》に置《お》かれているのは自分一人《じぶんひとり》ではない。自分《じぶん》と同《おな》じような立場《たちば》に置《お》かれた似《に》たような境遇《きょうぐう》の人《ひと》は世《よ》の中《なか》にあふれている。ある意《い》味《み》、その人《ひと》たちと同《おな》じ海《うみ》の中《なか》に浸《つ》かっているので少《すこ》しは安心《あんしん》して生《い》きていけるはずである。だが、同《おな》じ状況《じょうきょう》に置《お》かれている人々《ひとびと》と思《おも》いを共有《きょうゆう》することは①なかなか難《むずか》しい。たとえ、お互《たが》いに共通点《きょうつうてん》があるにしたって、いざ自分《じぶん》のことになると、他《た》人《にん》と関係《かんけい》ない [1] 本人《ほんにん》だけの固有《こゆう》の問題《もんだい》に取《と》り込《こ》んでしまうからだ。これに対して、不思議《ふしぎ》なことに同《おな》じことであっても他人《たにん》のことになると感情《かんじょう》に左右《さゆう》されず、冷静《れいせい》かつ客観的《きゃっかんてき》な姿勢《しせい》で見定《みさだ》めることができるのである。

앞으로 어떻게 될지 예측하기 어려운 세계에 살고 있는 우리들은 항상 불안과 두려움을 떠안은 채 매일을 보내고 있다. 예전이라면 어느 정도 꿰뚫어볼 수 있었다. 그러나 빠르게 격변하는 지금, 앞을 내다보는 것이 어려워졌다. 게다가 이러한 상황에 놓여진 것은 자신 혼자만이 아니다. 자신과 비슷한 입장에 놓여진 비슷한 처지의 사람은 세상에 넘쳐난다. 어떻게 보면, 그 사람들과 같은 바닷속에 잠겨 있기 때문에 조금은 안심하고 살아갈 수 있는 것이다. 하지만 같은 상황에 놓여 있는 사람들과 생각을 공유하는 것은 ①상당히 어렵다. 설령, 서로 공통점이 있다 하더라도, 막상 자신의 일이 되면, 타인과 관계없는 [1] 본인만의 고유한 문제로 받아들이기 때문이다. 이에 비해, 신기하게도 같은 일이라도 타인의 일이 되면 감정에 좌우되지 않고, 냉정하고도 객관적인 자세로 지켜 볼 수가 있는 것이다.

平等社会《びょうどうしゃかい》を生《い》きている今《いま》の人々《ひとびと》は、それぞれが [2] 自分《じぶん》なりの自意識《じいしき》を持《も》っていて誰《だれ》もが自《じ》分《ぶん》の存在《そんざい》を認《みと》めながら、生《い》きる世界《せかい》を創造《そうぞう》していくのだ。世界《せかい》の中心《ちゅうしん》は外《そと》ではなく自分《じぶん》であるとしっかりとらえている。反面《はんめん》、これは単純《たんじゅん》なエゴイズムの話《はなし》ではない。②そのような自分《じぶん》は本人《ほんにん》が世《せ》界《かい》の中心《ちゅうしん》であるのがわかったとき、まわりに存在《そんざい》するたくさんの私《わたし》に気《き》づくのだ。それゆえに、まわりのすべての人の姿《すがた》がまさに自分《じぶん》の姿《すがた》でもあったり、他人《たにん》の姿《すがた》でもあったりする珍《めずら》しい経験《けいけん》をすることもある。

평등사회에 살고 있는 현재의 사람들은 각자 [2] 자신 나름의 자의식을 가지고 있고 누구든 자신의 존재를 인정하면서 살 세상을 창조해가는 것이다. 세계의 중심은 외부가 아닌 자신임을 제대로 파악하고 있다. 반면, 이것은 단순한 이기주의의 이야기가 아니다. ②그러한 자신은 본인이 세계의 중심인 것을 알았을 때, 주위에 존재하는 많은 나를 알아차린다. 그 때문에, 주변의 모든 사람들의 모습이 자신의 모습이기도 하고, 타인의 모습이기도 하는 진기한 경험을 할 때도 있다.

個人《こじん》ひとりひとりは自分《じぶん》だけのアイデンティティにこだわりながら、それでもまわりにいる異《こと》なる私《わたし》を同時《どうじ》に認《みと》めている。しかも、自分《じぶん》らしさを絶《た》え間《ま》なく見出《みいだ》そうとする。けれど、自分一人《じぶんひとり》だけでは、自分《じぶん》がどのような人間《にんげん》なのかという純粋《じゅんすい》な自分にたどり着《つ》くことができない。自分《じぶん》らしさを見《み》つけ出《だ》すためには他者《たしゃ》が必《かなら》ず必要《ひつよう》なはずである。ここで言《い》う 3 他者《たしゃ》というのは、つねに自《じ》分《ぶん》の周《まわ》りに存在《そんざい》していてお互《たが》いに受《う》け入《い》れ合《あ》うような他者《たしゃ》のみならず、この世《よ》の中《なか》で生《い》きていける役目《やくめ》と充足感《じゅうそくかん》を提供《ていきょう》してくれる世界《せかい》そのものも他《た》者《しゃ》であるに違《ちが》いない。結局《けっきょく》のところ、他者《たしゃ》が存在《そんざい》することで同時《どうじ》に自分《じぶん》という存在《そんざい》を確認《かくにん》できるようになるのである。

개인 한 사람 한 사람은 자신만의 정체성을 고집하면서도, 그러함에도 주변에 있는 다른 나를 동시에 인정하고 있다. 게다가 자신다움을 끊임없이 찾으려고 한다. 하지만 자신 혼자만으로는 자신이 어떠한 인간인가라는 순수한 자신에 다다를 수가 없다. 자신다움을 찾아 내기 위해서는 타인이 반드시 필요하다. 여기서 말하는 3 타인이라는 것은 늘 자신의 주변에 존재하고 있으며, 서로 받아들이는 타인뿐만이 아니라 이 세상에서 살아갈 수 있는 역할과 충족감을 제공해 주는 세계 그 자체도 타인임에 틀림없다. 결국, 타인이 존재함으로써 동시에 자신이라는 존재를 확인할 수 있게 되는 것이다.

단어 予測《よそく》 예측 | 恐《おそ》れ 두려움, 공포 | 抱《かか》える 떠안다 | 日々《ひび》を過《す》ごす 매일을 보내다 | かつて 예전 | 見極《みきわ》める 판별하다, 꿰뚫다 | 目《め》まぐるしい 빠르다, 눈이 핑핑 놀다 | 先《さき》を見通《みとお》す 앞을 내다보다 | 似《に》る 닮다, 비슷하다 | 境遇《きょうぐう》 경우, 처지 | 世《よ》の中《なか》 세상 | あふれる 넘치다 | 浸《つ》かる 잠기다, 빠지다 | お互《たが》いに 서로 | 共通点《きょうつうてん》 공통점 | いざ 막상 | 固有《こゆう》 고유 | 取《と》り込《こ》む 받아들이다 | 不思議《ふしぎ》 신기함 | 左右《さゆう》 좌우 | 冷静《れいせい》 냉정 | かつ 동시에, 또한 | 見定《みさだ》める 지켜보다, 확인하다 | 平《びょう》等《どう》 평등 | 自意識《じいしき》 자의식 | 創造《そうぞう》 창조 | 中心《ちゅうしん》 중심 | しっかり 제대로 | 反面《はんめん》 반면 | 単純《たんじゅん》 단순 | エゴイズム 에고이즘, 이기주의 | 存在《そんざい》 존재 | 気《き》づく 알아차리다 | すべて 모든 | 姿《すがた》 모습 | まさに 바로, 틀림없이 | 珍《めずら》しい 진기하다 | 経験《けいけん》 경험 | アイデンティティ 정체성 | こだわる 구애되다 | 異《こと》なる 다르다 | 認《みと》める 인정하다 | 絶《た》え間《ま》なく 끊임없이 | 見《み》出《いだ》す 찾다 내다, 발견하다 | 純粋《じゅんすい》 순수 | たどり着《つ》く 다다르다 | 受《う》け入《い》れ合《あ》う 서로 받아들이다 | のみならず 뿐만 아니라 | 役目《やくめ》 역할, 책임 | 充足感《じゅうそくかん》 충족감 | 提供《ていきょう》 제공 | 肝心《かんじん》 중요함 | 結局《けっきょく》のところ 결국 | 確認《かくにん》 확인

1 ①なかなか難《むずか》しいとあるが、なぜか。

1 これからの社会《しゃかい》がどうなるかわからないから
2 自分《じぶん》だけのことだと思《おも》われるから
3 本人《ほんにん》のことはちゃんと見《み》えないから
4 人《ひと》の不安《ふあん》や恐《おそ》れは似《に》て非《ひ》なるものだから

1 ①상당히 어렵다고 하는데, 왜인가?

1 앞으로의 사회가 어떻게 될지 모르기 때문에
2 자신만의 일이라고 여겨지기 때문에
3 본인의 일은 제대로 보이지 않기 때문에
4 남의 불안이나 두려움은 비슷해 보이나 다르기때문에

풀이 '서로 공통점이 있다 하더라도, 타인과 관계없는 본인만의 고유한 문제로 받아들이기 때문이다'라는 말을 통해 정답이 2번임을 알 수 있다.

2 ②そのような自分《じぶん》とはどのような自分《じぶん》か。

1 自分《じぶん》と同《おな》じような人《ひと》がたくさんいると思《おも》う人《ひと》

2 自分《じぶん》だけの純粋《じゅんすい》さがあると思《おも》う人《ひと》

3 自分《じぶん》は世《よ》の中《なか》の一人《ひとり》にすぎないと思《おも》う人《ひと》

4 自分《じぶん》は世界《せかい》を作《つく》る大切《たいせつ》な存在《そんざい》だと思《おも》う人《ひと》

2 ②그러한 자신이란 어떠한 자신인가?

1 자신과 비슷한 사람이 많이 있다고 생각하는 사람

2 자신만의 순수함이 있다고 생각하는 사람

3 자신은 세상 속 한 사람에 불과하다고 생각하는 사람

4 자신은 세계를 만드는 중요한 존재라고 생각하는 사람

풀이 '그러한 자신'은 밑줄 앞의 내용을 근거로 해야 한다. 앞 문장에서는 '자신 나름의 자의식을 가지고 있고 누구든 자신의 존재를 인정하면서 살 세상을 창조해가는 것이다. 세계의 중심은 외부가 아닌 자신임을 제대로 파악하고 있다'라고 설명하고 있다. 이 부분에서 '그러한 자신'은 4번임을 알 수 있다.

3 筆者《ひっしゃ》によると、今《いま》の社会《しゃかい》に生《い》きている「本人《ほんにん》」にとって他者《たしゃ》とは何《なに》か。

1 自分《じぶん》の真《しん》の姿《すがた》を感《かん》じさせてくれる社会《しゃかい》と周囲《しゅうい》の人々《ひとびと》

2 自分《じぶん》の存在理由《そんざいりゆう》を確認《かくにん》してくれるまわりの人々《ひとびと》と社会《しゃかい》

3 お互《たが》いに認《みと》め合《あ》う人々《ひとびと》や自分《じぶん》に役割《やくわり》を与《あた》えてくれる社会《しゃかい》

4 ひとりひとりが同《おな》じであることを意識《いしき》させてくれる社会《しゃかい》

3 필자에 의하면, 지금의 사회에 살고 있는 '본인'에게 있어서 타인이란 무엇인가?

1 자신의 진정한 모습을 느끼게 해 주는 사회와 주위의 사람들

2 자신의 존재이유를 확인시켜주는 주변의 사람들과 사회

3 서로 인정하는 사람들과 자신에게 역할을 주는 사회

4 한사람 한사람이 같다는 것을 의식 시켜주는 사회

풀이 타인이라는 것은 '늘 자신의 주변에 존재하고 있으며, 서로 받아들이는 타인뿐만이 아니라 이 세상에서 살아갈 수 있는 역할과 충족감을 제공해 주는 세계 그 자체도 중요한 타인임에 틀림없다'라는 부분에서 정답이 3번임을 알 수 있다. 지문에서 '서로 받아들인다'는 것을 선택지에는 '서로 인정한다'로 바꿔 표현하였다.

문제 11 통합 이해(비교문) | 연습 문제

문제집 p.284

1 ② **2** ①

問題《もんだい》11

次《つぎ》のAとBの文章《ぶんしょう》を読《よ》んで、後《あと》の問《と》いに対《たい》する答《こた》えとして最《もっと》もよいものを、1・2・3・4から一《ひと》つ選《えら》びなさい。

문제 11

다음 A와 B의 글을 읽고, 질문에 대한 답으로 가장 알맞은 것을 1・2・3・4에서 하나 고르세요.

A

巻《ちまた》にはマルチビタミンミネラルのサプリメントは効果《こうか》があるかどうかについて、けっこう意見《いけん》が分《わ》かれています。「食事《しょくじ》をしっかり採《と》れば、問題《もんだい》ないし、わざわざサプリまで摂取《せっしゅ》する必要《ひつよう》はないですよ」という意見《いけん》もあります。確《たし》かに、食事《しょくじ》で完璧《かんぺき》に栄養素《えいようそ》を摂取《せっしゅ》した時《とき》は飲《の》まなくてもいいし、 [1] ちゃんと食事《しょくじ》をした後《あと》、サプリを飲《の》むと過剰摂取《かじょうせっしゅ》になって健康《けんこう》を害《がい》することもあり得《え》ます。特《とく》に脂溶性《しようせい》ビタミンは過剰《かじょう》な分《ぶん》が尿《にょう》に溶《と》けて出《で》てくる水溶性《すいようせい》ビタミンと違《ちが》って、脂《あぶら》に溶《と》けて腎臓《じんぞう》や脂肪細胞《しぼうさいぼう》に蓄積《ちくせき》されて、頭痛《ずつう》や吐《は》き気《け》などを引《ひ》き起《お》こすこともあります。だが、 [2] ダイエットやカップラーメンなどを食《た》べて栄養《えいよう》のバランスが悪《わる》いなと思《おも》う時《とき》は、サプリを飲《の》んだ方《ほう》が健康維持《けんこういじ》のためにもいいと思《おも》います。それに、統計的《とうけいてき》にほとんどの日本人《にほんじん》は特定《とくてい》の栄養素《えいようそ》が不足《ふそく》していることが多《おお》いと言《い》われています。だから、自分《じぶん》に足《た》りない分《ぶん》はサプリを飲《の》むのが望《のぞ》ましいのではないかと思《おも》います。

A

항간에는 멀티비타민 미네랄 영양제는 효과가 있는지 없는지에 관해서, 꽤 의견이 갈려 있습니다. "식사를 충분히 하면 문제없고, 일부러 영양제까지 섭취할 필요는 없어요"라는 의견도 있습니다. 확실히, 식사로 완벽하게 영양소를 섭취했을 때는 먹지 않아도 되고 [1] 제대로 식사를 한 후, 영양제를 먹으면 과잉 섭취가 되어 건강을 해칠 수도 있습니다. 특히, 지용성 비타민은 과잉분량이 소변으로 녹아 나오는 수용성 비타민과 달리, 기름으로 녹아서 신장이나 지방 세포에 축적되어, 두통이나 구토 등을 불러일으킬 수도 있습니다. 하지만, [2] 다이어트나 컵라면 등을 먹고, 영양 밸런스가 나쁘다고 느낄 때는 영양제를 먹는 편이 건강 유지를 위해 좋다고 생각합니다. 게다가 통계적으로 대부분의 일본인은 특정의 영양소가 부족한 경우가 많다고 합니다. 그래서 자신에게 부족한 만큼은 영양제를 먹는 것이 바람직하지 않을까 생각합니다.

B

サプリメントにはもともと「補足《ほそく》」といった意味《いみ》があることから栄養素《えいようそ》を補《おぎな》うものだと思《おも》います。サプリメントは薬《くすり》の代《か》わりにはなりませんし、不適切《ふてきせつ》な使用《しよう》などにより、健康被害《けんこうひがい》が起《お》こる可能性《かのうせい》があります。 [1] ちゃんとした食事《しょくじ》をすればサプリメントを摂取《せっしゅ》する必要《ひつよう》はないし、特定《とくてい》栄養素《えいようそ》が過剰摂取《かじょうせっしゅ》になってしまうとかえって体《からだ》を害《がい》することもあります。また、マルチビタミンミネラルがガン、心臓《しんぞう》の疾患《しっかん》や糖尿病《とうにょうびょう》などにかかる可能性《かのうせい》を低下《ていか》させることはないという研究結果《けんきゅうけっか》も出《で》ています。 [2] 通常《つうじょう》の食事《しょくじ》をとった方《ほう》がいいし、やっぱりボリュームがあって噛《か》んで、その咀《そ》嚼《しゃく》作用《さよう》で消化吸収作用《しょうかきゅうしゅうさよう》を促進《そくしん》させるのが、錠剤《じょうざい》を飲《の》むよりはましだと思《おも》います。

(注) 咀嚼《そしゃく》：かみ潰《つぶ》す

B

영양제에는 원래 '보족'이라는 의미가 있는 것에서 영양소를 보충하는 것이라고 생각합니다. 영양제는 약을 대신할 수는 없으며, 부적절한 사용 등에 의해, 건강피해가 일어날 가능성이 있습니다. [1] 제대로 된 식사를 하면 영양제를 섭취할 필요는 없고, 특정 영양소가 과잉 섭취 되어버리면, 오히려 건강을 해칠 수도 있습니다. 또한 멀티비타민 미네랄이 암, 심장의 특정 질환이라든가 당뇨병 등에 걸릴 가능성을 저하시키는 것은 아니라는 연구 결과도 나와 있습니다. [2] 통상의 식사를 하는 편이 좋고, 역시 볼륨이 있어 씹어서, 그 저작 작용으로 소화 흡수 작용을 촉진시키는 것이 알약으로 먹는 것보다는 낫다고 생각합니다.

(주) 저작: 씹어 으깨다

단어 巷《ちまた》 세상, 항간 | マルチビタミンミネラル 멀티비타민 미네랄 | サプリメント 건강보조식품, 영양제 | 分《わ》かれる 갈리다 | しっかり 충분히, 제대로 | 採《と》る 섭취하다 | わざわざ 일부러 | サプリ 영양제 | 摂取《せっしゅ》 섭취 | 確《たし》かに 분명히, 확실히 | 完璧《かんぺき》に 완벽하게 | 栄養素《えいようそ》 영양소 | ちゃんと 정확히, 제대로 | 過剰摂取《かじょうせっしゅ》 과잉 섭취 | 健康《けんこう》を害《がい》する 건강을 해치다 | あり得《え》る 있을 수 있다 | 特《とく》に 특히 | 脂溶性《しようせい》ビタミン 지용성 비타민 | 尿《にょう》 소변 | 溶《と》ける 녹다 | 水溶性《すいようせい》ビタミン 수용성 비타민 | 違《ちが》う 다르다 | 脂《あぶら》 기름 | 腎臓《じんぞう》 신장 | 脂肪細胞《しぼうさいぼう》 지방 세포 | 蓄積《ちくせき》 축적 | 頭痛《ずつう》 두통 | 吐《は》き気《け》 구토, 구역질 | 引《ひ》き起《お》こす 일으키다 | カップラーメン 컵라면 | 栄養《えいよう》 영양 | バランスがわるい 밸런스가 나쁘다 | 健康維持《けんこういじ》 건강 유지 | 統計的《とうけいてき》 통계적 | ほとんど 거의 | 特定《とくてい》 특정 | 望《のぞ》ましい 바람직하다 | もともと 원래 | 補《おぎな》う 보충하다 | 代《か》わり 대신 | 不適切《ふてきせつ》 부적절 | 健康被害《けんこうひがい》 건강 피해 | 起《お》こる 일어나다 | 特定栄養素《とくていえいようそ》 특정 영양소 | かえって 오히려 | 体《からだ》を害《がい》する 몸(건강)을 해치다 | ガン 암 | 心臓《しんぞう》 심장 | 疾患《しっかん》 질환 | 糖尿病《とうにょうびょう》 당뇨병 | 低下《ていか》 저하 | 通常《つうじょう》 통상 | ボリューム 볼륨, 부피, 양 | 噛《か》む 씹다 | 咀嚼作用《そしゃくさよう》 저작 작용(씹는 작용) | 消化吸収作用《しょうかきゅうしゅうさよう》 소화 흡수 작용 | 促進《そくしん》 촉진 | 錠剤《じょうざい》 정제, 알약

1 AとBの認識《にんしき》で共通《きょうつう》しているのは何《なに》か。

1 消化過程《しょうかかてい》を省略《しょうりゃく》したサプリメントは体《からだ》を害《がい》する恐《おそ》れがある。

2 サプリメントの摂取《せっしゅ》により健康《けんこう》を損《そこ》なう可能性《かのうせい》もある。

3 サプリメントで病気《びょうき》が治《なお》せると勘違《かんちが》いしてはいけない。

4 日常《にちじょう》の食事《しょくじ》で栄養素《えいようそ》を摂取《せっしゅ》した方《ほう》が健康《けんこう》の維持《いじ》に役立《やくだ》つ。

1 A와 B의 인식으로 공통된 것은 무엇인가?

1 소화 과정을 생략한 영양제는 몸에 해가 될 우려가 있다.

2 영양제의 섭취에 의해 건강을 해칠 가능성도 있다.

3 영양제로 병이 나을 수 있다고 착각해서는 안 된다.

4 일상의 식사에서 영양소를 섭취하는 편이 건강 유지에 도움이 된다.

풀이 A글에서는 '제대로 식사를 한 후, 영양제를 먹으면 과잉 섭취가 되어 건강을 해칠 수도 있다'고 보고 있다. B글에서는 '제대로 된 식사를 하면 영양제를 섭취할 필요는 없고, 영양제는 영양 보충의 의미로 섭취해야 하며, 특정 영양소를 과잉 섭취하면 오히려 몸에 해로울 수도 있다'고 말하고 있다. 따라서 2번의 '영양제 섭취에 의해 건강을 해칠 가능성도 있다'가 정답이 된다.

2 サプリメントの摂取《せっしゅ》について、AとBはどのように述《の》べているか。

1 Aは栄養素《えいようそ》が不十分《ふじゅうぶん》なときは摂取《せっしゅ》した方《ほう》がいいと述《の》べ、Bはふだんの食事《しょくじ》で栄養素《えいようそ》をとった方《ほう》がいいと述《の》べている。

2 Aは栄養素《えいようそ》の基準摂取《きじゅんせっしゅ》に満《み》たしていない場合《ばあい》は飲《の》んだ方《ほう》がいいと述《の》べ、Bは栄養素《えいようそ》の過剰摂取《かじょうせっしゅ》になりがちなので控《ひか》えた方《ほう》がいいと述《の》べている。

2 영양제의 섭취에 관해서 A와 B는 어떻게 말하고 있는가?

1 A는 영양소가 불충분할 때는 섭취하는 편이 좋다고 말하고, B는 평소의 식사로 영양소를 섭취하는 편이 좋다고 말하고 있다.

2 A는 영양소의 기준 섭취를 채우지 않았을 경우엔 먹는 편이 좋다고 말하고, B는 영양소의 과잉 섭취가 되기 십상이기 때문에 삼가 하는 편이 좋다고 말하고 있다.

3 Aは栄養《えいよう》バランスがとれた食事《しょくじ》をしたときは必要《ひつよう》ないと述《の》べ、Bは薬《くすり》と食事《しょくじ》を使《つか》い分《わ》ける必要《ひつよう》があると述《の》べている。

4 Aは自分《じぶん》の体質《たいしつ》に合《あ》わせて摂取《せっしゅ》した方《ほう》が望《のぞ》ましいと述《の》べ、Bは錠剤《じょうざい》より噛《か》む行為《こうい》を通《とお》して栄養素《えいようそ》をとった方《ほう》がいいと述《の》べている。

3 A는 영양 밸런스에 맞는 식사를 했을 때는 필요 없다고 말하고, B는 약과 식사를 구분해서 사용할 필요가 있다고 말하고 있다.

4 A는 자신의 체질에 맞춰서 섭취하는 편이 바람직하다고 말하고, B는 알약보다 씹는 행위를 통해서 영양소를 섭취하는 편이 좋다고 말하고 있다.

풀이 A글은 '영양소가 불충분하다고 느낄 때는 영양제를 섭취하는 것이 좋다'고 말하고, B글은 '평소의 식사에서 영양소를 섭취하는 것이 좋다'고 말하고 있으므로 정답은 1번이다. 그 외에 선택지 2번과 3번은 B 부분의 설명이 오답이고, 4번은 A 부분의 설명이 오답이다. 비교문에서는 A와 B 양쪽 내용을 꼼꼼히 읽어 봐야 문제를 풀 수 있다.

문제 12 주장 이해(장문) | 연습 문제

문제집 p.288

1 ① 2 ② 3 ②

問題《もんだい》12

次《つぎ》の文章《ぶんしょう》を読《よ》んで、後《あと》の問《と》いに対《たい》する答《こた》えとして最《もっと》もよいものを、1・2・3・4から一《ひと》つ選《えら》びなさい。

문제 12

다음 글을 읽고, 질문에 대한 답으로 가장 알맞은 것을 1・2・3・4에서 하나 고르세요.

1~3

「世《よ》の中《なか》」で、何《なに》かを生《う》み出《だ》すためには、まず「企画書《きかくしょ》」が必要《ひつよう》だ。もちろん、[1] 自分《じぶん》のプライベートな行動《こうどう》なら、企画書《きかくしょ》なんて必要《ひつよう》ない。思《おも》い立《た》ったが吉日《きちにち》と、①どんどん行動《こうどう》を起《お》こしても構《かま》わない。例《たと》えば、家族《かぞく》の中《なか》では企画書《きかくしょ》は不要《ふよう》だ。お父《とう》さんが新《あたら》しい車《くるま》を買《か》うのに家族全員《かぞくぜんいん》に企《き》画書《かくしょ》を回《まわ》したなんて聞《き》いたことがないし、腹《はら》を空《す》かせて泣《な》いていた子猫《こねこ》を思《おも》わず拾《ひろ》ってきてしまったお姉《ねえ》さんも、夕食時《ゆうしょくじ》の話《はな》し合《あ》いだけで、飼《か》うか飼《か》わぬか結論《けつろん》は出《で》るだろう。恋人《こいびと》たちが結婚《けっこん》を決《き》めるような大事《だいじ》な局面《きょくめん》でも企画書《きかくしょ》はそぐわない。「結婚《けっこん》しようか？」「ええ」とか「一緒《いっしょ》になろうよ」「問題外《もんだいがい》！」と話《はなし》はすんでしまう。こんなふうに身近《みぢか》な人《ひと》とのイベントや決《き》めごとは、企画書《きかくしょ》なしでも動《うご》かせる。

ところが、あなたのやりたいことが身近《みぢか》な人《ひと》の領域《りょういき》を超《こ》えて第三者《だいさんしゃ》にも関《かか》わるとき、突如《とつじょ》として

'세상'에서 무언가를 창출하기 위해서는 우선 '기획서'가 필요하다. 물론, [1] 자신의 개인적인 행동이라면, 기획서 같은 건 필요 없다. 마음먹으면 실행해야 하듯이, ①계속해서 행동을 일으켜도 상관없다. 예를 들면, 가족 내에서는 기획서는 불필요하다. 아버지가 새로운 자동차를 사는 데 가족 전원에게 기획서를 돌린다는 것은 들은 적이 없고, 배를 곯고 울고 있던 아기 고양이를 엉겁결에 주워 와 버린 언니도, 저녁 식사의 대화만으로 키울지 키우지 않을지 결론은 나올 것이다. 연인들이 결혼을 정하는 듯한 중요한 국면에서도 기획서는 어울리지 않는다. '결혼할까?' '응'이라든가 '함께 살자' '문제 외!'라고 이야기는 끝나버린다. 이런 식으로 가까운 사람과의 이벤트나 결정하는 일은 기획서 없이도 움직일 수 있다.

그러나 당신이 하고 싶은 일이 가까운 사람의 영역을 넘어 제3자와 관계될 때 갑자기 '문서로의 설득 기술'

「文書《ぶんしょ》での説得技術《せっとくぎじゅつ》」が鍵《かぎ》になる。

第三者《だいさんしゃ》は身内《みうち》より、文書《ぶんしょ》に書《か》かれたことの「説《せっ》得力《とくりょく》」や「信頼性《しんらいせい》」を重《おも》んじるからだ。直接会《ちょくせつあ》って、身振《みぶ》り手振《てぶ》りで情熱《じょうねつ》を伝《つた》えることのできない相手《あいて》（おうおうにして自分《じぶん》より力《ちから》のある忙《いそが》しい人《ひと》たち）には、なおさら、あなたの「企画書《きかくしょ》」に、あなたの替《か》わりに喋《しゃべ》らせなければならない。そして 2 「うん、この企画《きかく》なら乗《の》れる！」と相手《あいて》にウンと言《い》わせなければならない。より多《おお》くの人《ひと》があなたの趣旨《しゅし》を理解《りかい》すると、②仕事《しごと》はがぜん、やりやすくなる。会社《かいしゃ》に入《はい》ればすぐわかることだ。

(中略)

さらに、実際《じっさい》の企画《きかく》プレゼンの場《ば》や面接試験《めんせつしけん》の場《ば》で、あなたの自身《じしん》のキャラクターを売《う》り込《こ》むためには、シンプルで効果的《こうかてき》な演出《えんしゅつ》が必要《ひつよう》だ。『自《じ》分《ぶん》「プレゼン」術《じゅつ》』を参考《さんこう》にあなたのキャラクターが自然《しぜん》にプレゼンの流《なが》れに乗《の》るようデザインしてみてほしい。

ところで、企画《きかく》のプレゼンでいちばん大事《だいじ》なのは、次《つぎ》の三《みっ》つだと思《おも》う。

（1）相手《あいて》のイメージの中《なか》にある言葉《ことば》で語《かた》ること。（2）相手《あいて》のイメージの中《なか》にある要素《ようそ》を再《さい》構成《こうせい》して企画《きかく》をプレゼンすること。相手《あいて》のイメージにないものを頭《あたま》の中《なか》に出現《しゅつげん》させることは不可能《ふかのう》に近《ちか》い。だから、AとBしか頭《あたま》の中《なか》にない相手《あいて》には、新《あたら》しい企画《きかく》のことはA+Bだとか、A×Bだとイメージさせなければならない。AとBのイメージしかない相手《あいて》に、Cというイメージを持《も》たせようとするプレゼンは必《かなら》ず失敗《しっぱい》する。（3）相手《あいて》は、自分《じぶん》とあなたとの共通点《きょうつうてん》を求《もと》めている。共通点《きょうつうてん》が多《おお》ければ多《おお》いほど、人間《にんげん》は安心《あんしん》し、信頼《しんらい》を寄《よ》せるもの。共通点《きょうつうてん》の蓄積《ちくせき》は、あなた自身《じしん》とあなたの企《き》画《かく》のクレジットレベルを引《ひ》き上《あ》げる。

だから、プレゼンの前《まえ》には、思《おも》い切《き》り共通点《きょうつうてん》を探《さが》すインタビューに時間《じかん》をかけた方《ほう》がいい。 3 相手《あいて》があるという事実《じじつ》をもっと強《つよ》く意識《いしき》すれば、「文章力《ぶんしょうりょく》」も「プレゼン力《りょく》」も自然《しぜん》、磨《みが》かれる。言《い》い換《か》えれば「相手《あいて》には独自《どくじ》の世界観《せかいかん》があり、そ

이 열쇠가 된다.

제3자는 가족보다 문서에 쓰여진 것의 '설득력'이나 '신뢰성'을 중요시하기 때문이다. 직접 만나서, 몸짓 손짓으로 열정을 전달할 수 없는 상대(때때로 자신보다 힘이 있는 바쁜 사람들)에게는 한층 더, 당신의 '기획서'에 당신 대신에 말하게 하지 않으면 안 된다. 그리고 2 '응, 이 기획이라면 되겠는데!'라고 상대에게 '응'이라고 듣지 않으면 안 된다. 보다 많은 사람이 당신의 취지를 이해하면, ②일은 갑자기 하기 쉬워진다. 회사에 들어가면 금방 알 수 있다.

(중략)

더욱이 실제의 기획 발표의 장이나 면접 시험의 장에서, 당신 자신의 특성을 팔기 위해서는 간단하고 효과적인 연출이 필요하다. '자신의 「발표」술'을 참고로 당신의 특성이 자연스럽게 발표의 흐름에 탈 수 있도록 디자인해 보길 바란다.

그런데 기획의 발표에서 가장 중요한 것은 다음의 세 가지라고 생각한다.

(1) 상대의 이미지 속에 있는 말로 이야기할 것. (2) 상대의 이미지 속에 있는 요소를 재구성해서 기획을 발표할 것. 상대의 이미지에 없는 것을 머릿속에 출현시키는 것은 불가능에 가깝다. 때문에, A와 B밖에 머릿속에 없는 상대에게는, 새로운 기획은 A+B다라든가, AXB다라고 이미지시키지 않으면 안 된다. A와 B의 이미지밖에 없는 상대에게 C라는 이미지를 가지게 하려고 하는 발표는 반드시 실패한다. (3) 상대는, 자신과 당신과의 공통점을 구하고 있다. 공통점이 많으면 많을수록 인간은 안심하고, 신뢰하는 법. 공통점의 축적은 당신 자신과 당신의 기획의 신용 수준을 끌어올린다.

때문에 발표 전에는 마음껏 공통점을 찾는 인터뷰에 시간을 들이는 것이 좋다. 3 상대가 있다는 사실을 좀 더 강하게 의식한다면, '문장력'도 '발표력'도 자연히 연마된다. 바꿔 말하면, '상대에게는 독자의 세계관이 있고, 그 이미지 속에서 살고 있는 것이다'라고 이해하는

のイメージの中《なか》で生《い》きているのだ」と理解《りかい》することが、「文章《ぶんしょう》」や「プレゼン」の出発点《しゅっぱつてん》になる。

今《いま》、このとき、同《おな》じものを見《み》ているようで、あなたと私《わたし》は、たぶん違《ちが》う世界《せかい》を観《み》ている。その、本来《ほんらい》 3 わかりあえない二人《ふたり》が、なんとかわかりあおうとする技術《ぎじゅつ》、それがコミュニケーション技術《ぎじゅつ》だ。だからこそ、コミュニケーション技術《ぎじゅつ》は、夢《ゆめ》を実現《じつげん》するチカラになる。

(藤原和博《ふじわらかずひろ》『「よのなか」入門《にゅうもん》』による)

(注1) 思《おも》い立《た》ったが吉日《きちにち》：何《なん》かを始《はじ》めようと思《おも》ったときはすぐに実行《じっこう》すべきだ

(注2) がぜん：いきなり

것이 '문장'이나 '발표'의 출발점이 된다.

지금, 이때, 같은 것을 보고 있는 듯해도, 당신과 나는, 아마도 다른 세계를 보고 있다. 그 본래 3 서로 이해할 수 없는 두 사람이 어떻게 해서든 서로 이해하려고 하는 기술, 그것이 대화 기술이다. 때문에 대화 기술은 꿈을 실현하는 힘이 된다.

(후지와라 카즈히로 『'세상' 입문』에 의함)

(주1) 마음먹으면 실행해야 한다: 무언가를 시작하기를 원할 때는 즉시 실행해야 한다

(주2) 아연: 갑자기, 느닷없이

단어 생《う》み出《だ》す 낳다, 창출하다 | 企画書《きかくしょ》 기획서 | プライベート 프라이빗, 개인적, 사적 | 思《おも》い立《た》ったが吉日《きちにち》 생각나면(마음먹으면) 바로 실행해야 함 | どんどん 계속해서 | 構《かま》わない 상관없다 | 例《たと》えば 예를 들면 | 回《まわ》す 돌리다 | 腹《はら》を空《す》かせる 배를 곯다, 쫄쫄 굶음 | 子猫《こねこ》 아기 고양이 | 思《おも》わず 엉겁결에 | 拾《ひろ》う 줍다 | 話《はな》し合《あ》い 대화 | 結論《けつろん》 결론 | 恋人《こいびと》 연인 | 決《き》める 결정하다 | 局面《きょくめん》 국면 | そぐわない 어울리지 않다 | 話《はなし》はすむ 이야기는 끝나다 | 身近《みぢか》な 갑자기 | イベント 이벤트 | 動《うご》く 움직이다 | 領域《りょういき》 영역 | 超《こ》える 넘다 | 第三者《だいさんしゃ》 제3자 | 関《かか》わる 관계되다 | 突如《とつじょ》 돌연, 갑자기 | 文書《ぶんしょ》 문서 | 説得《せっとく》技術《ぎじゅつ》 설득 기술 | 鍵《かぎ》 열쇠 | 身内《みうち》 가족 | 説得力《せっとくりょく》 설득력 | 信頼性《しんらいせい》 신뢰성 | 重《おも》んじる 중히 여기다, 중요시하다 | 直接《ちょくせつ》 직접 | 会《あ》う 만나다 | 身《み》振《ぶ》り手《て》振《ぶ》り 몸짓 손짓 | 情熱《じょうねつ》 정열 | 伝《つた》える 전하다 | おうおうにして 왕왕, 때때로 | なおさら 한층 더 | 替《か》わりに 대신에 | 喋《しゃべ》る 말하다, 재잘거리다 | 趣旨《しゅし》 취지 | がぜん 아연, 갑자기 | さらに 더욱더 | 実際《じっさい》 실제 | 企画《きかく》プレゼンの場《ば》 기획 프레젠테이션(발표)의 장 | 面接試験《めんせつしけん》の場《ば》 면접 시험의 장 | キャラクター 성격, 특징, 등장인물 | 売《う》り込《こ》む 팔다 | シンプル 심플, 간단 | 効果的《こうかてき》 효과적 | 演出《えんしゅつ》 연출 | 参考《さんこう》 참고 | 自然《しぜん》に 저절로 | 流《なが》れに乗《の》る 흐름을 타다 | デザイン 디자인 | 言葉《ことば》 말 | 語《かた》る 말하다 | 要素《ようそ》 요소 | 再構成《さいこうせい》 재구성 | 出現《しゅつげん》 출현 | 失敗《しっぱい》 실패 | 共通点《きょうつうてん》 공통점 | 求《もと》める 구하다, 바라다 | 安心《あんしん》 안심 | 信頼《しんらい》を寄《よ》せる 신뢰하다 | 蓄積《ちくせき》 축적 | クレジットレベル 신용 수준 | 引《ひ》き上《あ》げる 끌어올리다 | 思《おも》い切《き》り 마음껏, 충분히 | 探《さが》す 찾다 | インタビュー 인터뷰 | 文章力《ぶんしょうりょく》 문장력 | 磨《みが》く 연마하다 | 言《い》い換《か》える 바꿔 말하다 | 独自《どくじ》 독자 | 世界観《せかいかん》 세계관 | 出発点《しゅっぱつてん》 출발점 | 違《ちが》う 다르다 | 技術《ぎじゅつ》 기술 | コミュニケーション 대화 | 実現《じつげん》 실현

1 ①どんどん行動《こうどう》を起《お》こしても構《かま》わないとあるが、どういうことか。

1 自分《じぶん》のやりたいことがあれば企画書《きかくしょ》なしにすぐ行動《こうどう》に移《うつ》すことだ。

2 すばやい結論《けつろん》を出《だ》すためにはひとまず身《み》近《ぢか》な人《ひと》と話《はな》すことだ。

3 自分《じぶん》の意見《いけん》を通《とお》すためには企画書《きかくしょ》より信《しん》頼性《らいせい》を築《きず》くことだ。

4 プライベートな決《き》め事《ごと》はなるべく企画書《きかくしょ》なしに早《はや》く解決《かいけつ》することだ。

1 ①계속해서 행동을 일으켜도 상관없다고 하는데 무슨 말인가?

1 자신이 하고 싶은 일이 있으면 기획서 없이 바로 행동으로 옮기는 것이다.

2 빠른 결론을 내기 위해서는 우선 가까운 사람과 이야기하는 것이다.

3 자신의 의견을 관철시키기 위해서는 기획서보다 신뢰성을 구축하는 것이다.

4 개인적인 결정은 되도록 기획서 없이 빨리 해결하는 것이다.

풀이 제시된 내용의 앞의 내용을 보면, '자신의 개인적인 행동이라면, 기획서 같은 건 필요 없다. 마음먹으면 실행해야 하듯이'라는 말을 통해 1번의 '자신이 하고 싶은 일이 있으면 기획서 없이 바로 행동으로 옮기면 된다'가 정답임을 알 수 있다. 한편 선택지 4번의 '되도록, 빨리'라는 말은 언급한 바가 없으므로 오답이다.

2 ②仕事《しごと》はがぜん、やりやすくなるとあるが、なぜか。

1 直接会《ちょくせつあ》って自分《じぶん》の趣旨《しゅし》を相手《あいて》に伝《つた》えたから

2 自分《じぶん》の意図《いと》が相手《あいて》にちゃんと伝《つた》えられたから

3 企画《きかく》の内容《ないよう》がシンプルで分《わ》かりやすかったから

4 相手《あいて》のイメージに合《あ》う言葉《ことば》で企画書《きかくしょ》を作《さく》成《せい》したから

2 ②일은 갑자기 하기 쉬워진다고 하는데, 왜인가?

1 직접 만나서 자신의 취지를 상대에게 전했기 때문에

2 자신의 의도가 상대에게 제대로 전해졌기 때문에

3 기획의 내용이 간단하고 이해하기 쉬웠기 때문에

4 상대의 이미지에 맞는 말로 기획서를 작성했기 때문에

풀이 제시된 내용의 앞의 내용을 보면 "'응, 이 기획이라면 되겠는데!'라고 상대에게 '응'이라고 듣지 않으면 안 된다. 보다 많은 사람이 당신의 취지를 이해하면, 일은 갑자기 하기 쉬워진다"라고 말하고 있다. 결국 '자신의 의도가 상대에게 제대로 전달되었기 때문에' 일하기 편해진 것이므로 정답은 2번이다.

3 筆者《ひっしゃ》は夢《ゆめ》を実現《じつげん》するためにはどうすればいいと述《の》べているか。

1 自分《じぶん》の夢《ゆめ》を叶《かな》うためには自分《じぶん》の中《なか》にあるイメージを相手《あいて》に持《も》たせるべきだ。

2 相手《あいて》の頭《あたま》の中《なか》にあるイメージを意識《いしき》しながら相手《あいて》と理解《りかい》し合《あ》うべきだ。

3 自分《じぶん》の世界観《せかいかん》と相手《あいて》の世界観《せかいかん》の差《さ》を狭《せば》めていく努力《どりょく》をし続《つづ》けるべきだ。

4 自分《じぶん》なりの世界観《せかいかん》を築《きず》きながらコミュニケーション技術《ぎじゅつ》を磨《みが》くべきだ。

3 필자는 꿈을 실현하기 위해서는 어떻게 하면 된다고 말하고 있는가?

1 자신의 꿈을 이루기 위해서는 자신 속에 있는 이미지를 상대에게 가지게 해야 한다.

2 상대의 머릿속에 있는 이미지를 의식하면서 상대와 서로 이해해야 한다.

3 자신의 세계관과 상대의 세계관의 차이를 좁혀가는 노력을 계속해야 한다.

4 자신 나름의 세계관을 구축하면서 대화 기술을 연마해야 한다.

풀이 마지막 단락을 보면 '대화 기술이 꿈을 실현하는 힘'이라고 언급하고 있다. 대화 기술의 내용을 살펴보면, '기획 프레젠테이션에서 가장 중요한 것은 상대가 있다는 사실을 강하게 의식하는 것이 문장력과 발표력의 출발점이며, 서로 이해할 수 없는 두 사람이 어떻게 해서든 서로 이해하려고 하는 기술, 이것이 꿈을 실현하는 힘이 된다'라는 내용이다. 따라서 '상대의 머릿속에 있는 이미지를 의식하면서 상대와 서로 이해하는 기술이 필요하다'라고 핵심을 잘 표현한 2번이 정답이 된다.

문제 13 정보 검색 | 연습 문제

문제집 p.296

1 ② 2 ④

問題《もんだい》13

右《みぎ》のページは、生態系《せいたいけい》保全《ほぜん》協会《きょうかい》事務局《じむきょく》のホームページにある「生態系《せいたいけい》保全《ほぜん》推進《すいしん》」ポスターの募集案内《ぼしゅうあんない》である。下《した》の問《と》いに対《たい》する答《こた》えとして最《もっと》もよいものを1・2・3・4から一《ひと》つ選《えら》びなさい。

문제 13

오른쪽 페이지는 생태계 보전 협회 사무국의 홈페이지에 있는 '생태계 보전 추진' 포스터의 모집 안내이다. 아래 질문에 대한 답으로 가장 알맞은 것을 1·2·3·4에서 하나 고르세요.

1~2

「生態系《せいたいけい》保全《ほぜん》推進《すいしん》」ポスター募集《ぼしゅう》

【募集《ぼしゅう》の趣旨《しゅし》】

公益団体法人《こうえきだんたいほうじん》生態系《せいたいけい》保全《ほぜん》協会《きょうかい》では、国民《こくみん》一人《ひとり》一人《ひとり》が「生態系《せいたいけい》の保全《ほぜん》」について、理解《りかい》と認識《にんしき》を深《ふか》め、各地《かくち》での取《と》り組《く》みへと輪《わ》を広《ひろ》げていただくことを目的《もくてき》に、3月《がつ》を「生態《せいたい》保全《ほぜん》月《げっ》

'생태계 보전 추진' 포스터 모집

【모집 취지】

공익단체 법인 생태계 보전 협회에서는, 국민 한 사람 한 사람이 '생태계 보전'에 관해서, 이해와 인식을 깊게 하고, 각 지역에서의 대처로 범위가 확대되는 것을 목적으로, 3월을 '생태 보전 월간'으로 삼아, 이 월간을 통

間《かん》」とし、この月間《げっかん》を通《つう》じて、「生態保全《せいたいほぜん》」への意識《いしき》を高揚《こうよう》するため、環境保全推進《かんきょうほぜんすいしん》ポスターの図案《ずあん》を募集《ぼしゅう》します。最優秀作品《さいゆうしゅうさくひん》は、推《すい》進《しん》ポスターとして、生態保全月間《せいたいほぜんげっかん》の行事《ぎょうじ》及《およ》び月間《げっかん》以降《いこう》も自治体《じちたい》・生態保全団体等《せいたいほぜんだんたいなど》において掲示《けいじ》します。

[1] 【募集《ぼしゅう》デーマ】

「再生《さいせい》エネルギー活用《かつよう》とエネルギー効率性《こうりつせい》の向上《こうじょう》」「絶滅《ぜつめつ》の危機《きき》に瀕《ひん》している動植物《どうしょくぶつ》の保《ほ》護《ご》」「森林再生及《しんりんさいせいおよ》び植林活動《しょくりんかつどう》」

【作品募集期間《さくひんぼしゅうきかん》】

2025年《ねん》1月《がつ》17日《にち》(金《きん》)～5月《がつ》30日《にち》（金《きん》）必着《ひっちゃく》。

【規格《きかく》、紙質等《ししつなど》】

1) [1] 四《よっ》つ切《ぎ》り画用紙《がようし》サイズ（縦《たて》54cmx横《よこ》38cm）

2) 紙《かみ》を縦向《たてむ》きにしてポスター図案《ずあん》を作成《さくせい》してください。（※横向《よこむ》きで作成《さくせい》したものは審《しん》査《さ》の対象外《たいしょうがい》になります）

3) 紙質《ししつ》、絵《え》の具《ぐ》は自由《じゆう》。

【留意事項《りゅういじこう》】

1) 募集要項《ぼしゅうようこう》の「応募用紙《おうぼようし》」に記入《きにゅう》して、[2] 作品《さくひん》の裏面《うらめん》に貼《は》ってください。（または①～⑤を作品《さくひん》の裏面《うらめん》に明記《めいき》してください）①氏名《しめい》　②年齢《ねんれい》　③職業《しょくぎょう》（学校名《がっこうめい》・学年《がくねん》）④簡単《かんたん》な制作意図《せいさくいと》　⑤連絡先《れんらくさき》（住所《じゅうしょ》・電話《でんわ》番号《ばんごう》・メールアドレス）＊学校《がっこう》・団体《だんたい》で応《おう》募《ぼ》の場合《ばあい》は学校《がっこう》・団体《だんたい》の連絡先《れんらくさき》を記載《きさい》

2) 応募点数《おうぼてんすう》は制限《せいげん》なし。ただし、[2] 1用紙《ようし》に作品《さくひん》1点《てん》とし、[1] 未発表《みはっぴょう》のオリジナル作品《さくひん》に限《かぎ》ります。

3) 入選作品《にゅうせんさくひん》の著作権《ちょさくけん》は主催者《しゅさいしゃ》に帰属《きぞく》し、[1] 応募作品《おうぼさくひん》の返却《へんきゃく》はいたしません。

4) [2] 結果発表《けっかはっぴょう》の際《さい》には、入選者氏名《にゅうせんしゃしめい》とお住《す》まいの市区町村名《しくちょうそんめい》、職業《しょくぎょう》（学校名《がっこうめい》・学年《がくねん》）、年齢《ねんれい》を記載《きさい》して発表《はっぴょう》します。

해서 '생태 보전'에 대한 의식을 고양하기 위해서 환경 보전 추진 포스터의 도안을 모집합니다. 최우수 작품은 추진 포스터로서 생태 보전 월간의 행사 및 월간 이후에도 자치체·생태 보전 단체 등에서 게시합니다.

[1] 【모집 테마】

'재생에너지 활용과 에너지 효율성의 향상', '멸종 위기에 직면하고 있는 동식물의 보호', '삼림 재생 및 식림 활동'

【작품 모집 기간】

2025년 1월 17일(금)~5월 30일(금) 필착.

【규격, 종이질 등】

1) [1] 사절지 도화지 사이즈(세로 54cm x 가로 38cm)

2) 종이를 세로 방향으로 해서 포스터 도안을 작성해 주세요.(※가로 방향으로 작성한 것은 심사 대상 외가 됩니다)

3) 종이질, 그림 물감은 자유.

【유의 사항】

1) 모집 요항의 「응모 용지」에 기입하고, [2] 작품의 뒷면에 붙여주세요. (또는 ①~⑤을 작품의 뒷면에 명기해 주세요) ① 성명 ② 연령 ③ 직업(학교명·학년) ④ 간단한 제작 의도 ⑤ 연락처(주소·전화번호·메일 주소) * 학교·단체에서 응모할 경우는 학교·단체의 연락처를 기재

2) 응모 점수(개수)는 제한 없음. 단, [2] 1 용지에 작품 1점으로 하고, [1] 미발표의 오리지널 작품에 한합니다.

3) 입선 작품의 저작권은 주최자에 귀속되며, [1] 응모 작품의 반환은 하지 않습니다.

4) [2] 결과 발표 때에는 입선자 성명과 사는 곳의 시·구·정·촌명, 직업(학교명·학년), 연령을 기재해서 발표합니다.

【発表《はっぴょう》】

2025年《ねん》１０月《がつ》１６日《にち》（木《もく》）

2 ホームページなどで発表《はっぴょう》するとともに受賞《じゅしょう》者《しゃ》に通知《つうち》いたします。2025年《ねん》１０月《がつ》下旬《げじゅん》に開《かい》催《さい》予定《よてい》の生態系《せいたいけい》保全《ほぜん》協会《きょうかい》の定時総会《ていじそうかい》に招待《しょうたい》し、表彰《ひょうしょう》を行《おこな》うとともに賞《しょう》の授与《じゅよ》を行《おこな》います。

【郵送先《ゆうそうさき》】

〒789-0083　東京都《とうきょうと》大田区《おおたく》東六郷《ひがしろくごう》　３－１８－３清《きよ》らセンター西館《にしだて》３階《がい》

生態系《せいたいけい》保全《ほぜん》協会《きょうかい》事務局《じむきょく》

TEL：03-4672-0035 FEX:03-4672-0045

【발표】

2025년 10월 16일(목)

2 홈페이지 등에서 발표함과 함께 수상자에게 통지해 드립니다. 2025년 10월 하순에 개최 예정인 생태계 보전 협회의 정기총회에 초대해서, 표창을 행함과 동시에 상을 수여하겠습니다.

【우송처】

〒789-0083　동경도 오오타구 히가시 로쿠고우 3－１８－３ 키요라센터 서관３층

생태계 보전 협회 사무국

TEL：03-4672-0035 FEX:03-4672-0045

단어 生態系《せいたいけい》 생태계 | 保全《ほぜん》 보전 | 推進《すいしん》 추진 | ポスター 포스터 | 募集《ぼしゅう》 모집 | 公益《こうえき》 공익 | 法人《ほうじん》 법인 | 協会《きょうかい》 협회 | 深《ふか》める 깊게 하다 | 取《と》り組《く》み 대처 | 輪《わ》を広《ひろ》げる 고리(범위)를 넓히다 | を通《つう》じて ~을 통해서 | 最優秀作品《さいゆうしゅうさくひん》 최우수 작품 | 行事《ぎょうじ》 행사 | 及《およ》び 및 | 自治体《じちたい》 자치체 | 掲示《けいじ》 게시 | デーマ 테마 | 再生《さいせい》エネルギー 재생 에너지 | 活用《かつよう》 활용 | 効率性《こうりつせい》 효율성 | 絶滅《ぜつめつ》 절멸, 멸종 | 危機《きき》 위기 | 瀕《ひん》する 직면하다 | 動植物《どうしょくぶつ》 동식물 | 保護《ほご》 보호 | 森林《しんりん》 삼림 | 再生《さいせい》 재생 | 必着《ひっちゃく》 필착 | 規格《きかく》 규격 | 紙質《ししつ》 종이질 | 四《よ》つ切《ぎ》り 사절판(지) | 画用紙《がようし》 도화지 | 縦向《たてむ》き 세로 방향 | 作成《さくせい》 작성 | 横向《よこむ》き 가로 방향 | 審査《しんさ》 심사 | 絵《え》の具《ぐ》 그림 물감 | 留意事項《りゅういじこう》 유의 사항 | 記入《きにゅう》 기입 | 作品《さくひん》 작품 | 裏面《うらめん》 뒷면 | 貼《は》る 붙이다 | 明記《めいき》 명기 | 制作《せいさく》 제작 | 連絡先《れんらくさき》 연락처 | 住所《じゅうしょ》 주소 | メールアドレス 메일 주소 | 記載《きさい》 기재 | 制限《せいげん》 제한 | 未発表《みはっぴょう》 미발표 | オリジナル作《さく》品《ひん》 오리지널 작품 | 限《かぎ》る 한하다 | 入選作品《にゅうせんさくひん》 입선 작품 | 著作権《ちょさくけん》 저작권 | 主催者《しゅさいしゃ》 주최자 | 帰属《きぞく》 귀속 | 返却《へんきゃく》 반납 | 結《けっ》果発表《かはっぴょう》 결과 발표 | 入選者《にゅうせんしゃ》 입선자 | お住《す》まい 사는 곳 | 受賞者《じゅしょうしゃ》 수상자 | 通知《つうち》 통지 | 下旬《げじゅん》 하순 | 開催予定《かいさいよてい》 개최 예정 | 定期総会《ていきそうかい》 정기총회 | 招待《しょうたい》 초대 | 表彰《ひょうしょう》 표창 | 行《おこな》う 행하다 | 授与《じゅよ》 수여 | 郵送先《ゆうそうさき》 우송처

1 次《つぎ》の人《ひと》のなかで「生態系《せいたいけい》保全《ほぜん》推進《すいしん》」ポスター募集《ぼしゅう》に応募《おうぼ》できるのは誰《だれ》か。

名前《なまえ》	テーマ	サイズおよびその他《た》
カクタさん	希少《きしょう》な野生動植物《やせいどうしょくぶつ》を守《まも》る『種《しゅ》の保《ほ》存《ぞん》』	和紙《わし》、縦向《たてむ》き（縦《たて》５４㎝X横《よこ》３８㎝）—返却要望《へんきゃくようぼう》
ホンさん	太陽光《たいようこう》パネルを農《のう》場《じょう》の建物《たてもの》に設置《せっち》	画用紙《がようし》、縦向《たてむ》き（縦《たて》５４㎝X横《よこ》３８㎝）
キムラさん	生物多様性《せいぶつたようせい》の枯渇《こかつ》は生態系《せいたいけい》の破壊《はかい》につながる。	画用紙《がようし》、縦向《たてむ》き（縦《たて》５４㎝X横《よこ》３８㎝）—コンクール入賞作《にゅうしょうさく》
スズキさん	捨《す》てられる生《なま》ごみの削減《さくげん》。	画用紙《がようし》、縦向《たてむ》き（縦《たて》５４㎝X横《よこ》３８㎝）

1 다음 사람 중에서 '생태계 보전 추진' 포스터 모집에 응모할 수 있는 것은 누구인가?

이름	테마	규격 및 기타
가쿠타 씨	희소한 야생 동식물을 지키는 '종의 보존'	일본 전통 종이, 세로 방향(세로 54㎝ X 가로 38㎝) – 반환 요망
혼 씨	태양광 패널(배전판)을 농장의 건물에 설치	도화지, 세로 방향(세로 54㎝ X 가로 38㎝)
기무라 씨	생물 다양성의 고갈은 생태계의 파괴로 이어진다.	도화지, 세로 방향(세로 54㎝ X 가로 38㎝) – 콩쿠르 입상작
스즈키 씨	버려지는 음식물 쓰레기 삭감	도화지, 세로 방향(세로 54㎝ X 가로 38㎝)

1　カクタさん	1　가쿠타 씨
2　ホンさん	2　혼 씨
3　キムラさん	3　기무라 씨
4　スズキさん	4　스즈키 씨

풀이 주어진 표에 '모집 테마'와 '규격', '종이질', '유의 사항' 등에 대한 내용이 제시되었으므로 해당 내용을 읽고 그 조건에 맞지 않는 부분은 소거하면서 답을 찾는다. 선택지 1번은 '종이질'은 도화지로 정해져 있는데, 일본 전통 종이로 되어 있고, '유의 사항 3)'을 보면 응모 작품은 반환되지 않는다고 했는데, 반환을 원하므로 오답이다. 3번은 '유의 사항 2)'를 보면 미발표의 오리지널 작품이어야 하는데, 콩쿠르 입상 작품이라고 되어 있으므로 오답이다. 4번은 '버려지는 음식물 쓰레기 줄이기'는 '모집 테마'와 부합하지 않으므로 오답이다. 마지막으로 2번 혼 씨는 모든 조건에 부합하므로 정답이다.

2　リンさんは「生態系《せいたいけい》保《ほ》全《ぜん》推進《すいしん》」ポスター募《ぼ》集《しゅう》に応募《おうぼ》したいと思《おも》っている。応募《おうぼ》の時《とき》、注意《ちゅうい》しなければならないことは何《なに》か。

1　発表《はっぴょう》は２０２５年《ねん》１０月《がつ》中旬《ちゅうじゅん》頃《ごろ》書面《しょめん》にて確認《かくにん》できる。

2　応募用紙《おうぼようし》の裏面《うらめん》に氏名《しめい》、年齢《ねんれい》、職業《しょくぎょう》、制《せい》作意図《さくいと》、連絡先《れんらくさき》を記入《きにゅう》する。

3　応募用紙《おうぼようし》の一枚《いちまい》に２点《てん》の作品《さくひん》を描《か》いて提《てい》出《しゅつ》する。

4　受賞者《じゅしょうしゃ》の発表《はっぴょう》の時《とき》は氏名《しめい》と住《す》まい、年《ねん》齢《れい》、職業《しょくぎょう》が記載《きさい》される。

2　린 씨는 '생태계 보전 추진' 포스터 모집에 응모하고 싶어 한다. 응모 때, 주의하지 않으면 안 되는 것은 무엇인가?

1　발표는 2025년 10월 중순 무렵에 서면으로 확인할 수 있다.

2　응모 용지의 뒷면에 성명, 연령, 직업, 제작 의도, 연락처를 기입한다.

3　응모 용지 한 장에 2점의 작품을 그려서 제출한다.

4　수상자 발표 때는 성명과 사는 곳, 연령, 직업이 기재된다.

풀이 선택지 1번은 '발표'는 서면이 아닌 홈페이지에서 발표한다고 했으므로 오답이며, 2번은 성명, 연령, 직업, 제작 의도, 연락처는 응모 용지 뒷면이 아닌, 작품 뒷면에 기입하는 것이므로 오답이다. 3번은 응모 용지 한 장에 작품 1점이라고 했는데 2점이라고 했으므로 오답이며, 마지막으로 '결과 발표 때 입선자의 성명과 사는 곳의 시·구·정·촌명, 직업(학교명, 학년), 연령을 기재해서 발표한다'고 했으므로 4번의 '수상자 발표 때는 성명과 사는 곳, 연령, 직업이 기재된다'가 정답이 된다.

1교시 독해

실전 테스트 정답 및 해설

문제 8 내용 이해(단문)

실전 테스트 ❶ 46 ② 47 ② 48 ④ 49 ③

실전 테스트 ❷ 46 ② 47 ③ 48 ③ 49 ④

실전 테스트 ❸ 46 ① 47 ④ 48 ④ 49 ①

실전 테스트 ❹ 46 ④ 47 ① 48 ① 49 ②

문제 9 내용 이해(중문)

실전 테스트 ❶ 50 ② 51 ④ 52 ② 53 ② 54 ③ 55 ① 56 ① 57 ② 58 ③

실전 테스트 ❷ 50 ③ 51 ② 52 ④ 53 ② 54 ① 55 ④ 56 ① 57 ③

실전 테스트 ❸ 50 ① 51 ③ 52 ④ 53 ① 54 ② 55 ④ 56 ④ 57 ② 58 ①

실전 테스트 ❹ 50 ② 51 ③ 52 ② 53 ③ 54 ① 55 ② 56 ② 57 ①

문제 10 내용 이해(장문)

실전 테스트 ❶ 59 ② 60 ② 61 ① 62 ③

실전 테스트 ❷ 59 ② 60 ④ 61 ②

실전 테스트 ❸ 59 ① 60 ③ 61 ④ 62 ①

실전 테스트 ❹ 59 ④ 60 ④ 61 ③

문제 11 통합 이해(비교문)

실전 테스트 ❶ 63 ③ 64 ③

실전 테스트 ❷ 63 ② 64 ③

실전 테스트 ❸ 63 ① 64 ②

실전 테스트 ❹ 63 ③ 64 ④

문제 12 주장 이해(장문)

실전 테스트 ❶ 65 ③ 66 ① 67 ③ 68 ②

실전 테스트 ❷ 65 ① 66 ③ 67 ④ 68 ②

실전 테스트 ❸ 65 ② 66 ④ 67 ②

실전 테스트 ❹ 65 ③ 66 ① 67 ①

문제 13 정보 검색

실전 테스트 ❶ 69 ② 70 ③

실전 테스트 ❷ 69 ② 70 ①

실전 테스트 ❸ 69 ② 70 ④

실전 테스트 ❹ 69 ② 70 ②

문제 8 내용 이해(단문) | 실전 테스트 ❶

문제집 p.298

46 ② **47** ② **48** ④ **49** ③

問題《もんだい》8	문제 8
次《つぎ》の(1)から(4)の文章《ぶんしょう》を読《よ》んで、後《あと》の問《と》いに対《たい》する答《こた》えとして最《もっと》もよいものを、1・2・3・4から一《ひと》つ選《えら》びなさい。	다음 (1)부터 (4)의 글을 읽고, 질문에 대한 답으로 가장 알맞은 것을 1・2・3・4에서 하나 고르세요.

(1)

文章《ぶんしょう》を書《か》くためにはまずその内容《ないよう》が必要《ひつよう》となる。これは当《あ》たり前《まえ》のことのように思《おも》えるだろう。しかし実《じつ》は、多《おお》くの人《ひと》は書《か》くべきことが明確《めいかく》にできていないため、文章作成《ぶんしょうさくせい》に苦労《くろう》しているのだ。文章作《ぶんしょうづく》りの第一歩《だいいっぽ》は頭《あたま》の中《なか》のおぼろげな内容《ないよう》をよりはっきりとした言葉《ことば》に変《か》えて書《か》きとめることだ。そうしてこそ言葉《ことば》が文章《ぶんしょう》に変《か》わるのだ。いくらきれいな言《い》い回《まわ》しや表現《ひょうげん》を使《つか》おうとも、中身《なかみ》があいまいであればいい文章《ぶんしょう》にはなりえない。つまり、「伝《つた》えるべきこと」、「伝《つた》えたいこと」が自分《じぶん》の中《なか》ではっきりと整理《せいり》できている人《ひと》は、上手《うま》く文章《ぶんしょう》が書《か》けるだろう。

46 文章《ぶんしょう》を書《か》くことに関《かん》して筆者《ひっしゃ》はどのように考《かんが》えているか。

1 書《か》く内容《ないよう》が十分《じゅうぶん》でなければ、文章《ぶんしょう》の意図《いと》がまともに伝《つた》わらない。

2 書《か》きたいことが整《ととの》っていなければ、いい文章《ぶんしょう》を書《か》くことができない。

3 伝《つた》えたいことを一行《いちぎょう》の文章《ぶんしょう》に整理《せいり》すれば、文章作成《ぶんしょうさくせい》がたやすい。

4 先《ま》ずは書《か》きとめることによって思考《しこう》を明確化《めいかくか》することができる。

(1)

글을 쓰기 위해서는 우선 그 내용이 필요하다. 이것은 당연한 것이라고 생각될 것이다. 그러나 실은 대부분의 사람들은 써야 할 것이 명확하지 않기 때문에, 글 작성에 애를 먹는 것이다. 글쓰기의 첫걸음은 머릿속의 어렴풋한 내용을 보다 확실한 언어로 바꿔 적는 것이다. 그렇게 해야 말이 글로 바뀌는 것이다. 아무리 아름다운 말투나 표현을 사용해도 내용이 애매하면 좋은 글은 될 수 없다. 결국 '전해야 하는 것', '전하고 싶은 것'이 자신 속에 확실히 정리되어 있는 사람은 제대로 글을 쓸 수 있을 것이다.

46 글쓰기에 관해서 필자는 어떻게 생각하고 있는가?

1 쓰는 내용이 충분하지 않으면, 글의 의도가 제대로 전달되지 않는다.

2 쓰고 싶은 것이 정리되지 않으면 좋은 글을 쓸 수 없다.

3 전하고 싶은 것을 한 줄 문장으로 정리하면, 문장 작성이 쉽다.

4 우선은 적어 보는 것에 의해 사고를 명확화할 수 있다.

풀이 필자의 생각을 묻는 문제는 위에서부터 읽어가되 지문 아래에 더 중점을 두고 답을 찾아가는 것이 좋은데, 갈림

이 되는 부분은 역접, 전환, 정리의 접속사 부분이며, 여기에서는 「つまり 결국」가 갈림이 된다. '전하려는 내용이 자신 속에 확실히 정리되어야 제대로 글을 쓸 수 있다'는 것이 글쓰기에 대한 필자의 생각이므로 2번이 정답으로 적합하다. 또한 본문의 「整理《せいり》する 정리하다」보다는 「整《ととの》う 정돈되다」와 같은 유사 어휘로 표현된 선택지를 찾는 것이 바람직하다.

단어 必要《ひつよう》 필요 | 当《あ》たり前《まえ》 당연함 | 明確《めいかく》 명확 | 作成《さくせい》 작성 | 苦労《くろう》 고생 | おぼろげ 어슴푸레한, 어렴풋한 모양 | 書《か》きとめる 적다 | 言《い》い回《まわ》し 말투 | 表現《ひょうげん》 표현 | あいまい 애매함 | 思考《しこう》 사고 | 伝《つた》える 전하다 | 整理《せいり》 정리 | 整《ととの》う 정돈되다

(2)

私自身《わたしじしん》もとは金融業出身《きんゆうぎょうしゅっしん》ですが、資産運用《しさんうんよう》は面《めん》倒《どう》くさいなと思《おも》います。金融機関《きんゆうきかん》で口座《こうざ》を一《ひと》つ開《かい》設《せつ》するだけでも大変《たいへん》です。私《わたし》がミクシィの取締役《とりしまりやく》を辞《や》めた時《とき》は、家《いえ》を借《か》りることもできなくなってしまいショックでした。上場企業《じょうじょうきぎょう》の役員《やくいん》をやっていても、いったん無職《むしょく》になるとこんな感《かん》じになるのか！と。

また個人《こじん》で会社《かいしゃ》をつくった時《とき》は、法人《ほうじん》の銀行《ぎんこう》口座《こうざ》をつくるのがとても大変《たいへん》なことに気《き》づきました。それもこれも今《いま》までの日本社会《にほんしゃかい》では「信用《しんよう》」は学歴《がくれき》や勤務《きんむ》している企業《きぎょう》などのステレオタイプな情報《じょうほう》によってしか担保《たんぽ》されなかったことによるのです。

(北澤直《きたざわなおし》『誰《たれ》がFinTechを制《せい》するのか』による)

47 筆者《ひっしゃ》の考《かんが》えを最《もっと》もよく表《あらわ》しているのはどれか。

1 日本《にほん》は個人固有《こじんこゆう》の情報《じょうほう》が信用《しんよう》に変《か》わるような社会《しゃかい》である。

2 日本《にほん》は個人《こじん》を型《かた》にはまったモノサシで測《はか》る社会《しゃかい》である。

3 日本《にほん》は個人《こじん》の職歴《しょくれき》とか学歴《がくれき》の価値《かち》で評価《ひょうか》しない社会《しゃかい》である。

4 日本《にほん》は個人《こじん》ならではの情報《じょうほう》が価値《かち》を持《も》つ社会《しゃかい》である。

(2)

저 자신은 원래 금융업 출신이지만, 자산 운용은 귀찮다는 생각이 듭니다. 금융 기관에서 계좌를 하나 개설하는 것만으로도 힘이 듭니다. 제가 믹시의 이사직을 그만뒀을 때에는 집을 빌릴 수도 없게 되어 충격이었습니다. 상장 기업의 임원을 했어도 일단 무직이 되면 이런 느낌이 되는 건가!라고.

또한 개인으로 회사를 만들었을 때는 법인의 은행 계좌를 만드는 것이 굉장히 힘들다는 것을 알았습니다. 이거나 저거나 (모두) 지금까지의 일본 사회에서는 '신용'은 학력이나 근무하고 있는 기업 등 고정관념의 정보에 의해서밖에 담보되지 않았던 것에 기인한 겁니다.

(기타자와 나오시 『누가 FinTech를 제압하는가』에 의함)

47 필자의 생각을 가장 잘 나타내고 있는 것은 어느 것인가?

1 일본은 개인 고유의 정보가 신용으로 바뀌는 사회이다.

2 일본은 개인을 틀에 박힌 기준으로 측정하는 사회이다.

3 일본은 개인의 경력이라든가 학력의 가치로 평가하지 않는 사회이다.

4 일본은 개인 특유의 정보가 가치를 가지는 사회이다.

풀이 필자 자신이 '회사를 그만둔 상태에서는 집도 빌릴 수 없었고, 개인으로 회사를 차릴 때는 법인 은행 계좌를 만들기도 힘들었다'는 경험담을 말한 다음 마지막 단락에서 '일본 사회에서의 신용은 학력이나 근무하고 있는 기업, 즉 고정관념(ステレオタイプ)에 의한 것이다'라는 내용에서 일본은 개인의 정보보다 틀에 박힌 기준으로 평가한다는 것을 알 수 있으므로 정답은 2번이 된다.

단어 金融業《きんゆうぎょう》 금융업 | 出身《しゅっしん》 출신 | 資産《しさん》 자산 | 運用《うんよう》 운용 | 面倒《めんどう》くさい 귀찮다 | 金融機関《きんゆうきかん》 금융 기관 | 口座《こうざ》 계좌 | 開設《かいせつ》する 개설하다 | 取締役《とりしまりやく》 이사(중역) | 家《いえ》を借《か》りる 집을 빌리다 | ショック 쇼크, 충격 | 上場企業《じょうじょうきぎょう》 상장기업 | 役員《やくいん》 임원 | 無《む》職《しょく》 무직 | 法人《ほうじん》 법인 | 気《き》づく 깨닫다 | 信用《しんよう》 신용 | 学歴《がくれき》 학력 | 勤務《きんむ》 근무 | ステレオタイプ 고정적인 견해(관념) | 情《じょう》報《ほう》 정보 | 担保《たんぽ》 담보 | 型《かた》にはまる 틀에 박히다 | モノサシ 자, 기준, 척도 | 測《はか》る 재다, 측정하다 | 価値《かち》 가치

(3)

以下《いか》は、ある大学《だいがく》の在学生向《ざいがくせいむ》けホームページに掲《けい》載《さい》されたお知《し》らせである。

学生各位《がくせいかくい》

履修登録《りしゅうとうろく》について

これまでの履修登録《りしゅうとうろく》は、教務課窓口《きょうむかまどぐち》で受《う》けつけておりましたが、2025年《ねん》２月１日《がつついたち》より本学《ほんがく》ネットワーク「東生大学《とうせいだいがく》ネット」でも行《おこな》うことができるようになります。

東生大学《とうせいだいがく》ネットでの履修登録《りしゅうとうろく》は平日《へいじつ》、土日祝日《どにちしゅくじつ》を問《と》わず２４時間可能《じかんかのう》ですので、ぜひご利用《りよう》ください。履修登録期間《りしゅうとうろくきかん》は、教務課窓口同様《きょうむかまどぐちどうよう》に、２月《がつ》１日《ついたち》より３月《がつ》３１日《にち》までとなります。「東生大学《とうせいだいがく》ネット」での履修登録《りしゅうとうろく》も一度登録《いちどとうろく》した科目《かもく》の変更《へんこう》は認《みと》められませんので、各科目《かくかもく》のシラバスを熟読《じゅくどく》の上《うえ》、登録《とうろく》してください。

なお、諸事情《しょじじょう》により、期間《きかん》を過《す》ぎてからの履修登《りしゅうとう》録《ろく》は、教務課窓口《きょうむかまどぐち》でのみ受《う》け付《つ》けます。任意《にんい》の登録《とうろく》延期理由書《えんきりゆうしょ》を作成《さくせい》し教務課窓口《きょうむかまどぐち》に来《き》てください。

東生大学教務課《とうせいだいがくきょうむか》

48 履修登録《りしゅうとうろく》について、このお知《し》らせは何《なに》を知《し》らせているか。

1 教務課窓口《きょうむかまどぐち》での履修登録期間《りしゅうとうろくきかん》が変更《へんこう》になること
2 履修登録《りしゅうとうろく》が教務課窓口《きょうむかまどぐち》でのみできるようになること
3 インターネット上《じょう》の履修登録期間《りしゅうとうろくきかん》がこれまでより短《みじか》くなること
4 履修登録《りしゅうとうろく》がインターネットでもできるようになること

(3)

이하는 어느 대학의 재학생을 위한 홈페이지에 게재된 공지 사항이다.

학생 여러분

이수 등록에 관해서

이제까지의 이수 등록은 교무과 창구에서 접수 받았지만, 2025년 2월 1일부터 본 대학의 네트워크 '도세이 대학 넷'에서도 할 수 있게 됩니다.

도세이 대학 넷에서의 이수 등록은 평일, 토요일, 국경일을 불문하고 24시간 가능하므로 꼭 이용해 주세요. 이수 등록 기간은 교무과 창구와 마찬가지로 2월 1일부터 3월 31일까지입니다. '도세이 대학 넷'에서의 이수 등록도 한번 등록한 과목의 변경은 인정되지 않기 때문에 각 과목의 강의 교수 요목을 숙독한 후 등록해 주세요.

또한 여러 사정에 의한 기간을 지난 후의 이수 등록은 교무 창구에서만 접수 받습니다. 임의 등록 연기 이유서를 작성해서 교무과 창구로 와 주세요.

도세이 대학 교무과

48 이수 등록에 관해서 이 공지는 무엇을 알리고 있는가?

1 교무과 창구에서의 이수 등록 기간이 변경되는 것
2 이수 등록을 교무과 창구에서만 할 수 있게 되는 것
3 인터넷상의 이수 등록 기간이 이전보다 짧아지는 것
4 이수 등록을 인터넷에서도 할 수 있게 되는 것

풀이 이수 과목 등록 접수는 그동안 교무과 창구에서만 가능했지만 2025년 2월 1일부터는 본 대학의 네트워크 '도세이 대학 넷'에서도 할 수 있게 되었다는 것이 메일의 주된 내용이므로 정답은 4번이 된다. 한편 이수 등록 기간은 창구와 기간이 같기 때문에 1번은 오답이다.

단어 在学生《ざいがくせい》 재학생 | ホームページ 홈페이지 | 掲載《けいさい》 게재 | お知《し》らせ 공지 | 各位《かくい》 여러분 | 履修登録《りしゅうとうろく》 이수 등록 | 教務課窓口《きょうむかまどぐち》 교무과 창구 | 変更《へんこう》 변경 | 認《みと》める 인정하다 | 各科目《かくかもく》 각 과목 | シラバス 실러버스, 강의 교수 요목 | 熟読《じゅくどく》 숙독 | 諸事《しょじ》情《じょう》 여러 사정 | 任意《にんい》 임의 | 延期理由書《えんきりゆうしょ》 연기 이유서 | 作成《さくせい》 작성

(4)

ケニアでは、「肉食動物《にくしょくどうぶつ》のライオンよりも草《そう》食動物《しょくどうぶつ》のバッファローの方《ほう》が怖《こわ》い、なぜなら頭《あたま》が悪《わる》いからだ」と言《い》われている。これは、ライオンよりもバッファローの方《ほう》が脳《のう》が小《ちい》さいなどという根拠《こんきょ》のない話《はなし》ではない。ケニア人《じん》がいうところでは、ライオンは人間《にんげん》の予測《よそく》とかなり似《に》た範囲《はんい》の行《こう》動《どう》をとる動物《どうぶつ》であるそうだ。なぜなら、ライオンは人間《にんげん》のように脳《のう》が発達《はったつ》しているからだという。一方《いっぽう》で、バッファローは行《い》き当《あ》たりばったりの行《こう》動《どう》をとっているように見《み》える。これは、知能《ちのう》が低《ひく》いせいだという。この話《はなし》は、人間《にんげん》は想定外《そうていがい》のことに弱《よわ》い動物《どうぶつ》であることを示《しめ》している。

49 草食動物《そうしょくどうぶつ》のバッファローの方《ほう》が怖《こわ》いのはなぜか。

1 やみくもに突《つ》き進《すす》むから
2 想定外《そうていがい》のところまで行《い》ってしまうから
3 計画《けいかく》なしに行動《こうどう》をとるから
4 予測不可能《よそくふかのう》なもろい動物《どうぶつ》だから

(4)

케냐에서는 '육식동물인 사자보다도 초식동물인 들소 쪽이 무섭다, 왜냐하면 머리가 나쁘기 때문이다'라고 한다. 이것은 사자보다도 들소 쪽이 뇌가 작다는 근거 없는 이야기가 아니다. 케냐인의 말에 의하면 사자는 인간의 예측과 꽤 비슷한 범위의 행동을 취하는 동물이라고 한다. 왜냐하면 사자는 인간처럼 뇌가 발달되어 있기 때문이라고 한다. 한편으로 들소는 계획성 없는 행동을 취하고 있는 듯이 보인다. 이것은 지능이 낮은 탓이라고 한다. 이 이야기는 인간은 상정 외의 일에 약한 동물이라는 것을 나타내고 있다.

49 초식동물인 들소가 무섭다는 것은 왜인가?

1 무작정 돌진하기 때문에
2 상정 외의 곳까지 가 버리기 때문에
3 계획 없이 행동을 취하기 때문에
4 예측 불가능한 약한 동물이기 때문에

풀이 뇌가 발달되어 있는 사자는 인간의 예측과 비슷한 범위의 행동을 취하는 것에 반해 지능이 낮은 들소는 '계획성 없는 행동(=行《ゆ》き当《あ》たりばったり)'을 취하며, 인간은 '예상밖의 일에 약한 동물'이기 때문에 들소가 무섭다고 여겨진다. 따라서 정답은 3번이다.

단어 ケニア 케냐 | 肉食動物《にくしょくどうぶつ》 육식동물 | 草食動物《そうしょくどうぶつ》 초식동물 | バッファロー 버펄로, 들소 | 脳《のう》 뇌 | 根拠《こんきょ》 근거 | 似《に》る 닮다 | 範囲《はんい》 범위 | 発達《はったつ》 발달 | 行《ゆ》き当《あ》たりばったり 되는 대로, 계획성이 없는 | 知能《ちのう》 지능 | 想定外《そうていがい》 상정 외, 예상 밖 | やみくもに 마구, 무작정 | 突《つ》き進《すす》む 돌진하다 | もろい 약하다

문제집 p.302

46 ② 47 ③ 48 ③ 49 ④

問題《もんだい》8

次《つぎ》の(1)から(4)の文章《ぶんしょう》を読《よ》んで、後《あと》の問《と》いに対《たい》する答《こた》えとして最《もっと》もよいものを、1・2・3・4から一《ひと》つ選《えら》びなさい。

문제 8

다음 (1)부터 (4)의 글을 읽고, 질문에 대한 답으로 가장 알맞은 것을 1 · 2 · 3 · 4에서 하나 고르세요.

(1)

大《おお》きな壁《かべ》にぶつかったり、どうしようもないとき、私《わたし》は沈黙《ちんもく》に浸《ひた》る。沈黙《ちんもく》とは単《たん》なる音《おと》の不在《ふざい》ではない。それは、無意識《むいしき》の世界《せかい》に耳《みみ》を傾《かたむ》ける作業《さぎょう》に近《ちか》い。沈黙《ちんもく》していると、自分《じぶん》の中《なか》の小《ちい》さな声《こえ》が聞《き》こえてくることがある。時《とき》には、心《こころ》の中《なか》の静《しず》かな声《こえ》は、私《わたし》たちの根底《こんてい》にある本当《ほんとう》の希望《きぼう》を見《み》いだして道《みち》しるべの役割《やくわり》を果《は》たしてくれる。しかし、普段意識《ふだんいしき》できる自己《じこ》は、自分《じぶん》の外側《そとがわ》にあるたくさんのノイズに影響《えいきょう》されてしまってむしろ混乱《こんらん》をもたらすことがある。沈黙《ちんもく》の中《なか》で自分《じぶん》と向《む》き合《あ》うことでしか聞《き》こえない声《こえ》もあるのだ。

46 筆者《ひっしゃ》の考《かんが》えを最《もっと》もよく表《あらわ》しているのはどれか。

1 自分《じぶん》の本当《ほんとう》の希望《きぼう》を見《み》つけるには外《そと》の音《おと》を遮断《しゃだん》した方《ほう》がいい。

2 自分《じぶん》の望《のぞ》むことは黙《だま》ることにより、よく聞《き》こえることもある。

3 沈黙《ちんもく》の中《なか》で聞《き》こえる声《こえ》に傾《かたむ》けると、自分《じぶん》の普段意識《ふだんいしき》がわかる。

4 外側《そとがわ》の雑音《ざつおん》に影響《えいきょう》されないためには沈黙《ちんもく》した方《ほう》がいい。

(1)

큰 벽에 부딪히기도 하고 어떻게 해야 할지 모를 때 나는 침묵에 잠긴다. 침묵이란 단순한 소리의 부재가 아니다. 그것은 무의식의 세계에 귀를 기울이는 작업에 가깝다. 침묵을 하고 있으면, 자신 속의 작은 소리가 들려올 때가 있다. 때로는 마음속의 고요한 소리는 우리들의 밑바탕에 있는 진정한 희망을 찾아내 길잡이의 역할을 다해 준다. 그러나 평소 의식할 수 있는 자신은, 자신 외부에 있는 많은 소음에 영향을 받아 오히려 혼란을 가져올 때가 있다. 침묵 속에서 자신과 마주할 때밖에 들리지 않는 소리도 있는 것이다.

46 필자의 생각을 가장 잘 나타내고 있는 것은 어느 것인가?

1 자신의 진정한 희망을 찾으려면 외부의 소리를 차단하는 편이 좋다.

2 자신이 바라는 것은 침묵함으로써 잘 들릴 때도 있다.

3 침묵 속에서 들리는 소리에 기울이면, 자신의 평소 의식을 알 수 있다.

4 외부 잡음에 영향받지 않기 위해서는 침묵하는 편이 좋다.

풀이 '어떻게 해야 할지 모를 때, 침묵하면 작은 소리가 들려 올 때가 있으며, 침묵 속에서 자신과 마주할 때밖에 들리지 않는 소리도 있는 것이다'가 필자의 전체적인 생각이다. 따라서 '자신이 바라는 것은 침묵함으로써 잘 들릴 때도 있다'고 표현한 2번이 정답이 된다.

단어 壁《かべ》にぶつかる 벽에 부딪히다 | 沈黙《ちんもく》 침묵 | 単《たん》なる 단순한 | 不在《ふざい》 부재 | 無意識《むいしき》 무의식 | 耳《みみ》を傾《かたむ》ける 귀를 기울이다 | 根底《こんてい》 밑바탕, 근본 | 見《み》いだす 찾아내다 | 道《みち》しるべ 길잡이 | 役割《やくわり》を果《は》たす 역할을 다하다 | ノイズ 소음 | 影響《えいきょう》 영향 | 混乱《こんらん》をもたらす 혼란을 가져오다 | 向《む》き合《あ》う 마주하다

(2)

人《ひと》は、どんな人《ひと》を好《す》きになるでしょうか。もちろん、人《ひと》によって好《す》き嫌《ぎら》いはさまざまですが、「誠実《せいじつ》で、自分《じぶん》に関心《かんしん》を寄《よ》せてくれる人《ひと》」を嫌《きら》う人《ひと》はいません。自分《じぶん》は関心《かんしん》をもたれている。大切《たいせつ》にされている。熱心《ねっしん》に話《はなし》を聞《き》いてくれる。そう実感《じっかん》できると、私《わたし》たちは自尊心《じそんしん》が満《み》たされ、また、自尊心《じそんしん》を満《み》たしてくれた相手《あいて》に好意《こうい》を持《も》つようになるのです。ですから、相手《あいて》に好《す》かれようと思《おも》ったら、相手《あいて》に関心《かんしん》を持《も》つこと、そして関心《かんしん》をもっていることが相手《あいて》に伝《つた》わるような話《はな》し方《かた》や身振《みぶ》りを心《こころ》がけることです。もちろん、ごく自然《しぜん》に寄《よ》せられた関心《かんしん》でなければ、相《あい》手《て》は快《こころよ》く思《おも》いませんが。

(小宮一慶《こみやかずよし》『たった5分《ふん》で「あなたと一生仕事《いっしょうしごと》をしたい」と思《おも》われる話《はな》し方《かた》』による)

47 筆者《ひっしゃ》の考《かんが》えに合《あ》うのはどれか。

1 相手《あいて》に好《す》かれるためにはまず相手《あいて》の自尊《じそん》心《しん》を守《まも》ってあげるべきだ。

2 相手《あいく》に関心《かんしん》をもたれるためには相手《あいて》に対《たい》する好感《こうかん》をあらわにするべきだ。

3 相手《あいて》に関心《かんしん》を持《も》っていることが伝《つた》わってこそ、自分《じぶん》も好《す》かれることができる。

4 相手《あいて》に対《たい》する好意《こうい》を積極的《せっきょくてき》に表《あらわ》してこそ、相手《あいて》の関心《かんしん》を引《ひ》き出《だ》すことができる。

(2)

사람은 어떠한 사람을 좋아하게 될까요? 물론 사람에 따라서 좋아하고 싫어하는 것은 제각각이겠지만, '성실하고, 자신에게 관심을 기울여 주는 사람'을 싫어하는 사람은 없습니다. 자신은 관심을 받고 있다. 소중히 여겨지고 있다. 열심히 이야기를 들어준다. 그렇게 실감할 수 있으면, 우리들은 자존심이 채워지고, 또한 자존심을 채워주는 상대에게 호의를 가지게 됩니다. 때문에 상대에게 사랑받으려고 한다면, 상대에게 관심을 가질 것, 그리고 관심을 가지고 있는 것이 상대에게 전달될 만한 말투나 몸짓을 신경 쓰는 것입니다. 물론 극히 자연스럽게 기울여진 관심이 아니면, 상대는 기분 좋게 생각하지 않겠지만.

(고미야 카즈요시『단 5분 만에 '당신과 평생 일을 하고 싶다'고 여겨지는 화법』에 의함)

47 필자의 생각에 맞는 것은 어느 것인가?

1 상대에게 사랑받기 위해서는 우선 상대의 자존심을 지켜 줘야 한다.

2 상대에게 관심을 받기 위해서는 상대에 대한 호감을 그대로 드러내야 한다.

3 상대에게 관심을 가지고 있다는 것이 전달되어야, 자신도 사랑받을 수 있다.

4 상대에 대한 호의를 적극적으로 표현해야, 상대의 관심을 끌어낼 수 있다.

풀이 '상대에게 사랑받으려면 상대방에게 관심을 가져야 하며, 관심을 가지고 있다는 것이 전달되어야 한다'고 언급하고 있으므로 정답은 3번이다. 한편 지문에서는 '말투나 몸짓에 유의한다'는 말만 언급되었는데, 2번과 4번처럼 '그대로 드러낸다'거나 '적극적으로 표현한다'는 식으로 오버된 내용을 담으면 오답이 된다.

단어 好《す》き嫌《きら》い 좋아함과 싫어함, 호불호 | さまざま 여러 가지, 다양함 | 誠実《せいじつ》 성실 | 関心《かんしん》を寄《よ》せる 관심을 두다(기울이다) | 嫌《きら》う 싫어하다 | 関心《かんしん》をもつ 관심을 가지다 | 大切《たいせつ》 소중함, 중요함 | 熱心《ねっしん》 열심 | 実感《じっかん》 실감 | 自尊心《じそんしん》 자존심 | 満《み》たす 채우다, 만족시키다 | 好意《こうい》を持《も》つ 호의를 갖다 | 好《す》く 좋아하다 | 伝《つた》わる 전하다 | 話《はな》し方《かた》 말투 | 身振《みぶ》り 몸짓 | 心《こころ》がける 유의하다, 명심하다 | ごく 극히 | 快《こころよ》い 기분이 좋다, 상쾌하다 | 好感《こうかん》 호감 | あらわにする 그대로 드러내다 | 積極的《せっきょくてき》 적극적 | 引《ひ》き出《だ》す 끄집어내다

(3)

以下《いか》は、取引先《とりひきさき》から送《おく》られてきたメールである。

豊中株式会社《とよなかかぶしきがいしゃ》　営業部《えいぎょうぶ》

中森秀樹《なかもりひでき》様《さま》

　いつもお世話《せわ》になっております。

　１月分《がつぶん》の部品《ぶひん》の発送《はっそう》はありがとうございました。無事《ぶじ》に到着《とうちゃく》いたしました。

　さて、予《かね》てよりお知《し》らせいたしましたとおり、弊社《へいしゃ》では２月《がつ》から北町工場《きたまちこうじょう》の建《た》て替《か》え工事《こうじ》に入《はい》る予定《よてい》でございます。

　そこで、２月《がつ》の発注分《はっちゅうぶん》より、北町工場《きたまちこうじょう》ではなく、府上工場《ふかみこうじょう》の方《ほう》に発送《はっそう》をお願《ねが》い申《もう》し上《あ》げます。

　また、それに伴《ともな》いまして、今後《こんご》は、発注《はっちゅう》の担当者《たんとうしゃ》も私《わたし》、北町工場《きたまちこうじょう》の仲居《なかい》より、府上工場《ふかみこうじょう》の横井《よこい》に代《か》わる予定《よてい》でおります。担当者《たんとうしゃ》の変更《へんこう》については追《お》って横井《よこい》の方《ほう》よりご連絡《れんらく》を差《さ》し上《あ》げます。

　以上《いじょう》よろしくお願《ねが》い申《もう》し上《あ》げます。

2025年《ねん》１月《がつ》１０日《か》

株式会社《かぶしきがいしゃ》エコスペース

北町工場《きたまちこうじょう》資材管理部《しざいかんりぶ》　仲居智子《なかいともこ》

電話《でんわ》654-9876-1234

48 このメールで最《もっと》も伝《つた》えたいことは何《なに》か。

1　１月分《がつぶん》の部品《ぶひん》が無事《ぶじ》に到着《とうちゃく》したこと

2　２月《がつ》から工場《こうじょう》の建《た》て替《か》え工事《こうじ》が始《はじ》まること

3　２月《がつ》から部品《ぶひん》の発送先《はっそうさき》を変更《へんこう》してほしいこと

4　２月《がつ》から発注担当者《はっちゅうたんとうしゃ》が変《か》わること

(3)

이하는 거래처에서 보낸 메일이다.

도요나카 주식회사 영업부

나카모리 히데키 님

항상 신세지고 있습니다.

1월분의 부품 발송 감사합니다. 무사히 도착했습니다.

그런데 전부터 공지해 드렸듯이 저희 회사에서는 2월부터 기타마치 공장의 재건축 공사에 들어갈 예정입니다.

그래서 2월의 발주분부터는 기타마치 공장이 아닌 후카미 공장 쪽으로 발송을 부탁드립니다.

또한 그와 함께 앞으로는 발주 담당자도 저, 기타마치 공장 나카이에서 후카미 공장의 요코이가 대신할 예정입니다. 담당자의 변경에 관해서는 추후에 요코이 쪽에서 연락을 드릴 겁니다.

이상 잘 부탁드립니다.

2025년 1월 10일

주식회사 에코스페이스

기타마치 공장 자재관리부 나카이 토모코

전화 654-9876-1234

48 이 메일에서 가장 전하고 싶은 것은 무엇인가?

1　1월분의 부품이 무사히 도착한 것

2　2월부터 공장 재건축이 시작되는 것

3　2월부터 부품의 발송처를 변경하길 바라는 것

4　2월부터 발주 담당자가 바뀌는 것

풀이 메일에서는「そこで」이후부터 본격적인 내용이 나오며, 여기에서는 2월부터 기타마치 공장이 재건축에 들어감에 따라 '2월 발주분부터는 후카미 공장으로 부탁한다'는 것이 주된 내용이다. 따라서 정답은 3번이다. 2번의 재건축 공사에 대해서는 이미 이전에 공지했던 내용이므로 오답이며, 1번과 4번은 사실이지만, 메일을 보낸 주된 목적은 아니므로 오답이다.

단어 株式会社《かぶしきがいしゃ》 주식회사 | 部品《ぶひん》 부품 | 発送《はっそう》 발송 | 無事《ぶじ》 무사 | 予《かね》て 전부터 | 弊社《へいしゃ》 저희 회사 | 建《た》て替《か》え工事《こうじ》 재건축 공사 | 発注《はっちゅう》 발주 | 伴《ともな》う 동반하다 | 担当者《たんとうしゃ》 담당자 | 代《か》わる 대신하다 | 追《お》って 추후에

(4)

幼年期《ようねんき》の出来事《できごと》について、多《おお》くの人《ひと》は家族《かぞく》で動《どう》物園《ぶつえん》に行《い》ったことや、だだをこねて叱《しか》られたことなど、いい思《おも》い出《で》から、悪《わる》い思《おも》い出《で》まで自分《じぶん》はよく覚《おぼ》えていると言《い》う。しかし、その記憶《きおく》というのは自分自身《じぶんじしん》がイメージしたことを実際《じっさい》に起《お》こったことだと錯覚《さっかく》しているもので真《しん》の記憶《きおく》とは言《い》えない。また、親《おや》から聞《き》いた話《はなし》や昔《むかし》の写真《しゃしん》などから、それらしい場面《ばめん》を思《おも》い浮《う》かべると、無意識《むいしき》のうちに脳《のう》が情報《じょうほう》の切《き》れはしを自分《じぶん》の納得《なっとく》のいくようにつなぎ合《あ》わせてしまう。こうしてできあがった「記憶《きおく》」は、まるで本物《ほんもの》の記憶《きおく》のように感《かん》じられる。これが幼年期《ようねんき》の記憶《きおく》の正体《しょうたい》である。

49 幼年期《ようねんき》の記憶《きおく》の正体《しょうたい》とはどういったことか。

1 印象《いんしょう》の強《つよ》い出来事《できごと》で幼《おさな》いながらも記憶《きおく》として残《のこ》ること

2 親《おや》と出来事《できごと》を共有《きょうゆう》することにより記憶《きおく》として残《のこ》ること

3 無意識《むいしき》に記憶《きおく》していた情報《じょうほう》を脳《のう》がわかりやすく取《と》り合《あ》わせること

4 情報《じょうほう》の断片《だんぺん》を自分《じぶん》がうなずけるように結《むす》び付《つ》けたこと

(4)

유년기의 있었던 일에 관해서 대부분의 사람은 가족과 함께 동물원에 갔던 일이나 떼를 써서 혼이 난 일 등 좋은 추억에서 나쁜 추억까지 자신은 잘 기억하고 있다고 말한다. 그러나 그 기억이라는 것은 자기 자신이 이미지화 한 것을 실제로 일어난 것이라고 착각하고 있는 것이며, 진실된 기억이라고 말할 수 없다. 또한 부모로부터 들은 이야기나 옛날의 사진 등에서 그럴싸한 장면을 떠올리면, 무의식 중에 뇌가 정보의 조각을 자신이 납득이 가도록 서로 연결시켜 버린다. 이렇게 해서 생긴 '기억'은 마치 실제의 기억처럼 느껴진다. 이것이 유년기 기억의 정체이다.

49 유년기 기억의 정체라는 것은 어떠한 것인가?

1 인상이 강한 사건으로, 어리지만 기억으로 남는 것

2 부모와 사건을 공유하는 것에 의해 기억으로 남는 것

3 무의식으로 기억하고 있던 정보를 뇌가 알기 쉽게 취합한 것

4 정보의 단편을 자신이 수긍할 수 있도록 연결시킨 것

풀이 제시어의 주어인 「これ」가 가리키는 것이 정답이 된다. '정보의 조각을 자신이 납득이 가도록 서로 연결시킨 기억'이 「これ」가 가리키는 내용이고, 그것이 유년기 기억의 정체이므로 정답은 4번이다. 한편 '무의식 중에 연결한다'는 것을 '무의식으로 기억하고 있다'고 잘못 이해한 3번은 오답이다.

단어 幼年期《ようねんき》 유년기 | 出来事《できごと》 사건 | だだをこねる 떼를 쓰다 | 叱《しか》る 야단치다 | 思《おも》い出《で》 추억 | 覚《おぼ》える 기억하다 | 記憶《きおく》 기억 | 実際《じっさい》 실제 | 錯覚《さっかく》 착각 | 場面《ばめん》 장면 | 思《おも》い浮《う》かべる 떠올리다 | 無意識《むいしき》 무의식 | 脳《のう》 뇌 | 情報《じょうほう》 정보 | 切《き》れはし 토막, 조각 | 納得《なっとく》 납득 | つなぎ合《あ》わせる 서로 연결하다 | 正体《しょうたい》 정체 | 共有《きょうゆう》 공유 | 取《と》り合《あ》わせる 취합하다 | 断片《だんぺん》 단편 | うなずく 수긍하다, 끄덕이다 | 結《むす》び付《つ》ける 연결시키다, 결합시키다

문제 8 내용 이해(단문) | 실전 테스트 ❸ 문제집 p.306

46 ① **47** ④ **48** ④ **49** ①

問題《もんだい》8 **次《つぎ》の(1)から(4)の文章《ぶんしょう》を読《よ》んで、後《あと》の問《と》いに対《たい》する答《こた》えとして最《もっと》もよいものを、1・2・3・4から一《ひと》つ選《えら》びなさい。**	**문제 8** **다음 (1)부터 (4)의 글을 읽고, 질문에 대한 답으로 가장 알맞은 것을 1・2・3・4에서 하나 고르세요.**

(1)

人《ひと》は今《いま》、この瞬間《しゅんかん》に満足《まんぞく》せずに、幸《しあわ》せになりたい、健康《けんこう》になりたいと念《ねん》じてそわそわしながら日《ひ》々《び》を送《おく》っている。まるで何《なに》かに追《お》われるように楽《たの》しいことはないのか、今《いま》より元気《げんき》になれないのかと願《ねが》い続《つづ》けている。しかし、「楽《たの》しみ」とは快楽《かいらく》に過《す》ぎないし、この快楽《かいらく》によって一時的《いちじてき》に苦痛《くつう》が消《き》えることもあるが、苦痛《くつう》を完全《かんぜん》になくすことはできない。で、幸《しあわ》せというのはつらくないこと、健康《けんこう》というのは体《からだ》に病気《びょうき》がないことだとわかれば、何事《なにごと》も起《お》こっていない穏《おだ》やかな日常《にちじょう》に感謝《かんしゃ》できるし、もう自分《じぶん》は完璧《かんぺき》な人生《じんせい》を生《い》きていることに気《き》づくはずである。

46 この文章《ぶんしょう》で筆者《ひっしゃ》が最《もっと》も言《い》いたいことは何《なに》か。

1 何事《なにごと》もない平凡《へいぼん》な暮《く》らしそのものが幸《しあわ》せである。
2 苦痛《くつう》が完全《かんぜん》に消《き》えてこそ幸《しあわ》せが訪《おとず》れる。
3 楽《たの》しみと健康志向《けんこうしこう》は一時《いちじ》の気休《きやす》めしかならない。
4 辛《つら》さと病気《びょうき》がなくなると平穏《へいおん》な日《ひ》々《び》が送《おく》れる。

(1)

인간은 지금 이 순간에 만족하지 않고 행복해지고 싶다, 건강해지고 싶다라고 늘 마음으로 빌며, 안절부절못하며 나날을 보내고 있다. 마치 무엇인가에 쫓기듯이 즐거운 일 없을까? 지금보다 건강해질 수 없을까? 하며 계속해서 바라고 있다. 그러나 '즐거움'이란 쾌락에 지나지 않으며, 이 쾌락에 의해 일시적으로 고통이 사라질 수도 있지만, 고통을 완전히 없앨 수는 없다. 따라서, 행복이라는 것은 괴롭지 않은 것, 건강이라는 것은 몸에 병이 없는 것이라고 이해한다면, 아무 일도 일어나지 않는 평온한 일상에 감사할 수 있고, 이미 자신은 완벽한 인생을 살고 있다는 것을 깨달을 것이다.

46 이 글에서 필자가 가장 말하고 싶은 것은 무엇인가?

1 아무 일도 없는 평범한 생활 그 자체가 행복이다.
2 고통이 완전히 사라져야 행복이 찾아온다.
3 즐거움과 건강 지향은 일시적인 위안밖에 되지 않는다.
4 괴로움과 병이 없어지면 평온한 나날을 보낼 수 있다.

풀이 지문 내용을 보면 '인간은 현재의 순간을 만족하지 못하고 즐거움을 바라며, 그 즐거움(쾌락)은 일시적으로 고통을 사라지게 할 수는 있지만 완전히 없앨 수는 없다. 따라서 행복이라는 것은 괴롭지 않고 병이 없는 것으로, 아무 일도 일어나지 않는 일상이 이미 완벽한 일상이라는 것'이 핵심 내용이다. 결국 '아무 일 없는 평범한 생활 그 자체가 행복이다'라고 한 1번이 정답이 된다. 한편 3번의 '즐거움'이 일시적으로 고통을 사라지게 한다는 의미에서 '일시적인 위안'이라고 표현할 수 있지만, '건강 지향'은 언급된 바가 없으므로 오답이다.

단어 瞬間《しゅんかん》 순간 | 念《ねん》ずる 마음속으로 빌다 | そわそわする 불안해하다, 안절부절 못하다, 싱숭생숭하다 | まるで 마치 | 追《お》う 쫓다 | 願《ねが》い続《つづ》ける 계속 바라다 | 快楽《かいらく》 쾌락 | に過《す》ぎない ~에 불과하다 | 一時的《いちじてき》に 일시적으로 | 苦痛《くつう》 고통 | 消《き》える 사라지다 | なくす 없애다 | つらい 괴롭다 | 病気《びょうき》 병 | 穏《おだ》やか 온화함, 평온함 | 完璧《かんぺき》 완벽 | 人生《じんせい》を生《い》きる 삶을 살다 | 気《き》づく 깨닫다 | 暮《く》らし 생활, 삶 | 訪《おとず》れる 방문하다, 찾아오다 | 健康志向《けんこうしこう》 건강 지향 | 一時《いちじ》の気休《きやす》め 일시적인 위안

(2)

数学《すうがく》というものは結果《けっか》に達《たっ》するまでの道筋《みちすじ》が大事《だいじ》だと思《おも》う。さまざまな分野《ぶんや》で、数学的《すうがくてき》に得《え》られた結果《けっか》を用《もち》いるときには、そのプロセスに関《かん》する議論《ぎろん》は欠《か》かせない。学校《がっこう》で、プロセスを理解《りかい》せずに答《こた》えを求《もと》めるいわゆる「公式《こうしき》」だけを叩《たた》き込《こ》むと、間違《まちが》いをおかしたときに、なぜ間違《まちが》ったのか見《み》つける力《ちから》が身《み》につかない。それと同様《どうよう》に、社会《しゃかい》に出《で》て失敗《しっぱい》したり挫折《ざせつ》したとき、それまでのプロセスを振《ふ》り返《かえ》ることによって、やり直《なお》すことができる。なぜ失敗《しっぱい》したのかを理解《りかい》しない限《かぎ》り、人《ひと》はまた同《おな》じ過《あやま》ちを繰《く》り返《かえ》す。そうならないためにはプロセスを振《ふ》り返《かえ》る力《ちから》が必要《ひつよう》だ。

47 筆者《ひっしゃ》の考《かんが》えを最《もっと》もよく表《あらわ》しているのはどれか。

1 正《ただ》しい答《こた》えを導《みちび》き出《だ》すことと同《おな》じくらいプロセスの理解《りかい》も大切《たいせつ》だ。
2 数学《すうがく》の楽《たの》しさは答《こた》えを導《みちび》き出《だ》す過程《かてい》にある。
3 プロセスの理解《りかい》こそが早《はや》く答《こた》えを見《み》つける近道《ちかみち》だ。
4 間違《まちが》いをおかしても過程《かてい》を理解《りかい》してこそ再挑戦《さいちょうせん》も可能《かのう》だ。

(2)

수학이라는 것은 결과에 도달하기까지의 과정이 중요하다고 생각한다. 여러 분야에서 수학적으로 얻어진 결과를 이용할 때는 그 과정에 관한 논의는 빼놓을 수 없다. 학교에서 과정을 이해하지 않고 답을 구하는 이른바 '공식'만을 주입하면 실수를 했을 때 왜 틀렸는가를 찾는 힘을 익힐 수 없다. 그와 마찬가지로 사회에 나가서 실패를 하거나 좌절을 했을 때 지금까지의 과정을 돌아봄으로써 다시 시작할 수가 있다. 왜 실패했는지를 이해하지 않는 한, 인간은 또 같은 실수를 반복한다. 그렇게 되지 않기 위해서는 과정을 돌아보는 힘이 필요하다.

47 필자의 생각을 가장 잘 나타내고 있는 것은 어느 것인가?

1 올바른 답을 이끌어 내는 것과 마찬가지로 과정의 이해도 중요하다.
2 수학의 즐거움은 답을 끌어내는 과정에 있다.
3 과정의 이해가 빠르게 답을 찾는 지름길이다.
4 실수를 해도 과정을 이해해야 재도전도 가능하다.

풀이 필자의 생각을 묻는 문제의 경우 전체 글의 흐름을 파악하되, 위에서 아래로 내려가면서 중요도가 커진다는 것을 알아야 한다. '수학에서의 답보다 과정을 중시하는 습관이 배이면 사회에서 실패를 해도 지금까지의 과정을 돌아봄으로써 다시 시작할 수 있다'는 것이 이 글의 중심 내용이다. 따라서 '실수를 해도 과정을 이해해야 재도전도 가능하다'고 한 4번이 정답이 된다. 한편 '답을 내는 것보다 과정이 더 중요'한데, 1번은 '답을 이끌어 내는 것과 마찬가지로 과정이 중요하다'고 했으므로 오답이다. 또한 2번의 '수학의 즐거움'이라는 말은 언급된 바가 없으므로 오답이다.

단어 分野《ぶんや》 분야 | 用《もち》いる 이용하다 | 議論《ぎろん》 논의 | 欠《か》かせない 빼놓을 수 없다 | 求《もと》める 구하다 | いわゆる 이른바 | 公式《こうしき》 공식 | 叩《たた》き込《こ》む 주입하다 | 間違《まちが》いをおかす 실수를 저지르다 | 身《み》につく 몸에 배다 | 挫折《ざせつ》 좌절 | 振《ふ》り返《かえ》る 돌아보다 | やり直《なお》す 다시 하다 | 過《あやま》ち 잘못 | 繰《く》り返《かえ》す 반복하다

(3)

以下《いか》は、ある航空会社《こうくうがいしゃ》のホームページに掲載《けいさい》されたお知《し》らせである。

平素《へいそ》よりトークエアをご利用《りよう》いただきありがとうございます。

2月《がつ》２３日《にち》のTK451便《びん》（長井発《ながいはつ》 — 大山行《おおやまゆき》）におきまして、予約数《よやくすう》が座席数《ざせきすう》を上回《うわまわ》り座席《ざせき》が不足《ふそく》致《いた》しました。

このため、当該便《とうがいびん》をご予約済《よやくず》みのお客様《きゃくさま》の中《なか》から自主的《じしゅてき》に便《びん》の変更等《へんこうなど》についてご了承《りょうしょう》いただける方《かた》を募集《ぼしゅう》する等《など》の措置《そち》を行《おこな》いました。ですが、調整《ちょうせい》に時間《じかん》を要《よう》し離陸《りりく》が大幅《おおはば》に遅《おく》れ、大山空港《おおやまくうこう》の運用時間《うんようじかん》に間《ま》に合《あ》う見通《みとお》しが立《た》たなくなったことから、当便《とうびん》は欠航《けっこう》となりました。

このような事態《じたい》を二度《にど》と発生《はっせい》させることのないよう、再発防止《さいはつぼうし》に努《つと》めてまいります。

お客様《きゃくさま》にご迷惑《めいわく》をかけましたことを、深《ふか》くお詫《わ》び申《もう》し上《あ》げます。

２０２５年《ねん》3月1日《がつついたち》

トークエア

代表取締役社長《だいひょうとりしまりやくしゃちょう》　山田徹《やまだとおる》

48 このお知《し》らせで最《もっと》も伝《つた》えたいことは何《なに》か。

1 航空機《こうくうき》の便《びん》の変更《へんこう》ができる人《ひと》の募集《ぼしゅう》

2 空港《くうこう》の運用時間《うんようじかん》の案内《あんない》

3 欠航《けっこう》に伴《ともな》う払戻《はらいもど》し手続《てつづ》きの案内《あんない》

4 欠航《けっこう》の原因《げんいん》とお詫《わ》び

(3)

이하는 어느 항공회사의 홈페이지에 게재된 공지이다.

평소 토크에어를 이용해 주셔서 감사합니다.

2월 23일 TK451편(나가이 발- 오오야마 행)에 있어 예약 수가 좌석 수를 상회해 좌석이 부족했습니다.

이 때문에 해당편을 예약 완료한 고객님들 중 자주적으로 편의 변경 등에 관해서 이해해 주시는 분을 모집하는 등의 조치를 행했습니다만, 조정에 시간을 요해 이륙이 크게 지연되어 오오야마 공항의 운용 시간에 맞출 전망이 서지 않아서 해당편을 결항하게 되었습니다.

이러한 사태를 두 번 다시 발생시키지 않도록 재발 방지에 힘써 나가겠습니다.

고객님께 불편을 끼쳐 드린 점, 깊이 사죄 말씀드립니다.

2025년 3월 1일

토크에어

대표 이사장 야마다 토오루

48 이 공지문에서 가장 전하고 싶은 것은 무엇인가?

1 항공기 편을 변경할 수 있는 사람의 모집

2 항공 운용 시간 안내

3 결항에 따른 환불 절차 안내

4 결항의 원인과 사죄

풀이 '예약 수가 좌석 수를 초과해 자발적으로 변경할 고객을 모집하는 조치를 취했지만, 결국 오오야마 공항의 운용 시간에 맞출 수 없어 해당편을 결항하게 되었다'는 것이 주된 내용이므로 정답은 4번이다. 한편 1번은 언급되기는 했지만 주된 내용이 아니므로 오답이다.

단어 航空会社《こうくうがいしゃ》 항공회사 | 掲載《けいさい》 게재 | 平素《へいそ》 평소 | 座席《ざせき》 좌석 | 調整《ちょうせい》 조정 | 要《よう》する 요하다 | 離陸《りりく》 이륙 | 大幅《おおはば》 큰 폭 | 運用《うんよう》 운용 | 見通《みとお》し 전망, 예측 | 欠航《けっこう》 결항 | 事態《じたい》 사태 | 発生《はっせい》 발생 | 再発防止《さいはつぼうし》 재발 방지 | 努《つと》める 애쓰다 | 取締役《とりしまりやく》 이사 | 払戻《はらいもど》し 환불 | 手続《てつづ》き 절차 | お詫《わ》び 사죄

(4)

一《ひと》つの文章《ぶんしょう》にいくつかの要素《ようそ》を入《い》れてしまうと文章《ぶんしょう》が長《なが》くなるだけでなく要点《ようてん》がぼやけてしまう。これによって、伝《つた》えたい情報《じょうほう》がまったく読《よ》み手《て》の頭《あたま》に残《のこ》らない可能性《かのうせい》がある。たとえば、商品《しょうひん》というものは、いくつかの要素《ようそ》で成《な》り立《た》っているが、それらを一気《いっき》にお客《きゃく》さんに提示《ていじ》すると、その商品《しょうひん》の魅力《みりょく》がうまく伝《つた》わらない。あるポイントとなる要素《ようそ》だけに絞《しぼ》って説明《せつめい》したあとに、次《つぎ》の要素《ようそ》に移《うつ》ったほうがよい。文章《ぶんしょう》を書《か》くことも同《おな》じである。ひとつの文章《ぶんしょう》にはひとつの要素《ようそ》だけを入《い》れて書《か》くことを心《こころ》がけるのがよい。

49 この文章《ぶんしょう》で筆者《ひっしゃ》が述《の》べていることは何《なに》か。

1 多《おお》くの内容《ないよう》を一文《いちぶん》に入《い》れてしまうと読《よ》み手《て》に伝《つた》わりにくい。

2 いくつかの要素《ようそ》のうち主要《しゅよう》な要素《ようそ》だけを説明《せつめい》する方《ほう》がよい。

3 ひとつの文章《ぶんしょう》にひとつの要素《ようそ》だけいれるとかえって伝《つた》わりにくい。

4 全体《ぜんたい》の内容《ないよう》を要約《ようやく》して書《か》く方《ほう》が読《よ》み手《て》に伝《つた》わりやすい。

(4)

하나의 글에 몇 개의 요소를 넣어버리면 글이 길어질 뿐만 아니라 요점이 흐려져버린다. 이로 인해 전하고 싶은 정보가 전혀 읽는 이의 머리에 남지 않을 가능성이 있다. 예를 들면, 상품이라는 것은 몇 가지의 요소로 성립되어 있지만 그것을 단숨에 손님에게 제시하면 그 상품의 매력이 제대로 전달되지 않는다. 어떤 포인트가 되는 요소만으로 압축해서 설명을 한 후에 다음의 요소로 옮겨지는 쪽이 좋다. 글을 쓰는 것도 마찬가지이다. 하나의 글에는 하나의 요소만을 넣어서 쓰는 것에 유의하는 것이 좋다.

49 이 문장에서 필자가 말하고 있는 것은 무엇인가?

1 많은 내용을 하나의 글에 넣어버리면 읽는 사람에게 전달되기가 어렵다.

2 몇 개의 요소 중 주요한 요소만을 설명하는 편이 좋다.

3 하나의 글에 하나의 요소만 넣으면 오히려 전달되기 어렵다.

4 전체의 내용을 요약해서 쓰는 편이 읽는 사람에게 전달되기가 쉽다.

풀이 '하나의 글에 여러 요소가 들어가면 요점이 흐려지므로 하나의 요소만을 넣는 것이 좋다'는 것이 이 글의 주제이므로 정답은 1번이다. 한편 '여러 가지를 한꺼번에 손님에게 제시하지 말고 포인트가 되는 요소, 즉 하나의 요소부터 설명하라'는 것이지, '전체 내용을 요약해서 쓰라'는 것이 아니므로 4번은 오답이다.

단어 要素《ようそ》 요소 | 要点《ようてん》 요점 | ぼやける 희미해지다 | 情報《じょうほう》 정보 | 読《よ》み手《て》 읽는 사람 | 成《な》り立《た》つ 성립되다 | 一気《いっき》に 단숨에 | 提示《ていじ》 제시 | 絞《しぼ》る 좁히다, 압축하다 | 移《うつ》る 옮겨지다 | 心《こころ》がける 유의하다

문제 8 내용 이해(단문) | 실전 테스트 ❹

문제집 p.310

46 ④ 47 ① 48 ① 49 ②

問題《もんだい》8

次《つぎ》の(1)から(4)の文章《ぶんしょう》を読《よ》んで、後《あと》の問《と》いに対《たい》する答《こた》えとして最《もっと》もよいものを、1・2・3・4から一《ひと》つ選《えら》びなさい。

문제 8

다음 (1)부터 (4)의 글을 읽고, 질문에 대한 답으로 가장 알맞은 것을 1・2・3・4에서 하나 고르세요.

(1)

遺伝的《いでんてき》に多様性《たようせい》がない特異《とくい》な植物《しょくぶつ》には、農作物《のうさくぶつ》がある。多様性《たようせい》がない、つまり、発芽時期《はつがじき》や成長《せいちょう》スピードがそろっているということは、安定的《あんていてき》に大量《たいりょう》に収穫《しゅうかく》ができるため、食物《しょくもつ》の確保《かくほ》という観点《かんてん》からすると人間《にんげん》にとって大変《たいへん》に都合《つごう》がよい。そのため、均一《きんいつ》であることは重要《じゅうよう》なことだと言《い》える。一方《いっぽう》で、病気《びょうき》への耐性《たいせい》など、農作物《のうさくぶつ》に人間《にんげん》が求《もと》める性質《せいしつ》も決《き》まっている。なぜなら、均一《きんいつ》であること、すなわち多様性《たようせい》がないということは、その品種《ひんしゅ》が特定《とくてい》の病気《びょうき》に弱《よわ》ければ全滅《ぜんめつ》してしまうことにもなりかねないからだ。

46 均一《きんいつ》であることは重要《じゅうよう》なこととあるがなぜか。

1 農作物《のうさくぶつ》が遺伝的《いでんてき》に病気《びょうき》に弱《よわ》いから
2 品種《ひんしゅ》の特異性《とくいせい》が人間《にんげん》に有利《ゆうり》に働《はたら》くから
3 農作物《のうさくもつ》が全滅《ぜんめつ》する恐《おそ》れがないから
4 食糧《しょくりょう》を安定的《あんていてき》に得《え》ることが可能《かのう》だから

(1)

유전적으로 다양성이 없는 특이한 식물로는 농작물이 있다. 다양성이 없다, 즉, 발아 시기나 성장 속도가 고르다는 것은 안정적으로 대량으로 수확할 수 있기 때문에 음식물의 확보라는 관점에서 보면 인간에게 있어서 대단히 유리하다. 그 때문에 균일하다는 것은 중요한 것이라고 말할 수 있다. 한편으로 병에 대한 내성 등 농작물에 인간이 바라는 성질도 결정되어 있다. 왜냐하면 균일하다는 것, 즉 다양성이 없다는 것은 그 품종이 특정의 병에 약하면 전멸해 버리게 될지도 모르기 때문이다.

46 균일하다는 것은 중요한 것이라고 하는데 왜인가?

1 농작물이 유전적으로 병에 약하기 때문에
2 품종의 특이성이 인간에게 유리하게 작용하기 때문에
3 농작물이 전멸할 우려가 없기 때문에
4 식량을 안정적으로 얻는 것이 가능하기 때문에

풀이 밑줄 친 문장의 이유를 묻는 경우, 일반적으로 그 뒤에 이유가 제시되는 경우가 많다. 그러나 여기에서는 뒤에 접속사 「一方《いっぽう》で」가 나와 내용이 전환되고 있고, 밑줄 바로 앞에 「そのため」라는 말이 나오므로 밑줄 앞쪽에서 답을 찾아야함을 알 수 있다. 그 앞 문장의 내용을 보면 균일하다는 것을 '안정적으로 대량 수확 가능 → 음식물 확보에 유리하다'라는 것을 알 수 있다. 즉, 농작물로서 균일함이 중요한 이유는 식량을 안정적으로 확보할 수 있기 때문이므로 정답은 4번이다.

단어 遺伝的《いでんてき》 유전적 | 多様性《たようせい》 다양성 | 特異《とくい》 특이 | 植物《しょくぶつ》 식물 | 農作物《のうさくぶつ》 농작물 | 発芽《はつが》 발아 | 成長《せいちょう》 성장 | 安定的《あんていてき》 안정적 | 大量《たいりょう》 대량 | 収穫《しゅうかく》 수확 | 食物《しょくもつ》 음식물 | 確保《かくほ》 확보 | 観点《かんてん》 관점 | 都合《つごう》がよい 유리하다 | 均一《きんいつ》 균일 | 耐性《たいせい》 내성 | 性質《せいしつ》 성질 | すなわち 즉 | 品種《ひんしゅ》 품종 | 特定《とくてい》 특정 | 全滅《ぜんめつ》 전멸

(2)

消費者《しょうひしゃ》のニーズと心理《しんり》は、時代《じだい》とともに変化《へんか》していく。昔《むかし》はその「モノ」を持《も》っていないから買《か》い物《もの》に行《い》ったものだが、今《いま》や家《いえ》にすでにその「モノ」を持《も》っていて、さらに二《ふた》つ目《め》、三《みっ》つ目《め》を購入《こうにゅう》するという時代《じだい》である。特《とく》に必要《ひつよう》に迫《せま》られていないが、目《め》についた商品《しょうひん》を手《て》に取《と》ったり、自分《じぶん》へのご褒美《ほうび》として購入《こうにゅう》したり、ということもある。つまり「モノがないから買《か》う」消費《しょうひ》から「嗜好《しこう》にしたがって買《か》う」消費《しょうひ》へと変化《へんか》しているのだ。逆《ぎゃく》に言《い》えば、何《なん》らかの刺激《しげき》がなければ、顧客《こきゃく》は財布《さいふ》を開《ひら》こうとしないのだ。

47 この文章《ぶんしょう》で筆者《ひっしゃ》が最《もっと》も言《い》いたいことは何《なに》か。

1 現代《げんだい》では何《なに》か顧客《こきゃく》の目《め》を引《ひ》くモノでなければ買《か》ってもらえない。

2 現代《げんだい》では刺激的《しげきてき》なモノでないと顧客《こきゃく》の関心《かんしん》がひけない。

3 時代《じだい》の流《なが》れと共《とも》に顧客《こきゃく》の好《この》みも少《すこ》しずつ変《か》わる。

4 現代《げんだい》では顧客《こきゃく》のニーズを満《み》たさないと買《か》ってもらえない。

(2)

소비자의 요망과 심리는 시대와 함께 변해간다. 옛날에는 그 '물건'을 가지고 있지 않기 때문에 물건을 사러 갔지만 지금은 집에 이미 그 '물건'을 가지고 있으며 더욱이 두 개, 세 개를 더 구입하는 시대이다. 특히 꼭 필요하진 않지만, 눈에 띈 상품을 가지기도 하고 자신에 대한 포상으로 구입할 때도 있다. 즉, '물건이 없어서 산다'는 소비에서 '기호에 따라서 산다'는 소비로 변화하고 있는 것이다. 반대로 말하면 뭔가 자극이 없으면 고객은 지갑을 열려고 하지 않는 것이다.

47 이 글에서 필자가 가장 말하고 싶은 것은 무엇인가?

1 현대에서는 뭔가 고객의 눈을 끌 물건이 아니면 사 주지 않는다.

2 현대에서는 자극적인 물건이 아니면 고객의 관심을 끌 수 없다.

3 시대의 흐름과 함께 고객의 취향도 조금씩 바뀐다.

4 현대에서는 고객의 요구를 만족시키지 못하면 사 주지 않는다.

풀이 물건이 없어서 사는 소비에서 기호에 따라 사는 소비로 변해가는 소비자의 심리에 부응하기 위해서는 자극이 필요한데, 여기에서 말하는 자극은 '자극적인 물건'이 아니라 '관심을 끌 만한 요소'를 뜻하므로 정답은 1번이다.

단어 消費者《しょうひしゃ》 소비자 | 購入《こうにゅう》 구입 | 必要《ひつよう》に迫《せま》られる 부득이하게 필요하다 | 目《め》につく 눈에 띄다 | 手《て》に取《と》る 가지다, 들다 | ご褒美《ほうび》 포상 | 嗜好《しこう》 기호 | 逆《ぎゃく》に 반대로 | 刺激《しげき》 자극 | 顧客《こきゃく》 고객 | 財布《さいふ》 지갑

(3)

以下《いか》は、ある会社《かいしゃ》がホームページに掲載《けいさい》したお知《し》らせである。

『ドリームコンサート』公演《こうえん》についてのご案内《あんない》

２０２５年《ねん》9月《がつ》１３日《にち》（土《ど》）、１４日《か》（日《にち》）にて開催予定《かいさいよてい》の「ドリームコンサート」公演《こうえん》について皆様《みなさま》に大切《たいせつ》なご案内《あんない》をさせていただきます。

現在《げんざい》、接近中《せっきんちゅう》の台風《たいふう》の影響《えいきょう》による交通機関《こうつうきかん》の乱

(3)

이하는 어느 회사가 홈페이지에 게재한 공지이다.

'드림 콘서트' 공연에 대한 안내

2025년 9월 13일(토), 14일(일)에 개최 예정인 '드림 콘서트' 공연에 관해서 여러분께 중요한 안내를 해 드리겠습니다.

현재 접근 중인 태풍의 영향으로 인해 교통 기관의

れ・自然災害《しぜんさいがい》の発生《はっせい》を考慮《こうりょ》し、９月《がつ》１４日《か》（日《にち》）の公演《こうえん》については開催《かいさい》の有無《うむ》を９月《がつ》１３日《にち》（土《ど》）１５時《じ》までにご案内《あんない》させていただきます。9月《がつ》１３日《にち》（土《ど》）の公演《こうえん》につきましては実《じっ》施《し》いたします。この日《ひ》を楽《たの》しみにされていた皆様《みなさま》には大変申《たいへんもう》し訳《わけ》ありませんが、皆様《みなさま》の安全《あんぜん》を最優《さいゆう》先《せん》とさせていただきます。

中止《ちゅうし》になった場合《ばあい》、チケットは必《かなら》ず捨《す》てずにお手元《てもと》に保管《ほかん》しておいてください。チケット代金等《だいきんなど》の対応《たいおう》に関《かん》しては、決定後《けっていご》のご案内《あんない》となりますので、現段階《げんだんかい》ではお問《と》い合《あ》わせにお答《こた》え出来兼《できか》ねます。何卒《なにとぞ》ご了承《りょうしょう》ください。

２０２５年《ねん》9月《がつ》１０日《か》ドリームコンサート
スタッフ一同《いちどう》

혼란, 자연 재해의 발생을 고려해서 9월 14일(일)의 공연에 관해서는 개최 유무를 9월 13일(토) 15시까지 안내해 드리겠습니다. 9월 13일(토)의 공연은 실시합니다. 이날을 기대하고 계셨을 여러분에게는 대단히 죄송합니다만, 여러분의 안전을 최우선으로 하겠습니다.

중지된 경우, 티켓은 반드시 버리지 말고 수중에 보관해 주세요. 티켓 대금 등의 대응에 관해서는 결정 후 안내하게 되어있어, 현 단계에서는 문의에 응대하기 어렵습니다. 아무쪼록 양해 부탁드립니다.

2025년 9월 10일 드림콘서트 직원 일동

48 『ドリームコンサート』について、この文書《ぶんしょ》は何《なに》を知《し》らせているか。

1 日曜日《にちようび》の公演《こうえん》について、土曜日改《どようびあらた》めて案《あん》内《ない》する。
2 台風接近《たいふうせっきん》により日曜日《にちようび》の公演《こうえん》は中止《ちゅうし》する。
3 払《はら》い戻《もど》しの際《さい》にチケットが必要《ひつよう》なため保《ほ》管《かん》をする。
4 顧客《こきゃく》の安全《あんぜん》のためすべての公演《こうえん》を中止《ちゅうし》する。

48 '드림 콘서트'에 관해서 이 문서는 무엇을 알리고 있는가?

1 일요일 공연에 관해서 토요일에 다시 안내한다.
2 태풍 접근으로 인해 일요일 공연은 중지한다.
3 환불 시에 티켓이 필요하기 때문에 보관한다.
4 고객의 안전을 위해서 모든 공연을 중지한다.

풀이 목적을 가진 공지나 메일 문제에서는 사실 정보보다 반드시 글쓴이가 상대에게 가장 전하고 싶은 주된 내용이 무엇인지를 찾아야 한다. 여기에서는 '이틀 간의 콘서트 중 9월 14일의 콘서트 개최 유무는 9월 13일에 상황을 보고 알려 준다'는 것이 주된 내용이므로 정답은 1번이다. 한편 3번의 환불 관련해서는 일요일 콘서트가 취소될 시에 다시 안내할 일이기 때문에 오답이다.

단어 掲載《けいさい》 게재 | 公演《こうえん》 공연 | 開催《かいさい》 개최 | 接近中《せっきんちゅう》 접근 중 | 台風《たいふう》 태풍 | 交通機関《こうつうきかん》 교통 기관 | 乱《みだ》れる 흐트러지다 | 自然災害《しぜんさいがい》 자연 재해 | 発生《はっせい》 발생 | 考慮《こうりょ》 고려 | 有無《うむ》 유무 | 実施《じっし》 실시 | 最優先《さいゆうせん》 최우선 | 中止《ちゅうし》 중지 | 捨《す》てる 버리다 | 手元《てもと》 주변 | 保管《ほかん》 보관 | 代金《だいきん》 대금 | 対応《たいおう》 대응 | 決定《けってい》 결정 | 現段階《げんだんかい》 현 단계 | 問《と》い合《あ》わせ 문의 | 何卒《なにとぞ》 아무쪼록 | 了承《りょうしょう》 양해

독해

문제 8 내용 이해(단문)

(4)

日本《にほん》の企業文化《きぎょうぶんか》には、仕事《しごと》を終《お》えた後《あと》にお酒《さけ》を飲《の》みかわしながら親睦《しんぼく》を深《ふか》めるという習慣《しゅうかん》がある。しかし私《わたし》は、若《わか》い頃《ころ》から飲《の》み会《かい》の誘《さそ》いをきっぱり断《ことわ》ってきた。仕事《しごと》は昼間《ひるま》にしっかりとやり、夜《よる》の時間《じかん》まで付《つ》き合《あ》う必要《ひつよう》はないと考《かんが》えていたからだ。仕事《しごと》とプライベートのめりはりをきちんとつけてきた。「人脈《じんみゃく》を広《ひろ》げるために、飲《の》み会《かい》に顔《かお》を出《だ》したほうがいいのではないか」と考《かんが》える人《ひと》もいるが、飲《の》み会《かい》に出《で》なくても縁《えん》ある人《ひと》とは必《かなら》ずどこかで会《あ》えると伝《つた》えたい。

(注1) 親睦《しんぼく》：互《たが》いに親《した》しみ合《あ》い、仲良《なかよ》くすること

(注2) めりはり：調和《ちょうわ》

49 筆者《ひっしゃ》の考《かんが》えに合《あ》うのは何《なに》か。

1 飲《の》み会《かい》に参加《さんか》することには意味《いみ》がない。

2 人付《ひとつ》き合《あ》いを夜《よる》まで引《ひ》きずらなくてもよい出会《であ》いはある。

3 飲《の》み会《かい》に出《で》ると人脈《じんみゃく》が広《ひろ》がるが自分《じぶん》の時間《じかん》を持《も》つ方《ほう》がよい。

4 飲《の》み会《かい》で出会《であ》った人《ひと》とはいい縁《えん》になる可能性《かのうせい》が高《たか》い。

(4)

일본의 기업 문화에는 일을 끝낸 후에 술을 같이 마시면서 친목을 깊게 한다는 관습이 있다. 그러나 나는 젊을 때부터 회식 권유를 단호히 거절해 왔다. 일은 낮 동안 제대로 하고, 저녁 시간까지 어울릴 필요가 없다고 생각하고 있었기 때문이다. 일과 개인 생활의 조화를 확실히 지켜왔다. '인맥을 넓히기 위해서 회식에 참여하는 것이 좋은 것 아닌가'하고 생각하는 사람도 있지만, 회식에 나오지 않아도 인연이 있는 사람과는 반드시 어딘가에서 만날 수 있다고 말해주고 싶다.

(주1) 친목: 서로 친하게 지내며, 사이좋게 지내는 것

(주2) 늦춤과 당김: 조화

49 필자의 생각에 맞는 것은 무엇인가?

1 회식에 참가하는 것에는 의미가 없다.

2 교제를 밤까지 끌지 않더라도 좋은 만남은 있다.

3 회식에 참석하면 인맥이 넓어지지만 자신의 시간을 가지는 쪽이 좋다.

4 회식에서 만난 사람과는 좋은 인연이 될 가능성이 높다.

풀이 여기에서 접속사「しかし」다음에 '나=필자'의 생각이 나오고 있다. '자신은 회식 권유를 거절해 왔고 회식에 참여하지 않아도 인연이 되면 만날 사람은 만난다'는 것이 필자의 주된 생각이므로 정답은 2번이다.

단어 企業文化《きぎょうぶんか》 기업 문화 | 親睦《しんぼく》 친목 | 深《ふか》める 깊게 하다 | 習慣《しゅうかん》 관습, 풍습, 습관 | きっぱり 단호히 | 断《ことわ》る 거절하다 | 昼間《ひるま》 낮 | プライベート 사적 | めりはり 조화, 강약 | 人脈《じんみゃく》を広《ひろ》げる 인맥을 넓히다 | 顔《かお》を出《だ》す 얼굴을 내밀다 | 縁《えん》 인연 | 引《ひ》きずる 질질 끌다

문제 9 내용 이해(중문) | 실전 테스트 ①

문제집 p.314

50	51	52	53	54	55	56	57	58
②	④	②	②	③	①	①	②	③

問題《もんだい》9

次《つぎ》の(1)から(3)の文章《ぶんしょう》を読《よ》んで、後《あと》の問《と》いに対《たい》する答《こた》えとして最《もっと》もよいものを、1・2・3・4から一《ひと》つ選《えら》びなさい。

문제 9

다음 (1)부터 (3)의 글을 읽고, 질문에 대한 답으로 가장 알맞은 것을 1・2・3・4에서 하나 고르세요.

50~52

(1)

人間《にんげん》は誰《だれ》しも、「信《しん》じたい」という欲求《よっきゅう》が本能《ほんのう》的《てき》に内在《ないざい》しているという。 [50] 何《なに》かを信《しん》じることで、いかに人《ひと》が救《すく》われ、いかに癒《いや》され、いかに元気《げんき》づけられるか、今《いま》さら疑《うたが》う余地《よち》など全《まった》くないほど確《たし》かなことだろう。宗教《しゅうきょう》の存在意義《そんざいいぎ》も、きっとそこにあろうかと思《おも》う。

ところが、その「信《しん》じれば楽《らく》になれる」ということから、私《わたし》たちは「疑《うたが》う」という面倒臭《めんどうくさ》く煩《わずら》わしい作業《さぎょう》を、必要《ひつよう》な時《とき》にまで怠《おこた》ってしまうことがある。中《なか》には、「疑《うたが》う」という心《こころ》の動《うご》き自体《じたい》をも罪悪視《ざいあくし》するまでになっている。疑問《ぎもん》というものは、時《とき》として素晴《すば》らしいひらめきや、アドバイスや、危険回避情報《きけんかいひじょうほう》を与《あた》えてくれる。子供《こども》の頃《ころ》から、「なぜだろう」「なにかしら」という好奇心《こうきしん》や探究心《たんきゅうしん》を持《も》たずに育《そだ》ったら、まともな社会生活《しゃかいせいかつ》が送《おく》れるようになるだろうか。私《わたし》は、むやみに疑《うたが》えといいたいわけではない。

（中略）

肉親《にくしん》や親友《しんゆう》など、愛《あい》する人《ひと》を信《しん》じるのは当然《とうぜん》だし、充分《じゅうぶん》に客観的《きゃっかんてき》な検証《けんしょう》が済《す》んでいることを疑《うたが》い続《つづ》けるのは非効率《ひこうりつ》であり、逆《ぎゃく》に秩序《ちつじょ》を乱《みだ》すことにもなる。ただ、当然《とうぜん》「ちょっと待《ま》ってよ」と思《おも》って立《た》ち止《ど》まることすらしない人《ひと》が大勢《おおぜい》いるこの社会《しゃかい》を見《み》て、苦々《にがにが》しい思《おも》いでいることも確《たし》かだ。 疑《うたが》うことを卑《いや》しい精神活動《せいしんかつどう》だと思《おも》う人《ひと》の中《なか》に、 [51] 信《しん》じるという結論《けつろん》に飛《と》びついて楽《らく》をしていることへの後《うし》ろめたさから逃《のが》れるために、「疑《うたが》う」を貶《おとし》め、「信《しん》じる」を美化《びか》する心理《しんり》は働《はたら》いていないだろうか。 [52] 健全《けんぜん》な懐疑精神《かいぎせいしん》なくして科学技術《かがくぎじゅつ》の発展《はってん》はあり得《え》ないし、電球《でんきゅう》も冷蔵庫《れいぞうこ》もステレオも携帯電話《けいたいでんわ》もインターネットもタミフルも、生《う》まれることはなかったろう。

（松尾貴史《まつおたかし》『なぜ宇宙人《うちゅうじん》は地球《ちきゅう》に来《こ》ない？』による）

(1)

인간은 누구나 '믿고 싶다'라는 욕구가 본능적으로 내재하고 있다고 한다. [50] 무언가를 믿음으로써 얼마나 인간이 구원되고 얼마나 치유되고 얼마나 힘이 나는지 새삼 의심할 여지 같은 건 전혀 없을 만큼 확실한 것일 거다. 종교의 존재 의의도 틀림없이 거기에 있을 것이라고 생각한다.

그러나 그 '믿으면 편해진다'라는 것으로부터 우리들은 '의심한다'는 귀찮고 번거로운 작업을 필요로 할 때조차 태만해져 버릴 때가 있다. 그러한 중에 '의심한다'는 마음의 움직임 자체도 죄악시하기까지 한다. 의문이라는 것은 경우에 따라서는 훌륭한 번뜩임이나 충고나 위험 회피를 위한 정보를 준다. 어린 시절부터 '왜 그럴까', '무엇일까?'라는 호기심이나 탐구심을 가지지 않게 키워지면, 제대로 된 사회 생활을 보낼 수 있게 될까? 나는 무턱대고 의심하라는 것이 아니다.

(중략)

혈육이나 친한 친구 등 사랑하는 사람을 믿는 것은 당연하고, 충분히 객관적인 검증이 끝난 것을 계속 의심하는 것은 비효율적이며, 반대로 질서를 어지럽히게 되는 것이기도 하다. 단, 당연히 '잠시만 기다려' 하고 생각하며 멈춰 서는 것조차 하지 않는 사람이 많은 이 사회를 보고 씁쓸하게 느낄 때도 확실히 있다. 의심하는 것을 저급한 정신 활동이라고 생각하는 사람 중에 [51] 믿는다는 결론을 내리고 편하게 있는 것에 대한 불편한 마음으로부터 벗어나기 위해서 '의심한다'는 것을 폄하고 '믿는다'는 것을 미화하는 심리가 작용하고 있지 않을까? [52] 건전한 회의 정신 없이 과학 기술의 발전은 있을 수 없고 전구도 냉장고도 스테레오도 휴대 전화도 인터넷도 타미플루도 생겨나지 않았을 것이다.

마츠오 타카시 『왜 외계인은 지구에 오지 않는가?』에 의함)

단어 欲求《よっきゅう》 욕구 | 本能的《ほんのうてき》 본능적 | 内在《ないざい》 내재 | 救《すく》う 구원하다 | いかに 어떻게, 얼마나, 아무리 | 癒《いや》す 치유하다 | 元気《げんき》づける 힘을 북돋우다 | 疑《うたが》う 의심하다 | 余地《よち》 여지 | 全《まった》く 전혀 | 確《たし》か 확실함 | 宗教《しゅうきょう》 종교 | 存在《そんざい》 존재 | 意義《いぎ》 의의 | 楽《らく》になる 편해지다 | 面倒臭《めんどうくさ》い 귀찮다 | 煩《わずら》わしい 번거롭다 | 怠《おこた》る 태만히 하다 | 罪悪視《ざいあくし》 죄악시 | 疑問《ぎもん》 의문 | 素晴《すば》らしい

훌륭하다 | ひらめき 번뜩임, 아이디어 | 危険《きけん》 위험 | 回避《かいひ》 회피 | 好奇心《こうきしん》 호기심 | 探究心《たんきゅうしん》 탐구심 | むやみに 함부로 | 肉親《にくしん》 혈육 | 親友《しんゆう》 친한 친구 | 愛《あい》する 사랑하다 | 充分《じゅうぶん》 충분 | 客観的《きゃっかんてき》 객관적 | 検証《けんしょう》 검증 | 済《す》む 끝나다 | 非効率《ひこうりつ》 비효율 | 秩序《ちつじょ》を乱《みだ》す 질서를 어지럽히다 | 大勢《おおぜい》 많은 사람 | 苦々《にがにが》しい 씁쓸하다 | 卑《いや》しい 천하다, 저속하다 | 結論《けつろん》 결론 | 飛《と》びつく 달려들다, 따르다 | 後《うし》ろめたさ 꺼림칙함, 뒤가 켕김 | 逃《のが》れる 벗어나다 | 貶《おとし》める 깎아내리다 | 美化《びか》 미화 | 健全《けんぜん》 건전 | 懐疑《かいぎ》 회의, 의심이 드는 느낌 | 電球《でんきゅう》 전구 | 冷蔵庫《れいぞうこ》 냉장고

50 そこにあろうかと思《おも》うとあるがそこことは何《なに》か。

1 信《しん》じたい欲求《よっきゅう》
2 楽《らく》になる気持《きも》ち
3 人間《にんげん》の本能《ほんのう》
4 疑《うたが》いない確信《かくしん》

50 거기에 있을 거라고 생각한다고 하는데 거기는 무엇인가?

1 믿고 싶은 욕구
2 편해지는 기분
3 인간의 본능
4 의심 없는 확신

풀이 「そこ」가 무엇인지 묻는 문제이며, 지시 대명사의 성격상 앞의 문장에서 찾으면 되는데 '거기'는 바로 '무언가를 믿음으로써 얼마나 구원되고, 치유되고, 힘이 나는가 하는 것'이므로 2번의 '편해지는 기분'이 정답으로 적당하다. 본문에 나와 있는 단어보다는 내용에 중점을 두고 답을 찾아야 한다.

51 筆者《ひっしゃ》によると、人《ひと》はなぜ信《しん》じることを美《び》化《か》しようとするのか。

1 信《しん》じることこそが唯一《ゆいいつ》の美徳《びとく》だと思《おも》うから
2 信《しん》じることによって得《え》られる効果《こうか》を知《し》っているから
3 信《しん》してばかりいると、社会《しゃかい》の秩序《ちつじょ》が乱《みだ》れないから
4 信《しん》じることで、得《え》られた楽《らく》な気持《きも》ちが気《き》にかかるから

51 필자에 의하면, 사람은 왜 믿는 것을 미화하려고 하는 것인가?

1 믿는 것이야말로 유일한 미덕이라고 생각하기 때문에
2 믿는 것에 의해 얻을 수 있는 효과를 알고 있기 때문에
3 믿고 있기만 하면, 사회의 질서가 흐트러지지 않기 때문에
4 믿음으로써 얻어진 편안한 기분이 마음에 걸리기 때문에

풀이 '믿는다는 쪽으로 결론을 내리고, 편하게 있는 것에 대한 불편한 마음으로부터 벗어나기 위해 의심하는 것을 폄하하고 믿는 것을 미화하는 심리가 작용한다'는 내용이므로 4번의 '믿음으로 얻어진 편안함이 마음에 걸리기 때문'이 정답으로 적당하다.

52 筆者《ひっしゃ》は疑《うたが》うことについてどのように考《かんが》えているか。

1 何事《なにごと》にもまずは疑《うたが》ってかかったほうが有《ゆう》利《り》である。
2 疑《うたが》うことは新《あら》たな発想《はっそう》や発見《はっけん》のきっかけになる。

52 필자는 의심하는 것에 대해서 어떻게 생각하고 있는가?

1 무슨 일이든 우선 의심하고 달려드는 쪽이 유리하다.
2 의심하는 것은 새로운 발상이나 발견의 계기가 된다.

3　疑《うたが》うことは健全《けんぜん》な精神活動《せいしんかつどう》に役《やく》に立《た》つことである。

4　疑《うたが》いを持《も》つことはよいことだが過剰《かじょう》になってはいけない。

3　의심하는 것은 건전한 정신 활동에 도움이 된다.

4　의심을 가지는 것은 좋은 일이지만, 과해서는 안 된다.

풀이 글의 마지막 단락에서 '건전한 회의 정신 없이 과학 기술의 발전은 있을 수 없다'는 내용이 나오는데 결국, 의심하는 정신이 새로운 것을 생겨나게 한다는 말이므로 정답은 2번이다.

53~55

(2)

科学《かがく》の現場《げんば》では、心《こころ》はおよそ次《つぎ》のように説明《せつめい》されます。「私《わたし》たちは通常《つうじょう》、記憶《きおく》や思考《しこう》、判断《はんだん》といった認知的活動《にんちてきかつどう》、および、喜怒哀楽《きどあいらく》といった感情《かんじょう》を心《こころ》の働《はたら》きと呼《よ》んでいる。人間《にんげん》の脳《のう》には、認知的《にんちてき》活動《かつどう》や感情《かんじょう》を司《つかさど》る部位《ぶい》がある。したがって、脳《のう》における 53 認知的活動《にんちてきかつどう》、および、感情《かんじょう》を司《つかさど》る特定《とくてい》の部位《ぶい》こそが心《こころ》である」と。

しかし、心《こころ》の概念《がいねん》を「脳《のう》の特定部位《とくていぶい》」と言《い》う科学者《かがくしゃ》も、日常生活《にちじょうせいかつ》の場《ば》において、「心《こころ》を込《こ》めて」と言《い》いながらだれかに贈《おく》り物《もの》を差《さ》し出《だ》すとき、 54 「脳《のう》の特定部位《とくていぶい》の働《はたら》き」としての思考《しこう》内容《ないよう》や感情《かんじょう》をそこに込《こ》めようとしているわけではありません。贈《おく》り物《もの》に込《こ》めようとしているのは、もっと「抽象性《ちゅうしょうせい》の高《たか》い何《なに》か」のはずです。

また、心《こころ》が「脳《のう》の特定部位《とくていぶい》」ならば、それが機能《きのう》しなくなった人《ひと》に対《たい》して、その科学者《かがくしゃ》は心《こころ》を見《み》いだせないことになってしまいます。しかし、もし何《なん》らかの出来事《できごと》によって、彼《かれ》の同僚《どうりょう》が心《こころ》に相当《そうとう》するとされる脳《のう》の特定部位《とくていぶい》の機能《きのう》を失《うしな》ってしまっても、その科学者《かがくしゃ》は、その同僚《どうりょう》を、心《こころ》を失《うしな》った人《ひと》として扱《あつか》うことはないでしょう。ここで、同僚《どうりょう》を前《まえ》にして、「彼《かれ》には心《こころ》がある」とその科学者《かがくしゃ》が把握《はあく》する概念《がいねん》は、まちがいなく、 54 「日常的《にちじょうてき》な心《こころ》の概念《がいねん》」なのです。

認知的活動《にんちてきかつどう》や感情《かんじょう》を司《つかさど》る特定部位《とくていぶい》が脳《のう》にあるのは確《たし》かです。また、その部位《ぶい》を研究《けんきゅう》することは、大変有意義《たいへんゆうぃぎ》でしょう。しかし、 55 その「脳《のう》の特定部位《とくていぶい》」は、多《おお》くの人《ひと》が受《う》け入《い》れられる、「心《こころ》

(2)

과학의 현장에서는 마음은 대개 다음과 같이 설명됩니다. '우리들은 일반적으로, 기억이나 사고, 판단이라고 하는 인지적 활동 및 희로애락이라는 감정을 마음의 작용이라고 부르고 있다. 인간의 뇌에는 인지적 활동이나 감정을 관리하는 부위가 있다. 따라서 뇌에서의 53 인지적 활동 및 감정을 관리하는 특정의 부위가 마음이다'라고.

그러나 마음의 개념을 '뇌의 특정 부위'라고 하는 과학자도 일상생활의 장에 있어서 '마음을 담아서'라고 말하며 누군가에게 선물은 내밀 때 54 '뇌의 특정 부위의 작용'으로서의 사고 내용이나 감정을 거기에 담으려고 하는 것은 아닙니다. 선물에 담으려고 하는 것은 좀 더 '추상적인 높은 무언가'일 것입니다.

또한 마음이 '뇌의 특정 부위'라면 그것이 기능하지 않게 된 사람에 대해서 그 과학자는 마음을 찾을 수 없게 되어 버립니다. 그러나 혹시 어떤 사건에 의해서 그의 동료가 마음에 해당되는 뇌의 특정 부위의 기능을 잃어버려도 그 과학자는 그 동료를 마음을 잃은 사람으로서 취급하지 않을 겁니다. 여기서 동료를 앞에 두고 '그에게는 마음이 있다'라는 그 과학자가 파악하는 개념은 틀림없이 54 '일상적인 마음의 개념'인 것입니다.

인지적 활동이나 감정을 관리하는 특정 부위가 뇌에 있는 것은 확실합니다. 또한 그 부위를 연구하는 것은 대단히 의의가 있을 겁니다. 그러나 55 그 '뇌의 특정 부위'는 많은 사람이 받아들이고 있는 '마음이란 무엇

とは何《なに》か」に対《たい》する解答《かいとう》にはなり得《え》ません。それを心《こころ》と呼《よ》ぶことは、やはり「非日常的《ひにちじょうてき》」なことなのです。

(森山徹《もりやまとおる》『ダンゴムシに心《こころ》はあるのか』による)

인가'에 대한 해답은 될 수 없습니다. 그것을 마음이라고 부르는 것은 역시 '비일상적인' 것인 겁니다.

(모리야마 토오루『공벌레에게 마음은 있는가』에 의함)

단어 現場《げんば》 현장 | およそ 대개 | 通常《つうじょう》 통상 | 記憶《きおく》 기억 | 思考《しこう》 사고 | 判断《はんだん》 판단 | 認知的《にんちてき》 인지적 | 活動《かつどう》 활동 | および 및 | 喜《き》怒哀楽《どあいらく》 희로애락 | 感情《かんじょう》 감정 | 心《こころ》の働《はたら》き 마음의 작용 | 脳《のう》 뇌 | 司《つかさど》る 관리하다 | 特定《とくてい》 특정 | 概念《がいねん》 개념 | 贈《おく》り物《もの》 선물 | 差《さ》し出《だ》す 내밀다, 보내다 | 抽象性《ちゅうしょうせい》 추상성 | 機能《きのう》 기능 | 見《み》いだす 발견하다 | 相当《そうとう》 상당 | 失《うしな》う 잃다 | 扱《あつか》う 다루다 | 把《は》握《あく》 파악 | 日常的《にちじょうてき》 일상적 | 確《たし》か 확실함 | 研究《けんきゅう》 연구 | 解答《かいとう》 해답

53 科学《かがく》の現場《げんば》では、一般的《いっぱんてき》に心《こころ》をどのように定義《ていぎ》しているか。

1 人間《にんげん》の脳《のう》とは分離《ぶんり》された感情《かんじょう》の領域《りょういき》
2 認知《にんち》やいろんな思《おも》いを管理《かんり》する脳《のう》の領域《りょういき》
3 記憶《きおく》や思考《しこう》、判断《はんだん》といった抽象的《ちゅうしょうてき》な領域《りょういき》
4 科学的《かがくてき》には立証《りっしょう》できない未知《みち》の領域《りょういき》

53 과학의 현장에서는 일반적으로 마음을 어떻게 정의하고 있는가?

1 인간의 뇌와는 분리된 감정의 영역
2 인지 및 여러 가지 기분을 관리하는 뇌의 영역
3 기억이나 사고, 판단이라는 추상적인 영역
4 과학적으로는 입증할 수 없는 미지의 영역

풀이 첫 번째 단락에 '기억, 사고, 판단 등의 인지적 활동과 및 희로애락 같은 감정을 마음의 작용이라고 부르며, 이러한 활동과 감정을 담당하는 뇌의 특정 부위가 마음이다'라고 말하고 있다. 즉, 마음은 '인지적 활동 + 희로애락(감정)'을 관리하는 뇌의 영역이라는 의미이므로 정답은 2번이다. 한편 '희로애락'을 선택지에서는 '여러 가지 기분'으로 표현하였다.

54 抽象性《ちゅうしょうせい》の高《たか》い何《なに》かとあるがどのようなことか。

1 脳《のう》の特定部位《とくていぶい》によって引《ひ》き起《おこ》る心《こころ》の働《はたら》き
2 脳以外《のういがい》の体《からだ》のさまざまな働《はたら》き
3 脳《のう》の機能《きのう》だとは言《い》い切《き》れない心《こころ》の働《はたら》き
4 脳《のう》と関連付《かんれんづ》けられる人《ひと》の心《こころ》の働《はたら》き

54 추상성이 높은 무언가라고 하는데 어떠한 것인가?

1 뇌의 특정 부위에 의해서 일어나는 마음의 작용
2 뇌 이외의 몸의 여러 가지 작용
3 뇌의 기능이라고는 단정할 수 없는 마음의 작용
4 뇌와 연관되는 인간의 마음의 작용

풀이 지문에서 뇌의 특정 부위가 인지적 활동과 감정을 담당하는 것은 사실이지만, 그것만으로는 마음을 설명할 수 없다고 말하고 있다. 예를 들어 뇌의 특정 기능을 잃은 동료를 보고도 그를 '마음이 없는 사람'으로 보지 않는다는 점에서, 마음은 단순한 뇌의 기능이 아닌, 일상적 개념을 포함한 더 넓은 것임을 강조하고 있다. 따라서 '뇌의 기능이라고 단정할 수 없는 마음의 작용'이라고 표현한 3번이 정답으로 적당하다.

55 筆者《ひっしゃ》は人《ひと》の心《こころ》についてどのようにとらえているか。

1 心《こころ》は脳《のう》の特定部位《とくていぶい》による機能《きのう》であるがそれだけでは説明《せつめい》できない。

2 心《こころ》の働《はたら》きは脳《のう》の特定部位《とくていぶい》による機能《きのう》だと認《みと》めざるを得《え》ない。

3 心《こころ》は脳《のう》の機能《きのう》ではなくまだ科学的《かがくてき》に解決《かいけつ》できていない領域《りょういき》だ。

4 心《こころ》は日常的《にちじょうてき》なことと非日常的《ひにちじょうてき》なことで分《わ》かれており司《つかさど》る脳《のう》の部位《ぶい》が違《ちが》う。

55 필자는 사람의 마음에 대해서 어떻게 파악하고 있는가?

1 마음은 뇌의 특정 부위에 의한 기능이지만 그것만으로는 설명할 수 없다.

2 마음의 작용은 뇌의 특정 부위에 의한 기능이라고 인정하지 않을 수 없다.

3 마음은 뇌의 기능이 아니며, 아직 과학적으로 해결할 수 없는 영역이다.

4 마음은 일상적인 것과 비일상적인 것으로 나뉘어 있으며 관리하는 부위가 다르다.

풀이 마지막 단락에서 '인지적 활동이나 감정을 관리하는 뇌의 특정 부위가 뇌에 있는 것은 맞지만 많은 사람들이 받아들이고 있는 '마음이란 무엇인가'에 대한 해답은 될 수 없다'는 부분에서 1번이 정답으로 적당하다는 것을 알 수 있다.

56~58

(3)

「廃用性萎縮《はいようせいいしゅく》」という医学用語《いがくようご》がある。廃用性《はいようせい》萎縮《いしゅく》とは安静状態《あんせいじょうたい》が長期《ちょうき》にわたって続《つづ》くことによって起《お》こるさまざまな心身《しんしん》の機能低下《きのうていか》などを指《さ》す。

特《とく》に病床《びょうしょう》で寝《ね》たきり状態《じょうたい》でいると、筋肉《きんにく》や関節《かんせつ》などが萎縮《いしゅく》する。身体《しんたい》を動《うご》かさないため、筋肉《きんにく》や関節《かんせつ》が衰《おとろ》えてしまうのだ。寝《ね》たきりとまではいかないまでもあまり動《うご》きが悪《わる》くなると、活動性《かつどうせい》を低下《ていか》させて悪循環《あくじゅんかん》を来《きた》し、ますます身体機能《しんたいきのう》に悪影響《あくえいきょう》をもたらす。また、人間《にんげん》の脳《のう》も同《おな》じように使《つか》わないと衰退《すいたい》が早《はや》い。その代表的《だいひょうてき》な例《れい》が認知症《にんちしょう》である。

そういう現象《げんしょう》はモノにも起《お》こり得《う》る。ウール１００%の 56 高価《こうか》なコートなど、大切《たいせつ》にするつもりでタンスの中《なか》に長《なが》い間《あいだ》しまっておくと、いつの間《ま》にか虫《むし》に食《く》われてしまって、数回《すうかい》しか着《き》ていないのに ①捨《す》てなければならないはめになる。建物《たてもの》なども長期間《ちょうきかん》、空《あ》けていたりすると壁《かべ》のいたるところにひびが入《はい》ったり、カビが生えたりしてくるものだ。

車《くるま》もそうである。数《すう》か月間使《げつかんつか》わないでいると、バッテリーがあがってしまって、エンジンをかけ

(3)

'폐용성 위축'이라는 의학용어가 있다. 폐용성 위축이란 안정상태가 장기에 걸쳐 지속되는 것에 의해 일어나는 여러 가지 심신의 기능 저하 등을 가리킨다.

특히 병상에서 자리 보전하는 상태로 있으면, 근육이나 관절 등이 위축된다. 신체를 움직이지 않기 때문에 근육이나 관절이 쇠약해져 버리는 것이다. 자리 보전까지는 가지 않더라도 너무 움직임이 나빠지면, 활동성을 저하시켜 악순환을 일으키고, 점점 더 신체 기능에 악영향을 초래한다. 또한 인간의 뇌도 마찬가지로 사용하지 않으면, 쇠퇴가 빠르다. 그 대표적인 예가 인지증이다.

그러한 현상은 물건에도 일어날 수 있다. 울 100%의 56 고가의 코트 등, 소중히 할 생각으로 옷장 속에 오랫동안 넣어 두면, 어느새인가 벌레 먹어 버려서 몇 번 밖에 입지 않았는데, ①버리지 않으면 안 되는 처지가 된다. 건물 등도 장기간 비워 두거나 하면 벽 곳곳에 금이 가거나 곰팡이가 생기거나 하는 법이다.

자동차도 그러하다. 수개월 사용하지 않으면, 베터리가 나가 버려서, 시동을 걸어도 전혀 반응을 하지 않을

てもまったく反応《はんのう》がないときもある。たぶん、使《つか》い続《ぞく》けたらそんなことはなかっただろう。

モノを大切《たいせつ》にするつもりで放置《ほうち》しておくと、結局《けっきょく》のところ、捨《す》てることになるだけだ。57 使《つか》わずに捨《す》てるくらいなら、擦《す》り切《き》れるまでどんどん使《つか》った方《ほう》がいいし、モノとしても ②自分《じぶん》の役目《やくめ》を果《は》たしたと自負《じふ》するだろう。モノとのいい付《つ》き合《あ》いとはこういうものである。

いわゆる 58「一文《いちもん》惜《お》しみの百知《ひゃくし》らず」ということがないように「使《つか》いなさい」と言《い》いたい。

(注1) 認知症《にんちしょう》：痴呆《ちほう》、頭《あたま》がぼける

(注2)「一文《いちもん》惜《お》しみの百知《ひゃくし》らず」：目先《めさき》のわずかな金銭《きんせん》を惜《お》しんで、全体《ぜんたい》として大《おお》きな損失《そんしつ》を被《こうむ》ることに思《おも》いが至《いた》らないことをいう

때도 있다. 아마도 계속 사용했으면 그런 일은 없었을 것이다.

물건을 소중히 할 생각으로 방치해 두면, 결국엔 버리게 될 뿐이다. 57 사용하지 않고 버릴 것 같으면, 닳아 해질 때까지 계속해서 사용하는 편이 좋으며, 물건으로서도 ②자신의 소임을 다 했다고 자부할 것이다. 물건과의 좋은 관계란 이런 것이다.

소위 58 '아끼다 똥 된다'라는 일이 없도록 '사용하세요'라고 말하고 싶다.

(주1) 인지증: 치매, 머리가 흐려지다

(주2) 한푼 아끼다가 백 냥 잃는 줄 모른다(아끼다 똥되다): 눈앞의 적은 돈을 아끼다가 전체적으로 큰 손실을 입는 것에 생각이 이르지 못하는 것을 말한다.

단어 廃用性萎縮《はいようせいいしゅく》 폐용성 위축 | 医学《いがく》 의학 | 用語《ようご》 용어 | 安静《あんせい》 안정 | 状態《じょうたい》 상태 | 長期《ちょうき》 장기 | 続《つづ》く 계속되다 | 起《お》こる 일어나다 | 低下《ていか》 저하 | 指《さ》す 가리키다 | 特《とく》に 특히 | 病床《びょうしょう》 병상 | 寝《ね》たきり 자리 보전하는 상태 | 筋肉《きんにく》 근육 | 関節《かんせつ》 관절 | 萎縮《いしゅく》 위축 | 動《うご》く 움직이다 | 衰《おとろ》える 쇠퇴(약) 해지다 | 活動性《かつどうせい》 활동성 | 悪循環《あくじゅんかん》 악순환 | 来《きた》す 일으키다 | ますます 점점 더 | 身体《しんたい》 신체 | 悪影響《あくえいきょう》 악영향 | もたらす 초래하다 | 退化《たいか》 퇴화 | 代表的《だいひょうてき》 대표적 | 痴呆《ちほう》 치매 | 減少《げんしょう》 감소 | 高価《こうか》 고가 | コート 코트 | 大切《たいせつ》 소중함 | タンス 옷장 | いつの間《ま》にか 어느새인가 | 虫《むし》に食《く》われる 좀 먹다, 벌레 먹다 | はめになる 처지가 되다 | 空《あ》ける 비우다 | いたるところ 도처, 곳곳 | ひびが入《はい》る 금이 가다 | カビが生《は》える 곰팡이가 생기다 | 数《すう》か月間《げつかん》 수개월간 | バッテリーがあがる 배터리가 다 되다 | エンジンをかける 시동을 걸다 | 反応《はんのう》 반응 | たぶん 아마도 | 放置《ほうち》 방치 | 擦《す》り切《き》れる 닳아 해지다 | 役目《やくめ》を果《は》たす 소임(역할)을 다하다 | 自負《じふ》 자부 | 一文《いちもん》惜《お》しみの百知《ひゃくし》らず 한푼 아끼다가 백 냥 잃는 줄 모른다

56 ①捨《す》てなければならないはめになるとは、どのようなことを意味《いみ》しているか。

1 大事《だいじ》にしようと思《おも》って保管《ほかん》していたが、使《つか》えなくなってしまったこと
2 高価《こうか》なコートが傷《いた》んでいたことに気《き》づかなかったこと
3 高価《こうか》なコートをきちんと管理《かんり》せずにタンスにしまって使《つか》えなくなったこと
4 大切《たいせつ》なコートを長《なが》い間《あいだ》しまっておいたため、流行《りゅうこう》が過《す》ぎてしまったこと

56 ①버리지 않으면 안 되는 처지가 된다라는 것은 어떠한 것을 의미하고 있는가?

1 소중히 하려고 생각해서, 사용하지 않고 보관했는데 사용할 수 없게 된 것
2 고가의 코트가 상한 것을 알아채지 못한 것
3 고가의 코트를 제대로 관리하지 않고 옷장에 넣어 두어 사용할 수 없게 된 것
4 소중한 코트를 오랫동안 넣어 둬서, 유행이 지나 버린 것

풀이 '고가의 코트 등, 소중히 할 생각으로 옷장 속에 오랫동안 넣어 두면, 어느새인가 벌레 먹어 버려서 몇 번 밖에 입지 않았는데 버리게 되는 처지가 된다'는 내용에서 1번이 정답임을 알 수 있다. 여기서 「はめになる ~하는 처지가 되다」라는 의미를 제대로 알고 있으면 정답 찾기가 어렵지 않다.

57 ②自分《じぶん》の役目《やくめ》を果《は》たしたとは、どういうことか。	57 ②자신의 소임을 다 했다라는 것은 무슨 말인가?
1 捨《す》てられずに長《なが》く使《つか》われたことでモノとしては願《ねが》いが叶《かな》った	1 버려지지 않고 오래 사용됨으로써 물건으로서는 원하는 바를 이뤘다
2 モノにしてみれば使《つか》われてこそ意味《いみ》があるのだ	2 물건의 입장에서 보면 사용되어야 의미가 있는 것이다
3 モノとしては自分《じぶん》の価値《かち》が認《みと》められて、この上《うえ》なくうれしい	3 물건으로서는 자신의 가치가 인정되어져 더할 나위 없이 기쁘다
4 モノにしてみれば放置《ほうち》されないだけましだ	4 물건의 입장에서 보면 방치되지 않는 것만으로 다행이다

풀이 '사용하지 않고 버릴 것 같으면, 닳아 해질 때까지 계속해서 사용하는 편이 좋으며, 물건으로서도 자신의 소임을 다했다고 자부할 것이다'라는 내용에서 2번이 정답임을 알 수 있다. 또한 물건의 입장에서는 오래 사용되어서라기보다 계속 사용된 것에 자부를 느끼는 것이므로 1번은 오답이다.

58 筆者《ひっしゃ》の考《かんが》えに合《あ》うのはどれか。	58 필자의 생각에 맞는 것은 어느 것인가?
1 モノは擦《さす》り切《き》れるまで使《つか》えば使《つか》うほど価《か》値《ち》が高《たか》くなる	1 물건은 닳아 해질 때까지 사용하면 할수록 가치가 높아진다.
2 高価《こうか》な《な》モノを使《つか》わずにしまっておくと後《あと》で後悔《こうかい》することになる	2 고가의 물건을 사용하지 않고 넣어 두면 나중에 후회하게 된다.
3 モノはボロボロになるまで使《つか》い切《き》っちゃったほうがいい	3 물건은 너덜너덜해질 때까지 다 사용해 버리는 것이 좋다
4 高《たか》かろうが、安《やす》かろうがモノを粗末《そまつ》にしてはいけない	4 비싸든 싸든 물건을 함부로 해서는 안 된다.

풀이 전체적인 내용의 흐름과 '아끼다 똥 된다'라는 일이 없도록 '사용하세요'라고 말하고 싶다라는 부분에서 3번이 정답임을 알 수 있다. 지문에서 「擦《す》り切《き》れる 닳아 해지다」를 선택지에서는 「ボロボロになる 너덜너덜해지다」로 바꿔 표현하였다. 또한 고가의 물건은 예시로 들어간 것이지 고가의 물건에만 국한된 것이 아니므로 2번은 오답이다.

문제 9 내용 이해(중문) | 실전 테스트 ❷

문제집 p.320

50 ③ 51 ② 52 ④ 53 ② 54 ① 55 ④ 56 ① 57 ③

問題《もんだい》9

次《つぎ》の(1)から(4)の文章《ぶんしょう》を読《よ》んで、後《あと》の問《と》いに対《たい》する答《こた》えとして最《もっと》もよいものを、1・2・3・4から一《ひと》つ選《えら》びなさい。

문제 9

다음 (1)부터 (4)의 글을 읽고, 질문에 대한 답으로 가장 알맞은 것을 1 · 2 · 3 · 4에서 하나 고르세요.

50~51

(1)

権威《けんい》は、裏《うら》づけがあり、かつ、通常妥当《つうじょうだとう》と考《かんが》えられる権限《けんげん》の範囲内《はんいない》で行使《こうし》されている場合《ばあい》は、まず問題《もんだい》がない。

（中略）

権威主義《けんいしゅぎ》は、このような適正行使《てきせいこうし》の条件《じょうけん》を超《こ》えて、権威《けんい》を行使《こうし》しようとするときに芽生《めば》える。人間《にんげん》が社会生活《しゃかいせいかつ》をする動物《どうぶつ》であることを前提《ぜんてい》とすると、集団《しゅうだん》のなかの役割分担《やくわりぶんたん》や平等感《びょうどうかん》の維持《いじ》、集団帰属意《しゅうだんきぞくい》識《しき》の維持《いじ》などのためには、権威《けんい》が必要《ひつよう》である。

私《わたし》たちが自分《じぶん》の所属集団《しょぞくしゅうだん》での人事《じんじ》を受《う》け容《い》れるのも、そこの権威《けんい》を認《みと》めるからであるし、他者《たしゃ》と紛争《ふんそう》があったときに最終的《さいしゅうてき》に裁判《さいばん》をし、その判決《はんけつ》を受《う》け容《い》れるのも、司法《しほう》が権威《けんい》だからである。不《ふ》換貨幣《かんかへい》を用《もち》いて経済行為《けいざいこうい》を行《おこな》うのも、その貨幣《かへい》の裏《うら》づけとなる国家《こっか》の権威《けんい》を認《みと》めるからであるし、入学試験《にゅうがくしけん》などで努力《どりょく》するのも、学校《がっこう》や学校制度《がっこうせいど》の [50] 権威《けんい》を受《う》け容《い》れるからである。丹念《たんねん》に考《かんが》えれば、正当《せいとう》な権威《けんい》の認識《にんしき》なしに、社会生活《しゃかいせいかつ》は成《せい》立《りつ》しない。

ところが、このことが、人間《にんげん》のなかに権威《けんい》に対《たい》するある種《しゅ》の自動的《じどうてき》な反応傾向《はんのうけいこう》を根《ね》づかせている面《めん》もある。そのために、私《わたし》たちは、真《しん》の権威《けんい》でない権《けん》威《い》もどきや、権威主義的行動《けんいしゅぎてきこうどう》に接《せっ》したときにも、それがあたかも真《しん》の権威《けんい》であるかのように反応《はんのう》してしまうことがある。いわば、同調《どうちょう》や服従《ふくじゅう》がデフォルトの行動《こうどう》になっている部分《ぶぶん》があるわけだ。 [51] 権威《けんい》

(1)

권위는 뒷받침이 있고 동시에 통상 타당하다고 여겨지는 권한의 범위 내에서 행사되고 있는 경우는 대체로 문제가 없다.

(중략)

권위주의는 이러한 적정 행사의 조건을 넘어서 권위를 행사하려고 할 때에 싹튼다. 인간이 사회 생활을 하는 동물인 것을 전제로 하면, 집단 속의 역할 분담이나 평등감의 유지, 집단 귀속 의식의 유지 등을 위해서는 권위가 필요하다.

우리들이 자신의 소속 집단에서의 인사를 받아들이는 것도 거기의 권위를 인정하기 때문이고 타인과의 분쟁이 있었을 때 최종적으로 판단하고 그 판결을 받아들이는 것도 사법이 권위이기 때문이다. 불환지폐를 사용해서 경제 행위를 하는 것도 그 지폐의 입증이 되는 국가의 권위를 인정하기 때문이며, 입학 시험에서 노력하는 것도 학교나 학교 제도의 [50] 권위를 받아들이기 때문이다. 면밀히 생각하면, 정당한 권위의 인식 없이 사회 생활은 성립되지 않는다.

그러나 이것이 인간 속에 권위에 대한 어떤 종류의 자동적인 반응 경향을 뿌리내리게 하고 있는 면도 있다. 그 때문에 우리들은 진정한 권위가 아닌 가짜 권위나 권위주의적 행동에 접할 때에도 그것이 마치 진정한 권위인 것처럼 반응해 버릴 때가 있다. 이를테면 동조나 복종이 기본 행동이 되고 있는 부분이 있는 것이다. [51] 권위에 따르고자 하는 경향은 사회적 동물인

に従《したが》おうとする傾向《けいこう》は、社会的動物《しゃかいてきどうぶつ》である人間《にんげん》のいわば宿命《しゅくめい》だといってもよいだろう。

(岡本浩一《おかもとこういち》『権威主義《けんいしゅぎ》の正体《しょうたい》』による)

(注) 不換紙幣《ふかんしへい》：流通貨幣《りゅうつうかへい》

인간의 말하자면 숙명이라 해도 좋을 것이다.

(오카모토 코이치 『권위주의의 정체』에 의함)

(주) 불환지폐: 유통 화폐

단어 権威《けんい》 권위 | 裏《うら》づけ 뒷받침 | かつ 또한, 한편 | 通常《つうじょう》 통상 | 妥当《だとう》 타당 | 権限《けんげん》 권한 | 行使《こうし》 행사 | 主義《しゅぎ》 주의 | 適正《てきせい》 적정 | 条件《じょうけん》 조건 | 超《こ》える 넘다 | 芽生《めば》える 싹트다 | 前提《ぜんてい》 전제 | 集団《しゅうだん》 집단 | 役割《やくわり》 역할 | 分担《ぶんたん》 분담 | 平等感《びょうどうかん》 평등감 | 維持《いじ》 유지 | 集団《しゅうだん》 집단 | 帰属《きぞく》 귀속 | 意識《いしき》 의식 | 所属《しょぞく》 소속 | 人事《じんじ》 인사 | 受《う》け容《い》れる 받아들이다 | 認《みと》める 인정하다 | 他者《たしゃ》 남 | 紛争《ふんそう》 분쟁 | 最終的《さいしゅうてき》 최종적 | 裁判《さいばん》 재판 | 司法《しほう》 사법 | 不換貨幣《ふかんかへい》 불환지폐 | 用《もち》いる 사용하다 | 経済行為《けいざいこうい》 경제 행위 | 入学試験《にゅうがくしけん》 입학 시험 | 制度《せいど》 제도 | 丹念《たんねん》に 꼼꼼히, 면밀히 | 正当《せいとう》 정당 | 認識《にんしき》 인식 | 成立《せいりつ》 성립 | 自動的《じどうてき》 자동적 | 反応《はんのう》 반응 | 傾向《けいこう》 경향 | 根《ね》づく 뿌리내리다 | 真《しん》 진정한 | もどき ~와 닮은, 비슷한 | 接《せっ》する 접하다 | デフォルト 디폴트, 기본(값) | 従《したが》う 따르다 | 宿命《しゅくめい》 숙명

50 このこととは何《なに》か。

1 権威《けんい》がその範囲《はんい》を超《こ》えてしまうこと
2 権威《けんい》に納得《なっとく》がいかず反発《はんぱつ》してしまうこと
3 権威《けんい》を認《みと》め、それに従《したが》うこと
4 やみくもに権威《けんい》に服従《ふくじゅう》すること

50 이것이란 무엇인가?

1 권위가 그 범위를 넘어 버리는 것
2 권위에 납득이 가지 않아 반발해 버리는 것
3 권위를 인정하고, 그것에 따르는 것
4 무작정 권위에 복종하는 것

풀이 '이것'이 가리키는 내용은 '사회 생활의 성립을 위해 권위를 인정하고 받아들이는 것'인데, 여기에서 '받아들인다'를 '따른다'는 것으로 바꿔 말한 3번이 정답으로 적당하다.

51 筆者《ひっしゃ》は権威《けんい》に従《したが》うことについてどのように述《の》べているか。

1 本当《ほんとう》の権威《けんい》でなければ従《したが》う必要《ひつよう》はない。
2 人間《にんげん》が社会的《しゃかいてき》な生《い》き物《もの》である以上《いじょう》避《さ》けられない。
3 何《なに》が真《しん》の権威《けんい》であるか見極《みきわ》めることが大切《たいせつ》だ。
4 公正《こうせい》な社会《しゃかい》をつくるため、必要《ひつよう》だ。

51 필자는 권위에 따르는 것에 관해서 어떻게 말하고 있는가?

1 진정한 권위가 아니면 따를 필요가 없다.
2 인간이 사회적 동물인 이상 피할 수 없다.
3 무엇이 진정한 권위인가 판별하는 것이 중요하다.
4 공정한 사회를 만들기 위해 필요하다.

풀이 맨 마지막 줄에 '권위에 따르고자 하는 경향은 사회적 동물인 인간의 숙명이다'고 나와 있으며, '숙명'은 '피할 수 없다'고 바꿔 표현할 수 있으므로 정답은 2번이다.

52~53

(2)

生命《せいめい》は海《うみ》の中《なか》で生《う》まれました。太古《たいこ》の海《うみ》に溶《と》けてただよっていた有機物《ゆうきぶつ》が、 52 薄《うす》い膜《まく》で外界《がいかい》とのしきりをつくって自己《じこ》を確立《かくりつ》したのが生命《せいめい》のはじまりだと見《み》なせると思《おも》います。だから「膜《まく》で包《つつ》まれた水《みず》」が①生物《せいぶつ》の基本《きほん》なのです。なぜ生命《せいめい》は海《うみ》で生《う》まれたのでしょう？これには水《みず》という特《とく》別《べつ》な物質《ぶっしつ》の性質《せいしつ》が関係《かんけい》しています。

生命《せいめい》とは活発《かっぱつ》な化学反応《かがくはんのう》が、たえず起《お》こっているものです。化学反応《かがくはんのう》の起《お》こりやすい環境《かんきょう》でなければ、生命《せいめい》が生《う》まれることはできなかったでしょう。そして水溶液《すいようえき》の状態《じょうたい》は、化学反応《かがくはんのう》の起《お》こりやすい状態《じょうたい》なのです。学校《がっこう》で化学《かがく》の実験《じっけん》をする時《とき》、薬《くすり》を粉《こ》のまま使《つか》うことはしませんね。それぞれの薬品《やくひん》を水《みず》に溶《と》かし、その溶液《ようえき》を混《ま》ぜ合《あ》わせます。すると化学反応《かがくはんのう》が起《お》こるものです。海《うみ》という、化学反応《かがくはんのう》の起《お》こりやすい水溶液《すいようえき》の状態《じょうたい》の下《もと》で生命《せいめい》が発生《はっせい》したのでした。

(中略)

たえず化学反応《かがくはんのう》が起《お》こっているのが生《い》きている状態《じょうたい》ですから、海《うみ》という、反応《はんのう》の起《お》こりやすい水《すい》溶液《ようえき》から生命《せいめい》が始《はじ》まったのは、もっともなことです。そして 53 今《いま》でも、生物《せいぶつ》は体内《たいない》を水溶液《すいようえき》の状態《じょうたい》に保《たも》ち続《つづ》けることにより、活発《かっぱつ》な化学反応《かがくはんのう》を起《お》こし続《つづ》けています。②水《みず》を断《た》たれれば、たちまち死《し》んでしまうわけで、水《みず》は命《いのち》の泉《いずみ》なのです。

(本川達雄《ほんかわたつお》『生《い》きものは円柱形《えんちゅうけい》』による)

(2)

생명은 바닷속에서 생겨났습니다. 태고의 바다에 녹아 떠돌던 유기물이 52 얇은 막으로 외계와의 경계를 만들고 자기를 확립한 것이 생명의 시작이라고 볼 수 있습니다. 때문에 '막으로 싸인 물'이 ①생물의 기본인 것입니다. 왜 생명은 바다에서 태어났던 걸까요? 이것에는 물이라는 특별한 물질의 성질이 관계하고 있습니다.

생명이란 활발한 화학 반응이 끊임없이 일어나고 있는 것입니다. 화학 반응이 일어나기 쉬운 환경이 아니면 생명이 생겨날 수 없었을 겁니다. 그래서 수용액의 상태는 화학 반응이 일어나기 쉬운 상태인 것입니다. 학교에서 화학 실험을 할 때, 약을 가루 상태로 사용하진 않습니다. 각각의 약품을 물에 녹여서 그 용액을 혼합합니다. 그러면 화학 반응이 일어나는 겁니다. 바다라는, 화학 반응이 일어나기 쉬운 수용액의 상태하에서 생명이 발생했던 것이었습니다.

(중략)

끊임없이 화학 반응이 일어나고 있는 것이 살아 있는 상태이기 때문에 바다라는 반응이 일어나기 쉬운 수용액으로부터 생명이 시작된 것은 당연한 것입니다. 그래서 53 지금도 생물은 체내를 수용액 상태로 계속 유지함으로써 활발한 화학 반응을 계속하고 있습니다. ②물이 끊어지면 순식간에 죽어 버리기 때문에 물은 생명의 샘인 것입니다.

(혼가와 타츠오 『생물은 원기둥형』에 의함)

단어 生命《せいめい》 생명 | 太古《たいこ》 태고 | 溶《と》ける 녹다 | ただよう 떠돌다, 감돌다 | 有機物《ゆうきぶつ》 유기물 | 薄《うす》い 얇다 | 膜《まく》 막 | 外界《がいかい》 외계 | しきり 칸막이, 경계 | 確立《かくりつ》 확립 | 見《み》なす 간주하다 | 包《つつ》む 싸다 | 生物《せいぶつ》 생물 | 物質《ぶっしつ》 물질 | 性質《せいしつ》 성질 | 関係《かんけい》 관계 | 活発《かっぱつ》 활발 | 化学《かがく》 화학 | 反応《はんのう》 반응 | 水溶液《すいようえき》 수용액 | 状態《じょうたい》 상태 | 化学反応《かがくはんのう》 화학 반응 | 実験《じっけん》 실험 | 粉《こな》 가루 | 薬品《やくひん》 약품 | 混《ま》ぜ合《あ》わせる 혼합하다 | 発生《はっせい》 발생 | もっとも 지당함 | 保《たも》つ 유지하다 | 断《た》つ 끊다 | たちまち 금세 | 命《いのち》생명 | 泉《いずみ》 샘물

52 ①生物《せいぶつ》の基本《きほん》とあるがなぜか。

1 海《うみ》の中《なか》に溶《と》けている有機物《ゆうきぶつ》を生命《せいめい》の始《はじ》まりだとみなすから

52 ①생명의 기본이라고 하는데 왜인가?

1 바닷속에 녹아 있는 유기물을 생명의 시작이라고 간주하기 때문에

2 海《うみ》の中《なか》で最初《さいしょ》の生物《せいぶつ》が誕生《たんじょう》したことが生《せい》命《めい》の始《はじ》まりと言《い》われているから

3 生命《せいめい》には水《みず》が必要《ひつよう》でその水《みず》が海《うみ》だと考《かんが》えられているから

4 海《うみ》の中《なか》で外《そと》との境界《きょうかい》ができたことにより生命《せいめい》が始《はじ》まったから

2 바닷속에서 최초의 생물이 탄생한 것이 생명의 시작이라고 하기 때문에

3 생명에는 물이 필요하고 그 물이 바다라고 여겨지고 있기 때문에

4 바닷속에서 외부와의 경계가 만들어짐으로써 생명이 시작되었기 때문에

풀이 첫째 단락에 '얇은 막으로 외계와의 경계를 만들고 자기를 확립한 것이 생명의 시작이라고 볼 수 있다'라는 내용이 나온 다음에 때문에 '막에 싸인 물'이 생명의 기본이라고 그 이유를 설명하고 있으므로 4번이 정답으로 가장 부합하다.

53 ②水《みず》を絶《た》たれれば、たちまち死《し》んでしまうわけとあるがなぜか。

1 化学反応《かがくはんのう》が起《お》こっても体内《たいない》を水《みず》で満《み》たすことができなくなるから

2 化学反応《かがくはんのう》に必要《ひつよう》な状態《じょうたい》を体内《たいない》で維持《いじ》できなくなるから

3 体内《たいない》を水溶液《すいようえき》の状態《じょうたい》で維持《いじ》できても化学《かがく》反応《はんのう》ができないため

4 体内《たいない》で化学反応《かがくはんのう》だけが起《お》こってしまうから

53 ②물이 끊어지면 순식간에 죽어버리는 것이라고 하는데 왜인가?

1 화학 반응이 일어나도 체내를 물로 채울 수 없게 되기 때문에

2 화학 반응에 필요한 상태를 체내에서 유지할 수 없게 되기 때문에

3 체내를 수용액의 상태에서 유지할 수 있어도 화학 반응을 할 수 없기 때문에

4 체내에서 화학 반응만이 일어나 버리기 때문에

풀이 마지막 단락을 보면 '활발한 화학 반응을 계속하기 위해 생물은 체내를 수용액 상태로 계속 유지시키고 있기 때문에 물이 끊어지면 순식간에 죽어 버린다'는 내용이 나와 있다. 즉, 수용액의 상태가 화학 반응에 필요한 상태인데, 물이 끊어지면 이 상태를 체내에서 유지할 수 없게 되어 죽어 버리게 되므로 정답은 2번이 된다.

54~55

(3)

思春期《ししゅんき》に入《はい》って子《こ》どもたちが反抗《はんこう》することも、自立《じりつ》のための一《ひと》つの重要《じゅうよう》なステップなのである。『理由《りゆう》なき反抗《はんこう》』という映画《えいが》があるが、一見理《いっけんり》由《ゆう》のない、無意味《むいみ》に思《おも》える反抗《はんこう》にも、ちゃんと大《たい》切《せつ》な理由《りゆう》があるのだ。それは、自分自身《じぶんじしん》になろうとしているということである。親《おや》から与《あた》えられた既成《きせい》の殻《から》を破《やぶ》って、自分自身《じぶんじしん》を獲得《かくとく》しようとする試《こころ》みなのである。そのためには、まず、既成《きせい》のものを否定《ひてい》する必要《ひつよう》があるのだ。 54 それが、どんなに正《ただ》しかろうと、自分《じぶん》が自分《じぶん》の力《ちから》でそこにたどり着《つ》いたものでなければ、一旦《いったん》、それを疑《うたが》って

(3)

사춘기에 들어선 아이들이 반항하는 것도 자립을 위한 하나의 중요한 스텝인 것이다. '이유 없는 반항'이라는 영화가 있지만, 언뜻 보기에 이유가 없고, 무의미하게 느껴지는 반항에도 분명히 중요한 이유가 있는 것이다. 그것은 자기 자신이 되려고 하는 것이다. 부모로부터 받은 기성의 껍질을 부수고 자기 자신을 획득하려고 하는 시도인 것이다. 그를 위해서는 우선 기성의 것을 부정할 필요가 있는 것이다. 54 그것이 아무리 옳든 자신이 자신의 힘으로 거기에 도달한 것이 아니면 일단, 그것을 의심하려 들며, 부정하고 한 번 더 스스로 재발견하지 않으면 안 되는 것이다. 그렇게 해서 비로소

かかり、打《う》ち消《け》し、もう一度自分《いちどじぶん》で発見《はっけん》し直《なお》さなければならないのだ。そうして初《はじ》めて、それは自《じ》分《ぶん》の考《かんが》えになる。それゆえに、こどもたちは親《おや》や大人《おとな》が差《さ》し出《だ》すものに首《くび》を振《ふ》り、楯突《たてつ》き始《はじ》めるのである。

ところが、そんな心《こころ》のプロセスを理解《りかい》せずに、世間《せけん》をよく知《し》っている親《おや》が決《き》めた、もっとも賢明《けんめい》な選択《せんたく》を喜《よろこ》ばないことを苦々《にがにが》しく思《おも》い、自分《じぶん》の思《おも》いを押《お》しつけようとすると、不幸《ふこう》な行《ゆ》き違《ちが》いが起《お》こってしまう。無駄《むだ》な回《まわ》り道《みち》をするなと、直線《ちょくせん》コースを歩《ある》かせようとすると、回《まわ》り道《みち》どころか、歩《ある》くことさえ止《と》めてしまうことになりかねない。子《こ》どもが親《おや》の方針《ほうしん》や考《かんが》えに異《い》を唱《とな》え始《はじ》めたとき、親《おや》は裏切《うらぎ》られたと思《おも》って、慌《あわ》てたり、腹《はら》を立《た》ててはいけない。それでは、子《こ》ども自身《じしん》ではなく、親《おや》の思《おも》いを優先《ゆうせん》することになってしまう。むしろ、 55 親《おや》と違《ちが》う意見《いけん》を持《も》てるようになったことを喜《よろこ》ぶべきである。ようやく自分自身《じぶんじしん》になろうとしているのだと祝福《しゅくふく》してやるべきだ。

(岡田尊司《おかだたかし》『子《こ》どもの「心《こころ》の病《やまい》」を知《し》る』による)

(注) 楯突《たてつ》く：反抗《はんこう》する

그것은 자신의 생각이 된다. 그 때문에 아이들은 부모나 어른이 내미는 것에 고개를 가로젓고 반항하기 시작하는 것이다.

그러나 그런 마음의 과정을 이해하지 않고 세상을 잘 알고 있는 부모가 정한 가장 현명한 선택을 기뻐하지 않는 것을 씁쓸하게 생각하고 자신의 생각을 강요하려고 하면 불행한 충돌이 일어나 버린다. 쓸데없는 길로 돌아가지 말고 직선의 코스를 걷게 하려고 하면, 길을 돌아갈 뿐만 아니라 걷는 것조차도 멈춰 버리게 될지도 모른다. 아이가 부모의 방침이나 생각에 이의를 제기하기 시작할 때 부모는 배신당했다고 생각해서, 당황하고 화를 내서는 안 된다. 그래서는 아이도 자신이 아닌 부모의 생각을 우선하게 되어 버린다. 오히려 55 부모와 다른 의견을 가질 수 있게 된 것을 기뻐해야 한다. 드디어 자기 자신이 되려 하는 것이라고 축복해 줘야 한다.

(오카다 타카시『어린이의 '마음의 병'을 알다』에 의함)

(주) 반항(함): 반항

단어 思春期《ししゅんき》 사춘기 | 反抗《はんこう》 반항 | 自立《じりつ》 자립 | 一見《いっけん》 언뜻 보기에 | 無意味《むいみ》 무의미 | 親《おや》 부모 | 与《あた》える 주다 | 既成《きせい》 기성 | 殻《から》 껍데기 | 破《やぶ》る 부수다 | 試《こころ》み 시도 | 正《ただ》しい 바르다, 맞다 | たどり着《つ》く 겨우 다다르다 | 一旦《いったん》 일단 | 疑《うたが》う 의심하다 | 打《う》ち消《け》す 부정하다, 부인하다 | 発見《はっけん》 발견 | 差《さ》し出《だ》す 내밀다, 보내다 | 首《くび》を振《ふ》る 고개를 가로젓다 | 楯突《たてつ》く 반항하다, 대들다 | 賢明《けんめい》 현명 | 選択《せんたく》 선택 | 喜《よろこ》ぶ 기뻐하다 | 苦々《にがにが》しい 씁쓸하다 | 押《お》しつける 강요하다 | 行《ゆ》き違《ちが》い 엇갈림, 오해, 충돌 | 無駄《むだ》 헛됨 | 回《まわ》り道《みち》 길을 돌아서 감 | 直線《ちょくせん》 직선 | 方針《ほうしん》 방침 | 異《い》を唱《とな》える 이의를 제기하다 | 裏切《うらぎ》る 배반하다 | 慌《あわ》てる 당황하다 | 腹《はら》を立《た》てる 화를 내다 | 優先《ゆうせん》 우선 | むしろ 오히려 | 祝福《しゅくふく》 축복

54 親《おや》や大人《おとな》が差《さ》し出《だ》すものに首《くび》を振《ふ》り、楯《たて》突《つ》き始《はじ》めるのであるとあるがなぜか。

1 当《あ》たり前《まえ》のことであっても否定《ひてい》することにより自分《じぶん》の考《かんが》えができるため

2 すべてが否定的《ひていてき》に思《おも》え、既存《きそん》のものを受《う》け入《い》れることが困難《こんなん》なため

3 自分自身《じぶんじしん》を正当化《せいとうか》するためには既存《きそん》のものを否定《ひてい》することが必要《ひつよう》なため

54 부모나 어른이 내미는 것에 고개를 젓고 반항하기 시작하는 것이다라고 하는데 왜인가?

1 당연한 일이라도 부정하는 것에 의해 자신의 생각이 생기기 때문에

2 모든 것이 부정적으로 느껴져 기존의 것을 받아들이기가 곤란하기 때문에

3 자기 자신을 정당화하기 위해서는 기존의 것을 부정하는 것이 필요하기 때문에

4　正《ただ》しい答《こた》えを導《みちび》き出《だ》すには一度《いちど》すべてを否定《ひてい》せざるを得《え》ないため

4　바른 대답을 끌어내려면 모든 것을 한번 부정하지 않을 수 없기 때문에

풀이 첫 번째 단락을 보면 '자신을 획득하기 위해서는 기성의 것을 부정할 필요가 있으며, 그것이 옳더라도 일단 의심하려 들며, 부정하고 한 번 더 스스로 재발견해야 자신의 생각이 되기 때문에 반항을 하는 것'이라고 나와 있다. 이 말은 즉, '아무리 옳더라도 의심하고 부정한다'는 말이므로 '당연한 것을 부정한다'고 바꿔 말한 1번이 정답으로 적당하다.

55　筆者《ひっしゃ》は子供《こども》が親《おや》の考《かんが》えや方針《ほうしん》に反抗《はんこう》し始《はじ》めたときどのようにすればよいと述《の》べているか。

1　まずは子供《こども》の意見《いけん》を聞《き》いて間違《まちが》いを指摘《してき》する。
2　間違《まちが》ったことはその場《ば》できちんと叱《しか》る。
3　自分《じぶん》たちの考《かんが》えを伝《つた》え妥協点《だきょうてん》を見出《みいだ》す。
4　どんなことであれ肯定的《こうていてき》に受《う》け入《い》れる。

55　필자는 아이가 부모의 생각이나 방침에 반항하기 시작했을 때 어떻게 하면 좋다고 말하고 있는가?

1　우선은 아이의 의견을 듣고 잘못을 지적한다.
2　잘못된 것은 그 자리에서 제대로 야단친다.
3　자신들의 생각을 전하고 타협점을 찾아낸다.
4　어떤 것이든 긍정적으로 받아들인다.

풀이 마지막 단락에 '부모의 방침이나 생각에 이의를 제기하기 시작할 때 당황하고 화를 내서는 안 되며, 부모와 다른 의견을 가질 수 있게 된 것을 기뻐해야 하며, 축복해 줘야 한다'고 나와 있으므로 정답은 4번이다.

56~57

(4)

「子供《こども》はひとりひとり、みんな素晴《すば》らしいのだから、他人《たにん》と比較《ひかく》してはいけない」と主張《しゅちょう》する人《ひと》がいます。でも、本当《ほんとう》にそうでしょうか。二人《ふたり》以《い》上《じょう》の子供《こども》を育《そだ》てている人《ひと》はよくご存《ぞん》じだと思《おも》いますが、人《ひと》の特性《とくせい》は兄弟《きょうだい》でもまるで違《ちが》います。秀樹《ひでき》が宇宙人《うちゅうじん》のようだったのに比《くら》べると、弟《おとうと》は普通《ふつう》の子供《こども》でした。でも兄《あに》のほうは落《お》ち着《き》きがなくてふらふらしているのに対《たい》して、弟《おとうと》は几帳面《きちょうめん》で落《お》ち着《つ》いているので、二人《ふたり》が一緒《いっしょ》にいるといつも弟《おとうと》が兄《あに》に間違《まちが》えられるのです。だからお使《つか》いに行《い》くときでも、財布《さいふ》を持《も》つのはいつも弟《おとうと》でした。お金《かね》出《だ》し入《い》れなど、秀樹《ひでき》よりずっときちんとしていたのです。56 人間《にんげん》の能力《のうりょく》や特性《とくせい》は、それぞれみんな違《ちが》います。ある部分《ぶぶん》は優《すぐ》れていても、別《べつ》の部分《ぶぶん》は

(4)

'아이는 각자, 모두 훌륭하기 때문에, 남과 비교해서는 안 된다'고 주장하는 사람이 있습니다. 하지만 정말로 그럴까요? 두 명 이상의 아이를 키우고 있는 사람은 잘 알고 계시리라 생각하지만, 사람의 특성은 형제라도 전혀 다릅니다. 히데키가 우주인 같았던 것에 비해, 남동생은 보통의 아이였습니다. 하지만 형 쪽은 침착하지 못하고 들떠 있는 것에 비해, 남동생은 꼼꼼하고 침착했기 때문에, 두 사람이 함께 있으면, 항상 동생을 형으로 착각합니다. 때문에 심부름을 갈 때도, 지갑을 지니는 것은 늘 동생이었습니다. 돈을 내고 넣는 것도 히데키보다 훨씬 정확했던 것입니다. 56 인간의 능력이나 특성은 각각 모두 다릅니다. 저 부분은 뛰어나도, 다른 부분은 뒤떨어져 있다는 것은 세상에 당연히 있는 것입니다. 그 차이를 인정하지 않고, 모두 똑같이 훌륭하다

劣《おと》っているということは世《よ》の中《なか》に当《あ》たり前《まえ》にあるわけです。その違《ちが》いを認《みと》めないで、みんな同《おな》じように素晴《すば》らしいなどという幻想《げんそう》があるから矛盾《むじゅん》が吹《ふ》き出《だ》すのです。確《たし》かに親《おや》にとっては、わが子《こ》はみんな大切《たいせつ》です。

(中略)

しかし、いつまでもそれだけではいられません。57 能力《のうりょく》や特性《とくせい》の違《ちが》いが表《あらわ》れてくるからです。その際《さい》、他人《たにん》と比較《ひかく》することで、自分《じぶん》が優《すぐ》れている点《てん》、勝《か》てそうなことがわかってくるわけですから、そこを伸《の》ばせばいいのだと気《き》づくでしょう。

つまり、人《ひと》と比《くら》べることは、決《けっ》して悪《わる》いことではありません。私《わたし》は「人間《にんげん》はみんな別々《べつべつ》。違《ちが》う存在《そんざい》」という発想《はっそう》でしたから、それを前提《ぜんてい》にして子供《こども》たちに教《おし》えました。誰《だれ》にもダメなところもあれば、取《と》り柄《え》もあるわけです。その取《と》り柄《え》によって弱点《じゃくてん》は克服《こくふく》できます。子供《こども》を育《そだ》てるからには、57 その取《と》り柄《え》をどこかで何《なに》か見《み》つけないといけません。本来《ほんらい》、それが一番《いちばん》わかっているのが親《おや》なのではないでしょうか。

(和田寿栄子《わだすえこ》『子供《こども》を東大《とうだい》に入《い》れる母親《ははおや》のちょっとした「習慣術《しゅうかんじゅつ》」』による)

(注) 取《と》り柄《え》：優《すぐ》れた点《てん》

고 하는 환상이 있기 때문에 모순이 뿜어져 나오는 것입니다. 분명히 부모에게 있어서는 우리 아이는 모두 소중합니다.

(중략)

그러나 언제까지나 그것만으로는 있을 수 없습니다. 57 능력이나 특성의 차이가 나타나기 때문입니다. 그때 남과 비교함으로써, 자신이 뛰어난 점, 이길 수 있을 것 같은 것을 알게 되는 것이기 때문에 거기를 늘려주면 된다고 알게 될 겁니다.

즉, 남과 비교하는 것은 결코 나쁜 일이 아닙니다. 나는 '인간은 모두 제각각. 다른 존재'라는 발상이었기 때문에 그것을 전제로 해서 아이에게 가르쳤습니다. 누구나 안 되는 부분도 있고, 장점도 있는 것입니다. 그 장점에 의해서 약점은 극복할 수 있습니다. 아이를 키우는 이상은, 57 그 장점을 어딘가에서 무언가 발견하지 않으면 안 됩니다. 본래, 그것을 가장 잘 알고 있는 것은 부모인 것은 아닐까요?

(와다 스에코『아이를 도쿄대에 보내는 엄마의 사소한 '습관술'』에 의함)

(주) 좋은 점: 뛰어난 점

단어 ひとりひとり 한 사람 한 사람, 각자 | 主張《しゅちょう》 주장 | 育《そだ》てる 키우다 | ご存《ぞん》じ 알고 계심 | 特性《とくせい》 특성 | まるで 마치, 전혀 | 違《ちが》う 다르다 | 落《お》ち着《つ》く 차분하다 | ふらふらする 들떠 있다 | に対《たい》して ~인 것에 대해 | 几帳面《きちょうめん》 꼼꼼함 | 間違《まちが》える 착각하다, 잘못 알다 | お使《つか》いに行《い》く 심부름 가다 | ずっと 훨씬 | きちんと 정확함, 제대로 함 | 優《すぐ》れている 뛰어나다 | 劣《おと》る 뒤떨어지다 | 当《あ》たり前《まえ》 당연함 | 違《ちが》い 차이 | 認《みと》める 인정하다 | 幻想《げんそう》 환상 | 矛盾《むじゅん》 모순 | 吹《ふ》き出《だ》す 뿜어내다, 터트리다 | 確《たし》かに 확실히, 분명히 | 表《あらわ》れる 나타나다 | 際《さい》 ~때 | 勝《か》つ 이기다 | 伸《の》ばす 늘리다 | 気《き》づく 깨닫다 | 比《くら》べる 비교하다 | 決《けっ》して 결코 | 別々《べつべつ》 따로따로임, 제각각임 | 発想《はっそう》 발상 | ダメなところ 안 되는 부분 | 取《と》り柄《え》 좋은 점, 장점 | 弱点《じゃくてん》 약점 | 克服《こくふく》 극복 | 見《み》つける 발견하다 | 物差《ものさ》し 자, 척도 | 評価《ひょうか》 평가 | 確信《かくしん》 확신

56 矛盾《むじゅん》が吹《ふ》き出《だ》すとあるが筆者《ひっしゃ》はなぜそう考《かんが》えているか。

1 人間《にんげん》の多様性《たようせい》を認《みと》めないで同《おな》じ物差《ものさ》しで評価《ひょうか》するから

56 모순이 뿜어져 나온다고 하는데, 필자는 왜 그렇다고 생각하는가?

1 인간의 다양성을 인정하지 않고 같은 척도로 평가하기 때문에

2 人間《にんげん》の能力《のうりょく》と特徴《とくちょう》はいつか現《あらわ》れてくると確信《かくしん》しているから
2 인간의 능력과 특성은 언젠가 나타날 거라고 확신하고 있기 때문에

3 人間《にんげん》はそれぞれ違《ちが》っているのに他人《たにん》と比《ひ》較《かく》しようとするから
3 인간은 각각 다른데, 남과 비교하려고 하기 때문에

4 人間《にんげん》の素晴《すば》らしい能力《のうりょく》だけを伸《の》ばせばいいという幻想《げんそう》があるから
4 인간의 훌륭한 능력만을 늘리면 된다는 환상이 있기 때문에

풀이 밑줄 바로 앞의 내용을 보면, '차이(違《ちが》い)를 인정하지 않고, 모두 똑같이 훌륭하다고 하는 환상이 있기 때문에 모순이 뿜어져 나온다'고 나와 있다. 즉, '인간의 다양성을 인정하지 않고 같은 척도(物差《ものさ》し)로 평가하기 때문에'라고 바꿔 표현한 1번이 정답이 된다. 이처럼 같은 단어를 사용한 것보다는 다른 단어를 사용했지만 같은 의미를 담고 있는 문장을 찾을 수 있어야 한다.

57 筆者《ひっしゃ》は人《ひと》と比較《ひかく》することについてどのように考《かんが》えているか。
57 필자는 남과 비교하는 것에 관해서 어떻게 생각하고 있는가?

1 人《ひと》は誰《だれ》でも優《すぐ》れているところが必《かなら》ずあるから人《ひと》と比較《ひかく》してはいけない。
1 사람은 누구나 훌륭한 부분이 반드시 있기 때문에 남과 비교해서는 안 된다.

2 人《ひと》と比較《ひかく》することでそれまで気《き》づかなかった子供《こども》の弱点《じゃくてん》が見出《みいだ》せる。
2 남과 비교함으로써 이때까지 알지 못했던 아이의 약점을 찾을 수 있다.

3 人《ひと》と比較《ひかく》することで子供《こども》の長所《ちょうしょ》を見出《みいだ》すことができる。
3 남과 비교함으로써 아이의 장점을 찾을 수 있다.

4 人《ひと》と比較《ひかく》してこそみんな違《ちが》う存在《そんざい》だということに気《き》づくことができる。
4 남과 비교해야 모두 다른 존재라는 것을 알아챌 수 있다.

풀이 '능력이나 특성의 차이가 나타날 때, 남과 비교함으로써, 자신이 뛰어난 점, 이길 수 있을 것 같은 것을 알게 되는 것이기 때문에'라는 내용에서, '남과 비교함으로써 장점을 찾을 수 있다'로 바꿔 표현한 3번이 정답이 된다. 한편 1번은 필자의 생각이 아닌 다른 사람의 생각이므로 오답이며, 2번은 아이의 약점이 아니라 장점을 찾을 수 있기 때문에 오답이다. 또한 필자는 사람은 제각각 다른 존재라는 발상을 가지고 있었기 때문에 4번도 오답이다.

문제 9 내용 이해(중문) | 실전 테스트 ❸

문제집 p.328

50 ① 51 ③ 52 ④ 53 ① 54 ② 55 ④ 56 ④ 57 ② 58 ①

問題《もんだい》9

次《つぎ》の(1)から(3)の文章《ぶんしょう》を読《よ》んで、後《あと》の問《と》いに対《たい》する答《こた》えとして最《もっと》もよいものを、1・2・3・4から一《ひと》つ選《えら》びなさい。

문제 9

다음 (1)부터 (3)의 글을 읽고, 질문에 대한 답으로 가장 알맞은 것을 1·2·3·4에서 하나 고르세요.

50~52

(1)

先日《せんじつ》、学生時代《がくせいじだい》の友人《ゆうじん》と、ラーメンでも食《た》べるかと、駅《えき》の中《なか》にあるラーメン横丁《よこちょう》に行《い》った。１０軒《けん》ほどのラーメン店《てん》が並《なら》んでいて、お昼時《ひるどき》はサラリーマンでごった返《がえ》しているのだろうが、２時《じ》を過《す》ぎていたこともあり、通《とお》りは意外《いがい》と閑散《かんさん》としていた。「地域《ちいき》ナンバーワン」と大《おお》きなポスターが貼《は》ってある店《てん》に目《め》をやっていると、横《よこ》の店《みせ》から、いきなり、若者《わかもの》が飛《と》び出《だ》してきて、「うち、うまいですよ。どうぞ」と大《おお》きな声《こえ》で一言《ひとこと》。あまりの声《こえ》の大《おお》きさに友人《ゆうじん》と顔《かお》を合《あ》わせてにこっと笑《わら》い、彼《かれ》のいる店《みせ》に入《はい》った。 50 どの店《みせ》に入《はい》るか悩《なや》んでいる私《わたし》たちに気《き》づいて、とっさに体《からだ》が反応《はんのう》して①店《みせ》から走《はし》りだしてきたのだろう。「気《き》の利《き》いた人《ひと》だね」と友人《ゆうじん》はぼそっとつぶやいた。友人《ゆうじん》は大手《おおて》企業《きぎょう》の人事部長《じんじぶちょう》だ。「最近《さいきん》は口《くち》ばかり達者《たっしゃ》ですぐ動《うご》かないやつが多《おお》いんだよな。 51 新入社員《しんにゅうしゃいん》の中《なか》にああいう人《ひと》がいたらなあ」と②妙《みょう》に感心《かんしん》している。私《わたし》も横《よこ》で「うん。うん。」とうなずいた。

私《わたし》だって 52 会社《かいしゃ》に入《はい》りたての頃《ころ》は、自分《じぶん》から率先《そっせん》して仕事《しごと》を見《み》つけ、専門外《せんもんがい》の仕事《しごと》も厭《いと》わなかったものだ。友人《ゆうじん》に自慢話《じまんばなし》しつつも、今《いま》もそうだろうかと思《おも》い返《かえ》してみた。今《いま》だってそうじゃないといけないのに、マンネリに陥《おちい》っている私自身《わたしじしん》に気《き》づいた。大企業《だいきぎょう》の役員《やくいん》という私《わたし》の肩書《かたが》きにしたって永遠《えいえん》に持《も》ち続《つづ》けられるわけではない。いつの間《ま》にか動《うご》きが鈍《にぶ》くなってしまった。「今《いま》の位置《いち》にあぐらをかいていたな。何《なに》もせずに同《おな》じところにとどまっていたな」と猛反省《もうはんせい》した。いつも 52 「初心《しょしん》、忘《わす》るべからず」という言葉《ことば》を肝《きも》に銘《めい》じながら、仕事《しごと》に臨《のぞ》むべきなのだ。「よし、明日《あした》からは初心《しょしん》に帰《かえ》るぞ」。彼《かれ》のおかげで仕事《しごと》に対《たい》する姿勢《しせい》を改《あらた》めて正《ただ》すことができた一日《いちにち》であった。今日《きょう》、ラーメン横丁《よこちょう》に入《はい》ったのはラッキーだったのだ。

(1)

요전에, 학생 시절 친구와 라면이라도 먹을까 해서 역 안에 있는 라면 골목으로 갔다. 10채 정도의 라면 가게가 늘어서 있고, 점심 때는 샐러리맨으로 북적거리겠지만, 2시를 지나기도 했고 거리는 의외로 한산했다. '지역 넘버원'이라고 커다란 포스터가 붙여져 있는 가게에 눈길을 주자, 옆 가게에서 갑자기 젊은이가 뛰어나와서 '우리 가게 맛있어요. 들어오세요'하며 큰 소리로 한마디. 너무 큰 소리에 친구와 얼굴을 마주보고 방긋 웃으며, 그가 있는 가게로 들어갔다. 50 어느 가게에 들어갈지 고민하고 있는 우리들을 알아채고 순간적으로 몸이 반응해서 ①가게에서 뛰어나온 것일 거다. '눈치가 빠른 사람이네'라고 친구는 살짝 중얼거렸다. 친구는 대기업의 인사부장이다. '최근에는 입만 달인이고, 바로 움직이지 않는 사람이 많지. 51 신입사원 중에 저런 사람이 있었으면'하며 ②묘하게 감탄하고 있다. 나도 옆에서 '응. 응.'하며 고개를 끄덕였다.

나도 52 회사에 막 들어왔을 무렵에는 스스로 솔선해서 일을 찾고, 전문 외의 일도 마다하지 않곤 했다. 친구에게 자랑을 하면서도, 지금도 그럴까 하고 돌이켜보았다. 지금도 그렇지 않으면 안 되는데, 매너리즘에 빠져 있는 나 자신을 깨달았다. 대기업 임원이라는 직함도 영원히 계속 지닐 수 있는 것은 아니다. 어느 새인가 움직임이 둔해져 버렸다. '지금의 위치에 안주하고 있었네. 아무것도 하지 않고 같은 곳에 머물고 있었구나'하고 맹렬히 반성했다. 항상 52 '초심 잊지 말지어다'라는 말을 명심하면서 일에 임해야 하는 것이다. '좋아, 내일부터는 초심으로 돌아가자'. 그의 덕분에 일에 대한 자세를 새삼 바로잡을 수 있었던 하루였다. 오늘, 라면 골목에 들어온 것은 운이 좋았던 것이다.

단어 学生時代《がくせいじだい》 학생 시절 | 友人《ゆうじん》 친구 | ラーメン 라면 | 横丁《よこちょう》 골목(길) | 軒《けん》 ~채 | 並《なら》ぶ 늘어서다 | お昼時《ひるどき》 점심 때 | サラリーマン 샐러리맨 | ごった返《がえ》す 북적거리다 | 通《とお》り 거리 | 意外《いがい》と 의외로 | 閑散《かんさん》 한산 | ナンバーワン 넘버원 | 貼《は》る 붙

이다 | いきなり 갑자기 | 若者《わかもの》 젊은이 | 飛《と》び出《だ》す 뛰어 나오다 | うまい 맛있다 | 一言《ひとこと》 한마디 | 顔《かお》を合《あ》わせる 얼굴을 마주보다 | にこっと 방긋, 씽긋 | 笑《わら》う 웃다 | 悩《なや》む 고민하다 | とっさに 순간적으로 | 反応《はんのう》 반응 | 走《はし》りだす 달려 나오다 | 気《き》が利《き》く 눈치가 빠르다, 재치가 있다 | ぼそっと 살짝 | つぶやく 중얼거리다 | 大手企業《おおてきぎょう》 대기업 | 人事部長《じんじぶちょう》 인사부장 | 達者《たっしゃ》 달인 | 動《うご》く 움직이다 | 新入社員《しんにゅうしゃいん》 신입사원 | 妙《みょう》に 묘하게 | 感心《かんしん》する 감탄하다 | うなずく 고개 끄덕이다, 수긍하다 | 厭《いと》う 싫어하다, 꺼리다 | 自慢話《じまんばなし》 자랑(이야기) | 思《おも》い返《かえ》す 돌이켜 생각하다 | マンネリ 매너리즘, 권태 | 陥《おちい》る 빠지다 | 役員《やくいん》 임원 | 肩書《かたが》き 직함 | 永遠《えいえん》に 영원히 | 持《も》ち続《つづ》ける 계속 지니다 | いつの間《ま》にか 어느새인가 | 鈍《にぶ》い 둔하다 | あぐらをかく 현상에 안주하고 노력하지 않다 | とどまる 머물다 | 猛反省《もうはんせい》 맹렬한 반성 | 初心忘《しょしんわす》るべからず 초심 잊지 말지어다 | 肝《きも》に銘《めい》じる 명심하다 | 臨《のぞ》む 임하다 | 姿勢《しせい》 자세 | 改《あらた》めて 새삼 | 正《ただ》す 바로잡다 | ラッキー 럭키, 행운

50 ①店《みせ》から走《はし》りだしてきたのだろうとあるが、なぜか。

1 店《みせ》の前《まえ》で迷《まよ》っているお客《きゃく》さんを呼《よ》び込《こ》むため
2 自分《じぶん》の店《みせ》で何《なに》を売《う》っているかお客《きゃく》さんに知《し》らせるため
3 メニューを悩《なや》んでいるお客《きゃく》さんに自分《じぶん》の店《みせ》をアピールするため
4 ポスターに書《か》いている内容《ないよう》をお客《きゃく》さんに説明《せつめい》するため

50 ①가게에서 뛰어나온 것일 거다라고 하는데, 왜인가?

1 가게 앞에서 망설이고 있는 손님을 끌기 위해서
2 자신의 가게에서 무엇을 팔고 있는가 손님에게 알려주기 위해서
3 메뉴를 고민하고 있는 손님에게 자신의 가게를 어필하기 위해서
4 포스터에 써 있는 내용을 손님에게 설명하기 위해서

풀이 '어느 가게에 들어갈지 고민하고 있는 우리들을 알아채고 순간적으로 몸이 반응해서'라는 부분에서, 손님을 보고 호객하려고 뛰어나온 것임을 알 수 있으므로 정답은 1번이다. 한편 '우리 가게 맛있어요'라고만 언급했지, 무엇을 파는지는 언급하지 않았으므로 2번은 오답이다.

51 ②妙《みょう》に感心《かんしん》しているとあるが、何《なに》に感心《かんしん》感心《かんしん》したのか。

1 口《くち》は達者《たっしゃ》だが、行動力《こうどうりょく》がない社員《しゃいん》
2 言《い》われた仕事《しごと》をきっちりこなす社員《しゃいん》
3 前向《まえむ》きの姿勢《しせい》で取《と》り組《く》む店《みせ》の若者《わかもの》
4 顧客《こきゃく》の心《こころ》を惑《まど》わす店《みせ》の若者《わかもの》

51 ②묘하게 감탄하고 있다라고 하는데, 무엇에 감탄한 것인가?

1 말은 잘 하는데 행동력이 없는 사원
2 하라는 일을 제대로 해내는 사원
3 적극적인 자세로 몰두하는 가게의 젊은이
4 고객의 마음을 현혹하는 가게의 젊은이

풀이 '신입사원 중에 저런 사람이 있었으면'하고 감탄하고 있으며, 감탄의 대상은 적극적인 자세로 일에 몰두하는 가게의 젊은이이므로 정답은 3번이다.

52 筆者《ひっしゃ》によると、仕事《しごと》をするうえで大切《たいせつ》なことは何《なに》か。

1 自分《じぶん》でやるべきことを見出《みいだ》して、最後《さいご》までやり通《とお》すこと
2 今《いま》の地位《ちい》を維持《いじ》するため、努力《どりょく》し続《つづ》けること
3 現状《げんじょう》に甘《あま》んずることなく、新《あたら》しいことに挑戦《ちょうせん》し続《つづ》けること
4 肩書《かたがき》が何《なん》であれ、いつもやる気《き》を持《も》って頑張《がんば》ること

52 필자에 의하면, 일하는 데 있어서 중요한 것은 무엇인가?

1 스스로 해야 할 일을 찾아내서 끝까지 해내는 것
2 지금의 지위를 유지하기 위해서 계속 노력하는 것
3 현상에 안주하지 않고 새로운 일에 계속 도전하는 것
4 직함이 뭐든 항상 의욕을 가지고 노력할 것

풀이 '초심으로 돌아가자, 그의 덕분에 일에 대한 자세를 새삼 바로잡을 수 있었던 하루였다'라는 말에서 초심의 마음으로 일에 임하는 것이 중요하다는 것을 알 수 있다. 또한 '회사에 막 들어왔을 무렵에는 스스로 솔선해서 일을 찾고, 전문 외의 일도 마다하지 않곤 했다'라는 부분에서 항상 의욕을 가지고 일하는 것이 중요하는 것을 알 수 있으므로 정답은 4번이다.

53~55

(2)

脳《のう》の老化《ろうか》の影響《えいきょう》を受《う》けやすいのは感情面《かんじょうめん》である。実際《じっさい》、 53 感情《かんじょう》の切《き》り替《か》えや意欲《いよく》をつかさどるとされる前頭葉《ぜんとうよう》から脳《のう》の萎縮《いしゅく》は始《はじ》まる。正常《せいじょう》な老《ろう》化《か》でもまず前頭葉《ぜんとうよう》が萎縮《いしゅく》するのだから、①感情《かんじょう》が老《ふ》け込《こ》むのは自然《しぜん》の摂理《せつり》なのだ。このような感情《かんじょう》の老《ろう》化《か》は正常《せいじょう》な老化《ろうか》といえるものなので、使《つか》っていればそれほど老《ふ》け込《こ》まないし、使《つか》わないと余計《よけい》に老《ふ》け込《こ》むことは②十分想定《じゅうぶんそうてい》されるものである。

つまり、高齢《こうれい》になってから、 54 感情面《かんじょうめん》でビビッドな生活《せいかつ》を送《おく》っていないと、余計《よけい》に感情《かんじょう》が老《ふ》け込《こ》み気力《きりょく》や意欲《いよく》がなくなってしまう。すると頭《あたま》を使《つか》わなくなるし、体《からだ》も使《つか》わなくなるので、知的《ちてき》機能《きのう》や身体的機能《しんたいてききのう》も衰《おとろ》えるという悪循環《あくじゅんかん》に陥《おちい》ってしまうのだ。

55 感情《かんじょう》の老化予防《ろうかよぼう》のためには、自分《じぶん》が楽《たの》しめることをするのが大切《たいせつ》なのだが、勉強《べんきょう》というのも意外《いがい》に可能性《かのうせい》のある選択肢《せんたくし》だ。自分《じぶん》の興味《きょうみ》のあるものであれば、新《あたら》しいことを知《し》ったりわかったりするのは楽《たの》しいことである。

(2)

뇌 노화의 영향을 받기 쉬운 것은 감정면이다. 실제, 53 감정의 전환이나 의욕을 관리한다는 전두엽부터 뇌의 위축은 시작된다. 정상적인 노화라도 먼저 전두엽이 위축되기 때문에 ①감정이 늙어버리는 것은 자연의 섭리인 것이다. 이러한 감정의 노화는 정상적인 노화라 할 수 있기 때문에 사용하고 있으면 그만큼 늙지 않고, 사용하지 않으면 더욱더 늙어버리는 것은 ②충분히 상정되는 것이다.

즉, 고령이 되고부터는 54 감정면으로 활기 넘치는 생활을 보내지 않으면 더욱 감정이 늙고 기력이나 의욕이 없어져버린다. 그러면 머리를 사용하지 않게 되고 몸도 사용하지 않게 되기 때문에 지적 기능이나 신체적 기능도 퇴화되는 악순환에 빠져 버리는 것이다.

55 감정의 노화 예방을 위해서는 자신이 즐길 수 있는 것을 하는 것이 중요한데, 공부라는 것도 의외로 가능성 있는 선택지이다. 자신이 흥미가 있는 거라면 새로운 것을 알거나 이해하는 것은 즐거운 것이다.

そして、それが意外《いがい》に感情《かんじょう》を刺激《しげき》し、その老化《ろうか》を防《ふせ》ぐ。また勉強《べんきょう》するためには、アクティブであることが必要《ひつよう》であるし、実際《じっさい》に知的機能《ちてききのう》を使《つか》うので、 55 知的機能《ちてききのう》や身体機能《しんたいきのう》の老化予防《ろうかよぼう》にも役《やく》立《だ》つのだ。

(和田秀樹《わだひでき》『大人《おとな》の勉強法《べんきょうほう》』による)

(注) ビビッド：活発《かっぱつ》

그리고 그것이 의외로 감정을 자극하고 노화를 막는다. 또한 공부하기 위해서는 활동적일 필요가 있고 실제로 지적 기능을 사용하기 때문에 55 지적 기능이나 신체 기능의 노화 예방에도 도움이 되는 것이다.

(와다 히데키『어른의 공부법』에 의함)

(주) 선명(함), 활발(함): 활발(함)

단어 老化《ろうか》 노화 | 影響《えいきょう》 영향 | 感情面《かんじょうめん》 감정면 | 実際《じっさい》 실제 | 切《き》り替《か》え 전환 | 意欲《いよく》 의욕 | つかさどる 관리하다 | 前頭葉《ぜんとうよう》 전두엽 | 萎縮《いしゅく》 위축 | 老《ふ》け込《こ》む 늙어버리다 | 摂理《せつり》 섭리 | 正常《せいじょう》 정상 | 余計《よけい》に 더욱더 | 想定《そうてい》 상정 | 高齢《こうれい》 고령 | ビビッド 활기 넘침, 선명함 | 知的機能《ちてききのう》 지적 기능 | 身体的機能《しんたいてききのう》 신체적 기능 | 衰《おとろ》える 쇠약해지다 | 悪循環《あくじゅんかん》 악순환 | 陥《おちい》る 빠지다 | 予防《よぼう》 예방 | 選択肢《せんたくし》 선택지 | 刺激《しげき》 자극 | 防《ふせ》ぐ 막다 | アクティブ 활동적, 적극적 | 役立《やくだ》つ 도움 되다

53 ①感情《かんじょう》が老《ふ》け込《こ》むのは自然《しぜん》の摂理《せつり》なのだとあるがなぜか。

1 脳《のう》の萎縮《いしゅく》が感情《かんじょう》を支配《しはい》する前頭葉《ぜんとうよう》から始《はじ》まるから

2 脳《のう》と感情《かんじょう》の関係《かんけい》が密接《みっせつ》であるから

3 感情《かんじょう》が老《ふ》け込《こ》むと脳《のう》の前頭葉《ぜんとうよう》が縮《ちぢ》まりはじめるから

4 脳《のう》の老化《ろうか》が始《はじ》まると感情《かんじょう》が鈍《にぶ》くなるから

53 ①감정이 늙어버리는 것은 자연의 섭리인 것이다라고 하는데 왜인가?

1 뇌의 위축이 감정을 지배하는 전두엽에서부터 시작되기 때문에

2 뇌와 감정의 관계가 밀접하기 때문에

3 감정이 늙어버리면 뇌의 전두엽이 쪼그라들기 시작하기 때문에

4 뇌의 노화가 시작되면 감정이 둔감해지기 때문에

풀이 밑줄 바로 앞에 '감정의 전환이나 의욕을 관리한다는 전두엽부터 뇌의 위축은 시작되며, 정상적인 노화라도 먼저 전두엽이 위축되기 때문에 감정이 늙어버리는 것은 자연의 섭리'라고 했으므로 정답은 1번이다. 한편 전두엽이 쪼그라들어 감정이 늙어버리는 것이므로 앞뒤 내용이 뒤바뀐 3번은 오답이다.

54 ②十分想定《じゅうぶんそうてい》されるものとあるが何《なに》が想定《そうてい》されるのか。

1 体《からだ》を活発《かっぱつ》に動《うご》かないと、知的機能《ちてききのう》と身体《しんたい》的機能《てききのう》が衰退《すいたい》すること

2 感情豊《かんじょうゆた》かでないと老《ふ》け込《こ》むし、やる気《き》がなくなること

3 脳《のう》を使《つか》っても使《つか》わなくても感情《かんじょう》の老化《ろうか》は防《ふせ》ぎようがないこと

4 感情《かんじょう》の老化《ろうか》は十分《じゅうぶん》に遅《おく》らせることができること

54 ②충분히 상정되는 것이라고 하는데, 무엇이 상정되는 것인가?

1 몸을 활발히 움직이지 않으면 지적 기능과 신체적 기능이 쇠퇴되는 것

2 감정이 풍요롭지 않으면, 늙어버리고 의욕이 없어지는 것

3 뇌를 사용해도 사용하지 않아도 감정의 노화는 막을 방법이 없는 것

4 감정의 노화는 충분히 늦출 수 있는 것

풀이 충분히 상정되는 것은 '감정의 노화는 사용하면 늙지 않고, 사용하지 않으면 늙어버리는 것'을 뜻하며, 「つまり 즉」 바로 뒤에 '감정면에서 활기찬 생활을 하지 않으면 더욱 감정이 늙고 기력이나 의욕이 없어져버린다'고 제시하고 있다. 이 말은 즉 '감정이 풍요롭지 않으면, 늙어버리고 의욕이 없어지는 것'과 일맥상통하므로 정답은 2번이다. 한편 1번은 지적 기능과 신체적 기능의 쇠퇴의 근본적인 원인은 몸을 활발히 움직이지 않기 때문이 아니라 감정면에 활기가 없기 때문이고, 그로 인해 머리도 몸도 쓰지 않게 되어 생기는 결과이기 때문에 오답이다.

55 筆者《ひっしゃ》は勉強《べんきょう》することについてどのように述《の》べているか。

1 知的機能《ちてききのう》の老化予防《ろうかよぼう》には役立《やくだ》つが感情《かんじょう》の老化予防《ろうかよぼう》は期待《きたい》できない。

2 脳《のう》を刺激《しげき》するが、感情《かんじょう》と知的機能《ちてききのう》の老化《ろうか》予防《よぼう》に有効《ゆうこう》とはいえない。

3 感情《かんじょう》の老化予防《ろうかよぼう》に効果《こうか》があるがそれには身体機能《しんたいきのう》がよくないといけない。

4 感情面《かんじょうめん》だけでなく知的《ちてき》、身体的《しんたいてき》機能《きのう》の衰《おとろ》えも防《ふせ》ぐことができる。

55 필자는 공부하는 것에 관해서 어떻게 말하고 있는가?

1 지적 기능의 노화 예방에는 도움이 되지만 감정의 노화 예방은 기대할 수 없다.

2 뇌를 자극하지만, 감정과 지적 기능의 노화 예방에 유효하다고는 할 수 없다.

3 감정의 노화 예방에 효과는 있지만 그러기 위해선 신체 기능이 좋지 않으면 안 된다.

4 감정면뿐만 아니라 지적, 신체적 기능의 퇴화도 막을 수가 있다.

풀이 '감정의 노화 예방을 위해 공부도 하나의 선택지'이며, 공부를 하기 위해서는 '활동을 필요로 하고 지적 기능을 사용하기 때문에 지적 기능이나 신체 기능의 노화 예방에도 도움이 된다'고 나와 있으므로 정답은 4번이다.

56~58

(3)

相手《あいて》のためを思《おも》う気持《きも》ちが基本《きほん》にあり、安易《あんい》に見返《みかえ》りを求《もと》めないのがほんとうのやさしさと言《い》える。 56 好《す》かれたいからほめるというのも、嫌《きら》われたくないから厳《きび》しいことは言《い》わないというのも、見返《みかえ》りを求《もと》める態度《たいど》であって、やさしさとは言《い》えない。①そこには相手《あいて》のためという視点《してん》がない、非常《ひじょう》に自己《じこ》チューな態度《たいど》と言《い》える。

そもそも人《ひと》の内面《ないめん》など、なかなかわかるものではない。相手《あいて》の気持《きも》ちなどお互《たが》いになかなか読《よ》めないし、この先《さき》どんな反応《はんのう》をするかなど予想《よそう》できない。予想外《よそうがい》の反応《はんのう》に驚《おどろ》かされることもある。ゆえに、相手《あいて》がこちらの真意《しんい》を理解《りかい》せずに、攻撃的《こうげきてき》な反応《はんのう》を示《しめ》すかもしれない。こっちが相手《あいて》のためを思《おも》って、気《き》まずくなるのは覚悟《かくご》の上《うえ》で、言《い》いにくいことを言《い》ってやったつもりなのに、まるで意

(3)

상대를 위하는 마음이 기본적으로 있고, 쉽게 보상을 바라지 않는 것이 진정한 상냥함이라고 할 수 있다. 56 사랑받고 싶어서 칭찬하는 것도, 미움 받고 싶지 않아 엄격하게 말하지 않는 것도 보답을 바라는 태도이며, 상냥하다고는 할 수 없다. ①거기에는 상대를 위한다는 시점이 없는 굉장히 자기 중심의 태도라고 할 수 있다.

애당초 사람의 내면은 쉽사리 이해되는 것이 아니다. 상대의 기분은 좀처럼 서로 읽을 수가 없고 앞으로 어떤 반응을 할지 예상할 수 없다. 예상외의 반응에 놀랄 때도 있다. 때문에, 상대가 이쪽의 진의를 이해하지 못하고 공격적인 반응을 보일지도 모른다. 이쪽이 상대를 위해서 어색해지는 것은 각오하고 말하기 힘든 말을 했는데 마치 심술을 부린 것처럼 적의를 드러내는 반응에 부딪힐 때도 있다.

地悪《じわる》をされたかのように敵意《てきい》を剥《む》き出《だ》しにした反《はん》応《のう》をぶつけられることがある。

それを嫌《きら》って、②言《い》いにくいことは言《い》わないというのは、 57 ほんとうのやさしさではない。自分《じぶん》のためといった視点《してん》が、相手《あいて》のためといった視点《してん》に勝《か》っているからだ。こちらの思《おも》いが通《つう》じず、相手《あいて》が傷《きず》つき、こちらを恨《うら》むようなことになるかもしれなくても、相手《あいて》のためだと思《おも》うなら、あえて厳《きび》しいことも言《い》うし、厳《きび》しい課題《かだい》を課《か》すこともする。その結果《けっか》、 58 自分《じぶん》が嫌《きら》われても仕《し》方《かた》ない。それが最終的《さいしゅうてき》には相手《あいて》のためなのだ。そのような姿勢《しせい》を取《と》れる人《ひと》は、ほんとうのやさしさをもつ人《ひと》と言《い》える。

（榎本博明《えのもとひろあき》『「やさしさ」過剰社会《かじょうしゃかい》による』）

그것이 싫어 ②말하기 힘든 말은 하지 않는다는 것은 57 진정한 상냥함이 아니다. 자신을 위함이라는 시점이 상대를 위함이라는 시점에 이겼기 때문이다. 이쪽의 생각이 통하지 않아 상대가 상처 입고 이쪽을 원망하게 될지는 몰라도 상대를 위해서라면 굳이 엄격한 말도 하고 어려운 과제를 내는 것도 한다. 그 결과, 58 자신이 미움 받아도 어쩔 수 없다. 그것이 최종적으로는 상대를 위한 것이다. 그러한 자세를 취할 수 있는 사람은 진정한 상냥함을 가진 사람이라 할 수 있다.

(에노모토 히로아키 『'친절함' 과잉 사회에 의함』)

단어 安易《あんい》に 쉽게 | 見返《みかえ》り 보답, 보상 | 好《す》く 좋아하다 | ほめる 칭찬하다 | 厳《きび》しい 엄격하다 | 視点《してん》 시점 | 非常《ひじょう》に 굉장히 | 自己《じこ》チュー 자기 중심 | そもそも 애당초 | 内面《ないめん》 내면 | お互《たが》いに 서로 | 予想《よそう》 예상 | 驚《おどろ》かす 놀라게 하다 | 真意《しんい》 진의 | 攻撃的《こうげきてき》 공격적 | 示《しめ》す 나타내다 | 気《き》まずい 거북하다, 어색하다 | 覚悟《かくご》 각오 | 意地悪《いじわる》をする 심술궂게 굴다 | 敵意《てきい》 적의 | 剥《む》き出《だ》しにする 드러내다 | 勝《か》つ 이기다 | 傷《きず》つく 상처 입다 | 恨《うら》む 원망하다 | あえて 굳이 | 課題《かだい》 과제 | 課《か》す 부과하다 | 最終的《さいしゅうてき》 최종적 | 姿勢《しせい》 자세

56 ①そこには相手《あいて》のためという視点《してん》がないとあるがそことは何《なに》か。

1 相手《あいて》が傷《きず》つかないように優《やさ》しい言葉《ことば》をいうこと
2 相手《あいて》との関係《かんけい》が壊《こわ》れないように本音《ほんね》を言《い》わないこと
3 相手《あいて》に嫌《きら》われるのを承知《しょうち》で厳《きび》しいことをいうこと
4 相手《あいて》に好《す》かれたいからわざと相手《あいて》が喜《よろこ》ぶことをいうこと

56 ①거기에는 상대를 위한다는 시점이 없다고 하는데 거기라는 것은 무엇인가?

1 상대가 상처 입지 않도록 상냥한 말을 하는 것
2 상대와의 관계가 망가지지 않도록 진심을 말하지 않는 것
3 상대에게 미움 받는 것을 알고도 따끔한 말을 하는 것
4 상대에게 사랑받고 싶어서 일부러 상대가 기뻐할 말을 하는 것

풀이 '사랑받고 싶어서 칭찬하는 것도, 미움 받고 싶지 않아 따끔하게 말하지 않는 것도 보답을 바라는 것'이며, '거기에는 상대를 위한다는 시점이 없다'고 나와 있으므로 정답은 4번이다.

57 ②言《い》いにくいことを言《い》わないことについて、筆者《ひっしゃ》はどのように考《かんが》えているか。

1 相手《あいて》が驚《おどろ》かないようにする思《おも》いやりの行《こう》為《い》である。

2 自分《じぶん》が嫌《きら》われたくないだけの自己中心的《じこちゅうしんてき》な行為《こうい》である。

3 相手《あいて》を思《おも》っての行為《こうい》だが相手《あいて》が傷《きず》つくだけである。

4 自分《じぶん》だけでなく相手《あいて》に対《たい》しても大変失礼《たいへんしつれい》なことだ。

57 ②말하기 힘든 말을 하지 않는다는 것에 관해서 필자는 어떻게 생각하고 있는가?

1 상대가 놀라지 않도록 하는 배려의 행위이다.

2 자신이 미움 받고 싶지 않을 뿐인 자기중심적 행위이다.

3 상대를 생각한 행위이지만, 상대가 상처입을 뿐이다.

4 자신만이 아니라 상대에 대해서도 대단히 실례되는 것이다.

풀이 '상대의 적의를 드러내는 반응에 부딪힐 때도 있는데 그것이 싫어 말하기 힘든 말을 하지 않는 것'은 '진정한 상냥함이 아니며, 자신을 위함이라는 시점이 상대를 위함이라는 시점에 이겼기 때문이다'라는 내용을 통해 정답이 2번임을 알 수 있다.

58 筆者《ひっしゃ》の考《かんが》えに合《あ》うものはどれか。

1 相手《あいて》に誤解《ごかい》されようとも相手《あいて》のために厳《きび》しいことを言《い》える人《ひと》がやさしい人《ひと》だ。

2 相手《あいて》の気持《きも》ちを考《かんが》えながら時《とき》には厳《きび》しいことを言《い》える人《ひと》がやさしい人《ひと》だ。

3 相手《あいて》を傷《きず》つけることなく自分《じぶん》の思《おも》いをきちんと伝《つた》えることが本当《ほんとう》のやさしさだ。

4 相手《あいて》のことを考《かんが》えて相手《あいて》の長所《ちょうしょ》も批判《ひはん》できることが本当《ほんとう》のやさしさだ。

58 필자의 생각에 맞는 것은 어느 것인가?

1 상대에게 오해를 받아도 상대를 위해서 엄격한 말을 할 수 있는 사람이 상냥한 사람이다.

2 상대의 기분을 생각하면서 때로는 엄격한 말을 할 수 있는 사람이 상냥한 사람이다.

3 상대를 상처 입히지 않고 자신의 생각을 제대로 전하는 것이 진정한 상냥함이다.

4 상대를 생각해서 상대의 장점도 비판할 수 있는 것이 진정한 상냥함이다.

풀이 '상대를 위해서라면 굳이 엄격한 말도 하고 어려운 과제를 내는 것도 한다. 그 결과, 자신이 미움 받아도 어쩔 수 없다. 그것이 최종적으로 상대를 위한 것이고, 그런 자세를 취할 수 있는 사람이 진정한 상냥함을 가진 사람이라고 할 수 있다'는 마지막 단락의 내용을 통해 정답이 1번임을 알 수 있다. 지문에서 '자신이 미움을 받아도'를 선택지에서는 '오해를 받아도'로 바꿔 표현하였다.

문제 9 내용 이해(중문) | 실전 테스트 ④

문제집 p.334

50 ② 51 ③ 52 ② 53 ③ 54 ① 55 ② 56 ② 57 ①

問題《もんだい》9

次《つぎ》の(1)から(4)の文章《ぶんしょう》を読《よ》んで、後《あと》の問《と》いに対《たい》する答《こた》えとして最《もっと》もよいものを、1・2・3・4から一《ひと》つ選《えら》びなさい。

문제 9

다음 (1)부터 (4)의 글을 읽고, 질문에 대한 답으로 가장 알맞은 것을 1・2・3・4에서 하나 고르세요.

50~51

(1)

私《わたし》たち人間《にんげん》も、一日《いちにち》をはかる体内時計《たいないどけい》のおかげで、かつては一日《いちにち》の環境変化《かんきょうへんか》にうまく適応《てきおう》していたはずです。そして人工的《じんこうてき》な環境《かんきょう》に住《す》むに至《いた》った現在《げんざい》も、私《わたし》たちの意志《いし》とは無関係《むかんけい》に、この一日《いちにち》をはかる体内時計《たいないどけい》は私《わたし》たちの体《からだ》の中《なか》で自律的《じりつてき》に時間《じかん》をはかり続《つづ》けています。

例《たと》えば、時間《じかん》の情報源《じょうほうげん》となりうる要因《よういん》を遮断《しゃだん》した洞穴《ほらあな》に人間《にんげん》を閉《と》じ込《こ》めて、何週間《なんしゅうかん》にもわたって毎日《まいにち》の体《からだ》の状態変化《じょうたいへんか》を観測《かんそく》し続《つづ》けたとします。すると、実《じつ》に規則正《きそくただ》しく「およそ」4時間周期《じかんしゅうき》で体《からだ》の状態変化《じょうたいへんか》のリズムが現《あらわ》れてくることが分《わ》かっています。このように、50 体外《たいがい》からの時間情報《じかんじょうほう》がたとえ皆無《かいむ》であっても、約一日《やくいちにち》のリズムが存在《そんざい》することははっきりと観察《かんさつ》できるため、私《わたし》たち現《げん》代人《だいじん》の体内《たいない》には一日《いちにち》をはかる時計《とけい》があることが分《わ》かります。

本来《ほんらい》は私《わたし》たちの生存《せいぞん》を有利《ゆうり》にする体内時計《たいないどけい》ですが、現代《げんだい》のような昼《ひる》も夜《よる》も不明瞭《ふめいりょう》な人工的《じんこうてき》な時間《じかん》環境《かんきょう》においては、むしろ病気《びょうき》の原因《げんいん》をつくりだす環境的要因《かんきょうてきよういん》になることは、医学《いがく》・生物学《せいぶつがく》の研究者《けんきゅうしゃ》の間《あいだ》ではよく知《し》られた事実《じじつ》となってきています。ただ、このことは医療《いりょう》の最前線《さいぜんせん》にいる 51 現場《げんば》のお医者《いしゃ》さんには、意外《いがい》なことにあまり浸透《しんとう》していません。それは、現代《げんだい》の医療《いりょう》が「病気《びょうき》を治《なお》す」ことに強《つよ》く意識《いしき》が向《む》いており、疾患予防《しっかんよぼう》や先制医《せんせいい》療《りょう》というものをあまり重視《じゅうし》していないことに原因《げんいん》があると推測《すいそく》されます。

本来《ほんらい》であれば、体内時計《たいないどけい》の本質的理解《ほんしつてきりかい》にもとづいて時間的環境《じかんてきかんきょう》を望《のぞ》ましい状態《じょうたい》に保《たも》つことは、病《びょう》気《き》の環境的要因《かんきょうてきよういん》を改善《かいぜん》することになるため、現代《げんだい》人《じん》の病気《びょうき》を防《ふせ》ぐという点《てん》において決《けっ》して無視《むし》できないことです。

(明石真《あかしまこと》『体内時計《たいないどけい》のふしぎ』による)

(注) 洞穴《ほらあな》(=洞窟《どうくつ》)：地中《ちちゅう》にある一定《いってい》の大《おお》きさの空間《くうかん》

(1)

우리들 인간도 하루를 재는 체내 시계 덕분에 예전에는 하루의 환경 변화에 잘 적응해 왔습니다. 그리고 인공적인 환경에 살게 된 현재도 우리들의 의지와는 관계없이 이 하루를 재는 체내 시간은 우리들의 몸 속에서 자율적으로 시간을 계속 측정하고 있습니다.

예를 들면 시간의 정보원이 될 수 있는 요인을 차단한 동굴에 인간을 가두고 몇 주간에 걸쳐서 매일 몸의 상태 변화를 계속 관측했다고 합니다. 그러자 실로 규칙적으로 '대략' 4시간 주기로 몸의 상태 변화의 리듬이 나타나는 것을 알 수 있습니다. 이처럼 50 체외에서의 시간 정보가 설령 전무해도 약 하루의 리듬이 존재하는 것은 확실히 관찰할 수 있기 때문에, 우리들 현대인의 체내에는 하루를 재는 시계가 있다는 것을 알 수 있습니다.

본래는 우리들의 생존을 유리하게 하는 체내 시계이지만, 현대와 같은 낮도 밤도 불명료한 인공적인 시간 환경에 있어서는 오히려 병의 원인을 만들어내는 환경적 요인이 되는 것은 의학, 생물학의 연구자의 사이에서는 잘 알려진 사실이 되어 왔습니다. 단, 이것은 의료의 최전선에 있는 51 현장의 의사들에게는 의외로 그다지 침투되어 있지 않습니다. 그것은 현대의 의료가 '병을 치료한다'는 것에 강하게 의식이 향해 있고 질환 예방이나 선제 의료라는 것을 그다지 중시하고 있지 않는 것에 원인이 있다고 추측되어집니다.

본래라면 체내 시계의 본질적 이해를 바탕으로 한 시간적 환경을 바람직한 상태로 유지하는 것은 병의 환경적 요인을 개선하는 것이 되기 때문에 현대인의 병을 막는다는 점에 있어서 결코 무시할 수 없는 일입니다.

(아카시 마코토『체내 시계의 신기함』에 의함)

(주) 동혈(=동굴): 지중에 있는 일정 크기의 공간

단어 はかる 측정하다 | 体内時計《たいないどけい》 체내 시계 | かつて 예전에 | 適応《てきおう》 적응 | 人工的《じんこうてき》 인공적 | 至《いた》る 이르다 | 自律的《じりつてき》 자율적 | 情《じょう》報源《ほうげん》 정보원 | 要因《よういん》 요인 | 遮断《しゃだん》 차단 | 洞穴《ほらあな》 동굴 | 閉《と》じ込《こ》める 가두다 | 観測《かんそく》 관측 | 規則正《きそくただ》しい 규칙적이다 | およそ 대략 | 周期《しゅうき》 주기 | 状態《じょうたい》 상태 | 皆無《かいむ》 전무 | 観察《かんさつ》 관찰 | 不明瞭《ふめいりょう》 불명료 | むしろ 오히려 | 生物学《せいぶつがく》 생물학 | 研究者《けんきゅうしゃ》 연구자 | 最前線《さいぜんせん》 최전선 | 浸透《しんとう》 침투 | 治《なお》す 치료하다 | 意識《いしき》 의식 | 疾患《しっかん》 질환 | 予防《よぼう》 예방 | 先制医療《せんせいいりょう》 선제 의료 | 重視《じゅうし》 중시 | 推《すい》測《そく》 추측 | 本質的《ほんしつてき》 본질적 | もとづく 바탕으로 하다 | 望《のぞ》ましい 바람직하다 | 状態《じょうたい》 상태 | 保《たも》つ 유지하다 | 改善《かいぜん》 개선 | 防《ふせ》ぐ 막다 | 決《けっ》して 결코 | 無視《むし》 무시

50 人《ひと》が洞穴《ほらあな》の中《なか》でも長期《ちょうき》にわたって一日《いちにち》のリズムを保《たも》つことが出来《でき》るのはなぜか。

1 どんな環境《かんきょう》であろうとも適応《てきおう》する能力《のうりょく》を持《も》っているから
2 一日《いちにち》をはかる力《ちから》を体《からだ》の中《なか》に持《も》ち合《あ》わせているから
3 周《まわ》りの音《おと》や空気《くうき》から時間《じかん》をはかる能力《のうりょく》を持《も》っているから
4 体内時計《たいないどけい》は体外《たいがい》の時間情報《じかんじょうほう》に大《おお》きく左右《さゆう》されから

50 인간이 동굴 속에서도 장기에 걸쳐 하루의 리듬을 유지할 수 있는 것은 왜인가?

1 어떤 환경이라도 적응하는 능력을 가지고 있기 때문에
2 하루를 재는 힘을 몸 속에 가지고 있기 때문에
3 주변의 소리나 공기로부터 시간을 재는 능력을 가지고 있기 때문에
4 체내 시간은 체외의 시간 정보에 크게 좌우되기 때문에

풀이 두 번째 단락에서 '동굴에 인간을 가두고 몇 주간에 걸쳐서 몸의 상태 변화를 관찰하자, 약 4시간 주기로 몸의 상태 변화 리듬이 나타났다'고 제시되어 있다. 이는 '체외에서의 시간 정보가 없어도 약 하루의 리듬이 존재한다는 것은 확실히 관찰할 수 있기 때문에 인간의 체내에는 하루를 재는 시계가 있다는 것을 알 수 있다'라는 내용으로부터 2번이 정답임을 알 수 있다.

51 筆者《ひっしゃ》によると医者《いしゃ》が体内時計《たいないどけい》に対《たい》する理《り》解《かい》がたりないのはなぜか。

1 体内時計《たいないどけい》の仕組《しく》みについてよくわかっていないため
2 現代《げんだい》の人工的《じんこうてき》な時間環境《じかんかんきょう》が体内時計《たいないどけい》とは相反《そうはん》するため
3 病気予防《びょうきよぼう》よりも治療《ちりょう》することを第一《だいいち》に考《かんが》えているため
4 疾患予防《しっかんよぼう》や先制医療《せんせいいりょう》に偏《かたよ》っているため

51 필자에 의하면 의사가 체내 시계에 대한 이해가 부족한 것은 왜인가?

1 체내 시계의 구조에 관해서 잘 알고 있지 않기 때문에
2 현대의 인공적인 시간 환경이 체내 시간과는 상반되기 때문에
3 병의 예방보다도 치료하는 것을 우선으로 생각하고 있기 때문에
4 질환 예방이나 선제 의료에 치우쳐 있기 때문에

풀이 '의사들에게는 그다지 침투되어 있지 않은 것은 현대 의료가 병을 치료한다는 것에 강한 의식이 있고 질환 예방이나 선제 의료라는 것을 그다지 중시하고 있지 않는 것에 원인이 있다'고 나와 있으므로 3번이 정답임을 알 수 있다.

52~53

(2)

近年《きんねん》、 52 子《こ》どもがひとりで食事《しょくじ》をする「孤食《こしょく》」や、食事《しょくじ》を抜《ぬ》く「欠食《けっしょく》」が増《ふ》えたり、子《こ》どもたちの食《しょく》の乱《みだ》れが問題《もんだい》になるにつれて、それを憂《うれ》える料理研究家《りょうりけんきゅうか》、フードコンサルタントなどを含《ふく》む、いわゆる知識人《ちしきじん》により、「食育《しょくいく》」の重要性《じゅうようせい》が指摘《してき》されるようになってきました。従来《じゅうらい》、日本社会《にほんしゃかい》では家庭《かてい》のなかで行《おこな》われてきた食事《しょくじ》にまつわることを、学校教育《がっこうきょういく》の現場《げんば》で直接《ちょくせつ》子《こ》どもたちに伝授《でんじゅ》しようというわけです。

(中略)

そして何《なに》より大切《たいせつ》なのは、食《た》べることに好奇心《こうきしん》、興味《きょうみ》をもたせて、食《た》べる楽《たの》しみを実感《じっかん》させることにあります。テレビなどのマスメディアからの情報《じょうほう》に左右《さゆう》されることなく、自分《じぶん》で味《あじ》わい、自分《じぶん》で選択《せんたく》できる力《ちから》を獲得《かくとく》させようということも、食育《しょくいく》の目的《もくてき》のひとつです。

これは、いうのはやさしくても、実際《じっさい》に活動《かつどう》するとなると、なかなかたいへんなことです。単《たん》に食材《しょくざい》の手配《てはい》、講師《こうし》の選定《せんてい》、設備《せつび》や経費《けいひ》といった現場《げんば》の問題《もんだい》だけではありません。 53 子《こ》どもの食《しょく》の乱《みだ》れは、家庭《かてい》における食《しょく》の乱《みだ》れが原因《げんいん》でしょうから、子《こ》どもに対《たい》してだけではなく、親《おや》にとっての食育《しょくいく》の理解《りかい》も必要《ひつよう》です。家庭環境《かていかんきょう》が整《ととの》っていてはじめて、学校《がっこう》における子《こ》どもの食育《しょくいく》も有効《ゆうこう》となります。

自分《じぶん》の力《ちから》で食材《しょくざい》を選《えら》び、工夫《くふう》して考《かんが》えながら料理《りょうり》をつくり、それを食《た》べて、味《あじ》わい、そして楽《たの》しむといった食《しょく》の本質《ほんしつ》を教《おし》える食育《しょくいく》は大切《たいせつ》です。

(山本隆《やまもとたかし》『「おいしい」となぜ食《た》べすぎるのか』による)

(注) 憂《うれ》える：心配《しんぱい》する

(2)

근래 52 아이가 혼자 식사를 하는 '고식'이나 식사를 거르는 '결식'이 늘기도 하고 아이들의 식사의 불균형이 문제됨에 따라서 그것을 걱정하는 요리 연구가, 영양사 등을 포함한 소위 지식인들에 의해 '식사 교육'의 중요성이 지적되어 왔습니다. 종래 일본 사회에서는 가정 속에서 행해온 식사에 관련된 것을 학교 교육의 현장에서 직접 아이들에게 전수하려는 것입니다.

(중략)

그리고 무엇보다 중요한 것은 먹는 것에 호기심, 흥미를 가지게 해서 먹는 즐거움을 실감시키는 것에 있습니다. 텔레비전 같은 매스미디어로부터의 정보에 좌우되지 않고 스스로 맛보고 스스로 선택할 수 있는 힘을 획득하게 하는 것도 식사 교육의 목적의 하나입니다.

이것은 말하기는 쉬워도 실제로 활동하게 되면 상당히 힘든 일입니다. 단순히 식재료의 준비, 강사 선정, 설비나 비용이라는 현장의 문제만이 아닙니다. 53 아이의 식사의 불균형은 가정에서의 식사의 불균형이 원인이기 때문에 아이에 대해서만이 아닌 부모에게 있어서의 식사 교육의 이해도 필요합니다. 가정 환경이 갖춰져야 비로소 학교에서의 아이의 식사 교육도 효과가 있습니다.

자신의 힘으로 식재료를 선택하고 연구하며 생각하면서 요리를 만들고 그것을 먹고 맛보고 그리고 즐긴다는 식사의 본질을 가르치는 식사 교육은 중요합니다.

(야마모토 타카시 『'맛있다'와 왜 과식하는가』에 의함)

(주) 걱정하다, 근심하다: 걱정하다

단어 孤食《こしょく》 혼자 식사하는 것 | 食事《しょくじ》を抜《ぬ》く 식사를 거르다 | 欠食《けっしょく》 결식 | 食《しょく》の乱《みだ》れ 식사의 불균형 | 憂《うれ》える 걱정하다 | 料理研究家《りょうりけんきゅうか》 요리 연구가 | 含《ふく》む 포함하다 | いわゆる 이른바 | 知識人《ちしきじん》 지식인 | 食育《しょくいく》 식사 교육 | 指摘《してき》 지적 | 従来《じゅうらい》 종래 | まつわる 얽히다, 관련되다 | 直接《ちょくせつ》 직접 | 伝授《でんじゅ》 전수 | 好奇心《こうきしん》 호기심 | 実感《じっかん》 실감 | マスメディア 매스미디어 | 情報《じょうほう》 정보 | 左右《さゆう》 좌우 | 味《あじ》わう 맛보다 | 選択《せんたく》 선택 | 獲得《かくとく》 획득 | 実際《じっさい》 실제 | 食材《しょくざい》 식재(료) | 手配《てはい》 준비 | 講師《こうし》 강사 | 選定《せんてい》 선정 | 設備《せつび》 설비 | 経費《けいひ》 경비 | 整《ととの》う 갖춰지다 | 有効《ゆうこう》 유효 | 工夫《くふう》 궁리, 연구 | 本質《ほんしつ》 본질

52 「食育《しょくいく》」の重要性《じゅうようせい》が指摘《してき》されるようになってきましたとあるがなぜか。

1 家庭《かてい》の中《なか》で食《た》べることに関《かん》する教育《きょういく》をしてきたから

2 子《こ》どもたちの食事《しょくじ》の問題《もんだい》が深刻化《しんこくか》したから

3 学校《がっこう》で食《た》べることに関《かん》する教育《きょういく》をしていないから

4 子《こ》どもたちが親《おや》と一緒《いっしょ》に食事《しょくじ》をとらないから

52 '식사 교육'의 중요성이 지적되어 왔습니다'라고 하는데 왜인가?

1 가정 내에서 먹는 것에 관한 교육을 해왔기 때문에

2 아이들의 식사 문제가 심각해졌기 때문에

3 학교에서 먹는 것에 관한 교육을 하고 있지 않기 때문에

4 아이들이 부모와 함께 식사를 하지 않기 때문에

풀이 첫째 단락에 아이가 혼자 식사를 하는 '고식'이나 식사를 거르는 '결식'이 늘기도 하고 아이들의 식사의 불균형이 문제됨에 따라 식사 교육의 중요성이 지적되어 왔다고 나와 있다. 즉, 아이들의 식사 문제가 심각해졌다고 표현한 2번이 정답으로 적당하다.

53 筆者《ひっしゃ》によると教育現場《きょういくげんば》で食育《しょくいく》を行《おこな》う上《うえ》での前提条件《ぜんていじょうけん》は何《なに》か。

1 食《しょく》について教《おし》えることが出来《でき》る有能《ゆうのう》な講《こう》師《し》と整《ととの》った教育設備《きょういくせつび》

2 子《こ》どもたちの食《た》べることに対《たい》する好奇心《こうきしん》と興味《きょうみ》

3 子《こ》どもの食事《しょくじ》の乱《みだ》れに対《たい》する認識《にんしき》と親《おや》の食事教育《しょくじきょういく》への理解《りかい》

4 社会的《しゃかいてき》な問題意識《もんだいいしき》の共有《きょうゆう》とマスメディアの情報《じょうほう》

53 필자에 의하면 교육 현장에서 식사 교육을 하는 데 있어서의 전제 조건은 무엇인가?

1 음식에 관해서 가르칠 수 있는 유능한 강사와 갖춰진 교육 설비

2 아이들의 먹는 것에 대한 호기심과 흥미

3 아이의 식사 불균형에 대한 인식과 부모의 식사 교육에 대한 이해

4 사회적인 문제 의식의 공유와 매스미디어의 정보

풀이 세 번째 단락에 '아이의 식사의 불균형은 가정에서의 식사의 불균형이 원인이기 때문에 아이에 대해서만이 아닌 부모에게도 식사 교육의 이해가 필요하며, 가정 환경이 갖춰져야 비로소 학교에서의 아이의 식사 교육도 효과가 있다'고 나와 있으므로 3번의 내용이 식사 교육의 전제 조건에 해당함을 알 수 있다.

54~55

(3)

掃除《そうじ》をしなければゴミがたまって汚《よご》れてくる、というのは私《わたし》たちの身《み》の回《まわ》りのことだけではない。①細胞《さいぼう》の中《なか》も同《おな》じである。私《わたし》たちの細胞《さいぼう》はまさしく「生《なま》もの」であって、使《つか》っているタンパク質《しつ》や細胞小器官《さいぼうしょうきかん》は徐々《じょじょ》に悪《わる》くなってくる。54 タンパク質《しつ》の中《なか》には、合成《ごうせい》する途中《とちゅう》で失敗《しっぱい》してしまい、最初《さいしょ》からゴミ同然《どうぜん》となってしまうものもある。このようなものをそのままにしておけば、細《さい》

(3)

청소를 하지 않으면 쓰레기가 쌓여서 더러워진다는 것은 우리들의 일상의 일만이 아니다. ①세포 속도 마찬가지이다. 우리들의 세포는 바로 '생물'이며, 사용하고 있는 단백질이나 세포 소기관은 서서히 퇴화되어간다. 54 단백질 중에는 합성하는 도중에 실패해 버려 처음부터 쓰레기나 다름없이 되어 버리는 것도 있다. 이러한 것을 그대로 두면, 세포 속은 눈 깜짝할 사이에 쓸모없는 것들로 가득해져 버린다. 그래서는 세포로서 제

胞《ぼう》の中《なか》はあっというまに使《つか》えないものだらけになってしまう。それでは、細胞《さいぼう》としてまともに生《い》きていくことができなくなる。そのためにも、細胞《さいぼう》内《ない》を常《つね》に新鮮《しんせん》な状態《じょうたい》に保《たも》つべく、ゴミがでればそれを処理《しょり》したり、あるいはゴミとなる前《まえ》に取《と》り替《か》えたりする必要《ひつよう》がある。

この問題《もんだい》は寿命《じゅみょう》の長《なが》い細胞《さいぼう》で②より深刻《しんこく》である。寿命《じゅみょう》の短《みじか》い細胞《さいぼう》、たとえば寿命《じゅみょう》五日《いつか》の腸粘膜《ちょうねんまく》の上皮細胞《じょうひさいぼう》では、細胞内《さいぼうない》に多少《たしょう》ゴミがたまろうと、ゴミとともに天命《てんめい》を全《まっと》うしてしまうので実際《じっさい》はなんの問題《もんだい》にもならない。しかし、55 神経細《しんけいさい》胞《ぼう》などではそうはいかない。神経細胞《しんけいさいぼう》の寿命《じゅみょう》は大《たい》変長《へんなが》く、ほぼ一生《いっしょう》のつきあいとなる。一生使《いっしょうつか》い続《つづ》けないといけない細胞《さいぼう》では、常《つね》にゴミがたまらないよう監視《かんし》する必要《ひつよう》がある。自宅《じたく》の引《ひ》っ越《こ》しのたびに大量《たいりょう》のゴミに気《き》づいて、それらを捨《す》てた経験《けいけん》をお持《も》ちの人《ひと》は多《おお》いと思《おも》う。もし引《ひ》っ越《こ》しをしないで一生同《いっしょうおな》じところに住《す》むのであれば、よほど計《けい》画的《かくてき》にきちんとゴミを処理《しょり》しないとならない。細《さい》胞《ぼう》は見事《みごと》にこれをやってのけているのである。

（水島昇《みずしまのぼる》『細胞《さいぼう》が自分《じぶん》を食《た》べるオートファジーの謎《なぞ》』による）

대로 살아갈 수 없게 된다. 그 때문이라도 세포 내를 항상 신선한 상태로 유지하기 위해 쓰레기가 나오면 그것을 처리하기도 하고 또는 쓰레기가 되기 전에 교체하거나 할 필요가 있다.

이 문제는 수명이 긴 세포가 ②보다 심각하다. 수명이 짧은 세포, 예를 들면 수명이 5일인 장점막의 상피세포에서는 세포 내에 쓰레기가 다소 쌓여도 쓰레기와 함께 천명을 다해 버리기 때문에 실제로는 어떤 문제도 되지 않는다. 그러나 55 신경 세포 같은 것은 그렇게는 되지 않는다. 신경 세포의 수명은 대단히 길며, 거의 평생 함께하게 된다. 평생 계속 사용하지 않으면 안 되는 세포에 있어서는 항상 쓰레기가 쌓이지 않도록 감시할 필요가 있다. 자기 집 이사할 때마다 대량의 쓰레기를 알아채게 되어 그것을 버린 경험을 가진 사람은 많을 것 같다. 혹시 이사를 하지 않고 평생 같은 곳에 사는 것이라면, 꽤 계획적으로 쓰레기를 제대로 처리하지 않으면 안 된다. 세포는 훌륭히 이것을 해내는 것이다.

(미즈시마 노보루 『세포가 자신을 먹는 오토퍼지의 수수께끼』에 의함)

단어 たまる 모이다, 괴다 | 汚《よご》れる 더러워지다 | 身《み》の回《まわ》り 신변 | 細胞《さいぼう》 세포 | タンパク質《しつ》 단백질 | 小器官《しょうきかん》 소기관 | 徐々《じょじょ》に 서서히 | 合成《ごうせい》 합성 | 途中《とちゅう》 도중 | 同然《どうぜん》 다름없음 | あっというまに 눈 깜짝할 사이에 | 常《つね》に 항상 | 処理《しょり》 처리 | 取《と》り替《か》える 교체하다 | 寿命《じゅみょう》 수명 | 深刻《しんこく》 심각 | 腸粘膜《ちょうねんまく》 장점막 | 全《まっと》うする 완수하다 | 神経《しんけい》 신경 | 監視《かんし》 감시 | 自宅《じたく》 자택 | 経《けい》験《けん》 경험 | よほど 꽤, 어지간히 | 計画的《けいかくてき》 계획적 | きちんと 정확히, 깔끔히 | やってのける 해내다, 해치우다

54 ①細胞《さいぼう》の中《なか》も同《おな》じであるとあるが、具体《ぐたい》的《てき》にどういったことか。

1 合成《ごうせい》ができなかったたんぱく質《しつ》が細胞内《さいぼうない》にたまること

2 たんぱく質《しつ》が合成《ごうせい》する過程《かてい》で細胞内《さいぼうない》に汚《よご》れができること

3 細胞内《さいぼうない》が新鮮《しんせん》でないためたんぱく質《しつ》が徐《じょ》々《じょ》にたまること

4 合成《ごうせい》に失敗《しっぱい》したたんぱく質《しつ》が細胞《さいぼう》の機能《きのう》を切《き》り替《か》えること

54 ①세포 속도 마찬가지이다라고 하는데 구체적으로 어떠한 것인가?

1 합성을 못한 단백질이 세포 내에 쌓이는 것

2 단백질이 합성하는 과정에서 세포 내가 더러워지는 것

3 세포 내가 신선하지 않기 때문에 단백질이 서서히 쌓이는 것

4 합성에 실패한 단백질이 세포의 기능을 바꾸는 것

풀이 첫 번째 단락의 내용을 보면 '청소를 하지 않으면 쓰레기가 쌓여서 더러워진다는 것은 세포 속도 마찬가지이다'라고 표현했기 때문에, 쓰레기에 해당되는 것이 세포 내에서는 무엇인지를 알아야 한다. 세포 내의 쓰레기는 '합성하는 도중에 실패한 단백질'을 뜻하며, 이것을 그대로 두면 눈 깜짝할 사이에 쓸모없는 것들로 가득해져 버린다고 하였으므로 정답은 1번이다.

55 ②より深刻《しんこく》であるとあるがなぜか。

1 ゴミがたまるとすぐに細胞《さいぼう》が死《し》んでしまうから

2 生涯《しょうがい》にわたってごみ処理《しょり》をする必要《ひつよう》があるから

3 だんだんとゴミの処理能力《しょりのうりょく》が弱《よわ》くなってくるから

4 ゴミを処理《しょり》する場所《ばしょ》が歳《とし》と共《とも》に無《な》くなってくるから

55 ②보다 심각하다라고 하는데 왜인가?

1 쓰레기가 쌓이면 바로 세포가 죽어 버리기 때문에

2 평생에 걸쳐서 쓰레기 처리를 할 필요가 있기 때문에

3 점점 쓰레기 처리 능력이 약해지기 때문에

4 쓰레기를 처리할 장소가 나이와 함께 없어지기 때문에

풀이 '보다 심각하다'의 주어는 '수명이 긴 세포'이며, '수명이 긴 세포는 평생 사용하는 것이므로 쓰레기가 쌓이지 않도록 평생 감시해야 한다'는 내용이 두 번째 단락「しかし」이후에 나온다. 여기에서 '평생 감시'를 '평생에 걸쳐 처리'로 바꿔 표현한 2번이 정답으로 적당하다.

56~57

(4)

読《よ》んだ内容《ないよう》を自分《じぶん》の知識《ちしき》として取《と》り込《こ》むには、読《よ》み終《お》えたら誰《だれ》かに話《はな》して聞《き》かせるのが効果的《こうかてき》です。正《ただ》しく説明《せつめい》するには、情報《じょうほう》が頭《あたま》の中《なか》でバラバラではできません。56 読《よ》み込《こ》んだ情報《じょうほう》を関連《かんれん》づけ、体系的《たいけいてき》に再構築《さいこうちく》することで相手《あいて》に伝《つた》えることができます。その場合《ばあい》、目次《もくじ》の順《じゅん》どおりに説明《せつめい》する必要《ひつよう》はありません。

むしろ、56 別々《べつべつ》の章《しょう》に書《か》かれていることを関《かん》連《れん》づけ、同類《どうるい》のエピソードとして話《はな》すことができるようであれば、あなたは読《よ》んだ内容《ないよう》を自分《じぶん》の知識《ちしき》として獲得《かくとく》することができます。人《ひと》に話《はな》してみると、意外《いがい》に頭《あたま》に入《はい》っていないことに気《き》づくものです。伝《つた》えるべきことが1から3まであったとき、2の理解《りかい》があいまいであれば、1と3はつながらず、全体《ぜんたい》がぼんやりした話《はなし》になってしまいます。

(中略)

(4)

읽은 내용을 자신의 지식으로서 거둬들이려면, 다 읽었다면 누군가에게 말하며 들려주는 것이 효과적입니다. 바르게 설명하려면 정보가 머릿속에서 뿔뿔이 흩어져서는 할 수 없습니다. 56 읽은 정보를 관련지어, 체계적으로 재구성함으로써 상대에게 전할 수 있습니다. 그 경우, 목차 순서대로 설명할 필요는 없습니다.

오히려 56 각각의 장에 쓰여진 것을 관련지어 동류의 에피소드로서 이야기할 수 있다면, 당신은 읽은 내용을 자신의 지식으로서 획득할 수 있습니다. 남에게 이야기해 보면, 의외로 머리에 들어 있지 않은 것을 알 수 있는 것입니다. 전해야 하는 것이 1부터 3까지 있을 때, 2의 이해가 애매하면, 1과 3은 연결되지 않고 전체가 불분명한 이야기가 되어버립니다.

(중략)

読《よ》んだものを人《ひと》に話《はな》す、あるいは話《はな》すつもりになってシミュレーションしてみると、その知識《ちしき》が本当《ほんとう》の意味《いみ》で自分《じぶん》のものになっているかが確認《かくにん》できるのです。言《い》い換《か》えれば読《よ》むときに「人《ひと》に話《はな》す」ことを意識《いしき》しながら読《よ》むと、記憶《きおく》の定着《ていちゃく》が格《かく》段《だん》に増《ま》していい効果《こうか》を生《う》むでしょう。これは映画《えいが》の鑑賞《かんしょう》でも同《おな》じです。自分《じぶん》が観《み》た作品《さくひん》の感想《かんそう》をブログで紹介《しょうかい》している人《ひと》は 57 アウトプットを前《ぜん》提《てい》に観《み》ていますので、映画館《えいがかん》から自宅《じたく》に戻《もど》ってパソコンに向《む》かった時《とき》でも、全体《ぜんたい》の構成《こうせい》や印象的《いんしょうてき》な場面《ばめん》をかなり正確《せいかく》に記憶《きおく》しています。

(斎藤隆《さいとうたかし》『本当《ほんとう》に頭《あたま》のいい人《ひと》がやっている思考習慣《しこうしゅうかん》１００』による)

읽은 것을 남에게 이야기한다, 또는 이야기할 생각으로 시뮬레이션해 보면, 그 지식이 진정한 의미에서 자신의 것이 되어 있는가를 확인할 수 있는 것입니다. 바꿔 말하면, 읽을 때에 '남에게 이야기한다'는 것을 의식하면서 읽으면 기억의 정착이 현격히 늘어 좋은 효과를 낳겠지요. 이것은 영화 감상에서도 마찬가지입니다. 자신이 본 작품의 감상을 블로그에서 소개하고 있는 사람은 57 아웃풋을 전제로 보고 있기 때문에 영화관에서 집으로 돌아와 컴퓨터로 향했을 때도 전체의 구성이나 인상적인 장면을 꽤 정확하게 기억하고 있습니다.

(사이토 타카시『정말로 머리가 좋은 사람이 하고 있는 사고 습관 100』에 의함)

단어 知識《ちしき》 지식 | 取《と》り込《こ》む 거두어들이다 | 読《よ》み終《お》える 다 읽다 | 聞《き》かせる 들려 주다 | 正《ただ》しい 바르다 | バラバラ 뿔뿔이 흩어짐 | 関連《かんれん》づける 연관짓다 | 体系的《たいけいてき》 체계적 | 再構築《さいこうちく》 재구축 | 伝《つた》える 전하다 | 目次《もくじ》 목차 | 順《じゅん》 순(서) | どおりに ~대로 | むしろ 오히려 | 別々《べつべつ》 따로따로, 제각각 | 章《しょう》 장 | 同類《どうるい》 동류, 같은 종류 | エピソード 에피소드 | 獲得《かくとく》 획득 | 気《き》づく 알아차리다 | あいまい 애매함 | つながる 이어지다, 연결되다 | ぼんやりした話《はなし》 불확실한 이야기 | あるいは 또는 | シミュレーション 시뮬레이션, 모의 시험 | 言《い》い換《か》える 바꿔 말하다 | 記憶《きおく》 기억 | 定着《ていちゃく》 정착 | 格段《かくだん》に 현격히 | 増《ま》す 늘다, 많아지다 | 効果《こうか》 효과 | 生《う》む 낳다 | 鑑賞《かんしょう》 감상 | 観《み》る 보다 | 作品《さくひん》 작품 | 感想《かんそう》 감상 | ブログ 블로그 | アウトプット 아웃풋, 출력, 산출 | 前提《ぜんてい》に 전제로 | 自宅《じたく》 자택 | 戻《もど》る 돌아오다 | パソコン 컴퓨터 | 向《む》かう 향하다 | 構成《こうせい》 구성 | 印象的《いんしょうてき》 인상적 | 場面《ばめん》 장면 | かなり 상당히, 꽤 | 正確《せいかく》 정확 | つぶさに 자세히 | 覚《おぼ》える 기억하다

56 読《よ》んだ内容《ないよう》を自分《じぶん》のものにするためにはどうすればいいと筆者《ひっしゃ》は述《の》べているか。

1 バラバラになっている情報《じょうほう》を正《ただ》しく再構《さいこう》築《ちく》して人《ひと》に説明《せつめい》してみる。
2 それぞれの内容《ないよう》をつないで似《に》たような話《はなし》に作《つく》り替《か》えて人《ひと》に話《はな》してみる。
3 別々《べつべつ》のエピソードを一《ひと》つにまとめて、はっきりと人《ひと》に説明《せつめい》してみる。
4 伝《つた》えるべき内容《ないよう》を自分《じぶん》なりに関連付《かんれんづ》け箇《か》条書《じょうが》きにして人《ひと》に話《はな》してみる。

56 읽은 내용을 자신의 것으로 만들기 위해서는 어떻게 하면 된다고 필자는 말하고 있는가?

1 뿔뿔이 흩어져 있는 정보를 바르게 재구성해서 남에게 설명해 본다.
2 각각의 내용을 연결해서 비슷한 이야기로 다시 만들어 남에게 이야기해 본다.
3 각각의 에피소드를 하나로 정리해서 명확하게 남에게 설명해 본다.
4 전해야 할 내용을 자기 나름대로 관련지어 항목별로 만들어 남에게 이야기해 본다.

풀이 '읽은 정보를 관련지어 체계적으로 재구성(再構築《さいこうちく》)함으로써 상대에게 전달할 수 있으며, 각각의 장에 쓰여진 것을 관련지어, 같은 종류의 에피소드로서 이야기할 수 있다면, 당신은 읽은 내용을 자신의 지식으로서 획득할 수 있습니다'라고 나와 있다. 즉, '각각의 내용을 연결해서 비슷한 이야기로 다시 만들어 이야기해 본다'라고 바꿔 표현한 2번이 정답으로 적합하다.

57 映画《えいが》の鑑賞《かんしょう》でも同《おな》じですとあるが何《なに》が同《おな》じなのか。

1 鑑賞《かんしょう》した内容《ないよう》を人《ひと》に伝《つた》えることを前提《ぜんてい》にして観《み》るから場面《ばめん》をつぶさに覚《おぼ》えられること

2 鑑賞《かんしょう》の内容《ないよう》をブログで紹介《しょうかい》するのを意識《いしき》しながら観《み》るから長《なが》く記憶《きおく》に残《のこ》ること

3 映画《えいが》の鑑賞《かんしょう》のとき、自分《じぶん》の鑑賞《かんしょう》よりストーリー構成《こうせい》に集中《しゅうちゅう》しながら観《み》ること

4 映画《えいが》を見通《みとお》した後《あと》でも、自分《じぶん》の観《み》た全体《ぜんたい》の場面《ばめん》が忘《わす》れられないように記憶力《きおくりょく》を高《たか》めること

57 영화 감상에서도 마찬가지입니다라고 하는데 무엇이 마찬가지인가?

1 감상한 내용을 남에게 전하는 것을 전제로 보기 때문에 장면을 상세하게 기억할 수 있는 것

2 감상의 내용을 블로그에서 소개할 것을 의식하면서 보기 때문에 오래 기억에 남는 것

3 영화 감상할 때, 자신의 감상보다 스토리 구성에 집중하면서 보는 것

4 영화를 끝까지 다 본 후에도, 자신이 본 전체의 장면을 잊지 않도록 기억력을 높이는 것

풀이 '(책을 읽을 때) 남에게 이야기하는 것을 의식하며 읽으면 기억의 정착이 현격히 늘어 좋은 효과를 낳는데, 이것이 영화 감상에서도 마찬가지다'라는 의미이다. '자신이 본 작품의 감상을 블로그에서 소개하고 있는 사람은 (영화를 감상할 때) 아웃풋을 전제로 보고 있기 때문에, 전체의 구성이나 인상적인 장면을 꽤 정확하게 기억하고 있다'로 지문의 내용을 정리할 수 있다. 따라서 포인트는 '남에게 전할 것을 생각하기 때문에 정확하게 기억한다'는 것이므로 정답은 1번이다. 한편 '분명히 기억하거나 기억력이 는다'는 것은 시간과 관계없기 때문에, 2번의 '오래 기억에 남는다'는 조금 오버된 표현이므로 오답이다.

문제 10 내용 이해(장문) | 실전 테스트 ①

문제집 p.342

59 ② 60 ② 61 ① 62 ③

問題《もんだい》 10

次《つぎ》の文章《ぶんしょう》を読《よ》んで、後《あと》の問《と》いに対《たい》する答《こた》えとして最《もっと》もよいものを、1・2・3・4から一《ひと》つ選《えら》びなさい。

문제 10

다음 글을 읽고, 질문에 대한 답으로 가장 알맞은 것을 1・2・3・4에서 하나 고르세요.

59~62

仕事《しごと》をしないことが人々《ひとびと》を幸《しあわ》せにするわけではありません。そもそも生活《せいかつ》に必要《ひつよう》なお金《かね》は、親《おや》が大金持《おおがねも》ちであったり、宝《たから》くじが当《あ》たったりするなど、よほどの幸運《こううん》な人《ひと》でないかぎり、仕事《しごと》をすることによって稼《かせ》いでいかざるをえません。

（中略）

일을 하지 않는 것이 사람들을 행복하게 하는 것은 아닙니다. 애당초 생활에 필요한 돈은 부모가 큰 부자이거나 복권에 당첨되거나 하는 등, 상당히 운 좋은 사람이 아닌 한, 일을 해서 돈을 벌지 않으면 안 됩니다.

(중략)

では、失業《しつぎょう》していても、雇用保険《こようほけん》の給付《きゅうふ》などの金銭的《きんせんてき》な補償《ほしょう》があれば、人《ひと》はそれで満足《まんぞく》するでしょうか。普通《ふつう》に考《かんが》えると、仕事《しごと》をしなくてもお金《かね》が入《はい》ってきて、苦役《くえき》からも解放《かいほう》されているとなると、その人《ひと》の幸福度《こうふくど》は高《たか》まるような気《き》がします。しかし、経済学者《けいざいがくしゃ》の研究《けんきゅう》では、「同《おな》じ所得《しょとく》を得《え》ている人《ひと》であっても、仕事《しごと》を探《さが》している人《ひと》は、仕《し》事《ごと》をしている人《ひと》より幸福《こうふく》ではない」とされています。そこから導《みちび》きだされる結論《けつろん》は、 59 人々《ひとびと》の幸福度《こうふくど》を高《たか》めるための政策《せいさく》は、失業者《しつぎょうしゃ》に金銭的《きんせんてき》な再分配政策《さいぶんぱいせいさく》を行《おこな》うよりも、同額《どうがく》の賃金《ちんぎん》で仕事《しごと》を創《そう》出《しゅつ》したほうが①効果的《こうかてき》であるということでした。

つまり、 60 お金《かね》さえもらえれば働《はたら》かなくても幸福《こうふく》になれるということではないのです。失業《しつぎょう》によって仕事《しごと》をしていないことそれ自体《じたい》が人々《ひとびと》を不幸《ふこう》にするということです。ここに仕事《しごと》というものの、②一《ひと》つの本質《ほんしつ》があるように思《おも》えます。

要《よう》するに、 61 人々《ひとびと》は仕事《しごと》をしなければ幸福《こうふく》にはなれないのです。しかし、そうした幸福《こうふく》は、生活《せいかつ》のためという金銭的《きんせんてき》な目的《もくてき》で働《はたら》く状況《じょうきょう》からは、なかなか生《う》まれにくいのです。政府《せいふ》から失業《しつぎょう》手当《てあて》をもらっていれば、それで幸《しあわ》せということではないのと同様《どうよう》、 62 お金《かね》さえもらえれば、どんな仕事《しごと》でも幸《しあわ》せということでもありません。

このことは、働《はたら》くことが苦役《くえき》であるかどうかとは必《かなら》ずしも関係《かんけい》しません。もちろん苦役《くえき》でないほうがよいのですが、 62 仕事《しごと》が苦役《くえき》であるかどうかは、本人《ほんにん》の感《かん》じ方次第《かたしだい》というところもあります。たとえば同《おな》じような仕事《しごと》に従事《じゅうじ》していても、他人《たにん》から評価《ひょうか》されて働《はたら》くかどうか、あるいはやりがいを感《かん》じて働《はたら》くのか、いやいや働《はたら》くかでは幸福《こうふく》感《かん》も違《ちが》うでしょう。

(大内信哉《おおうちのぶや》『勤勉《きんべん》は美徳《びとく》か？』による)

그러면 실직해 있다 해도 고용보험의 급부 등의 금전적 보상이 있으면, 사람은 그걸로 만족할까요? 일반적으로 생각하면 일을 하지 않고도 돈이 들어와서 고역으로부터 해방되게 되면 그 사람의 행복도는 높아질 것 같은 느낌이 듭니다. 그러나 경제학자의 연구에서는 '같은 소득을 얻고 있는 사람이라도 일을 찾고 있는 사람은 일을 하고 있는 사람보다 행복하지 않다'고 합니다. 거기에서 이끌어지는 결론은 59 사람들의 행복도를 높이기 위한 정책은 실업자에게 금전적인 재분배 정책을 행하기보다도 같은 액수의 임금으로 일을 창출할 수 있는 쪽이 ①효과적이라는 것입니다.

즉, 60 돈만 받을 수 있으면 일하지 않아도 행복해질 수 있는 것은 아닌 겁니다. 실직으로 인해 일을 하고 있지 않는 것 그 자체가 사람들을 불행하게 만든다는 것입니다. 여기서 일이라고 해도 ②하나의 본질이 있는 듯합니다.

요컨대, 61 사람들은 일을 하지 않으면 행복해질 수 없는 것입니다. 그러나 그러한 행복은 생활을 위한 금전적인 목적으로 일하는 상황에서는 좀처럼 생겨나기 힘든 것입니다. 정부로부터 실업 수당을 받고 있으면, 그것으로 행복이 아니라는 것과 마찬가지로 62 돈만 받을 수 있으면 어떤 일이라도 행복하다는 것도 아닙니다.

이것은 일하는 것이 고역인가 아닌가와는 반드시 관계되지 않습니다. 물론 고역이 아닌 쪽이 좋지만, 62 일이 고역인가 아닌가는 본인의 느끼는 방식 나름이라는 부분도 있습니다. 예를 들면, 비슷한 일에 종사하고 있더라도 남으로부터 평가를 받고 일하는가 그렇지 않은가, 또는 보람을 느끼며 일하는가, 마지못해 일하는가에는 행복도가 다를 겁니다.

(오오우치 노부야『근면은 미덕인가?』에 의함)

단어 大金《おおがね》持《も》ち 큰 부자 | 宝《たから》くじ 복권 | よほど 꽤, 어지간히 | 幸運《こううん》 행운 | 稼《かせ》ぐ 돈 벌다 | 失業《しつぎょう》 실업 | 雇用保険《こようほけん》 고용 보험 | 給付《きゅうふ》 급부 | 金銭的《きんせんてき》 금전적 | 補償《ほしょう》 보상 | 苦役《くえき》 고역 | 解放《かいほう》 해방 | 幸福度《こうふくど》 행복도 | 経済学者《けいざいがくしゃ》 경제학자 | 所得《しょとく》 소득 | 導《みちび》く 인도하다, 이끌다 | 結論《けつろん》 결론 | 失業者《しつぎょうしゃ》 실업자 | 再分配《さいぶんぱい》 재분배 | 賃金《ちんぎん》 임금 | 創出《そうしゅつ》 창출 | 効果的《こうかてき》 효과적 | 自体《じたい》 자체 | 本質《ほんしつ》 본질 | 要《よう》するに 요컨대 | 手当《てあて》 수당 | 同様《どうよう》 같음 | 次第《しだい》 (하기) 나름 | 従事《じゅうじ》 종사 | 評価《ひょうか》 평가 | やりがい 보람 | いやいや 마지못해

59 ①効果的《こうかてき》であるとあるが、何《なに》に対《たい》して効《こう》果的《かてき》なのか。

1 人《ひと》が仕事《しごと》にやりがいを感《かん》じること

2 人《ひと》が幸《しあわ》せに感《かん》じること

3 人《ひと》に同額《どうがく》の賃金《ちんぎん》を支払《しはら》うこと

4 人《ひと》に仕事《しごと》をしてもらうこと

59 ①효과적이다라고 하는데, 무엇에 대해서 효과적인가?

1 사람이 일에 보람을 느끼는 것

2 사람이 행복하게 느끼는 것

3 사람에게 같은 액수의 임금을 지불하는 것

4 사람에게 일을 하게 하는 것

풀이 무엇에 대해서 '효과적인가'라는 것이 설문의 포인트이고, 여기에서 '효과적이다'의 주어가 되는 부분은 '사람들의 행복도를 높이는 정책'에 해당하므로 '사람이 행복하게 느끼는 것'이라고 바꿔 표현한 2번이 정답으로 적합하다. 한편 4번의 내용은 행복도를 높이기 위한 효과적인 방법에 해당되므로 오답이다.

60 筆者《ひっしゃ》はお金《かね》についてどのようにとらえているか。

1 人々《ひとびと》を幸《しあわ》せにする最《もっと》も重要《じゅうよう》な要素《ようそ》である。

2 人《ひと》を必《かなら》ずしも幸《しあわ》せにするものではない。

3 本来《ほんらい》は政府《せいふ》によって保証《ほしょう》されるものである。

4 人《ひと》を不幸《ふこう》から解放《かいほう》してくれるものである。

60 필자는 돈에 관해서 어떻게 파악하고 있는가?

1 사람들을 행복하게 하는 가장 중요한 요소이다.

2 사람을 반드시 행복하게 하는 것은 아니다.

3 본래는 정부에 의해서 보증되는 것이다.

4 사람을 행복으로부터 해방시켜 주는 것이다.

풀이 「つまり」 다음의 내용을 보면 '돈만 받을 수 있으면 일하지 않아도 행복해질 수 있는 것은 아니다'라는 내용에서 필자의 생각은 '돈만이 반드시 사람을 행복하게 하는 것은 아니다'라는 것을 알 수 있으므로 정답은 2번이다.

61 ②一《ひと》つの本質《ほんしつ》があるとあるが、どういったことか。

1 人《ひと》はお金《かね》があれば仕事《しごと》をしなくても幸《しあわ》せとはいえない。

2 人《ひと》はお金《かね》があれば仕事《しごと》をしなくても幸《しあわ》せだ。

3 人《ひと》は仕事《しごと》をしていても稼《かせ》ぎがないと幸《しあわ》せとはいえない。

4 人《ひと》は仕事《しごと》とお金《かね》の両方《りょうほう》があってこそ幸《しあわ》せだ。

61 ②하나의 본질이 있다라고 하는데 무슨 말인가?

1 사람은 돈이 있으면 일을 하지 않아도 행복하다고 말할 수 없다.

2 사람은 돈이 있으며 일을 하지 않아도 행복하다.

3 사람은 일을 하고 있어도 돈벌이가 없으면 행복하다고 할 수 없다.

4 사람은 일과 돈 양쪽 다 있어야 행복하다.

풀이 밑줄에 제시된 '하나의 본질이 있다'의 대상은 '일'이며, 그 제시된 내용 다음 단락을 보면, '사람은 일을 하지 않으면 행복해질 수 없는 것이다'는 것이 그 본질의 내용이다. 즉, '일이 있어야 행복해질 수 있다'는 것이 포인트이며, 이 내용을 '돈이 있으면 일을 하지 않아도 행복하다고 말할 수 없다'는 것으로 표현한 1번이 정답으로 적당하다.

62 仕事《しごと》と幸福《こうふく》の関係《かんけい》について、筆者《ひっしゃ》はどのように述《の》べているか。

1 仕事《しごと》の内容《ないよう》を問《と》わず、人《ひと》は仕事《しごと》をすることによってのみ幸福《こうふく》になれる。

2 苦《くる》しい仕事《しごと》であっても金銭的《きんせんてき》な報酬《ほうしゅう》が十《じゅう》分《ぶん》であれば、人《ひと》の幸福度《こうふくど》は増《ま》す。

3 仕事《しごと》に対《たい》する価値観《かちかん》はそれぞれだが、仕事《しごと》をすることによって人《ひと》は幸《しあわ》せになれる。

4 人《ひと》から評価《ひょうか》され、やりがいを感《かん》じる仕事《しごと》をすれば人《ひと》は幸福《こうふく》に感《かん》じる。

62 일과 행복의 관계에 관해서 필자는 어떻게 말하고 있는가?

1 일의 내용을 불문하고 사람은 일을 하는 것으로만 행복해질 수 있다.

2 괴로운 일이라도 금전적인 보수가 충분하면 사람의 행복도는 더해진다.

3 일에 대한 가치관은 서로 다르지만, 일을 함으로써 사람은 행복해질 수 있다.

4 남으로부터 평가받고 보람을 느끼는 일을 하면 사람은 행복하게 느낀다.

풀이 두 번째 단락 しかし 이후부터 필자의 생각이 나오는데, 주된 내용은 '돈만 받을 수 있으면 어떤 일이라도 행복하다는 것은 아니며' 또한, '일하는 것이 고역인가 아닌가는 본인이 느끼는 방식 나름이고 행복도는 다르다'는 것이다. 즉, '본인이 느끼는 방식 나름'을 '가치관이 서로 다름'으로 표현한 3번이 정답으로 적당하다.

문제 10 내용 이해(장문) | 실전 테스트 ❷

문제집 p.344

59 ② **60** ④ **61** ②

問題《もんだい》 10

次《つぎ》の文章《ぶんしょう》を読《よ》んで、後《あと》の問《と》いに対《たい》する答《こた》えとして最《もっと》もよいものを、1・2・3・4から一《ひと》つ選《えら》びなさい。

문제 10

다음 글을 읽고, 질문에 대한 답으로 가장 알맞은 것을 1・2・3・4에서 하나 고르세요.

59~61

学問体系《がくもんたいけい》が発達《はったつ》してくると、現実《げんじつ》には 59 学《がく》問《もん》を超《こ》えた複雑《ふくざつ》な現象《げんしょう》がいくらでも起《お》こっているにもかかわらず、それらの現象《げんしょう》を学問《がくもん》に当《あ》てはめて考《かんが》えようとしてしまって、現実《げんじつ》を軽視《けいし》しがちになる。「理論《りろん》どおりになっていない現実《げんじつ》がおかしい」ということになって、学問《がくもん》を疑《うたが》うことをしなくなる。つまり、学問《がくもん》に振《ふ》り回《まわ》されてしまっているわけだ。

二十世紀《にじゅうせいき》に学問体系《がくもんたいけい》が発達《はったつ》してきたことによって、確《たし》かに、社会現象《しゃかいげんしょう》や経済現象《けいざいげんしょう》、自然現象《しぜんげんしょう》、人《にん》間《げん》の行動《こうどう》や心理《しんり》などが、 60 いろいろな形《かたち》で理《り》論化《ろんか》されてきて、社会《しゃかい》についての理解《りかい》、自然界《しぜんかい》に

학문 체계가 발달하게 되면, 현실에는 59 학문을 초월한 복잡한 현상이 얼마든지 일어나고 있음에도 불구하고 그런 현상들을 학문에 적용시켜 생각하고자 하여, 현실을 경시하기 쉬워진다. '이론대로 되어 있지 않는 현실이 이상하다'라는 것이 되어 학문을 의심하지 않게 된다. 즉, 학문에 휘둘려 버리고 있는 것이다.

20세기에 학문 체계가 발달함에 따라 확실히 사회 현상이나 경제 현상, 자연 현상, 인간의 행동이나 심리 등이 60 여러 가지 형태로 이론화되어 사회에 관한 이해, 자연계에 관한 이해, 인간 이해 등이 진행되어 왔다.

ついての理解《りかい》、人間理解《にんげんりかい》などが進《すす》んできた。しかしながら、学問《がくもん》によって解明《かいめい》された部分《ぶぶん》は、社《しゃ》会《かい》、自然《しぜん》、人間《にんげん》のうちのごく一部分《いちぶぶん》であることも認《みと》めないといけない。二十世紀《にじゅうせいき》に作《つく》られた学問体《がくもんたい》系《けい》では理解《りかい》の及《およ》ばない世界《せかい》のほうがはるかに多《おお》い。また、さまざまな理論《りろん》には前提条件《ぜんていじょうけん》というものがあるが、前提条件《ぜんていじょうけん》は時代《じだい》が変《か》わると変化《へんか》するので、前提条件《ぜんていじょうけん》がまったく違《ちが》っていて理論《りろん》が当《あ》てはまらないことも多《おお》い。

60 二十世紀《にじゅうせいき》は学問《がくもん》がさまざまな解答《かいとう》を与《あた》えてくれたが、それが当《あ》てはまらないことが増《ふ》え、その限界《げんかい》が見《み》え始《はじ》めた今《いま》こそ、現実《げんじつ》に立《た》ち返《かえ》って「脱学問《だつがくもん》」の姿勢《しせい》を持《も》つことが、二十一世紀《にじゅういちせいき》には必要《ひつよう》ではないかと私《わたし》は考《かんが》えている。

（中略）

どのような学問《がくもん》の理論《りろん》も、時代《じだい》とともに変化《へんか》していく。自然科学《しぜんかがく》においてすらそうだ。かつてはニュートン物理学《ぶつりがく》が絶対《ぜったい》だとされていた。しかし、それを疑《うたが》う人《ひと》が現《あらわ》れ、アインシュタインの相《そう》対性理論《たいせいりろん》が出《で》てきた。ニュートン物理学《ぶつりがく》が絶対的《ぜったいてき》なものであって、それを誰《だれ》も疑《うたが》わなければ、相対《そうたい》性理論《せいりろん》は出《で》てこなかった。古《ふる》くは、天動説《てんどうせつ》、地《ち》動説《どうせつ》のケースも同《おな》じで、その当時《とうじ》まで広《ひろ》く信《しん》じられていた天動説《てんどうせつ》を疑《うたが》う人《ひと》が出《で》てきたことによって、発見《はっけん》された。

おそらくどの分野《ぶんや》の学問《がくもん》においても、61 現在《げんざい》信《しん》じられている学説《がくせつ》は絶対的《ぜったいてき》なものではなく、今後《こんご》いかようにも書《か》き換《か》えられていく可能性《かのうせい》がある。それが学問《がくもん》の本質《ほんしつ》と言《い》えるだろう。特《とく》に学者《がくしゃ》や開発者《かいはつしゃ》を目指《めざ》す場合《ばあい》は既存《きそん》の学説《がくせつ》に振《ふ》り回《まわ》されることなく、学説《がくせつ》を疑《うたが》ってみることが重要《じゅうよう》になっている。

（和田秀樹《わだひでき》『「疑《うたが》う力《ちから》」の習慣術《しゅうかんじゅつ》』による）

(注1) ニュートン：イングランドの自然科学者《しぜんかがくしゃ》、数学者《すうがくしゃ》、物理学者《ぶつりがくしゃ》(1643. 1. 4~1727. 3.31)

(注2) アインシュタイン：ドイツまれの理論物理《りろんぶつり》学者《がくしゃ》(1879. 3.14~1955. 4.18)

(注3) 天動説《てんどうせつ》：地球中心説《ちきゅうちゅうしんせつ》

(注4) 地動説《ちどうせつ》：太陽中心説《たいようちゅうしんせつ》

그러나 학문에 의해서 해명된 부분은 사회, 자연, 인간 중의 극히 일부분이라는 것도 인정하지 않으면 안 된다. 20세기에 만들어진 학문 체계에서는 이해가 미치지 않는 세계가 훨씬 많다. 또한 여러 가지 이론에는 전제 조건이라는 것이 있는데 전제 조건은 시대가 바뀌면 변화하기 때문에 전제 조건이 완전히 달라져 이론이 적용되지 않는 것도 많다.

60 20세기는 학문이 여러 가지 해답을 주었지만 그것이 적용되지 않는 것이 늘어 그 한계가 보이기 시작한 지금이야말로 현실로 돌아와서 '탈학문'의 자세를 가지는 것이 21세기에는 필요하지 않을까 하고 나는 생각하고 있다.

(중략)

어떤 학문의 이론도 시대와 함께 변화해 간다. 자연 과학에 있어서조차 그렇다. 예전에는 뉴턴 물리학이 절대적이라고 여겨졌다. 그러나 그것을 의심하는 사람이 나타났고, 아인슈타인의 상대성이론이 나왔다. 뉴턴 물리학이 절대적인 것이고, 그것을 누구도 의심하지 않았다면 상대성이론은 나오지 않았다. 옛날에는 천동설, 지동설의 경우도 마찬가지로 그 당시까지 널리 믿어왔던 천동설을 의심하는 사람이 나옴으로 인해 발견되었다.

아마도 어느 분야의 학문에 있어서도 61 현재 믿어지고 있는 학설은 절대적인 것이 아니고 앞으로 어떻게든 다시 쓰일 가능성이 있다. 그것이 학문의 본질이라고 말할 수 있을 것이다. 특히 학자나 개발자를 목표로 하는 경우는 기존의 학설에 휘둘리지 않고 학설을 의심해 보는 것이 중요해지고 있다.

(와다 히데키 『'의심하는 힘'의 습관술』에 의함)

(주1) 뉴턴: 영국의 자연 과학자, 수학자, 물리학자 (1643. 1. 4~1727. 3.31)

(주2) 아인슈타인: 독일 태생의 이론물리학자(1879. 3.14~1955. 4.18)

(주3) 천동설: 지구 중심설

(주4) 지동설: 태양 중심설

단어 発達《はったつ》 발달 | 現実《げんじつ》 현실 | 超《こ》える 넘다 | 現象《げんしょう》 현상 | にもかかわらず ~에도 불구하고 | 当《あ》てはめる 적용시키다 | 軽視《けいし》 경시 | 理論《りろん》 이론 | 疑《うたが》う 의심하다 | 振《ふ》り回《まわ》す 휘두르다 | 発達《はったつ》 발달 | 確《たし》かに 확실히 | 理論化《りろんか》 이론화 | ごく 극히 | 認《みと》める 인정하다 | 及《およ》ぶ 미치다, 달하다 | はるかに 훨씬 | 前提条件《ぜんていじょうけん》 전제 조건 | まったく 전혀 | 当《あ》てはまる 적용되다 | 与《あた》える 주다 | 限界《げんかい》 한계 | 立《た》ち返《かえ》る 되돌아오다 | 脱学問《だつがくもん》 탈학문 | すら 조차 | かつて 일찍이, 전에 | 物理学《ぶつりがく》 물리학 | 絶対《ぜったい》 절대 | 相対性理論《そうたいせいりろん》 상대성 이론 | 天動説《てんどうせつ》 천동설 | 地動説《ちどうせつ》 지동설 | 発見《はっけん》 발견 | おそらく 아마도 | 信《しん》じる 믿다 | 学説《がくせつ》 학설 | 書《か》き換《か》える 고쳐(다시) 쓰다 | 開発者《かいはつしゃ》 개발자 | 目《め》指《ざ》す 목표로 하다 | 場合《ばあい》 경우

59 現実《げんじつ》を軽視《けいし》しがちになるのはなぜか。

1 現実《げんじつ》を直視《ちょくし》することが怖《こわ》いから
2 理論《りろん》にこだわっているから
3 学問《がくもん》の領域《りょういき》でないから
4 現象《げんしょう》があまりに複雑《ふくざつ》だから

59 현실을 경시하게 되기 쉬워진다는 것은 왜인가?

1 현실을 직시하는 것이 무섭기 때문에
2 이론에 구애되고 있기 때문에
3 학문의 영역이 아니기 때문에
4 현상이 너무나도 복잡하기 때문에

풀이 첫 번째 단락에서 '학문을 초월한 복잡한 현상이 얼마든지 일어나고 있음에도 불구하고 그런 현상들을 학문에 적용시켜 생각하고자 하여, 이론대로 되지 않는 현실을 이상하게 여기고, 학문을 의심하지 않고 학문에 휘둘려 버리고 있는 것이다'라는 내용이 나오므로 '이론에 구애되고 있기 때문에'라고 한 2번이 정답으로 적당하다.

60 筆者《ひっしゃ》は２０世紀《せいき》学問《がくもん》についてどのように述《の》べているか。

1 時代《じだい》の変化《へんか》につれ、学問《がくもん》の体系《たいけい》も変《か》わってきた。
2 いろいろな学問《がくもん》に振《ふ》り回《まわ》されてばかりいた。
3 新《あたら》しい分野《ぶんや》の学問《がくもん》が数多《かずおお》く登場《とうじょう》しはじめた。
4 いろんな現象《げんしょう》に対《たい》する答《こた》えを学問《がくもん》が見《み》つけたりもした。

60 필자는 20세기 학문에 관해서 어떻게 말하고 있는가?

1 시대의 변화에 따라 학문의 체계도 변화해 왔다.
2 여러 가지 학문에 휘둘리기만 하고 있었다.
3 새로운 분야의 학문이 많이 등장하기 시작했다.
4 여러 현상에 대한 답을 학문이 발견하기도 했다.

풀이 두 번째 단락에서 '20세기에 학문 체계가 발달함에 따라 사회 현상이나 경제 현상, 자연 현상, 인간의 행동이나 심리 등이 여러 가지 형태로 이론화되어 사회에 관한 이해, 자연계에 관한 이해, 인간 이해 등이 진행되어 왔으나 학문에 의해서 이해된 부분은 사회, 자연, 인간 중의 극히 일부분이다'라는 내용이 나온다. 또한 세 번째 단락에서 '학문이 여러 가지 해답을 주었지만, 적용되지 않는 부분이 늘었다'는 내용에서 4번이 정답임을 알 수 있다. 한편 '학문이 적용되지 않는 부분이 늘었다'라는 내용은 빠져 있지만, 선택지 중 가장 틀리지 않는 내용을 답으로 찾는 것도 하나의 요령이다. 한편 현실의 여러 현상이 이론화(학문화)된 것이지, 새로운 분야의 학문이 많이 등장한 것은 아니므로 3번은 오답이다.

61 筆者《ひっしゃ》は今後《こんご》研究者《けんきゅうしゃ》はどんな姿勢《しせい》で臨《のぞ》むことが大切《たいせつ》だと考《かんが》えているか。

1 既存《きそん》の学問《がくもん》の理論《りろん》を尊重《そんちょう》しながらも新《あら》たな理論《りろん》も考《かんが》える姿勢《しせい》

2 既存《きそん》の学問《がくもん》の理論《りろん》が正《ただ》しくないこともありうると疑《うたが》う姿勢《しせい》

3 既存《きそん》の学問《がくもん》の理論《りろん》を先《ま》ず否定《ひてい》してみる姿勢《しせい》

4 既存《きそん》の学問《がくもん》の理論《りろん》の本質《ほんしつ》を見抜《みぬ》いて疑《うたが》う姿勢《しせい》

61 필자는 앞으로 연구자는 어떤 자세로 임하는 것이 중요하다고 생각하고 있는가?

1 기존 학문의 이론을 중시하면서도 새로운 이론도 생각하는 자세

2 기존 학문의 이론이 바르지 않을 수도 있다고 의심하는 자세

3 기존 학문의 이론을 우선 부정해 보는 자세

4 기존 학문의 이론의 본질을 꿰뚫어 보고 의심하는 자세

풀이 마지막 단락에 '현재 믿어지고 있는 학설은 절대적인 것이 아니고 앞으로 다시 쓰일 가능성이 있는 것이 학문의 본질'이기 때문에 '기존의 학설에 휘둘리지 않고 학설을 의심해 보는 것이 중요하다'는 내용이 나와 있으므로 정답은 2번이다.

문제 10 내용 이해(장문) | 실전 테스트 ③

문제집 p.346

59 ① 60 ③ 61 ④ 62 ①

問題《もんだい》10

次《つぎ》の文章《ぶんしょう》を読《よ》んで、後《あと》の問《と》いに対《たい》する答《こた》えとして最《もっと》もよいものを、1・2・3・4から一《ひと》つ選《えら》びなさい。

문제 10

다음 글을 읽고, 질문에 대한 답으로 가장 알맞은 것을 1·2·3·4에서 하나 고르세요.

59~62

私《わたし》は職業柄《しょくぎょうがら》、どこでも絵《え》が飾《かざ》ってあるとすぐ目《め》がいってしまう。知人《ちじん》の家《いえ》やレストランはもちろん、ホテルのロビーや寝室《しんしつ》、病院《びょういん》の待合室《まちあいしつ》などに、どんな絵《え》がどのように飾《かざ》ってあるかで、その施設《しせつ》の格《かく》やセンスが判断《はんだん》できるのだ。59 一目《ひとめ》見《み》て一流《いちりゅう》だとわかる場合《ばあい》もあるが、①絵《え》だけで損《そん》をしている会社《かいしゃ》や店《みせ》がいかに多《おお》いことだろう。

(中略)

そもそも美術《びじゅつ》というものは、純粋《じゅんすい》に美《び》を求《もと》める気持《きも》ちから作《つく》られ、鑑賞《かんしょう》されたものばかりはない。美術作品《びじゅつさくひん》は、モノとして社会《しゃかい》に流《なが》す品《しな》であ

나는 직업상 어디든 그림이 장식되어 있으면 바로 눈이 가 버린다. 지인의 집이나 레스토랑은 물론 호텔 로비나 침실, 병원의 대합실 등에 어떤 그림이 어떻게 장식되어 있는가로 그 시설의 격이나 센스를 판단할 수 있다. 59 한눈에 보고 일류라고 아는 경우도 있는데, ①그림만으로 손해를 보고 있는 회사나 가게가 얼마나 많을까?

(중략)

애당초 미술이라는 것은 순수하게 미를 추구하는 기분에서 만들어져 감상되어진 것만은 아니다. 미술 작품은 물건으로서 사회로 내보내는 상품이며, 정치·경제

り、政治《せいじ》・経済《けいざい》のシステムに組《く》み込《こ》まれている。芸術家《げいじゅつか》とよばれる人々《ひとびと》は、かつては一介《いっかい》の職人《しょくにん》であり、生活《せいかつ》のために工房《こうぼう》で毎日《まいにち》絵《え》や彫刻《ちょうこく》を作《つく》り、それが売《う》れれば量産《りょうさん》し、売《う》れないものは作《つく》らなかった。あるいは王侯《おうこう》貴族《きぞく》や聖職者《せいしょくしゃ》に仕《つか》え、注文《ちゅうもん》されたものだけを作《つく》っていた。自己《じこ》の芸術的《げいじゅつてき》な信念《しんねん》のため、 60 世間《せけん》と妥協《だきょう》しないで納得《なっとく》のゆく作《さく》品《ひん》しか作《つく》らない孤高《ここう》の芸術家《げいじゅつか》というのは、十九世紀《じゅうきゅうせいき》に成《な》したロマン主義的《しゅぎてき》なイメージにすぎない。もちろん、そうした芸術家《げいじゅつか》の者《もの》も大昔《おおむかし》からいたであろうが、②そうした者《もの》の作品《さくひん》はほとんど残《のこ》らないのだ。

また、美術《びじゅつ》とは、美術館《びじゅつかん》に飾《かざ》られている名作《めいさく》ばかりではない。村《むら》はずれにある風化《ふうか》した地蔵《じぞう》も、神社《じんじゃ》の片隅《かたすみ》にぶら下《さ》がる絵馬《えま》も、街角《まちかど》の広告看板《こうこくかんばん》やポスターさらに深夜《しんや》の街《まち》のシャッターや公衆便所《こうしゅうべんじょ》に殴《なぐ》り書《が》きされた落書《らくが》きも、人間《にんげん》の願望《がんぼう》や表現《ひょうげん》意欲《いよく》の表《あらわ》れであり、質《しつ》の優劣《ゆうれつ》はあるものの、すべて美術《びじゅつ》の一種《いっしゅ》としてとらえられる。

(中略)

61 日常《にちじょう》にあふれているこうした造形《ぞうけい》のうち、たまたま質的《しつてき》に優《すぐ》れていたりメッセージが特殊《とくしゅ》だったり、歴史的《れきしてき》な意味《いみ》をもつようになったりしたものが、美術《びじゅつ》として世《よ》に残《のこ》るにすぎない。

誰《だれ》にでも美《び》を求《もと》める気持《きも》ちはある。一輪《いちりん》の花《はな》を飾《かざ》るだけで、一枚《いちまい》の絵《え》を掛《か》けるだけで、どんな殺《さっ》風景《ぷうけい》な空間《くうかん》でも少《すこ》しは華《はな》やぐだろう。美術《びじゅつ》はこうした心性《しんせい》の上《うえ》に成《な》り立《た》っている。 62 生《い》きるために必要《ひつよう》なものではないが、あれば生活《せいかつ》に彩《いろど》りが生《う》まれ、人生《じんせい》が豊《ゆた》かになる。明日《あした》をも知《し》れぬ身《み》の死《し》刑囚《けいしゅう》が独房《どくぼう》に飾《かざ》り、余命《よめい》いくばくもない患者《かんじゃ》が病《びょう》室《しつ》で眺《なが》める絵《え》。それらはたとえ質的《しつてき》に劣《おと》っても、美術本来《びじゅつほんらい》の力《ちから》と強度《きょうど》をもっているはずである。

(宮下規久朗《みやしたきくろう》『欲望《よくぼう》の美術史《びじゅつし》』による)

(注) 地蔵《じぞう》：地蔵菩薩《じぞうぼさつ》、仏教《ぶっきょう》の菩薩《ぼさつ》の一《ひと》つ

시스템에 짜여져 있다. 예술가라고 불리는 사람들은 예전에는 일개의 장인이며, 생활을 위해 공방에서 매일 그림이나 조각을 만들고 그것이 팔리면 대량 생산하고 팔리지 않는 것은 만들지 않았다. 또는 왕후 귀족이나 성직자를 받들어 주문된 것만 만들고 있었다. 자기의 예술적인 신념을 위해 60 세상과 타협하지 않고 납득이 되는 작품밖에 만들지 않는 고고한 예술가라는 것은 19세기에 이룬 낭만주의적인 이미지에 지나지 않는다. 물론 그러한 예술가라는 자도 옛날 옛적부터 있었겠지만 ②그러한 자의 작품은 거의 남지 않는 것이다.

또한 미술이란 미술관에 장식된 명작만이 아니다. 마을 변두리에 있는 풍화된 지장보살도, 신사의 한쪽 구석에 매달려 있는 말그림도, 길모퉁이의 광고 간판이나 포스터 또한 심야 거리의 셔터나 공중 변소에 갈겨쓴 낙서도 인간의 소원이나 표현 욕구의 발로이며, 질의 우열은 있지만, 모두 다 미술의 한 종류로 파악할 수 있다.

(중략)

61 일상에 넘쳐나 있는 이러한 조형 중, 우연히 질적으로 뛰어나거나 메시지가 특수하거나 역사적인 의미를 가지게 되거나 한 것이 미술로 세상에 남는 것에 불과하다.

누구든 미를 추구하는 마음은 있다. 꽃송이를 장식하는 것만으로 한 장의 그림을 거는 것만으로 어떤 살풍경한 공간이라도 조금은 유쾌해질 것이다. 미술은 이러한 심성 위에 성립되고 있다. 62 살기 위해서 필요한 것은 아니지만, 있으면 생활에 멋이 생겨나 인생이 풍요로워진다. 내일도 모르는 몸인 사형수가 독방에 장식하고, 여생이 얼마 남지 않은 환자가 병실에서 바라보는 그림. 그것들은 설령 질적으로 떨어져도 미술 본래의 힘과 강도를 가지고 있을 것이다.

(미야시타 키쿠로『욕망의 미술사』에 의함)

(주) 지장: 지장보살, 불교의 보살의 하나

단어 飾《かざ》る 장식하다 | 知人《ちじん》 지인 | 寝室《しんしつ》 침실 | 待合室《まちあいしつ》 대합실 | 施設《しせつ》 시설 | 一目《ひとめ》 한번 봄 | 一流《いちりゅう》 일류 | 損《そん》をする 손해 보다 | いかに 얼마나 | そもそも 애당초 | 純粋《じゅんすい》 순수 | 求《もと》める 요구하다 | 鑑賞《かんしょう》 감상 | 作品《さくひん》 작품 | 組《く》み込《こ》む 짜 넣다 | 芸術家《げいじゅつか》 예술가 | かつて 예전에 | 一介《いっかい》 일개, 한낱 | 職人《しょくにん》 장인 | 工房《こうぼう》 공방 | 彫刻《ちょうこく》 조각 | 量産《りょうさん》 대량 생산 | 王侯《おうこう》 왕후 | 貴族《きぞく》 귀족 |

聖職者《せいしょくしゃ》 성직자 | 仕《つか》える 섬기다, 모시다 | 信念《しんねん》 신념 | 世間《せけん》 세간 | 妥協《だきょう》 타협 | 納得《なっとく》 납득 | 孤高《ここう》 고고 | ロマン主義的《しゅぎてき》 낭만주의적 | 大昔《おおむかし》 아주 먼 옛날 | 名作《めいさく》 명작 | 村《むら》はずれ 마을 변두리 | 風化《ふうか》 풍화 | 地蔵《じぞう》 지장보살 | 神社《じんじゃ》 신사 | 片隅《かたすみ》 한쪽 구석 | ぶら下《さ》がる 매달리다 | 絵馬《えま》 에마, 말그림 | 街角《まちかど》 길모퉁이 | 看板《かんばん》 간판 | 深夜《しんや》 심야 | 公衆《こうしゅう》 공중 | 便所《べんじょ》 변소 | 殴《なぐ》り書《が》きする 갈겨쓰다 | 落書《らくが》き 낙서 | 願望《がんぼう》 소원 | 意欲《いよく》 의욕 | 優劣《ゆうれつ》 우열 | 造形《ぞうけい》 조형 | 質的《しつてき》 질적 | 優《すぐ》れる 뛰어나다 | 特殊《とくしゅ》 특수 | 歴史的《れきしてき》 역사적 | 華《はな》やぐ 유쾌해지다 | 心性《しんせい》 심성 | 成《な》り立《た》つ 성립되다 | 彩《いろど》り 채색 | 豊《ゆた》か 풍부함 | 死刑囚《しけいしゅう》 사형수 | 独房《どくぼう》 독방 | 余命《よめい》 여생 | いくばくもない 얼마 남지 않다 | 患者《かんじゃ》 환자 | 眺《なが》める 바라보다 | 劣《おと》る 뒤떨어지다 | 強度《きょうど》 강도

59 ①絵《え》だけで損《そん》をしている会社《かいしゃ》や店《みせ》とあるがどういうことか。

1 飾《かざ》ってある絵《え》がよくないために会社《かいしゃ》や店《みせ》のイメージもよくないこと

2 飾《かざ》ってある絵《え》は一流《いちりゅう》なのだが会社《かいしゃ》や店《みせ》が大《たい》したことないこと

3 施設《しせつ》はすばらしいのに絵《え》が飾《かざ》ってないので何《なに》か物足《ものた》りないこと

4 いい絵《え》を販売《はんばい》していないために売《う》り上《あ》げが伸《の》び悩《なや》んでいること

59 ①그림만으로 손해를 보고 있는 회사나 가게라고 하는데 무슨 말인가?

1 장식된 그림이 좋지 않아서 회사나 가게의 이미지도 좋지 않은 것

2 장식된 그림은 일류이지만 회사나 가게가 대단치 않은 것

3 시설은 멋진데 그림이 장식되어 있지 않아 뭔가 부족한 것

4 좋은 그림을 판매하고 있지 않기 때문에 매상이 부진한 것

풀이 「どういうことか」는 즉, '무슨 말인가'라는 뜻으로 밑줄의 의미가 무엇인지를 물어보는 것이다. 여기에서는 '그림만으로 회사나 가게가 손해를 본다'를 '그림으로 인해 회사나 가게의 이미지가 좋지 않은 것'이라고 바꿔 설명한 1번이 정답으로 적당하다.

60 ②そうした者《もの》とあるがどのような人《ひと》のことか。

1 工房《こうぼう》で毎日作品《まいにちさくひん》をつくりそれを売《う》っていた芸術家《げいじゅつか》

2 王侯貴族《おうこうきぞく》や聖職者《せいしょくしゃ》から注文《ちゅうもん》をうけたものを作《つく》っていた芸術家《げいじゅつか》

3 芸術的信念《げいじゅつてきしんねん》を持《も》ち自分《じぶん》で満足《まんぞく》できるものだけ作《つく》っていた芸術家《げいじゅつか》

4 世間《せけん》から認《みと》められた作品《さくひん》を一《ひと》つも作《つく》ることができなかった芸術家《げいじゅつか》

60 ②그러한 자라고 하는데 어떤 사람을 뜻하는가?

1 공방에서 매일 작품을 만들고 그것을 팔았던 예술가

2 왕후 귀족이나 성직자로부터 주문을 받은 것을 만들었던 예술가

3 예술적인 신념을 가지고 자신이 만족할 수 있는 것만 만들었던 예술가

4 세상으로부터 인정받은 작품을 하나도 만들지 못했던 예술가

풀이 '그러한 자'는 밑줄 앞쪽을 보면 '세상과 타협하지 않고 납득이 되는 작품밖에 만들지 않는 고고한 예술가'라고 언급하고 있으므로 '예술적인 신념을 가지고 자신이 만족할 수 있는 것만 만들었던 예술가'로 바꿔 표현한 3번이 정답으로 적당하다.

61 筆者《ひっしゃ》によると美術《びじゅつ》として世《よ》に残《のこ》るものはどういったものか。

1 自然《しぜん》の中《なか》で見《み》られる美《うつく》しい風景《ふうけい》や意図《いと》をもって作《つく》られた建築物《けんちくぶつ》

2 偉人《いじん》と言《い》われる者《もの》が描《か》いたり作《つく》ったりしたもの

3 落書《らくが》きや工業製品《こうぎょうせいひん》のうち現代《げんだい》でもよい状態《じょうたい》で残《のこ》っているもの

4 身《み》の回《まわ》りのもので質《しつ》がよかったり歴史的《れきしてき》な意味《いみ》のあるもの

61 필자에 의하면 미술로 세상에 남는 것은 어떠한 것인가?

1 자연 속에서 볼 수 있는 아름다운 풍경이나 의도를 가지고 만들어진 건축물

2 위인이라고 하는 자가 그리거나 만들거나 한 것

3 낙서나 공업 제품 중 현대에도 좋은 상태로 남아 있는 것

4 일상의 것으로 질이 좋거나 역사적 의미가 있는 것

풀이 중략 다음에 '일상에 넘쳐나 있는 조형 중, 질적으로 뛰어나거나 메시지가 특수하거나 역사적인 의미를 가지기도 하는 것이 미술로 세상에 남는 것이다'라고 나와 있으므로 정답은 4번이다.

62 美術《びじゅつ》について、著者《ちょしゃ》の考《かんが》えを表《あらわ》しているのはどれか。

1 美術《びじゅつ》は生活《せいかつ》に潤《うるお》いを与《あた》え人生《じんせい》を豊《ゆた》かにする。

2 優《すぐ》れた美術作品《びじゅつさくひん》は人《ひと》の心《こころ》を豊《ゆた》かにする。

3 美術《びじゅつ》は人生《じんせい》においてなくてはならないものだ。

4 質《しつ》の優劣《ゆうれつ》に関《かか》わらず美術《びじゅつ》は人間《にんげん》の欲望《よくぼう》を表《あらわ》している。

62 미술에 관해서 필자의 생각을 나타내고 있는 것은 어느 것인가?

1 미술은 생활에 여유를 주며, 인생을 풍요롭게 만든다.

2 뛰어난 미술 작품은 사람의 마음을 풍요롭게 만든다.

3 미술은 인생에 있어서 없어서는 안 되는 것이다.

4 질의 우열에 관계없이 미술은 인간의 욕망을 나타내고 있다.

풀이 마지막 단락에 '미술은 살기 위해 필요한 것은 아니지만, 있으면 생활에 멋이 생겨나 인생이 풍요로워진다'는 내용이 나오므로 1번이 정답으로 적당하다. 한편 여기에서 2번은 지문에 언급되지 않은 '뛰어난'이라는 말이 들어가 있으므로 오답이다.

문제 10 내용 이해(장문) | 실전 테스트 ❹

문제집 p.348

59 ④ 60 ④ 61 ③

問題《もんだい》10

次《つぎ》の文章《ぶんしょう》を読《よ》んで、後《あと》の問《と》いに対《たい》する答《こた》えとして最《もっと》もよいものを、1・2・3・4から一《ひと》つ選《えら》びなさい。

문제 10

다음 글을 읽고, 질문에 대한 답으로 가장 알맞은 것을 1·2·3·4에서 하나 고르세요.

59~61

　毎年《まいとし》、春一番《はるいちばん》が吹《ふ》き、そして新入生《しんにゅうせい》で大学《だいがく》の講義《こうぎ》室《しつ》がにぎわう時分《じぶん》になると、故郷《ふるさと》の神社《じんじゃ》のなかに立《た》っている桜《さくら》の木《き》が気《き》にかかる。気《き》にかかるといっても、樹齢《じゅれい》500年《ねん》を超《こ》えているから大枝《だいえだ》が折《お》れはしないか、冬《ふゆ》を無事《ぶじ》に乗《の》り越《こ》えられたのだろうかなどを心配《しんぱい》するのではない。 59 もう散《ち》ってしまったかどうかだ。まだなら、散《ち》るまであと何日《なんにち》ぐらい間《ま》があるのだろうか。そう思《おも》って①気《き》に病《や》むのである。

　巨大《きょだい》な幹《みき》に大《おお》きな枝《えだ》を広《ひろ》げて咲《さ》いている様子《ようす》は壮大《そうだい》に感《かん》じられる。力強《ちからづよ》く、気高《きだか》く立《た》ち尽《つ》くすその桜《さくら》を見《み》れば、あふれる生命力《せいめいりょく》が感《かん》じられ、見《み》る人《ひと》まで力が湧《わ》いてくる。そして何《なに》よりも散《ち》る様子《ようす》は圧巻《あっかん》である。東京《とうきょう》に来《く》るまでは、毎年《まいとし》のように見《み》ることができてたが、もう3年近《ねんちか》く見《み》られていない。

　桜《さくら》の花《はな》が咲《さ》き乱《みだ》れる4月頃《がつごろ》になると、友《とも》たちと一緒《いっしょ》にこの桜《さくら》の木《き》を見《み》に行《い》ったものだ。芭蕉《ばしょう》のように俳句《はいく》を詠《よ》んだりはしなかったけど、その時《とき》、桜《さくら》の木《き》の下《した》でお互《たが》いの悩《なや》み事《ごと》などを話《はな》し合《あ》ったり、日常《にちじょう》のたわいのないしゃべりをしたり、音楽《おんがく》を聴《き》いたりと、たくさんの思《おも》い出《で》を作《つく》ったのである。その時《とき》のことは脳裏《のうり》に刻《きざ》まれて、目《め》を閉《と》じても今《いま》も鮮明《せんめい》に思《おも》い浮《う》かべることができる。桜《さくら》の季《き》節《せつ》が近《ちか》づいてくると街《まち》のあちこちで満開《まんかい》した桜《さくら》の花《はな》を見《み》かけることができる。桜《さくら》の鮮《あざ》やかさで夜《よる》でもあたりが明《あか》るく感《かん》じられること、独特《どくとく》な甘《あま》い香《かお》りに誘《さそ》われることもある。 60 本当《ほんとう》に美《うつく》しいね、とか絵《え》のようだなとかその程度《ていど》の感想《かんそう》は抱《だ》くが、②それ以上《いじょう》の感興《かんきょう》は持《も》たない。だからこそ、いつもふるさとの桜《さくら》の木《き》が懐《なつ》かしくてたまらないのである。

　予定《よてい》が立《た》つなら今年は見《み》に行《い》きたいのだが、地形的《ちけいてき》にも一般《いっぱん》の桜《さくら》と違《ちが》い予測《よそく》がつかない。この桜《さくら》の木《き》は、ヤマザクラという品種《ひんしゅ》で、満開《まんかい》は2、3日《にち》しか続《つづ》かない。しかも、周《まわ》りに他《ほか》の桜《さくら》の木《き》がないいわゆる一本桜《いっぽんざくら》のため、あっという間《ま》に散《ち》ってしまう。

　前日《ぜんじつ》までの強《つよ》い冷《ひ》え込《こ》みが一気《いっき》に緩《ゆる》んだ早朝《そうちょう》だ

매년, 봄바람이 불고, 그리고 신입생으로 대학 강의실이 활기를 띠는 시기가 되면, 고향의 신사 안에 서 있는 벚나무가 마음에 걸린다. 마음에 걸린다 해도 수령 500년을 넘었기 때문에 큰 가지가 부러지지는 않을까, 겨울을 무사히 넘길 수 넘을까?라는 것을 걱정을 하는 건 아니다. 59 이미 져 버렸는지 아닌지이다. 아직이라면, 지기까지 앞으로 며칠 정도 될까? 그렇게 생각하며 ①걱정하는 것이다.

거대한 줄기에 커다란 가지를 펼치고 피어 있는 모습은 장대하게 느껴진다. 힘차게 고상하게 서 있는 그 벚나무를 보면 넘쳐나는 생명력이 느껴져 보는 사람까지 힘이 솟아난다. 그리고 무엇보다도 지는 모습은 압권이다. 상경하기까지는 매년 볼 수 있었지만, 벌써 3년 가까이 못 보고 있다.

벚꽃이 흐드러지는 4월 무렵이 되면, 친구들과 함께 이 벚꽃을 보러 가곤 했다. 바쇼처럼 하이쿠를 읊거나 하지 않았지만, 그때, 벚꽃나무 아래에서 서로의 고민거리를 이야기하거나 일상의 시시한 수다를 떨기도 하고, 음악을 듣기도 하며, 많은 추억을 만들었던 것이다. 그때의 일은 머릿속에 새겨져 눈을 감아도 지금도 선명하게 떠올릴 수가 있다. 벚나무의 계절이 다가오면 거리 여기저기에 만개한 벚꽃을 볼 수가 있다. 선명한 벚꽃으로 인해 밤에도 주변이 밝게 느껴지는 것, 독특한 달콤한 향기에 이끌릴 때도 있다. 60 정말 아름답네라든가, 그림 같다라든가 그 정도의 감정은 들지만, ②그 이상의 감흥은 가지지 않는다. 그렇기 때문에, 항상 고향의 벚나무가 그리워 견딜 수 없는 것이다.

예정이 서면 올해는 보러 가고 싶지만 지형적으로도 일반 벚나무와 달리 예측을 할 수 없다. 이 벚나무는 산벚나무라는 품종으로 만개는 2, 3일 밖에 되지 않는다. 게다가 주변에 다른 벚나무가 없는 이른바 한 그루 벚나무이기 때문에 눈깜짝 할 사이에 져 버린다.

전날까지의 강한 추위가 단숨에 누그러진 이른 아침

と思《おも》っていただきたい。そして春《はる》の日差《ひざ》しがこの一本桜《いっぽんざくら》に降《ふ》り注《そそ》ぐ。すると、一輪《いちりん》の桜《さくら》が開花《かいか》し始《はじ》め、水分《すいぶん》をたたえた淡《あわ》いピンクや白《しろ》などさまざまな色合《いろあ》いで枝《えだ》にふわりと咲《さ》き誇《ほこ》り、その美《うつく》しさは目《め》を楽《たの》しませる。そして、必《かなら》ずと言っていいほど、二日後《ふつかご》に 61 強《つよ》い風《かぜ》が吹《ふ》き、瞬《またた》く間《ま》に散《ち》ってしまう。そして散《ち》る姿《すがた》こそが美《うつく》しい。それに、自《おの》ずから散《ち》るのではなく風《かぜ》や雨《あめ》によって散《ち》らされる桜《さくら》の姿《すがた》に美《うつく》しさと儚《はかな》さを同時《どうじ》に感《かん》じることができる。風《かぜ》に吹《ふ》かれて桜《さくら》の花《はな》びらがひらひらと舞《ま》い散《ち》る光景《こうけい》はまるで別世界《べっせかい》にいるような感《かん》じを与《あた》える。桜《さくら》の花《はな》はほんの一瞬《いっしゅん》、ぱっと咲《さ》いてぱっと散《ち》る。この一本桜《いっぽんざくら》の散《ち》ってゆく姿《すがた》を眺《なが》めていると、まるで生《せい》を受《う》けていつか消《き》えてゆく僕《ぼく》たちの人生《じんせい》の縮図《しゅくず》のようだ。 61 「今年《ことし》の落花《らっか》はいつ頃《ごろ》ですか」と桜《さくら》の木《き》に聞《き》きたい。

(注1) 春一番《はるいちばん》：立春《りっしゅん》から春分《しゅんぶん》までの間《あいだ》に吹《ふ》く暖《あたた》かい南寄《みなみよ》りの強風《きょうふう》

(注2) 気《き》に病《や》む：ひどく気《き》にかける

(注3) 芭蕉《ばしょう》：松尾芭蕉《まつおばしょう》、江戸時代前期《えどじだいぜんき》の俳人《はいじん》

(注4) 俳句《はいく》：五《ご》・七《しち》・五《ご》の十七音《じゅうななおん》の型《かた》で作《つく》る日本《にほん》の定型詩《ていけいし》

(注5) 感興《かんきょう》：何《なに》かについて興味《きょうみ》が湧《わ》くこと

이라고 생각해 줬음 좋겠다. 그리고 봄의 햇살이 이 한 그루의 벚나무에 내리쬔다. 그러면 한송이의 벚꽃이 개화하기 시작해 수분을 머금은 연한 핑크이나 하얀색 등 여러 가지 색으로 가지에 살짝 만발하여, 그 아름다움은 눈을 즐겁게 한다. 그리고 반드시라고 해도 좋을 만큼, 이틀 후면 61 강한 바람이 불고 눈깜짝할 사이에 져 버린다. 그리고 지는 모습이 아름답다. 게다가, 저절로 지는 것이 아니라 바람이나 비로 인해 흩뿌려지는 벚꽃의 모습에 아름다움과 덧없음을 동시에 느낄 수가 있다. 바람에 날려 벚꽃의 꽃잎이 팔랑팔랑 흩날리는 광경은 마치 별세계에 있는 듯한 느낌을 준다. 벚꽃은 짧은 순간 확 피고 확 진다. 이 한 그루의 벚꽃이 져 가는 모습을 바라보고 있으면, 마치 태어나서 언젠가 사라져가는 우리들 인생의 축소판 같다. 61 '올해의 낙화는 언제쯤입니까?'라고 벚나무에게 묻고 싶다.

(주1) 하루이치방: 입춘에서 춘분 사이에 부는 따뜻한 남쪽에서 불어오는 바람

(주2) 속 끓이다, 걱정하다: 굉장히 걱정하다

(주3) 바쇼: 마츠오바쇼, 에도 시대 전기의 하이쿠 시인

(주4) 하이쿠: 5·7·5의 7음의 형태로 만드는 일본 정형시

(주5) 감흥: 무언가에 관해서 흥미가 솟는 것

단어 新入生《しんにゅうせい》 신입생 | 講義室《こうぎしつ》 강의실 | にぎわう 활기차다 | 時分《じぶん》 무렵, 시기 | 故郷《こきょう》 고향 | 神社《じんじゃ》 신사 | 桜《さくら》の木《き》 벚나무 | 気《き》にかかる 마음에 걸리다 | 樹齢《じゅれい》 수령 | 超《こ》える 넘는다 | 無事《ぶじ》に 무사히 | 乗《の》り越《こ》える 극복하다 | 心配《しんぱい》 걱정 | 散《ち》る (꽃잎이) 지다 | 気《き》に病《や》む 걱정하다 | 巨大《きょだい》 거대 | 幹《みき》 줄기 | 枝《えだ》 가지 | 咲《さ》く 피다 | 様子《ようす》 모습 | 壮大《そうだい》 성대함 | 力強《ちからづよ》い 힘차다 | 気高《けだか》い 고상하다 | 立《た》ち尽《つ》くす 내내 서 있다 | あふれる 넘치다 | 生命力《せいめいりょく》 생명력 | 圧巻《あっかん》 압권 | 上京《じょうきょう》 상경 | 咲《さ》き乱《みだ》れる 흐드러지게 피다 | 芭蕉《ばしょう》 바쇼 (하이쿠 시인) | 俳句《はいく》 하이쿠(정형시) | たわいのない 시시하다, 하찮다 | しゃべり 수다 | 思《おも》い出《で》 추억 | 脳裏《のうり》 뇌리 | 刻《きざ》む 새기다 | 目《め》を閉《と》じる 눈을 감다 | 鮮明《せんめい》 선명 | 思《おも》い浮《う》かべる 떠올리다 | 近《ちか》づく 다가오다 | 満開《まんかい》 만개 | 鮮《あざ》やかさ 선명함 | 独特《どくとく》 독특 | 甘《あま》い 달콤하다 | 香《かお》り 향기 | 誘《さそ》われる 이끌리다 | 感想《かんそう》を抱《だ》く 감상을 가지다 | 感興《かんきょう》 감흥 | 懐《なつ》かしい 그립다 | 予定《よてい》がたつ 예정이 서다 | 地形的《ちけいてき》 지형적 | 品種《ひんしゅ》 품종 | 周《まわ》り 주변 | 開花《かいか》 개화 | 一気《いっき》に 단숨에 | 緩《ゆる》む 풀어지다, 누그러지다 | 日差《ひざ》し 햇살 | 降《お》り注《そそ》ぐ 내리쬐다 | 一輪《いちりん》 꽃 한 송이 | 水分《すいぶん》 수분 | たたえる 머금다, 띠다 | 淡《あわ》い 연하다 | 色合《いろあ》い 색조 | 枝《えだ》 가지 | ふわりと 살짝 | 咲《さ》き誇《ほこ》る 만발하다 | 瞬《またた》く間《ま》に 눈깜짝할 사이에 | 自《おの》ずから 저절로 | 散《ち》らす 흩뜨리다, 흩뿌리다 | 儚《はかな》さ 덧없음, 허무함 | 花《はな》びら 꽃잎 | ひらひら 팔랑팔랑 | 舞《ま》い散《ち》る 흩날리다 | 光景《こうけい》 광경 | 別世界《べっせかい》 별세계 | ほんの一瞬《いっしゅん》 아주 잠깐의 순간 | ぱっと 확, 쫙 | 眺《なが》める 바라보다 | 生《せい》 생, 삶 | 消《き》える 사라지다 | 縮図《しゅくず》 축도, 축소판 | 落花《らっか》 낙화

59 ①気《き》に病《や》むのであるとあるが、なぜか。

1 桜《さくら》の花《はな》がいつ咲《さ》き乱《みだ》れるか予測《よそく》できないから

2 桜《さくら》の花《はな》はあっという間《ま》に散《ち》ってしまうから

3 桜《さくら》の花《はな》を仕事《しごと》の都合《つごう》で見《み》に行《い》けないから

4 桜《さくら》の花《はな》の散《ち》る時期《じき》がわからないから

59 ①걱정하는 것이다라고 하는데, 왜인가?

1 벚꽃은 언제 만발하는지 예측할 수 없기 때문에

2 벚꽃은 눈깜짝할 사이에 져 버리기 때문에

3 벚꽃을 일 관계로 보러 갈 수 없기 때문에

4 벚꽃의 지는 시기를 모르기 때문에

풀이 '벚꽃이 이미 져 버렸는지 아닌지다. 아직이라면, 지기까지 앞으로 며칠 정도 될까? 그렇게 생각하며 걱정하는 것이다'라고 말하는 것으로 보아, 벚꽃이 언제 지는지에 대해 신경 쓰고 있음을 알 수 있다. 따라서 '벚꽃이 지는 시기를 모르기 때문에'라고 한 4번이 정답이 된다.

60 ②それ以上の感興《かんきょう》は持たないとあるが、どういうことか。

1 懐《なつ》かしい光景《こうけい》だと思《おも》うことはあるが、特《とく》別《べつ》な印象《いんしょう》は持《も》たない。

2 美《うつく》しい光景《こうけい》だと思《おも》うことはあるが、記憶《きおく》には残《のこ》らない。

3 光景《こうけい》に驚《おどろ》くことはあるが、みとれるほどではない。

4 光景《こうけい》にひかれることはあるが、特別《とくべつ》な感《かん》じはない。

60 ②그 이상의 감흥은 가지지 않는다라고 하는데, 무슨 말인가?

1 그리운 광경이라고 생각할 때는 있지만, 특별한 인상은 가지지 않는다.

2 아름다운 광경이라고 생각할 때는 있지만, 기억에는 남지 않는다.

3 광경에 놀랄 때는 있지만, 넋을 잃고 볼 정도는 아니다.

4 광경에 이끌릴 때는 있지만, 특별한 느낌은 없다.

풀이 '정말 아름답네라든가, 그림 같다라든가 그 정도의 감정은 들지만, 그 이상의 감흥은 가지지 않는다'라는 부분에서 광경에 이끌리고는 있으나, 광경에 대한 인상 말고는 특별한 느낌이 없다는 뜻이므로 정답은 4번이 된다. 한편 2번의 '기억에 남지 않는다'는 말은 언급된 바가 없으므로 오답이다.

61 筆者《ひっしゃ》の気持《きも》ちに合《あ》っているものはどれか。

1 一度《いちど》だけでもいいから桜《さくら》の花《はな》の満開《まんかい》した姿《すがた》が見《み》たい。

2 桜の花《はな》の開花時期《かいかじき》に合《あ》わせて故郷《ふるさと》に帰《かえ》りたい。

3 桜《さくら》の花《はな》が散《ち》っている姿《すがた》を目《ま》の当《あ》たりにしたい。

4 桜《さくら》の花《はな》が全部《ぜんぶ》散《ち》る直前《ちょくぜん》の姿《すがた》を見《み》に行《い》きたい。

61 필자의 기분에 맞는 것은 어느 것인가?

1 한 번만이라도 좋으니 벚꽃의 만개 모습을 보고 싶다.

2 벚꽃의 개화시기에 맞춰 고향에 가고 싶다.

3 벚꽃이 지고 있는 모습을 눈앞에서 보고 싶다.

4 벚꽃이 전부 지기 직전의 모습을 보러 가고 싶다.

풀이 전체적으로 벚꽃의 만개보다 지는 모습에 대한 내용이 주를 차지하고 있으며, '강한 바람이 불고 눈깜짝 할 사이에 져 버린다. 그리고 지는 모습이 아름답다'라는 말과 '올해의 낙화는 언제쯤입니까?라고 벚나무에게 묻고 싶다'는 부분에서 필자의 기분이 잘 드러나 있다. 따라서 '벚꽃의 지는 모습을 눈앞에서 보고 싶다'고 한 3번이 정답임을 알 수 있다.

문제 11 통합 이해(비교문) | 실전 테스트 ❶

문제집 p.350

63 ③ 64 ③

問題《もんだい》11 **次《つぎ》のAとBの文章《ぶんしょう》を読《よ》んで、後《あと》の問《と》いに対《たい》する答《こた》えとして最《もっと》もよいものを、1・2・3・4から一《ひと》つ選《えら》びなさい。**	**문제 11** **다음 A와 B의 글을 읽고, 질문에 대한 답으로 가장 알맞은 것을 1・2・3・4에서 하나 고르세요.**

A

昨今《さっこん》の人工知能《じんこうちのう》（AI）分野《ぶんや》における技術《ぎじゅつ》の発達《はったつ》には目《め》を見張《みは》るものがある。今後《こんご》、確実《かくじつ》に 63 我々《われわれ》の生活《せいかつ》は豊《ゆた》かで快適《かいてき》になっていくであろう。私《わたし》はこの技術《ぎじゅつ》をいろいろな場面《ばめん》で応用《おうよう》するべきだと考《かんが》える。例《たと》えば、今《いま》までは人間《にんげん》だけにできると考《かんが》えられていた面接《めんせつ》に活用《かつよう》してはどうだろう。志願者《しがんしゃ》にとっては時間《じかん》と空間《くうかん》を問《と》わず面接《めんせつ》に参加《さんか》できる利便性《りべんせい》があり、面接《めんせつ》の機会拡大《きかいかくだい》が期待《きたい》される。また、会社《かいしゃ》は面接《めんせつ》に必要《ひつよう》な人員《じんいん》を減《へ》らし、コスト削減《さくげん》の側面《そくめん》で経済性《けいざいせい》が高《たか》いといえる。そして、既存《きそん》の面接《めんせつ》では面接官《めんせつかん》の主観《しゅかん》が介入《かいにゅう》する可能性《かのうせい》が高《たか》いのに反《はん》し、人工知能《じんこうちのう》を活用《かつよう》した面接《めんせつ》ではビッグデータを土台《どだい》にした 64 一貫《いっかん》した評価基《ひょうかき》準《じゅん》を適用《てきよう》することができる。このように評価《ひょうか》の客観性《きゃっかんせい》を確保《かくほ》できる人工知能《じんこうちのう》を企業《きぎょう》は積極的《せっきょくてき》に活《かつ》用《よう》するとよいであろう。

A

요즘 인공지능 (AI) 분야에 있어서의 기술 발달에는 눈이 휘둥그레질 만한 부분이 있다. 앞으로 확실히 63 우리들의 생활은 풍요롭고 쾌적해질 것이다. 나는 이 기술을 여러 방면에서 응용해야 한다고 생각한다. 예를 들면, 지금까지는 인간만이 할 수 있다고 생각되었던 면접에 활용하는 것은 어떨까? 지원자에게 있어서는 시간과 공간을 불문하고 면접에 참가할 수 있는 편의성이 있고 면접의 기회 확대가 기대된다. 또한 회사는 면접에 필요한 인원을 줄이고, 비용 절감의 측면에서 경제성이 높다고 할 수 있다. 그리고 기존의 면접에서는 면접관의 주관이 개입될 가능성이 높은 것에 반해 인공지능을 활용한 면접에서는 빅데이터를 토대로한 64 일관된 평가 기준을 적용할 수 있다. 이렇게 평가의 객관성을 확보할 수 있는 인공지능을 기업은 적극적으로 활용하면 좋을 것이다.

B

現在《げんざい》、人工知能《じんこうちのう》はさまざまなシーンで導入《どうにゅう》されている。人工知能《じんこうちのう》は人間《にんげん》の負担《ふたん》を軽減《けいげん》するために誕生《たんじょう》したテクノロジーであるため、63 人工知能《じんこうちのう》の発達《はったつ》と共《とも》に我々《われわれ》の生活《せいかつ》も楽《らく》で快適《かいてき》になっていくだろう。しかし、一方《いっぽう》でまだまだ課題《かだい》が多《おお》いのも事実《じじつ》である。やみくもに導入《どうにゅう》するには危険《きけん》が伴《ともな》う。

特《とく》に人間《にんげん》の領域《りょういき》である「コミュニケーション」を人工知能《じんこうちのう》が代替《だいたい》するにはほど遠《とお》い。例《たと》えば人工《じんこう》知能《ちのう》による面接導入《めんせつどうにゅう》は採用業務《さいようぎょうむ》の省力化《しょうりょくか》や評価基《ひょうかき》

B

현재, 인공지능은 여러 방면에서 도입되고 있다. 인공지능은 인간의 부담을 경감하기 위해서 탄생한 기술이기 때문에, 63 인공지능의 발달과 함께 우리들의 생활도 편하고 쾌적해질 것이다. 그러나 한편으로 아직 과제가 많은 것도 사실이다. 함부로 도입하기에는 위험이 따른다.

특히 인간의 영역인 '커뮤니케이션'을 인공지능이 대체하기에는 좀 거리가 멀다. 예를 들면, 인공지능에 의한 면접 도입은 채용 업무의 노동력 절감이나 평가 기

準《じゅん》の統一化《とういつか》といったメリットを認《みと》めながらも [64] 多《おお》くの企業《きぎょう》がためらっている。なぜなら、人工知能《じんこうちのう》で評価基準《ひょうかきじゅん》を統一化《とういつか》することで採用《さいよう》する人材《じんざい》の画一化《かくいつか》が起《お》き、結果《けっか》として人材《じんざい》の多様性《たようせい》が失《うしな》われかねないからだ。

준의 통일화와 같은 장점을 인정하면서도 [64] 많은 기업이 주저하고 있다. 왜냐하면, 인공지능으로 평가 기준을 통일화함으로써 채용하는 인재의 획일화가 일어나고 결과로서 인재의 다양성을 잃게 될지도 모르기 때문이다.

단어 昨今《さっこん》 작금, 요즘 | 人工知能《じんこうちのう》 인공지능 | 発達《はったつ》 발달 | 目《め》を見《み》張《は》る 눈이 휘둥그레지다 | 確実《かくじつ》に 확실히 | 豊《ゆた》か 풍요로움 | 快適《かいてき》 쾌적 | 応用《おうよう》 응용 | 面接《めんせつ》 면접 | 活用《かつよう》 활용 | 志願者《しがんしゃ》 지원자 | 利便性《りべんせい》 편의성 | 拡大《かくだい》 확대 | 減《へ》らす 줄이다 | コスト 비용 | 削減《さくげん》 삭감 | 側面《そくめん》 측면 | 経済性《けいざいせい》 경제성 | 既存《きそん》 기존 | 主観《しゅかん》 주관 | 介入《かいにゅう》 개입 | 反《はん》する 반하다 | ビッグデータ 빅데이터 | 土台《どだい》 토대 | 一貫《いっかん》 일관 | 評価《ひょうか》 평가 | 基準《きじゅん》 기준 | 適用《てきよう》 적용 | 確保《かくほ》 확보 | 積極的《せっきょくてき》 적극적 | 導入《どうにゅう》 도입 | 負担《ふたん》 부담 | 軽減《けいげん》 경감 | 誕生《たんじょう》 탄생 | テクノロジー 기술 | 課題《かだい》 과제 | やみくもに 마구, 함부로 | 危険《きけん》 위험 | 伴《ともな》う 동반하다 | 領域《りょういき》 영역 | 代替《だいたい》 대체 | ほど遠《とお》い 거리가 멀다 | 業務《ぎょうむ》 업무 | 省力化《しょうりょくか》 생력화(노동력 절감) | 統一化《とういつか》 통일화 | メリット 장점 | 認《みと》める 인정하다 | 躊躇《ためら》う 주저하다 | 画一化《かくいつか》 획일화 | 失《うしな》う 잃다

[63] 近年《きんねん》の人工知能《じんこうちのう》の発達《はったつ》について、AとBが共通《きょうつう》して認識《にんしき》していることは何《なに》か。

1 人工知能《じんこうちのう》がいずれ人間《にんげん》の領域《りょういき》を脅《おびや》かすことになる。

2 人工知能《じんこうちのう》を多《おお》くの企業《きぎょう》で積極的《せっきょくてき》に活用《かつよう》すべきだ。

3 人工知能《じんこうちのう》の活用《かつよう》で人間《にんげん》の暮《く》らしが心地《ここち》よくなる。

4 人工知能《じんこうちのう》はまだまだ改善《かいぜん》の余地《よち》がある。

[63] 최근의 인공지능의 발달에 관해서, A와 B가 공통으로 인식하고 있는 것은 무엇인가?

1 인공지능이 언젠가 인간의 영역을 위협하게 된다.

2 인공지능을 많은 기업에서 적극적으로 활용해야 한다.

3 인공지능의 활용으로 인간의 생활이 쾌적해진다.

4 인공지능은 아직 개선의 여지가 있다.

풀이 인공지능의 발달에 의해, '우리들의 생활은 풍요롭고 쾌적해질 것이다'라는 A의 내용과 '우리들의 생활도 편하고 쾌적해질 것이다'라는 B의 내용에서 3번이 정답임을 알 수 있다. 3번의 선택지에서 「快適《かいてき》になる 쾌적해지다」를 「心地《ここち》よくなる 쾌적해지다, 상쾌해지다」라는 유사 단어로 바꿔 표현한 것에 주목해야 한다. 선택지 1번의 내용은 언급된 바가 없고, 2번은 A글과 4번은 B글과만 관계된 내용이므로 오답이다.

[64] 人工知能《じんこうちのう》の面接《めんせつ》への活用《かつよう》についてAとBはどのように考《かんが》えているか。

1 AもBも、時間《じかん》の制限《せいげん》から解放《かいほう》されるため、志願者《しがんしゃ》にとっても会社《かいしゃ》にとっても有益《ゆうえき》だと考《かんが》えている。

2 AもBも、人間《にんげん》の主観《しゅかん》を排除《はいじょ》できる点《てん》は好《この》ましいが、導入《どうにゅう》による多様性《たようせい》に欠《か》けていると考《かんが》えている。

[64] 인공지능의 면접에의 활용에 관해서 A와 B는 어떻게 생각하고 있는가?

1 A도 B도 시간의 제한에서 해방되기 때문에 지원자에게 있어서도 회사에 있어서도 유익하다고 생각하고 있다.

2 A도 B도 인간의 주관을 배제할 수 있는 점은 바람직하지만, 도입으로 인한 다양성이 결여되어 있다고 생각하고 있다.

3　Aは客観的《きゃっかんてき》に判断《はんだん》できるので導入《どうにゅう》すべきだと考《かんが》え、Bは一律《いちりつ》な判断《はんだん》による副作用《ふくさよう》の恐《おそ》れがあるから導入《どうにゅう》をしぶっている。

4　Aは導入《どうにゅう》により費用《ひよう》の削減効果《さくげんこうか》及《およ》び客観性《きゃっかんせい》の確保《かくほ》から導入《どうにゅう》を支持《しじ》し、Bは人間《にんげん》がコミュニケーションの領域《りょういき》に介入《かいにゅう》することにより導入《どうにゅう》は可能《かのう》だと考《かんが》えている。

3　A는 객관적으로 판단할 수 있기 때문에 도입해야 한다고 생각하고, B는 일률적 판단에 의한 부작용의 우려가 있기 때문에 도입을 주저하고 있다.

4　A는 도입에 의해 비용의 절감 효과 및 객관성의 확보 차원에서 도입을 지지하고, B는 인간이 커뮤니케이션 영역에 개입함으로써 도입은 가능하다고 생각하고 있다.

풀이 A와 B의 면접 시험의 활용에 관한 의견이 일치하지 않기 때문에 선택지 1, 2번은 소거하면 된다. A와 B 각각의 글 맨 아래 줄을 보면, A는 '일관된 평가 기준을 적용할 수 있어 평가의 객관성을 확보할 수 있는 인공지능을 적극적으로 활용하면 좋을 것이다'라고 나와 있고, B는 '활용에 장점은 있지만 인공지능으로 평가 기준을 통일화함으로써 채용하는 인재의 획일화가 일어나서 인재의 다양성을 잃게 될지도 몰라 많은 기업이 주저하고 있다'라는 의견이므로 정답은 3번이 적당하다. 한편 선택지 4번은 A는 맞으나, B 내용은 언급된 바가 없으므로 오답이다.

문제 11 통합 이해(비교문) | 실전 테스트 ❷

문제집 p.352

63 ②　64 ③

問題《もんだい》11

次《つぎ》のAとBの文章《ぶんしょう》を読《よ》んで、後《あと》の問《と》いに対《たい》する答《こた》えとして最《もっと》もよいものを、1・2・3・4から一《ひと》つ選《えら》びなさい。

문제 11

다음 A와 B의 글을 읽고, 질문에 대한 답으로 가장 알맞은 것을 1·2·3·4에서 하나 고르세요.

A

従来《じゅうらい》の紙《かみ》の本《ほん》が減《へ》り、電子書籍《でんししょせき》が急速《きゅうそく》に普及《ふきゅう》している。私《わたし》はこれがとても好《この》ましい状況《じょうきょう》だと考《かんが》える。これまでは、本《ほん》の置《お》き場所《ばしょ》がないために、本《ほん》を買《か》えなかったり、大事《だいじ》な本《ほん》を捨《す》てたりしなければならなかった。書店《しょてん》にも大量《たいりょう》の本《ほん》が溢《あふ》れていて、どんなに大《おお》きな書店《しょてん》でも刊行《かんこう》される本《ほん》をすべて置《お》くことは不可能《ふかのう》なはずである。

だが、電子書籍《でんししょせき》が広《ひろ》まると、好《す》きなときに、 63 これまでに出版《しゅっぱん》されたすべての本《ほん》を読《よ》むことができるようになる。書店《しょてん》を通《とお》さないので置《お》き場所《ばじょ》の費用《ひよう》もかからないため、電子書籍《でんししょせき》の値段《ねだん》も安《やす》くなり、 63 誰《だれ》もが手軽《てがる》にこれまで人類《じんるい》が築《きず》いてきた歴史《れきし》と文化《ぶんか》に触《ふ》れることができるよ

A

종래의 종이책이 줄고, 전자 서적이 급속히 보급되고 있다. 나는 이것이 굉장히 바람직한 상황이라고 생각한다. 이제까지는 책을 놔둘 장소가 없어서, 책을 살수 없기도 하고 중요한 책을 버리거나 하지 않으면 안 되었다. 서점에도 대량의 책이 넘쳐나고 있고, 아무리 큰 서점이라도 간행된 책을 모두 놔두는 것은 불가능하다.

하지만 전자 서적이 확산되면, 원할 때 63 이제껏 출판된 모든 책을 읽을 수 있게 된다. 서점을 통하지 않으므로 놔둘 장소의 비용도 들지 않기 때문에 전자 서적의 가격도 싸지고 63 누구나가 손쉽게 이제껏 인류가 쌓아 온 역사와 문화를 접할 수 있게 되는 것이다. 종이책의 장점을 주장하는 목소리도 있지만, 64 편리

うになるのである。紙《かみ》の本《ほん》の良《よ》さを主張《しゅちょう》する声《こえ》もあるが、 64 便利《べんり》なものの台頭《たいとう》により、不便《ふべん》なものは淘汰《とうた》されることで文明《ぶんめい》は発展《はってん》していくのである。

(注) 淘汰《とうた》：不必要《ふひつよう》なもの、不適当《ふてきとう》なものを取《と》り除《ぞ》くこと

한 것의 대두로 인해, 불편한 것은 도태됨으로써 문명은 발전해 나가는 것이다.

(주) 도태: 불필요한 것, 부적당한 것을 제거하는 것

B

電子書籍《でんししょせき》が広《ひろ》まっている。 63 しおり機能《きのう》がついているのですぐに以前《いぜん》読《よ》んだページを呼《よ》び出《だ》すことができるし、１つの端末《たんまつ》に何冊《なんさつ》もの本《ほん》をダウンロードすればいいので、カバンに入《い》れてもかさばらないなど、電子書籍《でんししょせき》にはよいところが多々《たた》ある。しかし、手放《てばな》しで電子書籍《でんししょせき》の普及《ふきゅう》を喜《よろこ》ぶわけにはいかない。先《ま》ず、紙《かみ》の本《ほん》の肌触《はだざわ》り、本《ほん》をめくる音《おと》と紙《かみ》の本《ほん》ならではのにおいなどは電子書籍《でんししょせき》では感《かん》じがたいと思《おも》う。

また、日本《にほん》においては、紙媒体《かみばいたい》の場合《ばあい》、実《じつ》は一冊《いっさつ》も本《ほん》が売《う》れなくても著者《ちょしゃ》に対《たい》して刷《す》り部数《ぶすう》のお金《かね》が入《はい》って来《く》るのに対《たい》して、電子書籍《でんししょせき》は実売数《じつばいすう》の分《ぶん》しか入《はい》ってこない。そのため、作家《さっか》の立場《たちば》としては本《ほん》を書《か》くことに対《たい》するモチベーションが下《さ》がり、ひいては本《ほん》という文化《ぶんか》の衰退《すいたい》にもつながる。 64 電子書籍《でんししょせき》の未来《みらい》は業界《ぎょうかい》の構造問題《こうぞうもんだい》を解決《かいけつ》してこそ明《あか》るいといえる。

B

전자 서적이 확산되고 있다. 63 책갈피 기능이 있기 때문에 바로 이전에 읽은 페이지를 불러들일 수가 있고 하나의 단말에 몇 권이나 되는 책을 다운로드하면 되기 때문에 가방에 넣어도 부피가 커지지 않는 등 전자 서적에는 좋은 점이 많이 있다. 그러나 무조건 전자 서적의 보급을 기뻐할 수는 없다. 우선 종이책의 감촉, 책을 넘기는 소리와 종이책만의 냄새 등은 전자 서적에서는 느낄 수 없다고 생각한다.

또한 일본에서는 종이 매체의 경우, 실은 한 권도 책이 팔리지 않아도 저자에 대해서 인쇄부수의 돈이 들어오는 것에 비해, 전자 서적은 실제 판매 수만큼밖에 들어오지 않는다. 그 때문에 작가의 입장으로서는 책을 쓰는 것에 대한 동기 부여가 낮아지고, 나아가서는 책이라는 문화의 쇠퇴로도 이어진다. 64 전자 서적의 미래는 업계의 구조 문제를 해결해야 밝다고 할 수 있다.

단어 電子書籍《でんししょせき》 전자 서적 | 急速《きゅうそく》に 급속히 | 普及《ふきゅう》 보급 | 好《この》ましい 바람직하다 | 状況《じょうきょう》 상황 | 出版《しゅっぱん》 출판 | 置《お》き場所《ばじょ》 둘 장소 | 手軽《てがる》に 손쉽게, 가볍게 | 築《きず》く 쌓다, 구축하다 | 文化《ぶんか》に触《ふ》れる 문화를 접하다 | 台頭《たいとう》 대두 | 淘汰《とうた》 도태 | 文明《ぶんめい》 문명 | しおり 책갈피 | 機能《きのう》 기능 | 呼《よ》び出《だ》す 불러내다 | 端末《たんまつ》 단말 | かさばる 부피가 커지다 | 手放《てばな》しで 무조건 | 喜《よろこ》ぶ 기뻐하다 | 先《ま》ず 우선 | 肌触《はだざわ》り 촉감 | 本《ほん》をめくる 책을 넘기다 | 著者《ちょしゃ》 저자 | 刷《す》る 인쇄하다 | 部数《ぶすう》 부수 | 実売数《じつばいすう》 실제 판매수 | 立場《たちば》 입장 | モチベーション 동기 부여 | ひいては 나아가서는 | 衰退《すいたい》 쇠퇴 | つながる 이어지다 | 構造《こうぞう》 구조 | 明《あか》るい 밝다

63 電子書籍《でんししょせき》についてAとBが共通《きょうつう》して認識《にんしき》していることは何《なに》か。

1 電子書籍《でんししょせき》により既存《きそん》の書店《しょてん》の存続《そんぞく》が危《あや》ぶまれる。

2 電子書籍《でんししょせき》で人《ひと》は気軽《きがる》に本《ほん》を読《よ》めるようになる。

3 電子書籍《でんししょせき》は値段《ねだん》が安《やす》くつくため、手軽《てがる》に購入《こうにゅう》することができる。

4 電子書籍《でんししょせき》は使《つか》い勝手《がって》がよいが本《ほん》にとって代《か》わることはできない。

63 전자 서적에 관해서 A와 B가 공통으로 인식하고 있는 것은 무엇인가?

1 전자 서적으로 인해 기존 서점의 존재가 위태로워진다.

2 전자 서적으로 사람은 손쉽게 책을 읽을 수 있게 된다.

3 전자 서적은 가격이 싸게 치이기 때문에 손쉽게 구입할 수 있다.

4 전자 서적은 사용하기 편리하지만 책을 대신할 수는 없다.

풀이 A는 '이제껏 출판된 모든 책을 읽을 수 있게 되며, 누구나가 손쉽게 인류가 쌓아 온 역사와 문화를 접할 수 있게 된다'고 말하고 있으며, B는 '책갈피 기능이 있어 이전에 읽은 페이지를 불러들일 수가 있고 하나의 단말에 여러 책을 다운로드하면 되기 때문에 부피가 커지지 않는다'는 내용에서 공통된 인식이 2번의 '손쉽게 책을 읽을 수 있게 된다'라는 것을 알 수 있다. 선택지 3번의 내용은 A글에만 해당하고, 1번과 4번은 언급된 바가 없는 내용이므로 오답이다.

64 電子書籍《でんししょせき》の普及《ふきゅう》についてAとBはどのような考《かんが》えをもっているか。

1 AもBも、電子書籍《でんししょせき》の利点《りてん》を認《みと》めながらも紙媒体《かみばいたい》の本《ほん》との共存《きょうぞん》を図《はか》るべきだと考《かんが》えている。

2 AもBも、電子書籍《でんししょせき》の普及《ふきゅう》が文化《ぶんか》の発展《はってん》につながると考《かんが》えている。

3 Aは電子書籍《でんししょせき》の普及《ふきゅう》を手放《てばな》しで歓迎《かんげい》し、Bは問題点《もんだいてん》が解消《かいしょう》すればさらに発展《はってん》できると考《かんが》えている。

4 Aは電子書籍《でんししょせき》が紙媒体《かみばいたい》の本《ほん》にとって代《か》わると考《かんが》え、Bは書店文化《しょてんぶんか》の衰《おとろ》えを招《まね》くと考《かんが》えている。

64 전자 서적의 보급에 관해서 A와 B는 어떠한 생각을 가지고 있는가?

1 A도 B도 전자 서적의 이점을 인정하면서 종이 매체인 책과 공존을 도모해야 한다고 생각하고 있다.

2 A도 B도 전자 서적의 보급이 문화 발전으로 이어질 거라고 생각하고 있다.

3 A는 전자 서적의 보급을 무조건 환영하고 B는 문제점이 해소되면 더욱더 발전할 수 있을 거라고 생각한다.

4 A는 전자 서적이 종이 매체인 책을 대체할 수 있다고 생각하고 B는 서점 문화의 쇠퇴를 초래한다고 생각하고 있다.

풀이 A는 마지막 줄에 '편리한 것의 대두로 인해, 불편한 것은 도태됨으로써 문명은 발전해 나가는 것이다'고 말하고 있는데, 이는 보급을 적극 바라고 있음을 알 수 있고, B는 '기술이나 업계의 구조 문제를 제기하며, 이를 해결해야 미래가 밝다'고 한 마지막 내용을 통해 문제점만 해결되면 좋을 것이라는 것을 알 수 있으므로 정답은 3번이다. 선택지 1번은 언급된 바가 없고, 2번의 내용은 A글에 해당하고, 4번은 A는 내용과 일치하나 B는 '책이라는 문화의 쇠퇴를 초래할 수 있다'고 해야 하는데, '서점 문화의 쇠퇴를 초래할 수 있다'라고 표현했기 때문에 오답이다.

문제 11 통합 이해(비교문) | 실전 테스트 ③

문제집 p.354

63 ①　64 ②

問題《もんだい》 11

次《つぎ》のAとBの文章《ぶんしょう》を読《よ》んで、後《あと》の問《と》いに対《たい》する答《こた》えとして最《もっと》もよいものを、1・2・3・4から一《ひと》つ選《えら》びなさい。

문제 11

다음 A와 B의 글을 읽고, 질문에 대한 답으로 가장 알맞은 것을 1 · 2 · 3 · 4에서 하나 고르세요.

A

「自分《じぶん》の生《う》まれたふるさと」や「自分《じぶん》で応援《おうえん》したい自治体《じちたい》」を選《えら》んで寄付《きふ》すると、寄付《きふ》した金額《きんがく》以上《いじょう》の 63 地方《ちほう》の特産品《とくさんひん》や食事券《しょくじけん》、イベントチケットなどを礼《れい》としてもらえるふるさと納税《のうぜい》が人気《にんき》だ。また、寄付金《きふきん》のほとんど（2,000円《えん》を超《こ》える部分《ぶぶん》）は住民控除《じゅうみんこうじょ》や所得税還付《しょとくぜいかんぷ》が受《う》けられるメリットもある。自治体《じちたい》としても経済効果《けいざいこうか》はもちろん観光《かんこう》の拡大《かくだい》にもつながると積極的《せっきょくてき》にアピールしている。お礼《れい》の品物《しなもの》には、食品《しょくひん》はもちろん、電化製《でんかせい》品《ひん》や雑貨《ざっか》、工芸品《こうげいひん》など、さまざまなものがあるから、賢《かしこ》く選《えら》べば、普通《ふつう》に買《か》い物《もの》するよりも得《とく》をする。そのため主婦《しゅふ》が飛《と》びつくなど、もらえる 64 お礼品《れいひん》に注目《ちゅうもく》して寄付《きふ》する人《ひと》が増《ふ》えている。

しかし、本来《ほんらい》、地方自治体《ちほうじちたい》は返礼品《へんれいひん》の魅力《みりょく》で寄《き》付《ふ》をしてもらうのではなく、地域《ちいき》への取《と》り組《く》みの理解《りかい》を図《はか》ることで、その活動《かつどう》に賛同《さんどう》してもらうべきである。

A

'본인이 태어난 고향'이나 '본인이 응원하고 싶은 자치체'를 골라서 기부하면, 기부한 금액 이상의 63 지방 특산품이나 식사권, 이벤트 티켓 등을 답례로서 받을 수 있는 고향 납세가 인기다. 또한 기부금의 대부분(2000엔을 넘는 부분)은 주민 공제나 소득세 환급을 받을 수 있는 장점도 있다. 자치체로서도 경제 효과는 물론 관광의 확대로도 이어질 거라고 적극적으로 어필하고 있다. 답례 상품에는 식품은 물론, 전기제품이나 잡화, 공예품 등 여러 가지 상품이 있기 때문에 영리하게 고르면 보통 물건 사는 것보다도 득을 본다. 그 때문에 주부가 달려드는 등, 받을 수 있는 64 답례품에 주목해서 기부하는 사람이 늘고 있다.

그러나 본래, 지방 자치체는 답례품의 매력으로 기부를 받는 것이 아니라, 지역에 관한 대처의 이해를 도모함으로써 그 활동에 찬동 받아야 한다.

B

ふるさと納税《のうぜい》は、寄付《きふ》をとおしてどこに住《す》んでいても好《す》きな地域《ちいき》を応援《おうえん》できるという意味《いみ》で、意《い》義《ぎ》のある制度《せいど》だ。ふるさと納税《のうぜい》で寄付《きふ》すると、住《じゅう》民税《みんぜい》の控除《こうじょ》、所得税《しょとくぜい》の還付《かんぷ》に限《かぎ》らず、 63 肉《にく》、米《こめ》、魚介《ぎょかい》、農産物《のうさんぶつ》などその地域《ちいき》が誇《ほこ》る食材《しょくざい》のほか、電気製品《でんきせいひん》や利用券《りようけん》などをもらえる。もともと、この制度《せいど》は都会《とかい》の自治体《じちたい》に税収《ぜいしゅう》が偏《かたよ》ることへの解消《かいしょう》を目的《もくてき》に作《つく》られた。

B

고향 납세는 기부를 통해서 어디에 살고 있어도 좋아하는 지역을 응원할 수 있다는 의미에서 의의가 있는 제도이다. 고향 납세로 기부하면, 주민세의 공제, 소득세의 환급만이 아니라 63 고기, 쌀, 어패류, 농산물 등 그 지역이 자랑하는 식재료 외에, 전기제품이나 이용권 등을 받을 수 있다. 원래, 이 제도는 도시의 자치체에 세수가 치우쳐지는 것에 대한 해소를 목적으로 만들어졌다.

ところが、 64 現状《げんじょう》は、寄付《きふ》する側《がわ》はお礼《れい》の品《しな》を目当《めあ》てに、どのような品物《しなもの》がもらえるのかと検索《けんさく》して寄付先《きふさき》を決《き》めることが多《おお》いようだ。これでは、地方《ちほう》の活性化《かっせいか》にはつながらない。

寄付《きふ》する人《ひと》は、どの地域《ちいき》がどんなことに力《ちから》をいれているか、何《なに》に取《と》り組《く》んでいるかに注目《ちゅうもく》し、寄《き》付《ふ》をするようにしてこそ、この制度《せいど》の意義《いぎ》があると考《かんが》える。またそうすることによって、地方自治《ちほうじち》体間《たいかん》でも返礼品《へんれいひん》ではなくその地域《ちいき》の活動《かつどう》を競《きそ》い合《あ》うようになるであろう。

그러나 64 현재 상황은 기부하는 쪽은 답례의 상품을 목적으로 어떠한 상품을 받을 수 있는지 검색해서 기부처를 정하는 경우가 많은 것 같다. 이래서는 지방의 활성화로 이어지지 않는다.

기부하는 사람은 어느 지역이 어떤 것에 힘을 쏟고 있는지, 무엇에 몰두하고 있는지에 주목하고 기부를 해야만, 이 제도의 의의가 있다고 생각한다. 또한 그렇게 함으로써, 지방 자치체에서도 답례품이 아닌 그 지역의 활동을 서로 경쟁하게 될 것이다.

단어 自治体《じちたい》 자치체 | 寄付《きふ》 기부 | 金額《きんがく》 금액 | 特産品《とくさんひん》 특산품 | 食事券《しょくじけん》 식사권 | イベントチケット 이벤트 티켓 | お礼《れい》 사례, 감사 | ふるさと 고향 | 納税《のうぜい》 납세 | 超《こ》える 넘다 | メリット 장점 | 拡大《かくだい》 확대 | 積極的《せっきょくてき》 적극적 | アピール 호소 | 電化製《でんかせい》品《ひん》 전기제품 | 雑貨《ざっか》 잡화 | 工芸品《こうげいひん》 공예품 | 賢《かしこ》い 현명하다 | 買《か》い物《もの》 장보기 | 得《とく》をする 득을 보다 | 飛《と》びつく 달려들다 | 賛同《さんどう》 찬동, 찬성 | 住民税《じゅうみんぜい》 주민세 | 控除《こうじょ》 공제 | 所得税《しょとくぜい》 소득세 | 還付《かんぷ》 환부, 환급 | に限《かぎ》らず ~에 한하지 않고 | 魚介《ぎょかい》 어패류 | 農産物《のうさんぶつ》 농산물 | 誇《ほこ》る 자랑하다 | 食材《しょくざい》 식재료 | 電気製品《でんきせいひん》 전기제품 | 利用券《りようけん》 이용권 | 都会《とかい》 도회, 도시 | 税収《ぜいしゅう》 세수 | 偏《かたよ》る 치우치다 | 解消《かいしょう》 해소 | 現状《げんじょう》 현재 상황 | 礼《れい》の品《しな》 답례품 | 目当《めあ》て 목적 | 検索《けんさく》 검색 | 取《と》り組《く》む 대처하다 | 検索《けんさく》 검색 | 活性化《かっせいか》 활성화 | 力《ちから》をいれる 힘을 쏟다 | 返礼品《へんれいひん》 답례품 | 競《きそ》い合《あ》う 서로 경쟁하다 | 関心《かんしん》を引《ひ》く 관심을 끌다 | 過《か》当競争《とうきょうそう》 과당 경쟁 | 下火《したび》になる 한풀 꺾이다, 시들해지다, 식어가다 | 図《はか》る 꾀하다, 계획하다 | クローズアップされる 부각되다 | 薄《うす》れる 엷어지다, 약해지다 | 慎重《しんちょう》 신중

63 ふるさと納税《のうぜい》について、AとBの認識《にんしき》で共《きょう》通《つう》しているのは何《なに》か。

1 様々《さまざま》なお礼品《れいひん》がもらえるふるさと納税《のうぜい》が関心《かんしん》を引《ひ》いている。
2 地方自治体間《ちほうじちたいかん》で返礼品《へんれいひん》の過当競争《かとうきょうそう》が行《おこな》われている。
3 ふるさと納税《のうぜい》が最近下火《さいきんしたび》になりつつある。
4 ふるさと納税《のうぜい》に力《ちから》を入《い》れようとする地方《ちほう》自治体《じちたい》が増《ふ》えている。

63 고향 납세에 관해서 A와 B의 인식으로 공통되고 있는 것은 무엇인가?

1 다양한 답례품을 받을 수 있는 고향 납세가 관심을 끌고 있다.
2 지방자치체 간 답례품의 과당 경쟁이 행해지고 있다.
3 고향 납세가 최근 식어가고 있다.
4 고향 납세에 힘을 쏟으려고 하는 지방 자치체가 늘고 있다.

풀이 A는 '지방 특산품이나 식사권, 이벤트 티켓 등을 답례로서 받을 수 있는 고향 납세가 인기다'라고 말하고 있으며, B는 '고기, 쌀, 어패류, 농산물 등 그 지역이 자랑하는 식재료 외에, 전기제품이나 이용권 등을 받을 수 있다'는 각각의 내용에서 '다양한 답례품을 받을 수 있는 고향 납세가 관심을 끌고 있다'고 표현한 1번이 정답으로 적절함을 알 수 있다.

64 ふるさと納税《のうぜい》についてAとBはどう考《かんが》えているか。

1 AもBも、魅力的《みりょくてき》な返礼品《へんれいひん》をPRしてふるさと納税《のうぜい》の活性化《かっせいか》を図《はか》るべきだと考《かんが》えている。

2 AもBも、返礼品《へんれいひん》ばかりがクローズアップされ本来《ほんらい》のふるさと納税《のうぜい》の意義《いぎ》が薄《うす》れていると考《かんが》えている。

3 Aは寄付《きふ》する人《ひと》は地域《ちいき》の活動《かつどう》をきちんと見《み》るべきだと考《かんが》え、Bは意義《いぎ》ある取《と》り組《く》みをするように地方自治体《ちほうじちたい》が努力《どりょく》するべきだと考《かんが》えている。

4 Aは地方自治体《ちほうじちたい》は観光事業《かんこうじぎょう》にも結《むす》びつくような取《と》り組《く》みをすべきだと考《かんが》え、Bは寄付《きふ》する人《ひと》は寄付先《きふさき》を慎重《しんちょう》に選《えら》ぶべきだと考《かんが》えている。

64 고향 납세에 관해서 A와 B는 어떻게 생각하고 있는가?

1 A도 B도 매력적인 답례품을 홍보해서 고향 납세의 활성화를 꾀해야 한다고 생각하고 있다.

2 A도 B도 답례품만이 부각되어 본래의 고향 납세의 의의가 희미해지고 있다고 생각하고 있다.

3 A는 기부하는 사람은 지역의 활동을 제대로 봐야 한다고 생각하고, B는 의의 있는 대처를 하도록 지방 자치체가 노력해야 한다고 생각하고 있다.

4 A는 지방 자치체는 관광사업으로도 이어지는 대처를 해야 한다고 생각하고, B는 기부하는 사람은 기부처를 신중히 선택해야 한다고 생각하고 있다.

풀이 A는 '답례품에 주목해서 기부하는 사람이 늘고 있다', B는 '답례의 상품을 목적으로 어떠한 상품을 받을 수 있는지 검색해서 기부처를 정하는 경우가 많은 것 같다'는 내용을 통해 '고향 납세의 의의가 희미해지고 있다'고 한 2번이 정답임을 알 수 있다. 선택지 1번은 언급한 바가 없고, 3번은 A와 B의 내용이 반대로 되어 있다. 4번은 B의 내용은 맞지만, A의 내용에서는 '관광(사업)으로도 이어지는 대처를 해야 한다'고 한 것이 아니라 '관광의 확대로 이어질 수 있을 거라고 적극적으로 어필하고 있다'고 했기 때문에 오답이다.

문제 11 통합 이해(비교문) | 실전 테스트 ④

문제집 p.356

63 ③ 64 ④

問題《もんだい》11

次《つぎ》のAとBの文章《ぶんしょう》を読《よ》んで、後《あと》の問《と》いに対《たい》する答《こた》えとして最《もっと》もよいものを、1・2・3・4から一《ひと》つ選《えら》びなさい。

문제 11

다음 A와 B의 글을 읽고, 질문에 대한 답으로 가장 알맞은 것을 1 · 2 · 3 · 4에서 하나 고르세요.

A

ネットで誹謗中傷《ひぼうちゅうしょう》を書《か》き込《こ》む人《ひと》の動機《どうき》は「許《ゆる》せない」とか「失望《しつぼう》した」といったような正義感《せいぎかん》による攻撃的《こうげきてき》な感情《かんじょう》といわれている。 63 ストレス発散《はっさん》というより、一人《ひとり》一人《ひとり》がそれぞれの価値観《かちかん》

A

인터넷에서 비방 중상을 쓰는 사람의 동기는 '용서할 수 없다'라든가 '실망했다'라는 정의감에 의한 공격적인 감정이라고 말하고 있다. 63 스트레스 발산이기보다는 한 사람 한 사람이 각각의 가치관으로 가지고 있

で持《も》っている正義感《せいぎかん》に従《したが》って、書《か》き込《こ》みをしているのだ。しかし、これは、社会的《しゃかいてき》な正義《せいぎ》ではなく、自分《じぶん》の中《なか》の正義《せいぎ》である。その書《か》き込《こ》みにより傷《きず》つく人《ひと》もいる。何《なん》らかの対策《たいさく》が必要《ひつよう》であるのは言《い》うまでもない。

その対策《たいさく》として匿名性《とくめいせい》が悪《わる》いので、発信者《はっしんしゃ》の実名制《じつめいせい》を進《すす》めていく議論《ぎろん》があるが、書《か》いている人《ひと》は自分《じぶん》が正《ただ》しいと思《おも》って正義感《せいぎかん》で書《か》いているので実名《じつめい》になったからといって撤回《てっかい》しないと思《おも》われる。それよりも、例《たと》えば、64 誹謗中傷《ひぼうちゅうしょう》のような文章《ぶんしょう》を投稿《とうこう》しようとした人《ひと》に対《たい》し、「今誹謗中傷《いまひぼうちゅうしょう》を投稿《とうこう》しようとしていますけど本当《ほんとう》にいいですか」というようなアラート（警報《けいほう》）が出《で》る仕組《しく》みを導入《どうにゅう》してはどうであろうか。

는 정의감에 따라서 댓글을 적고 있는 것이다. 그러나 이것은 사회적인 정의가 아닌 자신 속의 정의이다. 그 댓글로 인해 상처받는 사람도 있다. 어떤 대책이 필요한 것은 말할 것도 없다.

그 대책으로서, 익명성이 나쁘기 때문에 발신자의 실명제를 추진해가는 논의가 있지만, 쓰고 있는 사람은 자신이 옳다고 생각하고 정의감으로 쓰고 있기 때문에 실명제가 된다고 해서 철회하지 않을 거라고 생각된다. 그것보다도 예를 들면, 64 비방 중상 같은 글을 투고하려고 한 사람에 대해서 '지금, 비방 중상을 투고하려고 하는데, 정말로 괜찮습니까?'라는 경고가 나오는 구조를 도입하는 것은 어떨까?

B

インターネット上《じょう》に悪意《あくい》ある書《か》き込《こ》みや事実無根《じじつむこん》の悪評《あくひょう》を繰《く》り返《かえ》し書《か》き込《こ》むなどの悪質《あくしつ》な行為《こうい》が後《あと》を絶《た》たない。63 そのほとんどは、冗談《じょうだん》やいたずらのつもりだろうが、場合《ばあい》によっては犯罪《はんざい》となるケースもある。そこで書《か》き込《こ》みに実名《じつめい》を原則《げんそく》にすべきだという声《こえ》がある。しかし、そもそもネットは自由《じゆう》に意見交換《いけんこうかん》をする場《ば》であるべきだ。社会的《しゃかいてき》な立場《たちば》や地位《ちい》などを気《き》にしないで、さまざまな立場《たちば》の人《ひと》が自由《じゆう》に意見《いけん》を交換《こうかん》し、誰《だれ》もが情報《じょうほう》を得《え》て、そこから自分《じぶん》の意見《いけん》を明確《めいかく》にしていくのである。

そうしたネットで 64 実名《じつめい》を原則《げんそく》にしてしまうと、自由《じゆう》な意見《いけん》をいえなくなる。反対意見《はんたいいけん》の人《ひと》に危害《きがい》を加《くわ》えられる恐《おそ》れもある。たとえば、政治的《せいじてき》な意見《いけん》を語《かた》って、反対派《はんたいは》に激《はげ》しい攻撃《こうげき》をされることも考《かんが》えられる。また、社会的地位《しゃかいてきちい》の低《ひく》い人《ひと》が高《たか》い人《ひと》、とりわけ高名《こうめい》な人《ひと》に反論《はんろん》することも遠慮《えんりょ》しがちになる。こうなると、誰《だれ》も本音《ほんね》を言《い》えずに、きれいごとだけを語《かた》るようになる。

B

인터넷상에 악의가 있는 댓글이나 사실무근의 악평을 반복해서 쓰는 등의 악질의 행위가 끊이지 않는다. 63 그 대부분은 농담이나 장난의 의도이겠지만, 경우에 따라서는 범죄가 되는 케이스도 있다. 그래서 댓글에 실명을 원칙으로 해야 한다는 목소리가 있다. 그러나 애당초 인터넷은 자유롭게 의견 교환을 하는 장이어야 한다. 사회적인 입장이나 지위 등을 신경 쓰지 않고 여러 입장의 사람이 자유롭게 의견을 교환하고 누구나가 정보를 얻고 거기서 자신의 의견을 명확히 해 가는 것이다.

그러한 인터넷에서 64 실명을 원칙으로 해 버리면 자유로운 의견을 말할 수 없게 된다. 반대 의견의 사람에게 위해가 가해질 우려도 있다. 예를 들면 정치적인 의견을 말해서 반대파에게 심한 공격을 당하는 것도 생각할 수 있다. 또한 사회적 지위가 낮은 사람이 높은 사람, 특히 고명한 사람에게 반론하는 것도 꺼려질 수 있다. 이렇게 되면 누구도 진심을 말하지 못하고 허울 좋은 말만을 하게 된다.

단어 インターネット 인터넷 | 誹謗《ひぼう》 비방 | 中傷《ちゅうしょう》 중상 | 書《か》き込《こ》む 써 넣다 | 動機《どうき》 동기 | 許《ゆる》す 용서하다 | 失望《しつぼう》 실망 | 正義感《せいぎかん》 정의감 | 攻撃的《こうげきてき》 공격적 | 発散《はっさん》 발산 | 価値観《かちかん》 가치관 | 従《したが》う 따르다 | 社会的《しゃかいてき》 사회적 | 傷《きず》つく 상처 입다 | 対策《たいさく》 대책 | 匿名《とくめい》性《せい》 익명성 | 発信者《はっしんしゃ》 발신자 | 実名制《じつめいせい》 실명제 | 議論《ぎろん》 의논 | 撤回《てっかい》 철회 | 投稿《とうこう》 투고 | アラート 경고 | 警報《けいほう》 경보 | 仕組《しく》み 구

조 | 導入《どうにゅう》 도입 | 悪意《あくい》 악의 | 事実無根《じじつむこん》 사실무근 | 悪評《あくひょう》 악평 | 繰《く》り返《かえ》す 반복하다 | 悪質《あくしつ》 악질 | 行為《こうい》 행위 | 後《あと》を絶《た》たない 끊이지 않는다 | 冗談《じょうだん》 농담 | 犯罪《はんざい》 범죄 | 原則《げんそく》 원칙 | そもそも 애당초 | 交換《こうかん》 교환 | 立場《たちば》 입장 | 明確《めいかく》 명확 | 危害《きがい》を加《くわ》える 위해를 가하다 | 恐《おそ》れ 우려 | 政治的《せいじてき》 정치적 | 反対派《はんたいは》 반대파 | 激《はげ》しい 격심하다 | 攻撃《こうげき》 공격 | とりわけ 특히 | 高《こう》
名《めい》 고명 | 反論《はんろん》 반론 | 遠慮《えんりょ》 꺼림 | 本音《ほんね》 본심 | きれいごと 허울 좋은 것, 겉치레

63 AとBの認識《にんしき》で共通《きょうつう》しているのは何《なに》か。

1 ストレスのはけ口《ぐち》を求《もと》めて書《か》き込《こ》みをするケースもある。

2 正義感《せいぎかん》が強《つよ》い人《ひと》ほど悪質《あくしつ》な書《か》き込《こ》みをすることが多《おお》い。

3 書《か》き込《こ》みをしている本人《ほんにん》は悪《わる》いことをしている意識《いしき》は希薄《きはく》だ。

4 書《か》き込《こ》みを通《つう》じて自分《じぶん》の正当《せいとう》さを発信《はっしん》している。

63 A와 B의 인식에서 공통되고 있는 것은 무엇인가?

1 스트레스의 배출구를 찾아서 댓글을 쓰는 케이스도 있다.

2 정의감이 강함 사람일수록 악질적인 댓글을 쓰는 일이 많다.

3 댓글을 쓰고 있는 본인은 나쁜 짓을 하고 있다는 의식은 희박하다.

4 댓글을 통해서 자신의 정당함을 발신하고 있다.

풀이 인터넷상에 악의가 있는 댓글이나 악평을 쓰는 이유를 A는 '스트레스 발산이기보다는 한 사람 한 사람이 각각의 가치관으로 가지고 있는 정의감에 따라서 댓글을 적고 있다'고 말하고 있으며, B는 '그 대부분은 농담이나 장난의 의도이다'라는 내용을 통해 A와 B 모두 '본인은 나쁘지 않다'고 생각하고 있는 것임을 알 수 있으므로 정답은 3번이다.

64 インターネットの書《か》き込《こ》みの実名制《じつめいせい》についてAとBはどう考《かんが》えているか。

1 AもBも、実名制《じつめいせい》にしても悪質《あくしつ》な書《か》き込《こ》みは減《へ》らないと考《かんが》えている。

2 AもBも、実名制《じつめいせい》にすると抑止力《よくしりょく》が働《はたら》き悪質《あくしつ》な書《か》き込《こ》みは減《へ》ると考《かんが》えている。

3 Aは、実名制《じつめいせい》の効果《こうか》は期待《きたい》できるが、正義《せいぎ》にもとると考《かんが》え、Bは実名制《じつめいせい》により自由《じゆう》に意見《いけん》を言《い》えなくなると考《かんが》えている。

4 Aは、実名制《じつめいせい》よりも他《ほか》の方法《ほうほう》を探《さが》すべきだと考《かんが》え、Bは表現《ひょうげん》の自由《じゆう》が奪《うば》われるため実名制《じつめいせい》は好《この》ましくないと考《かんが》えている。

64 인터넷의 댓글의 실명제에 관해서 A와 B는 어떻게 생각하고 있는가?

1 A도 B도 실명제로 하더라도 악질적인 댓글은 줄지 않을 거라고 생각하고 있다.

2 A도 B도 실명제로 하면 억제력이 작용해 악질적인 댓글은 줄 거라고 생각하고 있다.

3 A는 실명제의 효과는 기대할 수 있지만 정의에 어긋난다고 생각하고, B는 실명제로 인해 자유롭게 의견을 말할 수 없게 될 거라고 생각하고 있다.

4 A는 실명제보다도 다른 방법을 찾아야 한다고 생각하고, B는 표현의 자유가 뺏기기 때문에 실명제는 바람직하지 않다고 생각하고 있다.

풀이 A는 '비방 중상 같은 글을 투고하려고 하는 사람에 대해서 경고가 나오는 구조를 도입하는 것은 어떨까?'라는 마지막 부분의 내용에서 '실명제가 아닌 다른 방법'을 제시하고 있음을 알 수 있고, B는 '실명을 원칙으로 해 버리면 자유로운 의견을 말할 수 없게 된다'는 내용을 통해 실명제를 바람직하게 보고 있지 않음을 알 수 있으므로 정답은 4번이다. 선택지 3번의 경우에는 B글에 대한 내용은 맞지만, A글에 대한 내용은 언급된 바가 없으므로 오답이다.

문제 12 주장 이해(장문) | 실전 테스트 ❶

문제집 p.358

65 ③ 66 ① 67 ③ 68 ②

問題《もんだい》12

次《つぎ》の文章《ぶんしょう》を読《よ》んで、後《あと》の問《と》いに対《たい》する答《こた》えとして最《もっと》もよいものを、1・2・3・4から一《ひと》つ選《えら》びなさい。

문제 12

다음 글을 읽고, 질문에 대한 답으로 가장 알맞은 것을 1 · 2 · 3 · 4에서 하나 고르세요.

65~68

美術関連《びじゅつかんれん》の仕事《しごと》をしていると、不思議《ふしぎ》なことが多々《たた》ある。その中《なか》に、「未完成《みかんせい》の美《び》」とでもいうべきことがある。絵《え》を描《か》く基本的《きほんてき》な技術《ぎじゅつ》が多少不足《たしょうふそく》していようと、不思議《ふしぎ》なことに、未完成《みかんせい》の絵《え》が魅力的《みりょくてき》に見《み》える時《とき》がある。一般《いっぱん》の仕事《しごと》は、完成度《かんせいど》が高《たか》ければ高《たか》いほど、出来栄《できば》えがよくなる。美術《びじゅつ》の世界《せかい》でも、もちろん完成度《かんせいど》は大切《たいせつ》で、完璧《かんぺき》に仕上《しあ》がった絵《え》の安定感《あんていかん》も肝心《かんじん》なところだ。

しかし、美術《びじゅつ》の場合《ばあい》は、 65 行《い》き過《す》ぎず何《なに》か物足《ものた》りない気《き》がする絵《え》の方《ほう》がむしろいい評価《ひょうか》を受《う》けるケースがよくある。子供《こども》が描《か》いた絵《え》を見《み》ると、未熟《みじゅく》さこそあるものの、驚《おどろ》きと斬新《ざんしん》な印象《いんしょう》を受《う》けた経験《けいけん》があると思《おも》う。

これはどういうことだろうか。絵《え》を描《か》いている人《ひと》が自分《じぶん》で納得《なっとく》できるところで筆《ふで》が止《と》まったらそれはそれで作品《さくひん》であるに違《ちが》いない。たとえば、肖像画《しょうぞうが》を描《か》く場合《ばあい》、顔《かお》の基本的《きほんてき》なつくりを理解《りかい》して輪郭《りんかく》を描《か》いたうえで、鼻《はな》や口《くち》、目《め》などをどんどん描《えが》いていく。それから陰影《いんえい》をつけ、立体感《りったいかん》を出《だ》すことでよりリアルな姿《すがた》に近《ちか》づいてくるのである。写実主義《しゃじつしゅぎ》の絵《え》であれば、この道筋《みちすじ》を踏《ふ》んで進《すす》めるのが決《き》まりであって、この仕方《しかた》に従《したが》うのが肖像画《しょうぞうが》の世界《せかい》では通用《つうよう》している。

だが、こうした描《えが》き方《かた》は、リアリティーこそあれ、新鮮《しんせん》さに欠《か》ける。これに対《たい》して、画家《がか》の納得《なっとく》したところで仕上《しあ》げた絵《え》では、あたかも描《か》きかけてしまったかのごとく、片耳《かたみみ》がなかったり、顔《かお》の輪郭《りんかく》だけで終《お》わっていたりすることもある。ここ

미술 관련의 일을 하고 있으면, 신기한 일이 많이 있다. 그 중에 '미완성의 미'라고 말할 만한 것이 있다. 그림을 그리는 기본적인 기술이 다소 부족해도, 신기하게도 미완성의 그림이 매력적으로 보일 때가 있다. 일반적인 일은 완성도가 높으면 높을수록, 성과가 좋아진다. 미술의 세계에서도 물론 완성도는 중요하며, 완벽하게 완성된 그림의 안정감도 중요한 부분이다.

그러나 미술의 경우는 65 과하지 않고 어쩐지 부족한 느낌이 드는 그림 쪽이 오히려 좋은 평가를 받는 경우도 곧잘 있다. 아이가 그린 그림을 보면 미숙함은 있지만, 놀라움과 참신한 인상을 받은 경험이 있을 거라고 생각한다.

이것은 무엇을 뜻할까? 그림을 그리고 있는 사람이 스스로 납득할 수 있는 부분에서 붓을 멈췄다면 그건 그것대로 작품임에 틀림없다. 예를 들면, 초상화를 그릴 경우, 얼굴의 기본적인 구조를 이해하고 윤곽을 그린 다음에, 코나 입, 눈 등을 계속해서 그려 나간다. 그리고 음영을 넣고, 입체감을 냄으로써 보다 리얼한 모습에 가까워지는 것이다. 사실주의 그림이라면, 이 과정을 밟아 나아가는 것이 규칙이며, 이 방법을 따르는 것이 초상화 세계에서는 통용되고 있다.

하지만, 이러한 그리기 방식은 사실성은 있지만, 신선함은 없다. 이에 반해, 화가가 납득한 부분에서 완성한 그림에서는 마치 그리다 말아버린 것처럼 한쪽 귀가 없거나, 얼굴의 윤곽만으로 끝나 있을 때도 있다. 여기서 미완성이라는 것은 단순히, 그리다 만 그림에 한한

で未完成《みかんせい》というのはただ、描《えが》きかけの絵《え》に限《かぎ》ったことではない。また、未完成《みかんせい》であることがいいわけではもちろんない。 66 描《か》き手《て》が本当《ほんとう》に「ウン」と頷《うなず》けるようなところで筆《ふで》を止《と》める力《ちから》を持《も》ってこそ未完成《みかんせい》が真《しん》の完成《かんせい》に転《てん》じるのだ。

(中略)

いったい、この絵《え》はなぜ未完成《みかんせい》のまま終《お》わったのか。その新鮮《しんせん》さは疑問《ぎもん》を残《のこ》し、この疑問点《ぎもんてん》を突《つ》き止《と》めるために 67 自分《じぶん》なりに考《かんが》えを深《ふか》めたり、まわりの人《ひと》と自分《じぶん》の気持《きも》ちを共有《きょうゆう》したりもしてし、その上《うえ》絵《え》に関《かん》するエピソードまで気《き》になってくるだろう。

美術《びじゅつ》において、「未完成《みかんせい》」は決定的《けっていてき》な重《おも》みを有《ゆう》している。いわゆる「描《か》き手《て》」は、絵《え》の鑑賞者《かんしょうしゃ》の反応《はんのう》に敏感《びんかん》になりがちである。 68 創造性《そうぞうせい》を問《と》うているこの世界《せかい》では、描《か》き方《かた》のデフォルトもさることながら、自分《じぶん》なりの表現《ひょうげん》や満足度《まんぞくど》、そして新鮮《しんせん》さを失《うしな》わないということがもはや画家《がか》にとって一つの武器《ぶき》になる。「あの画家《がか》は我々《われわれ》の心《こころ》を揺《ゆ》さぶってくれるのだ」という意識《いしき》が鑑賞者側《かんしょうしゃがわ》に生《う》まれると、美術《びじゅつ》に不案内《ふあんない》の人《ひと》までこの世界《せかい》に導《みちび》くことができると思《おも》う。

(注) 不案内《ふあんない》：無知《むち》、知識《ちしき》がない、よくわからない

것이 아니다. 66 그리는 사람이 진정으로 '응'이라고 수긍할 수 있는 부분에서 붓을 멈추는 힘을 가져야지만 미완성이 진정한 완성으로 바뀌는 것이다.

(중략)

도대체 이 그림은 왜 미완성인 채로 끝났을까? 그 신선함은 의문을 남기고, 이 의문점을 밝혀내기 위해서 67 자기 나름대로 생각을 깊게 한다거나, 주위에 사람과 자신의 기분을 공유하기도 하고, 심지어 그림에 관한 에피소드까지 궁금해질 것이다.

미술에 있어서, '미완성'은 결정적인 중요성을 가지고 있다. 소위 '그림을 그리는 사람'은 그림 감상자의 반응에 민감해지기 십상이다. 68 창조성을 묻고 있는 이 세계에서는 그리는 방식의 기본도 물론이거니와 자기 나름의 표현이나 만족도, 그리고 신선함을 잃지 않는다라는 것이 이제 화가에게 있어서 하나의 무기가 된다. '저 화가는 우리들의 마음을 뒤흔들어 준다'라는 의식이 감상자 측에 생겨나면, 미술에 무지한 사람까지 이 세계로 이끌 수 있을 거라고 생각한다.

(주) 잘 모름: 무지, 지식이 없다, 잘 모른다

단어 美術《びじゅつ》 미술 | 関連《かんれん》 관련 | 不思議《ふしぎ》 이상함, 희한함 | 多々《たた》ある 많이 있다 | 未完成《みかんせい》 미완성 | 美《び》 미 | 絵《え》を描《か》く 그림을 그리다 | 基本的《きほんてき》 기본적 | 技術《ぎじゅつ》 기술 | 多少《たしょう》 다소 | 出来栄《できば》え 성과 | 大切《たいせつ》 중요함, 소중함 | 完璧《かんぺき》 완벽 | 仕上《しあ》仕上《しあ》がる 완성되다 | 安定感《あんていかん》 안정감 | 肝心《かんじん》 중요함 | 行《い》き過《す》ぎ 지나침 | 物足《ものた》りない 부족하다 | 気《き》がする 생각(느낌)이 들다 | ケース 경우, 사례 | 未熟《みじゅく》 미숙 | 驚《おどろ》き 놀람 | 斬新《ざんしん》 참신 | 印象《いんしょう》 인상 | 経験《けいけん》 경험 | 納得《なっとく》 납득 | 筆《ふで》 붓 | 作品《さくひん》 작품 | 肖像画《しょうぞうが》 초상화 | 輪郭《りんかく》 윤곽 | 陰影《いんえい》をつける 음영을 넣다 | 立体感《りったいかん》 입체감 | リアル 사실적, 현실적 | 写実主義《しゃじつしゅぎ》 사실주의 | 道筋《みちすじ》を踏《ふ》む 과정을 밟다 | 進《すす》める 나아가다 | 決《き》まり 정해진 바, 규칙 | 仕方《しかた》 방법 | 従《したが》う 따르다 | 通用《つうよう》 통용 | 描《か》き方《かた》 그리는 방식 | リアリティー 현실성 | 新鮮《しんせん》さ 참신함, 신선함 | 欠《か》ける 부족하다, 결여되다 | 画家《がか》 화가 | 納得《なっとく》 납득 | あたかも 마치, 흡사 | 片耳《かたみみ》 한쪽 귀 | 頷《うなず》く 수긍하다, 고개를 끄덕이다 | 転《てん》じる 변하다, 바뀌다 | いったい 도대체 | 突《つ》き止《と》める 밝혀내다, 알아내다 | 深《ふか》める 깊게 하다 | 共有《きょうゆう》 공유 | エピソード 에피소드 | 気《き》になる 궁금하다 | 決定的《けっていてき》 결정적 | 重《おも》み 무게, 중요 | 有《ゆう》する 가지다 | いわゆる 소위 | 鑑賞者《かんしょうしゃ》 감상자 | 敏感《びんかん》 민감 | 創造性《そうぞうせい》 창조성 | 問《と》う 묻다 | デフォルト 기본 | 満足度《まんぞくど》 만족도 | 失《うしな》う 잃어버리다 | 武器《ぶき》 무기 | 揺《ゆ》さぶる (뒤)흔들다 | 不案内《ふあんない》 무지(함)

65 筆者《ひっしゃ》によりと、美術関連《びじゅつかんれん》の仕事《しごと》は一般《いっぱん》の仕事《しごと》とどのような点《てん》で異《こと》なるか。

1 完成度《かんせいど》よりも仕上《しあ》げていく過程《かてい》が重視《じゅうし》されている。
2 経験《けいけん》を積《つ》み重《かさ》ね技術力《ぎじゅつりょく》が上《あ》がっても、質《しつ》がよくなるとは限《かぎ》らない。
3 足《た》りない感《かん》じがしても、よい結果《けっか》をもたらすことがある。
4 完成度《かんせいど》が高《たか》い絵《え》より、物足《ものた》りない絵《え》のほうが好《す》かれる。

65 필자에 의하면, 미술 관련의 일은 일반적인일과 어떠한 점에서 다른가?

1 완성도보다도 완성해가는 과정이 중시되고 있다.
2 경험을 거듭하고 기술력이 올라도, 질이 좋아진다고는 할 수 없다.
3 부족한 느낌이 들어도, 좋은 결과를 가져올 때가 있다.
4 완성도가 높은 그림보다 부족한 그림 쪽이 사랑받는다.

풀이 '과하지 않고 어쩐지 부족한 느낌이 드는 그림 쪽이 오히려 좋은 평가를 받는 경우도 곧잘 있다'라는 부분에서 부족한 느낌이 들어도 좋은 결과를 가져올 수 있다고 한 3번이 정답임을 알 수 있다. 지문에서의 '평가를 받는다'가 선택지에서는 '좋은 결과를 가져온다'로 바꿔 표현되었다.

66 筆《ふで》を止《と》める力《ちから》とあるが、どうような力《ちから》か。

1 自分《じぶん》で納得《なっとく》できるところで終《お》わらせる力《ちから》
2 描《か》きたいという気持《きも》ちを抑《おさ》えられる力《ちから》
3 描《か》きすぎないことの大切《たいせつ》さがわかる力《ちから》
4 足《た》りなさを残《のこ》したまま止《と》められる力《ちから》

66 붓을 멈추는 힘이라고 하는데, 어떠한 힘인가?

1 스스로 납득할 수 있는 부분에서 끝낼 수 있는 힘
2 그리고 싶다는 기분을 억제할 수 있는 힘
3 과하게 그리지 않는 것의 중요함을 아는 힘
4 부족함을 남긴 채 멈출 수 있는 힘

풀이 "그리는 사람이 진정으로 '응'이라고 수긍할 수 있는 부분에서 붓을 멈추는 힘"이라고 했기 때문에 '스스로 납득할 수 있는 부분에서 끝낼 수 있는 힘'이라고 한 1번이 정답이 된다. 여기서는「頷《うなず》ける 수긍하다」라는 단어를 알고 있어야 정답을 찾을 수 있다.

67 筆者《ひっしゃ》によると、未完成《みかんせい》の絵《え》は鑑賞者《かんしょうしゃ》にどのように影響《えいきょう》するか。

1 絵《え》の世界《せかい》を深《ふか》く理解《りかい》して、絵《え》に対《たい》する違《い》和感《わかん》を感《かん》じなくなる。
2 未熟《みじゅく》な絵《え》に価値《かち》があるのだということに気《き》づかされる。
3 絵《え》に対《たい》する鑑賞《かんしょう》を自分《じぶん》で分析《ぶんせき》したり他人《たにん》と共有《きょうゆう》したい気持《きも》ちになる。
4 画家《がか》の未熟《みじゅく》さにひかれ、その気持《きも》ちをまわりの人《ひと》と共有《きょうゆう》するようになる。

67 필자에 의하면, 미완성의 그림은 감상자에게 어떠한 영향을 미치는가?

1 그림의 세계를 깊게 이해하고, 그림에 대한 위화감을 느끼지 않게 된다.
2 미숙한 그림에 가치가 있다라는 것을 깨닫게 된다.
3 그림에 대한 감상을 스스로 분석하기도 하고 타인과 공유하고 싶은 기분이 든다.
4 화가의 미숙함에 끌려, 그 기분을 주변 사람과 공유하게 된다.

풀이 '자기 나름대로 생각을 깊게 한다거나, 주위에 사람과 자신의 기분을 공유하기도 하고, 심지어 그림에 관한 에피소드까지 궁금해질 것이다'라는 부분이 감상자에게 끼친 영향이므로 정답은 3번이다. 또한 화가의 미숙함에 끌리는 것이 아니라 미완성인 채 끝난 그림에 의문을 가지게 되면서 끌리는 것이므로 4번은 오답이다.

68 この文章《ぶんしょう》で筆者《ひっしゃ》が言《い》いたいことは何《なに》か。

1 鑑賞者《かんしょうしゃ》に感動《かんどう》を与《あた》えられる絵《え》を描《か》くべきだ。

2 自分《じぶん》ならではの表見《ひょうけん》と斬新《ざんしん》さを持《も》つべきだ。

3 新鮮《しんせん》さを失《うしな》わないため、新《あたら》しい技術《ぎじゅつ》を磨《みが》くべきだ。

4 自分《じぶん》の未熟《みじゅく》さを隠《かく》さず、思《おも》うまま絵《え》を描《か》くべきだ。

68 이 글에서 필자가 말하고 싶은 것은 무엇인가?

1 감상자에게 감동을 줄 수 있는 그림을 그려야 한다.

2 자신만의 표현과 참신함을 가져야 한다.

3 신선함을 잃지 않기 위해, 새로운 기술을 연마해야 한다.

4 자신의 미숙함을 감추지 말고, 마음껏 그림을 그려야 한다.

풀이 '창조성을 묻고 있는 이 세계에서는 그리는 방식의 기본도 물론이거니와 자기 나름의 표현이나 만족도, 그리고 신선함을 잃지 않는다라는 것이 이제 화가에게 있어서 하나의 무기가 된다'라는 부분이 필자가 말하고자 하는 메시지이다. 결국, '자기 나름의 표현 + 만족도 + 신선함'이 화가에게 있어야 하며, 이런 부분이 있어야 감상자의 마음도 흔들 수 있다는 것이므로 정답은 2번이다.

문제 12 주장 이해(장문) | 실전 테스트 ❷

문제집 p.360

65 ① 66 ③ 67 ④ 68 ②

問題《もんだい》 12

次《つぎ》の文章《ぶんしょう》を読《よ》んで、後《あと》の問《と》いに対《たい》する答《こた》えとして最《もっと》もよいものを、1・2・3・4から一《ひと》つ選《えら》びなさい。

문제 12

다음 글을 읽고, 질문에 대한 답으로 가장 알맞은 것을 1 · 2 · 3 · 4에서 하나 고르세요.

65~68

「プライドが高《たか》くて迷惑《めいわく》な人《ひと》」にならないために何《なに》よりも必要《ひつよう》なのは、自分《じぶん》を知《し》ることである。なぜそれが必要《ひつよう》なのかというと、65 自分自身《じぶんじしん》への過大評価《かだいひょうか》のせいで陥《おちい》りやすい「勘違《かんちが》い」を防《ふせ》ぐためである。これまで紹介《しょうかい》した事例《じれい》を振《ふ》り返《かえ》ればわかるように、プライドが高《たか》い人《ひと》は、他人《たにん》からの客観的《きゃっかんてき》な評価《ひょうか》と、自分自身《じぶんじしん》について抱《だ》いている

'프라이드가 높아서 민폐가 되는 사람'이 되지 않기 위해서 무엇보다도 필요한 것은 자신을 아는 것이다. 왜 그것이 필요한가 하면 65 자기 자신에 대한 과대 평가 때문에 빠지기 쉬운 '착각'을 막기 위해서이다. 이때까지 소개한 사례를 돌아보면 알 수 있듯이 프라이드가 높은 사람은 남으로부터의 객관적 평가와 자기 자신에 관해서 가지고 있는 이미지, 특히 자기애를 투영한

イメージ、とくに自己愛《じこあい》を投影《とうえい》した理想像《りそうぞう》との間《あいだ》にズレを抱《かか》えていながら、それに気《き》づいてないことが多《おお》い。

しかも、この二《ふた》つをしばしば混同《こんどう》しているせいで、「困《こま》ったちゃん」になってしまう。この二《ふた》つが完全《かんぜん》に一致《いっち》することなどありえないのだが、社長《しゃちょう》の御曹司《おんぞうし》だとか大物《おおもの》のコネで入社《にゅうしゃ》したとかで、周囲《しゅうい》からちやほやされ少々《しょうしょう》のことであれば許容《きょよう》される環境《かんきょう》にいると、現在《げんざい》の自分自身《じぶんじしん》を客観的《きゃっかんてき》に見《み》つめるのが難《むずか》しくなる。そのせいで、思《おも》い込《こ》みが強《つよ》くなったり、視野《しや》が狭《せま》くなったりしがちなので、そうならないためにこそ、自分《じぶん》を知《し》ることが必要《ひつよう》なのである。では、自分《じぶん》の何《なに》を知《し》るのか？

まず、何《なに》よりも現在《げんざい》の自分《じぶん》の能力《のうりょく》と、その限界《げんかい》である。もちろん、 66 他人《たにん》からどう見《み》られているかを気《き》にしすぎるのは困《こま》りものだ。場合《ばあい》によっては、自意識過剰《じいしきかじょう》に陥《おちい》ったり、他人《たにん》の視線《しせん》を恐《おそ》れたりして、身動《みうご》きがとれなくなるようなことにもなりかねない。

（中略）

職場《しょくば》、学校《がっこう》、家庭《かてい》などで、多《おお》かれ少《すく》なかれ他人《たにん》と関《かか》わりながら生《い》きてゆかなければならない以上《いじょう》、あなたが自分自身《じぶんじしん》について抱《だ》いているイメージと、他人《たにん》からの客観的《きゃっかんてき》な評価《ひょうか》とのズレはできるだけ小《ちい》さいほうがいい。このズレが大《おお》きければ大《おお》きいほど勘違《かんちが》いしやすいからである。それを防《ふせ》ぐためにこそ、 67 他人《たにん》の目《め》にあなたがどんなふうに映《うつ》っているのかをある程度知《ていどし》っておくことが必要《ひつよう》なのである。そのためには、どうすればいいのか? まず、他人《たにん》の話《はなし》を聞《き》くこと、ときには進《すす》んで他人《たにん》の意見《いけん》や助言《じょげん》を求《もと》めることである。

（中略）

もちろん、全部真《ぜんぶま》に受《う》ける必要《ひつよう》などない。中《なか》には、あなたをけなして自信《じしん》を失《うしな》わせようとするような人間《にんげん》だっているかもしれないのだから。

（中略）

ただ、勘違《かんちが》いのもとになりやすいズレを修正《しゅうせい》す

이상상과의 사이에 차이를 가지면서도 그것을 알아차리지 못할 때가 많다.

게다가 이 두 가지를 가끔 혼동하고 있는 탓에 '벽창호'가 되어버린다. 이 두 가지가 완전히 일치하는 경우는 있을 수 없지만 사장의 자제나 거물급 연줄로 회사에 입사했다고 해서 주위로부터 추켜세워져 웬만한 일이라면 허용되는 환경에 있으면 현재의 자기 자신을 객관적으로 바라보는 것이 어려워진다. 그 때문에 확신이 강해지기도 하고 시야가 좁아지게 되기 십상이므로 그렇게 되지 않기 위해서 자신을 아는 것이 필요하다. 그럼, 자신의 무엇을 아는 것일까?

우선 무엇보다도 현재 자신의 능력과 그 한계이다. 물론 66 남으로부터 어떻게 보여지고 있는가를 지나치게 신경 쓰는 것은 골칫거리다. 경우에 따라서는 자의식 과잉에 빠지거나 남의 시선을 두려워하거나 해서 꼼짝 못하게 될지도 모른다.

（중략）

직장, 학교, 가정 등에서 많든 적든 남과 관계하면서 살아갈 수밖에 없는 이상, 당신이 자기 자신에 관해서 갖고 있는 이미지와 남으로부터의 객관적 평가의 차이는 될 수 있는 한 작은 쪽이 좋다. 이 차이가 크면 클수록 착각하기 쉽기 때문이다. 그것을 막기 위해서 67 남의 눈에 당신이 어떤 식으로 비춰지고 있는가를 어느 정도 알아 둘 필요가 있다. 그를 위해서는 어떻게 하면 좋을까? 우선 남의 이야기를 들을 것, 때로는 자진해서 남의 의견이나 조언을 구하는 것이다.

（중략）

물론 전부 진심으로 받아들일 필요는 없다. 그중에는 당신을 비난해서 자신감을 잃게 하려는 사람도 있을지도 모르기 때문에.

（중략）

단, 착각의 바탕이 되기 쉬운 차이를 수정하기 위해

るためには、やはり他人《たにん》の話《はなし》を聞《き》くしかない。逆説《ぎゃくせつ》的《てき》な言《い》い方《かた》だが、68 他人《たにん》の意見《いけん》や助言《じょげん》を選《え》り分《わ》けて、切《き》り捨《す》ててもかまわないと判断《はんだん》したものを聞《き》き流《なが》せるようになるためにこそ、できるだけ多《おお》くの人《ひと》の声《こえ》に耳《みみ》を傾《かたむ》けることが必要《ひつよう》なのである。

(片田珠美《かただたまみ》「プライドが高《たか》くて迷惑《めいわく》な人《ひと》」による)

(注) 社長《しゃちょう》の御曹司《おんぞうし》：社長《しゃちょう》の息子《むすこ》

서는 역시 남의 이야기를 들을 수밖에 없다. 역설적인 표현이지만 68 남의 의견이나 조언을 추려서 잘라버려도, 상관없다고 판단한 것을 흘려듣기 위해서라도 될 수 있는 한 많은 사람의 소리에 귀를 기울일 필요가 있는 것이다.

(가타다 타마미 「자존심이 높아서 폐를 끼치는 사람」에 의함)

(주) 사장의 자제: 사장의 아들

단어 迷惑《めいわく》 폐 | 過大《かだい》 과대 | 評価《ひょうか》 평가 | 陥《おちい》る 빠지다 | 勘違《かんちが》い 착각 | 防《ふせ》ぐ 막다 | 事例《じれい》 사례 | 振《ふ》り返《かえ》る 돌아보다 | 客観的《きゃっかんてき》 객관적 | 評価《ひょうか》 평가 | 抱《だ》く 품다 | 自己愛《じこあい》 자기애 | 投影《とうえい》 투영 | 理想像《りそうぞう》 이상상 | ズレ 어긋남, 차이 | 抱《かか》える 안다 | 混同《こんどう》 혼동 | 御曹司《おんぞうし》 아들, 자제 | 大物《おおもの》 거물 | コネ 연줄 | 入社《にゅうしゃ》 입사 | 周囲《しゅうい》 주위 | ちやほやする 추켜세우다 | 許容《きょよう》 허용 | 思《おも》い込《こ》む 믿어버리다 | 視野《しや》 시야 | 自意識《じいしき》 자의식 | 過剰《かじょう》 과잉 | 視線《しせん》 시선 | 恐《おそ》れる 두려워하다 | 身動《みうご》きがとれない 꼼짝도 못하다 | 職場《しょくば》 직장 | 多《おお》かれ少《すく》なかれ 다소간에 | 映《うつ》る 비치다 | 程度《ていど》 정도 | けなす 폄하하다 | 失《うしな》う 잃다 | 修正《しゅうせい》 수정 | 逆説的《ぎゃくせつてき》 역설적 | 選《え》り分《わ》ける 골라내다, 추려 내다 | 切《き》り捨《す》てる 잘라 버리다 | 聞《き》き流《なが》す 건성으로 듣다 | 耳《みみ》を傾《かたむ》ける 귀를 기울이다

65 筆者《ひっしゃ》はプライドが高《たか》い人《ひと》が起《お》こしやすい勘違《かんちが》いは何《なん》だと述《の》べているか。

1 自分《じぶん》が優《すぐ》れていると思《おも》い込《こ》むこと
2 自分《じぶん》の欠点《けってん》を他人《たにん》のせいだと考《かんが》えること
3 相手《あいて》が優《すぐ》れていると思《おも》い込《こ》むこと
4 相手《あいて》の欠点《けってん》が長所《ちょうしょ》に見《み》えること

65 필자는 프라이드가 높은 사람이 일으키기 쉬운 착각은 무엇이라고 말하고 있는가?

1 자신이 뛰어나다고 믿는 것
2 자신의 결점을 남의 탓이라고 생각하는 것
3 상대가 뛰어나다고 믿어버리는 것
4 상대의 결점이 장점으로 보이는 것

풀이 첫 번째 단락의 앞 부분에 보면 '자기 자신에 대한 과대평가 때문에 빠지기 쉬운 착각'이라고 나와 있으며, 이는 '자신에 대한 과대평가'를 '자신이 뛰어나다고 믿는 것'으로 바꿔 표현한 1번이 정답으로 적당하다.

66 他人《たにん》からどう見《み》られているか意識《いしき》しすぎるとどうなるか。

1 他人《たにん》の目《め》を気《き》にして自分自身《じぶんじしん》を過大評価《かだいひょうか》してしまう。
2 人《ひと》からの助言《じょげん》と評価《ひょうか》に敏感《びんかん》になる。
3 常《つね》に他人《たにん》の目《め》を意識《いしき》して自由《じゆう》にふるまえなくなる。
4 他人《たにん》に好《す》かれるようにと不自然《ふしぜん》に行動《こうどう》をとるようになる。

66 남으로부터 어떻게 보여지고 있는가 지나치게 의식하면 어떻게 되는가?

1 남의 눈을 신경 써서 자기 자신을 과대평가해 버린다.
2 남으로부터의 조언과 평가에 민감해진다.
3 항상 남의 눈을 의식해서 자유롭게 행동할 수 없게 된다.
4 남에게 호감을 얻고자 부자연스럽게 행동하게 된다.

풀이 둘째 단락에 '남으로부터 어떻게 보여지고 있는가를 지나치게 신경 쓰는 것은 자의식 과잉에 빠지거나 남의 시선을 두려워하거나 해서 꼼짝 못하게 될지도 모른다'고 나와 있다. 한편 '꼼짝 못하게 될지도 모른다'를 '자유롭게 행동할 수 없게 된다'로 바꿔 표현한 3번이 정답으로 적당하다.

67 できるだけ小《ちい》さいほうがいいとあるがそのためにはどうすればよいか。

1 自分《じぶん》の欠点《けってん》が何《なん》なのか他人《たにん》に聞《き》いてそれを直《なお》すようにする。

2 他人《たにん》が自分《じぶん》のことをどのように思《おも》っているか考《かんが》えるようにする。

3 他人《たにん》の意見《いけん》に惑《まど》わされることなく自分自身《じぶんじしん》を信《しん》じるようにする。

4 自分《じぶん》が他人《たにん》にどう見《み》えているのか他人《たにん》の話《はなし》を聞《き》くようにする。

67 될 수 있는 한 작은 쪽이 좋다라고 하는데 그를 위해서는 어떻게 하면 좋은가?

1 자신의 결점이 무엇인지 남에게 물어서 그것을 고치도록 한다.

2 남이 자신에 대해서 어떻게 생각하고 있는지 생각하도록 한다.

3 남의 의견에 현혹되지 말고 자기 자신을 믿도록 한다.

4 자신이 남에게 어떻게 보여지는지 남의 이야기를 듣도록 한다.

풀이 '될 수 있는 한 작은 쪽이 좋다'의 주어는 밑줄 바로 앞에 있는 '객관적 평가의 차이'이며 그 차이가 크면 착각하기 쉽기 때문에 그것을 막기 위해서는 '남의 눈에 당신이 어떤 식으로 비춰지고 있는가를 알아 둘 필요가 있으며, 그것을 위해서는 우선 남의 이야기를 듣고 자진해서 남의 의견이나 조언을 구하는 것이다'라고 나와있으므로 4번이 정답으로 적당하다.

68 他人《たにん》の話《はなし》を聞《き》くことについて筆者《ひっしゃ》はどのように考《かんが》えているか。

1 他人《たにん》の話《はなし》に依存《いぞん》しすぎると他人《たにん》の視線《しせん》を恐《おそ》れるようになるので適度《てきど》に聞《き》くべきだ。

2 他人《たにん》の話《はなし》を選別《せんべつ》できるように可能《かのう》な限《かぎ》り多《おお》くの意見《いけん》を聞《き》くようにするべきだ。

3 他人《たにん》の話《はなし》は誇張《こちょう》されがちなので場合《ばあい》によっては聞《き》き流《なが》すようにすべきだ。

4 他人《たにん》の話《はなし》を聞《き》くときは自分自身《じぶんじしん》を見失《みうしな》うことがないように気《き》をつけて聞《き》くべきだ。

68 남의 이야기를 듣는 것에 관해서 필자는 어떻게 생각하고 있는가?

1 남의 이야기에 지나치게 의존하면 남의 시선을 두려워하게 되기 때문에 적당하게 들어야만 한다.

2 남의 이야기를 선별할 수 있도록 가능한 한 많은 의견을 듣도록 해야만 한다.

3 남의 이야기는 과장되기 십상이기 때문에 경우에 따라서는 흘려듣도록 해야만 한다.

4 남의 이야기를 들을 때는 자기 자신을 잃지 않도록 주의해서 들어야만 한다.

풀이 마지막 단락에 '착각의 바탕이 되기 쉬운 차이를 수정하기 위해서는 남의 이야기를 들을 수밖에 없으며, 남의 의견이나 조언을 추려 듣거나 흘려듣기 위해서는 될 수 있는 한 많은 사람의 소리에 귀를 기울일 필요가 있다'는 내용이 나오는데, '추려 낸다'를 '선별'이라는 말로, '많은 소리에 귀를 기울인다'를 '많은 의견을 듣는다'로 바꿔 표현한 2번이 정답으로 적당하다.

문제집 p.362

65 ② 66 ④ 67 ②

問題《もんだい》12

次《つぎ》の文章《ぶんしょう》を読《よ》んで、後《あと》の問《と》いに対《たい》する答《こた》えとして最《もっと》もよいものを、1・2・3・4から一《ひと》つ選《えら》びなさい。

문제 12

다음 글을 읽고, 질문에 대한 답으로 가장 알맞은 것을 1 · 2 · 3 · 4에서 하나 고르세요.

65~67

戦後《せんご》、農業《のうぎょう》は一貫《いっかん》して縮小産業《しゅくしょうさんぎょう》でした。しかも、既《すで》に貿易障壁《ぼうえきしょうへき》がほとんど取《と》り払《はら》われてしまっている製造業《せいぞうぎょう》とは異《こと》なり、農業《のうぎょう》はこれからますます厳《きび》しい国際競争《こくさいきょうそう》にさらされます。農業《のうぎょう》のウエイトは小《ちい》さくなるという想定《そうてい》をしておかなくてはなりません。したがって、離農《りのう》プログラムは当然《とうぜん》に必要《ひつよう》なものです。

かりに、農業《のうぎょう》のウエイトが小《ちい》さくならないにしても、離農《りのう》プログラムは必要《ひつよう》です。農地《のうち》は限《かぎ》られているのですから、誰《だれ》かが新《あら》たに農業参入《のうぎょうさんにゅう》したり、規模《きぼ》を拡大《かくだい》したりするためには、誰《だれ》かが農地《のうち》を手放《てばな》さなくてはなりません。 65 今後《こんご》も、農《のう》業機械《ぎょうきかい》の大型化《おおがたか》は進《すす》むでしょうから、そうなるとますます、一人《ひとり》の農業者《のうぎょうしゃ》が耕作《こうさく》する農地面積《のうちめんせき》が拡《かく》大《だい》するはずです。ちょうど一般《いっぱん》の企業《きぎょう》に勤《つと》める人《ひと》がベースアップを求《もと》めるように、農家《のうか》も所得水準《しょとくすいじゅん》の持続的向上《じぞくてきこうじょう》を目指《めざ》しますから、規模拡大《きぼかくだい》の志向《しこう》は続《つづ》くでしょう。ということは、かりに 新規就《しんきしゅう》農《のう》がゼロであっても持続的《じぞくてき》に離農者《りのうしゃ》が必要《ひつよう》であることを意味《いみ》します。

農外《のうがい》に安定的《あんていてき》な収入機会《しゅうにゅうきかい》を確保《かくほ》している兼業農《けんぎょうのう》家《か》や高齢農家《こうれいのうか》であれば、離農《りのう》にともなう補償《ほしょう》は金《きん》額的《がくてき》にはあまり必要《ひつよう》としないかもしれません。しかし、その場合《ばあい》でも、自主的《じしゅてき》に農地《のうち》を手放《てばな》してもらうための工夫《くふう》が必要《ひつよう》です。たとえば、 66 離《り》農《のう》にともなう所得減少《しょとくげんしょう》に対《たい》して補償金《ほしょうきん》を給付《きゅうふ》する一方《いっぽう》、相続税《そうぞくぜい》の負担《ふたん》を引《ひ》き上《あ》げれば、ほんとうに高齢化《こうれいか》して営農《えいのう》ができなくなる前《まえ》に農地《のうち》を手放《てばな》そ

전후, 농업은 일관되게 축소 산업이었습니다. 게다가 이미 무역 장벽이 거의 헐려져 버리고 있는 제조업과는 다르게, 농업은 앞으로 점점 엄격한 국제 경쟁에 노출됩니다. 농업의 중요도는 작아진다는 상정을 해 두지 않으면 안 됩니다. 따라서 이농 프로그램은 당연히 필요한 것입니다.

가령 농업의 중요도가 작아지지 않는다고 하더라도 이농 프로그램은 필요합니다. 농지는 한정되어 있기 때문에 누군가가 새로 농업에 참여하거나 규모를 확대하거나 하기 위해서는 누군가가 농지를 처분하지 않으면 안 됩니다. 65 앞으로도 농업 기계의 대형화는 진행될 것이고 그렇게 되면 점점, 한 사람의 농업자가 경작하는 농지 면적이 확대될 것입니다. 마치 일반 기업에 근무하는 사람이 임금 인상을 요구하듯이 농가도 소득 수준의 지속적 향상을 목표로 하기 때문에 규모 확대의 지향은 계속될 겁니다. 그렇다는 것은 가령 신규 취농이 제로라도 지속적으로 이농자가 필요한 것을 의미합니다.

농업 외에 안정적인 수입 기회를 확보하고 있는 겸업 농가나 고령 농가라면, 이농에 따른 보상은 금액적으로는 그다지 필요하지 않을지도 모릅니다. 그러나 그런 경우라도 자주적으로 농지를 처분하기 위한 궁리가 필요합니다. 예를 들면 66 이농에 따른 소득 감소에 대해서 보상금을 급부하는 한편, 상속세의 부담을 인상하면, 정말로 고령화되어 영농을 할 수 없기 전에 농지를 처분하고자 하는 동기 부여가 될 겁니다.

うという動機《どうき》づけになるでしょう。

昨今《さっこん》の農業《のうぎょう》ブームでは新規《しんき》参入《さんにゅう》を礼讃《らいさん》するものが氾濫《はんらん》していましたが、離農《りのう》プログラムについてはほとんど言及《げんきゅう》がありません。しかし、 67 新《しん》規就農《きしゅうのう》が必《かなら》ずしも成功《せいこう》しないことも考慮《こうりょ》に入《い》れて新規就農者《しんきしゅうのうしゃ》が営農《えいのう》事業《じぎょう》に失敗《しっぱい》したときの撤退《てったい》支援《しえん》を最初《さいしょ》から用意《ようい》しておかなくては無責任《むせきにん》です。たとえば、固定《こてい》負債《ふさい》を抱《かか》えて農業《のうぎょう》から撤退《てったい》するときの資金《しきん》援助《えんじょ》をどうするかとか、農業《のうぎょう》から他産業《たさんぎょう》へ転職《てんしょく》する場合《ばあい》の職業《しょくぎょう》訓練《くんれん》などをじゅうぶんに準備《じゅんび》した上《うえ》で新規就農《しんきしゅうのう》を促《うなが》さなくては、政策《せいさく》として不《ふ》誠実《せいじつ》です。営農《えいのう》に失敗《しっぱい》して負債《ふさい》整理《せいり》に追《お》い込《こ》まれたときでも、転職《てんしょく》資金《しきん》くらいは残《のこ》るように金融機《きんゆうき》関《かん》(公庫《こうこ》・JA等《など》)の債権《さいけん》放棄《ほうき》を促《うなが》すなど、スムーズな撤退《てったい》の道筋《みちすじ》を準備《じゅんび》する必要《ひつよう》もあるでしょう。

実《じつ》は、農業《のうぎょう》を雇用《こよう》の受《う》け皿《ざら》として不用意《ふようい》な推奨《すいしょう》をして、悲惨《ひさん》な顛末《てんまつ》になったというのは、過去《かこ》にも何度《なんど》もあります。たとえば、昭和《しょうわ》三〇《さんじゅう》~四〇年《よんじゅうねん》代《だい》、パイロットファーム事業《じぎょう》と称《しょう》して、北海道《ほっかいどう》の広大《こうだい》な原野《げんや》に国費《こくひ》で畜産《ちくさん》施設《しせつ》を建設《けんせつ》し、新規就農《しんきしゅうのう》者《しゃ》に分譲《ぶんじょう》しました。衆目《しゅうもく》と期待《きたい》を集《あつ》めて始《はじ》まった事業《じぎょう》でしたが、収益《しゅうえき》があがらず、多《おお》くの新規就農《しんきしゅうのう》者《しゃ》は、借金《しゃっきん》を抱《かか》えて廃業《はいぎょう》を余儀《よぎ》なくされました。

(中略)

この苦《にが》い経験《けいけん》を忘《わす》れてはいけません。

(神門善久《ごうどよしひさ》「さよならニッポン農業《のうぎょう》」による)

(注1) 顛末《てんまつ》：始《はじ》めから終《お》わりまで

(注2) パイロットファーム：機械《きかい》を導入《どうにゅう》して、近《きん》代経営《だいけいえい》の形態《けいたい》をとる先駆的《せんくてき》な実験農場《じっけんのうじょう》

요즘의 농업 붐으로는 신규 참여를 예찬하는 사람이 범람하고 있지만, 이농 프로그램에 관해서는 거의 언급이 없습니다. 그러나 67 신규 취농이 반드시 성공하지 않을 것도 고려해서 신규 취농자가 영농 사업에 실패했을 때의 철수 지원을 처음부터 준비해 두지 않으면 무책임한 겁니다. 예를 들면 고정부채를 떠안고 농업으로부터 철수할 때의 자금원조를 어떻게 할 것인가나 농업에서 타 산업으로 전직하는 경우 직업 훈련 등을 충분히 준비한 다음에 신규 취농을 촉구하지 않으면 정책으로서 불성실한 겁니다. 영농에 실패해서 부채정리에 몰렸을 때라도 전직 자금정도는 남을 수 있도록 금융기관(공고·JA 등)의 채권포기를 촉구하는 등, 원활한 철수 코스를 준비할 필요도 있을 겁니다.

실은 농업을 고용의 수용처로서 부주의한 추장을 해서 비참한 전말이 되었던 것은 과거에도 몇 번이나 있습니다. 예를 들면, 쇼와 30~40년대에 시범 농장 사업이라 칭하고 홋카이도의 광대한 벌판에 국비로 축산 시설을 건설해서 신규 취농자에게 분양했습니다. 뭇사람의 눈과 기대를 모아서 시작된 사업이었지만 수익이 나지 않아 많은 신규 취농자는 빚을 떠안고 어쩔 수 없이 폐업을 하게 되었습니다.

(중략)

이 쓴 경험을 잊어서는 안 됩니다.

(고도 요시히사 「잘 가라 일본 농업」에 의함)

(주1) 전말: 처음부터 끝까지

(주2) 파일럿팜(시험 농장): 기계를 도입해, 근대 경영의 형태를 취한 선구적인 실험 농장

단어 戦後《せんご》 전후 | 縮小《しゅくしょう》 축소 | 産業《さんぎょう》 산업 | 既《すで》に 이미 | 貿易《ぼうえき》 무역 | 障壁《しょうへき》 장벽 | 取《と》り払《はら》う 철거하다, 치우다 | 製造業《せいぞうぎょう》 제조업 | 異《こと》なる 다르다 | 厳《きび》しい 엄격하다 | 競争《きょうそう》 경쟁 | さらす 노출시키다 | ウエイト 중점, 중요도 | 想定《そうてい》 상정 | 離農《りのう》 이농 | 新《あら》たに 새롭게 | 参入《さんにゅう》 참여 | 規模《きぼ》 규모 | 拡大《かくだい》 확대 | 手放《てばな》す 손 떼다 | 大型化《おおがたか》 대형화 | 耕作《こうさく》경작 | 面積《めんせき》 면적 | 勤《つと》める 근무하다 | ベースアップ 임금 인상 | 所得《しょとく》 소득 | 水準《すいじゅん》 수준 | 持続的《じぞくてき》 지속적 | 向上《こうじょう》 향상 | 目指《めざ》す 목표로 하다 | 志向《しこう》 지향 | 新規《しんき》 신규 | 就農《しゅうのう》 취농 | 安定的《あんていてき》 안정적 | 収入《しゅうにゅう》 수입 | 機会《きかい》 기회 | 確保《かくほ》 확보 | 兼業《けんぎょう》 겸업 | 高齢農家《こうれいのうか》 고령 농가 | 補償《ほしょう》 보상 | 金額的《きんがくてき》 금액적 | 工夫《くふう》 연구, 고안 | 減少《げんしょう》 감소 | 給付《きゅうふ》 급부 | 相続税《そうぞくぜい》 상속세 | 負担《ふたん》 부담 | 高齢化《こうれいか》 고령화 | 営農《えいのう》 영농 | 動機《どうき》づけ 동기 부여 | 昨今《さっこん》 요즈음 | 礼讃《らいさん》 예찬 | 氾濫《はんらん》 범람 | 言及《げんきゅう》 언급 | 成功《せいこう》 성공 | 考慮《こうりょ》 고려 | 事業《じぎょう》 사업 | 失敗《しっぱい》 실패 | 撤退《てったい》 철퇴, 철수 | 支援《しえん》 지원 | 用意《ようい》 준비 | 無責任《むせきにん》 무책임 | 固定《こてい》 고정 | 負債《ふさい》を抱《かか》える 부채를 떠안다 |

資金《しきん》 자금 | 援助《えんじょ》 원조 | 転職《てんしょく》 전직 | 訓練《くんれん》 교훈 | 促《うなが》す 촉구하다 | 政策《せいさく》 정책 | 不誠実《ふせいじつ》 불성실 | 追《お》い込《こ》む 몰아넣다 | 金《きん》融《ゆう》 금융 | 機関《きかん》 기관 | 公庫《こうこ》 공고, 주택이나 사업 자금을 대부하는 정부기관 | 債権《さいけん》 채권 | 放棄《ほうき》 포기 | 道筋《みちすじ》 코스, 가는 길 | 雇用《こよう》 고용 | 受《う》け皿《ざら》 수용처 | 不用意《ふようい》 부주의 | 推奨《すいしょう》 추장(여럿 가운데서 뽑아 씀) | 悲惨《ひさん》 비참 | 顛末《てんまつ》 전말 | 昭《しょう》和《わ》 쇼와(연호 1926~1989) | パイロットファーム 시범 농장 | 称《しょう》する 칭하다 | 広大《こうだい》 광대 | 原野《げんや》 벌판 | 国費《こくひ》 국비 | 畜産《ちくさん》 축산 | 施設《しせつ》 시설 | 建設《けんせつ》 건설 | 分譲《ぶんじょう》 분양 | 衆目《しゅうもく》 뭇사람의 보는 눈 | 収益《しゅうえき》 수익 | 借金《しゃっきん》 빚 | 廃業《はいぎょう》 폐업 | を余儀《よぎ》なくされる ~을 어쩔 수 없이 하다 | 苦《にが》い経験《けいけん》 쓴 경험

65 新規就農《しんきしゅうのう》がゼロであっても持続的《じぞくてき》に離農《りのう》者《しゃ》が必要《ひつよう》であることを意味《いみ》しますとあるがなぜか。

1 誰《だれ》かが農業《のうぎょう》を始《はじ》めると農地《のうち》が新《あら》たに必要《ひつよう》になるから
2 農地面積《のうちめんせき》の拡大志向《かくだいしこう》が今後予想《こんごよそう》されるから
3 一般企業《いっぱんきぎょう》の進出《しんしゅつ》を促《うなが》すには土地《とち》がいるから
4 農業機械《のうぎょうきかい》の大型化《おおがたか》に伴《ともな》い高所得農家《こうしょとくのうか》が増《ふ》えるから

65 신규 취농이 제로라도 지속적으로 이농자가 필요하다는 것을 의미합니다라고 하는데 왜인가?

1 누군가가 농업을 시작하면 농지가 새로 필요해지기 때문에
2 농지 면적의 확대 지향이 앞으로 예상되기 때문에
3 일반 기업의 진출을 촉구하려면 토지가 필요하기 때문에
4 농업 기계의 대형화에 따른 고소득 농가가 늘기 때문에

풀이 밑줄 앞의 내용을 보면 '앞으로도 농업 기계의 대형화는 진행될 것이고 → 그렇게 되면 점점, 한 사람의 농업자가 경작하는 농지 면적이 확대될 것이며 → 농가도 소득 수준의 지속적 향상을 목표로 하기 때문에 규모 확대의 지향은 계속될 겁니다'라는 말을 통해 이농자가 필요한 이유는 2번임을 알 수 있다.

66 高齢農家《こうれいのうか》に農地《のうち》を手放《てばな》してもらうためにはどうすればよいと述《の》べているか。

1 離農後《りのうご》の転職《てんしょく》の斡旋《あっせん》をする。
2 跡継《あとつ》ぎの募集《ぼしゅう》をする。
3 離農《りのう》の手続《てつづ》きを代行《だいこう》する。
4 離農《りのう》に伴《ともな》う経済的《けいざいてき》な支援《しえん》を行《おこな》う。

66 고령 농가에 농지를 처분하게 하기 위해서는 어떻게 하면 좋다고 말하고 있는가?

1 이농 후의 전직의 알선을 한다.
2 후계자 모집을 한다.
3 이농의 절차를 대행한다.
4 이농에 따른 경제적 지원을 한다.

풀이 고령 농가의 농지 처분을 위한 방법으로는 세 번째 단락에 있는데 그 내용을 정리해 보면, '이농에 동반하는 소득 감소에 대한 보상금을 급부하고, 상속세의 부담을 인상하면, 고령화되어 영농을 할 수 없기 전에 농지를 처분하고자 하는 동기 부여가 될 것'이라고 두 가지 내용을 담고 있는데, 그중 앞의 내용을 담고 있는 4번이 정답으로 적합하다.

67 筆者《ひっしゃ》は農業政策《のうぎょうせいさく》についてどのように考《かんが》えているか。

1 農業《のうぎょう》に従事《じゅうじ》してもらえるように農業《のうぎょう》の魅力《みりょく》をもっと発信《はっしん》すべきである。
2 万一農業《まんいちのうぎょう》に失敗《しっぱい》した場合《ばあい》にも被害《ひがい》が最小限《さいしょうげん》にすむような仕組《しく》みを事前《じぜん》に作《つく》るべきだ。
3 農業《のうぎょう》の新規参入《しんきさんにゅう》を促《うなが》すよりも離農《りのう》プログラムに力《ちから》をいれるべきだ。
4 農業《のうぎょう》から離《はな》れないように財政的《ざいせいてき》な支援《しえん》を大胆《だいたん》かつ積極的《せっきょくてき》に行《おこな》うべきだ。

67 필자는 농업 정책에 관해서 어떻게 생각하고 있는가?

1 농업에 종사하게 할 수 있도록 농업의 매력을 좀 더 전파해야만 한다.
2 만일 농업에 실패한 경우라도 피해가 최소한으로 끝날 수 있는 구조를 사전에 만들어야만 한다.
3 농업의 신규 참여를 촉구하기보다도 이농 프로그램에 힘을 쏟아야 한다.
4 농업에서 떠나지 않도록 재정적인 지원을 대담하고 적극적으로 행해야 한다.

풀이 필자의 농업 정책에 대한 생각은 네 번째 단락의 '신규 취농자가 영농 사업에 실패했을 때의 철수 지원을 처음부터 준비해 두지 않으면 무책임한 것'이며, 원활한 철수 코스를 준비할 필요가 있다'는 내용이다. 따라서 정답은 2번이다. 그리고 이것에 대한 경험의 예는 마지막 단락에 나와 있으며, 마지막줄에 '이 쓴 경험을 잊어서는 안 된다'고 마무리 짓고 있다.

문제 12 주장 이해(장문) | 실전 테스트 ❹

문제집 p.364

65 ③ 66 ① 67 ①

問題《もんだい》 12

次《つぎ》の文章《ぶんしょう》を読《よ》んで、後《あと》の問《と》いに対《たい》する答《こた》えとして最《もっと》もよいものを、1・2・3・4から一《ひと》つ選《えら》びなさい。

문제 12

다음 글을 읽고, 뒤의 질문에 대한 답으로 가장 알맞은 것을 1・2・3・4에서 하나 고르세요.

65~67

さまざまな実験《じっけん》から、65 心理的《しんりてき》なストレスの正体《しょうたい》は、「予測《よそく》ができないこと」と「対処《たいしょ》ができないこと」であることがわかっている。抜《ぬ》き打《う》ち検査《けんさ》は常《つね》にイヤなものだ。それは予測《よそく》ができないからである。意地悪《いじわる》な上司《じょうし》のやることは予測《よそく》できない。昨日《きのう》はほめたことを今日《きょう》は叱《しか》る。イヤな上司《じょうし》でも命令《めいれい》にはさからえない。

それは対処《たいしょ》できないからイヤなのである。転勤《てんきん》の命令《めいれい》はたとえ栄転《えいてん》であってもわずらわしい。これも対処《たいしょ》できないからだ。従《したが》うほかはない。こう

여러 가지 실험으로부터 65 심리적인 스트레스의 정체는 '예측할 수 없는 것'과 '대처할 수 없는 것'이라는 것으로 알려져 있다. 불시 검사는 항상 싫은 일이다. 그것은 예측할 수 없기 때문이다. 심술을 부리는 상사가 하는 짓은 예측할 수 없다. 어제는 칭찬한 일을 오늘은 야단친다. 싫은 상사라도 명령은 거역할 수 없다.

그것은 대처할 수 없기 때문에 싫은 것이다. 전근 명령은 설령 영전이라도 번거롭다. 이것도 대처할 수 없기 때문이다. 따를 수밖에 없다. 이러한 성질을 가지고

いう性質《せいしつ》を持《も》っている出来事《できごと》は、たとえ「おめでとうございます」と言《い》われるようなことであってもストレスになる。

（中略）

もう少《すこ》し詳《くわ》しい研究《けんきゅう》によると、 65 これまでは予測《よそく》できたことが予測《よそく》できなくなった。あるいは、これまでは対処《たいしょ》できたことがもはや自分《じぶん》には対処《たいしょ》できなくなった、という「喪失《そうしつ》」もストレスになる。身体機能《しんたいきのう》が衰《おとろ》えて、普段《ふだん》つまずかないような場所《ばしょ》に足《あし》をひっかけたりすると、たったそれだけのことでも一日《いちにち》が楽《たの》しくなくなるくらいがっかりしてイライラする。

こういうストレスに立《た》ち向《む》かうときには「問《もん》題解決型《だいかいけつがた》」と「情動焦点型《じょうどうしょうてんがた》」の二通《ふたとお》りの方法《ほうほう》がある。 66 問題解決型《もんだいかいけつがた》とは文字通《もじどお》り問題《もんだい》に正面《しょうめん》から取《と》り組《く》んで突破《とっぱ》することだ。気持《きも》ちがどんなに慰《なぐさ》められても問題《もんだい》が残《のこ》っている限《かぎ》り、いつまでもそれは「未完《みかん》の課題《かだい》」として気《き》になる。したがって、いずれはがっぷり四《よ》つに組《く》んでの解決《かいけつ》が必要《ひつよう》である。だが、そのためにはこちらも覚悟《かくご》が必要《ひつよう》だし、それなりの準備《じゅんび》もしなくてはならない。

いっぽう、情動焦点型《じょうどうしょうてんかた》というのは、ストレス反《はん》応《のう》として起《お》こってくるイヤな気持《きも》ちや否定的《ひていてき》なものの考《かんが》え方《かた》などを何《なん》とか平常《へいじょう》に戻《もど》す工夫《くふう》のことである。気分《きぶん》がふさいでいると問題解決《もんだいかいけつ》を思《おも》いつくまでに至《いた》らない。自分《じぶん》の気持《きも》ちに折《お》り合《あ》いをつけることも大事《だいじ》だ。そのときには、 67 ストレスの発生源《はっせいげん》とは逆《ぎゃく》のこと、つまり、「予測《よそく》できる」「対処《たいしょ》できる」何《なに》か別《べつ》のことにたっぷり従事《じゅうじ》すればいいわけである。それには、決《き》まりきった時間《じかん》と空間《くうかん》で、「いつもの」行動《こうどう》に身《み》を任《まか》せるのがいい。「いつもの」行動《こうどう》とはゲームかもしれず、ヨガかもしれず、水泳《すいえい》かもしれない。

私《わたし》たちはついつい、自分《じぶん》がそうしたことをするのは、ダイエットにいいとか、心身《しんしん》の調整《ちょうせい》にいいとかいった効果《こうか》・効能《こうのう》のせいだと思《おも》いたがるが、実《じつ》は、それはあまり大事《だいじ》なことではない。効果《こうか》・効能《こうのう》は後《あと》づけの説明《せつめい》で、大事《だいじ》なのは、「今日《きょう》もまた、これができた」という達成感《たっせいかん》の自覚《じかく》である。

있는 일은 설령 '축하드립니다'라고 듣게 되는 일이라도 스트레스가 된다.

(중략)

좀 더 상세한 연구에 의하면 65 이제껏 예측할 수 있었던 것을 예측할 수 없게 되었다. 또는 이제껏 대처할 수 있었던 것을 이제는 대처할 수 없게 되었다라는 '상실'도 스트레스가 된다. 신체 기능이 쇠퇴해져 평소 발이 걸려 넘어지지 않는 장소에 발이 걸리거나 하면 단지 그것만으로도 하루가 즐겁지 않게 될 정도로 실망하고 초조해한다.

이러한 스트레스에 마주할 때에는 '문제 해결형'와 '정서 초점형'의 두 가지 방법이 있다. 66 문제 해결형이란 문자 그대로 문제에 정면으로 맞붙어 돌파하는 것이다. 기분이 아무리 위로되어져도 문제가 남아 있는 한, 언제까지나 그것을 '미완의 과제'로 신경 쓰인다. 따라서 언젠가는 제대로 맞붙어서 해결할 필요가 있다. 하지만 그를 위해서는 이쪽도 각오가 필요하고 그 나름의 준비도 하지 않으면 안 된다.

한편, 정서 초점형이라는 것은 스트레스 반응으로 일어나는 싫은 기분이나 부정적인 것의 사고 방식 등을 어떻게든 평상시로 돌리는 궁리를 뜻한다. 기분이 우울해 있으면 문제 해결을 떠올리기까지 이르지 못한다. 자신의 기분에 타협을 짓는 것도 중요하다. 그때에는 67 스트레스의 발생원과는 반대의 일, 즉 '예상할 수 있는', '대처할 수 있는' 뭔가 다른 일에 푹 몰두하면 되는 것이다. 그러기 위해서는 완전히 정해진 시간과 공간에서 '평소'의 행동에 몸을 내맡기는 것이 좋다. '평소'의 행동이란 게임이 될 수도, 요가가 될 수도 있고, 수영이 될지도 모른다.

우리들은 무의식중에 자신이 그러한 것을 하는 것은 다이어트에 좋다라든가 심신의 조정에 좋다라든가 하는 효과, 효능을 위함이라고 생각하고 싶어하지만 실은 그것은 그다지 중요한 것은 아니다. 효과, 효능은 추가 설명이며, 중요한 것은 '오늘도 또, 이것을 할 수 있었다'라는 달성감의 자각이다.

(廣中直行《ひろなかなおゆき》・遠藤智樹《えんどうともき》『「ヤミツキ」の力《ちから》』による)

(注1) 抜《ぬ》き打《う》ち：予告《よこく》なし

(注2) 栄転《えいてん》：今《いま》までより良《よ》いポジション高《たか》い地位《ちい》に就《つ》くこと

(注3) 四《よ》つに組《く》んで：物事《ものごと》などに正面《しょうめん》から取《と》り組《く》んで

(히로나카 나오유키·엔도 토모키 『'고질(병)'의 힘』에 의함)

(주1) 불시: 예고 없음

(주2) 영전: 지금까지보다 좋은 위치나 높은 지위에 오르는 것

(주3) 맞붙어: 모든 일에 정면으로 몰두해서

단어 実験《じっけん》 실험 | 正体《しょうたい》 정체 | 予測《よそく》 예측 | 対処《たいしょ》 대처 | 抜《ぬ》き打《う》ち検査《けんさ》 불시 검사 | 常《つね》に 항상 | 意地悪《いじわる》 심술궂음 | 叱《しか》る 야단치다 | 命令《めいれい》 명령 | さからう 거스르다 | 転勤《てんきん》 전근 | 栄転《えいてん》 영전 | わずらわしい 성가시다 | 従《したが》う 따르다 | 性質《せいしつ》 성질 | 進《しん》学《がく》 진학 | 転居《てんきょ》 이사 | 昇進《しょうしん》 승진 | きっかけ 동기 | 調子《ちょうし》 상태 | 崩《くず》す 무너뜨리다 | 詳《くわ》しい 상세하다 | 喪失《そうしつ》 상실 | 機能《きのう》 기능 | 衰《おとろ》える 쇠퇴해지다 | つまずく 좌절하다 | ひっかける 걸다 | イライラする 초조해 하다 | 立《た》ち向《む》かう 맞서다 | 情動《じょうどう》 정동, 정서 | 焦点《しょうてん》 초점 | 二通《ふたとお》り 두 가지 | 正面《しょうめん》 정면 | 取《と》り組《く》む 몰두하다 | 突破《とっぱ》 돌파 | 慰《なぐさ》める 위로하다 | 未完《みかん》 미완 | 課題《かだい》 과제 | いずれは 언젠가는 | 四《よ》つに組《く》む 맞싸우다 | 覚悟《かくご》 각오 | 反応《はんのう》 반응 | 考《かんが》え方《かた》 사고 방식 | 戻《もど》す 되돌리다 | 工夫《くふう》 연구, 궁리 | ふさぐ 우울해지다 | 思《おも》いつく 생각이 떠오르다 | 至《いた》る 이르다 | 折《お》り合《あ》いをつける 타협을 짓다, 절충하다 | 発生源《はっせいげん》 발생원 | 逆《ぎゃく》 반대 | 従事《じゅうじ》 종사 | 身《み》を任《まか》せる 몸을 내맡기다 | 調整《ちょうせい》 조정 | 効能《こうのう》 효능 | 後《あと》づけ 후기, 부록, 덧붙임 | 達成感《たっせいかん》 달성감 | 自覚《じかく》 자각

65 筆者《ひっしゃ》によるとどうして心理的《しんりてき》なストレスはおこるのか。

1 突発的《とっぱつてき》なことでどう対処《たいしょ》したらよいかとっさに判断《はんだん》できないから

2 予想《よそう》をしていたものとは全《まった》く反対《はんたい》のことが起《お》こるから

3 想定外《そうていがい》のことが起《お》こって自分《じぶん》の力《ちから》ではどうしようもできないから

4 期待《きたい》していた以上《いじょう》に良《よ》い結果《けっか》となるから

65 필자에 의하면 왜 심리적인 스트레스는 일어나는 것인가?

1 돌발적인 일이어서 어떻게 대처하면 좋을지 즉시 판단할 수 없기 때문에

2 예상하고 있었던 것과 완전 반대의 일이 일어나기 때문에

3 상정 외의 일이 일어나서 자신의 힘으로는 어떻게 할 수 없기 때문에

4 기대하고 있던 이상으로 좋은 결과가 되기 때문에

풀이 첫 번째 단락을 보면, '심리적인 스트레스의 정체는 예측할 수 없는 것과 대처할 수 없는 것'이라고 나와 있으며, 두 번째 단락을 보면 '이제껏 예측할 수 있었던 것을 예측할 수 없게 되거나 이제껏 대처할 수 있었던 것을 이제는 대처할 수 없게 되었다는 상실도 스트레스가 된다'고 추가적인 설명이 따라 나온다. 따라서 '예측할 수 없는 일'을 '상정할 수 없는 일'로 바꿔 표현한 3번이 정답으로 적당하다.

66 筆者《ひっしゃ》によると「問題解決型《もんだいかいけつがた》」でストレスを解消《かいしょう》しようとするとどのようにしなければならないか。

1 手《て》抜《ぬ》かりなく準備《じゅんび》をして問題《もんだい》に対《たい》して真正《ましょう》面《めん》から向《む》き合《あ》う。

2 問題《もんだい》に正面《しょうめん》から挑《いど》み、残《のこ》った問題《もんだい》にも対処《たいしょ》できるように準備《じゅんび》をする。

3 問題解決《もんだいかいけつ》のために準備《じゅんび》に重点《じゅうてん》をおき一気《いっき》に解決《かいけつ》にあたる。

4 自然《しぜん》に問題《もんだい》が解決《かいけつ》するまで慌《あわ》てずじっくりと待《ま》つようにする。

66 필자에 의하면 '문제 해결형'으로 스트레스를 해결하려고 하면 어떻게 해야 하는가?

1 실수 없이 준비해서 문제에 대해 정면으로 마주한다.

2 문제에 정면으로 도전하고 남은 문제에도 대처할 수 있도록 준비를 한다.

3 문제 해결을 위해서 준비에 중점을 두고 단숨에 해결에 나선다.

4 저절로 문제가 해결될 때까지 당황하지 않고 차분히 기다리도록 한다.

풀이 문제 해결형은 '문제에 정면으로 맞붙어 돌파하는 것이며, 문제가 남아 있는 한, 언제까지나 신경 쓰이므로 언젠가는 맞붙어서 해결할 필요가 있으며, 이를 위해서는 각오가 필요하고 그 나름의 준비를 해야 한다'는 내용이 세 번째 단락에 나와 있다. 여기에서 '각오와 나름의 준비'를 '실수 없는 준비'로 바꿔 표현한 1번이 정답으로 적당하다. 한편 선택지 2번은 '남은 문제를 대처하도록 준비하는 것'이 아니라 '문제가 남아 있으면 계속 신경 쓰이므로, 맞붙어 해결해야 한다'는 내용이므로 오답이다.

67 この文章《ぶんしょう》で筆者《ひっしゃ》がもっとも言《い》いたいことは何《なに》か。

1 ストレスの解消《かいしょう》のためには決《き》まりきったことをしてやり遂《と》げたという感覚《かんかく》をもつべきだ。

2 ストレスの解消《かいしょう》のためには予測《よそく》ができないことを恐《おそ》れるのではなく日常《にちじょう》を楽《たの》しむべきだ。

3 ストレスの解消《かいしょう》のためにはその原因《げんいん》を探《さが》し出《だ》し排除《はいじょ》するようにすべきだ。

4 ストレスの解消《かいしょう》のためには何《なに》も考《かんが》えずにヨガや水泳《すいえい》などの運動《うんどう》をすべきだ。

67 이 문장에서 필자가 가장 말하고 싶은 것은 무엇인가?

1 스트레스 해소를 위해서는 정해진 일을 하고 완수했다는 감각을 가져야 한다.

2 스트레스 해소를 위해서는 예측할 수 없는 일을 두려워할 게 아니라 일상을 즐겨야 한다.

3 스트레스 해소를 위해서는 그 원인을 찾아내서 배제하도록 해야 한다.

4 스트레스 해소를 위해서는 아무것도 생각하지 말고 요가나 수영 등의 운동을 해야 한다.

풀이 필자가 말하고 싶은 것은 마지막 단락의 '스트레스의 발생원과 반대되는 일, 즉 예상할 수 있는, 대처할 수 있는 무언가 다른 일에 몰두하고, 완전히 정해진 시간과 공간에서 평소의 행동에 몸을 내맡기는 것이 좋으며, 중요한 것은 이것을 할 수 있다라는 달성감의 자각이다'라는 것을 알 수 있다. 여기에서는 '달성감의 자각'을 '완수했다는 감각'으로 바꿔 표현한 1번이 정답임을 알 수 있다.

문제집 p.366

69 ② 70 ③

問題《もんだい》13

右《みぎ》のページは、ある新聞《しんぶん》の電子版《でんしばん》初月《しょげつ》無料《むりょう》キャンペーンの広告《こうこく》である。下《した》の問《と》いに対《たい》する答《こた》えとして最《もっと》もよいものを1・2・3・4から一《ひと》つ選《えら》びなさい。

문제 13

오른쪽 페이지는 어느 신문의 전자판 첫 달 무료 캠페인의 광고이다. 아래 질문에 대한 답으로 가장 알맞은 것을 1・2・3・4에서 하나 고르세요.

69~70

東名新聞電子版初月無料《とうめいしんぶんでんしばんしょげつむりょう》キャンペーン

69【お申《もう》し込《こ》み条件《じょうけん》】

①～④の条件《じょうけん》をすべて満《み》たしている方《かた》

・東名新聞配達地域《とうめいしんぶんはいたつちいき》にお住《すま》いの方《かた》

① 関東《かんとう》1都《と》3県《けん》（東京都《とうきょうと》、神奈川県《かながわけん》、千葉県《ちばけん》、埼玉県《さいたまけん》）にお住《すま》いの方《かた》

② 東名新聞《とうめいしんぶん》を朝《ちょう》・夕刊《ゆうかん》ともに購読中《こうどくちゅう》の方及《かたおよ》びご同居《どうきょ》のご家《か》族

③ インターネットに接続《せつぞく》できるパソコン、スマートフォン等《など》をお持《も》ちの方《かた》

新聞契約者《しんぶんけいやくしゃ》（販売店《はんばいてん》の契約者名簿《けいやくしゃめいぼ》に名前《なまえ》のある方《かた》）がインターネットを使《つか》わないご家庭《かてい》でも、同居家族《どうきょかぞく》だけが会員登録頂《かいいんとうろくいただ》くことが可能《かのう》です。

④ 本人名義《ほんにんめいぎ》のクレジットカードをお持《も》ちの方《かた》（18歳以上《さいいじょう》の方《かた》）

※無料体験期間《むりょうたいけんきかん》：2025年《ねん》 8月1日《がつついたち》から12月《がつ》31日《にち》までお申《もう》し込《こ》みの場合《ばあい》

※以前《いぜん》サービスをご利用《りよう》いただいた方《かた》は対象外《たいしょうがい》です。

※70 サービス登録《とうろく》いただいた当月《とうげつ》は無料《むりょう》でお試《ため》しいただけます。

例《れい》）1月中《がつちゅう》に登録《とうろく》の場合《ばあい》、2月分《がつぶん》からお支払《しはら》い（日《ひ》割《わ》り計算《けいさん》はありません）

도메이 신문 전자판 첫 달 무료 캠페인

69【신청 조건】

①~④의 조건을 모두 충족시키는 분

・도메이 신문 배달 지역에 거주하시는 분

① 간토 1도 3현(도쿄도, 가나가와현, 치바현, 사이타마현)에 거주하시는 분

② 도메이 신문을 조/석간 모두 구독 중인 분 및 함께 사는 가족

③ 인터넷에 접속할 수 있는 컴퓨터, 스마트폰 등을 소지하신 분

신문 계약자(판매점의 계약자 명부에 이름이 있는 분)가 인터넷을 사용하지 않는 가정이라도 함께 사는 가족만이 회원 등록 받는 것이 가능합니다.

④ 본인 명의의 신용카드를 소지하신 분(18세 이상의 분)

※무료 체험 기간: 2025년 8월 1일부터 12월 31일까지 신청하는 경우

※이전 서비스를 이용하신 분은 대상 외입니다.

※70 서비스 등록 받은 당월은 무료로 시험해 보실 수 있습니다.

예) 1월 중에 등록한 경우, 2월분부터 지불(하루당 계산은 없습니다)

※無料《むりょう》期間《きかん》終了《しゅうりょう》後《ご》は自動的《じどうてき》に有料会員《ゆうりょうかいいん》（月額《げつがく》1,500円《えん》）が継続《けいぞく》します。継続《けいぞく》しての有料会員《ゆうりょうかいいん》を希望《きぼう》されない場合《ばあい》は無料体験《むりょうたいけん》期間中《きかんちゅう》にホームページにて解約《かいやく》の手続《てつづ》きをしてください。

【よくあるご質問《しつもん》】

・無料《むりょう》期間中《きかんちゅう》に電子版《でんしばん》を解約《かいやく》した場合《ばあい》、解約金《かいやくきん》はかかりますか。

A：無料《むりょう》期間中《きかんちゅう》に解約《かいやく》した場合《ばあい》は、電子版《でんしばん》部分《ぶぶん》の料金《りょうきん》は発生《はっせい》しません。なお、解約《かいやく》直後《ちょくご》から電子版《でんしばん》はご利用《りよう》できなくなります。

・支払《しはら》い方法《ほうほう》は何《なに》があるのでしょうか。

A：クレジットカード払《ばら》いのみ承《うけたまわ》っています。

・法人《ほうじん》でも申《もう》し込《こ》めますか。

A：法人《ほうじん》契約《けいやく》専用《せんよう》の「電子版《でんしばん》法人《ほうじん》」があります。そちらをご利用《りよう》ください。

【問《と》い合《あ》わせ先《さき》】

東名《とうめい》新聞《しんぶん》初月《しょげつ》無料《むりょう》キャンペーン担当《たんとう》

電話《でんわ》07-1234-5678(受付《うけつけ》時間《じかん》：土日《どにち》祝日《しゅくじつ》を除《のぞ》く

(午前《ごぜん》１０時《じ》～午後《ごご》５時《じ》)

※무료 기간 종료 후는 자동적으로 유료 회원(월액 1,500엔)으로 이어집니다. 계속해서 유료 회원을 희망하시지 않는 경우에는 무료 체험 기간 중에 홈페이지로 해약의 절차를 진행해 주십시오.

【자주 하는 질문】

• 무료 기간 중에 전자판을 해약하는 경우, 해약금은 듭니까?

A: 무료 기간 중에 해약한 경우는 전자판 부분의 요금은 발생하지 않습니다. 또한 해약 직후부터 전자판은 이용하실 수 없게 됩니다.

• 지불 방법은 무엇이 있습니까?

A: 신용카드 지불만 받고 있습니다.

• 법인에서도 신청할 수 있습니까?

A: 법인 계약 전용 '전자판 법인'이 있습니다. 그쪽을 이용해 주세요.

【문의처】

도메이 신문 첫 달 무료 캠페인

전화 07-1234-5678(접수 시간: 토 일 국경일을 제외

(오전 10시~오후 5시)

단어 新聞《しんぶん》 신문 | 電子版《でんしばん》 전자판 | 無料《むりょう》 무료 | キャンペーン 캠페인 | 広告《こうこく》 광고 | 申《もう》し込《こ》み 신청 | 条件《じょうけん》 조건 | 満《み》たす 충족시키다 | 配達《はいたつ》 배달 | 地域《ちいき》 지역 | 住《す》まい 주거 | 朝《ちょう》・夕刊《ゆうかん》 조/석간 | 購読《こうどく》 구독 | 及《およ》び 및 | 同居《どうきょ》 동거 | 接続《せつぞく》 접속, 연결 | 契約者《けいやくしゃ》 계약자 | 販売店《はんばいてん》 판매점 | 名簿《めいぼ》 명부 | 会員《かいいん》 회원 | 登録《とうろく》 등록 | 名義《めいぎ》 명의 | クレジットカード 신용카드 | 体験《たいけん》 체험 | 試《ため》す시험해보다 | 支払《しはら》い지불 | 日割《ひわ》り 일당 | 計算《けいさん》 계산 | 終了《しゅうりょう》 종료 | 自動的《じどうてき》 자동적 | 有料《ゆうりょう》 유료 | 月額《げつがく》 월액 | 継続《けいぞく》 계속 | 解約《かいやく》 해약 | 手続《てつづ》き 절차 | 質問《しつもん》 질문 | 発生《はっせい》 발생 | 直後《ちょくご》 직후 | 承《うけたまわ》る 받다(겸양) | 法人《ほうじん》 법인 | 祝日《しゅくじつ》 국경일 | 除《のぞ》く 제외하다

69 次《つぎ》の４人《にん》は、電子版《でんしばん》初月《しょげき》無料《むりょう》キャンペーンに申《もう》し込《こ》もうと思《おも》っている。全員《ぜんいん》インターネットを使《つか》えるパソコンを持《も》っており、過去《かこ》に利用《りよう》したことはない。応募《おうぼ》条《じょう》件《けん》をすべて満《み》たしているのは誰《だれ》か。

69 다음의 4명은 전자판 첫 달 무료 캠페인에 신청하려고 한다. 전원 인터넷을 사용할 수 있는 컴퓨터를 가지고 있고 과거에 이용한 적은 없다. 응모 조건을 모두 충족시키고 있는 것은 누구인가?

名前《なまえ》	年齢《ねんれい》	居住地《きょじゅうち》	購読中《こうどくちゅう》の 東名新聞《とうめいしんぶん》	クレジットカード
川崎《かわさき》さん	１９歳《さい》	神奈川県《かながわけん》	朝刊《ちょうかん》のみ	あり
山田《やまだ》さん	２５歳《さい》	埼玉県《さいたまけん》	同居《どうきょ》の父親《ちちおや》が 購読契約《こうどくけいやく》 (朝刊《ちょうかん》・夕刊《ゆうかん》)	あり
チョウさん	２７歳《さい》	東京都《とうきょうと》	朝刊《ちょうかん》と夕刊《ゆうかん》	なし
田中《たなか》さん	３５歳《さい》	千葉県《ちばけん》	同居《どうきょ》の母親《ははおや》が 購読契約《こうどくけいやく》 (朝刊《ちょうかん》のみ)	あり

1 川崎《かわさき》さん

2 山田《やまだ》さん

3 チョウさん

4 田中《たなか》さん

이름	연령	거주지	구독 중인 도메이 신문	신용 카드
카와사키 씨	19세	가나가와현	조간만	있음
야마다 씨	25세	사이타마현	동거인인 아버지가 구독 계약 (조간・석간)	있음
쵸 씨	27세	도쿄도	조간과 석간	없음
다나카 씨	35세	치바현	동거인인 어머니가 구독계약 (조간만)	있음

1 카와사키 씨

2 야마다 씨

3 쵸 씨

4 다나카 씨

풀이 신청 조건을 보면 '신문 배달 지역(도쿄도, 가나가와현, 치바현, 사이타마현)에 거주하시는 분, 신문을 조/석 모두 구독 중인 분 및 함께 사는 가족, 인터넷에 접속할 수 있는 컴퓨터나 스마트폰 등을 소지하신 분, 신문 계약자의 함께 사는 가족, 18세 이상의 본인 명의의 신용카드를 소지하신 분이라고 언급하고 있다. 1번과 4번은 조간만 구독이라고 했으므로 오답이며, 3번은 신용카드가 없다고 했으므로 오답이다. 따라서 모든 조건을 충족하는 2번이 정답이다.

70 高野《たかの》さんは９月《がつ》１６日《にち》に無料体験《むりょうたいけん》に申《もう》し込《こ》んだが、初月無料体験《しょげつむりょうたいけん》を最大期間利用《さいだいきかんりよう》した後《あと》は、有料会員《ゆうりょうかいいん》になることを望《のぞ》んでいない。高野《たかの》さんがしなければならないことは何《なに》か。

1 １０月《がつ》１５日《にち》にホームページで解約《かいやく》の手続《てつづ》きをする。

2 ９月《がつ》１６日《にち》から１０月《がつ》１４日《か》の間《あいだ》にホームページで解約《かいやく》の手続《てつづ》きをする。

3 ９月《がつ》３０日《にち》にホームページで解約《かいやく》の手続《てつづ》きをする。

4 ９月《がつ》１６日《にち》から９月《がつ》３０日《にち》の間《あいだ》にホームページで解約《かいやく》の手続《てつづ》きをする。

70 다카노 씨는 9월 16일에 무료 체험을 신청했지만, 첫 달 무료 체험을 최대기간 이용한 후에는 유료 회원이 되는 것을 원치 않는다. 다카노 씨가 해야 하는 것은 무엇인가?

1 10월 15일에 홈페이지에서 해약 절차를 행한다.

2 9월 16일부터 10월 14일 사이에 홈페이지에서 해약 절차를 행한다.

3 9월 30일에 홈페이지에서 해약 절차를 행한다.

4 9월 16일부터 9월 30일 사이에 홈페이지에서 해약 절차를 행한다.

풀이 서비스 등록을 받은 당월만 무료이고 유료 회원을 희망하지 않는 경우에는 무료 체험 기간 중에 홈페이지로 해약의 절차를 해야 하는데, 다카노 씨는 9월 16일에 무료 체험 신청을 했고, 최대 기간 이용 후 유료 회원은 원치 않으므로 당월 9월의 마지막 날인 9월 30일에 홈페이지에서 해약하면 된다. 따라서 정답은 3번이다.

 문제집 p.368

69 ② 70 ①

問題《もんだい》13

右《みぎ》のページは、ある大学《だいがく》の就職支援行事《しゅうしょくしえんぎょうじ》の案内《あんない》である。下《した》の問《と》いに対《たい》する答《こた》えとして最《もっと》もよいものを1・2・3・4から一《ひと》つ選《えら》びなさい。

문제 13

오른쪽 페이지는 어느 대학의 취업 지원 행사의 안내이다. 아래 질문에 대한 답으로 가장 알맞은 것을 1·2·3·4에서 하나 고르세요.

69~70

就職支援《しゅうしょくしえん》セミナー

就職活動《しゅうしょくかつどう》を行《おこな》う学生《がくせい》のために、金山大学《かなやまだいがく》キャリアセンターでは各種行事《かくしゅぎょうじ》を実施《じっし》しています。

	日《ひ》	時間《じかん》	行事名《ぎょうじめい》	内容《ないよう》
①	9月《がつ》17日《にち》(木《もく》)	A	就職《しゅうしょく》ガイダンス	就職活動《しゅうしょくかつどう》全般《ぜんぱん》の基本的《きほんてき》な情報《じょうほう》 就職活動《しゅうしょくかつどう》の方法《ほうほう》やスケジュール
②	9月《がつ》22日《にち》(火《か》)	B	留学生《りゅうがくせい》ガイダンス	企業《きぎょう》の留学生採用《りゅうがくせいさいよう》スケジュールや在留資格等《ざいりゅうしかくなど》について
③	10月《がつ》7日《か》(水《すい》)	B	就職活動《しゅうしょくかつどう》体験談《たいけんだん》	金融《きんゆう》・証券業界《しょうけんぎょうかい》に就職《しゅうしょく》した卒《そつ》業生《ぎょうせい》による就職活動体験談及《しゅうしょくかつどうたいけんだんおよ》び懇談会《こんだんかい》
④	10月《がつ》8日《か》(木《もく》)	B	就職《しゅうしょく》ガイダンス	内容《ないよう》は9月《がつ》17日《にち》と同《おな》じです。
⑤	10月《がつ》13日《にち》(火《か》)	A	留学生《りゅうがくせい》ガイダンス	内容《ないよう》は9月《がつ》22日《にち》と同《おな》じです。
⑥	10月《がつ》28日《にち》(水《すい》)	A	履歴書《りれきしょ》・エントリーシート書《が》き方講《かたこう》座《ざ》	全体説明後《ぜんたいせつめいご》、各業種《かくぎょうしゅ》（1金融《きんゆう》・証券《しょうけん》2広告《こうこく》・マスコミ3貿易《ぼうえき》・流通《りゅうつう》4メーカー・IT5教育《きょういく》・福祉《ふくし》）ごとに分《わ》かれて指導《しどう》します。
⑦	10月《がつ》30日《にち》(金《きん》)	B	留学生《りゅうがくせい》マナー講座《こうざ》	留学生《りゅうがくせい》が日本《にほん》で就職活動《しゅうしょくかつどう》を行《おこな》うにあっての基本的《きほんてき》なマナー講座《こうざ》
⑧	11月《がつ》11日《にち》(水《すい》)	B	就職活動《しゅうしょくかつどう》体験談《たいけんだん》	広告《こうこく》・マスコミ業界及《ぎょうかいおよ》び貿易《ぼうえき》・流通業界《りゅうつうぎょうかい》に就職《しゅうしょく》した卒業生《そつぎょうせい》による就職活動体験談及《しゅうしょくかつどうたいけんだんおよ》び懇《こん》談会《だんかい》
⑨	12月1日《がつついたち》(火《か》)	※	学内合同《がくないごうどう》企業《きぎょう》説明会《せつめいかい》	詳細《しょうさい》は下記参照《かきさんしょう》
⑩	12月《がつ》8日《か》(火《か》)	※	学内合同《がくないごうどう》企業《きぎょう》説明会《せつめいかい》	詳細《しょうさい》は下記参照《かきさんしょう》

취직 지원 세미나

취직 활동을 하는 학생을 위해서, 가나야마 대학 커리어 센터에서는 각종 행사를 실시하고 있습니다.

	일	시간	행사명	내용
①	9월 17일 (목)	A	취직 안내 지도	취직 활동 전반의 기본적인 정보 취직 활동의 방법과 스케줄
②	9월 22일 (화)	B	유학생 안내 지도	기업의 유학생 채용 스케줄과 체류 자격 등에 관해서
③	10월 7일 (수)	B	취직 활동 체험담	금융·증권 업계에 취직한 졸업생의 취직 활동 경험담 및 간담회
④	10월 8일 (목)	B	취직 안내 지도	내용은 9월 17일과 동일합니다.
⑤	10월 13일 (화)	A	유학생 안내 지도	내용은 9월 22일과 동일합니다.
⑥	10월 28일 (수)	A	이력서·입사 지원서 작성법 강좌	전체 설명 후, 각 업종(1. 금융·증권 2. 광고 ·매스컴 3. 무역·유통 4. 제조회사·IT 5. 교육·복지)마다 나눠서 지도합니다.
⑦	10월 30일 (금)	B	유학생 매너 강좌	유학생이 일본에서 취직 활동을 하는 데 있어서의 기본적인 매너 강좌
⑧	11월 11일 (수)	B	취직 활동 체험담	광고·매스컴 업계 및 무역·유통 업계에 취직한 졸업생에 의한 취직 활동 체험담 및 간담회
⑨	12월 1일 (화)	※	학내 합동 기업 설명회	상세한 내용은 아래를 참조
⑩	12월 8일 (화)	※	학내 합동 기업 설명회	상세한 내용은 아래를 참조

【開催時間《かいさいじかん》】

Ⓐ 13：35〜15：15

70 Ⓑ 18：30〜20：10

※合同企業説明会《ごうどうきぎょうせつめいかい》は下記参照《かきさんしょう》。(参加自由《さんかじゆう》)

【開催場所《かいさいばしょ》】

コミュニティーホール

【注意事項《ちゅういじこう》】

○ 69 就職希望者《しゅうしょくきぼうしゃ》（留学生《りゅうがくせい》を含《ふく》む）は、「就職《しゅうしょく》ガイダンス」のどちらかに必《かなら》ず出席《しゅっせき》してください。

○ 留学生《りゅうがくせい》の就職希望者《しゅうしょくきぼうしゃ》は「留学生《りゅうがくせい》ガイダンス」のどちらかに必《かなら》ず出席《しゅっせき》してください。

【合同企業説明会《ごうどうきぎょうせつめいかい》】

合同企業説明会《ごうどうきぎょうせつめいかい》は業種別《ぎょうしゅべつ》に、以下《いか》の日時《にちじ》で開催《かいさい》されます。

各日《かくひ》、本学卒業生《ほんがくそつぎょうせい》の採用実績《さいようじっせき》がある約《やく》40社《しゃ》が参加予定《さんかよてい》です。

	12月1日《がつついたち》	12月8日《がつか》
13時《じ》〜15時《じ》	広告《こうこく》・マスコミ	金融《きんゆう》・証券《しょうけん》
15時《じ》15分《ふん》〜17時《じ》15分《ふん》	メーカー・IT	教育《きょういく》・福祉《ふくし》
17時《じ》30分《ぷん》〜19時《じ》30分《ぷん》	70 金融《きんゆう》・証券《しょうけん》	広告《こうこく》・マスコミ

【개최 시간】

A‥13：35〜15：15

70 B‥18：30〜20：10

※합동 기업 설명회는 아래를 참조.(참가 자유)

【개최 장소】

커뮤니티 홀

【주의 사항】

○ 69 취직 희망자(유학생을 포함)는 '취직 안내 지도' 중 어느 쪽이든 반드시 출석해 주세요.

○ 유학생 취직 희망자는 '유학생 안내 지도' 중 어느 쪽이든 반드시 출석해 주세요.

【합동 기업 설명회】

합동 기업 설명회는 업종별로 이하의 일시에 개최됩니다.

각 일, 본 학교 졸업생의 채용 실적이 있는 약 40사가 참가할 예정입니다.

	12월 1일	12월 8일
13시〜15시	광고・매스컴	금융・증권
15시 15분〜17시 15분	제조회사・IT	교육・복지
17시 30분〜19시 30분	70 금융・증권	광고・매스컴

단어 支援《しえん》 지원 | 行事《ぎょうじ》 행사 | 案内《あんない》 안내 | キャリアセンター 커리어 센터 | 実施《じっし》 실시 | ガイダンス 안내 지도 | 全般《ぜんぱん》 전반 | 情報《じょうほう》 정보 | 採用《さいよう》 채용 | 在留《ざいりゅう》 체류 | 資格《しかく》 자격 | 体験談《たいけんだん》 체험담 | 金融《きんゆう》 금융 | 証券《しょうけん》 증권 | 業界《ぎょうかい》 업계 | 卒業生《そつぎょうせい》 졸업생 | 懇談会《こんだんかい》 간담회 | 履歴書《りれきしょ》 이력서 | エントリーシート 입사 지원서 | 講座《こうざ》 강좌 | 各業種《かくぎょうしゅ》 각 업종 | マスコミ 매체 | 貿易《ぼうえき》 무역 | 流通《りゅうつう》 유통 | メーカー 제조회사 | 福祉《ふくし》 복지 | 指導《しどう》 지도 | 合同《ごうどう》 합동 | 詳細《しょうさい》 상세 | 下記《かき》 하기 | 参照《さんしょう》 참조 | 含《ふく》む 포함하다 | 日時《にちじ》 일시 | 開催《かいさい》 개최 | 実績《じっせき》 실적

69 留学生《りゅうがくせい》のジョンさんは日本《にほん》で就職《しゅうしょく》したいと思《おも》っている。ジョンさんが必《かなら》ず出席《しゅっせき》しなければならない行事《ぎょうじ》はいくつか。

1 一《ひと》つ　2 二《ふた》つ
3 三《みっ》つ　4 四《よっ》つ

69 유학생 존 씨는 일본에서 취직하길 바라고 있다. 존 씨가 반드시 출석하지 않으면 안 되는 행사는 몇 개인가?

1 1개　2 2개
3 3개　4 4개

풀이 주의 사항을 보면 존 씨는 우선, '취직 안내 지도(就職《しゅうしょく》ガイダンス)'에는 유학생을 포함하기 때문에 ①번과 ④번 중 한쪽에 참석해야 하고, 유학생이라서 '유학생 안내 지도(留学生《りゅうがくせい》ガイダンス)'에도 참석해야 하므로 ②번과 ⑤번 중 한쪽에 참석해야 한다. 따라서 적어도 2개의 행사에는 반드시 출석해야 하므로 정답은 2번이다.

70 木村《きむら》さんは銀行《ぎんこう》に就職《しゅうしょく》したいと思《おも》っている。木村《きむら》さんは授業《じゅぎょう》のため１７時以降《じいこう》しか出席《しゅっせき》できない。木村《きむら》さんに合《あ》う行事《ぎょうじ》はどれか。

1 ③、④、⑨　　2 ①、③、⑩

3 ④、⑥、⑩　　4 ①、⑧、⑨

70 기무라 씨는 은행에 취직하길 바라고 있다. 기무라 씨는 수업을 위해 17시 이후밖에 출석할 수 없다. 기무라 씨에게 맞는 행사는 어느 것인가?

1 ③, ④, ⑨　　2 ①, ③, ⑩

3 ④, ⑥, ⑩　　4 ①, ⑧, ⑨

풀이 기무라 씨는 일본인이므로 '취직 안내 지도'에는 필수적으로 참석해야 하고 17시 이후에 참석이 가능하다. ③번은 개최 시간이 B(18 : 30~20 : 10)이면서 금융(은행)에 해당되고, ④번은 개최 시간이 B이면서 취직 안내 지도라서 반드시 출석해야 한다. ⑨번은 합동 기업 설명회가 12월 1일 17시 30분~19시 30분에 실시하고 기무라 씨가 원하는 금융·증권(은행) 회사가 참가할 예정이다. 따라서 정답은 1번이다.

문제 13 정보 검색 | 실전 테스트 ③

문제집 p.370

69 ② 70 ④

問題《もんだい》13

右《みぎ》のページは、ある宿泊施設《しゅくはくしせつ》の案内《あんない》である。下《した》の問《と》いに対《たい》する答《こた》えとして最《もっと》もよいものを1・2・3・4から一《ひと》つ選《えら》びなさい。

문제 13

오른쪽 페이지는 어느 숙박시설의 안내이다. 아래 질문에 대한 답으로 가장 알맞은 것을 1・2・3・4에서 하나 고르세요.

69~70

ナカノ商社提携保養所《しょうしゃていけいほようじょ》ご利用《りよう》のご案内《あんない》

ナカノ商社総務部《しょうしゃそうむぶ》では、保養《ほよう》を通《つう》じて、社員《しゃいん》の皆様《みなさま》の心身《しんしん》の健康増進《けんこうぞうしん》を図《はか》るため、以下《いか》の旅館《りょかん》と保養所契約《ほようじょけいやく》を結《むす》んでいます。

「ナカノ商社《しょうしゃ》の保養所《ほようじょ》」はどなたでもご利用《りよう》いただけますが、ナカノ商社社員及《しょうしゃしゃいんおよ》び家族《かぞく》はメンバーズ価格《かかく》でご利用《りよう》ができます。なお、１０年以上《ねんいじょう》勤続《きんぞく》した退職者《たいしょくしゃ》は退職後《たいしょくご》もメンバーズ価格《かかく》でのご利用《りよう》が可能《かのう》です。

【料金案内《りょうきんあんない》】：(一泊二食基準《いっぱくにしょくきじゅん》)

三歳以下《さんさいいか》は無料《むりょう》です。69 (　　) は子供《こども》（4歳《さい》から１２歳《さい》）料金《りょうきん》です。

나카노상사 제휴 휴양원 이용 안내

나카노상사 총무부에서는 휴양을 통해서 사원 여러분의 심신의 건강 증진을 도모하기 위해서 이하의 여관과 휴양원 계약을 맺고 있습니다.

「나카노상사 휴양원」은 누구든 이용하실 수 있습니다만, 나카노상사 사원 및 가족은 회원제 가격으로 이용할 수 있습니다. 또한 10년 이상 근속한 퇴직자는 퇴직 후에도 회원제 가격으로 이용이 가능합니다.

【요금 안내】: (1박 2식 기준)

3세 이하는 무료입니다. 69 (　　)는 아이(4세부터 12세) 요금입니다.

保養所名《ほようじょめい》	メンバーズ価格《かかく》	一般価格《いっぱんかかく》
高野高原保養所《たかのこうげんほようじょ》「ゆり荘《そう》」	16,000円《えん》 (8,000円《えん》)	18,000円《えん》 (9,000円《えん》)
栗山温泉《くりやまおんせん》「東洋閣《とうようかく》」	11,600円《えん》 (5,800円《えん》)	13,600円《えん》 (6,800円《えん》)
東野温泉《とうのおんせん》「山北荘《やまきたそう》」	12,000円《えん》 (6,000円《えん》)	14,000円《えん》 (7,000円《えん》)
北川温泉《きたがわおんせん》「羊旅館《ひつじりょかん》」	11,000円《えん》 (5,500円《えん》)	13,000円《えん》 (6,500円《えん》)

【予約方法《よやくほうほう》】

ナカノ商社《しょうしゃ》総務《そうむ》部《ぶ》福利《ふくり》厚生《こうせい》課《か》保養所《ほようじょ》担当《たんとう》へ電《でん》話《わ》でご予約《よやく》ください。

【お支払《しはら》い方法《ほうほう》】

70 ① 宿泊当日《しゅくはくとうじつ》宿泊《しゅくはく》施設《しせつ》にてクレジットカードか現金《げんきん》でのお支払《しはら》いとなります。

② ナカノ商社社員及《しょうしゃしゃいんおよ》びご家族《かぞく》の方《かた》は、ご利用《りよう》の際《さい》にナカノ商社《しょうしゃ》メンバーズカードをお持《も》ちください。お支払《しはら》いの際《さい》に、社員価格《しゃいんかかく》が適用《てきよう》されます。

③ 一般《いっぱん》の方《かた》には、ナカノ商社社員及《しょうしゃしゃいんおよ》びご家族《かぞく》のご利用《りよう》が優先《ゆうせん》されますので、時季《じき》によりご案内《あんない》できかねる場合《ばあい》もございますので、ご了承《りょうしょう》ください。

69 ④ 各保養所《かくほようじょ》はナカノ商社社員本人《しょうしゃしゃいんほんにん》が一緒《いっしょ》であれば、一般《いっぱん》の方《かた》もナカノ商社社員《しょうしゃしゃいん》と同額《どうがく》でご利用《りよう》いただけます。

70 ⑤ 宿泊予約《しゅくはくよやく》は利用月《りようつき》の３ヶ月前《かげつまえ》の１日《ついたち》から受《う》け付《つ》けます。ただし、年末年始《ねんまつねんし》のご利用《りよう》については９月《がつ》１日《ついたち》から受《う》け付《つ》けます。

【お問《と》い合《あ》わせ先《さき》】

株式会社《かぶしきがいしゃ》ナカノ商社《しょうしゃ》総務《そうむ》部《ぶ》福利《ふくり》厚生《こうせい》課《か》保養所《ほようじょ》担当《たんとう》

07-0999-3698

휴양원 이름	회원제 가격	일반 가격
다카노 고원 휴양원 '유리장'	16,000엔 (8,000엔)	18,000엔 (9,000엔)
구리야마 온천 '도우요우각'	11,600엔 (5,800엔)	13,600엔 (6,800엔)
도우노 온천 '야마키타 장'	12,000엔 (6,000엔)	14,000엔 (7,000엔)
기타가와 온천 '히츠지 여관'	11,000엔 (5,500엔)	13,000엔 (6,500엔)

【예약 방법】

나카노상사 총무부 복리후생과 휴양원 담당에게 전화로 예약해 주세요.

【지불 방법】

70 ① 숙박 당일 숙박 시설에서 신용카드나 현금으로 지불하게 되어 있습니다.

② 나카노상사 사원 및 가족 분은 이용하실 때 나카노상사 회원제 카드를 지참해 주세요. 지불할 때 사원 가격이 적용됩니다.

③ 일반 분에게는 나카노상사 사원 및 가족의 이용이 우선되므로 시기에 따라 안내해 드릴 수 없는 경우도 있으니, 양해 부탁드립니다.

69 ④ 각 휴양원은 나카노상사 사원 본인이 함께 있으면, 일반 분도 나카노상사 사원과 같은 금액으로 이용하실 수 있습니다.

70 ⑤ 숙박 예약은 이용 달의 3개월 전인 1일부터 접수 받습니다. 단, 연말연시 이용에 관해서는 9월 1일부터 접수 받습니다.

【문의처】

주식회사 나카노상사 총무부 복리후생과 휴양원 담당

07-0999-3698

단어 宿泊《しゅくはく》 숙박 | 施設《しせつ》 시설 | 商社《しょうしゃ》 상사 | 提携《ていけい》 제휴 | 保養所《ほようじょ》 휴양원 | 総務部《そうむぶ》 총무부 | 通《つう》じる 통하다 | 社員《しゃいん》 사원 | 健康増《けんこうぞう》

進《しん》 건강 증진 | 図《はか》る 도모하다 | 旅館《りょかん》 여관 | 契約《けいやく》 계약 | 結《むす》ぶ 맺다 | 勤続《きんぞく》 근속 | 退職者《たいしょくしゃ》 퇴직자 | 料金《りょうきん》 요금 | 一泊二食《いっぱくにしょく》 1박 2식 | 基準《きじゅん》 기준 | 福利厚生課《ふくりこうせいか》 복리후생과 | 担当《たんとう》 담당 | お支払《しはら》い 지불 | 当日《とうじつ》 당일 | クレジットカード 신용카드 | 現金《げんきん》 현금 | 適用《てきよう》 적용 | 優先《ゆうせん》 우선 | 時季《じき》 계절, 철 | 了承《りょうしょう》 양해 | 受《う》け付《つ》ける 접수하다 | 年末年始《ねんまつねんし》 연말연시 | 問《と》い合《あ》わせ先《さき》 문의처 | 株式会社《かぶしきがいしゃ》 주식회사

69 マイクさんは入社《にゅうしゃ》から７年間《ねんかん》ナカノ商社《しょうしゃ》に勤《つと》めている。高野高原保養所《たかのこうげんほようじょ》「ゆり荘《そう》」に、国《くに》から遊《あそ》びに来《く》る友《とも》だちとその子供《こども》と泊《と》まりに行《い》こうと考《かんが》えている。友《とも》だちの年齢《ねんれい》はマイクさんと同《おな》じ３５歳《さい》で、子供《こども》は７歳《さい》だ。３人《にん》に適用《てきよう》される１泊《ぱく》の利用料金《りようりょうきん》はどのようになるか。

1 マイクさんも友《とも》だちも子供《こども》も16,000円《えん》
2 マイクさんと友《とも》だちは16,000円《えん》、子供《こども》は8,000円《えん》
3 マイクさんは16,000円《えん》、友《とも》だちと子供《こども》は18,000円《えん》
4 マイクさんは16,000円《えん》、友《とも》だちは18,000円《えん》、子供《こども》は9,000円《えん》

69 마이크 씨는 입사해서 7년간 나카노상사에 근무하고 있다. 다카노 고원 휴양원 '유리장'에, 고향에서 놀러 오는 친구와 그의 아이와 숙박하려고 한다. 친구의 연령은 마이크 씨와 같은 35세이고, 아이는 7세이다. 3명에게 적용되는 1박의 요금은 어떻게 되는가?

1 마이크 씨도 친구도 아이도 16,000엔
2 마이크 씨와 친구는 16,000엔, 아이는 8,000엔
3 마이크 씨는 16,000엔, 친구와 아이는 18,000엔
4 마이크 씨는 16,000엔, 친구는 18,000엔, 아이는 9,000엔

풀이 마이크 씨는 나카노상사 사원이므로 회원제 가격으로 적용되며, 다카노 고원 휴양 '유리장'의 회원제 가격은 어른은 16,000엔, 아이는 8,000엔으로 책정되어 있다. 지불 방법을 보면 나카노상사 사원 본인과 함께 있으면, 일반 분도 나카노상사 사원과 같은 금액으로 이용할 수 있다고 나와 있으므로 정답은 2번이다.

70 山田《やまだ》さんはナカノ商社《しょうしゃ》の社員《しゃいん》で、大《おお》みそか(12月《がつ》３１日《にち》)に家族《かぞく》で東野温泉山北荘《とうのおんせんやまきたそう》に泊《と》まることを考《かんが》えている。山田《やまだ》さんがナカノ商社社員及《しょうしゃしゃいんおよ》び家族価格《かぞくかかく》で泊《と》まるためにしなければならないことは何《なに》か。

1 １０月１日《がつついたち》から１２月《がつ》３０日《にち》の間《あいだ》で予約《よやく》をして、その際《さい》に社員《しゃいん》である旨《むね》を伝《つた》える。
2 １０月１日《がつついたち》から１２月《がつ》３０日《にち》の間《あいだ》で予約《よやく》をして、宿泊当日《しゅくはくとうじつ》メンバーズカードを提示《ていじ》する。
3 9月１日《がつついたち》から１２月《がつ》３０日《にち》の間《あいだ》で予約《よやく》をして、その際《さい》に社員《しゃいん》である旨《むね》を伝《つた》える。
4 9月１日《がつついたち》から１２月《がつ》３０日《にち》の間《あいだ》で予約《よやく》をして、宿泊当日《しゅくはくとうじつ》メンバーズカードを提示《ていじ》する。

70 야마다 씨는 나카노상사 사원으로 섣달 그믐날(12월 31일)에 가족과 함께 도우노 온천 '야마키타장'에 숙박하려고 한다. 야마다 씨가 나카노상사 사원 및 가족 가격으로 숙박하기 위해 해야 하는 것은 무엇인가?

1 10월 1일부터 12월 30일 사이에 예약을 하고, 그때에 사원임을 전한다.
2 10월 1일부터 12월 30일 사이에 예약을 하고, 숙박 당일 회원제 카드를 제시한다.
3 9월 1일부터 12월 30일 사이에 예약을 하고, 그때에 사원임을 전한다.
4 9월 1일부터 12월 30일 사이에 예약을 하고, 숙박 당일 회원제 카드를 제시한다.

풀이 지불 방법란을 보면, '연말연시 이용에 관해서는 9월 1일부터 접수를 받으며, 숙박 당일 비용을 지불할 때 사원 가격이 적용되며, 당일 나카노상사 회원제 카드를 지참해야 한다'는 내용이 언급되고 있으므로 정답은 4번이다.

문제 13 정보 검색 | 실전 테스트 ❹

문제집 p.372

69 ② 70 ②

問題《もんだい》 13

右《みぎ》のページは、市民講座《しみんこうざ》の受講案内《じゅこうあんない》である。下《した》の問《と》いに対《たい》する答《こた》えとして最《もっと》もよいものを1・2・3・4から一《ひと》つ選《えら》びなさい。

문제 13

오른쪽 페이지는 시민 강좌의 수강 안내이다. 아래 질문에 대한 답으로 가장 알맞은 것을 1・2・3・4에서 하나 고르세요.

69~70

黒川市市民講座受講生募集案内《くろかわししみんこうざじゅこうせいぼしゅうあんない》

黒川市《くろかわし》では新《あら》たな学《まな》びへのきっかけづくりとして、また、仲間《なかま》づくりや地域《ちいき》づくりにつながることを目的《もくてき》として、市民講座《しみんこうざ》の受講生《じゅこうせい》を募集《ぼしゅう》いたします。

	講座名《こうざめい》	期間《きかん》・時間《じかん》・場所《ばしょ》	受講料《じゅこうりょう》	定員《ていいん》
①	体幹《たいかん》トレーニング 運動不足《うんどうぶそく》を痛感《つうかん》している方《かた》、筋肉《きんにく》の衰《おとろ》えを感《かん》じる方《かた》へおすすめ。	全《ぜん》6回《かい》 (6/13~7/18) 毎週土曜日《まいしゅうどようび》 午前《ごぜん》10：15~11：15 場所《ばしょ》：市民会館《しみんかいかん》1階《かい》 多目的《たもくてき》ホールA	1,500円《えん》	20名《めい》
②	69 ゆったりヨガ ヨガで効果的《こうかてき》に体《からだ》を動《うご》かし一日《いちにち》のストレスを解消《かいしょう》して疲《つか》れを癒《いや》しましょう。	全《ぜん》8回《かい》 (6/18~8/6) 毎週木曜日《まいしゅうもくようび》 午後《ごご》7：45~8：45 場所《ばしょ》：市民会館《しみんかいかん》1階《かい》 多目的《たもくてき》ホールB	2,000円《えん》	20名《めい》
③	初心者《しょしんしゃ》のためのスイミング 水中《すいちゅう》ウォーキングから始《はじ》め25m完泳《かんえい》が目標《もくひょう》です。	全《ぜん》8回《かい》 (6/19~8/7) 毎週金曜日《まいしゅうきんようび》 午後《ごご》8：00~9：00 場所《ばしょ》：市総合体育《しそうごうたいいく》館《かん》プール	2,000円《えん》	15名《めい》
④	陶芸教室《とうげいきょうしつ》 陶芸《とうげい》が初《はじ》めてでも安心《あんしん》！一《いち》から作品《さくひん》完成《かんせい》まで丁寧《ていねい》に指導《しどう》します。	全《ぜん》6回《かい》 (6/14~7/19) 毎週日曜日《まいしゅうにちようび》 午後《ごご》1：30~3：30 場所《ばしょ》：市民会館《しみんかいかん》2階《かい》 陶芸室《とうげいしつ》	1,500円《えん》 別途材《べっとざい》料費《りょうひ》700円《えん》	15名《めい》

申込方法《もうしこみほうほう》① / 黒川市《くろかわし》 70 ホームページで申《もう》し込《こ》む場合《ばあい》

구로카와시 시민 강좌 수강생 모집 안내

구로카와시에서는 새로운 배움의 계기 만들기로서 또, 동료 만들기나 지역 조성으로 이어지는 것을 목적으로 시민 강좌 수강생을 모집합니다.

	강좌명	기간・시간・장소	수강료	정원
①	인체 훈련 운동 부족을 통감하고 있는 분, 근육 쇠약을 느끼는 분에게 추천.	전 6회 (6/13~7/18) 매주 토요일 오전 10：15~11：15 장소: 시민회관 1층 다목적 홀 A	1,500엔	20명
②	69 느긋한 요가 요가로 효과적으로 몸을 움직여 하루의 스트레스를 해소하고 피로를 치유합시다.	전 8회 (6/18~8/6) 매주 목요일 오후 7：45~8：45 장소: 시민회관 1층 다목적 홀 B	2,000엔	20명
③	초심자를 위한 수영 수중 워킹부터 시작해 25m 완영이 목표입니다.	전 8회 (6/19~8/7) 매주 금요일 오후 8：00~9：00 장소: 시종합체육관 수영장	2,000엔	15명
④	도예 교실 도예가 처음이라도 안심! 처음부터 작품 완성까지 정성껏 지도합니다.	전 6회 (6/14~7/19) 매주 일요일 오후 1：30~3：30 장소: 시민회관 2층 도예실	1,500엔 별도 재료비 700엔	15명

신청 방법 ① / 구로카와시 70 홈페이지에서 신청할 경우

● 黒川市《くろかわし》ホームページにて「市民講座《しみんこうざ》」と検索《けんさく》してください。

申込方法《もうしこみほうほう》② / 70 電話《でんわ》で申《もう》し込《こ》む場合《ばあい》

● 市社会教育課《ししゃかいきょういくか》 85-256-3698

■ 70 1人《ひとり》につき2講座《こうざ》まで受講《じゅこう》できます。

■ 69 直近《ちょっきん》の2年《ねん》の間《あいだ》に受講《じゅこう》した講座《こうざ》は受講《じゅこう》できません。

■ 定員《ていいん》を超《こ》えた講座《こうざ》は抽選《ちゅうせん》となりますのでご了承《りょうしょう》ください。(70 定員《ていいん》に満《み》たない講座《こうざ》は中止《ちゅうし》となる場合《ばあい》があります。)

■ 講座参加中《こうざさんかちゅう》の事故等《じこなど》に備《そな》え、受講《じゅこう》される方《かた》は各《かく》自《じ》、 70 傷害保険等《しょうがいほけんなど》にご加入《かにゅう》いただくことをお勧《すす》めします。

不明《ふめい》な点《てん》がございましたらお気軽《きがる》にお問《と》い合《あ》わせください。

社会教育課《しゃかいきょういくか》　電話《でんわ》 85-256-3698

● 구로카와시 홈페이지에서 '시민 강좌'로 검색해 주세요.

신청 방법 ② / 70 전화로 신청할 경우

● 시 사회 교육과 85-256-3698

■ 70 1인당 2강좌까지 수강할 수 있습니다.

■ 69 최근 2년 사이 수강한 강좌는 수강할 수 없습니다.

■ 정원을 넘은 강좌는 추첨하게 되어있으니 양해 부탁드립니다. (70 정원이 채워지지 않는 강좌는 중지되는 경우가 있습니다.)

■ 강좌 참가 중 사고 등에 대비해 수강하시는 분은 각자 70 상해 보험 등에 가입하시기를 권고합니다.

불명확한 점이 있으시면, 부담 없이 문의해 주세요.

사회 교육과　전화 85-256-3698

단어 新《あら》た 새로운 | きっかけ 계기 | 仲間《なかま》 동료 | 地域《ちいき》づくり 지역 조성 | つながる 이어지다 | 目的《もくてき》 목적 | 市民講座《しみんこうざ》 시민 강좌 | 受講生《じゅこうせい》 수강생 | 募集《ぼしゅう》 모집 | 定員《ていいん》 정원 | 体幹《たいかん》トレーニング 인체 트레이닝 | 運動不足《うんどうぶそく》 운동 부족 | 痛感《つうかん》 통감 | 筋《きん》肉《にく》 근육 | 衰《おとろ》える 쇠약해지다 | 多目的《たもくてき》ホール 다목적 홀 | ゆったり 느긋하게 | 効果的《こうかてき》 효과적 | 解消《かいしょう》 해소 | 疲《つか》れ 피로 | 癒《いや》す 치유하다 | 初心者《しょしんしゃ》 초심자 | 水中《すいちゅう》ウォーキング 수중 워킹 | 完泳《かんえい》 완영(끝까지 헤엄침) | 目標《もくひょう》 목표 | 市総合体育《しそうごうたいいく》館《かん》 시종합체육관 | 陶芸教室《とうげいきょうしつ》 도예 교실 | 丁寧《ていねい》に 정성껏 | 指導《しどう》 지도 | 別途材料費《べっとざいりょうひ》 별도 재료비 | 検索《けんさく》 검색 | 社会教育《しゃかいきょういく》課《か》 사회 교육과 | 直近《ちょっきん》 최근 | 満《み》つ 채워지다 | 中止《ちゅうし》 중지 | 事故《じこ》 사고 | 備《そな》え 대비 | 各自《かくじ》 각자 | 傷害保険《しょうがいほけん》 상해 보험 | 加入《かにゅう》 가입 | 不明《ふめい》 불명료 | 気軽《きがる》に 가볍게 | 問《と》い合《あ》わせ 문의

69 マイケルさんは、昨年《さくねん》は水泳《すいえい》を習《なら》い、今年《ことし》も市民講座《しみんこうざ》を受《う》けたいと考《かんが》えている。運動《うんどう》が好《す》きなので体《からだ》を動《うご》かす講座《こうざ》を希望《きぼう》している。また、週末《しゅうまつ》は午後《ごご》から、平日《へいじつ》は１８時《じ》以降《いこう》に受講《じゅこう》が可能《かのう》だ。マイケルさんはどれを申《もう》し込《こ》んだらよいか。

1 体幹《たいかん》トレーニング
2 ゆったりヨガ
3 初心者《しょしんしゃ》のためのスイミング
4 陶芸教室《とうげいきょうしつ》

69 마이클 씨는 작년에는 수영을 배우고, 올해도 시민 강좌를 수강하기를 원한다. 운동을 좋아하기 때문에 몸을 움직이는 강좌를 희망하고 있다. 또한 주말에는 오후부터, 평일은 6시 이후에 수강이 가능하다. 마이클 씨는 어느 것을 신청하면 좋을까?

1 인체 훈련
2 느긋한 요가
3 초심자를 위한 수영
4 도예 교실

풀이 마이클 씨의 조건을 보면, 작년에는 수영을 배우고, 올해도 시민 강좌를 수강하기 원하며, 몸을 움직이는 강좌를 희망한다. 또한 주말에는 오후부터, 평일은 오후 6시 이후에 수강이 가능하다. 몸을 움직이는 강좌는 1번, 2번, 3번이 해당되고, 최근 2년 사이에 수강한 강좌는 들을 수 없으므로 3번의 수영은 불가능하며, 1번의 인체 훈련은 수강 시간이 오전이므로 불가능하다. 따라서 몸을 움직이고 평일 오후가 수강 시간인 '느긋한 요가'만 가능하므로 정답은 2번이다.

70 黒川市《くろかわし》の市民講座《しみんこうざ》を申《もう》し込《こ》む際《さい》、留意《りゅうい》しなければならないことはどれか。

1 定員《ていいん》に達《たっ》してない講座《こうざ》でも閉講《へいこう》の可能性《かのうせい》はないが人数《にんずう》の制限《せいげん》はある。

2 講座《こうざ》の申《もう》し込《こ》みはメールではできない。

3 二《ふた》つの講座《こうざ》を受講《じゅこう》することはできない。

4 受講《じゅこう》までに傷害保険《しょうがいほけん》に加入《かにゅう》しなければならない。

70 구로가와시의 시민 강좌를 신청할 때 유의하지 않으면 안 되는 것은 어느 것인가?

1 정원이 채워지지 않는 강좌라도 폐강의 가능성은 없지만, 인원수의 제한은 있다.

2 강좌의 신청은 메일로는 할 수 없다.

3 두 개의 강좌를 수강할 수가 없다.

4 수강까지 상해 보험에 들지 않으면 안 된다.

풀이 신청 방법란을 보면, 1인당 2강좌까지 수강할 수 있으며, 정원이 채워지지 않는 강좌는 중지되는 경우가 있고, 상해 보험 등에는 꼭 들어야 하는 것이 아닌, 권장한다고 언급하고 있다. 따라서 1, 3, 4번은 오답이다. 한편 신청 방법은 홈페이지와 전화 신청에 대한 언급만 있으므로 '메일로는 신청할 수 없다'라고 한 2번이 정답이 된다.

2교시 청해

연습 문제 정답 및 해설

문제 1 과제 이해

연습 문제 1 ① 2 ①

문제 2 포인트 이해

연습 문제 1 ④ 2 ③

문제 3 개요 이해

연습 문제 1 ② 2 ②

문제 4 즉시 응답

연습 문제 1 ① 2 ③

문제 5 통합 이해

연습 문제 1 ① 2 ② 3 ②, ④

문제 1 과제 이해 | 연습 문제

문제집 p.385

1 ① **2** ①

問題《もんだい》1

問題《もんだい》1では、まず質問《しつもん》を聞《き》いてください。それから話《はなし》を聞《き》いて、問題用紙《もんだいようし》の1から4の中《なか》から、最《もっと》もよいものを一《ひと》つ選《えら》んでください。

문제 1

문제 1에서는 우선 질문을 들으세요. 그리고 나서 이야기를 듣고 문제지의 1부터 4 중에서 가장 알맞은 것을 하나 고르세요.

1

図書館《としょかん》で男《おとこ》の人《ひと》と受付《うけつけ》の人《ひと》が話《はな》しています。男《おとこ》の人《ひと》はこのあとすぐ何《なに》をしますか。

男：すいません。借《か》りていた本《ほん》を紛失《ふんしつ》したみたいなんですが、どうしたらいいですか。

女：紛失《ふんしつ》ということであれば弁償《べんしょう》となりますが、まずはこちらの図書館資料紛失届《としょかんしりょうふんしつとどけ》にご記入願《きにゅうねが》えますか。

男：弁償《べんしょう》というと、いくら払《はら》えばいいですか。文《ぶん》庫本《こぼん》なので今現金《いまげんきん》で払《はら》えますが。

女：申《もう》し訳《わけ》ありませんが、現金《げんきん》での弁償《べんしょう》は出来《でき》かねます。

男：え、じゃあどうしたらいいですか。

女：同《おな》じ本《ほん》を書店《しょてん》などでご購入《こうにゅう》いただき、お持《も》ちいただくことになります。

男：そうなんですね。

女：お忙《いそが》しいようなら郵便《ゆうびん》でも結構《けっこう》です。ところで、こちらの本《ほん》まだ返却《へんきゃく》まで一週間《いっしゅうかん》ありますが、もう一度《いちど》よくお探《さが》しになってはいかがでしょうか。

男：いや〜。自宅《じたく》から職場《しょくば》まで本当隅々《ほんとうすみずみ》まで探《さが》したんですが、出《で》てこなかったので。

女：そうですか。

男：はい。仕方《しかた》ないですね。

1

도서관에서 남자와 접수처 사람이 이야기하고 있습니다. 남자는 이다음 바로 무엇을 합니까?

남 : 실례합니다. 빌린 책을 분실한 것 같습니다만, 어떻게 하면 됩니까?

여: 분실한 거라면 변상하게 됩니다만, 우선은 이쪽의 도서관 자료 분실 신고서를 기입해 주시겠습니까?

남: 변상이라고 하면 얼마 지불하면 됩니까? 문고본이라 지금 현금으로 지불할 수 있는데요.

여: 죄송합니다. 현금으로 변상은 할 수 없습니다.

남: 어, 그럼 어떻게 하면 됩니까?

여: 같은 책을 서점 등에서 구입하셔서 가져오시는 걸로 되어 있습니다.

남: 그렇군요.

여: 바쁘신 것 같으면 우편으로도 괜찮습니다. 그런데 이쪽의 책은 아직 반납까지 일주일 있는데 한 번 더 잘 찾아보시는 게 어떻습니까?

남: 아뇨~. 집에서 직장까지 정말 구석구석 찾았지만 나오지 않아서요.

여: 그렇습니까?

남: 네. 어쩔 수 없네요.

男《おとこ》の人《ひと》はこのあとすぐ何《なに》をしますか。

1　図書館《としょかん》資料《しりょう》紛失届《ふんしつとどけ》を作成《さくせい》する。

2　現金《げんきん》で本代《ほんだい》を支払《しはら》う。

3　郵便《ゆうびん》で本《ほん》を送《おく》る。

4　もう一度《いちど》探《さが》してみる。

남자는 이다음 바로 무엇을 합니까?

1 도서관 자료 분실 신고서를 작성한다.

2 현금으로 책값을 지불한다.

3 우편으로 책을 보낸다.

4 한 번 더 찾아본다.

풀이 과제 이해 문제는 대화 내용이 선택지에서 한 번씩 언급되므로 우선 질문을 잘 듣고, 선택지를 하나씩 확인하며 듣는다. 내용을 살펴보면, 남자가 빌린 책을 분실하였고, 분실하면 접수처에서 변상해야 하는데, 우선은 도서관 자료실에 분실 신고서에 기입을 하라고 하였으므로 정답은 1번이다. 한편 책을 보내는 것은 우편으로도 가능하다고는 하였으나, 이다음 바로 이어질 상황으로는 도서관 자료 분실 신고를 하는 것이므로 3번은 오답이다.

단어 紛失《ふんしつ》 분실 | 弁償《べんしょう》 변상 | まず 우선 | 届《とど》け 신고(서) | 記入《きにゅう》 기입 | 払《はら》う 지불하다 | 文庫本《ぶんこぼん》 문고본 | 現金《げんきん》 현금 | 書店《しょてん》 서점 | 購入《こうにゅう》 구입 | 郵便《ゆうびん》 우편 | 結構《けっこう》 좋은 | 返却《へんきゃく》 반납 | 自宅《じたく》 자택 | 職場《しょくば》 직장 | 隅々《すみずみ》 구석구석

2

病院《びょういん》で女《おんな》の人《ひと》と男《おとこ》の人《ひと》が話《はな》しています。男《おとこ》の人《ひと》は今日《きょう》の夜《よる》どの薬《くすり》を飲《の》まなければなりませんか。

女：番号札《ばんごうふだ》１７番《ばん》の方《かた》、お薬《くすり》ができました。

男：はい。

女：これから、薬《くすり》の飲《の》み方《かた》を説明《せつめい》しますね。まず、こちらの白《しろ》い錠剤《じょうざい》は抗生剤《こうせいざい》で、毎晩《まいばん》寝《ね》る前《まえ》に、飲《の》んでください。そして，こちらの少《すこ》し小《ちい》さい錠剤《じょうざい》は毎日《まいにち》昼食前《ちゅうしょくまえ》に飲《の》んでください。もうすぐお昼《ひる》ですから、そこに水《みず》がありますので、今《いま》、飲《の》むとちょうどよいですね。

男：はい。

女：それで、五日《いつか》ぐらい経《た》つと、鼻水《はなみず》は止《と》まりますので、そしたらこの小《ちい》さい錠剤《じょうざい》は飲《の》まないで、こちらのオレンジ色《いろ》の錠剤《じょうざい》と白《しろ》い錠剤《じょうざい》を夕食後《ゆうしょくご》に飲《の》むようにしてください。

男：そしたら、白《しろ》い錠剤《じょうざい》は、いつまで続《つづ》けるのですか。

女：はい。症状《しょうじょう》が治《おさ》まっても２週間《しゅうかん》は、抗生剤《こうせいざい》はやめないで続《つづ》けた方《ほう》がいいですよ。

男：はい。わかりました。

男《おとこ》の人《ひと》は今日《きょう》の夜《よる》どの薬《くすり》を飲《の》まなければなり

2

병원에서 여자와 남자가 이야기하고 있습니다. 남자는 오늘 밤 어느 약을 복용해야 합니까?

여: 번호(대기)표 17번 분, 약 나왔습니다.

남: 네.

여: 지금부터 약의 복용 방법을 설명하겠습니다. 먼저, 이쪽의 흰색 알약은 항생제로 매일 밤 자기 전에 복용해 주세요. 그리고 이쪽의 조금 작은 알약은 매일 점심 식사 전에 복용해 주세요. 이제 곧 점심 때니까, 거기에 물이 있으니 지금 복용하면 딱 좋겠네요.

남: 네.

여: 그리고 5일 정도 경과되면, 콧물은 멈추므로, 그러면 이 작은 알약을 복용하지 말고, 이쪽의 오렌지 색의 알약과 흰색 알약을 저녁 식사 후에 복용하도록 하세요.

남: 그러면 흰색 알약은 언제까지 계속 복용합니까?

여: 네. 증상이 나아져도 2주간은 항생제는 멈추지 말고 계속 복용하는 것이 좋아요.

남: 네. 알겠습니다.

남자는 오늘 밤 어느 약을 복용해야 합니까?

ませんか。

1 白《しろ》い錠剤《じょうざい》
2 小《ちい》さい錠剤《じょうざい》と白《しろ》い錠剤《じょうざい》
3 オレンジ色《いろ》の錠剤《じょうざい》と白《しろ》い錠剤《じょうざい》
4 オレンジ色《いろ》の錠剤《じょうざい》

1 흰색 알약
2 작은 알약과 흰색 알약
3 오렌지색 알약과 흰색 알약
4 오렌지색 알약

풀이 매일 밤 자기 전에 흰색 알약을 복용하라고 하였으므로 정답은 1번이다. 한편 5일 후에 오렌지 색의 알약과 흰색 알약을 저녁 식사 후에 복용하라고 하였으므로 3번은 오답니다.

단어 番号札《ばんごうふだ》 번호표 | 錠剤《じょうざい》 알약 | 抗生剤《こうせいざい》 항생제 | 昼食《ちゅうしょく》 점심 식사 | 経《た》つ 경과되다 | 鼻水《はなみず》 콧물 | 止《と》まる 멈추다 | 症状《しょうじょう》 증상 | 治《おさ》まる 가라앉다 | 続《つづ》ける 계속하다

문제 2 포인트 이해 | 연습 문제

문제집 p.389

1 ④ 2 ③

問題《もんだい》2

問題《もんだい》2では、まず質問《しつもん》を聞《き》いてください。そのあと、問題用紙《もんだいようし》のせんたくしを読《よ》んでください。読《よ》む時間《じかん》があります。それから話《はなし》を聞《き》いて、問題用紙《もんだいようし》の1から4の中《なか》から、最《もっと》もよいものを一《ひと》つ選《えら》んでください。

문제 2

문제 2에서는 우선 질문을 들으세요. 그 후 문제지의 선택지를 읽으세요. 읽을 시간이 있습니다. 그러고 나서 이야기를 듣고 문제지의 1부터 4 중에서 가장 알맞은 것을 하나 고르세요.

1

大学《だいがく》の入試広報課《にゅうしこうほうか》で女《おんな》の人《ひと》と男《おとこ》の人《ひと》が話《はな》しています。二人《ふたり》はオープンキャンパスの参加者《さんかしゃ》を増《ふ》やすために会議《かいぎ》でどんな提案《ていあん》をすることにしましたか。

女：今年《ことし》のオープンキャンパスの参加者《さんかしゃ》、伸《の》び悩《なや》んでいるよね。去年《きょねん》は、新学科《しんがっか》の設置《せっち》のインパクトで、参加者《さんかしゃ》多《おお》かったけど、何《なに》かいい方《ほう》法《ほう》ないかな。学食《がくしょく》にオープンキャンパス特別《とくべつ》メニューを用意《ようい》したりとか、何《なに》か次《つぎ》の会議《かいぎ》で提案《ていあん》してみようよ。

男：学食《がくしょく》のメニューは今《いま》のままでもいいと思《おも》うけど。だってうちの大学《だいがく》のメニュー、大学学食《だいがくがくしょく》ランキングの上位《じょうい》の常連《じょうれん》じゃない。それ目当《めあ》てでオープンキャンパスに来《く》る高校生《こうこうせい》もいる

1

대학의 입시 홍보과에서 여자와 남자가 이야기하고 있습니다. 두 사람은 오픈 캠퍼스의 참가자를 늘리기 위해 회의에서 어떤 제안을 하기로 했습니까?

여: 올해 오픈 캠퍼스 참가자가 부진하네. 작년에는 신학과 설치의 강한 인상으로 참가자가 많았는데, 뭔가 좋은 방법 없을까? 학식에 오픈 캠퍼스 특별 메뉴를 준비한다든가, 무언가 다음 회의에서 제안해 보자.

남: 학식 메뉴는 지금 이대로도 괜찮다고 생각해. 그럴 것이 우리 대학 메뉴, 대학 학식 랭킹 상위의 단골이잖아. 그걸 목적으로 오픈 캠퍼스에 오는 고등학생도 있기 때문에.

んだから。

女：確《たし》かにね。

男：参加者《さんかしゃ》に大学《だいがく》のロゴ入《い》りの文房具《ぶんぼうぐ》などをプレゼントするとかどうかな。

女：そんなプレゼント目《め》当《あ》てでくると思《おも》う？それよりも各地域《かくちいき》からの無料《むりょう》バスの路線《ろせん》を増《ふ》やしてはどうかな？

男：それ名案《めいあん》。うちちょっと駅《えき》から離《はな》れて不便《ふべん》だから車《くるま》がないとなかなか足《あし》が向《む》かないからね。

女：うん。次《つぎ》の会議《かいぎ》で提案《ていあん》してみよう。

二人《ふたり》はオープンキャンパスの参加者《さんかしゃ》を増《ふ》やすために会議《かいぎ》でどんな提案《ていあん》をすることにしましたか。

1　新学科《しんがっか》を設置《せっち》する。
2　学食《がくしょく》のメニューを変《か》える。
3　文房具《ぶんぼうぐ》を記念品《きねんひん》としてあげる。
4　無料《むりょう》の送迎《そうげい》バスの路線《ろせん》を拡大《かくだい》する。

여: 확실히 그렇지.

남: 참가자에게 대학 로고가 들어간 문구를 선물하는 건 어떨까?

여: 그런 선물을 목적으로 올 거라고 생각해? 그것보다 각 지역으로부터의 무료 버스 노선을 늘리는 것은 어떨까?

남: 그거 명안. 우리 학교가 역에서 좀 떨어져 있어 불편하기 때문에 차가 없으면 좀처럼 발길이 가지 않으니까 말이야.

여: 응, 다음 회의에서 제안해 보자.

두 사람은 오픈 캠퍼스의 참가자를 늘리기 위해 회의에서 어떤 제안을 하기로 했습니까?

1　신학과를 설치한다.
2　학식 메뉴를 바꾼다.
3　문구를 기념품으로 준다.
4　무료 송영 버스 노선을 확대한다.

풀이 포인트 이해 문제는 처음에 들려주는 질문을 놓치지 않고 들어야 하며, 본문의 내용이 선택지에 언급되기 때문에, 선택지 읽는 시간이 주어질 때 내용을 미리 읽어 파악해 둔다. 내용을 살펴보면, 여자가 '각 지역으로부터의 무료 버스 노선을 늘리는 것은 어떨까?'라고 제안하고, 이에 남자가 '그거 명안'이라고 하였으므로 정답은 4번이 된다. 한편 학식에 오픈 캠퍼스 특별 메뉴를 준비하자는 의견은 여자가, 에코백을 기념품으로 주자는 의견은 남자가 제안한 의견이므로 두 사람의 공통된 의견이라고 보기 어렵다. 따라서 2번과 3번은 오답이다.

단어 入試広報課《にゅうしこうほうか》 입시 홍보과 | 参加者《さんかしゃ》 참가자 | 増《ふ》やす 늘리다 | オープンキャンパス 오픈 캠퍼스(대학 개방 행사) | 伸《の》び悩《なや》む 제자리걸음이다, 부진하다 | 新学科《しんがっか》 신학과(새로운 학과) | 設置《せっち》 설치 | 学食《がくしょく》 학식 | 特別《とくべつ》メニュー 특별 메뉴 | 用意《ようい》 준비 | 常連《じょうれん》 단골 | 目《め》当《あ》て 목적 | 確《たし》か 확실한, 분명한 | ロゴ 로고 | 文房具《ぶんぼうぐ》 문구(학용품) | プレゼント 선물 | 無《む》料《りょう》バス 무료 버스 | 路線《ろせん》 노선 | 名案《めいあん》 명안 | 離《はな》れる 떨어지다 | 足《あし》が向《む》く 발길이 가다 | 記念品《きねんひん》 기념품 | 送迎《そうげい》 송영 | 拡《かく》大《だい》 확대

2

市民《しみん》向《む》けの文化《ぶんか》センターで女《おんな》の人《ひと》が、美術史《びじゅつし》の講座《こうざ》について話《はな》しています。女《おんな》の人《ひと》はこの講座《こうざ》のどんなところに最《もっと》も魅力《みりょく》を感《かん》じると言《い》っていますか。

女：今日《きょう》は私《わたし》が受《う》けている「美術史《びじゅつし》の散策《さんさく》」という講座《こうざ》について紹介《しょうかい》します。これは、過去《かこ》の芸術品《げいじゅつひん》を楽《たの》しんで眺《なが》めたり、お互《たが》いに話《はな》し合《あ》ったりする講座《こうざ》です。受講生《じゅこうせい》の職業《しょくぎょう》は多様《たよう》ですが、退職後《たいしょくご》の趣味《しゅみ》として受《う》けている人《ひと》が大半《たいはん》です。何《なん》の喜《よろこ》びもなく学生時代《がくせいじだい》に学《まな》んだ芸《げい》術《じゅつ》のことも忘《わす》れかけていたが、年《とし》を取《と》ってもう一度《いちど》過去《かこ》の芸術《げいじゅつ》に向《む》き合《あ》ってみて初《はじ》めてその喜《よろこ》びがわかったと皆《みな》さんおっしゃいます。いわばノスタルジアでしょう。何《なに》に魅力《みりょく》を感《かん》じるかはまちまちですが。私《わたし》の場合《ばあい》、過去《かこ》の芸術《げいじゅつ》と対峙《たいじ》した時《とき》、わくわくします。それを創《つく》った人《ひと》の人生《じんせい》を想像《そうぞう》し、その人《ひと》の世界《せかい》に入《はい》ってみることに何《なん》と言《い》っても惹《ひ》かれるんです。最初《さいしょ》は役《やく》にも立《た》たない過去《かこ》の芸術品《げいじゅつひん》に深《ふか》い興味《きょうみ》を持《も》つだろうかと疑《うたが》わしい気分《きぶん》でしたが、数《すう》か月《げつ》が経《た》った今《いま》はその魅力《みりょく》にすっかりはまりました。

女《おんな》の人《ひと》はこの講座《こうざ》のどんなところに最《もっと》も魅力《みりょく》を感《かん》じると言《い》っていますか。

1 さまざまな職業《しょくぎょう》の人《ひと》と話《はな》し合《あ》えること

2 過去《かこ》の芸術品《げいじゅつひん》を直接眺《ちょくせつなが》められること

3 芸術品《げいじゅつひん》を創《つく》った人《ひと》の人生《じんせい》を思《おも》い描《えが》くこと

4 講座《こうざ》を受《う》けるほどはまっていくこと

2

시민을 위한 문화센터에서 여자가 미술사의 강좌에 관해서 이야기하고 있습니다. 여자는 이 강좌의 어떤 부분에 가장 매력을 느낀다고 말하고 있습니까?

여: 오늘은 제가 듣고 있는 '미술사의 산책'이라는 강좌에 관해서 소개하겠습니다. 이것은 과거의 예술품을 즐기며 바라보거나, 서로 이야기 나누는 강좌입니다. 수강생의 직업은 다양하지만, 퇴직 후의 취미로서 듣고 있는 사람이 대부분입니다. 어떤 기쁨도 없이 학생 시절에 배웠던 예술에 대해서도 잊어버리고 있었지만, 나이를 먹고 나서 다시 한 번 과거의 예술과 마주해 보니 비로소 그 기쁨을 알았다고 모두 말씀하십니다. 이른바 향수이겠죠. 무엇에 매력을 느끼는지는 각각 다르지만. 제 경우는 과거의 예술과 대치했을 때, 두근두근합니다. 그것을 만든 사람의 인생을 상상하고, 그 사람의 세계에 들어가 보는 것에 뭐니뭐니 해도 끌리는 것입니다. 처음은 도움도 되지 않는 과거의 예술품에 깊은 흥미를 가질까 하고 의심스러운 기분이었지만, 수개월이 지난 지금은 그 매력에 완전히 빠졌습니다.

여자는 이 강좌의 어떤 부분에 가장 매력을 느낀다고 말하고 있습니까?

1 여러 가지 직업의 사람과 서로 이야기할 수 있는 것

2 과거의 예술품을 직접 바라볼 수 있는 것

3 예술품을 만든 사람의 인생을 마음에 그릴 수 있는 것

4 강좌를 들을수록 빠져드는 것

풀이 '예술품을 만든 사람의 인생을 상상하고, 그 사람의 세계에 들어가 보는 것에 무엇보다도 끌린다'라는 여자의 말에 3번이 정답임을 알 수 있다. 한편 지문의 「想像《そうぞう》する 상상하다」를 선택지에서는 「思《おも》い描《えが》く 마음에 그리다」로 표현한 것임을 알아야 한다.

단어 市民《しみん》 시민 | 向《む》け ~을 위한 | 文化《ぶんか》センター 문화센터 | 美術史《びじゅつし》 미술사 | 講座《こうざ》 강좌 | 感《かん》じる 느끼다 | 散策《さんさく》 산책 | 芸術《げいじゅつ》品《ひん》 예술품 | 眺《なが》める 바라보다 | お互《たが》いに 서로 | 多様《たよう》 다양 | 大半《たいはん》 대부분 | 喜《よろこ》び 기쁨 | 学《まな》ぶ 배우다 | 向《む》き合《あ》う 마주하다 | ノスタルジア 향수, 그리는 마음 | まちまち 각기 다름 | 対峙《たいじ》 대치 | わくわく 두근두근 | 創《つく》る 만들다 | 惹《ひ》かれる 끌리다 | 役《やく》に立《た》つ 도움이 되다 | 疑《うたが》わしい 의심스럽다 | 直接《ちょくせつ》 직접 | 思《おも》い描《えが》く 마음에 그리다, 상상하다

문제 3 개요 이해 | 연습 문제

문제집 p.393

1 ② 2 ②

問題《もんだい》3

問題《もんだい》3では、問題用紙《もんだいようし》に何《なに》も印刷《いんさつ》されていません。この問題《もんだい》は、全体《ぜんたい》としてどんな内容《ないよう》かを聞《き》く問題《もんだい》です。話《はなし》の前《まえ》に質問《しつもん》はありません。まず話《はなし》を聞《き》いてください。それから、質《しつ》問《もん》とせんたくしを聞《き》いて、1から4の中《なか》から、最《もっと》もよいものを一《ひと》つ選《えら》んでください。

문제 3

문제 3에서는 문제지에 아무것도 인쇄되어 있지 않습니다. 이 문제는 전체로서 어떤 내용인지를 묻는 문제입니다. 이야기 전에 질문은 없습니다. 우선 이야기를 들으세요. 그리고 나서 질문과 선택지를 듣고 1부터 4 중에서 가장 알맞은 것을 하나 고르세요.

1

動物園《どうぶつえん》で飼育員《しいくいん》が話《はな》しています。

男：ラッコはほとんどを水《みず》に浮《う》かんで生活《せいかつ》しています。寝《ね》るときや休《やす》むときには前足《まえあし》や後《うし》ろ足《あし》の毛《け》のない方《ほう》を水《みず》の上《うえ》に出《だ》して、冷《ひ》えないようにします。ただ、海上《かいじょう》では体《からだ》が流《なが》されないように野生《やせい》のラッコは寝《ね》る時間《じかん》になると海藻《かいそう》がある場所《ばしょ》に行《い》って、海藻《かいそう》を手《て》でつかんで体《からだ》をぐるりと一回転《いちかいてん》させて海藻《かいそう》をお腹《なか》に巻《ま》きつけます。海藻《かいそう》がない水族館《すいぞくかん》では、その習性《しゅうせい》の名残《なごり》で仲間《なかま》と手《て》をつないで寝《ね》ることもあります。また、陸上《りくじょう》に上《あ》がることは稀《まれ》ですが、天《てん》候《こう》が荒《あ》れた日《ひ》には上《あ》がることもあります。その時《とき》には陸《りく》に体《からだ》を半分《はんぶん》のせて寝《ね》るラッコもいます。さらにラッコの天敵《てんてき》であるシャチやサメは海藻《かいそう》が生《お》い茂《しげ》ったところは泳《およ》ぎにくいため、近寄《ちかよ》ってこないという利点《りてん》もあり、寝《ね》ている間《あいだ》にも襲《おそ》われにくいです。今《いま》、餌《えさ》を食《た》べた直後《ちょくご》なので、ラッコのかわいい昼寝《ひるね》をする姿《すがた》を見《み》ることができます。

飼育員《しいくいん》は何《なに》について話《はな》していますか。

1 ラッコの生息地《せいそくち》
2 ラッコの寝方《ねかた》
3 ラッコの泳《およ》ぎ方《かた》
4 ラッコの天敵《てんてき》

1

동물원에서 사육사가 이야기하고 있습니다.

남: 해달은 대부분을 물에 떠서 생활하고 있습니다. 잘 때나 쉴 때에는 앞발이나 뒷발의 털이 없는 쪽을 물 위에 내서, 차가워지지 않도록 합니다. 단, 해상에서는 몸이 떠내려가지 않도록 야생의 해달은 잘 때가 되면, 해초가 있는 곳에 가서, 해초를 손에 잡고 몸을 빙그르르 한바퀴 돌려서 해초를 배에 친친 둘러 감습니다. 해초가 없는 수족관에서는 그 습성의 흔적으로 동료와 손을 잡고 잘 때도 있습니다. 또한 육지에 올라오는 일은 드물지만, 날씨가 거칠어진 날에는 올라오는 일도 있습니다. 그때에는 뭍에 몸을 반쯤 올려서 자는 해달도 있습니다. 더욱이 해달의 천적인 범고래나 상어는 해초가 무성한 곳은 헤엄치기 힘들기 때문에 접근해 오지 않는다는 이점도 있고, 자고 있는 사이에도 좀처럼 습격받지 않습니다. 지금 먹이를 먹은 직후이기 때문에 해달의 귀여운 낮잠을 자는 모습을 볼 수가 있습니다.

사육사는 무엇에 관해서 이야기하고 있습니까?

1 해달의 생식지
2 해달의 자는 방식
3 해달의 헤엄치는 방식
4 해달의 천적

풀이 개요 이해는 선택지가 없으므로 포인트가 되는 내용은 필기하면서 들어야 한다. 지문은 해달에 관한 내용으로 주제를 찾는 문제이다. 모르는 고유명사가 나왔을 때는 그 자체를 명사(이름)로 듣고 그 명사에 대한 내용을 파악할 수 있는 동사, 형용사 등을 중심으로 필기하도록 한다. 내용을 살펴보면, '야생의 해달은 잘 때가 되면, 몸이 떠내려가지 않도록 해초를 배에 감으며, 수족관에는 그 습성이 남아 있어 동료와 손을 잡고 자기도 하고, 날씨가 나쁠 때는 육지에 몸을 반쯤 올려 놓고 자는 해달도 있다'는 등 대체적으로 해달의 수면 방식에 대해 이야기하고 있다. 따라서 정답은 2번이다.

단어 飼育員《しいくいん》 사육원(사) | ラッコ 해달 | ほとんど 거의, 대부분 | 水《みず》に浮《う》かぶ 물에 뜨다 | 前足《まえあし》 앞발 | 後《うし》ろ足《あし》 뒷발 | 冷《ひ》える 차가워지다 | 流《なが》される 떠내려가다 | 野生《やせい》 야생 | 海藻《かいそう》 해초 | つかむ 잡다 | ぐるりと 빙, 빙그르르 | 一回転《いちかいてん》 한 바퀴 | 巻《ま》きつける 친친 둘러 감다 | 水族館《すいぞくかん》 수족관 | 習性《しゅうせい》 습성 | 名残《なごり》 자취, 흔적, 미련 | 仲間《なかま》 동료 | 手《て》をつなぐ 손을 잡다 | 陸上《りくじょう》 육상(지) | 稀《まれ》 드묾 | 天候《てんこう》が荒《あ》れる 날씨가 거칠어지다 | 陸《りく》 뭍, 육지 | 半分《はんぶん》 반 | 天敵《てんてき》 천적 | シャチ 범고래 | サメ 상어 | 生《お》い茂《しげ》る 무성하다, 우거지다 | 泳《およ》ぐ 헤엄치다 | 近寄《ちかよ》る 접근하다 | 利点《りてん》 이점 | 襲《おそ》う 습격하다, 덮치다 | 餌《えさ》 먹이 | 直後《ちょくご》 직후 | 昼寝《ひるね》をする 낮잠을 자다 | 姿《すがた》 모습 | 生息地《せいそくち》 생식지

2

ラジオで男《おとこ》の人《ひと》が話《はな》しています。

男：台風《たいふう》１９号《ごう》が近《ちか》づいていることから残念《ざんねん》ながら全国味《ぜんこくあじ》わいフェスタは来月初《らいげつはじ》めに延期《えんき》することにしました。詳《くわ》しい内容《ないよう》は後日全国味《ごじつぜんこくあじ》わいフェスタ実行委員会《じっこういいんかい》のホームページにて案内《あんない》する予定《よてい》です。全国味《ぜんこくあじ》わいフェスタは全《ぜん》国各地《こくかくち》の名産《めいさん》を販売《はんばい》したり、試食《ししょく》したり、ジャズのライブを行《おこな》ったりするイベントで、約《やく》10万人《まんにん》の来場《らいじょう》が見込《みこ》まれて、雨天《うてん》でも開催《かいさい》する予定《よてい》でしたが、台風《たいふう》が直撃《ちょくげき》する可能性《かのうせい》もあり、来場者《らいじょうしゃ》の安全《あんぜん》も考《かんが》えて、やむを得《え》ず延期《えんき》することとなりました。

男《おとこ》の人《ひと》は何《なに》について話《はな》していますか。

1 台風《たいふう》が近《ちか》づいていること

2 全国味《ぜんこくあじ》わいフェスタの日程変更《にっていへんこう》

3 全国味《ぜんこくあじ》わいフェスタの内容《ないよう》

4 台風《たいふう》の被害予想《ひがいよそう》

2

라디오에서 남자가 이야기하고 있습니다.

남: 태풍 19호가 다가오고 있어 유감스럽지만 전국 맛 축제는 다음 달 초로 연기하기로 했습니다. 자세한 내용은 후일 전국 맛 축제 실행위원회의 홈페이지에서 안내할 예정입니다. 전국 맛 축제는 전국 명산물을 판매하기도 하고 시식하기도 하고 재즈 라이브를 하기도 하는 이벤트로 약 10만 명의 방문이 예상되며, 우천이라도 개최할 예정이었습니다만, 태풍이 직격할 가능성도 있고 방문객의 안전도 생각해서 어쩔 수 없이 연기하게 되었습니다.

남자는 무엇에 관해서 이야기하고 있습니까?

1 태풍이 다가오고 있는 것

2 전국 맛 축제의 일정 변경

3 전국 맛 축제의 내용

4 태풍의 피해 예상

풀이 전국 맛 축제가 태풍 19호로 인해 다음 달 초로 연기되는데, 우천이라도 진행할 예정이었지만 태풍이 직격할 가능성도 있어 안전상 연기하게 되었다는 내용이므로 정답은 2번이다.

단어 台風《たいふう》 태풍 | 近《ちか》づく 다가오(가)다 | 残念《ざんねん》 유감 | 味《あじ》わいフェスタ 맛 축제 | 来月初《らいげつはじ》め 다음 달 초 | 延期《えんき》 연기 | 詳《くわ》しい 상세하다 | 名産《めいさん》 명산물 | 販売《はんばい》 판매 | 試食《ししょく》 시식 | ジャズ 재즈 | 来場《らいじょう》 방문(왕림) | 見込《みこ》む 예상하다 | 直撃《ちょくげき》 직격 | やむを得《え》ず 어쩔 수 없이

문제 4 즉시 응답 | 연습 문제

문제집 p.397

1 ① 2 ③

問題《もんだい》4

問題《もんだい》4では、問題用紙《もんだいようし》に何《なに》も印刷《いんさつ》されていません。まず文《ぶん》を聞《き》いてください。それから、それに対《たい》する返事《へんじ》を聞《き》いて、1から3の中《なか》から、最《もっと》もよいものを一《ひと》つ選《えら》んでください。

문제 4

문제 4에서는 문제지에 아무것도 인쇄되어 있지 않습니다. 우선 문장을 들으세요. 그리고 나서 그것에 대한 대답을 듣고 1부터 3 중에서 가장 알맞은 것을 하나 고르세요.

1

男：この間《あいだ》、先生《せんせい》にお願《ねが》いした原稿《げんこう》、明晩《みょうばん》取《と》りに上《あ》がります。

女：1　はい、明日《あした》の夕方《ゆうがた》は空《あ》けておきます。

2　はい、明後日《あさって》ならいつでもいいです。

3　はい、都合《つごう》のいい日《ひ》に伺《うかが》います。

1

남: 요전에, 선생님께 부탁드렸던 원고 내일 밤에 가지러 가겠습니다.

여: 1　네, 내일 저녁은 비워 두겠습니다.

2　네, 모레라면 언제든 괜찮습니다.

3　네, 상황이 되는 날에 찾아 뵙겠습니다.

풀이 즉시 응답 문제는 집중력이 요구되며, 바로 답이 나오더라도 3번까지 듣고 가장 맞는 대답을 찾아야 한다. 이 문제는 경어 문제로 여기서 알아야 할 키워드는 「明晩《みょうばん》 내일 밤」과 「上《あ》がります 가겠습니다」이며, 「上《あ》がる」는 '가다, 방문하다'의 겸양 표현이다. 즉, '요전에 부탁드렸던 원고 내일 밤에 가지러 가겠습니다'가 된다. 따라서 '네, 내일 저녁은 비워 두겠습니다'로 대답한 1번이 정답이 된다.

단어 この間《あいだ》 요전, 일전 | 原稿《げんこう》 원고 | 明晩《みょうばん》 내일 밤 | 夕方《ゆうがた》 저녁 | 空《あ》ける 비우다 | 明後日《あさって》 모레 | 都合《つごう》のいい日《ひ》 상황이 되는 날 | 伺《うかが》う 찾아 뵙다

2

女：明日《あした》の決勝戦《けっしょうせん》、どうぞお手《て》柔《やわ》らかに。

男：1　何《なに》がお手《て》上《あ》げなの？

2　アドバイスありがとう。

3　遠慮《えんりょ》はしないよ。

2

여: 내일 결승전, 잘 부탁드립니다.

남: 1　뭐가 속수무책인 거야?

2　조언 고마워.

3　사정 봐주지 않아.

풀이 「どうぞお手《て》柔《やわ》らかに」는 '부드럽게 상대해 달라'는 의미의 '잘 부탁한다'는 말로 보통 경기 전에 하는 인사말로 쓰이며, 이에 대한 대답으로 '봐주지 않고 하겠다'는 3번이 답으로 적당하다.

단어 決勝戦《けっしょうせん》 결승전 | お手《て》柔《やわ》らかに 살살 부드럽게 상대해 달라는 말(경기를 시작하기 전에 흔히 쓰는 인사말) | お手《て》上《あ》げ 어쩔 도리가 없음, 손듦(속수무책) | 遠慮《えんりょ》 사양, 거리낌, 조심함

문제 5 통합 이해 | 연습 문제

문제집 p.402

1 ① **2** ② **3** ②, ④

問題《もんだい》5

問題《もんだい》5では、長《なが》めの話《はなし》を聞《き》きます。この問題《もんだい》には練習《れんしゅう》はありません。問題用紙《もんだいようし》にメモを取《と》ってもかまいません。

문제 5

문제 5에서는 긴 이야기를 듣습니다. 이 문제에는 연습은 없습니다. 문제지에 메모를 해도 됩니다.

1番《ばん》、2番《ばん》

問題用紙《もんだいようし》に何《なに》も印刷《いんさつ》されていません。まず話《はなし》を聞《き》いてください。それから質問《しつもん》とせんたくしを聞《き》いて、1から4の中《なか》から、最《もっと》もよいものを一《ひと》つ選《えら》んでください。

1번, 2번

문제지에 아무것도 인쇄되어 있지 않습니다. 우선 이야기를 들으세요. 그리고 나서 질문과 선택지를 듣고 1부터 4 중에서 가장 알맞은 것을 하나 고르세요.

1

旅行会社《りょこうがいしゃ》で男《おとこ》の人《ひと》と社員《しゃいん》の人《ひと》が話《はな》しています。

男：あの~来週末《らいしゅうまつ》日帰《ひがえ》りでどこか行《い》きたいと思《おも》っているんですが。

女：どのようなところがいいですか。

男：そうですね。おいしいものを食《た》べるのがメインで行《い》きたいですね。

女：そうですか。いくつかありますが、日帰《ひがえ》りなので遠出《とおで》するとなると朝早《あさはや》くの出発《しゅっぱつ》となりますが、よろしいですか。

男：いや~できれば、近場《ちかば》の方《ほう》がいいですね。朝早《あさはや》い分《ぶん》はいいですが、長時間《ちょうじかん》バスで移動《いどう》というのはちょっとな。山中町《やまなかまち》あたりがいいかな。

女：では、こちらのパンフレットをご覧《らん》ください。まず、「いちご狩《が》りツアー」です。山中《やまなか》町《まち》のいちご農園《のうえん》に行《い》って、いちご狩《が》りをします。そして、昼食《ちゅうしょく》は採《と》ったいちごに加《くわ》えていちごジュースが飲《の》み放題《ほうだい》です。あと、「山中《やまなか》温泉《おんせん》と山中牛《やまなかぎゅう》の懐石料理《かいせきりょうり》」です。ゆっくりと温泉《おんせん》にはいって、その後《あと》は山中牛《やまなかぎゅう》の懐石料理《かいせきりょうり》を食《た》べます。今人気《いまにんき》のコースです。

1

여행 회사에서 남자와 사원이 이야기하고 있습니다.

남: 저~ 다음 주말 당일치기로 어딘가 가고 싶은데요.

여: 어떤 곳이 좋습니까?

남: 글쎄요. 맛있는 것을 먹을 수 있는 것이 주가 되는 곳으로 가고 싶어요.

여: 그렇습니까? 몇 개 정도 있습니다만, 당일치기로 먼 곳을 가게 되면 아침 일찍 출발하게 되는데 괜찮습니까?

남: 아뇨~ 되도록 가까운 곳이 좋아요. 아침이 일찍 시작되는 건 좋지만, 긴 시간 버스로 이동하는 것은 좀 그래서요. 야마나카 마을 근처가 좋을까요?

여: 그럼, 이쪽의 팜플렛을 봐 주세요. 먼저 '딸기 따기 여행'입니다. 야마나카 마을 딸기 농원에 가서 딸기 따기를 합니다. 그리고 점심은 수확한 딸기에 더해 딸기 주스가 무한리필입니다. 그리고 '야마나카 온천과 야마나카 소 가이세키 요리'입니다. 느긋이 온천에 들어가고, 그 후에는 야마나카 소 가이세키 요리를 먹습니다. 현재 인기 코스입니다.

男：へぇ自分《じぶん》で採《と》ったの食《た》べるなんて、楽《たの》しそうですね。そうそう、私血圧《わたしけつあつ》が高《たか》いので熱《あつ》い湯《ゆ》には入《はい》れないんですよ。

女：そうですか。では、「しゃぶしゃぶ食《た》べ放題《ほうだい》ツアー」はいかがですか。今年《ことし》オープンした山中《やまなか》グランドホテル最上階《さいじょうかい》のスカイレストランでしゃぶしゃぶの食《た》べ放題《ほうだい》です。眼下《がんか》に広《ひろ》がる湖《みずうみ》を見《み》ながら食《た》べるしゃぶしゃぶは最高《さいこう》ですよ。あと、「サンコウビール山中工場見《やまなかこうじょうけん》学《がく》ツアー」はいかがですか。工場見学後《こうじょうけんがくのち》、出《で》来立《きた》てのビールを味《あじ》わえます。しかも飲《の》み放《ほう》題《だい》です。

男：どれも面白《おもしろ》そうですね。でも、わざわざホテルまで行《い》って食《た》べるものは。それにお酒《さけ》は苦《にが》手《て》だし、そうすると。これですね。

男《おとこ》の人《ひと》は、どのコースを申《もう》し込《こ》みますか。

1 いちご狩《が》りツアー

2 山中温泉《やまなかおんせん》と山中牛《やまなかぎゅう》の懐石料理《かいせきりょうり》

3 しゃぶしゃぶ食《た》べ放題《ほうだい》ツアー

4 サンコウビール山中工場見学《やまなかこうじょうけんがく》ツアー

남: 허, 자기가 딴 것을 먹다니 재미있을 것 같아요. 아 그렇지, 저 혈압이 높아서 뜨거운 탕에 못 들어가요.

여: 그렇습니까? 그럼, '샤부샤부 무한리필 여행'은 어떻습니까? 올해 오픈한 야마나카 그랜드 호텔 꼭대기 층 스카이 레스토랑에서 샤부샤부를 무한 리필로 먹는 겁니다. 눈 아래에 펼쳐지는 호수를 보면서 먹는 샤부샤부는 최고입니다. 그리고 '산코우 맥주 야마나카 공장 견학 여행'은 어떻습니까? 공장 견학 후, 갓 만든 맥주를 맛볼 수 있습니다. 게다가 무한리필입니다.

남: 모두 다 재미있을 것 같네. 하지만, 일부러 호텔까지 가서 먹는 건. 게다가 술은 잘 못 마시고, 그럼. 이거네요.

남자는 어느 코스를 신청합니까?

1 딸기 따기 여행

2 야마나카 온천과 야마나카 소 가이세키 요리

3 샤부샤부 무한리필 여행

4 산코우 맥주 야마나카 공장 견학 여행

풀이 여자가 제안한 4가지 여행 코스 중 2번은 혈압이 높아서 뜨거운 탕(온천)에 못 들어가고, 3번은 일부러 호텔까지 가서 샤부샤부를 먹는 것은 내키지 않는다고 하였으며, 4번은 술은 잘 못 마신다고 했으므로 2번, 3번, 4번은 오답이다. 다만, 자신이 따서 먹는 딸기 따기 여행은 재미있을 것 같다고 했으므로 정답은 1번이 된다.

단어 日《ひ》帰《がえ》り 당일치기 | 遠出《とおで》する 멀리 나가다 | 移動《いどう》 이동 | いちご狩《が》り 딸기 따기 | 農園《のうえん》 농원 | 昼食《ちゅうしょく》 점심 | 飲《の》み放題《ほうだい》 마음껏 마심(무한리필) | 温泉《おんせん》 온천 | 血圧《けつあつ》 혈압 | 湖《みずうみ》 호수 | 工場《こうじょう》 공장 | 見学《けんがく》 견학 | 味《あじ》わう 맛보다

2

会社《かいしゃ》で、男《おとこ》の上司《じょうし》と社員二人《しゃいんふたり》がインテリアについて話《はな》しています。

男1：ああ、新店舗《しんてんぽ》のインテリアの件《けん》だけど。

男2：はい。

男1：どこに依頼《いらい》してもらうか検討《けんとう》してみた？

男2：はい。まず、3か所《しょ》を選定《せんてい》してみました。5年前《ねんまえ》にお願《ねが》いしたとこと新《あたら》しいとこの

2

회사에서 남자 상사와 사원 두 명이 인테리어에 관해서 이야기하고 있습니다.

남1: 아, 신점포 인테리어 건 말인데.

남2: 네.

남1: 어디에 의뢰할지 검토해 봤어?

남2: 네, 우선 3군데를 선정해 봤습니다. 5년 전에 부탁했던 곳과 새로운 곳 2사에 프레젠테이션 보드와

2社《しゃ》にプレゼンボードと見積《みつも》りを取《と》りました。これです。

男1：どれ？うーん。これだと、前回《ぜんかい》のところのほうが高《たか》めだね。

女：そうなんです。私《わたし》はこれを機《き》に業者《ぎょうしゃ》を変《か》えてみるのがいいんじゃないかと思《おも》います。

男2：でも、新規《しんき》の会社《がいしゃ》のほうは割安《わりやす》な照明《しょうめい》や壁《かべ》などを使《つか》っていて店《みせ》のコンセプトに合《あ》わないと思《おも》うんです。僕《ぼく》としては前回《ぜんかい》のほうにお願《ねが》いして、高級感《こうきゅうかん》をもっと強調《きょうちょう》したいんですけど。

男1：うん。確《たし》かにプレゼンボード見《み》ると他《ほか》のところに比《くら》べて洗練《せんれん》されて高級《こうきゅう》な感《かん》じがするな。

男2：はい。まだ見積《みつも》りの段階《だんかい》ですし、コストのことは調整《ちょうせい》の余地《よち》はあると思《おも》います。

女：確《たし》かにお互《たが》いやり方《かた》もわかっているし、プレゼンボードを見《み》るとうちのコンセプトにぴったりです。でも、今《いま》の相場《そうば》を考《かんが》えると値下《ねさ》げは難《むずか》しそうですし。

男1：わかった。じゃあ、一応《いちおう》、かけ合《あ》ってみてくれる？ もし、先方《せんぽう》からオーケーをとってもらったら、進行《しんこう》するということで。

男2：わかりました。

インテリアについて、これからまずどうすることになりましたか。

1　前回《ぜんかい》の会社《かいしゃ》に施行《しこう》を依頼《いらい》する。
2　前回《ぜんかい》の会社《かいしゃ》と価格《かかく》を交渉《こうしょう》する。
3　新《あたら》しい会社《かいしゃ》と価格《かかく》を交渉《こうしょう》する。
4　新《あたら》しい会社《かいしゃ》に施行《しこう》を依頼《いらい》する。

견적을 받았습니다. 이겁니다.

남1: 어디? 음~. 이렇게 되면, 저번에 한 곳이 조금 비싸네.

여: 그렇습니다. 저는 이것을 기회로 업자를 바꿔보는 것이 좋지 않을까 합니다.

남2: 하지만 신규 회사 쪽은 비교적 싼 조명이나 벽 등을 사용하고 있어서, 가게의 콘셉트에 맞지 않다고 생각합니다. 저는 저번 쪽에 부탁해서, 고급감을 좀 더 강조하고 싶은데요.

남1: 음. 확실히 프레젠테이션 보드를 보면 다른 곳에 비해 세련되고 고급스러운 느낌이 들어.

남2: 네. 아직 견적 단계이고, 비용은 조정의 여지가 있다고 생각합니다.

여: 확실히 서로 방식도 알고 있고, 프레젠테이션 보드를 보면, 우리 콘셉트에 딱입니다. 하지만 지금의 시세를 생각하면 가격 인하는 어려울 것 같고.

남1: 알았어. 그럼, 일단 교섭해 주겠어? 혹시 상대편으로부터 오케이 받으면, 진행하는 걸로.

남2: 알겠습니다.

인테리어에 관해서 지금부터 우선 어떻게 하게 되었습니까?

1　저번 회사에 시행을 의뢰한다.
2　저번 회사와 가격을 교섭한다.
3　새로운 회사와 가격을 교섭한다.
4　새로운 회사에 시행을 의뢰한다.

풀이　통합 이해는 선택지가 있든 없든 필기는 꼭 해야 하고, 각각의 문제 유형을 숙지하고 그에 맞는 요령을 익혀야 한다. 제시된 문제의 유형은 선택지가 없으며, 비즈니스에 관한 문제이다. 질문은 지문을 다 들은 후 나오므로 내용을 들으며, 줄거리 중심으로 필기를 한다. 전체적인 내용을 살펴보면, 새 점포 인테리어 건에 관련하여 예전에 의뢰했던 곳과 새로운 곳, 2곳의 견적을 알아보았으며, 예전 업체가 조금 비싸기는 하나 우리의 컨셉트에 맞으면서 세련되고 고급스러운 느낌이 들기 때문에 예전 업체와 일단 교섭해 보라고 하고 있다. 따라서 정답은 2번이다. 한편 지문의 「かけ合《あ》う 교섭하다, 흥정하다」를 선택지에서는 「交渉《こうしょう》する 교섭하다」로 표현한 것임을 알아야 한다.

이처럼 결정하는 유형은 대체로 이야기가 마무리되어가는 뒤쪽에 중요한 내용이 나오므로 줄거리를 이해하면서 마지막 결정권을 쥐고 있는 사람의 말에 주목한다.

단어 新店舗《しんてんぽ》 신점포 | 依頼《いらい》 의뢰 | プレゼンボード 프레젠테이션 보드 | 見積《みつも》り 견적 | 割安《わりやす》 비교적 쌈 | 照明《しょうめい》 조명 | 壁《かべ》 벽 | 高級感《こうきゅうかん》 고급감 | 段階《だんかい》 단계 | コスト 비용 | 余地《よち》 여지 | お互《たが》い 서로 | やり方《かた》 방식 | コンセプト 콘셉트, 개념 | ぴったり 딱, 꼭 | 値下《ねさ》げ 가격 인하 | かけ合《あ》う 교섭하다, 흥정하다

3番《ばん》

まず話《はなし》を聞《き》いてください。それから、二《ふた》つの質《しつ》問《もん》を聞《き》いて、それぞれ問題用紙《もんだいようし》の1から4の中《なか》から、最《もっと》もよいものを一《ひと》つ選《えら》んでください。

3번

우선 이야기를 들으세요. 그러고 나서 두 개의 질문을 듣고 각각 문제지의 1부터 4 안에서 가장 알맞은 것을 하나 고르세요.

3

テレビで農家《のうか》体験《たいけん》について話《はな》しています。

女1：都会《とかい》の人《ひと》が田舎暮《いなかぐ》らしを体験《たいけん》できるところがあります。今日《きょう》はその中《なか》から4つご紹介《しょうかい》します。まず、サクラ農家《のうか》。こちらでは森林浴《しんりんよく》をしながら森《もり》の中《なか》を進《すす》み、季節《きせつ》の植物《しょくぶつ》や動物《どうぶつ》を観察《かんさつ》することができます。次《つぎ》はタンポポ農家《のうか》、茶畑《ちゃばたけ》で有名《ゆうめい》なところです。こちらでは季節《きせつ》によってお茶摘《ちゃつ》み体験《たいけん》が楽《たの》しめます。体験《たいけん》の後《あと》、急須《きゅうす》で入《い》れたお茶《ちゃ》を味《あじ》わうことができます。ヒマワリ農家《のうか》は山《やま》での体験《たいけん》ができるところです。農作業《のうさぎょう》して、採《と》れ立《た》ての野菜《やさい》や家族《かぞく》みんなでこしらえたご飯《はん》を食《た》べた後《あと》、山《やま》に入《はい》って木《き》を切《き》ったり、木彫《きぼ》り人形作《にんぎょうづく》りの体験《たいけん》をして、出来上《できあ》がったものはお土産《みやげ》に持《も》って帰《かえ》れます。最《さい》後《ご》はヤナギ農家《のうか》。この農家《のうか》では、畑仕事《はたけしごと》で収穫《しゅうかく》した農作物《のうさくもつ》はご自宅《じたく》にお届《とど》けします。季節《きせつ》によって、春《はる》にはイチゴ狩《が》り、夏《なつ》には水遊《みずあそ》び、秋《あき》にはリンゴ狩《が》り、冬《ふゆ》にはそり遊《あそ》びなどのアクティビティもお楽《たの》しみいただけます。

女2：へー。いろいろあるね。今週末《こんしゅうまつ》、家族《かぞく》みんなで行《い》ってみない？

男：うん。いいね。僕《ぼく》は新緑《しんりょく》の中《なか》を歩《ある》きながら心身《しんしん》をリラックスできるっていうのに関心《かんしん》があったけど、でもまあ、子供連《こどもづ》れだから、な

3

텔레비전에서 농가 체험에 관해서 이야기하고 있습니다.

여1: 도시 사람이 시골 생활을 체험할 수 있는 곳이 있습니다. 오늘은 그 중에서 4개를 소개해 드리겠습니다. 우선, 사쿠라(벚나무) 농가. 여기서는 산림욕을 하면서 숲 속을 거닐며, 계절 식물이나 동물을 관찰할 수 있습니다. 다음은 탄포포(민들레) 농가, 차밭으로 유명한 곳입니다. 여기서는 계절에 따라 찻잎 따기 체험을 즐길 수 있습니다. 체험한 다음 찻주전자로 우려낸 차를 맛볼 수가 있습니다. 히마와리(해바라기) 농가는 산에서의 체험을 할 수 있는 곳입니다. 농사일을 하고, 갓 딴 채소와 가족 모두 함께 만든 밥을 먹은 후, 산에 가서 나무를 자르거나 목각 인형 만들기 체험을 하고 완성된 것은 기념품으로 가지고 갈 수 있습니다. 마지막은 야나기(버드나무)농가. 이 농가에서는 밭일로 수확한 농작물을 집으로 보내드립니다. 계절에 따라 봄에는 딸기 따기, 여름에는 물놀이, 가을에는 사과 따기, 겨울에는 썰매 타기 등 액티비티도 즐기실 수 있습니다.

여2: 에~ 여러 가지가 있네. 이번 주말, 가족 모두 함께 가 볼까?

남: 응, 좋아. 난 신록 속을 걸으면서 심신을 안정시킬 수 있다는 곳에 관심이 있지만, 그래도 좌우간 아이 동반이니 뭔가 체험할 수 있는 곳이 좋겠지.

んか体験《たいけん》できるとこの方《ほう》がいいな。

女2：だったら、今《いま》の季節《きせつ》には水泳《すいえい》だね。

男：あ、そっちじゃなくて。普段経験《ふだんけいけん》できないお茶摘《ちゃつ》みの体験面白《たいけんおもしろ》そう。体験《たいけん》するならそこがいいな。君《きみ》はどこがいい？やっぱり、子供《こども》も遊《あそ》べる人形作《にんぎょうづく》り？

女2：うーん、ジュンちゃん、不器用《ぶきよう》だし、親《おや》の私《わたし》たちが彫《ほ》らされる羽目《はめ》になりそう。泳《およ》げるところならその心配《しんぱい》もいらないからいいよね。それに、収穫物《しゅうかくぶつ》ももらえるし。

男：うん、じゃ、ジュンちゃんの意見《いけん》も聞《き》いてみよう。

質問《しつもん》1　男《おとこ》の人《ひと》はどの農家《のうか》に行《い》きたいと言《い》っていますか。

1　サクラ農家《のうか》

2　タンポポ農家《のうか》

3　ヒマワリ農家《のうか》

4　ヤナギ農家《のうか》

質問《しつもん》2　女《おんな》の人《ひと》はどの農家《のうか》に行《い》きたいと言《い》っていますか。

1　サクラ農家《のうか》

2　タンポポ農家《のうか》

3　ヒマワリ農家《のうか》

4　ヤナギ農家《のうか》

여2: 그렇다면, 지금 계절에는 수영이지.

남: 아, 그쪽 말고. 평소 경험할 수 없는 찻잎 따기 체험이 재미있을 것 같아. 체험할 거면 거기가 좋아. 당신은 어디가 좋아? 역시, 아이도 놀 수 있는 인형 만들기?

여 2: 음, 준쨩, 손재주도 없고, 부모인 우리들이 조각하게 될 것 같아. 수영할 수 있는 곳이라면 그런 걱정도 없으니 좋잖아. 게다가, 수확물도 받을 수 있고.

남: 응, 그럼, 준쨩의 의견도 들어 보자.

질문 1　남자는 어느 농가에 가고 싶다고 말하고 있습니까?

1　사쿠라 농가

2　탄포포 농가

3　히마와리 농가

4　야나기 농가

질문 2　여자는 어느 농가에 가고 싶다고 말하고 있습니까?

1　사쿠라 농가

2　탄포포 농가

3　히마와리 농가

4　야나기 농가

풀이 남자는 평소 경험할 수 없는 '찻잎 따기 체험을 할 수 있는 곳'에 가고 싶어 하므로 2번의 '탄포포(민들레) 농장', 여자는 '물놀이가 가능하고 수확물을 받을 수 있는 곳'에 가고 싶어 하므로 4번의 '야나기(버드나무) 농장'이 정답이 된다. 또한 남자는 신록 속을 걸을 수 있는 1번의 '사쿠라(벗나무) 농장'에 관심이 있었지만, 아이 동반이라 체험할 수 있는 곳이 좋겠다고 했으므로 오답이다.

단어 農家《のうか》 농가 | 体験《たいけん》 체험 | 都会《とかい》 도시 | 田舎暮《いなかぐ》らし 시골 생활 | 森林浴《しんりんよく》 삼림욕 | 森《もり》 숲 | 季節《きせつ》 계절 | 植物《しょくぶつ》 식물 | 動物《どうぶつ》 동물 | 観察《かんさつ》 관찰 | 茶畑《ちゃばたけ》 차밭 | お茶摘《ちゃつ》み 찻잎 따기 | 急須《きゅうす》 찻주전자 | 味《あじ》わう 맛보다 | 農作業《のうさぎょう》 농사일 | 採《と》れ立《た》て 갓 딴 | 野菜《やさい》 채소 | こしらえる 만들다 | 木彫《きぼ》り人形作《にんぎょうづく》り 목각 인형 만들기 | 出来上《できあ》がる 완성되다 | お土産《みやげ》 선물, 기념품 | 畑《はたけ》仕事《しごと》 밭일 | 収穫《しゅうかく》 수확 | 農作物《のうさくもつ》 농작물 | 自宅《じたく》 자택 | 届《とど》ける 보내주다 | イチゴ狩《が》り 딸기 따기 | 水遊《みずあそ》び 물놀이 | リンゴ狩《が》り 사과 따기 | そり遊《あそ》び 썰매 타기 | アクティビティ 액티비티, 활동 | 新緑《しんりょく》 신록 | 心身《しんしん》 심신 | リラックスする 긴장을 풀다, 편히 쉬다 | 関心《かんしん》 관심 | 子供連《こどもづ》れ 아이 동반 | 水泳《すいえい》 수영 | 不器用《ぶきよう》 손재주가 없음 | 彫《ほ》る 새기다, 조각하다 | 羽目《はめ》になる ~처지가 되다 | 泳《およ》ぐ 헤엄치다, 수영하다 | 収穫物《しゅうかくぶつ》 수확물

실전 테스트 정답 및 해설

문제 1 과제 이해

실전 테스트 ❶ 1 ① 2 ③ 3 ③ 4 ④ 5 ②

실전 테스트 ❷ 1 ③ 2 ① 3 ③ 4 ③ 5 ②

실전 테스트 ❸ 1 ② 2 ③ 3 ② 4 ② 5 ③

실전 테스트 ❹ 1 ② 2 ① 3 ③ 4 ① 5 ②

문제 2 포인트 이해

실전 테스트 ❶ 1 ③ 2 ① 3 ④ 4 ② 5 ① 6 ④

실전 테스트 ❷ 1 ② 2 ② 3 ① 4 ④ 5 ③ 6 ②

실전 테스트 ❸ 1 ④ 2 ② 3 ③ 4 ② 5 ③ 6 ①

실전 테스트 ❹ 1 ③ 2 ② 3 ③ 4 ④ 5 ② 6 ③

문제 3 개요 이해

실전 테스트 ❶ 1 ① 2 ③ 3 ④ 4 ① 5 ④

실전 테스트 ❷ 1 ① 2 ② 3 ② 4 ② 5 ④

실전 테스트 ❸ 1 ① 2 ② 3 ③ 4 ④ 5 ②

실전 테스트 ❹ 1 ② 2 ④ 3 ③ 4 ③ 5 ③

문제 4 즉시 응답

실전 테스트 ❶ 1 ② 2 ① 3 ① 4 ③ 5 ① 6 ① 7 ③ 8 ① 9 ② 10 ① 11 ②

실전 테스트 ❷ 1 ① 2 ② 3 ② 4 ③ 5 ① 6 ③ 7 ① 8 ③ 9 ② 10 ② 11 ①

실전 테스트 ❸ 1 ③ 2 ② 3 ① 4 ② 5 ③ 6 ① 7 ③ 8 ② 9 ① 10 ① 11 ①

실전 테스트 ❹ 1 ② 2 ① 3 ③ 4 ① 5 ③ 6 ① 7 ③ 8 ② 9 ③ 10 ② 11 ②

문제 5 통합 이해

실전 테스트 ❶ 1 ① 2 ① 3 ④, ③

실전 테스트 ❷ 1 ④ 2 ② 3 ③, ②

실전 테스트 ❸ 1 ③ 2 ④, ②

실전 테스트 ❹ 1 ③ 2 ①, ②

문제 1 과제 이해 | 실전 테스트 ❶

문제집 p.404

1 ① **2** ③ **3** ③ **4** ④ **5** ②

問題《もんだい》1

問題《もんだい》1では、まず質問《しつもん》を聞《き》いてください。それから話《はなし》を聞《き》いて、問題用紙《もんだいようし》の1から4の中《なか》から、最《もっと》もよいものを一《ひと》つ選《えら》んでください。

문제 1

문제 1에서는 우선 질문을 들으세요. 그러고 나서 이야기를 듣고 문제지의 1부터 4 중에서 가장 알맞은 것을 하나 고르세요.

1

ジュエリーの会社《かいしゃ》で男《おとこ》の人《ひと》と女《おんな》の人《ひと》が話《はな》しています。女《おんな》の人《ひと》はまず何《なに》をしますか。

男：吉田《よしだ》さん、ジュエリーデザイナー森田《もりた》さんに電話《でんわ》してみた？頼《たの》んだネックレスの納期《のうき》、迫《せま》ってるよね？

女：はい、昨日《きのう》連絡《れんらく》してみましたが、森田《もりた》さん、左手《ひだりて》に火傷《やけど》を負《お》ってしまって間《ま》に合《あ》いそうもないです。

男：そう、傷《きず》が早《はや》く治《なお》るといいね。最近《さいきん》、注文《ちゅうもん》が殺到《さっとう》してて、森田《もりた》さん一人《ひとり》では無理《むり》だろうから、他《ほか》のデザイナーにも作業《さぎょう》を頼《たの》むのはどうかな？

女：もう、4人《にん》のデザイナーに絞《しぼ》って、サンプル制作《せいさく》まで頼《たの》んだところです。

男：そう、早《はや》いね。

女：ただ、デザイナーさんのサンプルを実際《じっさい》に見《み》ないと何《なん》とも言《い》えないし、4人《にん》のサンプルがそろい次第《しだい》、お見《み》せします。

男：この件《けん》は吉田《よしだ》さんに一任《いちにん》するから、どんどん進《すす》めて。ところで、納期《のうき》はどのぐらいでできそうか、とりあえず、そこを聞《き》いてみて。新《あたら》しいデザイナーさんに頼《たの》む作業量《さぎょうりょう》にも関《かか》わるし、状況次第《じょうきょうしだい》では予約受《よやくう》け付《つけ》を中止《ちゅうし》しないといけなくなるから。

1

주얼리 회사에서 남자와 여자가 이야기하고 있습니다. 여자는 우선 무엇을 합니까?

남: 요시다 씨, 주얼리 디자이너 모리타 씨에게 전화해 봤어? 부탁한 목걸이 납기가 다가왔지?

여: 네, 어제 연락해봤습니다만, 모리타 씨, 왼손에 화상을 입어버려서 시간에 맞출 수 없을 것 같습니다.

남: 그래, 상처가 빨리 나으면 좋겠네. 최근 주문이 쇄도하고 있어서, 모리타 씨 혼자서는 무리일 테니까, 다른 디자이너에게도 작업을 부탁하는 것은 어떨까?

여: 이미 4명의 디자이너를 추려내서 샘플 제작까지 부탁했습니다.

남: 그래? 빠르네.

여: 단, 디자이너의 샘플을 실제로 보지 않으면 뭐라고 말할 수도 없고, 4명의 샘플이 갖추어지는 대로 보여 드리겠습니다.

남: 이 건은 요시다 씨에게 일임할 테니까 계속해서 진행해. 그런데 납기는 어느 정도면 할 수 있을지, 우선 그것을 물어봐. 새로운 디자이너에게 부탁할 작업량과도 관련이 있고, 상황에 따라서는 예약 접수를 중지하지 않으면 안 되게 되니까.

女：はい、わかりました。

女《おんな》の人《ひと》はまず何《なに》をしますか。

1　森田《もりた》さんに納期日《のうきび》を確認《かくにん》する。

2　デザイナーさんをリストアップする。

3　デザイナーさんにサンプルの制作《せいさく》を頼《たの》む。

4　ネックレスの予約《よやく》受《う》け付《つ》けを中止《ちゅうし》する。

여: 네, 알겠습니다.

여자는 우선 무엇을 합니까?

1　모리타 씨에게 납기일을 확인한다.

2　디자이너를 리스트업 한다.

3　디자이너에게 샘플 제작을 부탁한다.

4　목걸이 예약 접수를 중지한다.

풀이 목걸이를 부탁한 디자이너가 손에 화상을 입어 납기일을 못 맞출 것 같아서 4명의 디자이너에게 샘플 의뢰까지 한 상태지만, 마지막에 모리타 씨에게 '납기는 어느 정도면 할 수 있을까? 우선, 그것을 물어봐'라는 상사의 말에서 여자가 우선 해야 할 일은 1번임을 알 수 있다.

단어 ジュエリーの会社《がいしゃ》 주얼리(보석, 장신구류) 회사 | デザイナー 디자이너 | ネックレス 목걸이 | 納期《のうき》 납기 | 迫《せま》る 다가오다 | 火傷《やけど》を負《お》う 화상을 입다 | 間《ま》に合《あ》う 시간에 대다 | 傷《きず》 상처 | 早《はや》く治《なお》る 빨리 낫다 | 注文《ちゅうもん》 주문 | 殺到《さっとう》 쇄도 | 無理《むり》 무리 | 作業《さぎょう》 작업 | 絞《しぼ》る 좁히다, 압축하다 | サンプル 샘플 | 制作《せいさく》 제작 | 実際《じっさい》 실제 | そろう 갖추어지다, 구비되다 | 次第《しだい》 ~하는 대로 | 一任《いちにん》 일임 | どんどん 계속해서 | 進《すす》める 진행하다 | とりあえず 우선 | 関《かか》わる 관계되다 | 状況《じょうきょう》 상황 | 次第《しだい》では ~에 따라서는 | 受《う》け付《つ》け 접수 | 中止《ちゅうし》 중지 | 確認《かくにん》 확인

2

女《おんな》の学生《がくせい》と男《おとこ》の学生《がくせい》が話《はな》しています。女《おんな》の学生《がくせい》はこれから、水泳大会《すいえいたいかい》に向《む》けてどうしますか。

女：田中君《たなかくん》、今年《ことし》も７月《がつ》の水泳大会《すいえいたいかい》出《で》るんでしょう？

男：うん。

女：私《わたし》も、申《もう》し込《こ》んだんだ。自由形《じゆうがた》なんだけど、初《はじ》めてだから心配《しんぱい》なの。練習方法《れんしゅうほうほう》とかアドバイスしてもらえないかな。どうせなら、いい順位《じゅんい》狙《ねら》いたいんだけど。

男：そうだなあ。まずはフォームと息継《いきつ》ぎの仕方《しかた》がポイントかな。フォームはこの前《まえ》の練習《れんしゅう》をみていると水《みず》をしっかりと押《お》し出《だ》していたし、息継《いきつ》ぎもちゃんとできていたようだったよ。

女：本当《ほんとう》？よかった。今《いま》は週《しゅう》３日《か》のペースで泳《およ》いでいるんだけど、もう少《すこ》し増《ふ》やした方《ほう》がいいかな。バイトもあって、なかなか増《ふ》やせないんだけどね。

男：休養日《きゅうようび》も必要《ひつよう》だから、それぐらいでいいよ。毎日泳《まいにちおよ》ぐと肩《かた》に負担《ふたん》がかかって、負傷《ふしょう》の原因《げんいん》

2

여학생과 남학생이 이야기하고 있습니다. 여학생은 앞으로 수영 대회를 위해서 어떻게 합니까?

여: 다나카 군, 올해도 7월의 수영 대회 나가지?

남: 응.

여: 나도 신청했어. 자유형인데, 처음이라 걱정이야. 연습 방법 같은 거 조언해 줄 수 있어? 이왕이면 좋은 순위를 목표로 하고 싶은데.

남: 글쎄. 우선은 자세와 숨쉬기 방법이 포인트일까 하는데. 자세는 앞 전의 연습을 보니 물을 제대로 밀어내고 있었고. 숨쉬기도 잘 되고 있는 것 같았어.

여: 정말? 다행이다. 지금은 주 3일 페이스로 수영하고 있는데, 좀 더 늘리는 쪽이 좋을까? 아르바이트도 있어서 좀처럼 늘릴 수가 없긴 한데.

남: 쉬는 날도 필요하니까 그 정도로 괜찮아. 매일 수영하면 어깨에 부담이 가서 부상의 원인이 되고. 그보

になるし。それより、筋肉《きんにく》を鍛《きた》えて、持久力《じきゅうりょく》をのばすことかな。

女：それなら、スポーツジムとかに通《かよ》ったほうがいいかな。

男：大学《だいがく》には電車通学《でんしゃつうがく》だよね。大学《だいがく》まで５駅《えき》って言《い》ってたでしょ。それ自転車《じてんしゃ》に変《か》えなよ。そうしたら、足腰《あしこし》鍛《きた》えられるから。

女：なるほど。

男：ジムも悪《わる》くはないけどお金《かね》もかかるし、意外《いがい》と時間《じかん》の制約《せいやく》あるからね。

女：うん。明日《あした》からやってみるね。

女《おんな》の学生《がくせい》はこれから、水泳大会《すいえいたいかい》に向《む》けてどうしますか。

1　泳《およ》ぐ姿勢《しせい》を変《か》える。

2　泳《およ》ぐ回数《かいすう》を増《ふ》やす。

3　自転車《じてんしゃ》で学校《がっこう》に行《い》く。

4　スポーツジムに通《かよ》う。

다 근육을 단련해서 지구력을 늘리는 거겠지.

여: 그럼 체육관 같은데 다니는 게 좋을까?

남: 대학에는 전철 통학이지? 대학교까지 5개의 역이라고 했지? 그걸 자전거로 바꿔. 그렇게 하면 다리 허리가 단련되니까.

여: 그렇군.

남: 체육관도 나쁘지 않지만 돈도 들고, 의외로 시간 제약이 있으니까.

여: 응. 내일부터 해 볼게.

여학생은 이제부터 수영 대회를 위해서 어떻게 합니까?

1　수영하는 자세를 바꾼다.

2　수영하는 횟수를 늘린다.

3　자전거로 학교에 간다.

4　체육관에 다닌다.

풀이 여학생이 수영 대회를 앞두고 남학생에게 조언을 받고 있는데, 본문의 흐름과 선택지를 비교해가면서 보면, 일단 1번의 '자세', 2번의 '수영 횟수'도 괜찮다고 했으며, 4번의 체육관은 돈도 들고 시간의 제약을 받는다고 나와 있으므로 오답이다. 한편 지문 끝부분에 '전철 통근이지? 대학교까지 5개의 역이라고 했지? 그걸 자전거로 바꿔. 그렇게 하면 다리 허리가 단련되니까'라는 남자의 말에서 3번이 정답임을 알 수 있다.

단어 水泳大会《すいえいたいかい》 수영 대회 | 申《もう》し込《こ》む 신청하다 | 自由形《じゆうがた》 자유형 | 初《はじ》めて 처음 | 順位《じゅんい》 순위 | 狙《ねら》う 노리다 | まずは 우선은 | フォーム 자세 | 息継《いきつ》ぎ 숨쉬기 | 押《お》し出《だ》す 밀어내다 | ペース 페이스 | 泳《およ》ぐ 헤엄치다 | 増《ふ》やす 늘리다 | 休養日《きゅうようび》 휴양일 | 肩《かた》 어깨 | 負担《ふたん》 부담 | 負傷《ふしょう》 부상 | 原因《げんいん》 원인 | 筋肉《きんにく》 근육 | 鍛《きた》える 단련하다 | 持久力《じきゅうりょく》 지구력 | スポーツジム 체육관 | 電車通学《でんしゃつうがく》 전철 통학 | 足腰《あしこし》 다리 허리 | 意外《いがい》 의외 | 制約《せいやく》 제약 | 姿勢《しせい》 자세

3

町内会《ちょうないかい》の会長《かいちょう》と女《おんな》の人《ひと》が話《はな》しています。女《おんな》の人《ひと》はキャンプ当日《とうじつ》、何《なに》をすることにしましたか。

男：伊藤《いとう》さん。来月《らいげつ》のキャンプ、よろしく頼《たの》むよ。今年《ことし》は小学生《しょうがくせい》も多《おお》く参加《さんか》するからね。

3

주민자치조직의 회장과 여자가 이야기하고 있습니다. 여자는 캠핑 당일 무엇을 하기로 했습니까?

남: 이토 씨. 다음 달 캠핑 또 잘 부탁해. 올해는 초등학생도 많이 참가하니까.

女：ああ、毎年《まいとし》恒例《こうれい》のですよね。もうそんな時期《じき》ですね。

男：伊藤《いとう》さん去年《きょねん》は調理《ちょうり》を担当《たんとう》してくれたよね。今回《こんかい》も同《おな》じでいいかな？

女：うーん。今回《こんかい》は何《なに》か子供《こども》たちと一緒《いっしょ》にする作《さ》業《ぎょう》の方《ほう》にお願《ねが》いしたいです。調理《ちょうり》は大人《おとな》しかできないですよね。

男：そうだな。調理《ちょうり》は火《ひ》や包丁《ほうちょう》を使《つか》うからね。ええと、子供《こども》たちと一緒《いっしょ》にする作業《さぎょう》っていうと、水汲《みずく》みとかテント設営《せつえい》があるんだけど、水汲《みずく》みのほうはどうしても力《ちから》がいるから、父《ちち》親《おや》グループに任《まか》せようと思《おも》っていてね。

女：そうですか。

男：もう一《ひと》つの作業《さぎょう》の方《ほう》は、普段《ふだん》、子供《こども》たちもすることがないだろうから、伊藤《いとう》さんがいてくれたら安心《あんしん》だな。お願《ねが》いできる？

女：はい。あと、写真《しゃしん》はとらなくてもいいんですか。

男：それも必要《ひつよう》だけど、子供《こども》たちだけでちゃんと撮《と》れるかちょっと不安《ふあん》だな。でも、そっちは一応《いちおう》人手《ひとで》が確保《かくほ》できそうだから大丈夫《だいじょうぶ》。

女：わかりました。

女《おんな》の人《ひと》はキャンプ当日《とうじつ》何《なに》をすることにしましたか。

1　料理《りょうり》をする。

2　水《みず》を運《はこ》ぶ。

3　テントを張《は》る。

4　写真《しゃしん》を撮《と》る。

여: 아, 매년 하는 항례(행사)이죠. 벌써 그 시기네요.

남: 이토 씨는 작년에는 조리를 담당했지? 올해도 같은 걸로 괜찮아?

여: 으음, 이번에는 무언가 아이들과 함께 하는 작업으로 부탁하고 싶어요. 조리는 어른밖에 할 수 없죠.

남: 그렇지. 조리는 불이나 부엌칼을 사용하니까. 어~ 아이들과 함께 하는 작업이라고 하면, 물 긷기라든가 텐트 설치가 있는데, 물 긷기는 아무래도 힘이 필요하니까, 아빠 그룹에 맡기려고 생각하고 있어서 말야.

여: 그래요?

남: 또 하나의 작업은 평소에 아이들도 하는 일이 없을 테니까, 이토 씨가 있어준다면 안심이야. 부탁해도 될까?

여: 네. 그리고 사진은 안 찍어도 돼요?

남: 그것도 필요한데, 아이들만으로 제대로 찍을 수 있을지 불안해. 하지만 그쪽은 일단 일손을 확보할 수 있을 것 같으니까 괜찮아.

여: 알겠습니다.

여자는 캠핑 당일 무엇을 하기로 했습니까?

1　요리를 한다.

2　물을 나른다.

3　텐트를 친다.

4　사진을 찍는다.

풀이 캠핑 당일 여자는 아이들과 무언가 함께 작업을 하고 싶다고 하자, 남자는 물 긷기와 텐트 설치를 생각하고 있었는데, 물 긷기는 힘이 필요한 작업이라 아빠들에게 맡긴다고 했고, 텐트 설치에 대해서는 '이토 씨가 있어준다면 안심이야. 부탁해도 될까?'라고 남자가 여자에게 부탁하고 있다. 이에 여자가 '네'라고 대답했으므로 정답은 3번이다.

단어 会長《かいちょう》 회장 | キャンプ 캠핑 | 恒例《こうれい》 항례(행사나 의식을 일컫는 경우가 많음) | 調理《ちょうり》 조리 | 担当《たんとう》 담당 | 作業《さぎょう》 작업 | 包《ほう》丁《ちょう》 부엌칼 | 水汲《みずく》み 물 긷기 | テント設営《せつえい》 텐트 설치 | 任《まか》せる 맡기다 | 安心《あんしん》 안심 | 人手《ひとで》 일손 | 確保《かくほ》 확보

4

会社《かいしゃ》で男《おとこ》の人《ひと》と女《おんな》の人《ひと》が話《はな》しています。男《おとこ》の人《ひと》はこの後《あと》、何《なに》をしなければなりませんか。

男：部長《ぶちょう》、来年春《らいねんはる》に出《だ》すスーツケースの試作品《しさくひん》ができたのですが、見《み》ていただけますか。

女：うーん。カラーバリエーションが豊富《ほうふ》ね。このピンク、なかなかいいね。

男：はい、今回《こんかい》は２０代《だい》の女性《じょせい》をターゲットに考《かんが》えたので、カラーに重点《じゅうてん》を置《お》きました。

女：確《たし》かに、この色《いろ》なんか可愛《かわい》くて受《う》けそうね。サイズが一般《いっぱん》のスーツケースよりも一回《ひとまわ》り小《ちい》さいようだけど、少《すこ》し大《おお》きくしたほうがよくない？

男：機内持《きないも》ち込《こ》み用《よう》としては、最大限《さいだいげん》のサイズです。カラーのせいで小《ちい》さく見《み》えるだけだと思《おも》います。

女：なるほどね。軽《かる》さを考慮《こうりょ》して、ボディーの部分《ぶぶん》はアルミじゃなくて特殊《とくしゅ》プラスチックを使《つか》ってみるっていうのはどう？開発部《かいはつぶ》で耐久性《たいきゅうせい》のある特殊《とくしゅ》プラスチックの実用化《じつようか》のめどがついたはずだから。それとスペースの活用《かつよう》の面《めん》を見直《みなお》せないかな。

男：わかりました。開発部《かいはつぶ》に確認《かくにん》しておきます。整理整頓《せいりせいとん》できるようにポケットを増《ふ》やしましょうか。

女：そうね。いや。このままでいい。このサイズでこれ以上《いじょう》ポケットを増《ふ》やすと、逆《ぎゃく》に不便《ふべん》になってしまうかもしれないから。

男《おとこ》の人《ひと》はこの後《あと》、何《なに》をしなければなりませんか。

1　カラーを見直《みなお》す。

2　サイズを変《か》える。

3　収納《しゅうのう》スペースを増《ふ》やす。

4　ケース素材《そざい》を変《か》える。

4

회사에서 남자와 여자가 이야기하고 있습니다. 남자는 이다음 무엇을 해야 합니까?

남: 부장님. 내년 봄에 낼 여행용 가방 시작품이 완성되었는데, 봐 주시겠습니까?

여: 음, 배색 변화가 풍부하네. 이 핑크도 꽤 괜찮고.

남: 네. 이번엔 20대 여성을 대상으로 생각했기 때문에 컬러에 중점을 두었습니다.

여: 확실히 이 색 같은 경우에는 귀엽고 호응이 좋을 것 같아. 사이즈가 일반 여행용 가방보다도 한 사이즈 작은 것 같은데, 조금 크게 만드는 게 좋지 않을까?

남: 기내 반입용으로서는 최대한의 사이즈입니다. 컬러 때문에 작게 보일 뿐입니다.

여: 그렇군. 가벼움을 고려해서, 몸체 부분은 알루미늄이 아닌 특수 플라스틱을 사용해 보는 건 어떨까? 개발부에서 내구성 있는 특수 플라스틱의 실용화의 전망이 나온 거 같으니까. 그리고 공간 활용 면을 재검토할 수 없을까?

남: 알겠습니다. 개발부에 확인해 두겠습니다. 정리정돈할 수 있도록 포켓을 늘릴까요?

여: 그렇네. 아니야. 이대로도 괜찮아. 이 사이즈로 이 이상의 포켓을 늘리면, 반대로 불편해져 버릴지도 모르니까.

남자는 이다음 무엇을 해야 합니까?

1　컬러를 재검토한다.

2　사이즈를 바꾼다.

3　수납 공간을 늘린다.

4　케이스 소재를 바꾼다.

풀이 '가벼움을 고려해서, 몸체 부분은 알루미늄이 아닌 특수 플라스틱을 사용해 보는 건 어떨까?'라는 여자의 말에서 4번이 정답임을 알 수 있다. 선택지 내용을 하나씩 맞춰가면서 확인하면, 컬러나 사이즈, 수납 공간의 변화는 없다는 것을 알 수 있다.

단어 スーツケース 슈트 케이스(여행용 가방) | 試作品《しさくひん》 시작품(시제품) | カラーバリエーション 배색 변화 | 豊富《ほうふ》 풍부 | 重《じゅう》点《てん》 중점 | 確《たし》かに 확실히 | 一回《ひとまわ》り 한 바퀴, 한 단계 | 機内持《きないも》ち込《こ》み 기내 반입 | アルミ 알루미늄 | 特殊《とくしゅ》 특수 | プラスチック 플라스틱 | 実用化《じつようか》 실용화 | めどがつく 전망이 서다 | 見直《みなお》す 재검토하다 | 確認《かくにん》 확인 | 整理整頓《せいりせいとん》 정리정돈 | 増《ふ》やす 늘리다

5

会社《かいしゃ》で男《おとこ》の人《ひと》と女《おんな》の人《ひと》が話《はな》しています。女《おんな》の人《ひと》はこれから何《なに》をしなくてはなりませんか。

男：先週《せんしゅう》、もらった来年度《らいねんど》の入試《にゅうし》に関《かん》する記事《きじ》なんだけどね。

女：はい。

男：記事全体《きじぜんたい》の流《なが》れがよくて、うまくまとめられてたよ。「入試《にゅうし》の全《すべ》てを教《おし》えます」っていうコピーもいいし、ただ、入試動向《にゅうしどうこう》の内容《ないよう》がちょっと足《た》りない気《き》がしなくもないが、まあこれでいいかな。

女：はい。

男：各大学《かくだいがく》の入試難易予想《にゅうしなんいよそう》ランキングのところが少《すこ》し気《き》になったかな。付箋《ふせん》をつけておいたから、悪《わる》いけど、もう一度《いちど》チェックしてもらえるかな。

女：はい、わかりました。

男：各大学《かくだいがく》の新入生募集《しんにゅうせいぼしゅう》の割合《わりあい》のところは調《しら》べておいた？

女：はい。調査済《ちょうさず》みです。

女《おんな》の人《ひと》はこれから何《なに》をしなくてはなりませんか。

1 宣伝文句《せんでんもんく》にすこし変化《へんか》をつける。
2 入試難易度順位《にゅうしなんいどじゅんい》の箇所《かしょ》を確認《かくにん》する。
3 受験動向《じゅけんどうこう》の内容《ないよう》をもっと増《ふ》やす。
4 新入生募集《しんにゅうせいぼしゅう》の割合《わりあい》の箇所《かしょ》を調査《ちょうさ》する。

5

회사에서 남자와 여자가 이야기하고 있습니다. 여자는 앞으로 무엇을 해야 합니까?

남: 저번 주에 받은 내년도 입시에 관한 기사 말인데.

여: 네.

남: 기사 전체의 흐름이 좋고, 잘 정리되었어. '입시의 모든 것을 가르쳐 드립니다'라는 광고 문안도 좋고, 단, 입시 동향의 내용이 좀 부족한 기분이 들지 않는 건 아니지만, 일단 이걸로 괜찮겠지.

여: 네.

남: 각 대학의 입시 난이 예상 랭킹 부분이 조금 신경 쓰였어. 포스트잇을 붙여 두었으니, 미안하지만, 한 번 더 체크해 줄 수 있을까?

여: 네, 알겠습니다.

남: 각 대학교의 신입생 모집 비율 부분은 조사해 뒀어?

여: 네, 조사 끝냈습니다.

여자는 앞으로 무엇을 해야 합니까?

1 선전 문구에 약간 변화를 준다.
2 입시 난이도 순위 부분을 확인한다.
3 수험 동향의 내용을 좀 더 늘린다.
4 신입생 모집의 비율 부분을 조사한다.

풀이 '입시 난이 랭킹 부분을 한 번 더 체크해 줄 수 있을까?'라는 남자의 말에 여자가 '네, 알겠습니다'라고 즉답을 했으므로 정답이 2번임을 알 수 있다. 한편 지문의 「ランキング 랭킹」을 선택지에서는 「順位《じゅんい》 순위」로, 「ところ 곳」을 「箇所《かしょ》 부분」으로 표현한 것임을 알아야 한다.

단어 来年度入試《らいねんどにゅうし》 내년도 입시 | 記事《きじ》 기사 | 流《なが》れ 흐름 | まとめる 정리하다 | コピー 카피, 광고 문안 | 動向《どうこう》 동향 | 足《た》りない 부족하다 | 気《き》がする 느낌이 들다 | 難易《なんい》 난이(어려움과 쉬움) | ランキング 랭킹 | 気《き》になる 마음에 걸리다, 궁금하다 | 付箋《ふせん》 부전, 포스트잇 | チェック 체크, 확인 | 新入生募集《しんにゅうせいぼしゅう》 신입생 모집 | 割合《わりあい》 비율 | 調《しら》べる 조사하다 | 調査《ちょうさ》 조사 | 宣伝文句《せんでんもんく》 선전 문구 | 順位《じゅんい》 순위 | 箇所《かしょ》 개소, 부분 | 増《ふ》やす 늘리다

문제 1 과제 이해 | 청해 실전 테스트 ❷

문제집 p.406

1 ③ **2** ① **3** ③ **4** ③ **5** ②

問題《もんだい》1

問題《もんだい》1では、まず質問《しつもん》を聞《き》いてください。それから話《はなし》を聞《き》いて、問題用紙《もんだいようし》の1から4の中《なか》から、最《もっと》もよいものを一《ひと》つ選《えら》んでください。

문제 1

문제 1에서는 우선 질문을 들으세요. 그러고 나서 이야기를 듣고 문제지의 1부터 4 중에서 가장 알맞은 것을 하나 고르세요.

1

熱帯魚店《ねったいぎょてん》で男《おとこ》の人《ひと》と店員《てんいん》が話《はな》しています。男《おとこ》の人《ひと》はこれから魚《さかな》の世話《せわ》をどうしますか。

男：ちょっとすいません。先月《せんげつ》、こちらで熱帯魚《ねったいぎょ》を買《か》ったんですが、最近元気《さいきんげんき》がないようで、どうしたらいいでしょうか。

女：水槽照明《すいそうしょうめい》はつけていますよね。ライトをあてないと水槽内《すいそうない》の水草《みずくさ》が育《そだ》ちにくくなりますから。

男：はい。水槽《すいそう》と一緒《いっしょ》に照明《しょうめい》も購入《こうにゅう》して、言《い》われた通《とお》り、毎日《まいにち》１０時間前後《じかんぜんご》あてています。

女：そうですか。水草《みずくさ》も入《い》れて、水替《みずが》えもきちんとしていますか。

男：はい。水草《みずくさ》も入《い》れていますし、水《みず》も二日《ふつか》に一《いっ》回《かい》は必《かなら》ず変《か》えています。

女：そうですか。もう少《すこ》し控《ひか》えた方《ほう》がいいですね。一《いっ》か月過《げつす》ぎていますから、一週間《いっしゅうかん》に一回《いっかい》程度《ていど》でいいですね。あまり頻繁《ひんぱん》に水替《みずが》えを

1

열대어 가게에서 남자와 점원이 이야기하고 있습니다. 남자는 앞으로 물고기 관리를 어떻게 합니까?

남: 저 실례합니다. 저번 달에 여기서 열대어를 샀는데요. 요즘 기력이 없는 것 같아서, 어떻게 하면 좋을까요?

여: 수조 조명은 켜고 있죠? 빛을 비추지 않으면 수조 내의 수초가 잘 자라지 못하게 되니까요.

남: 네. 수조와 함께 조명도 구입해서 하라는 대로 매일 10시간 전후로 비추고 있습니다.

여: 그래요? 수초도 넣고 물갈이도 잘 하고 있나요?

남: 네. 수초도 넣었고, 물도 이틀에 한 번은 반드시 바꾸고 있습니다.

여: 그래요? 좀 더 삼가는 게 좋을 것 같네요. 한 달이 지났으니까 일주일에 한 번 정도가 좋아요. 너무 빈

すると水質《すいしつ》が変《か》わって、逆《ぎゃく》によくないですよ。えさの方《ほう》はどうですか。

男：一日《いちにち》に2回《かい》、少《すこ》し食《た》べ残《のこ》しがある程度《ていど》にやっています。もっと減《へ》らした方《ほう》がいいですか。

女：いいえ。とりあえず様子《ようす》を見《み》てみましょう。

男：そうですか、わかりました。ありがとうございます。

男《おとこ》の人《ひと》はこれから魚《さかな》の世話《せわ》をどうしますか。

1 水槽《すいそう》の照明時間《しょうめいじかん》を増《ふ》やす。

2 水槽《すいそう》に水草《みずくさ》を入《い》れる。

3 水替《みずが》えの頻度《ひんど》を減《へ》らす。

4 えさの量《りょう》を減《へ》らす。

번히 물갈이를 하면 수질이 변해서 반대로 좋지 않아요. 먹이는 어때요?

남: 하루에 2회, 먹고 조금 남길 정도로 주고 있습니다. 좀 더 줄이는 게 좋을까요?

여: 아니요. 일단, 상황을 살펴봅시다.

남: 그래요? 알겠습니다. 고맙습니다.

남자는 앞으로 물고기 관리를 어떻게 합니까?

1 수조의 조명 시간을 늘린다.

2 수조에 수초를 넣는다.

3 물갈이의 빈도를 줄인다.

4 먹이 양을 줄인다.

풀이 '물을 이틀에 한 번 바꾸고 있다'라는 남자의 말에 점원이 '좀 더 삼가는 게 좋을 것 같다'라고 대답한 것으로 보아 정답이 3번임을 알 수 있다.

단어 熱帯魚《ねったいぎょ》 열대어 | 水槽《すいそう》 수조 | 照明《しょうめい》 조명 | 購入《こうにゅう》 구입 | 水草《みずくさ》 수초 | 水替《みずが》え 물갈이 | 控《ひか》える 삼가다 | 水質《すいしつ》 수질 | えさ 먹이 | 頻度《ひんど》 빈도

2

大学《だいがく》で男《おとこ》の学生《がくせい》と女《おんな》の学生《がくせい》が話《はな》しています。男《おとこ》の学生《がくせい》はまず何《なに》をしますか。

男：インターンシップの申《もう》し込《こ》みした?

女：うん。ちょうど、情報《じょうほう》サイトに行《い》きたい会社《かいしゃ》のインターンシップの案内《あんない》が出《で》てたから、エントリーはしたわ。選《えら》ばれるといいけど。

男：なんか、焦《あせ》っちゃうな。僕《ぼく》もそろそろ探《さが》してみないとな。

女：とりあえず、キャリアセンターに相談《そうだん》してみたら？先輩《せんぱい》たちの体験談《たいけんだん》や、うちの学生《がくせい》向《む》けに案内《あんない》もあるみたいよ。

男：キャリアセンターか。

女：ただ、大事《だいじ》なのは自分《じぶん》の行《い》きたい業界《ぎょうかい》や業種《ぎょうしゅ》を決《き》めることだと思《おも》うの。業界《ぎょうかい》を分析《ぶんせき》して

2

대학에서 남학생과 여학생이 이야기하고 있습니다. 남학생은 먼저 무엇을 합니까?

남: 인턴십 신청했어?

여: 응. 마침 정보 사이트에 가고 싶은 회사의 인턴십 안내가 나와서 참가 신청은 했어. 뽑히면 좋겠는데.

남: 왠지 초조해지네. 나도 슬슬 찾지 않으면 안 되겠는데.

여: 우선, 커리어 센터에 상담해 보면 어때? 선배들의 경험담이나 우리 학생을 위한 안내도 있는 것 같아.

남: 커리어 센터 말이지?

여: 단, 중요한 것은 자신이 가고 싶은 업계나 업종을 정하는 것이라 생각해. 업계 분석을 한 책을 읽으면 도

いる本《ほん》を読《よ》むと役立《やくだ》つわよ。どんな業界《ぎょうかい》に行《い》きたいの？

男：まだ、決《き》めてないんだ。業界《ぎょうかい》については、ネットでは調《しら》べているんだけどね。

女：ネットでは情報量《じょうほうりょう》に限界《げんかい》があるから、本《ほん》を勧《すす》めるわ。キャリアセンターでも自由《じゆう》に閲覧《えつらん》できるから。

男：そうなの？

女：うん。それと、エントリーシートに自己《じこ》PRも書《か》くところがあるんだけど、エントリーシートも合格《ごうかく》に影響《えいきょう》があるらしいから、しっかりと準備《じゅんび》する必要《ひつよう》があるわよ。

男：なんかインターンシップだけでも、準備《じゅんび》するのがいっぱいなんだ。

女：そうだね。ただ、これも業界《ぎょうかい》に応《おう》じて、内容《ないよう》を変《か》える必要《ひつよう》があるから、一応《いちおう》、話《はなし》だけでも聞《き》きにいったほうがいいわね。

男：そうだよね。そうするよ。

男《おとこ》の学生《がくせい》はまず何《なに》をしますか。

1　キャリアセンターに相談《そうだん》する。

2　行《い》きたい業界《ぎょうかい》や業種《ぎょうしゅ》を決《き》める。

3　業界《ぎょうかい》を分析《ぶんせき》した本《ほん》を読《よ》む。

4　自己《じこ》PRを作成《さくせい》する。

움이 돼. 어떤 업계로 가고 싶어?

남: 아직 정하지 않았어. 업계에 관해서는 인터넷으로는 조사는 하고 있지만.

여: 인터넷에서는 정보량에 한계가 있기 때문에 책을 권하고 싶어. 커리어 센터에서도 자유롭게 열람할 수 있으니까.

남: 그래?

여: 응. 그리고 참가 신청서에 자기 소개도 쓰는 부분이 있는데, 참가 신청서도 합격에 영향이 있기 때문에 제대로 준비할 필요가 있어.

남: 뭔가 인턴십만 해도 준비할 게 많구나.

여: 그러게. 그런데 이것도 업계에 따라서 내용을 바꿀 필요가 있기 때문에 우선 이야기만이라도 들으러 가는 게 좋아.

남: 그렇겠네. 그렇게 할게.

남학생은 먼저 무엇을 합니까?

1　커리어 센터에 상담한다.

2　가고 싶은 업계나 업종을 정한다.

3　업계를 분석한 책을 읽는다.

4　자기 소개서를 작성한다.

풀이 ‘우선, 커리어 센터에 상담해 보면 어때?’, ‘우선 이야기만이라도 들으러 가는 게 좋아’라는 여자의 말에 ‘그렇겠네. 그렇게 할게’라는 남자의 대답에서 정답이 1번임을 알 수 있다.

단어 インターンシップ 인턴십(취업 체험) | 申《もう》し込《こ》み 신청 | 情報《じょうほう》サイト 정보 사이트 | エントリー 참가 신청 | キャリアセンター 커리어 센터 | 相談《そうだん》 상담 | 体験談《たいけんだん》 체험담 | 業界分析《ぎょうかいぶんせき》 업계 분석 | 限界《げんかい》 한계 | 閲覧《えつらん》 열람 | 自己《じこ》PR 자기 소개 | 影響《えいきょう》 영향 | に応《おう》じて ~에 따라서 | 一応《いちおう》 우선, 일단

3

会社《かいしゃ》で男《おとこ》の人《ひと》と女《おんな》の人《ひと》が話《はな》しています。男《おとこ》の人《ひと》はまず何《なに》をしなければなりませんか。

男：部長《ぶちょう》、来月《らいげつ》の高梨洋子《たかなしようこ》の特集《とくしゅう》でご相談《そうだん》なんですが。

女：読者《どくしゃ》が選《えら》ぶ小説大賞受賞《しょうせつたいしょうじゅしょう》の特集《とくしゅう》のことだね。来《らい》週《しゅう》インタビューすることにしてたんだっけ。

男：はい。

女：彼女《かのじょ》の小説《しょうせつ》は、自分《じぶん》の経験《けいけん》を素材《そざい》にしているものが多《おお》いようだから、生《お》い立《た》ちなども調《しら》べておくといいかな。

男：はい。分《わ》かりました。

女：それから、インタビューの質問内容《しつもんないよう》を事前《じぜん》に作成《さくせい》したら、見《み》せてね。

男：はい。考《かんが》えてみたんですが、どんな質問《しつもん》をすればいいかなかなか難《むずか》しくて。

女：彼女《かのじょ》のこれまでの作品《さくひん》読《よ》んでみた？

男：いえ。何《なに》も。

女：まず、作品《さくひん》をいくつか読《よ》んでみると、自然《しぜん》と質問《しつもん》したいことが出《で》てくるとおもうよ。インタビューまで時間《じかん》がないけど、読《よ》んでみるといいよ。

男：あ、はい。

女：それから、確《たし》か、彼女《かのじょ》が新人賞《しんじんしょう》をとった時《とき》に、山田君《やまだくん》がインタビューしたのがあったと思《おも》うから、君《きみ》に渡《わた》すように頼《たの》んでおくよ。あ、生《お》い立《た》ちの資料《しりょう》もあったな。それも一緒《いっしょ》に頼《たの》んどくよ。

男：ありがとうございます。

男《おとこ》の人《ひと》はまず何《なに》をしますか。

1 インタビューの質問内容《しつもんないよう》をつくる。

2 作家《さっか》の成長背景《せいちょうはいけい》を調《しら》べる。

3 作家《さっか》の小説《しょうせつ》を読《よ》む。

4 以前《いぜん》のインタビュー資料《しりょう》を読《よ》む。

3

회사에서 남자와 여자가 이야기하고 있습니다. 남자는 먼저 무엇을 해야 합니까?

남: 부장님, 다음 달 다카나시 요코의 특집에 대한 상담인데요.

여: 독자가 정하는 소설 대상 수상의 특집에 관한 거네. 다음 주 인터뷰하기로 했던가?

남: 네.

여: 그녀의 소설은 자신의 경험을 소재로 한 것이 많은 것 같으니까 성장 배경 같은 것도 조사해 두면 좋을 것 같아.

남: 네. 알겠습니다.

여: 그리고 인터뷰 질문 내용을 사전에 작성하면 보여 줘.

남: 네. 생각해 봤는데요, 어떤 질문을 하면 좋을지 꽤 어려워서.

여: 그녀의 이제까지 쓴 작품을 읽어 봤어?

남: 아뇨. 아무것도.

여: 우선, 작품을 몇 개인가 읽어보면 저절로 질문하고 싶은 내용이 나올 거라 생각해. 인터뷰까지 시간이 없지만 읽어보면 좋아.

남: 아, 네.

여: 그리고 분명히 그녀가 신인상을 받았을 때에 야마다 군이 인터뷰한 것이 있을 테니 자네에게 주도록 부탁해 둘게. 아, 성장 배경의 자료도 있었지. 그것도 함께 부탁해 둘게.

남: 감사합니다.

남자는 우선 무엇을 합니까?

1 인터뷰 질문 내용을 만든다.

2 작가의 성장 배경을 조사한다.

3 작가의 소설을 읽는다.

4 이전의 인터뷰 자료를 읽는다.

풀이 '우선, 작품을 몇 개인가 읽어보면 저절로 질문하고 싶은 내용이 나올 거라 생각해. 인터뷰까지 시간이 없지만 읽어보면 좋아'라는 여자의 말에서 인터뷰 질문 내용 작성을 하기 위해서 남자가 제일 먼저 해야 할 일은 '작가의 소설을 읽는 것'임을 알 수 있다. 따라서 정답은 3번이다.

단어 特集《とくしゅう》 특집 | 小説大賞《しょうせつたいしょう》 소설 대상 | 受賞《じゅしょう》 수상 | 経験《けいけん》 경험 | 素材《そざい》 소재 | 生《お》い立《た》ち 성장 내력(배경) | 事前《じぜん》に 사전에 | 作《さく》成《せい》 작성 | 自然《しぜん》と 저절로 | 新人賞《しんじんしょう》 신인상

4

大学《だいがく》で、指導教授《しどうきょうじゅ》と男《おとこ》の学生《がくせい》が話《はな》しています。男《おとこ》の学生《がくせい》はこれから新《あら》たに何《なに》をすることにしましたか。

女：後期《こうき》の授業《じゅぎょう》も終《お》わりに近《ちか》づいてきたけど、どう？レポートの作成《さくせい》とか遅《おく》れているようだけど。

男：それが、科目《かもく》ごとにレポートの締《し》め切《き》り日《び》を紙《かみ》に書《か》いて机《つくえ》にはったりして、自分《じぶん》なりに頑《がん》張《ば》ってるつもりなんですが、レポートやら小《しょう》テストやら重《かさ》なってしまって。

女：課題《かだい》やレポート作成《さくせい》の優先順位《ゆうせんじゅんい》はつけてる？毎週月曜日《まいしゅうげつようび》にその週《しゅう》にすることをメモ書《が》きして、レポート作成《さくせい》の順序《じゅんじょ》を決《き》めるだけでも、効率《こうりつ》は違《ちが》ってくるよ。

男：一応《いちおう》やってはいるんですが。

女：じゃあ、レポートの作成《さくせい》の仕方《しかた》かな。山田君《やまだくん》はレポート作成《さくせい》するのに平均《へいきん》してどのくらいかかってる？

男：そこまでは。目《め》の前《まえ》にあるものから片付《かたづ》けるのに精一杯《せいいっぱい》で。

女：そっか、私《わたし》が学生《がくせい》のころは、毎日《まいにち》、レポート作成《さくせい》が終《お》わるたびにちゃんと書《か》いてたよ。そうすると、自然《しぜん》とどうやったら効率的《こうりつてき》にできるか見《み》えてくるわよ。やってみて。

男：わかりました。

女：じゃあ、アドバイスうまく活《い》かしてみてね。

男：はい。教《おし》えていただいたことはきちんとメモしています。ありがとうございます。

4

대학에서 지도교수와 남학생이 이야기하고 있습니다. 남학생은 앞으로 새롭게 무엇을 하기로 했습니까?

여: 후기 수업도 끝이 다가오는데 어때? 리포트 작성 같은 게 자주 늦어지는 듯한데.

남: 그게, 과목마다 리포트의 마감날을 종이에 써서 책상에 붙여서 저 나름대로 노력은 하고 있는데요, 리포트나 쪽지시험 같은 게 겹쳐져 버려서.

여: 과제나 리포트 작성의 우선 순위는 정하고 있어? 매주 월요일에 그 주에 할 것을 메모로 써서 리포트 작성의 순서를 정하는 것만으로도 효율은 달라져.

남: 일단, 하고는 있는데요.

여: 그럼, 리포트의 작성 방법인가? 야마다 군은 리포트를 작성하는 데 평균적으로 어느 정도 걸려?

남: 거기까지는. 눈앞에 있는 것부터 정리하는 것에 벅차서.

여: 그래? 내가 학생일 때는 매일 리포트 작성이 끝날 때마다 착실하게 썼었어. 그렇게 하면, 저절로 어떻게 하면 효율적으로 할 수 있는지가 보이게 돼. 해 봐.

남: 알겠습니다.

여: 그럼, 조언 잘 활용해 봐.

남: 네, 가르쳐 주신 것은 잘 메모했습니다. 감사합니다.

男《おとこ》の学生《がくせい》はこれから新《あら》たに何《なに》をすることにしましたか。	남학생은 앞으로 새롭게 무엇을 하기로 했습니까?
1　レポートの締《し》め切《き》り日《び》を机《つくえ》にはる。	1　리포트의 마감날을 책상에 붙인다.
2　一週間《いっしゅうかん》にするレポートの順序《じゅんじょ》を決《き》める。	2　일주일에 할 리포트의 순서를 정한다.
3　レポートにかかった時間《じかん》を記録《きろく》する。	3　리포트에 걸린 시간을 기록한다.
4　指導教授《しどうきょうじゅ》からのアドバイスをメモする。	4　지도교수의 조언을 메모한다.

풀이 지도교수가 남학생에게 '리포트를 작성하는 데 평균적으로 어느 정도 걸려?', '리포트 작성 시간을 적으면, 저절로 어떻게 하면 효율적으로 할 수 있는지가 보이게 돼. 해 봐'라고 조언하는 내용을 통해 정답이 3번임을 알 수 있다. 1번과 2번은 학생이 이미 실천하고 있는 것이며, 4번은 현재 대화 중 남자가 그 자리에서 지도교수의 조언을 메모했으므로 오답이다.

단어 指導教授《しどうきょうじゅ》 지도교수 | 新《あら》たに 새롭게 | 後期《こうき》 후기 | 近《ちか》づく 다가오다 | レポート 리포트 | 作成《さくせい》 작성 | 遅《おく》れる 늦어지다 | 科目《かもく》 과목 | 締《し》め切《き》り 마감 | 重《かさ》なる 겹치다 | 課題《かだい》 과제 | 優先《ゆうせん》 우선 | 順位《じゅんい》 순위 | 順序《じゅんじょ》 순서 | 効率《こうりつ》 효율 | 違《ちが》う 다르다, 틀리다 | 一応《いちおう》 일단, 우선 | 片付《かたづ》ける 정리하다 | 精一杯《せいいっぱい》 힘껏 | 活《い》かす 살리다

5	5
会社《かいしゃ》で女《おんな》の人《ひと》と男《おとこ》の人《ひと》が話《はな》しています。男《おとこ》の人《ひと》はこの後《あと》、何《なに》をしなければなりませんか。	회사에서 여자와 남자가 이야기하고 있습니다. 남자는 이다음 무엇을 해야 합니까?
女：新商品《しんしょうひん》のお茶《ちゃ》のパッケージ見《み》せてもらったよ。	여: 신상품인 차 포장 봤어.
男：はい。いかがでしたか。	남: 네. 어땠습니까?
女：箔押《はくお》しされたブランドロゴがなんとも言《い》えない高級感《こうきゅうかん》を醸《かも》し出《だ》しているね。サイズもいいね。	여: 박이 입혀진 브랜드 로고가 뭐라 할 수 없는 고급스러운 느낌을 자아내고 있어. 사이즈도 좋아.
男：ありがとうございます。高級茶《こうきゅうちゃ》にふさわしいものを考《かんが》えました。	남: 감사합니다. 고급 차에 어울리는 것을 생각했습니다.
女：円柱《えんちゅう》のパッケージはいいんだけど、お茶《ちゃ》の葉《は》のイラストがグレーなのはどうかな。斬新《ざんしん》さはあるんだけど、やはり緑茶《りょくちゃ》なんだから、それがイメージできるようにしてみて。中《なか》の袋《ふくろ》にはチャックがついていると、使《つか》いやすそうだけど、費用《ひよう》がかさむから、今回《こんかい》はこのままでいこう。	여: 둥근 기둥의 포장은 좋은데 찻잎의 일러스트가 회색인 것은 좀 아닌 것 같은데. 참신함은 있지만 아무래도 녹차니까 그 이미지를 떠올릴 수 있도록 만들어 봐. 안쪽 봉지에 지퍼가 달려 있으면 사용하기 편리할 것 같은데 비용이 늘어나니 이번은 이대로 진행하자.
男：蓋《ふた》の部分《ぶぶん》とシールの色《いろ》ももう少《すこ》し濃《こ》くしましょうか。	남: 뚜껑 부분과 스티커 색도 조금 진하게 할까요?

女：いや。それはいじらなくてもいいかな。優《やさ》しい色調《しきちょう》にまとまっているから。

男《おとこ》の人《ひと》はこの後《あと》、何《なに》をしなければなりませんか。

1　ブランドロゴを大《おお》きくする。

2　お茶《ちゃ》の葉《は》の色《いろ》を変《か》える。

3　中身《なかみ》の袋《ふくろ》にチャックをつける。

4　蓋《ふた》とシールの色《いろ》を変《か》える。

여: 아니. 그건 손 안 대도 괜찮을 듯해. 부드러운 색조로 통일되어 있으니까.

남자는 이다음 무엇을 해야 합니까?

1　브랜드 로고를 크게 한다.

2　찻잎의 색을 바꾼다.

3　내용물 봉지에 지퍼를 단다.

4　뚜껑과 스티커 색을 바꾼다.

풀이 ‘찻잎의 일러스트가 회색인 것은 좀 아닌 것 같은데. 참신함은 있지만 아무래도 녹차니까 그 이미지를 떠올릴 수 있도록 만들어 봐’라는 여자의 말에 2번이 정답임을 알 수 있다.

단어 新商品《しんしょうひん》 신상품 | パッケージ 포장 | 箔押《はくお》しする 금(은) 박을 입히다 | 高級感《こうきゅうかん》 고급감 | 醸《かも》し出《だ》す 자아내다, 빚어내다 | ふさわしい 어울리다 | 円柱《えんちゅう》 원주(원기둥) | グレー 회색 | 斬新《ざんしん》 참신 | 緑茶《りょくちゃ》 녹차 | 袋《ふくろ》 봉지, 주머니 | チャックがつく 지퍼가 달리다 | 蓋《ふた》 뚜껑 | シール 실, 스티커 | 濃《こ》い 짙다 | いじる 만지작거리다, 손대다 | 優《やさ》しい 부드럽다 | 色調《しきちょう》 색조

문제 1 과제 이해 | 실전 테스트 ❸

문제집 p.408

1 ②　2 ③　3 ②　4 ②　5 ③

問題《もんだい》1

問題《もんだい》1では、まず質問《しつもん》を聞《き》いてください。それから話《はなし》を聞《き》いて、問題用紙《もんだいようし》の1から4の中《なか》から、最《もっと》もよいものを一《ひと》つ選《えら》んでください。

문제 1

문제 1에서는 우선 질문을 들으세요. 그러고 나서 이야기를 듣고 문제지의 1부터 4 중에서 가장 알맞은 것을 하나 고르세요.

1

会社《かいしゃ》で男《おとこ》の人《ひと》と女《おんな》の人《ひと》が話《はな》しています。男《おとこ》の人《ひと》は寝起《ねお》きをよくするためこれから何《なに》をしますか。

男：最近《さいきん》、なかなか寝起《ねお》きが悪《わる》くてね。

女：そうなの？

男：うん。睡眠不足《すいみんぶそく》にならないようになるべく早《はや》めに布団《ふとん》に入《はい》るようにはしているんだけど、改善《かいぜん》しないんだよね。

女：ぐっすりと眠《ねむ》れないの？

1

회사에서 남자와 여자가 이야기하고 있습니다. 남자는 잘 일어나기 위해 앞으로 무엇을 합니까?

남: 최근 잠에서 깰 때 꽤 힘들어.

여: 그래?

남: 응, 수면 부족이 되지 않도록 가능한 좀 일찍 잠자리에 들려고는 하고 있는데 개선이 안돼.

여: 잠을 푹 못 자?

男：うん。しかも寝《ね》つきもよくなくてね。布団《ふとん》に入《はい》ってもなかなか眠《ねむ》れないし、夜中《よなか》時々《ときどき》目《め》が覚《さ》めるんだ。

女：結局《けっきょく》、睡眠時間《すいみんじかん》が足《た》りてないのよ。きっと。寝《ね》る前《まえ》に簡単《かんたん》なストレッチをすると緊張《きんちょう》した体《からだ》の筋肉《きんにく》が緩《ゆる》んで自然《しぜん》と眠《ねむ》くなるし、ぐっすりと眠《ねむ》れるんだって。

男：なるほど。早速《さっそく》はじめてみようかな。

女：そういえば、ダイエットするって言《い》っていたじゃない。あんまり食《た》べなさすぎると、眠気《ねむけ》がこないよ。

男：それは、まあ無理《むり》しないようにしているから大丈夫《だいじょうぶ》。

男《おとこ》の人《ひと》は寝起《ねお》きをよくするためこれから何《なに》をしますか。

1 睡眠時間《すいみんじかん》を増《ふ》やす。
2 体操《たいそう》で筋肉《きんにく》をほぐす。
3 筋肉《きんにく》マッサージをする。
4 食事《しょくじ》の量《りょう》を増《ふ》やす。

남: 응. 게다가 잠도 잘 안 와. 이불 속에 들어가도 좀처럼 잠 못 들고 한밤중에 때때로 깨기도 해.

여: 결국 수면 시간이 충분하지 않은 거야. 분명. 자기 전에 간단한 스트레칭을 하면 긴장한 몸의 근육이 풀려서 저절로 졸리고, 푹 자게 된대.

남: 그렇구나. 바로 시작해 볼까?

여: 그러고 보니 다이어트 한다고 하지 않았어? 너무 안 먹으면 잠이 안 와.

남: 좌우간 무리하지 않도록 하고 있으니까 괜찮아.

남자는 잘 일어나기 위해 앞으로 무엇을 합니까?

1 수면 시간을 늘인다.
2 체조로 근육을 푼다.
3 근육 마사지를 한다.
4 식사 양을 늘린다.

풀이 아침에 일어나는 게 힘든 남자를 위해 '자기 전에 간단한 스트레칭을 하면 긴장한 몸의 근육이 풀려서 저절로 졸리고, 푹 자게 된대'라는 여자의 말에 남자가 '그렇구나, 바로 시작해 볼까?'라고 동의하는 내용에서 정답이 2번임을 알 수 있다. 한편 2번에서는 지문의 「ストレッチ 스트레칭」 대신 「体操《たいそう》 체조」로 바꿔 표현하였다. 이 밖에도 지문의 「筋肉《きんにく》が緩《ゆる》む 근육이 풀리다」와 선택지의 「筋肉《きんにく》をほぐす 근육을 풀다」라는 표현도 함께 알아두자.

단어 寝起《ねお》き 잠에서 깨는 일 | 睡眠不足《すいみんぶそく》 수면 부족 | 布団《ふとん》に入《はい》る 이불 속에 들어가다 | 改善《かいぜん》 개선 | 眠《ねむ》れる 잠들다 | 寝《ね》つきがいい 잠이 잘 들다 | 夜中《よなか》 한밤중 | 目《め》が覚《さ》める 눈뜨다 | 結局《けっきょく》 결국 | 足《た》りる 충분하다 | ストレッチ 스트레칭 | 緊張《きんちょう》 긴장 | 筋肉《きんにく》 근육 | 緩《ゆる》む 풀리다, 느슨해지다 | 自然《しぜん》と 저절로 | 早速《さっそく》 당장, 바로 | 眠気《ねむけ》 졸음

2

学校《がっこう》で男《おとこ》の人《ひと》と女《おんな》の人《ひと》が話《はな》しています。男《おとこ》の人《ひと》はこのあとまず何《なに》をしなければなりませんか。

학교에서 남자와 여자가 이야기하고 있습니다. 남자는 이다음 먼저 무엇을 해야 합니까?

男：先生《せんせい》、レポートを書《か》いてきたのですが、一度《いちど》チェックをお願《ねが》いします。

남: 선생님, 리포트 써왔는데, 체크 한번 부탁드립니다.

女：う〜ん。この意見《いけん》のところ、よく書《か》けているけど、自分《じぶん》で考《かんが》えた文章《ぶんしょう》なの？

여: 음~, 이 의견 말인데, 잘 쓰긴 했는데 직접 스스로 생각해낸 문장인 거야?

男：あ、これ、こちらの論文《ろんぶん》に少《すこ》し手《て》を加《くわ》えました。この部分《ぶぶん》です。

女：そんなことしたら、だめだよ。本《ほん》にある文章《ぶんしょう》を勝手《かって》に変《か》えて使《つか》ってはいけないよ。どれどれ。まあ、ほとんど一緒《いっしょ》じゃない。

男：え、そうなんですか。知《し》りませんでした。じゃあ、この文章《ぶんしょう》は削除《さくじょ》します。

女：う〜ん。大事《だいじ》な部分《ぶぶん》だから削除《さくじょ》したら、全体《ぜんたい》の流《なが》れも変《か》わってしまうから、そういう時《とき》は、抜粋《ばっすい》したことをきちんと表示《ひょうじ》すればいいから、そうしてね。それ以外《いがい》には人《ひと》の論文《ろんぶん》を引用《いんよう》したところはないの？後《あと》でもう一度《いちど》、きちんと調《しら》べてね。

男：はい。分《わ》かりました。

女：これから文章《ぶんしょう》を使《つか》うときは、きちんとするようにね。

男：はい、以後《いご》、気《き》を付《つ》けます。

男《おとこ》の人《ひと》はこのあとまず何《なに》をしなければなりませんか。

1 引用《いんよう》の文章《ぶんしょう》を修正《しゅうせい》する。

2 引用《いんよう》した部分《ぶぶん》を削除《さくじょ》する。

3 引用《いんよう》の表示《ひょうじ》をする。

4 引用《いんよう》した箇所《かしょ》を調《しら》べる。

남: 아, 이거 이쪽 논문을 조금 손봤습니다. 이 부분입니다.

여: 그렇게 하면 안 돼. 책에 있는 문장을 마음대로 바꿔서 사용하면 안 되는 거야. 어디 보자. 거의 같잖아.

남: 어, 그렇습니까? 몰랐습니다. 그럼 이 문장은 삭제하겠습니다.

여: 음~, 중요한 부분이라서 삭제하면 전체의 흐름도 바뀌어 버리니까 그럴 때는 발췌한 것을 제대로 표시한다면 괜찮으니 그렇게 해. 그 이외에는 다른 사람의 논문을 인용한 부분은 없는 거지? 나중에 다시 한 번 제대로 살펴봐.

남: 네. 알겠습니다.

여: 앞으로 글을 사용할 때는 제대로 하도록 해.

남: 네, 이후 주의하겠습니다.

남자는 이후에 먼저 무엇을 해야 합니까?

1 인용한 문장을 수정한다.

2 인용한 부분을 삭제한다.

3 인용 표시를 한다.

4 인용한 부분을 조사한다.

풀이 '중요한 부분이라서 삭제하면 전체의 흐름도 바뀌어 버리니까 그럴 때는 발췌한 것을 제대로 표시한다면 괜찮으니 그렇게 해'라고 한 선생님의 말에서 3번이 정답임을 알 수 있다. 한편 지문의 「抜粋《ばっすい》 발췌」가 선택지에는 「引用《いんよう》 인용」이라는 단어로 바꿔 표현되었다는 것도 확인해 두자.

단어 レポート 리포트 | 直接《ちょくせつ》 직접 | 論文《ろんぶん》 논문 | 手《て》を加《くわ》える 손보다, 수정하다 | 勝手《かって》に 마음대로 | 削除《さくじょ》 삭제 | 流《なが》れ 흐름 | 抜粋《ばっすい》 발췌 | 表示《ひょうじ》 표시 | 引用《いんよう》 인용

3

会社《かいしゃ》で男《おとこ》の人《ひと》と女《おんな》の人《ひと》が話《はな》しています。女《おんな》の人《ひと》はこのあと何《なに》をしなければなりませんか。

男：鈴木《すずき》さん。来週《らいしゅう》の展覧会《てんらんかい》、招待状《しょうたいじょう》の回答《かいとう》、全《ぜん》員確認《いんかくにん》できた?

3

회사에서 남자와 여자가 이야기하고 있습니다. 여자는 이다음 무엇을 해야 합니까?

남: 스즈키 씨, 다음 주 전람회, 초대장 회답 전체 인원 확인 다 되었어?

女：はい。全員《ぜんいん》届《とど》いています。昨年《さくねん》よりも参加者《さんかしゃ》が倍増《ばいぞう》ですね。

男：ありがとう。ただ、出席《しゅっせき》するといって当日《とうじつ》忘《わす》れる人《ひと》もいるから、当日《とうじつ》の内容《ないよう》や注意事項《ちゅういじこう》を文章《ぶんしょう》にして、確認《かくにん》メールを送《おく》っておいて。

女：はい。メールの文面《ぶんめん》は用意《ようい》できていますので、ご心配《しんぱい》いりません。ただ、今回《こんかい》は参加《さんか》予定者《よていしゃ》が多《おお》いので、事前《じぜん》にグループに分《わ》けて、見学《けんがく》を分《ぶん》散《さん》させるのがいいかと思《おも》うんですが。

男：確《たし》かにそうだね。なるべく性別《せいべつ》や年齢《ねんれい》が偏《かたよ》らないように分《わ》けないといけないな。それは山《やま》田君《だくん》にお願《ねが》いしておこう。

女：はい。

男：それから、参加者名簿《さんかしゃめいぼ》を印刷《いんさつ》しといてくれる？

女：こちらにあります。

男：さすが、仕事《しごと》が早《はや》いね。

女《おんな》の人《ひと》はこのあと何《なに》をしなければなりませんか。

1　招待状《しょうたいじょう》の回答《かいとう》を確認《かくにん》する。

2　確認《かくにん》メールを送《おく》る。

3　グループ分《わ》けをする。

4　参加者《さんかしゃ》のリストをプリントする。

여: 네. 전원 다 회답이 왔습니다. 작년보다도 참가자가 배로 증가했습니다.

남: 고마워. 단, 출석을 한다고 해도 당일날 잊어버리는 사람도 있으니까 당일의 내용이나 주의 사항을 글로 써서 확인 메일을 보내 놔.

여: 네. 메일 서면은 준비되었기 때문에 걱정하실 필요 없습니다. 단, 이번에는 참가 예정자가 많기 때문에 사전에 그룹을 나눠서 견학을 분산시키는 것이 좋을 것 같습니다만.

남: 확실히 그렇긴 하지. 되도록 성별이나 연령이 치우치지 않도록 나누지 않으면 안 되겠네. 그건 야마다 군에게 부탁해 둘게.

여: 네.

남: 그리고 참가자 명부를 인쇄해 둬 줄래?

여: 이쪽에 있습니다.

남: 역시, 일이 빨라.

여자는 이다음 무엇을 해야 합니까?

1　초대장의 회답을 확인한다.

2　확인 메일을 보낸다.

3　그룹을 나눈다.

4　참가자 명부를 프린트한다.

풀이 '당일의 내용이나 주의 사항을 글로 써서 확인 메일을 보내 놔'라는 남자의 말에서 2번이 정답임을 알 수 있다. 선택지 1번과 4번은 이미 여자가 한 일이고, 3번은 야마다 군에게 부탁할 내용이므로 오답이다.

단어 展覧会《てんらんかい》 전람회 | 招待状《しょうたいじょう》 초대장 | 回答《かいとう》 회답 | 全員《ぜんいん》 전원 | 参加者《さんかしゃ》 참가자 | 倍増《ばいぞう》 두 배로 증가 | 出席《しゅっせき》 출석 | 注意事項《ちゅういじこう》 주의 사항 | 文面《ぶんめん》 문면(서면) | 予定者《よていしゃ》 예정자 | 見学《けんがく》 견학 | 分散《ぶんさん》 분산 | 確《たし》かに 확실히 | 性別《せいべつ》 성별 | 年齢《ねんれい》 연령 | 偏《かたよ》る 치우치다 | 名簿《めいぼ》 명부 | 印刷《いんさつ》 인쇄

4

大学《だいがく》で男《おとこ》の職員《しょくいん》と女《おんな》の職員《しょくいん》が話《はな》しています。女《おんな》の職員《しょくいん》はオープンキャンパスまでにまず何《なに》をしておかなければなりませんか。

女：週末《しゅうまつ》のオープンキャンパスですけど、よろしくお願《ねが》いします。

4

대학에서 남자 직원과 여자 직원이 이야기하고 있습니다. 여자 직원은 오픈 캠퍼스까지 먼저 무엇을 해 두어야 합니까?

여: 주말 오픈 캠퍼스 말인데요. 잘 부탁드립니다.

男：期待《きたい》しているよ。入学案内《にゅうがくあんない》や資料《しりょう》は、入試広《にゅうしこう》報課《ほうか》で前日《ぜんじつ》に各教室《かくきょうしつ》に運《はこ》ぶということだから任《まか》せておこう。

女：はい。記念品《きねんひん》はどうしたらいいでしょうか。

男：記念品《きねんひん》はすでに会議室《かいぎしつ》の方《ほう》にあるんだけど、大学《だいがく》ロゴの入《はい》ったエコバッグが明日届《あしたとど》く予定《よてい》だからそっちに一《ひと》つ一《ひと》つ入《い》れといて。

女：はい。わかりました。それから、プレゼンテーション用《よう》のパソコンはどうしましょうか。

男：うん。当日《とうじつ》の朝《あさ》、ITサポート課《か》で僕《ぼく》の立《た》ち会《あ》いのもとで設置《せっち》することになっている。事前《じぜん》の動作確認《どうさかくにん》もそのとき、やると聞《き》いているよ。

女：あ～そうですか。分《わ》かりました。

女《おんな》の職員《しょくいん》はオープンキャンパスまでにまず何《なに》をしておかなければなりませんか。

1　資料《しりょう》を会場《かいじょう》に運《はこ》ぶ。

2　記念品《きねんひん》を入《い》れる。

3　エコバックを片《かた》付《づ》ける。

4　パソコンを取《と》り付《つ》ける。

남: 기대하고 있어. 입학 안내와 자료는 입시 홍보과에서 전날 각 교실로 가져온다고 하니 맡겨 두자.

여: 네, 기념품은 어떻게 하면 될까요?

남: 기념품은 이미 회의실 쪽에 있는데, 대학 로고가 들어간 에코백이 내일 도착할 예정이니까 거기에 하나하나 넣어 둬.

여: 네, 알겠습니다. 그리고 프레젠테이션용 컴퓨터는 어떻게 할까요?

남: 음. 당일 아침 IT서포트과에서 내 입회 하에 설치하기로 되어 있어. 사전에 동작 확인도 그때 한다고 들었어.

여: 아~ 그래요? 알겠습니다.

여자 직원은 오픈 캠퍼스까지 먼저 무엇을 해 두어야 합니까?

1　자료를 회장으로 옮긴다.

2　기념품을 넣는다.

3　에코백을 정리한다.

4　컴퓨터를 설치한다.

풀이 '기념품은 이미 회의실 쪽에 있는데, 대학 로고가 들어간 에코백이 내일 올 예정이니까 거기에 하나하나 넣어 둬'라는 남자의 말에서 정답이 2번임을 알 수 있다. 한편 선택지 3번의 에코백을 정리하는 것으로 착각하면 안 되며, 선택지 1번은 홍보과에서, 4번은 IT서포트과에서 할 일이므로 오답이다.

단어 オープンキャンパス 오픈 캠퍼스(대학 개방) | 入学案内《にゅうがくあんない》 입학 안내 | 入試《にゅうし》 입시 | 広報課《こうほうか》 홍보과 | 運《はこ》ぶ 운반하다, 옮기다 | 会議室《かいぎしつ》 회의실 | エコバック 에코백 | ITサポート課《か》 IT서포트과 | 立《た》ち会《あ》い 입회(참여) | 設置《せっち》 설치 | 動作《どうさ》 동작 | 確認《かくにん》 확인

5

食品会社《しょくひんがいしゃ》で女《おんな》の人《ひと》と部長《ぶちょう》が話《はな》しています。女《おんな》の人《ひと》はこのあと何《なに》をしなければなりませんか。

女：部長《ぶちょう》、新商品販促《しんしょうひんはんそく》のために企画《きかく》した期間限定《きかんげんてい》の割引販売《わりびきはんばい》の案内《あんない》ができたのですが、見《み》ていただけますか。

男：あ～ ありがとう。会議《かいぎ》で出《で》てたお試《ため》しキャン

5

식품 회사에서 여자와 부장이 이야기하고 있습니다. 여자는 이다음 무엇을 해야 합니까?

여: 부장님, 신상품 판촉을 위해서 기획한 기간 한정의 할인 판매 안내가 완성되었는데, 봐 주시겠습니까?

남: 아~ 고마워. 회의에서 나온 시험 캠페인에 관한 거

ペーンのことだね。インターネットだけで、販売《はんばい》するんだったよね。

女：はい。お試《ため》し価格《かかく》なので、小売店《こうりてん》での販売《はんばい》は難《むずか》しいかと。

男：あれ、三《みっ》つの味《あじ》すべて購入《こうにゅう》しないといけないの？安《やす》いとはいえ三《みっ》つ全部《ぜんぶ》じゃ、手《て》を出《だ》しにくくないかな。

女：いえ。一《ひと》つだけにすると、在庫《ざいこ》が足《た》りない可《か》能性《のうせい》があるので、三種類準備《さんしゅるいじゅんび》しています。ここで選択《せんたく》できるようにしています。

男：あ~ そうか。あ、価格《かかく》については、安《やす》さがわかるように定価《ていか》も載《の》せたほうがいいな。

女：はい。

男：それと、せっかくネットでキャンペーンするんだったら、味《あじ》やパッケージがどうだったかアンケートできるようにしたら？

女：はい。それは購入後《こうにゅうご》に一斉《いっせい》にメール発信《はっしん》する予定《よてい》です。

男：そう。じゃ、いいね。

女《おんな》の人《ひと》はこのあと何《なに》をしなければなりませんか。

1 インターネットで販売《はんばい》する。

2 味《あじ》を三《みっ》つ準備《じゅんび》する。

3 定価《ていか》を明記《めいき》する。

4 アンケート欄《らん》をつくる。

네. 인터넷에서만 판매하는 거였지?

여: 네, 시험 가격이기 때문에 소매점에서 판매는 어려워서.

남: 어, 세 개의 맛 모두 구입하지 않으면 안 되는 거야? 싸다고는 하지만 세 개 전부라면 손대기 어렵지 않을까?

여: 아뇨. 하나만으로 하면, 재고가 부족할 가능성 있기 때문에 세 종류 준비했습니다. 여기서 선택할 수 있도록 했습니다.

남: 아~ 그런가. 아, 가격에 관해서는 싸다는 것을 알 수 있도록 정가도 싣는 게 좋겠지.

여: 네.

남: 그리고 모처럼 인터넷에서 캠페인 하는 거라면 맛이나 포장이 어땠는지 앙케트를 할 수 있도록 하면 어떨까?

여: 네, 그건 구입 후에 일제히 메일을 발신할 예정입니다.

남: 그래? 그럼, 됐네.

여자는 이다음 무엇을 해야 합니까?

1 인터넷으로 판매한다.

2 맛을 세 가지 준비한다.

3 정가를 명기한다.

4 앙케트 란을 만든다.

풀이 '가격에 관해서는 싸다는 것을 알 수 있도록 정가도 싣는 게 좋겠지'라는 남자의 말에서 3번이 정답임을 알 수 있다. 선택지 1과 2번은 이미 정해진 일이고, 4번은 구입 후에 할 일이므로 오답이다.

단어 新商品《しんしょうひん》 신상품 | 販促《はんそく》 판촉 | 期間限定《きかんげんてい》 기간 한정 | 割引販売《わりびきはんばい》 할인 판매 | お試《ため》し 시험, 시도 | キャンペーン 캠페인 | インターネット 인터넷 | 価格《かかく》 가격 | 小売店《こうりてん》 소매점 | 手《て》を出《だ》す 손을 대다 | 在庫《ざいこ》 재고 | 種類《しゅるい》 종류 | 選択《せんたく》 선택 | 定価《ていか》 정가 | 載《の》せる 싣다, 올리다 | パッケージ 포장 | 一斉《いっせい》に 일제히 | 発信《はっしん》 발신

문제 1 과제 이해 | 실전 테스트 ❹

문제집 p.410

1 ② **2** ① **3** ③ **4** ① **5** ②

問題《もんだい》1

問題《もんだい》1では、まず質問《しつもん》を聞《き》いてください。それから話《はなし》を聞《き》いて、問題用紙《もんだいようし》の1から4の中《なか》から、最《もっと》もよいものを一《ひと》つ選《えら》んでください。

문제 1

문제 1에서는 우선 질문을 들으세요. 그리고 나서 이야기를 듣고 문제지의 1부터 4 중에서 가장 알맞은 것을 하나 고르세요.

1

会社《かいしゃ》で男《おとこ》の人《ひと》と女《おんな》の人《ひと》が話《はな》しています。女《おんな》の人《ひと》はこの後何《あとなに》をしなければなりませんか。

男：伊藤《いとう》さん、来月《らいげつ》の山田先生《やまだせんせい》の経営《けいえい》セミナー、今回《こんかい》もすごい申込《もうしこみ》だったね。定員《ていいん》オーバーだから抽選《ちゅうせん》しないといけないけど大丈夫《だいじょうぶ》かな。

女：はい。申込《もうしこみ》メールを整理《せいり》してすぐに抽選《ちゅうせん》できるようにしてあります。

男：そうそう。会場《かいじょう》なんだけど、予定《よてい》していた会場《かいじょう》の音響設備《おんきょうせつび》が故障《こしょう》して、修理《しゅうり》するそうなんだけど、セミナーまでに間《ま》に合《あ》いそうにないんだ。それで、他《ほか》の会場《かいじょう》に変更《へんこう》することになったんだ。

女：そうですか。

男：本社《ほんしゃ》ビル別館《べっかん》の中《ちゅう》ホールに変《か》えたから。去年《きょねん》改装《かいそう》して、最新《さいしん》の設備《せつび》を備《そな》えているから、結《けっ》果的《かてき》によかったかな。山田先生《やまだせんせい》にも伝《つた》えておいてね。会場《かいじょう》の手配《てはい》は僕《ぼく》の方《ほう》でしておいたから心配《しんぱい》ないよ。

女：わかりました。

男：それから、当日使《とうじつつか》う資料《しりょう》を、山田先生《やまだせんせい》にお願《ねが》いしないといけないな。

女：あ、それは昨日《きのう》メールでいただきました。

男：あ、そう。じゃあ、そういうことで、よろしくな。

1

회사에서 남자와 여자가 이야기하고 있습니다. 여자는 이다음 무엇을 해야 합니까?

남: 이토 씨, 다음 달 야마다 선생님 경영 세미나 이번에도 신청이 대단했어. 정원이 초과돼서 추첨해야 하는데 문제없겠지?

여: 네, 신청 메일을 정리해서 바로 추첨할 수 있도록 하고 있습니다.

남: 아, 참. 회의장 말인데 예정되어 있던 회의장의 음향 설비가 고장 나서, 수리한다고 하는데 세미나까지 시간을 맞출 수 없을 것 같아. 그래서 다른 회의장으로 변경하게 됐어.

여: 그렇습니까?

남: 본사 빌딩 별관의 중간 홀로 바꿨으니까. 작년에 새로 단장해서 최신 설비를 갖추고 있으니, 결과적으로는 잘 됐지. 야마다 선생님께도 전해 드려. 회의장 준비는 내 쪽에서 해 뒀으니까 걱정 없어.

여: 알겠습니다.

남: 그리고 당일 사용할 자료를 야마다 선생님에게 부탁해야 해.

여: 아, 그건 어제 메일로 받았습니다.

남: 아, 그래? 그럼, 그렇게 부탁할게.

女《おんな》の人《ひと》はこの後何《あとなに》をしなければなりませんか。

1　抽選《ちゅうせん》の準備《じゅんび》をする。

2　講師《こうし》に会場《かいじょう》の変更《へんこう》を連絡《れんらく》する。

3　他《ほか》の会場《かいじょう》を手配《てはい》する。

4　当日《とうじつ》の資料《しりょう》を依頼《いらい》する。

여자는 이다음 무엇을 해야 합니까?

1 추첨 준비를 한다.

2 강사에게 회의장 변경을 연락한다.

3 다른 회의장을 준비한다.

4 당일 자료를 의뢰한다.

풀이 회의장을 '본사 빌딩 별관의 중간 홀로 바꿨으니까 야마다 선생님께도 전해 드려'라는 남자의 말에서 2번이 정답임을 알 수 있다. 선택지 1번은 이미 여자가 하고 있는 일이고, 3번은 남자가 한 일이며, 4번은 이미 완료된 일이므로 오답이다.

단어 経営《けいえい》セミナー 경영 세미나 | 申《もう》し込《こ》み 신청 | 定員《ていいん》オーバー 정원 초과 | 抽選《ちゅうせん》 추첨 | 音響設備《おんきょうせつび》 음향 설비 | 故障《こしょう》 고장 | 修《しゅう》理《り》 수리 | 別館《べっかん》 별관 | 中《ちゅう》ホール 중간 홀 | 改装《かいそう》 새로 단장함, 개장 | 備《そな》える 갖추다 | 結果的《けっかてき》に 결과적으로 | 手配《てはい》 준비

2

ボールペンを製造《せいぞう》している会社《かいしゃ》で、男《おとこ》の人《ひと》と課長《かちょう》が話《はな》しています。男《おとこ》の人《ひと》はこれからまず何《なに》をしなければなりませんか。

男：課長《かちょう》、今度《こんど》の新商品《しんしょうひん》の４色《しょく》ボールペンの提案《ていあん》書《しょ》、ご覧《らん》になっていただけましたでしょうか。

女：うん。

男：いかがでしたか。新《あたら》しいインクを使用《しよう》してインクのにじみを最大限《さいだいげん》抑《おさ》えることを特徴《とくちょう》としたのですが。

女：う～ん。そうね。でも、うちのボールペンはこれまでもインクのにじみにくさは他社《たしゃ》よりも抜《ぬ》きんでているから、いまさらって感《かん》じかな。

男：そうですか。

女：インクのにじみにくさはいいから、それよりも長時間《ちょうじかん》使《つか》っても疲《つか》れないように握《にぎ》る部分《ぶぶん》に注目《ちゅうもく》した改善案《かいぜんあん》をまとめてみて。

男：はい。

女：あ、制作《せいさく》に入《はい》る前《まえ》に、昨年出《さくねんだ》したボールペンの消費者《しょうひしゃ》アンケートの結果《けっか》も出《で》たみたいだから、それを先《さき》に読《よ》んでみて。新商品《しんしょうひん》も最終的《さいしゅうてき》な試作《しさく》品《ひん》の段階《だんかい》でアンケートをとってね。

男：わかりました。

2

볼펜을 제조하고 있는 회사에서 남자와 과장이 이야기하고 있습니다. 남자는 앞으로 먼저 무엇을 해야 합니까?

남: 과장님, 이번 신상품인 4색 볼펜의 제안서 보셨습니까?

여: 응.

남: 어땠습니까? 새로운 잉크를 사용해서 잉크 번짐을 최대한 줄이는 것을 특징으로 한 것입니다만.

여: 음~. 그렇네. 하지만 우리 회사 볼펜은 이때까지도 잉크 번짐이 적은 게 다른 회사보다도 우수했기 때문에 새삼스럽다는 느낌이랄까.

남: 그렇습니까?

여: 잉크 번짐이 적은 쪽은 괜찮으니까, 그것보다도 장시간 사용해도 피곤하지 않도록 쥐는 부분에 주목한 개선안을 정리해 봐.

남: 네.

여: 아, 제작에 들어가기 전에, 작년에 냈던 볼펜의 소비자 앙케트 결과도 나온 것 같으니 그것을 먼저 읽어 봐. 신상품도 최종적인 시작품 단계에서 앙케트를 해야 해.

남: 알겠습니다.

女：それから、ポスター用《よう》のコピーも考《かんが》えなきゃ。試作品《しさくひん》ができたら、会議《かいぎ》で特徴《とくちょう》を考慮《こうりょ》しながら皆《みんな》で考《かんが》えよう。

男：はい。

男《おとこ》の人《ひと》はこれからまず何《なに》をしなければなりませんか。

1　握《にぎ》る部分《ぶぶん》の改善案《かいぜんあん》を提出《ていしゅつ》する。

2　すでに行《おこな》ったアンケートの結果《けっか》を見《み》る。

3　試作品《しさくひん》のアンケートを実施《じっし》する。

4　ポスター用《よう》のコピーを議論《ぎろん》する。

여: 그리고 포스터용 광고 문안도 생각해야 하고. 시작품이 완성되면 회의에서 특징을 고려하면서 모두 함께 생각해 보자.

남: 네.

남자는 앞으로 먼저 무엇을 해야 합니까?

1　잡는 부분의 개선안을 제출한다.

2　이미 실시한 앙케트 결과를 본다.

3　시작품의 앙케트를 실시한다.

4　포스터용 광고 문안을 논의한다.

풀이 잉크 번짐 쪽보다는 '장시간 사용해도 피곤하지 않도록 쥐는 부분에 주목한 개선안을 정리해 봐'라는 여자의 말에서 1번이 정답임을 알 수 있다. 한편 현재는 제안서를 쓰는 단계이고, 선택지 2번은 (볼펜) 제작에 들어가기 전에 작년의 앙케트 결과를 읽어 보라고 한 것이므로 오답이다. 또한 3번과 4번은 시작품 단계에서 해야 할 일이므로 오답이다.

단어 製造《せいぞう》 제조 | 新商品《しんしょうひん》 신상품 | 提案書《ていあんしょ》 제안서 | にじむ 번지다 | 最大限《さいだいげん》 최대한 | 抑《おさ》える 억제하다 | 特徴《とくちょう》 특징 | 抜《ぬ》きん出《で》る 뛰어나다, 우수하다 | 握《にぎ》る 쥐다, 잡다 | 部分《ぶぶん》 부분 | 改善案《かいぜんあん》 개선안 | 最終的《さいしゅうてき》 최종적 | 試作品《しさくひん》 시작품 | 段階《だんかい》 단계 | 考慮《こうりょ》 고려

3

大学《だいがく》で先生《せんせい》と男《おとこ》の助手《じょしゅ》が話《はな》しています。男《おとこ》の助手《じょしゅ》はこの後《あと》まず何《なに》をしなければなりませんか。

男：あのう。先生《せんせい》、建物前《たてものまえ》の桜《さくら》の木《き》が一《ひと》つ倒《たお》れそうなんですけど。

女：ええ!!昨日《きのう》までの台風《たいふう》のせいね。すごい風《かぜ》だったからね。すぐに事務室《じむしつ》に連絡《れんらく》して、対処《たいしょ》してもらわないと。

男：それが、皆《みな》さん退勤《たいきん》されたみたいで電話《でんわ》にでないんです。

女：もうこんな時間《じかん》か。しかし、明日《あした》は週末《しゅうまつ》だし、このまま放《ほう》っておくのは心配《しんぱい》だな。

男：ええ。とりあえず、研究室《けんきゅうしつ》の学生《がくせい》で倒《たお》してしまいましょうか。

女：自分《じぶん》たちでやるのは危《あぶ》ないよ。下手《へた》に手《て》を出《だ》

3

대학에서 선생님과 남자 조교가 이야기하고 있습니다. 남자 조교는 이다음 먼저 무엇을 해야 합니까?

남: 저~, 선생님. 건물 앞의 벚나무 하나가 쓰러질 것 같은데요.

여: 헉!! 어제까지의 태풍 때문이네. 굉장한 바람이었으니까. 바로 사무실에 연락해서 대처하게 해야겠네.

남: 그게 모두 퇴근하신 듯 전화를 받지 않아요.

여: 벌써 시간이 이렇게 됐나? 근데 내일은 주말이고, 이대로 내버려 두는 것은 걱정인데.

남: 네, 우선 연구실 학생들과 넘어뜨려 버릴까요?

여: 우리들끼리 하는 건 위험해. 섣불리 손대지 않는 게

さない方《ほう》がいい。悪《わる》いけど、月曜日《げつようび》朝一番《あさいちばん》で事務室《じむしつ》に連絡《れんらく》してくれる?

男：はい。

女：それから、桜《さくら》の前《まえ》をとおらないように、ロープを張《は》って、張《は》り紙《がみ》をしといてもらえるかな。急《きゅう》に倒《たお》れて下敷《したじ》きになったら大変《たいへん》だから。ロープは一階《いっかい》の倉庫《そうこ》にあったはずなので。

男：わかりました。

女：あと、取《と》り急《いそ》ぎこの建物《たてもの》に残《のこ》っている学生《がくせい》にも伝《つた》えなきゃ。それもすぐに頼《たの》むよ。

男：確認《かくにん》したら、残《のこ》っているのはうちの研究室《けんきゅうしつ》の学生《がくせい》だけだったので、先《さき》ほど伝《つた》えました。

女：ありがとう。じゃあ、そっちは大丈夫《だいじょうぶ》ね。

男：はい。

男《おとこ》の助手《じょしゅ》はこの後《あと》まず何《なに》をしなければなりませんか。

1 学生《がくせい》たちと一緒《いっしょ》に桜《さくら》の木《き》を倒《たお》す。

2 事務室《じむしつ》に連絡《れんらく》する。

3 ロープに張《は》り紙《がみ》をする。

4 桜《さくら》の木《き》のことを他《ほか》の学生《がくせい》に伝《つた》える。

좋아. 미안하지만 월요일 아침 일찍 사무실에 연락해 줄래?

남: 네.

여: 그리고 벚나무 앞을 지나지 않도록 로프를 쳐서 부전을 붙여 줄 수 있을까? 갑자기 쓰러져서 밑에 깔리면 큰일이니까. 로프는 1층 창고에 있을 거야.

남: 알겠습니다.

여: 그리고 급한 대로 이 건물에 남아 있는 학생에게도 전해야 하겠지. 그것도 바로 부탁해.

남: 확인했더니 남아 있는 사람은 우리 연구소 학생뿐이어서 좀 전에 전했습니다.

여: 고마워. 그럼, 그쪽은 문제없네.

남: 네.

남자 조교는 이다음 먼저 무엇을 해야 합니까?

1 학생들과 함께 벚나무를 쓰러뜨린다.

2 사무실에 연락한다.

3 로프에 부전을 붙인다.

4 벚나무에 대한 것을 다른 학생에게 전한다.

풀이 '벚나무 앞을 지나지 않도록 로프를 쳐서 벽보를 붙여 줄 수 있을까?'라는 여자의 말에서 남자 조교가 맨 먼저 해야 할 일이 3번이라는 것을 알 수 있다. 한편 선택지 2번은 여자가 먼저 언급한 말이기는 하지만, 모두가 퇴근하여 월요일 아침에 해야 할 일이기 때문에 오답이다. 또한 1번은 위험해서 하지 말라고 한 일이고, 4번은 이미 한 일이므로 오답이다.

단어 助手《じょしゅ》 조수(조교) | 桜《さくら》の木《き》 벚나무 | 台風《たいふう》 태풍 | 事務室《じむしつ》 사무실 | 対処《たいしょ》 대처 | 退勤《たいきん》 퇴근 | 放《ほう》っておく 내버려 두다 | 研《けん》究室《きゅうしつ》 연구실 | 下手《へた》に 섣불리, 어설프게 | 手《て》を出《だ》す 손을 대다 | ロープを張《は》る 로프(밧줄)을 치다 | 張《は》り紙《がみ》(貼《は》り紙《がみ》) 벽보, 부전 | 下敷《したじ》き 밑에 깔림 | 倉庫《そうこ》 창고

4

男《おとこ》の先生《せんせい》と女《おんな》の学生《がくせい》が話《はな》しています。女《おんな》の学生《がくせい》は来週《らいしゅう》のゼミまでにまず何《なに》をしなければなりませんか。

男：どうしたの、浮《う》かない顔《かお》して。

女：先生《せんせい》、それが、外国人労働者《がいこくじんろうどうしゃ》における方言《ほうげん》の

4

남자 선생님과 여학생이 이야기하고 있습니다. 여학생은 다음 주 세미나까지 우선 무엇을 해야 합니까?

남: 무슨 일이야? 우울한 얼굴을 하고.

여: 선생님, 그게 외국인 노동자의 방언 사용법에 관한

使《つか》われ方《かた》の研究《けんきゅう》の件《けん》なんですけど。

男：うん。何《なに》かあったの？

女：先週《せんしゅう》までにゼミ室《しつ》の皆《みんな》で分《わ》かれてアンケートを実施《じっし》することにしていたじゃないですか。

男：うん。

女：それで、その結果《けっか》のデータを伊藤《いとう》さんからもらって私《わたし》が集計《しゅうけい》することにしていたんですが、元《もと》データの一部《いちぶ》を誤《あやま》って消去《しょうきょ》してしまって。すみません。

男：えーと。各市町村《かくしちょうそん》の外国人労働者《がいこくじんろうどうしゃ》１００人《にん》にアンケートをとって、それを集計《しゅうけい》して来週《らいしゅう》のゼミまでに持《も》ってくることになってたよね？ どのくらいの元《もと》データが消《き》えたの？ それより伊藤《いとう》さんに連絡《れんらく》とってもう一度《いちど》送《おく》ってもらえばいいじゃない。まだ時間《じかん》あるし。

女：３０人分《にんぶん》のデータを削除《さくじょ》してしまって。それと伊藤《いとう》さんはゼミの前日《ぜんじつ》まで実家《じっか》で不幸《ふこう》があって帰省《きせい》しているんです。データの入《はい》ったパソコンが自宅《じたく》にあるらしくて、データを送《おく》ることができないそうです。

男：そうか。それなら、とりあえず、来週《らいしゅう》のゼミには今《いま》ある分《ぶん》を集計《しゅうけい》してもってきてもらえればいいよ。で、伊藤《いとう》さんにゼミ当日《とうじつ》、残《のこ》りを持《も》ってきてもらって、皆《みんな》で集計《しゅうけい》して、特徴《とくちょう》を分析《ぶんせき》しよう。

女：はい。

男：まあ、全部《ぜんぶ》消去《しょうきょ》しなくてよかったよ。そうそう。最近《さいきん》、海外移住者《かいがいいじゅうしゃ》の日本語《にほんご》の使用《しよう》に関《かん》する新《あたら》しい論文《ろんぶん》ができたので、皆《みんな》にも読《よ》んでもらいたいから、来週《らいしゅう》のゼミで紹介《しょうかい》するよ。

女：はい、わかりました。ありがとうございます。

女《おんな》の学生《がくせい》は来週《らいしゅう》のゼミまでにまず何《なに》をしなければなりませんか。

1　アンケートの結果《けっか》を集計《しゅうけい》する。

2　伊藤《いとう》さんから元《もと》データをもらう。

연구 건 말인데요.

남: 응, 무슨 문제 있었어?

여: 저번 주까지 세미나 실의 모두가 나뉘어서 앙케트를 하기로 했잖아요.

남: 응.

여: 그래서 그 결과 데이터를 이토 씨로부터 받아서 제가 집계하기로 했는데, 원본 데이터 일부를 실수로 삭제해 버려서. 죄송합니다.

남: 그러니까 각 시읍면의 외국인 노동자 100명에게 앙케트를 하고 그것을 집계해서 다음 주 세미나까지 가지고 오기로 한 거였지? 어느 정도의 원본 데이터가 지워진 거야? 그것보다 이토 씨에게 연락을 해서 한 번 더 받으면 되잖아. 아직 시간도 있고.

여: 30인분 데이터를 삭제해 버려서. 그리고 이토 씨는 본가에 초상이 있어서 세미나 전날까지 귀성하고 있습니다. 데이터가 들어 있는 컴퓨터가 자택에 있어서 데이터를 보낼 수가 없다고 합니다.

남: 그래? 그러면 우선 다음 주 세미나에는 지금 있는 분량을 집계해서 가져오면 돼. 그리고 이토 씨에게 세미나 당일 나머지를 가져오게 해서 모두 함께 집계해서 특징을 분석하자.

여: 네.

남: 뭐, 전부 삭제하지 않아서 다행이야. 아 참. 최근 해외 이주자의 일본어 사용에 관한 새로운 논문이 완성되어서, 모두가 읽었음 하니까, 다음 주 세미나에서 소개할게.

여: 네, 알겠습니다. 감사합니다.

여학생은 다음 주 세미나까지 우선 무엇을 해야 합니까?

1　앙케트 결과를 집계한다.

2　이토 씨에게 원본 데이터를 받는다.

3　アンケート結果《けっか》の特徴《とくちょう》を分析《ぶんせき》する。

4　先生《せんせい》の新《あたら》しい論文《ろんぶん》を読《よ》む。

3　앙케트 결과의 특징을 분석한다.

4　선생님의 새로운 논문을 읽는다.

풀이 원본 데이터의 일부가 삭제되었지만, '우선 다음 주 세미나에는 지금 있는 분량을 집계해서 가져오면 돼'라는 남자의 말에서 1번이 정답임을 알 수 있다. 선택지 2, 3, 4번은 세미나 당일 할 일이므로 오답이다.

단어 ゼミ 세미나 | 浮《う》かない顔《かお》 우울한 얼굴 | 労働者《ろうどうしゃ》 노동자 | 方言《ほうげん》 방언 | 研究《けんきゅう》 연구 | 実施《じっし》 실시 | 集計《しゅうけい》 집계 | 元《もと》データ 원본 데이터 | 誤《あやま》る 실수하다 | 削除《さくじょ》 삭제 | 実家《じっか》 본가 | 不幸《ふこう》 불행, 초상 | 帰省《きせい》 귀성 | 特徴《とくちょう》 특징 | 分析《ぶんせき》 분석 | 海外移住《かいがいいじゅう》者《しゃ》 해외 이주자

5

出版社《しゅっぱんしゃ》で男《おとこ》の人《ひと》と女《おんな》の人《ひと》が話《はな》しています。男《おとこ》の人《ひと》はこの後何《あとなに》をしなければなりませんか。

男：課長《かちょう》、西野先生《にしのせんせい》の次回《じかい》の小説《しょうせつ》の表紙《ひょうし》なんですが、案《あん》を見《み》てもらえましたでしょうか。

女：うん。これね。舞踏会《ぶとうかい》のマスクを前《まえ》に持《も》ってきて、その背景《はいけい》に殺人事件《さつじんじけん》の現場《げんば》であるホテルロビーを持《も》ってくるっていう構図《こうず》、すごく斬新《ざんしん》だよね。舞踏会《ぶとうかい》の夜《よる》というタイトルとも雰囲気《ふんいき》あってるし。

男：ありがとうございます。そのタイトルなんですけど、白《しろ》に黒枠《くろわく》にしたんですけど、どうですか。

女：色《いろ》はいいんだけど、書体《しょたい》をもう少《すこ》し洗練《せんれん》されたものに変《か》えてみたら？ そしたら、タイトルの文字《もじ》も際立《きわだ》ってくると思《おも》うんだけど。

男：そうですね。

女：後《あと》は、表紙《ひょうし》にコピーを入《い》れるっていう案《あん》もあったけど、やっぱり無《な》しになったんだね。

男：はい。シンプルな方《ほう》がいいかと思《おも》って。

女：うん。そうね。こっちがいいわね。ええと、よしよし、うちの会社名《かいしゃめい》は抜《ぬ》けてないわね。じゃあ、明日《あした》までにお願《ねが》いできるかな。

男《おとこ》の人《ひと》はこの後何《あとなに》をしなければなりませんか。

1　タイトルの文字《もじ》を大《おお》きくする。

2　タイトルの書体《しょたい》を変更《へんこう》する。

5

출판사에서 남자와 여자가 이야기하고 있습니다. 남자는 이다음 무엇을 해야 합니까?

남: 과장님, 니시노 선생님의 다음 소설 표지인데요. 안건을 보셨어요?

여: 응, 이거. 무도회 마스크를 앞으로 가져오고 그 배경으로 살인 사건 현장인 호텔 로비를 가져온 구도, 굉장히 참신해. 무도회의 밤이라는 타이틀과도 분위기가 맞고.

남: 감사합니다. 그 타이틀 말인데요. 흰색에 검은색 테두리로 했는데 어떤가요?

여: 색은 괜찮은데, 서체를 좀 더 세련된 것으로 바꿔보면 어떨까? 그러면 타이틀의 글자도 두드러질 것 같은데.

남: 그렇네요.

여: 다음은 표지에 광고 문안을 넣는 안도 있었는데, 역시 없앴네.

남: 네, 심플한 쪽이 좋을 듯해서.

여: 응, 그렇네. 이쪽이 좋아. 그리고 그렇지. 우리 회사명은 빠지지 않았네. 그럼 내일까지 부탁해도 될까?

남자는 이다음 무엇을 해야 합니까?

1　타이틀의 글자를 크게 한다.

2　타이틀의 서체를 변경한다.

3　表紙《ひょうし》を単純《たんじゅん》にする。	3　표지를 단순하게 한다.
4　出版社名《しゅっぱんしゃめい》を入《い》れる。	4　출판사명을 넣는다.

풀이 '서체를 좀 더 세련된 것으로 바꿔보면 어떨까? 그러면 타이틀의 글자도 두드러질 것 같은데'라는 여자 상사의 지시가 있었으므로 정답은 2번이다. 한편 지문의 '글자가 두드러질 것 같다'라는 말을 듣고 글자를 크게 하는 것으로 착각해서 선택지 1번을 답으로 선택해서는 안 된다. 또한 표지는 이미 심플하게 만들었고, 회사명을 넣었기 때문에 3번과 4번은 완료된 일이므로 오답이다.

단어 出版社《しゅっぱんしゃ》 출판사 | 課長《かちょう》 과장 | 表紙《ひょうし》 표지 | 舞踏会《ぶとうかい》 무도회 | 背景《はいけい》 배경 | 殺人事件《さつじんじけん》 살인 사건 | 構図《こうず》 구도 | 斬新《ざんしん》 참신함 | 雰囲気《ふんいき》 분위기 | 黒枠《くろわく》 검은 테두리 | 書体《しょたい》 서체 | 洗練《せんれん》 세련 | 際立《きわだ》つ 눈에 띄다, 두드러지다 | 抜《ぬ》ける 빠지다

문제 2 포인트 이해 | 실전 테스트 ❶

문제집 p.412

1 ③　2 ①　3 ④　4 ②　5 ①　6 ④

問題《もんだい》2	**문제 2**
問題《もんだい》2では、まず質問《しつもん》を聞《き》いてください。そのあと、問題用紙《もんだいようし》のせんたくしを読《よ》んでください。読《よ》む時間《じかん》があります。それから話《はなし》を聞《き》いて、問題用紙《もんだいようし》の1から4の中《なか》から、最《もっと》もよいものを一《ひと》つ選《えら》んでください。	**문제 2에서는 우선 질문을 들으세요. 그 후 문제지의 선택지를 읽으세요. 읽을 시간이 있습니다. 그러고 나서 이야기를 듣고 문제지의 1부터 4 중에서 가장 알맞은 것을 하나 고르세요.**

1

社内《しゃない》の会議《かいぎ》で、男《おとこ》の人《ひと》が新製品《しんせいひん》のスポーツボトルについて話《はな》しています。この新製品《しんせいひん》の改善《かいぜん》された点《てん》は何《なん》ですか。

男：ええと、我《わ》が社《しゃ》のスポーツ用《よう》ボトルは、安全《あんぜん》性《せい》にすぐれた、医療器具《いりょうきぐ》にも使《つか》われている素《そ》材《ざい》に加《くわ》え、手軽《てがる》に開閉《かいへい》できる独自《どくじ》のワンタッチ式《しき》のふたを使用《しよう》し、市場《しじょう》のシェアを広《ひろ》げてきました。ただ、滑《すべ》りやすいという点《てん》が課題《かだい》でしたが、このたび、ハンドルに滑《すべ》りにくい新素材《しんそざい》を取《と》り入《い》れたことで、抜群《ばつぐん》の携帯性《けいたいせい》を実現《じつげん》しました。9月《がつ》、秋《あき》のスポーツシーズンに合《あ》わせて販売《はんばい》を予定《よてい》しております。なお、より一層《いっそう》の保冷性《ほれいせい》の向上《こうじょう》については、引《ひ》き続《つづ》き研究開発《けんきゅうかいはつ》を行《おこな》ってまいります。

1

사내 회의에서 남자가 신제품 스포츠 보틀에 관해서 이야기하고 있습니다. 이 신제품의 개선된 점은 무엇입니까?

남: 어~, 우리 회사 스포츠 보틀은 안전성이 뛰어난 의료기구에도 사용되고 있는 소재에 더해, 손쉽게 열고 닫을 수 있는 독자적인 원터치 뚜껑을 사용하여, 시장 점유율을 넓혀 왔습니다. 단지, 미끄러지기 쉽다는 점이 과제였는데, 이번에 손잡이에 잘 미끄러지지 않는 신소재를 도입한 것으로 뛰어난 휴대성을 실현했습니다. 9월, 가을 스포츠 시즌에 맞춰서 판매를 예정하고 있습니다. 또한 보다 더욱 향상된 보냉 성능을 위해 계속해서 연구 개발을 해 가겠습니다.

この新製品《しんせいひん》の改善《かいぜん》された点《てん》は何《なん》ですか。

1　素材《そざい》の安全性《あんぜんせい》を高《たか》めたこと

2　簡単《かんたん》にふたを開《あ》けるようにしたこと

3　持《も》ちやすくしたこと

4　保冷性《ほれいせい》を向上《こうじょう》させたこと

이 신제품의 개선된 점은 무엇입니까?

1　소재의 안전성을 높인 것

2　간단히 뚜껑을 열 수 있게 한 것

3　가지고 다니기 편하게 한 것

4　보냉성을 향상시킨 것

풀이 '손잡이에 잘 미끄러지지 않는 신소재를 도입한 것으로 뛰어난 휴대성을 실현했습니다'라는 남자의 말에서 개선된 점은 3번이라는 것을 알 수 있다. 개선할 점이 아닌 개선된 점, 즉 이미 한 일(과거)이 주된 포인트라는 것을 명심해야 한다.

단어 新製品《しんせいひん》 신제품 | スポーツボトル 스포츠 보틀(병) | 改善《かいぜん》 개선 | 我《わ》が社《しゃ》 우리 회사 | 安全性《あんぜんせい》 안전성 | すぐれる 뛰어나다 | 医療器具《いりょうきぐ》 의료 기구 | 素材《そざい》 소재 | 独自《どくじ》 독자 | ワンタッチ式《しき》のふた 원터치식 뚜껑 | シェア 점유율 | 滑《すべ》る 미끄러지다 | 課題《かだい》 과제 | 新素材《しんそざい》 신소재 | 抜群《ばつぐん》 발군(뛰어남) | 携帯性《けいたいせい》 휴대성 | 実現《じつげん》 실현 | スポーツシーズン 스포츠 시즌 | 販売《はんばい》 판매 | 一層《いっそう》 한층 더 | 保冷性《ほれいせい》 보냉성 | 向上《こうじょう》 향상 | 引《ひ》き続《つづ》き 계속해서 | 研究《けんきゅう》 연구 | 開発《かいはつ》 개발

2

大学《だいがく》で女《おんな》の職員《しょくいん》と男《おとこ》の学生《がくせい》が話《はな》しています。面接《めんせつ》官《かん》の先生《せんせい》は今回《こんかい》の模擬面接《もぎめんせつ》で何《なに》がよくなかったと言《い》っていますか。

女：今日《きょう》の模擬面接《もぎめんせつ》お疲《つか》れ様《さま》。

男：ありがとうございました。二回目《にかいめ》なのにかえって緊張《きんちょう》してしまって。面接官《めんせつかん》の先生《せんせい》には無《む》表情《ひょうじょう》で意欲《いよく》が伝《つた》わりにくいと厳《きび》しいコメントをいただきました。

女：でも、前回《ぜんかい》に比《くら》べるとずっとよくなったよ。前《まえ》は、姿勢《しせい》も悪《わる》く、声《こえ》が小《ちい》さくて何言《なにい》っているのかよく聞《き》き取《と》れないところもあったけど、今回《こんかい》ははきはきとよく話《はな》せてたと思《おも》う。それに、自己紹介《じこしょうかい》の部分《ぶぶん》、内容《ないよう》もよくまとめられてたと思《おも》う。君《きみ》の人《ひと》となりがよく伝《つた》わったよ。

男：ありがとうございます。どうも人前《ひとまえ》で話《はな》すのが苦手《にがて》なので、毎日練習《まいにちれんしゅう》したんです。

女：うん。でも、面接官《めんせつかん》の先生《せんせい》の指摘《してき》もたしかにそのとおりといえるかな。次《つぎ》は少《すこ》し明《あか》るく、笑顔《えがお》でね。

2

대학에서 여자 직원과 남학생이 이야기하고 있습니다. 면접관 선생님은 이번 모의 면접에서 무엇이 좋지 않았다고 합니까?

여: 오늘 모의 면접 수고했어요.

남: 감사합니다. 두 번째인데 오히려 긴장이 돼서, 면접관 선생님에게는 무표정이어서 의욕이 잘 전달되지 않는다는 엄격한 코멘트를 받았습니다.

여: 하지만, 저번에 비하면 훨씬 좋아졌어. 전에는 자세도 나쁘고, 소리가 작아서 무슨 말을 하는지 잘 알아들을 수 없는 부분도 있었지만, 이번에는 시원시원하게 말을 잘했어. 게다가 자기소개 부분, 내용도 잘 정리되어 있었어. 너의 성품이 잘 전달되었어.

남: 감사합니다. 아무래도 남 앞에서 말하는 것을 잘 못해서 매일 연습했습니다.

여: 응. 하지만, 면접관 선생님의 지적도 그 말 그대로야. 다음은 조금 밝게 웃는 얼굴로 해.

面接官《めんせつかん》の先生《せんせい》は今回《こんかい》の模擬面接《もぎめんせつ》で何《なに》がよくなかったと言《い》っていますか。

1　やる気《き》のない顔《かお》をしたこと

2　声《こえ》が小《ちい》さかったこと

3　姿勢《しせい》が悪《わる》かったこと

4　表情《ひょうじょう》が暗《くら》かったこと

면접관 선생님은 이번 모의 면접에서 무엇이 좋지 않았다고 합니까?

1　의욕 없는 얼굴을 한 것

2　소리가 작았던 것

3　자세가 나빴던 것

4　표정이 어두웠던 것

풀이 면접관 선생님의 지적은 '무표정이어서 의욕이 전달되지 않는다'는 것이었고, 여자 직원도 이에 동의했으므로 1번이 정답이라는 것을 알 수 있다. 다만, 표정을 밝게 하라는 마지막 여자의 말에서 4번과 헷갈릴 수는 있으나 표정이 어두웠던 것이 아니라 긴장해서 무표정했던 것뿐이라는 것에 주의하자.

단어 模擬面接《もぎめんせつ》 모의 면접 | 反《かえ》って 오히려(반대로) | 緊張《きんちょう》 긴장 | 面接官《めんせつかん》 면접관 | 無表情《むひょうじょう》 무표정 | 意欲《いよく》 의욕 | 厳《きび》しい 엄격하다 | コメント 코멘트(견해) | 前回《ぜんかい》 전회 | 姿勢《しせい》 자세 | 聞《き》き取《と》る 알아 듣다 | 自己紹介《じこしょうかい》 자기소개 | まとめる 정리하다 | 苦手《にがて》 서투름 | 練習《れんしゅう》 연습 | 指摘《してき》 지적 | 笑顔《えがお》 웃는 얼굴

3

映画館《えいがかん》でアナウンスを聞《き》いています。サイン会《かい》が行《おこな》われる理由《りゆう》は何《なん》ですか。

女：まもなく、上映《じょうえい》に先立《さきだ》ち昨年《さくねん》日本映画祭《にほんえいがさい》で新《しん》人賞《じんしょう》を受賞《じゅしょう》した主演《しゅえん》の松野《まつの》ごうの舞台挨拶《ぶたいあいさつ》がございます。先月公開《せんげつこうかい》されました「別《わか》れ」は、大変《たいへん》ご好評《こうひょう》をいただき、来春《らいしゅん》、第二弾《だいにだん》の撮影《さつえい》に入《はい》ることが決《き》まっております。また、本日《ほんじつ》は「別《わか》れ」の観客動員数《かんきゃくどういんすう》500万人《まんにん》の突破《とっぱ》を記念《きねん》いたしまして、映画上映後《えいがじょうえいご》、同《おな》じ館内《かんない》で松野《まつの》ごうのサイン会《かい》を実施《じっし》いたします。松《まつ》野《の》ごうが演《えん》じた山野嵐《やまのあらし》の衣装《いしょう》を着《き》てサインをしますので、どうぞご期待《きたい》ください。

どうしてサイン会《かい》が行《おこな》われますか。

1　主演《しゅえん》の俳優《はいゆう》が新人賞《しんじんしょう》を受賞《じゅしょう》したから

2　映画《えいが》が公開《こうかい》されたから

3　映画《えいが》の第二弾《だいにだん》が決《き》まったから

4　映画《えいが》の観客数《かんきゃくすう》が好調《こうちょう》だから

3

영화관에서 방송을 듣고 있습니다. 사인회가 진행되는 이유는 무엇입니까?

여: 곧, 상영에 앞서 작년 일본 영화제에서 신인상을 수상한 주연 마츠노 고우의 무대 인사가 있겠습니다. 저번 달 공개된 '이별'은 굉장한 호평을 받아, 다음 봄 제2탄 촬영에 들어가는 것으로 결정되었습니다. 또한 오늘은 '이별'의 관객 동원수 500만 명 돌파를 기념해서 영화 상영 후, 같은 관내에서 마츠노 고우의 사인회를 실시하겠습니다. 마츠노 고우가 연기한 야마노 아라시의 의상을 입고 사인을 하오니 부디 기대해 주세요.

왜 사인회가 행해집니까?

1　주연 배우가 신인상을 수상했기 때문에

2　영화가 공개되었기 때문에

3　영화의 제2탄이 결정되었기 때문에

4　영화 관객수가 호조이기 때문에

풀이 '관객 동원수 500만 명 돌파를 기념해서 사인회를 실시하겠습니다'라는 여자의 말에서 4번이 정답임을 알 수 있다. 선택지 3번의 '영화의 제2탄이 결정된 것'은 사인회의 이유가 아니고 영화의 진행 상황이므로 오답이다.

단어 に先立《さきだ》ち ~에 앞서 | 映画祭《えいがさい》 영화제 | 新人賞《しんじんしょう》 신인상 | 受賞《じゅしょう》 수상 | 主演《しゅえん》 주연 | 舞台《ぶたい》 무대 | 挨拶《あいさつ》 인사 | 公開《こうかい》 공개 | 好《こう》評《ひょう》 호평 | 第二弾《だいにだん》 제2탄 | 撮影《さつえい》 촬영 | 観客動員数《かんきゃくどういんすう》 관객 동원수 | 管内《かんない》 관내 | 実施《じっし》 실시 | 衣装《いしょう》 의상 | 期待《きたい》 기대 | 好調《こうちょう》 호조(순조로움)

4

会社《かいしゃ》で女《おんな》の人《ひと》と男《おとこ》の人《ひと》が話《はな》しています。二人《ふたり》は新《あたら》しく配属《はいぞく》される社員《しゃいん》の取引先訪問《とりひきさきほうもん》をどのようにすることにしましたか。

女：本社《ほんしゃ》での新人研修《しんじんけんしゅう》が今週《こんしゅう》で終《お》わって、来週《らいしゅう》からうちの部署《ぶしょ》にも一人《ひとり》配属《はいぞく》になるそうですが、どう教《おし》えますか。

男：そうだね。早《はや》く、即戦力《そくせんりょく》になってもらわないとな。名刺《めいし》の受《う》け渡《わた》し方《かた》なんかのビジネスマナーは一通《ひととお》り学《まな》んだんだろうから、顧客《こきゃく》リストを渡《わた》して、好《す》きなところから、行《い》ってもらおうか。

女：今《いま》の若《わか》い人《ひと》たちは、課長《かちょう》が新人《しんじん》の時《とき》のようなやり方《かた》だとすぐ辞《や》めてしまいますよ。まずは、訪問先《ほうもんさき》を私《わたし》たちが選《えら》んで、同行《どうこう》させるということはどうでしょうか。

男：え、そこまで手取《てと》り足取《あしと》りしなくてもいいだろう。

女：訪問《ほうもん》する企業《きぎょう》についても事前《じぜん》に説明《せつめい》しておかないと、先方《せんぽう》にも迷惑《めいわく》がかかると思《おも》うんですよ。

男：うーん。じゃあ、訪問先《ほうもんさき》はこっちで選《えら》ぶにして、一人《ひとり》で行《い》かせてもいいじゃないか。

女：社会人《しゃかいじん》といってもまだまだ学生《がくせい》みたいなものですよ。最初《さいしょ》は電話《でんわ》とり教《おし》えるだけでも、一《ひと》苦労《くろう》なんですよ。今《いま》では競合《きょうごう》する会社《かいしゃ》も多《おお》いですし、面談中《めんだんちゅう》でちょっとしたことが原因《げんいん》で取引中止《とりひきちゅうし》なんてことになったら、どうするんですか。それに私《わたし》たちが話《はな》す内容《ないよう》を横《よこ》でよく聞《き》けば、製品《せいひん》の説明《せつめい》の仕方《しかた》なんかもわかると思《おも》うんですが。

男：わかったよ。じゃあ、そうしよう。

4

회사에서 여자와 남자가 이야기하고 있습니다. 두 사람은 새로 배속되는 직원의 거래처 방문을 어떻게 하기로 했습니까?

여: 본사에서의 신입 연수가 이번 주로 끝나서 다음 주부터 우리 부서에도 한 사람 배속된다고 하는데 어떻게 가르칠까요?

남: 글쎄. 빨리 바로 일을 수행할 수 있도록 해야 하는데. 명함 주고받는 법 같은 비즈니스 매너는 대충 배웠을 테니까, 고객 리스트를 줘서 가고 싶어 하는 곳부터 가게 할까?

여: 요즘 젊은 사람들은 과장님의 신입 때 같은 방식이면 바로 그만둬 버립니다. 우선은 방문할 곳을 우리들이 정해서 동행시키는 것은 어떨까요?

남: 어, 그렇게 자상하게 하지 않아도 될 텐데.

여: 방문하는 기업에 관해서도 사전에 설명해 두지 않으면 상대편에도 폐가 될 겁니다.

남: 음~. 그럼 방문할 곳은 이쪽에서 정하는 걸로 하고 혼자서 가게 해도 되지 않을까?

여: 사회인이라고 해도 아직은 학생이나 다름없습니다. 처음에는 전화 받는 것을 가르치는 것만으로도 꽤 애를 먹거든요. 지금은 경합하는 회사도 많고, 면담 중에 사소한 것이 원인이 되어 거래 중지가 되면 어떡합니까? 게다가 우리들이 말하는 내용을 옆에서 자주 들으면 제품 설명 방식 같은 것도 이해할 거라고 생각하는데요.

남: 알았어. 그럼 그렇게 하지.

二人《ふたり》は新《あたら》しく配属《はいぞく》される社員《しゃいん》の取引先訪問《とりひきさきほうもん》をどのようにすることにしましたか。

1　新入社員《しんにゅうしゃいん》が訪問先《ほうもんさき》を選《えら》び一人《ひとり》で訪問《ほうもん》する。

2　上司《じょうし》が訪問先《ほうもんさき》を選《えら》び一緒《いっしょ》に訪問《ほうもん》する。

3　上司《じょうし》が訪問先《ほうもんさき》を選《えら》び一人《ひとり》で訪問《ほうもん》する。

4　訪問《ほうもん》はせず電話《でんわ》をとることから始《はじ》める。

두 사람은 새로 배속되는 직원의 거래처 방문을 어떻게 하기로 했습니까?

1 신입사원이 방문처를 고르고 혼자서 방문한다.

2 상사가 방문처를 정하고 함께 방문한다.

3 상사가 방문처를 정하고 혼자서 방문한다.

4 방문은 하지 않고 전화 받기부터 시작한다.

풀이 '우선은 방문할 곳을 우리들이 정해서 동행시키는 쪽이 좋지 않을까요?'라는 여자의 제안과 이에 남자가 '알았어. 그럼 그렇게 하지'라고 여자의 제안에 따르겠다는 말을 통해 정답이 2번임을 알 수 있다.

단어 配属《はいぞく》 배속, 배치 | 取引先《とりひきさき》 거래처 | 新人研修《しんじんけんしゅう》 신입 연수 | 部署《ぶしょ》 부서 | 即戦力《そくせんりょく》 즉전력(즉시 힘이 됨) | 名刺《めいし》 명함 | 一通《ひととお》り 대충(얼추) | 顧客《こきゃく》 고객 | 訪問先《ほうもんさき》 방문처 | 同行《どうこう》 동행 | 手《て》取《と》り足《あし》取《と》り 자상하게 | 企業《きぎょう》 기업 | 事前《じぜん》に 사전에 | 一苦労《ひとくろう》 꽤 애먹음, 약간의 고생 | 競合《きょうごう》 경합 | 面談《めんだん》 면담 | 取引中止《とりひきちゅうし》 거래 중지 | 製品《せいひん》 제품

5

大学《だいがく》で、女《おんな》の学生《がくせい》と男《おとこ》の学生《がくせい》が話《はな》しています。男《おとこ》の学生《がくせい》がこの大学《だいがく》に入《はい》った理由《りゆう》はなんですか。

女：田中《たなか》さん、どうしてうちの大学《だいがく》に入《はい》ったの？私《わたし》の場合《ばあい》、成績《せいせき》で絞《しぼ》ってみたらここしかなかったの。第一志望《だいいちしぼう》だからよかったけどね。

男：うーん。そうだね。高校《こうこう》の頃《ころ》は漠然《ばくぜん》と有名大《ゆうめいだい》学《がく》に進《すす》みたいと思《おも》っていたんだけど、進路指《しんろし》導《どう》の先生《せんせい》と相談《そうだん》しているうちにもっと真剣《しんけん》に考《かんが》えるようになったね。

女：へえ。

男：大学《だいがく》ってやっぱり名《な》の知《し》れたところより、何《なに》を学《まな》べるところかが一番大事《いちばんだいじ》だと思《おも》ったんだよね。人《ひと》によってはサークルやアルバイトなんか学業以外《がくぎょういがい》の充実度《じゅうじつど》を重視《じゅうし》するよね。

女：で、うちの大学《だいがく》に入《はい》って、いろいろ経験《けいけん》した？

男：まあまあね。

女：やっぱり、大学《だいがく》って勉強《べんきょう》する場《ば》だからね。

男：そりゃそうだけど、正直《しょうじき》に言《い》うと、この大学《だいがく》に入学《にゅうがく》した理由《りゆう》は、あなたと似《に》たりよったりしているんだ。滑《すべ》り止《ど》めも２校《こう》受《う》けておいてたわけだし。

5

대학에서 여학생과 남학생이 이야기하고 있습니다. 남학생이 이 대학에 들어온 이유는 무엇입니까?

여: 다나카 씨, 왜 우리 대학에 들어왔어? 내 경우는 성적으로 추려 봤더니, 여기밖에 없었어. 제1지망이라서 다행이지만.

남: 음, 글쎄. 고교 시절은 막연하게 유명한 대학에 진학하고 싶었는데, 진로 지도 선생님과 상담하는 중에 좀 더 진지하게 생각하게 되었어.

여: 흐음.

남: 대학이란 역시 지명도만이 아닌 무엇을 배울 수 있는지가 가장 중요하다고 생각했단 말이지. 사람에 따라서는 서클이나 아르바이트 같은 학업 이외의 충실도를 중시하잖아.

여: 그래서 우리 대학에 들어와서 여러 가지 경험을 했어?

남: 뭐 그저 그래.

여: 역시, 대학이란 공부하는 장소니까.

남: 그건 그렇지만, 사실대로 말하면, 이 대학에 입학한 이유는 너와 비슷비슷해. 양다리 작전으로 두 개의 학교에 넣어뒀어.

男《おとこ》の学生《がくせい》がこの大学《だいがく》に入《はい》った理由《りゆう》はなんですか。

1 他《ほか》に選択肢《せんたくし》がなかったから

2 有名大学《ゆうめいだいがく》だから

3 学《まな》びたいことがあったから

4 学業以外《がくぎょういがい》のことができるから

남학생이 이 학교에 들어온 이유는 무엇입니까?

1 달리 선택지가 없었기 때문에

2 유명 대학이기 때문에

3 배우고 싶은 것이 있었기 때문에

4 학업 이외의 것을 할 수 있기 때문에

풀이 '너와 비슷비슷해.'라는 남자의 마지막 말을 이해하려면 여자의 상황을 알아야 한다. 여자의 경우는 '성적으로 압축해 봤더니, 여기밖에 없었어'라고 말했기 때문에 1번이 정답임을 알 수 있다. 여기에서 진로 지도 선생님과 상담 중에 생각이 바뀌었다는 남자의 말에 선택지 4번과 헷갈릴 수는 있지만 여러 가지 경험을 했냐는 여자의 말에 '그저 그래'라는 남자의 대답에서 오답임을 알 수 있다. 정답이 어느 부분에서 결정될지 모르기 때문에 대화가 끝날 때까지 집중해야 한다.

단어 第一志望《だいいちしぼう》 1지망 | 漠然《ばくぜん》と 막연하게 | 進路指導《しんろしどう》 진로 지도 | 相談《そうだん》 상담 | 知名度《ちめいど》 지명도 | 学業以外《がくぎょういがい》 학업 이외 | 充実度《じゅうじつど》 충실도 | 重視《じゅうし》 중시 | 滑《すべ》り止《ど》め 미끄럼 방지, 양다리 작전(시험 실패를 대비해 다른 학교에도 시험을 침) | 選択肢《せんたくし》 선택지

6

テレビで気象《きしょう》キャスターが天気予報《てんきよほう》を伝《つた》えています。関東地方《かんとうちほう》の天気《てんき》は明日《あした》どうなると言《い》っていますか。

女：気象庁《きしょうちょう》によりますと、今日《きょう》の関東地方《かんとうちほう》は気圧《きあつ》の谷《たに》や湿《しめ》った空気《くうき》の影響《えいきょう》で曇《くも》りや雨《あめ》となりました。また、寒気《かんき》が流《なが》れこんだ影響《えいきょう》で日中《にっちゅう》にかけても気温《きおん》が上《あ》がらず、各地《かくち》で１０度《ど》を下《した》回《まわ》る肌寒《はだざむ》い一日《いちにち》となりました。気温《きおん》が高《たか》かった昨日《きのう》と比《くら》べ寒暖差《かんだんさ》が大《おお》きく、体調《たいちょう》の管理《かんり》に注意《ちゅうい》が必要《ひつよう》です。明日《あした》は、次第《しだい》に高気圧《こうきあつ》に覆《おお》われ、天気《てんき》が回復《かいふく》し、今日《きょう》よりも寒気《かんき》が緩《ゆる》む見込《みこ》みで、日中《にっちゅう》の最高気温《さいこうきおん》はほぼ平年並《へいねんな》みと予想《よそう》されています。

関東地方《かんとうちほう》の天気《てんき》は明日《あした》どうなると言《い》っていますか。

1 寒《さむ》さが続《つづ》き、日中雨《にっちゅうあめ》が降《ふ》る。

2 寒《さむ》さが続《つづ》き、気温《きおん》は今日《きょう》より下《さ》がる。

3 気温《きおん》が上《あ》がり、日中雨《にっちゅうあめ》が降《ふ》る。

4 気温《きおん》が上《あ》がり、寒《さむ》さが和《やわ》らぐ。

6

텔레비전에서 기상캐스터가 일기예보를 전하고 있습니다. 관동 지방의 날씨는 내일 어떻게 된다고 합니까?

여: 기상청에 의하면, 오늘 관동 지방은 기압골과 습한 공기의 영향으로 흐리거나 비가 왔습니다. 또한, 한기가 유입된 영향으로 낮 동안에 걸쳐서도 기온이 올라가지 않고, 각지에서 10도를 밑도는 쌀쌀한 하루가 되었습니다. 기온이 높았던 어제에 비해 일교차가 커서, 컨디션 관리에 주의가 필요합니다. 내일은 점차로 고기압에 휩싸여 날씨가 회복되고, 오늘보다도 한기가 누그러질 전망이며, 낮 동안의 최고 기온은 거의 평년 수준이 될 것으로 예상되고 있습니다.

관동 지방의 날씨는 내일 어떻게 된다고 합니까?

1 추위가 이어지고, 낮 동안 비가 내린다.

2 추위가 이어지고, 기온은 오늘보다 내려간다.

3 기온이 올라가고, 낮 동안 비가 내린다.

4 기온이 올라가고, 추위가 누그러진다.

풀이 '내일은 점차로 고기압에 휩싸여 날씨가 회복되고, 오늘보다도 한기가 누그러질 전망'이라는 부분에서 4번이 정답이라는 것을 알 수 있다. 지문에서의 「緩《ゆる》む 풀리다, 누그러지다」라는 동사가 선택지에서는 「和《やわ》らぐ 누그러지다」로 바꿔 표현되었다는 것에 주의하도록 하자.

단어 気象《きしょう》キャスター 기상캐스터 | 天気予報《てんきよほう》 일기예보 | 伝《つた》える 전하다 | 関東地方《かんとうちほう》 관동 지방 | 気象庁《きしょうちょう》 기상청 | 気圧《きあつ》の谷《たに》 기압골 | 湿《しめ》る 눅눅해지다, 습기차다 | 空気《くうき》 공기 | 影響《えいきょう》 영향 | 曇《くも》り 흐림 | 寒気《かんき》 한기 | 日中《にっちゅう》 주간, 낮 | 気温《きおん》 기온 | 各《かく》地《ち》 각지 | 下回《したまわ》る 밑돌다 | 肌寒《はだざむ》い 쌀쌀하다 | 寒暖差《かんだんさ》 일교차 | 体調《たいちょう》 몸의 상태, 컨디션 | 管理《かんり》 관리 | 注意《ちゅうい》 주의 | 次第《しだい》に 점차로 | 高気圧《こうきあつ》 고기압 | 覆《おお》う 뒤덮다 | 回復《かいふく》 회복 | 緩《ゆる》む 풀리다, 누그러지다 | 見込《みこ》み 전망, 예상 | 平年並《へいねんな》み 평년 수준 | 予想《よそう》 예상 | 和《やわ》らぐ 누그러지다, 완화되다

문제 2 포인트 이해 | 실전 테스트 ❷

문제집 p.414

1 ② 2 ② 3 ① 4 ④ 5 ③ 6 ②

問題《もんだい》2

問題《もんだい》2では、まず質問《しつもん》を聞《き》いてください。そのあと、問題用紙《もんだいようし》のせんたくしを読《よ》んでください。読《よ》む時間《じかん》があります。それから話《はなし》を聞《き》いて、問題用紙《もんだいようし》の1から4の中《なか》から、最《もっと》もよいものを一《ひと》つ選《えら》んでください。

문제 2

문제 2에서는 우선 질문을 들으세요. 그 후 문제지의 선택지를 읽으세요. 읽을 시간이 있습니다. 그러고 나서 이야기를 듣고 문제지의 1부터 4 중에서 가장 알맞은 것을 하나 고르세요.

1

テレビ番組《ばんぐみ》で女《おんな》のレポーターと男《おとこ》の人《ひと》が話《はな》しています。男《おとこ》の人《ひと》は店《みせ》の客《きゃく》が増《ふ》えたきっかけは何《なん》だと言《い》っていますか。

女：みなさん、こんにちは。今日《きょう》は、絵本書店《えほんしょてん》のスケッチさんにおじゃましています。少子化《しょうしか》やインターネット販売《はんばい》の影響《えいきょう》でどの書店《しょてん》も苦《く》戦《せん》を強《し》いられている中《なか》でこちらはむしろ売《う》り上《あ》げが伸《の》びているそうです。その秘訣《ひけつ》は何《なん》だとお考《かんが》えですか。

男：ただ絵本《えほん》をおいておくだけではもったいないと、毎週日曜日《まいしゅうにちようび》に絵本《えほん》の読《よ》み聞《き》かせ会《かい》を始《はじ》めたんですね。

女：はい。

男：そうしたところ、口《くち》コミで徐々《じょじょ》に評判《ひょうばん》が広《ひろ》が

1

텔레비전 프로그램에서 여자 리포터와 남자가 이야기하고 있습니다. 남자는 가게 손님이 늘어난 계기는 무엇이라고 합니까?

여: 여러분, 안녕하세요. 오늘은 그림책 서점 스케치를 찾아왔습니다. 저출산, 인터넷 판매의 영향으로 어느 서점이나 고전을 면치 못하는 중 이쪽은 오히려 매출이 늘고 있다고 합니다. 그 비결은 무엇이라고 생각하십니까?

남: 단지, 그림책을 진열하는 것만으로는 아까워서 매주 일요일에 그림책 읽어 들려주는 모임을 시작했습니다.

여: 네.

남: 그랬더니, 입소문으로 서서히 평판이 퍼져서 많은

って、多《おお》くの方《かた》にお越《こ》しいただけるようになりました。中《なか》には他県《たけん》からもわざわざ来《き》てくださっている方《かた》もいらっしゃいます。そしたら、来《こ》られた方々《かたがた》が読《よ》み聞《き》かせ会《かい》で読《よ》んだ本《ほん》以外《いがい》にも棚《たな》にある絵本《えほん》を買《か》っていくようになったんです。

女：なるほど。

男：やはり絵本《えほん》の魅力《みりょく》は、自分《じぶん》で読《よ》むことよりも、誰《だれ》かに読《よ》んでもらうことですからね。今後《こんご》は若《わか》いスタッフの提案《ていあん》もあり、当日録画《とうじつろくが》したものをホームページでも配信《はいしん》をする予定《よてい》です。

男《おとこ》の人《ひと》は店《みせ》の客《きゃく》が増《ふ》えたきっかけは何《なん》だと言《い》っていますか。

1　インターネットで販売《はんばい》したこと

2　絵本《えほん》の朗読会《ろうどくかい》を開《ひら》いたこと

3　口《くち》コミで客《きゃく》を呼《よ》び込《こ》んだこと

4　朗読会《ろうどくかい》の内容《ないよう》を配信《はいしん》したこと

분이 찾아 주시게 되었습니다. 그 중에는 다른 현에서도 일부러 와 주시고 있는 분도 계십니다. 그러자, 오신 분들이 낭독회에서 읽은 책이나 그 외에도 선반에 있는 그림책을 사 가게 된 것입니다.

여: 그렇군요.

남: 역시 그림책의 매력은 스스로 읽는 것보다도 누가 읽어주는 것이기 때문이겠죠. 앞으로는 젊은 스텝의 제안도 있고, 당일 녹화한 것을 홈페이지에서도 전송할 예정입니다.

남자는 가게 손님이 늘어난 계기는 무엇이라고 합니까?

1　인터넷에서 판매한 것

2　그림책의 낭독회를 연 것

3　입소문으로 손님을 불러들인 것

4　낭독회 내용을 전송한 것

풀이　그림책을 읽어주는 모임을 시작했더니, 입소문으로 서점에 손님이 모여 들었으므로 손님이 늘어난 계기는 2번이라는 것을 알 수 있다. 지문에서의 「読《よ》み聞《き》かせ会《かい》 읽어 들려주는 모임」이 선택지에는 「朗読会《ろうどくかい》 낭독회」로 바꿔 표현되었음을 알아야 한다. 또한 선택지 3번의 입소문으로 손님을 불러들이게 된 것은 낭독회의 결과이기 때문에 오답이다.

단어　絵本《えほん》 그림책 | 販売《はんばい》 판매 | 影響《えいきょう》 영향 | 苦戦《くせん》 고전 | 強《し》いる 강요하다 | 売《う》り上《あ》げ 매출 | 秘訣《ひけつ》 비결 | 読《よ》み聞《き》かせ 낭독 | 口《くち》コミ 입소문 | 徐々《じょじょ》に 서서히 | 評判《ひょうばん》 평판 | 棚《たな》 선반 | 提案《ていあん》 제안 | 録画《ろくが》 녹화 | 配信《はいしん》 전송(배포)

2

レストランでアナウンサーが話《はな》しています。このレストランが人気《にんき》のある理由《りゆう》は何《なん》だと言《い》っていますか。

女：皆《みな》さん、こんにちは。私《わたし》は今話題《いまわだい》のレストランアルファに来《き》ています。フランス料理《りょうり》というと、さまざまな食材《しょくざい》からだしを取《と》り、それらをベースに作《つく》ったソースと食材《しょくざい》の組《く》み合《あ》わせが魅力《みりょく》ですが、その値段《ねだん》の高《たか》さからなかなか手《て》が届《とど》かないですよね。ここはお手頃《てごろ》なお値段《ねだん》で本場《ほんば》のフランス料理《りょうり》を味《あじ》わえるとも

2

레스토랑에서 아나운서가 이야기하고 있습니다. 이 레스토랑이 인기 있는 이유는 무엇이라고 합니까?

여: 여러분, 안녕하세요. 저는 지금 화제가 되고 있는 레스토랑 알파에 와 있습니다. 프랑스 요리라고 하면 여러 가지 식재료로부터 국물을 내서 그것들을 바탕으로 만든 소스와 식재료의 조합이 매력입니다만, 그 높은 가격 때문에 쉽게 다가갈 수 없죠. 여기는 적당한 가격으로 본고장 프랑스 요리를 맛볼 수 있다고 평판이 자자합니다. 여기까지 전철은 이용

っぱら評判《ひょうばん》です。こちらまで電車《でんしゃ》はご利用《りよう》になれませんが、駐車場《ちゅうしゃじょう》も完備《かんび》されていますので、ぜひ一度《いちど》訪《おとず》れてみてください。インテリアも凝《こ》っていて、まるでフランスの一角《いっかく》にいるような気分《きぶん》で料理《りょうり》を楽《たの》しむことができるでしょう。

このレストランが人気《にんき》のある理由《りゆう》は何《なん》だと言《い》っていますか。

1 食材《しょくざい》とソースがおいしいから

2 割安《わりやす》でフランス料理《りょうり》を食《た》べれるから

3 駐車場《ちゅうしゃじょう》があり車《くるま》で来《こ》れるから

4 フランスにいるような気分《きぶん》になれるから

하실 수 없지만 주차장도 완비되어 있으니 꼭 한 번 방문해 주세요. 인테리어에도 공을 들여서, 마치 프랑스의 한 모퉁이에 있는 듯한 기분으로 요리를 즐길 수 있을 겁니다.

이 레스토랑이 인기 있는 이유는 무엇이라고 합니까?

1 식재료와 소스가 맛있기 때문에

2 비교적 싸게 프랑스 요리를 먹을 수 있기 때문에

3 주차장이 있어 차로 올 수 있기 때문에

4 프랑스에 있는 기분이 될 수 있기 때문에

풀이 '여기는 적당한 가격으로 본고장 프랑스 요리를 맛볼 수 있다고 평판이 자자합니다'라는 여자의 말에서 2번이 정답임을 알 수 있다. 선택지 1번은 프랑스 요리의 매력이며, 3번과 4번의 '주차장 완비'나 '프랑스에 있는 듯한 분위기'는 이곳의 장점이지, 인기 있는 이유는 아니므로 오답이다.

단어 話題《わだい》 화제 | 食材《しょくざい》 식재료 | だしを取《と》る 국물을 내다 | 組《く》み合《あ》わせ 조합 | 手《て》が届《とど》かない 손이 닿지 않는다 | 手頃《てごろ》 적당함 | 味《あじ》わう 맛보다 | もっぱらの評判《ひょうばん》 평판이 자자함 | 駐車場《ちゅうしゃじょう》 주차장 | 訪《おとず》れる 방문하다 | 凝《こ》る 공들이다 | 一角《いっかく》 한 모퉁이

3

大学《だいがく》のサッカーサークルで男《おとこ》の人《ひと》と女《おんな》の人《ひと》が話《はな》しています。今年《ことし》の新入部員《しんにゅうぶいん》はどんな人《ひと》が多《おお》いと言《い》っていますか。

男：もうすぐ夏《なつ》のインカレだけど、君《きみ》のサークルの新入部員《しんにゅうぶいん》はどんな感《かん》じ？

女：そうね。何事《なにごと》にも積極的《せっきょくてき》ね。失敗《しっぱい》を恐《おそ》れないというか、ぐんぐんいくところがあるね。それは褒《ほ》めてあげたいわ。

男：そうか。それはよかった。

女：去年《きょねん》は、とにかく大人《おとな》しくて指示《しじ》されるまで待《ま》っていることが多《おお》くて本当《ほんとう》もどかしかったんだけど。ただ、チームワークがよくて、気《き》が利《き》いて実力《じつりょく》のあった一昨年《おととし》とは比《くら》べるべくもないわ。

男：う～ん。

女：なんというか。先輩《せんぱい》の意見《いけん》や話《はなし》をいい加減《かげん》に聞《き》いているというか。技術的《ぎじゅつてき》に不足《ふそく》している

3

대학 축구 동아리에서 남자와 여자가 이야기하고 있습니다. 올해 신입 부원은 어떤 사람이 많다고 합니까?

남: 이제 곧 여름의 대학 간 대항 경기가 있을 건데, 너희 동아리 신입 부원은 어떤 느낌이야?

여: 글쎄. 무슨 일이든 적극적이야. 실패를 두려워하지 않는다고 할까? 쭉쭉 나아가는 부분이 있어. 그건 칭찬해 주고 싶어.

남: 그래? 그건 잘 됐네.

여: 작년은 여하튼 얌전해서 지시가 있을 때까지 기다리는 일이 많아서 진짜 답답했거든. 단, 팀워크가 좋고, 눈치가 빠르고 실력이 있었던 재작년과는 비교할 수조차 없지.

남: 음~.

여: 뭐랄까. 선배의 의견이나 이야기를 대충 듣고 있다랄까. 기술적으로 부족한 부분을 지적하면 대답은

ところを指摘《してき》すると返事《へんじ》はいいんだけど、全《ぜん》然直《ぜんなお》そうとはしないの。

男：うちのサークルも似《に》たようなもんだよ。

今年《ことし》の新入部員《しんにゅうぶいん》はどんな人《ひと》が多《おお》いと言《い》っていますか。

1　失敗《しっぱい》を避《さ》けず積極的《せっきょくてき》だ。

2　指示《しじ》を待《ま》つばかりでおとなしい。

3　協調性《きょうちょうせい》が高《たか》く実力《じつりょく》がある。

4　先輩《せんぱい》の意見《いけん》や話《はなし》をきちんと聞《き》く。

잘하지만, 전혀 고치려고는 하지 않아.

남: 우리 동아리도 비슷해.

올해 신입 부원은 어떤 사람이 많다고 합니까?

1　실패를 피하지 않고 적극적이다.

2　지시를 기다리기만 하고 얌전하다.

3　협조성이 높고 실력이 있다.

4　선배의 의견이나 이야기를 잘 듣는다.

풀이 올해 신입 부원은 '무슨 일이든 적극적이고 실패를 두려워하지 않는다'는 여자의 말에서 1번이 정답이라는 것을 알 수 있다. 선택지 2번은 작년 신입 부원, 3번은 재작년 신입 부원의 특성이고, 4번은 '선배의 의견이나 이야기를 대충 듣고 있다랄까'라는 여자의 마지막 말을 통해 선배의 말을 대충 듣는다는 것을 알 수 있으므로 오답이다.

단어 インカレ 대학 간 대항 경기 | サークル 서클(동아리) | 新入部員《しんにゅうぶいん》 신입 부원 | 積極的《せっきょくてき》 적극적 | 失敗《しっぱい》 실패 | 恐《おそ》れる 두려워하다 | ぐんぐん 쭉쭉, 무럭무럭 | 褒《ほ》める 칭찬하다 | 指示《しじ》 지시 | もどかしい 답답하다 | いい加減《かげん》 적당함 | 技術的《ぎじゅつてき》 기술적 | 指摘《してき》 지적 | 返事《へんじ》 대답 | 似《に》る 닮다 | 協調性《きょうちょうせい》 협조성

4

カフェで女《おんな》の人《ひと》と男《おとこ》の人《ひと》が話《はな》しています。男《おとこ》の人《ひと》はベンチャー企業《きぎょう》をスタートするうえで何《なに》が大変《たいへん》だったと言《い》っていますか。

女：会社《かいしゃ》うまく軌道《きどう》にのったみたいね。

男：うん、おかげさまで。ようやく収支《しゅうし》が安定《あんてい》してきてね。

女：最初《さいしょ》、資金《しきん》とか集《あつ》めるの大変《たいへん》だったんじゃない？

男：うん。それが意外《いがい》とすんなりとお金《かね》の工面《くめん》ができてね。調《しら》べてみると法的《ほうてき》な助成《じょせい》とか融資《ゆうし》も意外《いがい》とあるもんだよ。ただ、一緒《いっしょ》にやってくれる人《ひと》がいるか心配《しんぱい》だったんだけど、あ、大学《だいがく》の同級生《どうきゅうせい》だった木村《きむら》覚《おぼ》えている？

女：もちろん。覚《おぼ》えている。存在感《そんざいかん》は薄《うす》かったけど。

男：起業《きぎょう》セミナーで偶然《ぐうぜん》あったんだけど、セミナー終《お》わって居酒屋《いざかや》で話《はな》したらぜひってことになっ

4

카페에서 여자와 남자가 이야기하고 있습니다. 남자는 사업을 하는 데 있어서 무엇이 힘들었다고 합니까?

여: 회사가 궤도에 제대로 오른 거 같은데?

남: 응, 덕분에. 드디어 수지가 안정되고 있어.

여: 처음에는 자금이라든가 모으는 게 힘들지 않았어?

남: 응, 그게 의외로 순조롭게 자금 융통을 할 수 있게 되어서. 살펴보면, 법적인 조성이나 융자도 의외로 있더라고. 단, 함께 일할 사람이 있을지가 걱정이었는데, 아, 대학 동기생이었던 기무라 기억나?

여: 물론 기억나지. 존재감은 약했지만.

남: 창업 세미나에서 우연히 만났는데 세미나 끝나고 술집에서 이야기했더니 기꺼이 한다고 해서. 그 녀

て。あいつ英語《えいご》も堪能《たんのう》で、海外《かいがい》とのやり取《と》りが多《おお》いこの仕事《しごと》にはうってつけだったよ。

女：でも、勇気《ゆうき》あるわね。すっぱり会社《かいしゃ》辞《や》めるなんて。家族《かぞく》の反対《はんたい》はなかったの？

男：もともと父《ちち》も起業家《きぎょうか》で、それ見《み》てずっと育《そだ》ってきたから、いつかは自分《じぶん》もと思《おも》っていたんだ。それに比《くら》べて家内《かない》の方《ほう》は両親《りょうしん》が会社員《かいしゃいん》だったから、納得《なっとく》してもらうのに苦労《くろう》したよ。

女：そっかー。でも大《おお》きなネックなしにスタートできてよかったね。

男《おとこ》の人《ひと》は起業《きぎょう》するうえで何《なに》が大変《たいへん》だったと言《い》っていますか。

1　資金《しきん》を調達《ちょうたつ》すること

2　共同経営者《きょうどうけいえいしゃ》を見《み》つけること

3　会社《かいしゃ》を辞《や》めること

4　家族《かぞく》の理解《りかい》を得《え》ること

석 영어도 능숙해서 해외와의 거래가 많은 이 일에는 안성맞춤이었어.

여: 그래도 용기가 있네. 회사를 딱 그만두다니. 가족의 반대는 없었어?

남: 원래 아버지도 경영자이고 그걸 보고 쭉 자라왔기 때문에 언젠가는 나 자신도 그렇게 할 거라 생각했어. 그에 비해 아내 쪽은 부모님이 회사원이었기 때문에 이해시키는 것에 애먹었어.

여: 그렇구나. 그래도 큰 걸림돌 없이 시작할 수 있어서 다행이네.

남자는 사업을 하는 데 있어서 무엇이 힘들었다고 합니까?

1　자금을 조달하는 것

2　공동 경영자를 찾는 것

3　회사를 그만두는 것

4　가족의 이해를 얻는 것

풀이　'아내 쪽은 부모님이 회사원이었기 때문에 이해시키는 것에 애먹었어'라는 남자의 마지막 말에서 4번이 정답임을 알 수 있다. 선택지 1번의 자금 조달은 의외로 순조로웠고, 2번은 대학 동기와 함께 일을 하게 되었으며, 3번은 회사는 단번에 그만두었기 때문에 오답이다.

단어　軌道《きどう》に乗《の》る 궤도에 오르다 | 収支《しゅうし》 수지 | 安定《あんてい》 안정 | 資金《しきん》 자금 | 意外《いがい》 의외 | 法的《ほうてき》 법적 | 助成《じょせい》 조성 | 融資《ゆうし》 융자 | 覚《おぼ》える 기억하다 | 存在感《そんざいかん》 존재감 | 起業《きぎょう》 (새로운) 사업, 창업 | 偶然《ぐうぜん》 우연 | 居酒屋《いざかや》 술집 | 堪能《たんのう》 뛰어남 | うってつけ 안성맞춤, 최적 | 勇気《ゆうき》 용기 | 経営者《けいえいしゃ》 경영자 | 育《そだ》つ 자라다 | 納得《なっとく》 납득 | 苦労《くろう》 고생, 애먹음 | ネック 난관, 걸림돌

5

幼稚園《ようちえん》の協議会《きょうぎかい》で男《おとこ》の人《ひと》が話《はな》しています。この幼《よう》稚園《ちえん》の園児数《えんじすう》が伸《の》びたのはどうしてだと言《い》っていますか。

男：我《わ》が緑幼稚園《みどりようちえん》ですが、園児募集《えんじぼしゅう》においてここ数年《すうねん》、近隣《きんりん》の幼稚園《ようちえん》の中《なか》で志願率《しがんりつ》がトップとなっております。この地区《ちく》は子育《こそだ》て人口《じんこう》が多《おお》い地域《ちいき》ではありますが、それだけ、幼稚園《ようちえん》どうしの競争《きょうそう》が熾烈《しれつ》なところでもあります。近《きん》年《ねん》は新《あたら》しい幼稚園《ようちえん》もでき、施設《しせつ》で見劣《みおと》りする本園《ほんえん》も建《た》て替《か》えした方《ほう》がよいという案《あん》もありましたが、財政的《ざいせいてき》な面《めん》で断念《だんねん》せざるを得《え》ませ

5

유치원의 협의회에서 남자가 이야기하고 있습니다. 이 유치원의 원아 수가 왜 늘어났다고 합니까?

남: 우리 미도리 유치원은 원아 모집에 최근 수년, 인근 유치원 중에서 지원율이 최고가 되었습니다. 이 지구는 육아 인구가 많은 지역이긴 하지만, 그만큼 유치원끼리의 경쟁이 치열한 부분도 있습니다. 최근에는 새로운 유치원도 생겨, 시설이 보기에 뒤쳐지는 본원도 재건축하는 게 좋겠다는 안건도 있었지만 재정적인 면에서 단념할 수밖에 없었습니다. 그럼 어떻게 하면 매력적인 원이 될까? 밤낮으로 교직

んでした。ではどうすれば、魅力的《みりょくてき》な園《えん》になるか。日夜教職員《にちやきょうしょくいん》で会議《かいぎ》を重《かさ》ねました。これまで運動中《うんどうちゅう》に怪我《けが》した子供《こども》の責任《せきにん》をだれが取《と》るかなどの理由《りゆう》で消極的《しょうきょくてき》だった運動《うんどう》の見方《みかた》を変《か》えることにしました。怪我《けが》しないように運動《うんどう》させればいいをコンセプトに他《ほか》の幼稚園《ようちえん》では危険《きけん》だと避《さ》ける運動《うんどう》をきちんと監督《かんとく》するなどして、取《と》り入《い》れました。今《いま》ではもともと定評《ていひょう》だった地域住民《ちいきじゅうみん》との交流《こうりゅう》と共《とも》に本園《ほんえん》の魅力《みりょく》となっています。今後《こんご》も地域《ちいき》で一番《いちばん》の幼稚園《ようちえん》へと邁進《まいしん》していく所存《しょぞん》です。

この幼稚園《ようちえん》の園児数《えんじすう》が伸《の》びたのはどうしてだと言《い》っていますか。

1　子《こ》ども数《すう》が多《おお》いから

2　施設《しせつ》が新《あたら》しいから

3　体育《たいいく》を取《と》り入《い》れたから

4　地域《ちいき》と関《かか》われるから

원과 함께 회의를 거듭했습니다. 이때까지 운동 중에 다친 아이의 책임을 누가 지는가라는 이유로 소극적이었던 운동에 대한 생각을 바꾸기로 했습니다. 다치지 않도록 운동시키면 된다는 것을 콘셉트로 다른 유치원에서는 위험하다고 피하는 운동을 제대로 감독하기로 하고 도입했습니다. 지금은 원래 정평이 나 있던 지역 주민과의 교류와 함께 본원의 매력이 되고 있습니다. 앞으로도 지역에서 최고의 유치원으로 매진해 나갈 생각입니다.

이 유치원의 원아 수가 왜 늘어났다고 합니까?

1　아이의 수가 많기 때문에

2　시설이 새롭기 때문에

3　체육을 도입했기 때문에

4　지역과 연계되기 때문에

풀이 '다치지 않도록 운동시키면 된다는 것을 컨셉으로 다른 유치원에서는 위험하다고 피하는 운동(체육)을 제대로 감독하기로 하고 도입했습니다. (이것이) 본원의 매력이 되었습니다'라는 남자의 말에서 정답이 3번임을 알 수 있다. 또한 지역 주민과의 교류는 원래부터 정평이 나 있던 일이기 때문에 선택지 4번은 오답이다.

단어 幼稚園《ようちえん》 유치원 | 園児《えんじ》 원아 | 募集《ぼしゅう》 모집 | 近隣《きんりん》 인근 | 志願率《しがんりつ》 지원율 | 地区《ちく》 지구, 지역 | 子育《こそだ》て 육아 | 地域《ちいき》 지역 | 競争《きょうそう》 경쟁 | 熾烈《しれつ》 치열 | 見劣《みおと》り ~만 못해 보임 | 建《た》て替《か》え 재건축 | 財政的《ざいせいてき》 재정적 | 断念《だんねん》 단념 | 日夜《にちや》 밤낮 | 教職員《きょうしょくいん》 교직원 | 重《かさ》ねる 거듭하다 | 怪我《けが》する 다치다 | 責任《せきにん》 책임 | 消極的《しょうきょくてき》 소극적 | 見方《みかた》 견해(생각) | コンセプト 콘셉트(개념) | 危険《きけん》 위험 | 避《さ》ける 피하다 | 監督《かんとく》 감독 | 取《と》り入《い》れる 도입하다 | 定評《ていひょう》 정평 | 邁進《まいしん》 매진

6

ラジオでアナウンサーが交通事故《こうつうじこ》が発生《はっせい》する原因《げんいん》について話《はな》しています。交通事故《こうつうじこ》の原因《げんいん》として最《もっと》も多《おお》いのは何《なん》ですか。

男：近年《きんねん》では、安全運転支援機能《あんぜんうんてんしえんきのう》が搭載《とうさい》されている車《くるま》が多《おお》く販売《はんばい》されており以前《いぜん》に比《くら》べると交通《こうつう》事故《じこ》の発生件数《はっせいけんすう》そのものは減少《げんしょう》しています。しかし、車《くるま》のハンドルを握《にぎ》る以上《いじょう》、交通事故《こうつうじこ》の確率《かくりつ》がゼロにはならないでしょう。交通事《こうつうじ》故《こ》の原因《げんいん》としては、わき見運転《みうんてん》、安全不確《あんぜんふかく》認《にん》、速度違反《そくどいはん》、運転操作《うんてんそうさ》のミスなどがありま

6

라디오에서 아나운서가 교통사고가 발생하는 원인에 대해서 이야기하고 있습니다. 교통사고의 원인으로서 가장 많은 것은 무엇입니까?

남: 최근에는 안전 운전 지원 기능이 탑재되어 있는 차가 많이 판매되고 있어 이전에 비하면 교통사고의 발생 건수 그 자체는 감소하고 있습니다. 그러나 차의 핸들을 잡고 있는 이상, 교통사고가 제로는 되지 않을 것입니다. 교통사고의 원인으로서는 한눈팔기 운전, 안전 미확인, 속도위반, 운전 조작의 실수 등이 있습니다만, 특히, 교차로를 우회전 할 때에 왼쪽

すが、とりわけ、交差点《こうさてん》を右折《うせつ》する際《さい》に左側《ひだりがわ》の歩行者《ほこうしゃ》に気《き》を取《と》られ、右折先《うせつさき》の歩行者《ほこうしゃ》に気《き》づかず事故《じこ》が起《お》こるようなケースが事故原因《じこげんいん》の中《なか》でも大《おお》きい割合《わりあい》を占《し》めています。交通事故《こうつうじこ》のほとんどは運転者《うんてんしゃ》の不注意《ふちゅうい》によるものが主《おも》な原因《げんいん》であるため、日頃《ひごろ》の心《こころ》がけ次第《しだい》で防《ふせ》ぐことができるものばかりです。運転《うんてん》している時《とき》は運転《うんてん》だけに集中《しゅうちゅう》するようにし、心《こころ》にも余裕《よゆう》を持《も》って安全運転《あんぜんうんてん》に努《つと》めてください。

의 보행자에 정신이 팔려, 우회전 보행자를 못 보는 사고가 일어나는 케이스가 사고 원인 중에서도 큰 비율을 차지하고 있습니다. 교통사고의 대부분은 운전자의 부주의에 의한 것이 주된 원인이기 때문에, 평소에 주의하기에 따라서 막을 수 있는 것들입니다. 운전하고 있을 때는 운전에만 집중하도록 마음에도 여유를 갖고 안전 운전에 애써 주세요.

交通事故《こうつうじこ》の原因《げんいん》として最《もっと》も多《おお》いのは何《なん》ですか。

1 わき見運転《みうんてん》

2 安全不確認《あんぜんふかくにん》

3 速度違反《そくどいはん》

4 運転操作《うんてんそうさ》のミス

교통사고의 원인으로서 가장 많은 것은 무엇인가?

1 곁눈질 운전

2 안전 미확인

3 속도위반

4 운전 조작 실수

풀이 '(그 중에서도) 특히'라는 뜻의 부사 「とりわけ」 다음에 이어지고 있는 '교차로를 우회전 할 때에 왼쪽의 보행자에 정신이 팔려, 우회전 보행자를 못 보는 사고가 일어나는 케이스가 사고 원인 중에서도 큰 비율을 차지하고 있다'는 내용에서 2번의 '안전 미확인'이 정답인 것을 알 수 있다.

단어 交通事故《こうつうじこ》 교통사고 | 発生《はっせい》 발생 | 安全運転《あんぜんうんてん》 안전 운전 | 支援機能《しえんきのう》 지원 기능 | 搭載《とうさい》 탑재 | 販売《はんばい》 판매 | 比《くら》べる 비교하다 | 件数《けんすう》 건수 | 減少《げんしょう》 감소 | ハンドルを握《にぎ》る 핸들을 쥐다 | 確率《かくりつ》 확률 | わき見運転《みうんてん》 곁눈질(한눈팔기) 운전 | 安全不確認《あんぜんふかくにん》 안전 미확인 | 速度違反《そくどいはん》 속도위반 | 運転操作《うんてんそうさ》のミス 운전 조작 실수 | とりわけ 특히, 유난히 | 交差点《こうさてん》 교차로 | 右折《うせつ》する 우회전하다 | 際《さい》 ~때 | 左側《ひだりがわ》 왼쪽 | 歩行者《ほこうしゃ》 보행자 | 気《き》を取《と》られる 정신이 팔리다 | 割合《わりあい》 비율 | 占《し》める 차지하다 | 運転者《うんてんしゃ》 운전자 | 不注意《ふちゅうい》 부주의 | 日頃《ひごろ》 평소, 평상시 | 心《こころ》がける 유의하다, 명심하다 | 次第《しだい》で ~따라서 | 防《ふせ》ぐ 막다 | 集中《しゅうちゅう》 집중 | 余裕《よゆう》 여유 | 努《つと》める 노력하다, 애쓰다

문제 2 포인트 이해 | 실전 테스트 ❸

문제집 p.416

1 ④ 2 ② 3 ③ 4 ② 5 ③ 6 ①

問題《もんだい》2

問題《もんだい》2では、まず質問《しつもん》を聞《き》いてください。そのあと、問題用紙《もんだいようし》のせんたくしを読《よ》んでください。読《よ》む時間《じかん》があります。それから話《はなし》を聞《き》いて、問題用紙《もんだいようし》の1から4の中《なか》から、最《もっと》もよいものを一《ひと》つ選《えら》んでください。

문제 2

문제 2에서는 우선 질문을 들으세요. 그 후 문제지의 선택지를 읽으세요. 읽을 시간이 있습니다. 그리고 나서 이야기를 듣고 문제지의 1부터 4 중에서 가장 알맞은 것을 하나 고르세요.

1

大学《だいがく》で先生《せんせい》と女《おんな》の学生《がくせい》が話《はな》しています。先生《せんせい》はどんな点《てん》を指摘《してき》しましたか。

男：提出《ていしゅつ》してくれたレポートなんだけど。

女：はい。

男：近代《きんだい》から現代《げんだい》までの内容《ないよう》が少《すこ》し足《た》りない気《き》がしなくもないが、よくまとめられていて、その点《てん》はとても評価《ひょうか》できるね。

女：ありがとうございます。授業《じゅぎょう》の内容《ないよう》が分《わ》かりやすかったのと、指定《してい》された参考文献《さんこうぶんけん》のおかげです。

男：そうか。しっかりと読《よ》みこなしているのがよくわかったよ。普段《ふだん》から新聞《しんぶん》や経済関連《けいざいかんれん》の本《ほん》なんかもよく読《よ》んでいるのかな。

女：はい。そのようには心《こころ》がけています。

男：そうか。それなら、なおさら、自分《じぶん》の考《かんが》えをもう少《すこ》し具体的《ぐたいてき》に述《の》べられていたらよりよかったんだけどね。その点《てん》がちょっと惜《お》しかったかな。

女：はい。今後《こんご》は気《き》をつけます。

先生《せんせい》はどんな点《てん》を指摘《してき》しましたか。

1　経済状況《けいざいじょうきょう》の説明《せつめい》が足《た》りない。
2　指定《してい》された本《ほん》を参考《さんこう》にしていない。
3　関連書籍《かんれんしょせき》をあまり読《よ》んでいない。
4　自分《じぶん》の意見《いけん》が足《た》りない。

1

대학에서 선생님과 여학생이 이야기하고 있습니다. 선생님은 어떤 점을 지적했습니까?

남: 제출한 리포트 말인데.

여: 네.

남: 근대에서 현대까지의 내용이 좀 부족하다는 느낌이 들긴 하지만, 정리 잘 되어 있어서 그 점은 굉장히 평가할 만해.

여: 감사합니다. 수업 내용이 이해하기 쉬웠었다는 것과 지정된 참고 문헌 덕분입니다.

남: 그런가? 제대로 이해하면서 읽었다는 걸 알 수 있었어. 평소에 신문이나 경제 관련 책 같은 것도 잘 읽고 있으려나?

여: 네, 그렇게 하도록 명심하고 있습니다.

남: 그래? 그렇다면 더욱더 자신의 생각을 좀 더 구체적으로 표현할 수 있었다면, 보다 좋았을 건데. 그 점이 좀 아쉬웠지.

여: 네, 앞으로는 주의하겠습니다.

선생님은 어떤 점을 지적했습니까?

1　경제 상황의 설명이 부족하다.
2　지정된 책을 참고하지 않았다.
3　관련 서적을 그다지 읽지 않았다.
4　자신의 의견이 부족하다.

풀이 '더욱더 자신의 생각을 좀 더 구체적으로 표현할 수 있었다면, 보다 좋았을 건데. 그 점이 좀 아쉬웠지'라는 선생님의 마지막 말에서 4번이 정답임을 알 수 있다.

단어 提出《ていしゅつ》 제출 | 近代《きんだい》 근대 | 足《た》りない 부족하다 | 気《き》がする 기분(느낌)이 들다 | 評価《ひょうか》 평가 | 指定《してい》 지정 | 参考《さんこう》 참고 | 文献《ぶんけん》 문헌 | 読《よ》みこなす 읽고 충분히 이해하다 | 経済関連《けいざいかんれん》 경제 관련 | 心《こころ》がける 유의하다, 명심하다 | なおさら 더욱(더), 한층 더 | 具体的《ぐたいてき》に 구체적으로 | 述《の》べる 말하다, 기술하다 | 惜《お》しい 아깝다, 아쉽다

2

会社《かいしゃ》で男《おとこ》の人《ひと》と女《おんな》の人《ひと》が話《はな》しています。男《おとこ》の人《ひと》が会社《かいしゃ》の留学制《りゅうがくせい》度《ど》に申《もう》し込《こ》むことができないのはどうしてですか。

男：あ、それ、社費留学申請書《しゃひりゅうがくしんせいしょ》だね。申《もう》し込《こ》むの？

女：社内選考《しゃないせんこう》、狭《せま》き門《もん》だから迷《まよ》ってるの。今年《ことし》で入《はい》って５年《ねん》だから、在職年数《ざいしょくねんすう》５年以上《ねんいじょう》７年以下《ねんいか》っていう条件《じょうけん》はクリアしているんだけどね。

男：実《じつ》は僕《ぼく》も行《い》きたくて、いろいろと調《しら》べてるんだ。

女：えっ、そうなの？

男：だって、自分《じぶん》で稼《かせ》いだお金《かね》で留学《りゅうがく》なんてとても無理《むり》だし、日当《にっとう》をもらいながら勉強《べんきょう》できて、帰国後《きこくご》は成績次第《せいせきしだい》で希望《きぼう》の部署《ぶしょ》に優先的《ゆうせんてき》に配属《はいぞく》してもらえるなんていいじゃない。

女：そうだよね。やっぱり一度挑戦《いちどちょうせん》してみよう。

男：うん。でも、今年《ことし》はライバルが一人《ひとり》減《へ》ってよかったね。僕《ぼく》の場合《ばあい》、中途入社《ちゅうとにゅうしゃ》で在職年数《ざいしょくねんすう》が満《み》たないから、来年《らいねん》なんだ。

女：そうか。

男：確《たし》か、申《もう》し込《こ》み来週《らいしゅう》までじゃない。部署長《ぶしょちょう》の推薦書《すいせんしょ》とか応募書類《おうぼしょるい》、準備《じゅんび》するのに結構時間《けっこうじかん》かかるから急《いそ》いだほうがいいよ。

女：そうね。ありがとう。

男《おとこ》の人《ひと》が会社《かいしゃ》の留学制《りゅうがくせい》度《ど》に申《もう》し込《こ》むことができないのはどうしてですか。

1　他《ほか》の会社《かいしゃ》から中途入社《ちゅうとにゅうしゃ》したから
2　在職年数《ざいしょくねんすう》が足《た》りないから
3　学費《がくひ》の工面《くめん》がつかないから
4　応募書類《おうぼしょるい》の準備《じゅんび》が間《ま》に合《あ》わないから

2

회사에서 남자와 여자가 이야기하고 있습니다. 남자가 회사의 유학 제도에 신청할 수 없는 것은 왜입니까?

남: 아. 그거, 사비 유학 신청서네. 신청할 거야?

여: 사내 전형, 좁은 문이라 망설이고 있어. 올해 들어 5년이 되어서, 재직 연수 5년 이상 7년 이하라는 조건은 통과했지만.

남: 실은 나도 가고 싶어서 여러 가지로 알아보고 있어.

여: 어 그래?

남: 그럴 것이, 자신이 번 돈으로 유학하는 건 도저히 무리이고, 일당을 받으면서 공부할 수 있고 귀국 후에는 성적에 따라 희망하는 부서에 우선적으로 배속받을 수 있다니 좋지 않아?

여: 그렇지. 역시 한번 도전해 보자고.

남: 응, 그래도 올해는 라이벌이 한 명 줄어서 다행이네. 나 같은 경우는 도중에 입사해서 재직 연수가 차지 않아서 내년이거든.

여: 그렇구나.

남: 분명, 신청 다음 주까지 아냐? 부서장의 추천서라든가 응모 서류, 준비하는 데 꽤 시간이 걸리니까 서두르는 게 좋아.

여: 그렇네. 고마워.

남자가 회사의 유학 제도에 신청할 수 없는 건 왜입니까?

1　다른 회사에서 중도 입사했기 때문에
2　재직 햇수가 부족하기 때문에
3　학비가 마련되지 않아서
4　응모 서류 준비를 기한에 맞추지 못해서

풀이 '나 같은 경우는 도중에 입사해서 재직 연수가 차지 않아서 내년이거든'이라는 남자의 말에서 2번이 정답임을 알 수 있다. 한편 1번의 중도 입사라도 연수가 맞춰졌다면 신청을 할 수 있는 것이기 때문에 오답이다.

단어 社費留学《しゃひりゅうがく》 사비 유학(회사 학비지원 유학) | 社内選考《しゃないせんこう》 사내 전형 | 狭《せま》き門《もん》 좁은 문 | 在職年数《ざいしょくねんすう》 재직 연수 | クリアする

통과하다, 해결하다 | 優先的《ゆうせんてき》 우선적 | 中途入社《ちゅうとにゅうしゃ》 중도 입사 | 満《み》つ 채워지다, 충족되다 | 推薦書《すいせんしょ》 추천서 | 応募《おうぼ》 응모 | 結構《けっこう》 꽤, 상당히 | 工面《くめん》がつく 돈이 마련되다

3

電気店《でんきてん》で店員《てんいん》と女《おんな》の人《ひと》が話《はな》しています。この店員《てんいん》は不良品《ふりょうひん》にどう対応《たいおう》することにしましたか。

男：いかがなさいましたか。

女：あのう、先月《せんげつ》買《か》ったこの電気《でんき》ポットなんですけど、蓋《ふた》がきちんと閉《し》まらないことが多《おお》くて。

男：え～、蓋《ふた》と本体《ほんたい》の接続《せつぞく》が悪《わる》いようですね。こちらでは修理《しゅうり》が出来《でき》かねますので、メーカーの方《ほう》にこちらからお送《おく》りして修理《しゅうり》を依頼《いらい》します。

女：いえ、もう使《つか》いたくないので、返品《へんぴん》をお願《ねが》いしたいんですけど。

男：あ、それがですね。大変申《たいへんもう》し訳《わけ》ございませんが、一度《いちど》ご利用《りよう》になったものの返品《へんぴん》は販売店《はんばいてん》の方《ほう》ではいたしかねます。購入《こうにゅう》して３か月以内《げついない》ですので、私《わたくし》どもの方《ほう》から、メーカーに送付《そうふ》して、商品《しょうひん》に不具合《ふぐあい》が認《みと》められれば返品及《へんぴんおよ》び払《はら》い戻《もど》しができますが、いかがなさいますか。

女：じゃあ、お願《ねが》いします。

男：では、来週《らいしゅう》にはメーカーの方《ほう》より回答《かいとう》をもらえると思《おも》いますので、連絡《れんらく》が届《とど》き次第《しだい》お電話《でんわ》をさしあげますね。恐《おそ》れ入《い》りますが、こちらにお名前《なまえ》とご連絡先《れんらくさき》をお願《ねが》いします。

女：はい。

この店員《てんいん》は不良品《ふりょうひん》にどう対応《たいおう》することにしましたか。

1　電気《でんき》ポットを修理《しゅうり》する。

2　返品《へんぴん》の手続《てつづ》きをする。

3　メーカーに電気《でんき》ポットを送《おく》る。

4　客《きゃく》に電話《でんわ》で連絡《れんらく》をする。

3

전기제품 가게에서 점원과 여자가 이야기하고 있습니다. 이 점원은 불량 제품에 어떻게 대응하기로 했습니까?

남: 무슨 일이십니까?

여: 저, 저번 달에 산 이 전기 포트 말인데요. 뚜껑이 제대로 닫히지 않을 때가 많아서.

남: 어~, 뚜껑과 본체의 접속이 좋지 않은 것 같네요. 이쪽에서는 수리를 할 수 없으니 제조회사 쪽으로 여기서 보내서 수리를 의뢰하겠습니다.

여: 아뇨, 더 이상 사용하고 싶지 않아 반품을 부탁드리고 싶은데요.

남: 아, 그게 말이죠. 대단히 죄송하지만 한 번 이용하신 것에 대한 반품은 판매점에서는 할 수가 없습니다. 구입해서 3개월 이내이기 때문에 저희 쪽에서 제조회사 쪽에 송부해서 상품의 불량이 인정되면 반품 및 환불이 가능합니다만, 어떻게 하시겠습니까?

여: 그럼 부탁드릴게요.

남: 그럼 다음 주에는 제조회사로부터 회답을 받을 수 있을 것 같으니, 연락이 닿는 대로 전화를 드리겠습니다. 죄송하지만, 이쪽에 성함과 연락처를 부탁드립니다.

여: 네.

이 점원은 불량 제품에 어떻게 대응하기로 했습니까?

1　전기 포트를 수리한다.

2　반품 절차를 한다.

3　제조회사에 전기 포트를 보낸다.

4　손님에게 전화로 연락을 한다.

풀이 한 번 이용한 것에 대한 반품은 할 수 없으며, '저희 쪽에서 제조회사 쪽에 송부해서 상품의 불량이 인정되면 반품 및 환불이 가능합니다만, 어떻게 하시겠습니까?'라는 남자의 말에 '그럼 부탁드릴게요'라고 여자가 대답했으므로 3번이 정답이라는 것을 알 수 있다.

단어 電気店《でんきてん》 전기제품 가게 | 不良品《ふりょうひん》 불량 제품 | 電気《でんき》ポット 전기 포트 | 蓋《ふた》 뚜껑 | 本体《ほんたい》 본체 | メーカー 제조회사 | 依頼《いらい》 의뢰 | 返品《へんぴん》 반품 | 販売店《はんばいてん》 판매점 | 送付《そうふ》 송부 | 不具合《ふぐあい》 상태가 좋지 않음(불량) | 認《みと》める 인정하다 | 払《はら》い戻《もど》し 환불

4

グラフィックデザイナーと女《おんな》の人《ひと》が講演会《こうえんかい》のテーマについて話《はな》しています。デザイナーはどんなテーマで講演《こうえん》しますか。

女：田中先生《たなかせんせい》、先日《せんじつ》お願《ねが》いしましたグラフィックデザイナーを目指《めざ》している人《ひと》たちを対象《たいしょう》とした講演《こうえん》のテーマについてご相談《そうだん》させていただきたいんですが。

男：ええ、それでどういうお話《はなし》をお望《のぞ》みでしょうか。

女：田中先生《たなかせんせい》は、広告《こうこく》から会社《かいしゃ》のロゴまで数多《かずおお》くのデザインをされていて、賞《しょう》という賞《しょう》を総《そう》なめにされていますが、その秘訣《ひけつ》などをお話《はなし》いただければと。

男：そんな、私《わたし》なんか運《うん》がよかっただけですよ。とにかく、ここまで３０年間失敗《ねんかんしっぱい》の連続《れんぞく》でしたから。

女：あ、でしたら、そのお話《はなし》、それをぜひお話《はなし》いただければ。

男：まあ、失敗《しっぱい》して多《おお》くのことを学《まな》びましたからね。そういう話《はなし》であれば難《むずか》しいことではないですけど。あのう、私今《わたしいま》は事務所《じむしょ》で後進《こうしん》の育《いく》成《せい》にあたっていて、別《べつ》の講演会《こうえんかい》でどうやって人材《じんざい》を育《そだ》ててきたかっていうお話《はなし》をしたら非《ひ》常《じょう》に好評《こうひょう》でして、その話《はなし》ではどうですか。

女：できましたら、他《ほか》でなさっていないお話《はなし》のほうが……。

男：了解《りょうかい》しました。では、先《さき》ほど興味《きょうみ》をもっていただいたテーマで行《い》きましょう。いや、実《じつ》はね。私《わたし》はほとんど手作業《てさぎょう》でデザインするん

4

그래픽 디자이너와 여자가 강연회 테마에 대해서 이야기하고 있습니다. 디자이너는 어떤 테마로 강연합니까?

여: 다나카 선생님. 요전에 부탁드린 그래픽 디자이너를 목표로 하는 사람들을 대상으로 한 강연 테마에 관해서 상담하고 싶습니다만.

남: 네, 그럼 어떤 이야기를 원하세요?

여: 다나카 선생님은 광고에서 회사 로고까지 수많은 디자인을 하시고, 상이란 상을 모두 휩쓸고 계신데 그 비결 같은 것을 말씀해 주시길 바랍니다.

남: 그럴리가요. 저는 운이 좋았을 뿐이에요. 여하튼 지금까지 30년간 실패의 연속이었기 때문에.

여: 아, 그렇다면, 그 이야기를 꼭 해주시면 (좋겠습니다).

남: 뭐, 실패해서 많은 것을 배웠기 때문이죠. 그런 이야기라면 어렵지는 않지만. 근데, 저는 현재 사무실에서 후진 양성에 힘쓰고 있어서, 다른 강연회에서 어떻게 인재를 키워 왔는가라는 이야기를 했더니 상당히 호평이었는데, 그 이야기는 어때요?

여: 되도록이면 다른 곳에서 하시지 않은 이야기 쪽이 (좋을 것 같습니다).

남: 알겠습니다. 그럼, 좀 전에 흥미를 가지셨던 테마로 갑시다. 아니 실은, 저는 대부분 수작업으로 디자인을 하는데 요즘 시대엔 모든 게 컴퓨터잖아요? 그래

だけど、今《いま》の時代《じだい》すべてパソコンでしょ。なので、技術的《ぎじゅつてき》な話《はなし》をしてほしいなんて言《い》われたらどうしようかと思《おも》っていたんですよ。

女：お引《ひ》き受《う》けいただいて、本当《ほんとう》にありがとうございます。では、そういうことで、どうぞよろしくお願《ねが》いいたします。

デザイナーはどんなテーマで講演《こうえん》しますか。

1　賞受賞《しょうじゅしょう》の秘訣《ひけつ》

2　失敗《しっぱい》から学《まな》んだこと

3　人材育成《じんざいいくせい》の方法《ほうほう》

4　デザインの技法《ぎほう》

서 기술적인 이야기를 해달라고 하면 어쩌나 했어요.

여: 승낙해 주셔서 정말로 감사합니다. 그럼 그렇게 잘 부탁드립니다.

디자이너는 어떤 테마로 강연합니까?

1　상 수상의 비결

2　실패로부터 배운 것

3　인재 육성의 방법

4　디자인의 기법

풀이 상을 휩쓸어 온 비결에 대해 디자이너인 남자가 '운이 좋았을 뿐 지금까지 30년간 실패의 연속이었다'라고 하자, 여자가 '아, 그렇다면, 그 이야기를 꼭 해주시면'이라고 부탁하고 있다. 따라서 정답은 2번이다. 한편 남자가 다른 주제인 인재 육성 방법에 대해 이야기하면 어떻냐는 말에, 여자가 '되도록이면 다른 곳에서 하지 않은 이야기 쪽이 좋다'고 의견을 피력하고 있으므로 3번은 오답이다.

단어 グラフィックデザイナー 그래픽 디자이너 | 講演会《こうえんかい》 강연회 | 目指《めざ》す 목표로 하다 | 広告《こうこく》 광고 | 総《そう》なめにする 모조리 휩쓸다 | 秘訣《ひけつ》 비결 | 運《うん》がいい 운이 좋다 | 連続《れんぞく》 연속 | 事務所《じむしょ》 사무실 | 後進《こうしん》 후진(후배) | 育成《いくせい》 육성 | 人材《じんざい》 인재 | 育《そだ》てる 키우다 | 了解《りょうかい》する 알다, 양해하다 | 手作業《てさぎょう》 수작업 | 技術的《ぎじゅつてき》 기술적 | 引《ひ》き受《う》ける 떠맡다(승낙하다)

5

テレビでアナウンサーと自動車販売会社《じどうしゃはんばいがいしゃ》の社長《しゃちょう》が話《はな》しています。社長《しゃちょう》は若《わか》い人《ひと》たちが車《くるま》を買《か》わなくなった一番《いちばん》の理由《りゆう》は何《なん》だと言《い》っていますか。

女：今日《きょう》は木村自動車販売《きむらじどうしゃはんばい》の社長《しゃちょう》、木村大輔《きむらだいすけ》さんにおいで頂《いただ》いています。全国的《ぜんこくてき》に車《くるま》の販売台《はんばいだい》数《すう》が伸《の》び悩《なや》んでいるとのことですが、いかがでしょうか。

男：そうですね。少子高齢化《しょうしこうれいか》の影響《えいきょう》で、購買人口《こうばいじんこう》は減《へ》っているものの、幸《さいわ》いにも私《わたくし》どもは何《なん》とか前年割《ぜんねんわ》れだけは防《ふせ》いでいます。ただ、若者《わかもの》の購買意欲《こうばいいよく》は低《ひく》いと言《い》わざるを得《え》ません。

女：その原因《げんいん》についてどのようにお考《かんが》えですか。やはり公共《こうきょう》の交通機関《こうつうきかん》が発達《はったつ》して、車《くるま》がなくてもどこにでも行《い》けることがあるのでしょうか。

5

텔레비전에서 아나운서와 자동차 판매 회사 사장이 이야기하고 있습니다. 사장은 젊은 사람들이 차를 사지 않게 된 가장 큰 이유는 무엇이라고 합니까?

여: 오늘은 기무라 자동차 판매 사장인 기무라 다이스케 씨를 모셨습니다. 전국적으로 자동차 판매 대수가 제자리걸음이라고 하는데, 어떻습니까?

남: 그렇지요. 저출산 고령화의 영향으로 구매 인구는 줄고 있지만 다행히도 저희들은 어떻게든 전년 대비 하락은 막고 있습니다. 단, 젊은이의 구매 의욕은 낮다고 말할 수밖에 없습니다.

여: 그 원인에 관해서 어떻게 생각하십니까? 역시 공공 교통 기관이 발달해서 차가 없어도 어디로든 갈 수 있는 거겠죠?

男：ええ。確《たし》かに。でも大都市部《だいとしぶ》ならまだしも、それ以外《いがい》の地方《ちほう》ではやはり車《くるま》がないと不便《ふべん》ですからね。

女：はい。

男：あと、よくさまざまなITの発達《はったつ》による娯楽《ごらく》の多様化《たようか》でドライブの魅力《みりょく》がなくなったと言《い》われていますよね。ところが、弊社《へいしゃ》で２０代《だい》、３０代《だい》にアンケートをとってみたところ、経済的《けいざいてき》な余裕《よゆう》さえあれば、車《くるま》を買《か》ってドライブをしたいというんです。金銭面《きんせんめん》での不安《ふあん》が大《おお》きいようですねえ。

女：そうなんですか。

男：今後《こんご》、弊社《へいしゃ》では、様々《さまざま》な購入《こうにゅう》プランをご用意《ようい》して、お客様《きゃくさま》が負担《ふたん》なく車《くるま》をご購入《こうにゅう》できるようにサポートしていきたいと考《かんが》えています。

社長《しゃちょう》は若《わか》い人《ひと》たちが車《くるま》を買《か》わなくなった一番《いちばん》の理由《りゆう》は何《なん》だと言《い》っていますか。

1　公共交通機関《こうきょうこうつうきかん》が発達《はったつ》しているため

2　娯楽《ごらく》の多様化《たようか》で車《くるま》に魅力《みりょく》がなくなったため

3　車《くるま》を購入《こうにゅう》する資金《しきん》がないため

4　車購入《くるまこうにゅう》のプランが多様《たよう》ではないため

남: 네, 확실히. 하지만 대도시권이라면 몰라도 그 이외의 지방에서는 역시 차가 없으면 불편하죠.

여: 네.

남: 그리고 여러 가지 IT 발달에 의한 오락의 다양화로 드라이브의 매력이 없어졌다고 하잖아요. 그런데 저희 회사에서 20대, 30대에 앙케트를 하니 경제적인 여유만 있으면 자동차를 사서 드라이브하고 싶다는 겁니다. 금전 면에서의 불안이 큰 거 같아요.

여: 그렇습니까?

남: 앞으로 저희 회사에서는 다양한 구매 플랜을 준비해서 고객이 부담 없이 자동차를 구입할 수 있도록 지원해 가려고 합니다.

사장은 젊은 사람들이 차를 사지 않게 된 가장 큰 이유는 무엇이라고 합니까?

1　공공 교통기관이 발달되어 있기 때문에

2　오락의 다양화로 자동차에 매력이 없어졌기 때문에

3　자동차를 구매할 자금이 없기 때문에

4　자동차 구매 플랜이 다양하지 않기 때문에

풀이 '20대, 30대에 앙케트를 하니 경제적인 여유만 있으면 자동차를 사서 드라이브하고 싶다는 겁니다. 금전 면에서의 불안이 큰 거 같아요'라는 사장의 말에서 3번이 정답이라는 것을 알 수 있다.

단어 自動車販売会社《じどうしゃはんばいがいしゃ》 자동차 판매회사 | 販売台数《はんばいだいすう》 판매 대수 | 購買人口《こうばいじんこう》 구매 인구 | 幸《さいわ》いに 다행히 | 割《わ》れ ~이하로 밑돎(떨어짐) | 防《ふせ》ぐ 막다 | 意欲《いよく》 의욕 | 低《ひく》い 낮다 | ざるを得《え》ない ~하지 않을 수 없다 | 交通機関《こうつうきかん》 교통기관 | 発達《はったつ》 발달 | ならまだしも ~라면 몰라도 | 娯楽《ごらく》 오락 | 多様化《たようか》 다양화 | 経済的《けいざいてき》 경제적 | 余裕《よゆう》 여유 | 金銭面《きんせんめん》 금전적인 면 | サポート 지원

6

電話《でんわ》で電気店《でんきてん》の店員《てんいん》と女《おんな》の人《ひと》が話《はな》しています。この店員《てんいん》はこれからどうしますか。

男：はい。タヌキ電気《でんき》でございます。

女：あのう。すみません。一《いっ》か月《げつ》ほど前《まえ》にこちらで電気炊飯器《でんきすいはんき》を買《か》ったんですが、スイッチを

6

전화로 가전 판매점의 점원과 여자가 이야기하고 있습니다. 이 점원은 앞으로 어떻게 합니까?

남: 네, 타누키 가전 판매점입니다.

여: 저~, 실례합니다. 1개월 정도 전에 여기서 전기밥솥을 샀는데, 스위치를 켜도 빨간 램프가 깜빡이기만

入《い》れても赤《あか》いランプが点滅《てんめつ》するだけで全然動《ぜんぜんうご》かなくて。

男：そうですか。申《もう》し訳《わけ》ございません。一年《いちねん》の保《ほ》証期間内《しょうきかんない》なので、無償修理《むしょうしゅうり》いたします。すぐにメーカーの修理担当《しゅうりたんとう》に連絡《れんらく》して、お伺《うかが》いするようにします。

女：いえ、一昨日《おととい》、販売店《はんばいてん》の修理《しゅうり》サービスをうけたんですが、また、同《おな》じ状態《じょうたい》で、この電気炊《でんきすい》飯器《はんき》、できれば、返品《へんぴん》して返金《へんきん》したいんですけど。

男：あ、それがですね。お使《つか》いになった製品《せいひん》は返品《へんぴん》できないことになっていて、すぐにメーカーの方《ほう》の修理担当者《しゅうりたんとうしゃ》を伺《うかが》わせ、もう一度確《いちどかく》認《にん》させます。

女：はい。

男：電気炊飯器《でんきすいはんき》に不具合《ふぐあい》があるようでしたら、メーカーの方《ほう》で新品《しんぴん》と交換《こうかん》、あるいは返品《へんぴん》させていただくこともできるかと思《おも》います。

女：わかりました。じゃ、お願《ねが》いします。

この店員《てんいん》はこれからどうしますか。

1　メーカーの修理担当者《しゅうりたんとうしゃ》に連絡《れんらく》する。

2　故障《こしょう》した電気炊飯器《でんきすいはんき》を引《ひ》き取《と》って払戻《はらいもど》す。

3　顧客《こきゃく》の家《いえ》を訪問《ほうもん》して欠陥《けっかん》を確認《かくにん》する。

4　故障《こしょう》した電気炊飯器《でんきすいはんき》を新《あたら》しいものと交換《こうかん》する。

하고 전혀 작동이 되지 않아서.

남: 그렇습니까? 죄송합니다. 1년 보증기간 내이기 때문에 무상수리 해 드립니다. 바로 제조회사의 수리 담당에게 연락해서 찾아뵙도록 하겠습니다.

여: 아뇨, 그저께, 판매점 수리 서비스를 받았는데, 또 비슷한 상태여서, 이 전기밥솥 되도록이면 반품하고 환불해 주시면 좋겠어요.

남: 아, 그게 말이죠. 사용하신 제품은 반품할 수 없게 되어 있어서. 바로 제조회사 쪽의 수리 담당자를 방문하게 해서, 한 번 더 확인하게 할 테니까.

여: 네.

남: 전기밥솥에 결함이 있으면, 제조회사 쪽에서 신품과 교환, 또는 반품해 드릴 수도 있을 것 같습니다.

여: 알겠습니다. 그럼, 부탁드립니다.

이 점원은 이제부터 어떻게 합니까?

1　제조회사의 수리 담당자에게 연락한다.

2　고장 난 전기밥솥을 회수해서 환불한다.

3　고객의 집을 방문해서 결함을 확인한다.

4　고장 난 전기밥솥을 새로운 것으로 교환한다.

풀이 ‘바로 제조회사 쪽의 수리 담당자를 방문하게 해서, 한 번 더 확인하게 할 테니까’라는 남자의 말에서 1번이 정답인 것을 알 수 있다. 또한 3번의 고객의 집에 방문하는 것은 점원이 아니라 수리 담당자이므로 오답이다.

단어 電気店《でんきてん》 전기점(가전 판매점) | 電気炊飯器《でんきすいはんき》 전기밥솥 | スイッチを入《い》れる 스위치를 켜다 | 赤《あか》いランプ 빨간 램프 | 点滅《てんめつ》 점멸 | 全然《ぜんぜん》 전혀 | 保証期間内《ほしょうきかんない》 보증기간 내 | 無償修理《むしょうしゅうり》 무상수리 | メーカー 제조회사 | 修理担当《しゅうりたんとう》 수리 담당 | 一昨日《おととい》 그저께 | 販売店《はんばいてん》 판매점 | 修理《しゅうり》サービス 수리 서비스 | できれば 되도록이면 | 返品《へんぴん》 반품 | 返金《へんきん》 환불 | 製品《せいひん》 제품 | 伺《うかが》う 찾아 뵙다 | 確認《かくにん》 확인 | 不具合《ふぐあい》がある 결함이 있다 | 新品《しんぴん》 신품 | 交換《こうかん》 교환 | 故障《こしょう》 고장 | 引《ひ》き取《と》る 인수하다 | 払戻《はらいもど》す 환불하다 | 顧客《こきゃく》 고객 | 訪問《ほうもん》 방문 | 欠陥《けっかん》 결함

문제 2 포인트 이해 | 실전 테스트 ❹

문제집 p.418

1 ③ 2 ② 3 ③ 4 ④ 5 ② 6 ③

問題《もんだい》2

問題《もんだい》2では、まず質問《しつもん》を聞《き》いてください。そのあと、問題用紙《もんだいようし》のせんたくしを読《よ》んでください。読《よ》む時間《じかん》があります。それから話《はなし》を聞《き》いて、問題用紙《もんだいようし》の１から４の中《なか》から、最《もっと》もよいものを一《ひと》つ選《えら》んでください。

문제 2

문제 2에서는 우선 질문을 들으세요. 그 후 문제지의 선택지를 읽으세요. 읽을 시간이 있습니다. 그러고 나서 이야기를 듣고 문제지의 1부터 4 중에서 가장 알맞은 것을 하나 고르세요.

1

テレビでアナウンサーが写真家《しゃしんか》にインタビューをしています。この写真家《しゃしんか》はこれからどんなことに挑戦《ちょうせん》したいと言《い》っていますか。

女：今日《きょう》は写真家《しゃしんか》の大山大輔《おおやまだいすけ》さんにお話《はなし》を伺《うかが》います。今《いま》、アラスカのオーロラ展《てん》を開催中《かいさいちゅう》ですが、大山《おおやま》さん、海外《かいがい》で撮影《さつえい》したものの展示会《てんじかい》は今回《こんかい》が初《はじ》めてだそうですね。

男：そうなんですよ。皆《みな》さん意外《いがい》と思《おも》われるのですが、実《じつ》は初《はじ》めてで。前《まえ》から海外《かいがい》で撮影《さつえい》したものを展示《てんじ》したいと思《おも》っていたのですが、ようやく願《ねが》いが叶《かな》いました。

女：そうですか。皆《みな》さんもぜひ大山《おおやま》さんの新《あたら》しい一《いち》面《めん》を展覧会《てんらんかい》でご覧《らん》ください。大山《おおやま》さんはこれまでいろんなものを撮《と》ってこられたと思《おも》いますが、他《ほか》にも今後《こんご》撮《と》りたいものはおありですか。

男：お恥《は》ずかしいですが、一度《いちど》人物《じんぶつ》を被写体《ひしゃたい》にと思《おも》っています。これまで３０年間《ねんかん》ずっと風景《ふうけい》を撮《と》ってきましたが、何《なん》というかいろんな場《ば》所《しょ》で人《ひと》が生《い》きている瞬間《しゅんかん》をとりたいなと。

女：そうですか。写真家《しゃしんか》の中《なか》には、後進《こうしん》の育成《いくせい》に力《ちから》を入《い》れている方《かた》もいますが、大山《おおやま》さんはいかがですか。大山《おおやま》さんから学《まな》びたいという人《ひと》も多《おお》いようですが。

男：私《わたし》は不器用《ぶきよう》なので自分《じぶん》のことで精《せい》いっぱいです。若手《わかて》の育成《いくせい》など、とてもとても。

1

텔레비전에서 아나운서가 사진가에게 인터뷰를 하고 있습니다. 이 사진가는 앞으로 어떤 것에 도전하고 싶다고 합니까?

여: 오늘은 사진가인 오오야마 다이스케 씨에게 이야기를 듣겠습니다. 현재, 알래스카의 오로라 전을 개최 중입니다만, 오오야마 씨, 해외에서 촬영한 작품의 전시회는 이번이 처음이라고 하던데요.

남: 그렇습니다. 여러분 의외라고 생각하시겠지만, 실은 처음이고. 전부터 해외에서 촬영한 것을 전시하고 싶다고 생각은 했었는데, 드디어 바라는 바가 이루어졌습니다.

여: 그렇습니까? 여러분도 꼭 오오야마 씨의 새로운 일면을 전람회에서 보세요. 오오야마 씨는 이때까지 여러 가지 작품을 찍어 오셨는데 그 밖에도 앞으로 찍고 싶은 것이 있으십니까?

남: 부끄럽지만 한번 인물을 피사체로 생각하고 있습니다. 이때까지 30년간 쭉 풍경을 찍어왔습니다만, 뭐랄까 여러 장소에서 사람이 살고 있는 순간을 찍고 싶다는 (생각이 들어서요).

여: 그렇습니까? 사진가 중에는 후진의 육성에 힘을 쏟고 있는 분도 있습니다만, 오오야마 씨는 어떻습니까? 오오야마 씨에게 배우고 싶어하는 사람도 많을 것 같은데요.

남: 저는 서툴러서 저 자신으로도 벅찹니다. 젊은 사람의 육성은 도저히 도저히.

女：そんな。ご謙遜《けんそん》なさらなくても。まだまだ現《げん》役《えき》でやっていかれるということですね。これからの更《さら》なるご活躍《かつやく》を期待《きたい》しています。

この写真家《しゃしんか》はこれからどんなことに挑戦《ちょうせん》したいと言《い》っていますか。

1　海外《かいがい》での撮影《さつえい》
2　多様《たよう》な場所《ばしょ》の撮影《さつえい》
3　人物《じんぶつ》の撮影《さつえい》
4　若手《わかて》の育成《いくせい》

여: 그리 겸손하지 않으셔도. 아직 현역으로 나아가신다는 거군요. 앞으로 한층 더한 활약을 기대하고 있겠습니다.

이 사진가는 앞으로 어떤 것에 도전하고 싶다고 합니까?

1　해외에서의 촬영
2　다양한 장소의 촬영
3　인물의 촬영
4　젊은이의 육성

풀이 '앞으로 찍고 싶은 것이 있으십니까?'라는 아나운서의 질문에 '한번 인물을 피사체로 생각하고 있습니다'라는 사진가의 대답에서 3번이 정답이라는 것을 알 수 있다.

단어 挑戦《ちょうせん》 도전 | 写真家《しゃしんか》 사진가 | 開催中《かいさいちゅう》 개최 중 | 展示《てんじ》 전시 | 願《ねが》いが叶《かな》う 바람이 이루어지다 | 展覧会《てんらんかい》 전람회 | 被写体《ひしゃたい》 피사체 | 風景《ふうけい》 풍경 | 瞬間《しゅんかん》 순간 | 育成《いくせい》 육성 | 力《ちから》を入《い》れる 힘을 쏟다

2

大学《だいがく》で就職課《しゅうしょくか》の職員《しょくいん》と女《おんな》の学生《がくせい》が話《はな》しています。女《おんな》の学生《がくせい》は来月《らいげつ》の就職説明会《しゅうしょくせつめいかい》で何《なに》を話《はな》すことになりましたか。

男：山田《やまだ》さん。聞《き》いたよ。中央広告《ちゅうおうこうこく》の内定《ないてい》おめでとう。今年《ことし》の就職内定第一号《しゅうしょくないていだいいちごう》だね。しかも、大企業《だいきぎょう》なんてすごい。

女：ありがとうございます。

男：で、お願《ねが》いなんだけど、来月《らいげつ》の就職活動勉強会《しゅうしょくかつどうべんきょうかい》で話《はな》してもらえないかな。どうやって面接《めんせつ》を攻略《こうりゃく》して、内定《ないてい》を勝《か》ち取《と》ったのか。

女：あっ、はい。ただ、面接《めんせつ》については、個別《こべつ》の面接指導《めんせつしどう》を受《う》けたのが大《おお》きかったですし、あと、やはり企業研究《きぎょうけんきゅう》をしっかりして、それが面接《めんせつ》でも役立《やくだ》ったので、企業研究《きぎょうけんきゅう》をどうしたらよいかなどはどうかと思《おも》いますが。

男：なるほどね。今回《こんかい》、３年生《ねんせい》も参加《さんか》してもらう予定《よてい》だから、今《いま》からしておくといいかな。

女：３年生《ねんせい》も出席《しゅっせき》するんですか。でしたら、自己《じこ》分析《ぶんせき》をどうやったかもいいかと思《おも》います。ど

2

대학교에서 취직과의 직원과 여학생이 이야기하고 있습니다. 여학생은 다음 달 취직 설명회에서 무엇을 이야기하게 되었습니까?

남: 야마다 씨, 들었어. 중앙 광고에 내정된 거 축하해. 올해 취직 내정 제1호야. 게다가 대기업이라니 대단해.

여: 감사합니다.

남: 그래서 부탁인데, 다음 달 취직 활동 스터디에서 이야기해 줄 수 없을까? 어떻게 면접을 공략해서 내정을 쟁취했는지.

여: 아, 네. 단지, 면접에 관해서는 개별 면접 지도를 받은 것이 컸었고, 그리고 역시 기업 연구를 제대로 해서 그게 면접에서도 도움이 되었기 때문에 기업 연구를 어떻게 하면 되는가 같은 것은 어떨까 싶은데요.

남: 그렇군. 이번엔 3학년도 참가하게 할 예정이니까 지금부터 해 두면 좋겠지.

여: 3학년도 출석하는 겁니까? 그럼, 자기 분석을 어떻게 했는지도 좋을 것 같습니다. 어느 분야로 나아갈

の分野《ぶんや》に進《すす》むかは自己分析《じこぶんせき》が最《もっと》も大切《たいせつ》だと思《おも》っているので。

男：あ～3年生《ねんせい》については、希望者《きぼうしゃ》だけだし、自己《じこ》分析《ぶんせき》については、就職課《しゅうしょくか》で来週《らいしゅう》、履歴書《りれきしょ》の書《か》き方《かた》と合《あ》わせて、講座《こうざ》を開《ひら》くからいいかな。

女：はい。

女《おんな》の学生《がくせい》は来月《らいげつ》の就職説明会《しゅうしょくせつめいかい》で何《なに》を話《はな》すことになりましたか。

1　面接《めんせつ》の受《う》け方《かた》

2　企業《きぎょう》の分析《ぶんせき》の仕方《しかた》

3　自己分析《じこぶんせき》の仕方《しかた》

4　履歴書《りれきしょ》の書《か》き方《かた》

건지는 자기 분석이 가장 중요하다고 생각하기 때문에.

남: 아, 3학년에 관해서는 희망자뿐이고, 자기 분석에 관해서는 취직과에서 다음 주 이력서 쓰는 방법과 함께 강좌를 열기 때문에 괜찮아.

여: 네.

여학생은 다음 달 취직 설명회에서 무엇을 이야기하게 되었습니까?

1 면접 보는 방법

2 기업 분석 방법

3 자기 분석 방법

4 이력서 쓰는 법

풀이 '역시 기업 연구를 제대로 해서 그게 면접에서도 도움이 되었기 때문에 기업 연구를 어떻게 하면 되는가 같은 것은 어떨까 싶은데요'라고 한 여자의 말에서 2번이 정답임을 알 수 있다. 또한 면접은 개별 지도를 받은 것이 도움이 되었다는 것이지 이것에 대해 이야기한다는 말은 아니기 때문에 선택지 1번은 오답이고, 3번과 4번은 취직과에서 강좌를 열어서 하겠다고 한 내용이므로 오답이다.

단어 就職課《しゅうしょくか》 취직과 | 職員《しょくいん》 직원 | 説明会《せつめいかい》 설명회 | 広告《こうこく》 광고 | 内定《ないてい》 내정 | 大企業《だいきぎょう》 대기업 | 就職活動《しゅうしょくかつどう》 취직 활동 | 勉強会《べんきょうかい》 공부 모임(스터디) | 攻略《こうりゃく》 공략 | 勝《か》ち取《と》る 쟁취하다, 차지하다 | 個別《こべつ》 개별 | 指導《しどう》 지도 | 研究《けんきゅう》 연구 | 自己分析《じこぶんせき》 자기 분석 | 分野《ぶんや》 분야 | 希望者《きぼうしゃ》 희망자 | 履歴書《りれきしょ》 이력서 | 講座《こうざ》 강좌

3

テレビでレポーターが話《はな》しています。この会社《かいしゃ》が転機《てんき》を迎《むか》えたきっかけは何《なん》だと言《い》っていますか。

女：私《わたし》は今《いま》、老舗《しにせ》の片岡《かたおか》呉服店《ごふくてん》に来《き》ています。かつては、成人式《せいじんしき》や結婚式《けっこんしき》などの需要《じゅよう》で繁盛《はんじょう》しましたが、近年《きんねん》は少子高齢化《しょうしこうれいか》そして結婚式《けっこんしき》などのスタイルの変化《へんか》により、苦境《くきょう》に立《た》たされていました。そんな中《なか》、今年《ことし》4月《がつ》にIT業界《ぎょうかい》という全《まった》くの異業種《いぎょうしゅ》から新《あたら》しく社長《しゃちょう》を迎《むか》え、再生《さいせい》へ向《む》け大《おお》きな一歩《いっぽ》を踏《ふ》み出《だ》しました。これまで販売《はんばい》だけだったのを着物《きもの》のレンタルも始《はじ》め、さらに購入《こうにゅう》する人向《ひとむ》けには上質《じょうしつ》な生地《きじ》を使用《しよう》して高付加価値《こうふかかち》化《か》を実現《じつげん》したのです。今《いま》では、第二《だいに》の黄金期《おうごんき》を迎《むか》えようとしています。

3

텔레비전에서 리포터가 이야기하고 있습니다. 이 회사가 전환기를 맞이한 계기는 무엇이라고 합니까?

여: 저는 지금 노포 가타오카 포목점(비단 옷가게)에 와 있습니다. 예전에는 성인식이나 결혼식 등의 수요로 번성했습니다만, 최근 저출산 고령화 그리고 결혼식 등의 스타일의 변화에 의해 곤경에 처하게 되었습니다. 그런 중, 올해 4월에 IT업계라는 전혀 다른 업종에서 새로운 사장을 맞이해 재생으로 향해 큰 한 걸음을 내디뎠습니다. 이때까지 판매만 했던 기모노 대여도 시작하고, 더욱이 구입을 하는 사람을 위해서는 질이 좋은 천을 사용해서 고부가가치화를 실현한 것입니다. 지금은 제2의 황금기를 맞이하려고 합니다.

この会社《かいしゃ》が転機《てんき》を迎《むか》えたきっかけは何《なん》だと言《い》っていますか。

1　スタイルに変化《へんか》をつけたこと

2　IT技術《ぎじゅつ》を受《う》け入《い》れたこと

3　新社長《しんしゃちょう》が就任《しゅうにん》したこと

4　質《しつ》の向上《こうじょう》を図《はか》ったこと

이 회사가 전환기를 맞이한 계기는 무엇이라고 합니까?

1　스타일에 변화를 준 것

2　IT기술을 받아들인 것

3　새로운 사장이 취임한 것

4　질의 향상을 도모한 것

풀이　'올해 4월에 IT업계라는 전혀 다른 업종에서 새로운 사장을 맞이해 재생으로 향해 큰 한 걸음을 내디뎠습니다'라는 여자의 말에서 3번이 정답이라는 것을 알 수 있다. 선택지 4번의 내용은 새로운 사장이 와서 하게 된 일이지, 회사 전환의 계기는 아니므로 오답이다.

단어　老舗《しにせ》 노포 | 呉服店《ごふくてん》 포목점(비단 옷가게) | 成人式《せいじんしき》 성인식 | 需要《じゅよう》 수요 | 繁盛《はんじょう》 번성 | 苦境《くきょう》に立《た》つ 곤경에 처하다 | 業界《ぎょうかい》 업계 | 異業種《いぎょうしゅ》 다른 업종 | 迎《むか》える 맞이하다 | 再生《さいせい》 재생 | 踏《ふ》み出《だ》す 발을 내딛다 | 販売《はんばい》 판매 | 着物《きもの》 기모노 | レンタル 대여 | 購入《こうにゅう》 구입 | 上質《じょうしつ》 좋은 질 | 生地《きじ》 천 | 付加価値化《ふかかちか》 부가가치화 | 黄金期《おうごんき》 황금기

4

大学《だいがく》の先生《せんせい》が虫《むし》を食材《しょくざい》として食《た》べる昆虫食《こんちゅうしょく》について話《はな》しています。この先生《せんせい》は昆虫食《こんちゅうしょく》の魅力《みりょく》は何《なん》だと言《い》っていますか。

男：食《しょく》に不自由《ふじゆう》しない私《わたし》たちには、ピンとこないかもしれないが、地球《ちきゅう》はこの先《さき》、食糧難《しょくりょうなん》に見舞《みま》われる危険性《きけんせい》を秘《ひ》めています。そうした中《なか》、たんぱく質《しつ》が豊富《ほうふ》な昆虫食《こんちゅうしょく》が、食糧問題《しょくりょうもんだい》の解決策《かいけつさく》としても注目《ちゅうもく》されています。昆虫《こんちゅう》を食《た》べるなんてと驚《おどろ》くかもしれませんが、世界《せかい》を見渡《みわた》せば日常《にちじょう》的《てき》に食《た》べられている地域《ちいき》も多《おお》いのです。食事《しょくじ》というのは美味《おい》しいだけではなく、楽《たの》しさの体験《たいけん》も必要《ひつよう》だと思《おも》います。この虫《むし》はどんな味《あじ》がするんだろうと好奇心《こうきしん》を持《も》って食《た》べることができます。そういった意味《いみ》で昆虫食《こんちゅうしょく》はとてもすてきではないでしょうか。

この先生《せんせい》は昆虫食《こんちゅうしょく》の魅力《みりょく》は何《なん》だと言《い》っていますか。

1　食糧不足《しょくりょうぶそく》の問題《もんだい》を省《はぶ》けること

2　日常的《にちじょうてき》な食糧《しょくりょう》となりうること

3　美味《おい》しさが感《かん》じられること

4　どんな味《あじ》か知《し》りたくなること

4

대학에서 선생님이 곤충을 식재료로서 먹는 곤충식에 관해서 이야기하고 있습니다. 이 선생님은 곤충식의 매력은 무엇이라고 합니까?

남: 음식에 곤란을 겪지 않는 우리들에게는 감이 오지 않을지도 모르겠지만, 지구는 앞으로 식량난이 닥쳐올 위험성을 지니고 있습니다. 그런 중 단백질이 풍부한 곤충식이 식량 문제의 해결책으로도 주목받고 있습니다. 곤충을 먹다니 놀랄지 모르겠습니다만, 세계를 바라보면 일상적으로 먹고 있는 지역도 많습니다. 식사라는 것은 맛있는 것뿐만 아니라 즐거움의 체험도 필요하다고 생각합니다. 이 곤충은 어떤 맛이 날까 하고 호기심을 가지고 먹을 수 있습니다. 그러한 의미에서 곤충식은 굉장히 멋지지 않을까요?

이 선생님은 곤충식의 매력은 무엇이라고 합니까?

1　식량 부족의 문제를 줄일 수 있는 것

2　일상적인 식량이 될 수 있는 것

3　맛을 느낄 수 있는 것

4　어떤 맛인지 알고 싶어지는 것

풀이 마지막의 '이 곤충은 어떤 맛이 날까 하고 호기심을 가지고 먹을 수 있습니다. 그러한 의미에서 곤충식은 굉장히 멋지지 않을까요?'라는 남자의 마지막 말에서 4번이 정답이라는 것을 알 수 있다.

단어 不自由《ふじゆう》する 곤란을 겪다 | ピントくる 감이 오다 | 地球《ちきゅう》 지구 | 食糧難《しょくりょうなん》 식량난 | 見舞《みま》う (병)문안하다, 닥쳐오다, 덮치다 | 危険性《きけんせい》 위험성 | 秘《ひ》める 숨기다, 내부에 가지다 | たんぱく質《しつ》 단백질 | 豊富《ほうふ》 풍부 | 昆虫食《こんちゅうしょく》 곤충식 | 注目《ちゅうもく》 주목 | 見《み》渡《わた》す (멀리) 바라보다 | 体験《たいけん》 체험 | 好奇心《こうきしん》 호기심

5

大学《だいがく》で、先生《せんせい》と男《おとこ》の学生《がくせい》が話《はな》しています。男《おとこ》の学《がく》生《せい》のレポートはどんなところが足《た》りないですか。

女：ちょっと、この前出《まえだ》したレポートなんだけど。

男：はい。

女：原子力発電所《げんしりょくはつでんしょ》の仕組《しく》みや歴史《れきし》については簡潔《かんけつ》にまとめられていたわ。原発推進派《げんぱつすいしんは》よりも原《げん》発反対派《ぱつはんたいは》の意見《いけん》や取《と》り組《く》みに記述《きじゅつ》を割《さ》いていて、偏《かたよ》りがあったので、均等《きんとう》になるように直《なお》してみて。今回《こんかい》のレポートは、客観性《きゃっかんせい》が大切《たいせつ》なので、偏《かたよ》りはよくないよ。

男：はい。わかりました。あと、字数《じすう》が少《すこ》し足《た》りないかとも思《おも》ったのですが。

女：この程度《ていど》のなら十分《じゅうぶん》かな。あと、はい。これ。原発《げんぱつ》の推進《すいしん》と反対《はんたい》それぞれの市民運動家《しみんうんどうか》へのインタビューの記事《きじ》なんだけど、参考《さんこう》になると思《おも》うわ。

男：ありがとうございます。

女：試験勉強《しけんべんきょう》で大変《たいへん》だろうけど、来週《らいしゅう》の授業《じゅぎょう》までに提出《ていしゅつ》できるかな？

男：はい。頑張《がんば》ります。

男《おとこ》の学生《がくせい》のレポートはどんなところが足《た》りないですか。

1　原子力発電所《げんしりょくはつでんしょ》の仕組《しく》みや歴史《れきし》の記述《きじゅつ》
2　原発推進派《げんぱつすいしんは》の意見《いけん》や取《と》り組《く》みの記述《きじゅつ》
3　原発反対派《げんぱつはんたいは》の意見《いけん》や取《と》り組《く》みの記述《きじゅつ》
4　レポート全体《ぜんたい》での字数《じすう》

5

대학에서 선생님과 남학생이 이야기하고 있습니다. 남학생의 리포트는 어떤 부분이 부족합니까?

여: 아 잠깐, 요전에 제출한 리포트 말인데.

남: 네.

여: 원자력 발전소의 구조나 역사에 관해서는 간결하게 정리되었어. 원전 추진파보다도 원전 반대파의 의견이나 대처에 기술을 할애해서 치우침이 있었기 때문에 균등하게 되도록 고쳐 봐. 이번 리포트는 객관성이 중요해서 편향된 것은 좋지 않으니까.

남: 네. 알겠습니다. 그리고 글자수가 부족하지 않을까도 생각하는데요.

여: 이 정도라면 충분해. 그리고, 그래 이거. 원전 추진과 반대 각각의 시민 운동가에 대한 인터뷰 기사인데 참고가 될 거라고 생각해.

남: 감사합니다.

여: 시험 공부로 힘들겠지만, 다음 주 수업까지 제출할 수 있을까?

남: 네, 노력하겠습니다.

남학생의 리포트는 어떤 부분이 부족합니까?

1　원자력 발전소의 구조와 역사의 기술
2　원전 추진파의 의견이나 대처의 기술
3　원전 반대파의 의견이나 대처의 기술
4　리포트 전체의 글자 수

풀이 '원전 추진파보다도 원전 반대파의 의견이나 대처에 기술을 할애해서 치우침이 있었기 때문에 균등하게 되도록 고쳐 봐. 이번 리포트는 객관성이 중요해서 편향된 것은 좋지 않으니까'라는 여자의 말에서 원전 추진파의 의견이나 대처 기술 내용 부분이 부족하다는 것을 알 수 있으므로 정답은 2번이다.

단어 提出《ていしゅつ》 제출 | 原子力発電所《げんしりょくはつでんしょ》 원자력 발전소 | 仕組《しく》み 구조 | 歴史《れきし》 역사 | 簡潔《かんけつ》간결 | 原発推進派《げんぱつすいしんは》 원전 추진파 | 原発反対派《げんぱつはんたいは》 원전 반대파 | 取《と》り組《く》み 대처 | 割《さ》く 할애하다 | 偏《かたよ》り 치우침(편향) | 均等《きんとう》 균등 | 客観的《きゃっかんてき》 객관적 | 字数《じすう》 글자수 | 程度《ていど》 정도 | 市民運動家《しみんうんどうか》 시민 운동가 | 記事《きじ》 기사 | 参考《さんこう》 참고

6

展示館《てんじかん》で女《おんな》の人《ひと》が江戸時代《えどじだい》の陶器《とうき》について話《はな》しています。この陶器《とうき》はどのような点《てん》で価値《かち》があると言《い》っていますか。

女：この陶器《とうき》は江戸時代初期《えどじだいしょき》に作《つく》られたもので、その歴史的《れきしてき》な価値《かち》から文化財《ぶんかざい》に指定《してい》されています。皆《みな》さまの前《まえ》に見《み》えるこの器《うつわ》、見《み》た目《め》は色《いろ》や形《かたち》など江戸時代《えどじだい》の時代色《じだいしょく》が見《み》えるわけではないんです。でも、これは最近《さいきん》の調査《ちょうさ》で分《わ》かったんですが、ほかにはない色合《いろあ》い、いびつな形《かたち》で作《つく》られているということが明《あき》らかになって、国内《こくない》の専門家《せんもんか》たちだけではく海外《かいがい》からも注目《ちゅうもく》を集《あつ》めています。たとえば、左右対《さゆうたい》称《しょう》ではなかったり、器《うつわ》の厚《あつ》みも均等《きんとう》ではなかったりと、独自《どくじ》の美意識《びいしき》が感《かん》じられます。その根底《こんてい》にあるのは日本《にほん》の茶《ちゃ》の湯文化《ゆぶんか》で、不完《ふかん》全《ぜん》なものを愛《め》でる茶《ちゃ》の湯《ゆ》の美意識《びいしき》に根差《ねざ》したものだと思《おも》われます。

この陶器《とうき》はどのような点《てん》で価値《かち》があると言《い》っていますか。

1 江戸時代初期《えどじだいしょき》に作《つく》られた点《てん》

2 海外《かいがい》から注目《ちゅうもく》された点《てん》

3 形《かたち》がゆがんでいる点《てん》

4 未完成《みかんせい》のまま残《のこ》された点《てん》

6

전시관에서 여자가 에도 시대의 도자기에 관해서 이야기하고 있습니다. 이 도자기는 어떠한 점에 가치가 있다고 말하고 있습니까?

여: 이 도자기는 에도 시대 초기에 만들어진 것으로, 그 역사적인 가치로부터 문화재로 지정되었습니다. 여러분 앞에 보이는 이 그릇, 외관은 색이나 형태 등 에도 시대의 시대적 특색이 보이는 것은 아닙니다. 하지만, 최근의 조사로 알게 된 것이지만, 다른 데에는 없는 색조, 비뚤어진 형태로 만들어졌다는 것이 밝혀져, 국내 전문가들뿐만이 아니라 해외에서도 주목을 모으고 있습니다. 예를 들면, 좌우대칭이 아니거나, 그릇의 두께도 균등하지 않거나 하는 독자의 미의식이 느껴집니다. 그 바탕에 있는 것은 일본의 다도문화로, 불완전한 것을 좋아하는 다도의 미의식에 기인한 것이라고 여겨집니다.

이 도자기는 어떠한 점에 가치가 있다고 말하고 있습니까?

1 에도 시대 초기에 만들어진 점

2 해외로부터 주목받은 점

3 형태가 비뚤어져 있는 점

4 미완성인 채로 남겨진 점

풀이 '다른 데에는 없는 색조, 비뚤어진 형태로 만들어졌다는 것이 밝혀져, 국내 전문가들뿐만이 아니라 해외에서도 주목을 모으고 있습니다'라는 부분에서 3번이 정답인 것을 알 수 있으며, 지문의 「いびつ 비뚤어짐, 일그러짐」이 선택지에는 「ゆがむ 비뚤어지다, 일그러지다」로 바꿔 표현되었다. 또한 지문 내용의 '불완전한 것을 좋아하는 다도 문화'를 잘못 이해해서 4번을 정답으로 착각하지 않도록 주의해야 한다.

단어 展示館《てんじかん》 전시관 | 陶器《とうき》 도자기 | 価値《かち》 가치 | 江戸時代初期《えどじだいしょき》 에도 시대 초기 | 歴史的《れきしてき》 역사적 | 文化財《ぶんかざい》 문화재 | 指定《してい》 지정 | 器《うつわ》 그릇 | 見《み》た目《め》 겉보기, 외관 | 形《かたち》 형태 | 時代色《じだいしょく》 시대색(특징) | 色合《いろあい》 색조 | いびつ 비뚤어짐, 일그러짐 | 明《あき》らかになる 밝혀지다 | 専門家《せんもんか》 전문가 | 海外《かいがい》 해외 | 注目《ちゅうもく》を集《あつ》める 주목을 모으다 | 左右対称《さゆうたいしょう》 좌우대칭 | 厚《あつ》み 두께 | 均等《きんとう》 균형 | 独自《どくじ》 독자 | 美意識《びいしき》 미의식 | 根底《こんてい》 근저, 밑바탕 | 茶《ちゃ》の湯《ゆ》 다도 | 不完全《ふかんぜん》 불완전 | 愛《め》でる 좋아하다, 즐기다 | 根差《ねざ》す 기인하다, 뿌리내리다 | 歪《ゆが》む 비뚤어지다, 일그러지다 | 未完成《みかんせい》 미완성

문제 3 개요 이해 | 실전 테스트 ❶

문제집 p.420

1 ① **2** ③ **3** ④ **4** ① **5** ④

問題《もんだい》3

問題《もんだい》3では、問題用紙《もんだいようし》に何《なに》も印刷《いんさつ》されていません。この問題《もんだい》は、全体《ぜんたい》としてどんな内容《ないよう》かを聞《き》く問題《もんだい》です。話《はなし》の前《まえ》に質問《しつもん》はありません。まず話《はなし》を聞《き》いてください。それから、質問《しつもん》とせんたくしを聞《き》いて、1から4の中《なか》から、最《もっと》もよいものを一《ひと》つ選《えら》んでください。

문제 3

문제 3에서는 문제지에 아무것도 인쇄되어 있지 않습니다. 이 문제는 전체로서 어떤 내용인지를 묻는 문제입니다. 이야기 전에 질문은 없습니다. 우선 이야기를 들으세요. 그리고 나서 질문과 선택지를 듣고 1부터 4 중에서 가장 알맞은 것을 하나 고르세요.

1

電気屋《でんきや》の店員《てんいん》が新《あたら》しい空気清浄機《くうきせいじょうき》について説明《せつめい》しています。

男：え～、この空気清浄機《くうきせいじょうき》は静寂性《せいじゃくせい》にすぐれていながらも、空気中《くうきちゅう》の花粉《かふん》や埃《ほこり》、においを除去《じょきょ》してくれます。花粉《かふん》に至《いた》っては99パーセント以上除去《いじょうじょきょ》してくれますから、花粉症《かふんしょう》でお困《こま》りの方《かた》にはお勧《すす》めです。実際《じっさい》、昨年《さくねん》の市内《しない》の耳鼻科医《じびかい》が選《えら》ぶ空気清浄機《くうきせいじょうき》一位《いちい》に選《えら》ばれたほどです。また、見《み》た目《め》のコンパクトさからは想像《そうぞう》もできないほど広範囲《こうはんい》にわたってお使《つか》いいただけます。ですので、リビングなどの広《ひろ》いお部屋《へや》でのご利用《りよう》も可能《かのう》です。デザインも洗練《せんれん》されているうえ、価格《かかく》も他社製品《たしゃせいひん》にくらべてお手頃《てごろ》となっております。

電気屋《でんきや》の店員《てんいん》は主《おも》に何《なに》について話《はな》していますか。

1

전자 제품 가게에서 점원이 새로운 공기청정기에 관해서 설명하고 있습니다.

남: 저, 이 공기청정기는 정적성이 뛰어나면서도 공기 중의 꽃가루나 먼지, 냄새를 제거해 줍니다. 꽃가루에 이르러서는 99퍼센트 이상으로 제거해 주기 때문에 꽃가루 알레르기로 힘드신 분에게는 추천합니다. 실제로 작년 시내의 이비인후과 의사가 선택하는 공기청정기 1위로 선정될 정도입니다. 또한 콤팩트한 겉모양에서는 상상도 할 수 없을 정도로 광범위하게 사용하실 수 있습니다. 그래서 거실 등의 넓은 방에서의 이용도 가능합니다. 디자인도 세련되어 있는 데다가 가격도 타사 제품에 비해 적당하게 되어 있습니다.

전자제품 가게의 점원은 주로 무엇에 관해서 이야기하고 있습니까?

1 空気清浄機《くうきせいじょうき》の性能《せいのう》
2 空気清浄機《くうきせいじょうき》の価格《かかく》
3 空気清浄機《くうきせいじょうき》の使《つか》い方《かた》
4 空気清浄機《くうきせいじょうき》のデザイン

1 공기청정기의 성능
2 공기청정기의 가격
3 공기청정기의 사용법
4 공기청정기의 디자인

풀이 공기청정기의 '정적성(고요함), 꽃가루나 먼지 제거, 냄새 제거, 콤팩트(소형, 아담함)하지만 광범위하게 사용할 수 있음'이 주된 내용이므로 1번의 '공기청정기의 성능'이 정답이 된다. 또한 가격이 타사에 비해 적당하다는 말은 있었지만, 가격이 구체적으로 제시되지 않아 선택지 2번은 오답이다.

단어 空気清浄機《くうきせいじょうき》 공기청정기 | 静寂性《せいじゃくせい》 정적성(고요함) | すぐれる 뛰어나다 | 花粉《かふん》 꽃가루 | 埃《ほこり》 먼지 | におい 냄새 | 除去《じょきょ》 제거 | 花粉症《かふんしょう》 꽃가루 알레르기 | 勧《すす》め 추천, 권장 | 実際《じっさい》 실제 | 耳鼻科医《じびかい》 이비인후과 의사 | 見《み》た目《め》 겉보기 | コンパクト 콤팩트(소형, 아담함) | 広範囲《こうはんい》 광범위 | リビング 거실 | 洗練《せんれん》 세련 | 製品《せいひん》 제품 | 手頃《てごろ》 적당함

2

女《おんな》の人《ひと》と男《おとこ》の人《ひと》が話《はな》しています。

女：ねえ、先週《せんしゅう》のテニスの全国大会《ぜんこくたいかい》見《み》た？

男：うん。見《み》たよ。決勝戦《けっしょうせん》まれにみる激戦《げきせん》だったね。

女：優勝《ゆうしょう》した田中《たなか》ヒカルかっこよかった。よく相手《あいて》のサーブを返《かえ》せたよね。もともと、大学《だいがく》までは野球選手《やきゅうせんしゅ》だったらしいけど、すごいよね。

男：そうだね。大学野球《だいがくやきゅう》ではピッチャーで、全国《ぜんこく》選手権《せんしゅけん》で２年連続《ねんれんぞく》ノーヒットノーランも達成《たっせい》しているんだよね。テニスに転向《てんこう》しても全国《ぜんこく》トップだろ。もうスポーツの神様《かみさま》が与《あた》えた腕《うで》前《まえ》としか思《おも》えないよね。

女：それに、あの構《かま》えるときの目《め》つき、なんか獲《え》物《もの》を狙《ねら》うライオンみたい。やっぱりプロ選手《せんしゅ》だけのことはあるよね。

男：そうだね。スポンサーになりたい企業《きぎょう》からのオファーも相当多《そうとうおお》いらしいよ。スポンサーになったら、効果抜群《こうかばつぐん》だろうからね。

女：これから、もっと楽《たの》しみだね。

二人《ふたり》は何《なに》について話《はな》していますか。

2

여자와 남자가 이야기하고 있습니다.

여: 있지~ 저번 주 테니스 전국 대회 봤어?

남: 응 봤어. 결승전이 드물게 보는 격전이었지.

여: 우승한 다나카 히카루 멋졌어. 상대의 서브를 잘 받아 넘겼어. 원래, 대학때까지는 야구 선수였던 것 같은데, 대단해.

남: 그렇네. 대학 야구에서 투수로 전국 선수권에서 2년 연속 무안타 무득점도 달성했지. 테니스로 전향해서도 전국 톱이고. 이젠 스포츠의 신이 준 솜씨라고 밖에 생각되지 않아.

여: 게다가 저 자세를 취할 때의 눈매, 어쩐지 사냥감을 노리는 사자 같아. 역시 프로선수라고 말할 만해.

남: 그렇네. 스폰서가 되고 싶은 기업으로부터 제안도 상당히 많은 듯해. 스폰서가 되면, 효과가 발군이니까.

여: 앞으로 더 기대되네.

두 사람은 무엇에 관해서 이야기하고 있습니까?

1　テニスの選手権《せんしゅけん》

2　野球《やきゅう》の全国大会《ぜんこくたいかい》

3　選手《せんしゅ》の実力《じつりょく》

4　企業《きぎょう》のスポンサー戦略《せんりゃく》

1　테니스 선수권

2　야구의 전국 대회

3　선수의 실력

4　기업의 스폰서 전략

풀이 다나카 히카루라는 선수가 '대학 때까지 훌륭한 야구 선수였다가 테니스 선수로 전향해서도 전국 톱'이라는 전체적인 내용에서 3번의 '선수의 실력'이 정답이라는 것을 알 수 있다.

단어 全国大会《ぜんこくたいかい》 전국 대회 | 決勝戦《けっしょうせん》 결승전 | 激戦《げきせん》 격전 | 優勝《ゆうしょう》 우승 | サーブを返《かえ》す 서브를 받아치다 | 野球選手《やきゅうせんしゅ》 야구 선수 | ピッチャー 투수 | 全国選手権《ぜんこくせんしゅけん》 전국 선수권 | 連続《れんぞく》 연속 | ノーヒットノーラン 무안타 무득점 | 達成《たっせい》 달성 | 転向《てんこう》 전향 | 与《あた》える 주다 | 腕前《うでまえ》 솜씨 | 構《かま》える 자세를 취하다 | 目《め》つき 눈매 | 獲物《えもの》を狙《ねら》う 사냥감을 노리다 | スポンサー 스폰서(후원자) | オファー 제안함, 신청함 | 相当《そうとう》 상당 | 抜群《ばつぐん》 발군(뛰어남) | 目《め》が離《はな》せない 눈을 뗄 수 없다

3

ラジオで男《おとこ》の人《ひと》が話《はな》しています。

男：こんにちは。なのか町商店街《まちしょうてんがい》からのお知《し》らせです。８月《がつ》１０日《か》より恒例《こうれい》の夏祭《なつまつ》りが開催《かいさい》されます。中央広場《ちゅうおうひろば》でのダンスパフォーマンス大会《たいかい》には過去最高《かこさいこう》の７０チームが参加予定《さんかよてい》にしております。そのため、当日《とうじつ》は大変《たいへん》な混雑《こんざつ》が予想《よそう》されます。市総合運動場《しそうごううんどうじょう》を駐車《ちゅうしゃ》スペースとして確保《かくほ》しておりますが、５０台《だい》しか余裕《よゆう》がありません。つきましては、車《くるま》でのご来場《らいじょう》はお控《ひか》えいただき、公共交通機関《こうきょうこうつうきかん》をご利用《りよう》いただけるよう、皆様《みなさま》のご理解《りかい》・ご協力《きょうりょく》をよろしくお願《ねが》い申《もう》し上《あ》げます。

男《おとこ》の人《ひと》が呼《よ》び掛《か》けたいことは何《なん》ですか。

1　夏祭《なつまつ》りへの参加《さんか》

2　ダンスパフォーマンスの参加《さんか》

3　市総合運動場《しそうごううんどうじょう》の利用《りよう》

4　公共《こうきょう》の交通機関《こうつうきかん》の利用《りよう》

3

라디오에서 남자가 이야기하고 있습니다.

남: 안녕하세요. 나노카 마을 상점가에서 알려드리겠습니다. 8월 10일부터 연례행사인 여름 축제가 개최됩니다. 중앙 광장에서의 댄스 공연 대회에는 과거 최고의 70팀이 참가 예정하고 있습니다. 그 때문에 당일은 대단한 혼잡이 예상됩니다. 시종합운동장을 주차 공간으로 확보하고 있습니다만, 50대밖에 여유가 없습니다. 따라서 자동차로 오시는 것은 삼가 주시고, 공공 교통기관을 이용해 주시도록 여러분의 이해와 협력을 부탁드립니다.

남자가 당부하고 싶은 것은 무엇입니까?

1　여름 축제의 참가

2　댄스 공연의 참가

3　시종합운동장의 이용

4　공공 교통기관의 이용

풀이 여름 축제가 개최되는 '당일은 대단한 혼잡이 예상됨에 따라, 자동차로 오시는 것은 삼가주시고, 공공 교통기관을 이용해 주시도록'이라는 남자의 당부의 말에서 4번이 정답이라는 것을 알 수 있다.

단어 商店街《しょうてんがい》 상점가 | 恒例《こうれい》 항례(연례행사) | 夏祭《なつまつ》り 여름 축제 | 開催《かいさい》 개최 | 広場《ひろば》 광장 | ダンスパフォーマンス大会《たいかい》 댄스 공연 대회 | 混雑《こんざつ》 혼잡 | 市総合運動場《しそうごううんどうじょう》 시종합운동장 | 駐車《ちゅうしゃ》スペース 주차 공간 | 確保《かくほ》 확보 | 余裕《よゆう》 여유 | 来場《らいじょう》 내장(왕림) | 控《ひか》える 삼가다 | 協力《きょうりょく》 협력

4

大学《だいがく》の授業《じゅぎょう》で先生《せんせい》が話《はな》しています。

女：商品《しょうひん》の特徴《とくちょう》を的確《てきかく》に伝《つた》えて、お客《きゃく》に買《か》いたいと思《おも》わせる写真《しゃしん》が商業写真《しょうぎょうしゃしん》です。この点《てん》で、作家《さっか》個人《こじん》の表現《ひょうげん》意図《いと》をもって制作《せいさく》された芸術《げいじゅつ》写真《しゃしん》とは異《こと》なります。二《ふた》つの写真《しゃしん》を見《み》比《くら》べてみてください。どちらも同《おな》じみたらし団子《だんご》を撮《と》った写真《しゃしん》です。良《よ》い例《れい》は、照《て》り感《かん》や焦《こ》げ目《め》といった細《こま》かいところまで写《うつ》っていて、食欲《しょくよく》がそそられます。また、食《た》べるシーンを想定《そうてい》した背景《はいけい》も一緒《いっしょ》に写《うつ》されているので、「家《いえ》で家族《かぞく》と食《た》べよう」などとイメージが湧《わ》いてきます。一方《いっぽう》で、悪《わる》い例《れい》のほうは、商品《しょうひん》が小《ちい》さすぎるので細《こま》かい部分《ぶぶん》もわからず、実際《じっさい》に食《た》べるシーンやおいしさも伝《つた》わってきません。

先生《せんせい》は何《なに》について話《はな》していますか。

1 商業写真《しょうぎょうしゃしん》の撮《と》り方《かた》の例《れい》
2 芸術写真《げいじゅつしゃしん》の撮《と》り方《かた》の例《れい》
3 食《た》べ物《もの》の写真《しゃしん》の撮《と》り方《かた》の例《れい》
4 食《た》べるシーンの撮《と》り方《かた》の例《れい》

4

대학 수업에서 선생님이 이야기하고 있습니다.

여: 상품의 특징을 정확하게 전해서 고객이 사고 싶게 만드는 사진이 상업 사진입니다. 이런 점에서 작가 개인의 표현 의도로 제작된 예술 사진과는 다릅니다. 두 개의 사진을 비교해 보세요. 모두 똑같은 미타라시 경단을 찍은 사진입니다. 좋은 예는 빛의 느낌이나 눌은 자국 같은 세세한 부분까지 찍혀서 식욕이 돋습니다. 또 먹는 장면을 상정한 배경도 함께 찍혀 있어 '집에서 가족과 먹어야지' 같은 이미지가 솟아납니다. 한편, 나쁜 예 쪽은 상품이 너무 작아서 세세한 부분을 알 수 없고 실제로 먹는 장면이나 맛도 전해지지 않습니다.

선생님은 무엇에 관해서 이야기하고 있습니까?

1 상업 사진을 찍는 방법의 예
2 예술 사진을 찍는 방법의 예
3 음식 사진을 찍는 방법의 예
4 먹는 장면을 찍는 방법의 예

풀이 고객이 사고 싶어지게 만드는 상업 사진을 찍는 방법에 대한 것이 주된 내용이며, 사진 찍기의 좋은 예와 나쁜 예를 들어 설명하고 있으므로 1번이 정답이라는 것을 알 수 있다. 한편 3번은 상업 사진의 예로 음식(경단)을 들었을 뿐 주제는 아니므로 오답이다.

단어 特徴《とくちょう》 특징 | 的確《てきかく》 적확(정확) | 商業写真《しょうぎょうしゃしん》 상업 사진 | 表現《ひょうげん》 표현 | 意図《いと》 의도 | 制作《せいさく》 제작 | 芸術《げいじゅつ》 예술 | 異《こと》なる 다르다 | 見《み》比《くら》べる 비교하다 | 団子《だんご》 경단 | 照《て》り感《かん》 빛의 느낌 | 焦《こ》げ目《め》 눌은 자국 | 細《こま》かい 세세하다 | 食欲《しょくよく》 식욕 | そそる 돋우다, 자아내다 | 想定《そうてい》 상정 | 背景《はいけい》 배경 | 湧《わ》く 솟아나다

5

テレビでコメンテーターが話《はな》しています。

女：タクシー事業《じぎょう》への新規参入《しんきさんにゅう》や台数《だいすう》の増車《ぞうしゃ》の原《げん》則《そく》自由化《じゆうか》によって、供給過剰《きょうきゅうかじょう》となり倒産《とうさん》するタクシー会社《がいしゃ》が相次《あいつ》いでいます。そこで、県《けん》では、競争《きょうそう》の激《はげ》しい「特定地域《とくていちいき》」では時限《じげん》的《てき》に新規参入《しんきさんにゅう》と増車《ぞうしゃ》を禁止《きんし》する方針《ほうしん》だそうで

5

텔레비전에서 뉴스 해설자가 이야기하고 있습니다.

여: 택시 사업에 대한 신규 참여나 차량 대수 증차의 원칙 자유화에 의해서 공급 과잉이 되어 도산하는 택시 회사가 잇따르고 있습니다. 그래서 현에서는 경쟁이 심한 '특정 지역'에서는 한시적으로 신규 참여와 증차를 금지할 방침이라고 합니다. 하지만 여기

す。でもここで考《かんが》えてほしいのは、例《たと》えば外《がい》食《しょく》チェーンやドラッグストアなど供給《きょうきゅう》過剰《かじょう》気《ぎ》味《み》の分野《ぶんや》にタクシーと同《おな》じ処方《しょほう》せんを当《あ》てはめ、新規《しんき》参入《さんにゅう》禁止《きんし》などを実施《じっし》すればどうなるでしょうか。その分野《ぶんや》の縮小《しゅくしょう》均衡《きんこう》は止《と》まらず、ひいては県《けん》の経済《けいざい》全体《ぜんたい》の活力《かつりょく》も衰《おとろ》えるのではないでしょうか。

コメンテーターが言《い》いたいことはなんですか。

1　タクシーの供給《きょうきゅう》過剰《かじょう》を解消《かいしょう》すべきだ。

2　特定《とくてい》の地域《ちいき》に限《かぎ》って規制《きせい》すべきだ。

3　他《ほか》の分野《ぶんや》の状況《じょうきょう》を見《み》て規制《きせい》するべきだ。

4　市場《しじょう》の原理《げんり》に任《まか》せるべきだ。

서 생각해야 할 것은 예를 들면, 외식 체인이나 약국 등 공급 과잉의 경향이 있는 분야에 택시와 같은 처방전을 적용시켜, 신규 참여의 금지 등을 실시하면 어떻게 되겠습니까? 그 분야의 축소 균형은 멈추지 않고, 나아가서는 현의 경제 전체의 활력도 쇠퇴해지지 않을까요?

뉴스 해설자가 말하고 싶은 것은 무엇입니까?

1　택시의 공급 과잉을 해소해야 한다.

2　특정의 지역에 한해서 규제를 해야 한다.

3　다른 분야의 상황을 보고 규제해야 한다.

4　시장의 원리에 맡겨야 한다.

풀이 '공급 과잉의 경향이 있는 분야에 택시와 같은 처방전을 적용시켜, 신규 참여의 금지 등을 실시하면 어떻게 되겠습니까? 현의 경제 전체의 활력도 쇠퇴해지지 않을까요?'라는 뉴스 해설자의 말에서 4번이 정답임을 알 수 있다. 여기서 주의할 점은 직접적으로 '시장 규제를 해서는 안 된다'고 명시하고 있지는 않지만, 그러한 규제가 경제 활력을 떨어뜨릴 수 있다는 우려를 통해 '시장 원리에 맡겨야 한다'는 뉘앙스를 전달하고 있다는 점이다.

단어 新規《しんき》参入《さんにゅう》 신규 참여 | 増車《ぞうしゃ》 증차(차가 늘어남) | 原則《げんそく》自由化《じゆうか》 원칙 자유화 | 供給《きょうきゅう》 공급 | 過剰《かじょう》 과잉 | 倒産《とうさん》 도산 | 相次《あいつ》ぐ 잇따르다 | 競争《きょうそう》 경쟁 | 激《はげ》しい 격심하다 | 特定《とくてい》地域《ちいき》 특정 지역 | 時限的《じげんてき》 한시적 | 禁止《きんし》 금지 | 方針《ほうしん》 방침 | 外食《がいしょく》チェーン 외식 체인 | ドラックストア 약국 | 気味《ぎみ》 ~기미, 경향 | 分野《ぶんや》 분야 | 処方《しょほう》せん 처방전 | 当《あ》てはめる 적용시키다 | 実《じっ》施《し》 실시 | 縮小《しゅくしょう》 축소 | 均衡《きんこう》 균형 | 活力《かつりょく》 활력 | 衰《おとろ》える 쇠퇴하다

문제 3 개요 이해 | 실전 테스트 ❷

문제집 p.421

1 ①　2 ②　3 ②　4 ②　5 ④

問題《もんだい》3

問題《もんだい》3では、問題用紙《もんだいようし》に何《なに》も印刷《いんさつ》されていません。この問題《もんだい》は、全体《ぜんたい》としてどんな内容《ないよう》かを聞《き》く問題《もんだい》です。話《はなし》の前《まえ》に質問《しつもん》はありません。まず話《はなし》を聞《き》いてください。それから、質《しつ》問《もん》とせんたくしを聞《き》いて、1から4の中《なか》から、最《もっと》もよいものを一《ひと》つ選《えら》んでください。

문제 3

문제 3에서는 문제지에 아무것도 인쇄되어 있지 않습니다. 이 문제는 전체로서 어떤 내용인지를 묻는 문제입니다. 이야기 전에 질문은 없습니다. 우선 이야기를 들으세요. 그리고 나서 질문과 선택지를 듣고 1부터 4 중에서 가장 알맞은 것을 하나 고르세요.

1

駅前《えきまえ》で市議会議員《しぎかいぎいん》が演説《えんぜつ》をしています。

男: 皆《みな》さん、大倉市立図書館《おおくらしりつとしょかん》についてどのようにお考《かんが》えでしょうか。図書館《としょかん》は市民《しみん》の皆様《みなさま》が情報《じょうほう》を入手《にゅうしゅ》し，芸術《げいじゅつ》や文学《ぶんがく》を鑑賞《かんしょう》するために必要不可欠《ひつようふかけつ》です。現在《げんざい》の市立図書館《しりつとしょかん》は建築《けんちく》から３０年《ねん》が経過《けいか》し、施設《しせつ》・設備《せつび》の老朽化《ろうきゅうか》が進《すす》み、エレベーターが設置《せっち》されていないなどの問題《もんだい》があります。また、狭《せま》いため書架《しょか》がこれ以上設置《いじょうせっち》できず本《ほん》が山積《やまづ》みになっています。大倉市《おおくらし》の人口《じんこう》は近年増加傾向《きんねんぞうかけいこう》にあり、現在《げんざい》の市立図書館《しりつとしょかん》では図書館本来《としょかんほんらい》の役割《やくわり》を果《は》たすことができないと考《かんが》えられます。現在地《げんざいち》での建《た》て替《か》えも可能《かのう》かと思《おも》いますが、駐車場《ちゅうしゃじょう》の確保《かくほ》そして、アクセスを考《かんが》えると駅前《えきまえ》の工場跡地《こうじょうあとち》は絶好《ぜっこう》の場所《ばしょ》だと考《かんが》えられます。

議員《ぎいん》が言《い》いたいことは何《なん》ですか。

1　図書館《としょかん》を移転《いてん》すること
2　図書館《としょかん》にエレベーターを設置《せっち》すること
3　図書館《としょかん》を増築《ぞうちく》すること
4　図書館《としょかん》に駐車場《ちゅうしゃじょう》を増《ふ》やすこと

1

역 앞에서 시의회 의원이 연설을 하고 있습니다.

남: 여러분, 오오쿠라 시립도서관에 관해서 어떻게 생각하십니까? 도서관은 시민 여러분이 정보를 입수하고 예술이나 문학을 감상하기 위해서 필요 불가결합니다. 현재의 시립도서관은 건축으로부터 30년이 경과되어 시설·설비의 노후화가 진행되어, 엘리베이터가 설치되어 있지 않는 등의 문제가 있습니다. 또한 좁아서 책꽂이를 더 이상 설치할 수 없어 책이 산더미로 쌓여 있습니다. 오오쿠라 시의 인구는 최근 증가 경향에 있고, 현재의 시립도서관으로는 도서관 본래의 역할을 다하지 못하고 있다고 생각합니다. 현재 장소에서의 재건축도 가능하겠지만, 주차장의 확보, 그리고 접근을 생각하면 역 앞의 공장 철거지는 더없이 좋은 장소라고 생각합니다.

의원이 하고 싶은 말은 무엇입니까?

1　도서관을 이전하는 것
2　도서관에 엘리베이터를 설치하는 것
3　도서관을 증축하는 것
4　도서관에 주차장을 늘리는 것

풀이 ‘현재 도서관은 노후화가 진행되어 본래의 기능을 다하지 못하는 상황이며, 재건축도 가능하겠지만 주차장 확보와 접근을 생각해서 역 앞의 공장 철거지는 더없이 좋은 장소라고 생각합니다’라는 내용에서 의원이 하고 싶은 말은 ‘도서관 이전’임을 알 수 있다. 따라서 정답은 1번이다.

단어 市立図書館《しりつとしょかん》 시립도서관 | 情報《じょうほう》 정보 | 入手《にゅうしゅ》 입수 | 芸術《げいじゅつ》 예술 | 文学《ぶんがく》 문학 | 鑑賞《かんしょう》 감상 | 必要不可欠《ひつようふかけつ》 필요 불가결 | 建築《けんちく》 건축 | 経過《けいか》 경과 | 施設《しせつ》 시설 | 設備《せつび》 설비 | 老朽化《ろうきゅうか》 노후화 | 設置《せっち》 설치 | 書架《しょか》 서가(책꽂이) | 山積《やまづ》み 산더미 | 増加《ぞうか》 증가 | 傾向《けいこう》 경향 | 役割《やくわり》を果《は》たす 역할을 다하다 | 建《た》て替《か》え 재건축 | 可能《かのう》 가능 | 駐車場《ちゅうしゃじょう》 주차장 | 確保《かくほ》 확보 | アクセス 접근 | 工場跡地《こうじょうあとち》 공장 철거(부)지 | 絶好《ぜっこう》 절호

2

講演会《こうえんかい》で女《おんな》の人《ひと》が話《はな》しています。

女：言葉《ことば》には力《ちから》があるとよく言《い》われます。皆《みな》さんも落《お》ち込《こ》んだ時《とき》に友人《ゆうじん》からの一言《ひとこと》で立《た》ち直《なお》ったなどの経験《けいけん》をお持《も》ちだと思《おも》います。そこで

2

강연회에서 여자가 이야기하고 있습니다.

여: 말에는 힘이 있다고 곧잘 듣습니다. 여러분도 침울할 때 친구로부터의 한마디로 회복되는 그런 경험을 가지고 계실 거라 생각합니다. 그러면 그때의 친

その時《とき》の友人《ゆうじん》の表情《ひょうじょう》を思《おも》い出《だ》してみてください。おそらく、とても心配《しんぱい》した顔《かお》で言《い》ってくれたのだと思《おも》います。実《じつ》は言葉《ことば》と同《おな》じくらいに表情《ひょうじょう》も大切《たいせつ》なのです。例《たと》えば、「大丈夫《だいじょうぶ》！何《なん》でも言《い》いたいこと言《い》って！絶対怒《ぜったいおこ》らないし否定《ひてい》しないよ！」と上司《じょうし》に言《い》われたとします。でも上司《じょうし》が眉間《みけん》にシワを寄《よ》せて睨《にら》みつけるような表情《ひょうじょう》だったら絶対《ぜったい》に話《はな》さないですよね。でも逆《ぎゃく》に明《あか》るいトーンで笑顔《えがお》で話《はな》したらどうでしょうか。話《はな》してもいいかなと思《おも》えますよね。

女《おんな》の人《ひと》は何《なに》について話《はな》していますか。

1 言葉《ことば》の影響力《えいきょうりょく》

2 表情《ひょうじょう》の大切《たいせつ》さ

3 部下《ぶか》とうまくやる方法《ほうほう》

4 声《こえ》のトーンの大切《たいせつ》さ

구의 표정을 떠올려 보세요. 아마도 매우 걱정하는 얼굴로 말해 주었을 거라고 생각합니다. 실은 말과 마찬가지로 표정도 중요합니다. 예를 들면, "괜찮아! 뭐든 하고 싶은 말을 해! 절대 화내지 않고 부정하지도 않을게!"라고 상사에게 들었다고 합시다. 하지만 상사가 미간을 찌푸리며 노려보는 듯한 표정이었다면, 절대 말하지 않겠죠. 하지만 반대로 밝은 톤에 웃는 얼굴로 이야기하면 어떻습니까? 이야기해도 되겠지?라고 생각되겠죠.

여자는 무엇에 관해서 이야기하고 있습니까?

1 말의 영향력

2 표정의 중요성

3 부하와 잘 지내는 방법

4 목소리 톤의 중요성

풀이 '침울할 때 친구로부터의 한마디로 회복되는 그런 경험을 가지고 계실 거라 생각합니다. 그러면 그때의 친구의 표정을 떠올려 보세요'라는 여자의 말에서 '표정'에 관한 이야기를 하고 있음을 알 수 있다. 또한 마지막에 말을 할 때의 상사의 표정을 예로 들어 설명하고 있으므로 정답은 2번이다. 정답을 찾기 위해서는 부분적인 내용보다 전체적인 내용의 흐름에 집중해야 한다.

단어 言葉《ことば》 말 | 落《お》ち込《こ》む 침울해지다 | 立《た》ち直《なお》る 회복되다 | 経験《けいけん》 경험 | 表情《ひょうじょう》 표정 | 心配《しんぱい》 걱정 | 大切《たいせつ》 중요함 | 眉間《みけん》にシワを寄《よ》せる 미간에 주름을 모으다(미간을 찌푸리다) | 睨《にら》みつける 노려보다 | 逆《ぎゃく》に 반대로 | 明《あか》るいトーン 밝은 톤(억양) | 笑顔《えがお》 웃는 얼굴

3

商品開発《しょうひんかいはつ》チームの部長《ぶちょう》が話《はな》しています。

男：商品開発《しょうひんかいはつ》も失敗《しっぱい》から学《まな》ぶことで、よりよい商《しょう》品《ひん》を生《う》み出《だ》すことができる。何故《なぜ》売《う》れなかったかを考《かんが》えるとき、価格帯《かかくたい》やデザイン、機《き》能《のう》を検証《けんしょう》するだけでは不十分《ふじゅうぶん》で、売《う》れなかった理由《りゆう》を知《し》るためにはお客様《きゃくさま》の要望《ようぼう》をいかによく察《さっ》しているかってことにかかっていると思《おも》う。例《たと》えばこのスポーツボトルだけど、機《き》能《のう》、デザイン、価格《かかく》どれをとっても他社《たしゃ》を圧《あっ》

3

상품 개발팀의 부장이 이야기하고 있습니다.

남: 상품 개발도 실패로부터 배움으로써, 보다 좋은 상품을 만들 수 있다. 왜 팔리지 않았는가를 생각할 때 가격대나 디자인, 기능을 검증하는 것만으로는 불충분하며, 팔리지 않은 이유를 알기 위해서는 고객의 요망을 얼마나 잘 살피고 있는가에 달려 있다고 생각한다. 예를 들면, 이 스포츠 보틀은 기능, 디자인, 가격 어느 것을 따져도 타사를 압도하고 있었지만, 당초 전혀 팔리지 않았었지. 그것이 기획부의 아마

倒《とう》していたんだけど、当初《とうしょ》全然《ぜんぜん》売《う》れなかった。それが企画部《きかくぶ》の山田君《やまだくん》が、ほとんどの人《ひと》が手《て》にしたとき持《も》ちにくそうだったことに気《き》づいて、一回《ひとまわ》り小《ちい》さくしたら、大《だい》ヒットしたよね。意外《いがい》と、ささいなところに開発《かいはつ》のひらめきが潜《ひそ》んでいるんだよ。なので、いつもこの点《てん》を心《こころ》がけて新商品開発《しんしょうひんかいはつ》に取《と》り組《く》んでくれればと思《おも》うよ。

部長《ぶちょう》は何《なに》について話《はな》していますか。

1 商品販売《しょうひんはんばい》の戦略《せんりゃく》の大切《たいせつ》さ

2 消費者《しょうひしゃ》ニーズの大切《たいせつ》さ

3 商品《しょうひん》の大《おお》きさの大切《たいせつ》さ

4 開発視点《かいはつしてん》の転換《てんかん》の大切《たいせつ》さ

다 군이 대부분의 사람이 손으로 잡을 때 들기가 불편할 것 같다는 것을 깨닫고 한 단계 작게 만들었더니 대히트 쳤었지. 의외로 사소한 부분에 개발의 번뜩임이 숨겨져 있는 거야. 때문에, 항상 이러한 점을 유의하며, 신상품 개발에 몰두해 주길 바란다.

부장은 무엇에 관해서 이야기하고 있습니까?

1 상품 판매 전략의 중요성

2 소비자 요망의 중요성

3 상품 크기의 중요성

4 개발 시점 전환의 중요성

풀이 '상품이 팔리지 않은 이유를 알기 위해서는 고객의 요망을 얼마나 잘 살피고 있는가에 달려 있다고 생각한다. 예를 들면 기획부의 야마다 군이 대부분의 사람이 손으로 잡을 때 들기가 불편할 것 같다는 것을 깨닫고 한 단계 작게 만들었더니 대히트 쳤었지'라는 남자의 말에서 2번이 정답이라는 것을 알 수 있다.

단어 商品開発《しょうひんかいはつ》 상품 개발 | 失敗《しっぱい》 실패 | 生《う》み出《だ》す 만들어내다 | 価格帯《かかくたい》 가격대 | 機能《きのう》 기능 | 検証《けんしょう》 검증 | 不十分《ふじゅうぶん》 불충분 | 圧《あつ》倒《とう》 압도 | 当初《とうしょ》 당초 | 手《て》にする 손에 들다 | 持《も》ちにくい 들기 힘들다 | 一回《ひとまわ》り 한 단계 | 意外《いがい》 의외 | ささいな 사소한, 하찮은 | ひらめき 번뜩임, 아이디어 | 潜《ひそ》む 숨어 있다, 잠재하다 | 取《と》り組《く》む 몰두하다

4

女《おんな》の学生《がくせい》と男《おとこ》の学生《がくせい》が話《はな》しています。

女：ねえ、小川君《おがわくん》。ホテルのレストランでアルバイトしているんだって？ どこのホテルなの？

男：へへへ。駅前《えきまえ》のニュー東洋《とうよう》ホテルだよ。大《だい》人気《にんき》のレストランだからひっきりなしにお客《きゃく》さんはくるから、もう毎日《まいにち》くたくただよ。

女：なんだか大変《たいへん》そうね。

男：そうだね。しかも、授業《じゅぎょう》終《お》わってからでしょ。6時《じ》に入《はい》って、１１時《じ》に上《あ》がるから、終電《しゅうでん》で家《いえ》に着《つ》いたら、毎日《まいにち》１時《じ》。もうベッドに直行《ちょっこう》だよ。次《つぎ》の日《ひ》授業《じゅぎょう》なんて眠《ねむ》くてもう最悪《さいあく》。

女：へえ。

4

여학생과 남학생이 이야기하고 있습니다.

여: 저기, 오가와 군. 호텔 레스토랑에서 아르바이트 하고 있다면서? 어느 호텔이야?

남: 헤헤헤. 역 앞의 뉴 동양 호텔이야. 대인기 레스토랑이라 끊임없이 손님이 와서 이미 매일 녹초가 돼.

여: 어쩐지 힘들어 보이네.

남: 그렇지. 게다가 수업 끝나고 하는 거잖아. 6시에 시작해서 11시에 끝나니까 막차로 집에 도착하면 매일 1시야. 이젠 침대로 바로 가는 거지. 다음 날 수업 같은 경우에도 졸려서 완전 최악이야.

여: 저런.

男：でもね。さすがは高級《こうきゅう》ホテルだけあって、時《じ》給《きゅう》がよくてね。実《じつ》は春休《はるやす》みアメリカに旅行《りょこう》するつもりなんだけど、思《おも》ったより早《はや》く貯《た》まりそうで、今月《こんげつ》いっぱいで辞《や》められそうかな。

女：私《わたし》だったら時給《じきゅう》が安《やす》くても楽《らく》な仕事《しごと》を長《なが》くするほうがいいかな。

男：そう？僕《ぼく》は体力《たいりょく》だけには自信《じしん》があるから、絶《ぜつ》対《たい》時給優先《じきゅうゆうせん》だね。

女：そっかあ。

男《おとこ》の学生《がくせい》は今《いま》しているアルバイトについてどう思《おも》っていますか。

1　授業《じゅぎょう》に影響《えいきょう》があるので早《はや》く辞《や》めたい。

2　大変《たいへん》だけどお金《かね》がもうかるのでよい。

3　高級《こうきゅう》ホテルなのでやり甲斐《がい》がある。

4　もっと楽《らく》な仕事《しごと》をしたい。

남: 하지만, 역시 고급 호텔인 만큼 시급이 좋아. 실은 봄 방학 미국으로 여행 갈 생각인데 생각보다 빨리 돈이 모여질 것 같아서 이번 달 말로 그만둘 수 있을 것 같아.

여: 나라면 시급이 낮더라도 편한 일을 오래 하는 쪽이 좋아.

남: 그래? 난 체력만은 자신이 있기 때문에 꼭 시급 우선이지.

여: 그렇구나.

남학생은 지금 하고 있는 아르바이트를 어떻게 생각하고 있습니까?

1　수업에 영향이 있기 때문에 빨리 그만두고 싶다.

2　힘들지만 돈이 벌려서 좋다.

3　고급 호텔이기 때문에 일하는 보람이 있다.

4　좀더 편한 일을 하고 싶다.

풀이 현재 하고 있는 아르바이트가 힘은 들지만 시급이 좋고, 자신은 체력만은 자신이 있기 때문에 꼭 시급이 우선이라는 남학생의 말에서 2번이 정답이라는 것을 알 수 있다.

단어 ひっきりなしに 끊임없이 | 終電《しゅうでん》 마지막 전철(막차) | 直行《ちょっこう》 직행 | 眠《ねむ》い 졸리다 | 最悪《さいあく》 최악 | 高級《こうきゅう》 고급 | だけあって ~인 만큼 | 春休《はるやす》み 봄 방학 | 辞《や》める 그만두다 | 時給《じきゅう》 시급 | 楽《らく》 편안함 | 体力《たいりょく》 체력 | 優先《ゆうせん》 우선

5

テレビで火山《かざん》の専門家《せんもんか》が話《はな》しています。

男：火山《かざん》はひとたび噴火《ふんか》すると、噴石《ふんせき》や火砕流《かさいりゅう》などが短時間《たんじかん》で襲来《しゅうらい》する可能性《かのうせい》があります。いつ発生《はっせい》するかわからない噴火《ふんか》に対《たい》して、しっかりと備《そな》えておくことが大切《たいせつ》です。まず、過《か》去《こ》の火山活動《かざんかつどう》や噴火《ふんか》から、噴石《ふんせき》や火砕流《かさいりゅう》などの災害《さいがい》がどの範囲《はんい》まで及《およ》ぶか、ある程度予測《ていどよそく》することができます。それを地図《ちず》で示《しめ》したものがハザードマップです。あらかじめハザードマップで、危険《きけん》な区域《くいき》を確認《かくにん》しておきましょう。ひとたび火山《かざん》が噴火《ふんか》すると、その噴火《ふんか》は長期間続《ちょうきかんつづ》くことがあります。特《とく》に火山灰《かざんばい》は広範囲《こうはんい》に飛散《ひさん》し、人体《じんたい》にもさまざまな害《がい》をも

5

텔레비전에서 화산 전문가가 이야기하고 있습니다.

남: 화산은 한차례 분화하면, 분석이나 화쇄류 등이 단시간에 덮칠 가능성이 있습니다. 언제 발생할지 모르는 분화에 대해서 잘 대비해 두는 것이 중요합니다. 우선, 과거의 화산활동이나 분화로부터 분석이나 화쇄류 등의 재해가 어느 범위까지 미치는지 어느정도 예측할 수 있습니다. 그것을 지도로 표시한 것이 해저드 맵(긴급 대피 경로도)입니다. 사전에 해저드 맵으로 위험한 구역을 확인해 둡시다. 한차례 화산이 분화하면 그 분화는 장기간 계속될 때가 있습니다. 특히 화산재는 광범위에 비산해서 인체에도 여러 가지 해를 초래합니다. 유사시에 화산재로부터 자신의 몸을 지키기 위해서도 마스크나 보

たらします。いざというときに、火山灰《かざんばい》から自分《じぶん》の身《み》を守《まも》るためにも、マスクやゴーグルなどの防災《ぼうさい》グッズを備《そな》えておきましょう。

호 안경 등의 방재 상품을 준비해 둡시다.

専門家《せんもんか》は主《おも》に何《なに》について話《はな》していますか。

1 火山《かざん》の被害予想《ひがいよそう》
2 過去《かこ》の火山《かざん》の傾向《けいこう》
3 火山噴火《かざんふんか》の危険性《きけんせい》
4 火山防災《かざんぼうさい》の大切《たいせつ》さ

전문가는 주로 무엇에 관해서 이야기하고 있습니까?

1 화산의 피해 예상
2 과거의 화산 경향
3 화산 분화의 위험성
4 화산 방재의 중요성

풀이 한차례 분화한 화산은 또 분화할 수가 있으니 이것에 대비해, '해저드 맵으로 위험한 구역을 확인해 두고, 자신의 몸을 지키기 위한 마스크나 보호 안경 등을 준비하라'는 남자의 말에서 4번의 '화산 방재의 중요성'이 정답이라는 것을 알 수 있다.

단어 火山《かざん》 화산 | ひとたび 한차례 | 噴火《ふんか》 분화 | 噴石《ふんせき》 분석(화산에서 분출된 자갈) | 火砕流《かさいりゅう》 화쇄류(화산쇄설류) | 短時間《たんじかん》 단시간 | 備《そな》える 대비하다, 준비하다 | 過去《かこ》 과거 | 活動《かつどう》 활동 | 災害《さいがい》 재해 | 範囲《はんい》 범위 | 及《およ》ぶ 미치다 | 予測《よそく》 예측 | 地《ち》図《ず》 지도 | ハザードマップ 해저드 맵(긴급 대피 경로도) | 危険《きけん》 위험 | 確認《かくにん》 확인 | 長期間《ちょうきかん》 장기간 | 広範囲《こうはんい》 광범위 | 飛《ひ》散《さん》 비산 | 害《がい》をもたらす 해를 끼치다 | 身《み》を守《まも》る 몸을 지키다 | ゴーグル 보호안경 | 防災《ぼうさい》 방재

문제 3 개요 이해 | 실전 테스트 ③

문제집 p.422

1 ① 2 ② 3 ③ 4 ④ 5 ②

問題《もんだい》3

問題《もんだい》3では、問題用紙《もんだいようし》に何《なに》も印刷《いんさつ》されていません。この問題《もんだい》は、全体《ぜんたい》としてどんな内容《ないよう》かを聞《き》く問題《もんだい》です。話《はなし》の前《まえ》に質問《しつもん》はありません。まず話《はなし》を聞《き》いてください。それから、質《しつ》問《もん》とせんたくしを聞《き》いて、1から4の中《なか》から、最《もっと》もよいものを一《ひと》つ選《えら》んでください。

문제 3

문제 3에서는 문제지에 아무것도 인쇄되어 있지 않습니다. 이 문제는 전체로서 어떤 내용인지를 묻는 문제입니다. 이야기 전에 질문은 없습니다. 우선 이야기를 들으세요. 그러고 나서 질문과 선택지를 듣고 1부터 4 중에서 가장 알맞은 것을 하나 고르세요.

1

会社《かいしゃ》の会議《かいぎ》で男《おとこ》の人《ひと》が話《はな》しています。

男：これまで我《わ》が社《しゃ》が社会的《しゃかいてき》な貢献《こうけん》として何《なに》ができるかと考《かんが》えて参《まい》りました。このたび、お客《きゃく》様《さま》の不要《ふよう》になった当社製《とうしゃせい》の服《ふく》を回収《かいしゅう》し難民《なんみん》キ

1

회사의 회의에서 남자가 이야기하고 있습니다.

남: 이제까지 우리 회사가 사회적인 공헌으로 무엇을 할 수 있는가를 생각해 왔습니다. 이번에, 손님에게 불필요해진 당사 제품의 옷을 회수해서 난민 캠

ャンプや被災地《ひさいち》など服《ふく》を必要《ひつよう》としている人々《ひとびと》に届《とど》けることにいたしました。そこで、各店《かくてん》舗《ぽ》に回収用《かいしゅうよう》のリサイクルボックスを順次設置《じゅんじせっち》していきます。各店舗《かくてんぽ》におかれましては、お客様《きゃくさま》に取《と》り組《く》みの趣旨《しゅし》をご理解《りかい》いただき、ご賛同《さんどう》いただけるようにこちらのポスターを作《つく》りましたので店舗《てんぽ》への掲載《けいさい》をお願《ねが》いいたします。なお、お客様《きゃくさま》には衣類支援先《いるいしえんさき》によい状態《じょうたい》で届《とど》けることができるように、洗濯《せんたく》のうえ、リサイクルボックスに入《い》れるようにご案内《あんない》ください。

男《おとこ》の人《ひと》は主《おも》に何《なに》について話《はな》していますか。

1 服《ふく》のリサイクルの趣旨《しゅし》

2 不要《ふよう》になった服《ふく》の回収《かいしゅう》

3 リサイクルの意図《いと》の理解《りかい》

4 リサイクル時《じ》の注意点《ちゅういてん》

프나 재해지 등 옷을 필요로 하는 사람들에게 보내기로 했습니다. 그래서 각 점포에 회수용 재활용 박스를 순차적으로 설치해 가겠습니다. 각 점포에서는 손님이 기획의 취지를 이해하셔서, 동의를 해 주실 수 있도록 이쪽의 포스터를 준비했으므로 점포에 게재를 부탁드립니다. 또한 손님에게는 의류 지원할 곳에 좋은 상태로 보낼 수 있도록 세탁한 다음 재활용 박스에 넣도록 안내해 주세요.

남자는 주로 무엇에 관해서 이야기하고 있습니까?

1 옷의 재활용 취지

2 불필요해진 옷의 회수

3 재활용 의도의 이해

4 재활용할 때의 주의점

풀이 회사 측에서 사회적인 공헌을 생각해 오다가 '손님에게 불필요해진 당사 제품의 옷을 필요로 하는 사람들에게 보내기로 했다'는 것이 주된 내용이므로 1번이 정답이다. 선택지 2번은 옷의 재활용 취지에 대한 구체적 내용이고, 3번과 4번은 옷의 재활용 취지에 따른 부수적 내용이므로 오답이다.

단어 我《わ》が社《しゃ》 우리 회사 | 貢献《こうけん》 공헌 | 当社製《とうしゃせい》の服《ふく》 당사 제품의 옷 | 回収《かいしゅう》 회수 | 難民《なんみん》キャンプ 난민 캠프 | 被災地《ひさいち》 재해지 | 届《とど》ける 보내다 | 各店舗《かくてんぽ》 각 점포 | リサイクルボックス 재활용 박스 | 順次《じゅんじ》 순차적으로 | 設置《せっち》 설치 | 取《と》り組《く》み 대처, 기획 | 趣旨《しゅし》 취지 | 理解《りかい》 이해 | 賛同《さんどう》 찬성, 동의 | 掲載《けいさい》 게재 | 衣類《いるい》 의류 | 支援先《しえんさき》 지원처 | 状態《じょうたい》 상태 | 洗濯《せんたく》 세탁 | 案《あん》内《ない》 안내

2

テレビで専門家《せんもんか》が話《はな》しています。

男：漁師《りょうし》というと荒《あら》い海《うみ》で船《ふね》を操縦《そうじゅう》し、縄《なわ》や網《あみ》を使《つか》いながら魚《さかな》をとるので体力《たいりょく》が必須《ひっす》です。そのため、漁師《りょうし》たちは日《ひ》ごろから、筋力《きんりょく》トレーニングにも余念《よねん》がありません。また、その日《ひ》ごとの天候《てんこう》を読《よ》み、風《かぜ》による潮《しお》の流《なが》れの変化《へんか》や雨《あめ》による海水《かいすい》の温度《おんど》の変化《へんか》など、さまざまな情報《じょうほう》を分析《ぶんせき》することで魚《さかな》が多《おお》く獲《と》れる場所《ばしょ》を見《み》つけ出《だ》すことができるのです。天気予報《てんきよほう》

2

텔레비전에서 전문가가 이야기하고 있습니다.

남: 어부라고 하면 거친 바다에서 배를 조종하고 줄이나 망을 사용해서 물고기를 잡기 때문에 체력이 필수입니다. 그 때문에 어부들은 평소에 근력 훈련에도 여념이 없습니다. 또한, 그 날마다 날씨를 파악하고 바람에 의한 조수의 흐름의 변화나 비에 의한 해수의 온도 변화 등 여러 가지 정보를 분석함으로써 물고기가 많이 잡히는 장소를 찾아낼 수가 있는 것입니다. 일기예보에 의존하는 것만이 아닌, 스스

に頼《たよ》るだけでなく、自分《じぶん》で天気図《てんきず》を見《み》られる漁師《りょうし》が多《おお》いのはこのためです。ですので、ベテランの漁師《りょうし》は、気象学《きしょうがく》はもちろんのこと、魚介類《ぎょかいるい》の生態学《せいたいがく》の知識《ちしき》も豊富《ほうふ》なのです。

専門家《せんもんか》は主《おも》に何《なに》について話《はな》していますか。

1　魚《さかな》を捕《と》るための秘訣《ひけつ》

2　漁師《りょうし》に必要《ひつよう》なこと

3　天気《てんき》と漁《りょう》の関係《かんけい》

4　魚介類《ぎょかいるい》の生態系《せいたいけい》

로 일기도를 볼 수 있는 어부가 많은 것은 이 때문입니다. 때문에 베테랑 어부는 기상학은 물론이고 어패류의 생태학 지식도 풍부한 것입니다.

전문가는 주로 무엇에 관해서 이야기하고 있습니까?

1　물고기를 잡기 위한 비결

2　어부에게 필요한 것

3　날씨와 어업의 관계

4　어패류의 생태계

풀이 어부는 '체력이 필수'이고 '여러 가지 정보를 분석'해서 물고기가 잘 잡히는 곳도 알며, '일기도'를 볼 수 있으며, 어패류의 '생태학 지식도 풍부'하다는 것이 주된 내용이기 때문에, '어부에게 필요한 것'인 2번이 정답이다.

단어 漁師《りょうし》어부 | 荒《あら》い海《うみ》 거친 바다 | 操縦《そうじゅう》 조종 | 縄《なわ》 줄 | 網《あみ》 망 | 必須《ひっす》 필수 | 日《ひ》ごろ 평소 | 筋力《きんりょく》トレーニング 근력 훈련 | 余《よ》念《ねん》 여념 | 潮《しお》 조수 | 海水《かいすい》 해수 | 温度《おんど》 온도 | 情報《じょうほう》 정보 | 分析《ぶんせき》 분석 | 獲《と》れる 잡히다 | 天気予報《てんきよほう》 일기예보 | 頼《たよ》る 의존하다 | 天気図《てんきず》 일기도 | 気象学《きしょうがく》 기상학 | 魚介類《ぎょかいるい》 어패류 | 生態学《せいたいがく》 생태학 | 知識《ちしき》 지식 | 豊富《ほうふ》 풍부

3

ラジオで男《おとこ》の人《ひと》が話《はな》しています。

男：みなさん、今日《きょう》は僕《ぼく》が経験《けいけん》した面白《おもしろ》い話《はなし》をしたいと思《おも》います。僕《ぼく》はきっすいの名古屋人《なごやじん》なんですが、転勤《てんきん》で上京《じょうきょう》したてのころのことです。会議室《かいぎしつ》で打《う》ち合《あ》わせを終《お》えて、デッドストックの片付《かたづ》けをしていたのですが、急《きゅう》に上司《じょうし》から呼《よ》び出《だ》されて、テーブルの上《うえ》にあったペットボトルを部下《ぶか》に「それほかっといて」と言《い》って、会議室《かいぎしつ》を出《で》たんですね。それから、会議室《かいぎしつ》に戻《もど》ったら、ペットボトルがそのまま残《のこ》っていて、かっとなった僕《ぼく》は部下《ぶか》に電話《でんわ》かけて、怒《おこ》ったんです。そしたら部下《ぶか》が「そのままにしておいてと言《い》われたから、そのままにしておきました」と言《い》うんです。僕《ぼく》はその時《とき》になって「あ～東京《とうきょう》の方《ほう》ではそういう意味《いみ》だよね」と悟《さと》ったんです。でも、東京《とうきょう》で暮《く》らしてから２０年《ねん》経《た》った今《いま》も、なかなかなまりが直《なお》らないです。

3

라디오에서 남자가 이야기하고 있습니다.

남: 여러분, 오늘은 제가 경험한 재미있는 이야기를 하려고 합니다. 저는 본토박이 나고야인입니다만, 전근으로 막 상경했을 무렵의 일입니다. 회의실에서 협의를 끝내고 불량 재고품 정리를 하고 있었는데 갑자기 상사로부터 호출 받아 테이블 위에 있던 페트병을 부하 직원에게 '그거 던져 놔'라고 말하고, 회의실을 나왔습니다. 그러고 나서 회의실에 돌아왔더니 페트병이 그대로 남겨져 있어 불끈 화가 난 저는 부하 직원에게 전화를 해서 화를 낸 겁니다. 그랬더니 부하가 '그대로 두라고 해서 그대로 두었습니다'라고 하는 겁니다. 저는 그때가 되어 '아~ 도쿄 쪽은 그런 뜻이구나'라고 깨닫게 되었던 겁니다. 하지만, 도쿄에서 살며 20년이 지난 지금도, 좀처럼 사투리가 고쳐지지 않습니다.

男《おとこ》の人《ひと》は何《なに》について話《はな》していますか。

1 東京《とうきょう》での言葉《ことば》の違《ちが》い

2 会社《かいしゃ》での話《はな》し方《かた》の違《ちが》い

3 地域《ちいき》による言葉《ことば》の違《ちが》い

4 言葉《ことば》のニュアンスの違《ちが》い

남자는 무엇에 관해서 이야기하고 있습니까?

1 도쿄에서의 말의 차이

2 회사에서의 말하는 방식의 차이

3 지역에 따른 말의 차이

4 말의 뉘앙스의 차이

풀이 나고야 출신의 남자가 자신의 부하 직원에게 페트병을 '정리하라'는 뜻으로 '그거 던져 놔'라고 하자, 부하 직원이 치우지 않고 그대로 둔 것을 보고 '도쿄에서는 그 뜻이 아니다'라는 것을 알게 된 남자 자신의 경험담을 이야기하고 있다. 따라서 '지역에 따른 말의 차이'인 3번이 정답임을 알 수 있다.

단어 きっすい 본토박이 | 転勤《てんきん》 전근 | 上京《じょうきょう》 상경 | 会議室《かいぎしつ》 회의실 | 打《う》ち合《あ》わせ 협의 | デッドストック 데드 스톡, 불량 재고품 | 片付《かたづ》け 정리 | 上司《じょうし》 상사 | 呼《よ》び出《だ》す 호출하다 | ペットボトル 페트병 | 部下《ぶか》 부하 | かっとなる 불끈 화가 나다 | 怒《おこ》る 화내다 | 意味《いみ》 의미 | なまり 사투리

4

あるスタートアップの創業者《そうぎょうしゃ》が話《はな》しています。

男：生成《せいせい》AIというのはコンピューターが学習《がくしゅう》したデータを元《もと》に新《あたら》しいデータや情報《じょうほう》をアウトプットできるAIのことです。たとえば新《あたら》しいデザインや音楽《おんがく》、映像《えいぞう》を自動《じどう》で生成《せいせい》する技術《ぎじゅつ》や、新《あたら》しい製品《せいひん》やデザインのアイデアを素早《すばや》く試《ため》すことができる能力《のうりょく》です。これによって、一《いち》部《ぶ》の創造的《そうぞうてき》な作業《さぎょう》を自動化《じどうか》できるし、デザインや製品開発《せいひんかいはつ》の過程《かてい》を効率化《こうりつか》することで生産《せいさん》性《せい》を向上《こうじょう》させ、コストの削減《さくげん》にもつながります。ただ、これを使《つか》う側《がわ》は、著作権《ちょさくけん》とか個人《こじん》情報《じょうほう》を侵《おか》したり、偏向《へんこう》や差別《さべつ》を反映《はんえい》していないか、倫理的《りんりてき》、社会的《しゃかいてき》な側面《そくめん》も考慮《こうりょ》して賢明《けんめい》な選択《せんたく》をしなければならないと思《おも》います。

創業者《そうぎょうしゃ》は何《なに》について話《はな》していますか。

1 生成《せいせい》AIの定義《ていぎ》と役割《やくわり》

2 生成《せいせい》AIの創造性《そうぞうせい》と効率性《こうりつせい》

3 生成《せいせい》AIの倫理的《りんりてき》な問題点《もんだいてん》

4 生成《せいせい》AIのメリットと注意点《ちゅういてん》

4

어느 스타트 업의 창업자가 이야기하고 있습니다.

남: 생성 인공지능이라는 것은 컴퓨터가 학습한 데이터를 토대로 새로운 데이터나 정보를 산출할 수 있는 인공지능입니다. 예를 들면, 새로운 디자인이나 음악, 영상을 자동으로 생성하는 기술이나, 새로운 제품이나 디자인의 아이디어를 빠르게 시험해 볼 수 있는 능력입니다. 이것에 의해서, 일부 창조적인 작업을 자동화할 수 있고, 디자인이나 제품 개발의 과정을 효율화함으로써 생산성을 향상시켜, 비용의 삭감으로도 이어집니다. 단, 이것을 사용하는 쪽은, 저작권이나 개인정보를 침해하거나, 편향이나 차별을 반영하고 있지 않는지, 윤리적, 사회적인 측면도 고려해서 현명한 선택을 하지 않으면 안 된다고 생각합니다.

창업자는 무엇에 관해서 이야기하고 있습니까?

1 생성 인공지능의 정의와 역할

2 생성 인공지능의 창의성과 효율성

3 생성 인공지능의 윤리적인 문제점

4 생성 인공지능의 장점과 주의점

풀이 '생성 인공지능은 생산성을 향상시켜, 비용의 삭감으로도 이어질 수 있으나, 이것을 사용하는 쪽은, 윤리적, 사회

적인 측면도 고려해서 현명한 선택을 하지 않으면 안 된다'는 남자의 말에서 생성 인공지능의 장점과 주의점에 관해서 이야기하고 있음을 알 수 있다. 따라서 4번이 정답이다.

단어 スタートアップ 스타트 업, 벤처기업 | 創業者《そうぎょうしゃ》 창업자 | 生成《せいせい》AI 생성 인공지능 | コンピューター 컴퓨터 | 学習《がくしゅう》 학습 | データ 데이터 | 元《もと》に 토대로 | アウトプット 출력, 산출 | デザイン 디자인 | 映像《えいぞう》 영상 | 自動《じどう》 자동 | 技術《ぎじゅつ》 기술 | 製品《せいひん》 제품 | アイデア 아이디어 | 素早《すばや》い 재빠르다 | 試《ため》す 시험해 보다 | 能力《のうりょく》 능력 | 創造的《そうぞうてき》 창조적 | 作業《さぎょう》 작업 | 自動化《じどうか》 자동화 | 開発《かいはつ》 개발 | 過程《かてい》 과정 | 効率化《こうりつか》 효율화 | 生産性《せいさんせい》 생산성 | 向上《こうじょう》 향상 | コスト 비용 | 削減《さくげん》 삭감 | 使《つか》う側《がわ》 사용하는 쪽 | 著作権《ちょさくけん》 저작권 | 個人情報《こじんじょうほう》 개인정보 | 侵《おか》す 침해하다 | 偏向《へんこう》 편향 | 差別《さべつ》 차별 | 反映《はんえい》 반영 | 倫理的《りんりてき》 윤리적 | 社《しゃ》会的《かいてき》 사회적 | 側面《そくめん》 측면 | 考慮《こうりょ》 고려 | 賢明《けんめい》 현명 | 選択《せんたく》 선택 | メリット 장점

5

ラジオで女《おんな》の人《ひと》が話《はな》しています。

女：梅雨入《つゆい》りしてじめじめとした天気《てんき》が続《つづ》いていますがいかがお過《す》ごしでしょうか。雨《あめ》の日《ひ》に必須《ひっす》の傘《かさ》ですが、その傘《かさ》のために苦労《くろう》している皆《みな》さんも多《おお》いのではないでしょうか。特《とく》に、雨《あめ》の日《ひ》に濡《ぬ》れている傘《かさ》を持《も》ったまま電車《でんしゃ》に乗《の》ったり、建物《たてもの》に入《はい》るのは他《ほか》の人《ひと》にも迷惑《めいわく》がかかるし、不便《ふべん》ですよね。そんな中《なか》ある化学《かがく》メーカーが開発《かいはつ》した折《お》り畳《たた》み式《しき》の傘《かさ》が人気《にんき》を集《あつ》めています。撥水効果《はっすいこうか》がある特殊《とくしゅ》な繊維《せんい》を使用《しよう》しているため、しずくを払《はら》うと一瞬《いっしゅん》にして雨粒《あまつぶ》がなくなります。しかも軽《かる》くて携帯性《けいたいせい》も抜群《ばつぐん》です。来月《らいげつ》から主要《しゅよう》デパートでお買《か》い求《もと》めになれるそうです。

女《おんな》の人《ひと》は何《なに》ついて話《はな》していますか。

1 新《あたら》しい傘《かさ》の使《つか》い方《かた》
2 新《あたら》しい傘《かさ》の特徴《とくちょう》
3 新《あたら》しい傘《かさ》の材料《ざいりょう》
4 新《あたら》しい傘《かさ》の利便性《りべんせい》

5

라디오에서 여자가 이야기하고 있습니다.

여: 장마철이 되면서 눅눅한 날씨가 이어지고 있습니다만, 어떻게 보내고 계시나요? 비 오는 날의 필수가 우산인데요, 그 우산 때문에 고생하고 있는 여러분도 많을 겁니다. 특히, 비 오는 날 젖은 우산을 든 채로 전철을 타거나 건물에 들어가는 것은 다른 사람에게도 폐가 되고 불편하죠? 그런 중에 어느 화학 제조회사가 개발한 접이식 우산이 인기를 모으고 있습니다. 발수 효과가 있는 특수한 섬유를 사용했기 때문에, 물방울을 털면 한순간에 빗방울이 없어집니다. 게다가 가벼워서 휴대성도 뛰어납니다. 다음 달부터 주요 백화점에서 구매하실 수 있다고 합니다.

여자는 무엇에 관해서 이야기하고 있습니까?

1 새로운 우산의 사용법
2 새로운 우산의 특징
3 새로운 우산의 재료
4 새로운 우산의 편의성

풀이 라디오에서 화학 제조회사에서 새로 개발한 '발수 효과'와 '휴대성'이 뛰어난 우산을 소개하고 있으며, 이것은 '새로운 우산의 특징'에 대한 이야기에 해당되므로 2번이 정답이다. 또한 내용 중 특수 섬유를 사용했다는 말이 나오긴 하지만 재료에 대한 구체적인 설명은 없기 때문에 3번은 오답이다.

단어 梅雨入《つゆい》り 장마가 듦 | じめじめ 눅눅함 | 必須《ひっす》 필수 | 濡《ぬ》れる 젖다 | 迷惑《めいわく》 폐 | 科学《かがく》メーカ 화학 제조회사 | 開発《かいはつ》 개발 | 折《お》り畳《たた》み式《しき》 접이식 | 撥水効果《はっすいこうか》 발수 효과 | 特殊《とくしゅ》 특수 | 繊維《せんい》 섬유 | しずくを払《はら》う 물방울을 털다 | 一瞬《いっしゅん》にして 한순간에 | 雨粒《あまつぶ》 빗방울 | 携帯性《けいたいせい》 휴대성 | 抜群《ばつぐん》 발군(뛰어남) | 主要《しゅよう》 주요 | 買《か》い求《もと》める 구매하다

문제 3 개요 이해 | 실전 테스트 ❹

1 ② 2 ④ 3 ③ 4 ③ 5 ③

問題《もんだい》3

問題《もんだい》3では、問題用紙《もんだいようし》に何《なに》も印刷《いんさつ》されていません。この問題《もんだい》は、全体《ぜんたい》としてどんな内容《ないよう》かを聞《き》く問題《もんだい》です。話《はなし》の前《まえ》に質問《しつもん》はありません。まず話《はなし》を聞《き》いてください。それから、質《しつ》問《もん》とせんたくしを聞《き》いて、１から４の中《なか》から、最《もっと》もよいものを一《ひと》つ選《えら》んでください。

문제 3

문제 3에서는 문제지에 아무것도 인쇄되어 있지 않습니다. 이 문제는 전체로서 어떤 내용인지를 묻는 문제입니다. 이야기 전에 질문은 없습니다. 우선 이야기를 들으세요. 그러고 나서 질문과 선택지를 듣고 1부터 4 중에서 가장 알맞은 것을 하나 고르세요.

1

テレビでアナウンサーが話《はな》しています。

女：近年《きんねん》、スキー場《じょう》の倒産《とうさん》が増《ふ》えています。かつては冬《ふゆ》のスポーツの代名詞《だいめいし》だったスキーも娯《ご》楽《らく》の多様化《たようか》からゲレンデに足《あし》を運《はこ》ぶ人口《じんこう》が減《へ》り、多《おお》くのスキー場《じょう》が経営難《けいえいなん》となりました。そんな中《なか》、数年前《すうねんまえ》からはスノーボードの人気《にんき》の高《たか》まりや、様々《さまざま》なイベントを実施《じっし》するなどしてスキー場《じょう》も賑《にぎ》わいを取《と》り戻《もど》してきました。それでも、経営《けいえい》に行《ゆ》き詰《づ》まるスキー場《じょう》が増《ふ》えているのは、慢性的《まんせいてき》な暖冬《だんとう》による雪不足《ゆきぶそく》のため実質的《じっしつてき》に営業《えいぎょう》ができないからです。自《し》然《ぜん》の前《まえ》にいかに人間《にんげん》が無力《むりょく》なのかがよくわかります。

アナウンサーは何《なに》について話《はな》していますか。

1 スキー人口《じんこう》が減《へ》っている原因《げんいん》
2 スキー場《じょう》が倒産《とうさん》する原因《げんいん》
3 近年《きんねん》のウィンタースポーツの特徴《とくちょう》
4 倒産《とうさん》するスキー場《じょう》の特徴《とくちょう》

1

텔레비전에서 아나운서가 이야기하고 있습니다.

여: 최근, 스키장의 도산이 늘고 있습니다. 예전에는 겨울 스포츠의 대명사였던 스키도 오락의 다양화로 스키 연습장을 찾는 인구가 줄고, 많은 스키장이 경영난을 겪고 있습니다. 그런 중, 수년 전부터는 스노보드의 높은 인기와 여러 가지 이벤트를 실시하는 등 해서 스키장도 활기를 되찾았습니다. 그런데도 경영의 벽에 부딪치는 스키장이 늘고 있는 것은 만성적인 따뜻해진 겨울에 의한 눈 부족으로 인해 실질적으로 운영을 할 수 없기 때문입니다. 자연 앞에 인간이 얼마나 무력한 것인지를 잘 알 수 있습니다.

아나운서는 무엇에 관해서 이야기하고 있습니까?

1 스키 인구가 줄고 있는 원인
2 스키장이 도산하는 원인
3 최근 겨울 스포츠의 특징
4 도산하는 스키장의 특징

풀이 오락의 다양화로 스키장을 찾는 발길이 줄고, 만성적인 난동(따뜻한 겨울)에 의한 눈 부족으로 인해 경영난을 겪어 최근 도산하는 스키장이 늘고 있다는 내용이므로 '스키장이 도산하는 이유'인 2번이 정답이다.

단어 倒産《とうさん》 도산 | 行《ゆ》き詰《づ》まる 막다르다(벽에 부딪치다) | 慢性的《まんせいてき》 만성적 | 暖冬《だんとう》 난동(따뜻한 겨울) | 実質的《じっしつてき》 실질적 | 無力《むりょく》 무력

2

テレビでアナウンサーが話《はな》しています。

男：突発的《とっぱつてき》な激《はげ》しい雨《あめ》や雷雨《らいう》になるいわゆるゲリラ豪雨《ごうう》が近年《きんねん》増《ふ》えてきています。地球《ちきゅう》の温《おん》暖化《だんか》によるものですが、今後《こんご》も増加傾向《ぞうかけいこう》が続《つづ》くでしょう。それに伴《ともな》い、ゲリラ豪雨時《ごううじ》の交《こう》通事故《つうじこ》も増《ふ》えています。では、突然《とつぜん》のゲリラ豪雨《ごうう》のとき、クルマを運転《うんてん》していたらどうしたらよいでしょう。ワイパーをハイスピードにしても対向車《たいこうしゃ》や通行人《つうこうにん》が見《み》えにくいですので、とにかく車《くるま》を止《と》め、豪雨《ごうう》が過《す》ぎるのを待《ま》つことが最善策《さいぜんさく》です。車《くるま》を止《と》められないときは、ライトを点灯《てんとう》しスピードは控《ひか》え目《め》に、できるだけ車間《しゃかん》をあけて走行《そうこう》しましょう。大雨《おおあめ》のとき高速走行《こうそくそうこう》すると、ハンドルやブレーキが効《き》かなくなることもあるからです。

アナウンサーは何《なに》について話《はな》していますか。

1 ゲリラ豪雨時《ごううじ》の気象現象《きしょうげんしょう》

2 ゲリラ豪雨時《ごううじ》の部品整備《ぶひんせいび》

3 ゲリラ豪雨時《ごううじ》の走行速度《そうこうそくど》

4 ゲリラ豪雨時《ごううじ》の運転方法《うんてんほうほう》

2

텔레비전에서 아나운서가 이야기하고 있습니다.

남: 돌발적인 세찬 비나 뇌우가 발생하는 이른바 게릴라 호우가 최근 늘고 있습니다. 지구 온난화 때문입니다만, 앞으로도 증가 경향이 이어질 겁니다. 그에 따른 게릴라 호우 때의 교통사고도 늘고 있습니다. 그럼, 갑작스러운 게릴라 호우 때 자동차를 운전하고 있다면 어떻게 하면 좋을까요? 와이퍼를 빠른 속도로 해도 향해 오는 차나 통행인이 잘 보이지 않기 때문에 어쨌든 차를 멈추고 호우가 지나기를 기다리는 것이 최선책입니다. 차를 멈출 수 없을 때에는 라이트를 점등하고 스피드는 자제하고 되도록 차와 차 사이 간격을 두고 주행합시다. 큰 비가 내릴 때, 고속 주행하면 핸들이나 브레이크가 듣지 않게 될 때도 있기 때문입니다.

아나운서는 무엇에 관해서 이야기하고 있습니까?

1 게릴라 호우 때의 기상 현상

2 게릴라 호우 때의 부품 정비

3 게릴라 호우 때의 주행 속도

4 게릴라 호우 때의 운전 방법

풀이 최근 게릴라 호우가 늘고 있으며, 그때 운전할 경우 차를 멈추는 게 좋겠지만 멈추지 못할 경우엔 '라이트를 켜고 스피드를 자제하고 되도록 자동차 간격을 두고 운전하라'는 내용에서 4번이 정답이라는 것을 알 수 있다. 여기서 '스피드를 내지 말라'는 내용은 있지만 구체적인 주행 속도는 나오지 않았으므로 3번은 오답이다.

단어 突発的《とっぱつてき》 돌발적 | 激《はげ》しい (격)심하다, 세차다 | 雷雨《らいう》 뇌우 | いわゆる 이른바 | ゲリラ豪雨《ごうう》 게릴라 호우 | 地球《ちきゅう》 지구 | に伴《ともな》い ~와 동반하여 | 交通事故《こうつうじこ》 교통사고 | 運転《うんてん》 운전 | 対向車《たいこうしゃ》 대향차(마주 향해 오는 차) | 通行人《つうこうにん》 통행인 | 最善策《さいぜんさく》 최선책 | 点灯《てんとう》 점등 | 控《ひか》え目《め》 조심스러움, 소극적임 | 車間《しゃかん》をあける 차와 차 사이 간격을 두다 | 高速走行《こうそくそうこう》 고속 주행 | ブレーキが効《き》かない 브레이크가 듣지 않다

3

大学《だいがく》の授業《じゅぎょう》で先生《せんせい》が話《はな》しています。

男：同《おな》じ条件《じょうけん》なのに、言《い》い回《まわ》しが変《か》われば、行動《こうどう》も変《か》わります。例《たと》えば医者《いしゃ》に手術《しゅじゅつ》を勧《すす》められているとき「手術《しゅじゅつ》すれば、9割《わり》の確率《かくりつ》で治《なお》る。」と言《い》われるのと「手術《しゅじゅつ》しても、1割《わり》の

3

대학의 수업에서 선생님이 이야기하고 있습니다.

남: 같은 조건이지만, 표현이 바뀌면 행동도 바뀝니다. 예를 들면, 의사에게 수술을 권유받고 있을 때 '수술하면 90프로의 확률로 낫는다.'고 듣는 것과 '수술해도 10프로의 확률로 낫지 않는다.'와는 환자의

確率《かくりつ》で治《なお》らない。」とでは患者《かんじゃ》の選択《せんたく》は大《おお》きくかわります。前者《ぜんしゃ》の場合《ばあい》は、手術《しゅじゅつ》を受《う》け、後者《こうしゃ》の場合《ばあい》は、手術《しゅじゅつ》を避《さ》けるようになります。つまり表現《ひょうげん》するときどこに焦点《しょうてん》を当《あ》てるかで、人《ひと》の判断《はんだん》を変《か》えてしまいます。同《おな》じことでも肯定的《こうていてき》な内容《ないよう》よりも否定的《ひていてき》な内容《ないよう》のほうが強《つよ》い印象《いんしょう》になるのです。そのため例《れい》のような否定的《ひていてき》な表現《ひょうげん》をすると、誰《だれ》もが避《さ》けるようになります。

先生《せんせい》が伝《つた》えたいことは何《なん》ですか。

1 医者《いしゃ》は肯定的《こうていてき》な話《はなし》をした方《ほう》がいい。
2 人《ひと》の判断《はんだん》は変化《へんか》しやすい。
3 表現《ひょうげん》が変《か》われば意思決定《いしけってい》も変《か》わる。
4 否定的《ひていてき》な表現《ひょうげん》を控《ひか》えた方《ほう》がいい。

선택은 크게 바뀝니다. 전자의 경우는 수술을 받고 후자의 경우는 수술을 피하게 됩니다. 결국, 표현할 때에 어디에 초점을 맞추는가로 인간의 판단을 바꿔버립니다. 같은 일이라도 긍정적인 내용보다도 부정적인 내용 쪽이 인상이 강해지는 겁니다. 그 때문에 예와 같은 부정적인 표현을 하면, 누구든 피하게 됩니다.

선생님이 전하고 싶은 것은 무엇입니까?

1 의사는 긍정적인 이야기를 하는 편이 좋다.
2 사람의 판단은 변화하기 쉽다.
3 표현이 바뀌면 의사 결정도 바뀐다.
4 부정적인 표현을 삼가는 쪽이 좋다.

풀이 '같은 조건이지만, 표현이 바뀌면 행동도 바뀝니다'와 '결국, 표현할 때에 어디에 초점을 맞추는가로 인간의 판단을 바꿔버립니다'라는 남자의 말에서 3번이 정답임을 알 수 있다.

단어 条件《じょうけん》 조건 | 言《い》い回《まわ》し 말투, 말 표현 | 行動《こうどう》 행동 | 医者《いしゃ》 의사 | 手術《しゅじゅつ》 수술 | 進《すす》める 권유하다 | 確率《かくりつ》 확률 | 治《なお》る 낫다 | 患者《かんじゃ》 환자 | 選択《せんたく》 선택 | 前者《ぜんしゃ》 전자 | 後者《こうしゃ》 후자 | 避《さ》ける 피하다 | 表現《ひょうげん》 표현 | 焦点《しょうてん》を当《あ》てる 초점을 맞추다 | 判断《はんだん》 판단 | 肯定的《こうていてき》 긍정적 | 否定的《ひていてき》 부정적 | 印象《いんしょう》 인상

4

テレビのニュース番組《ばんぐみ》でアナウンサーが話《はな》しています。

女：この島《しま》では若《わか》い人《ひと》が島《しま》を離《はな》れ、過疎化《かそか》と高齢化《こうれいか》が進《すす》み活気《かっき》を失《うしな》っていました。しかし、若《わか》い町《まち》の職員《しょくいん》が立《た》ち上《あ》がり、青《あお》い海《うみ》と空《そら》に囲《かこ》まれた環《かん》境《きょう》そして、自然豊《しぜんゆた》かな島《しま》ならではの新鮮《しんせん》な食材《しょくざい》など島《しま》の魅力《みりょく》を発信《はっしん》し、島《しま》への移住作戦《いじゅうさくせん》を繰《く》り広《ひろ》げたのです。まさに逆転《ぎゃくてん》の発想《はっそう》です。空《あ》き部《べ》屋《や》のリフォーム代《だい》、引《ひ》っ越《こ》し代《だい》の助成《じょせい》まで移住《いじゅう》に関《かか》わる経費《けいひ》の支援《しえん》も積極的《せっきょくてき》に行《おこな》ってきました。そうしたところ、都会《とかい》の生活《せいかつ》に疲《つか》れた人《ひと》たちから問《と》い合《あ》わせが多数《たすう》あり、実際《じっさい》に移住《いじゅう》する人《ひと》も増《ふ》えました。今《いま》では多《おお》くの人《ひと》が島《しま》くらしを楽《たの》しんでいるそうです。

4

텔레비전 뉴스 프로그램에서 아나운서가 이야기하고 있습니다.

여: 이 섬에는 젊은 사람이 섬을 떠나 과소화와 고령화가 진행되어 활기를 잃고 있었습니다. 그러나 젊은 마을 직원이 나서서, 파란 바다와 하늘에 둘러싸인 환경 그리고 자연이 풍요로운 섬만의 신선한 식재료 등 섬의 매력을 알리고 섬으로의 이주 작전을 펼친 것입니다. 정말로 역전의 발상입니다. 빈방의 개축 비용, 이사 비용의 조성까지 이주에 관련된 경비의 지원도 적극적으로 해 왔습니다. 그랬더니, 도시 생활에 지친 사람들로부터 문의가 많이 있고 실제로 이주하는 사람도 늘었습니다. 지금은 많은 사람이 섬 생활을 즐기고 있다고 합니다.

女《おんな》の人《ひと》は何《なに》について話《はな》していますか。

1　島《しま》の生活《せいかつ》の魅力《みりょく》

2　島《しま》への移住《いじゅう》のすすめ

3　島《しま》の過疎化《かそか》の対策《たいさく》

4　島《しま》での生活《せいかつ》の支援《しえん》

여자는 무엇에 관해서 이야기하고 있습니까?

1　섬 생활의 매력

2　섬으로의 이주 권유

3　섬 과소화의 대책

4　섬에서의 생활 지원

풀이 섬이 과소화와 고령화로 활기를 잃어가던 중 젊은 마을 직원이 나서서 '섬만의 매력을 알리고 이주 관련 경비 등도 지원해 준 결과 이주하는 사람이 늘었다'는 내용에서 '섬 과소화의 대책'인 3번이 정답이라는 것을 알 수 있다. 4번은 과소화 대책을 위해 행한 일 중 하나이므로 오답이다.

단어 島《しま》 섬 | 離《はな》れる 떨어지다 | 過疎化《かそか》 과소화(인구나 산업 등이 빠져나간 상태) | 高齢化《こうれいか》 고령화 | 活気《かつき》 활기 | 失《うしな》う 잃다 | 職員《しょくいん》 직원 | 囲《かこ》む 둘러싸다 | 立《た》ち上《あ》がる 일어서다, 나서다 | 豊《ゆた》か 풍요로움 | ならではの ~만의 | 新鮮《しんせん》 신선 | 食材《しょくざい》 식재(료) | 魅力《みりょく》 매력 | 発信《はっしん》 발신 | 移住《いじゅう》 이주 | 作戦《さくせん》 작전 | 繰《く》り広《ひろ》げる 펼치다 | 逆転《ぎゃくてん》 역전 | 発想《はっそう》 발상 | 空《あ》き部屋《べや》 빈방 | 引《ひ》っ越《こ》し 이사 | 助成《じょせい》 조성 | 経費《けいひ》 경비 | 支援《しえん》 지원 | 積極的《せっきょくてき》 적극적 | 問《と》い合《あ》わせ 문의 | 多数《たすう》 다수 | 実際《じっさい》 실제

5

テレビで男《おとこ》の人《ひと》が話《はな》しています。

男：わが社《しゃ》では書類《しょるい》の保管《ほかん》や共有《きょうゆう》の易《やす》さそして、紙《かみ》の無駄遣《むだづか》いをなくすために数年前《すうねんまえ》より書類《しょるい》のペーパーレス化《か》をすすめて来《き》ました。そして更《さら》なるペーパーレス化《か》のために電子決裁《でんしけっさい》システムを導入《どうにゅう》しました。そうしたところ、期《き》待以上《たいいじょう》の効果《こうか》がありました。場所《ばしょ》にとらわれるなどの物理的《ぶつりてき》な概念《がいねん》がなくなるため、業務《ぎょうむ》スピードが格段《かくだん》に早《はや》くなったんです。また、あらゆる役職《やくしょく》で時間《じかん》を節約《せつやく》でき、その分《ぶん》、他《ほか》の業務《ぎょうむ》に時間《じかん》を有効活用《ゆうこうかつよう》できるという見《み》えないコスト削減《さくげん》も実現《じつげん》できました。今後《こんご》はこうした長所《ちょうしょ》を生《い》かして週二日《しゅうふつか》ほどのテレワーク導入《どうにゅう》も考《かんが》えています。

男《おとこ》の人《ひと》は何《なに》ついて話《はな》していますか。

1　書類《しょるい》の効率的《こうりつてき》な管理《かんり》

2　ペーパーレス化《か》の効果《こうか》

3　電子決裁《でんしけっさい》の導入《どうにゅう》の利点《りてん》

4　テレワーク導入《どうにゅう》の計画《けいかく》

5

텔레비전에서 남자가 이야기하고 있습니다.

남: 우리 회사에서는 서류의 보관이나 손쉬운 공유 그리고 종이의 낭비를 없애기 위해서 수년 전부터 서류의 페이퍼리스화를 진행해 왔습니다. 그리고 한층 더한 페이퍼리스화를 위해서 전자결재 시스템을 도입했습니다. 그랬더니, 기대 이상의 효과가 있었습니다. 장소에 구애되는 등의 물리적인 개념이 없어지기 때문에 업무 스피드가 현격히 빨라진 겁니다. 또한, 모든 직무에서 시간을 절약할 수 있어 그만큼 다른 업무에 시간을 유효 활용할 수 있다는 보이지 않는 비용 절감도 실현할 수 있었습니다. 앞으로는 이러한 장점을 살려서 주 2일 정도의 재택근무의 도입도 생각하고 있습니다.

남자는 무엇에 관해서 이야기하고 있습니까?

1　서류의 효율적인 관리

2　페이퍼리스화의 효과

3　전자결재 도입의 이점

4　재택근무 도입 계획

풀이 '페이퍼리스화'는 수년 전부터 진행해 왔으며, 한층 더한 페이퍼리스화를 위해 전자결재 시스템을 도입을 했더니, 업무 속도가 빨라지고, 보이지 않는 비용 절감의 실현 등 기대 이상의 효과가 있었다는 남자의 말에서 3번이 정답이라는 것을 알 수 있다.

단어 保管《ほかん》 보관 | 共有《きょうゆう》 공유 | 無駄遣《むだづか》い 낭비 | ペーパーレス 페이퍼리스 | 更《さら》なる 한층 더한 | 電子決済《でんしけっさい》システム 전자결재 시스템 | 導入《どうにゅう》 도입 | 期待《きたい》 기대 | 物理的《ぶつりてき》 물리적 | 概念《がいねん》 개념 | 格段《かくだん》に 현격히 | あらゆる 모든 | 役職《やくしょく》 직무 | 節約《せつやく》 절약 | 分野《ぶんや》 분야 | 有効活用《ゆうこうかつよう》 유효 활용 | コスト削減《さくげん》 비용 절감 | 実現《じつげん》 실현 | 長所《ちょうしょ》 장점 | テレワーク 텔레워크(재택근무)

문제 4 즉시 응답 | 실전 테스트 ❶

문제집 p.424

1 ② 2 ① 3 ① 4 ③ 5 ① 6 ① 7 ③ 8 ① 9 ② 10 ① 11 ②

問題《もんだい》4

問題《もんだい》4では、問題用紙《もんだいようし》に何《なに》も印刷《いんさつ》されていません。まず文《ぶん》を聞《き》いてください。それから、それに対《たい》する返事《へんじ》を聞《き》いて、1から3の中《なか》から、最《もっと》もよいものを一《ひと》つ選《えら》んでください。

문제 4

문제 4에서는 문제지에 아무것도 인쇄되어 있지 않습니다. 우선 문장을 들으세요. 그러고 나서 그것에 대한 대답을 듣고 1부터 3 중에서 가장 알맞은 것을 하나 고르세요.

1

男：お客様《きゃくさま》、ロビー内《ない》でのご飲食《いんしょく》はご遠慮《えんりょ》いただいております。

女：1　どうぞ一口《ひとくち》だけでも召《め》し上《あ》がってください。

2　あ、すいません。気《き》づきませんでした。

3　レストランの利用時間《りようじかん》が過《す》ぎたんですか。

1

남: 손님, 로비 내에서의 음식은 삼가주셔야 합니다.

여: 1　자, 한입만이라도 드세요.

2　아, 죄송합니다. 몰랐습니다.

3　레스토랑 이용 시간이 지난 겁니까?

풀이 '로비에서 음식을 먹어서는 안 된다'는 식의 주의하는 말이 나왔을 경우에는 대부분 '죄송합니다. 몰랐습니다' 혹은 '몰랐습니다. 죄송합니다'가 정해진 대답으로 나오므로 기억해 두도록 하자.

단어 ロビー内《ない》 로비 내 | 飲食《いんしょく》 음식, 마시고 먹음 | 遠慮《えんりょ》 삼감 | 召《め》し上《あ》げる 드시다 | 利用時間《りようじかん》 이용 시간 | 過《す》ぎる 지나다

2

男：この本《ほん》、僕《ぼく》にはちんぷんかんぷんだったよ。

女：1　そんなにむずかしいの？

2　すごくおもしろいよね。

3　気《き》に入《い》ってもらってよかったね。

2

남: 이 책, 나로서는 종잡을 수가 없었어.

여: 1　그렇게 어려워?

2　굉장히 재미있구나.

3　마음에 들어서 다행이야.

풀이 'ちんぷんかんぷん'은 잘 모르거나 종잡을 수 없을 때 사용하는 말이므로, 1번이 대답으로 적당하다.

단어 ちんぷんかんぷん 종잡을 수 없음, 횡설수설함

3

女：今月《こんげつ》でこれ販売《はんばい》打《う》ち切《き》るみたいよ。

男：1　ようやく売《う》れ始《はじ》めたのに、どうしてですか。

2　だから評判《ひょうばん》がいいんですよね。

3　人気《にんき》の商品《しょうひん》だから仕方《しかた》ないですよね。

3

여: 이번 달로 이거 판매 중단하는 것 같아.

남: 1　간신히 팔리기 시작했는데, 왜입니까?

2　그래서 평판이 좋은 거네요.

3　인기 상품이니까 어쩔 수 없죠.

풀이 '이번 달로 판매 중단하는 것 같아'라고 했을 때, 간신히 팔리기 시작했는데 왜 그런지 묻는 1번이 대답으로 적당하며, '중단하다'라는 뜻의 「打《う》ち切《き》る」라는 단어를 알면 바로 답을 찾을 수 있는 문제이다.

단어 販売《はんばい》 판매 | 打《う》ち切《き》る 중지(단)하다 | ようやく 겨우, 간신히 | 評判《ひょうばん》 평판 | 商品《しょうひん》 상품

4

女：佐藤《さとう》さん、途中《とちゅう》で仕事《しごと》を投《な》げ出《だ》すなんて、無《む》責任《せきにん》にもほどがあると思《おも》わない？

男：1　ご理解《りかい》いただき本当《ほんとう》にありがとうございます。

2　なんとかやり遂《と》げることができました。

3　はい。釈明《しゃくめい》の余地《よち》もございません。

4

여: 사토 씨, 도중에 일을 내팽개치다니, 무책임함에도 정도가 있는 거 아냐?

남: 1　이해해 주셔서 정말로 감사합니다.

2　어떻게든 완수할 수가 있었습니다.

3　네. 변명의 여지도 없습니다.

풀이 일에 대한 무책임한 태도나 잘못한 일에 대한 질책을 받을 경우에는 3번처럼 미안해하며 인정하는 식의 대답을 하는 것이 대체적으로 정답이다.

단어 途中《とちゅう》 도중 | 投《な》げ出《だ》す 내팽개치다, 포기하다 | 無責任《むせきにん》 무책임 | にもほどがある ~에도 정도가 있다 | やり遂《と》げる 끝까지 해내다, 완수하다 | 釈明《しゃくめい》 변명 | 余地《よち》 여지

5

男：竹下《たけした》さん、先日《せんじつ》のお客様《きゃくさま》への対応《たいおう》、竹下《たけした》さんが間《あいだ》に入《はい》ってくれなかったらと思《おも》うとぞっとするよ。

女：1　無事《ぶじ》に解決《かいけつ》してよかったです。

2　私《わたし》が出《で》る幕《まく》ではありませんでした。

3　私《わたし》が入《はい》る余地《よち》がありませんでした。

5

남: 다케시타 씨, 요전의 손님에 대한 대응, 다케시타 씨가 중재해 주지 않았다고 생각하면 오싹해요.

여: 1　무사히 해결되어서 다행입니다.

2　제가 나설 상황은 아니었습니다.

3　제가 들어갈 여지가 없었습니다.

풀이 '중재해 주지 않았다고 생각하면 오싹하다'는 것은 '중재를 해 주었다'는 것이므로 1번이 대답으로 적당하다. 이렇게 공을 치하할 경우에는 자신을 드러내지 않고 겸손하게 대답하는 것이 정답이다.

단어 対応《たいおう》 대응 | 間《あいだ》に入《はい》る 중재하다 | ぞっとする 오싹하다 | 無事《ぶじ》に 무사히 | 解決《かいけつ》 해결 | 幕《まく》 막, 장면(경우) | 余地《よち》 여지

6

男：この店《みせ》のスパゲッティ食《た》べてみたら今一《いまいち》だったよ。

女：1　そう？あまりおいしくなかったの？

2　そうなの？私《わたし》も一度《いちど》食《た》べてみたいね。

3　それで、いつも列《れつ》がずらりと並《なら》んでいるんだね。

6

남: 이 가게 스파게티 먹어봤더니, 좀 별로였어.

여: 1　그래? 별로 맛없었어?

2　그래? 나도 한번 먹어보고 싶어.

3　그래서, 항상 줄이 쭉 늘어서 있구나.

풀이 여기서 포인트가 되는 단어는 '좀 별로, 뭔가 조금 부족함'이라는 뜻을 가진 「今一《いまいち》」이며, 1번이 대답으로 적당하다. 비슷한 표현인 「今一《いまひと》つ (뭔가) 좀 부족함」도 자주 출제되니 함께 알아두자.

단어 店《みせ》 가게 | スパゲッティ 스파게티 | 今一《いまいち》 조금 모자라는 모양, 좀 별로 | 列《れつ》 줄 | ずらりと 쭉 | 並《なら》ぶ 늘어서다

7

男：今回《こんかい》参加《さんか》するチームのレベルが拮抗《きっこう》しているよ。

女：1　うん、水準《すいじゅん》が低《ひく》い試合《しあい》は味気《あじけ》ないね。

2　うん、実力《じつりょく》の開《ひら》きがあまりに大《おお》きすぎるね。

3　うん、実力《じつりょく》がごぶごぶで、観戦《かんせん》が楽《たの》しみだね。

7

남: 이번에 참가하는 팀의 수준이 팽팽해.

여: 1　응, 수준이 낮은 시합은 재미가 없어.

2　응, 실력의 차가 너무 커.

3　응, 실력이 막상막하로 관전이 재밌겠어.

풀이 「拮抗《きっこう》する」는 '(세력 · 힘 등이) 팽팽하다'는 뜻이므로 막상막하의 뜻을 지닌 「ごぶごぶ」를 사용한 3번이 대답으로 적당하다.

단어 レベル 수준 | 拮抗《きっこう》する 팽팽하다 | 水準《すいじゅん》 수준 | 低《ひく》い 낮다 | 試合《しあい》 시합 | 味気《あじけ》ない 재미없다 | 開《ひら》き 벌어짐, 차이 | 実力《じつりょく》 실력 | ごぶごぶ 막상막하 | 観戦《かんせん》 관전

8

男：今《いま》の話《はなし》、漏《も》らしてはいけないよ。

女：1　口《くち》がむずむずするけど、がまんしてみる。

2　口外《こうがい》してはばからないね。

3　とうとうネタ切《ぎ》れだね。

8

남: 지금 이야기, 누설해서는 안 돼.

여: 1　입이 근질근질하지만, 참아 볼게.

2　거리낌 없이 발설하네.

3　드디어 이야깃거리가 바닥났어.

청해

문제 4 즉시 응답

풀이 「漏《も》らす」는 '(이야기를) 누설하다'라는 뜻으로 1번 내용이 대답으로 적당하다. 선택지 2번의 「口外《こうがい》する」는 '발설하다'는 뜻으로 「漏《も》らす」 대신으로 바꿔 사용할 수 있지만, 여기서는 「~てはばからない ~함에 거리낌이 없다, 거리낌 없이 ~하다」와 함께 쓰여 오답이다.

단어 話《はなし》 이야기 | 漏《も》らす 새게 하다, 누설하다, 빠뜨리다 | むずむずする (뭔가 하고 싶어) 근질근질하다 | がまんする 참다 | 口外《こうがい》する 발설하다, 입 밖에 내다 | とうとう 드디어 | ネタ切《ぎ》れ 이야깃거리가 바닥남(고갈됨)

9

男：さっきのクレーム無事《ぶじ》に解決《かいけつ》できたし、課長《かちょう》報告《ほうこく》するまでもないか。

女：1　じゃあ、すぐに報告《ほうこく》してください。

　　2　でも、一応《いちおう》伝《つた》えといたほうが。

　　3　もう報告済《ほうこくず》みなんですね。

9

남: 좀 전의 클레임 무사히 해결되었으니, 과장님에게 보고할 필요는 없겠지.

여: 1　그럼, 바로 보고해 주세요.

　　2　그래도 일단 전해 두는 쪽이.

　　3　이미 보고 완료한 거네요.

풀이 '보고할 필요는 없겠다'는 말에 '하지만 일단 전하는 게 좋겠다'는 2번이 대답으로 적당하며, 이런 경우 대답과 내용이 일치하는지를 주의하며 듣는 게 좋다. '(당연, 상식, 간단하니까) ~할 필요가 없다'는 뜻을 가진 「~までもない」도 함께 알아두자.

단어 クレーム 클레임 | 無事《ぶじ》 무사 | 解決《かいけつ》 해결 | 課長《かちょう》 과장 | 報告《ほうこく》 보고 | までもない ~할 필요는 없다 | 一応《いちおう》 일단

10

男：足止《あしど》め食《く》っちゃって予定《よてい》の飛行機《ひこうき》に乗《の》れなかった。

女：1　へえー、天気《てんき》がわるかったの？

　　2　へえー、飛行機《ひこうき》に乗《の》り遅《おく》れたの？

　　3　へえー、どうして足《あし》を怪我《けが》したの？

10

남: 발이 묶여버려 예정된 비행기를 탈 수 없었어.

여: 1　어머, 날씨가 나빴어?

　　2　어머, 비행기를 놓쳤어?

　　3　어머, 왜 다리를 다쳤어?

풀이 「足止《あしど》め」는 '금족, 못 가게 붙잡음'이라는 뜻으로 주로 사고나 날씨로 인해 탈것을 못 타게 되어 발이 묶일 때 사용되며, 여기서 「足止《あしど》めを食《く》う」는 '발이 묶이다'로 해석하면 된다. 따라서 1번이 대답으로 적당하다.

단어 足止《あしど》め食《く》う 발이 묶이다 | 予定《よてい》 예정 | 乗《の》り遅《おく》れる (탈것을) 놓치다 | 怪我《けが》する 다치다

11

男：朝《あさ》から問《と》い合《あ》わせの電話《でんわ》がなかったおかげで、案外《あんがい》仕事《しごと》がはかどったよ。

女：1　無駄《むだ》な時間《じかん》を過《す》ごしたね。

　　2　それはよかったね。

　　3　またやり直《なお》せばいいよ。

11

남: 아침부터 문의 전화가 없었던 덕(분)에 의외로 일의 진척이 좋았어.

여: 1　헛된 시간을 보낸 거네.

　　2　그거 다행이네.

　　3　또 다시 하면 돼.

풀이 문의 전화가 없어서 '일이 순조롭게 잘 되었다'는 남자의 말에 '그거 다행이네'라고 대답한 2번이 정답으로 적당하다. 여기서 원인, 이유의 뜻을 나타내는 「おかげ」는 긍정적 의미로 사용되었으며, 함께 나오는 '진척되다'라는 뜻의 「はかどる」만 알아도 정답 찾기가 쉬워진다.

단어 問《と》い合《あ》わせ 문의 | おかげ 덕택, 탓, 때문 | 案外《あんがい》 의외로 | 捗《はかど》る 진척되다 | 無駄《むだ》な時間《じかん》 헛된 시간 | やり直《なお》す 다시 하다

문제 4 즉시 응답 | 청해 실전 테스트 ❷

문제집 p.425

1 ① 2 ② 3 ② 4 ③ 5 ① 6 ③ 7 ① 8 ③ 9 ② 10 ② 11 ①

問題《もんだい》4

問題《もんだい》4では、問題用紙《もんだいようし》に何《なに》も印刷《いんさつ》されていません。まず文《ぶん》を聞《き》いてください。それから、それに対《たい》する返事《へんじ》を聞《き》いて、1から3の中《なか》から、最《もっと》もよいものを一《ひと》つ選《えら》んでください。

문제 4

문제 4에서는 문제지에 아무것도 인쇄되어 있지 않습니다. 우선 문장을 들으세요. 그러고 나서 그것에 대한 대답을 듣고 1부터 3 중에서 가장 알맞은 것을 하나 고르세요.

1

女：新任《しんにん》の部長《ぶちょう》にはちょっと参《まい》ってるんだよ。

男：1　芳《かんば》しくないことでもあったんですか。

2　いい上司《じょうし》に会《あ》えてうらやましいですね。

3　よくいらっしゃいました。

1

여: 신임 부장한테 좀 질려 있어.

남: 1 좋지 않은 일이라도 있었던 겁니까?

2 좋은 상사를 만나서 부럽네요.

3 잘 오셨습니다.

풀이 '신임 부장에게 질렸다'는 여자의 말에, '좋지 않다'는 뜻의 「芳《かんば》しくない」를 넣어 '좋지 않은 일이라도 있었던 겁니까?'라고 대답한 3번이 정답으로 적절하다. 또한 「参《まい》る」는 '오다, 가다'의 겸양 표현이 아닌 '질리다'라는 뜻으로 쓰인 것에 주의해야 한다.

단어 新任《しんにん》 신임 | 部長《ぶちょう》 부장 | 参《まい》る 질리다 | 芳《かんば》しい 좋다 | 上司《じょうし》 상사 | いらっしゃる 오시다, 계시다, 가시다

2

男：最近《さいきん》、お酒《さけ》を控《ひか》えているの。

女：1　それなら飲《の》みすぎても大丈夫《だいじょうぶ》ね。

2　健康《けんこう》のためなの？

3　じゃあ、控《ひか》えたほうがいいね。

2

남: 최근 술을 삼가고 있어.

여: 1 그럼, 과음해도 괜찮은 거네.

2 건강을 위해서야?

3 그럼, 삼가는 것이 좋아.

풀이 남자가 '술을 삼가고 있다'는 말에 그 이유를 물어본 2번이 대답으로 적당하다. 한편 같은 단어가 사용된 3번 같은 경우에는 오히려 오답일 경우가 많다.

단어 最近《さいきん》 최근 | お酒《さけ》を控《ひか》える 술을 삼가다 | 飲《の》みすぎる 지나치게 마시다 | 健康《けんこう》 건강

3

女：テニス大会《たいかい》、出《で》たかいあったね。

男：1　せっかく練習《れんしゅう》したのにね。

2　まさか、準優勝《じゅんゆうしょう》とはね。

3　いい成績《せいせき》残《のこ》そうね。

3

여: 테니스 대회, 나간 보람이 있었어.

남: 1　모처럼 연습했는데.

2　설마 준우승이라고는.

3　좋은 성적 남기자.

풀이 ‘대회에 나간 보람이 있었다’는 건 결과가 좋았다는 것이기 때문에 2번이 대답으로 적당하다. 1번은 결과가 나빴을 경우이고, 3번은 대회에 나가기 전의 대답이므로 오답이다.

단어 テニス大会《たいかい》 테니스 대회 | 出《で》たかい 나간 보람 | せっかく 모처럼 | 練習《れんしゅう》 연습 | まさか 설마 | 準優勝《じゅんゆうしょう》 준우승 | 成績《せいせき》 성적

4

男：山田《やまだ》さん、来週《らいしゅう》のセミナーの準備《じゅんび》、山田《やまだ》さんにも手伝《てつだ》ってもらえたらと思《おも》うんだけど。

女：1　お役《やく》に立《た》てず申《もう》し訳《わけ》ありませんでした。

2　まさかそんなふうには思《おも》っていませんが。

3　私《わたし》でよければ何《なん》なりと。

4

남: 야마다 씨, 다음 주 세미나 준비, 야마다 씨도 도와줬으면 하는데.

여: 1　도움이 되지 못해 죄송합니다.

2　설마 그런 식으로는 생각하고 있지 않습니다만.

3　저라도 괜찮다면 무엇이든.

풀이 상대가 도움을 요청했을 때 3번처럼 겸손하게 대답하는 것이 좋으며, 「手伝《てつだ》ってもらえる」는 ‘도움을 받다’ 혹은 ‘도움을 주다’라는 의미로 이해할 수 있어야 한다.

단어 週末《しゅうまつ》 주말 | セミナー 세미나 | 準備《じゅんび》 준비 | 手伝《てつだ》う 돕다 | 役《やく》に立《た》つ 도움이 되다 | 申《もう》し訳《わけ》ない 죄송하다 | 何《なん》なりと 무엇이든(지)

5

男：吉田《よしだ》さん、私《わたし》の転職《てんしょく》の件《けん》、吉田《よしだ》さんには感謝《かんしゃ》してもしきれません。

女：1　できることをしたまでです。

2　そんなに自分《じぶん》を責《せ》めないでください。

3　今更《いまさら》言《い》われても困《こま》ります。

5

남: 요시다 씨, 저의 이직 건, 요시다 씨에게 너무 감사해요.

여: 1　할 수 있는 일을 했을 따름입니다.

2　그렇게 자신을 책망하지 마세요.

3　이제 와서 말씀하셔도 곤란합니다.

풀이 「感謝《かんしゃ》してもしきれない」는 직역으로는 ‘감사해도 다 감사할 수 없다’는 뜻이며, ‘너무 감사하다’는 뜻으로 의역해서 이해하면 된다. 따라서 1번이 정답으로 적합하다. 1번 문장에 나온 「まで(のこと)だ」는 ‘~할 따름이다, ~할 뿐이다’라는 뜻을 가진 문형이므로 함께 알아두자.

단어 転職《てんしょく》 이직 | 感謝《かんしゃ》 감사 | 責《せ》める 비난하다, 책망하다 | 今更《いまさら》 이제 와서, 새삼 | 困《こま》る 곤란하다

6

男：田中《たなか》さん、企画書《きかくしょ》、やるからにはいいの作《つく》ってよ。

女：1　やるに決《き》まっているでしょ。

2　期待《きたい》してるからね。

3　あまりプレッシャーかけないで。

6

남: 다나카 씨, 기획서 하는 이상은 잘 만들어요.

여: 1　하는 게 당연하잖아.

2　기대하고 있으니까.

3　너무 압력 넣지 마.

풀이 '좋은 기획서를 만들자'라는 상대의 말에 부담을 느껴 '너무 압력 넣지 마'라고 한 3번이 대답으로 적당하다.

단어 企画書《きかくしょ》 기획서 | からには ~하는 이상은 | に決《き》まっている ~으로 결정되다, 당연히 ~하다(이다) | 期待《きたい》 기대 | プレッシャーかける 압력을 넣다(가하다)

7

男：朝《あさ》から来客《らいきゃく》ひっきりなしだね。掃除《そうじ》どころじゃないね。

女：1　掃除《そうじ》は後回《あとまわ》しにしなきゃ。

2　来客《らいきゃく》なのに掃除《そうじ》するっていうの？

3　掃除《そうじ》どこから始《はじ》めようか。

7

남: 아침부터 방문객이 끊임이 없네. 청소할 상황이 아니야.

여: 1　청소는 나중으로 미뤄야 되겠어.

2　방문객인데 청소하라는 거야?

3　청소 어디부터 할까요?

풀이 방문객이 많아 '청소할 상황이 아니다'라는 상대의 말에, '청소는 나중으로 미뤄야 되겠어'라고 한 1번이 대답으로 적당하다.

단어 来客《らいきゃく》 내객, 방문객 | ひっきりなし 끊임없음 | どころじゃない ~할 상황이 아니다 | 後回《あとまわ》しにする 나중으로 미루다 | 先《さき》に 전에, 먼저

8

女：部長《ぶちょう》、こちら見積書《みつもりしょ》です。ご覧《らん》いただければと存《ぞん》じます。

男：1　いや、まだ読《よ》んでないんだ。

2　まだ作成《さくせい》していないの？

3　あー、目《め》を通《とお》しておくよ。

8

여: 부장님, 이쪽이 견적서입니다. 봐 주셨음 합니다.

남: 1　아니, 아직 읽지 않았어.

2　아직 작성하지 않았어?

3　아~, 훑어볼게.

풀이 '견적서를 봐 달라'고 하는 상황이므로 '훑어보겠다'는 3번이 대답으로 적당하며, 1번은 '(읽어) 봤냐'고 확인하는 물음에 대한 대답이므로 오답이다.

단어 見積書《みつもりしょ》 견적서 | ご覧《らん》いただく 봐 주시다 | と存《ぞん》じる ~라고 생각하다 | 作成《さくせい》 작성 | 目《め》を通《とお》す 훑어보다

9

男：森《もり》さん、森《もり》さんが気《き》づいてくれなかったら、間違《まちが》って送《おく》るところだったよ。

女：1　わかりました。すぐに送《おく》ります。

2　いえ、そんな。送《おく》る前《まえ》でよかったです。

3　すみません。間違《まちが》って送《おく》ってしまって。

9

남: 모리 씨, 모리 씨가 알아채 주지 못했다면 잘못 보낼 뻔했어요.

여: 1　알겠습니다. 바로 보내겠습니다.

2　아뇨, 그런. 보내기 전이어서 다행입니다.

3　죄송합니다. 잘못 보내서.

풀이 '하마터면 잘못 보낼 뻔한 것'을 모리 씨 덕분에 잘못 보내지 않게 되어 고마워하는 상황이다. 한편 여기에서처럼 도움을 준 사람이라도 2번처럼 겸손하게 대답하는 것이 정답일 때가 많다.

단어 気《き》づく 알아차리다, 깨닫다 | 間違《まちが》う 잘못되다, 틀리다 | 送《おく》る 보내다 | ところだった ~할 뻔했다

10

女：わあ、すごい行列《ぎょうれつ》。新《あたら》しいゲームの販売《はんばい》らしいけど、並《なら》ぶ人《ひと》の気《き》がしれないよね。

男：1　早《はや》く並《なら》ぼうよ。

2　いくら早《はや》くほしくても並《なら》んでまではね。

3　いや〜、並《なら》んだ甲斐《かい》があったよ。

10

여: 우와, 굉장한 줄. 새로운 게임 판매인 것 같은데, 줄 서는 사람의 기분을 모르겠어.

남: 1　빨리 줄 서자.

2　아무리 빨리 갖고 싶어도 줄 서서까지는.

3　이야~ 줄 선 보람이 있었어.

풀이 '줄을 서는 사람이 이해 가지 않는다'는 여자의 말에 동조의 뜻을 내비친 2번이 대답으로 적당하다. 여기서 「並《なら》んでまではね」에는 '줄 서서까지는 (갖고 싶지 않다)'는 뜻이 내포되어 있다.

단어 行列《ぎょうれつ》 행렬, 줄 | 販売《はんばい》 판매 | 並《なら》ぶ 줄 서다 | 甲斐《かい》 보람

11

女：本日《ほんじつ》のプレゼンテーションお疲《つか》れさまでした。入札結果《にゅうさつけっか》は追《お》ってご連絡《れんらく》いたします。

男：1　よろしくご検討《けんとう》をお願《ねが》いいたします。

2　ロビーでお待《ま》ち申《もう》し上《あ》げます。

3　では後《のち》ほどご連絡《れんらく》差《さ》し上《あ》げます。

11

여: 오늘 프레젠테이션 수고하셨습니다. 입찰 결과는 추후에 연락드리겠습니다.

남: 1　검토 잘 부탁드립니다.

2　로비에서 기다리겠습니다.

3　그럼, 나중에 연락드리겠습니다.

풀이 결과를 '추후에 연락한다'고 했으니 '검토 잘 부탁한다'는 1번이 대답으로 적당하다. 한편 여기서 「追《お》って」의 뜻을 몰랐다 하더라도 '연락드리겠다'는 말에서도 충분히 정답을 찾을 수 있는 문제다.

단어 プレゼンテーション 프레젠테이션(기획안 발표) | 入札結果《にゅうさつけっか》 입찰 결과 | 追《お》って 추후에, 곧 | 検討《けんとう》 검토 | 申《もう》し上《あ》げる 말씀드리다, ~해 드리다 | 後《のち》ほど 나중에 | 連絡《れんらく》 연락 | 差《さ》し上《あ》げる ~해 드리다

문제 4 즉시 응답 | 실전 테스트 ❸

문제집 p.426

1 ③	2 ②	3 ①	4 ②	5 ③	6 ①	7 ③	8 ②	9 ①	10 ①	11 ①

問題《もんだい》4

問題《もんだい》4では、問題用紙《もんだいようし》に何《なに》も印刷《いんさつ》されていません。まず文《ぶん》を聞《き》いてください。それから、それに対《たい》する返事《へんじ》を聞《き》いて、1から3の中《なか》から、最《もっと》もよいものを一《ひと》つ選《えら》んでください。

문제 4

문제 4에서는 문제지에 아무것도 인쇄되어 있지 않습니다. 우선 문장을 들으세요. 그러고 나서 그것에 대한 대답을 듣고 1부터 3 중에서 가장 알맞은 것을 하나 고르세요.

1

女：あれ、なんだ、梅村《うめむら》さん、**出勤《しゅっきん》してるじゃない。**

男：1　えっ、出勤《しゅっきん》してると思《おも》ったのに。

　　2　思《おも》ってたとおりだったね。

　　3　休《やす》みだと思《おも》ってたの？

1

여: 아니, 뭐야. **우메무라 씨 출근했잖아?**

남: 1　어. 출근했다고 생각했는데.

　　2　생각했던 대로였네.

　　3　휴무라고 생각한 거야?

풀이　'뭐야. 출근했잖아?'라는 반응은 출근을 안 할 줄 알았는데, 출근해 있어서 놀라는 상황이므로 3번이 대답으로 적당하다. 여기서 「~じゃない」는 확인, 확정의 사실을 강조하는 반어 표현이다.

단어　出勤《しゅっきん》 출근 | とおり ~하는(한) 대로

2

女：お客様《きゃくさま》、こちらの商品《しょうひん》はあいにく**お取《と》り寄《よ》せとなりますが。**

男：1　よかった。では二《ふた》つ買《か》います。

　　2　入《はい》ってくるのにどのくらいかかりますか。

　　3　そうですか。こちらでは扱《あつか》ってないんですね。

2

여: 손님, 이쪽 상품은 공교롭게도 **주문해서 가져와야 됩니다만.**

남: 1　다행이다. 그럼, 두 개 사겠습니다.

　　2　들어오는 데 어느 정도 걸립니까?

　　3　그렇습니까? 이쪽에서는 취급하지 않는 거네요.

풀이　'주문해서 가져와야 한다'는 것은 현재 재고가 없다는 뜻이며, 만약 주문해서라도 살 의향이 있다면 2번이 대답으로 적당하다. 3번은 아예 주문이 안 되거나 여기 상점과 관련이 없을 경우에 해당하는 대답이므로 오답이다.

단어　商品《しょうひん》 상품 | あいにく 공교롭게도 | 取《と》り寄《よ》せる 주문해서 가져오게 하다 | 扱《あつか》う 다루다, 취급하다

3

男：うまく転職《てんしょく》できたのはいいんだけど、半年後《はんとしご》の転勤《てんきん》の可能性《かのうせい》も無《な》くはないみたいでどうしよう。

女：1　転勤《てんきん》が頻繁《ひんぱん》だと大変《たいへん》だよね。

2　転勤《てんきん》がないからいいんじゃないの？

3　そんなにここを離《はな》れたいの？

3

남: 이직이 순조롭게 된 건 좋지만, 반년 후에 전근의 가능성도 있는 것 같은데 어쩌지?

여: 1　전근이 빈번하면 힘들지.

2　전근이 없으니 좋지 않아?

3　그렇게 여기를 떠나고 싶어?

풀이 '전근의 가능성이 없는 것은 아니다'라는 것은 결국, '가능성이 있다'는 소극적인 긍정의 표현이므로 그에 맞는 대답으로는 1번이 적당하다. 여기서 이중 부정 표현인 「~無《な》くはない」는 「~無《な》いことはない」의 줄임말로 '~하지 않는 건 아니다'라는 뜻이다.

단어 転職《てんしょく》 전직(이직) | 半年後《はんとしご》 반년 후 | 転勤《てんきん》 전근 | 可能性《かのうせい》 가능성 | 頻繁《ひんぱん》 빈번(함) | 離《はな》れる 떨어지다, 떠나다

4

女：企画部《きかくぶ》の木野《きの》さんのプレゼンみた？ 場数《ばかず》を踏《ふ》んでいるだけあるよね。

男：1　ほんと、何回《なんかい》もやっているはずなのにね。

2　さすがだよね。僕《ぼく》もあんなふうにできたらいいけど。

3　うん。声《こえ》が通《とお》ってなくて聞《き》き取《と》りにくかったよね。

4

여: 기획부 기노 씨의 프레젠테이션 봤어? 경험을 쌓았다(고) 말할 만하네.

남: 1　진짜, 몇 번이나 했는데.

2　과연 대단해. 나도 저렇게 할 수 있으면 좋겠는데.

3　응, 소리가 크지 않아 듣기 힘들었지.

풀이 「だけ(のことは)ある」는 '~만큼 가치가 있다, ~라 말할 만하다'라는 뜻이며, 이 문장에 대응시키면 '경험을 쌓았다(고) 말할 만하다'로 해석되므로 부러워하고 있는 2번이 대답으로 적당하다.

단어 企画部《きかくぶ》 기획부 | 場数《ばかず》を踏《ふ》む 경험을 쌓다 | 声《こえ》が通《とお》る 소리가 쩌렁쩌렁하다(크다) | 聞《き》き取《と》りにくい 알아듣기 힘들다

5

男：週末《しゅうまつ》の旅行《りょこう》、もう散々《さんざん》でしたよ。

女：1　楽《たの》しかったようでよかったですね。

2　どこの食事《しょくじ》がおいしかったですか。

3　何《なに》かあったんですか。

5

남: 주말 여행 엉망이었어.

여: 1　즐거웠던 것 같아 다행이네요.

2　어디의 식사가 맛있었습니까?

3　무슨 일 있었습니까?

풀이 '주말 여행이 엉망이었다'는 말에 '무슨 일 있었냐'고 궁금해하는 3번이 대답으로 적당하다.

단어 散々《さんざん》 (정도가) 심함, 상태가 아주 나쁜 상황 | 食事《しょくじ》 식사

6

女：今年《ことし》入《はい》った新人《しんじん》の木村君《きむらくん》、遠慮《えんりょ》なくはっきり物《もの》言《い》うんだけど、なんか憎《にく》めないんだよね。

男：1　愛嬌《あいきょう》があるよね。

2　そんなひどいこと言《い》われたの?

3　木村君《きむらくん》が人《ひと》を憎《にく》むなんてありえないでしょう。

6

여: 올해 들어온 신입인 기무라 군, 거리낌 없이 말하는데도, 어쩐지 미워할 수가 없어.

남: 1　애교가 있잖아.

2　그렇게 심한 말 들었어?

3　기무라 군이 남을 미워하다니 있을 수 없잖아.

풀이 '신입이 거리낌 없이 말해도 미워할 수 없다'는 말에, 미워할 수 없는 이유를 말한 1번이 대답으로 적당하다.

단어 新人《しんじん》 신입 | 遠慮《えんりょ》なく 거리낌 없이, 꺼리지 않고 | 物《もの》(を)言《い》う 말하다 | 憎《にく》む 미워하다 | 愛嬌《あいきょう》 애교 | あり得《え》ない 있을 수 없다

7

女：当日《とうじつ》の運動会《うんどうかい》の可否《かひ》については朝《あさ》9時以降《じいこう》にお知《し》らせします。

男：1　やっぱり順延《じゅんえん》するしかないですよね。

2　今更《いまさら》やめるわけにはいかないですからね。

3　中止《ちゅうし》か否《いな》かまだわからないですよね。

7

여: 당일 운동회 가부에 관해서는 아침 9시 이후에 알려드리겠습니다.

남: 1　역시 늦출 수밖에 없네요.

2　이제 와서 그만둘 수는 없으니까요.

3　중지인지 아닌지 아직 모르는 거네요.

풀이 「可否《かひ》」는 '찬반, 찬부' 혹은 '옳고 그름'이라는 뜻으로 '운동회 가부에 관해서'라는 것은 '운동회를 열지 말지에 관해서'라는 뜻이며, 그 내용을 '아침 9시 이후에 알려준다'는 것은 아직 정해지지 않았다는 것이므로 3번이 정답이다.

단어 当日《とうじつ》 당일 | 運動会《うんどうかい》 운동회 | 可否《かひ》 가부 | 順延《じゅんえん》する 순연하다(차례로 기일을 늦추다) | 今更《いまさら》 이제 와서, 새삼 | 中止《ちゅうし》 중지 | か否《いな》か ~인지 아닌지

8

男：取引先《とりひきさき》の新人《しんじん》さん、無礼《ぶれい》極《きわ》まりないんだよね。

女：1　へー、しつけのいい人《ひと》じゃない。

2　何《なに》か気《き》に障《さわ》ることでもあったの?

3　若《わか》いだけに前向《まえむ》きな性向《せいこう》を持《も》ってるね。

8

남: 거래처의 신입, 정말 무례하기 짝이 없어.

여: 1　허. 예의범절이 바른 사람이잖아.

2　뭔가 감정 상하는 일이라도 있었어?

3　젊은 만큼 긍정적인 성향을 가지고 있네.

풀이 '거래처 신입의 행동이 너무나 무례하다'는 남자의 말에 왜 그런 건지 이유를 묻는 2번이 대답으로 적당하다. 「極《きわ》まりない」는 '너무(아주) ~하다, ~하기 짝이 없다'는 뜻이며 자주 출제되는 문형이므로 함께 알아두자.

단어 取引先《とりひきさき》 거래처 | 新人《しんじん》 신입 | しつけのいい 예의범절이 바르다 | 気《き》に障《さわ》る 마음 상하다, 마음에 거슬리다 | 前向《まえむ》き 긍정적임 | 性向《せいこう》 성향

9

女：明日《あした》の取引先訪問《とりひきさきほうもん》だけど、部長《ぶちょう》にご同行《どうこう》いただくまでもないかと思《おも》うけど。

男：1　大事《だいじ》な商談《しょうだん》だからご一緒《いっしょ》いただいたほうがいいかと。

2　急《いそ》いで行《い》って参《まい》ります。

3　同行《どうこう》していただいたんですね。どうでしたか。

9

여: 내일 거래처 방문 말인데, 부장님께서 동행해 주실 정도까지는 아니라고 생각하지만.

남: 1　중요한 비지니스이기 때문에 함께 가 주시는 게 좋을 것 같아요.

2　서둘러 다녀오겠습니다.

3　동행해 주셨군요. 어땠습니까?

풀이 거래처 방문에 '부장님께서 동행해 주실 정도까지는 아니라고 생각하지만'이라는 여자의 말에 '중요 비즈니스이기 때문에 함께 가 주시는 게 좋을 것 같다'고 한 남자의 1번 대답이 정답으로 적절하다. 한편 「同行《どうこう》いただく 동행해 주시다」가 대답에서는 「ご一緒《いっしょ》いただく 함께 가 주시다」로 바꿔 표현되었다.

단어 取引先訪問《とりひきさきほうもん》 거래처 방문 | 同行《どうこう》 동행 | ご一緒《いっしょ》いただく 함께 가 주시다, 동행해 주시다

10

男：今回《こんかい》のこと、お詫《わ》びのしようがございません。

女：1　あまりお気《き》になさらないでください。

2　どのようなものがよろしいでしょうか。

3　忌憚《きたん》のないご意見《いけん》をどうぞ。

10

남: 이번 일, 사죄드릴 방법이 없습니다.

여: 1　너무 신경 쓰시지 마세요.

2　어떠한 것이 좋으십니까?

3　기탄없이 의견을 말하세요.

풀이 어떤 일에 대해 어떻게 사죄해야 할지 모를 정도로 미안해하고 있는 남자의 말에 '너무 신경 쓰지 마세요'라고 대답한 1번이 정답이다. 여기서 「ようがない」는 '~할 방법이 없다'라는 뜻이며, 「ない」가 「ございません」이 되어 있음에 주의하도록 하자.

단어 お詫《わ》び 사죄 | お気《き》になさる 신경 쓰시다 | 忌憚《きたん》 기탄 | 意見《いけん》 의견

11

女：買《か》っても読《よ》まずじまいってことあるよね。

男：1　もったいないよね。

2　名作《めいさく》は違《ちが》うよね。

3　うん。今《いま》が読《よ》み頃《ごろ》だよね。

11

여: 사도 읽지 않고 두는 일도 있지.

남: 1　아깝지.

2　명작은 다르네.

3　응, 지금이 읽을 때지.

풀이 '사도 읽지 않고 두게 되는 일도 있지'라고 하는 여자의 말에 '아깝다'고 대답한 1번이 정답이다. 여기서 「~ずじまい」는 '~하지 않고 끝남'이라는 뜻으로 화자의 '유감스러운 기분'이 내포되어 있다.

단어 もったいない 아깝다 | 名作《めいさく》 명작 | 違《ちが》う 다르다

문제 4 즉시 응답 | 실전 테스트 ❹

문제집 p.427

1 ② 2 ① 3 ③ 4 ① 5 ③ 6 ① 7 ③ 8 ② 9 ③ 10 ② 11 ②

問題《もんだい》4

問題《もんだい》4では、問題用紙《もんだいようし》に何《なに》も印刷《いんさつ》されていません。まず文《ぶん》を聞《き》いてください。それから、それに対《たい》する返事《へんじ》を聞《き》いて、1から3の中《なか》から、最《もっと》もよいものを一《ひと》つ選《えら》んでください。

문제 4

문제 4에서는 문제지에 아무것도 인쇄되어 있지 않습니다. 우선 문장을 들으세요. 그러고 나서 그것에 대한 대답을 듣고 1부터 3 중에서 가장 알맞은 것을 하나 고르세요.

1

女：山田《やまだ》さん、昇進試験《しょうしんしけん》うまくいったらしいね。同期《どうき》では君《きみ》だけらしいよ。

男：1　我《われ》ながら情《なさ》けない限《かぎ》りです。

　　2　チャンスに恵《めぐ》まれただけですよ。

　　3　みんな昇進《しょうしん》できてよかったです。

1

여: 야마다 씨, 승진 시험 잘 본 것 같더라고. 동기 중에서는 너뿐인 것 같아.

남: 1　나 스스로도 너무 한심합니다.

　　2　기회가 좋았을 뿐이에요.

　　3　모두 승진할 수 있어서 다행입니다.

풀이 '승진 시험 잘 본 것 같다'는 여자의 말에 겸손하게 대답하는 2번이 정답으로 적합하다.

단어 昇進《しょうしん》 승진 | 試験《しけん》 시험 | うまくいく 잘되다 | 動機《どうき》 동기 | 情《なさ》けない 한심하다 | 限《かぎ》りだ 너무 ~하다

2

男：だいぶ待《ま》った？帰《かえ》るタイミングで取引先《とりひきさき》から電話《でんわ》があって。

女：1　急《いそ》ぐほど、なおさらそういうものだよ。

　　2　折《お》り返《かえ》し電話《でんわ》なんて大変《たいへん》ね。

　　3　遅《おそ》くなっちゃってごめん。

2

남: 많이 기다렸지? 퇴근하는 타이밍에 거래처로부터 전화가 와서.

여: 1　서두를수록 더욱더 그렇다니까.

　　2　다시 전화해 주는 건 힘들어.

　　3　늦어져서 미안해.

풀이 '많이 기다렸지? 퇴근하는 타이밍에 거래처로부터 전화가 와서'라는 말은 결국, '거래처 전화 받느라 늦었다'는 뜻이므로 1번이 대답으로 적당하다. 한편 2번에서의 「折《お》り返《かえ》し電話《でんわ》」는 상대의 전화에 부재 등의 이유로 응대하지 못해 이쪽에서 다시 하는 전화이므로 오답이다.

단어 だいぶ 상당히, 꽤 | 取引先《とりひきさき》 거래처 | なおさら 더욱더 | 折《お》り返《かえ》し電話《でんわ》 다시 하는 전화

3

女：彼《かれ》、今《いま》でこそ売《う》れっ子《こ》だけど、デビューしたてのころは存在感《そんざいかん》がなかったんだって。

男：1　うーん。人気《にんき》に陰《かげ》りが出《で》てきたみたいね。

2　デビューの頃《ころ》から人気《にんき》だったんだ。

3　今《いま》の姿《すがた》からは想像《そうぞう》できないよね。

3

여: 그 사람, 지금은 인기 있지만, 데뷔를 막 했을 무렵에는 존재감이 없었다고 해.

남: 1　음~. 인기에 그늘이 드리워진 것 같아.

2　데뷔 시절부터 인기였구나.

3　지금 모습에서는 상상할 수가 없네.

풀이 '지금은 인기 있지만, 데뷔를 막 했을 무렵에는 존재감이 없었다고 해'라는 여자의 말에 '지금 모습에서는 상상할 수가 없네'라고 한 3번의 대답이 정답이다. 한편 2번처럼 앞에서 나온 단어가 반복되어 사용될 경우에는 답이 아닐 가능성이 높다.

단어 売《う》れっ子《こ》 인기 있는 사람 | デビュー 데뷔 | 存在感《そんざいかん》 존재감 | 陰《かげ》りが出《で》る 그늘이 지다 | 姿《すがた》 모습 | 想像《そうぞう》 상상

4

女：田中《たなか》さん、来客《らいきゃく》しているヨロズ電機《でんき》の担当《たんとう》者《しゃ》、面識《めんしき》あるの？

男：1　大学《だいがく》の同期《どうき》なんです。

2　これといった問題《もんだい》はありません。

3　お帰《かえ》りのようです。

4

여: 다나카 씨, 방문한 요로즈 전기의 담당자, 면식 있어?

남: 1　대학 동기입니다.

2　이렇다 할 문제는 없습니다.

3　귀가하신 것 같습니다.

풀이 '면식이 있냐'는 것은 '아는 사람이냐'라는 뜻이므로, '대학 동기입니다'라고 대답한 1번이 정답으로 적절하다.

단어 来客《らいきゃく》 방문객, 내객 | 電機《でんき》 전기(전기 기계) | 担当者《たんとうしゃ》 담당자 | 面識《めんしき》 면식 | 同期《どうき》 동기 | これといった 이렇다 할 | お帰《かえ》り 귀가

5

男：今日《きょう》の営業会議《えいぎょうかいぎ》の議題《ぎだい》、山《やま》ほどありますね。

女：1　言《い》うほど少《すく》なくないですよ。

2　大事《だいじ》な議題《ぎだい》ってことですか。

3　長引《ながび》かないといいですけど。

5

남: 오늘 영업 회의의 의제가 산더미만큼 있네요.

여: 1　말하는 만큼 적지 않습니다.

2　중요한 의제라는 것입니까?

3　오래 끌지 않으면 좋겠습니다만.

풀이 '회의할 의제가 산더미만큼 있다'는 남자의 말에, 대답으로는 '시간이 지연되지 않았으면 좋겠다'라고 대답한 3번이 정답으로 적절하다.

단어 営業会議《えいぎょうかいぎ》 영업 회의 | 議題《ぎだい》 의제 | 少《すく》なくない 적지 않다 | 大事《だいじ》 중요함 | 長引《ながび》く 오래 끌다

6

女：岩本《いわもと》さん、デザインの修正案《しゅうせいあん》早《はや》めにお願《ねが》いね。先日《せんじつ》の顧客《こきゃく》アンケートの結果《けっか》を踏《ふ》まえてね。

男：1　お客様《きゃくさま》の意見《いけん》を尊重《そんちょう》して、やってみます。

2　早々《そうそう》にアンケートを取《と》るようにします。

3　結果《けっか》にはこだわらず、頑張《がんば》ります。

6

여: 이와모토 씨, 디자인 수정안 조금 빨리 부탁해. 요전의 고객 앙케트 결과를 토대로 해서.

남: 1　고객의 의견을 존중해서, 해 보겠습니다.

2　서둘러 앙케트를 하도록 하겠습니다.

3　결과에 신경 쓰지 않고 노력하겠습니다.

풀이 '고객 앙케트 결과를 토대로 해서 디자인 수정안을 부탁한다'는 여자의 말에, 대답으로는 '손님의 의견을 존중해서, 해 보겠다'고 대답한 1번이 정답으로 적절하다. 한편 이 문제는 '~을 바탕으로 한, ~을 토대로 한'이라는 뜻을 가진 「~を踏《ふ》まえて」를 알고 있는지 확인하는 문제이기도 하다.

단어 修正案《しゅうせいあん》 수정안 | 早《はや》めに 조금 빨리 | 顧客《こきゃく》 고객 | 結果《けっか》 결과 | を踏《ふ》まえて ~을(를) 토대로 하여(바탕으로 하여) | 尊重《そんちょう》 존중

7

女：このステーキ。お肉《にく》一切《いっさい》用《もち》いなかったんだって。

男：1　ちょっとお肉《にく》使《つか》いすぎじゃない？

2　お米《こめ》の代《か》わりに餅《もち》をつかったのね？

3　でも不思議《ふしぎ》。お肉《にく》の味《あじ》がする。

7

여: 이 스테이크. 고기를 전혀 사용하지 않았대.

남: 1　고기 사용이 좀 지나치지 않아?

2　쌀 대신에 떡을 사용한 거야?

3　근데 신기해. 고기 맛이 나.

풀이 '고기를 전혀 사용하지 않았다'는 말에 '근데 신기해. 고기 맛이 나.'라고 대답한 3번이 정답으로 적절하다. 또한 3번의 「でも」라는 역접 표현이 앞뒤 문맥과 자연스럽게 이어지는지도 확인해야 한다.

단어 ステーキ 스테이크 | お肉《にく》 고기 | 一切《いっさい》 일절, 전혀 | 用《もち》いる 사용하다 | 代《か》わりに 대신에 | 餅《もち》 떡 | 不思議《ふしぎ》 신기함, 희한함 | 味《あじ》 맛

8

女：明石《あかし》トンネル工事《こうじ》の入札《にゅうさつ》の件《けん》ですが、この状況《じょうきょう》だとそう簡単《かんたん》にはいきそうもありません。

男：1　ようやく光《ひかり》が見《み》えてきたね。

2　なかなか厳《きび》しそうだね。

3　それほどでもなかったのね。

8

여: 아카시 터널 공사 입찰 건입니다만, 이 상황이면 그렇게 간단히 갈 것 같지 않습니다.

남: 1　드디어 빛이 보이네.

2　꽤 힘들 것 같아.

3　그 정도는 아니었군.

풀이 '이 상황이면 그렇게 간단히 갈 것 같지 않습니다' 뒤에 이어질 수 있는 말은 '꽤 힘들 것 같아'라고 대답한 2번이 정답으로 적절하다.

단어 トンネル工事《こうじ》 터널 공사 | 入札《にゅうさつ》 입찰 | 簡単《かんたん》 간단 | 光《ひかり》が見《み》える 빛이 보이다 | なかなか 꽤, 상당히 | 厳《きび》しい 심하다, 힘들다

9

男：今人気《いまにんき》のいずる旅館《りょかん》だけど、泊《と》まってみたらなんだこんなもんかって感《かん》じだったよ。

女：1　やっぱりそれなりの理由《りゆう》があるんだ。

　　2　相変《あいか》わらず予約《よやく》もなかなか取《と》れないんだね。

　　3　う〜ん、それほどでもないのか。

9

남: 지금 인기 있는 이즈루 여관 말인데, 묵어보니 뭐야 이 정도야라는 느낌이 들었어.

여: 1　역시 그 나름의 이유가 있는 거네.

　　2　여전히 예약도 잘 안 되지?

　　3　음~. 그렇게 대단치 않는 건가?

풀이 인기 있는 여관이라 묵어봤는데 '뭐 이 정도야라는 느낌이 들었다'는 남자의 말에 대한 반응으로는 3번이 적절하다. 「それほどでもない」는 '그 만큼(정도)로 대단치 않다'는 뜻으로, 통으로 익혀 두는 게 좋다.

단어 旅館《りょかん》 여관 | 泊《と》まる 묵다, 숙박하다 | 理由《りゆう》 이유 | 相変《あいか》わらず 변함없이, 여전히 | 予約《よやく》が取《と》れる 예약이 되다

10

女：松浦《まつうら》さん、アンケートの集計《しゅうけい》、今日中《きょうじゅう》になんとかならないかな。

男：1　え、今日中《きょうじゅう》になんとかしてくださるんですか。

　　2　なんとか間《ま》に合《あ》わせます。

　　3　いますぐアンケートを取《と》ります。

10

여: 마츠우라 씨, 앙케트 집계 오늘 중으로 어떻게 할 수 없을까?

남: 1　네? 오늘 중으로 어떻게든 해 주시는 겁니까?

　　2　어떻게든 시간에 맞추겠습니다.

　　3　지금 바로 앙케트를 하겠습니다.

풀이 '오늘 중으로 해달라'는 부탁의 말에 '어떻게든 맞추겠다'는 2번이 정답으로 적절하다. 이처럼 시간과 관계되어 기한을 당기거나 연장하는 문제에서는 그에 호응해서 기간을 맞춰주거나 아니면 단호히 거절하는 대답이 반반씩 출제된다.

단어 集計《しゅうけい》 집계 | アンケートを取《と》る 앙케트를 하다

11

男：いや〜、小野田商事《おのだしょうじ》との価格交渉《かかくこうしょう》、うまく切《き》り抜《ぬ》けたね。

女：1　あれ、どうして抜《ぬ》けちゃったんだろう。

　　2　内心《ないしん》、どうなるかと思《おも》っていました。

　　3　いよいよ価格交渉《かかくこうしょう》が本格化《ほんかくか》しますね。

11

남: 이야~ 오노다 상사와의 가격 교섭 순조롭게 잘 헤쳐 나갔네.

여: 1　어, 왜 누락되어 버린 걸까?

　　2　내심, 어떻게 되는가 싶었어요.

　　3　드디어 가격 교섭이 본격화되네요.

풀이 '교섭이 순조롭게 되었다'는 남자의 말에 '내심, 어떻게 되는가(잘못되는 건 아닌가) 싶었어요'라며, 조마조마했던 마음을 드러낸 2번이 대답으로 가장 적당하다.

단어 商事《しょうじ》 상사 | 価格交渉《かかくこうしょう》 요금 교섭 | 切《き》り抜《ぬ》ける 헤쳐 나가다, 벗어나다 | 内心《ないしん》 내심 | 本格化《ほんかくか》 본격화

문제 5 통합 이해 | 실전 테스트 ❶

문제집 p.428

1 ① **2** ① **3** ④, ③

問題《もんだい》5

問題《もんだい》5では、長《なが》めの話《はなし》を聞《き》きます。この問題《もんだい》には練習《れんしゅう》はありません。問題用紙《もんだいようし》にメモを取《と》ってもかまいません。

1番《ばん》、2番《ばん》

問題用紙《もんだいようし》に何《なに》も印刷《いんさつ》されていません。まず話《はなし》を聞《き》いてください。それから質問《しつもん》とせんたくしを聞《き》いて、1から4の中《なか》から、最《もっと》もよいものを一《ひと》つ選《えら》んでください。

문제 5

문제 5에서는 긴 이야기를 듣습니다. 이 문제에는 연습은 없습니다. 문제지에 메모를 해도 됩니다.

1번, 2번

문제지에 아무것도 인쇄되어 있지 않습니다. 우선 이야기를 들으세요. 그리고 나서 질문과 선택지를 듣고 1부터 4 중에서 가장 알맞은 것을 하나 고르세요.

1

カーテン専門店《せんもんてん》で女《おんな》の人《ひと》と店員《てんいん》が話《はな》しています。

女：あのう、リビングに取《と》り付《つ》けるブラインドを探《さが》しているんですけど。

男：どんなブラインドをお考《かんが》えですか。

女：新居《しんきょ》に相応《ふさわ》しいなんて言《い》うか落《お》ち着《つ》いた感《かん》じがいいかな。

男：なるほどですね。

女：あと、新築《しんちく》マンションなので長《なが》く使《つか》えるといいかな。

男：ええと、最近売《さいきんう》れているのなら、こちらのウッドブラインドですね。木製《もくせい》のブラインドですが、特殊加工《とくしゅかこう》していますので、長《なが》くご使用《しよう》いただけます。ただ、お値段《ねだん》が少々高《しょうしょうたか》めですね。それから、こちらは生地《きじ》タイプのタテ型《がた》ブラインドです。シャープですっきりした印《いん》象《しょう》なので、部屋《へや》がとてもスタイリッシュになります。若《わか》い人《ひと》に人気《にんき》ですね。

女：そうですか。もう中年《ちゅうねん》ですからね。

男：それから、こちらは最《もっと》も一般的《いっぱんてき》なアルミブラ

1

커튼 전문점에서 여자와 점원이 이야기하고 있습니다.

여: 저, 거실에 달 블라인드를 찾고 있는데요.

남: 어떤 블라인드를 생각하고 계십니까?

여: 새집에 어울리는 거랄까 안정된 느낌이 좋으려나.

남: 정말 그렇겠네요.

여: 그리고 신축한 아파트라서 오래 사용할 수 있으면 좋겠는데.

남: 그럼, 최근에 인기 있는 거라면 이쪽의 우드 블라인드입니다. 목제 블라인드인데 특수 가공했기 때문에 오래 사용하실 수 있습니다. 단, 가격이 좀 비쌉니다. 그리고 이쪽은 천 타입의 세로 형의 블라인드입니다. 샤프하고 산뜻한 인상이어서 방이 굉장히 스타일리시해집니다. 젊은 사람에게 인기입니다.

여: 그렇습니까? 이제 중년이라서요.

남: 그리고 이쪽은 가장 일반적인 알루미늄 블라인드입

インドです。価格《かかく》が割安《わりやす》なのにも関《かか》わらず軽《かる》くて丈夫《じょうぶ》です。あと、カラーが豊富《ほうふ》なのでお部屋《へや》の雰囲気《ふんいき》に合《あ》わせて選《えら》べます。こちらはプラスチック製《せい》のブラインドです。見《み》た目《め》はアルミブラインドとあまり変《か》わりませんが、よく見《み》ると少《すこ》し安《やす》っぽさがありますね。見《み》た目《め》のとおり価格《かかく》の面《めん》では他《ほか》のを圧倒《あっとう》しますけどね。

女：安《やす》いに越《こ》したことはないけど、やっぱり人《にん》気《き》があるだけあって、こちらがいいかな。やや高《たか》いけど、長持《ながも》ちできるし、これにしよう。

女《おんな》の人《ひと》が気《き》に入《い》ったブラインドはどれですか。

1　ウッドブラインド

2　タテ型《がた》ブラインド

3　アルミブラインド

4　プラスチックブラインド

니다. 가격이 저렴함에도 불구하고 가볍고 튼튼합니다. 그리고 컬러가 풍부해서 방의 분위기에 맞춰서 선택할 수 있습니다. 이쪽은 플리스틱제 블라인드입니다. 외관은 알루미늄 블라인드와 그다지 다르진 않지만 잘 보면 약간 싼 티가 납니다. 외관 대로 가격면에서는 다른 것을 압도합니다만.

여: 싼 게 좋겠지만, 역시 인기가 있는 만큼 이쪽이 좋을까? 좀 비싸지만, 오래 사용할 수 있고, 이걸로 해야겠어.

여자가 마음에 든 블라인드는 어느 것입니까?

1　우드 블라인드

2　세로 형 블라인드

3　알루미늄 블라인드

4　플라스틱 블라인드

풀이 점원이 소개해 준 '네 가지 종류의 블라인드의 설명'을 듣고 여자는 그중 '비싸고 인기 있는 것, 그리고 여자의 처음 조건인 오래 사용할 수 있는 것'을 고르게 되는데, 이 조건에 맞는 것은 1번의 '우드 블라인드'이다.

단어 リビング 거실 | 取《と》り付《つ》ける 설치하다 | ブラインド 블라인드 | 新居《しんきょ》 새집 | 相応《ふさわ》しい 어울리다 | 落《お》ち着《つ》く 안정되다 | 新築《しんちく》 신축 | 売《う》れる 인기 있다 | 木製《もくせい》 목제 | 特集《とくしゅ》 특수 | 加工《かこう》 가공 | 値段《ねだん》 값 | 高《たか》め 조금 비쌈 | 生地《きじ》 천 | シャープ 예리한, 선명함 | すっきりした印象《いんしょう》 산뜻한 인상 | スタイリッシュ 유행에 맞는, 멋진 | 中年《ちゅうねん》 중년 | 価格《かかく》 가격 | 割安《わりやす》 비교적 쌈 | にも関《かか》わらず ~에도 불구하고 | 豊富《ほうふ》 풍부 | 雰囲気《ふんいき》 분위기 | 圧倒《あっとう》 압도 | に越《こ》したことはない ~보다 좋을 수는 없다

2

カフェで店長《てんちょう》と店員《てんいん》二人《ふたり》がケーキの販売《はんばい》について話《はな》しています。

男１：新商品《しんしょうひん》の「イチゴのサクサクチョコケーキ」だけど、先週《せんしゅう》からのチョコレートケーキフェアでどうも売《う》れ行《ゆ》きが芳《かんば》しくないようだね。なんか改善《かいぜん》する方法《ほうほう》はないかな。

女：見《み》た目《め》については、チョコのサクサク感《かん》もあっていいのですが、甘《あま》すぎるとの指摘《してき》がお客《きゃく》様《さま》アンケートにありました。

2

카페에서 점장과 점원 두 명이 케이크 판매에 관해서 이야기하고 있습니다.

남1: 신상품인 '딸기 사각사각 초콜릿 케이크'말인데, 지난주부터 열린 초콜릿 케이크 박람회에서 아무래도 판매가 좋지 못한 거 같아. 뭔가 개선할 방법은 없을까?

여: 외관에 관해서는 초콜릿의 사각사각한 느낌도 있어서 좋은데, 너무 달다는 지적이 손님 앙케트에 있었습니다.

男１：イチゴの甘《あま》さとのシナジー効果《こうか》を狙《ねら》ったんだが、逆効果《ぎゃくこうか》だったかな。

女：はい。子《こ》どもたちにはいいかもしれませんが、うちの客層《きゃくそう》は３０代《だい》から４０代《だい》なので、もう少《すこ》し甘《あま》さを控《ひか》えたほうがいいかと思《おも》います。

男１：なるほどね。ほかに気《き》づいた点《てん》はないかな。

男２：ショーケースの陳列《ちんれつ》の仕方《しかた》を変《か》えてはいかがでしょうか。下《した》の段《だん》にあるとどうしても他《ほか》のケーキに埋《う》もれてしまうので、目《め》の高《たか》さを考《かんが》えるとこちらがいいかと思《おも》います。

男１：あ、それさっき僕《ぼく》も気《き》づいて変《か》えてみたよ。

男２：あと、試食《ししょく》をカウンターに置《お》いてあって自由《じゆう》に食《た》べてもらうスタイルから、直接《ちょくせつ》お客様《きゃくさま》のところに持《も》っていってはどうでしょうか。

男１：そうだな。アルバイトも増《ふ》やす予定《よてい》だから人員的《じんいんてき》にも問題《もんだい》はないね。

男２：はい。

女：それで、おいしいと思《おも》ってもらえれば売《う》り上《あ》げも伸《の》びると思《おも》います。

男１：そうだな。それじゃ、そうしよう。

売《う》り上《あ》げを改善《かいぜん》するために、何《なに》を見《み》なおしますか。

1　ケーキの味《あじ》と試食《ししょく》の仕方《しかた》

2　ケーキの味《あじ》と陳列《ちんれつ》の仕方《しかた》

3　ケーキの形《かたち》と試食《ししょく》の仕方《しかた》

4　ケーキの形《かたち》と陳列《ちんれつ》の仕方《しかた》

남1: 딸기의 단맛과의 시너지 효과를 노렸는데 역효과였나.

여: 네. 아이들에게는 좋을지 모르겠지만, 우리 고객층은 30대에서 40대이기 때문에 좀 더 단맛을 줄이는 쪽이 좋을 것 같습니다.

남1: 그렇군. 그 밖에 알게 된 점은 없어?

남2: 쇼 케이스 진열 방법을 바꾸는 것은 어떻습니까? 아래 단에 있으면, 아무래도 다른 케이크에 묻혀 버리니까 눈높이를 생각하면 이쪽이 좋을 듯합니다.

남1: 아, 그거 아까 나도 깨닫고 바꿔 봤어.

남2: 그리고, 시식을 카운터에 두고 자유롭게 먹게 하는 스타일에서 직접 손님이 있는 쪽으로 가지고 가는 건 어떻습니까?

남1: 그렇네. 아르바이트도 늘릴 예정이니까 인원적으로도 문제는 없어.

남2: 네.

여: 그래서 맛있다고 느껴주면 매상도 늘 거라고 생각합니다.

남1: 그렇겠네. 그럼 그렇게 하자.

매상을 개선하기 위해서 무엇을 재검토합니까?

1　케이크의 맛과 시식 방법

2　케이크의 맛과 진열 방법

3　케이크의 형태와 시식 방법

4　케이크의 형태와 진열 방법

풀이 고객층이 30~40대라서 케이크의 단맛을 줄이기로 했고, 시식은 카운터에 두는 것에서 손님 쪽으로 가져가는 방식으로 바꾸기로 했기 때문에 1번이 정답이다. 그 외, 형태(외관)는 초콜릿의 사각사각한 느낌이 있어 좋다고 했고, 진열 위치는 점장이 이미 바꿔 봤다.

단어 サクサク 사각사각 | 売《う》れ行《ゆ》き 판매(팔림새) | 芳《かんば》しい 훌륭하다 | 改善《かいぜん》 개선 | 見《み》た目《め》 겉모습 | 指摘《してき》 지적 | 狙《ねら》う 노리다 | 逆効果《ぎゃくこうか》 역효과 | 客層《きゃくそう》 고객층 | 甘《あま》さを控《ひか》える 단맛을 줄이다 | 陳列《ちんれつ》 진열 | 試食《ししょく》 시식 | 直接《ちょくせつ》 직접 | 増《ふ》やす 늘리다 | 人員《じんいん》的《てき》 인원적 | 売《う》り上《あ》げ 매상

3番《ばん》

まず話《はなし》を聞《き》いてください。それから、二《ふた》つの質《しつ》問《もん》を聞《き》いて、それぞれ問題用紙《もんだいようし》の１から４の中《なか》から、最《もっと》もよいものを一《ひと》つ選《えら》んでください。

3번

우선 이야기를 들으세요. 그러고 나서 두 개의 질문을 듣고 각각 문제지의 1부터 4 중에서 가장 알맞은 것을 하나 고르세요.

3

ペットショップで男《おとこ》の人《ひと》が話《はな》しています。

男１：当店《とうてん》で人気《にんき》のワンちゃん４匹《ひき》を紹介《しょうかい》します。まず、こちらグレーの犬《いぬ》です。メスですが、一人《ひとり》でもよく遊《あそ》びます。なので外出《がいしゅつ》の時《とき》も心配《しんぱい》無用《むよう》です。ただ、ちょっとわがままなためしつけが容易《ようい》とはいえません。それから、こちらの白《しろ》い中型犬《ちゅうがたけん》です。オスで賢《かしこ》く、しつけもこちらでしてあります。ただ、寂《さび》しがりやなので一人《ひとり》にしないほうがいいですね。次《つぎ》にこの黒《くろ》い小型犬《こがたけん》です。メスです。基本的《きほんてき》なしつけはこちらでしています。見《み》てのとおりとても大人《おとな》しく一人《ひとり》でいるのも平気《へいき》です。最後《さいご》にこちらの茶色《ちゃいろ》の大型犬《おおがたけん》です。オスです。利口《りこう》なのでしつけも容易《ようい》でしょう。人懐《ひとなつ》っこいですが、見《み》てのとおりの大《おお》きさですから他《ほか》の３匹《びき》のように部屋《へや》で飼《か》うのは難《むずか》しいでしょう。

男２：どれもみんなかわいいね。僕《ぼく》はやっぱり庭《にわ》で育《そだ》てたいなあ。

女：でも、それじゃあ夜《よる》一人《ひとり》で寝《ね》ないといけないから可哀想《かわいそう》じゃない？

男２：それは、人間《にんげん》と同《おな》じように考《かんが》えるからそう思《おも》うだけだよ。犬《いぬ》にしてみると関係《かんけい》ないと思《おも》うよ。

女：うーん。私《わたし》はむしろ私《わたし》が家《いえ》にいるときはずっと一緒《いっしょ》にいてあげたいな。しつけが心配《しんぱい》だから、基本的《きほんてき》なことは身《み》についているほうがいいな。

男２：僕《ぼく》なんかは一《いち》から躾《しつ》けたいな。自分《じぶん》が育《そだ》てるっていう感覚《かんかく》持《も》てるじゃない？

女：そんな簡単《かんたん》じゃないわよ。きっと。あと、私《わたし》は仕事《しごと》行《い》っている時《とき》は一人《ひとり》でいてくれるほうがいいわね。

3

애완동물 가게에서 남자가 이야기하고 있습니다.

남1: 저희 가게에서 인기있는 강아지 4마리를 소개하겠습니다. 우선, 이쪽의 회색 개입니다. 암컷인데 혼자서도 잘 놉니다. 그래서 외출 시에도 걱정 없습니다. 단, 좀 버릇이 없기 때문에 예절 교육이 쉽다고는 할 수 없습니다. 그리고, 이쪽의 흰색 중형견입니다. 수컷으로, 영리하고, 예절 교육도 이쪽에서 했습니다. 단, 외로움을 잘 타서 혼자 두지 않는 게 좋을 겁니다. 다음으로 이 검은 소형견입니다. 암컷입니다. 기본적인 예절 교육은 이쪽에서 하고 있습니다. 보는 대로 아주 얌전하고 혼자 있는 것도 아무렇지 않습니다. 마지막으로 이쪽의 갈색의 대형견입니다. 수컷입니다. 영리하기 때문에 예절 교육도 쉬울 겁니다. 사람을 잘 따릅니다만, 보는 대로의 크기이기 때문에 다른 3마리처럼 방에서 키우기는 어려울 겁니다.

남2: 모두 다 귀엽네. 난 역시 정원에서 키우고 싶어.

여: 하지만, 그럼, 밤에 혼자 자야 되니까 가엾지 않아?

남2: 그건 인간과 똑같이 생각하니까 그렇게 느끼는 것뿐이야. 개의 입장에서 보면, 상관없을 거라고 생각해.

여: 음~. 난 오히려 내가 집에 있을 때는 쭉 함께 있어주고 싶어. 예절 교육이 걱정되니까, 기본적인 것은 익힌 쪽이 좋아.

남2: 난 하나부터 길들이고 싶어. 스스로가 키우고 있다는 감각을 가질 수 있지 않아?

여: 그렇게 간단치가 않아. 틀림없이. 그리고 난 일하러 갔을 때는 혼자 있어 주는 쪽이 좋아.

質問《しつもん》1　男《おとこ》の人《ひと》はどの犬《いぬ》が気《き》に入《い》っていますか。	질문 1　남자는 어느 개를 마음에 들어 합니까?
1　グレーの犬《いぬ》	1　회색 개
2　白《しろ》い犬《いぬ》	2　흰색 개
3　黒《くろ》い犬《いぬ》	3　검은색 개
4　茶色《ちゃいろ》の犬《いぬ》	**4　갈색 개**
質問《しつもん》2　女《おんな》の人《ひと》はどの犬《いぬ》が気《き》に入《い》っていますか。	질문 2　여자는 어느 개를 마음에 들어 합니까?
1　グレーの犬《いぬ》	1　회색 개
2　白《しろ》い犬《いぬ》	2　흰색 개
3　黒《くろ》い犬《いぬ》	**3　검은색 개**
4　茶色《ちゃいろ》の犬《いぬ》	4　갈색 개

풀이 우선 선택지에 있는 네 마리의 개의 특징을 필기한 후, 두 사람의 대화를 듣고 선택하면 문제 풀기가 수월해진다. 남자는 정원에서 개를 키우고 싶어하므로 4번의 갈색 개를 마음에 들어 한다는 것을 알 수 있으며, 대화가 진행되는 동안 바뀌지 않는다. 여자는 예절 교육이 걱정이라 기본적인 건 훈련되어 있고, 혼자서도 잘 있는 개를 선호하므로 3번의 검은색 개를 마음에 들어한다는 것을 알 수 있다.

단어 ワンちゃん 멍멍이 | メス 암컷 | 外出《がいしゅつ》 외출 | 心配無用《しんぱいむよう》 걱정이 필요 없음 | わがまま 버릇 없음 | しつけ 예절 교육 | 容易《ようい》 용이(함) | 中型犬《ちゅうがたけん》 중형견 | オス 수컷 | 寂《さび》しがりや 외로움을 잘 타는 타입 | 平気《へいき》 아무렇지 않음 | 小型犬《こがたけん》 소형견 | 基本的《きほんてき》 기본적 | 茶色《ちゃいろ》 갈색 | 大型犬《おおがたけん》 대형견 | 利口《りこう》 영리함 | 人懐《ひとなつ》っこい 사람을 잘 따르다, 붙임성이 있다 | 飼《か》う 기르다 | 庭《にわ》 정원 | 育《そだ》てる 키우다 | 可哀《かわい》そう 불쌍함

문제 5 통합 이해 | 실전 테스트 ❷

문제집 p.430

1 ④　**2** ②　**3** ③, ②

問題《もんだい》5	**문제 5**
問題《もんだい》5では、長《なが》めの話《はなし》を聞《き》きます。この問題《もんだい》には練習《れんしゅう》はありません。問題用紙《もんだいようし》にメモを取《と》ってもかまいません。	문제 5에서는 긴 이야기를 듣습니다. 이 문제에 연습은 없습니다. 문제지에 메모를 해도 됩니다.
1番《ばん》、2番《ばん》	**1번, 2번**
問題用紙《もんだいようし》に何《なに》も印刷《いんさつ》されていません。まず話《はなし》を聞《き》いてください。それから質問《しつもん》とせんたくしを聞《き》いて、1から4の中《なか》から、最《もっと》もよいものを一《ひと》つ選《えら》んでください。	문제지에 아무것도 인쇄되어 있지 않습니다. 우선 이야기를 들으세요. 그리고 나서 질문과 선택지를 듣고 1부터 4 중에서 가장 알맞은 것을 하나 고르세요.

1

電気店《でんきてん》で女《おんな》の人《ひと》と店員《てんいん》が話《はな》しています。

女：あのう、すいません。洗濯機《せんたくき》を探《さが》しているんです。どれがいいかわからなくて。機能《きのう》もしっかりしていながら、手《て》ごろな価格《かかく》だといいんですけど。

男：なるほど。

女：ああ、それと一人暮《ひとりぐ》らしなのであまり大《おお》きなのは必要《ひつよう》ないかなと思《おも》っています。

男：それでしたら、こちらのラインナップをご覧《らん》ください。こちらの１番《ばん》の洗濯機《せんたくき》ですが、コンパクトながら基本的《きほんてき》な機能《きのう》は備《そな》えてあります。旧《きゅう》モデルなので展示品《てんじひん》で最後《さいご》ですが、お値段《ねだん》もお安《やす》くできますよ。２番《ばん》の洗濯機《せんたくき》は１番目《ばんめ》の洗濯機《せんたくき》の新《しん》モデルです。機能面《きのうめん》はほぼ一緒《いっしょ》ですが、デザインを一新《いっしん》してスタイリッシュになっています。

女：最近《さいきん》の洗濯機《せんたくき》って意外《いがい》と小《ち》さいんですね。それなら布団《ふとん》とかも洗《あら》える容量《ようりょう》なら大《おお》きいのでもいいかな。

男：そうですか。あっ、でしたら、こちらの３番《ばん》はいかがですか。サイズは一番《いちばん》と二番《にばん》より一回《ひとまわ》り大《おお》きいだけですが、容量《ようりょう》は２倍《ばい》で、毛布《もうふ》や布《ふ》団《とん》も洗《あら》えます。お値段《ねだん》は若干上《じゃっかんあ》がりますね。あと、最後《さいご》にこちらの４番《ばん》の洗濯機《せんたくき》です。３番《ばん》目《め》と同《おな》じサイズですが、機能《きのう》は群《ぐん》を抜《ぬ》いています。これスマートフォンによる遠隔操作《えんかくそうさ》が可能《かのう》なんです。なのでどこにいても操作《そうさ》ができます。ただ、お値段《ねだん》は高《たか》めですね。

女：どれにしよう。難《むずか》しいな。でもやっぱり布団《ふとん》も家《いえ》で洗《あら》えたらいいし、一人暮《ひとりぐ》らしだから会《かい》社《しゃ》からスイッチ入《い》れるといいわね。そうなるとこれかな。ただ、値《ね》が張《は》るのでボーナス払《ばら》いにしたいんですけど可能《かのう》ですか。

男：はい。もちろんです。ありがとうございます。

1

전자제품 가게에서 여자와 점원이 이야기하고 있습니다.

여: 저~, 실례합니다. 세탁기를 찾고 있습니다. 어느 것이 좋을지 몰라서. 기능도 제대로이면서 적당한 가격이면 좋겠습니다만.

남: 그렇군요.

여: 아, 그리고 혼자 생활하기 때문에 너무 큰 것은 필요 없지 않나 싶습니다.

남: 그렇다면, 이쪽의 라인업을 보세요. 이쪽의 1번 세탁기입니다만, 콤팩트하면서도 기본적인 기능은 갖추고 있습니다. 구 모델이기 때문에 전시품이 마지막이지만 가격도 싸게 할 수 있어요. 2번 세탁기는 첫 번째 세탁기의 신모델입니다. 기능면은 거의 같습니다만, 디자인을 완전히 바꾸어 스타일리시해졌습니다.

여: 최근 세탁기는 의외로 작네요. 그럼 이불 같은 것도 빨 수 있는 용량이라면 큰 거라도 괜찮을 것 같은데.

남: 그렇습니까? 아 그럼, 이쪽의 3번은 어떻습니까? 사이즈는 첫 번째와 두 번째보다 한 단계 클 뿐입니다만, 용량은 2배로, 모포나 이불도 빨 수 있습니다. 가격은 약간 올라갑니다. 그리고 마지막으로 이쪽의 4번 세탁기입니다. 세 번째와 똑같은 사이즈입니다만, 기능은 뛰어납니다. 이건 스마트폰으로 원격 조작이 가능합니다. 그래서 어디에 있어도 조작할 수 있습니다. 단, 가격은 조금 비쌉니다.

여: 어느 것으로 하지. 어렵네. 하지만 역시 이불도 집에서 빨 수 있으면 좋고, 혼자 사니까 회사에서 스위치를 켜면 되네. 그렇게 되면 이거구나. 단, 값이 비싸니까 보너스 달 지불로 하고 싶은데 가능합니까?

남: 네. 물론입니다. 감사합니다.

女《おんな》の人《ひと》はどの洗濯機《せんたくき》を買《か》いますか。

1　1番《ばん》の洗濯機《せんたくき》　　2　2番《ばん》の洗濯機《せんたくき》
3　3番《ばん》の洗濯機《せんたくき》　　4　4番《ばん》の洗濯機《せんたくき》

여자는 어느 세탁기를 삽니까?

1　1번 세탁기　　2　2번 세탁기
3　3번 세탁기　　4　4번 세탁기

풀이 여자는 처음에 기능도 좋고 가격도 적당한 세탁기를 찾고 있다가 점원에게 설명을 듣는 중에, 이불도 빨 수 있고, 회사에서 스위치를 켤 수 있는 것으로 조건이 조금 달라지면서 4번의 세탁기를 결정하게 된다. 또한, '스위치를 켜면 된다'는 것은 '원격 조작이 가능하다'는 뜻임을 알아야 한다.

단어 洗濯機《せんたくき》 세탁기 | 機能《きのう》 기능 | 手頃《てごろ》 적당함 | 一人《ひとり》暮《ぐ》らし 혼자 삶, 독신 생활 | コンパクト 콤팩트(아담함) | 備《そな》える 갖추다 | 旧《きゅう》モデル 구 모델 | 一新《いっしん》する 일신하다(완전히 바꾸다) | 意外《いがい》と 의외로 | 一回《ひとまわ》り 한 단계 | 毛布《もうふ》 모포 | 布団《ふとん》 이불 | 若干《じゃっかん》 약간 | 群《ぐん》を抜《ぬ》く 뛰어나다 | 遠隔操作《えんかくそうさ》 원격 조작 | 値《ね》が張《は》る 가격이 비싸다

2

鞄《かばん》の会社《かいしゃ》で上司《じょうし》と社員《しゃいん》二人《ふたり》が話《はな》しています。

男1：昨年発売《さくねんはつばい》したトートバックだけど、売《う》り上《あ》げが横《よこ》ばいだから、何《なん》とかしたいんだ。何《なに》かいい案《あん》はないかな。

女：そうですね。発売直後《はつばいちょくご》はドラマにスポンサー提供《ていきょう》して主人公《しゅじんこう》に使《つか》ってもらったおかげで一《いっ》気《き》に人気《にんき》がでましたよね。またやってみるっていうのはどうでしょうか。秋《あき》のドラマあたりで。

男1：そうだな。あの時《とき》は反響《はんきょう》すごかったよな。

男2：ただ、一回目《いちかいめ》ほどの効果《こうか》は見込《みこ》めないと思《おも》いますよ。

男1：うん。確《たし》かに。

女：じゃあ、ファッションコンテストを開催《かいさい》するのはどうですか。うちのトートバックをもって写真《しゃしん》を撮《と》ってもらい、結果《けっか》をホームページに載《の》せるんです。いろいろとアレンジできることもアピールできると思《おも》うんです。それにドラマのスポンサーに比《くら》べたら、経費《けいひ》もぐっと抑《おさ》えられると思《おも》います。

男1：なるほどね。

男2：それより、僕《ぼく》はこの際《さい》、商品自体《しょうひんじたい》を改善《かいぜん》するべきだと思《おも》います。デザイン発売当初《はつばいとうしょ》か

2

가방 회사에서 상사와 사원 두 명이 이야기하고 있습니다.

남1: 작년 발매한 토트백, 매상이 제자리걸음이라 어떻게든 하고 싶어. 무언가 좋은 안은 없을까?

여: 그렇네요. 발매 직후는 드라마에 스폰서 제공해서 주인공에게 사용하게 한 덕분에 단숨에 인기를 얻었었죠. 또 한 번 해보는 건 어떨까요? 가을 드라마 할 때 즈음해서.

남1: 그렇지. 그때는 반향이 대단했지.

남2: 단, 첫 회만큼의 효과는 기대할 수 없을 거라고 생각해요.

남1: 응, 확실히 그렇지.

여: 그럼, 패션 콘테스트를 개최하는 것은 어떻습니까? 우리 토트백을 들고 사진을 찍게 해서 결과를 홈페이지에 올리는 겁니다. 여러 가지로 재구성할 수 있는 것도 어필할 수 있을 겁니다. 게다가 드라마 스폰서에 비교한다면 경비도 훨씬 경감될 거라고 생각합니다.

남1: 그렇겠군.

남2: 그것보다, 저는 이때 상품 자체를 개선해야 한다고 생각합니다. 디자인 발매 당초부터 그대로잖아

らそのままですよね。デザインを一新《いっしん》するのはどうでしょうか。

女：でも、うちのトートバックは定番《ていばん》デザインだからそれじゃあ、全《まった》く違《ちが》う商品《しょうひん》になってしまいませんか。

男1：そうだよな。

男2：じゃあ、色《いろ》のバリエーションを増《ふ》やすのはどうですか。今《いま》はブラックとブラウンだけですから、やってみる価値《かち》はあると思《おも》います。

男1：う～ん。斬新《ざんしん》さはあるけど、それも費用《ひよう》がかさみそうだし、やっぱりコストを抑《おさ》えて、着《き》こなしの幅《はば》の広《ひろ》さを知《し》ってもらえる方法《ほうほう》がよさそうだな。それで進《すす》めよう。

売《う》り上《あ》げを伸《の》ばすために何《なに》をすることにしましたか。

1　ドラマにスポンサー提供《ていきょう》する。

2　ファッションコンテストを行《おこな》う。

3　デザインを一新《いっしん》する。

4　色《いろ》の種類《しゅるい》を増《ふ》やす。

요. 디자인을 완전히 바꾸는 것은 어떨까요?

여: 하지만, 우리 토트백은 대표 디자인이기 때문에, 그렇게 되면, 완전 다른 상품이 되어버리지 않겠습니까?

남1: 그렇겠군.

남2: 그럼, 색을 다양하게 늘리는 것은 어떻습니까? 지금은 블랙과 브라운뿐이기 때문에 해볼 가치는 있다고 생각합니다.

남1: 음~. 참신함은 있지만, 그것도 경비가 늘어날 것 같고, 역시 경비를 줄이고, 옷맵시(코디)의 폭이 넓다는 걸 알게 하는 방법이 좋을 것 같아. 그걸로 진행하지.

매상을 늘리기 위해 무엇을 하기로 했습니까?

1　드라마에 스폰서 제공을 한다.

2　패션 콘테스트를 실시한다.

3　디자인을 일신한다.

4　색의 종류를 늘린다.

풀이 이 회사의 대표 가방인 토트백의 매상을 올리기 위해 경비도 경감되고 가방으로 여러 가지 재구성을 할 수 있다는 것을 보여 줄 수 있는 '2번의 패션 콘테스트'를 진행하기로 한다. 여기서, 세 사람의 이야기가 어디로 흘러가는가에 주의하면서 듣는 것이 좋다.

단어 発売《はつばい》 발매 | 売《う》り上《あ》げ 매상 | 横《よこ》ばい 제자리걸음 | 直後《ちょくご》 직후 | 提供《ていきょう》 제공 | 反響《はんきょう》 반향(반응) | 効果《こうか》 효과 | 見込《みこ》む 기대하다, 예상하다 | 開催《かいさい》 개최 | 経費《けいひ》 경비 | 改善《かいぜん》 개선 | 一新《いっしん》する 일신하다 | 定番《ていばん》 유행을 타지 않는 기본적인 상품(기본형, 대표) | 斬新《ざんしん》 참신함 | 幅《はば》 폭

3番《ばん》

まず話《はなし》を聞《き》いてください。それから、二《ふた》つの質《しつ》問《もん》を聞《き》いて、それぞれ問題用紙《もんだいようし》の1から4の中《なか》から、最《もっと》もよいものを一《ひと》つ選《えら》んでください。

3번

우선 이야기를 들으세요. 그러고 나서 두 개의 질문을 듣고 각각 문제지의 1부터 4 중에서 가장 알맞은 것을 하나 고르세요.

3

ラジオでアナウンサーが週末《しゅうまつ》の催《もよお》しについて話《はな》しています。

女1：今月《こんげつ》行《おこな》われるイベントについて4つ紹介《しょうかい》したいと思《おも》います。まず「旧中条邸《きゅうなかじょうてい》」では春《はる》のバラフェスティバルを開催《かいさい》します。約《やく》100種《しゅ》200株《かぶ》の春《はる》のバラが庭園《ていえん》を彩《いろど》ります。合《あ》わせて5年間復元工事《ねんかんふくげんこうじ》を行《おこな》っていた中条邸《なかじょうてい》もオープンします。重厚《じゅうこう》な近代建築《きんだいけんちく》をご堪能《たんのう》いただけます。次《つぎ》に「市立《しりつ》アート迷宮館《めいきゅうかん》」では、「美術館《びじゅつかん》に仕掛《しか》けられた謎《なぞ》に挑《いど》め」と題《だい》して、立体的《りったいてき》に見《み》える絵画《かいが》や目《め》の錯覚《さっかく》を利用《りよう》して楽《たの》しむトリックアートと、謎解《なぞと》きゲームが組《く》み合《あ》わされたイベントを行《おこな》っています。次《つぎ》に「東山博物館《ひがしやまはくぶつかん》」では、東山《ひがしやま》の開発《かいはつ》から今年《ことし》で300年《ねん》がたったことを記《き》念《ねん》して江戸時代《えどじだい》の東山《ひがしやま》の様子《ようす》を精巧《せいこう》なミニチュアで再現《さいげん》しています。最後《さいご》に「東山神《ひがしやまじん》社《じゃ》」では青空骨董市《あおぞらこっとういち》が開催《かいさい》されます。懐《なつ》かしい古道具《ふるどうぐ》、アンティークな家具《かぐ》などさまざまな品《しな》を扱《あつか》う露店《ろてん》が並《なら》びます。

女2：大坪君《おおつぼくん》、次《つぎ》の週末一緒《しゅうまついっしょ》にどれか見《み》に行《い》かない？

男：うん。いいね。江戸時代《えどじだい》の様子《ようす》をみられるなんてよくない？ちょうど歴史学《れきしがく》で習《なら》っているところなんだ。

女2：あ、そこ私《わたし》ゼミで来週行《らいしゅうい》くことになっているの。

男：そっか。じゃあ、それは、一人《ひとり》で行《い》くことにするね。去年骨董市行《きょねんこっとういちい》ってきたんだけど、値《ね》段交渉《だんこうしょう》したり、掘《ほ》り出《だ》し物《もの》を見《み》つけることもできて楽《たの》しかったんだけど、どう?

女2：おもしろそうね。でも今週末雨《こんしゅうまつあめ》みたいよ。傘《かさ》をさして歩《ある》きたくはないわ。

男：それはそうだね。じゃあ、庭園《ていえん》も一緒《いっしょ》だね。そうなると謎解《なぞと》きか。

3

라디오에서 아나운서가 주말 행사에 관해서 이야기하고 있습니다.

여1: 이번 달에 개최되는 이벤트에 관해서 4가지 소개하겠습니다. 우선,'구 나카조 저택'에서는 봄 장미 축제를 개최합니다. 약 100종류 200그루의 봄 장미가 정원을 물들입니다. 아울러 5년간 복원 공사를 해 온 나카조 저택도 오픈합니다. 중후한 근대 건축을 만끽할 수 있습니다. 다음으로 '시립 아트 미궁관'에서는 '미술관에 장치된 수수께끼에 도전해라'라는 제목으로 입체적으로 보이는 회화나 눈의 착시를 이용해서 즐기는 트릭 아트와 수수께끼 풀기 게임을 짜 맞춘 이벤트를 하고 있습니다. 다음으로 '히가시야마 박물관'에서는 히가시야마의 개발부터 지금까지 300년이 흐른 것을 기념해서 에도 시대의 히가시야마의 모습을 정교한 미니어처로 재현하고 있습니다. 마지막으로 '히가시야마 신사'에서는 아오조라 골동품 박람회가 개최됩니다. 그리운 고 도구, 앤틱한 가구 등 여러 가지 물건을 취급하는 노점이 늘어섭니다.

여2: 오오츠보 군, 다음 주말에 같이 어딘가 보러 가지 않을래?

남: 응, 좋아. 에도 시대의 모습을 볼 수 있다니 좋지 않아? 한창 역사학에서 배우고 있는 부분이야.

여2: 아, 거기 난 세미나로 주말에 가게 되었어.

남: 그래? 그럼 그건 혼자 가기로 할게. 작년 골동품 박람회에 다녀왔는데 가격을 교섭하기도 하고 진귀하고 싼 물건을 발견하기도 해서 즐거웠어. 어때?

여2: 재미있을 것 같네. 하지만, 이번주 비 오는 것 같던데. 우산을 쓰고 걷고 싶지는 않아.

남: 그건 그렇네. 그럼 정원도 마찬가지네. 그러면, 수수께끼 풀기인가?

女2：行《い》こう。行《い》こう。なんか冒険映画《ぼうけんえいが》の主人公《しゅじんこう》みたいで楽《たの》しそう。

男：そうだね。じゃ、決《き》まり。

質問《しつもん》1　男《おとこ》の人《ひと》は一人《ひとり》でどこに行《い》きますか。

1　旧中条邸《きゅうなかじょうてい》　2　市立《しりつ》アート迷宮館《めいきゅうかん》

3　東山博物館《ひがしやまはくぶつかん》　4　東山神社《ひがしやまじんじゃ》

質問《しつもん》2　二人《ふたり》は週末《しゅうまつ》どこに一緒《いっしょ》に行《い》きますか。

1　旧中条邸《きゅうなかじょうてい》　2　市立《しりつ》アート迷宮館《めいきゅうかん》

3　東山博物館《ひがしやまはくぶつかん》　4　東山神社《ひがしやまじんじゃ》

여2: 가자. 가자. 뭔가 모험 영화 주인공 같아서 즐거울 것 같아.

남: 그렇네. 그럼 정했다.

질문 1　남자는 혼자서 어디에 갑니까?

1　구 나카조 저택　2　시립 아트 미궁관

3　히가시야마 박물관　4　히가시야마 신사

질문 2　둘은 주말에 어디에 함께 갑니까?

1　구 나카조 저택　2　시립 아트 미궁관

3　히가시야마 박물관　4　히가시야마 신사

풀이　남자는 에도 시대의 모습을 볼 수 있는 '히가시야마 박물관'에 가고 싶어하는데, 여자가 세미나로 가게 되어 남자는 혼자 '히가시야마 박물관'에 가기로 하였다. 또한 두 사람은 주말에 비가 올 것 같아 야외에 있는 '구 나카노 저택'과 '히가시야마 신사'는 가지 않고 수수께끼 풀기 이벤트를 하는 '시립 아트 미궁관'에 함께 가기로 했다.

단어　催《もよお》し 행사 | 開催《かいさい》 개최 | 庭園《ていえん》 정원 | 株《かぶ》 그루 | 彩《いろど》る 물들이다, 채색하다 | 復元《ふくげん》 복원 | 重厚《じゅうこう》 중후 | 近代建築《きんだいけんちく》 근대건축 | 堪能《たんのう》 충분히 만족함 | 迷宮館《めいきゅうかん》 미궁관 | 仕《し》掛《か》ける 장치하다 | 謎《なぞ》 수수께끼 | 挑《いど》む 도전하다 | 組《く》み合《あ》わせる 짜맞추다 | 博物館《はくぶつかん》 박물관 | 開発《かいはつ》 개발 | 記《き》念《ねん》 기념 | 精巧《せいこう》 정교 | 再現《さいげん》 재현 | 骨董市《こっとういち》 골동품 박람회 | 家《か》具《ぐ》 가구 | 歴史学《れきしがく》 역사학 | 掘《ほ》り出《だ》し物《もの》 진기하고 싼 물건, 의외로 싸게 산 물건 | 傘《かさ》をさす 우산을 쓰다 | 冒険《ぼうけん》 모험

문제 5　통합 이해 | 실전 테스트 ③

문제집 p.432

1 ③　**2** ④, ②

問題《もんだい》5

問題《もんだい》5では、長《なが》めの話《はなし》を聞《き》きます。この問題《もんだい》には練習《れんしゅう》はありません。問題用紙《もんだいようし》にメモを取《と》ってもかまいません。

문제 5

문제 5에서는 긴 이야기를 듣습니다. 이 문제에는 연습은 없습니다. 문제지에 메모를 해도 됩니다.

1番《ばん》

問題用紙《もんだいようし》に何《なに》も印刷《いんさつ》されていません。まず話《はなし》を聞《き》いてください。それから質問《しつもん》とせんたくしを聞《き》いて、1から4の中《なか》から、最《もっと》もよいものを一《ひと》つ選《えら》んでください。

1번

문제지에 아무것도 인쇄되어 있지 않습니다. 우선 이야기를 들으세요. 그리고 나서 질문과 선택지를 듣고 1부터 4 중에서 가장 알맞은 것을 하나 고르세요.

1

大学企画課《だいがくきかくか》の課長《かちょう》と担当者《たんとうしゃ》二人《ふたり》が経営者《けいえいしゃ》セミナーについて話《はな》しています。

男１：来月《らいげつ》、中旬《ちゅうじゅん》に開《ひら》かれる経営者《けいえいしゃ》セミナーですが、講演《こうえん》をお願《ねが》いしようと思《おも》っていた東洋物産《とうようぶっさん》の太田社長《おおたしゃちょう》、大型《おおがた》の案件《あんけん》が入《はい》ってアメリカに出張《しゅっちょう》にいかれるそうなんです。どうすればいいでしょうか。

女：ええ、東洋物産《とうようぶっさん》はうちの学生《がくせい》の就職希望先《しゅうしょくきぼうさき》の中《なか》でも一番人気《いちばんにんき》ですし、何《なに》よりも創業者《そうぎょうしゃ》の太田社長《おおたしゃちょう》からお話《はなし》を聞《き》けると学生《がくせい》も楽《たの》しみにしているんですよ。いっそ、太田社長《おおたしゃちょう》の都合《つごう》のいい日《ひ》に変《か》えて、日程《にってい》を組《く》み直《なお》しましょうか。

男２：でも、今更《いまさら》、その日程《にってい》を変更《へんこう》すると、他《ほか》のセミナー日程《にってい》まで変《か》えなければならないので厄介《やっかい》だな。それに、学生《がくせい》の学事日程《がくじにってい》にも影響《えいきょう》を与《あた》えるし。

男１：そうですね。

女：じゃあ、出張先《しゅっちょうさき》で映像《えいぞう》をつなげるというのはどうでしょうか。リアルタイムで伝《つた》えるよさもありますし。

男２：うーん。実際《じっさい》の場《ば》で講師《こうし》との質疑応答《しつぎおうとう》ができるのがこのセミナーの魅力《みりょく》だからね。

女：じゃあ、太田社長《おおたしゃちょう》に会社設立当初《かいしゃせつりつとうしょ》から一緒《いっしょ》にされてきた方《かた》をご紹介《しょうかい》いただいたらどうでしょうか。副社長《ふくしゃちょう》の山田《やまだ》さんはもともと大学《だいがく》の同期《どうき》だということですし。

男１：それぐらいなら、他《ほか》の会社《かいしゃ》の社長《しゃちょう》をお招《まね》きするのはどうでしょうか。中野工業《なかのこうぎょう》なども学生《がくせい》には人気《にんき》ですし。

男２：それはちょっと。東洋物産《とうようぶっさん》は卒業生《そつぎょうせい》も多《おお》く働《はたら》いて格別《かくべつ》だからね。現場《げんば》ではないのはすこし残念《ざんねん》だけど、それでもう一度《いちど》、お願《ねが》いしてみよう。

1

대학 기획과의 과장과 담당자 두 사람이 경영자 세미나에 관해서 이야기하고 있습니다.

남1: 다음 달 중순에 열리는 경영자 세미나 말인데요. 강연을 부탁하려 했던 동양 물산의 오오타 사장님이 큰 안건이 들어와서 미국 출장을 가신다고 해요. 어떡할까요?

여: 음, 동양 물산은 우리 학생들의 취직 희망하는 곳으로 가장 인기가 있고, 무엇보다도 창업자인 오오타 사장님으로부터 이야기를 들을 수 있을 거라고 학생들도 기대하고 있거든요. 차라리, 오오타 사장님의 상황이 되는 날로 바꿔서 일정을 다시 짤까요?

남2: 하지만 이제 와서 그 일정을 바꾸면, 다른 세미나 일정까지 바꾸지 않으면 안 되기 때문에 번거로워. 게다가 학생들의 학사 일정에도 영향을 주고.

남1: 그렇겠네요.

여: 그럼, 출장지에서 영상을 연결하는 것은 어떨까요? 실시간으로 전할 수 있는 장점도 있고요.

남2: 음~. 실제 장소에서 강사와의 질의응답을 할 수 있는 것이 이 세미나의 매력이니까 말이야.

여: 그럼, 오오타 사장님에게 회사 설립 당초부터 함께 해 오신 분을 소개받으면 어떨까요? 부사장인 야마다 씨는 원래 대학 동기라고 하고요.

남1: 그럴 바엔 다른 회사의 사장님에게 부탁하면 어떨까요? 나카노 공업도 학생들에게는 인기가 있으니.

남2: 그건 좀 그래. 동양 물산은 졸업생도 많이 일하고 각별하기 때문에. 현장이 아닌 것은 유감스럽지만, 그렇게 한 번 더 부탁해 보죠.

経営者《けいえいしゃ》セミナーはどうすることにしましたか。

1　セミナーの日程《にってい》を変《か》える。

2　太田社長《おおたしゃちょう》に講演者《こうえんしゃ》を紹介《しょうかい》してもらう。

3　太田社長《おおたしゃちょう》に講演《こうえん》を依頼《いらい》する。

4　他《ほか》の会社《かいしゃ》の代表《だいひょう》を招《まね》く。

경영자 세미나는 어떻게 하기로 했습니까?

1　세미나 일정을 바꾼다.

2　오오타 사장에게 강연자를 소개받는다.

3　오오타 사장에게 강연을 의뢰한다.

4　다른 회사의 대표를 부른다.

풀이 이 문제는 세 사람의 대화 형식으로 구성되어 있으며, 마지막에 중요한 말이 주로 나오긴 하지만 전체 내용의 흐름을 모르면 답을 찾을 수가 없다. 여기서는 '세미나 강사로 오기로 한 오오타 사장이 미국 출장으로 못 오게 되었음 → 오오타 사장의 상황에 맞춰 일정 변경 고민 → 다른 일정까지 변경해야 하므로 번거로움 → 출장지에서 영상 연결 의뢰'의 흐름으로 진행되는데, 결국 '오오타 사장에게 강연을 의뢰한다'는 것이므로 3번이 정답이다.

단어 開催《かいさい》 개최 | 経営者《けいえいしゃ》セミナー 경영자 세미나 | 講演《こうえん》 강연 | 物産《ぶっさん》 물산 | 案件《あんけん》 안건 | 就職《しゅうしょく》 취직 | 希望《きぼう》 희망 | 創業者《そうぎょうしゃ》 창업자 | いっそ 차라리 | 日程《にってい》 일정 | 変更《へんこう》 변경 | 影響《えいきょう》 영향 | 映像《えいぞう》 영상 | 講師《こうし》 강사 | 質疑応答《しつぎおうとう》 질의응답 | 設立《せつりつ》 설립 | 紹《しょう》介《かい》 소개 | 工業《こうぎょう》 공업 | 卒業生《そつぎょうせい》 졸업생 | 格別《かくべつ》 각별함

2番《ばん》

まず話《はなし》を聞《き》いてください。それから、二《ふた》つの質問《しつもん》を聞《き》いて、それぞれ問題用紙《もんだいようし》の１から４の中《なか》から、最《もっと》もよいものを一《ひと》つ選《えら》んでください。

2번

우선 이야기를 들으세요. 그러고 나서 두 개의 질문을 듣고 각각 문제지의 1부터 4 중에서 가장 알맞은 것을 하나 고르세요.

2

テレビでレストランを紹介《しょうかい》しています。

女１：今日《きょう》はこの近辺《きんぺん》のおすすめのレストランをご紹介《しょうかい》します。まず、一件目《いっけんめ》は「さくら」です。和食《わしょく》のお店《みせ》で魚《さかな》と野菜料理《やさいりょうり》がメインです。また、お客様《きゃくさま》ごとにそれぞれの別《べつ》の部屋《へや》にとおしていただけますので、落《お》ち着《つ》いて料理《りょうり》を堪能《たんのう》することができます。二件《にけん》目《め》は「神戸《こうべ》」です。ここの看板《かんばん》メニューはステーキです。カウンター席《せき》だけですが、食材《しょくざい》の焼《や》ける美味《おい》しい音《おと》と華《はな》やかな香《かお》りをダイレクトに感《かん》じることができます。三件《さんけん》目《め》は「花火《はなび》」という創作料理《そうさくりょうり》の店《みせ》です。シェフはもともと日本食《にほんしょく》が専門《せんもん》でしたが洋食《ようしょく》に転向《てんこう》したこともあり和洋折衷料理《わようせっちゅうりょうり》が楽《たの》しめます。部屋《へや》は分《わ》かれていませんが、テー

2

텔레비전에서 레스토랑을 소개하고 있습니다.

여1: 오늘은 이 부근의 추천 레스토랑을 소개하겠습니다. 우선, 첫 번째는 '사쿠라'입니다. 일식 요리점으로 생선과 채소 요리가 메인입니다. 또한, 손님들마다 각각의 다른 방으로 안내해 주기 때문에 차분하게 요리를 만끽할 수 있습니다. 두 번째는 '고베'입니다. 이곳의 간판 메뉴는 스테이크입니다. 카운터 자리뿐이지만, 식재료가 구워지는 맛있는 소리와 화려한 향을 직접 느낄 수가 있습니다. 세 번째는 '하나비'라는 창작 요리점입니다. 요리사는 원래 일본 음식이 전문이었는데 양식으로 전향하기도 해서 일식과 양식 절충 요리를 즐길 수 있습니다. 방은 나뉘어져 있지 않지만 테이블과 테이블 사이에 칸막이가 있기 때문에 옆자리를 신경 쓰지 않고 요리를 즐길 수 있습니다. 마지막은 '상

ブルとテーブルの間《あいだ》に仕切《しき》りがありますのでとなりの席《せき》を気《き》にすることなく料理《りょうり》を楽《たの》しめます。最後《さいご》は「上海《しゃんはい》」です。中華料理《ちゅうかりょうり》の店《みせ》ですが、メニューが豊富《ほうふ》なだけでなく、味《あじ》、値段《ねだん》、量《りょう》、と三拍子《さんびょうし》揃《そろ》っています。人気《にんき》のお店《みせ》で個室《こしつ》が早《はや》く埋《う》まるので予約必須《よやくひっす》です。

男：慎吾《しんご》の大学合格祝《だいがくごうかくいわ》いと僕《ぼく》らの結婚記念日《けっこんきねんび》のお祝《いわ》いどこに行《い》こうか。

女2：そうね。合格祝《ごうかくいわ》いは家族《かぞく》４人《にん》だからやっぱりお財布《さいふ》に優《やさ》しいところにしましょうよ。慎吾《しんご》も食《た》べ盛《ざか》りだしね。

男：そうだね。予約《よやく》しておくよ。僕《ぼく》らの結婚記念日《けっこんきねんび》はどうする？

女2：お肉《にく》にワインなんてどう？ 久《ひさ》しぶりに豪勢《ごうせい》に行《い》きましょう。

男：それはいいけど、他《ほか》のお客《きゃく》さんが横《よこ》にいると気《き》にならないかな。

女2：でも、二人《ふたり》だから別《べつ》に個室《こしつ》にこだわる必要《ひつよう》はないと思《おも》うけど。

男：そっか。わかった。

質問《しつもん》1　大学合格祝《だいがくごうかくいわ》いはどこですることにしましたか。

1　さくら　　2　神戸《こうべ》

3　花火《はなび》　　4　上海《しゃんはい》

質問《しつもん》2　結婚記念日《けっこんきねんび》はどこに行《い》くことにしましたか。

1　さくら　　2　神戸《こうべ》

3　花火《はなび》　　4　上海《しゃんはい》

하이'입니다. 중화 요리점인데, 메뉴가 풍부할 뿐만 아니라 맛, 가격, 양, 삼박자를 갖추고 있습니다. 인기 있는 가게이므로 독실이 빨리 차기 때문에 예약이 필수입니다.

남: 싱고의 대학 합격 축하와 우리 결혼기념 축하, 어디로 갈까?

여2: 글쎄. 합격 축하는 가족 4명이니까 역시 부담 없는 곳으로 가요. 싱고도 한창 먹을 나이이고.

남: 그렇네. 예약해 둘게. 우리 결혼기념일은 어떻게 해?

여2: 고기에 와인은 어때? 오랜만에 호사스럽게 가요.

남: 그건 좋은데, 다른 손님이 옆에 있으면 신경 쓰이지 않을까?

여2: 하지만, 두 사람이니까 딱히 독실을 고집할 필요는 없을 것 같아.

남: 그런가? 알았어.

질문 1　대학 합격 축하는 어디에서 하기로 했습니까?

1　사쿠라　　2　고베

3　하나비　　4　상하이

질문 2　결혼기념일은 어디에 가기로 했습니까?

1　사쿠라　　2　고베

3　하나비　　4　상하이

풀이　아들의 대학 합격 축하를 위해서 가는 곳은 아들이 한창 먹을 나이이기도 하고, 네 식구이니 부담 없는 곳으로 가자고 하였으므로, 정답은 4번의 '상하이'이다. 또한 결혼기념일을 위해 가는 곳은 와인에 고기를 먹을 수 있는 곳, 그리고 둘이서 가는 거라 딱히 자리를 신경 쓰지 않기로 했으므로 정답은 2번의 '고베'라는 것을 알 수 있다.

단어 近辺《きんぺん》 부근 | 野菜料理《やさいりょうり》 채소 요리 | 堪能《たんのう》する 충분히 만족하다 | 看板《かんばん》 간판 | 焼《や》ける 구워지다 | 華《はな》やか 화려함 | 創作料《そうさくりょう》理《り》 창작 요리 | 専門《せんもん》 전문 | 転向《てんこう》 전향 | 折衷《せっちゅう》 절충 | 仕切《しき》り 칸막이 | 中華料理《ちゅうかりょうり》 중화 요리 | 豊富《ほうふ》 풍부 | 個室《こしつ》 독실 | 埋《う》まる 메어지다, 가득 차다 | 財布《さいふ》に優《やさ》しい 부담이 없다 | 食《た》べ盛《ざか》り 한창 먹을 나이 | 豪勢《ごうせい》 호사(화)스러움 | こだわる 고집하다

문제 5 통합 이해 | 실전 테스트 ④

문제집 p.434

1 ③ 2 ①, ②

問題《もんだい》5

問題《もんだい》5では、長《なが》めの話《はなし》を聞《き》きます。この問題《もんだい》には練習《れんしゅう》はありません。問題用紙《もんだいようし》にメモを取《と》ってもかまいません。

1番《ばん》

問題用紙《もんだいようし》に何《なに》も印刷《いんさつ》されていません。まず話《はなし》を聞《き》いてください。それから質問《しつもん》とせんたくしを聞《き》いて、1から4の中《なか》から、最《もっと》もよいものを一《ひと》つ選《えら》んでください。

문제 5

문제 5에서는 긴 이야기를 듣습니다. 이 문제에 연습은 없습니다. 문제지에 메모를 해도 됩니다.

1번

문제지에 아무것도 인쇄되어 있지 않습니다. 우선 이야기를 들으세요. 그러고 나서 질문과 선택지를 듣고 1부터 4 중에서 가장 알맞은 것을 하나 고르세요.

1

会社《かいしゃ》で男《おとこ》の人《ひと》と女《おんな》の人《ひと》が話《はな》しています。

男：田中《たなか》さん、この前《まえ》ジムに通《かよ》っている話《はなし》していたよね。最近《さいきん》、運動不足《うんどうぶそく》で体重《たいじゅう》が増《ふ》えてね。どこかいいとこ知《し》らない？ できれば、会社《かいしゃ》の近《ちか》くで、月会費《つきかいひ》も安《やす》いほうがいいなあ。

女：そうですか。私《わたし》は自宅近《じたくちか》くの「甲南《こうなん》スポーツ」というところに通《かよ》っているんですが、会《かい》社《しゃ》の近《ちか》くにはセンターがないですね。安《やす》くていいんですが。そうそう、駅前《えきまえ》にある「クローン」というジムも評判《ひょうばん》いいですよ。専属《せんぞく》のトレーナーがつくから、無理《むり》なくダイエットができるそうです。ただ、会費《かいひ》が結構高《けっこうたか》いそうです。

男：近《ちか》くにないのは残念《ざんねん》だね。専属《せんぞく》のトレーナーかあ。なんか大袈裟《おおげさ》だな。

1

회사에서 남자와 여자가 이야기하고 있습니다.

남: 다나카 씨, 요전에 체육관 다닌다고 이야기했었지? 최근, 운동 부족으로 체중이 늘어나서. 어디 좋은 곳 몰라? 되도록 회사 근처이고, 월 회비도 싼 곳이 좋아.

여: 그래요? 저는 집 근처의 '코난 스포츠'라는 곳에 다니고 있는데, 회사 근처에는 센터가 없어요. 싸고 좋은데. 맞다, 그렇지, 역 앞에 있는 '클론'이라는 체육관도 평판이 좋아요. 전속 트레이너가 붙으니까, 무리 없이 다이어트할 수 있다고 해요. 단, 회비가 꽤 비싸다고 해요.

남: 근처에 없는 건 안타깝네. 전속 트레이너인가? 뭔가 요란스럽네~

女：あと、私《わたし》の友人《ゆうじん》が以前通《いぜんかよ》っていた「ゼット」というジムもいいみたいです。プログラムも豊富《ほうふ》で、何《なに》よりも会費《かいひ》もお得《とく》です。友人《ゆうじん》も一《いち》年間通《ねんかんかよ》っていました。ただ、駅《えき》の出口《でぐち》が会社《かいしゃ》の反対側《はんたいがわ》なので、ちょっと歩《ある》かないといけないですね。

男：へえ。

女：そういえば、これ。駅前《えきまえ》で配《くば》っていたチラシですけど、「スーパースポーツ」って新規《しんき》にオープンしたみたいですよ。あ、今《いま》ならここ入会費《にゅうかいひ》も無料《むりょう》で、月会費《つきかいひ》も半額《はんがく》ですよ。写真《しゃしん》を見《み》ると設備《せつび》も充実《じゅうじつ》しているみたいですね。会社《かいしゃ》からも近《ちか》いですよ。

男：そうか。うーん。悩《なや》むなあ。でも料金《りょうきん》のことはこの際置《さいお》いといて、やっぱり行《い》った人《ひと》の感想《かんそう》が分《わ》かるほうがいいかな。少《すこ》しくらい歩《ある》くのも運動《うんどう》と思《おも》えばいいしね。ありがとう。今日行《きょうい》ってみるよ。

男《おとこ》の人《ひと》はどこに行《い》くことにしましたか。

1 甲南《こうなん》スポーツ　　2 クローン

3 ゼット　　4 スーパースポーツ

여: 그리고, 제 친구가 이전에 다녔던 '제트'라는 체육관도 좋은 것 같아요. 프로그램도 풍부하고, 무엇보다 회비도 싸요. 친구도 1년 동안 다녔어요. 단지, 역의 출구가 회사 반대쪽이어서 좀 걸어야 해요.

남: 허~.

여: 그러고보니 이거. 역 앞에서 나눠 준 전단지인데요, '슈퍼 스포츠'라는 신규로 오픈한 것 같아요. 아, 지금이면 여기 입회비도 무료고, 월 회비도 반액이네요. 사진을 보니 설비도 잘 갖춰진 것 같아요. 회사에서도 가깝네요.

남: 그래? 음~. 고민되네. 그래도 요금에 관한 건 일단은 제쳐 두고, 역시 다닌 사람의 감상을 알 수 있는 쪽이 좋겠지. 좀 걷는 것도 운동이라고 생각하면 되고. 고마워. 오늘 가 볼게.

남자는 어디에 가기로 했습니까?

1 코난 스포츠　　2 클론

3 제트　　4 슈퍼 스포츠

풀이 네 가지 체육관 중, 여자가 다니는 '코난 스포츠'는 여자의 집 근처에만 있고, '클론'은 다이어트하기에도 좋고 평판도 좋지만 비싸고, 마지막에 소개된 '슈퍼 스포츠'는 싸서 고민은 되었지만, 요금보다는 다닌 사람의 감상을 알 수 있는 곳이 좋고 운동 삼아 걷겠다고 하는 말에서 남자는 결국, 여자의 친구가 다녔던 3번의 '제트'로 결정한 것을 알 수 있다.

단어 ジム 체육관 | 体重《たいじゅう》 체중 | 月会費《つきかいひ》 월 회비 | 自宅《じたく》 자택 | 評判《ひょうばん》 평판 | 専属《せんぞく》 전속 | 豊富《ほうふ》 풍부 | 反対側《はんたいがわ》 반대쪽 | 配《くば》る 배부하다 | 新規《しんき》 신규 | 半額《はんがく》 반액 | 設備《せつび》 설비 | 感想《かんそう》 감상

2番《ばん》

まず話《はなし》を聞《き》いてください。それから、二《ふた》つの質《しつ》問《もん》を聞《き》いて、それぞれ問題用紙《もんだいようし》の１から４の中《なか》から、最《もっと》もよいものを一《ひと》つ選《えら》んでください。

2번

우선 이야기를 들으세요. 그러고 나서 두 개의 질문을 듣고 각각 문제지의 1부터 4 중에서 가장 알맞은 것을 하나 고르세요.

2

ラジオを聞《き》きながら女《おんな》の人《ひと》と男《おとこ》の人《ひと》が話《はな》しています。

女１：今日《きょう》は真冬《まふゆ》の寒《さむ》さを忘《わす》れるほど面白《おもしろ》い映画《えいが》四《よん》編《へん》をご紹介《しょうかい》いたします。まずは昨年《さくねん》の映画賞《えいがしょう》を受賞《じゅしょう》した『グッバイ』。幼《おさな》いころのトラウマに苦《くる》しむ青年《せいねん》と事故《じこ》で妻《つま》と子供《こども》に先立《さきだ》たれて失意《しつい》に喘《あえ》ぐ初老《しょろう》の男性《だんせい》との心《こころ》の交流《こうりゅう》を描《えが》いた感動《かんどう》のドラマです。続《つづ》いて『夏《なつ》の海《うみ》』、大《だい》学生《がくせい》の良太《りょうた》が実家《じっか》に帰省中《きせいちゅう》に遭遇《そうぐう》する話《はな》せる犬《いぬ》との不思議《ふしぎ》な出来事《できごと》を描《か》いたファンタジー映画《えいが》です。三《みっ》つ目《め》は『争奪《そうだつ》』。３０年前《ねんまえ》に日《に》本中《ほんじゅう》を驚《おどろ》かせた金融詐欺事件《きんゆうさぎじけん》、当時警視庁《とうじけいしちょう》で捜査《そうさ》にあたっていた高野刑事《たかのけいじ》を主人公《しゅじんこう》にして事件《じけん》の真相《しんそう》に迫《せま》った映画《えいが》です。迷宮入《めいきゅうい》りした事件《じけん》ですが、犯人《はんにん》は映画《えいが》をみて怯《おび》えているかもしれません。最後《さいご》は『食道楽《しょくどうらく》』。洋食食堂《ようしょくしょくどう》の主人《しゅじん》の目《め》をとおして、幕末《ばくまつ》から明治時代《めいじじだい》へと変《か》わりゆく人々《ひとびと》の様子《ようす》を描《か》いた作品《さくひん》です。

女２：これ、私《わたし》全部《ぜんぶ》見《み》たけど、青年《せいねん》と男性《だんせい》の話《はなし》が一番《いちばん》よかったなあ。

男：僕《ぼく》はどれも見《み》てないから今夜《こんや》見《み》てみよう。どれがいいかな。

女２：やっぱり実話《じつわ》をもとにした話《はなし》なんていいんじゃない?

男：なんか未解決《みかいけつ》だし見終《みお》わった時憂鬱《ときゆううつ》になりそう。

女２：そうか。時代物《じだいもの》はあまり好《す》きじゃないでしょ?

男：そうだね。やっぱり単純《たんじゅん》に楽《たの》しめるのがいいかな。犬《いぬ》が話《はな》すなんて面白《おもしろ》そう。

女２：結構笑《けっこうわら》えるよ。でも最後《さいご》はなんかジーンと来《く》るものがあるわよ。

2

라디오를 들으면서 여자와 남자가 이야기하고 있습니다.

여1: 오늘은 한겨울의 추위를 잊을 만큼 재미있는 영화 4편을 소개해 드리겠습니다. 먼저 작년 영화상을 수상한 '굿바이'. 어린 시절의 트라우마에 고통받는 청년과 사고로 아내와 자식을 잃어 실의에 괴로워하는 초로의 남성과의 마음의 교류를 그려낸 감동의 드라마입니다. 이어서 '여름 바다', 대학생인 료타가 본가에 귀성 중에 조우하는 말하는 개와의 신기한 사건을 그린 판타지 영화입니다. 세 번째는 '쟁탈'. 30년 전에 일본 전역을 놀라게 한 금융 사기 사건, 당시 경찰청에서 수사를 담당했던 다카노 형사를 주인공으로 해서 사건의 진상에 다가서는 영화입니다. 미궁에 빠진 사건이지만 범인은 영화를 보고 무서워할지도 모르겠네요. 마지막은 '식도락'. 양식 식당의 주인의 눈을 통해서 막부 말기에서 메이지 시대로 변해가는 사람들의 모습을 그린 작품입니다.

여2: 이거, 나 전부 봤는데, 청년과 남성의 이야기가 가장 좋았어.

남: 나는 모두 안 봐서, 오늘 밤 봐야지. 어느 것이 좋을까?

여2: 역시 실화를 바탕으로 한 이야기가 좋지 않아?

남: 뭔가 미해결이고, 다 봤을 때 우울해질 것 같아.

여2: 그런가? 시대물은 그다지 좋아하지 않지?

남: 그래. 역시 단순하게 즐길 수 있는 것이 좋겠지? 개가 말하다니 재미있을 것 같아.

여2: 꽤, 웃을 수 있어. 하지만 마지막은 찡하고 느껴지는 것이 있어.

男：そうか。じゃあ、それにしようかな。

質問《しつもん》1　女《おんな》の人《ひと》はどの映画《えいが》が一番《いちばん》よかったと思《おも》いましたか。

1　グッバイ　　2　夏《なつ》の海《うみ》
3　争奪《そうだつ》　　4　食道楽《しょくどうらく》

質問《しつもん》2　男《おとこ》の人《ひと》はどの映画《えいが》を最初《さいしょ》に見《み》ることにしましたか。

1　グッバイ　　2　夏《なつ》の海《うみ》
3　争奪《そうだつ》　　4　食道楽《しょくどうらく》

남: 그래? 그럼 그걸로 할까.

질문 1　여자는 어느 영화가 가장 좋았다고 생각했습니까?

1　굿바이　　2　여름 바다
3　쟁탈　　4　식도락

질문 2　남자는 어느 영화를 처음으로 보기로 했습니까?

1　굿바이　　2　여름 바다
3　쟁탈　　4　식도락

풀이　영화 네 편의 설명을 각각 필기해 두고, 여자와 남자의 대화를 따라가면 정답을 더 쉽게 찾을 수 있다. 여자는 처음부터 청년과 남성의 이야기가 가장 좋았다고 했으므로 여자가 가장 좋아하는 영화는 1번의 '굿바이'라는 것을 알 수 있다. 또한, 남자는 단순하게 즐길 수 있고 개가 말하는 영화가 재미있을 것 같다는 말에서 이미 판타지 영화에 관심있다는 걸 알 수 있으므로 2번의 '여름 바다'가 정답이 된다.

단어　受賞《じゅしょう》 수상 | 幼《おさな》い 어리다 | 苦《くる》しむ 괴로워하다 | 失意《しつい》 실의 | 喘《あえ》ぐ 허덕이다, 괴로워하다 | 初老《しょろう》 초로 | 交流《こうりゅう》 교류 | 実《じっ》家《か》 본가 | 帰省中《きせいちゅう》 귀성 중 | 遭遇《そうぐう》 조우 | 争奪《そうだつ》 쟁탈 | 警視庁《けいしちょう》 경찰청 | 捜査《そうさ》 수사 | 刑事《けいじ》 형사 | 真相《しんそう》 진상 | 迫《せま》る 다가서(오)다 | 犯人《はんにん》 범인 | 迷宮入《めいきゅうい》り 미궁에 빠짐 | 怯《おび》える 무서워하다 | 食道楽《しょくどうらく》 식도락 | 洋食食堂《ようしょくしょくどう》 양식 식당 | 幕末《ばくまつ》 (에도) 막부 말 | 実話《じつわ》 실화 | 未解決《みかいけつ》 미해결

JLPT N1

제1회 실전 모의고사 정답

언어지식(문자어휘)

문제1	1	①
	2	①
	3	②
	4	④
	5	③
	6	②
문제2	7	②
	8	①
	9	①
	10	②
	11	④
	12	③
	13	①
문제3	14	①
	15	②
	16	③
	17	④
	18	④
	19	②
문제4	20	①
	21	①
	22	②
	23	④
	24	④
	25	②

언어지식(문법)

	26	②
	27	①
	28	①
문제5	29	④
	30	②
	31	②
	32	③
	33	①
	34	①
	35	①
문제6	36	①
	37	④
	38	③
	39	②
	40	③
문제7	41	②
	42	④
	43	③
	44	①

독해

문제8	45	②
	46	①
	47	②
	48	②
문제9	49	③
	50	①
	51	④
	52	②
	53	③
	54	④
	55	②
	56	③
	57	①
문제10	58	②
	59	③
	60	④
	61	①
문제11	62	④
	63	②
문제12	64	②
	65	③
	66	④
	67	①
문제13	68	②
	69	①

청해

문제1	例《れい》	④
	1	②
	2	②
	3	④
	4	②
	5	①
	6	④
문제2	例《れい》	③
	1	②
	2	③
	3	①
	4	③
	5	③
	6	①
문제3	例《れい》	②
	1	③
	2	③
	3	③
	4	②
	5	②
	6	②
문제4	例《れい》	②
	1	③
	2	②
	3	③
	4	①
	5	②
	6	②
	7	②
	8	①
	9	③
	10	①
	11	③
	12	②
	13	①
문제5	1	②
	2	②
	3-1	②
	3-2	④

JLPT N1

제2회 실전 모의고사 정답

언어지식(문자·어휘)		
문제1	1	②
	2	③
	3	②
	4	②
	5	④
	6	③
문제2	7	③
	8	①
	9	④
	10	②
	11	①
	12	③
	13	①
문제3	14	②
	15	④
	16	①
	17	①
	18	②
	19	④
문제4	20	①
	21	②
	22	④
	23	①
	24	③
	25	①

언어지식(문법)		
	26	④
	27	①
	28	②
문제5	29	③
	30	①
	31	①
	32	③
	33	①
	34	③
	35	①
문제6	36	④
	37	④
	38	④
	39	①
	40	①
문제7	41	②
	42	③
	43	②
	44	③

독해		
문제8	45	③
	46	③
	47	④
	48	①
문제9	49	③
	50	②
	51	④
	52	④
	53	②
	54	④
	55	①
	56	①
문제10	57	②
	58	②
	59	③
문제11	60	③
	61	④
문제12	62	④
	63	③
	64	②
문제13	65	④
	66	③

청해		
문제1	例《れい》	④
	1	③
	2	③
	3	③
	4	④
	5	②
문제2	例《れい》	③
	1	③
	2	②
	3	②
	4	①
	5	②
	6	②
문제3	例《れい》	②
	1	③
	2	③
	3	③
	4	④
	5	②
문제4	例《れい》	②
	1	③
	2	②
	3	③
	4	③
	5	①
	6	②
	7	①
	8	①
	9	③
	10	②
	11	①
문제5	1	③
	2-1	①
	2-2	③

JLPT N1

제3회 실전 모의고사 정답

언어지식(문자·어휘)

문제1	1	③
	2	①
	3	②
	4	④
	5	②
	6	②
문제2	7	④
	8	④
	9	③
	10	①
	11	④
	12	③
	13	④
문제3	14	③
	15	③
	16	④
	17	③
	18	③
	19	②
문제4	20	①
	21	③
	22	①
	23	②
	24	①
	25	②

언어지식(문법)

	26	②
	27	③
	28	④
문제5	29	①
	30	③
	31	④
	32	①
	33	③
	34	③
	35	④
문제6	36	③
	37	④
	38	②
	39	④
	40	③
문제7	41	②
	42	④
	43	①
	44	③

독해

문제8	45	②
	46	②
	47	④
	48	③
문제9	49	④
	50	②
	51	③
	52	①
	53	④
	54	②
	55	①
	56	④
문제10	57	③
	58	①
	59	①
문제11	60	③
	61	④
문제12	62	①
	63	③
	64	②
문제13	65	③
	66	②

청해

문제1	例《れい》	④
	1	③
	2	②
	3	③
	4	④
	5	③
문제2	例《れい》	③
	1	①
	2	③
	3	②
	4	③
	5	③
	6	③
문제3	例《れい》	②
	1	③
	2	②
	3	④
	4	①
	5	③
문제4	例《れい》	②
	1	③
	2	②
	3	①
	4	①
	5	②
	6	①
	7	①
	8	①
	9	③
	10	③
	11	②
문제5	1	③
	2-1	①
	2-2	④